中国老龄工作年鉴

（2011）

全国老龄工作委员会办公室
中　国　老　龄　协　会　编

华龄出版社

责任编辑　吴　婧
封面设计　李未圻
责任印刷　李未圻

图书在版编目（CIP）数据

中国老龄工作年鉴．2011/全国老龄工作委员会办公室，中国老龄协会编．—北京：华龄出版社，2011.12
ISBN 978-7-80178-884-9

Ⅰ．①中…　Ⅱ．①全…②中…　Ⅲ．①老年人—工作—中国—2011—年鉴　Ⅳ．①D669.6—54

中国版本图书馆CIP数据核字（2011）第211707号

书　　名： 中国老龄工作年鉴（2011）
作　　者： 全国老龄工作委员会办公室　中国老龄协会　编
出版发行： 华龄出版社（北京西城区鼓楼西大街41号，邮编：100009）
印　　刷： 北京画中画印刷公司
版　　次： 2011年12月第1版　　2011年12月第1次印刷
开　　本： 787×1092　1/16　　**印　张：** 34
定　　价： 220元　　**印　数：** 1～1000册

协办单位： 北京市老龄工作委员会办公室　山东省老龄工作委员会办公室　中国老年学学会寿星基金管理委员会　世纪爱心国际投资集团有限公司

中国老龄工作年鉴（2011）

编 委 会

2010 年 1 月 29 日，全国老龄委办公室主任会议在京召开。

2010年10月21日上午，民政部部长、全国老龄委副主任、全国老龄办主任李立国一行到全国老龄办视察。

2010年10月13日，在我国传统节日——重阳节即将到来之际，中国老年艺术团《红叶风采》大型文艺晚会在京举行。中共中央政治局委员、国务院副总理、全国老龄工作委员会主任回良玉，与全国各族各界1000多位老年人欢聚一堂，共庆佳节，并祝老年人节日快乐！

2010年1月30日，中国老龄产业协会在北京隆重举行成立大会。全国老龄工作委员会原副主任、民政部原部长李学举，新闻出版总署署长柳斌杰，全国工商联党组副书记、副主席褚平，民政部副部长窦玉沛、全国老龄工作委员会办公室常务副主任陈传书出席大会。

2010年10月11日，由全国老龄办、全国总工会、共青团中央、全国妇联联合举办的“全国尊老敬老经验交流会”在齐齐哈尔市召开。

2010年10月11日，“全国尊老敬老经验交流会”在齐齐哈尔市召开，与会代表在孝亲敬老主题公园参观。图为陈传书与老年合唱团的队员亲切交谈。

目　　录

第一部分　特　　载

第二部分　重要讲话、报告

第三部分　法规、文件选编

第四部分 全国老龄工作

第五部分 地方老龄工作

第六部分　科研成果和调研报告

第七部分 出访（含港、澳、台）报告

第八部分 大事记

第一部分

特　　载

回良玉副总理在全国老龄工作委员会第十二次全体会议上的讲话

中共中央政治局委员　国务院副总理
全国老龄工作委员会主任　回良玉

（2010年1月28日）

今天我们召开全国老龄工作委员会第十二次全体会议。全国老龄委是1999年10月成立并召开第一次全体会议的，以后基本上是每年召开一次会议，交流情况，分析形势，总结工作，部署任务。近几年每次开这个会我都很有感触，党中央、国务院当初决定成立这样一个议事协调机构是完全正确的，是一项影响深远的重大决策；人口老龄化是我们国家正在面对的一个极其重大的课题，将来会是更为严峻的挑战，早重视比晚重视、早抓比晚抓要主动得多；老龄工作又是一项综合性很强的工作，涉及的部门和单位如此之多，必须加强领导协调、通力协作配合，踏实不虚地开展此项工作。

刚才，民政部部长李学举代表全国老龄委总结了2009年工作情况，提出了2010年工作安排意见，讲得很好很全面；发展改革委、财政部、人力资源社会保障部、体育总局等成员单位的负责同志，分别介绍了本部门、本系统老龄工作情况，大家发表了意见和建议，讲得都很好。会后，请全国老龄委办公室根据大家的意见，对工作报告修改完善后尽快报批下发。

2009年是新世纪以来我国经济发展最为困难的一年，也是我们改革发展稳定取得明显成效的一年。一年来，全国各族人民在党中央、国务院的坚强领导下，坚定信心、迎难而上、共克时艰，有效遏止了经济增长明显下滑的态势，在全球率先实现经济形势总体回升向好。这一年，全国老龄委各成员单位、各地区紧紧围绕党和国家工作大局，按照全国老龄委第十一次全体会议部署，开拓进取，扎实工作，取得了显著成绩，可以说是认识在深化、制度有突破、服务有拓展、内容在丰富。从认识来看，各级党委和政府、各有关部门更加重视老龄工作，国家启动了应对人口老龄化战略研究，一些地区和部门出台了加快老龄事业发展、推进居家养老服务工作的意见等政策性文件；全社会更加关注老龄事业，2009年“两会”涉老议案、提案和建议数量显著增加，各类涉老论坛的举办，新闻媒体的广泛深度报道，使加快老龄事业发展的环境进一步改善，全社会尊老敬老助老的氛围进一步浓厚。从制度来看，国家正式启动了新型农村社会养老保险试点，农村老年人“老有所养”开始有了制度性保障；国家还决定逐步建立居民健康档案，定期为65岁以上老年人做健康检查；一些地区还建立了高龄老人津贴制度。从服务来看，国家有关部门着手编制基本养老服务体系建设规划，并已在江苏、湖北等5省（市）先行试点；各地加大了对养老服务业的投入和扶持力度，养老服务机构和床位大幅增加。初步统计，截至2009年底，全国养老机构床位已经达到275万张，比2008年底增加了40多万张，增长了17.3%。从老年文体生活来看，结合纪念新中国成立六十周年，举办了第一届全国老年人体育健身大会、第十一届中国老年合唱节等老年文体活动，开展了“百万空巢老人关爱志愿服务行动”、“夕阳幸福工程——法律援助行动”、“讲文明树新风老年志愿服务活动”等老年公益活动，极大地丰富了老年人的精神文化生活，在社会上产生了广泛而积极的影响。

2009年的老龄工作取得了很大成绩，这些年的老龄事业得到了长足的发展，但也面临着日益复杂的新情况、新挑战。当前，我国正处在经济体制深刻变革、社会结构深刻变动、利益格局深刻调整、思想观念深刻变化和各种社会矛盾凸显的历史时期，人口老龄化与经济转轨、社会转型相叠加，老龄问题与利益格局调整、思想观念变化相交织，已经并将进一步成为我国改革发展中不容忽视的全局性、战略性问题。在老龄问题上，我们也逐步形成了一些基本的看法和做法，需要予以重申强调和坚持完善，概括起来，就是要强化基本认识，明确基本目标，坚持基本方针，落实基本原则。

一、要强化“三性”的基本认识，深刻认识我国

人口老龄化形势的严峻性、老龄问题的特殊性和老龄工作的紧迫性

我国人口老龄化形势的严峻性突出表现在规模、速度和难度三个方面。从老年人口规模看，2009年底，我国60岁以上的老年人口已经达到1.67亿，占全国总人口的12.5%，约占世界老年人口的1/5，是世界上唯一一个老年人口超过1亿的国家。从发展速度看，2000年至2009年我国60岁以上老年人口增加了3700多万，相当于一个中等规模国家的总人口；2000年我国60岁以上老年人口约占总人口的1/10，2009年占1/8，预计2018年将占1/6左右，2025年将占1/5左右，2050年将占1/3左右，届时，我国将成为世界上人口老龄化程度相当严重的国家。从解决老龄问题的难度看，据推算，2009年我国80岁以上的高龄老人达1899万，占老年人口总数的11.4%；生活不能自理的老年人达3008万，占老年人口总数的18%；同时，空巢老人大量增加。这些都增加了我们解决老龄问题的难度。

我国老龄问题的特殊性突出表现在"未富先老"、区域不平衡和城乡倒置三个方面。我国人口老龄化是在经济尚不发达的情况下到来的，是典型的"未富先老"，与西方发达国家相比，短期内我们需要解决的问题更多、困难更大。从区域人口老龄化的程度看，我国东部地区高于西部地区，东部地区已经进入老龄社会，西部地区有的省（区）还没有进入老龄社会；从城乡人口老龄化的程度看，农村高于城镇，我国农村人口老龄化水平高于城镇1.24个百分点，全国60%以上老年人生活在农村，呈现出明显的区域不平衡和城乡倒置现象。人口老龄化的这种特殊性决定了我国老龄问题的特殊性，客观上要求我们立足国情，探索具有中国特色的老龄事业发展道路。

我国老龄工作的紧迫性突出表现在，面对人口老龄化的严峻形势，我们的应对准备还不足，工作中还有一些迫切需要加强的环节。我们对老龄问题复杂性的认识还不够充分，还没有形成比较完整的适合中国国情的老龄理论体系；老龄法规政策也不够完善，工作机制不够健全，老龄事业发展的制度基础还比较薄弱；老龄产业刚刚起步，老龄服务供需矛盾比较突出，远远不能满足老年人的需求。以养老机构床位数为例，据测算，我国有835万老年人需要入住养老机构，但我国目前各类养老机构床位仅能满足1/3有入住需求的老年人。总之，严峻性、特殊性、紧迫性，是我们关于老龄问题的基本认识，是制定政策的基本依据。

二、要明确"六个老有"的基本目标，把保障老年人的基本权利作为老龄工作的出发点和落脚点，实现好、维护好、发展好广大老年人的根本利益

2000年8月，党中央、国务院在《关于加强老龄工作的决定》（中发〔2000〕13号）中，提出了"老有所养、老有所医、老有所教、老有所学、老有所为、老有所乐"的目标。这个目标充分体现了老年人的生存权、发展权和参与权，是落实科学发展观、构建社会主义和谐社会的重要内容，是我们党以人为本、执政为民理念的具体体现，是社会文明进步的必然要求。为此，必须加快建立完善养老保障体系和养老服务体系，切实解决"老有所养"和"老有所医"的问题，势力满足老年人的基本生活需求；必须大力发展老年文化体育事业，努力实现"老有所教"、"老有所学"、"老有所乐"，丰富老年人的精神文化生活；必须为老年人参与社会建设创造条件，让老年人"老有所为"。坚持"六个老有"，最大限度地实现好、维护好、发展好广大老年人的根本利益，让老年人共享经济社会发展的成果，这是老龄事业的基本目标，是老龄工作的基本要求。

三、要坚持"党政主导、社会参与、全民关怀"的基本方针，充分发挥各方面的积极性，构建齐抓共管的老龄工作格局

老龄问题涉及政治、经济、文化和社会生活等诸多领域，是关系国计民生和国家长治久安的一个重大社会问题，必须坚持以科学发展观为统领，牢固树立全局观念，继续实行党政主导、社会参与、全民关怀的工作方针。党政主导，就是要坚持党和政府在制定规划、出台政策、投入资金、培育市场、营造环境方面的主导作用；社会参与，就是要发挥企业、中介组织、家庭等方面的作用，引导社会各方力量积极参与老龄事业；全民关怀，就是要弘扬中华民族尊老敬老助老的优良传统，夯实老龄事业发展的社会基础。总之，做好老龄工作，既要发挥党委和政府的主导作用，又要调动社会各方面的积极性，既要发挥老年人的作用，又要营造老龄事业发展的社会氛围，形成党委和政府主导、老龄委组织协调、相关部门协同配合、社会力量广泛参与、人人关心支持的工作局面。

四、要落实统筹城乡发展的基本原则，更加重视农村老龄工作，促进城乡老龄事业的协调发展

我国总体上已经进入以城带乡的发展阶段，进入着力破除城乡二元结构，形成城乡经济社会发展一体化新格局的重要时期，国家经济实力的显著增强，财政收入的大幅增加，以人为本执政理念的逐步确立，社会公平公正观念的逐步强化，既对统筹城乡老龄事业发展提出了要求，也为城乡老龄事业均衡发展创造了条件。在城市，要在进一步完善养老保障制度的基础上，大力发展养老服务，积极开展老年文体活动，丰富老年人的精神文化生活。在农村，要进一步建立健全养老保障制度，扩大覆盖面，提高保障水平，切实解决农村老年人的“养”和“医”问题，同时加强农村养老服务设施和公共文化体育设施建设，努力缩小城乡老龄事业发展的差距。这是确保老龄事业发展与经济、社会发展相互适应、相互促进、相互和谐、相互统一的需要。

关于今年的老龄工作，李学举同志在报告中已经作了全面部署，我看重点要搞好战略研究、制定发展规划、建立健全三个体系：

一是搞好国家应对人口老龄化战略研究。此事已专门开会部署。要通过战略研究，摸清我国老龄问题的底数，把握我国人口老龄化的发展规律，找准矛盾症结，明确发展方向，理清工作思路，为中央决策、全面解决我国人口老龄化问题提供科学依据。全国老龄办要把战略研究作为今年的头等大事，进一步加强组织协调，确保研究工作的顺利进行；各参与部门和单位要充分认识这项研究的重大意义，通力协作、密切配合，各司其职、发挥优势，确保研究任务的圆满完成，确保形成高质量、高水平的研究成果。

二是制定老龄事业“十二五”规划。这事关当前和今后一个时期我国老龄事业发展大局，是本年度的重点工作。要结合国家应对人口老龄化战略研究，在对老龄事业发展“十一五”规划总结、评估的基础上，从政策和实践两个层面梳理我国老龄事业发展的成就和经验，分析当前老龄事业面临的形势和问题，合理确定我国老龄事业“十二五”和中长期发展的总体目标、主要任务、重大项目和重点措施，并做好与国民经济和社会发展“十二五”规划的衔接，确保在年底前拿出比较成熟的规划草案。各地也要结合实际，做好本地区老龄事业发展“十二五”规划的编制工作。

三是建立健全“三个体系”：

（一）养老保障体系

让老年人享有社会保障，既是保障和改善民生的重要基础，也是扩大内需、刺激消费的重要措施。当前，我国老年社会保障领域还存在着覆盖范围比较窄、城乡发展不平衡、制度不够健全等问题，要进一步完善制度，扩大保障和救助覆盖范围，提高保障水平，着力解决好老年人的基本生活保障问题。要做好各项保障制度和政策之间的衔接，避免重复、交叉和遗漏。

（二）养老服务体系

要继续坚持以居家养老为基础、社区服务为依托、机构养老为补充的养老服务体系，为老年人提供生活照料、精神慰藉、卫生保健、文化教育、体育健身和权益维护等服务。要加大对养老服务设施的投入力度，对养老服务业的扶持力度，鼓励、支持社会力量兴办老年服务设施和服务机构，发展多种特色的养老服务，满足老年人不同层次、不同类型的消费需求。要坚持一手抓发展、一手抓规范，加大对养老服务机构的监管力度，加强养老服务专业人才培养和从业人员培训，提高服务人员的专业素质和职业道德，把养老服务业纳入规范化、制度化、法制化管理轨道。要大力发展家政服务和社区服务，改善老年人的生活环境，为居家养老提供有力支持。

（三）老龄工作体系

要进一步完善老龄工作体制，按照党中央、国务院《关于加强老龄工作的决定》要求，建立健全县级老龄工作议事协调机构及其办事机构，为我国老龄事业的发展提供组织保障。要进一步健全老龄工作运行机制，地方各级老龄委及其办事机构要充分发挥职能作用，形成联系顺畅、沟通有效、协调有力的工作局面；各成员单位要各司其职、各负其责，通力合作、密切配合，形成分工合作、齐抓共管的工作格局。要加强老龄工作队伍建设，选好配强老龄工作干部，建设一支政治强、业务精、作风实、讲奉献的老龄工作干部队伍。

老龄工作任务艰巨，责任重大，使命光荣。让我们紧密团结在以胡锦涛同志为总书记的党中央周围，高举中国特色社会主义伟大旗帜，以邓小平理论和“三个代表”重要思想为指导，全面贯彻落实科学发展观，开拓进取，扎实工作，推动老龄事业又好又快发展，为全面建设小康社会做出新的贡献。

今天是腊月十四，新春佳节将至，在此，我代表国务院和全国老龄委，向辛勤工作在老龄战线上的同志们，向支持和关心老龄事业的社会各界人士拜年，向全国老年人致以节日的祝福，祝大家身心祥顺，家庭祥和，事业祥瑞，生活祥美。

第二部分

重要讲话、报告

在接见公安机关离退休干部代表时的讲话

国务委员　公安部部长　孟建柱

（2010年10月16日）

很高兴与参加全国公安机关离退休干部第一届“重阳杯”象棋邀请赛的各位老领导、老前辈、老同志见面。俗话说，岁岁重阳，今又重阳。今天，我们又迎来了中华民族一年一度的传统节日“重阳节”。在这里，我代表部党委，对全国公安机关离退休干部第一届“重阳杯”象棋邀请赛的成功举办表示热烈的祝贺！向参加这次象棋邀请赛的各位老领导、老前辈、老同志并通过大家，向全国公安机关的所有离退休老同志表示节日的问候！向长期以来所有关心支持公安机关老龄事业和老干部工作的同志们表示衷心的感谢！

敬老爱老既是中华民族的传统美德，也是社会主义精神文明建设的重要内容。党和国家高度重视老龄事业和老干部工作，胡锦涛总书记指出：“老干部是党和国家的宝贵财富。做好老干部工作，不仅是干部工作的重要组成部分，也是改革、发展、稳定大局的需要。”老前辈、老同志曾为夺取中国革命的胜利舍生忘死、浴血奋战；为社会主义建设艰苦奋斗、无私奉献；为改革开放事业勇于探索、开拓进取；为公安事业的发展进步呕心沥血、屡建功勋。可以说，你们的人生经历，与党的历史、共和国的历史和人民公安的历史紧密联系在一起。从一定意义上讲，尊重老同志就是尊重历史。公安事业的发展到今天，取得的每一点进步，都离不开老同志们的艰辛付出；取得的每一点成绩，都凝聚着老同志们的心血和汗水。今后公安事业的发展和进步，仍然离不开老同志们的智慧和经验。

希望各级公安机关进一步加强和改进老干部工作，真正在政治上尊重老干部、思想上关心老干部、生活上照顾老干部，多为老干部办实事、做好事、解难事，不断丰富老干部的物质生活和精神生活，千方百计为老干部颐养天年营造良好的环境和条件，努力营造尊老、敬老、爱老的浓厚氛围。

希望各位老领导、老前辈、老同志继续一如既往地关心和支持公安工作，充分运用自己的宝贵经验和聪明才智，发挥密切联系群众的优势，积极为公安事业的发展进步献计献策，为建设中国特色社会主义事业做出新的贡献。

最美不过夕阳红。希望各位老领导、老前辈、老同志真正老有所学、老有所乐、老有所为。你们的身体健康，就是我们的最大期盼和愿望。最后，再次祝各位老领导、老前辈、老同志节日快乐、健康长寿！

关于2009年全国老龄工作和2010年工作安排意见的报告

——在全国老龄工作委员会第十二次全体会议上的报告

民政部原部长　全国老龄工作委员会原副主任兼办公室主任　李学举

（2010年1月28日）

尊敬的良玉副总理，同志们：

我向会议报告2009年全国老龄工作和2010年工作安排意见。

一、2009年全国老龄工作

2009年，各级老龄委以邓小平理论和“三个代表”重要思想为指导，以科学发展观为统领，深入贯彻落实党的十七大、十七届三中、四中全会精神，按照全国老龄委第十一次全体会议的部署，求真务实，扎实工作，各项工作稳步推进，老龄事业发展呈现良好态势。

（一）养老保障制度建设有了新突破

按照国务院统一部署，人力资源社会保障部会同有关部委，在31个省（区、市）的320个县（市、区、旗）开展新型农村社会养老保险试点，农村老年人“老有所养”开始有了制度性保障；进一步加强城镇企业职工基本养老保险工作，全国城镇基本养老保险参保人数达到2.35亿人，比2008年底增加1607万人，增长7.3%；继续提高企业退休人员基本养老金水平，并向退休早、养老金水平低的人员倾斜，目前全国月人均养老金达到1200元；加快推进养老保险省级统筹，全国31个省（区、市）和新疆生产建设兵团都已出台省级统筹办法，全国范围内建立省级统筹制度的工作目标基本实现。民政部不断完善最低生活保障、五保供养制度，城乡贫困老年人的基本生活得到较好保障；探索建立高龄津贴制度，北京、天津、上海、宁夏等地高龄老人已按月领取高龄津贴。人口计生委继续推进农村部分计划生育家庭奖励扶助制度，2009年农村奖励扶助对象302万人；推动落实城镇独生子女父母年老奖励制度，广东、陕西、湖南等地改革完善城镇独生子女父母年老奖励政策。全国总工会开展企业退休职工社会保险待遇情况调研，推动妥善解决企业退休人员养老待遇偏低问题；积极组织包括退休职工在内的困难职工帮扶工作，筹集33.2亿元走访慰问601万困难职工家庭。解放军总政治部会同民政部推进军队离退休干部向地方移交安置工作，2009年军队向地方移交1.2万人；召开全国伤病残军人安置工作会议；颁发伤病残军人退役安置规定。各地结合当地实际，探索创新，不断推出完善养老保障制度的具体措施。天津、重庆、浙江等地积极探索建立统一的城乡居民养老保险制度，加快了城乡养老保障制度全覆盖的进程。

（二）医疗保障改革取得新进展

按照中共中央、国务院《关于深化医药卫生体制改革的意见》，卫生部在促进基本公共卫生服务均等化过程中，把老年人保健列为9类国家基本公共卫生服务项目之一，由基层医疗卫生机构向老年人免费提供；制定下发《国家基本公共卫生服务规范》，从技术层面上对老年人保健等国家基本公共卫生服务项目进行了统一要求；继续推进新型农村合作医疗制度，全面覆盖了我国农村地区。民政部继续推进城乡医疗救助，帮助贫困老年人缓解就医困难。人力资源社会保障部全面推进城镇居民基本医疗保险制度建设，提前一年从制度上实现了全覆盖；会同财政部、国资委安排429亿元，解决关闭破产国有企业退休人员医疗保障问题。中组部全面提高离休干部护理费标准，大幅度提高离休干部医疗待遇。

（三）养老服务工作扎实推进

发改委会同民政部、全国老龄办，安排2亿元专项资金，在江苏、湖北、黑龙江、重庆和甘肃五省市开展养老服务设施建设试点，正式启动基本养老服务体系建设；会同民政部起草编制《基本养老服务体系建设规划》，统筹安排“十二五”期间养老服务基础设施建设。人力资源社会保障部大力推进企业退休人员社会化管理服务工作，全国纳入社区管理的企业退休人员达到3879万人，比2008年底增加418万人，占企业退休总人数的75.2%；会同商务部等8个部委共同建立“发展家庭服务业促进就业部际联席会议”制度。民政部积极推进养老服务专业化和标准化建设，着手制定《机构养老服务规范》、《居家养老服务规范》，组织编制《老年养护院建设标准》、《社区老年人日间照料中心建设标准》，修订《养老设施建筑设计规范》；联合公安部下发《关于加强社会福利机构消防安全工作的通知》；加强县区社会福利机构、长期护理机构和示范性养老基地建设，促进基本供养服务均等化；会同财政部安排彩票公益金7.8亿元，用于各地实施“霞光计划”、养老机构建设、县区福利中心建设、爱心护理和“夕阳红”图书室援建等项目。卫生部安排104亿元，用于基层医疗卫生机构设备购置和社区公共卫生服务、人员培训。住房和城乡建设部等13个部委联合开展全国无障碍建设城市中期检查。中组部召开全国利用社区资源做好离退休干部服务管理工作经验交流会。团中央实施“志愿者养老服务金晖行动”和“爱心助成长”志愿服务计划。全国老龄办在河南、河北等省开展农村空巢老人帮扶试点工作。江苏省委、省政府出台加快老龄事业发展的意见，全面部署养老服务业发展。北京市政府办公厅下发《北京市市民居家养老（助残）服务（“九养”）办法》，全面开展居家养老服务工作。福建省政府出台《关于推进居家养老服务工作的实施意见》。山东、辽宁等地出台扶持政策，对民办养老机构给予补贴。吉林大力推进“居家养老大院”建设，实现了农村福利服务中心全覆盖。浙江加大投入，创新机制，初步搭建了城乡一体化的老年照料服务体系。贵州全省50%的县（市、区）开展了居家养老服务工作，并将这一目标列入省政府目标考核指标。

（四）老年文化教育活动蓬勃开展

各地、各有关部门以建国六十周年、“国际老年人年”十周年、全国老龄委成立十周年为契机，组织开展系列文化教育活动，丰富老年人精神文化生活。中组部表彰全国先进离退休干部党支部和离退休干部先进个人；会同人力资源社会保障部开展了走访慰问老干部、老党员、老工人活动；会同解放军总政治部、北京市委举办首都老干部庆祝建国六十周年书画摄影展。民政部、解放军总政治部召开全国、全军军队离退休干部安置管理工作暨“三先”表彰电视电话会议。体育总局会同全国老龄办举办第一届全国老年人体育健身大会，这是建国以来规模最大的综合性老年人体育活动；安排体育彩票公益金300万元，支援9个省、区基层老年人体育场地建设。中宣部积极协调新闻单位加强老龄工作方针政策的宣传教育。文化部举办“永远的辉煌”——第十一届中国老年合唱节，与全国妇联等五部门共同主办重阳节“红叶风采”大型文艺演出。新闻出版总署加强指导和支持老龄读物的出版。国家民委有针对性地开展有益于少数民族老年人身心健康的各项活动。教育部、广电总局等五部门联合举办全国敬老爱老助老主题教育活动。中直机关工委、中央国家机关工委举办纪念建国六十周年老干部文化教育系列活动。外交部积极推动老龄事务国际交流与合作。全国各地广泛开展老年群众性文化教育活动。湖南、宁夏等地举行大型老年文艺汇演，山东、厦门举办老年文化艺术节，陕西开展十大孝子评选和老同志唱红歌活动，黑龙江开展敬老文明窗口争创活动，青岛举办首届全国老年文化高峰论坛。新疆在“7·5”暴力事件期间，努力做好老年人思想政治工作，为维护民族团结和社会稳定做出贡献。

（五）老龄研究和法制建设逐步加强

全国老龄委组织的国家应对人口老龄化战略研究正式启动。这是我国首次从国家战略的高度来研究谋划老龄问题，将为今后我国老龄政策规划的制定提供重要依据。山西、黑龙江等地结合当地实际，启动本地应对人口老龄化战略研究。人口计生委牵头开展关于完善人口政策和人口老龄化战略研究。卫生部开展人口老龄化对卫生体系带来的挑战与对策研究。全国妇联开展老年妇女状况调查研究。教育部推动北大、清华、人大等高校开设老年学及相关专业。国家统计局组织研究在第六次人口普查中设置反映人口老龄化状况的相关指标。国家体育总局开展老年人健身、高龄老人健康运动等专项研究。公安部在《治安管理处罚法》等法律法规贯彻实施过程中，对殴打、伤害老年人的违犯治安管理法律法规行为，使用较重处罚幅度；推动各地公安机关在窗口单位普遍设立老年人“绿色通道”。司法部下发《关于进一步做好司法行政服务老龄工作的通知》，不断建立健全高效、便捷、完善的老年人维权工作机制。国家旅游局全面落实旅游景区老年人门票优惠政策。文化部在起草的《图书馆法》中增加“有条件的图书馆要增设老年图书阅览室”的内容。解放军总政治部研究拟制《中国人民解放军干休所工作条例》。云南、福建、广西等地开展老年法规执法检查，有力地推动了老龄法制建设。

（六）齐抓共管大老龄格局基本形成

除全国老龄委成员单位外，各有关部门、社会各界积极支持、主动参与老龄工作，齐抓共管大老龄工作格局基本形成。全国人大、全国政协和国务院法制办积极协助推进老年人权益保障法的修订工作；围绕涉老重点、难点问题，组织开展专项执法检查或调研活动，加强对涉老重点议案、提案的督办工作。最高人民法院、最高人民检察院妥善处理各类侵害老年人合法权益的案件，全力维护老年人的合法权益。商务部积极利用国际多边合作，将老龄工作纳入联合国援华重点领域。国务院参事室深入调研老龄工作，积极建言献策。国务院新闻办在发布的《国家人权行动计划（2009—2010）》中对我国老年人权利发展现状作了重点宣传。中央文明办牵头组织开展“百万空巢老人关爱行动”。中央政策研究室、国务院研究室对老龄问题进行了专项研究。新华社成立老龄化问题调研小分队，对老龄问题进行深度报道。中央和地方新闻媒体普遍加强了老龄工作的宣传报道，强化了全社会的老龄意识。

在充分肯定成绩的同时，我们还要清醒地认识到，老龄工作仍然存在着养老保障制度不完善、养老服务业发展滞后、基层老龄工作特别是农村老龄工作比较薄弱、老龄工作体系不健全等问题。对此，我们要高度重视，努力解决。

二、2010年全国老龄工作安排意见

2010年全国老龄工作总体安排是：全面贯彻党的十七大和十七届三中、四中全会精神以及中央经济工作会议精神，高举中国特色社会主义伟大旗帜，以邓小平理论和“三个代表”重要思想为指导，深入贯彻落实科学发展观，着力加强国家应对人口老龄化战略研究，着力加强养老保障制度建设，着力加强养老服务体系建设，着力加强基层老龄工作，着力加强老年文化教育工作，开拓创新，狠抓落实，推动我国老龄事业又好又快发展。

（一）做好国家应对人口老龄化战略研究

做好国家应对人口老龄化战略研究工作，是今年全国老龄委的重点工作。各部门要按照回良玉副总理在国家应对人口老龄化战略研究部署会议上的讲话要求，聚智聚力，精诚协作，力争年内取得成果。有条件的地方要结合当地实际组织地区性应对人口老龄化战略研究。在战略研究的基础上，根据国家经济社会发展中长期规划，制定我国老龄事业发展中长期规划。做好老龄事业发展“十一五”规划执行情况的评估，编制老龄事业发展“十二五”规划。

（二）继续完善养老保障制度

积极稳妥做好全国首批新型农村社会养老保险试点，探索新农保与相关制度衔接，制定实施扩大新农保试点工作方案。切实推进城镇企业职工基本养老保险关系转移接续办法的落实。巩固养老保险省级统筹和做实个人账户试点成果。积极稳妥推进事业单位养老保险制度改革试点工作。统筹研究机关事业单位退休费和企业基本养老金正常调整机制。完善城乡低保制度，逐步提高农村五保户供养水平，探索建立高龄津贴制度，切实保障贫困高龄老年人的生活。继续推动各地落实城镇独生子女父母年老奖励政策、农村部分计划生育家庭奖励扶助制度和计划生育家庭特别扶助制度。继续扩大医疗保险覆盖面，稳步提高包括老年人在内的各类参保人员的医疗保险待遇。逐步提高新型农村合作医疗和城镇居民基本医疗保险统筹标准和政府补助标准，适当扩大医疗救助覆盖面，发挥新农合与医疗救助制度对缓解老年人医疗难的作用。研究探索老年人长期护理保险制度。

（三）加快养老服务体系建设

开展基本养老服务体系建设规划试点工作，编制完成“十二五”基本养老服务体系建设规划，起草《关于进一步加快发展养老服务业的意见》。深化养老服务示范活动，完善居家、社区、机构相结合的养老服务体系。研究制定支持居家养老服务的优惠政策，加大政府投入力度，整合社区养老服务资源，统筹考虑居家养老服务设施建设、队伍建设和运营管理等问题。继续做好利用社区资源服务离退休干部的工作。研究制定扶持政策，鼓励社会力量兴办养老服务业。研究探索高龄老年人服务保障工作。开展养老服务人员职业技能培训和职业技能鉴定工作，推行职业资格认证制度。加大社会福利彩票、体育彩票公益金对养老服务业的投入。大力发展老龄产业，研究制定相关扶持政策，开发老龄产品，加强对老龄市场的监管。

（四）稳步推进基层老龄工作

开展老年宜居社区、老年友好城市、老年温馨家庭创建活动。继续做好老龄工作先进集体和先进个人评选工作。加强农村老龄工作，重点解决农村高龄、空巢、留守、失能老人的养老问题，探索应对农村人口老龄化的有效办法。加强农村老年活动设施建设，支持有条件的地方利用闲置土地、校舍、房屋等公共资源改扩建为养老服务设施。继续实施彩票公益金全民健身路径工程，支持基层社区建设小型老年人体育健身场地和设施。继续加强老年优待工作，加强老龄法制建设，依法严厉打击侵害老年人合法权益的违法犯罪活动，探索建立促进老年人法律援助事业健康发展的长效机制。认真做好老年人来信来访工作。加强基层老年人协会规范化建设，充分发挥老年群众组织自我教育、自我服务、自我管理的作用，探索建立老年群众组织管理体制机制。

（五）加强老年文化教育工作

广泛开展人口老龄化国情宣传、老龄工作方针和老龄工作先进典型宣传，加强公民孝亲敬老宣传教育，浓厚全社会敬老爱老助老氛围。做好第四届全国敬老爱老助老主题教育活动。举办第二届老年文化艺术节、第十二届中国老年合唱节和全国老年大学文艺汇演。积极发挥公共文化服务单位在老年文化活动中的主导作用，大力推动公共文化体育设施向老年群体免费开放。稳步推进老年教育工作，办好老年大学。积极支持老年人志愿者活动，推动“银龄行动”、“爱心助成长”等志愿服务活动深入开展，组织好老年志愿者服务上海世博会和广州亚运会。认真贯彻《全民健身条例》，广泛开展老年健身活动。

以上报告，提请会议审议。

在全国社会养老服务体系建设推进会上的讲话

民政部部长　全国老龄工作委员会副主任兼办公室主任　李立国

（2010 年 11 月 7 日）

同志们：

这次全国社会养老服务体系建设推进会，旨在深入贯彻党的十七大和十七届五中全会精神，积极应对日益严峻的人口老龄化挑战，研究部署进一步加快构建社会养老服务体系的目标、任务和措施。玉沛同志将代表民政部作报告，我扼要讲三点意见。

一、充分认识优先发展社会养老服务事业的重要意义

自 1999 年我国步入人口老龄化社会以来，老龄化加速发展，并日益呈现老年人口基数大、增长快，高龄化、空巢化趋势明显，需要照料的失能、半失能老人比例高等态势。截止 2009 年底，我国 1.67 亿老年人中，80 周岁及以上的高龄老人 1899 万，占 11.4%，他们之中多数人逐步进入半自理或不能自理状态。我国有失能老人 1036 万、半失能老人 2123 万，共占老年人口总数的 18.9%，他们不同程度地需要提供护理照料服务。城乡空巢家庭接近 50%，部分大中城市达到 70%；农村留守老人约 4000 万，占农村老年人口的 37%，城乡家庭养老条件明显缺失。我国 65 岁以上老年抚养比约 13%，有的省份接近 18%，家庭负担越来越重、社会养老服务需求越来越大。由于我国老龄化是在“未富先老”、社会保障制度滞后、单位福利体制解体、城乡和区域发展不平衡的形势下发生的，并伴有家庭逐渐小型化带来的家庭养老功能弱化等问题，加快发展社会养老服务事业，有效应对人口老龄化问题，越来越成为各级党委政府关心、社会广泛关注、群众迫切期待解决的重大民生问题。

改革开放以来，尤其是进入新世纪以来，我国综合国力不断增强，城乡居民收入持续增多，公共财政更多投向保障与改善民生领域，养老服务政策法规逐步建立，多元化投入格局逐渐形成，服务能力持续加强，惠及老年人范围不断扩大，奠定了社会养老服务体系的良好基础。但是，与日益严峻的人口老龄化形势、不断增长的社会养老服务需求和老年群众过上美好晚年生活的新期待相比，我国社会养老服务无论是供给总量、资金投入、社会分布、服务水平，还是政策落实、监督管理等方面都明显滞后，迫切需要加快推进社会养老服务体系建设，有效满足不断增长的社会养老服务需求。

党中央、国务院高度重视社会养老服务事业，多年来出台了一系列政策措施。党的十七大进一步确立了“老有所养”的战略目标，今年政府工作报告又明确提出“加快建立健全养老社会服务体系”的任务，尤其是刚刚闭幕的党的十七届五中全会在“十二五”规划建议中鲜明地提出了“优先发展社会养老服务”的要求。这一要求，贵在“优先发展”。在加快转变经济发展方式中，在积极应对人口老龄化的举措中，把社会养老服务事业摆在优先发展的位置上，是中央审时度势的正确决策，我们应当作为“十二五”时期及其以后发展社会养老服务事业的重大方针。我们积极贯彻这一方针，会同有关部门按优先发展来制定政策、增加投入、改革体制、改善管理，将有利于增强应对人口老龄化挑战的能力、提高广大老年人的生活质量和幸福指数，有利于拓展服务业新领域、发展新业态、扩大内需和促进就业，有利于弘扬中华民族敬老爱老优良传统、促进代际和谐、培育社会公德，对于深入贯彻落实科学发展观、实现全面建设小康社会的奋斗目标，具有非常重要的意义。

二、按优先发展方针推进社会养老服务体系建设

经过多年的实践，我国社会养老服务事业已经形成了较为明确的努力方向和基本途径，这就是立足基本国情，着力构建与经济社会发展水平相符合、与人口老龄化进程相适应，以居家养老为基础、社区服务为依托、机构养老为补充，资金保障与服务提供相匹配，无偿、低偿和有偿服务相结合，政府主导、部门协同、社会参与、公众互助的社会养老服务体系。

优先发展社会养老服务，就是要加快构建社会养老服务体系。要在城市全面推行居家养老，在农村逐步发展居家养老。居家养老不同于传统的家庭养老，它立足家庭，以社会服务进家庭为标志。居家养老是绝大多数老年人的意愿和实际选择，也是世界各国通行的主要养老方式。发展居家养老服务，需要建立社会化的服务机构和机制，培养专业化的养老服务员、家政服务员、病患护理员，配置必要的设备和器具，制定统一的服务标准，明确补贴对象，进行定期评估。居家养老要以社区服务为依托。养老服务是社区服务的重要组成部分，在社区建设中要注重社区养老服务设施、老年人社会组织和信息平台建设，加快发展日托服务、餐饮服务、文体活动服务和志愿服务、互助服务，为居家老年人营造舒适、便利的生活环境和服务条件。按服务对象占老年人数量的比例，机构养老在社会养老服务体系中居于补充地位，但由于其发挥着养老服务专业化、规范化的示范作用和辐射作用，它在社会养老服务体系中又是骨干。在我国原来补缺型的社会福利事业中，市、县（区）政府举办的社会福利机构和乡镇敬老院，有效地保障了城市“三无”老人和农村“五保”老人的生活。经过十多年社会福利服务社会化的发展，我国养老服务事业已经呈现了投资主体多元化、服务对象公众化、运作机制市场化、服务人员专业化的良好态势。在推进适度普惠型社会福利发展的今天，在贯彻优先发展社会养老服务方针的“十二五”时期，我们应当以城市“三无”老人、农村“五保”老人和低收入失能、半失能老人为重点，兼顾所有有需求的老人，将无偿服务、低偿服务与有偿服务相结合，全面发展社会养老服务，朝着城市街道社区有社会养老服务功能、社会有居家养老服务机构、县（区）有综合性社会福利中心、设区市有多所养老服务机构，每千名老年人拥有各类养老床位数达到 30 张；农村五保集中供养率超过 40%、农村失能半失能老人能够得到照料服务、有条件的农村社区开展居家养老服务的目标迈进。各层次的养老服务机构，可以采取不同所有制或经营形式，但都应当符合标准、功能完善、队伍专业、服务优良。

加快构建社会养老服务体系，前提是要落实政策和完善政策。国办发〔2000〕19 号、国办发〔2006〕6 号等文件，对发展社会福利事业及养老服务机构，在土地供应、资金投入、税费减免、财政补助、社会融资、供水供电供热、免费服务等方面出台了一系列优惠政策和优待老年人的政策，要继续采取有力措施抓好落实；随着形势的发展，要尽快制定政府补贴、购买服务、高龄补助等新政策，并把行之有效的政策及时上升为法规和规章。

加快构建社会养老服务体系，关键是要广泛动员、真抓实干。各级民政部门要参照民政部做法，抓紧制定本地区养老服务体系建设“十二五”专项规划，并争取把养老服务体系建设内容纳入本级经济社会发展“十二五”规划。要争取加大本级政府基建投入，积极扩大福彩公益金投入，努力吸引慈善资金投入，加快兴建公办养老服务机构和社区养老服务设施。要大力支持社会力量投资建设养老服务设施，兴办面向家庭和社区的非营利性社会养老服务机构，发展义务为老服务的志愿者队伍。要抓紧扩大相关职业技术教育和岗位正规培训，培养大批合格的、持证上岗的养老护理员，尽快适应广泛的养老服务需求。在广泛进行社会动员中，要弘扬孝亲敬老的传统美德，巩固家庭养老的意识和行为。赡养、照料老年人，是家庭成员的亲情和义务，也是我国有关法律对家庭责任和义务的规定。发展社会养老服务，是对家庭养老的支援，不能取代家庭养老的责任和义务；支援家庭养老，也要视家庭养老能力的差异，按区别政策提供社会服务。

三、依靠科学管理提高社会养老服务水平

管理社会养老服务，一直是民政主管的社会福利事业的组成部分。在新一轮机构改革中，国务院办公厅印发的《民政部主要职责内设机构和人员编制规定》（国办发〔2008〕62 号）进一步明确，民政部具有“指导老年人、孤儿和残疾人等特殊群体权益保障工作”的职责。相应地，各级政府也规定了民政部门同样的职责。因此，在发展社会养老服务事业中，各级民政部门都要认真履行职责，加强行业管理，提高服务水平。一是要加强组织协调，把加快构建社会养老服务体系当作民政工作的重要任务、社会福利事业的首要工作，加强民政系统内部力量和资源整合，加强与相关部门的沟通、协调，形成推动社会养老服务体系建设的强大合力。二是要统筹抓好社会养老服务的政策研究、规划编制、标准制定和信息化建设，达到政策有促进力度，规划有前瞻和可行性，按标准建设和实施规范化管理，加快建立综合信息平台，提高服务效能。三是指导、推动公办养老服务机构改革经营管理机制，实行经营者聘任、员工聘用、公建民营、服务功能承包经营等新的体制机制，增强内在活力和发展动力。四是加强机构和服务监管，把所有社会养老类服务机构、社区服务、居家服务都纳入监管范围，从本地实际出发，抓紧完善具体的监管办法、充实监管力量。要依托社会组织，开展第三方的养老服务评估工作和养老机构等级评定工作。要认真贯彻国办发〔2006〕6 号文件的重要要求，抓紧建立公开、平等、规范的养老服务业准入制度，把好入口关，强化监管作用，保证社会养老服务事业健康发展。

同志们，党的十七届五中全会确立优先发展社会养老服务的方针，是高瞻远瞩、切中关键的，对民政部门而言，是获得了宝贵机遇和新的支持条件。我们一定要抓住机遇，乘势而上，奋发有为，加快构建社会养老服务体系，让老年人生活得更有亲情、更有尊严、更加丰富多彩、更加快乐幸福！

在北京市万名孝星暨千家为老服务先进单位表彰会上的讲话

民政部副部长 窦玉沛

（2010 年 10 月 14 日）

尊敬的郭金龙市长、马振川副主任、丁向阳副市长、黎晓宏副主席，同志们：

大家好！非常高兴参加北京市万名“孝星”暨千家为老服务先进单位表彰大会。受李立国部长和全国老龄办陈传书常务副主任委托，我代表民政部、全国老龄办，对北京市召开此次表彰大会表示热烈的祝贺，向评选出的万名“孝星”和千家为老服务先进单位表示崇高的敬意，向长期辛勤工作在为老服务工作战线上的同志们致以诚挚的问候，向喜迎重阳佳节的全国老年朋友们表示节日的祝福！

为了进一步深入贯彻党和政府老龄工作的方针政策，宣传我国人口老龄化的严峻形势和应对措施，弘扬尊老、敬老、爱老、助老的优良传统，动员组织社会各界为老年人办实事、做好事、献爱心，让老年人共享经济社会发展成果，安享幸福生活，全国老龄委决定在今年 10 月组织开展以“关爱老人，构建和谐”为主题的“敬老月”活动。“敬老月”活动在全国范围内组织开展是第一次，当前全国各地正通过走访慰问送温暖、为老志愿服务、老年维权服务、组织老年文化体育活动、开展老年宣传活动等多种方式，进一步营造良好的尊老、敬老、助老的社会氛围，推动老龄工作和老龄事业的发展。刚才，吴世民同志做了很好的工作报告，会议表彰了“孝星”和为老服务先进单位，向阳副市长还要做重要讲话，特别是郭市长在百忙之中亲临今天的大会，使我深切地感受到北京市的老龄工作，领导重视，基础扎实，创新发展，成效显著。“孝星”和先进单位代表的演讲，事迹生动，催人泪下，感人至深。他们是尊老、敬老、孝老的楷模和典范，是为老服务的表率和榜样，为弘扬中华民族优良传统、营造爱老助老的社会氛围、推动和谐社会建设做出了突出的贡献，值得认真总结，应向社会大力宣传推广。

老龄工作是党和政府的一项重要工作。我国自 1999 年进入人口老龄化社会以来，老年人口快速增长，老龄化程度逐步加深。2009 年，全国 60 岁以上老年人口已达到 1.67 亿，占总人口的 12.5%。“十二五”期间，全国老年人口将突破 2 亿，占总人口的比例将超过 15%。在“未富先老”的背景下提前进入人口老龄化社会，我国应对人口老龄化的经济基础、养老保障制度和养老服务体系还比较薄弱，并且老龄化、高龄化、空巢化同时存在，给应对人口老龄化增加了难度。特别是北京、上海等率先进入老龄化的地区，老龄化的程度高于全国的平均水平，人口老龄化对社会、经济、文化的影响日益显现。为科学、主动应对人口老龄化挑战，全国各地在构建养老保障和养老服务体系、满足老年人需求方面进行了积极、有益的探索。北京市在市委、市政府的领导下，进一步解放思想，开拓创新，牢固树立大民政理念，为解决老龄问题提供了新视野和新方法，制定实施了一系列老龄政策，特别是城乡无社会保障老年人福利养老金制度、“一老一小”大病医疗保险办法、老年人优待办法、“9064”养老服务发展目标、居家养老助残服务“九养政策”等，不断满足老年人日益增长的物质文化需求，完善了北京市养老保障和养老服务体系，为解决老龄问题进行了有益的尝试，为全国提供了宝贵的经验和做法。实践证明，这些制度是卓有成效的，不但丰富了老龄政策体系的内容，而且实实在在为老年人办实事、做好事、解难事，得到了广大市民的拥护和支持。

按照党的十七大关于努力使全体人民老有所养的要求，我们要坚持“党政主导、社会参与、全民关怀”的老龄工作方针，以制度创新为重点，加快建立覆盖城乡全体居民的养老保障体系；以社会化发展为方向，着力构建“居家养老为基础，社区服务为依托，机构养老为补充”的养老服务体系；以加强老龄工作力量、提升老龄工作水平为目标，健全老龄和社会福利工作体系。希望北京市立足于建设“人文北京、科技北京、绿色北京”和世界城市的发展定位，着眼于全党全国工作大局，以更高的工作标准、更高的工作要求、更快的发展速度，在理论上探索，在规划上先行，在实践上创新，切实将老龄工作和社会福利事业提高到新的水平，着力构建孝亲敬老首善之区，为全国老龄事业和社会福利事业发展继续提供改革创新的经验、科学发展的示范。

同志们，孝亲敬老是中华民族的优良传统，是家庭子女和社会成员的神圣义务。家家有老人，人人都会老，孝敬今天的老人是尊敬我们的长辈，也是尊重明天我们自己。孝心不能等待。让我们携起手来，以孝为先，孝行天下！

最后，祝愿全国的老年朋友们重阳节快乐，身体健康，生活幸福！

（根据录音整理　未经本人审阅）

在全国社会养老服务体系建设推进会上的报告

民政部副部长　窦玉沛

（2010年11月7日）

同志们：

这次会议的主要任务是，贯彻党的十七大报告和今年政府工作报告中提出的“老有所养”、“加快建立健全养老社会服务体系”的要求，落实党的十七届五中全会关于“注重发挥家庭和社区功能，优先发展社会养老服务，培育壮大老龄服务事业和产业”的精神，交流各地社会养老服务体系建设经验，部署今后一个时期加快社会养老服务体系建设工作。刚才，立国部长和志军省长作了重要讲话，大家要认真学习、深刻领会。为了抓好立国部长讲话精神的贯彻落实，下面，我讲三个问题：

一、社会养老服务体系建设的主要成就

经过2000年全国社会福利社会化工作会议以来10年的探索和实践，我国社会养老服务体系建设取得了长足的发展。

（一）社会养老服务的政策法规建设不断推进

国家先后颁布和实施了一系列政策法规，推动社会养老服务体系建设。2000年，经国务院批准，国务院办公厅转发了民政部等11部门《关于加快实现社会福利社会化的意见》，提出了推进以养老为重点的社会福利社会化的指导思想、基本目标和总体要求，并从建设用地、税收、公用事业收费和费用补贴等角度制定了诸多优惠政策。2005年，民政部出台了《关于支持社会力量兴办社会福利机构的意见》，鼓励和扶持企事业单位、社会团体和个人等社会力量投资兴办养老机构。2006年，国务院办公厅转发了全国老龄办和民政部等部门《关于加快发展养老服务业的意见》，要求按照政策引导、政府扶持、社会兴办、市场推动的原则，逐步建立和完善以居家养老为基础、社区服务为依托、机构养老为补充的服务体系。2008年，全国老龄办、民政部出台了《关于全面推进居家养老服务工作的意见》，提出在全国城市社区基本建立起多种形式、广泛覆盖的居家养老服务网络。在养老机构管理方面，民政部制定并颁布了《社会福利机构管理暂行办法》，对社会福利机构的规划、设立、日常运营和服务作出了明确的规定。各地也立足实际，突出政府的宏观指导和政策扶持，制定和完善了许多具体化、可操作性强的政策、法规和标准，使我国的社会养老服务体系建设初步走上了有章可循的轨道。

（二）社会养老服务体系的基本框架初步确立

从社会主义初级阶段的基本国情出发，初步建立了以居家养老为基础、社区服务为依托、机构养老为补充的中国特色社会养老服务体系。一是开展居家养老服务。居家养老服务从无到有，从点到面，取得了较好进展。目前，一个以保障高龄、独居、空巢、失能和低收入老人为重点，借助专业化养老服务组织，提供生活照料、家政服务、康复护理、医疗保健等服务的居家养老服务体系基本建立。二是发展社区养老服务。2001年，民政部连续3年组织实施全国“社区老年福利服务星光计划”，2006年，会同国家发改委启动实施“十一五”社区服务体系发展规划，在街道和社区建立和完善社区服务设施。目前，全国共有各类社区服务中心17.5万个，城市便民、利民服务网点69.3万个，因地制宜地开展了老年人入户服务、紧急援助、日间照料、保健康复、文体娱乐等服务，提升了社区养老服务能力。三是推进机构养老服务。各地按照投资主体多元化的要求，打破政府直办、直管的传统做法，积极引导和鼓励社会力量兴办老年公寓、福利院、敬老院等养老机构，目前，我国共有各类养老机构38060个，床位266.2万张，收养各类人员210.9万人，多种所有制成分兴办养老机构的实践取得了一定的成效。

（三）社会养老服务多元化投入格局日趋形成

各地多渠道筹措资金，逐年加大对养老服务事业的投入，形成了财政、彩票公益金和社会投入相结合的多元化投入机制。一是加大财政投入力度。2009年—2010年，民政部会同国家发改委在黑龙江、江苏等12个省份开展基本养老服务体系建设工程试点工作，国家发改委拨出5亿元支持试点，开启了中央专项资金支持养老服务体系建设的先河。各地采取多种方式，加大在高龄补贴、“三无”和“五保”人员供养、民办公助、政府购买服务、基础设施建设等方面的财政投入，发挥政府资金的引导作用和扶持功能。二是加大彩票公益金投入。老年人社会福利一直是福利彩票公益金的资助重点。特别是从2006年起，随着福利彩票发行量的扩大，民政部和各地持续加大对社会养老服务体系建设的支持力度，先后在全国范围内启动实施了农村五保供养服务设施、省市社会福利机构、县区社会福利中心、示范性养老基地等工程项目建设，同时，开展“爱心护理工程试点”，资助地方建设了一批种类多样、社会急需的养老机构。三是吸引社会资金投入。各地从政策扶持入手，以社会需求为导向，积极鼓励和引导民间资本参与兴办养老机构，目前，我国社会力量兴办的养老机构快速增加，有些地区民办养老机构的数量已超过政府办养老机构，成为我国养老服务体系的重要力量。一些地区还大力探索实施公建民营，激发了社会力量参与养老服务体系建设的热情。

（四）社会养老服务体系的惠及范围逐步扩大

顺应经济社会的发展要求，我国养老服务体系建设的服务对象逐步扩大，逐步由“三无”和“五保”老人拓展到全社会所有的老年人。一是对于“三无”和“五保”老人，各地采取集中供养和分散供养相结合的方式，保障他们的基本生活，为他们提供无偿服务，供养资金纳入财政预算。二是对于高龄老人，绝大多数地区出台了标准不同的“高龄补贴”制度。三是对于低收入老人，各地将其作为服务保障的重点，为他们接受居家或者机构养老提供低偿或者无偿的服务。四是对于经济条件较好的老人，各地通过市场化运作，建设了一批档次较高的养老机构，同时，在居家养老中实行有偿服务，满足了他们的养老服务需求。养老服务体系惠及范围的扩大，既体现了社会福利由补缺型向适度普惠型转变的客观要求，也是各级民政部门围绕大局，改善民生，不断实践和探索的结果。

（五）社会养老服务体系的能力建设不断加强

各地立足我国社会养老服务体系建设的现状，加强专业化建设，制定各项规范，完善相关标准，使养老服务体系的能力建设不断加强。一是加强专业化建设。各地高度重视养老服务队伍建设，积极推行职业资格和技术等级管理制度，同时，加强养老护理员的专业教育、在职教育和岗位技能培训，使养老服务队伍的整体素质、职业道德和业务水平不断提高。许多地区开始加大引入专业社会工作者的力度，使服务质量不断提高。二是推进标准化建设。2007年，经国家标准化管理委员会批准，民政部组建了全国社会福利服务标准化技术委员会。民政部颁布和参与颁布了《老年人社会福利机构基本规范》、《老年人建筑设计规范》等标准，目前，正在研究和制定《失能老年人等级划分》、《养老机构等级划分与评定》等标准。各地也制定了一系列相配套的规范和标准，推动养老服务事业规范发展。三是加强信息化建设。一些地区利用现代技术手段，通过便民信息网、电话专线、爱心门铃、健康档案、服务手册等形式，加强养老服务信息平台建设，构建起了没有围墙的养老院，为老年人提供方便快捷的服务。四是推动行业健康发展。民政部组织各地广泛开展了一系列专项检查，落实有关法律法规和标准规范。与公安部联合下发通知，对加强养老机构的消防安全工作提出了明确要求。支持各地组建养老服务行业协会，构建政府、中介组织、养老机构三方管理体制，开展行业自律、行业管理、行业交流和行业培训等。

在肯定成绩的同时，我们必须清醒地认识到，我国社会养老服务体系建设，还存在着与新形势、新任务、新需求不相适应的地方，概括起来，主要有如下几点：一是总量不足。养老床位总数仅占全国老年人口的1.59%，不仅低于发达国家5%～7%的比例，也低于一些发展中国家2%～3%的水平。保障面相对较小，服务项目偏少。由于缺乏科学的规划指导，区域之间、城乡之间发展不平衡，布局不合理，既存在“一床难求”，也存在“床位闲置”现象。二是投入不足。部分地区和部门误认为倡导社会福利社会化就意味着政府可以不管或少管了，导致对养老服务的政府投入严重不足。有些地方，福利彩票公益金没有重点用于养老服务事业。三是专业化程度不高。由于缺乏相应的人才培养和激励机制，养老服务专业人员缺乏。以养老护理员为例，潜在需求在1000万左右，目前全国取得职业资格的仅有几万人。四是政策落实不到位。国家在土地、税收、用水、用电等方面提出了一系列优惠扶持政策，但由于部分地区和部门认识不到位，加之一些政策措施刚性不够，许多政策很难落实，没有发挥好优惠政策对社会力量兴办养老机构的扶持和激励作用。五是监管上存在着薄弱环节。对营利性的养老机构准入和监管缺乏依据，对未经登记的非营利性养老机构缺乏监管手段，一些养老机构游离于监管之外，安全事故时有发生，老年人的合法权益难以得到维护。以上这些问题，需要引起我们的高度重视，认真研究分析，在今后的实践中努力加以解决。

二、社会养老服务体系建设的发展目标、总体要求和基本原则

“十二五”时期，我国的经济社会发展站在了新的历史起点上。中共中央关于制定国民经济和社会发展第十二个五年规划的建议指出：“积极应对人口老龄化，注重发挥家庭和社区功能，优先发展社会养老服务，培育壮大老龄服务事业和产业。”这对推进社会养老服务体系建设提出了新的更高要求。我们必须明确发展目标，理清总体要求，把握基本原则，切实把社会养老服务体系建设提高到一个新水平。

当前和今后一个时期，社会养老服务体系建设的发展目标是：立足基本国情，在“十二五”期间，基本建立起以居家养老为基础、社区服务为依托、机构养老为补充，资金保障与服务提供相匹配，无偿、低偿和有偿服务相结合，政府主导、部门协同、社会参与、公众互助，具有中国特色的社会养老服务体系，让老年人安享晚年生活。

社会养老服务体系建设的总体要求：

——在服务对象上，要面向社会所有老年人提供服务，政府重点保障“三无”、“五保”及低收入的高龄、独居、失能等养老困难老年人的服务需求，在此基础上，建设一定数量的具有典型示范作用、面向老年人服务的养老机构。

——在服务项目上，要着眼于老年人的实际需求，为老年人提供生活照料、家政服务、医疗康复、长期护理、精神慰藉、安全援助等多样化服务。

——在服务方式上，要通过政府支持或购买服务，推进居家养老服务，加强社区养老服务，对无法居家养老的老年人，由养老机构提供专业化集中照料。

——在服务设施上，既要盘活存量，发挥现有机构和设施作用，更要以需求为导向，大力发展增量，注重整合社会闲置资源。加强居家养老、社区养老和机构养老设施建设，完善功能，为养老服务事业发展提供载体。

——在服务保障上，要充分发挥政府在制定政策、统筹规划、资金投入、监督管理等方面的职责，引导和扶持社会力量参与养老服务，努力满足不同需求老年人的服务。

——在服务布局上，要坚持城乡统筹，在加快推进城镇养老服务业发展的同时，大力发展农村养老服务业，实现社会养老服务体系建设城乡协调、整体推进。要努力使供养型、护养型、颐养型等机构合理布局。

——在服务队伍上，要走专业化、职业化和志愿者相结合的道路，建设一支专兼结合、结构合理、素质优良的人才队伍，为提高养老服务水平提供人才支撑。

围绕上述目标和要求，当前和今后一个时期，社会养老服务体系建设要坚持以下基本原则：

一是坚持居家、社区、机构相结合，这是推进养老服务体系建设的必然选择。居家养老在我国养老服务体系中居于基础地位，它与传统家庭养老不同，其重要特征是发挥家庭养老的优势，履行家庭成员的责任，建立居家养老服务网络。社区服务是基于我国家庭小型化的实际，由社区就近就便为居家养老提供支持。机构养老，主要立足于“三无”、“五保”、高龄和失能以及有机构养老需求的老人，从机构数量和床位数量上看它是补充，但从功能来看它是骨干，可发挥其设施、人员和技术上的优势，通过培训、示范、支持等方式，辐射家庭和社区。

二是坚持资金保障和服务提供相结合，这是推进养老服务体系建设的有力支撑。资金和服务是社会养老服务体系的两大重要支撑，缺一不可。一方面，要加强资金保障，即政府对于“三无”、“五保”、低收入的高龄、独居、失能等养老困难老年人的养老以及设施建设给予必要的资金保障。另一方面，要提供服务，即政府通过推动养老服务业发展，为老年人提供生活照料、医疗康复、长期护理、精神慰藉等一系列服务，依据不同情况的老年人提供有偿、低偿和无偿的服务保障。

三是坚持个性化服务和多样化服务相结合，这是推进养老服务体系建设的根本要求。推进养老服务体系建设，一方面，必须坚持以人为本、以孝为先，千方百计地提高服务质量，改进服务方式，规范服务流程，对老年人实行人性化、个性化服务。另一方面，必须为老年人提供形式多样、内容广泛的社会化服务，满足老年人多层次的养老服务需求。

四是坚持政府主导和社会参与相结合，这是推进养老服务体系建设的强大动力。推进社会养老服务体系建设，既要坚持政府主导，更要动员社会参与。一方面，必须充分发挥政府在制定政策、统筹规划、资金投入、典型示范、监督管理等方面的主导作用，发挥有关部门协调配合、各尽其责的联动作用。另一方面，要以需求为导向，引导市场资源、扶持社会力量积极参与，不断增加养老服务供给。

五是坚持改革创新与典型示范相结合，这是推进养老服务体系建设的有效途径。社会养老服务体系建设是一项新的宏大的系统工程，面对许多困难和新情况、新问题，我们必须不断创新工作思路，用改革的方法破解前进中的矛盾和问题，调整完善政策措施，形成长效机制。同时，要发挥典型的引导示范作用，广泛开展养老服务示范活动，探索推进养老服务体系建设的规律，以点带面，逐步建立起与市场经济相适应的养老服务发展模式。

三、推进社会养老服务体系建设的重点任务

社会养老服务体系建设是一项民心工程，关系到人民群众特别是广大老年人最关心、最直接、最现实的利益，关系以改善民生为重点的社会建设，关系社会的和谐稳定。各级民政部门一定要从战略和全局的高度，增强推进社会养老服务体系建设的使命感、责任感和紧迫感，切实采取有力措施，重点做好以下工作。

（一）加强规划制定，发挥规划的引导作用

加强社会养老服务体系建设，必须规划先行，合理配置和有效利用社会各方面资源，提高体系建设的科学性。刚刚闭幕的党的十七届五中全会，对制定国民经济和社会发展第十二个五年规划做出了战略部署，对优先发展社会养老服务提出了明确要求。各地要认真贯彻落实全会精神，切实加强社会养老服务体系建设规划的制定工作。国家将制定社会养老服务体系建设专项规划，各地要在深入调查研究的基础上，以满足区域内全体老年人的养老服务需求为目标，科学编制区域社会养老服务体系建设规划，明确目标、任务、措施和布局，并争取纳入当地经济社会发展、城乡建设和土地利用总体规划。在实施社会养老服务体系建设规划的过程中，要注意整合资源与新建设施相结合、设施改造与功能提升相结合、布局结构与服务需求相结合，做到目标可行、任务明确、布局合理、措施有效。要按照“建设一批、立项一批、储备一批”的原则，进一步优化项目布局，满足可持续发展的要求。

（二）加大资金投入，满足老年人的养老服务需求

要积极争取政府投入、激励社会投入，扩大福利彩票发行等多种渠道，加强养老服务的资金保障。一是完善政府供养制度。对于城市“三无”、农村“五保”老人，采取集中供养或分散供养的方式，保障其基本生活不低于当地居民平均生活水平，并建立自然增长机制。二是建立高龄补贴制度。逐步将本地区80周岁以上老年人纳入高龄补贴保障范围，提高发放的层级，按月向符合条件的老年人计发高龄补贴。三是建立养老服务补贴制度。对于低收入的高龄、独居、失能等养老困难老年人，经过评估，采取政府补贴的形式，为他们入住养老机构或者接受社区、居家养老服务，提供支持。四是建立民办公助制度。对于非营利性的民办养老机构、居家养老服务设施或组织，既可在建设期按照建设规模、投资总额、土地租期等指标，一次性或者分期给予建设补贴，又可在运营期，按照床位数、收养人数、入住率等指标，给予一定的运营补贴。五是改进福利彩票公益金资助办法。今后，福利彩票公益金要重点用于社会养老服务体系建设，部本级将逐步实行“以奖代补”，充分发挥彩票公益金的使用效益和引领作用。六是要大力推动慈善事业。积极引导慈善资源投向社会养老服务体系建设。

（三）推进居家养老服务，完善社区养老服务

要深化认识，强化措施，把居家和社区养老服务作为社会养老服务体系建设的重点。一是大力推进居家养老服务。居家养老要以日托照顾和上门服务为主要方式，为居家老年人提供生活照料、家政服务、康复护理、医疗保健等服务。建立县（市、区）、街道（乡镇）、社区（村）三级社区居家养老服务设施和网络。加强居家养老服务设施的无障碍建设和改造，方便老年人的日常生活。二是着力完善社区养老服务。按照就近就便、小型多样、功能配套的要求，建设和改造一批托老所、日间照料中心、星光老年之家等社区养老服务设施。鼓励各类社会服务企业和中介组织

参与社区居家养老服务。依托城市社区服务信息载体，在社区普遍建立数字网络服务系统、养老服务热线、紧急救援系统，建设便捷有效的养老服务信息平台。三是整合社会服务资源。争取政府重视支持，加大政策扶持和资金支持，通过整合、置换或转变用途等方式，将闲置的医院、学校、企业以及各类公办培训中心、活动中心、小旅馆、小招待所等公共设施资源改造用于养老服务。鼓励社区各单位的生活服务和文化体育设施向老年人开放。

（四）加强养老机构建设，满足老年人集中照料需求

各地要高度重视养老机构建设，加快养老机构基础设施建设步伐，为社会养老服务提供载体。一是加强供养型和护养型养老机构建设。今后一个时期，公办养老机构建设的重点是以收养“三无”、“五保”、低收入和失能老年人为主的供养型和护养型养老机构。继续实施农村五保供养服务设施建设“霞光计划”，完善功能设施，满足服务对象的要求。全国县级以上城市要至少建有1所以养老服务为主的综合性社会福利机构。地级以上城市要至少建有1所为失能失智老年人提供长期护理服务的专业性护养机构，形成设施齐全、功能完备、服务规范的老年人长期照料网络。二是打造示范性养老机构。地级以上城市可根据当地实际，建设一所集生活照料、医疗康复、老年大学、认证培训、文体娱乐等多种功能于一体，能够辐射周边地区，在全省具有示范作用的大型综合性养老机构。三是深化公办养老机构改革。积极探索推进公办养老机构现代管理方式，积极推进法人治理、经营者聘任、员工聘用、服务功能承包或公建民营，培育发展专业化的养老服务经营管理机构，增强公办养老机构自身发展的生机和活力。按照国家对推进事业单位改革的总体指导思想，深化改革，理顺公办养老机构管理体制和运行机制，建立责任制和绩效评价制度，提高公共服务质量和效率。公办机构在完成政府供养对象任务的前提下，充分发挥在服务理念、设施设备、人才队伍上的优势，面向社会老人开放，参与社区居家养老服务，弥补社会养老资源的不足。

（五）落实优惠政策，推动社会力量积极参与

各地要加强有关部门的沟通协调，落实国家现有优惠扶持政策，引导和促进社会力量参与养老服务事业。一是落实社会融资政策。加大金融对养老服务的支持力度，增加养老服务企业项目信贷投入，适当放宽贷款条件，尽量降低担保条件，并提供优惠利率。对于规模大、前景好、市场急需的养老服务项目，给予必要的贷款贴息补助。二是落实税费优惠政策。对养老机构提供的育养服务免征营业税；对非营利性养老机构的收入免征企业所得税；社会力量投资兴办的福利性、非营利性的养老机构自用房产、土地，暂免征收房产税、城镇土地使用税；个人通过非营利性社会团体和政府部门向福利性、非营利性养老机构的捐赠，在缴纳个人所得税前准予全额扣除。企业、事业单位、社会团体等社会力量对养老机构等公益事业进行捐赠的，企业在年度利润总额12%的部分准予在所得税前扣除。各类养老机构实现与居民用电、用水、用气、用热同价。三是落实土地供应政策。养老机构按照法律、法规规定应当采用划拨方式供地的，划拨供地；按照法律、法规规定应当采用有偿方式供地的，在地价上适当给予优惠；属于出让土地的，土地出让金收取标准应适当降低。四是落实医疗服务政策。鼓励在养老机构内设置医院、门诊等医疗机构。养老机构内设医疗机构审查合格后，要纳入城镇职工（居民）基本医疗保险和新型农村合作医疗定点范围。养老机构收养人员中的参保人员，在定点的养老机构所设医疗机构就医所发生的医疗费用，按照医疗保险的规定支付。各地要在认真抓好落实上述国家已有优惠政策的基础上，结合当地实际，进一步研究制定本地区的扶持优惠政策。

（六）加强法制化、标准化、信息化和专业化建设，提升养老服务的规范化水平

各地要从推动社会养老服务体系健康发展的高度，切实加强养老服务的法制化、标准化、信息化和专业化建设。一是完善法规和规章。要抓紧研究制定养老机构的管理办法，理顺管理体制，按照2006年国办转发的《关于加快发展养老服务业的意见》要求，建立公开、平等规范的准入、监管、退出机制，配套完善相关制度措施，将各类养老机构纳入监管范围。各地要抓紧研究制定养老服务的地方法规、规章和规范性文件，为养老服务事业发展提供制度保证。二是加强标准化建设。建立养老服务标准化体系。制定和完善养老服务质量、服务资质、服务规范、服务设施、服务安全卫生、服务环境监测、服务产品等标准。制定失能老年人评估标准，为失能老年人提供适的养老服务提供依据。三是加快信息化建设。依托现代技术手段，建立起统一的养老服务信息系统，掌握养老服务的基本底数和发展动态，为政府采集行业信息、公众接受养老服务、行业规范化发展提供信息支持。四是加强专业化建设。建立养老机构院长岗前培训和养老护理员持证上岗制度，培养和引进中高级专业人才。养老机构内养老护理员与失能老人的比例不得低于1∶3，与自理老人的比例不得低于1∶10。争

取在高等院校和中等职业技术学校增设养老服务相关专业和课程，加大培训力度，加快培养老年医学、护理、营养和心理等方面的专业人员。在养老服务领域率先培养和使用一批高素质的社会工作者。大力开展养老服务志愿服务活动，逐步实现志愿活动的制度化、规范化、常态化。

（七）加强探索，推动养老服务事业创新发展

加快建立健全社会养老服务体系，面临着许多新情况、新问题，要加强对社会养老服务体系建设的探索实践，及时发现和总结实践中行之有效的经验做法。一是探索建立长期照护制度。以失能老年人为对象，从人才培养、薪酬激励、服务质量监督、照顾者援助等多个方面入手，建立起比较完善的长期照护制度。二是探索建立长期护理保险机制。积极探索建立由政府主导的长期护理保险制度。鼓励和引导商业保险公司开辟长期护理保险业务。增强群众长期护理保险意识，减轻长期高额护理费用压力。三是建立现代老年产业体系。鼓励企业根据老年人生理特点、精神文化和营养需求，开发、生产和经营老年产品。发展老年旅游、老年服装、老年教育和老年文化市场，丰富老年人的文化娱乐生活。积极引导企业开发老年食品、保健康复、老年照护、老年住宅、老年社区、“以房养老”等服务市场。积极支持老年康复辅具、护理用品、自助设备等老年用品科技创新和研发。鼓励中介机构参与老年产业发展，提供评估、咨询和第三方认证等服务。民政部主管的中国社会福利协会将以老年社会福利服务为重点，各地要大力支持，充分发挥相关社会组织的积极作用。

同志们，加快推进社会养老服务体系建设，是功在当代、造福老人、惠及子孙的大事。各地要认真贯彻党的十七届五中全会精神，按照立国部长讲话要求，明确目标任务，加强组织领导，狠抓贯彻落实。民政部、全国老龄办已经成立了社会养老服务体系建设领导小组，组织协调和统筹推动社会养老服务体系建设工作。各地也要建立健全工作机构，切实加强对这项工作的领导。让我们抓住机遇，克服困难，真抓实干，为加快建立健全社会养老服务体系而努力奋斗！

在2010年全国老龄委办公室主任会议上的讲话

全国老龄委办公室常务副主任　陈传书

（2010年1月29日）

同志们：

今年的全国老龄委办公室主任会议与全国老龄委全体会议同时召开。这样安排，有利于各地更好地传达贯彻全国老龄委会议精神，也体现了国务院领导对老龄工作的高度重视。昨天下午，大家列席全国老龄委会议，聆听了回副总理的重要讲话和李学举部长的工作报告，对当前的老龄工作形势有了清晰的认识，对今年的工作任务有了基本的了解。今天，我们在这里召开全国老龄委办公室主任会议，主要任务是学习贯彻全国老龄委会议精神，研究抓好今年的重点工作。下面，我讲几点意见。

一、关于2009年工作

2009年是极其重要而又意义特殊的一年。在新中国六十华诞之载，在我国经济社会发展面临国际金融危机严峻挑战之时，全国老龄工作紧紧围绕党和国家工作大局，取得了显著成绩。

（一）全社会老龄意识有新的提升

各级党委政府、各有关部门更加重视老龄工作。中共中央政治局委员、国务院副总理、全国老龄委主任回良玉十分关心老龄工作，本年度给全国老龄委办公室的批件达26份，并亲自主持会议部署了国家应对人口老龄化战略研究。中央国家机关各部门发挥各自优势，加大了推进老龄事业发展的力度。全国政协、中央政策研究室、国务院研究室等许多重要部门及不少驻外使馆等单位都积极投入老龄问题调查研究，为党中央、国务院决策提建议。各地进一步加大了老龄事业发展力度。许多地方党委和政府召开了老龄工作会议，出台了加快老龄事业发展的文件。新华社等重要媒体组织了老龄问题系列报道，许多社会团体举办了老龄问题高峰论坛等重要活动，进一步浓厚

了老龄事业发展的氛围。

（二）养老保障制度建设有新的突破

新型农村社会养老保险试点正式启动，国家财政支付的基础养老金制度开始建立。医药卫生体制改革不断深化，相关政策举措陆续出台，为保障老年人“病有所医”进一步作了制度性安排。北京、天津、上海、云南、宁夏等地和不少地区，陆续建立了无保障老年人生活补贴、高龄老人津贴等制度。其中，北京市全年制定实施了22项养老保障政策，实现了城乡居民“老有所养、老有所医”制度全覆盖。

（三）养老服务事业有新的发展

国家有关部门着手编制基本养老服务体系建设规划，并在重庆、黑龙江、江苏、甘肃、湖北等5个省（市）先行试点。各地将扩内需、保增长、调结构、促民生的工作要求与养老服务业的发展需求相结合，加大了对养老服务业支持力度，社会资本和民间力量参与养老服务的氛围日益浓厚。其中，江苏省地方财政全年投入21亿用于支持养老服务业的发展。上海市新增床位1万余张，同时新建了50多家老年人日托机构和100多个社区老年人助餐点。北京、吉林、山东、江苏、浙江、福建、贵州、青岛、宁波等地出台了相关政策，积极推动养老服务业发展。

（四）老龄工作机构有新的加强

许多省市进一步加强了老龄工作机构、充实了老龄干部队伍，加大了老龄工作经费投入。其中，山东、辽宁、新疆等地的老龄工作机构建设继续走在全国前列。甘肃省委、省政府专门出台文件，对全省各级老龄工作机构、编制和工作经费提出明确要求并狠抓落实，县级以上老龄工作干部增加了120多名。山西、黑龙江、吉林、浙江等地也进一步健全了基层老龄工作网络。各地老龄工作机构创新工作思路，改善工作方式，履职能力得到提升。上海、广东等地积极开展成员单位老龄工作检查评估。河北、山西、黑龙江、山东、安徽、浙江等地结合实际开展应对人口老龄化战略研究，四川、海南、大连等地开展老年人生活状况调查，为当地党委政府决策提供依据。

（五）老年社会工作有新的拓展

结合建国六十周年、国际老年人年十周年，全国老龄系统开展了一系列有影响的社会活动和老年文体活动。国家体育总局、全国老龄办等联合举办了首届老年人体育健身大会。各地积极引导老年人参与社会发展，“银龄行动”深入开展，为支援西部建设和农村发展做了贡献。各种形式的老年志愿者队伍活跃在社区、村居基层，为发展经济、维护稳定、促进和谐做出了贡献。

总的来看，2009年是全国各地老龄事业取得丰硕成果的一年。这些成绩的取得，是各级党委政府高度重视老龄事业的结果，是老龄委各成员单位协力推进的结果，也是全国老龄系统共同奋斗的结果。特别是与老龄工作第一线的同志们辛勤付出密不可分。在这里，我代表全国老龄委办公室向大家表示衷心的感谢！

二、深刻把握老龄工作的形势和任务

当前，我国正处于经济结构和社会结构重大变革时期，人口老龄化的快速发展与利益格局的深刻调整、思想观念的深刻变化相伴随，我国老龄工作和老龄事业面临着日益复杂的新形势、新情况、新问题。我们要从党和国家事业发展的全局和战略高度，深刻把握老龄工作的面临的形势和任务，提高做好老龄工作的主动性和自觉性。

我国进入老龄化社会10年来，老龄化速度逐步加快，现已进入了建国后的第一个老年人口增长高峰期。一是老年人口增幅明显加大。1999年以来，我国老年人口平均每年增加410万，老龄化程度提高了2.5个百分点。2009年，全国60岁以上老年人口达到1.6714亿，占总人口的12.5%。与上年度相比，老年人口净增725万，增长了0.5个百分点。这是历史上老年人口比重增幅最大的一年。“十二五”期间全国老年人口将突破2个亿，老龄化的速度进一步加快。二是高龄化程度逐渐加重。在老年人口总量增加和平均预期寿命延长的双重作用下，我国人口老龄化伴随着高龄化，高龄老年人所占比重也在快速增长。2000年，我国人口平均预期寿命71.4岁，80岁以上高龄人口1199万；2009年，平均预期寿命超过了73岁，80岁以上老年人口达到1899万。今后，每年将增加80岁以上的高龄老年人100多万人，高龄老年人和病残老年人的生活照料问题成为越来越突出的社会问题。三是空巢化比重逐渐加大。2000年，我国城乡老年人空巢比例约为38.9%，现已发展到50%左右。随着第一代独生子女父母进入老年，空巢老年人数将进一步增多，社会养老服务供需矛盾将更加突出。四是跨过中度老龄化门槛的地区逐渐增多。我国上海市老龄化程度已经达到21.6%，部分大中城市核心区和部分地市的老龄化程度也相继超过20%，越来越多的地区面临中度老龄化带来的矛盾和问题，这些区域老龄化问题应当提上日程。五是老年人口增量超过了总人口增量。2009年，全国总人口增加了672万，其中劳动年龄人口增加了450万，而老年人口增长了725万。老年抚养比的加速增长，意味着应对人口老龄化的战略准备期所剩时间越来越少，我们要增强发展老龄事业的紧迫感。

老龄问题是公认的世界性的重大社会问题之一。我国是世界上唯一的老年人口超过1亿的国家，也是人口老龄化发展最快的国家之一。我们的老龄事业，一方面面临人口老龄化、高龄化、空巢化提出的新要求，另一方面，存在养老保障体系尚未完善、老龄服务市场尚未成熟、老年工作体系尚未健全和应对人口老龄化战略准备不足等薄弱环节。我们要树立忧患意识，增强应对人口老龄化挑战的使命感和紧迫感，发扬奋发有为的精神和求真务实的作风，以科学发展观为指导，进一步拓宽工作思路，加大工作力度，积极探索加快老龄事业发展的途径和方式，努力推动老龄事业快速发展。

三、认真抓好2010年的重点工作

2010年是全国老龄工作任务艰巨而繁重的一年。既要贯彻落实好“十一五”发展规划，继续推进养老保障制度和养老服务体系建设；又要完成国家应对人口老龄化战略研究，搞好老龄事业“十二五”发展规划和中长期发展规划，组织修订《老年人权益保障法》，为按计划明年召开第三次全国老龄工作会议做准备。各地要认真学习回良玉副总理的重要讲话，结合当地实际，把全国老龄委第十二次全体会议精神贯彻好、落实好，把今年的重点工作部署好、完成好。

（一）以老龄事业长期科学发展为目标，搞好应对人口老龄化战略研究

老龄化导致的人口结构变化，必然影响到社会生产、生活、管理等各个方面，对社会经济发展产生全面而深刻的影响。而且，人口老龄化挑战有一定的惯性，一旦形成实质性的影响，也就错过了战胜挑战的最佳时机。我们必须未雨绸缪，提前做好战略部署。全国老龄委把应对人口老龄化战略研究列为今年的重点工作，回副总理要求将此作为全国老龄委办公室的头等大事抓好。开展国家应对人口老龄化战略研究是一个系统工程，全国老龄系统要上下联动，密切合作，共同把这一关系民族未来和老龄事业长远发展的重要工程搞好。目前，河北、山西、黑龙江、山东、安徽、浙江等地已在推进本地区应对人口老龄化战略研究项目，其他地方也要积极行动起来，在全国上下形成开展应对人口老龄化战略研究的氛围。要广泛发动各界参与，老龄委成员单位、科研院所、社会团体等力量各具优势，要加以充分利用。各级老龄委办公室要全力做好组织、协调、联络、保障等工作，确保研究上水准、出成果、有突破，为各级党委政府在老龄问题，乃至经济社会发展全局上的重大决策，提供科学依据。

（二）以搞好“十一五”规划检查评估为基础，做好“十二五”规划编制工作

今年是“十一五”规划的“收官”之年。各地要在认真全面总结“十一五”规划实施情况的基础上，立足当前，着眼长远，把握趋势，突出衔接，切实做好老龄事业发展“十二五”规划的编制工作。要从贯彻落实科学发展观、促进经济结构调整、服务和谐社会建设的高度出发，推动将老龄事业发展纳入当地经济社会发展总体规划。要把解决当前老龄问题同老龄事业长远发展结合起来，增强规划的前瞻性、政策性，使老龄事业中亟待解决的问题和亟需完善的领域在下一个五年规划中有充分体现。要注意增强规划的针对性、可操作性。充分考虑实际情况，广泛征求意见，确保规划能落到实处、产生实效，与当地经济社会协调发展。另外，全国老龄委将结合战略研究开展中国老龄事业中长期发展规划研究，希望各地予以积极配合。有条件地方，也应当着手研究本地区老龄事业中长期发展规划。

（三）以保障老年困难群体基本生活为着眼点，推动建立健全社会养老保障制度

经过多年来的改革和制度建设，我国基本形成了以社会保险、社会救助、社会福利为基础，以基本养老、基本医疗、最低生活保障制度为重点，以慈善事业、商业保险为补充的多层次社会养老保障制度框架。随着新型农村养老保险制度试点展开，我国社会养老保障制度建设逐步进入了城乡全覆盖的攻坚阶段。一方面，要加大基本养老制度和基本医疗制度建设的推进力度，着力扩大覆盖面。另一方面，要进一步完善社会福利和社会救助制度，搞好各项制度政策配套衔接。各级老龄工作机构要密切关注社会养老保障体系建设中的新情况，着力推动解决老年人最关心、最直接、最现实的利益问题。高度重视解决高龄老年人、失能老年人和无社会保障老年人的基本生活困难问题，维护老年人的合法权益。有条件的地方，可酌情建立高龄津贴、护理补贴及无社会保障老年人生活补贴制度。

（四）以老年友好城市、宜居社区和温馨家庭创建活动为抓手，促进养老服务体系多层次全方位发展

去年以来，全国老龄委办公室参考世界卫生组织提出的《全球老年友好城市建设指南》，经过多次专家论证并在七个地方试点的基础上，初步制定了《老年友好城市指南》、《老年宜居社区指南》和《老年温馨家庭指南》。今年，将在总结试点经验的基础上，向全国推广，并将推荐部分城市作为世界卫生组织的试点城市。三个《指南》从不同层次和不同侧面提出

了老年人生活需求的客观指标，立足于建立一套比较全面系统的老龄服务指标体系，把应对人口老龄化的理念贯穿到城镇发展、社区建设和家庭生活的各个领域。通过“老年友好城市”创建活动，引导各地从城市环境、道路交通、居住条件、公共设施、社区服务、社会政策、文化建设和敬老氛围等有关方面，为老年人提供安全、便利、健康、舒适、愉悦的生活环境和条件。通过“老年宜居社区”创建活动，把发展为老服务与创造老年自主生活条件结合起来，带动社区服务硬件和软件建设全面发展，构筑完善的为老服务体系和居家养老支持体系。通过“老年温馨家庭”创建活动，弘扬孝亲敬老的传统美德，巩固发展中国特色的家庭养老方式，提高老年人的家庭生活质量。鼓励有条件的地方制定必要的政策措施，帮助老年人改善居住条件，提倡“三世同堂”温馨家庭，鼓励子女就近照顾老人，缓解家庭小型化、空巢化急剧发展带来的社会矛盾。各试点单位要大力宣传“三个创建”的重要意义，因地制宜，积极探索“三个创建”的活动方式，进一步完善“三个创建”指标体系，扎实推进，讲究实效，并将其列入老龄工作考核内容，使之成为开展老龄工作的新平台。

（五）要以创新体制机制为动力，促进养老服务业健康发展

随着人口老龄化、高龄化、空巢化和家庭小型化的发展，养老服务供需矛盾将逐步成为并将长期成为我国老龄工作方面的突出问题。目前，影响我国养老服务业发展的主要因素一方面在于投入不足，另一方面在于体制机制不完善。发展社会养老服务和老龄产业，要坚持政府主导、社会参与、市场运营的原则。政府的主导作用主要体现在公共产品供给中的主体地位和对市场的引导作用。据初步统计，2009 年我国各地养老机构床位总数已经达到 275 万张，比上年底增加了 40 多万张，同比增长了 17%。但是，现有养老床位数还没有达到全国老年人数的 2%。特别是专业化的长期照料服务供需矛盾十分突出，面向社会老年人的护理机构绝大多数是规模较小的民办机构。各地要注重发挥政府投入的主导作用，把发展专业护理服务放在老龄服务体系建设的优先位置。其次，要对养老服务机构实行分类管理。制定福利性、公益性与营利性的养老服务项目划分标准，在管理上和政策上予以区别对待。积极推进政府购买服务和养老服务体制改革，逐步推进老龄公共服务货币化、普惠化、均等化。积极探索公建民营、民办公助等与社会主义市场经济相适应的新型发展方式，促进养老服务业的发展与市场接轨。积极鼓励民间资本投入老龄事业，发展多种特色的养老服务，满足老年人多样化的服务需求。另外，要加强养老服务业规范管理和行业监管。进一步完善行业准入和标准化管理制度，支持行业协会发挥行业自我管理、自我服务和自我约束的作用，形成合力，促进养老服务产业健康发展。

（六）要以健全乡镇老龄工作组织为突破，切实加强基层老龄工作

老龄事业的出发点和落脚点在基层，老龄工作的对象和任务在基层，老龄群众工作的活力和优势在基层，我们老龄工作系统的薄弱环节恰恰也在基层。今年，我们的重点工作要面向基层，重点投入要照顾基层，重点调研要深入基层，重点活动要立足基层，切实把加强基层老龄工作作为突出任务来抓，把基层老年群众的“六个老有”实现好、发展好、维护好。

要加强对基层老龄工作的领导和指导。要把基层老龄工作纳入各级党委和政府的日常工作议程，把老龄事业纳入当地经济和社会发展总体规划和年度计划，统筹安排部署。各级老龄委要充分发挥优势，加大综合协调、督促检查力度，推动基层老龄事业健康发展。要充分发挥基层党组织在老年思想政治工作的战斗堡垒作用，充分发挥各部门和工会、共青团、妇联及老龄组织的作用，切实把各方面的力量调动起来，共同做好基层老龄工作。

要加强基层老龄工作组织建设。目前，县以上的老龄工作机构正在逐步加强，村（居）老龄协会正在逐步健全，乡镇（街道）老龄工作机构是一个承上启下的环节，但目前却是一个非常薄弱的环节。今年要认真贯彻《中共中央国务院关于加强老龄工作的决定》精神，积极完善基层老龄工作的体制机制，重点推动乡镇（街道）老龄工作组织建设。要采取党政领导力量、老龄委协调力量和老年群众自治力量相结合的办法，把乡镇（街道）老龄工作机构做强、做实。依靠乡镇老龄工作机构，推动村（居）委会加强指导，提供条件，充分发挥基层老龄协会的作用，建立党政主导、老年参与、管理规范、协调有序的基层老龄工作系统，使之成为开展老龄工作的优势平台。

要大力推进基层老龄事业发展。根据经济社会发展水平和老年人口规模，推动政府公共财政向基层老龄事业特别是向经济欠发达地区和农村地区加大投入，重点向基层老年服务设施建设、贫困老年人救助、老年文化体育活动、老年教育等方面倾斜。要积极鼓励社会力量参与基层老龄事业发展，鼓励基层老龄协会在发展老龄事业、管理老年活动设施等方面发挥作用。要重视城乡社区老年活动设施建设。农村老年活动设施建设，要面向群众、贴近群众、方便群

众，以广大老年人适用为原则，不要贪大求洋，不搞形象工程。

要搞好搞活基层老年群众工作。我国是世界上唯一老年人口过亿的国家。要重视老年人力资源的开发与管理。老年群体中，相当一部分人在闲暇时间、知识技能、工作经验、社会威望以及敬业精神等方面具有参与社会发展的特殊优势。要积极开展老有所教、老有所学、老有所为、老有所乐活动。一方面办好老年教育和文化体育活动，丰富老年人的精神文化生活；另一方面鼓励老年人以适当方式参与社会发展，为构建社会主义和谐社会做贡献。要深入开展尊老、敬老、助老主题教育活动，弘扬中华民族的传统美德，在全社会营造尊老敬老、代际和谐的良好氛围。要加强对基层老龄协会干部的指导和培训，探索对基层老龄协会的有效管理模式，促进基层老年群众组织健康发展，使之成为维护社会稳定的重要力量。

要大兴深入基层调查研究之风。深入基层调查研究，关心老年群众的疾苦，了解老年群众的愿望，提出发展老龄事业的政策建议，这是老龄工作部门的应尽职责，也是推动基层老龄工作的有效方式。全国老龄工作系统要围绕老龄工作的重点、难点和热点问题，大兴深入基层调查研究之风。当前，全国老龄工作领域需要调查研究的问题很多。在保障老年群众生活方面，要密切关注失能老年人护理问题、空巢老年人照看问题和无保障老年人基本生活问题。在养老服务事业发展上，不仅要关注养老床位数量的增长，还要深入调研制约老龄产业发展的瓶颈问题。在老年群众工作方面，不仅要关注老年人的消费需求，还要关注老年人实现个人价值的需求，深入调研老年人融入社会、参与发展的途径和方式，为有需求的老年人创造“二次就业”条件和机会。总之，深入基层调查研究，有利于更加深刻把握老龄工作的形势和任务，有利于及时发现和解决老龄工作的突出问题，有利于掌握老龄工作的主动权。

同志们，新春即至，万象更新。新的一年，老龄工作的任务艰巨，使命光荣。希望大家明确方向、坚定信心，鼓舞士气、开拓进取，在新的一年里取得更好成绩。在此，我代表全国老龄办向与会同志，并向所有辛勤工作在老龄工作第一线的同志们，致以新春问候，祝大家新的一年里身体健康，工作顺利！

在全国老龄委办公室直属机关党员代表大会上的讲话

全国老龄委办公室党组书记　常务副主任　陈传书

（2010年5月6日）

各位代表、同志们：

今天，全国老龄委办公室直属机关党员代表大会隆重召开，是我办政治生活中的一件大事。在此，我代表全国老龄委办公室党组，向这次大会的圆满成功，向当选的全国老龄委办公室直属机关第一届党委委员、纪委委员，表示热烈的祝贺！向给予我办党建工作高度重视和大力支持的民政部直属机关党委、向各位代表和为大会服务的全体工作人员，表示衷心的感谢！

这次党员代表大会，是全国老龄委办公室成立党组后成立机关党委的第一次大会，是全国老龄委办公室机关建设面临新形势、站在新起点、谋划新进步的一次大会，是统一思想认识、实施战略调整、进一步确定发展目标的一次大会。当前，日益严峻的人口老龄化形势，既是一种挑战，更是一个机遇，我国老龄事业正处于大发展的新时期。今年“两会”期间，温家宝总理在政府工作报告中提出：“加强应对人口老龄化战略研究，加快建立健全养老社会服务体系，让老年人安享晚年生活。”“两会”代表提出涉老建议、提案150余件，比去年增长了3倍。全国人大首次将《关于应对人口老龄化，加快建立健全社会养老服务体系建设的建议》列为13项重点处理、重点督办落实的建议之一，所有这一切都充分体现了党中央、国务院对老龄事业和老龄工作的高度重视，充分体现了党和人民对老龄工作战线寄予的厚望和要求。我们要从党和国家事业发展的战略高度，从老龄事业持续发展的全局角度，从全国老龄委办公室整体发展的历史维度，审视当前，着眼长远，深刻把握老龄工作面临的形势和任务，提高做好老龄工作的主动性和自觉性。今年，在业务工作方面，要认真贯彻落实全国老龄委年初会议精神，切实抓好“一项研究、二个规划和三个体系建设”，要任务分解到人，明确质量指标，做好进度安排，确保今年的重点工作有成果、有影响、有实效。在机关建设方面，要按照老龄事业科学发展的要求，进一步转变思想观念、转变工作职能、转变工作方式、转变工作作风，采取各种有效措施推进学习型、研究型、创新性、服务型机关建设，切实提高全国老龄工作系统的履职努力。

在此，我受全国老龄委办公室党组委托，对直属机关党委、纪委工作提三点希望：

第一，机关党委、纪委要以理想信念教育为核心，着力加强干部队伍思想建设和作风建设。胡锦涛同志指出，必须坚持正确的理想信念，始终把教育全党坚定不移地为发展中国特色社会主义而奋斗，作为党的建设的根本任务。思想是行动的先导。直属机关党建工作要始终抓好党员先进性教育、理想信念教育和社会主义核心价值观教育。深入持久地学习实践科学发展观，把科学发展观作为统揽老龄事业发展的重要指导方针，作为加强和改进机关党的建设的根本思想武器，推动老龄事业又好又快地科学发展。要贯彻好中央提出的标本兼治、综合治理、惩防并举、注重预防的方针和建立健全教育、制度、监督并重的惩治和预防腐败体系的要求，扎实开展反腐倡廉教育，不断夯实广大党员干部廉洁从政的思想道德基础，筑牢拒腐防变的思想道德防线，努力营造良好廉政环境。

第二，各个党支部要以制度化建设为手段，着力发挥战斗堡垒作用。制度建设是党支部发挥作用的主要保证。各支部要把党内生活制度坚持好，发扬好，实践好。坚持“十六字”原则和“三会一课”等基本制度，进一步完善集体领导，活跃党内生活，维护党的形象，提高党的战斗力。要根据本单位的业务特点，认真总结自身工作的规律和经验，形成本单位党建工作的特色做法。认真落实好“一把手”的“一岗双责”制度，履行好双重职责，实现党的建设和业务工作相互促进、同步发展，促进广大党员提高做好老龄工作的责任意识、提高增强个人履职能力的紧迫意识、提高自主创新的团队意识，把基层党组织建设成为推动发展、服务群众、凝聚人心、促进和谐的坚强战斗堡垒。

第三，广大党员要以能力素质锻炼为重点，着力加强自身改造。要全面加强高素质党员队伍建设，为提高老龄工作水平提供有力保证。广大党员要善学多思、学以致用，在学习中增长才干，不断提高学习能力；要深入实际、深入群众，切实发现问题、解决问题，不断提高调查研究能力；要解放思想、实事求是，不断提高开拓创新能力；要准确掌握和执行党的方针政策，通晓老龄工作的法律法规，善于攻艰克难、综合协调，不断提高公共服务能力；要大力弘扬党的优良传统和优良作风，发挥党员先锋模范作用，争做“学习知识型、和谐服务型、求真务实型、开拓创新型、廉洁自律型”的优秀人才；要坚持任人唯贤的干部路线，尊重知识，尊重人才，满怀热情地培养年轻干部，大力营造能够优秀人才脱颖而出的环境氛围，努力建设一支思想先进、作风过硬，钻研业务，顾全大局，乐于奉献，能够开创老龄事业新局面的党员干部队伍。

各位代表、同志们，这次党员代表大会是一次团结的大会，鼓舞士气的大会。全国老龄委办公室机关党的工作在新一届党委的领导下，将以崭新的面貌谱写更新的篇章。让我们大家紧密团结在以胡锦涛为总书记的党中央周围，与时俱进，开拓进取，为实现党的目标任务而努力奋斗。

老龄工作框架体系探讨

全国老龄委办公室常务副主任　陈传书

（2010 年 7 月 19 日）

同志们：

各地中心城市特别是省会城市，是经济社会发展的排头兵，也是老龄工作的领头雁，其示范、影响、带动、辐射作用是十分突出的。今天，我们在这里举办中心城市老龄工作研讨班，很有意义。我谨代表全国老龄委办公室对全体与会同志表示热烈欢迎和亲切慰问！

党中央、国务院《关于加强老龄工作的决定》指出：老龄问题是关系国计民生和国家长治久安的一个重大社会问题。众所周知，我国面临日益严峻的人口老龄化挑战。一方面，老龄化发展势头猛、速度快，程度重、影响大；另一方面，老龄事业发展滞后，在思想上、理论上、政策上、物质上和组织上都还没有做好充分准备。我们要充分认识应对人口老龄化的重要性、复杂性和长期性，以更高的站位审视老龄问题，以更阔的视野谋划老龄事业，以更多的途径推进老龄工作。希望广大老龄工作者根据新时期老龄工作的形势和任务，积极开展老龄工作框架体系的研究和探讨。在此，我谈几点想法，供大家思考。

一、以战略研究为先导，推动应对老龄化战略体系建设

老龄问题不仅包括老年人生活保障和自身发展需要，还包括人口结构变化对经济、政治、文化和社会发展提出的调整要求。老龄化问题与人口发展周期相联系，有较大的惯性，等到实质性影响发生时，一般就错过了解决问题的最佳时机。我们应当居安思危、未雨绸缪，建立健全预测预警机制，搞好战略对策研究，为党和国家战略决策提供依据和建议，推动各行各业建立适应人口老龄化形势的发展战略体系。这是各级老龄机构责无旁贷的光荣使命，应当作为首要工作任务抓紧抓好。目前，国家应对人口老龄化战略研究工作正在紧张进行，不少省市也展开了战略研究工作，有的已经取得初步成果，希望尚未开展的各省会城市积极跟进。在开展战略研究过程中，有一些难点和热点问题，希望大家认真研究，把好方向。

（一）高度重视人口老龄化的挑战

有人以为我国人口老龄化发展趋势不同寻常，潜伏着严重的社会危机；有人以为我国劳动力将长期处于过剩状态，老龄化的负面影响不会严重；还有人以为人口老龄化可促进人口转型，缓解就业压力，拉动国内消费，促进经济发展，是中国人的福音，老龄化越快越好。如果对于老龄化的后果判断不能统一认识，将直接影响我国应对人口老龄化的战略决策。我认为，人口老龄化从国民平均预期寿命延长的角度看是一个进步标志；从缓解就业压力角度来看是一件好事；从劳动力相对减少和社会抚养比上升的角度来看，无疑是一种挑战。纵观世界上人口老龄化国家的历史轨迹，人口老龄化对经济社会发展带来的冲击是不可低估的，如果应对不力或应对不当，必然成为国家发展的一个拖累。

（二）深刻把握人口老龄化发展趋势

我国人口老龄化有特殊的背景，与建国以来人口出生率大起大落联系在一起，发展曲线与世界各国都不相同。从有利条件方面看，一是农村富余劳动力向城镇转移，对人口老化影响经济发展因素有些缓解作用。二是有效的计划生育政策降低了少儿抚养比，可抵消一部分老年抚养比上升的压力。三是我国具有家庭养老和储蓄养老的传统。四是我国正处于工业化、城镇化和经济转型进程中，老龄化为产业结构调整和老龄产业发展提供了新的动力。从不利条件方面看：一是老年人口规模大。到2014年超过2亿人，2025年超过3亿人，2036年超过4亿人。2050年达到高峰时，全国60岁以上老年人达4.67亿，其中80岁以上的1亿多人。二是老龄化势头猛。再过15年达到20%，再过30年就将超过30%，进入重度老龄化平台。三是老龄化叠加少子化。我国独生子女家庭已经累积到1亿多户，这些家庭的养老问题成为日益突出的社会问题。四是区域差异大。我国农村将在2030年前后率先进入重度老龄化平台，新农村建设面临严峻挑战。五是老龄化快于工业化。西方发达国家人口老龄化与工业化同步发展，人均寿命延长是主要成因。我国人口老龄化与出生率降低有较大关系，超前于工业化，具有未富先老的典型特征。六是牵涉问题多。我国人口老龄化与经济转型、社会转型和文化转型的变化相交织，加大了解决问题的难度。我们要认真准确把握这些有利条件和不利条件，正视相关矛盾和问题，以积极态度应对挑战，努力把老龄化的负面影响减少到最低限度。

（三）正确看待“人口红利”问题

社会抚养系数是经常用来衡量人口老龄化影响程度的一项指标。国际上通常把社会抚养系数小于50%视为人口机会窗口期，也称人口红利期。近30年来，我国出生率下降速度快于老年人口增长速度，社会抚养系数持续降低，为经济社会发展提供了人口红利期。目前，若把15～59岁的视为劳动力，社会抚养系数为44%，红利期可延续到2016年。但是，自去年起，我国老年人口年增量已经超过总人口的年增量，老年抚养系数将逐年大幅上升，到2050年前后，全国总抚养系数将达到1，未来的社会养老负担比较沉重。充分认识这一国情特点，有利于建立可持续发展社会养老保障制度。当前，我们虽然仍处于人口红利期，但要居安思危，利用为数不多的有利时间，加快建立健全社会保障和养老服务体系，为应对人口老龄化奠定物质基础。

（四）正确看待老龄化与计划生育的关系

我国人口老龄化的成因包含5个方面的因素，一是历史上的两次生育高峰；二是平均预期寿命延长，三是政策控制生育率降低；四是年轻一代生育观念变化减少了生育；五是人口迁移引起的人口结构变化，农村最典型。其中，历史上的人口生育高峰是老龄化高峰的主要成因，2050年以前增加的老年人，基本上全是计划生育政策实施以前出生的人。鉴于我国现阶段人口结构的特殊性，在应对人口老龄化战略上，不宜对调整生育政策寄托很大希望。假如从现在开始普遍生二胎，也只能把“4-2-1家庭”发展为“4-2-2家庭”，不但没有解决一对夫妇抚养4个老年人的困难，而且形成又多抚养一个子女的“两头沉”问题。因此，应对人口老龄化战略的着眼点要聚集到养老体系建设方面来。

（五）正确看待老年参与社会与青年就业矛盾

我国平均预期寿命现已达到73岁，本世纪30年代可望达到80岁左右，应当着手研究逐步推迟退休年龄问题。推迟退休年龄，有利于老年人增加养老积蓄、减轻国家养老负担，也有利于延迟老年人的心理年龄和衰老时间。因此，许多发达国家陆续把退休年龄提高到了65～67岁。我们目前正处于就业高峰，有的人以为老年人工作与安排青年就业是一对矛盾。其实，并非完全如此。一方面老年人的岗位青年人未必就能取代，有些提前退休的又去从事别的工作；另一方面，老年人就业不充分也是社会问题。有不少50岁刚出头的基层干部就退出工作岗位，这对国家来说是一种损失。一个提前退休人员的退休费标准，往往高于一个新职工的工资标准，与其多发一份退休费，不如增加一个公益岗位。我国正处于工业化、城镇化进程中，安排就业应当立足于发展，着眼于增加就业岗位。要积极推进解决老年人社会参与率比较低的问题，高度重视老年人力资源的开发利用。日本各个城市都设有老年人再就业指导中心，类似经验值得借鉴。

二、以“三个创建活动”为载体，推动城市老年宜居体系建设

老年人居住条件和养老环境问题是一个应当高度重视的大问题。近几年来，我们积极推动城市无障碍设施改造，取得了一定成效。为了充分动员社会力量，全面推动老龄事业发展，全国老龄委办公室在部分城市正在进行创建“老年友好型城市”、“老年宜居社区”和“老年温馨家庭”试点工作，取得经验后，拟以全国老龄委名义在全国推广，希望有条件的城市积极参与，先行先试。

“三个创建活动”的共同目标是实现老有所养、老有所居、老有所医、老有所教、老有所学、老有所为、老有所乐、老有所尊。其中在原“六个老有”的基础上增加了“老有所居”和“老有所尊”。主要考虑到老年人的居住条件和居住环境、老年尊严与代际和谐是老龄工作的重要内容，也是国际社会普遍关注的问题。在这里，我重点讲讲“老有所居”的问题。随着人口老龄化的发展，我国城市老年人口比重将不断增加，老年人逐步成为社区活动的重要主体，客观要求城市空间布局、住宅户型、道路交通、健身场地和公共服务设施的功能，更加适合老年人的需求。因此，我们要把老年宜居体系建设作为一项重点工作推动。

推动“三个创建活动”，具有十分重要战略意义和现实意义。我感到，在当前城镇化和现代城市转型过程中，我国不少城市建设缺乏人口老龄化的理念，正在向越来越不适宜老年人居住生活的方向发展。一是建设规划中对老年人的特殊需求缺乏足够重视。道路似乎主要为汽车所修，许多地下通道和过街天桥，不便于老年人、残疾人通行；住宅似乎主要为年轻人所建，不少多层楼房没有电梯，许多住宅户型养小不养老。公共设施内到处可见台阶、镜面地砖，公共汽车的底盘普遍偏高，不知摔伤了多少老年人。二是社会政策方面缺乏对多代共同居住的必要支持。许多家庭想共同居住，受小户型住宅标准制约；想就近购房，受经济适用房远郊开发制约；想调房、换房，受房地产交易政策制约。社会支持政策的不完善，已经成为家庭小型化和空巢化加速发展、家庭养老功能弱化的重要原因之一。我国原本具有尊老、敬老优良传统，但是，许多城市中空巢和独居老年人的比例，超过了周边国家和地区。三是养老机构建设郊区化的现象普遍存在。养老机构远离老年家庭生活社区，不利于老年人融入社会，不便于家庭团聚和亲友探望，忽视了老年人精神慰藉的需求，因此入住率也比较低。另外，养老院的建设应当注重人性化设计。我们许多的养老院，要么像宾馆，要么像医院，缺少老年之家的温馨感。我到地震灾区参观一个新建的养老公寓，屋内摆放的全是又高又窄带轮子的病床，问为什么不使用民用家具，主管人员回答：那样不够现代化。北京东郊新建了一所大型养老公寓，室内安装了许多紧急抢救的设备接口，楼道和室内的天花板上安装了密密麻麻通向每个床位的吊瓶轨道，据说这是行政主管部门参照外科手术病房设计标准提出的要求，但服务对象是健康老年人，而且，也没有手术室。诸如此类的事例很多，我们应当重视解决。将来我国城市居民三分之一以上为老年人，几乎家家有老人，而且人人都有老。如果一个城市很多设施不适合养老，将是一个重大战略失误问题。在这方面，我们应当借鉴日本的提倡“一碗汤距离”、新加波实行“三代同堂花红”、韩国对老年人子女就近购房免税以及德国发展“组合屋”等经验，在城市建设规划和社会管理政策等方面，更多地考虑老年人的特殊要求，充分做好应对人口老龄化的准备。

三、以健康老龄化为旗帜，推动老年健康支持体系建设

健康老龄化和积极老龄化是联合国老龄大会先后提出的战略口号，鉴于在我国倡导健康老龄化理念更容易得到理解和响应，健康老龄化这面旗帜不能丢。在人的生命周期中，从具有劳动能力到丧失劳动能力，从能够生活自理到需要生活照料，与年龄有密切关系，但个体差异很大，有的人老当益壮，有的人未老先衰，健康比年龄更重要。从一个国家层面上来讲，提高全民族的健康水平，延缓人们的心理和生理衰老时间，缩减老年人因病失智失能的几率和时间，是应对人口老龄化的有效措施。实施健康老龄化战略，需要“多管齐下”，全社会共同努力。

首先，要大力发展全民健身强身事业。积极倡导健身强身意识，积极发展体育和卫生事业，积极消除影响国民身心健康的各种社会因素。现在有不少青少年体质偏弱，不少中青年精神抑郁症偏多，不少老年人智力和体力退化偏快，失智失能需要长期照料的比较多。如此等等，许多影响国民健康水平的矛盾和问题需要逐步解决。

其次，要大力发展老年文化和教育事业。老年文化教育属于社会主义文化教育的重要组成部分，是引领全体人民终身学习和繁荣民族文化、构建和谐社会不可缺少一支力量。老年文化教育属于精神文化生活的重要组成部分，是激发老年人青春活力、增进身体健康的重要手段。老年人担负着教育后代、传播知识文化历史使命，开展老年文化教育是老年人继续奉献社会的独特途径和手段。我们要把发展老年文化教育作为应对人口老龄化、实现健康老龄化的重要举措大力推进。

第三，要大力发展老年疾病防治事业。卫生战线是老年健康支持体系的主力军。在完善医疗保险制度和公共医疗服务体系的过程中，应当格外照顾老年人的特殊需要，关注老年人的健康水平和生命质量。我国有不少老年人因病需要长期照料，有不少老年人特别是农村老年人缺少临终医疗关怀，以至有不少老年人临终自杀。我们应当大力推动老年疾病预防和治疗技术创新工作，积极探索建立护理保险等老年医疗保障制度，充分发挥政府主导、社会参与和全民关怀的力量，加快老年医疗服务设施建设，努力保障广大老年人有病不受罪、临终有尊严。

四、以人人老有所养为目标，推动老年经济供养体系建设

随着建国后出生的人进入老年行列，我国已经进入第一个人口老龄化高峰；随着户籍管理政策的松动，我国将会出现人口流动的新高峰；随着新型农村养老保险试点范围的扩大，我国养老保障制度承载人口将逐步达到历史最高峰。随着这三个高峰的到来，我国社会养老保障制度建设中的矛盾将更加突出。主要表现在四个方面：一是企业、事业与机关的社会养老保障制度相统一的问题。二是流动人口的养老保险问题。三是农村养老保险制度建设与群众要求反差大的问题。四是社会养老保险、社会福利和社会救助等相关制度配套发展问题。加快社会养老保障制度改革与发展，强化家庭赡养老年人功能，搞活家庭土地养老、财产养老的体制和机制，全面完善多支柱的老年经济供养体系，是摆在我们面前的艰巨任务。在此，我重点讲一下新农保制度建设中，老龄部门应当关注的问题。

国务院决定开展新农保试点工作，不仅是一项重大的惠农政策，更是整个国家朝着促进社会公平正义、破除城乡二元结构、逐步实现基本公共服务均等化的重大举措，广大农村群众盛赞党的政策好。但这是一项艰巨而复杂的工作任务，各地保试点中应注意解决“三个矛盾”。

一是妥善解决老年家庭捆绑缴费与青年农民缴费意愿不高的矛盾。据华中师范大学农村问题研究中心就新农保试点对全国20省1942农户抽样调查报告，新农保试点地区的平均参保率为57.59％，对老年人的覆盖面为73.5％。也就是说，尚有42.41％参保对象未参保，尚有26.5％的老年人没有纳入领取基础养老金范围。我到一个县调研，该县统计的参保率达到70％，如果抛去老年人以后，中青年的参保率只有34％。但是，他们保证了所有老年人按月领取基础养老金。有些地方把子女参保缴费作为老年人领取基础养老金的前提条件，致使一部分老年人不能享受基础养老金待遇。这是一个必须解决的问题。请大家注意，国务院正式印发的“指导意见”指出：“年满60岁、未享受城镇职工养老保险待遇的农村有户籍的老年人，可以按月领取养老金。新农保制度实施时，已经年满60岁、未享受城镇职工养老保险待遇的农村有户籍的，不用缴费，可以按月领取基础养老金，但其符合参保条件的子女应当参保缴费。”其中，农村老年人可以按月领取养老金是先决条件，不可逆向推理。发放基础养老金是政府的义务，子女参保是子女的义务，领取养老金是老年人的权利。对于没有履行参保义务的要积极工作，但不能影响老年人按时领取养老金的合法权益。各地老龄部门要积极主动地做好推动工作，确保新农保试点地区所有符合条件的老年人按月领取养老金，把党中央、国务院对亿万农村老年人的关怀落到实处。

二是妥善解决社会舆论期望很高与财政支付能力不足的矛盾。新农保制度作为一项养老保险制度，需要科学界定制度的有限功能和国家财政的有限责任。现阶段农民的养老保障仍以家庭和土地为基础，新农保养老金标准只有几十元，只能起到辅助作用。因此，不能动摇农民家庭养老的基础，不要进行“变家庭养老为社会养老”、“靠子女养老不如参加新农保”等不利于维护家庭养老功能的宣传。

三是妥善解决分批试点与各地群众受益不均的矛盾。从各地情况看，早试点的地区能够得到很多实惠，未试点地区的攀比心理比较严重，各地群众受益不均的矛盾日益突出。各级老龄工作机构应当积极做好维护和谐稳定工作。我主张“先普及后提高”，在尽快普及新农保制度基础上，进一步探索提高参保率的策略和途径，逐步实现参保对象全覆盖。有条件的地方可以建立无社会养老保障老年人生活补贴制度，以缓解新农保制度建设进程中的矛盾，切实把惠及亿万农民群众的好事办好。

五、以老年人多样化需求为导向，推动社会养老服务体系建设

现阶段，我国农村老龄工作中比较突出的是老年经济供养问题，城市老龄工作中比较艰巨任务是养老服务问题。特别是随着独生子女父母一代进入老年，社会养老服务供需矛盾日益突出。到本世纪中期，我国城市老年人将达到3.5亿，保障老年人多样化的服务需求是复杂而重大的民生工程。目前，不少城市的社会养老服务工作主要靠行政系统操办，社会参与和市场机制的力量尚未得到充分发挥，养老服务设施建设相对滞后，社区为老服务的长效机制也尚未得到完善。我们要立足当前，着眼长远，面向广大老年群众，搞好社会养老服务体系发展规划，明确发展思路和总体目标，理顺养老服务事业的体制和机制，科学推动养老服务体系建设的快速发展。

（一）在社区服务方面，要深入探讨凝聚各方力量、开展居家养老专业化服务的长效机制

我国有数千年的居家养老文化传统，对于广大老年人来说，家庭不仅是身体居住的场所，更是精神的寄托处，居家养老是自然不过的第一选择。完善社会养老服务体系，应当坚持以居家养老为基础、社区服务为依托、养老机构为补充的方针，把养老服务体系建设的重点力量，投放到为居家服务方面来，以保障民生、满足广大老年人居家养老的愿望和需求为宗旨，以三个创建活动抓手，以加大政府投入、扩大社会参与、搞活体制机制为动力，全方位推进居家养老服务体系建设。推进居家养老服务体系建设，必须发挥政府、社会和企业的合力，必须坚持政府主导与市场运作相结合的发展道路，必须着眼于构建覆盖广大老年人的多层次、多样化的养老服务长效机制。在这一方面，兰州市城关区老龄委办公室建设养老服务信息系统，吸收相关企业加盟服务，合作共建“无围墙养老院”的做法，是一个新的创举。其他地方也有类似探索，希望总结经验、发展完善、进行推广。

（二）在养老机构建设方面，要进一步解放思想，坚持改革，创新机制，为养老服务业的多样化发展铺平道路

首先，要改革市场准入制度，加强政府统一监管。市场准入属于前置审批制度，具体到那个部门注册都可以。养老机构直接关系到许多老年人的健康和安全，应当纳入行政许可制度管理范围内，无论是事业、企业或民办非企业单位，都必须接受政府统一监管。无论是哪个部门行使监管职能，老龄工作机构都必须履行检查监督职能，因为，这是关系到对老年人生存条件和生命质量等合法权益的维护问题。其次，要积极推进养老机构体制改革，推动养老服务业发展方式向以市场机制为基础转变。国办养老福利机构要与竞争市场划清边界，不要参与市场经营，为社会力量和市场力量参与养老服务体系建设预留空间，以免扭曲养老服务市场规律。再次，要完善分类管理制度。对于福利型、慈善型、公益型和经营型的养老服务机构应当实施专项政策管理。我们不能期望民间资本投入的养老机构多数成为社会福利机构。民办非企业单位按社会福利机构管理，使得这些单位无法进行信贷业务和资产处置，直接影响民间资本进入养老服务市场，应当进行改革。另外，要积极探索政府购买服务，推进养老服务市场化。积极探索建立老年护理保险、护理补贴等制度，提高老年人购买养老服务的支付能力，促进养老服务市场的健康发育。

（三）在老龄产业发展方面，要加强信息服务和政策引导

我国养老产业发展前景十分广阔，除了养老机构、老年医疗保健和老年用品生产企业外，还包括商业养老保险、老年公益信托服务、老年文化产品和老年旅游等诸多领域。老龄产业与老龄事业是交叉关

系，随着政府转变职能、社会福利制度改革与养老服务市场机制的发育完善，老龄产业发展空间将越来越大。各级老龄机构应当重视老龄产业，充分发挥老龄产业协会的中介作用，加强对老龄产业市场的正确引导和依法监管，促进老龄产业的健康发展。当前，要注意研究民办养老机构两级分化发展问题，要么是没有固定房产的小型护理院，要么是规模巨大的豪华养老公寓，面向普通老年人的中档养老机构发展慢，以及兴建超大型养老机构是不是一种方向，这些问题都需要深入研究。各级老龄部门要认真分析养老服务市场需求情况，为老龄产业发展提供信息服务和业务指导，引领老龄产业科学发展。

六、以提高老龄机构履职能力为重点，推动老龄工作体系建设

老龄工作体系建设是一项比较艰巨的任务。在现实社会中，总体上讲儿童有家庭监护，学生有学校管理，中青年有单位组织，而老年人休闲时间最多，最渴望社会交流、最需要组织关爱。我国老年人口日益增多，占人口比重越来越大，完善老龄工作体系，不仅是实现老年群体根本利益的需要，也是完善社会治理结构、促进经济社会发展、维护和谐稳定的需要。党中央、国务院高度重视老龄工作。《党中央、国务院关于加强老龄工作的决定》印发以来，从中央到地方各级党委、政府成立了老龄工作委员会，老龄工作逐步得到加强，老龄工作组织逐步得到完善。但由于老龄工作业务领域非常宽泛，涉及到与诸多业务部门的关系，组织体系比较复杂，迄今为止，老龄工作体系需要完善地方依然很多。在此，我列举一个典型事例。《中华人民共和国老年人权益保障法》已经颁布14年，但是，多数地区的执法主体至今没有落实。有一个省的《实施办法》规定“县级以上人民政府设立老年人工作协调委员会，负责协调做好老年人权益保障工作”。这个委员会实际未成立。另外，各地老龄委办公室有的行政编制，有的事业编制；有的列入党的序列，有的列入政府序列；有的作为代管单位，有的作为政府直属部门，要统一部署、督促、检查工作，确有一定困难。我个人认为，这些问题都是发展中的问题，大家不必在意编制性质、机构规格，也不必强调上下对口。大家不要忽视全国老龄工作机构的性质和职能在主要方面是共同的，即自上而下各级老龄委的职能范围是一致的，各级老龄委办公室都是同级老龄委的办事机构。抓住老龄委这一条工作主线，老龄工作体系建设就有了基础。

（一）要坚持大老龄工作格局

老龄工作的基本任务渗透在各个领域，是党的工作的一部分、政府工作的一部分、社会工作的一部分、群众工作的一部分，必须建立统一协调、齐抓共管的工作体系。我们不能期望建设一个什么样的权威机构把老龄工作事务统统管起来，那样包办不起；也不要期望把老龄委办公室搞成一个具体行政管理部门，那样开展工作受限制。我们要充分认识超越职能部门的议事协调机构的特殊地位和作用，把握老龄委办公室工作特点和规律。立足于搞好为老龄委议事决策服务、为成员单位协调推进工作服务、为社会各界参与发展老龄事业服务和为广大基层老年群众服务，致力于构建党政领导重视、老龄委协调有力、部门工作尽责、社会踊跃参与、全民热情关怀的大老龄工作格局。

（二）要充分发挥老龄委的职能作用

全国老龄委是一个国务院议事协调机构，但不同于一般的议事协调机构。全国老龄委成员单位包括党、政、军、群28个部门，横向具有协调决策职能，纵向具有指导督察职能。在国务院的议事协调机构中，全国老龄委属于自上而下组织系统最完备的，职能任务也是最繁重的机构。目前，一些地方老龄工作体制机制不够顺畅，主要是中央文件精神还没有得到全面贯彻落实，老龄委的应有作用还没有得到充分发挥。各地要把充分发挥老龄委的职能作用，作为搞好老龄工作体系建设的首要任务。

（三）要着力提高老龄委办公室的履职能力

老龄委办公室职能总体包括两个方面，一是履行老龄委办事机构职能，老龄委的工作职责就是老龄办的业务范围；二是履行职能部门职责以外的老龄工作兜底职能，这是老龄委办公室的一个特点。在我们的系统中，应当防止重事务管理、轻议事协调，向行政化靠拢的倾向。我们要善于通过老龄委的影响力推动工作。只有加强老龄委的工作力度，提升老龄委的影响力，老龄办的工作才能有成效、有地位、有影响。老龄委办公室机关应当搞好学习型、研究型、创新型、服务型机关建设。要善于调查研究，及时发现新情况、新问题，占领老龄问题研究的制高点，增强老龄工作的话语权和主动权。只有这样，才能排解体制机制方面的矛盾和困惑，才能提高老龄委办事机构的履职能力。

（四）要高度重视基层老年群众工作

老龄事业的出发点和落脚点在基层，老龄工作服务对象和工作任务在基层，老龄工作系统的活力和优势也在基层。把基础老龄工作搞好搞活，把基层老龄工作机构和老龄群众组织发展壮大起来，老龄工作系统的作用就能够得到更加充分的发挥。我们要把老龄工作重心向基层移动，把基层老年群众工作作为一项经常性的重点工作来抓，加强基层老年人协会规范化建设，充分发挥老年群众组织自我教育、自我服务、自我管理的作用，探索建立老年群众组织管理体制机制，促进老龄工作体系全方位发展。

同志们，老龄工作使命光荣，责任重大。我们的老龄事业面临着重要的发展机遇，也存在工作矛盾和挑战。希望大家不辱使命，不畏艰难，积极探索加强老龄工作的途径和策略，着力排解老龄事业发展中的矛盾和问题，励精图治，开拓进取，为国家经济社会和谐发展，为确保广大老年人健康、充实、尊严、有保障地生活而贡献力量。

在全国“爱心护理工程”第五次工作会议暨老年基金会工作座谈会上的讲话

全国老龄委办公室常务副主任　陈传书

（2010 年 7 月 25 日）

各位领导、各位来宾：

受民政部党组和李立国部长委托出席今天的会议。我谨代表民政部、全国老龄委办公室对这次会议在天津召开表示热烈祝贺！向给予会议大力支持的天津市领导、市老龄委、民政局的同志们表示衷心的感谢！并借此机会，向致力于发展老年护理事业、热心老年护理工作的广大工作者，向在老年护理、老年慈善战线上辛勤奉献的各界人士，致以崇高的敬意！

我们的国家正处于人口老龄化加速发展时期，老龄问题作为关系国计民生的重大问题，已渗透到经济发展和社会生活的各个领域。目前，我国已有 60 岁老年人 1.67 亿，其中 80 岁以上近 2000 万人。据初步预测，我国老年人口从今年起将将进一步呈现加速增长态势，到 2050 年前后全国老年人口将达到 4.7 亿左右，其中，80 岁以上的老年人将超过 1 亿人。在人口结构上也呈现高龄化、少子化、空巢化的加速发展态势。日益严峻的人口老龄化挑战，与人口高峰、就业高峰相重叠，与经济转型、社会转型、文化转型相交织，进一步加重了我们解决问题的难度。生活半自理和不能自理老年人的长期照料问题，将越来越成为涉及千家万户和亿万老年人的最现实、最突出的重大民生问题。

2006 年以来，以老年人长期照料为中心内容的“爱心护理工程”，得到了党中央、国务院的高度重视，在相关部门和社会各界的关心支持下，在中国老龄事业发展基金会的积极组织下，在众多养老机构特别是民办养老机构的主动参与下，取得了令人瞩目的成绩，为我国老年护理事业的起步和发展发挥了重要的推动作用。这次会议授牌的“全国爱心护理工程示范基地”，是这项工作发展 5 年来的突出代表，也是广大从事老年护理事业人士共勉奋进的爱心代表，充分显示出了老年护理工作有着广大深厚的群众基础、社会基础和道德基础。希望全国各地的爱心护理院，能以他们为榜样，秉承“爱心护理工程”的一贯宗旨，针对广大生活不能自理的低收入老年人群，提供更加专业、规范、现代、人性化的优质服务，推动我国老年护理事业不断迈出新的步伐。

老年是人生的最后一个生命阶段，广大老年人是共和国奠基、建设和发展的实践者，如何让老年人有尊严的生活，不仅是个人和家庭的现实问题，也是一个重大的社会问题。党中央国务院历来重视老龄工作。今年“两会”期间，温家宝总理在政府工作报告中提出：“加强应对人口老龄化战略研究，加快建立健全养老社会服务体系，让老年人安享晚年生活。”“两会”代表提出涉老建议、提案 150 余件，比去年增长了 3 倍。全国人大首次将《关于应对人口老龄化，加快建立健全社会养老服务体系建设的建议》列为 13 项重点处理、重点督办落实的建议之一。由此可见，社会养老服务体系的建设，已经成为了党和政府、社会各界、广大人民普遍关注问题，也是当前和今后相当长时期老龄事业的发展重点。去年底，国家发改委、民政部、全国老龄办共同拟订推动了国家基本养老服务体系建设试点工作，重点就是以政府投资为主导，带动社会力量参与，共同致力解决生活不能自理的低收入老年人的护理照料问题，这是第一次正式将老年护理工作纳入了国家的经济社会发展规划和实施规划，体现出了国家责任和社会责任。

总的看来，我国老年护理事业逐步进入了快速发展的阶段，但仍远远滞后于日益增长的社会养老服务需求。在管理体制和运营机制等方面依然存在制约发展的瓶颈，在发展速度和发展方式等方面依然存在不尽人意的因素，在管理水平和服务质量等方面依然存在较大的提升空间。我们要高度重视养老服务业在国家经济社会建设中的重要地位，进一步明确中国特色的养老服务体系建设的目标任务，坚持政府主导、社会参与、市场运作、全民关怀的发展方针，积极推进体制机制改革创新，努力提高发展速度和服务管理水平，把这一利国利民的神圣事业发展好、管理好、维护好。

一是要进一步提高认识，借鉴经验，积极探索制度化、系统化的服务体系。老年人所需要的长期护理，发生在人生的最后阶段，是特殊困难群体维护生命质量的特殊需求，是老有所养、老有所医和人道主义的集中体现，是完善社会养老保障制度的重要方面。制度始终是带有根本性的，发展老年护理事业的根本途径是完善老年护理制度。目前，德国、日本、韩国、以色列等国应对老龄化的一项重要举措就是颁布《老年护理法》，设立老年护理险，从法律制度上保障了每个国民享有安度晚年的权利和义务。我国老年护理保障制度研究工作相对滞后，但有一些保险公司已经在探索运行商业化的老年护理险，上海等地也在积极探索建立进行社会老年护理保险或护理津贴制度，这是一个好的开端，应当加快发展。要推进老年社会福利向适度普惠型转变，积极探索政府购买服务的途径和办法，逐步提高老年人对社会化养老服务的支付能力，促进我国养老服务业与社会主义市场经济协调发展。

二是要进一步解放思想，拓宽思路，探索多层次、多样化的服务模式。我国的老年护理市场还很不发达，特别是民办的护理院，在设施、条件、人员等方面还有很多薄弱环节。究其原因，主要是体制问题。因此，要改革市场准入制度，为各种社会力量和市场力量参与发展养老服务事业提供更多的便利和支持。促进养老服务从比较单一的国家投入方式，向以政府购买服务、财政资金引导、鼓励民间资本介入、发扬慈善共建的多种发展方式转变。要完善分类管理制度，对不同类型的老年护理机构实施专项政策管理，分别在土地、税收、扶持资金等方面给予相应支持。要努力营造良好的政策环境、金融环境、市场环境和舆论环境，让民办机构有爱心可献、有能力经营、有条件发展，形成良性的投入机制和经济社会双重效益。

三是要进一步总结经验，规范发展，探索职业化、集约化的服务机制。老年护理事业是发展中的新兴事业，要积极探索发展规律和科学管理方式，努力提高养老机构的管理水平和服务质量。搞好老年护理机构建设发展规划，培育一批老年护理职业化、经营服务规范化的示范典型，鼓励推广连锁经营管理模式，把养老服务企事业做大做强。养老服务机构建设管理中，要注重学习借鉴国内外老年护理工作的先进经验，研究老年人服务需求和心理需求特点。既要搞好生活照料，也要搞好精神关爱，提供热情、周到、细致、温馨、多样化、个性化的优质服务。逐步改变养老院要么像旅馆、要么像医院的现状，避免健康老年人、失能老年人与失智老年人不分区等问题，把社会养老服务机构办成老年人之家。加强护理人员队伍建设，发展老年护理职业教育，重视护理技术业务培训，提高护理行业的社会地位和待遇水平，通过爱心留人、尊重留人、体制留人、待遇留人，稳定护理人员队伍。

各级民政部门和老龄部门要高度重视发展民办养老机构和老年护理事业。坚持发展与监管并重，高度重视“爱心护理院”的规范化建设，保证老年人有保障、有尊严地生活，坚决杜绝虐待老年人事件和安全事故的发生。加大对“爱心护理工程”投入扶持力度，发挥政府引导资金的示范效应，支持鼓励老龄事业发展基金会和社会公益慈善组织发挥作用，为爱心护理工程建设贡献力量，共同把得民心、顺民意的老年护理工作做好。

同志们，老年护理工作任务艰巨，使命光荣。以今天在座的为代表的广大有识、有爱、有志之士投身其中，不遗余力，不辞劳苦，兢兢业业地替天下儿女尽孝，为广大老年人服务、为众多家庭解愁，为党和国家分忧，让人感动之余，更让我们相信，在大家的共同努力下，我国的老龄事业一定会沿着科学发展的道路不断前进，让广大老年人会全社会的关爱下安度晚年、幸福生活。

谢谢大家。

在全国 42 城市老龄工作联席会议上的讲话

全国老龄委办公室党组书记　常务副主任　陈传书

（2010 年 8 月 9 日）

同志们：

齐齐哈尔市是我国第一个市委、市政府倾力打造“孝亲敬老之城”的城市，也是全国创建“老年友好型城市”示范点。多年来，齐齐哈尔市委、市政府高度重视老龄工作，把老龄事业放在经济社会发展大局中认真谋划，作为党政一把手工程来抓，坚持“党政主导、社会参与、全民关怀”的方针，不断推动全市老龄事业实现新的发展和进步，有不少老龄工作的新理念、新举措、新经验在全国产生了重要影响，有不少单位和个人被评为全国和省市孝亲敬老的先进典型，在开展孝亲敬老活动、创建老年友好型城市等方面成为值得全国老龄工作系统学习的榜样。今天，全国 42 城市老龄工作联席会议在此召开，相互交流工作经验，共议事业发展大事，很有意义。时至今年，全国 42 城市老龄工作联席会议相继召开 22 次，已经成为全国老龄工作系统的一个品牌盛会。我为全国老龄工作系统有这样的事业精神和凝聚力而备受鼓舞，特前来代表全国老龄委办公室向会议的成功召开表示热烈的祝贺，向辛勤工作在老龄工作第一线的同志们表示亲切的问候，向长期以来高度重视老龄工作的黑龙江省、齐齐哈尔市的各位领导和有关部门的同志们，表示崇高的敬意和衷心的感谢！

当前，我国正处在应对人口老龄化挑战的准备阶段、养老保障制度建设的攻坚阶段、老龄服务体系建设的提速阶段、老龄工作体系的发展阶段，老龄工作面临许多新情况、新矛盾、新课题，希望大家解放思想、拓宽思路，积极探索老龄事业科学发展的新途径、新方式。下面，我就老龄工作机构能力建设问题谈几点认识，供大家参考。

一、积极争取党政领导重视老龄工作

老龄工作机构的能力建设，对外要树立形象，争取党政领导重视和各部门支持；对内要苦练内功，提高履职能力，让老龄工作有为有位。老龄工作涉及面宽，综合性、政策性、群众性和关联性都比较强，因此，必须坚持“党政主导、社会参与、全民关怀”的方针，积极争取党政领导和有关方面重视老龄工作和老龄事业。党政领导重视是老龄事业发展的重要保证。同志们可以感受到，齐齐哈尔市的经济条件不算优越，但他们的老龄工作做得确实很好，值得大家学习。相反，有些发达地区的老龄事业却没有达到应有的发展水平，甚至处于全国下游水平。大家还会发现，出席今天会议的各省会城市的老龄工作机构，有的是公务员编制，有的是事业编制；有的是局级建制，有的是科级建制；有的配备了三四十名干部，有的只有几个在编人员。这些问题和现象，一方面可以看得出，各地对老龄工作的性质、任务认识不同，因此，对老龄工作机构的设置方式和重视程度也不同；另一方面可以看得出，党政领导的重视程度和老龄工作机构的履职能力，对老龄事业发展有着巨大的作用和影响。领导重视程度高、老龄工作机构履职能力强的地方，即使经济条件差一些，老龄事业也能得到相对较好的发展；反之，老龄事业发展就受很大影响。开创工作新局面，必须强化争取领导重视的意识，必须提高老龄工作机构的履职能力。

争取领导重视和各方面支持老龄工作，必须首先明确什么是老龄工作。不少人以为老龄工作就是养老保障和养老服务工作，其实，这只是老龄工作的一部分。联合国老龄大会对老龄问题的定义：一是与人口老龄化相关的经济社会发展问题；二是与老年人相关的人道主义问题。我国的老龄工作具有更加丰富的内涵，既包括研究应对人口老龄化挑战的战略和重要政策，也包括推动发展老龄事业，保障老年人生活，还包括搞好老年人教育管理、维护老年人权益、引导老年群众参与经济社会建设和维护代际和谐等工作。党中央、国务院历来十分重视老龄工作。江泽民同志指出：“老龄问题越来越成为一个重要的社会问题，我们要予重视。希望各级党委和政府要加强老龄工作领导，切实做好这项工作。”并亲笔题词：“重视老龄工作，发展老龄事业。”胡锦涛同志先后指出：“人口老龄化给家庭结构和社会生活带来新变化，对经济和社会发展产生重大影响。对于这样一个重大的社会问题，全国上下都要充分认识，积极研究相应的政策。”“我们希望全社会都高度重视老龄工作，进一步来完善、做好老年人的社会保障。”“尊重老年人、关爱老年人、照顾老年人，是中华民族的优良传统，也是一个国家文明进步的标志。要弘扬中华民族尊老敬老的传统美德，大力发展老龄事业，给予老年人更多生活上的帮助和精神上的安慰，让所有老年人都能安享幸福的晚年。”中央领导同志的一系列重要指示，既为老龄工作指明了前进方向，也为各级领导干部树立了重视老龄工作的榜样。要深刻领会中央领导同志的上述讲话精神，准确把握老龄工作的性质和任务，提高对老龄工作重要性的认识。

提高老龄工作机构的履职能力，必须首先明确老龄工作机构的基本职能和主要任务。我国的养老保障和养老服务等工作分散于各个部门，许多人不清楚老龄工作机构具体职能是什么，因此，出现了各种各样的管理体制和组织模式。总体上讲，我国老龄工作是党的工作的一部分、政府工作的一部分、社会工作的一部分、群众工作的一部分，必须构建齐抓共管的大老龄工作格局。各级老龄工作机构要树立服务大局的思想观念，紧紧围绕经济社会发展大局，深刻把握老龄工作的基本任务，在大老龄工作格局中找准位置、扮好角色、发挥重要作用。把老龄工作机构建设成为老龄委办事机构、老龄政策研究机构和老年人权益代表机构“三位一体”的复合型组织，以清晰的职能定位、饱满的工作任务和突出的社会作用赢得理解和支持。

二、进一步突出和强化老龄政策研究职能

老龄政策研究是政府部门的一项工作任务，又是一项综合性的研究工作。老龄工作机构的首要任务是掌握老龄工作的全面情况，联系、引导、整合各部门、各学科的研究力量，研究老龄事业发展战略和重要政策。老龄问题不仅是一个社会问题，也是涉及到人口发展、城乡发展、经济发展和政治、文化建设等方面的问题，归根到底是一个关系国计民生和国家长治久安的全局性、战略性问题。西方国家的老龄问题研究比较注重社会发展与经济学分析，我国的老龄政策研究不应局限于社会保障和社会福利领域，要以更高的站位和更宽的视野审视老龄问题和老龄事业。从经济社会发展大局出发，综合多学科的知识和各项事业发展的要求，重点围绕建立健全老龄化战略对策体系、老龄宜居环境体系、老龄健康支持体系、老年经济供养体系、社会养老服务体系和老年群众工作体系，开展理论与应用相结合的老龄政策研究，为老龄委“研究、制定老龄事业发展战略和重要政策”提供服务。

重视应对人口老龄化战略研究。人口老龄化问题，是人类二十一世纪共同面临的重大课题，也是我国经济社会可持续发展必须直面的重要问题。我国人口老龄化有特殊的背景，发展的曲线和问题的复杂性与一般国家不一样，没有类似情况的成功经验可借鉴。我们不能因为人口老龄化与工业化和城镇化有一定的联系，而简单地讲它是一件好事；也不能因为暂时的“人口红利”，而忽视人口老龄化挑战的严峻性。当今世界，但凡人口老龄化程度比较重的国家，在经济发展方面都或多或少受到了拖累，甚至有的国家因养老问题导致政局不稳。我国是一个“未富先老”的国家，在应对人口老龄化战略方面不可掉以轻心，也没有失误的“本钱”。正如胡锦涛总书记所指出：“对于这样一个重大的社会问题，全国上下都要充分认识，积极研究相应的政策。”国家应对人口老龄化战略研究初步预测表明，我国已经进入老龄化快速发展阶段，老年人口年增量非常大，老龄化的势头特别猛，老年群体中的困难和问题也比较多。“十二五”期间，全国将增加老年人口 4000 多万。2025 年，全国老年人口将达到 3 亿人。2034 年，全国老年人口将达到 4 亿人。2050 年前后，全国老年人口将占全国总人口的三分之一，其中，80 岁以上的高龄老年人将超过 1 亿人，无子女的老年人、独生子女老年人和空巢老年人所占比重也会比较大。而且，全国各地人口老龄化的差异比较大，部分地区老龄化程度远远超过全国平均水平。人口老龄化涉及到社会生产、生活主体结构的变化，对社会生产生活各个领域都将产生深刻影响，要全国上下高度重视、积极应对。各地老龄工作机构应当结合本地实际，积极开展应对人口老龄化战略研究，把握城乡老龄情况的发展变化规律，建立健全老龄问题预测预警系统，为党和政府制定经济社会发展总体规划提供依据和建议。

重视老龄事业发展规划研究。老龄事业发展规划是发展战略的体现，是明确发展任务的一个主要依据，也是老龄委协调推动各部门发展老龄事业的重要手段。今年，是全面完成“十一五”规划，研究制定“十二五”规划的关键之年。要深入开展老龄事业发展规划调查研究，着力推动“十一五”规划的全面落实，认真研究“十二五”期间老龄事业的发展战略、发展目标、发展任务和重要举措。以发动成员单位研究、编制、实施规划为抓手，以联合人大、政协等方面督促、检查、落实规划为助力，协调推动各部门、各地区加快发展老龄事业。

重视老龄法制建设研究。推动老龄事业发展，维护老年人权益，需要坚持德治与法治相结合。提高重视程度、加大财政投入、开展尊老敬老活动都是推动发展的重要动力，但是，只有加强法制建设，将老龄工作和老龄事业纳入法制化的前进轨道，才能形成更加稳定的长效机制。当前，老龄立法工作任务很重。要深入研究老龄法制建设的新形势、新任务和新特点，积极推动修订《老年人权益保障法》等老龄法制建设工作，进一步明确维护老年人权益的执法主体和执法手段，进一步完善养老服务市场监督机制，进一步加强老年人的社会管理和社会保护工作，切实把广大老年人的根本利益实现好、维护好、发展好。

重视老龄工作热点和难点问题研究。我国正处于经济体制深刻变革、社会结构深刻变动、利益格局深刻调整、思想观念深刻变化的历史时期，人口老龄化发展与社会转型期的各种社会矛盾相互交织，使得老龄问题更具复杂性。要密切关注与老龄工作相关的社会热点问题，重视研究各项涉老社会保障制度的配套衔接、养老服务事业与产业的协调发展、公共服务和养老资源的综合利用等跨部门的重要问题，为改革发展提建议。进一步加强老龄工作基础建设，搞好统计分析和信息管理工作，及时掌握新情况、新矛盾、新问题，占领老龄问题研究的制高点，争取老龄工作的话语权。

三、进一步突出和强化老龄委办事机构职能

各级老龄工作机构作为老龄委的办事机构，必须突出和强化为老龄委主体服务职能，并善于围绕贯彻落实老龄委决策创造性地开展工作。

着力构建大老龄工作格局的体制机制。《中共中央国务院关于加强老龄工作的决定》要求各级党委和政府成立老龄工作委员会和精干的办事机构，这是党中央、国务院基于老龄工作的重要性作出的重要决策。要进一步学习领会中央文件精神，按照党中央、国务院关于老龄工作的总体布局和要求，认真抓好老龄工作体系建设，着力构建党政领导高度重视、人大政协积极支持、老龄委有力协调、各部门主动尽责、社会力量积极参与、全体人民热情关怀的大老龄工作格局。

着力突出发挥各级老龄委的职能作用。各级老龄委是本级政府老龄工作重大问题的议事协调机构，也是代表党委、政府对老龄工作实施宏观指导和综合管理、协调推动发展老龄事业的领导机构，在应对人口老龄化的伟大战略战役中，发挥总指挥部作用。党中央、国务院确定全国老龄委五项职责：一是研究、制定老龄事业发展战略和重要政策，协调和推动有关部门实施老龄事业发展规划；二是协调和推动有关部门维护老年人权益的保障工作；三是协调和推动有关部门加强对老龄工作的宏观指导和综合管理，推动有利于老年人身心健康的各种活动；四是指导、督促和检查各省、自治区、直辖市的老龄工作；五是组织协调联合国及其他国际组织有关老龄事务在国内的重大活动。各地老龄委的职责也大同小异。毋庸讳言，迄今为止，还有相当一部分地方的老龄工作机构不够健全，老龄委的职能作用没有得到充分的发挥，直接影响了当地老龄事业的全面发展，必须尽快扭转这种被动局面。要全面贯彻落实党中央、国务院提出的要求，大力加强老龄委和老龄工作机构建设，完善老龄委履行职能的制度和机制，经常开展议事协调和督促检查工作，努力把老龄委工作系统做实做强。

着力搞好老龄工作机构的能力建设。各级老龄委办公室作为老龄委的办事机构，要向学习型、研究型、创新型、服务型机关转变，增强为老龄委开展工作搞好服务的责任意识和履职能力，当好参谋助手。要根据大老龄工作格局的特点和要求，转变工作职能、转变工作作风、转变工作方式，克服封闭式管理的行政化倾向，重视并善于抓全面情况汇总分析、抓综合问题调查研究、抓跨部门的政策协调、抓老龄委决定事项和基层工作督促检查、抓社会动员和老年群众工作。在某些具体项目管理上，立足协调推动主管部门和基层实施，尽可能避免与老龄委成员单位发生职能交叉或业务冲突。要重视老龄工作组织机构建设。随着人口老龄化快速发展，老龄工作任务日益加重，老龄工作力量需要进一步加强。在新一轮机构改革中，各地老龄工作机构要主动搞好协调，确保老龄工作力量只能加强、不能削弱。

着力加强社会动员和基层老龄工作。老龄事业是全体人民的事业，老龄工作是一个齐抓共管的协作系统，要面向社会、面向基层、面向群众，善于联合各机关研究部门、国内外专家学者共同开展老龄问题和老龄政策研究；善于协调动员各种公共服务资源、社会资源和市场资源，共同投入发展老龄事业；善于借助群众团体、社会组织和社会舆论力量，开展各种形式的老龄公益活动；善于依靠基层和群众力量推动老龄工作，把大老龄工作搞活。要特别重视加强基层老龄工作。老龄工作的服务对象在基层，老龄工作的优势也在基层，老龄工作的重点应当放到基层。要加强基层老龄工作的组织领导，夯实老龄工作基础，搞好基层老年群众组织规范化建设，团结、教育、引导更多老年群众参与经济社会发展，维护和谐稳定。

四、进一步突出和强化维护老年人权益职能

多年来，党和政府十分重视发展老龄事业，维护老年人权益，有力保障了老年人的合法权益和基本生活。但在现实生活中，老年人特别是失去生活自理能力的老年人是一个非常容易受伤害的特殊群体，子女不孝、遭受歧视、虐待、遗弃以至个别养老机构虐待老年人的侵权问题时有发生，特别是农村老年人非正常死亡的比例仍明显偏高，维护老年人权益的工作任务十分繁重。

要增强维护老年人权益的责任感。目前，我国老年人社会保护制度尚未完善，也欠缺其他弱势群体所拥有的社会维权组织。鉴于国务院确定全国老龄工作委员会负责维护老年人权益工作，大多数地方也通过法规明确了老龄工作机构为维护老年人权益的执法主体，因此，各级老龄工作机构要切实担负起党和国家赋予的神圣使命，当好老年群众的知心人和代言人，旗帜鲜明地维护老年人合法权益，毫不妥协地与侵犯老年人合法权益的错误行为做斗争。

要加强老龄立法、执法和普法教育工作。针对老年人权益保障的突出问题，进一步完善法律、法规和政策制度。加大维护普法宣传工作力度，使广大老年人自尊、自强、学法、懂法、依法维护自己的合法权益。进一步建立健全老年人的维权组织网络，落实维权工作责任。积极配合人大开展《老年人权益保障法》的执法检查和修法调研工作，会同有关部门开展老年法律援助活动。

要维护老年人养老保障的合法权益。坚持家庭赡养与社会保障相结合，确保老年人老有所养、住有所居、病有所医。继续推进签订《赡养协议书》工作，监督落实赡养人对老年人经济供养、生活照料和精神慰藉的应尽义务。推动完善社会养老保障制度，逐步实现人人享有社会养老保障的目标。充分发挥老龄工作系统在基层的优势，协助搞好“新农保”试点工作，积极引导农村居民参加新型农村养老保险，确保60岁以上老年人按时足额领取基础养老金。要搞好贫困老年人社会救助工作，有条件的地方可探索建立无社会养老保障老年人生活补贴和高龄津贴制度。

要加快建立健全基本养老服务体系。大力发展养老服务事业和产业，突出发展面向全社会失能老年人的长期护理服务，维护老年人的生活质量和生命质量。推动建立养老服务市场准入制度，加强有效监督和科学管理，积极帮助民办养老机构解决注册登记难、兴办场地难、经营运作难、招收护工难、安全管理难等问题，坚决杜绝养老机构安全事故和虐待老年人事件。

要大力弘扬孝亲敬老的优良传统。老年人为国家、社会和家庭做出了重要贡献，理应受到全社会的尊重和关心。孝亲敬老是中华民族优秀传统文化，凝聚着爱心美德，体现着人道原则，内含着和谐理念，是中国特色养老方式的重要基础。在全社会树立尊重、关心、帮助老年人的风尚，对于促进和谐社会建设、弥补社会养老保障资源不足、解决好老有所养问题具有重要作用。要把组织开展尊老、敬老、助老活动作为老龄工作的重要内容，上升到应对人口老龄化战略举措的高度来认识并大力推动。老龄工作要进社区、进单位、进学校、进家庭，积极开展“老年友好城市”、“老年宜居社区”和“老年温馨家庭”创建活动，在全社会营造浓厚的尊老、敬老、助老氛围。大力发展老年教育、文化、体育和养生保健事业，积极支持、组织、引导广大老年群众参与经济社会发展和公益活动，让广大老年人享受充实、健康、有保障、有尊严的生活。

同志们，老龄工作任务艰巨，责任重大，使命光荣。中心城市是老龄工作的领头雁，对各地老龄工作具有重要的示范、带动和辐射作用。希望大家坚定信心，不畏困难，励精图治，积极探索，为老龄事业又好又快发展而努力奋斗，不辜负党和人民对我们的期望和重托。

在“夕阳幸福工程·法律援助在行动”座谈会上的讲话

全国老龄委办公室党组书记　常务副主任　陈传书

（2010年9月16日）

同志们：

老年人法律援助工作，是保障老年人合法权益的重要内容，是发展老龄事业的重要组成部分。近些年来，各级司法行政部门和法律服务机构高度重视老龄工作，积极拓展司法行政服务老龄工作的领域和服务内容，不断扩大老龄法律服务的覆盖面，显著提升了老年人的依法维权意识和全社会尊老、敬老的自觉性，有力地推动了老年人权益保障工作，为构建和谐社会、维护社会稳定、发展老龄事业贡献了力量。特别是“夕阳幸福工程·法律援助在行动”活动蓬勃开展，进一步开创了法律援助服务老龄工作的新局面。

今天，我们在这里召开座谈会，总结交流前一阶段的工作经验，部署下一步工作，进一步动员全国老龄工作系统与司法行政服务系统的沟通合作、密切配合，共同推动老龄法律服务工作上台阶、上水平，很有意义。在此，我代表全国老龄委办公室向长期以来关心支持老龄事业的司法行政部门的领导、中国法律援助基金会领导和广大老龄法律服务工作者致以崇高的敬意，向出席今天会议各位领导、各位来宾表示衷心的感谢！

刚才，四个地方的同志作了精彩的发言，他们的好经验、好做法值得学习推广。岳宣义副会长对下一步工作进行了重点部署，提出了明确要求，讲的很好。稍后赵大程副部长还将作重要讲话。希望全国老龄工作系统认真贯彻这次会议精神，积极推动“夕阳幸福工程·法律援助在行动”活动更好更快地发展。下面，我讲几点意见。

第一，要高度重视维护老年人合法权益工作。老年是人生的一个阶段，家家有老人，人人都会老，维护老年人的合法权益，是保障民生，维护稳定，构建社会主义和谐社会的应有之义。众所周知，我国已经进入人口老龄化快速发展阶段。“十二五”期间，全国老年人口将超过2个亿，2025年将超过3个亿，2034年超过4个亿，2050年前后全国老年人口将占总人口的三分之一。日益增多的高龄、病残、孤独和空巢老年人，成为一个越来越大的社会弱势群体。保障老年人的基本生活，维护老年人的合法权益，是一项长期重要而艰巨的任务。多年来，各级党委、政府十分重视发展老龄事业，保障老年人的基本生活，维护老年人的合法权益。目前，我国基本完成了市、区（县）、街（乡）、居（村）四级法律援助网络建设。截至到2009年底，全国共建立各级老年人法律援助中心19900多个，老年维权协调组织达135700多个。但是，随着人口老龄化挑战的日益加重，以及经济体制的深刻变革、社会结构的深刻变动、利益格局的深刻调整和思想观念的深刻变化，我国老年人权益保障工作面临许多新情况、新矛盾和新问题。在现实生活中，老年人特别是失去劳动能力和生活自理能力的老年人，是一个非常容易受到伤害的特殊群体，子女不孝，家庭遗弃以至个别养老机构虐待老年人的侵权问题时有发生，特别是部分农村地区老年人非正常死亡的比例仍明显偏高。建立健全老年人的社会保护制度和权益保障机制，是一个迫切需要解决的社会问题。各级老龄工作机构和有关部门要增强维护老年人权益的责任感，大力推动老年人权益保障和法律援助工作，旗帜鲜明地维护老年人合法权益，毫不妥协地与侵犯老年人权益的错误行为作斗争。

第二，要着力加强老龄立法、执法和普法教育工作。建立完善的老龄法律法规和政策制度体系是保障老年人权益、依法开展老龄工作、促进老龄事业健康持续发展的重要基础保证，也是中国特色社会主义法制建设的重要组成部分。老年人作为国家公民，享有我国《宪法》等赋予的一切公民权利；老年人作为特殊的弱势群体，受到包括《老年人权益保障法》在内的相关法律法规政策的保护。各地老龄工作机构要充分发挥职能作用，深入调研老年人权益保障方面新情况、新矛盾和新问题，积极推动以实现“六个老有”为主要内容的老龄政策法规体系建设；要进一步加大老龄普法宣传教育工作力度，在全社会增强维护老年人权益的自觉性，使广大老年人学法、懂法、自尊、自强，善于依法维护自己的合法权益，将老龄事业发展纳入法制化的快车道，把广大老年人的根本利益维护好、发展好、实现好。

第三，要密切关注老年人权益保障方面的重点问题。随着人口老龄化和家庭小型化的发展，我国传统的家庭养老功能逐步弱化，空巢老年人、失能老年人、计划生育家庭的老年人和无社会保障的老年人的养老问题成为日益突出的社会问题。要加快建立健全家庭养老和社会养老相结合老年供养体系，确保人人老有所养、住有所居、病有所医；要大力发展老龄社会服务，特别要加快失能老年人护理机构建设，着力改善这一特殊困难群体的生活条件和生命质量；要加强老年人社会保护和养老服务市场监督管理工作，坚决杜绝虐待、遗弃老年人等恶性侵权事件和养老机构的安全事故，确保老年人的社会权利、人身权利、财产权利和受赡养权利等合法权益不受侵犯。

第四，要大力推进老年维权组织建设。加强老年维权组织建设，是做好老年维权工作的基础。要坚持“党政主导、社会参与、全民关怀”的老龄工作方针，着力构建党政领导高度重视、人大政协积极支持、老龄委有力协调、各部门主动尽责、社会力量积极参与、全体人民热情关怀的大老龄工作格局。各级老龄工作机构要突出和强化维护老年权益职能，建立完善老年维权工作机制，会同司法行政部门和法律服务机构，加强老年维权服务组织建设，积极支持老年法律服务机构、法律援助机构、老年维权组织开展工作；要组织引导企事业单位、社会组织创新创建多种形式的老年维权服务平台，提供符合老年人特点和需求的维权服务；要重视和支持基层老年群众组织建设，充分发挥他们在调解涉老纠纷、和谐代际关系、参与经济社会建设、活跃老年人精神文化生活等方面的重要作用；要以社区、村（居）老年活动室为依托，加强基层维权场所、阵地建设，就地、就近为老年人提供便利的法律政策咨询、法律事务代理、纠纷调解等维权服务。

第五，要努力营造敬老维权的社会环境。老年人是历史财富的创造者，他们的晚年生活理应受到保障、尊重和优待。我们要大力弘扬中华民族尊老、敬老、助老的优良传统，广泛开展各种形式的思想道德教育、孝亲敬老宣传和普法教育活动，树立良好社会风尚，营造良好舆论氛围。要充分发挥司法行政和法律服务在老龄工作中重要作用，通过执业教育、志愿服务、慈善救助、法律援助、优待帮扶等各种形式，推动敬老维权进机关、进学校、进企业、进乡村、进社区、进家庭，把“夕阳幸福工程·法律援助在行动”活动扎扎实实、深入持久地开展下去。

同志们，老年群体是社会的重要组成部分，维护老年人的合法权益是各级政府和全社会的共同责任。我们要坚定不移地贯彻“党政主导、社会参与、全民关怀”的老龄工作方针，加大工作力度，落实各项措施，切实保障老年人合法权益，让广大老年人有尊严、有保障地安度晚年，为促进社会和谐、维护社会稳定做更大的贡献。

谢谢！

在第二届“中国老年文化艺术节”开幕式上的讲话

全国老龄委办公室常务副主任　陈传书

（2010年9月21日）

尊敬的梁滨部长，各位领导，各位来宾，同志们、朋友们，

大家上午好！

老来逢盛世，燕赵舞欢歌。

在中华人民共和国国庆节和“九·九”重阳节来临之际，第二届“中国老年文化艺术节”开幕式在河北省石家庄市隆重举行。这是老年人文化生活中的一项盛事，也是老龄工作中的一件大事。我代表全国老龄工作委员会办公室，对第二届“中国老年文化艺术节”成功举办表示衷心祝贺，对来自全国各地的老年朋友们表示热烈的欢迎！

第二届“中国老年文化艺术节”的举办得到了河北省委、省政府，老龄委、民政厅的大力支持在此表示衷心的感谢！

老龄工作是党和政府的重要工作，老年文化是社会主义文化的重要组成部分。老年人不仅是物质财富的创造者，也是民族精神文化财富的创造者、传承者。大力发展老年文化事业，不断满足老年人的精神文化需求，是社会发展进步的客观要求，是构建和谐社会的重要内容，也是各级老龄工作部门义不容辞的责任。通过“中国老年文化艺术节”这种形式，展现当代老年人的精神风貌，发掘高水平的老年文化艺术题材，推动基层群众老年文化活动的健康蓬勃开展，对于丰富老年人的精神文化生活，促进健康老龄化、积极老龄化，提高老年人的生活生命质量都具有积极意义。各级老龄工作部门要以第二届“中国老年文化艺术节”的举办为契机，深入贯彻落实全国老龄工作委员会关于开展“敬老月”活动的通知精神，积极开展内容丰富、形式多样、健康有益的老年文化活动。要依托老年文化活动场所，依靠基层老年群众文化组织，面向农村、面向社区、面向基层，为老年人提供丰富多彩的精神食粮，让老年人过一个欢乐祥和的国庆重阳。

同志们，老年朋友们：

青春不是年轻人的专利，老年人同样可以用活力和朝气表现出自己特有的魅力。让我们踏着时代的韵律，唱出心中的歌声，赞美祖国的美好未来和老年人的幸福生活。我相信第二届“中国老年文化艺术节”一定是一次文化艺术的盛会，欢乐祥和的盛会，圆满成功的盛会。

最后，我宣布第二届中国老年文化艺术节开幕！

在全国尊老敬老经验交流会上的讲话

全国老龄委办公室党组书记　常务副主任　陈传书

（2010 年 10 月 11 日）

各位领导、各位来宾、同志们：

在中华民族传统敬老节日“九九”重阳节来临之际和全国首个“敬老月”期间，经国务院领导同意，全国老龄办、全国总工会、共青团中央、全国妇联联合在齐齐哈尔市召开“全国尊老敬老工作经验交流会”，很有意义。在此，我代表全国老龄委办公室，向与会的各位领导、各位来宾和同志们表示热烈欢迎和衷心感谢！

这次会议的主要任务，是贯彻落实全国老龄委关于开展“敬老月”活动的精神，研讨尊老敬老优良传统、优秀文化在“两个文明”建设中的重要作用，总结开展尊老敬老工作的先进经验，进一步推动全国老龄事业快速开展。黑龙江省政府给会议发来了贺电，齐齐哈尔市委书记和联合国人口基金会驻华代表分别致辞，齐齐哈尔市、上海退管办、浙江团省委、新疆自治区妇联等先进单位介绍了经验，我们很受鼓舞、很受启发。特别是全国总工会、共青团中央和全国妇联领导的重要讲话，对于深入开展尊老敬老活动，加快发展老龄事业，构建老少共融、人人平等的和谐社会，具有重要的指导意义。全国老龄系统要认真学习、贯彻落实。

下面，我谈三点意见，供大家参考。

一、要站在创建社会主义精神文明、培养社会主义新人、构建社会主义和谐社会的高度，深刻把握弘扬尊老敬老美德的现实意义和历史意义

胡锦涛总书记指出：尊老敬老是中华民族的传统美德，也是一个国家文明进步的标志。在新的历史时期，弘扬尊老敬老的传统美德，是社会主义精神文明建设的重要方面、是公民道德建设的重要内容，也是促进代际和谐、保障和改善老年民生的有效措施。

从人的素质修养层面讲，尊老敬老既是集体主义的道德规范，也是人的全面发展的内在要求。人的一生总要经历少年、青年、中年和老年时期。尊重老年人，就是尊重人生和社会发展的规律，就是尊重历史，符合每一个人的根本利益和发展要求。我国自古以来传承着“百善孝为先”的理念，即一个人只有懂得尊老敬老，才能具有更多的善心、公心、责任心和奉献精神，才有可能成为一个人格高尚的人。在新的历史条件下，尊老敬老的传统美德被赋予了新的内涵，属于社会主义先进文化的重要组成部分，成为开展公民道德建设，特别是青少年道德教育的重要内容。

从家庭美德建设层面讲，尊老敬老是维系人类世代繁衍的基本要求，是家庭生活幸福的根本。我国素有反哺式养老之传统，反哺式养老与人类家庭生活方式紧密相连，既包含经济上供养、生活上照料，也包含来自于亲情的精神慰藉，是其他任何养老方式都无法比拟的。在“未富先老”的基本国情下，居家养老作为主要养老方式将长期存在。我们应当高度重视随着独生子女增多引起的家庭结构变化，高度关注代际关系趋于复杂、空巢老年人比例明显偏高、家庭养老功能逐步弱化、养老问题日益突出等现实问题，在加大社会保障力度的同时，大力加强家庭美德建设，改善家庭代际关系，挖掘家庭养老潜力。积极借鉴日本、韩国、新加坡等东方传统文化国家应对人口老龄化的经验，提倡和鼓励以“三世同堂”为主流的温馨家庭生活方式，着力减缓家庭小型化、空巢化的发展进程，提高老年人居家养老的幸福指数。

从社会发展需要层面讲，弘扬尊老敬老美德，是精神文明的应有之义，是维护社会和谐稳定的必然选择。我国传统敬老文化既是家庭伦理，也是“老吾老以及人之老”的社会伦理，把善侍父母延伸到尊重长辈及其他老年人，把亲情、感恩发展到博大的爱。数千年以来，“治国以人为本、做人以德为本、修德以孝为先”的文化理念深入人心，始终是我国传统文化的核心价值。我们要秉承与时俱进、古为今用的精神，扬弃性地继承发展孝亲敬老的传统文化，使之在加强公民思想道德教育，增进家庭和睦和代际和谐，创建社会主义精神文明中发挥作用。当前，我国正处于改革发展的关键时期，社会转型期各方面的深刻变革、深刻变动、深刻调整、深刻变化，与人口老龄化快速发展相伴随，老龄工作领域面临许多新课题。弘扬孝亲敬老的传统美德，形成老少共融、代际和谐的良好风尚，有利于正确处理人口老龄化过程中各种矛盾和问题，为改革发展创造良好的社会环境。

二、以尊老敬老活动为载体，依靠人民群众，扩大社会参与，促进老龄事业全面发展

众所周知，我国面临日益严峻的人口老龄化挑战。“十二五”期间，全国老年人口将达到2亿人，2025年达到3亿人，2035年前后达到4亿人，2050年前后，达到全国总人口的1/3。其中，80岁以上老年人高峰时超过一亿人。胡锦涛同志指出：“人口老龄化给家庭结构和社会生活带来新的变化，对经济和社会发展产生重大影响。对于这样一个重大的社会问题，全国上下都要有充分认识，并积极研究制定相应的政策。”

目前，国家正在组织应对人口老龄化战略研究，立足于从我国社会主义初级阶段的基本国情出发，着力完善应对老龄化政策体系、老年宜居环境体系，老年健康支持体系、老年经济供养体系、老年照料服务体系和老龄群众工作体系，努力实现全体人民老有所养、老有所医、老有所教、老有所学、老有所为和老有所乐，构建老少共融、代际和谐的社会机制，保持经济社会全面、协调、可持续发展。

发展老龄事业，一方面需要政府重视，加大物质性投入，另一方面，需要发动群众参与，加大服务性投入。要充分发挥工、青、妇和老龄机构的社会动员能力，以开展尊老敬老教育为抓手，强化家庭赡养功能，推动完善家庭养老与社会养老相结合的保障体系，确保老年人老有所养、病有所医。以开展群众性助老服务为抓手，推动以家庭养老为基础、社会服务为支撑、机构养老为补充的养老服务体系建设，改善老年人的生活环境和生活条件。以组织职工、青年、妇女和健康老年人开展志愿服务为抓手，推动发展关心帮助高龄老年人、病残、空巢和贫困老年人等特殊困难群体的社会公益和社会慈善事业，为老年弱势群体排忧解难。以开展社会监督和法律服务为抓手，保障老年人婚姻自由和住房、财产、继承等合法权益不受侵犯，杜绝歧视、侮辱、虐待、遗弃老年人等不法行为。以丰富老年人精神文化为抓手，加强老年教育、文化、体育工作，支持老年人参与力所能及的工作和社会公益活动，注重发挥老年群众组织自我管理、自我教育、自我服务作用，使之成为一支推动经济社会发展、维护和谐稳定的重要力量。

三、认真总结推广先进经验，创新工作方式，不断把尊老敬老活动引向深入

尊老敬老是全社会的共同责任。近年来，各地涌现出一大批尊老敬老的先进个人、先进单位、先进城市和先进地区，有不少好做法、好经验值得认真总结，发扬光大。这次大会交流的典型经验，各具特色，都很好，值得各地学习推广。

希望老龄工作系统的同志们，把这次会议作为很好的学习机会。要向工、青、妇系统的同志们学习，学习他们善于把握大局，创造性开展工作的经验，以更高的站位、更宽的视野、更新的理念和更多的方式推动老龄工作。要向黑龙江省学习，学习他们老龄事业一盘棋的思想，只要有利于老龄事业发展的事情就支持、就推进、就配合。要认真学习推广齐齐哈尔市老龄工作的先进经验。学习他们党政领导高度重视、人大政协大力支持、老龄委有力协调、相关部门主动尽责、社会各界积极参与、广大群众热情关怀的大老龄工作格局和大老龄工作氛围；学习他们党政主要领导带头，发动全市人民打造“孝亲敬老之城”，不断推动老龄事业与“两个文明”建设又好又快发展；学习他们带着尊老敬老的思想感情，大力完善养老保障制度、健全为老服务网络、规范养老机构管理，积极改善老年人的生活条件。尤其是要学习齐齐哈尔市“工、青、妇、老”积极发挥自身优势开展群众工作的经验。市总工会开展“百万职工敬老活动”、团市委开展“鸟还巢青春助老活动”、妇联系统开展“七彩玫瑰居家养老服务活动”等工作经验。大家知道，企业职工养老问题、老年妇女问题和代际关系问题，是人口老龄化进程中的日益突出问题。为老服务的主力军也是职工、妇女和青年，老龄工作离不开工、青、妇的积极参与和支持。要学习齐齐哈尔市，充分利用“工青妇老”四个平台相互配合，密切合作，全力推进尊老敬老工作，努力推进代际和谐、家庭和谐、社会和谐。

各位领导，各位来宾，同志们：

目前，正值全国“敬老月”期间，希望通过这次会议，各地能够更加重视尊老敬老工作，进一步加大宣传和组织工作力度，更加深入、更加全面地发动群众，营造更加浓厚的社会范围，把尊老、敬老、助老活动轰轰烈烈地开展起来，扎扎实实地发展下去，为推动经济社会持续发展、维护社会和谐稳定，做出应有的贡献。

谢谢大家！

在江西省居家养老服务试点工作现场会上的讲话

全国老龄委办公室党组书记　常务副主任　陈传书

（2010年10月24日）

尊敬的熊盛文副省长，同志们：

今天，我十分高兴地参加江西省政府召开的全省居家养老服务试点工作现场会。在此，我代表民政部和全国老龄委办公室对会议的成功召开表示热烈地祝贺，向江西省各级党委政府高度重视老龄工作，社会各界人士支持老龄事业发展表示衷心地感谢。

江西是个具有悠久历史文化和革命光荣传统的省份，江西人民为中国革命斗争的胜利和现代化建设作出了重大贡献。近几年来，在党中央、国务院和省委、省政府的正确领导下，全省上下开拓进取，奋力拼搏，经济社会快速发展，努力实现科学发展、进位赶超、绿色崛起。在江西经济发展势头强劲的同时，省委、省政府高度重视社会事业发展，把老龄事业纳入了经济社会发展总体规划，作为重要的民生工程来抓。全省城镇基本养老保险覆盖面不断扩大，连续六次调整企业退休人员基本养老金，新农保试点工作稳步推进；城镇居民医疗保险基本实现了全省全覆盖，新型农村合作医疗参保率达到95%以上；城市“三无”、农村“五保”保障标准逐步提高，连续7年加大福利彩票公益金投入，敬老院、福利院、光荣院建设面貌焕然一新，五保集中供养率达到80%以上，在全国处于领先水平；重视城乡老龄工作协调发展，连续4年由省财政每年安排专项资金，在农村开展老年人协会规范化建设，农村老龄基础设施条件得到改善；老年人合法权益得到有效保障，全省落实了百岁老人长寿补贴，有的市、县建立了80以上高龄老人津贴制度；老年文化、教育、体育事业不断发展，敬老、爱老、助老社会氛围日趋浓厚。今年，省政府又出台了《关于加快养老服务事业发展的若干意见》，狠抓了居家养老服务试点工作，成效明显，经验丰富。我相信，通过召开全省居家养老服务试点工作现场会，总结推广试点经验，全面部署居家养老服务工作任务，江西省养老服务事业将会再上一个新的台阶。下面，我就推进居家养老服务工作谈几点意见。

一、充分认识开展居家养老服务工作的重要意义

开展居家养老服务是对传统家庭养老模式的补充和更新，是建立基本养老服务体系的一项重要内容。从我国国情出发，全面推进居家养老服务具有十分重要的现实意义。

（一）开展居家养老服务是应对人口老龄化的重要举措

截至到2009年底，我国60岁以上老年人达到1.67亿，占总人口数的12.5%，是世界老年人口总数的1/5，亚洲老年人口总数的1/2。在2000年至2009年10年里，我国老年人净增了3700万，预计未来10年将净增8000万，老年人总数将达到2.48亿。人口老龄化伴随着高龄化。目前我国80岁以上高龄老人2000万，到2020年将达到3000万。区域差异也比较明显，上海市1979年进入老龄化，宁夏到2012年才进入人口老龄化，之间的时间跨度达33年。据测算，未来40年，我国农村人口老龄化的程度和速度将始终高于城镇，最大相差7个百分点，城乡分布倒置。还有一个特点，就是独居老年人日趋增多。目前全国纯老年人家庭为44%，有些大中城市社区的空巢老人家庭则高达73%。人口老龄化给我国带来的突出问题：一是养老保障压力大。目前我国1个老年人有6个劳动力赡养，2020年1个老年人由3.7个劳动力赡养，2050年1个老年人则只有1.7个劳动力赡养。因此，完善养老保障制度，提高养老保障水平的要求将越来越迫切。二是医疗需求压力大。据统计，60岁以上老人余寿中约有2/3时间为带病期，随着老年人口的迅速增加和对生命质量要求的不断提高，需要经常就医和长期护理的老年人会越来越多，当前上海市老年人的医疗保险费用支出已经占到医疗保险费用总支出的2/3。上海的今天，就是我国其他地方的明天。三是照料服务压力大。目前，我国失能和半失能老年人近3000万，10%左右的老年人有入住养老机构的愿望，但目前全国的养老机构床位总量缺口很大，且服务质量不高，具有护理功能的养老床位更为紧缺。特别是老年人口结构发生变化，老

年人文化层次越来越高，老年人的服务需求越来越多。同时，农村大量青壮年流入城镇带来的农村养老压力，越来越庞大的来自各方面的老年群体进入社会和社区带来的管理压力，都是我国人口老龄化进程中出现的突出社会问题。面对人口老龄化给养老保障工作带来的严峻形势，开展居家养老服务是一个重要举措。居家养老服务是政府和社会力量依托社区，为居家的老年人提供生活照料、家政服务、康复护理、精神慰藉、紧急救助等方面服务的一种服务形式。开展居家养老服务，让广大老年人居住在自己家里和生活在熟悉的环境里，接受家庭、社会、政府的帮助和服务，符合我国国情，也是必然选择。

（二）开展居家养老服务是提高老年人生活生命质量的重要途径

生活生命质量在我国通常是指物质生活、精神文化生活、身心健康及社会功能、自身素质、享受的权益、生活环境等六个方面。老年人是一个特殊群体，随着年龄的增加，身心健康和社会功能方面会老化、退化，对社会安全、社会风气、社会保障、社会福利事业更加关注和重视，对生态环境、公共卫生和保健事业、医疗护理服务、生活服务有特殊的需求，老年人更需要国家、社会、家庭呵护。开展居家养老服务，根据老年人的需求，打造为老服务平台，提供花费小、见效快、服务优的服务，使老年人困有所帮，需求得到满足，有利于提高老年人的生活生命质量。

（三）开展居家养老服务是构建和谐社会的重要内容

坚持以人为本，构建全体人民各尽其能、各得其所而又和谐相处的社会，是贯彻落实科学发展观的重要内容。在我国，老年人是个庞大的社会群体，是建设中国特色社会主义不可忽视的力量，要使社会和谐稳定，必须依靠全体人民，其中包括老年人。开展居家养老服务，全方位、多层次满足老年人群体的多样化需求，解除老年人后顾之忧，使广大老年人能够无忧无虑地生活，就能减少社会矛盾。一方面，随着子女少等特点带来的家庭结构的变化，使传统的家庭养老受到冲击。家庭是社会的细胞，家庭和谐，社会才能和谐。开展居家养老服务，能够减轻家庭负担，促进代际和谐。另一方面，通过开展居家养老服务，促进老年人身心健康，激发老有所为，积极参与经济社会发展，有利于增强构建和谐社会的合力。

二、进一步明确居家养老服务基本任务和原则

2008年初，全国老龄办会同国家9个部委（办局）下发了《关于全面推进居家养老服务工作的意见》，明确提出了当前和今后一个时期我国开展居家养老服务工作的基本任务和措施。要通过几年的努力，在全国城市社区基本建立起多种形式、广泛覆盖的居家养老服务网络，使社区居家养老服务设施不断充实，服务内容和形式不断丰富，专业化和志愿者相结合的居家养老服务队伍不断壮大，居家养老服务的组织管理体制和监督评估机制逐步建立、健全和完善。农村社区依托乡镇敬老院、村级组织活动场所等现有设施资源，力争80%左右的乡镇拥有一处集院舍住养和社区照料、居家养老等多种服务功能于一体的综合性老年福利服务中心，1/3左右的村委会和自然村拥有一所老年人文化活动和服务的站点。这些目标任务，为我国开展居家养老服务开辟了广阔的天地，绘制了美好的前景。各地在开展居家养老服务工作中，还必须把握以下基本原则：

（一）以人为本的原则

老年人是人民群众的重要组成部分，他们为建立新中国、改革开放和现代化建设做出了巨大贡献，是最值得尊敬的群体。老年人由于年事已高，也是最需要关怀和帮助的群体。开展居家养老服务，坚持以人为本原则，就是要从老年人实际需求出发，为老年人提供方便、快捷、高质量、人性化的服务，使他们安享晚年。

（二）依托社区的原则

社区是人们进行社会生活的共同体。在我国，社区承担着基层政权建设和提供公共服务的双重职能。社区有着丰富的社会资源，是老年人生活、聚居的地方。由于地理人缘关系，加上行动不便，老年人不愿离开居住已久的社区。因此，开展居家养老服务，必须依托社区，充分利用社区资源，调动各方面的积极性，在社区普遍建立服务机构、服务平台、服务队伍，为老年人提供及时、就近、优质、全方位的服务，努力创造良好的社会环境。

（三）因地制宜的原则

因地制宜，就是要坚持实事求是，一切从实际出发，根据当地经济社会发展水平、社区人文环境、老年人的需求等具体情况，统筹规划，合理布局，循序渐进，稳步推开。经济发达地区投入要大一些；老城区、房屋紧缺的地方，要充分利用闲置资源；处于初始阶段的，可以先行试点，逐步推广；站点规模大小应根据老年人的数量、需求决定；服务模式要多样化，服务内容要有广泛性。

（四）社会化方向的原则

居家养老服务是一项涉及全社会的工作，需要政府、社会、家庭共同参与，形成合力。全面推进居家养老服务，也是加快发展服务性行业，扩大就业渠道和促进经济增长的重要途径。在“未富先老”情况下进入人口老龄化，政府不能统包统揽社会养老服务。既要坚持政府主导，又要动员社会参与，政府要通过制定出台优惠政策，调动民间资本、吸引社会力量投入养老服务业。要有老龄产业的理念，养老服务项目实行市场化运作，激发家政服务公司、社会中介组织积极参与到居家养老服务中去。

三、强化居家养老服务工作措施

（一）要制定切实可行的发展规划

科学研究制定本地居家养老服务发展规划，并将其纳入当地经济社会发展总体规划，是全面推进居家养老服务的基础性工作。今年是老龄事业发展“十一五”规划收官之年，各地在编制老龄事业发展“十二五”规划时，要将居家养老服务作为重点内容，全面作出安排部署。江西省政府今年下发的《关于加快养老服务事业发展的若干意见》，明确提出今后一个时期，居家养老服务模式在全省城市社区普遍推行，并逐步向农村社区覆盖，在全省广泛新建示范性居家养老服务中心。希望各地要切实按照这个目标任务要求，制定发展规划，研究保障措施，认真抓好落实。

（二）要落实居家养老服务优惠政策

为推动养老服务事业的发展，近几年来，国家陆续出台了一些关于养老服务机构的免税收优惠政策，对养老服务机构提供的养老服务免征营业税，对各类非营利性养老服务机构免征自用房产、土地房产税、城镇土地使用税等。江西省政府就加快发展养老服务事业提出了一系列具体的税费减免政策。这些优惠政策要落实到位。我相信，这些优惠政策的落实，将会对全省居家养老服务向前推进一大步。

（三）要建立多渠道的资金投入机制

开展居家养老服务需要经费作保障。坚持政府主导，政府要有投入，不仅仅是站点建设，还要对无偿服务对象购买服务，对服务人员进行培训等。江西省提出“对按规划和标准新建的居家养老服务中心，省级实行‘以奖代补’，所在市、县（区）相应配套。对‘五保’、‘三无’老人的家庭保洁、配餐送餐、看病陪护等三项基本服务和居家养老服务中心的管理岗位，实行政府购买。对居家养老服务人员提供免费技能培训。提倡有条件的地方，对低保、重度残疾、高龄特困老人的居家养老服务实行补贴”等，将会进一步推进居家养老服务事业的发展。除了政府投入以外，还要动员社会力量参与，建立政府、企业、社会多元化的筹资投入机制，为全面推进居家养老服务提供资金支撑。

（四）要不断完善居家养老服务网络和内容

整合社会各种资源，加强服务平台建设，是推动居家养老服务发展的重要保证。通过各方面的共同努力，要在城市社区和农村乡镇建起综合性居家养老服务中心、居家养老服务站点，并不断拓展家政服务、日间照料、康复护理、文体娱乐、信息咨询、老年教育等服务项目，构建专业化的社区为老服务网络，为老年人提供就近就便的多种服务。要吸引生活自理的老人走出家门到社区为老服务设施接受服务和参加活动。对生活不能自理的老人则采取派专人上门护理，满足老年人生活照料、医疗护理、文化娱乐、心理慰藉等多种需求。要依托城市社区信息平台，利用专业知识和技能、现代信息技术、物流配送平台等手段，普遍建立为老服务热线、紧急救援、数字网络等多种便捷有效的求助和服务信息系统。要鼓励和支持各种社会组织实行居家养老连片辐射、连锁经营、统一管理的服务模式。政府要加强人才培训，帮助社区建立一支专业化和志愿者相结合的居家养老服务队伍。

（五）要切实加强居家养老服务的管理与监督

从全国的情况来看，现在负责居家养老服务工作的职能部门和牵头单位，是民政部门或老龄办，但都是受本级政府委托负责对辖区居家养老服务的实施和管理。因此，各级职能部门要建立相应的工作机制，加强居家养老服务的领导和管理监督。县（市、区）、街道（乡镇）和社区（村）居家养老服务中心（站），要建立老年人信息库，及时发布老年人服务需求信息和社会服务供给信息，对享受政府补贴的老年人进行资格评估和认定，落实政府购买服务，接受服务对象的服务信息反馈和社会监督，不断提高服务质量。

同志们，江西省今年已被国家列为全国基本养老服务体系建设试点省份。希望以此为契机，并以这次会议为动力，在省委、省政府的正确领导下，发扬成绩，再接再厉，通过全省上下共同努力，把居家养老服务工作提高到一个新水平。

在全国社会养老服务体系建设推进会上的总结讲话（摘要）

全国老龄委办公室常务副主作　陈传书

社会养老服务体系建设事关我国亿万老年人晚年生活福祉、事关人民群众利益和国家长治久安，是一个系统工程。要以科学发展为指导，注重把握“六个关系”，努力推动又好又快发展。

一是把握好立足当前与着眼长远的关系。大家知道，我国面临日益严峻的人口老龄化挑战。独生子女家庭已经累积一亿多户，到本世纪中叶，全国60岁以上老年人口数量将三倍于现在，80岁以上高龄老人的数量将五倍于现在，社会养老服务供需矛盾将长期存在，并将日益突出。我们必须立足当前，着眼长远。一方面，从老年群体最急迫、最现实、最直接的服务需求出发，坚持党政主导，广泛动员各方面力量，积极采取各种有效措施，大力推动发展为老服务，切实保障老年人的基本服务需求。另一方面，着眼于应对人口老龄化挑战的长期需要，抓紧制定社会养老服务体系建设的中长期发展规划。按照社会主义市场经济要求，构建科学管理、良性循环、富有活力、可持续发展的体制机制，促进社会养老服务职业化、专业化、市场化、集约化发展。

二是把握好公共服务与市场服务的关系。养老服务作为社会产品，既包含公共产品，也包含私人产品和准公共产品，要遵循公共服务、公益服务、互助服务和市场服务的各自规律，实施分类管理。要解放思想，创新机制。不断完善养老服务投入机制和供给方式，积极探索老年护理保险、养老服务补贴等老年福利制度，推进基本养老服务普惠化、均等化。不断提高养老服务运营社会化、商品化、市场化，促进养老事业与老龄产业协调发展，满足老年人多层次、多样化的服务需求。

三是把握好居家养老与社区服务的关系。家庭，不仅是身体的住所，更是心灵的寄托。居家养老，对广大老年人来讲，是最自然、最习惯、最难以割舍的普遍选择；对国家而言，是一种社会管理成本最低的养老方式。我们要坚持居家养老为基础，社会服务为支撑，养老机构为补充的发展方针。积极帮助老年家庭改善居住条件，鼓励“多代同堂”或邻居型居住模式，注重发展家庭病床和家政服务，推动老年温馨家庭建设。大力完善社区老龄服务设施，加快建立健全居家养老服务组织和服务平台，广泛开展日间照料、就医陪护、配餐送餐和家庭保洁等多种形式的社区服务，为居家养老提供有力支撑。

四是把握好公办养老机构与民办养老机构的关系。妥善处理二者的服务分工关系，明晰公办养老机构的职能定位和民办养老机构的市场空间。公办养老机构应当坚持保基本，重点保障农村“五保”、城市“三无”和失能、失智等特殊老年群体的基本养老服务需求。进一步完善养老服务市场机制，积极支持民办养老机构开展各具特色的社会养老服务，积极帮助民办养老机构解决“注册难、选址难、经营难、招工难、管理难”等问题，培育壮大社会养老服务事业和产业。

五是把握好专项投入与整合资源的关系。老年人是一个具有特定服务需求的弱势群体，必须加大专项投入，解决基本养老服务设施匮乏和服务供给严重不足的问题。另一方面，老年人是社会的重要组成部分，公共安全、卫生、教育、文化、体育、环境、交通、金融、商业、法律等一切与老年人相关的社会服务资源要注重突出为老服务。

六是把握好放开搞活与有效监管的关系。积极推进养老服务管理体制和管理制度改革，排除体制机制性障碍，培育具有竞争活力的养老服务市场。进一步完善市场准入和有效监管制度，克服“重建轻管”现象。加强老年社会保护和安全管理，依法维护老年人正当权益，促进养老服务业的健康快速发展。

在联合国人口基金第六周期援华老龄项目总结暨成果汇报会开幕式上的致辞

全国老龄委办公室常务副主任　陈传书

（2010 年 12 月 16 日）

尊敬的博纳德先生、威素姆先生，
尊敬的各位来宾、各位专家，
女士们、先生们：

大家上午好！

在这阳光灿烂的冬日，很荣幸地邀请到各位中外朋友，一同回顾“十一五”期间老龄领域国际合作，共同探讨“十二五”时期中国人口老龄化的重点问题和合作项目，这对于中国倡导积极老龄化、推进经济社会转型发展，有着积极作用。在此，我谨代表全国老龄工作委员会办公室对这次会议的召开表示热烈的祝贺，对与会的各位领导、各位专家表示热烈的欢迎，特别对中国商务部等各级政府部门、联合国人口基金、国际助老会多年来对中国老龄事业和老龄工作的大力支持和帮助，表示衷心的感谢！

今年是中国“十一五”规划实施的最后一年。在即将过去的五年里，中国加快转变经济发展方式，有效应对国际金融危机，着力保障和改善民生，促进了社会生产力的快速发展，综合国力大幅提升，人民生活明显改善，全面建成小康社会的基础更加牢固。初步预计，今年人均国内生产总值可达 4000 美元。

与此同时，这五年，是中国人口老龄化快速发展的五年，60 岁以上老年人口增长了 3000 多万，80 岁以上高龄老人增长了 500 多万，分别是“十五”期间的 1.8 倍和 1.2 倍。

这五年，是中国老龄事业蓬勃发展的五年，基本养老、基本医疗、最低生活保障和医疗救助等相结合的老年社会保障体系逐步建立，城镇职工基本养老保险已达 2.45 亿人，新型农村社会养老保险参保人员已达 6719 万人，城镇职工基本医疗保险已达 4.21 亿人，新型农村合作医疗制度基本实现全覆盖，城乡“低保”、五保供养、医疗救助、专项救助和临时救助等制度进一步健全。养老服务体系建设稳步推进，全国已建养老机构 38060 个，床位 266.2 万张。老年教育、文化、卫生、体育事业快速发展，现已建成基层老年文化活动设施 70 多万个，各级各类老年大学（学校）4 万多所，在校老年学员超过 430 万人。老年人权益保障工作进一步加强，31 个省（区、市）相继出台了老年人优待政策措施，各地共建成老年法律援助中心 16493 个，老年维权协调组织 95734 个。老年人参与社会发展成效显著，各地基层老年人协会达到 80 多万个，入会老年人超过 3500 万人，以老年科技工作者、教育工作者和医务工作者为主体的老年志愿者“银龄行动”在全国 24 个省（区、市）深入开展，仅 2010 年就有 60 多万老年志愿者参与，4000 多万人受益。老龄科研和国际交流日益活跃，全国老龄委组织开展的《国家应对人口老龄化战略研究》，22 个课题目前都已取得了阶段性成果，各级各类老年科研学术工作十分活跃。全社会老龄意识和尊老敬老氛围不断浓厚，老龄工作不断加强，涉老投入不断加大，多方参与、相互配合、齐抓共管的工作格局基本形成。

这五年，是老龄国际合作项目纵深发展的五年，中国老龄部门与联合国人口基金的合作始于上世纪 80 年代，现已进行了四个周期的合作项目，开展了一系列卓有成效的工作，打下了很好的合作基础。从第六周期开始，随着合作的不断深入，双方已从单一项目拓展到更广泛的领域，更加注重战略合作，更加注重应对人口老龄化能力建设，更加注重项目模式及过程管理，合作的示范意义更加突出，成果更加显著，得到了中国各级政府的高度重视，也得到了国际社会的高度关注。以提升基层政府应对老龄问题行动能力为主题的第六周期合作项目，很好地印证了这一点。

回顾五年的合作，我们深切地感受到：人口老龄化是 21 世纪各国都将面临的共同课题，在中国这样一个“未富先老”的发展中大国，开展好老龄领域国际合作，必须坚持理念优先，不断促进国外先进经验的中国化；必须坚持机制创新，不断探索项目实施机制的本土化；必须坚持共赢策略，不断推进合作互助平台的常态化。只有这样，我们的合作才能深深植根中国的实际，获得更有生命力的发展前景，才能紧紧围绕共同的目标，拓展更富创造力的合作领域，才能大大提升项目的意义，实现更具感召力的国际认同。

过去五年的项目合作，经验丰富，成果颇多。但同时我们也清醒地认识到，人口老龄化问题既是一个民生问题，更是一个发展问题。中国是最大的发展中国家，发展中不平衡、不协调、不可持续的问题仍然突出，推动发展、实现现代化的任务仍然艰巨。中国的老年人口规模大、增速快，“十二五”期间，老年人口将超过 2 亿，到本世纪 40 年代末，将超过 4 亿，约占当时总人口的三分之一。我国人口老龄化是经济发展和社会进步的必然趋势，但同时也给家庭结构和社会生活带来新变化，对经济和社会发展产生重大影响。因此，我们高度重视引进、吸收国外老龄工作的先进理念和有益做法，高度重视合作项目取得的宝贵经验和积极成果。

“他山之石，可以攻玉”。对于做好下一周期合作项目，我们建议形成这样一个基本思路，就是：紧密结合中国人口老龄化的基本国情，紧密结合“十二五”老龄事业发展的重点任务，紧密结合基层老龄工作的实际情况，以合作共赢为主题，以能力建设为主线，重视基础，突出特色，讲求效益，有利长远，增强项目合作的前瞻性、示范性和延续性，着力提高各级政府应对人口老龄化的决策能力，着力加强基层老龄组织的行动能力，着力开发老年人力资源的参与能力，着力增进项目成果的转化能力。

女士们、先生们，应对人口老龄化挑战，是国际社会共同面对的重大的发展问题，中国作为世界老年人口大国和发展中国家，我们愿意发挥国际合作项目的桥梁和纽带作用，积极推动《国际人口与发展大会行动纲领》、《千年发展目标》和《马德里老龄问题国际行动计划》的实施，加强合作，兼收并蓄，创造出更具时代意义、更有推广价值的新鲜成果和实践经验。也衷心希望在座的各位，围绕会议主题深入研讨、畅所欲言，为中国老龄事业又好又快地发展，贡献更多的才智和建议。

最后，预祝此次会议取得圆满成功！祝各位在北京生活愉快，身体健康！

谢谢大家！

在山西省居家养老服务太原现场会上的讲话

全国老龄委办公室党组书记　常务副主任　陈传书

（2010 年 12 月 24 日）

尊敬的李小鹏副省长，同志们：

今天，很高兴参加山西省老龄委召开的全省居家养老服务现场会，实地参观了太原市居家养老服务工作，听取了各地（市）典型发言。李小鹏副省长还要就山西省开展好居家养老工作做重要指示，这充分体现了山西省委、省政府对老龄事业的高度重视。参加这次会议，我很受教育、很受启发。在此，谨代表全国老龄工作委员会办公室向会议的召开表示热烈的祝贺！向各级党委、政府高度重视老龄工作表示衷心的感谢！向辛勤工作在老龄工作战线的同志们表示亲切的慰问！

山西是中华民族发祥地之一，具有悠久的历史文化和光荣的革命传统。作为国家重要的能源和原材料供应基地，山西为全国经济社会的可持续发展做出了突出贡献。近年来，在省委、省政府的正确领导下，全省经济快速发展，社会建设不断进步，人民生活水平日益提高，老龄工作和老龄事业取得了突出成绩。全省养老、医疗保障体系不断完善，老龄服务工作深入开展，涉老基础设施建设不断加强，老年人精神文化生活不断丰富，基层老龄工作深入扎实。“银龄行动”和“敬老文明号”在全省范围广泛开展，营造了尊老敬老、代际和谐的良好氛围，为全国老龄工作提供了可资借鉴的宝贵经验。今天，山西省老龄委在太原召开居家养老服务现场会，不仅推广了太原市居家养老服务工作的成功经验，也展示了全省居家养老服务工作的丰硕成果。我相信，通过这次会议，山西省的养老服务事业乃至整体老龄工作都将会再上一个新台阶。

党的十七届五中全会提出："积极应对人口老龄化，注重发挥家庭和社区功能，优先发展社会养老服务，培育壮大老龄服务事业和产业"。中央全会这些重要精神，指出了老龄服务在保障民生、调整结构、转型发展中的重要作用，提出了如何又好又快地发展社会养老服务的历史命题，明确了新时期老龄服务事业的发展方向和重要任务，提升了老龄服务在国民经济社会发展中的战略地位，对于老龄事业的发展具有重要的指导意义。

目前，我国正在构建以居家养老为基础、社会服务为依托、机构养老为补充的老龄服务体系。下面，我就发展居家养老服务谈几点意见，供大家参考。

一、完善居家养老服务体系，具有十分重要的现实意义和历史意义

目前，我国已经进入人口老龄化的快速发展期。2009年我国60岁以上老年人口1.67亿，占总人口的1/8。我国人口老龄化之所以发展快、势头猛，主要源于三个方面的因素：一是建国后出现的生育高峰，逐步演变成老年人口高峰；二是改革开放后人民生活水平显著提高，预期寿命大大延长；三是计划生育政策的有效实施，近20年多来人口综合生育率显著降低，从而影响进一步加速了人口老龄化程度。另外，我国不同于其他国家，城镇化的快速发展进一步促进了人均预期寿命延长和综合生育率走低。据测算，全国老年人口在"十二五"期间将超过2个亿。到2025年，达到3个亿，2034年达到4个亿，到本世纪中叶，60岁以上老年人口将占当时总人口的1/3，其中80岁以上老年人口超过1个亿。

人口老龄化是工业化、城镇化、现代化进程中的必然现象，直接导致社会主体结构发生改变，对我们的经济发展和社会建设提出了全面而深刻的调整要求。在社会生活领域，突出表现为家庭结构变化带来传统的家庭养老功能弱化。特别是随着独生子女父母一代进入老年，发展社会养老服务已成为日益急迫的民生保障工程。在社会生产领域，突出表现为老年人口比重增加带来社会消费结构变化。自2009年起，我国老年人口年增加数量超过了同期总人口的增加数量，老年人口比重逐年快速增长，促使老年消费在整个社会生产中的比重迅速提高。

发展居家养老服务，是对传统的家庭养老方式的必要补充，是提高老年人生命生活质量、破解日趋严重的养老服务难题的重要出路，也是缓解劳动就业压力、扩大就业渠道、促进经济增长的重要途径，更是推动老龄事业与经济社会协调发展、构建社会主义和谐社会、全面建设小康社会的重要举措。因此，我们要站在应对人口老龄化、保民生、调结构、促发展的高度，充分认识发展社会养老服务的重要意义，切实把居家养老服务工作提上重要议事日程，抓紧抓好。

二、坚持居家养老为基础，社区服务为依托、机构养老为补充的发展思路，多层次、多渠道、多样化、全方位推进基本养老服务体系建设

构建养老服务体系是一个系统工程，需要把应对人口老龄化，保障老年人的基本养老服务需求，体现在城乡建设、社区建设和家庭建设的各个环节之中。

一是着力强化家庭养老功能，推进老年温馨家庭建设。家庭，作为社会构成的基本细胞，承担着养老的基本功能，我们要把人口老龄化进程中的家庭发展问题摆上重要议程，着力改善老年人的居住条件和家庭生活环境，提高老年人居家养老幸福指数。我国有数千年的孝亲敬老文化和家庭养老传统，对于广大老年人来说，居家养老是最理想的养老模式，家庭特有的精神慰藉功能是其他养老方式无法比拟的。对于国家和社会来讲，居家养老是资源耗费和管理成本最低的养老模式，如果过多的家庭失去养老功能，我们的社会将不堪重负。近些年来，我国城乡家庭小型化、空巢化现象日趋显著，家庭养老功能不断弱化。据调查，1990—2009年期间，我国城市家庭户均人口数由3.5人下降到了2.89人。纯老年人家庭达到44%，空巢老人家庭接近50%。空巢化的产生，有人口老龄化的必然因素，也有我们社会政策可调控的因素。我们要一方面积极采取措施，支持强化家庭养老功能，另一方面要大力发展社会养老服务，为居家养老提供支持和帮助，让更多老年人实现居家养老愿望，提高老年人的幸福指数。在养老机构建设布局方面，立足于让老年人在家庭附近养老，方便家属探望和照料。在住宅设计和住房政策方面，要更加重视老年宜居性和亲情化的需求，积极鼓励"三代同堂"或邻居型的居住模式，尽可能减少老年人与子女同城不同住现象。在城市人口管理政策方面，适当照顾老年人随子女迁移的需要，注重解决独生子女与父母两地生活问题，尽可能缓解空巢化带来的养老压力。

二是着力完善居家养老服务体系，推进老年宜居社区建设。社区服务是居家养老的重要依托。建立健全居家养老服务体系，不仅能够满足老年人居家养老的需求，缓解养老机构建设的压力，而且可以稳定家庭这一社会基本构成单元，从而促进社区和社会的和谐稳定。要注意总结推广居家养老服务先进经验，不断创新养老服务方式、管理体制和运行机制。要有效整合社区养老服务资源，创建老年宜居社区环境。要注重培育居家养老服务组织，推动居家养老服务专业化、标准化、集约化发展。要突出发展老年家政服务、家庭病床、康复护理、日间照料等居家养老特需项目，努力满足老年人多层次、多样化的服务需求。

三是着力改善老年生活环境，推进老年友好型城市建设。老年人是社会的重要组成部分。未来全国平均老年人口将占三分之一左右，部分城市中心区域老年人口比重更高。家家有老人、人人都会老。我们的城市建设发展规划必须充分考虑人口老龄化的因素，住宅建设、道路交通、公共设施、服务网点等各项建设，应当充分考虑老年人的需求和特点。高度重视养老服务设施的合理布局和小区配套建设规划，注重发展小区托老所、养老院、老年大学、老年活动中心和老年体育健身场地，尽可能避免养老机构郊区化现象。

三、坚持党政主导、社会参与、全民关怀的方针，广泛动员多方力量，推动居家养老服务工作不断深入开展

要着力构建齐抓共管的大老龄工作格局。居家养老服务工作涉及到许多方面和许多部门，必须齐抓共管。要致力于建立党政领导重视、老龄委积极协调、各部门主动尽责、社会力量广泛参与、人民群众热情关怀的大老龄工作格局。充分发挥各个方面的积极作用，实现政府力量、社会力量和市场力量的有机整合，促进居家养老服务全面、深入、持久地发展。

要积极创新居家养老服务管理体制和运行机制。居家养老服务的内涵包括福利性公共服务、非营利性公益服务、社会性互助服务和商品性市场服务等不同性质的服务。要充分发挥政府的主导作用，进一步加大财政投入和政策支持力度，加快建立健全基本养老服务体系，切实保障中低收入老年群众的基本养老服务需求。要致力于按照社会主义市场经济的要求，大力扶持发展社会养老服务组织，构建多元化投资、职业化服务、专业化运作、企业化管理的长效机制，提供优质服务商品，满足老年人多层次、多样化的服务需求。

要大力营造尊老、敬老、助老的社会氛围。要弘扬孝亲敬老传统美德，深入开展各种形式的尊老、敬老、助老活动，为居家养老服务营造良好的社会氛围，在全社会增强关爱老年人的思想意识和扶老帮困的慈善精神，为社会力量广泛参与居家养老服务提供不竭的力量源泉。要重视基层老年人协会建设，充分发挥老年群众组织自我管理、自我教育、自我服务的积极作用，使之成为开展社会养老服务的一支重要力量。

同志们，居家养老服务工作是一项重要而艰巨的任务，有许多课题需要去探索。衷心期望各级党政领导高度重视，各个部门大力支持，社会各界积极参与，共同推动居家养老服务工作又好又快发展。衷心期望这次会议介绍经验的单位，发扬成绩，再接再厉，把居家养老服务工作提高到一个新水平，为全国老龄事业发展，提供更多经验，做出更大贡献。

谢谢大家！

在全国公安机关离退休干部象棋邀请赛闭幕式上的讲话

公安部党委委员　政治部主任　蔡安季

（2010 年 10 月 15 日）

同志们：

在中华民族的传统佳节“重阳节”即将到来之际，第一届“重阳杯”全国公安机关离退休干部象棋邀请赛取得圆满成功，就要落下帷幕了。三天来，通过紧张而有趣的“楚汉相争”、高手对弈，大家会晤老朋友、结交新朋友，增进了棋艺、活跃了生活，交流了感情、陶冶了情操，充分展示了公安机关离退休干部健康乐观的生活态度和老有所为、老有所乐的良好精神面貌，实现了举办这次比赛的预期目的。借此机会，我代表孟建柱部长和公安部党委，向这次邀请赛的成功举办和在比赛中获奖的各位同志表示热烈的祝贺！向各参赛队的领队、教练和有关工作人员，向为这次比赛给予大力支持的国务院机关老干部活动中心的领导和同志们表示衷心的感谢！向全国公安机关广大离退休干部和离退休干部工作者致以诚挚的问候！

中国象棋历史悠久、源远流长，是中华民族优秀的文化遗产和蜚声中外的国粹。根据史料记载和象棋的形制，中国象棋早在西周前后就已产生，蕴涵着《易经》关于象数变化的深刻哲理。汉唐时期，开始在民间广泛流传，并深受人们的喜爱。至北宋末年，形制和规则基本定型，成为家喻户晓、广为流行的文体娱乐活动，一直盛行至今。象棋有着广泛的群众基础和引人入胜的神奇魅力，既是我国传统的体育运动项目，又是亿万人民喜爱的民间娱乐形式。无论走到哪里，无论城市乡村，也无论白天黑夜，在街头巷尾或茶余饭后，我们都能见到象棋对弈和众多爱好者围观的场景。宋代理学家程颢曾专门赋诗咏赞象棋："大都博弈皆戏剧，象戏翻能学用兵；却凭纹悉聊自笑，雄如刘项亦闲争。"开展象棋运动，既可以在进卒出车、跳马飞象间娱乐心情、益智健身，又可以在切磋技艺、以棋会友中修身养性、交流思想，是适合离退休干部身心特点，融养身与养心于一体的良好活动形式。这次全国公安机关离退休干部象棋邀请赛的举办，目的就在于给广大老同志提供一个机会和平台，它既是丰富老同志精神文化生活的有效载体，也是加强离退休干部精神文化建设的成功范例。

公安部党委历来高度重视离退休干部工作，建柱同志多次就深入贯彻党的方针政策、不断加强离退休干部工作做出重要指示和批示，并亲自带队走访慰问老干部，广泛听取老同志的意见建议，协调解决实际问题，着力落实老同志的政治生活等各项待遇。部党委还专门召开座谈会，制定工作意见，对进一步加强新时期的老干部工作提出明确要求。各级公安机关和广大离退休干部工作者深入贯彻部党委的决策部署，全心全意为老同志提供服务，千方百计为老同志排忧解难，为广大离退休干部颐养天年营造了良好的条件和环境，受到了老同志们的普遍赞誉。这次全国公安机关离退休干部象棋邀请赛的成功举办，就是其中的一个范例。实践证明，只有坚持把老干部工作放到公安工作的大局中去谋划和推进，牢固树立服务为本、服务为先的理念，始终关心和了解离退休干部的所思所盼，全面正确地贯彻执行党的老干部工作方针政策，才能不断推动老干部工作的创新发展，真正实现"让党放心、让老同志满意"的目标。

精神文化建设是离退休干部工作的重要组成部分，是落实"政治上尊重、思想上关心、生活上照顾"要求的具体体现。特别是当前，离退休干部需求由物质保障型向精神愉悦型转变，由一般的知识性需要向提高综合素质转变，切实加强精神文化建设显得尤为重要。各级公安机关和离退休干部工作者要认真总结这次象棋邀请赛的成功经验，在落实好离退休干部政治、生活待遇的基础上，大力加强精神文化活动场所建设，积极组织开展丰富多彩、积极向上的精神文化活动，切实为老同志愉悦身心、陶冶情操、增进健康搭建有效平台，让更多的老同志老有所学、老有所乐。同时，希望老同志们尽量多参加集体活动，做到勤于锻炼、勤于用脑，积极培养兴趣爱好，主动增强社会交往，不断学习新知识、树立新理念、接受新事物，进一步提高生活质量和幸福指数，真正实现安度晚年、颐养天年、益寿延年。

在全国老龄工作委员会第十三次会议上的发言

文化部副部长　杨志今

老龄文化工作是文化部长期以来非常重视的一项工作。"十一五"期间，文化部与全国老龄办密切配合，按照回良玉副总理提出的"积极推进老年文教体育事业发展，不断丰富老年人精神文化生活"的指示精神，将老年群体作为公共文化服务体系的重点服务对象之一，切实采取有效措施，努力满足老年人的精神文化需求。

一、"十一五"期间老年文化工作主要做法

（一）坚持把老年文化事业纳入公共文化服务体系，利用现有公共文化资源为老年人提供文化服务

近年来，文化部在大力推动公共文化服务体系建设的同时，通过出台《关于全国博物馆、纪念馆免费开放的通知》、《乡镇综合文化站管理办法》等文件；加快推进《图书馆法》的立法进程；修订《文化馆管理办法》；制定文化馆、站和图书馆服务标准等文件；召开全国社区文化建设经验交流会等一系列措施，加强对公共文化服务机构的管理，努力提高政府为老年人提供公共文化服务的水平。各级文化行政部门积极

贯彻落实文化部文件及会议精神，在有条件的图书馆、文化馆开办和增设老年图书室、活动室，文化馆、站长期坚持举办面向老年人的知识讲座和展览。各级公共文化服务机构普遍设立公示制度，将服务的对象、内容、开放时间、监督方式向群众公示，为老年人享受文化服务提供便利，使公共文化设施真正成为老年人活动的阵地。

（二）组织开展全国性老年文化品牌活动，积极探索老年文化活动的长效机制建设

文化部历来注重组织开展示范性、导向性及带动性的全国老年文化活动，以影响力强、可持续性的老年文化品牌活动推动老年文化活动的长效机制建设。

群众歌咏是深受广大老年人喜爱的文化活动形式，具有广泛的群众基础和经久不衰的艺术魅力。文化部自 1999 年起，每年在不同的城市举办一届中国老年合唱节，迄今为止已成功举办了 12 届。去年，我部还举办了“中华红歌会”，吸引很多老年朋友积极参与。老年朋友用歌声和热情展现了老有所为、老有所乐的精神风貌。合唱节期间还配套组织开展了合唱艺术主题展、合唱讲座、经验交流会、全国老年美术书法摄影邀请展等活动。中国老年合唱节等全国性重大活动已经成为具有广泛影响力的示范性群众文化品牌活动，有效带动了全国老年合唱活动的开展，是文化部开展老年文化活动的重要举措之一。

“群星奖”评奖活动也是文化部开展老年文化活动的重要抓手。“群星奖”是社会文化政府最高奖，已经连续举办了十五届，在社会上产生了很大影响。在组织“群星奖”评奖过程中，我们充分发挥政府评奖的导向作用，安排一定比例的老年群众表演的节目参评，鼓励创作和演出老年题材的艺术作品。为使“群星奖”获奖节目更好地参与公共文化服务，起到引领、示范、带动作用，我们在全国举办了“群星奖”优秀节目巡演活动，一些老年群众表演的节目如北京的《好戏没散》、宁夏的《栲栳》等也参与了巡演，受到群众的热烈欢迎和好评。

（三）充分发挥指导的作用，推动全国各级文化行政部门广泛开展老年文化活动

根据文化部的部署，各省（区、市）文化厅局积极组织开展本地区的老年文化活动。文化系统内公益性文化服务机构开办的老年大学目前已达 776 所，有力促进了老年文化教育工作的开展。湖北、甘肃、西藏等省（区）举办的老年文化艺术节，合肥市委宣传部和文化局举办的老年文化周等，每一次活动都有上万群众参与，已经成为当地非常有影响的品牌文化活动。在各级文化行政部门的支持和努力下，老年广场文化、老年社区文化蓬勃开展，老年人日益成为基层群众文化活动的主力军。

二、“十二五”期间老年文化工作基本思路

（一）进一步加强老年文化产品的创作与生产，不断丰富老年文化服务内容

引导各级文化行政部门加强老年文艺创作的规划和统筹，鼓励创作、生产优秀的老年题材文化产品。各级群艺馆、文化馆在成为当地群众文艺作品创作中心的同时，加强对老年文化的指导和辅导，创作生产更多老年人喜闻乐见的优秀文艺作品，逐步建立老年文化产品需求与供给的长效机制，更好地满足老年人的精神文化需求。

（二）进一步打造品牌，深入开展具有示范性和导向性的老年文化活动

继续组织、开展“群星奖”评奖、“中国老年合唱节”、“中华红歌会”等重点文化活动，充分发挥重点文化活动在推动全国老年文化事业建设方面的导向性、示范性和带动作用。按照“政府引导、社会支持、群众广泛参与”的思路，推出一些优秀的、具有可持续发展价值的老年文化品牌活动，带动全国老年文化活动广泛、深入、持久的开展，丰富我国老年人的精神文化生活。

（三）进一步创新服务方式，努力提高为老年人服务的能力和水平

积极探索适合老年群体需要的文化服务方式，鼓励有条件的文化单位开展流动服务、网络服务，推动公共文化服务更好地向城乡基层延伸，加强面向老年人等特殊群体的公共文化供给能力。加大博物馆、纪念馆及革命遗址免费开放的力度，积极推进公共图书馆、文化馆免费开放，按照温家宝总理在 2010 年《政府工作报告》中提出的“推动图书馆、文化馆、博物馆免费开放”的要求，争取到 2015 年实现全国公共图书馆、文化馆免费向包括老年群体在内的群众提供图书阅览、培训讲座、展览等服务。

在国务院老龄工作委员会第十三次会议上的发言

卫生部副部长 尹 力

我国经济社会快速发展，人民生活水平不断提高，人口老龄化进程加快，老年卫生服务需求日益增长，做好老年卫生工作成为当今生工作的重要内容。下面，将有关老年卫生工作汇报如下。

一、“十一五”时期我国老年卫生工作进展明显

（一）老年卫生服务网络日益健全

2010年全国卫生机构数为92万（其中医院2万余、社区卫生服务中心约3万、乡镇卫生院近4万、村卫生室64万）。近年来，基层医疗卫生机构防治常见病、多发病的能力逐步增强，各地老年病医院、老年康复医院及护理服务机构也有不同程度的发展。目前，老年人在生活社区基本能够解决小病、慢性病、康复和长期用药等问题，老年人看病难、看病贵和看病不方便的问题得到缓解。

（二）老年医疗保障不断加强

伴随医药卫生体制改革，我国医疗保障制度覆盖了越来越多的老年人。农村合作医疗参合人数达到8.3亿，人均筹资水平从2005年的30元提高到目前的150元，患病农民报销医药费可达到当地人均收入的6倍，有效地减轻了农村老年居民的就医负担。城镇老年人的医疗保障水平也不断提高。近年来，针对红军时期和抗日战争时期部分老同志年迈多病的实际情况，卫生部门专门制定了工作方案，努力解决好他们的医疗问题和困难；还会同有关部门共同做好中央和国家机关在京未享受医疗照顾的离退休干部的医疗就诊工作，切实保障他们的医疗待遇。

（三）老年卫生服务内容逐步拓展

老年卫生服务纳入医改基本公共卫生服务项目，由各级财政投入，免费为65岁以上老年人每年开展一次体检和健康咨询指导。2010年全国有5714万老年人接受了健康检查并建立了健康档案。

我们看到老年卫生工作成绩的同时，也应清醒地认识到我国老年卫生服务面临着较大的困难和挑战。一是我国老龄人口大、高龄老年人多，整体上带病生存时间长、医疗费用高；二是老年卫生政策和措施不够完善，针对老年人特点的专业化医疗卫生服务还没有形成；三是各级各类医疗卫生机构针对老年人服务的能力十分有限。

二、“十二五”期间老年卫生工作基本思路

老有所医是我国老龄工作的重要内容，也是老有所为、所学、所用、所乐等的基础。当前，我国60岁以上老年人约1.6亿，近半数患有高血压等慢性疾病，老年病人住院天数和医疗费用明显高于普通患者。老有所医成为老年人和家庭最为关心的问题。“十二五”期间，建议重点做好以下几项老年卫生工作。

一是进一步完善老年医疗保障政策和措施。根据老年医疗卫生服务需求和卫生资源的实际情况，将老年卫生重点工作纳入“十二五”卫生发展规划。建立符合国情的老年医疗保障政策和老年卫生服务体系，完善政策和措施，落实医改任务，实现人人享有基本医疗卫生服务。

二是进一步提高老年卫生服务能力。大力发展老年医学，鼓励发展老年病医院、护理院和康复医院等机构，加强综合医院老年科建设，大型综合医院都应当设立老年病科。发挥社区乡镇医疗机构在老年卫生工作中的基础作用，有效落实基本公共卫生服务老年卫生项目，不断拓展老年卫生服务内容、范围和形式，为居家养老的老年人提供安全、有效、方便的医疗卫生服务。鼓励社会建立专业老年卫生护理机构，社会养老机构应当设立医疗部门，按标准配备人员、设备和工作场所，促进老年护理机构和社会养老机构健康发展。

三是积极转变老年卫生服务模式。居家养老是我国主要养老方式，就近解决老年人基本医疗卫生服务问题十分重要。目前基本公共卫生经费增加到人均25元，有关老年卫生服务人群应当从65岁以上老年人扩大到60岁以上。同时，基层医疗卫生机构要走出去，进入家庭，主动为老年人提供所需的医疗卫生服务。

四是加强老年医学队伍建设。老年人具有独特的生理和心理特点，老年病专业性强，加强我国老年医学队伍建设迫在眉睫。要培养一批老年医学专业人才，利用医学教育和岗位培训等多种形式，加强对医生、护理、康复人员老年医学知识和技能培训，提高老年卫生工作水平。

在2010年全国老年人体育工作会议上的讲话

国家体育总局党组成员　中华全国体育总会副主席　吴　齐

（2010年5月25日）

同志们：

“孟夏草木长，绕屋树扶疏”，在这生机盎然的美好季节里，我们相聚在滕州这个历史悠久的山东名城，共同探讨如何以科学发展观为指导，以全面贯彻落实《全民健身条例》为契机，认清形势，提高认识，充分发挥老年人体育工作在建设体育强国进程中的独特优势，坚持在传承中改革创新，运用突破性思维，采取突破性措施，促进老年人体育工作再上新台阶，具有重要意义。我受刘鹏同志委托，代表国家体育总局向各位老领导、老同志和出席会议的各位代表致以诚挚的问候和热烈的欢迎！对在过去一年中为我国老年人体育事业辛勤耕耘、无私奉献的同志们表示衷心的感谢！向承办本次会议的枣庄、滕州市委、市政府、市老体协以及为会议顺利召开付出辛勤努力的单位和全体工作人员表示衷心的感谢！

2009年是全国各族人民万众一心、共克时艰，夺取经济社会发展新胜利的一年，也是我国体育事业，特别是老年体育事业发展具有重要里程碑意义的一年。这一年，我国老年体育工作者抓住机遇，锐意进取，敬业奉献，成果丰硕。各地以庆祝建国六十周年为契机，以筹备举办第一届全国老年人体育健身大会为主线，开展了一系列丰富多彩的老年人体育健身活动，特别是首届全国老年人体育健身大会的成功举办，标志着老年体育工作迈上了一个新台阶。它充分展示了当代老年人的风采和积极向上的精神风貌，极大地调动了广大老年人参加体育健身的热情，为构建社会主义和谐社会发挥了积极的作用。

我国60岁以上老年人口现已达到1.67亿。开展老年人体育健身活动对增进老年人的身体健康、提高老年人的生活质量具有重要作用，是广大老年人最关心、最直接、最现实的利益之一。温家宝总理在今年的《政府工作报告》中指出：“大力发展公共体育事业，广泛开展全民健身运动，提高人民的身体素质。”“加强应对人口老龄化战略研究，加快建立健全养老社会服务体系，让老年人安享晚年生活。”这既体现了党和政府对体育工作的高度重视，也对老年体育服务提出了新的要求。特别是温总理在报告中指出要“大力发展公共体育事业”，第一次提出了“公共体育事业”的概念，具有重要意义，也有着丰富的内容，它不仅是推动我国从体育大国向体育强国迈进的需要，也是促进我国经济社会发展、构建社会主义和谐社会的战略任务。老年体育工作是体育工作的重要组成部分，各级体育行政部门要进一步加强对老年体育工作的指导，充分调动社会各界的力量，关心、支持老年人体育事业的发展，不断提高老年体育社团的社会影响和持续发展力。对老年人体事业要纳入重要的工作议程，提供优质服务，加强指导，切实落实体育场馆向老年人优惠或免费开放的政策，并与有关方面合力解决好老年人群的体育需求和社会体育资源有限的矛盾，为老年健身创造必须条件。发展公共体育事业，很重要的一个部分就是老年人体育事业。朴素地讲，公共体育事业就有点像公共汽车，公共汽车对老年人有免费的规定，我们的体育场馆对老年人可不可以有免费的措施呢？老年人的健身需求和积极性，很大程度上带动了全民健身。所以我们各级政府和体育部门，要切实落实体育场馆向老年人优惠或免费开放的政策，为老年人健身提供必要条件。

2010年，各级老年人体协以及广大老年体育工作者，要以贯彻落实《全民健身条例》为契机，增强做好老年人体育工作的责任感和使命感，把握形势，提高认识，加强领导，认真谋划，扎实推进，不断开创老年人体育事业的新局面。各级老年人体协要进一步加强自身建设，在继承中探索，在探索中创新，在创新中发展，积极发挥社团作用，提高自我发展、自我管理、自我服务和自律规范的能力。要大力推进城乡老年人体育事业的协调发展，更加重视农村老年人体育工作，在体育健身方面切切实实地为老年人做好服务工作。要深化对老年人体育事业发展的规律性认识，积极探索老年人体育工作体制机制创新，健全老年人体育健身公共服务体系，建立老年人体育健身长效化机制。要重视老年人体育的宣传和推广工作，以组织第二个“全民健身日”活动为重点，精心打造影响大、示范性强的老年人体育活动。在政府不断加大投入的基础上，积极培育老年人体育健身市场，引导老年人体育健身投资和消费，大力推进老年人体育旅游业的发展，促进老年人体育事业的可持续发展。

同志们，新时期新任务新要求，为我国的老年人体育工作提出了新的课题，赋予了艰巨的任务，也提供了广阔的舞台。让我们更加紧密地团结在以胡锦涛同志为总书记的党中央周围，在科学发展观的指导下，解放思想，开拓创新，为老年人体育事业的深入发展做出新的贡献。

在全国尊老敬老经验交流会上的讲话

全国妇联书记处书记　张　静

（2010 年 10 月 11 日）

各位领导：同志们：

在重阳节即将来临之际，作为全国第一个“敬老月”的重要内容，我们在这里召开全国尊老敬老经验交流会，总结交流经验，学习齐齐哈尔市建设孝亲敬老城市的做法和经验，研究探讨新形势下进一步加强老龄工作，是十分及时和必要的，对于积极应对人口老龄化、大力推进和谐社会建设具有十分重要的意义。刚才听了四个单位的经验介绍，深受教育和启发，我们将把这次会议的经验带回去，认真学习、研究和借鉴。

全国妇联党组、书记处历来高度重视老龄妇女工作，2000 年专门成立了全国妇联老龄工作协调委员会，注重发挥妇联组织优势，按照党中央国务院赋予的职责，始终将协助党和政府做好老龄工作作为义不容辞的责任，始终把老龄妇女工作作为妇女工作的重要组成部分纳入工作规划。多年来各级妇联组织共同努力，做了大量卓有成效的工作，妇联系统老龄妇女工作多次受到国务院领导高度评价，得到了各级政府的充分肯定和广大老龄妇女的一致认可。

在全国妇联开展的各项工作中，主动融入尊老、敬老、助老的内容。充分运用主流媒体和所属宣传阵地，宣传党和国家老龄工作方针政策，努力营造尊老、敬老、助老的社会氛围。积极组织引导老龄妇女开展丰富多彩的家庭文化娱乐和科学健身活动，帮助她们树立科学文明健康的生活方式。主动维护老龄妇女的合法权益，普及《老年人权益保障法》等老年法律法规，为老龄妇女提供法律支持和援助。在《中国妇女发展纲要》和《中国儿童发展纲要》中积极提出有关尊老、敬老、助老的指标和要求。积极支持创办为老服务产业，努力帮助老龄妇女解决实际困难和问题。

在全国妇联开展的各项主体活动中，尊老、敬老、助老一直是主要的内容之一。在“五好文明家庭”、“美德在农家”、“小公民道德建设”、“全国道德楷模评选表彰”等活动中，都把尊老敬老作为活动评选的条件。各地妇联在基层开展的“爱心献老人”、“好媳妇、好婆婆”等宣传活动历时多年，已形成鲜活的敬老助老品牌，深受广大家庭和群众的欢迎和好评。新疆自治区妇联十年来坚持开展敬老宣传月活动，不断丰富活动内容，创新活动方式，积累了有益的经验，收到了很好的社会效果。各级妇联组织在“送温暖、三下乡”活动中，在实施农村妇女“两癌”检查项目中，走村入户，慰问和帮助贫困老龄妇女。“母亲水窖”、“母亲健康快车”等公益项目使众多的老龄妇女群众受益。

在发挥妇联组织优势开展老龄妇女工作中，推动各地“妇”字号家政实体的发展，逐步建立和完善“妇”字号家政服务体系和网络，开展服务技能培训，打造妇联系统家政服务品牌。鼓励各级妇联组织承接政府居家养老服务项目，为老年人提供家政料理、康复护理、医疗保健等公共服务产品。如，齐齐哈尔市妇联主动承接政府居家养老项目，并在民政局注册成立了百帮家政公司，专项服务于居家养老项目。2006 年以来，全国开展了以敬老助老为主要内容的社区家庭志愿者服务工作，依托社区开展助老帮困志愿服务，为广大老年人提供物质帮助、生活照料和情感关爱，帮助高龄病残老人解决生活困难。

在今年纪念“三八”国际劳动妇女节一百周年大会上，胡锦涛总书记要求“要把妇联组织建设成为党开展妇女工作的坚强阵地和深受广大妇女信赖和热爱的温暖之家”。这也是对妇联组织开展老龄妇女工作的要求。全国妇联要按照总书记的要求和全国老龄委的工作部署，进一步把老龄妇女工作抓实抓好抓出成效。

一是要进一步提高认识，加强领导。充分认识做好老龄工作对于构建社会主义和谐社会的重大战略意义。各级妇联组织要加强老龄工作意识，更加自觉地在各项工作中融入老龄妇女工作的内容，更加关注老龄妇女问题，推动政府出台有利于老年人的政策和制度，让老龄妇女感受到党和政府的关怀和温暖，共享改革发展成果。

二是要进一步加大宣传力度，营造尊老敬老的社会氛围。弘扬中华民族敬老助老的传统美德对提高全体公民的道德素质，调节家庭关系，提升社会文明程度具有重要意义。要注重把中华民族的传统美德教育融入妇联组织开展的各项工作中，利用“三八”节、“母亲节”、重阳节、“敬老月”等契机，宣传表彰尊老、敬老、助老先进典型，使尊老、敬老、助老的观念在广大群众特别是在家庭中深入人心。

三是要进一步加强调查研究工作。通过全国妇联和国家统计局共同开展的第三期中国妇女社会地位调查，深入了解老龄妇女的生存状况、地位状况，了解老龄妇女群众最关心、最直接、最现实的困难和问题，为党和政府的科学决策、科学规划提供参考依据。各级妇联组织要注重调查研究，关注老龄妇女问题，研究老龄妇女工作。

四是要进一步加大维护老龄妇女权益力度。注重源头维权，积极反映老龄妇女面临的热点难点问题，推动老龄法规政策的落实。继续开展法制教育和普法宣传工作，增强全社会维护老年人合法权益和为老年人服务的意识，引导老龄妇女学会运用法律武器维护自身的合法权益。加强老龄妇女法律援助和服务工作，使老龄妇女就地、就近、及时得到优质高效的法律援助和法律服务。

五是要进一步推动和参与为老服务体系建设。主动与政府有关部门协调沟通，积极争取社会资源，推动“妇”字号家政服务体系建设，开展多种形式的为老服务工作，促进老年服务需求与妇女就业需求实现良性循环。进一步培养家庭志愿者、巾帼志愿者服务队伍，壮大志愿者服务力量，继续开展“全国关爱空巢老人志愿服务行动”。

六是要进一步丰富老龄妇女的精神文化生活。适应老龄妇女求知求新的迫切需求，开展适合老龄妇女特点的积极向上、健康有益的文体活动，创新活动内容和形式，努力创造条件，利用现有阵地，开办老龄妇女大学或课堂，鼓励和引导老龄妇女参加和谐家庭、和谐社区、和谐文化创建活动，发挥她们在构建和谐社会方面的重要作用。

面对今后我国人口老龄化迅速发展的严峻形势，面对亿万老年人日益增长的物质和精神文化需求，面对广大老龄妇女的特殊困难和问题，各级妇联组织要认真履行职责，充分发挥优势，不断开拓创新，努力扎实工作，为党和政府分忧，为构建老少共融、人人共享、代际和谐的社会主义社会做出新的更大的贡献！

在第四届全国敬老爱老助老主题教育活动表彰大会上的讲话

全国妇联书记处书记 范继英

（2010 年 12 月 26 日）

尊老敬老是中华民族的传统美德，也是社会文明进步的重要标志。在我国社会转型期与人口老龄化相伴随的历史条件下，弘扬尊老敬老的传统美德，对于社会主义精神文明建设、公民道德建设、和谐社会建设都具有非常重要的意义。我们十分高兴地看到，全国敬老主题教育活动开展以来，涌现出一大批先进典型，这些先进典型用爱心与奉献关爱老年人、帮助老年人，弘扬了中华民族尊老敬老的传统美德，在全社会发挥了积极的示范和带动作用。

全国妇联作为全国老龄工作委员会的成员单位之一，作为全国敬老主题教育活动主办单位之一，我们深感责任重大。多年来，全国妇联党组、书记处立足于妇联的工作职能和组织优势，注重把老龄工作放在妇联工作的全局中去思考、去把握、去运作，注重把敬老主题教育活动融入妇联各项重点工作之中，注重切实维护老龄妇女的合法权益和特殊利益。

建立健全全国妇联老龄工作协调推进机制。2000年，全国妇联专门成立了老龄工作协调委员会，下设办公室，指导协调推动全国妇联机关各部门、各地妇联组织扎实推进老龄妇女工作。全国妇联始终把老龄妇女工作作为妇女工作的重要组成部分纳入工作规划，先后召开了全国妇联系统老龄工作会议、老龄妇女工作座谈会、老龄妇女工作研讨会，进一步明确工作重点，整合工作资源，推动老龄妇女工作的创新发展。今年，在第三次中国妇女社会地位调查中专门设立了老年妇女问题专卷，在新一轮《中国妇女发展纲要》的规划编制中专门设立了有关老龄妇女权益保障和发展的指标，从性别视角深入研究老龄问题，维护老龄妇女合法权益和特殊利益。

努力营造敬老、爱老、助老的社会氛围。在工作中，积极宣传党和国家老龄工作的方针政策，宣传《老年人权益保障法》、《中国妇女权益保障法》等法律法规，宣传尊老敬老先进典型。在妇联组织开展的“五好文明家庭”创建、“美德在农家”、“小公民道德建设”等活动中，把尊老敬老作为评选先进的条件之一。基层妇联组织开展的“爱心献老人”、“好媳妇与好婆婆”等主题活动历时多年，已经形成鲜活的敬老爱老品牌。“和谐家庭大讲堂”等活动引导老龄妇女开展丰富多彩的家庭文化娱乐和科学健身活动，丰富了老年人的精神文化生活。

积极为老龄妇女做好事办实事解难事。在全国妇联开展的“送温暖、三下乡”活动中，各级妇联干部走村入户，看望慰问贫困老龄妇女。在创先争优活动中，以党群共建创先争优为契机，在全国村和社区普遍建立了“妇女之家”，把工作落实到基层，为包括老龄妇女在内的广大妇女提供切实有效的服务。在全国县和县以上妇联普遍开通12338妇女维权热线，了解妇女诉求，为广大妇女提供在线帮助。实施农村妇女乳腺癌、宫颈癌免费筛查试点项目和“母亲水窖”、“母亲健康快车”等公益项目，使众多老龄妇女受益。积极参与国家发展家庭服务业有关政策的制定，积极促进家庭服务业规范发展，不断服务于老年人居家养老的需求。与有关部委联合组织开展“百万空巢老人情感关爱行动”，充分发挥巾帼志愿者的服务优势，为空巢老人提供居家养老、生活照料、情感抚慰等志愿服务。按照“立足基层、面向家庭、见诸日常、细致入微、持续发展”的宗旨，进一步明确了巾帼志愿服务的工作目标、工作领域和工作机制，更多的老年人将成为巾帼志愿服务的受益者。

各位领导、同志们，今年3月7日，在纪念“三八”国际劳动妇女节一百周年大会上，胡锦涛总书记发表重要讲话，强调“要把妇联组织建设成为党开展妇女工作的坚强阵地和深受广大妇女信赖和热爱的温暖之家”。胡锦涛总书记的重要讲话为妇联工作进一步指明了方向，提出了新的更高要求。深入贯彻落实胡锦涛总书记的重要讲话精神，全国妇联正在扎实推进妇联工作的创新发展，努力在服务大局、服务妇女和服务基层中体现新作为、作出新贡献。我们相信，在党和国家的高度重视和亲切关怀下，在全社会的共同努力下，老年人的生活一定会更加美好！

在北京市“推进老龄事业发展，完善养老服务和保障体系”议案办理情况通报会上的讲话

北京市副市长　市老龄委主任　丁向阳

（2010年6月28日）

同志们，各位代表和委员：

很高兴参加今天的会议，今天的会议非常重要。

在今年年初召开两会的时候，市人代会有359名代表提出了18件老龄议案，从代表人数和议案件数来说，都是排在人代会的第一名，可见社会对人口老龄化和老龄工作是非常关注和重视的。今天的会议，侯玉兰同志和吴世民同志专门把市、区县、街乡包括社区负责老龄工作的同志请来，目的是为了节约政府成本，提高管理效率，让基层同志能够直接听到会议精神。刚才几个区县、基层社区和服务商代表的发言，特色很鲜明，工作成效很卓著，很受感动和鼓舞。我特别赞成世民同志刚才讲的一些观点和意见，以及对老龄工作的要求、存在问题和今后工作的重点，这些都是市政府有关领导和各有关部门经过仔细研究的。议案办理工作涉及的21个部门负责同志今天也到会了，回去后要按照市政府的指示和要求，把今年的议案办理工作做好。我们还请来了提出议案的人大代表和政协委员，非常感谢你们对老龄事业发展提出的意见和建议。

今天的会既是汇报会，也是情况通报会，既是研讨会，也是督办、落实议案的会。借这个机会，我主要讲三点：一要提高对人口老龄化和老龄事业发展的认识；二是做好已有涉老政策的贯彻落实工作，解决好当前老龄工作中的重点问题；三要着眼于未来老龄事业发展战略，做好我市“十二五”老龄事业发展规划工作。

一、充分认识老龄事业在社会发展中的战略地位

北京市自1990年进入老龄化社会以来，经过20年的发展，老龄人口数量进入持续快速发展阶段。从人口的规模看，截至到2009年底，我市户籍老年人口226.6万，占全市总人口的18.2%，比重已远远超过老龄化社会10%的标准。从发展速度看，2000年我市60岁以上老年人口170.2万人，约占总人口的12.54%；2010与2000年相比，我市60岁以上的老年人口增加了56.4万；预计到2020年，全市老年人口将达到400万，占总人口的20%。从人口结构看，2009年，我市80周岁及以上高龄老年人口32.7万，占老年人口总数的14.4%；纯老年家庭人口38.2万，占老年人口总数的17.5%；老年残疾人口61.8万，占老年人口总数的28.3%。伴随着老年人口快速增长，高龄、独居老人大幅增加，老年人口的需求也日益呈现多元化、多层次的特点，老龄问题正在日益成为深刻影响我市经济、社会发展的一个社会问题。如何应对人口老龄化挑战，促进老龄事业与首都经济社会协调发展，成为摆在我们面前的一个具有挑战性的课题。

做好老龄工作，发展老龄事业，是政府、社会、家庭三方面的义不容辞的责任和义务，三方面的努力缺一不可；同时这也是首都经济社会发展和精神文明建设的具体体现，老年人生活还不富裕，身体条件基础不好，享受社会福利服务和现代文明成果的程度都还不够，我们应该对抚养我们成长的长辈给予更多的关心和关注。市委、市政府高度重视老龄事业发展，专门成立了由39个部门组成的市老龄工作委员会，老龄事业资金投入逐年增加。2009年，仅老年福利服务设施建设资助性资金投入达1.25亿元，养老服务和保障性资金投入7亿元。出台老年人优待办法和“九养政策”等多项为老服务措施，不断满足老年人的新期待、新要求。

尽管我市老龄事业发展取得了一定的成绩，养老保障和服务体系的框架基本形成，但面对人口老龄化的严峻形势，我们对老龄问题复杂性的认识还不够充分，老龄政策法规体系还不健全，养老床位总量不足，布局和结构不够合理，居家养老助残服务与社会需求不相适应，老年人养老保障、医疗服务、精神文化生活还存在诸多不足，这些都需要在今后的工作中予以解决。各级政府部门、社会各界都要深刻认识人口老龄化形势的严峻性和解决老龄问题的紧迫性，充分发挥老年群体在维护家庭和谐、社会稳定中的重要作用，统筹协调好涉老的各种利益关系，让广大老年人同步实现共建共享，营造更加文明祥和的社会氛围，促进首都经济社会协调发展。

二、进一步完善我市养老保障和养老服务体系

在市委、市政府提出建设“人文北京、科技北京、绿色北京”和世界城市的战略部署下，我市老龄事业发展始终坚持以大民政理念为引领，以制度创新为重点，坚持发挥政府主导、社会主体作用，养老制度框架体系初步建立。刚才世民同志已经向大家通报了老龄事业发展取得的成绩，我认为要在以下几方面继续加以完善。

（一）加大投入，拓宽渠道，为老龄事业发展提供坚实的财力保障

大力发展老龄事业，让广大老年人分享更多的发展成果，是政府应尽的责任。经过各级政府和相关部门的努力，我市老龄事业取得了显著的成绩，但是依然不能满足老龄人口的多样化的需求。为此，各级政府和相关部门要高度重视，在资金、土地、硬件设施、人员配备等方面，加大对老年服务设施建设、老年文化教育、老龄科学研究和老年活动等方面的投入，力争使老龄事业发展更上一个新台阶。财政部门要根据老龄事业发展的需求，逐步提高老龄事业的支出占财政支出的比例。发改委要加大老龄事业的固定

投资，加快老龄事业项目审批，抓紧完成一些涉老的重大项目。国土资源部门要做好土地规划，为老龄事业的发展预留用地。其他部门要按照市委、市政府的统一部署，各司其职，齐心协力，共同推动老龄事业的发展。在加大政府投入同时，探索老龄事业资金投入的新模式，积极吸纳社会资源投入老龄事业，逐步构建国家、社会、个人等多元化的老龄事业投入机制。

（二）重点推进，逐步完善，加快构建养老服务体系

近几年，我市出台一系列老龄政策，基本建立起了养老制度框架体系，但它依然是初步的、初级阶段的，还不够全面，不够精细化和个性化，有的地方没有体现出工作的重点，需要抓紧落实，继续完善。

一是继续完善现有政策。在“九养政策”制定过程中，为了筹集资金给高龄老年人和重度残疾人每月发放100元养老（助残）券方面，有关部门进行了各方协调，下了很大力气，非常不容易。目前，根据老年人的实际需要，我们逐步完善政策，实现了养老（助残）券跨年、跨区使用。关于养老（助残）餐桌建设问题，现在各区县已基本实现了社区（村）全覆盖，但每个社区（村）有多少老年人有需求、需要多少个养老（助残）餐桌，老年人一天吃几顿饭、希望吃什么样的饭菜，在根据老年人实际需求开展的个性化、精细化的服务方面做得还不够。当前居家养老服务工作还处在初级阶段，老年人的需求是多元化、多层次化的，对于老年人提出的意见、要求和来自社会的各种反响，要根据市情，在今后的工作中研究并逐步加以解决，尽可能地完善为老服务的政策和措施，进一步提高养老服务水平。

二是解决好当前急需解决的重点问题，即集中养老设施建设问题。我们提出了“9064”养老服务模式，希望老年人能够到环境优美的郊区享受晚年生活，在老年社区和同龄人聊天、娱乐，社区提供必要的医疗保障和临终关怀、亲情陪伴等服务。希望能在10个远郊区县有明确的建设目标，发改、规划、土地、民政、财政等职能部门要把集中养老设施建设这个事落实好，这是重点。卫生部门要研究如何做好社区医疗服务，特别是为老年人的医疗服务，做好建立家庭病床和家庭医生服务体系工作，争取在社区就能解决群众的基本医疗问题，尤其是老年人，不出家门就有护士上门服务，解决打针吃药的问题。东城区现在做到了且做得非常好，但在全市普及目前还做不到，今后要建立起相关的制度，方便群众社区就医。构建城乡一体化的养老服务体系设需要一个较长的时期，有一个逐步完善的过程，我们在抓好重点工作的同时，要推进养老服务全面发展。

（三）充实力量，完善机制，全面提升老龄工作水平

随着老年人口增加，养老服务需求增长，今后我市老龄事务将越来越多，工作越来越繁重。各级政府要高度重视老龄工作，进一步理顺老龄工作机制，加大对老龄事业的投入，加强老龄工作队伍建设，建立坚强有力、工作高效的老龄工作机构和机制。当前，基层老龄工作力量还比较薄弱，各区县要规范、做实区县、街（乡镇）两级老龄工作机构，增加人员编制，落实工作经费，切实加强基层老龄机构建设。各成员单位和部门要转变观念，转变角色，主动配合，将老龄工作纳入部门规划，开创性地将任务落实好。要加强联络，上下同心，密切配合，在老龄工作平台上，竭力为老年人办实事、做好事、解难事。

三、以办理议案为契机，推进老龄事业全面持续发展

此次议案对完善我市养老服务和保障体系、推动老龄事业发展具有重大意义。各级政府和相关部门要以这次议案办理工作情况通报会为契机，本着为老年人解难、向人大负责的精神，认真分析代表们提出的问题，按照养老框架体系的要求，科学谋划未来老龄事业发展蓝图，推进老龄事业全面持续快速发展。

（一）加强领导，统筹协调，高质量完成议案办理工作

办理人大代表建议、议案是政府的法定责任。各主办、协办部门都要提高认识，高度重视和做好议案办理工作。将老龄议案工作纳入部门议事日程，将人大代表提出的各项议案内容逐一加以研究落实。尤其是议案中提到的社区在推进养老服务体系建设中的作用有待进一步增强；养老服务社会化政策不配套，水平不高；养老服务设施规划不尽合理，供需矛盾突出；老年人的医疗保障，各级老龄工作机构不健全，力量薄弱等问题。各有关部门要结合本部门的职责，按照议案办理的责任分工，抓紧研究解决。需要出台新政策的要抓紧研究制订，需要修订现有政策的要及时拿出修改意见，需要人大代表、政协委员支持的要及时与他们沟通联络，按时完成议案办理任务。各部门在本部门职责范围内能够完成的，要积极配合牵头部门做好议案办理工作。各部门要通过这次议案办理，及时出台惠民政策，让广大老年人共享经济社会发展的成果，感受到党和政府对他们的关怀，让人民代表满意，让广大老年人满意，让全社会满意。

（二）立足当前，着眼长远，科学谋划老龄事业

发展蓝图

老龄问题已成为我市改革发展中不容忽视的战略性问题。要加强应对人口老龄化战略研究，重点围绕老年社会保障制度、老年社会救助制度和老年福利服务制度的建设与完善，开展有针对性的调查研究，把握我市人口老龄化发展规律和特点，创新老龄理论与实践，努力形成符合首都实际的养老保障体系、养老服务体系和老龄工作体系。要明确我市需要多少养老设施，为多少老年人服务，财政投入多少，为老服务的项目是什么，为老服务的支出占 GDP 的多少，以及为老服务中政府、社会、家庭的责任都是什么。希望各有关部门认真落实会议精神，做好“十二五”时期老龄事业规划工作，把老龄事业发展纳入国民经济和社会发展的总体规划中。希望各位人大代表、政协委员也能在今后指导、督促、检查我们的工作，使老龄工作不断迈上新台阶，不断地满足老百姓的需要，不断地与时俱进。

同志们，当前，首都发展进入了全面建设现代化国际大都市的新阶段，在市委、市政府的正确领导下，在市人大的监督指导下，按照建设“人文北京、科技北京、绿色北京”和世界城市的总体部署和要求，坚持以科学发展观为引领，全面贯彻党的十七大和十七届三中、四中全会和市委十届七次会议精神，统筹协调，加强协作，同心同德，奋力拼搏，全面推进老龄事业又好又快发展，为把北京建设成为“繁荣、文明、和谐、宜居”的首善之区做出更大的贡献！

在河北省老龄工作委员会第四次全体会议上的讲话

河北省人民政府副省长　省老龄委主任　宋恩华

（2010 年 3 月 22 日）

这次会议的主要任务是，贯彻落实全国老龄委第十二次全体会议精神，深入分析我省老龄化发展趋势，有针对性地研究部署当前和今后一个时期的工作任务。

2006 年省老龄委第三次全体会议以来，各级老龄委及成员单位认真贯彻落实省委、省政府的决策部署，齐心协力，扎实工作，全省老龄工作取得了新的成绩。一是政策体系更趋完善。省里出台了《关于加快发展养老服务业的意见》等涉老文件，各市、县也制定了一系列政策措施，这么多政策集中出台，是前所未有的。二是社会养老保障在制度上实现了全覆盖。企业养老保险实现了省级统筹，新型农村养老保险试点工作已经启动，新型农村合作医疗制度全面推开，农村低保标准达到全国平均水平。三是养老服务体系建设取得新进展。各地积极健全市、区、街、居四级养老服务网络，政府购买服务、托老服务、“一键通”等新型服务方式不断涌现，养老服务机构和床位大幅增加。四是尊老敬老的氛围越来越浓厚。涌现出林秀贞、常玉珍等孝亲敬老楷模，广泛开展爱老助老宣传教育和老年文体活动，形成了尊重和关爱老年人的良好氛围。可以说，这三年是老龄事业快速发展的三年，是老年人得到更多实惠的三年。

在全国老龄委第十二次全体会议上，回良玉副总理深刻阐述了老龄工作的基本目标、基本方针、基本原则，对做好老龄工作提出了新的更高要求。我省与全国老龄化进程基本同步，形势同样严峻，任务同样艰巨。各级老龄委及成员单位一定要认识再提高、思路再拓展、措施再加强，力争在破解老龄化问题上有新突破，在推动老龄工作上有新进展。

一、进一步增强做好老龄工作的责任感和紧迫感

人口老龄化是当今世界不可逆转的潮流，也是我省改革发展进程中不容回避的全局性、战略性问题。在推进科学发展、富民强省进程中，必须深刻认识做好老龄工作的重要性，进一步增强责任感和紧迫感。

第一，要准确把握老龄化工作的新形势。我省老年人口总量大、增长快，从 1999 年进入老龄化社会以来，老年人口以年均 3%左右的速度递增，目前已达 989 万，占全省总人口的 14%。按照这种态势，到 2015 年老年人口将达 1100 万、占 15.5%；到 2020 年将达 1300 万、占 17%，接近中度老龄化社会。随着建国后第一次人口高峰的出生人群陆续进入老年，我省“银发浪潮”、“老龄洪峰”即将到来，必须引起高度重视。

第二，要积极应对老龄化带来的新挑战。老龄化速度加快和老龄人口数量急剧增加，带来一系列严重的社会问题。老年抚养比例越来越高，高龄、空巢和失能老人越来越多，为老服务需求越来越广，老龄问题的社会压力越来越大。这些问题如不及早解决，势必给经济发展和社会稳定带来严重冲击，必须及早采取措施。

第三，要紧紧抓住老龄工作面临的新机遇。今年中央把扩大消费需求作为保持经济平稳较快发展的重要措施；我省正在着力构建现代产业体系，加快推进城镇化进程，发展养老服务业等第三产业的环境更好、条件更优；各级党委、政府更加重视民生，加强包括老年人在内的社会保障制度和服务体系建设。这些都是难得的重大机遇。

面对严峻挑战和难得机遇，我们还有一些工作迫切需要加强：一是思想认识不到位。有的地方和部门对进入老龄社会的现实以及解决老龄问题的复杂性认识还不充分，没有把老龄工作摆在全局性、战略性的位置来抓。二是政策落实不到位。目前落实养老床位和运营补贴的仅有4个市，支持社会办养老机构建设优先供地、优先立项等政策没有很好落实，老龄工作机构和经费投入严重不足。三是服务体系不到位。我省老龄产业刚刚起步，老龄服务供需矛盾比较突出，社区养老服务设施和服务能力非常滞后，养老机构床位仅能满足1/3有入住需求的老年人。四是履职尽责不到位。有的地方老龄委综合协调作用没有充分发挥，有的成员单位没有履行应尽的职责，协调联动的工作机制还不健全。我们现在不抓老龄工作，就是对自己的未来不负责任，就是对党和人民不负责任。在应对老龄化问题上，早重视比晚重视、早抓比晚抓要主动得多。我们要真正把老龄工作摆上位置、抓在手上，立足现实、积极应对，着眼长远、未雨绸缪，加快推进老龄事业发展。

二、进一步明确我省老龄工作的目标、方针和原则

（一）坚持“六个老有”的基本目标，实现好、维护好、发展好广大老年人的根本利益

党中央、国务院《关于加强老龄工作的决定》，提出了“老有所养、老有所医、老有所教、老有所学、老有所为、老有所乐”的目标。这个目标中，最根本的是“老有所养、老有所医”。必须加快完善养老保障制度和养老服务体系，让老年人生活得更加幸福；必须积极发展老年教育、文化、体育事业，让老年人生活得更加充实；必须依法保障老年人权益，支持老年人参与政治经济社会生活，让老年人生活得更有尊严。

（二）坚持“党政主导、社会参与、全民关怀”的基本方针，构建齐抓共管的工作格局

党政主导，就是要坚持党委、政府在制定规划、出台政策、培育市场、营造环境方面的主导作用；社会参与，就是要发挥好企业、中介组织、家庭等方面的作用，凝聚社会各方力量共同推进老龄事业；全民关怀，就是要弘扬尊老、敬老、助老的优良传统，营造人人关心支持老龄工作的良好氛围，夯实老龄事业发展的社会基础。

（三）坚持统筹城乡发展的基本原则，推进城乡老龄事业协调发展

目前我省已经进入城乡一体化发展的新阶段，要在进一步完善城市养老保障制度、发展为老服务的同时，更加重视和加强农村老龄工作，推进农村养老服务体系建设，探索各种形式的农村养老模式，切实解决好农村老年人基本生活保障问题，努力缩小城乡老龄事业发展的差距。

三、进一步抓好各项重点工作

（一）搞好应对人口老龄化战略研究

各级老龄委要把这项战略研究作为今年的头等大事，从国家确定的20个研究课题中，选择我省最基本、最重要、最急需解决的课题。要组织各参与部门和社会研究机构，制定周密的实施方案，明确调研内容、步骤、时限，确保年内形成高水平、高质量的研究成果。不但要把全省老年人口信息和老龄化基本态势搞清楚，把老年人现实和未来需求搞清楚，把老龄化与经济社会发展的关系搞清楚，而且要在老龄产业、老龄文化、老龄政策等理论与实践问题上研究明白，为制定应对人口老龄化发展战略提供理论支持和决策依据。

（二）科学制定老龄事业“十二五”规划

编制老龄事业“十二五”发展规划，是今年老龄工作的重点。要结合应对人口老龄化战略研究，抓住薄弱环节和突出问题，科学确定“十二五”和中长期老龄事业发展的总体目标、主要任务、重大项目和保障措施，做到既有针对性和可操作性，又有预见性和前瞻性，并做好与全省经济和社会发展“十二五”规划的衔接。要保证人员、保证经费，集中力量、集中时间，年底前完成规划编制任务。

（三）建立健全养老保障体系

解决好老年人生活保障问题，满足最基本的生存发展需求，是各级各部门的职责。一要完善基本养老制度。做好企业养老保险金统筹工作，并随着经济发

展逐步提高标准。逐步扩大新农保试点范围，使农村老年人能够得到基本生活保障。二要完善医疗保险制度。不断完善城镇职工、居民基本医疗保险和新型农村合作医疗制度，突出解决好贫困地区老年人的缺医少药问题。加快推进城乡医疗救助全覆盖，积极推进老年医疗、保健、康复工作。三要完善城乡最低生活保障制度。加强城乡低保动态管理，做到保障标准与全国同步增长，将符合条件的老年人及时纳入保障范围，实现应保尽保、应保必保。

（四）建立健全养老服务体系

健全养老服务体系的主要内容，可以概括为三句话，即居家养老要巩固，社区服务要拓展，机构养老要扩大。一要根据我省实际，认真研究居家、社区、机构等各种养老方式的合理比例关系，为制定养老服务体系建设的政策措施提供依据。二要制定完善社区养老服务和社会办养老机构标准体系，从名称、建设、运营、收费、服务以及员工素质等方面加强管理，确保规范运行。三要解决好场所和人员问题。对现有社区要整合资源，保证必要的养老服务场所；对新建小区要明确配建要求，严把规划关、审批关。要严格养老服务从业人员资格管理，加强养老服务专业人才培养，保证服务质量。四要引导和鼓励社会中介组织、家政服务企业参与社区养老服务，特别要大力推广“一键通”服务模式，今年力争覆盖全省所有社区。五要加大养老服务机构建设力度，明确今年和今后三年的建设目标，定硬任务、下硬指标、提硬要求，力争早日达到全国中等水平，早日满足社会需求。

（五）建立健全老龄工作体系

要认真落实《关于进一步加强老龄工作的通知》，进一步完善老龄工作体制，形成联系顺畅、沟通有效、协调有力的工作局面。各级老龄委要切实担负起综合协调、工作指导、督促检查的职责，每年至少召开一次老龄委全体会议，分析形势，谋划思路，督促各成员单位履职尽责。老龄办要当好政府的参谋助手，搞好成员单位之间的协调联络，及时组织开展督导检查。老龄委各成员单位要积极支持老龄办的工作，立足职能特点，发挥部门优势，履行工作职责。这次会议通过了《河北省老龄工作指标体系》，年底省老龄委要以此为依据，对各地和各成员单位工作进行评估验收。这里，我重点强调一下县级老龄机构问题。目前我省有85个县至今没有老龄工作机构。这里重申，老龄工作机构、人员、经费没有落实的，今年必须落实到位。省老龄委要对各地机构和经费落实情况开展一次集中检查，并在全省进行通报。

在山西省老龄工作会议上的讲话

山西省委常委　常务副省长　省老龄委主任　李小鹏

（2010年3月31日）

同志们：

刚才进喜同志传达了全国老龄委全体会议和老龄办主任会议精神，进龙同志总结了2009年全省老龄工作情况，安排部署了2010年的老龄工作，还隆重地表彰了老龄工作先进集体和先进个人，会议开得非常好。

大家都知道，2009年对山西来说是非常不平凡的一年，在这一年，我们遭受到国际金融危机的严重冲击。面对这样的情况，省委、省政府坚决贯彻落实中央的方针政策，团结带领全省人民迎难而上，攻坚克难，取得了经济发展、社会进步、人民生活水平不断提高的好成绩。成绩的取得靠的是党中央、国务院的正确领导，靠的是全省人民的共同努力奋斗，靠的是各有关方面的大力支持。在这当中也有老龄战线同志们的贡献。在过去的一年里，全省各级老龄委及各成员单位紧紧围绕省委、省政府工作大局，扎实工作，开拓进取，全省老龄事业实现了新的发展。养老、医疗、社会保障体系进一步完善，覆盖范围不断扩大，保障标准不断提高，老年文化、教育、体育事业繁荣发展，在第一届全国老年人体育健身大会上取得了13枚金牌、21枚银牌的优异成绩，老年服务基础设施建设进一步加强，老年人合法权益得到有效维护，全社会尊老敬老、爱老助老意识不断增强。这些成绩的取得，是全省老龄委各成员单位合力推进的结果，是全省老龄工作者辛勤工作的结果。在这里，我代表省委省政府，向大家并通过大家向全省老龄工作战线上的同志们表示衷心的感谢！

2010年是关键的一年，我们还要继续克服金融危机带来的不利影响，保持经济的增长；我们还要全面完成“十一五”所确定的各项目标，其中也有老龄工作的目标；我们还要制定“十二五”的规划，“十二五”规划中还要安排部署好老龄工作。所以，2010年承上启下，非常关键。新年刚过，中央就在北京举办了省部级领导干部研讨班，专门研究落实科学发展观、加快经济发展方式转变的重要问题。胡锦涛、温家宝、习近平、李克强等同志分别作了重要讲话。通过学习他们的讲话，我们进一步地认识到，这一次金融危机表面上冲击的是我们的发展速度，但实质上冲击的是我们的发展方式。我们的发展方式已经到了非变不可的时候。党中央号召，要进一步提高认识，抓住这个难得的历史机遇，加快经济发展方式的转变。我们要充分认识到，转变发展方式是应对经济危机的需要，是抢占危机以后发展制高点的需要，是保证经济持续健康稳定发展的需要，也是让广大人民群众共享改革发展成果的需要。这其中有许多内容涉及到了社会事业，有些内容直接关系到老龄工作。所以，老龄工作战线的同志们要认真学习，深刻领会。

前不久，全国“两会”和全省“两会”先后召开，总结了上一年的工作，部署了2010年的工作，提出了2010年经济社会发展的目标和主要任务。“两会”的精神非常重要，特别是在这些任务当中，涉及到社会事业的内容，涉及到老龄工作的内容，老龄战线的同志们要认真学习，结合实际，抓好贯彻落实。更重要的是，要围绕中心，服务大局，做好老龄工作，为经济社会发展搞好服务。

下面，我就做好2010年的老龄工作，提几点要求：

第一，要高度重视人口老龄化问题。人口老龄化是全球性的重大问题。按照国际公认的10%这一标准，我们山西已经进入了人口老龄化的发展阶段。主要特点有三个：一是总量规模大。目前，全省60岁以上老年人口达到422.25万人，占到全省人口总数的12.32%。二是增长速度快。2000年至2009年10年间，全省60岁以上老年人口增加了114.99万人，增长37.42%，远远高于发达国家的老龄化速度。三是农村老龄化问题尤其突出。全省60%以上的老年人生活在农村，农村人口老龄化水平高出城镇近两个百分点。而且在当前和今后一个时期，农村人口老龄化速度和程度都要超过城镇。与发达国家和兄弟省市相比，全省是在经济发展水平不高，尤其是社会保障体系还不健全的条件下进入人口老龄化阶段的，是典型的“未富先老”。而且，无论是法规政策，还是工作措施，我们的应对准备都明显不足。人口老龄化不单纯是一个人口问题，涉及到社会、经济、政治、文化等各个方面。如果应对不当，就很可能引发一系列问题，直接影响经济发展和社会和谐稳定。对此，我们一定要有清醒的认识。

第二，要加快建立健全城乡养老社会保障体系。这是应对老龄化问题的根本之策。目前全省社会养老保险覆盖面仅有44%，许多农民还处于社会化、共济性的社会养老保障体系之外。而且，医疗保障标准偏低，新农合筹资标准仅有100元，不少困难群众只能靠低保保障基本生活。这是今后必须着力加强和改进的地方。国家和全省对2010年的社会保障体系建设都提出了明确的要求。全省的具体安排是，2010年新农保试点计划扩大到27个县（市、区），覆盖人数达到400万人；进一步提高新农合财政补助标准和筹资水平，2010年达到每人每年150元的筹资标准。同时，农村低保、“五保”供养等保障水平也将有新的提高。各级各有关部门要认真抓好落实，切实提高全省的养老保障水平。

第三，要加快建立健全养老服务体系。大家知道，随着“421”家庭结构的不断增多和农村青壮年劳动力的大量转移，高龄老人、“留守老人”、“空巢老人”越来越多，老年人在生活照料、康复护理、精神慰藉等方面的需求大量增加。加快养老服务体系建设，大力发展为老服务业，不仅是应对人口老龄化问题的客观需要，也是发展现代服务业、扩大消费、增加就业的重要措施。我们要适应城乡养老服务的不同需求，加快建立多元化、多层次的养老服务体系。从当前来看，一是要以居家养老服务为重点，大力发展社区养老服务中心，加快构建制度规范、服务完善、管理科学、运行有效的为老服务体系，为老年人提供全方位、个性化、高质量的服务。二是要加强老年福利服务设施建设，继续新建、改扩建一批县级老年福利中心和农村敬老院，特别是年内要完成120所农村敬老院的新建、改扩建任务，努力提高老年人集中供养水平，逐步实现老龄公共服务普惠化、均等化。2010年省长在政府工作报告中提出为民办的“十件实事”当中，就包括120所农村敬老院建设，我们一定要把它完成好。

第四，要抓紧搞好老龄工作中长期规划研究。2010年国家正式启动了应对人口老龄化战略研究，全省老龄委与社科院也相应启动了《山西省应对人口老龄化战略研究（2010－2050年）》。这既是全省一项规模大、范围广、内容全的老龄工作省情调查，又是一次对老龄问题系统性、前瞻性的研究。各级各有关部门要加强沟通，通力合作，联合攻关，准确预判全省人口老龄化发展的趋势，可能遇到的问题，以及可能对全省经济社会发展所产生的影响，努力探索全省人口老龄化发展的一般规律和特殊规律，提出全省应对人口老龄化的目标任务、工作重点和应对措施，为解决全省人口老龄化问题提供科学依据。同时，要抓紧做好全省老龄事业“十二五”规划的编制工作，把老龄事业发展纳入全省经济社会发展总体规划，推动老龄事业与全省经济社会协调发展。

老龄工作涉及面广、社会性强、事关经济社会发展大局。做好老龄工作不仅关系到全省420多万老年同志的根本利益，而且也关系到全省3400万人民群众的根本利益。我们要把这项工作看成是继承和发扬中华民族尊老敬老光荣传统的需要，是落实“立党为公、执政为民”根本宗旨的需要，是全面建设小康社会、建设有中国特色社会主义事业的需要，也是我们山西省实现转型发展、安全发展、和谐发展的需要，务必高度重视，落实责任，团结一致，切实抓好，抓出成效。

各级党委、政府一定要把老龄工作摆上重要议事日程，纳入当地经济社会发展总体规划，扎实推进老龄事业发展。要进一步完善老龄工作体制，按照中央国务院《关于加强老龄工作的决定》和省委省政府《关于加强老龄工作的意见》的精神，建立健全市县老龄工作议事协调机构及其办事机构，为全省老龄事业发展提供组织保障。老龄委各成员单位要各司其职、各负其责，通力合作、密切配合，形成齐抓共管的工作格局。各级老龄办要增强服务意识，为老龄委决策搞好服务，为成员单位协作搞好服务，为基层工作搞好服务，努力形成老龄事业协调推进的工作机制。

同志们，有各级党委、政府的关心重视，有各有关部门的大力支持，有广大老龄工作者的辛勤努力，全省老龄工作一定能够再上新台阶，为实现全省“三个发展”做出新的更大的贡献！

在黑龙江省老龄委第九次全体（扩大）会议上的讲话

黑龙江省副省长　省老龄工作委员会主任　孙永波

（2010年4月16日）

同志们：

这次会议的主要任务是，学习贯彻全国老龄委第十二次全体会议精神和省委、省政府刚刚出台的《关于加快推进老龄事业发展的意见》精神，总结经验，分析形势，部署任务，进一步推进全省老龄事业又好又快发展。刚才，喜军同志传达了全国老龄委第十二次全体会议精神，铁生同志代表省老龄办作了工作报告，我完全同意。省发改委、财政厅、人保厅分别作了典型发言，讲得都很好，他们为老龄事业发展做了大量工作，解决了很多实际困难，请各地、各有关部门认真学习借鉴，要像他们一样，更加关心老龄工作，共同推动全省老龄事业发展。

2009年，全省老龄工作取得了突出成绩。刚才铁生同志的报告中都讲到了。回良玉副总理在全国老龄委第十二次全体会议上的讲话中，有三次提到黑龙江的老龄工作，对我省养老服务设施建设试点、争创敬老文明服务窗口、人口老龄化战略研究等项工作给予了充分肯定。这既是表扬，更是鞭策。我相信，在各级党委、政府的关心支持下，在省老龄委各成员单位的共同努力下，我省老龄工作一定会开创更加崭新的局面。今年总体的工作方针国家会议已定，具体的任务这次会议也作出了安排部署，请各地、各部门按照既定的方针抓好、抓实、抓出成效。关于今年的工作，我提一个总的要求，即：以更深刻的认识谋划工作思路，以更务实的举措夯实工作基础，以更健全的机制保障工作成效，以更全新的理念提升工作水平。

一、以更深刻的认识谋划工作思路

今年是我省实施老龄事业发展“十一五”规划的收官之年，同时又是贯彻落实省委、省政府《关于加快推进老龄事业发展的意见》的开局之年。为此，必须以更高的标准谋划好当前和今后一个时期的工作思路，引领老龄事业发展。

第一，以更深刻的认识谋划工作思路，必须清醒地看到当前老龄化社会迅猛的发展势头。回顾我们所取得的成绩，固然让人欣喜。但是，面对我省老龄化社会迅猛的发展态势，又让人忧虑重重。目前，全省60周岁以上老年人已达524万，占全省总人口的13.7%。据有关方面预测，再过10年，也就是2020年这一比例将高达20%，而2040年这一比例更将达到惊人的33%左右，就是说每三个人当中就至少有一名60周岁以上的老年人，形势十分严峻。面对严峻的形势，我们既不能满足于已经取得的成绩，固步自封，更不能停留在低标准、一般化的工作状态上，必须把问题分析得更透彻一些，把困难估计得更充分一些，在这样的认识基础上，才能以更高的标准定位工作，谋划发展思路，有效应对老龄化社会的迅猛发展。

第二，以更深刻的认识谋划工作思路，必须深入剖析人口老龄化带来的一系列社会问题。人口老龄化是人类历史发展特定的时期社会综合因素共同作用的结果，这一现象反过来也将对社会生活造成深刻的影响，带来一系列复杂的社会问题。从老年人自身来讲，老年人的心理和生理健康以及各种需求如果得不到满足和保障，必然会产生很多问题；从家庭和社会的角度来看，老年人的养老方式、老年社会服务体系、保障体系等制度或措施如果不健全，同样也会给老年人、家庭和社会带来很多问题。从我省的情况看，与人口老龄化相生相伴的还有人口的高龄化和失能化、半失能化，这些问题已经在养老、医疗等领域造成了比较突出的矛盾。面对复杂的矛盾，我们只有深入剖析问题产生的原因，才能不断增强做好老龄工作的责任感，不断提高工作措施的针对性，破解难题，推动工作进步。

第三，以更深刻的认识谋划工作思路，必须善于把握当前老龄事业良好的发展机遇。当前，全国上下都在讲以人为本，都在讲加大对民生的投入，都在讲全社会共享改革发展的成果。可以说，我省老龄事业面临着前所未有的发展机遇。之所以作出这个判断，主要基于三个方面：一是基于各级党委、政府对发展老龄事业的高度重视。前几天，省委、省政府专门下发了《关于加快推进老龄事业发展的意见》(黑发〔2010〕9号)。这说明省委、省政府的主要领导是非常重视老龄工作的，以省委、省政府文件形式对新时期涉及老龄事业发展的重大问题作出了一系列新的部署，这是当前和今后一个时期，全省老龄工作的纲领性文件。目前，各地也都在积极研究贯彻落实措施，相信以这个文件的出台和深入贯彻为契机，全省老龄工作一定会再上一个新的台阶。二是基于我省尚处于“人口红利期”的现实状况。目前，受劳动年龄人口同步增长、少儿人口比重持续下降等因素影响，我省每10个劳动力负担的非劳动年龄人口数较2005年有所降低，这表明我省目前仍处于劳动力资源丰富的“人口红利期”，这是我们应对“银发浪潮”的一个缓冲带，但绝不是“防护堤”，我们必须利用好这段时期，加强老龄基础设施建设，完善工作机制，营造良好环境，夯实工作基础，这样我们才能从容应对老龄化社会的全面挑战。这项工作易早不宜迟，早做早主动。三是基于我省老龄工作的良好基础。经过多年来的不懈努力，我省老龄事业取得了长足发展，老龄工作不断实现新的突破，同时也积累了丰富的经验，奠定了较为坚实的工作基础。厚积而薄发，我省老龄事业已经到了一个向更高层次发展的新的临界点，具备了工作飞跃的现实基础和有利条件。

二、以更务实的举措夯实工作基础

(一）要着眼全局，抓好战略研究

老龄问题是影响经济社会可持续发展的战略性、全局性问题，解决这一问题不能靠打“突击战”，也不能靠打“游击战”，必须着眼全局，谋划长远。2009年10月，全国老龄委启动了“国家应对人口老龄化战略研究”，温家宝总理在今年政府工作报告中又再次强调了这项工作，并把其上升为今年的一项重点工作，重视程度很高。为此，我省今年也要尽快启动这项工作，通过战略研究，摸清老龄问题底数，并紧密结合省情，高起点、高标准、科学合理地提出我省应对人口老龄化的战略目标、任务和措施，统筹规划全省老龄事业发展。

(二）要立足现实，科学编制《规划》

今年是实施《老龄事业发展“十一五”规划》的最后一年，各地各部门要认真做好规划实施情况的评估验收，在此基础上，积极做好“十二五”规划的编制工作。编制过程中，既要大胆突破创新，又要着眼实际；既要符合国家和省现行的政策方针，又要考虑经济社会发展的趋势，积极探索一些新的领域。此外，要坚持“开门编规划”，多做深入的调查研究，多方面的征求意见，集思广益、精益求精，增强规划的可操作性。

(三）要突出重点，加快两个体系建设

全国老龄委第十二次全体会议上强调了三个体系建设，其中包括老龄工作体系建设，这是我们自身要解决的问题，而从老龄事业发展角度看，养老保障体系建设和社会化养老服务体系建设已经成为全部老龄工作的重中之重。在养老保障体系建设方面，要继续完善目前覆盖城乡各类群体的社会保障体系，同时进一步抓紧研究完善各项养老保障制度转接、衔接的办法，扩大养老医疗保障的实际覆盖面，完善城乡一体化的社会救助制度，积极推动适度普惠型养老服务体系建设，逐步建立起体系完整、覆盖广泛、实在管用的老年社会保障制度。要抓住国家开展新农保试点和基本养老保障体系建设试点的契机，加快推进和完善社会养老保险、医疗保险、社会救助制度建设，解决好贫困老人的基本生活问题。在社会化养老服务体系建设方面，要继续建立以居家养老为基础、社区服务为依托、机构养老为补充的社会化养老服务体系。积极探索和完善居家养老服务长效机制，稳步推进农村居家养老服务，统筹考虑居家养老服务设施建设、队伍建设和运营管理等问题。要加大对养老服务设施的投入力度和对养老服务业的扶持力度，鼓励、支持社会力量兴办老年服务设施和服务机构，发展多种特色的养老服务。

三、以更健全的机制保障工作成效

（一）要不断探索更加完善的领导机制

领导机制问题是一个根本性问题，随着老龄工作任务的日益繁重，形成更有力的领导机制也显得更加紧迫。针对每一项工作任务，领导机构如何研究部署、检查督导、考核奖惩，形成一套十分规范的工作机制，对于确保工作方向，提升工作水平都至关重要。为此，新时期必须进一步建立健全领导机制，做到决策正确，指挥有力，督查到位，为工作提供领导机制保障。

（二）要不断探索更加完善的保障机制

老龄事业的保障涉及方方面面，在这里我重点强调一下资金保障的问题。我国老龄化的一个基本特点就是“未富先老”，我省的情况也是如此，“未富”和“先老”都是客观存在的一种现象。但是，我们绝不能以“未富”为借口，时时处处强调资金方面的困难，舍不得对老龄事业进行投入。我省尚属于经济欠发达省份，但是有中央转移支付政策的支持，有我们自身的积极努力，应该说我们是有能力在老龄事业发展方面多投入一些的。就在前几天召开的省政府第四十次常务会上，本来省民政厅、财政厅申请的是从今年 10 月 1 日开始为全省 80 周岁以上的老年人逐月发放高龄津贴，但战书省长、家毫副省长和各位参会领导一致认为这是一件好事，要把好事办好，把党和政府的温暖尽快惠及老年人，决定提前到 7 月 1 日起发放，提前发放三个月就涉及增加 2028 万资金，这笔钱对于我省财政不能算小数，但是为了提高高龄老人生活水平，提高全省老年人保障水平，省政府的态度是坚决的，是舍得下气力投入的。省委、省政府如此重视和支持老龄工作，希望各地和老龄委各成员单位也要在研究政策、编制财政计划时多考虑老龄工作，为老龄事业发展提供财力保障。

（三）要不断探索更加完善的协调机制

老龄工作不是老龄办一家的职能，也不是仅凭老龄办一个部门就能做好的。老龄事业事关整个社会的发展，做好老龄工作是老龄委全体成员单位不容推卸的共同职责。为此，我国从国家、省和地市三级都专门成立了老龄委议事协调机构。从目前的情况看，省老龄委各成员单位对于老龄事业都是十分热心和支持的，今天介绍经验的发改、财政、人保部门都列举了很多很好的工作实例，还有很多地市包括今天应邀到会的哈尔滨、牡丹江和绥化市的领导，对老龄事业发展都做了大量协调和推进工作，在这里我代表省老龄委向大家的辛勤努力表示感谢。今后的工作中，请各成员单位继续研究如何建立健全更加完善的协调机制，各司其职，各负其责，协调有力，步调一致，共同完成好各项工作任务。

四、以更全新的理念提升工作水平

一是要以“和谐理念”统领老龄工作。和谐的老龄社会是整个和谐社会的重要组成部分，“和谐”理应成为整个老龄工作的统领。首先，必须构筑符合老年人生存的社会伦理环境。全社会应有这样一种共识，老年人过去为国家、社会和家庭作出贡献，作为公正回报，社会应给他们提供支持，老年人理应享有参与社会发展、共享发展成果的权利。其次，必须真正解决老年人的现实困难。从我省目前的情况看，困难还很多。但只要抓住重点和难点问题，急事先办，特事特办，难事必办，就能逐步破解制约我省老龄事业发展的难题，为老年人创造颐养天年的良好环境。第三，必须大力弘扬尊老敬老的传统文化。百善孝为先，这是中华民族的传统美德，必须在全社会进一步进行宣传和弘扬。家庭是社会的细胞，社会的和谐离不开每一个家庭的和睦，而家庭和睦最关键的因素就是孝顺。做儿女的都孝顺老人，就不会去做那些危害社会的让老人操心、担心、害怕的事情，社会的不和谐因素减少了，老年人也高兴了。所以说，社会的和谐、每个家庭的和谐，一个关键因素就是“孝”，用和谐的理念统领老龄工作，必须大力弘扬“孝”这个传统道德。第四，要怀着对老年人的深厚感情去做老龄工作。我省提出的“情系老龄，孝行龙江，构建和谐”，即是老龄工作的目标，又是全省老龄工作的行动纲领，我们首先自己要践行，在家里做一个孝顺的儿女。但仅仅这样还不够，我们还要做到“老吾老以及人之老”，满怀对全社会老年人的深厚感情，像孝顺自己的父母一样，去做好老龄工作，去推动老龄事业发展，这既是一种情怀，更是一种责任。从这个意义上出发，对待老龄工作要舍得在精力上投入，舍得在财力上投入，要尽最大努力在制定各项政策时对老龄事业发展给予尽可能的倾斜。我们要在老龄工作的进步和老龄事业的发展中来体现我们的价值，要在全社会老年人的笑容里面来体会做老龄工作的欢乐和幸福。

二是要以“增长理念”拉动老龄工作。过去我们理所当然的认为，老龄化社会参与生产的人少了，所以老龄化社会就是“消耗型”社会。这是一种片面的认识，其实老龄产业才恰恰是一种“朝阳产业”。因为，我们才刚刚步入老龄化社会，许多老龄产业也才刚刚起步，但是随着经济社会的不断发展，老龄化社会的不断升级，以及政府对民生事业不断加大投入，我判断，老龄产业必然会成为拉动经济社会发展的一个新的增长极。为此，要通过政府购买服务、产业化运作、社会化经营等多种方式，既解决老龄化社会带来的诸多问题，又能解决很多人就业问题，促进老龄产业的发展，实现互利双赢。

三是要以“健康理念”优化老龄工作。大家都知道，我们对老年人的祝福语，通常都是“祝您健康长寿”。而实际情况是，我们愿望最强烈的，也往往是最难实现的。现实中，许多老年人常年饱受疾病的困扰，甚至处于失能、半失能的状态，生活和生命质量很低。这种现状不仅关系到国家和社会的负担，也直接关系到人口老龄化的整体形象。因此，我们要积极探索，以“健康理念”推动老龄工作，积极探索如何延长老年人健康期，缩短带病期和伤残期，并尽可能提高老年人的自理能力，使“健康”和“长寿”两者并行不悖，让老年人在健康和快乐当中安享晚年。

四是要以“品牌理念”提升老龄工作。来龙江以后，我去看了一些养老机构，这些单位在工作中都很有建树，对待老年人就像对待自己的父母、亲人，几十年如一日把大量精力和感情投入到为老服务上面。例如，“医、养、护”三位一体的海员总医院，成为香港、澳门、深圳等地前来参观学习的单位，像这样的典型我们既要大力宣传，力争树成全国的典型，也要予以大力的支持和培养，让这种模式能够发展成长、做大做强，使“养、护、医”不仅仅成为一种理念、一种服务方式，更成为一种产业、一种事业。再如，齐齐哈尔市响亮地提出打造“孝亲敬老之城”的口号，大张旗鼓地宣传，也是品牌理念的一种体现。还有哈尔滨市的副市长王莉、牡丹江市副市长谷振春、绥化市副市长夏永智、大庆市的上海知青民政局长尹小平等同志，都满怀深情地重视老龄工作，关心老龄工作，推动老龄事业发展，他们都是老龄工作者的典型，他们的事迹都应该很好地挖掘和宣传。“情系老龄，孝行龙江，构建和谐”作为一种理念，光喊口号不行，要有先进单位、先进人物、先进事例来支撑，要形成龙江自己的品牌，真正在龙江大地上吹起一股“情系老龄，孝行龙江，构建和谐”的春风。

同志们，发展老龄事业是事关社会和谐稳定，事关国家长远发展的大事，是我们老龄委各成员单位共同的艰巨任务和神圣使命。让我们深入贯彻落实科学发展观，认真落实省委、省政府《关于加快推进老龄事业发展的意见》，坚定信心，迎难而上，开拓进取，扎实工作，努力开创我省老龄事业新局面，为推动我省经济社会发展作出新的更大的贡献！

在吉林省老龄工作委员会第六次全体会议上的讲话

吉林省政府副省长　陈晓光

（2010 年 4 月 7 日）

同志们：

过去的一年，在省委、省政府的领导下，全省老龄工作坚持“党政主导、社会参与、全民关怀”的工作方针，紧紧围绕“六个老有”的工作目标，开拓创新，真抓实干，全省老龄事业得到了较快发展。老龄工作政策法规得到进一步落实，老年人各项权益得到有效维护；老年人生活保障水平进一步提高，养老保险和医疗保险覆盖面进一步扩大，建立了以社区卫生服务为基础的老年医疗保健服务体系；为老服务体系建设进一步加强，逐步形成了以居家养老为基础、社区服务为依托、机构养老为补充的为老服务格局；老年人精神文化生活日益丰富，全社会敬老、爱老、助老的氛围正在不断形成。这些成绩的取得是各级党委、政府高度重视的结果，也是各有关部门、社会各界和广大老龄工作者共同努力的结果。借此机会，我代表省政府向全省广大老龄战线的同志们以及关心支持老龄工作的社会各界人士表示诚挚的问候和衷心的感谢！

下面，我受金振吉副省长委托，就做好下一步老龄工作讲几点意见。

一、提高认识，切实增强做好老龄工作的紧迫感和责任感

当前，我省正处于经济社会结构调整的关键时期，随着利益格局的深层次调整和人们思想观念的转变，老龄工作也将面临着日益复杂的新形势和新情况。一是人口老龄化速度较快。截至到2009年底，全省60岁以上老年人已达370万人，占总人口的13.52%，人口老龄化程度在全国位列第16位。据省统计局预测，到2020年，全省60岁以上老年人总量将上升到593.8万人，占全省总人口比重达21.35%，年均增加22.9万人；到本世纪中叶，老年人口比重将达到43.48%。二是高龄化程度逐渐加重。目前，全省80岁以上高龄老人已达到29.5万人，并以平均每年5%以上的速度递增。三是供养系数上升，社会压力增大。独生子女家庭每对年轻夫妇承担4个老人甚至更多的赡养问题，家庭养老压力加大，社会负担加重。在“未富先老”的情况下，人口老龄化对政治、经济、文化等影响越来越大，需求也越来越呈现多元化倾向。但是，面对人口老龄化的严峻形势，我们应对准备还不足，对老龄问题复杂性的认识还不够充分，老龄工作管理体制还不够顺畅，投入机制还不够完善，社会养老服务业的发展还不能满足日益增长的老年群体需求。这些问题如果不能很好地解决，将直接影响到全省经济社会发展进程，影响到社会的和谐稳定。

各地、各有关部门要深刻认识我省人口老龄化形势的严峻性、老龄问题的特殊性和老龄工作的紧迫性，切实增强做好老龄工作的科学性、预见性和紧迫性，认真研究解决老龄工作面临的新情况、新问题，积极应对人口老龄化快速发展带来的挑战。

二、以老龄事业科学发展为目标，加快推进老龄工作战略研究体系建设

人口老龄化战略研究是全国老龄办为应对人口老龄化采取的战略性举措，也是今年我省老龄工作的重点。各地、各部门要按照国家和省里的要求和部署，以战略研究为契机，进一步摸清底数，查找人口老龄化给社会带来的问题，并就如何应对人口老龄化挑战提出操作性强的对策和建议，为省委、省政府决策提供参考。同时，要做好老龄事业“十二五”规划制定工作。各级政府要高度重视老龄事业的发展，把老龄事业发展纳入当地国民经济和社会发展总体规划之中。老龄委各成员单位要按照工作职能，把涉老工作任务作为一项重要内容，纳入本部门的总体发展规划，确定目标，明确任务，采取有力措施，切实抓好落实。在编制“十二五”规划时，要围绕“六个老有”的工作目标，增强规划的针对性和可操作性，注重解决老年民生存在的实际问题。各级老龄办要发挥综合协调作用，加强与成员单位的协调配合，做好规划衔接，确保在年底前拿出比较成熟的规划草案。

三、以保障老年困难群体基本生活为重点，着力构建统筹城乡的养老保障体系

老有所养、病有所医是老年人最为关注的核心问题，也是社会保障制度建设的一个重点。各地、各部门要针对老年人在养老、医疗、社会服务等方面存在的突出问题，制定三年推进规划，有目标、有步骤地解决好老年人社会保障问题。要加强涉老配套政策研究，加快建立统筹城乡的养老保险制度，逐步提高企业退休人员基本养老金水平。要研究制定高龄老人生活补贴制度，做好无养老保障及生活贫困的高龄老人救助工作，解决他们的基本生活问题。下半年，省政府将召开全省老年人社会保障工作会议，出台有关文件，完善老年社会保障政策法规体系。

四、以满足老年人养老服务需求为动力，促进养老服务体系多层次全方位发展

要从宣传和服务入手，继续发展以居家养老为基础、社区服务为依托、机构养老为补充的养老服务体系，满足老年人的多元化养老服务需求。

要营造敬老、养老、助老的社会氛围。加强社会公德和家庭美德教育，把尊重老人、关爱老人、关心老人作为重要的社会价值尺度。通过开展媒体宣传、青年志愿者服务以及文艺演出等活动，树立老年人的形象，提高老年人的社会地位。

要大力发展养老服务。加强养老服务设施建设，积极扶持和培育社会力量参与养老服务工作。建立健全为老服务网络，有效整合为老服务资源，探索合作养老、志愿者服务、社会互助等养老服务的有效途径。在政府购买的公益性岗位中，适当增加为老服务的公益性岗位。

要积极推进老龄产业发展。完善支持老龄产业发展的扶持政策，加强对养老服务机构的监督管理，促进老龄产业，尤其是养老服务机构的建立和发展。今年，省老龄办要会同省财政厅、省民政厅制定促进民办养老机构发展的扶持政策，推动民办养老机构健康发展。要大力开发老年产品，拓宽服务渠道，为老年群体提供多元化、多层次的产品和服务，满足不同层次老年人的需求。

要加强农村为老服务工作。大力推动农村居家养老服务大院工作，扩大服务大院的试点范围，发挥好农村基层老年群众组织作用，不断拓展服务的内容和方式。要深入开展农村“空巢”老年人帮扶服务试点工作，研究探索农村老年人帮扶服务的有效办法。

五、以完善老龄工作体制机制为途径，构建老龄事业齐抓共管的工作体系

老龄工作涉及到社会的方方面面，需要我们大家共同参与，需要各地、各有关部门齐抓共管，合力推进。一是完善体制机制。各地要建立老龄事业经费投入机制，将老龄事业发展经费和工作经费列入各级财政预算。要加强县及县以下老龄工作机构建设，在乡镇、社区成立老龄工作委员会，并保障有相应人员、经费和工作条件。要按照巩固、发展、规范、提高的原则，积极培育发展老年群众组织。二是健全运行机制。各级老龄委及其办事机构要充分发挥职能作用，各成员单位要各司其职、各负其责，密切配合，确保各项制度之间的衔接与延续，形成联系顺畅、协调有力、分工合作、齐抓共管的工作局面。三是加强队伍建设。要选好配强老龄工作干部，努力建设一支政治强、业务精、作风实、讲奉献的老龄工作干部队伍。

同志们，做好老龄工作，任务艰巨，责任重大，使命光荣。我们要进一步解放思想，扎实工作，不断开创老龄工作新局面，为实现我省“科学发展、加快振兴、富民强省”的总目标做出新的更大的贡献！

在辽宁省老龄委第七次全体会议上的讲话

辽宁省委常委　常务副省长　省老龄委主任　许卫国

（2010 年 5 月 13 日）

今天会议是省老龄委组成人员重新调整后第一次全体会议。会议的主要任务是认真贯彻落实全国老龄工作委员会第十二次全体会议精神，总结省老龄委第六次全委会以来的工作，研究部署今年的老龄工作。刚才，陈超英同志作了一个很好的报告，我表示赞成；王光中、孙奇和陈洪铎 3 位老领导对我们的工作提出了殷切希望，各部门要认真抓好落实；省民政厅、省发展改革委的负责同志作了典型发言，省委老干部局、省人力资源社会保障厅、省住房城乡建设厅、省卫生厅、省计生委、省体育局等成员单位作了书面发言，其做法值得省直部门学习借鉴。

过去的两年特别是去年，面对国际金融危机的严重冲击，全省人民迎难而上、拼搏进取，圆满实现了保增长、保民生、保稳定的各项目标任务，实现了“两个不低于”的奋斗目标。在此基础上，今年全省经济继续企稳向好，实现了“开门红”。一季度，全省地区生产总值增长 15.3%。预计前 4 个月，规模以上工业增加值增长 20.9%，固定资产投资增长 22.1%，社会消费品零售总额增长 17.3%，地方财政一般预算收入增长 33%，实际利用外资增长 19%。辽宁老工业基地在全面振兴的新征程上，又迈出了新的坚实步伐。这些成绩的取得，离不开省委、省政府的正确领导，离不开全省人民的共同努力，离不开老龄、老同志的关心和支持，也凝聚着全省老龄工作者的智慧、心血和汗水。

自省老龄委第六次全委会召开以来，各地区、各部门认真贯彻实施《辽宁省老龄事业发展“十一五”规划》，各司其职，各负其责，密切配合，扎实推进，全省老龄工作跨入了全国的先进行列，迈上了稳步、健康、快速发展的轨道。主要标志有：

一是全省老龄工作基础建设得到加强，取得了实质性突破。机构基本理顺，人员得到充实，经费得以保障，基层老年群众组织发展迅速。

二是以《辽宁省老年人权益保障条例》颁布实施

为标志的法制建设步伐加快。老龄工作政策法规得到进一步落实，老年人权益得到有效维护。

三是城乡养老保障体系逐步建立，养老保险和医疗保险覆盖面进一步扩大。

四是为老服务体系建设进一步加强，初步建立了以居家养老为基础、社区服务为依托、机构养老为补充的“六位一体、城乡统筹”具有辽宁特色的养老服务社会化体系。

五是老年人精神文化生活日益丰富，全社会敬老、爱老、助老的氛围日益浓厚。

这些成绩的取得，是各级党委、政府高度重视的结果，是各有关部门、社会各界和广大老龄工作者共同努力的结果，也是各位老领导、老同志关心支持的结果。在此，我代表省委、省政府，向全省老龄战线的干部职工以及关心支持老龄工作的社会各界人士，包括各位老领导、老同志，表示诚挚的问候和衷心的感谢！

下面我根据全国老龄委第十二次全体会议精神和省委、省政府的部署，就如何做好今年乃至今后一个时期全省的老龄工作，再将几点意见。

一、深刻认识全省人口老龄化的严峻形势，增强做好老龄工作的责任感、使命感和紧迫感

近年来，随着社会经济的发展，全省人口出生水平逐步降低，人口平均寿命延长，人口老龄化问题日益突出。老龄工作面临着十分严峻的挑战：

一是老年人口规模大。据统计，到2008年底，我省60岁以上老年人已达645万，占我省人口总数的14.93%。辽宁人口老龄化程度在全国位列第4位。

二是增长速度快。每年以3.2%的速度快速增长，老年人口年净增20万。预计到2015年，全省60岁以上老年人口将超过863万占总人口的20.24%。

三是特殊老人多。全省80岁以上高龄老人已达到91万，独居老人273万，特困老人41万，分别占老年人口14%、42%和6.5%。

特别值得关注的是，全省人口老龄化是在经济尚不发达的情况下到来的，是典型的“未富先老”，而且随着“四二一”家庭大量涌现，供养系数上升，家庭与社会养老压力增大，政府的负担加重，老龄工作面临着前所未有的压力。对此，我们必须深刻认识我省人口老龄化形势的严峻性、老龄问题的特殊性和老龄工作的紧迫性，认真研究解决老龄工作面临的新情况、新问题，增强做好全省老龄工作的责任感、使命感和紧迫感。

二、全面贯彻落实《辽宁省老年人权益保障条例》，切实实现好、维护好、发展好广大老年人的根本利益

2008年10月1日，《辽宁省老年人权益保障条例》正式实施，这是我省全面保障和落实老年人权益的重要举措，对实现“老有所养、老有所医、老有所教、老有所学、老有所为、老有所乐”等“六个老有”的目标，意义重大。《条例》实施两年来，全省总的情况是好的，但是仍有个别市未能落实到位，还需要做更深入的工作。为此，省委、省政府要求，各地、各有关部门都要组织对《条例》的贯彻落实情况进行一次认真细致的检查，及时发现问题，及时加以整改。要采取更加有力有效的措施，将《条例》规定的“十八条”优惠优待政策逐条逐项落实到位，使每一位老年人都能亲身感受到党和政府的关怀；要依法保护老年人在家庭赡养、社会保障，参与社会发展等方面的合法权益，坚决打击和制止勒索、诈骗、侮辱、虐待、伤害、遗弃、侵犯老年人的违法行为；要广泛开展法律服务和法律援助进社区活动，使老年人就地、就近、及时得到高效优质的法律服务和法律援助，提高老年人运用法律武器维护自身合法权益的能力。需要强调的是，尤其要高度重视农村老年人权益的保障，巩固完善“家庭赡养协议书”的签订和落实工作，使农村老年人可以和城市老年人一样享受幸福的晚年。

三、认真制定全省老龄事业发展“十二五”规划，搞好人口老龄化战略研究，为今后一个时期全省老龄工作的开展奠定坚实的基础

老龄事业是社会事业的重要组成部分，发展老龄事业是实现辽宁全面振兴和构建和谐辽宁的重要任务。当前，我们正在着手研究制定全省经济社会发展“十二五”规划，各地、各部门一定要把发展老龄事业作为其中一项重要内容，认真研究好、谋划好。要围绕“六个老有”的工作目标，在分析形势、总结经验的基础上，着眼于解决老年人生活面临的实际问题和构建完善的社会养老保障与养老服务体系，合理确定我省老龄事业“十二五”和中长期发展的总体目标、主要任务、重大项目和重点措施，着力增强规划的针对性、指导性和可操作性。同时，要按照国家的要求和部署，充分发挥成员单位、科研院所、学校、社会团体的智力优势，切实加强应对人口老龄化全局性、前瞻性、战略性的课题研究，进一步摸清底数，查找问题，并就如何应对人口老龄化挑战提出操作性强的对策和建议，为省委、省政府决策提供参考。

四、建立健全“三个体系”，促进城乡老龄事业的协调发展

首先，着力构建统筹城乡的养老保障体系。老龄问题的核心是保障问题，重点是养老、医疗和照料服务，关键是建立制度。我们要坚持“统筹城乡，突出重点，区域先行，逐步覆盖”的原则，加快建立统筹城乡的养老保障制度。要进一步完善城镇职工、居民的基本医疗保险制度和养老保险制度，稳步提高新型农村合作医疗制度保障水平，扎实推进新型农村养老保险制度。要继续完善城乡居民最低生活保障制度，全面实行计划生育家庭奖励扶助制度，逐步提高农村五保户供养水平。要高度重视解决城乡高龄老年人、失能老年人和无社会保障老年人以及贫困、空巢、留守、失地老年人生活困难问题，切实保障他们的基本生活。要逐步发展和完善遗属保险、护理保险、以房养老等新的保证措施。要注重各项保障制度的协调衔接与延续，尽快形成适度集中、有序组合、相互衔接的老年社会保障制度，实现由救助型向普惠型的转变，使城乡老年人都能尽快实现最基本的老有所养、病有所医。

其次，加快构建惠及城乡老年人的养老服务体系。要继续坚持以居家养老为基础、社区服务为依托、机构养老为补充的养老服务体系，为老年人提供生活照料、精神慰藉、卫生保健、文化教育、体育健身和权益维护等服务。一是要按照城乡一体化和基本公共服务均等化的思路，把发展居家养老服务作为重要民生工程，纳入社区建设规划，并积极探索适合农村特点的居家养老新路子。二是要加大对养老服务设施的投入力度，通过财政补贴、公建民营、税费优惠等扶持措施，鼓励、支持社会力量兴办老年服务设施和服务机构，发展多种特色的养老服务，满足老年人不同层次、不同类型的消费需求。三是要坚持一手抓发展、一手抓规范，加大对养老服务机构的监管力度，加强养老服务专业人才的培养和从业人员培训，实行职业资格和技术等级认证制度，提高服务人员的专业素质和职业道德，把养老服业纳入规范化、制度化、法制化管理轨道。四是要加快为老服务建设步伐，为居家养老提供有力支持。要积极推动社区为老服务中心的建设，整合社区为老服务资源，建立健全服务网络；推进“爱心护理工程”建设步伐，把发展多种特色的专业护理服务放在为老服务体系建设的优先位置。同时，积极发展志愿者队伍，鼓励和吸引社会工作者从事多种形式的为老服务。五是要积极推进政府购买服务和养老服务体制改革，逐步实现老龄公共服务货币化、普惠化、均等化。

再次，切实加强基层老龄工作体系建设。各地、各部门要切实加强对基层老龄工作的领导，积极推动乡镇（街道）老龄工作组织建设，彻底解决部分县（市、区）老龄工作机构的“三无”（无机构、无固定经费、无工作人员）现象。要充分发挥基层老龄协会的作用，建立党政主导、老年参与、管理规范、协调有序的基层老龄工作系统，使之成为开展老龄工作的优势平台。

五、进一步加强领导，构建齐抓共管的“大老龄”工作格局

为老年人提供安享晚年的良好环境是一项宏大工程，要坚持“党政主导、社会参与、全民关怀”的老龄工作方针，进一步建立和完善“党政加强领导、老龄委组织协调、有关部门齐抓共管、全社会共同努力”的老龄工作机制。各地、各部门都要把老龄工作摆上重要议事日程，实行目标管理，建立明确的责任制，主要负责人要亲自过问，分管领导同志要亲力亲为，及时解决工作中的实际困难和问题。老龄委各成员单位要认真履行好职责，切实做到认识到位、领导到位、工作到位、组织协调到位，形成分工合作，齐抓共管的工作格局。

各级老龄办要充发挥组织、协调、指导、督促的职能作用。加强对老龄工作方针政策、法律法规落实情况的检查、监督。调动各方面积极性，共同推进老龄事业的整体发展，进而形成联系顺畅、沟通有效、协助有力的工作局面。

要加强老龄工作队伍建设，选好配强老龄工作干部。涉老干部要加强学习，在实践中着力提高开拓创新、调查研究、综合协调、社会活动四种能力，努力培养和造就一支尊老敬老，有知识、有技能、高水平的老龄工作队伍和专业化的为老服务队伍。

老龄工作任务艰巨，责任重大，使命光荣。让我们按照省委省政府的部署，以科学发展观为指导，带着感情、带着责任，扎扎实实地做好老龄工作，努力开创老龄事业发展新局面，为加快实现老工业基地全面振兴和构建和谐辽宁做出更大的贡献。

在山东省庆祝老人节暨全省模范老人表彰大会上的讲话（摘要）

山东省副省长 郭兆信

（2010年10月13日）

今天，我们在这里隆重集会，共同庆祝重阳佳节和我省第23个“老人节”，表彰老有所为的模范老人。首先，我代表省政府和省老龄工作委员会，向出席会议的各位老领导以及全省老年朋友致以节日的问候！向受到表彰的模范老人表示热烈的祝贺和崇高的敬意！向长期以来关心支持老龄事业发展的社会各界表示衷心的感谢！

尊老爱老是中华民族的传统美德，是社会文明进步的重要标志，是构建社会主义和谐社会的必然要求。发展老龄事业，让老年人共享改革发展成果、健康幸福地安度晚年，是各级党委、政府和社会各界的重要责任。省委、省政府高度重视老龄工作，姜异康书记、姜大明省长等主要领导同志多次听取老龄工作汇报，作出重要指示，提出明确要求。各级党委、政府加强组织领导，强化工作措施，把关心支持老龄工作、关注老年群体利益摆上更加突出的位置，作为重要的民生工程和民心工程来抓。各级各有关部门坚持“党政主导、社会参与、全民关怀”的工作方针，围绕“老有所养、老有所医、老有所教、老有所学、老有所为、老有所乐”的工作目标，完善惠老政策，创新助老机制，发展敬老文化，大力实施以为老年人办实事、解难事为主要内容的“银龄幸福和谐工程”，养老保障、养老服务、老年维权、老年教育、老年文化体育等工作不断取得新的成绩。全省老年人物质和精神文化生活水平得到了大幅度提升，尊老、敬老、爱老、助老在全社会蔚然成风。

老年人在长期革命、建设和改革实践中，作出了巨大贡献，积累了丰富经验，生活阅历深厚，是国家和社会的宝贵财富。我省经济社会发展取得的巨大成就，凝聚着全省广大老年人的心血和汗水，与他们在岗位上爱岗敬业、拼搏奉献密不可分。在当前的经济建设和社会发展中，同样离不开广大老年人的关心支持和积极参与，老年人仍然大有用武之地。近年来，我省在努力做好养老、助老、敬老等工作的同时，发挥老年人优势，挖掘老年人潜力，大力开展老有所为活动，支持鼓励广大老年人积极参加各种有益的社会活动，有力地推动了全省政治安定、社会稳定和经济发展。省里先后出台了一系列政策措施，统一开展了“银龄建功”、“服务‘三农’百千万行动”、“省老专家农业科研示范基地创建”等活动，为老有所为搭建了平台，创造了条件。各地立足实际，探索创新，在促进老有所为方面走出了许多新的路子。这次受表彰的“山东省十大感动齐鲁老人”和“山东省模范老人”，就是全省老有所为的杰出代表，他们离岗不离心、退休不退志，始终保持昂扬的精神状态和饱满的事业激情，在此，让我们再次以热烈的掌声向他们表示崇高的敬意！

应当看到，随着人口老龄化步伐的加快，老龄工作任务日益艰巨。据统计，目前全省有60岁以上老年人1381.86万，占总人口的14.59%，并以年均4%的速度递增，每年新增老年人70万左右。目前，全省人口平均寿命75.02岁，已成为全国第一老年人口大省。据测算，未来几年我省人口老龄化将进入快速增长期，到2020年老年人口将达到2208万，占全省人口比重将上升到22.33%。老年人口的快速增长、高龄老人比重的大幅上升，必将给经济社会发展带来深刻的影响。各级各有关部门必须站在全省经济社会可持续发展的高度，充分认清人口老龄化的严峻形势，积极应对人口老龄化的挑战，以高度的责任心和事业心，进一步提高做好老龄工作的自觉性和主动性。要着眼长远，立足当前，突出重点，从解决老年人最直接的现实利益问题入手，抓实事、解难题、求实效，努力开创全省老龄工作的新局面。

一是要大力加强老年人社会保障。老有所养是“六个老有”的核心，保障老年人的基本生活需求是老龄工作的重中之重。各级要立足当地实际，制定有效措施，不断提高老年人的养老保障水平、社会福利水平、医疗保健水平和对困难老人的社会救助水平，使他们延年益寿、生活得更好。

二是要大力发展养老服务业。按照政策引导、政府扶持、社会兴办、市场推动的原则，大力发展养老社会化服务，鼓励社会力量以多种方式兴办老年公寓、开发老年医疗保健和老年产品等老年服务项目。各地要研究制定扶持养老服务业的优惠政策，推动以养老服务业为重点的老龄产业快速发展，更好地满足老年人的生活需求。

三是要切实维护老年人合法权益。保障老年人的合法权益是全社会的共同责任。要认真贯彻落实各项老年法律法规，不断完善配套政策规定和具体实施办法，确保老年法律法规落到实处。要组织开展各种形式的群众性宣传活动，提高全社会依法维护老年人权益的观念和老年人自身维权意识。要不折不扣地落实优待老年人的有关规定，坚决制止各种危害老年人权益的行为。

四是要大力营造全社会敬老助老的浓厚氛围。家家有老人，人人都会老，老年人的今天，就是我们的明天。要在全社会深入开展为老年人献爱心、送温暖等各种形式的敬老助老活动，真心关爱老年人。各级各部门特别是老龄、工会、共青团、妇联、残联、教育、卫生、文化、体育等涉老部门，要结合自身实际，开展为老年人做好事、办实事活动，帮助老年人解决实际困难。要充分利用电视、广播、报纸、网络等媒体，大力宣传尊老爱老的典型事例和模范人物，使这一优良传统不断发扬光大。

五是要动员组织老年人积极参加老有所为活动。老年人具有丰富的知识、技能和经验，在加强革命传统教育、关心下一代健康成长、服务经济社会发展、构建和谐社会等方面发挥着重要作用。老年人在身体允许的条件下，积极参与一些社会事务，参与经济社会发展，既能充实晚年生活、增添生活乐趣，又能发挥自身余热、实现自我价值。各级各部门要进一步提高思想认识，积极探索新形势下老年人才资源开发的新思路、新机制，不断把老有所为工作引向深入。要充分发挥老年人的政治优势，鼓励他们对青少年和儿童进行社会主义、爱国主义、集体主义教育，大力弘扬中华民族的优秀传统文化。要充分发挥老年人的经验优势，鼓励他们依法从事经营和生产活动，兴办社会公益事业，参与维护社会治安，协助调解民间纠纷，在促进经济发展、维护社会稳定、增进社会和家庭和谐等方面发挥作用。要积极稳妥地发展老年专业协会等老年社团组织，把更多的老年人组织起来。目前，省老科技工作者协会、老教授协会、老年人体育协会、老年学学会、老年艺术团等全省性老年社团已经发展到10多家，分支机构遍及全省各地。今天，我们又成立了山东省银龄爱心志愿团，各市、县（市、区）也将随之成立分团，这又为广大老年人老有所为搭建一个新的平台。山东省银龄爱心志愿团及各分团，要切实发扬“奉献、友爱、互助、进步”的志愿服务精神，不断深化志愿服务内涵，拓展志愿服务领域，扩大志愿服务队伍，完善志愿服务机制，打造过硬的志愿服务品牌。广大老年志愿者要遵守志愿团的章程，维护团队形象，积极参加志愿团组织的各项活动，文明服务、热情服务，争做十星级志愿者。各老年社团组织都要充分发挥作用，组织老年人更好地为社会作贡献。

老龄工作是党委、政府工作的重要组成部分，是一项义不容辞的责任。老龄工作涉及面广、社会性强，各级党委、政府和各部门要进一步提高对新形势下做好老龄工作重要性的认识，列入重要议程，切实加强领导。各级领导干部要常怀敬老之心、善谋为老之策、多做助老之事，认真解决事关老年人切身利益的重要问题。各级老龄组织要认真抓好政治理论和业务知识学习，不断提高队伍的政治素质、政策水平和业务能力，更好地适应老龄工作的需要。广大老龄工作者要热爱老龄工作，忠于老龄事业，始终保持强烈的责任感和事业心，始终保持开拓进取的精神状态，深入扎实地做好工作，为老龄事业发展作出更大贡献。希望社会各界大力弘扬中华民族传统美德，积极参与为老服务，推动形成尊老、敬老、爱老、助老的良好社会风气，为老年人营造文明祥和、充满亲情的良好生活环境。也希望全省老年朋友坚持科学、文明、健康的生活方式，保持积极向上的良好心态和为人楷模的高尚风范，通过各种方式实现老有所为，为全省的经济社会发展再立新功。

最后，祝愿全省老年人节日愉快、生活幸福、健康长寿、万事如意！

在安徽省老龄委第四次全体委员会议上的讲话

安徽省委常委　副省长　省老龄委主任　赵树丛

（2010 年 7 月 2 日）

同志们：

这次省老龄委第四次全委会议，主要是传达全国老龄委第十二次全体会议精神，分析我省人口老龄化和老龄工作面临的形势，部署安排下一步工作。刚才，刘健同志作了一个全面的报告，各成员单位作了很好的发言，我都赞成。下面，我讲几点意见。

一、充分肯定我省老龄工作所取得的成绩

近年来，在省委、省政府的正确领导下，各级、各有关部门高度重视老龄工作，抢抓机遇，扎实工作，全省老龄事业快速发展，取得了显著成绩。一是老龄工作网络初步形成。各级、各有关部门认真贯彻落实党中央、国务院《关于加强老龄工作的决定》和省委、省政府《关于贯彻＜中共中央国务院关于加强老龄工作的决定＞的实施意见》，各市都成立了老龄工作委员会及其工作部门，县（市、区）和大部分的乡（镇、街）、村（居）成立了老龄工作机构和老年人协会，初步形成了从省到村（居）五级老龄工作网络。二是老年人基本生活保障水平逐步提高。城镇以基本养老、基本医疗、最低生活保障制度为主要内容的社会保障制度基本建立；企业退休人员养老金水平进一步提高，未参保集体企业退休人员通过补费参保的方式进入企业职工基本养老保险范围，企业年金发展迅速；被征地农民养老保险目标任务提前完成，新型农村社会养老保险制度建设开始试点；基本医疗保险和新农合的覆盖范围稳步扩大，更多的老年人享受到医疗保障。三是老龄事业基础建设得到加强。各地采取政府引导、政策扶持等措施，鼓励和支持集体、个人和社会组织积极参与老年公益事业，兴办老年公寓、老年活动中心、托老所等为老服务设施，一批集体、个人投资的为老服务设施相继投入使用，其管理和服务正逐步按照市场化的要求进行运作和规范。此外，老年教育文化体育活动广泛开展，老年人精神文化生活日益丰富，老年人合法权益得到维护。

二、切实增强做好老龄工作的责任意识

当前，我省老龄化形势十分严峻，全省人口老龄化发展程度严重超前于经济社会发展水平，老龄工作依然处于比较薄弱的状态。一是老龄化进程加快。主要表现在规模大、速度快、难度大三个方面。从老年人口规模看，至 2009 年底，按户籍人口统计，我省 60 岁以上的老年人口已达 969 万人，占全省总人口的 14.3%，远远超过占 10%的老龄化社会标准。从发展速度看，2005—2009 年的 4 年间，我省 60 岁以上老年人口增加了 208 万，平均每年增长 52 万人。从解决老龄问题的难度看，我省 80 岁以上的高龄老人、生活不能自理的老年人和空巢老人大量存在，大大增加了解决老龄问题的难度。二是老龄问题特殊性凸显。突出表现在“未富先老”和“城乡倒置”两个方面。我省人口老龄化是在经济尚不发达的情况下到来的，是典型的“未富先老”，短期内需要解决的问题更多、困难更大。从城乡人口老龄化的程度看，农村高于城镇，呈现出明显的“城乡倒置”现象。三是老龄工作任务艰巨。我们对老龄问题复杂性的认识还不够充分，应对准备不足；老龄法规政策不够完善，工作机制不健全，老龄事业发展的制度基础仍然比较薄弱；老龄产业刚刚起步，老龄服务供需矛盾比较突出，远远不能满足老年人的需求。对此，我们要高度重视，进一步增强责任感和紧迫感，加大工作力度，狠抓工作落实，切实把老龄工作抓好抓实。

三、牢牢把握“六个老有”的工作要求

党中央、国务院在《关于加强老龄工作的决定》中，提出了“老有所养、老有所医、老有所教、老有所学、老有所为、老有所乐”的基本目标。这既是老龄事业发展的基本目标，也是对老龄工作的基本要求。这个目标要求充分体现了老年人的生存权、发展权和参与权，是落实科学发展观、构建和谐社会的重要内容，是以人为本、执政为民理念的具体体现，也是社会文明进步的必然要求。为此，我们要把保障老年人的基本权利作为老龄工作的出发点和落脚点，按照“六个老有”的工作要求，进一步加快建立养老保障体系和养老服务体系，切实解决“老有所养”和

"老有所医"问题，尽力满足老年人的基本生活需求；进一步加快发展老年文化体育教育事业，努力实现"老有所教"、"老有所学"、"老有所乐"，不断丰富老年人的精神文化生活；进一步为老年人参与社会建设创造有利条件，让老年人"老有所为"，最大限度地实现好、维护好、发展好广大老年人的根本利益，让老年人共享经济社会发展成果。

四、进一步建立完善养老保障体系和养老服务体系

让老年人人人享有社会保障，既是保障和改善民生的重要基础，也是扩大内需、刺激消费的重要措施。要坚持城乡统筹发展，进一步加强养老保障制度建设，扩大保障和救助覆盖范围，协调发展城乡老龄事业，不断提高全社会养老保障水平，着力解决好老年人的基本生活保障问题。同时，要建立健全养老服务体系。继续坚持以居家养老为基础、社区服务为依托、机构养老为补充的养老服务体系，为老年人提供生活照料、精神慰藉、卫生保健、文化教育、体育健身和权益维护等服务。要加大对养老服务设施的投入力度,鼓励、支持社会力量兴办老年服务设施和服务机构,发展多种特色的养老服务,满足老年人不同层次、不同类型的消费需求。要坚持一手抓发展、一手抓规范，加大对养老服务机构的监管力度，加强养老服务专业人才培养和从业人员培训，提高服务人员的专业素质和职业道德，把养老服务业纳入规范化、制度化、法制化管理轨道。要大力发展家政服务和社区服务,改善老年人的生活环境,为居家养老提供有力支持。

五、进一步加强对老龄工作的领导

老龄问题涉及政治、经济、文化和社会生活等诸多领域，是关系国计民生和国家长治久安的一个重大社会问题，必须进一步加强组织领导。要建立健全老龄工作议事协调机构及其办事机构，加强老龄工作队伍建设，进一步完善老龄工作体系和运行机制。各级老龄委及其办事机构要充分发挥牵头职能作用，加强组织协调；各成员单位要各司其职，各负其责，密切配合，齐抓共管。同时，要加大宣传力度，大力弘扬中华民族尊老、敬老、助老的优良传统，努力营造老龄事业发展的良好氛围，调动社会各界参与老龄事业发展的积极性，形成党委和政府主导，老龄委组织协调，相关部门协同配合，社会力量广泛参与，人人关心支持的工作局面。

此外，要抓好两项具体工作：

一要配合国家搞好我省应对人口老龄化战略研究。去年底，国家启动了应对人口老龄化的战略研究，同时提出各省都要开展这方面的战略研究。我们要积极配合，抓好落实。要通过战略研究，把握人口老龄化发展规律，找准矛盾症结，明确发展方向，理清工作思路，为省委、省政府决策部署提供科学依据。我省已于去年就《安徽省老年人口预测及人口老龄化发展战略研究》课题进行立项并形成了报告初稿。希望各有关单位密切配合、通力协作，确保研究任务圆满完成，确保研究成果高质量、高水平。

二要科学制定老龄事业"十二五"规划。要结合国家应对人口老龄化战略研究，在对我省老龄事业发展"十一五"规划进行全面总结、评估的基础上，科学制定我省老龄事业"十二五"规划，合理确定老龄事业"十二五"和中长期发展的总体目标、主要任务、重大项目和重点措施，并做好与国民经济和社会发展"十二五"规划的衔接。各地也要结合实际，做好本地区老龄事业发展"十二五"规划的编制工作。

加快构建养老服务体系建设
推动老龄事业又好又快发展

江苏省副省长　省老龄委主任　李小敏

（2010年11月7日）

我省1986年进入人口老龄化社会，比全国早13年。2009年底全省60岁以上老年人口1258.8万，占户籍人口总数的17%，比全国高出4.5个百分点。预计到2020年，我省老年人口比例将达到21%。随着生产方式的社会化和人口结构的老龄化，传统的以家庭为主的养老模式必然发生转变，养老服务的社会化势在必行。为此，我省采取了一系列扎实有效的应对措施，加快推进老龄事业发展，着力构建社会养老服务体系，积极探索具有江苏特色的养老服务新路子。我省的主要做法是：

一、坚持党政主导和社会参与相结合，完善社会养老服务体系建设机制

近年来，省委、省政府高度重视老龄事业发展，省委书记梁保华、省长罗志军多次作出批示，要求把加快推进社会养老服务体系建设作为保障改善民生、推进基本公共服务均等化的重要方面，完善政策措施，健全工作机制，加大推进力度。去年7月，省委常委会、省政府常务会审议通过了省委、省政府《关于加快我省老龄事业发展的意见》，明确了当前和今后一个时期推进老龄事业发展特别是社会养老服务体系建设的总体要求、目标任务和政策措施。省政府专门召开会议进行具体部署，提出贯彻要求；各地各部门认真贯彻落实，制定实施方案；社会各界积极响应，踊跃参与，形成了合力推进社会养老服务体系建设的工作机制。一是规划引导机制。各级党委政府将社会养老服务体系建设纳入经济社会发展总体规划和年度计划，及时研究部署，明确发展目标，抓好责任落实。省政府每年将养老服务设施建设列入50项重点工作和为民办实事项目，加强跟踪检查，确保按期完成。各地各有关部门定期对社会养老服务体系建设情况进行考核评估，并作为文明城市、文明单位等评选表彰的重要依据。二是资金引导机制。坚持以公共财政为导向，不断加大省级财政对社会养老服务体系建设投入力度。2005年起，我省大力实施以新建和改扩建农村敬老院为内容的“关爱工程”，省财政投入专项资金7.38亿元，带动各级投入23亿多元，有效解决了农村五保老人集中供养问题。从2009年起，省财政每年安排专项资金1.4亿元，采取以奖代补形式，对各地居家养老服务中心建设和经济薄弱地区示范性养老机构建设进行补助，有力促进了我省养老服务设施建设。三是政策引导机制。在加大政府投入的同时，我省制定了一系列优惠政策，鼓励社会力量参与社会养老服务体系建设，推动投资主体多元化。各地采取土地划拨、规费减免、贷款贴息、床位建设补贴、床位运营补贴、以奖代补、购买服务等方式，扶持社会资本投资兴办福利性、非营利性养老服务设施。各地各有关部门认真落实老年服务机构税收减免政策，对福利性、非营利性的老年服务机构免征营业税，符合条件的免征企业所得税，对老年服务机构使用土地和自用房免征城镇土地使用税、房产税。养老服务机构用水、用电、用气按民用收费标准执行，安装电话、网络、有线电视实行价格优惠，推动了各类养老服务机构的快速发展。

二、坚持居家养老和机构养老相结合，夯实养老服务体系建设基础

社区居家养老服务和机构专业养老服务，是社会养老服务的两种基本形式，是构建社会养老服务体系的重要基础。近年来，我省积极推进居家养老、社区服务和机构养老相结合的社会养老服务体系建设，较好地满足了广大老年人的养老服务需求。一方面，充分发挥社区服务的支撑作用。我省大力发展社区居家养老服务中心（站），为老年人提供生活照料、陪护、配餐送餐、家政服务、日间托老、医疗康复、应急救助、法律维权等服务。目前，全省已建有社区养老服务中心（站）5500多个，明后两年还将新建4000个以上。到2012年，全省街道（乡镇）将全面建有集托养、日间照料、居家养老服务等多种功能于一体的综合性老年服务中心。同时，按照居民出行20分钟左右达到的要求，广泛建立社区居家养老服务中心（站），苏南、苏中、苏北农村建成比例分别达到40%、35%、30%以上，城市实现全覆盖。另一方面，充分发挥机构养老的骨干作用。截止2009年底，我省各类养老服务机构床位数25万多张，占老年人口的2%左右。虽然机构养老床位数有了较快增长，但与广大老年人的需求相比还有一定差距。为此，我省大力发展示范性养老机构，要求13个省辖市和105个县（市、区）至少建成1所政府主办的示范性养老机构，床位数分别达到300张、150张以上。省本级投资3.2亿元、占地93.4亩、拥有870张床位的江苏省老年公寓即将投入使用。同时大力扶持民办养老机构建设，省财政从去年起对苏北、苏中、苏南民办养老机构按每张床位3000、2500、2000元给予资助。各地也加大了对民办养老机构建设的支持力度。截止今年上半年，全省民办养老机构已发展到528家，床位数达到了5万余张。通过公办和民办相结合，我省机构养老床位数将保持年均10%以上的增幅，到2012年机构养老床位数将达到老年人总数的3%以上。

三、坚持硬件建设和软件建设相结合，提升养老服务体系建设水平

硬件设施是推进社会养老服务体系建设的前提，软件建设是提升社会养老服务体系建设质量的关键，两者同等重要、不可或缺。我省在推进社会养老服务体系建设过程中，坚持软硬件并重，不断提高社会养老服务体系建设水平。一是推进硬件设施建设标准化。近年来，我省按照《老年人社会福利机构基本规范》和《江苏省示范性养老机构评估细则》要求，进一步完善各类养老服务机构建设标准，坚持高起点、高标准、高质量，规划和建设了一批规模较大、功能齐全的养老服务设施。今年10月，专门召开全省民政公共服务设施建设推进会，要求养老服务设施建设在整体设计上做到美观大方，在功能布局上做到方便实用，在建筑材料上做到节能环保，力求符合广大老年人的生理特点和生活习惯。特别强调要切实加强养老服务设施建设的质量监管，努力把每一个工程都打造成精品工程。二是推进养老服务规范化。为了提升养老服务规范化水平，我省制定了《居家养老服务规范（江苏标准）》、《江苏省社区居家养老服务中心（站）评估指标体系》等地方性行业标准或示范性要求，明确护理、康复、医疗、教育、娱乐、心理关爱等各项具体服务项目的内容和标准，有效规范了养老服务行为。各地还结合实际，积极搭建为老服务信息平台，充分利用各类声讯、网络资源，努力为老年人提供高效便捷的关怀服务。三是推进服务队伍专业化。各地大力加强老年服务从业人员的职业技能培训，全面推行养老服务人员持证上岗制度，苏南地区持证上岗率已达到80%以上。各级民政和老龄工作部门与教育机构、养老服务机构联合，采取管理、教学、研究、服务紧密合作的方式，培养养老服务人员。江苏经贸职业技术学院、江苏应天职业技术学院、江苏钟山职业技术学院等院校把老年服务专业作为重点建设学科，加大了养老服务管理人才的培养力度。

四、坚持物质保障和精神关爱相结合，丰富社会养老服务体系建设内涵

在推进社会养老服务体系建设的过程中，我省既重视老年人的物质保障，更注重老年人的精神关爱，努力满足老年人多方面、多样化的服务需求。一是提高老年人社会保障水平。全省城镇企业职工基本养老保险覆盖率达到98%以上，享受待遇人数407.6万人。新农保强力推进，参保率达到97.5%，享受基础养老金人数达到693.1万人。困难老年人的保障力度不断加大，从去年起我省对没有纳入基本养老保险范围、无固定收入的城乡老年人发放生活补助金，对城乡低保对象中的70岁及以上老年人增发保障金。老年人医疗保障待遇明显提高，参加城镇职工和城镇居民基本医疗保险的老年人医保范围内报销比例分别达到80%和60%，参加新农合的老年人住院和门诊费用补偿率分别达到50%和30%。二是满足老年人教育文化需求。各地把老年教育纳入终身教育体系，改善老年大学办学条件，提高办学质量，充分利用广播、电视、互联网等现代传媒开展老年教育，形成覆盖城乡多层次、多形式的老年教育网络体系。目前，全省共有老年大学和老年学校3687所，在校学员53万人。各市、县都建立了老年活动中心，街道（乡镇）和社区（村）普遍建有老年文化活动室和老年健身活动场所。全省各类老年活动中心（站、室）2万余个，经常参加活动的老年人达200多万。全省老年体育协会和健身场所网络健全，每年经常参加体育活动老年人约600万人。三是实施老年人精神关爱行动。我省正在编制"快乐晚年精神关爱行动"指导意见，研究制定老年精神关爱工作指标体系并纳入老龄工作考核范围，有计划、有步骤地开展老年精神关爱工作。省福利彩票公益金留成中每年安排一定经费专门用于老年人精神关爱。工会、共青团、妇联、科协等群众组织广泛开展了结对帮扶、和谐家庭和孝亲敬老评比等活动。教育部门把养老机构作为学生德育教育基地，将助老服务纳入大中学生社会实践内容。乡镇、街道及有条件的社区设立了聊天、心理咨询等服务场所，开展心理健康和生命观等方面教育。各地还结合实际设立"爱心护理院"，开展长期护理和关怀服务。

我省在推进社会养老服务体系建设方面进行了积极探索，并取得一定成绩，但是我们也清醒地认识到，我省的养老服务体系建设与经济社会发展水平还不够协调，与广大老年人多样化需求还不大适应，与兄弟省市相比在一些方面还有差距。我们要以党的十七届五中全会精神为指导，以这次会议为契机，认真落实民政部和国家老龄办的工作部署，按照民政部、江苏省人民政府《关于共同推进江苏民政事业率先发展合作协议》要求，加快构建城乡一体化、投资多元化、管理规范化、队伍专业化的养老服务体系，推进养老服务事业由"补缺型"向适度"普惠型"方向发展，使我省养老服务体系建设在新的起点上实现又好又快发展。

在浙江省老龄工作委员会第九次全体会议上的讲话

浙江省副省长　省老龄委主任　陈加元

（2010年3月19日）

同志们：

今天，省老龄委在这里召开第九次全体会议。会议的主要内容是贯彻全国老龄委第十二次全体会议和省委、省政府一系列会议精神，回顾总结过去一年全省老龄工作，研究部署今年老龄工作任务。

刚才，施利民同志代表省老龄委总结了去年工作，提出了今年工作安排意见；苏长聪同志对三个送审稿作了有关说明；七个部门负责同志分别介绍了本部门、本系统去年老龄工作情况和今年工作打算；最后，大家对工作报告进行了审议，并就三个送审稿发表了意见，讲得都很好。会后，省老龄办再根据大家讨论的意见，对工作报告和三个送审稿作进一步修改完善后，尽快报批下发。今天会议还印发了回良玉副总理在全国老龄委第十二次全体会议上的讲话和民政部李学举部长的工作报告，希望各成员单位认真学习，深刻领会，贯彻落实。下面，我讲三点意见。

一、充分肯定去年全省老龄工作取得的成绩

去年是新世纪以来我省经济发展最为困难的一年。面对国际金融危机的严重冲击和影响，在省委、省政府的正确领导下，我省老龄工作坚持服务中心、服务大局，紧紧围绕老有所养、老有所医、老有所教、老有所学、老有所为、老有所乐“六个老有”工作目标，开拓进取，创新发展，取得了显著成绩。突出体现在以下三个方面。

一是以基本养老保险、基本医疗保险和最低生活保障制度为基础，其他专项保障制度为支撑，社会互助为补充的老年社会保障体系进一步健全。主要包括企业职工基本养老保险、城乡居民养老保险、被征地农民基本生活保障制度，企业职工基本医疗保险、城镇居民医疗保险、新型农村合作医疗和城乡医疗救助制度，五保、“三无”集中供养、最低生活保障以及住房救助、司法救助和其他专项救助等制度，还有社会送温暖、帮扶等活动。去年，省政府出台了企业职工基本养老保险省级统筹实施方案，颁布了征地补偿和被征地农民基本生活保障办法，特别是在全国率先实施了城乡居民养老保险制度，全省590万60周岁以上、符合条件的城乡老年居民都能领到每月不低于60元的基础养老金。及时调整企业退休人员基本养老金和精减退职人员等生活困难群体、离退休人员、机关企事业单位的老工人等生活补贴或待遇水平，妥善解决了大集体企业未参保人员养老保障问题。城镇居民医保和新农合的补助标准、人均筹资水平和住院、门诊补偿率进一步提高，全省城镇居民基本医疗保险参保人数488万人，老年人参加新农合人数近450万人、占农村老年人的84%；老年人健康体检工作继续推进，同时，落实了关闭矿产国有企业退休职工医疗保障问题。社会救助力度进一步加大，救助工作机制进一步完善，低保制度覆盖城乡，实现了应保尽保；医疗救助惠及全民，救助规模不断扩大，救助水平不断提高，救助方式不断完善，分类救助和即时救助普遍实行；养老救助进入深化提高阶段，五保和“三无”人员集中供养率分别达到95.5%和99.37%，供养水平不断提高。去年，各地投入资金3.1亿元，新建、改扩建敬老院200余家；广泛开展为困难老年人“送温暖、送光明”等活动，累计投入经费2.1亿元。2009年是我省社会保障制度创新年，保障覆盖面不断扩大，保障水平进一步提高，社会保障工作进入了新的发展阶段。

二是以居家养老为基础、社区服务为依托、机构养老为补充，覆盖城乡的县（市、区）、乡镇、村三级一体化养老服务体系建设进一步推进。省财政加大对民办养老机构和基层服务网络的扶持补助力度，各地相继启用或开工建设了一批规模较大的养老服务机构，养老服务基础设施建设得到进一步加强。全省去年新增机构养老床位数1.5万多张，总数达到了17余万张。养老服务体系建设得到了重点加强，养老服务网络全面形成，省、市、县、乡、村都有老年服务中心等专门机构和工作人员，服务体系初步建立；居家养老积极推进，有45万城乡老年人享受到了不同程度的居家养老服务，受到群众的普遍欢迎；积极开展农村空巢老人帮扶服务全国和省试点工作，老年人生产困难帮扶、日常生活帮扶和精神文化生活服务等得到有效推进。加强城乡社区卫生服务基础设施建设，为老年人提供就近就便就医和上门服务。开通了老年人维权咨询热线，为老法律咨询和法律援助有效开展，老年人合法权益得到维护。总的来说，我省养老服务业得到了长足发展，服务内容不断拓展，覆盖面不断扩大，养老服务社会化、标准化、规范化程度不断提高。

三是党政主导、老龄委组织协调、相关部门协同配合、社会力量广泛参与的老龄工作局面进一步形成。各地按照“党政主导、社会参与、全民关怀”的老龄工作基本方针，在坚持党委、政府制定规划、出台政策、投入资金、培育市场、营造环境等方面主导作用的同时，注重调动、引导社会各方力量积极参与老龄事业，大力弘扬中华民族尊老、敬老、助老的优良传统，老龄工作社会氛围进一步浓厚，老龄事业发展的社会基础进一步夯实。据统计，计划于2008年至2010年3年内为老年人办的8件实事，目前完成率已达到70%以上。其中，基本养老保障、医疗保障、社区卫生服务、临时救助和医疗救助等20余项任务已基本完成或超额完成；养老服务机构建设、居家养老服务体系建设、基层老年文化体育活动设施建设等也在稳步推进之中，预计通过今年一年的努力，能够基本实现预期目标。

二、深刻认识我省人口老龄化形势的严峻性、老龄问题的特殊性和老龄工作的紧迫性

通过近些年来的努力，我省老龄事业得到了蓬勃发展，有效地保障和发展了老年人的合法权益和根本利益，老年人的生命和生活质量得到了极大改善。但是，目前我省老龄工作还面临着不少突出矛盾和问题，仍然严重制约着老龄事业的发展，亟待进一步破解。主要表现在三个方面：一是我省人口老龄化快速发展与我们思想认识和理论准备不足之间的矛盾和问题突出。自20世纪80年代末我省开始进入人口老龄化至90年代中期，这些年我省老年人口年均增长率超过3%；1995年至2005年，这10年我省老年人口增长放缓；而2005年以后，我省人口老龄化速度明显加快，到2009年底，全省60岁及以上老年人口有762万人，占总人口的16.2 %，老年人口增长率达到了4.5%。据预测，这只是我省人口老龄化加速的开始，其后还将进一步加快。按现行计划生育政策，到2020年，60岁及以上老年人口将达到1029万人，占总人口的21%以上；2040年左右老年人口达到最高峰1460多万，占总人口的32%左右。而面对日益严峻的人口老龄化形势，无论是政府还是社会，应对人口老龄化挑战的认识和准备都十分不足，尤其是老龄问题理论研究不够充分，缺少系统性、整体性和前瞻性研究成果；对人口老龄化发展规律缺乏科学认识，应对人口老龄化挑战的政策法律体系也非常不完备。二是“六个老有”的目标要求与当前我省社会保障和公共服务提供不足之间的矛盾和问题突出。目前，我省有762万老年人，116万高龄老人，40余万失能半失能老人，养老医疗保障和养老服务等需求十分迫切。尽管我省养老医疗保障制度比较健全，实现了制度的全覆盖，但是总体而言，我省社会保障的水平仍然不高；尽管我省目前已建有各类养老机构1600多个，床位17余万张，占老年人总数的2.3%，位居全国前列，但是与实际需求相比还有很大的差距；尽管我省居家养老服务工作得到了有力推进，各地相继开展了形式多样、服务便利、收费低廉的居家养老服务，深受社区老人的欢迎，但是服务覆盖面不广，受益老人还非常有限。三是我省农村老龄化程度加剧与农村老龄事业发展严重滞后之间的矛盾和问题突出。目前，全省有农村老年人口535万，占全省老年人口的70%以上。我省老龄问题重点在农村、难点也在农村，特别是农村留守老人、空巢老人、高龄老人、失能老人、生活困难老人问题尤为突出。而农村社会养老保障、医疗保障、养老服务和精神文化生活等方面供给都十分滞后，基础设施薄弱，体制机制不完善，这已经成为统筹城乡老龄事业协调发展的瓶颈。

当前，我省正处在人均GDP由6000美元向10000美元跨越的重要发展时期，社会结构加速变动、利益格局加速调整、思想观念加速变化，人口老龄化和老龄问题与此相互交织，已经成为改革发展中不容忽视的带有全局性、战略性的问题。党中央、国务院和省委、省政府对老龄工作高度重视。中央经济工作会议和全国“两会”，省经济工作会议和省“两会”都突出强调，要更加注重改善民生，改善民生是发展经济的最终目的。温家宝总理在今年政府工作报告中明确指出，只有着力保障和改善民生，经济发展才有持久的动力，社会进步才有牢固基础，国家才能长治久安。所有这些都对我们进一步做好老龄工作、加快推进老龄事业发展具有十分重要的指导意义。大力发展老龄事业，是坚持以人为本为核心的科学发展观、应对人口老龄化挑战的必然要求，是保障和改善民生的重要内容。做好这项工作，不仅有利于维护广大老年人的基本权利、改善老年人的生活、提高老年人生命质量，而且也有利于推进公共服务均等化、实现社会公平公正、保持社会和谐稳定；同时，还有利于刺激消费、扩大内需，促进经济结构调整、推动发展方式转变、实现经济转型升级，保持经济平稳持续健康发展。回良玉副总理在全国老龄委第十二次全体会议上指出，要深刻认识我国人口老龄化形势的严峻性、老龄问题的特殊性和老龄工作的紧迫性，明确“六个老有”的基本目标，坚持“党政主导、社会参与、全民关怀”的基本方针，落实统筹城乡发展的基本原则，实现好、维护好、发展好广大老年人的根本利益。回副总理的讲话为我们做好老龄工作进一步明确了要求、指明了方向。我们一定要站在全局和战略的高度，深刻认识做好老龄工作的重要性、艰巨性和长期性，增强危机感、紧迫感和使命感，把思想统一到中央和省委、省政府的决策部署上来，紧密结合我省实际，把实现好、维护好、发展好广大老年人的根本利益作为老龄工作的出发点和落脚点，切实保障老年人的生存权、发展权和参与权，努力推动社会文明进步。

三、切实做好今年各项老龄工作

今年的老龄工作已经明确，关键是抓好落实。我在这里再重点强调四点。

第一，统筹城乡老龄事业发展，不断加强社会保障和社会服务体系建设。一是要进一步完善养老医疗保障制度建设。总的要求是，在现有的基础上抓巩固、抓扩面、抓提高。要完善体系，深化研究，做好相关政策储备；要扩大覆盖，在社会保险特别是基本养老、基本医疗保险实现制度全覆盖的基础上，着力推进企业全覆盖、区域全覆盖、城乡全覆盖和人员全覆盖；要提高水平，根据国家的部署，做好企业退休人员基本养老金和城镇居民基本医疗保险补贴的调标落实工作，继续深化企业职工基本养老保险省级统筹工作，积极研究解决相关历史遗留问题，加强社保基金监管，努力提高经办管理水平；要健全法制，及时总结经验，加强政策研究，把行之有效的政策上升为政府规章或地方性法规，推动社会保障工作制度化、法制化、规范化。具体有以下工作：养老保险方面，要继续提高企业职工养老保险参保率，今年新增企业职工基本养老保险参保人数70万；全面实施城乡居民社会养老保险制度，确保符合条件的60周岁以上城乡居民按规定领取到每人每月不低于60元的基础养老金，有条件的地方，要逐步提高标准，同时对高龄老人增加补贴；积极推进基本养老保险关系省内转移和跨省转移；研究推进事业单位养老保险制度改革；提高企业退休人员基本养老金待遇和城乡最低生活保障水平。医疗保险方面，要进一步扩大城镇职工基本医疗保险覆盖面，今年新增城镇职工基本医疗保险参保人数60万，新增城镇居民基本医疗保险参保人数40万；城镇职工、城镇居民基本医疗保险最高支付限额分别提高到当地职工平均工资和当地居民平均可支配收入的6倍左右；省财政继续提高对新型农村合作医疗补助标准，所有市县新农合人均筹资达到185元以上，最高支付限额提高到当地农民人均纯收入的6倍以上。同时，要完善最低生活保障制度，继续做好农村五保和城镇“三无”对象集中供养工作，全面推行医疗救助即时结报。二是要进一步推进社会化养老服务体系建设。各级要加大对养老服务体系建设的政策支持，认真制定规划，重视机构建设，加强政策研究，增加资金投入，为老年人提供生活照料、精神慰藉、卫生保健、文化教育、体育健身和权益保护等服务。要充分发挥我省民营经济发达的优势，鼓励、扶持、引导社会各方力量兴办老年服务设施和服务机构，积极参与老龄事业，发展特色养老服务，满足老年人不同层次、不同类型的消费需求。要统筹规划、整合资源，建立多形式、广覆盖的居家养老服务网点，完善居家养老服务体系，逐步实现城乡居家养老服务基本覆盖。要加大对养老服务机构的监管力度，加强养老服务业的规范化管理，建立健全养老服务业行业管理制度、机构评估评审制度、职业水平评价和资格鉴定制度，进一步提高养老服务业规范化水平。三是要进一步统筹城乡老龄事业发展。各地要针对经济社会发展进入以城带乡、城乡一体化阶段的特点，坚持统筹城乡发展的基本原则，在进一步加快发展城市老龄事业的同时，更加重视农村老龄工作，把农村老龄服务统筹纳入中心镇培育、新农村建设、社区建设和公共服务均等化行动计划，积极创造条件，加快发展农村老龄事业，扩大制度覆盖面，提高保障水平。要加强农村养老服务设施和公共文化体育设施建设，继续抓好农村空巢老人帮扶服务试点工作，推动居家养老服务向农村拓展，努力缩小城乡老龄事业发展的差距，推进城乡公共服务均等化。

第二，全面完成为老年人办实事项目和“十一五”规划各项目标任务。为老年人办实事，是开展老龄工作的一个有效抓手，是老龄事业发展“十一五”规划的具体体现和细化。今年是实施“十一五”规划的最后一年，能否完成为老年人办实事项目，直接关系“十一五”规划目标的实现。虽然，目前为老年人办实事3年的任务已经取得很好的进展，但必须看到余下的任务大多是难度较大的基础设施建设工程。比如，要实现“到2010年，养老机构总床位达到20万张”的目标，必须谋求更快的发展速度；再比如，我省居家养老服务工作还处于起步阶段，制度化、规范化的居家养老服务体制机制尚未形成，居家养老服务地区之间发展还不平衡，主要集中在经济发达的城市和部分城镇，要实现“到2010年，80％以上的城镇居民和60％以上的农村居民基本实现居家养老服务”的目标，有很大难度，等等。因此，各地各有关部门要进一步加强对为老年人办实事工作的领导，明确责任，强化措施，加大力度，加快进度，完善考核和监督机制，将为老年人办实事项目纳入政府目标管理体系，确保任务按期完成，力求提高办事的质量和老年人的满意度，以兑现承诺，取信于民。

第三，积极开展老龄事业发展战略研究，科学编制老龄事业发展“十二五”规划。要积极配合国家应对人口老龄化战略研究，进一步组织力量，认真开展我省老龄事业发展战略研究。这是今年的一项重要工作。要通过加强老龄事业发展战略研究，掌握我省老龄问题的状况，进一步理清工作思路，提出政策建议，为省委、省政府决策提供依据。对此，省老龄办要当好参谋助手，做好组织、协调和服务工作，确保研究工作的顺利进行；各参与部门和单位要通力协作、密切配合，各司其职、发挥优势，确保研究任务的圆满完成，取得高质量、高水平的研究成果。同时，要做好老龄事业发展“十一五”规划实施的评估工作。在此基础上，集中力量，科学编制老龄事业发展“十二五”规划。要立足当前，着眼长远，把握趋势，合理确定我省老龄事业“十二五”发展的总体目标、主要任务、重大项目和主要措施，并做好与国民经济和社会发展“十二五”规划的衔接，努力增强规划的前瞻性、协调性、针对性和可行性。

第四，进一步完善老龄工作体制机制，努力提升老龄工作整体水平。要进一步健全各级老龄工作议事协调机构及其办事机构，为老龄事业发展提供有力地组织保障。要进一步完善老龄工作运行机制，加强宣传教育，加强协调配合，加强督促检查，充分发挥各级老龄委及其办事机构和各成员单位的职能作用。要进一步加强老龄工作队伍建设，选好配强老龄工作干部。我省“老龄工作先进县（市、区）创建活动”开展已有两轮，各地都很重视，这一活动有力地促进了我省老龄事业的发展。根据全国老龄委先进评比表彰工作安排以及省里有关精神，从今年起，在“全省老龄工作先进县（市、区）创建活动”的基础上，开展“省老龄工作先进单位评选表彰活动”。老龄工作先进单位包括两个层次，一是评选表彰全省老龄工作示范县（市、区），重点突出对县域老龄工作的整体评价，起好引领示范作用；二是评选表彰全省老龄工作先进集体，重点是对党政机关、企事业单位、社会组织等开展老龄工作情况进行评价。开展老龄工作先进单位评选表彰活动，目的是建立和完善老龄工作评价激励机制，充分调动各级发展老龄事业的积极性，促进“大老龄”工作格局的进一步形成。希望各地各部门积极参与这项活动，并以此为契机，全面提升我省老龄工作的整体水平。

在江西省老龄委第七次全体会议上的讲话

江西省副省长　省老龄委主任　熊盛文

（2010年3月24日）

今天召开省老龄委第七次全体会议，主要任务是传达学习全国老龄委第十二次全体会议精神，总结部署工作，审议全省老龄工作先进单位、先进个人表彰名单和全国老龄工作先进单位、先进个人申报名单。1月28日，全国老龄委召开了第十二次会议，回副总理作了重要讲话，不仅阐述了我国老龄工作的严峻性、特殊性和紧迫性，而且明确了今年的三项重点工作，对健全“三个体系”提出了具体要求。李学举部长作了工作报告。这两个文件已经印发给大家，请各成员单位的领导认真学习领会，结合实际，抓好贯彻落实。刚才，徐毅同志代表省老龄委总结了2009年工作情况，提出了2010年工作安排意见，省发改委、省财政厅、省人力资源和社会保障厅、省体育局的负责同志分别介绍了本部门、本系统开展老龄工作的有关情况和今年的工作打算，讲得都很好。请同志们认真抓好工作落实。会议审定的全省老龄工作先进单位和先进个人，由省老龄委以通报的形式进行表彰，对拟上报表彰的全国老龄工作先进单位和先进个人，请省老龄办按要求抓紧申报。

2009年是新世纪以来我国经济发展最为困难的一年，也是我省应对国际金融危机取得显著成效的一年。全省上下在党中央、国务院和省委、省政府的正确领导下，坚持以科学发展观为指导，全面贯彻落实胡锦涛总书记提出的“三保一弘扬”总体要求，坚定信心、迎难而上，艰苦奋斗、共克时坚，实现了全省经济社会平稳较快发展。一年来，各地和省老龄委各成员单位紧紧围绕省委、省政府的决策部署，按照省老龄委第六次全体会议提出的目标任务，开拓进取，扎实工作，全省老龄工作取得了新的成绩。一是养老保障水平进一步提高。全省基本养老保险和基本医疗保险人数都有新的增长，新农保试点工作稳步实施，出台了城镇职工基本养老保险关系转移接续实施办法，养老保障制度进一步健全和完善。二是养老服务事业进一步推进。省人大内司委、省委政研室、省民政厅、省老龄办先后对全省养老服务工作进行了调研，吴新雄省长还在省人大的调研报告上作了重要批示。同时，省民政厅、省老龄办指导全省启动了148个不同层面的居家养老服务站点建设，并安排福利彩票公益金180万元，重点抓了南昌市东湖区、西湖区、青云谱区三个城区的试点工作。三是高龄老人生活补贴制度进一步完善。全省百岁老人生活补贴由2008年每人每月100元提高到200元。赣州市对持有本地户口的95岁以上、90—94岁、85—89岁的老人分别给予300元、200元、100元的月生活补贴，全省部分县区也相继出台了政策，使老年人享受经济社会发展成果的程度进一步提高。四是老年人的精神文化生活进一步丰富。各地、各部门加强了老年文化、体育、教育工作，特别是重阳节期间，全省广泛开展了敬老活动和老年文娱活动。省老龄办在南昌市八一广场召开“十大寿星”排行揭榜暨“江西老年节”庆祝大会，营造了浓厚的敬老社会氛围。这些成绩的取得，是各级党委、政府和老龄委高度重视的结果，也是省老龄委各成员单位和全省老龄工作干部职工共同努力的结果。在此，我代表省政府和省老龄委，向一直以来为老龄工作作出重要贡献和付出辛勤劳动的各部门、各单位和社会各界人士表示衷心的感谢和崇高的敬意！

刚才，徐毅同志就做好今年的老龄工作提出了五个方面的总体要求，并作了具体部署，请大家结合实际推进各项工作的落实。下面，我再强调几点意见。

一、充分认清我省人口老龄化的严峻形势，进一步增强做好老龄工作的责任感和紧迫感

我国是世界上唯一的老年人口超过1亿的国家，也是人口老龄化发展最快的国家之一。2009年，全国60岁以上老年人口达到1.67亿，占总人口的12.5%。与上年度相比，老年人口净增725万，增长了0.5个百分点。我省人口老龄化形势同全国一样，一是老年人口发展速度快。2005年我省进入人口老龄化，当时60岁以上老年人是472.08万，占总人口10.95%，2009年已达到559.99万，占人口总数12.63%，高于全国0.13个百分点。五年间，增长了1.68个百分点，年均增加26万老年人。预计2015年每6个人当中就有一个是老年人。二是高龄老人逐年增多。全省80岁以上高龄老人，2000年为33.36万，2005年为54.32万，2008年为57.20万，2009年接近60万人，占全省总人口数1.30%，占老年人总数10.4%。2009年，全国平均预期寿命超过了73岁，我省高龄老人比重还会逐年提高，高龄化程度逐渐加重。三是空巢化趋势日趋突出。2000年，我国城乡老年人空巢比例约为38.9%，现已发展到50%左右。2005年，我省共有家庭户1257万户、家庭户规模为3.28人，比2000年减少了0.48人；2008年全省共有家庭户1245万户、家庭户规模为3.38人，比2000年减少了0.38人。随着第一代独生子女父母进入老年，空巢老年人数将进一步增多，社会养老服务供需矛盾将更加突出。四是老龄化发展水平不平衡。我省11个设区市人口老龄化水平都超过了10%，人口密度较高、生育率较低的地区，人口老龄化程度相对较高。我省是个农业比重较大的省份，每年有大量的青壮年外出务工，加上城镇化速度加快，劳动力向城市转移，全省农村老龄化发展水平高于城镇1.24个百分点，农村养老问题越来越突出。

同时，我们还应当看到，我国人口老龄化是在“未富先老”的情况下出现的，在短时间内解决人口老龄化所带来的各种矛盾和问题，困难很多，难度很大。一方面，我们的老龄事业面临人口老龄化、高龄化、空巢化提出的新问题、新要求和新挑战；另一方面，我们还存在对人口老龄化的认识不足、老年政策法规和养老保障制度还不完善、养老保障水平还比较低、老龄产业发展缓慢、老年工作体系不够健全等薄弱环节，都需要我们正视和面对。比如，就我省养老服务机构而言，公办的有1665家，民办的只有110

家，民办占的比重比较小，难以满足日益发展的老龄化趋势的需要，应引起我们的高度重视。

当前，我国正处于经济结构和社会结构重大变革时期，人口老龄化的快速发展与利益格局的深刻调整、思想观念的深刻变化相伴随，我国老龄工作和老龄事业面临着日益复杂的新形势、新任务和新要求。各地和各有关部门要从党和国家事业发展的全局和构建和谐社会的战略高度，从实现我省科学发展、进位赶超、绿色崛起宏伟目标的高度，充分认识做好老龄工作、发展老龄事业的重要意义，进一步增强做好老龄工作的责任感和紧迫感。

二、紧紧围绕“六个老有”目标，切实抓好“三个体系”建设

老有所养、老有所医、老有所教、老有所学、老有所为、老有所乐，这“六个老有”体现了老年人的权益保障和利益需求。实现“六个老有”目标，是做好老龄工作的出发点和落脚点。各地、各有关部门要认真贯彻落实全国老龄委第十二次全体会议精神，按照回良玉副总理的讲话要求，切实抓好养老保障、养老服务和老龄工作“三个体系”建设，实现好、维护好、发展好老年人的根本利益。

（一）进一步建立健全养老保障体系

“养”和“医”是“六个老有”最核心的问题，也是老年人最关心的问题。过去我们在这方面做了很多有益的工作，今后还要继续做好。要在进一步抓好城镇企业职工、灵活就业人员、农民工基本养老保险扩面和基金征缴工作的同时，认真落实城镇企业职工基本养老保险关系转移接续实施办法，巩固省级统筹，做实个人账户，积极稳妥地推进新型农村社会养老保险试点工作。积极探索大集体企业职工等未参保人员的养老保障制度建设。要调整城镇企业退休人员的基本养老金，切实做好农村“五保”、城市“三无”和老优抚对象等特殊老年群体的供养提标和提补工作，并确保资金落实到位。要加大救助力度，建立和完善高龄老人生活补贴制度，确保贫困老人和高龄老人的基本生活。要继续抓好农村计划生育家庭奖励扶助制度和计划生育家庭特别扶助制度的落实，进一步扩大医疗保险覆盖面，建立健全社区卫生服务网络，重视老年人的医疗救助工作。

（二）进一步建立健全养老服务体系

发展养老服务事业是应对人口老龄化的重要举措。要进一步完善和落实扶助政策，在继续抓好公办养老服务机构建设的同时，通过公建民营、民办公助、吸引民间资本等形式，大力发展民办养老服务业。去年，省老龄办在调查研究和广泛征求专家、学者、有关部门和基层养老机构意见的基础上，草拟了《关于加快养老服务事业发展的若干意见》，现正在征求省老龄委各成员单位意见，从征求意见情况看，主要是在养老服务机构建设和运营资金补贴上存在异议，必要时我们再作进一步协调，希望达成共识，争取尽快出台这个文件。要继续抓好居家养老服务试点工作。省民政厅、省老龄办对这项工作抓得很紧，今年要全面推进，重点抓好南昌市三个城区的试点，下半年在南昌市召开全省居家养老服务试点工作现场会，总结推广试点经验。通过以点带面，在全省加快建立和完善以居家养老为基础、社区服务为依托、机构养老为补充的养老服务体系，使老年人得到生活照料、医疗保健、精神慰藉、文化教育、体育健身和权益维护等方面的服务，尤其是在配餐、保洁、医疗陪护上，要为老年人提供便利条件。要加大政府购买服务力度，规范服务标准，加强行业监管，提高服务人员的专业水平。国家发改委、民政部去年开始已在5个省开展养老服务体系建设的试点，今年将继续扩大试点，省民政厅、省发改委要积极争取支持，力争我省列为国家试点省份。

（三）进一步建立健全老龄工作体系

老龄事业涉及诸多领域，是个系统工程，现在还没有哪个部门能够独立完成这项工作。在历次机构改革中，老龄工作机构都没有被撤消，这充分说明党中央、国务院当初决定成立老龄委这样一个议事协调机构是完全正确的，也充分说明老龄工作在各项社会事业工作中的重要意义。各地、各有关部门要高度重视老龄工作，切实摆上重要议事日程，充分发挥老龄委及其办事机构的职能作用，认真制定老龄事业发展中长期规划，加大资金投入。政府分管领导要经常听取老龄工作情况汇报，重视协调解决老龄工作、老龄事业发展中的突出问题。各级老龄委成员单位要认真履行职责，把老龄工作列入本单位、本部门年度工作计划，通过各司其职，密切配合，齐抓共管，不断提升老龄工作的整体合力。要高度重视基层老龄工作，进一步建立健全县级老龄工作机构，加强工作指导，切实解决有人办事和有钱办事的问题；乡镇一级也要成立老龄工作议事协调组织，统筹城乡老龄事业发展，努力在全省形成一个上下贯通、行之有效的老龄工作运行体制和机制。

三、加强领导，不断提高我省老龄工作整体水平

老龄工作是党和政府工作的重要组成部分，必须坚持以科学发展观为统领，认真贯彻“党政主导、社会参与、全民关怀”的基本方针，切实加强领导，充分调动各方面的积极性、主动性和创造性，不断推动我省老龄工作深入发展。

（一）把应对人口老龄化战略研究作为一件大事来抓

全国老龄办已经启动了国家应对人口老龄化战略研究，设置了20个研究子课题，投入资金1900万元，面向全国招标，规模和力度非常大。山东、安徽、上海等部分省市也开展了这项工作。应对人口老龄化战略研究意义重大。通过战略研究，可以摸清老龄问题底数，找出人口老龄化发展规律，明确工作方向，实行科学决策。为应对我省人口老龄化挑战，今年我省也将启动人口老龄化战略研究，并把这项工作作为一件大事来抓。应对人口老龄化的战略研究，可否作为社会科学研究课题与省社科院一同承办，或者通过其他方式进行，请省老龄办尽快研究并提出方案。要根据我省实际情况，科学合理设置研究课题，做好组织协调，搞好经费预算，确保研究工作顺利进行。省老龄委各成员单位要发挥自身优势，积极支持、参与这项工作，争取研究工作早日出成果。同时，要在战略研究和老龄事业发展“十一五”规划检查评估的基础上，认真做好我省老龄事业发展“十二五”规划的编制工作。

（二）高度重视老龄工作干部队伍建设

面对人口老龄化严峻形势和日益繁重的老龄工作任务，必须建立一支高素质的老龄工作干部队伍。长期以来，广大老龄工作干部兢兢业业，勤奋工作，为我省老龄事业发展作出了积极贡献。老龄委是个议事协调机构，老龄办是老龄委的办事机构，人员编制少、工作任务重，老龄委的决策部署，都是通过老龄办的同志具体抓好落实。因此，老龄工作是否取得成效，很大程度上取决于老龄工作干部队伍的素质。首先，要选好配好老龄工作干部，把工作责任心强、实践经验丰富、有一定理论水平、热爱老龄事业的同志充实到老龄工作队伍中来，并重视他们的培养和使用。其次，要抓好老龄工作干部的学习培训。老龄工作是个理论性、实践性很强的工作，要组织老龄工作干部认真学习老龄工作理论，刻苦钻研业务，在实践中不断提高开拓创新能力、调查研究能力、综合协调能力和社会活动能力。必要时，可组织老龄工作干部到兄弟省市学习考察，吸取他们的先进工作经验，开阔自身的工作视野。第三，要结合开展创业服务年活动，强化“爱岗敬业”意识。通过加强思想、业务、作风建设，把老龄工作机关建设成一个学习型、研究型、创新型、服务型机关，用“有为”求“有位”激励广大干部职工，不断开创我省老龄工作新局面。

（三）进一步加大老龄工作宣传力度

通过宣传，进一步增强全社会的老龄意识、养老意识和敬老意识，使人们充分认识到人口老龄化的严峻形势及其对经济社会发展带来的深刻影响，从而积极关心、支持、参与老龄工作和老龄事业的发展，进一步弘扬中华民族尊老、敬老、助老的传统美德。要把老年法律法规、老龄工作方针政策、敬老先进典型、国家和省老龄事业发展的重大决策部署作为老龄宣传工作的重点。今年要突出养老服务方面的宣传，引导社会力量积极参与老龄事业的发展。报刊、电台、电视台、网络等宣传媒体要充分发挥作用，积极主动地承担老龄宣传工作任务。各级老龄办要办好工作简报，建立健全老龄工作通讯报道员队伍，抓住有利时机，采取多种形式，认真做好老龄宣传工作。今年重阳节期间，要进一步开展好敬老活动和老龄宣传活动。通过全省“十大孝子”和“十大敬老模范”的评选，进一步营造敬老社会氛围。

在福建省老龄工作委员会第十次全体会议上的讲话

福建省常委　副省长　省老龄委主任　陈　桦

（2010年5月27日）

今天，我们召开省老龄委第十次全体会议，学习贯彻全国老龄委第十二次全体会议精神，总结2009年全省老龄工作，部署2010年老龄工作。刚才，林守钦同志传达了全国老龄委第十二次全体会议主要精神，汇报了去年全省老龄工作情况和今年工作安排的意见、我省老龄事业发展“十二五”规划编制工作方案、养老服务机构优惠政策落实情况和鼓励发展养老服务机构的建议。省发展改革委、人力资源和社会保障厅、财政厅、体育局等4个单位的负责同志发了言，其他同志也发表了意见，讲得都很好。下面，我强调两点意见。

一、2009年老龄工作成效明显

2009年全省的老龄工作在各级党委、政府高度重视、相关部门共同努力下，工作力度明显加强，财政投入大幅度增长，取得了较好成效。

一是老年人生活水平稳步提高。全省城镇职工基本养老保险参保人数达585万人，比2008年底增加27万人；企业退休人员月人均养老金从1085元提高到1232元。第一批新农保试点工作在9个县（市、区）开展。城镇基本医疗保险参保人数达1137万人，9万多名关闭破产国有企业、城镇集体企业退休人员和困难企业职工医疗保险问题得到基本解决。2350万农民参加新农合，参合率达95.26%，较上年提高3.68个百分点。“社区医生进家庭”项目继续实施，包括老年人保健在内的9类基本公共卫生服务正式启动，建立65岁以上老年人健康档案41万份。城乡低保深入实施，23.2万农村老年人纳入农村低保，约占农村低保总数的28.9%。

二是居家养老服务得到加强。省政府出台了《关于推进居家养老服务工作的实施意见》，为大力推进居家养老服务工作提供强有力的政策支持。确定100个城乡社区开展居家养老服务试点，积极探索适合城乡不同特点的居家养老服务模式，为全面推进居家养老服务工作积累经验。召开了全省居家养老服务试点工作现场会，推广典型经验。除省级下拨300万元试点补助经费外，各级也加大对试点的资金支持，为试点工作的顺利开展提供经费保障。各地也创出了一些经验，各级党委、政府把居家养老服务工作提到了重要议事日程。

三是养老服务机构平稳发展。继续新建、改扩建100所敬老院，各级共投入建设资金1.16亿元，其中省级投入4545万元。动工或立项市县社会福利中心建设项目32个，总投资12.84亿元，省级累计补助7150万元。扎实推进养老服务社会化进程和“爱心护理工程”试点，试点单位增加到29家。全省各类养老服务机构达1018个（其中民办机构117个）、床位5.2万张，比上年分别增加84个、10830张，老年人床位拥有率增至10.78‰。落实养老服务机构优惠扶持政策，省级下达民办养老服务机构床位补助27.95万元。

四是持续办好惠老实事。积极推动老年人优待规定的落实，特别是老年人凭老年证免费乘坐市区公交车。目前，所有设区市和福清、长乐、晋江等县级市已经落实。各级在老年节期间开展系列敬老活动，走访慰问高龄、病残、贫困老年人和百岁老人，帮助解决具体生活困难。省委、省政府还出台规定，对60周岁以上无固定收入的重度残疾人，按城市每人每月50元、农村每人每月30元的标准增发生活补助金。许多地方积极探索给高龄老年人发放生活补贴。在福州启动了“关爱空巢老人志愿服务行动”活动，进一步引导社会力量关爱“空巢老人”。

五是老年人精神文化生活丰富多采。大力促进老年教育发展，全省各级老年大学（学校）8183所，在校学员57万人，分别比2008年增加365所、2.5万人。成功举办了福建省第六届老干部、老年人书画诗影作品联展、老年人健身展示大会等活动，丰富了老年人的精神文化生活。老年文体活动的组织阵地和活动场所建设继续强化，全省市、县（区）、乡镇（街道）和近1.5万个村（居）都成立老年人体育协会。

此外，老龄宣传、老龄问题研究、构建老龄工作大格局等取得了新的成效。这些成绩的取得，离不开各级老龄委成员单位的尽心履职，离不开社会各界的关心支持，也离不开广大老龄工作者的努力工作。省老龄委各成员单位融入大局，主动作为，把老龄工作摆到了各个部门重要工作日程，这是去年整个工作有所成效的重要保障。在此，我代表省委、省政府和省老龄委，对各级各部门和广大老龄工作者过去一年的努力工作表示衷心的感谢！

去年的老龄工作还存在一些问题，如对老龄工作的整体推动力度不够，对老龄问题的研究还不深入，老龄工作机制不够健全，一些地方和部分单位对老龄工作重视还不够，采取的实质性工作不多等。这都需要我们认真思考。各个部门、各个地方要进一步加大整体推动力度，要把老龄工作摆在更加突出的位置，出实招解决实际工作中存在的问题，推动老龄事业的持续、稳步发展。

二、扎实做好2010年的老龄工作

党中央、国务院高度重视老龄工作，胡锦涛总书记今年初到福建视察时对我省工作提出了“三个切实”的要求，即切实加快经济发展方式转变、切实做好保障和改善民生工作、切实提高党的建设科学化水平。回良玉副总理在全国老龄委第十二次会议上代表党中央、国务院对今年的老龄工作作了全面部署，回良玉副总理强调，要深刻认识我国人口老龄化形势的严峻性、老龄问题的特殊性和老龄工作的紧迫性。各级、各部门要认真学习贯彻胡锦涛总书记和回副总理的重要讲话精神，切实将老龄工作摆在重要位置，提高认识，加强研究，拿出实招。我省人口老龄化问题也非常严峻，老龄人口规模大、增长速度快、工作难度大。据省统计局抽样调查，至 2009 年底，我省 60 周岁及以上老年人口 482 万人，占全省总人口的 13.3%，同比增加 43 万人，其中 80 周岁及以上老年人口为 70 万人，占全省总人口的 1.93%，同比增加 10.5 万人。老龄工作是保障和改善民生的重要工作，人口老龄化对经济、政治、文化和社会生活等各方面都会产生重大影响，对养老、医疗、社会服务、社会管理等将带来越来越大的压力。各成员单位要把今年涉老工作细化，纳入今年老龄工作和各部门工作要点，明确分工，每半年和一年进行工作督查和总结，切实把责任落实到位。会后各成员单位要将本单位涉老工作要点尽快汇总到省老龄办，修订后尽快下发。关于下一步的工作，我再强调几点。

（一）抓紧落实老龄事业发展“十一五”规划，科学编制“十二五”规划

一要抓紧我省老龄事业发展“十一五”规划的落实。要加强评估和检查，针对存在的问题和尚未完成的任务，重点加以落实。二要科学编制老龄事业发展“十二五”规划。规划编制要有重点，有举措，要编实，不能虚。要把老龄工作的突出问题作为重点，如家政服务、养老服务体系建设等问题。三要积极争取国家项目。要关注国家有关规划，制定规划要与全国的规划相衔接，确定重点项目，争取更多进入国家的规划。四要确定重点项目建设规划。要有老龄事业的重点项目建设规划，通过这批重点建设项目的完成，缓解社会养老机构不足等问题。今天这个会议也是“十二五”规划编制的动员和部署，省老龄办要抓紧修订老龄事业发展“十二五”规划编制的分工方案并尽快印发，各个成员单位要积极配合，共同做好调研和起草工作。

（二）继续完善养老和医疗保障体系，扩大新农保试点

一要扩大基本养老保险覆盖面。继续做好基本医疗保险扩面提标工作；积极探索农民工参加社会养老保险的有效途径，推动养老保险关系无障碍转移接续；积极稳妥推进事业单位养老保险制度改革，落实好 2010 年企业退休人员养老金调整工作。扩大新型农村社会养老保险试点，及时总结试点经验，做好扩大试点各项准备工作。二要加大生活和医疗救助力度。在实施城乡低保的过程中，要按照分类施保的原则对贫困老年人实行倾斜照顾；对失能、残疾、特困、空巢老年群体面临的突出问题，要给予特殊照顾。有条件的地方可探索建立高龄老年人补贴制度。不断健全医疗救助体系，扩大城乡医疗救助范围，提高救助标准，使医疗救助范围涵盖城乡低保对象、“三无”人员、五保户、重度残疾人、重点优抚对象、低收入家庭 60 周岁以上老年人、低收入家庭重症患者。同时，要做好各项保障制度和政策之间的衔接，避免重复、交叉和遗漏。

（三）加快发展养老服务机构

一要合理规划养老服务机构建设。在城市规划、建设和改造中，要合理规划政府投资建设的养老服务机构的布局，同时要兼顾民间投资的养老服务机构的建设。要切实解决养老服务机构建设用地问题，确定一批养老服务机构项目，列入全省社会事业发展的重点建设项目，给予重点支持。同时，要坚持一手抓发展、一手抓规范，进一步加大对养老服务设施的投入。由省民政厅牵头，会同发展改革委、国土资源厅、住房和城乡建设厅、财政厅等部门，尽快研究出台养老服务机构发展规划的意见。二要抓好优惠政策的落实。省政府于 2006 年出台了《关于加快发展养老服务机构的意见》，对兴办养老服务机构的优惠政策作了明确规定。但从省老龄办的调研情况看，一些地方用地、补助等优惠政策落实不到位、不落实的情况还不同程度存在，影响了民办养老服务机构的积极性。各级各部门一定要按照《意见》确定的职责任务，切实担起责任，特别是针对提出的问题和建议，民政、财政、国土资源、人力资源与社会保障等部门要抓紧研究制定具体的措施，确保政策措施的落实。由省政府办公厅发文，组织省老龄委相关成员单位在今年适时开展一次对各设区市兴办养老服务机构的优惠政策落实情况的督查，推动养老服务机构优惠政策的落实。国土资源部门要制定养老服务机构用地优惠具体办法；民政部门要尽快出台养老服务机构床位核定办法以及资质认定、监管办法；其他相关部门也要抓紧制定出台进一步细化的政策办法。

（四）大力推进居家养老服务

居家养老服务要作为今年老龄工作的重点。一要整合社会资源，加快居家养老服务体系建设。家政服务、护理服务队伍培训等都与居家养老服务密切相关，家政服务市场需求很大，家政服务人员待遇也不低。这项工作不是没人做，关键在于如何加强组织、培训、管理。由省人力资源和社会保障厅牵头，省卫生厅、妇联等有关单位参与，对家政服务的问题进行专门调查，研究如何将家政服务培训纳入就业培训体系，制定相关政策。旧楼加装电梯也是老年人反映比较突出的问题，要研究妥善解决的办法。省直机关住宅小区的旧楼加装电梯工作，由省政府机关事务管理

局牵头负责研究；其他住宅小区由省住房与城乡建设厅牵头研究。二要抓好500个社区居家养老服务中心（站）建设。省委、省政府已把这项工作列入今年为民办实事项目。首先，要完善工作机制。去年开展100个居家养老服务试点工作时成立的协调指导小组继续保留，还要把相关部门纳入。团省委开展了青年志愿者“金晖行动”，这个非常好。其次，要扩大工作涵盖面。今年要把家政服务等有偿服务网络建立起来，面向社区各个层面的老人，覆盖整个社区。再次，要筹备好现场会。找好试点典型，总结推广好经验、好做法。三要扩大爱心护理工程。要扩大养老服务机构实行爱心护理工程的覆盖面，提高养老服务机构的服务水平和规范化管理。省民政厅、老龄办要会同老龄事业发展基金会共同研究推动这项工作。

（五）继续加强老年文化、体育、教育、宣传等工作

一要办好老年体育健身展示大会，带动全省老年体育活动的开展。省体育局要认真筹备部署，把这项工作抓好抓实。二要抓好各级老干部活动中心和老年大学建设。各级老干部活动中心和老年大学建设要有前瞻性，要高标准建设。由省委老干部局牵头，会同省发展改革委、财政厅等部门，尽快上报调整后的建设方案。三要做好老龄教育、宣传工作。省教育厅要牵头做好老年教育工作，把社区教育纳入今年教育工作重点。要大力支持办好老年电视栏目、网站、报刊，省广播影视集团公共频道的《金秋》栏目制播费用仍按去年标准安排。要增加宣传经费投入，丰富老年电视节目、网站和报刊内容，通过多种形式，加大老龄的宣传，营造关注老龄问题、支持老龄工作、参与老龄事业的良好社会氛围。

（六）完善老龄工作机制

省老龄委每年要召开全体会议，研究工作中存在的问题和困难，推动老龄工作的开展。要做好今年老龄工作任务的落实和督促检查，各成员单位每季度要向省老龄办报送工作进展情况，由省老龄办每季度进行通报，以确保全年工作的落实。省老龄办要加大组织协调力度，充分调动省老龄委各成员单位的积极性，切实把老龄工作提到各单位工作的重要议程，抓实抓出成效。

在陕西省老龄委全体会议上的讲话

陕西省副省长　姚引良

同志们：

这次会议是贯彻落实全国老龄委和全国老龄办主任会议精神，分析形势，统一思想，明确任务，推进全省老龄事业又好又快发展的一次重要会议。刚才，翟四虎副厅长传达了全国老龄办主任会议、全国老龄委第十三次会议精神，艾向东主任全面总结了去年老龄工作，安排部署了今年的工作，下面我就如何做好老龄工作讲几点意见。

一、把握形势，切实增强做好老龄工作的责任感和使命感

“十一五”期间，随着全省经济社会快速发展，老龄工作日益受到各级党委、政府的关心和重视，公共财政投入不断加大，社会养老保障制度逐步建立和完善，老年人的合法权益得到有效维护，全省老龄事业取得了显著成绩。但是也要清醒地看到，随着我省老年人口基数增大，老龄化速度加快而且发展不平衡，积极应对老龄化挑战，促进老龄事业持续健康发展，是社会发展中面临的重大问题。

一方面人口老龄化、高龄化、空巢化呈加速增长的态势，老年人口总数日趋庞大。目前全省老年人口数量已达到509万，占全省人口总数的13.7%，并以年均3.2%的速率递增。这个阶段的显著特点是，老年人供养比例越来越高，空巢和失能老人大幅增加。特别是在农村，随着青壮年人口进城打工数量增加，人口老龄化趋势比城镇更为明显。据有关方面预计，到2015年，我省60岁以上老年人口将达到630万人，占到全省人口总数的16.2%；到2020年，60岁以上老年人口将达到745万人，占到全省人口总数的18.5%。面对日益扩大的老年群体，尤其是随着经济快速发展和社会不断进步，老年人对物质生活、医疗卫生、社会服务等方面的需求不断增加，老龄工作的任务十分艰巨。

另一方面我省老龄事业发展相对滞后，养老保障体系还不完善、老龄服务市场尚未成熟、老年工作体

系不够健全等薄弱环节依然存在。同时，我省城乡之间、不同地区之间老龄事业发展不平衡的问题也很突出，农村老龄工作比较落后，个别地方对老龄工作还不够重视，落实老龄政策缺乏力度，老龄事业投入严重不足。对老龄工作面临的严峻形势，我们一定要有充分的认识和把握；对老龄事业发展中存在的薄弱环节，我们要高度重视，认真研究，明确发展方向，着力加以改进，不断促进老龄事业与经济社会各项事业持续协调发展。

二、突出重点，扎实做好各项老龄工作

当前和今后一个时期，全省老龄工作的主要任务是，按照省委、省政府建设西部强省的总体部署，立足当前，着眼长远，着力解决影响老龄事业发展的突出矛盾，着力解决老年人最直接的现实利益问题，推动老龄事业健康有序发展。关于今年的具体工作，艾向东主任做了全面部署，下面我讲几个重点问题。

一要不断完善老年人社会保障体系和优待制度。去年我省开始实施高龄老人补贴制度，为全省80周岁以上约60万老年人，分年龄段、分标准发放生活保健补贴，这项工作在全国也产生了积极影响。各地要按照省上的要求，不断扩大优待范围，增加优待内容，提高优待标准，确保老年人共享经济社会发展成果。各地在建立健全社会保障体系过程中，要把广大老年人养老保障问题摆到更为重要的位置，着力解决老年人最迫切、最需要解决的“老有所养”、“老有所医”等问题。

二要下力气抓好养老服务业发展。养老服务业是当前亟需关注和亟待加强的一项工作。要不断完善和创新养老服务政策，加强城乡居家养老服务网络建设，促进城乡养老服务设施建设统筹发展。要创新运营机制，完善税费优惠和土地使用政策，大力扶持民办养老机构发展，鼓励民间资本参与养老服务业，促进养老服务业加快发展。要积极培育和开发老龄产业市场，增加社会为老服务的有效供给，使之逐步形成一个新产业。要突出加强养老护理职业教育和养老服务从业人员培训，高度重视老年人的精神需求，重点做好病残、空巢、高龄、临终老年人的心理关爱工作。要大力发展老年活动中心、老年活动室等公共服务设施，各类广场、居民小区公共设施建设和活动器材配置要充分满足老年人的特殊需求，促进老年文化体育事业加快发展。省老年服务中心要抓紧立项审批，争取早日开工建设。

三要全力抓好农村老龄工作。大多数老年人生活在农村，老龄工作的重点和难点在农村。各地要始终把保障农村老年人的基本生活摆到突出位置，积极推动各项保障措施向农村延伸。特别是要重视解决留守、高龄、空巢、因病致贫等老年群体的实际困难，在发挥家庭养老基础性作用、落实家庭成员对老年人赡养责任的同时，按照城乡一体化的要求，加大农村为老服务设施建设力度，积极探索适合农村特点的为老服务方式，不断拓展服务领域。要继续抓好农村老年协会建设工作，去年省老龄办对40个农村老年人协会给予了资助，此项工作要坚持不懈，并积极争取财政资金的支持，扩大资助范围。

四要抓紧制定老龄事业发展“十二五”规划。要从全省经济社会发展战略、人口老龄化发展趋势和老年人的物质文化需求出发，确定全省老龄事业“十二五”和中长期发展的总体目标、主要任务、重大项目等，重点规划建立“三个体系”，即养老保障体系、养老服务体系、老龄工作体系。各地也要在全面总结工作的基础上，广泛深入地开展调研活动，紧密结合当地经济社会发展总体规划，科学编制今后五年老龄事业发展规划，推动老龄工作持续发展。

三、加强领导，不断开创老龄事业新局面

老龄事业是一项系统工程，政策性强，涉及面广，需要各级各部门分工协作、共同努力。各级老龄委和各成员单位要以更大的力度、更实的举措做好各项工作，促进老龄事业持续协调发展。要继续坚持“党政主导、社会参与、全民关怀”的老龄工作方针，形成党政领导高度重视、老龄委协调有力、成员单位尽职尽责、社会力量积极参与的老龄工作机制。各级老龄委要切实发挥协调指导作用，推进老龄工作有效开展。各级老龄委办公室要强化自身建设，增强服务意识，提高服务水平。各成员单位要把做好老龄工作作为份内的事情，纳入本部门、本单位的工作计划，切实履行好职责。要不断加强基层基础工作，各级政府要把老龄工作作为社区（村组）建设的重要内容，不断提高社区（村组）为老服务能力。继续巩固和发展基层老年协会等群众组织，加强对基层老年协会的指导和规范化建设，使其成为推动基层老龄事业发展的重要力量。

同志们，做好老龄工作任务艰巨、责任重大。各地各有关单位要在省委、省政府的坚强领导下，深入贯彻落实科学发展观，以更加饱满的精神状态和更加求真务实的工作作风，积极进取，扎实工作，努力开创我省老龄工作的新局面，为建设西部强省、构建和谐陕西作出新的更大贡献。

谢谢大家。

在甘肃省庆祝老人节暨“敬老爱老”徽章首发仪式上的讲话

甘肃省副省长 省老龄委常务副主任 张晓兰

（2010年10月15日）

尊敬的老年朋友们、同志们：

在中华民族传统节日九·九重阳节暨“老人节”到来之际，我们在天水隆重集会，庆祝老年人自己的节日，并举行省政府向90岁以上老年人颁发“敬老爱老”徽章仪式，是一件十分有意义的事情。值此，我代表省政府、省老龄工作委员会向全省306万各族各界老年人致以节日的祝贺和亲切的问候！

党中央、国务院和省委、省政府对老龄工作高度重视，不断加强对老龄工作的领导，制定和出台了一系列保障老年人基本生活，维护老年人合法权益的政策和措施。全省各级党政领导把老龄工作纳入经济社会发展规划，认真谋划，统筹安排，加大敬老爱老宣传，营造敬老氛围，落实相关政策，不断探索和逐步建立养老保障体系，维护老年人合法权益，丰富老年人精神文化生活，老年人生活质量和健康质量不断提高，社会各方面对老龄工作给予了大力帮助和支持，有力地促进了社会的和谐和进步。在这里我向长期关心支持老龄事业、关爱老年群体的各级党政领导和社会各界表示衷心感谢！

今天我们借庆祝“老人节”之际，举行向90—99岁老年人授“敬老爱老”徽章的首发仪式，这是省政府继2000年向百岁以上老年人颁发寿星牌之后，采取的又一项敬老爱老措施，体现了省委、省政府和省老龄委对老年人的关爱和尊重。这次我们颁发的“敬老爱老”徽章图案以我省武威汉墓出土的《王杖诏令册》中鸠鸟敬老王杖图形为依据，以象形阿拉伯数字9·9的祥云环绕其间，将传统和现代文化元素相结合，以表达“九九”重阳长寿、幸福吉祥、孝亲敬老之意。我们相信，通过颁发敬老徽章，对进一步弘扬中华民族传统美德，营造全社会敬老爱老氛围，促进社会和谐进步具有重要意义。

同志们，尊老爱老是中华民族的传统美德、是社会主义精神文明的重要组成部分。让我们在省委省政府的领导下，在全面建设小康社会的伟大进程中，进一步加强老龄工作，发展老龄事业。大力弘扬敬老爱老传统美德，倡导敬老爱老风气，树立敬老爱老意识，自觉维护老年人的合法权益，切实为老年人办实事，做好事，进一步形成老少共融，代际和谐的良好社会风尚，推动社会主义物质文明、政治文明和精神文明的协调发展。

最后祝老年朋友们节日愉快，祝大家身体健康、生活幸福美满！

在青海省老龄委第九次全体会议上的讲话

青海省委员常委 省委组织部长 省老龄委主任 齐 玉

（2011年4月26日）

同志们：

这次会议的主要任务是，学习贯彻全国老龄工作委员会办公室主任会议精神，分析我省老龄化发展趋势，研究部署2011年和今后一个时期的工作任务。刚才，更阳同志代表省老龄委作了很好的工作报告，省发展改革委等5家单位的负责同志作了很好的发言。希望各成员单位按照会议的部署要求，学习借鉴兄弟部门的做法经验，认真研究谋划好今年的老龄工作并切实抓好落实。

下面，我讲三点意见。

一、全面总结“十一五”时期老龄工作取得的成绩和经验，进一步把握做好新形势下老龄工作的规律性认识

“十一五”时期，是青海历史上发展速度最快、发展质量最好，城乡面貌变化最大、人民群众得到实惠最多的五年，也是老龄事业与时俱进、开拓创新、成果丰硕、不断发展的五年。五年来，各地区、各有关部门按照省委、省政府的决策部署，坚持“老有所养、老有所医、老有所教、老有所学、老有所为、老有所乐”的目标，齐心协力，扎实工作，全省老龄事业取得了新的成绩，突出表现在四个方面：一是政策体系不断完善。相继出台了《关于开展新型农村牧区社会养老保险试点工作的实施意见》、《关于建立青海省高龄补贴制度的意见》和《青海省民办养老服务机构资助管理办法》等涉老扶老文件，各州市地也制定了一系列惠老扶老政策措施。二是社会养老保险基本实现了全覆盖。企业养老保险实现了省级统筹，新型农村养老保险试点加快推进，实现了全覆盖，城镇职工和居民基本医疗制度不断完善，新型农村合作医疗制度全面推开，城乡计划生育家庭养老保障支持政策逐步形成，“五保”老人供养标准和贫困老人社会救助水平不断提高。三是养老服务体系建设取得新进展。建立老年日间照料中心的试点稳步推进，社区养老服务逐步开展，养老服务机构和床位大幅增加，老龄服务基础条件得到明显改善。四是尊老敬老氛围日益浓厚。老年人法律援助服务工作有序开展，老年人生活、财产、婚姻等方面合法权益得到有效维护；涌现出一批孝亲敬老楷模；积极开展“银龄行动”等系列活动，搭建老年人发挥余热和奉献社会平台。老年福利、救助、教育、文化、体育等事业也有了长足进步。

回顾五年来的工作实践，我们对做好老龄工作的一些规律有了明确的认识，积累了一些经验和体会。主要是：

始终坚持以科学发展观为指导，是老龄事业不断发展的根本保证。我们加快建立与我省人口老龄化进程相适应，与经济社会发展相协调，体现城乡不同特点的多元化、多层次、多形式的老龄工作体系和工作机制，坚持统筹兼顾的科学方法，统筹搞好家庭养老保障与社会养老保障、老年物质保障与老年精神保障，统筹发展老年福利事业与老年产业，加强敬老道德建设与老年法制建设，统筹做好城市老龄工作与农牧区老龄工作，实现了老龄事业全面协调可持续发展。

始终坚持实现好、维护好、发展好广大老年人的利益，是老龄工作的根本目标。我们坚持全心全意为人民服务的根本宗旨，从青海实际出发，扎扎实实地解决好老年群体最关心、最直接、最现实的利益问题，努力为老年群体办实事、办好事，切实维护老年人的合法权益，不断满足老年人日益增长的物质文化需求，让广大老年人安度晚年，共享经济社会发展成果，真切感受党和政府的关怀，真正体现了社会主义制度的优越性。

始终坚持党政主导、社会参与、全民关怀，努力形成整体合力，是老龄工作的根本方针。我们充分发挥党委和政府在制定规划、出台政策、投入资金、培育市场、营造环境等方面的主导作用，指导协调老龄委成员单位积极主动地履行职责，创造性地开展工作，积极支持社会力量参与老龄事业，弘扬尊老、敬老、助老的优良传统，营造全社会关心支持老龄工作的良好氛围，探索建立了符合青海实际的老龄事业发展模式和运行机制。

始终坚持加强制度建设，是老龄事业发展的根本要求。我们把老龄事业纳入经济社会发展总体规划，以建立健全养老保险、医疗保险和社会救助制度为重点，立足当前、着眼长远，统筹考虑、突出重点，逐步健全和完善老龄工作政策法规和相关制度，加快推进养老保障和养老服务体系建设，夯实老龄事业发展的长远基础，提早应对人口老龄化高峰期的到来。

以上这些认识和体会，既是多年来老龄工作实践的经验总结，也是做好今后一个时期老龄工作必须坚持的重要原则，需要我们结合新的实践，认真继承并不断发展完善。

二、深刻认识“十二五”时期老龄工作面临的新形势、新任务，进一步增强做好老龄工作的责任感和使命感

人口老龄化是当今世界不可逆转的潮流，也是我省改革发展进程中不容回避的全局性、战略性问题。在推进“四个发展”、建设新青海过程中，必须充分认识应对人口老龄化的重要性、复杂性和长期性，以更高的站位审视老龄问题，以更广阔的视野谋划老龄事业，以更有力的措施推进老龄工作，统筹安排老龄工作的各项任务，促进我省老龄事业又好又快发展。

要准确把握老龄工作的新形势。目前，我省60岁以上人口已达到56.32万，其中65岁以上人口达到40.5万，分别占总人口的10.1%和7.2%。按照国际通行标准，我省人口年龄结构已进入老龄化社会。随着建国以来第一次人口高峰出生人群陆续进入老年，在“十二五”期间，我省人口老龄化将进入快速发展期。据预测，到2015年60岁以上人口将达到65.28万，约占总人口的11.2%，老年人所占的比重还会逐年增加。高龄化、空巢化进一步加速，老年人口照料问题将日益突出。综合起来看，我省老龄化呈现出老年人基数大，增长速度快，地区分布不平衡，经济底子薄，社会负担重等突出特点，属于典型的“未富先老”。与此同时，全省老龄事业和老龄工作的发展水平依然滞后于经济和其他社会事业，全社会对人口老龄化的严峻形势关注程度不够，应对机制和社会心理准备不足。对此，我们必须从全局的高度，保持清醒的认识。

要积极应对老龄化带来的新挑战。人口老龄化、高龄化、空巢化的加速发展，与城乡差别、区域差别、收入差距扩大相重叠，与工业化、城镇化、现代化相伴随，与经济转型、社会转型、文化转型相交织，使劳动力年龄结构、人口抚养比结构、代际利益关系发生了重大变化，对老年人养老、医疗保障和政府社会管理、公共服务职能都提出了新的更高要求。我省人口老龄化的压力已经凸现，随着人口老龄化高峰期的到来，对全省经济社会各方面的影响还将进一步加大，老龄工作的领域也将更加广泛、要求越来越高。我们必须科学分析人口老龄化带来的深刻影响，正视困难挑战，千方百计加大老龄事业投入，促进老龄事业快速健康发展。

要高度重视老龄工作存在的薄弱环节。近年来，我省各地各部门按照中央和省委、省政府的部署要求，高度重视老龄工作，大力推进老龄事业，老龄工作取得了显著成绩。但也要看到，由于受经济发展、自然条件等多种因素的制约，我省老龄事业发展与社会老龄化趋势，与全面建设小康社会的进程，与老年群众的期盼相比还不相适应。主要表现在：社会化养老服务体系尚不健全，老龄产业发展相对滞后，对老年人的精神关爱重视不够，老龄事业投入不足等。面对老龄事业发展中存在的薄弱环节，我们必须深刻研究分析，找准矛盾症结，明确发展方向，着力加以改进和提高，不断促进老龄事业与经济社会各项事业发展相协调。

要紧紧抓住老龄事业发展的新机遇。党的十七届五中全会把应对人口老龄化提上了重要日程，全社会对老龄化问题的认识不断提高；我省经济社会发展“十二五”规划将努力促进现代服务业发展作为调整经济结构、加快转变经济发展方式的重要举措，发展养老服务业等第三产业的环境更好、条件更优；省委、省政府历来高度重视保障和改善民生，“十二五”时期又部署了包括完善社会保障体系、健全基本医疗卫生体系在内的一系列重大举措。这些都为老龄事业发展带来了难得机遇。我们要充分利用各种有利条件，真正把老龄工作摆上重要位置，立足当前，着眼长远，未雨绸缪，在发展中解决矛盾，在发展中实现提升，努力推进老龄事业在新的起点上加快发展。

三、以实施“一个规划”、建设“三个体系”为重点，全力做好“十二五”时期老龄工作

“十二五”时期，是我省推进“四个发展”、全面建设小康社会的关键时期，也是我省老龄事业抓住机遇、实现快速发展的重要时期。回良玉副总理在全国老龄委第十三次全体会议上强调，做好“十二五”时期老龄工作，要着力推进“六个体系”建设。结合我省实际，我们要在全面贯彻实施老龄事业“十二五”规划的同时，重点在完善老年经济供养体系、发展老龄服务体系和加强老龄工作体系上再下功夫。

（一）认真实施老龄事业“十二五”规划，确保各项任务落实到位

提交这次会议讨论的青海省老龄事业发展“十二五”规划，是指导今后五年我省老龄事业发展的纲领性文件。各地各有关部门要认真学习领会，切实抓好落实。当前，要重点做好三个方面的工作。一要抓紧研究贯彻规划的具体措施。省老龄办要发挥牵头职能，尽快把各项工作任务分解落实到相关职能部门。老龄委各成员单位要立足本单位实际，对规划提出的各项重要政策和举措，抓紧研究细化具体内容，找准政策创新的突破点，尽早出台具体的、可操作的政策措施。二要建立确保规划落实的经费投入机制。各级政府要根据经济发展状况和老龄工作实际，充分发挥公共财政对老龄事业投入的主渠道作用，建立健全老龄事业投入保障机制和资金增长机制，予以必要保障。通过制定优惠措施和扶持政策，鼓励、吸引社会力量投资参与，引导和支持社会资本投资兴建各种养老机构。三要建立促进规划落实的督查、评估机制。各地要根据青海省老龄事业“十二五”发展规划，建立督查和评估机制，按年度对规划落实情况进行检查和评估，总结经验，发现问题，督促整改落实。

（二）着力完善老年经济供养体系，解决好老年人生活保障问题

满足老年人最基本的生存发展需求，是各级各部门的职责。当前，必须加快建立完善由国家、社会、家庭和个人相结合的多支柱的老年经济供养体系。要进一步完善基本养老制度。努力扩大城镇非公有制经济组织、灵活就业人员的养老保险覆盖面，提高参保率。尽快研究制定《青海省被征地农民社会养老保险

办法》，继续妥善解决集体企业退休人员养老金、破产企业职工社会保障等历史遗留问题。认真贯彻省政府《关于开展新型农村牧区社会养老保险试点工作的实施意见》，完善新农保制度。要进一步完善基本医疗保险制度。做好城镇居民基本医疗保险与新型农村合作医疗制度和城乡医疗救助制度之间的衔接，积极推进制度整合和城乡一体化进程。结合深化医药卫生体制改革，突出解决好贫困地区老年人缺医少药问题，推进老年医疗、保健、康复工作。要进一步完善最低生活保障制度。根据青海省城乡低保新办法，建立最低保障、社会救助与物价挂钩联动机制，对实际收入低于所在地区最低生活保障线的老年人，要及时纳入最低生活保障范围，做到应保尽保。逐步提高农牧区五保户和城镇“三无”老人的供养水平，妥善解决无社会保障老年人和高龄老年人的生活困难问题。

（三）努力发展老龄服务体系，培育壮大老龄服务产业

党的十七届五中全会强调，要积极应对人口老龄化，注重发挥家庭和社区功能，优先发展社会养老服务，培育壮大老龄服务事业和产业。这为我们发展老龄服务体系指明了方向。要加快构建社会养老服务体系。建立健全与经济社会发展水平相结合、与人口老龄化进程相适应，以居家养老为基础、社区服务为依托、机构养老为补充，资金保障与服务提供相匹配，无偿、低偿和有偿服务相结合，政府主导、部门协同、社会参与的社会养老服务体系。西宁市要在统筹规划的前提下，继续加快老年日间照料中心建设步伐，在有条件的地方也要积极进行试点。探索建立和完善省、市、县、乡、村五级老龄工作网络体系，给予老年人更多的温暖和关爱。要积极推动老龄产业发展。加快培育和开发老龄产业市场，加强政府信息服务、政策引导、金融支持和市场监管，鼓励引导社会民间资本进入老龄产业，增加社会为老服务的有效供给，使之逐步形成一个扩大就业、吸引资金、促进经济平稳较快增长的新行业。大力发展老年旅游、老年文化和老年保健市场，丰富老年人的物质和精神文化生活。要加强为老服务队伍建设。当前，解决“空巢”家庭、高龄老人和生活完全不能自理老年人的养老服务问题十分迫切，必须采取有力措施，加快社区养老服务机构和设施建设，逐步建立起设施齐备、队伍优良、服务周到、管理严格的社区服务网络，为老年人提供优质便捷的服务。要积极研究制定完善促进为老服务的就业政策，推广家政服务，加快专业养老护理人员从业资格制度建设，加强专业人才培养和从业人员培训工作，提高服务人员专业素质和职业道德。健全社会工作者制度，鼓励和吸引社会工作者从事为老服务工作。积极发展志愿者队伍，广泛动员社会力量，开展多种形式的为老服务。

（四）切实加强老龄工作体系，构建齐抓共管的老龄工作新格局

老龄事业是社会主义现代化建设事业的重要组成部分，是党和政府的一项重要工作，也是全社会应该关心和支持的大事。要切实加强领导，理顺管理体制。各级党委政府要从我省改革发展稳定的大局出发，深刻认识发展老龄事业、做好新时期老龄工作的重大意义，切实把老龄工作纳入重要议事日程，及时解决老龄工作存在的各种突出问题。要健全各级老龄工作委员会及其办事机构，理顺工作关系，明确职责任务，配备专门人员或指定专人负责，保证必要的工作经费。要加强调查研究，搞好前瞻谋划。各成员单位要充分发挥职能作用，针对当前老龄事业发展的瓶颈问题、重点难点问题，深入调查研究，从理顺收入分配关系、促进社会公平公正、维护社会稳定的高度，深入研究应对人口老龄化的理论和政策。要加强部门协作，形成整体合力。老龄工作涉及面广，头绪繁多，做好老龄工作，仅靠老龄部门独力推进远远不够。各级老龄委的成员单位都要主动进位、相互支持，密切配合、积极作为，进一步完善老龄工作体制，形成联系顺畅、沟通有效、协调有力的工作局面。各级老龄办要切实担负起参谋助手、综合协调、督促检查的职责，搞好成员单位之间协调联络，每年至少召开一次老龄委全体会议，分析形势，谋划思路，督促各成员单位履职尽责。

同志们，做好老龄工作任务艰巨、责任重大。我们要进一步增强政治责任感和使命感，以饱满的工作热情，求真务实的工作态度，全力推动老龄事业与经济社会协调发展，不断开创老龄事业和老龄工作的新局面。

在河南省老龄委第八次全体会议上的讲话

河南省副省长　公安厅长　秦玉海

（2010 年 5 月 26 日）

同志们：

今天我们在这里召开河南省老龄工作委员会第八次全体会议，认真回顾总结我省七次全会以来的老龄工作，深入分析研究我省人口老龄化形势和老龄工作所面临的新情况新问题，全面安排部署今年全省老龄工作。杨云同志代表老龄委所作的工作报告对七次全会以来全省老龄工作做了全面回顾和总结，对今年全省的老龄工作作了具体安排部署。报告中对取得的成绩和存在的不足及今后的努力方向都作了明确的阐述，我完全同意。省发改委部、省人力资源和社会保障厅、省财政厅的负责同志还分别介绍了本部门、本系统老龄工作开展的有关情况，大家讲的很好，很实在，可以看出在上一年里，各成员单位高度重视老龄工作，采取了扎实有效的措施，开展了富有成效的工作。各省辖市及扩权市县的老龄办主任也列席了今天的会议。工作在基层的同志非常辛苦，政策、措施的落实全靠你们。我代表省老龄委对你们表示衷心的感谢和亲切的问候！这次会议没有发言的单位，下次会议还要作出专门安排。下面就搞好我省的老龄工作，讲几点意见。

一、充分肯定我省老龄工作取得的长足发展

党中央、国务院和省委、省政府历来高度重视老龄工作。为积极应对人口老龄化，近年来，中央作出了一系列重大部署，出台了一系列重要文件，我省各级各成员单位按照科学发展观和构建社会主义和谐社会的总体要求，坚持“党政主导、社会参与、全民关怀”的老龄工作方针，围绕“老有所养、老有所医、老有所教、老有所学、老有所为、老有所乐”的老龄工作目标，认真组织实施《河南省老龄事业发展“十一五”规划》，全面贯彻省老龄委七次全会精神，推动我省老龄工作取得了长足的发展。

一是随着我省社会保障体系逐步建立，老年人养老和医疗保障水平显著提高。退休人员基本养老金得到按时足额发放，标准不断提高。城镇职工基本医疗保险参保人数不断增加，城镇居民基本医疗保险开始试点。城乡最低生活保障制度全面实施。农村五保供养和敬老院建设扎实推进。城乡医疗救助工作在探索中取得了新成效。建立新型农村社会养老保险制度试点工作进展顺利。农村计划生育家庭奖励扶助制度进一步落实。社区卫生服务站（中心）建设不断加强，农村卫生服务网络逐步健全，农村新型合作医疗制度实现全省覆盖。这些措施的实施，都使得老年人从中受益。

二是老年人社会服务体系不断完善，为老服务设施得到加强。以居家养老为基础、社区服务为依托、机构养老为补充的养老服务体系建设稳步推进，服务项目不断扩展，以为老服务为重点的综合性社区服务中心不断增加。社会力量参与养老设施建设的热情高涨，养老服务床位稳步增长。退休人员社会化管理服务水平不断提高，由社区管理服务的退休人员逐年增多。老年人得到的生活、医疗、照料和法律援助等服务更加快捷方便。

三是老年人精神生活更加丰富，社会参与日益广泛。各地、各有关部门更加重视老年文化活动场所建设，各种文化场所向老年人免费或优惠开放，老年文体活动场所不足的状况明显改观。城乡老年群众文体活动组织迅速发展，老年人参与率不断提高，成为基层群众性文化活动的重要力量。主流媒体积极开办老年栏目和节目，老年类报刊发行量不断扩大，老年人的精神文化生活越来越丰富。同时，共建共享和谐社会的大环境使全社会越来越重视发挥老年人的积极作用。在城镇，离退休科技工作者积极参与教育培训、技术咨询、医疗卫生、科技开发等活动。在农村，老年人普遍从事种植、养殖和加工业等力所能及的劳动。以老专家、老艺术家、老医疗工作者为主体的“银龄行动”广泛深入开展。城乡老年协会不断发展，在组织引导老年人参加关心下一代、调节邻里纠纷、协助治安管理等方面发挥了重要的作用。

四是全社会尊老、敬老、助老意识不断增强，应对人口老龄化的观念正在转变。省委、省政府高度重视老年人问题和老龄工作，人大、政协代表关于涉老方面的建议提案逐年增多，社会各界高度关注老年人和老龄事业，积极应对人口老龄化的社会共识进一步形成。敬老宣传教育取得明显成效，赡养老年人的法律意识不断提高，尊老、敬老、助老的社会氛围更加浓厚。全社会越来越尊重老年人、关爱老年人、照顾老年人，积极为老年人做好事、办实事、解难事。

总之，省老龄委七次全会以来，我省的老龄工作取得了长足的发展。这是各级党委、政府高度重视和各有关部门不懈努力的结果，也凝聚着全省老龄工作战线广大干部职工的热情、心血和汗水。借此机会，我代表省政府和省老龄委向从事老龄工作的同志们表示亲切的问候和衷心的感谢！

二、增强做好老龄工作的紧迫感和使命感

人口问题历来是制定经济社会发展战略和各项政策必须认真对待的重大问题。认清人口发展形势，把握人口发展规律是做好老龄工作的基本前提。当前，我省已进入全面建设小康社会新的发展阶段，人口老龄化也进入快速发展时期。我们要以党的十七大精神为指导，进一步分析形势，明确任务，不断增强做好老龄工作的紧迫感使命感。

第一，充分认识人口老龄化的新趋势。根据国际标准，60岁以上老年人口占总人口的10%以上或65岁以上老年人占总人口的7%以上，即进入了老年型国家和地区。我省1998年60岁以上老年人占总人口的10%以上，即进入了老年型省份。据省统计局1‰抽样调查显示，截至到2010年底，全省60岁以上老年人口1280万人，占全省户籍人口的12.9%；全省60岁～69岁老年人口已达720万人，占常住人口的56%。据预测，我省老年人口将以每年3%的速度快速增长。2020年，60岁以上老年人口1754万人，占常住人口的16.89%；2030年，60岁以上老年人口2551万人，占常住人口的24.69%。总体上看，我省人口老龄化呈现出未富先老、规模大、增长速度快、高龄化趋势明显（80岁以上老人每年以5.4%的速度递增，全省约136.4万人）、空巢老人多（城市空巢老人户达49.7%，农村为38.3%）、失能老人多（全省不能自理老人104.83万人）、农村留守老人多的突出特点。

第二，科学分析人口老龄化带来的深刻影响。人口的快速老龄化是经济发展和社会进步的必然结果和重要体现，对经济社会的发展的影响也日益加深，直接关系着我省经济的可持续发展和社会的和谐稳定。人口老龄化直接影响着国民经济的运行过程和国民收入的分配格局，影响着政府财政支出结构，加重了劳动年龄人口的经济压力和赡养负担。同时，人口老龄化也带来了老年人口的诸多问题，如：老年人口的贫困问题、心理健康问题、社会保障问题、生存质量问题、伦理问题、科学教育问题、社会服务问题，等等。我省是人口大省，如对人口的快速老龄化应对不好，不排除在一定时期和一定程度上会制约我省经济社会的发展。可以说，人口老龄化已经成为关系我省经济社会发展全局的重大战略问题。

第三，高度重视老龄工作的薄弱环节。近年来，我省在应对人口老龄化方面做了大量卓有成效的工作。同时，也要清醒地看到，我们的工作还存在不少问题和薄弱环节，老龄事业的发展滞后于人口老龄化的发展，农村老龄问题非常突出，老年人口社会保障压力加大，为老社会服务矛盾日趋尖锐。同时，有的地方和部门对老龄工作重视不够，落实老龄工作政策缺乏力度，老龄事业投入严重不足，老龄工作开展得很不平衡。我们必须下力气解决这些问题，积极应对人口老龄化的挑战。

第四，努力把握老龄事业发展的新机遇。随着我国进入改革发展新的历史阶段，老龄工作面临前所未有的发展机遇。一是党的十七大把以改善民生为重点的社会建设作为中国特色社会主义总体布局中的重要组成部分，进行了战略部署，加强老龄工作的大政方针更加明确。二是以人为本的科学发展观深入贯彻落实，促进社会和谐、改善民生的步伐进一步加快。三是国民经济持续平稳较快发展，财政收入连年大幅增长，城乡居民可支配收入持续增加，为应对人口老龄化提供了坚实的物质基础。四是各级党委和政府更加重视老龄工作，全社会的老龄意识进一步增强，为做好老龄工作提供了重要保证。五是社会保障体系框架基本形成，老龄工作政策法规不断完善，为老龄事业的发展提供了制度法律保障。

我们一定要认清形势，把握机遇，应对新挑战，努力开创老龄工作新局面。

三、今年应重点做好的几项工作

今年是实施《河南老龄事业发展“十一五”规划》的最后一年。各成员单位要紧紧围绕“十一五”期间的老龄工作目标，坚持“党政主导、社会参与、全民关怀”的工作方针，按照“六个老有”的总体要求，突出重点，狠抓落实，推动我省老龄事业的全面发展。

一是配合搞好国家应对人口老龄化战略研究。此事全国老龄办已专门开会部署，我省要做好配合工作。要通过战略研究，摸清我省老龄问题的底数，把握我省人口老龄化的发展规律，找准矛盾症结，明确发展方向，理清工作思路，为省委省、政府科学决策、全面解决我省人口老龄化问题提供科学依据。省老龄办要把战略研究作为今年的大事来抓，进一步加强组织协调，确保研究工作的顺利进行；各参与部门和单位要充分认识这项研究的重大意义，通力协作、密切配合，各司其职、发挥优势，确保研究任务的圆满完成，确保形成高质量、高水平的研究成果。

二是认真编制老龄事业发展“十二五”规划。这事关当前和今后一个时期我省老龄事业发展大局，是本年度的重点工作。要结合国家应对人口老龄化战略研究，在对我省老龄事业发展“十一五”规划总结、评估的基础上，从政策和实践两个层面梳理我国老龄事业发展的成就和经验，分析当前老龄事业面临的形势和问题，合理确定我省老龄事业“十二五”和中长期发展的总体目标、主要任务、重大项目和重点措施，并做好与全省国民经济和社会发展“十二五”规划的衔接，确保在年底前拿出比较成熟的规划草案。各地也要结合实际，做好本地区老龄事业发展“十二五”规划的编制工作。

三是建立健全“三个体系”：1. 养老保障体系。让老年人享有社会保障，既是保障和改善民生的重要基础，也是扩大内需、刺激消费的重要措施。当前，我省老年社会保障领域还存在着覆盖范围比较窄、城乡发展不平衡、制度不够健全等问题，要进一步完善制度，扩大保障和救助覆盖范围，提高保障水平，着力解决好老年人的基本生活保障问题。要做好各项保障制度和政策之间的衔接，避免重复、交叉和遗漏。2. 养老服务体系。要继续抓好以居家养老为基础、社区服务为依托、机构养老为补充的基本养老服务体系建设，为老年人提供生活照料、精神慰藉、卫生保健、文化教育、体育健身和权益维护等服务。要加大对养老服务设施的投入力度，对养老服务业的扶持力度，尽快出台对我省对社会办养老服务机构的扶持政策和对特困老人的政府购买服务政策。鼓励、支持社会力量兴办各种类型的老年服务设施和服务机构，发展多种特色的养老服务，满足老年人不同层次、不同类型的消费需求。要坚持一手抓发展、一手抓规范，加大对养老服务机构的监管力度，加强养老服务专业人才培养和从业人员培训，提高服务人员的专业素质和职业道德，把养老服务业纳入规范化、制度化、法制化管理轨道。要大力发展家政服务和社区服务，改善老年人的生活环境，为居家养老提供有力支持。3. 老龄工作体系。要进一步完善老龄工作体制，按照党中央、国务院《关于加强老龄工作的决定》要求，以此次机构改革为契机，建立健全市、县级老龄工作议事协调机构及其办事机构，为我省老龄事业的发展提供组织保障。要进一步健全老龄工作运行机制，各级老龄委及其办事机构要充分发挥职能作用，形成联系顺畅、沟通有效、协调有力的工作局面；各成员单位要各司其职、各负其责，通力合作、密切配合，形成分工合作、齐抓共管的工作格局。要加强老龄工作队伍建设，选好配强老龄工作干部，建设一支政治强、业务精、作风实、讲奉献的老龄工作干部队伍。

四是继续开展好两项活动。一项是“社会化养老服务示范市（区）”创建活动。要把开展创建全国养老服务社会化示范市（区）活动，作为推动老龄事业发展的重要载体，明确标准，加强组织引导和督促检查，通过争创省级、国家级社会化养老服务示范市（区）活动，促使各地加快老年服务基础设施建设，建立健全老龄工作机构，加大对老龄事业的投入，推动我省老龄工作上水平、上台阶。另一项活动是组织开展好“河南省第三届十大敬老楷模”评选活动，加大宣传力度，大力弘扬尊老、敬老、助老的传统美德，努力扩大老龄工作社会影响，为老龄事业发展营造良好的社会氛围。

同志们，做好老龄工作，发展老龄事业，是时代赋予我们的光荣使命，也是义不容辞的责任。2008年初，胡锦涛总书记在天津视察时对做好老龄工作提出了明确要求。他指出，尊重老年人、关爱老年人、照顾老年人是中华民族的优良传统，也是一个国家文明进步的标志。我们要弘扬中华民族尊老敬老的传统美德，大力发展老龄事业，给予老年人更多生活上的帮助和精神上的安慰，让所有老年人都能安享幸福的晚年。对此，我们必须认真地学习领会并贯彻落实。老龄问题涉及政治、经济、文化和社会生活等诸多领域，是关系国计民生和国家长治久安的一个重大社会问题，必须坚持以科学发展观为统领，牢固树立全局观念，继续坚定不移地贯彻“党政主导、社会参与、全民关怀”的工作方针。党政主导，就是要坚持党和政府在制定规划、出台政策、投入资金、培育市场、营造环境方面的主导作用；社会参与，就是要发挥企业、中介组织、家庭等方面的作用，引导社会各方力量积极参与老龄事业；全民关怀，就是要弘扬中华民族尊老、敬老、助老的优良传统，夯实老龄事业发展的社会基础。总之，做好老龄工作，既要发挥党委和政府的主导作用，又要调动社会各方面的积极性，既要发挥老年人的作用，又要营造老龄事业发展的社会氛围，形成党委和政府主导、老龄委组织协调、相关部门协同配合、社会力量广泛参与、人人关心支持的工作局面。有这样一句话叫做：“家家有老人，人人都会老，关爱今天的老人，就是善待明天的自己。”这句富有哲理的话提醒我们每个领导同志和每个部门要充分认识我国、我省老龄化的大趋势，从我做起、从现在做起，尤其是从我们在位的时候做起，认认真真对待老龄工作。这样，对社会、对个人，对公、对私都是做好事、做善事。让我们认清形势，把握机遇，以邓小平理论和“三个代表”重要思想为指导，全面贯彻落实科学发展观，以十七大精神为指针，在省委、省政府的领导下，求真务实，开拓进取，为促进我省老龄事业与经济社会的协调发展，加快全面建设小康社会、构建社会和谐，促进中原崛起，作出新的、更大的贡献。

在湖北省老龄工作委员会第八次全体会议上的讲话

湖北省委常委　常务副省长　李宪生

（2010年7月29日）

今天召开省老龄委第八次全体会议，虽然时间不太长，但内容很丰富。会议传达了全国老龄工作会议精神；松保同志代表省老龄委作了报告，回顾总结了去年的工作，对今年的工作提出了明确的安排意见；省发改委、财政厅、人社厅、文化厅负责同志分别介绍了本部门、本系统老龄工作情况。会议原则通过了省老龄委的工作报告。希望大家认真贯彻中央的精神，在2009工作的基础上，把2010年的老龄工作做好。下面，我就做好新形势下的全省老龄工作，讲三点意见。

一、正确把握当前老龄工作面临的形势，切实增强做好老龄工作的责任感和紧迫感

2009年，全省老龄工作在省委、省政府的高度重视和正确领导下，按照“党政主导、社会参与、全民关怀”的工作方针，贯彻落实全国老龄委第十一次全体会议和省老龄委第七次全体会议的部署，结合全省实际，扎实推动各项工作，老龄事业发展呈现出良好态势。

一是养老保障体系进一步完善。2009年，全省城镇企业职工参加基本养老保险680.4万人，比上年净增25万人；为251.7万名离退休人员发放基本养老金280.5亿元，比上年增加53.4亿元；企业退休人员养老金标准比上年人均提高110元。在13个县（市）启动了新型农村养老保险试点工作，全省参加农保255万人；对12.5万符合计划生育政策的农村老年人落实了奖励资金，金额达1.11亿元。通过新农合制度的全面实施，农村老年人的基本医疗问题得到了较好解决。军队和地方离退休干部“两个待遇”得到了较好落实。

二是养老服务体系进一步健全。省级投入补助资金1.27亿元，安排75个公办城市社会福利机构建设项目，新增床位3158张；投资4000万元在5个县（市）安排15个项目，开展基本养老服务体系建设试点工作，新增养老床位1541张。全省社会办养老机构已突破200家，供养老人1万多人。社区居家养老服务得到较快发展。

三是老年人精神文化生活进一步丰富。全省80%以上的县（市）成立了老年体育、艺术团队，经常开展文体活动。各地老龄工作部门针对老年人的特点，结合实际，组织老年人开展游宝岛、游港澳等活动。重阳节期间，各地都组织了丰富多彩的老年文体活动。省老龄办、省文化厅和省广电局联合举办了“庆重阳”文艺晚会。这些活动丰富了老年人的精神生活，深受老年人的欢迎。

四是老年人合法权益得到进一步维护。突出维权重点，实施跟踪督办，加大老年优待政策落实力度，解决老年人在享受优待方面存在的问题。针对工作中存在的不足，采取有效措施，及时化解各种矛盾。同时，推广签订《家庭赡养协议书》，加大家庭养老保障法律约束力度。加大对高龄、困难老人补贴救助力度，全省落实百岁老人高龄补助1018人。

去年老龄工作取得的成绩，得益于省委、省政府的正确领导，同时也凝聚了省老龄委各成员单位和各级老龄工作部门的共同努力。在此，我谨代表省委、省政府，向所有关心支持、积极参与老龄事业发展的单位和同志们表示衷心的感谢！向长期辛勤工作在老龄战线上的同志们表示亲切的慰问！

在肯定成绩的同时，也要看到老龄工作起步的时间并不是很长，还面临着许多新情况、新问题，需要采取有力措施把工作做好。做好老龄工作，首先要对老龄工作的形势有一个清醒的认识。从我省情况来看，老龄工作呈现出三个突出的特点。

（一）老龄化呈加速上升趋势

我省自1998年进入人口老龄化。随着老年人口的增加，高龄化、"空巢"、贫困等现象更加凸现。据预测，到2015年，全省60岁及以上老年人口的比例将上升到15%左右，其中80岁以上老年人口将达到100万以上。人口老龄化呈上升趋势，老龄化的问题日益突出，对我们的工作提出了新的更高要求。

（二）农村老龄问题比较突出

老龄委的工作报告指出的农村老年人自杀问题，虽然是一个点上的问题，但反映出农村老龄问题的突出程度。我省是一个农业大省，农村老年人口400多万。农村社会保障制度不健全，养老保险、合作医疗、最低生活保障等方面，都还存在着覆盖面小、保障水平低、制度不完善等问题。农村老龄事业经费投入也显得不足，老年人服务设施和活动场所严重缺乏，急需要研究和加强。

（三）应对人口老龄化问题的制度建设比较滞后

我省老年法规政策建设得到加强，但是总体来看，还是显得不够适应。工作机制不够健全，特别是县以下老龄工作机构薄弱，关系不顺，经费不足，队伍不强。老龄事业发展严重滞后，老龄产业尚未明显起步，养老服务供需矛盾突出，远远不能满足老年人的需求。关于老龄产业问题，国家老龄产业协会已正式挂牌成立，我省在这项工作上也要及时跟上步伐。

人口老龄化是经济社会发展中面临的重大挑战，对社会保障、劳动力结构、产业结构、消费结构、文化体育、教育事业、社会服务、社会稳定等方面，都带来了全局性、战略性的影响。解决好人口老龄化带来的一系列问题，既是我们长期面对的重大任务，也是当前必须应对的紧迫课题。我们强调要落实科学发展观，科学发展的核心是以人为本，以人为本的其中应有之意就是老龄工作。因此，我们要进一步统一思想，提高认识，增强做好老龄工作的责任感和紧迫感。

二、突出工作重点，切实维护好广大老年人的根本利益

如何结合我省实际，把中央的精神落实好，把今年的重点工作抓好，我想重点再强调四个问题。

（一）进一步加快建立和完善养老保障体系

今年，要进一步完善城镇社会保障体系，有计划地提高城市企事业单位职工养老保障标准，全面落实离退休干部政治待遇和生活待遇。要继续做好城乡最低生活保障工作，进一步扩大农村低保覆盖面，做到应保尽保。要认真抓好新农保制度的试点工作。在新农保制度尚未全面实施的情况下，要通过落实对计划生育家庭老年人奖励、高龄老年人补贴等政策，多措并举，切实保障农村老年人的生活。农村低保要适当向老年人倾斜，增强对贫困老人救助的有效性。要重点解决好老年人的医疗问题，进一步完善新农合和医疗救助制度，积极推进城镇居民医疗保障制度建设。这些工作要和老龄工作有机结合起来，突出老龄工作的重点和特色，使老龄工作在各项工作全面推进过程中有所体现，有所加强。

（二）继续加快养老服务体系建设

要认真抓好基本养老服务体系建设试点工作，确保取得成功经验，为全省建立健全养老服务体系提供好的借鉴。要把发展居家养老服务作为重要民生工程，纳入社区建设规划，加快社区服务中心站（点）建设，强化社区为老服务功能。要在完善政府兴办养老服务机构设施的同时，研究制定扶持养老服务产业发展的政策和措施，鼓励和引导社会资本投入养老服务产业，逐步形成机构养老与居家养老相结合、福利养老与产业养老相结合的新型养老服务模式。要加强农村养老服务基础设施建设，以村镇为重点，加大政府公共财政投入，为农村老年人，特别是"空巢"老人、困难老人提供与日常生活密切相关的生活照料、文化卫生等公共服务设施。

（三）大力发展老年文化体育事业

各级政府和有关部门要高度重视这项工作，进一步加强基层老年活动场所和设施建设，经常组织开展适合老年人特点的丰富多彩的文体活动。积极支持各类老年群众文体组织健康发展，引导和鼓励基层老年文体教育活动创新，大力倡导科学、健康、文明的生活方式。各级宣传、教育、出版、文化等部门要继续加强老年人精神文化产品的创作、出版、发行工作，为老年人提供更多更好的精神文化产品，让先进文化占领老年人的思想阵地。要特别重视加强农村老年活动设施建设，充分利用闲置校舍、房屋等公共资源，改扩建为老年人活动设施。继续开展"银龄行动"，组织老年科技、医疗、文艺工作者，开展送科技、送医送药、送文化到老区、困难地区的活动。

（四）切实维护老年人的合法权益

要认真贯彻执行《老年人权益保障法》和省政府关于老年优待工作的规定，采取多种形式，加强执法监督力度。要进一步落实高龄老人补贴政策，有条件的地方要适当放宽高龄老人补贴条件，扩大补贴范围。老年优待工作需政府补贴的经费，要切实落实到位，确保老年优待政策的全面落实。要积极组织推广《家庭赡养协议书》签订工作，妥善化解各类赡养纠纷。要进一步建立健全老年维权工作协调机制，充分发挥相关职能部门的作用，及时纠正和惩处侵犯老年人合法权益的行为。要进一步开展老年司法救助、法律援助和法律服务工作，重视做好涉老纠纷调解处理和老年人信访工作，妥善处理老年人反映的各类实际问题，切实维护好老年人的合法权益。

三、进一步加强老龄工作体系建设

做好老龄工作，是全面建设小康社会的重要内容，是社会文明进步的重要标志，也是社会主义和谐社会建设的必然要求。各级各部门要从战略的高度出发，加强组织领导，加大工作力度，把老龄工作进一步抓好抓实。

（一）党委、政府要高度重视老龄工作

各级党委、政府要切实将老龄工作纳入经济社会发展总体规划，纳入精神文明创建的总盘子当中去。结合当前“十一五”规划收官和“十二五”规划编制工作，要切实把老龄工作体现到“十二五”规划的有关具体措施中去。要按照党的十七大和温家宝总理在十一届全国人大三次会议《政府工作报告》中提出的“加强应对人口老龄化战略研究，加快建立健全养老社会服务体系，让老年人安享晚年生活”的要求，更加关心和重视老龄工作，及时听取老龄工作情况汇报，分析人口老龄化形势，专题研究解决老龄工作中存在的突出问题。要进一步建立和完善老龄事业经费投入机制，为老龄事业发展提供必要的资金支持。要建立老龄工作激励机制，充分调动和激发社会各界做好老龄工作的积极性和创造性，形成敬老、扶老的良好社会氛围。

（二）进一步完善老龄工作体制机制

省老龄委各成员单位要围绕经济社会发展大局，从构建和谐湖北、保民生、保稳定的高度，认真履行部门职责。要切实采取有力措施，每年为老年人办一两件看得见、摸得着的实事。省政府将对各成员单位落实情况进行检查通报。各级老龄工作部门要充分发挥综合协调作用，加强信息交流和调查研究，及时收集反映各地、各部门的老龄工作情况，提出有针对性的政策建议，为党委、政府当好参谋，为应对人口老龄化高峰期到来，积极做好相应的准备。

（三）切实加强基层老龄工作

老龄工作在经济社会发展相对较好的大城市要加强，基层的老龄工作更要加强。各级党委、政府和老龄委成员单位要高度重视基层老龄工作。要认真总结推广基层老龄工作创造的新经验、新做法，发挥先进典型示范作用，不断提升基层老龄工作整体水平。要切实加强县市级老龄工作机构和队伍建设，保证工作正常开展。要建立健全乡镇、街道老龄工作领导机构，做到有人过问老龄工作，有人为老年人办事。要积极培育和发展村级老年人协会，加强业务指导，充分发挥其联系广大老年人的桥梁作用和服务老年人的组织作用，使之成为推动基层老龄工作的重要力量。

同志们，老龄工作任务艰巨，意义重大，使命光荣。希望通过这次全会，在总结经验的基础上，进一步研究和完善措施，牢固树立和落实以人为本的科学发展理念，通过我们的主观努力和全社会的支持，扎实推动全省老龄事业又好又快发展，为全面建设小康湖北、文明湖北、和谐湖北做出新的更大贡献！

在贵州省老龄委第十次全体会议上的讲话

贵州省委副书记　省老龄委主任　王富玉

（2010年3月19日）

同志们：

这次省老龄工作委员会全体会议的主要任务是传达贯彻全国老龄委第十二次全体会议精神和全国老龄办主任会议精神，总结2009年老龄工作，安排部署

2010年工作。刚才，维光同志通报了2009年度省老龄委成员单位目标考核情况。去年，各成员单位围绕为老服务作了大量工作，总体情况是好的。治学同志代表省老龄委总结了2009年的工作，提出了2010年工作安排意见，讲得很全面。省发展改革委、省人力资源社会保障厅、省财政厅、省卫生厅、团省委5个成员单位的负责同志分别介绍了本部门、本系统老龄工作情况，都讲得很好。请新闻单位将我省去年的老年工作作一个综合报道，以此来推动2010年的全省老龄工作。会议原则通过了治学同志的工作报告，会后请省老龄委办公室根据大家意见对报告作进一步修改后按程序送审下发。

刚刚过去的2009年，是我省经济社会发展经受严峻考验并取得显著成绩的一年。全省老龄工作在省委、省政府的领导下，紧紧围绕省委、省政府的工作大局，按照省老龄委第九次全体会议的部署，通过各方努力，全省老龄事业取得了显著成效。养老保障制度和医疗保障制度不断健全和完善，老年人社会保障水平有新的提高，新型农村社会养老保险试点工作有效开展，农村老年人“老有所养”开始有了制度性保障；养老服务工作稳步推进，服务内容多样化，服务水平进一步提升；老年法制建设进一步加强，老年人合法权益得到保障；老年文化体育活动广泛开展，老年人精神文化生活日益丰富；基层老龄工作得到加强，全社会敬老、爱老、助老的氛围日益浓厚；老龄工作得到广泛关注，齐抓共管的大老龄工作格局基本形成。

关于2010年的老龄工作，重点就是要为老年人营造“乐”字当头、健康幸福的良好环境。下面我讲几点意见。

一、认清形势，切实增强做好老龄工作的责任感和紧迫感

当前，我省正处在改革发展的关键时期，也是人口老龄化快速发展的重要阶段，人口老龄化与经济转轨、社会转型相叠加，老龄问题与利益格局调整、思想观念变化相交织，老龄事业面临着日益复杂的新情况、新挑战。

按照国际通行标准，我省于2003年跨入了“老年型”省份的行列，根据省老龄办、省统计局联合开展的《贵州省人口老龄化进程及前瞻性研究》报告预测，今年，我省60岁以上老年人口将达到534万人，占全省总人口的13.81%。预计2015年60岁以上老年人口将达到635万人，占15.89%，2020年达到665万，占16.14%，人口老龄化来势凶猛，形势十分严峻。

贵州是典型的“未富先老”省份，经济总量小，应对人口老龄化的社会保障体系、养老服务体系、社会助老环境体系和老龄工作体系建设等方面较薄弱。随着人口老龄化的不断发展，养老保障和医疗保障的压力不断加大。现行的社会保障体系尚不完善，各项社会保障的覆盖面窄，保障水平较低，城乡低保、失地农民养老保障、农村计划生育奖励扶持、城镇居民基本医疗保险和新型农村合作医疗等制度建立时间不长，亟待完善，农村养老保险试点才刚刚起步，老年人“养”和“医”的问题仍较突出。受家庭规模日渐小型化和劳务输出等因素的影响，空巢老人和因子女外出务工的农村留守老人数量越来越多，生活照料问题日益突出。养老机构发展缓慢，床位严重不足，远远不能满足老年人入住需求。

对于老龄问题早重视比晚重视好、早抓比晚抓要主动得多。各级老龄委和有关部门要从战略和全局的高度，充分认识积极应对老龄化问题、大力发展老龄事业的重要意义，进一步坚定做好老龄工作的信心和决心，切实增强做好老龄工作的责任感、紧迫感和使命感，不断开创老龄事业科学发展的新局面。

二、认真做好2010年工作，努力推动老龄事业又好又快发展

2010年是实施“十一五”规划的最后一年。做好2010年的老龄工作，对全面完成老龄事业“十一五”规划，科学制定“十二五”规划具有重要意义，对于确保全省经济平稳较快发展和社会和谐稳定具有重要作用。要按照全国老龄委第十二次全体会议的安排部署，围绕实现“六个老有”的目标，扎实推进各项老龄工作。

第一，要着力完善养老保障体系。让老年人享有社会保障，既是保障和改善民生的重要基础，也是扩大内需、刺激消费的重要措施。要进一步完善养老保障制度，扩大保障和救助覆盖范围，提高保障水平，将生活困难的老年人全部纳入城乡最低生活保障救助范围，切实做到应保尽保。要努力扩大城镇基本医疗保险和农村新型合作医疗覆盖面，提高老年人在城镇基本医疗保险、新型农村合作医疗中所占比例。积极探索建立将老年人常见病纳入医疗保险和医疗救助制度政策措施，广泛开展建立城乡老年人健康档案、体检和卫生健康指导服务工作。鼓励支持经济条件好的地区建立高龄老人津贴制度。努力做好各项保障制度和政策之间的衔接，避免重复、交叉和遗漏。通过完善养老保障体系建设，实现“老有所养、老有所医”。

第二，加快发展养老服务体系。现在社会上有一种倾向，就是为小孩服务的决心很大，花费的精力也很大，对老年人的关注不够，为老年人服务的工作也做得不够。发展养老服务：一是要把开展居家养老服务工作作为重要民生工作和今年的重要工作来抓，着力解决当前居家养老服务工作中存在的突出问题，争取到2012年全省城市社区建立起各种形式、广泛覆盖的居家养老服务网络。要把政府购买服务与市场化服务结合起来，鼓励更多的社会力量参与到居家养老服务中来。按照“专业化、个性化”的要求，加强居家养老服务队伍建设，开展岗位技能培训，比如洗衣的、煮饭的、聊天的、看病的，各种各样为老服务的人员都要有。要开发居家养老服务公益性岗位，提升居家养老服务水平。二是要加大投入，大力发展社会福利院和农村敬老院，将城镇孤寡老人和农村五保户纳入集中供养范围，切实解决他们老有所养的问题。三是要坚持政府主导、社会参与、市场运营的原则，推动社会养老服务机构发展。发展社会养老服务体系，主要依靠社会投资，走社会养老服务社会办的市场化路子，政府按照公益性项目在土地征用、床位补助、营运补贴和水电费减免等方面制定优惠政策，推动民办养老机构发展。今年要抓几个社会化养老服务建设的点，不能光说话不办事。

第三，大力发展老龄文化。当前，在老年人中存在几个需要解决的问题。一是孤独感。年轻人不喜欢跟老年人说话，交流比较少。二是失落感。在台上的时候前呼后拥，退下来后找的人少了，心理落差大。三是抑郁症。据有关部门统计，我国55岁以上老年人患抑郁症的比例高达10%～15%。因此，我们除了要从身体上关心老年人的健康，更要从精神上关心老年人的健康。各级政府和有关部门要把发展老年文体教育事业纳入经济社会发展规划，多渠道筹集资金，加快发展，要把老年文体教育基本建设与城市社区建设、新农村建设、敬老院建设、生态家园建设、村委会建设和城乡文体活动场所建设结合起来，整合资源，为老年人提供更多方便、适用、安全的文化、体育活动场所。比如，门球场，现在贵阳市大多是单位建的，不是本单位的老年人进不去，能不能多搞一些公共的门球场。同理，可以多搞一些公益性的老年棋社、茶馆，让老年人有一个健身、娱乐、聊天的场所。发挥好老年大学的作用，丰富教学内容，提高教学质量，实现“老有所教、老有所学、老有所为”，陶冶情操。要加强对“星光老年之家”的维护管理，充分发挥其作用。去年，各地老龄办结合庆祝新中国成立六十周年纪念活动开展老年文体教育系列活动，受到老年人欢迎。各地要结合实际，每年举办一两次如老年登山比赛、老年运动会、老年文艺汇演、老年书画大赛等有规模、有影响、老年人喜爱的活动，并形成制度。广泛深入开展敬老、爱老、助老主题教育活动，举办好全省第二届老年文化艺术节，不断丰富老年人的精神文化生活，实现“老有所乐”。要充分发挥老年社团在为老服务体系中的作用，财政和社团主管单位在经费上要给予支持，最好进行专项列支。

第四，更加注重农村老龄工作。农村老龄工作是我们整个老龄工作的薄弱环节，主要存在基本生活条件差距较大，文化体育生活贫乏，老龄组织不健全，老年人权益保障不够等问题。加强农村老龄工作应当成为我省今后老龄工作的重点。各有关部门要把农村老龄工作放在突出的位置来抓，加快农村社会保障制度建设步伐，全面完善农村最低生活保障制度，切实解决好贫困老年人的基本生活问题。体育彩票和福利彩票公益金使用要更多地向农村倾斜。加大农村为老服务基础设施的建设力度，重视解决农村高龄、失能、贫困、空巢、留守老人的实际困难。加大农村老年人的维权工作，严厉惩处不养老和侵害老年人合法权益的违法行为。公安、法院对那些不赡养父母、甚至虐待父母的不孝之子要进行严厉查办。

第五，积极构建老龄产业体系。根据不同层次老年人的需求和社会消费结构的变化，积极稳妥地发展老龄产业。坚持市场化、社会化的方向，从实际出发，遵循市场规律，加快体制创新，建立政府引导、部门推动、行业管理、社会参与、市场竞争的老龄产业发展机制。围绕基本需求，兼顾高层次消费，以养老设施、生活照料、健康管理、疾病护理、文化教育、体育健身、旅游观光等为突破口，构建老龄产业体系基本框架，努力形成具有良好经济效益和社会效益的老龄产业板块。特别是要大力发展老年旅游，推出适合老年人特点的精品旅游线路和服务产品。去年省旅游局组织1000多人到台湾旅游，老年人反映很好，今年要加大宣传和工作力度，可以专门组建为老年人服务的旅行社，开通“夕阳红”专列、航班，降低各方面的费用，组织更多的老年人外出旅游。民盟贵州省委提出在贵州建老年人休闲度假基地的提案已经两年多了，省有关部门和贵阳市要加强联系，密切配合，确定好试点项目，引进投资主体，推动试点工作开展。还可以借鉴一些发达国家的做法，修建公益性的老年高尔夫球场。

第六，要做好老龄事业“十二五”规划的编制工作。要认真评估和分析贵州省老龄事业发展“十一五”规划的实施情况、实施效果，在科学分析和充分论证的基础上，确立老龄事业发展“十二五”规划的指导思想、奋斗目标、基本任务、重大工程和保障措施，增强规划的科学性、前瞻性、创新性和可行性。要加强老龄事业发展规划与我省经济社会发展规划的衔接，力争将老龄工作的重要指标、重大项目和重点工程纳入我省经济社会发展总体规划。各地也要结合实际，做好本地区老龄事业发展“十二五”规划的编制工作。此外，要配合全国老龄委做好应对人口老龄化中长期发展战略研究工作。规划编制一定要征求专家、老干部的意见，不能弄得文字的水平很高，操作的水平很低。

三、切实加强领导，强化老龄工作体系

老龄工作是一项综合性很强的工作，涉及方方面面，要靠各级党委、政府，各成员单位，社会各界的共同参与。各级党委、政府要加强对老龄工作的领导，定期研究、切实解决老龄工作中的困难和问题。每年都要为老年人办一、两件实实在在的实事。在去年下半年开展省级单位机构改革中，省编委办根据老龄事业发展需要，核定省老龄办编制由18名增加到21名，增加了3名编制。市县机构改革正在进行，各地要参照省里的做法，努力争取在这次机构改革中，使基层老龄机构建设得到进一步加强。各级老龄委成员单位要通力合作、密切配合，形成齐抓共管的老龄工作格局。如，省财政要加大老年工作经费投入；省教育厅要研究“老龄知识进课堂”，把养老敬老工作从娃娃抓起；省体育局要专门组织适合老年人参加的体育活动；团省委可以发挥共青团员和志愿者的作用，开展为老服务；省妇联可以评“十佳敬老爱老媳妇”；省老龄办等单位可以通过举办为老服务先进事迹报告会，开展不敬不孝反面典型警示教育；政法部门要认真开展老年人维权工作等，在全社会形成一种尊老、敬老、爱老、助老、竭诚为老年人服务的风尚。各级老龄委办公室要不断加强自身建设，提高综合协调能力和调研督查水平，增强服务意识，当好助手。要切实加强基层老龄工作，充分发挥基层老年群众组织自我教育、自我管理、自我服务的作用。要加大对老龄工作干部的交流，让优秀人才进得来、出得去，形成好的用人导向。

在广东省老龄委第十次全体会议上的讲话

广东省副省长　省老龄委主任　李容根

（2010年2月24日）

同志们：

新春伊始，我们在这里召开省老龄委第十次全体会议，主要任务是回顾总结去年的老龄工作，分析研究当前全省人口老龄化的形势和老龄工作面临的新情况、新问题，全面部署今年的工作任务。刚才，瑞峰同志传达了全国老龄委第十二次全体会议精神，刘洪同志代表省老龄委作了一个很全面的工作报告，与会同志对工作报告进行了审议，讲得都很好。会议还表彰了一批老龄工作先进单位、先进个人和一批老龄委先进成员单位、优秀联络员。希望获奖的集体和个人再接再厉、再立新功，其他单位要努力向他们学习，为做好全省老龄工作多努力、多费心、多贡献。下面，我就进一步做好全省老龄工作讲三点意见。

一、2009年我省老龄工作取得了新的成绩

2009年是很不寻常、很不平凡的一年。面对国际金融危机的冲击和严峻的国内国际经济形势，我省坚决贯彻落实中央关于保增长、保民生保稳定的各项决策部署，以实施《珠江三角洲地区改革发展规划纲要》为主轴，大力推进“三促进一保持”，全力以赴保增长，抓住时机扩内需，着眼未来促转型，扎扎实实惠民生，既有效遏止了经济增长下滑态势，又为下一步经济社会又好又快发展创造了有利条件。全年完成生产总值39082亿元、增长9.5%，人均生产总值40748元、增长8.4%，均提前实现“十一五”规划目标。来源于广东的财政总收入和地方一般预算收入分别达9052亿元和3649亿元，增长6.9%和10.3%。各项社会事业全面进步，人民生活持续改善，社会保持和谐稳定。与经济社会发展相同步，2009年我省老龄事业也取得了新的成绩，突出体现在以下五个方面：一是老年人社会保障体系建设不断完善。21个地级市全部建立被征地农民养老保障制度，基本建立城乡居民一体化的养老保险体系，各项养老保障措施不断完善。新型农村合作医疗和城镇居民基本医疗保险制度覆盖面进一步扩大，新农保试点工作扎实推进，老年人从中享受到了最大的实惠。二是养老服务体系建设扎实推进。积极创新养老服务模式，初步形成具有广东特色的养老服务新模式。专职社工职业化服务范围扩大到民政、卫生等领域，老年人社会服务机构、服务设施建设扎实推进。有效整合福利院、“星光老年之家”、社区服务中心和医疗服务中心等资源，在社区开展医疗护理、家政和义工等服务，满足了不同层次老年人的需求。社区居家养老服务示范点已为5万多名老人提供上门养老服务。三是普惠型社会福利制度建设取得新进展。全省普遍建立百岁老人津贴制度，珠三角部分地区开始建立80岁或90岁以上高龄老人津贴制度。养老服务财政补贴制度、高龄老人政府津贴制度和统一的老年人优待办法等工作加快推进。社会文化机构、公益机构免费向老年人开放范围不断扩大，老年人免费、优惠乘车措施有效落实。四是老龄工作培训和理论研究有新亮点。积极开展前沿研究，与联合国国际老龄研究所成功举办“应对人口老龄化战略高级研修班”，我省被该所列为继北京、浙江之后在中国合作的第三个培训基地。五是老年人文体活动蓬勃开展。以庆祝新中国成立六十周年为契机，组织开展老年文艺汇演、文化艺术节、运动会、书画展、体育比赛以及“夕阳红”健康之旅等文化体育活动，数量和质量均超过往年，极大丰富了老年人的精神文化生活。此外，还评选、表彰了一批老龄工作先进单位和先进个人，全省进一步形成敬老、爱老、助老的良好社会氛围。

这些成绩的取得，是省委、省政府正确领导的结果，是各涉老部门和社会各界密切配合、共同努力的结果，也是全省老龄工作者不懈努力、艰苦奋斗、忠诚奉献的结果。在此，我代表省政府、省老龄委向全省广大老龄工作者和所有关心、支持老龄工作的同志们表示衷心的感谢！

在肯定成绩的同时，我们也应清醒地看到，当前我省老龄工作还存在不少问题和薄弱环节：一是有些地方领导重视不够，经费投入不足，老龄工作机构还不健全。二是养老服务业发展滞后、养老保障制度有待进一步完善。三是基层老龄工作特别是农村老龄工作比较薄弱、老龄工作体系不够健全。对此，我们必须高度重视，认真加以解决。还要看到，老龄问题是21世纪重大社会问题之一，我省已进入快速发展的老龄社会。至去年底，我省共有60岁以上老人1047万、超过全省总人口的12%，预计2010年和2020年将分别达1080万和1490万人。老年人口基数大，地区分布不平衡，欠发达地区人口老龄化程度高于发达地区。特别是我省80岁以上老人占老年人口的16.3%，城乡独居老人比例接近50%，家庭小型化、老龄化、高龄化、空巢化“四化叠加”，老年疾病护理、生活照料、精神慰藉等问题日益凸显。同时，老年人的文化知识层次不断提高，对物质生活、医疗卫生、文化教育以及社会服务等方面的需求将越来越多、要求越来越高，给应对人口老龄化提出了新要求。更要看到，目前我省经济发展水平相对滞后于人口老龄化进程，区域经济发展不平衡，城乡二元结构尚未根本改变，应对老龄化的财富资源积累不足，“未富先老”情况突出。同时，应对人口老龄化的社会保障制度、养老服务体系和老龄工作体系建设等准备不足。随着全省老年人口的逐年递增，社会负担将日益加重，供养系数将明显攀升，直接影响我省经济社会的可持续发展。

老年群体是维护社会稳定的重要力量，切实保障老年人的利益，关系到我省改革发展的稳定，是不可忽视的全局性、战略性问题。促进老龄事业发展，改善老年人生活状况，是贯彻落实科学发展观、坚持以人为本的必然要求，也是我省当好推动科学发展、促进社会和谐排头兵的一项重要而紧迫的任务。各级、各部门要深刻认识人口老龄化形势的严峻性、老龄问题的特殊性和加强老龄工作的紧迫性，把老龄工作摆在更加突出的位置，进一步解放思想，采取更有效的措施，推动我省老龄事业加快发展。

二、把握机遇，切实加快我省老龄事业发展

2010年是我省巩固经济企稳向好势头的关键之年，是全面实现“十一五”规划目标的决胜之年，也是制定“十二五”规划的重要一年，做好今年工作意义重大。去年12月，胡锦涛总书记视察广东时，要求我们做到“五个扎实推进”，努力当好推动科学发展、促进社会和谐的排头兵。省委十届六次全会也对今年我省各项工作作了全面部署，要求坚持“五个更加注重”，落实“五个扎实推进”，实现经济社会又好又快发展。中央和省一直高度重视老龄工作。回良玉副总理去年在国家应对人口老龄化战略研究部署会议上强调，老龄问题是关系国计民生和国家长治久安的重大问题，必须本着对国家和民族负责的态度，扎扎实实推动老龄事业持续健康发展。汪洋书记、黄华华省长去年作出重要批示，要求高度关注和重视人口老龄化问题，认真研究应对人口老龄化战略，提出具体对策措施。这给我们老龄工作提出了明确要求。全省各级、各涉老部门要认真学习领会、深入贯彻落实胡锦涛总书记视察广东的重要讲话精神和省委十届六次全会精神，切实把思想认识和行动统一到中央和省委、省政府的决策部署上来，立足新形势、新任务、新要求，从全局和战略的高度，下功夫，想办法，出成绩，推动我省老龄工作再上新台阶。当前要突出抓好以下四个方面工作。

（一）紧紧抓住人口老龄化的重要战略机遇期，做好应对人口老龄化战略研究

今后的一二十年，虽然我省老年抚养比将继续上升，但少儿抚养比仍将明显下降，正处于总人口抚养比最低的人口红利期，对经济社会发展十分有利。这一时期既是我省发展的重要战略机遇期，也是加快发展老龄事业、全面应对2015—2035年人口老龄化高峰的战略准备期。我们必须抓住时机，尽早提出应对人口老龄化的战略对策。全国老龄委去年底启动了国家应对人口老龄化战略研究项目，今年又将启动新一轮的中国城乡老年人口状况追踪调查。我省在配合做好这些工作的同时，也要积极推进全省应对人口老龄化战略研究。摸清底数、掌握情况，是开展应对人口老龄化战略研究的最重要工作。各级老龄办要积极发挥组织协调、联络保障等作用，充分利用老龄委成员单位、科研院所、社会团体等力量，广泛发动各界参与，尽快厘清人口老龄化与经济社会发展各方面的内在关系，探索建立我省人口老龄化发展态势数据库，为省委、省政府在老龄问题上的决策提供科学依据。同时，要在完成“十一五”规划终期评估的基础上，做好编制《广东省老龄事业发展“十二五”规划》以及全省老龄事业中长期发展规划纲要的准备工作。

（二）紧紧抓住社会保障体制改革的重大机遇，完善我省社会保障制度

目前，我省养老、医疗保障体系框架已经确立，但仍存在一些问题需要解决，特别是农村养老保障制度建设相对滞后，与我省经济社会发展水平不相适应，要加大力度予以完善。一要加快推进新农保制度建设。要紧紧抓住中央推行新农保试点工作的契机，通过分类试点、典型示范、分步推进，积极探索建立与我省农村经济社会发展水平相适应、与其他保障政策相配套的农村社会养老保险制度，使农村居民人人享有基本养老保障。二要推进建立高龄老人政府津贴制度。省政府去年与民政部签订的《共同推进珠江三角洲地区民政工作改革发展协议》，明确提出了“建立高龄老人政府津贴制度”的要求。这是对传统补缺型社会福利制度的重大变革和创新。要高度重视解决高龄老人、失能老人和无保障老人的基本生活困难，在珠三角地区率先建立高龄老人津贴制度，并逐步在全省推行。三要促进养老保险、社会福利、老年优待等制度的合理衔接。积极探索人人“病有所医、老有所养”的实现方式，促进公共服务普惠化、均等化。要进一步总结推广现有社会团体的工作经验，积极推进为老服务制度建设。努力整合社会保障资源，降低公共服务成本，提高养老保障水平。探索建立多元化的基本公共服务供给制度，鼓励社会团体、组织和企业参与提供为老公共服务，共同推进老龄事业发展。

（三）紧紧抓住我省实施扩大内需战略的重大机遇，加快发展为老服务体系

不久前结束的省委十届六次全会作出了实施扩大内需战略的决定。扩大内需不仅是当前重要而紧迫的任务，而且是我省一项长期的战略举措。要紧紧抓住这一机遇，加快发展为老服务业，建立完善以居家养老为基础养老体系。这是适应人口老龄化社会养老服务需求的重要基础性工程，将对培育老年消费市场、拉动内需产生强大持久的作用，也有利于满足老年群体对养老、医疗、保健、旅游以及日常生活和长期照料等的需求。要加大政府投入力度，广泛动员社会力量参与，建立党政主导、社会参与、市场运作的为老服务体系。一要完善为老服务基础设施。加快敬老院、老年福利院、社区居家养老服务中心（站）建设，鼓励社会力量兴办养老服务机构和服务设施，促进各类养老服务机构协调发展。对民办养老机构，要在床位补贴、税收政策等方面给予更多的优惠。二要健全为老服务管理制度。要坚持一手抓发展，一手抓规范。对直接关系老年人安全和健康的老年护理、居家养老等业务，要纳入政府监管范围、健全监管制度，切实维护好老年人的合法权益。三要大力发展居家养老服务队伍。建立专门的志愿者和义工服务队伍，开展各种居家养老服务公益活动。倡导低龄健康老人根据自愿和量力而行的原则，为高龄老人及生活不能自理老人开展服务，并形成传承机制。大力推进政府购买服务，为社会福利服务社会化、运行机制市场化创造条件。

（四）紧紧抓住开展创建老年友好城市活动的重大机遇，构建助老环境体系

当前，全国正在开展国家级老年友好城市试点，并将在下半年全面铺开创建工作。我们要按照国家的部署，深入开展老年友好城市、宜居社区和温馨家庭创建活动。在城乡规划、道路交通、住房建设、公共设施以及户籍迁移等方面要充分考虑老龄化因素，着力改善老年人生活条件和生活环境。要采取必要的政策措施鼓励子女赡养老人、支持老年人居家养老，

有条件的地方可制定措施帮助老年人改善居住条件，鼓励子女就近照顾老人，提倡“三世同堂”和“温馨家庭”，缓解家庭小型化、空巢化带来的社会矛盾。全省要广泛开展“敬老之星”、“敬老企业之星”评选活动，培育和树立敬老先进典型，通过多种形式的宣传报道，在全社会形成生活上关心老年人、精神上慰藉老年人、权益上维护老年人的良好氛围。另外，各地要组织开展形式多样、内容丰富、健康有益的基层老年文体活动，丰富老年人的精神文化生活。

三、加强组织领导，进一步提高老龄工作整体水平

老龄事业是一项庞大的系统工程，涉及到方方面面，需要各级各部门分工协作、共同努力。各级、各部门一定要把老龄工作摆在重要位置、提上议事日程，切实加强领导，扎实有效推进，不断提升全省老龄工作水平。

一是强化党政主导作用。各级、各部门要坚持“党政主导、社会参与、全民关怀”的老龄工作方针，形成领导高度重视、老龄委协调有力、各部门尽职尽责、党政军群齐抓共管的大老龄工作格局。要把老龄工作纳入当地经济社会发展总体规划，列为社会建设和民生建设的重要内容。特别要重视加大对老龄事业的投入，重点解决城乡高龄、空巢、留守、失能老人的养老问题，探索应对人口老龄化的有效办法。要充分发挥各级老龄委的领导、组织、协调作用，推动老龄工作。各成员单位要认真履行责任，树立老龄责任意识，把老龄工作与业务工作有机结合起来，充分发挥职能作用，共同推进老龄事业发展。

二是重视老龄工作机构建设。与兄弟省市相比，我省老龄工作机构存在级别低、人员编制少、工作条件差、履行职能比较困难等问题，在基层更为突出。对此，各级党政领导特别是老龄委主要领导要高度重视，采取有力措施予以解决。要进一步理顺和完善老龄工作体制，配备必要的工作人员，创造必要的工作条件。要明确的是，现在大部分老龄办设在民政部门但并不是民政部门的内设机构，各级民政部门要创造条件，大力支持老龄办的工作。尤其要加强老龄工作干部队伍建设，配强“一把手”，选配政治素质好、文化程度高、组织协调能力强的干部从事老龄工作。要切实加强基层老龄工作组织建设，重点推动乡镇（街道）老龄工作组织建设，做实做强乡镇（街道）老龄工作结构，充分发挥其承上启下的作用。

三是加强老龄干部能力建设。各级老龄办要增强服务意识，为老龄委决策服务，为成员单位协作服务，为基层工作服务。要从党委、政府、老龄委的高度来考虑问题，发挥好参谋助手、综合协调、督促检查的作用。要拓宽视野，组织动员成员单位和企业、社会组织、家庭以及个人等力量共同做好老龄工作。要创新方法，善于抓综合协调、检查监督、调查研究、宣传引导和典型示范，突出重点，以点带面，推动工作。要加强对老年问题的理论研究，继续办好与联合国国际老龄研究所联合举办的“应对人口老龄化战略高级研修班”培训工作。要加强学习，练好内功，熟悉掌握科学发展观理论和老龄工作的业务知识，不断提高统筹协调的能力、调查研究和解决问题的能力，增强大局意识、服务意识，开阔视野、活跃思维，更好地适应我省老龄化形势发展的需要。

同志们，做好老龄工作、发展老龄事业，责任重大、使命光荣。希望大家以这次会议为契机，进一步解放思想，振奋精神，开拓进取，扎实工作，努力开创我省老龄工作新局面，为我省当好推动科学发展、促进社会和谐的排头兵作出更大贡献！

在四川省老龄工作委员会第七次全体会议上的讲话

四川省副省长　省老龄委第一副主任　张作哈

（2010 年 4 月 29 日）

各位委员，同志们：

今天会议的主要任务是传达贯彻全国老龄委第十二次全体会议精神。刚才，我们学习了回良玉副总理在全国老龄委第十二次全体会议上的讲话，回良玉副总理在总结老龄工作取得的成绩时讲了四句话，对老龄工作的总体评价是“认识在深化、制度有突破、服务有拓展、内容在丰富”。各成员单位一定要结合自身履行老龄工作职责，认真贯彻落实。黄明全同志代表省老龄委总结了2009年的老龄工作，对今年的工作进行了安排。

2009年在省委、省政府的领导下，老龄工作作为“民生工程”的重要内容，也取得了实质性进展。企业离退休人员养老金连续五年得到提高；灾区为老服务设施恢复重建进入实施阶段；新型农村养老保险试点工作顺利推进；新农合参保面进一步扩大；城乡低保对象生活标准进一步提高；全社会应对人口老龄化的认识进一步增强；老年人权益得到有效保障，全社会敬老、爱老、助老的氛围更加浓厚；老年文体活动空前活跃，在欢庆新中国成立六十周年和全民健身活动中得到了充分展示。这些成绩的取得，是省委、省政府正确领导和各成员单位认真履行职责的结果，是全省老龄工作者、社会各界和广大老年人共同努力的结果。

下面我讲两点意见。

一、进一步深化对老龄工作重要性的认识，增强做好老龄工作的紧迫感

老年人是社会的重要组成部分，老龄问题是关系国计民生和社会长治久安的重大问题。当前，我省与全国一样正处于经济结构和社会结构重大变革时期，人口快速老龄化与经济转轨和社会转型相叠加，与利益格局深刻调整和思想观念深刻变化相伴随，全省老龄工作和老龄事业面临着许多新形势、新情况。主要表现在两个方面，一是人口老龄化态势严峻，二是我们应对人口老龄化的准备不足。

从我省人口老龄化的态势看，具有以下显著特征。

一是老年人口规模大。截至2009年底，我省60岁及以上老年人口已经达到1317万多人，占全省总人口的14.9%。二是老龄化势头猛。从2000年到2009年底，全省老年人口的平均增长速度为3.77%。2005年到2006年老年人的增速为3.69%，2007年到2008年的增速为4.37%，而2008年到2009年老年人口的增速为6.07%，超过全国3%的平均增长速度，老龄化发展水平超过其他省份。三是高龄人口比例大。全省2009年年底80岁及以上高龄人口为167万人，占老年人口的12.68%（2009年底全国是11.36%）。四是牵涉的问题多。我国人口老龄化仍然是“未富先老”。人口老龄化使劳动力年龄构成、人口赡养比结构、代际关系等发生了重大变化，直接影响社会消费结构、产业结构的调整，直接带来社会利益格局的变动，对社会管理、公共服务和公共财政提出了新的要求。此外，老年人文化层次结构的变化，带来了老年人需求的多样化，社会思想文化观念的多元化，对敬老、养老、助老良好社会氛围的营造提出了新课题。

从应对人口老龄化的准备看，我们的工作还存在不少薄弱环节，主要表现在“三个不足”。

一是理论准备不足。近年来，我省理论界和政府有关部门都对人口老龄化问题开展了一些研究，但是可以直接应用的成果不多。总体讲目前的研究还不够深入，研究缺乏系统性、整体性和前瞻性，对全省人口老龄化发展的规律揭示还不够深刻，难以为政府决策提供科学实用的理论依据。二是政策准备不足。中央关于加强老龄工作的决定明确了我国老龄工作发展的指导思想、原则和目标，省委、省政府于2001年、2007年先后出台了加强老龄工作的决定和意见，但随着形势的发展，法规政策不完善、工作机制不健全的问题越加突出。老龄工作特别是农村老龄工作的基础仍然比较薄弱，制约老龄事业发展的体制机制性问题依然存在。三是保障和服务发展不足。从社会保障来看，人口老龄化、经济转轨和社会转型给城乡居民社会养老与医疗保障提出了新课题。近年来，全省虽然建立了城镇居民基本养老保险制度、城乡最低生活保障制度、城镇居民基本医疗保险制度、新型农村合作医疗制度和城乡医疗救助等制度，但保障的水平还不高，新型农村社会养老保险制度刚开始试点，健全老年社会保障制度越来越成为一个改善民生、促进发展的重要任务。全省老龄服务体系和现有服务设施还远远不能满足老年人的需要。我省经过多年的努力，农村敬老院床位达到20.95万张，国办养老床位达到2.38万张，民办养老床位现有1.32万张，养老床位总共有24.65万张，仅占老年人总数的1.87%，低于全国2%的平均水平。另外专业化的养老服务供需矛盾也十分突出，民办养老机构缺乏必要的政策和资金支持。

老龄化的严峻态势和准备工作的不足警示我们，要站在全局的高度，深刻把握老龄工作面临的形势和任务，提高做好老龄工作的主动性和自觉性。

二、坚持“党政主导、社会参与、全民关怀”的老龄工作方针，发挥职能部门作用，积极应对人口老龄化

老龄问题涉及政治、经济、文化和社会生活等诸多领域，老龄工作是党政工作的重要组成部分，老龄工作必须坚持以科学发展观为统领，牢固树立全局观念。老龄工作涉及到党委政府的多个部门，涉及到职能部门的多项业务，也涉及到社会工作的多个领域。因此要发挥党政部门的主导作用，广泛组织动员各部门、各行业的力量，有效整合各种社会资源，形成党政主导、统筹各方、整体联动的大老龄工作格局。就成员单位而言，我们应主要做好以下几个方面的工作。

第一，要恪守为老之责。老年群体的利益无小事。涉老工作职责履行得好，社会的和谐度就高，老年人的幸福指数也随之提高。省委和省政府每年都将多项涉老工作列入“民生工程”，而省直部门是实施民生工程的责任主体和工作主体。成员单位更要关心涉老项目的资金落实、工作进度，主动协调抓好本单位涉老项目的组织规划、指导协调、检查督导工作。成员单位要切实将老龄工作纳入职能部门工作之中，每个成员单位都应主动工作，积极履行涉老职责，这既是政府对各成员单位的基本要求，也是老年人的期盼。

第二，要善谋为老之策。应对人口老龄化的工作，早做比晚做主动、早抓比晚抓有利。今年是“十一五”规划执行的“收官”之年，也是制订“十二五”规划的启动之年，各成员单位要按照老龄工作的职责内容，检查“十一五”期间的工作情况。实实在在地提出“十二五”涉老工作指标、工作方法和完成工作任务的保障措施。各成员单位要针对全省老龄工作的特点和形势，按照“保基本、广覆盖、有弹性、可持续”的原则，进行调查研究，在养老保障、医疗保障、为老服务体系建设、老龄基础设施建设等方面，提出具有可操作性的“十二五”规划，供省政府决策和参考。要把发展养老设施和推进居家养老服务作为老龄服务体系建设的重点。要把养老机构分类管理、逐步实现养老服务设施福利性、公益性和营利性相结合，养老服务方式实现货币化、普惠化和均等化相衔接的为老服务体系建设放在优先位置。以满足老年人不同层次、不同方式的养老需求。此外，要抓紧完成灾后恢复重建国家规划的老龄服务设施项目。

第三，要多办利老之事。关爱老年群体是落实科学发展观，坚持“以人为本”的应有之义。各成员单位要从构建和谐社会的全局和高度，积极为老年人解难事、做好事、办实事。着力提高城镇职工、城镇居民医保和新农合保障水平，统筹解决关闭破产集体企业等退休人员和困难企业职工参加基本医疗保险问题。通过新型农村社会养老保险试点，加快农村老年人社会化养老进程。全面实施养老保险省级统筹，及时调整企业离退休人员的养老金，努力提高农村五保老人、城乡低保老人生活保障水平，及时救助特困老人，继续实施农村部分计划生育家庭奖励扶助制度，积极推动建立高龄老人津贴制度。我们要通过推进医药卫生体制改革，初步建立基本药物制度，健全基层医疗卫生服务体系，稳步开展公立医院改革试点，完善城乡公共卫生服务体系，更好地保障老年人的基本医疗和卫生保健。

同志们！人口老龄化是人类文明、社会进步重大的成就之一，同时又是我们面临的一个严峻的挑战。我们要深刻认识人口老龄化形势的严峻性、老龄问题的特殊性和老龄工作的紧迫性。我们要带着感情做老龄工作，感情决定工作态度、感情决定工作成效。我们要在应对严峻挑战中主动作为，在解决特殊问题中积极作为，在紧迫性工作中有所作为。

在宁夏回族自治区老龄委第六次全体（扩大）会议上的讲话

自治区党委常委 副主席 老龄委主任 刘慧

（2010 年 3 月 18 日）

刚才，自治区老龄办常务副主任李治贵传达了全国老龄委第十二次全体会议精神，自治区老龄委副主任、民政厅厅长、老龄办主任马廷礼代表自治区老龄委总结了 2009 年的工作，对今年及今后一个时期的工作提出了意见，作了部署。自治区发展改革委、人力资源和社会保障厅、司法厅、卫生厅的负责同志通报了有关情况，请各地各有关部门认真抓好落实。下面，我从对老龄工作的认识和宏观方面，讲几点意见。

一、认清形势，增强做好老龄工作的紧迫感

2009年是新世纪以来我国及我区经济发展最为困难的一年。一年来，我们在党中央、国务院和自治区党委、政府的坚强领导下，坚定信心、迎难而上、共克时艰，全区经济呈现出企稳向好的局面，保持了平稳较快发展的良好态势。全区各级老龄委及成员单位认真贯彻落实自治区党委、政府保增长、保民生、保稳定的决策部署，围绕中心工作，为老龄事业的发展付出了努力，在贺兰、平罗、盐池三个县开展了“新农保”试点工作，今年将进一步扩大试点范围，这项工作的开展使农村老年人“老有所养”有了制度性保障；在全国率先以省为单位建立了高龄老人津贴制度，实现补缺型老年福利向普惠型发展；推进“新农合”和城乡基本医疗保险制度建设，健全完善城乡医疗救助制度，“老有所医”得到保障；加快老年福利服务设施建设，社区居家养老服务有所发展。这些举措，使广大老年人共同分享着自治区经济社会改革发展的成果。这些成绩的取得，是各级党委、政府高度重视的结果，是各有关部门、社会各界和广大老龄工作者共同努力的结果。在此，我代表自治区党委、政府向全区老龄工作战线上的同志们、向关心支持老龄工作的有关部门表示衷心的感谢和崇高的敬意！

在谈到成绩的同时，我们也要认识到，我区老龄工作也面临着一些新形势、新情况和新问题。据统计，截至到2009年底，全区60岁以上的老年人达到65万，占到我们总人口的10.3%，我区已步入老龄化省区行列，且每年以3.3个百分点的速度增长；高龄老人和失能老人大幅增加，空巢家庭比例日益增大；老年人的日间照料等需求也呈现多元化；老年人口快速增长，劳动年龄人口比重下降，社会供养系数上升，家庭生活压力增大，社会负担加重。同时，还存在老年人社会保障水平较低、为老服务体系还不完善，政策支撑不足、资金保障不够等问题，这些都对经济社会发展带来深刻影响。我讲这些情况，目的是希望大家要认清形势，提高认识，增强紧迫感，采取有效措施，推进全区老龄事业的发展，使老年人安度晚年。

二、强化措施，着力推进老龄工作“三个体系”建设

今年是我们应对国际金融危机冲击，巩固经济回升向好的关键一年，也是在新形势下加快老龄事业发展的重要一年。各级党委、政府要站在推动经济平稳较快发展，构建和谐宁夏的高度，把推进老龄事业发展列入议事日程，健全完善养老保障体系、服务体系和工作体系，怀着感情、实实在在地做一些看得见、摸得着的实事。

一要加快养老保障体系建设。要把健全完善老年社会保障体系作为改善民生的重要抓手，逐步完善社会保障制度，扩大保障和救助覆盖范围，不断提高保障水平，着力解决好“老有所养”的问题。要组织开展养老保险、社会福利、社会救助等养老保障制度的专题调研，进一步健全和完善我区高龄老人津贴制度，做好高龄老人津贴制度与最低生活保障制度、农村养老保险制度的有效衔接。要研究制定针对失能老人、空巢老人和与重度残疾人共同生活老人的家庭救助政策等，使老年人特别是生活困难老人充分感受到党和政府的关怀及社会主义大家庭的温暖。

二要加快养老服务体系建设。发展养老服务事业是积极应对人口老龄化挑战的重要举措，也是扩大内需、改善民生、增加就业的有效途径。温家宝总理在《政府工作报告》中提出“加强应对人口老龄化战略研究，加快建立健全养老服务体系，让老年人安享晚年生活”。要把老龄事业发展纳入各地经济和社会发展的总体规划，并明确目标任务，制定切实可行的具体措施。要坚持以居家养老为基础、社区服务为依托、机构养老为补充、群众互助为途径的发展方向，大力发展居家养老服务业。要积极探索政府资助、社会各方参与兴办居家养老服务业的新途径，健全完善居家养老服务准入制度和评估标准。要积极支持民办非企业单位和社会中介组织开展养老服务，推进居家养老服务的市场化运作，形成政府、市场、社区和家庭联动的养老服务机制。要通过调研论证建立智能化社区居家养老服务网络平台，扩大社区居家养老服务覆盖面，提高服务水平和质量。

三要重视老龄工作体系建设。老龄工作的阵地在基层，老龄工作的基础在基层。老龄工作干的怎么样，关键是乡（镇）街道、村(居)这些最基层的地方，要建立老龄工作议事机构，具体事情有人管，有人干。另外，要培育和发展好基层老年群众组织，调动和发挥好基层老年群众组织自我管理、服务、教育和监督的作用。请各市、县（区）政府研究落实解决好这个问题，为老年工作的开展创造条件，提供组织保证。

三、各部门齐心合力推动老龄事业又好又快发展

老龄事业事关经济社会发展全局，涉及社会的方方面面。各地、各有关部门要站在应对老龄化形势的严峻性、老龄问题的复杂性、做好老龄工作紧迫性的高度，采取有效措施，发挥职能作用，合力推动老龄事业发展。

一要组织推动。各地、各有关部门要按照中央关于转变经济发展方式的一系列部署，围绕自治区党委、政府的中心工作，加强对老龄工作的领导，统筹规划具体工作，努力形成老龄委协调有力、成员单位尽职尽责、社会力量积极参与的工作机制，使老龄工作的各项任务落到实处。

二要协调联动。各级老龄委要发挥协调议事、检查指导的作用，力促工作落实。同时，要加强调研，为党委、政府制定推动老龄事业发展的政策措施提供参考。要及时向当地党委、政府汇报请示工作，帮助基层协调解决一些实际困难和问题。各成员单位要积极履行职责，把老龄问题纳入本部门工作规划、政策法规、具体工作部署中，为老龄事业做出积极贡献。

三要宣传驱动。要充分发挥舆论引导作用，运用多种形式，大力宣传人口老龄化的严峻性和紧迫性，宣传老龄工作的法规政策以及各地好的经验和做法，弘扬中华民族敬老、养老、助老的传统美德，形成全社会关心、支持老龄事业发展的良好社会氛围，推动老龄事业的发展。

这里我想补充讲一点，自治区老龄办要在调研的基础上，与发展改革、财政等部门联系，在国民经济和社会发展"十二五"规划的大框架内，着手提出老龄事业发展的"十二五"规划，广泛征求意见，报政府研究。

老龄事业是一项惠及千家万户、关系亿万老人切身利益的崇高事业。让我们在自治区党委、政府的领导下，提高认识，坚定信心，拓展思路，积极创新，实干苦干，务求实效，为推进我区老龄事业的发展，为社会和谐稳定而奋力工作。

在新疆维吾尔自治区老龄办主任会议上的讲话

自治区党委常委　肖开提·依明

（2010 年 3 月 16 日）

同志们：

这次自治区老龄办主任会议，是在全国"两会"刚刚胜利闭幕之际召开的一次重要会议，会议的主要任务是贯彻全国老龄委第十二次全体会议、全国老龄办主任会议及自治区老龄委第九次全体会议精神，总结去年的老龄工作，安排部署今年的工作任务。开好这次会议，做好今年的老龄工作，对迎接自治区人口老龄化挑战，为"十二五"规划启动奠定良好基础，推进自治区老龄事业的跨越式发展，具有深远的意义。

2009 年，是新世纪以来我区发展最为困难的一年，也是维护社会稳定任务极为繁重的一年。面对复杂的形势和严峻的挑战，在党中央、国务院的正确领导下，自治区党委、自治区人民政府认真贯彻落实中央的一系列重大决策部署，团结带领全区各族人民，克难攻坚，奋力拼搏，坚持一手抓团结稳定，一手抓经济发展，按照中央"保增长、保民生、保稳定"的总体要求，积极应对国际金融危机的严重冲击，努力克服"7·5"事件造成的不利影响，坚定不移地维护社会稳定和民族团结，卓有成效地推进经济建设和各项事业，在反分裂斗争异常激烈复杂、各种挑战异常严峻的情况下，保持了经济社会持续稳定发展的良好势头。

过去的一年，在维稳反恐形势严峻、人口老龄化挑战加剧的情况下，全区各级老龄工作部门以科学发展观为统领，坚持"党政主导、社会参与、全民关怀"的老龄工作方针，紧紧围绕维护民族团结和社会稳定的工作大局，围绕保增长、保民生、保稳定的工作重点，充分发挥"综合协调、督促检查、参谋助手"职能作用，使我区老龄工作实现了新的突破，老龄事业取得了长足的发展，在推动科学发展、构建和谐社会中发挥了重要作用。各地不断加大社会养老保障体系建设力度，城市社区居家养老服务工作和农村老龄服务事业有了新的进展；充分调动社会力量为老年人办好事、办实事，千方百计为老年人排忧解难，着力解决涉及老年群众切身利益的实际问题，积极维护老年人合法权益；认真落实各项老年优待政策，积极组织开展老年文体活动，因地制宜地发展老年教育，不断丰富老年人的精神文化生活；加大老龄宣传工作力度，宣传敬老先进典型，弘扬中华民族敬老传统美德，促进了自治区"三个文明"建设，为发展老龄事业营造了良好的环境；支持老年人参与社会发展，拓宽“老有所为”工作领域，圆满实施了上海援助我区的第七期“银龄行动 ”工作，使老年人得到了实惠，取得了显著的社会效益；深入开展老龄工作先进单位和先进个人评选表彰活动，召开推进居家养老服务工作经验交流会，总结推广经验，基层老龄工作得到进一步加强，夯实了基础，推动了“六个老有”目标在基层的进一步落实；不断加强自身建设，抓住热点难点问题开展调查研究，进行基层老龄工作干部培训，提高了老龄干部队伍的整体素质，为老龄工作奠定了良好的组织基础。特别是在“7·5”事件后，各级老龄办坚决贯彻落实党中央和自治区党委决策部署，坚定不移地维护民族团结、维护社会稳定，教育引导老龄系统干部职工认清形势，统一思想，提高认识，抽调人员参加社区维稳工作，与农村、社区开展共建帮扶，组织开展慰问捐款活动，全区老龄系统没有发生参与非法活动的现象。注重加强对老年群团组织的管理和对老年人的宣传教育，号召全区各族老年群众积极参与维护民族团结和社会稳定的各项工作，充分发挥老年群体在维护民族团结和社会稳定中的重要作用，为自治区的社会大局稳定作出了积极的贡献。对此，自治区党委是满意的。这些成绩的取得充分证明，我区老龄工作干部队伍是一支政治思想坚定、工作思路清晰、综合协调能力强、善于解决难题、勇于开拓奉献的队伍，是一支想干事、能干事、会干事的队伍，特别是在老龄工作困难问题多、环境条件差的情况下，各级老龄工作者没有退缩、埋怨和等、靠、要，而是树立以作为求地位的理念，迎难而上，艰苦创业，真抓实干，以热情饱满的精神状态和昂扬奋进的工作作风，推动解决各种困难和问题，不断改善老龄工作条件，开拓工作新局面，以丰硕的工作业绩赢得了各级党委、政府的支持和全社会的广泛赞誉，推动了我区老龄事业不断向前发展。在这里，我代表自治区党委，向全区广大老龄工作者表示亲切的问候和崇高的敬意！

2010年，是实施“十一五”规划的最后一年，是消除国际金融危机冲击和“7·5”事件双重影响、推动新疆发展和稳定的关键一年，也是加快推进改革开放和现代化建设、迎接自治区人口老龄化挑战的重要一年。自治区老龄工作的指导思想是以科学发展观为统领，深入贯彻党的十七届四中全会精神和胡锦涛总书记关于新疆工作的重要讲话精神，贯彻落实自治区党委七届八次全委（扩大）会议精神，坚持“党政主导、社会参与、全民关怀”的老龄工作方针，紧紧围绕自治区保增长、保民生、保稳定的工作大局，以迎接人口老龄化为契机，以维护民族团结和社会稳定为立足点，切实解决涉及广大老年群众根本利益的难点热点问题，促进“六个老有”工作目标的实现，推动自治区老龄事业又好又快地发展。做好今年的老龄工作，对保障和改善民生，促进民族团结，维护社会稳定，构建和谐社会具有十分重要的意义。下面，我就做好今年的老龄工作，讲几点意见。

一、认清形势，统一思想，切实增强做好新时期老龄工作的责任感和紧迫感

老年人是党和国家的宝贵财富。老龄工作是党和政府工作的重要组成部分。回顾新中国成立60年来的光辉历程，抚今追昔，饮水思源，我区各族老年人在十分艰苦的生活环境和工作条件下，扎根边疆，无私奉献，为自治区的建设、改革、发展做出了重要贡献。没有老年人过去的奉献，就没有我们今天的美好生活。做好新形势下的老龄工作，让各族老年群众分享改革开放和社会发展的成果，就是尊重历史，尊重老年人曾经做出的贡献。为老年人服好务，是传承中华民族敬老美德，保证党的事业继往开来，构建和谐老龄社会的必然要求。我们一定要进一步增强做好老龄工作的责任感和使命感。

（一）深刻认识人口老龄化面临的新形势

目前，我区60岁以上的老年人口已经达到212.63万，占全区总人口的9.81%，今年将进入人口老龄化社会。在未来的二三十年内，自治区的人口老龄化形势将会越来越严峻，到本世纪中叶，老年人口将占到总人口的三分之一，成为重度老龄化的地区。人口老龄化是一场无声的革命，它带来的挑战和对经济社会发展的影响远远超出我们的预料。老龄问题涉及政治、经济、文化和社会生活等诸多领域，事关国计民生和国家的长治久安，已经成为改善民生、坚持科学发展、建设小康社会、促进社会和谐不容忽视的重大社会问题。进入人口老龄化社会，我们首先要面对的是四个方面的难题。一是未富先老。解决老龄问题的关键是经济基础，我国的人口老龄化是在综合国力还不强、经济社会发展各项任务还十分繁重的情况下到来的，未富先老是我国的基本国情，更是我区的基本区情，连上海这样的发达城市都已经因为养老问题而感到财力吃紧，更不要说像我区这样的经济欠发达地区，短期内我们需要解决的问题会更多、困难会更大。二是区域间发展不平衡。我区人口老龄化呈现出明显的区域不平衡和城乡倒置现象，东疆、北疆的人口老龄化程度高于南疆地区，乌鲁木齐、昌吉、克拉玛依等地早已进入人口老龄化，而南疆部分地区进入人口老龄化社会还需要一段时间，农村人口老龄化程度高于城镇，而我区大多数的老年人生活在农村。三是老年人口规模大。表面上看来，我区比全国晚了十年进入老龄化社会，但事实上，我区老年人口以每年4.36%的速度增长，远远高出全国1.16个百分点，这就意味着我区的人口老龄化势头会越来越猛，老年人口规模将会越来越大，短期虽然看不出明显变化，但长期积累总量是巨大的，这对我们提供服务的保障体系将是一个严峻的考验。除此之外，高龄老人、贫困老人、生活不能自理老人、空巢老人的数量正越来越多，也大大增加了我们解决老龄问题的难度。四是政策体系亟待完善。未富先老的基本国情，使我国养老保障、医疗保障、老年社会服务和社会参与等方面的压力将越来越大，随着人口老龄化的进一步发展，老年人在物质生活、医疗卫生、精神文化生活等方面的需求会越来越高，对社会服务的需求量也越来越大，而我区养老、医疗保障的水平仍然比较低，社会保障体系还不够完善，与老年人的需求还有较大的差距。重视老龄问题，积极应对人口老龄化，是一项重要而紧迫的战略任务，我们必须从人口老龄化与经济、社会、资源可持续发展的战略高度来认识解决老龄问题的重要性和紧迫性，居安思危，及早谋划，统筹协调，趋利避害，从而在应对人口老龄化挑战中赢得主动权。

（二）高度重视老龄事业发展面临的新问题

不可否认，二十多年来，我区老龄事业取得了长足的发展和进步，各地不断拓宽工作思路，创新工作方法，在社会保障制度上、丰富老年人精神文化生活上、维护老年人合法权益上、关爱老年人社会氛围形成上、老龄部门自身建设上多层次地开展工作，取得了显著的成效，老龄问题和老龄工作得到了广泛的关注。但同时也要看到，面对人口老龄化的严峻形势，我们的应对准备还不够充足，老龄事业的发展还面临着许多困难和问题，老龄工作中还有一些迫切需要加强的环节。从社会思想基础和理论准备来看，公众对老龄问题复杂性、艰巨性、长期性的认识还不够充分，加强老龄工作、发展老龄事业的理念还没有真正深入人心，对老龄化的前瞻性、战略性研究还不够，还没有形成比较完整的适合我区区情的老龄理论体系。从老龄事业与经济发展和其他社会事业的关系来看，经济的快速发展并没有必然带来老龄事业的繁荣，老年群体不断被边缘化和弱势化，老龄事业明显滞后于教育、文化、卫生等社会事业的发展。从老龄政策法规体系建设和老龄产业发展机制来看，我区老龄法规政策体系还不够完善，现行老龄法规政策的执行力度还不够，老龄产业刚刚起步，产业化机制的不完善导致老龄事业缺乏持续、蓬勃发展的内在驱动力，受城乡二元经济社会体制的制约，我区城市和农村的老年人、不同区域的老年人，在享受社会保障和公共服务方面的差异比较明显。从老龄事业投入机制和管理体制来看，还没有形成规范有序的老龄事业经费投入和增长机制，管理体制滞后于时代发展的需要成为制约老龄事业发展的瓶颈因素之一，各级老龄工作机构还有待于进一步加强，基层社区和农村老龄工作基础还比较薄弱。大家都知道，一个由长短不一的木板组成的木桶，其盛水量的多少，并不是取决于最长的木板，而是取决于最短的木板，要使现有的木桶多装水，就必须设法增加短木板的长度，这就是“木桶理论”。如果把民生比作一个木桶，保障和改善弱势困难群众基本生活就是这个木桶的短板，其基本生活保障水平代表着整个大民生的水平。保障老年群体的民生是这个短板中相对更短的一块木板。解决老年群众的衣食住行、冷暖安危，保障老年人实现“六个老有”，无疑是保障和改善民生的当务之急，也是重要的民心工程。我们要高度重视，认真对待，切实采取有效措施，做好老龄工作，以适应新时期、新阶段党和政府对老龄工作的新要求，适应广大老年人对老龄工作的新期盼，把老龄事业不断推向前进。

（三）牢牢把握老龄事业发展中的新机遇

当前，我国正处于经济结构和社会结构重大变革时期，人口快速老龄化与经济转轨和社会转型相叠加，与利益格局深刻调整和思想观念深刻变化相伴随，老龄工作和老龄事业面临着日益复杂的新形势、新问题，给老龄事业的发展带来了压力和挑战。但我们也要看到老龄事业发展的新机遇。一是党中央高度重视新疆工作。党的十六大以来，以胡锦涛同志为总书记的党中央高度重视和关心新疆工作，先后出台了一系列重要文件，作出了一系列重大战略部署，有力地促进了我区经济社会又好又快发展。当前，我区的改革发展稳定进入又一个关键阶段，中央决定上半年召开新疆工作座谈会，将就新疆跨越式发展和长治久安作出重大决策部署，各项加快我区发展的政策措施将相继出台，全国各省区对口支援新疆工作也将再掀高潮，新疆将迎来大建设、大开放、大发展的历史机遇，为我们推进老龄事业又好又快发展提供了有利时机。二是自治区的经济实力在不断增强。“7·5”事件的不利影响正在逐渐消除，全区经济回升向好，对公共社会事业的投入在不断加大，一大批高起点、大规模的基础设施项目开工建设，为老龄事业跨越式发展奠定了良好的经济基础。三是各级党委、政府高度重视老龄工作。近年来，各级党委、政府和有关部门坚持执政为民，关注民生，把为老年人办实事列入

“民生工程”为百姓办实事的重要内容，对老年人越来越关心，对老龄工作越来越重视，对老龄事业越来越支持，为老龄事业的健康快速发展提供了强有力的保证。四是发展老龄事业的社会氛围不断向好。随着人口老龄化的发展和老龄工作的不断深入，全社会尊老敬老意识在不断增强，对老龄问题重要性的认识在不断地深化，对老龄工作的关注和理解程度也在不断提升，老龄工作机构得到加强，工作条件得到改善，工作队伍不断壮大，这些都为我们做好老龄工作创造了有利的条件。在新的历史条件下，我们面临的既是一个前所未有的重大机遇，又是一次险象环生的巨大挑战，当务之急就是要认清形势，进一步统一思想，从思想、组织、工作等各个方面做好全方位的充分准备，迎接挑战，抢抓机遇，乘势而上，努力开创我区老龄工作新局面。

二、把握大局，突出重点，推动老龄事业跨越式发展

老龄工作一定要紧紧围绕党和政府的中心工作，服从和服务于大局，把思想认识统一到自治区党委对当前形势的分析判断和决策部署上来，从讲政治的高度，充分发挥老龄工作在构建和谐社会中的重要作用，努力推动老龄事业又好又快发展。

（一）找准工作立足点，充分发挥老年人在促进民族团结和维护社会稳定中的重要作用

稳定是新疆的大局，是第一要务。确保老年群体的稳定，发挥老年群体在维护社会稳定中的重要作用，是老龄工作服务于自治区党委、政府中心工作的首要任务和基本立足点。当前，我们与境内外“三股势力”争夺群众、争夺人心的斗争依然十分尖锐和激烈。分裂与反分裂的斗争是长期的、复杂的、尖锐的，有时甚至是十分激烈的，是不以我们的意志为转移的。维稳工作依然是今年各项工作的重中之重。我区各族老年人对党、对祖国、对人民有着深厚的感情，对民族团结、社会稳定和祖国统一有着牢固的思想基础，反对民族分裂、保持新疆和谐稳定与长治久安，是各族老年人的共同愿望和根本利益所在。只有保持社会稳定，我们才有可能集中财力人力解决人口老龄化带来的一系列问题。没有稳定的局面，老龄事业的发展就会受到严重影响，甚至我们已经取得的发展成果也会丧失殆尽。各级老龄工作者要进一步增强政治意识、大局意识、责任意识，深入基层开展扎实细致的工作，真诚关心老年人的疾苦，及时倾听老年人的诉求，切实维护老年人的合法权益，教育引导各族老年群众深刻认识团结稳定是福、分裂动乱是祸，在民族大团结的旗帜下，增强老年群体的凝聚力和向心力，团结带领广大老年人共同为维护民族团结、维护社会稳定做贡献。

（二）寻求工作突破口，广泛开展调查研究，为各级党委政府科学决策提供依据

目前，我区还有相当数量的老年人特别是农村老年人生活在贫困之中，不能完全享受到改革发展的丰硕成果。还有相当数量的中青年人没有理性、长远、有利于自身老年期保障的生活规划，有可能使他们将来沦为新的贫困老年群体。老年人弱势群体的性质以及现阶段老龄工作的弱势地位，决定了老龄工作需要强势出击，只有强势的老龄工作，强势的老龄事业，才能让弱势的老年人过上幸福的晚年生活，才能彻底改变老龄办“为弱势群体服务的弱势部门的”地位。怎样打造强势老龄呢？我认为，关键在于解放思想，不墨守成规，紧紧抓住历史机遇找准工作突破口，把工作重心转移到战略研究和政策制定上，发挥自身优势，科学谋划，迎接我区大建设、大开放、大发展时期的到来。战略研究是战略行动的先导，老龄问题是影响经济社会可持续发展的战略性、全局性问题，解决老龄问题不能靠临时突击，必须着眼全局、谋划长远。各级老龄办不仅要研究我区老年人口规模、年龄结构、区域分布、基本需求、生活状况、面临的困难等人口老龄化的基本态势，还要系统分析人口老龄化各个阶段、不同层面的主要问题及其影响，找准矛盾的症结，研究对策，提出建议，为各级党委、政府制定应对人口老龄化战略提供科学依据，真正成为党委、政府科学决策老龄事业的数据库、参谋部和智囊团。

（三）提升科学发展的能力，推动老龄事业跨越式发展

用科学发展观指导老龄工作实践，是我们做好老龄工作的前提和关键。各级老龄工作部门要进一步加深对科学发展观的理解和认识，全面把握科学发展观的内涵和精神实质，按照科学发展观的要求进一步解放思想，真正做到把科学发展观的要求转化为谋划老龄事业发展的正确思路、促进老龄事业发展的政策措施和指导老龄事业发展的实际能力，推动老龄事业科学发展。要站在讲政治的高度，从党委、政府工作大局中寻找老龄工作的切入点，把“党政主导、社会参与、全民关怀”的方针落到实处，着眼于实现好、维护好、发展好老年人的根本利益。要站在讲全局的高度，以全局的观念、全局的视野、全局的举措，主动把老龄工作放在全局中去思考，放在全局中去安排，放在全局中去推进。只有全局的发展才能带动老龄事业的发展，进而才能促进老龄事业与经济社会各项事业全面协调可持续发展。要站在改革创新的高度，通

过创新的理念、创新的举措，取得创新的实效。创新是老龄工作发展的动力和源泉，增强创新意识，提高创新能力，把握创新重点，这是老龄工作形势发展的要求，更是老龄事业不断发展的需要。各级老龄工作者一定要按照科学发展观的要求，在研究新情况、解决新问题上不断努力创新，在解决各种实际问题中促进老龄事业发展，在老龄事业的发展中解决各种实际问题，推动老龄事业在创新中不断发展。

三、加强领导，齐抓共管，不断提升老龄工作整体水平

（一）坚持党政主导推动，健全强有力的工作运行机制

老龄工作是党和政府工作的重要内容，要始终把党政主导作为做好老龄工作的首要前提。近年来，自治区党委对老龄工作高度重视，先后采取了一系列措施解决涉及老年人切身利益的重大问题，取得了明显的成效。实践证明，做好老龄工作，党政主导是关键，只有党政领导认识到位了、真正重视了、摆上位置了，老龄工作才能顺利推进。各级党委、政府要牢固树立科学发展观，切实加强对老龄工作的组织领导，把老龄工作摆在重要位置，列入重要议事日程，经常研究、部署和推动，确保认识到位、责任到位、措施到位、投入到位，切实抓紧、抓好，抓出成效。一是要通过政策和制度的制定来发挥主导作用。政策和制度是保障老年人各项权益的基础，各级党委、政府对老龄工作的主导作用，首先要通过相应的政策和制度来体现，一方面要认真贯彻国家和自治区已有的法规政策，另一方面要结合当地的实际制定相应的政策和制度，特别是要把老龄工作纳入各级党委、政府目标考核管理，做到老龄工作与党委、政府中心工作同步安排、同步考核、同步落实。二是要通过制定规划来发挥主导作用。规划是发展老龄事业更加细化的中长期行动纲领，对老龄工作有着更加直接的指导作用。今年，我区将进入人口老龄化社会，同时也是自治区老龄事业发展第十一个五年规划实施的最后一年，各级党委、政府要有超前意识，认真做好应对人口老龄化的各项准备，对“十一五”规划的具体实施情况要进行评估总结，要着手研究制定“十二五”老龄事业发展规划，确保老龄事业与经济和社会各项事业协调持续发展。三是要通过加大投入来发挥主导作用。老龄工作是一项社会性工作，也是一项需要加大投入的工作，在人口老龄化的初期阶段，老龄工作的资金投入主要依靠各级党委、政府，各级党委、政府要通过资金投入发挥主导作用，根据科学发展观和改善民生的要求把财政资金向农村倾斜，向社会事业倾斜，增加老龄事业经费投入，加强老年文化设施、养老设施、教育设施建设，满足老年人日益增长的物质文化需要，提高城乡老年人的基本生活保障水平。四是要通过加强老龄工作干部队伍建设来发挥主导作用。各级党委、政府要重视老龄工作机构建设和老龄工作干部队伍建设。我区老龄工作队伍总体上是比较好的，讲党性，讲奉献，素质也比较高，这些年的工作成绩是很突出的。老龄工作是一项清贫的事业，条件艰苦，困难较多，任务繁重，压力较大，老龄工作干部十分辛苦。各级党委、政府要在政治上多关心、爱护老龄工作干部，加强培养教育，对表现好、工作实绩突出的同志，该提拔的要提拔，该重用的要重用，要让老龄工作者有作为、有地位。

（二）坚持教育宣传发动，营造良好的老龄工作氛围

加强教育引导，营造敬老道德环境，是提高老年人生活质量的客观要求，也是建设社会主义精神文明和先进文化，协调老龄社会代际关系，维护社会和谐稳定的重要内容。要把敬老道德建设纳入社会公德、职业道德和家庭美德教育，作为创建文明单位、文明村镇、文明城市及构建和谐社会的基本要求。要倡导全社会理解、尊重、关心和爱护老年人，特别是要加强对青少年的敬老道德教育。要在全社会树立一批敬老先进典型，充分发挥他们的示范带动作用。同时要加大对侵害老年人合法权益行为的打击力度，发挥社会舆论的监督和警示作用。老龄宣传是老龄工作的先导，是一项重要的基础性、全局性工作，抓好了能起到事半功倍的作用。争取党政领导重视和支持，离不开老龄宣传，动员全社会力量构建大老龄格局，离不开老龄宣传，解决老龄工作遇到的难点问题，也离不开老龄宣传。老龄宣传的作用是全方位的、长远的、潜移默化的，要下大力气抓好老龄宣传，在全社会营造有利于老龄事业发展的良好氛围。这些年，各级老龄办在老龄宣传方面做了大量的工作，全社会的老龄意识也在不断地增强，对老龄工作的重视程度也明显地提高。但是，与迅速发展的老龄化形势相比，与新形势对老龄工作的要求相比，我区的老龄宣传工作还需要进一步改进和加强。各级老龄办要与新闻单位紧密配合，进一步加大宣传力度，大力宣传人口老龄化的严峻形势，宣传中华民族敬老传统美德，宣传党的老龄工作决策部署，宣传老龄事业发展的成就，不断提高全社会对老龄工作重要性的认识，进一步营造重视老龄工作、关心支持老龄事业发展的社会环境。

（三）坚持自身建设驱动，充分发挥各级老龄办的桥梁纽带作用

老龄工作队伍是做好老龄工作的组织保证，做好新形势下的老龄工作，必须建设一支政治强、业务精、作风硬、讲奉献的老龄工作干部队伍。客观的讲，近年来，各级老龄办在思想建设、组织建设、制度建设以及业务工作等方面，较组建之初有了很大的发展。但我们也要清醒的看到，各级老龄办的自身建设与新时期老龄工作的形势、任务和要求还有较大的的差距：一些制度还不够完善，工作机制尚不够顺畅；少数干部思想理论水平不够高，研究解决复杂问题的本领不强；少数地县老龄办职能作用发挥的不够明显。各级老龄办要从适应越来越繁重的老龄工作任务需要出发，进一步加强自身建设，不断提高老龄工作队伍的整体素质，推动我区老龄工作上水平、上台阶。一是要做好上情下达和下情上达。要加强调查研究，主动及时向各级党委、政府汇报老龄事业发展的新情况、新问题，争取各级党委、政府的重视、关心和支持，努力解决老龄工作中的实际困难。同时，要站在党和政府工作全局的高度，自觉地服务中心、服从大局，增强协作意识，及时通报老龄工作的新要求、新举措、新情况，争取最广泛的理解和支持。要加强对基层老龄工作的指导，建立上下联动的工作机制，形成整体协作的良好态势。二是要充分发挥综合协调作用。老龄办的主要工作成绩不是体现在自己办了多少老龄工作具体事务上，而更多地体现在如何组织动员全社会力量共同做好老龄工作上，这是由老龄办作为综合协调机构和老龄工作的特殊性所决定的。今后，各级要进一步加大综合协调工作力度，在成员单位联络协调上多下功夫，把工作重点放在动员社会力量共同参与老龄工作上，放在以整体行为推动老龄工作上，推动有关部门出台更多的涉老政策措施，努力形成分工负责、齐抓共管的工作格局。三是要不断加强学习。老龄办对上要为党委、政府当好参谋助手，中间要协调联络几十个成员单位共同开展工作，对下要指导基层做好老龄工作，履行督促检查职能，还要发挥桥梁纽带作用，引导、调动社会力量参与老龄事业发展，这就必然要求我们思想认识要更高一些、知识能力要更多一些、综合素质要更强一些。老龄工作涉及方方面面，老龄问题涉及多个学科，对知识、理论、政策有着很高的专业性要求。要做好老龄工作就要有见解，有见解就要肯钻研，肯钻研就要会学习。因此，各级老龄工作者都要以时不我待、只争朝夕的精神，钻研业务知识，改进思想方法，掌握工作技巧，熟悉基层情况，提高工作能力，努力成为老龄工作的行家里手。

（四）坚持社会各界联动，形成大老龄工作格局

做好老龄工作，不仅仅是党委、政府和有关部门的责任，同时也是全社会的共同责任。要坚持齐抓共管、合力推进的原则，加强社会动员，强化社会参与老龄事业的良性互动机制，营造良好的老龄事业发展氛围。各级老龄委成员单位和有关部门要积极履行职责，充分发挥职能作用，把老龄问题纳入本部门工作规划，纳入所制定的政策法规中，纳入到具体工作部署之中去，明确目标任务，狠抓工作落实。要通过政策引导，大力宣传，策划有影响的活动，充分调动企事业单位、社会组织和社会各界关心老年人、支持老龄工作、参与发展老龄事业，充分利用社会资源为老年人办实事，不断拓宽老龄事业投入渠道，加快老龄事业社会化、市场化、产业化进程，努力形成党政领导高度重视、老龄委协调有力、成员单位尽职尽责、社会力量积极参与的老龄工作推进机制，真正形成大老龄的工作格局，确保我区老龄事业科学发展。

同志们，老龄事业是一项充满希望的朝阳事业，是为弱势群体服务的强势事业，是老龄办这个小部门要做的社会大事业。在这个舞台上，前途光明，大有作为。让我们在自治区党委的坚强领导下，深入贯彻落实科学发展观，坚定信心，振奋精神，开拓进取，扎实工作，为构建和谐新疆、促进自治区老龄事业又好又快发展做出新的更大的贡献。

在大连市老龄委全体会议上的讲话

大连市委常委　常务副市长　老龄委主任　肖盛峰

（2010 年 9 月 17 日）

同志们：

这次老龄委全体会议，是在我市人口老龄化形势

日趋严峻的情况下召开的。会议确定的工作目标和重点任务及通过的各项政策，对于应对老龄化挑战，维护社会稳定，构建和谐社会，都具有十分重要的意义。刚才，爱民同志对我市近年来的老龄工作做了全面的总结，对下步老龄工作进行部署，希望大家认真抓好落实。

近年来，在市委、市政府的正确领导和老龄委各成员单位的密切协作和鼎力推动下，我市老龄工作取得了显著的成绩。一是完善政策体系，强化制度建设。过去的几年中，我市相继出台了一系列老龄优惠政策，完善了各项保障制度，基本形成了与人口老龄化发展相适应，与经济社会发展相一致的投入机制、发展机制、保障机制和管理机制，逐步建立起相互衔接的政策制度体系，为老龄事业发展提供了有力的保障。二是加强基础建设，提高保障能力。近年来，各级政府对老龄事业的投入逐年增加，与老龄服务相关的重大项目连续多年被列入政府为民办实事项目；同时，各级政府还利用市场机制，广泛动员社会力量参与老龄事业，使医疗保障和养老服务水平不断提高。目前，我市的养老保险、医疗保险都做到了应保尽保，养老机构的床位达到了2.9万张，占老年人口总数的2.9%。三是推动改革创新，增强发展动力。在老龄事业投入上坚持政府主导、市场运作，通过发挥各级政府的主导作用，大量吸引外资和社会资本参与老年服务，形成了多元化投资发展的格局；在老龄事业手段上，通过发挥第三部门的作用，加快了老龄事业的社会化进程，拓展为老服务新领域；在老龄事业布局上，通过实施全域城市化战略，推进了老龄事业城乡一体化发展，促进了社会福利向城乡均等化方向发展。

下面，我就如何进一步做好新形势下的老龄工作，讲几点意见。

一、统一思想，进一步增强做好老龄工作的责任感和紧迫感

近年来，尽管我市老龄事业进入了前所未有的快速发展时期。但全市人口老龄化速度不断加快，做好老龄工作的压力也日趋加大。

一是要充分认识人口老龄化形势的严峻性。2009年，全国60岁及以上老年人口达到1.67亿，占总人口的12.5%。我市60岁以上老年人口101.6万，占总人口的17.4%，高出全国近5个百分点。其中，65岁以上老年人口73.3万，占总人口的12.5%。2037年前后，我市老年人将占总人口的25%。以每百名老人拥有的床位数为例，目前我市是2.9张，与发达国家是5至7张相比，差距较大。老龄人口迅速壮大与养老服务严重不足形成的矛盾，正在给我市的老龄工作带来巨大的压力。

二是要充分认识老龄问题的特殊性。随着物质生活水平的提高，老年人在服务专业化、个性化、社会化、多样化等方面的需求也越来越高。但是，目前为老服务设施严重不足，面向老年人的服务功能比较单一，特别是部分农村地区的社区建设刚刚起步，专门针对老年居民的各种服务设施严重不足。为老服务主体多元化、服务层次多样化、服务队伍专业化的社会化服务体系和运行机制远不完善。

三是要充分认识老龄工作的紧迫性。当前，面对人口老龄化的严峻形势，我们还存在认识不高、准备不足、服务不够、机制不畅等问题，工作中还存在许多迫切需要加强的环节。因此，我们必须对当前老龄工作形势保持清醒的认识，既要树立抢抓机遇的意识，也要做好攻坚克难的准备，从落实科学发展观、构建和谐社会的高度，切实增强责任感和紧迫感，把老龄工作这一事关国家安定、家庭安宁和老年人安心的大事抓紧抓好。

二、突出重点，扎实推进老龄事业健康发展

在社会快速老龄化的严峻形势下，我们要以全国和省老龄工作会议精神为指导，按照“老有所养、老有所医、老有所教、老有所学、老有所为、老有所乐”的基本要求，统筹兼顾，突出重点，切实解决老龄事业发展中存在的突出问题，努力开创老龄事业的新局面。

一要高标准抓好“三个体系”建设。全面构建养老保障体系、养老服务体系和老龄工作体系，是今后一个时期老龄事业发展的主要目标。目前，我市养老保险和医疗保险还没有做到全覆盖，特别是农村养老保险还处于试点阶段；我市养老机构床位还没有达到适当的比例，设施建设水平和服务水平还相对较低；居家养老的服务设施、服务队伍、服务机制还没有完全建立起来，社区依托能力还不够强；老龄工作机构还不健全，很多政策和工作还得不到很好的落实。为此，我们要以老龄事业发展“十二五”规划的编制为契机，全面筹划今后的老龄事业发展，切实抓好“三个体系”建设，一年一个重点，五年一个台阶，推动老龄事业与经济社会实现同步发展。

二要切实解决老龄事业发展的“瓶颈”。为解决老龄事业发展中存在的诸多难题，各地区、各部门要从可持续发展的要求出发，加强科学测算和科学统筹，确保养老保障、医疗保障资金的筹集与落实；要健全政府投入机制和民营资本的扶持机制，合理调整养老服务业发展的格局；要运用系统的方法构建养老服务体系，促进社会福利与市场机制有机结合，推动养老服务由补缺型向适度普惠型转变；要建立养老保障投入的自然增长机制，逐步使养老金的调整、救助和补助标准与经济发展同步联动；要扩大第三部门参与老龄事业的渠道，拓宽政府购买为老服务的范围，扶助老年人实现自我管理和自我服务；要抓住当前产业结构调整的有利时机，积极培育和开发老龄产业市场，加强信息服务、政策引导、金融支持和市场监管，鼓励和引导社会力量参与，逐步形成政府宏观管理、企业或机构按市场化要求自主经营的多层次的老龄产业发展模式，为老年人提供衣食、居住、养老服务、医疗卫生和文化娱乐等全方位的产品和服务。

三要全力抓好农村老龄工作。涉农区市县要始终把保障农村老年人的基本生活摆到突出位置，积极推动各项保障措施向农村延伸，重视解决留守、高龄、空巢、因病致贫等老年群体的实际困难，在发挥家庭养老基础性作用、落实家庭成员对老年人赡养责任的同时，按照城乡一体化和基本公共服务均等化的思路，加强农村为老服务设施建设，积极探索适合农村特点的为老服务方式。要重点解决城乡统筹、失地失海农村老年人的养老保障和医疗保障、基层老龄工作机构等突出问题，坚持高起点起步，助推我市全域城市化战略目标的实现。

三、加强领导，建立强有力的老龄工作保障体系

各级党委、政府要把老龄工作列入重要议事日程，定期听取汇报，研究解决老龄事业发展中遇到的各种矛盾和问题。各有关部门要高度重视、关心和支持老龄工作。一要健全组织体系。老龄事业发展的重点任务在基层，老龄工作的对象在基层，老龄工作的薄弱环节也在基层。在全域城市化快速推进过程中，要积极完善基层老龄工作的体制机制，重点推动乡镇（街道）老龄工作组织建设，探索建立社区（村）基层老龄工作机制，把老龄工作作为社区（村）建设的重要内容，逐步形成党政主导、老年参与、管理规范、协调有序的基层老龄工作体系。二要强化责任落实。各有关部门，特别是老龄委各成员单位要明确职责，狠抓落实。各级老龄办要搞好综合协调，督促检查，切实履行好职责。各区市县和有关部门要定期听取老龄工作情况汇报，研究解决存在的问题，切实保证老龄工作有机构、有人干、有经费。三要加强舆论引导。要充分利用各类媒体和多种渠道，大力宣传人口老龄化的现状、特点和发展趋势，宣传老年法规政策和尊老敬老的先进典型事例，积极营造关注老龄问题、支持老龄工作、参与老龄事业发展的良好社会氛围。四要通力合作。坚持“党政主导、社会参与、全民关怀”的老龄工作方针，形成党政领导、民政牵头、有关部门协调配合、社会各界积极参与的工作格局；形成规划引导、政策扶持、多元投入的老年基础设施建设和投入模式；形成家庭为基础、专业力量为主导、社会志愿者为补充的社会养老队伍结构。各级老龄委和各成员单位要认真履行职责，通过各司其职、密切配合，以更大的力度、更实的举措做好各项工作，促进老龄事业持续协调发展。

同志们，老龄工作是改善民生的重要内容，是保证老年人有保障、有幸福、有尊严的一项爱心工程。希望大家明确方向、坚定信心，高度重视，真抓实干，不断开创老龄事业新局面，为我市实现科学发展新跨越做出新的更大的贡献。

在厦门市老龄工作委员会第九次全体（扩大）会议上的讲话

厦门市政府副市长　潘世建

（2010 年 3 月 11 日）

同志们：

今天，市老龄委召开第九次全体（扩大）会议。会议主要任务是学习贯彻全国老龄委第十二次全体会议和全国老龄办主任会议精神，总结去年全市老龄工作，全面部署今年工作。刚才市老龄委副主任于清莉传达了全国有关老龄工作的会议精神，市老龄委副主任、市民政局局长李建福通报了 2009 年全市老龄工作和 2010 年工作安排意见。请大家认真学习领会，贯彻落实。

2009 年，全市老龄工作按照“党政主导、社会参与、全民关怀”的方针，始终围绕老年人最关心、最直接、最现实的利益问题开展工作。“情暖空巢”平安灯进社区、爱心餐桌进社区活动持续开展，电话平安铃进社区扩大了覆盖面。通过节日走访慰问因病致贫老年人代表等活动，进一步弘扬了尊老敬老的社会风尚。我市已建立健全了以基本养老保险、社会救助、最低生活保障为主要内容的养老保障体系；率先在全国建立起了广覆盖、多层次、可转移的全民医疗保障体系；老龄教育、文化、体育事业、老龄维权工作、老龄事业基础设施建设也取得了新进步，老龄事业与经济社会协调发展的良好态势正在逐步形成。特别是成功举办了“第三届厦门市老年文化艺术节”。艺术节内容丰富、时间跨度长、参与面广、节目水平高、社会影响大，同时突出了两岸交流的特点，极大地推动了基层老年文化的发展，将我市老年文化建设提升到了一个崭新的高度。这些成绩的取得是各级老龄工作者共同努力的结果，也是市老龄委各成员单位共同努力的结果。在此，我代表市政府和市老龄委表示衷心的感谢。下面，我谈几点意见。

一、把握形势，充分认识当前老龄事业发展面临的挑战与机遇

目前，我市60岁以上老年人有22.95万人，占户籍总人口的13.0%，其中80岁及以上老年人3.9万，百岁老人达108人。城区老年人失能和半失能的达到15%，农村超过20%。同时空巢化趋势日益突出。据调查，我市城区60岁以上老年人空巢率为46.55%；农村70岁以上老年人空巢率为73.8%。城市家庭结构小型化更加明显，目前家庭平均人口不到3人。人口老龄化、高龄化、空巢化、家庭小型化“四化叠加”，对养老保障、医疗保障、养老服务等带来了更加严峻的挑战。

在面临新挑战的同时，我们也看到了老龄工作面临的发展机遇。一方面，党中央提出以人为本、科学发展观、构建和谐社会、加强社会建设和民生建设等一系列新的执政理念，为老龄事业实现又好又快发展带来了新契机。同时，市委、市政府更加重视老龄工作，将老龄工作列入经济社会发展规划，列入民生和社会建设的重要内容，各级财政加大了老龄事业的投入。另一方面，社会各界更加关注老龄工作，社会各方面力量参与老龄工作的积极性越来越高，大老龄工作格局正在逐步形成。

二、突出重点，全面完成今年的各项老龄工作任务

（一）认真制定老龄事业“十二五”规划

2010年是我市老龄事业发展“十一五”规划执行的最后一年，我们要着力开展厦门市老龄事业发展“十一五”规划执行情况的评估检查，认真总结“十一五”规划实施中的经验和存在的问题，在此基础上，制定符合我市实际的“十二五”规划。制定“十二五”规划，一是要立足实际，着眼长远。把握老龄事业发展面临的新问题、新矛盾，进一步理清中长期发展思路，切实将应对当前挑战与促进长远发展结合起来，充分体现规划的宏观性、战略性和前瞻性。二是要统筹兼顾，突出重点。正确把握和处理好党政主导与社会参与、物质养老与精神养老、城市与农村等重大关系，同时要合理确定重点发展方向、重大建设项目、重大政策措施。三是要以人为本，共建共享。要把老龄工作的着力点放在为老年人办实事、谋福祉上，各项工作要充分反映老年人愿望，着力解决老年人最关心、最直接、最现实的利益问题。四是要广泛参与，科学论证。认真组织各有关部门单位和专家学者开展规划论证工作，提高规划科学性。

（二）扎实推进新型基本养老保险制度建设

结合我市推进“全民社保城市”建设工作，扎实推进新型基本养老保险制度建设。目前，全市城乡尚未享受基本养老保险制度的老人有9万多名，要通过政府提供基础养老金的方式，让他们享受养老保险，实现广覆盖，促进公共服务普惠化、均等化。

（三）继续深化老年文化事业发展

目前，老年人精神文化需求逐步上升。继续深化我市老年文化事业，一是要继续加强基层老年文化组织建设、场所建设、队伍建设，引导更多的城乡老年人参与到老年文化活动中来。同时，要鼓励创作出更多的反映时代风貌、具有地方特色的老年文艺精品。二是要加强老年文化工作政府主导下的社会化。要调动企业、社会组织和老年人自身的积极性，形成政府搭台，企业、社会组织唱戏的实践模式。三是要倡导老年人做老年文化活动的主人，在丰富多彩的文化活动中提高审美情趣，参与社会发展，实现自身价值，创造幸福健康快乐的晚年生活。

（四）着力加强应对人口老龄化的政策与措施研究

今年以来，国家正式启动了应对人口老龄化战略研究。我们要尽早关注老龄问题、研究老龄问题。为此，各级老龄委（办）要充当好党委、政府的参谋助手，积极协调有关部门、各涉老组织、各高校科研机构，对特区老龄事业发展的中长期战略、人口老龄化发展趋势与特点、老龄化问题对经济、社会、文化的结构性影响以及老年人的生活状况、物质文化需求等方面，有计划、有步骤、有组织地开展重点课题调研，为制定应对老龄化的政策与措施提供科学依据。

（五）以节日走访慰问、评选“十佳敬老模范家庭”、“敬老企业”等方式，大力弘扬尊老敬老风尚

继续做好因病致贫、空巢困难老年人的建档工作。在此基础上，重点做好春节、老年节两大节日走访慰问工作，把党和政府的温暖送到老年人的心里。认真组织开展“厦门市第五届十佳敬老模范家庭”、“助老敬老企业之星”评选表彰活动，在全社会营造尊老、敬老、助老风尚，倡导更多的企业关心和支持老龄事业。

三、加强领导，确实提高各级老龄部门和各成员单位的履职能力

各级党委、政府要怀着对党对人民高度负责的态度，统一思想、加强领导，着力推进老龄事业发展。要把老龄工作列入经济社会总体发展规划、作为一项重要的民生保障事业来部署，分管领导要亲自抓，要有战略性的眼光密切关注人口老龄化的新形势、新情况，经常听取老龄工作汇报，及时研究解决老龄工作中所面临的困难问题。

市老龄委各成员单位、各区、各涉老组织要着眼于共同提升特区老龄事业发展水平的大局，按照市老龄委确定的目标和任务，结合本部门实际，研究制定具体为老服务政策与措施，积极主动支持配合各级老龄办做好全市老龄工作，自觉接受各级老龄办的督促检查，形成协调配合、分工合作、齐抓共管的“大老龄”工作格局。各级各部门要在加大政府财政投入的同时，积极引导、鼓励、动员、支持社会力量参与到老龄事业中来，努力营造全社会共同关心老龄事业发展的良好氛围。

同志们，老年群体是最值得尊敬、爱戴的群体之一，也是最需要关心、帮助的群体之一。尊老、敬老是中华民族的传统美德，“家家有老人，人人都会老”。让我们同心同德，扎实工作，积极进取，为我市老龄事业做出应有的贡献。

谢谢大家。

第三部分

法规、文件选编

关于印发《全国老龄工作委员会办公室二〇一〇年工作要点》的通知

全国老龄办发［2010］1号

各省、自治区、直辖市及计划单列市老龄工作委员会办公室，新疆生产建设兵团老龄工作委员会办公室：

现将《全国老龄工作委员会办公室二〇一〇年工作要点》印发你们，请结合实际，参照执行。

二〇一〇年一月四日

全国老龄工作委员会办公室二〇一〇年工作要点

2010年，全国老龄工作委员会办公室工作的总体思路是：坚持以邓小平理论和“三个代表”重要思想为指导，深入贯彻科学发展观，认真贯彻党的十七大和十七届三中、四中全会精神，按照全国老龄工作委员会第十二次全体会议部署，以组织开展国家应对人口老龄化战略研究为重点，着力加强老龄事业发展规划和政策法规研究，着力推进老龄服务体系建设，着力加强基层工作，着力提高履职能力，开拓创新，求真务实，努力推动老龄工作再上新台阶。

一、组织开展“国家应对人口老龄化战略研究”

严格按照国家有关要求，认真做好课题研究组织工作。加强督促检查，保证各子课题研究的质量和进度。积极开展有关课题调研，有计划地组织专题研讨会，广泛汲取多方面研究成果，争取年底前完成总报告。支持各地组织开展当地应对人口老龄化战略研究。

二、编制起草老龄事业“十二五”规划

联合有关部门检查评估《中国老龄事业发展“十一五”规划》的执行情况。认真总结“十一五”规划实施中的经验和存在问题，会同各成员单位编制提出《中国老龄事业发展“十二五”规划（草案）》，争取将重要内容纳入国家经济与社会发展总体规划。同时，组织开展《中国老龄事业中长期发展规划纲要》的研究。

三、协调推进涉老政策法规制度建设

组织开展养老保险、社会福利、社会救助等各项养老保障制度的专题调研。协调推进老年优待政策在全国范围的贯彻落实。加快《老年人权益保障法》修订工作。探索老年社会保护制度有关问题。协调做好无养老保障老年人和贫困老年人救助工作。

四、努力推动养老服务工作

协调推动有关部门基本养老服务体系建设。积极推动居家养老服务体制机制创新。推动有关部门加强对养老服务机构的监督管理，加强护理人员培训。推动有关部门制定《老年人养护院建设标准》、《失能老年人等级划分评定标准》和《养老机构等级划分标准》。组织开展全国民办养老服务机构基本状况和全国老年人失能状况调查。积极发挥中国老龄产业协会的行业管理职能作用。

五、积极开展老年友好城市、老年宜居社区、老年温馨家庭建设示范活动

总结建设老年宜居社区和老年友好城市试点工作经验，发布《老年友好型城市行动指南》和《老年人宜居社区行动指南》，提出老年温馨家庭评选标准。研究制定开展建设示范活动的实施办法，继续扩大示范试点范围。改善老年人居环境，推进环境友好型社会建设。

六、加强城乡基层老龄工作

认真贯彻落实《中共中央、国务院关于加强老龄工作的决定》，加强乡镇（街）老龄工作机构建设。落实党和政府的老龄政策，维护老年人合法权益，探索老年人社会管理有效途径。继续做好农村空巢家庭老年人帮扶试点工作。开展基层老年群众组织专题调研，联合有关部门研究制定加强基层老年群众组织建设的相关办法。积极开展老年教育、老年文化体育活动，丰富基层老年人精神文化生活。

七、深入开展老年群众工作

开展全国老龄工作先进单位和先进个人评比活动检查验收工作，树立典型，推广经验。深化“银龄行动”，积极开展老年志愿者活动。提高老龄宣传教育工作水平，继续办好老龄新闻联合报道活动。举办第二届老年文化艺术节。

八、进一步拓展国际合作交流

继续执行联合国人口基金和欧盟援华老龄项目，积极争取新一周期国际组织援华老龄项目。加大对基层项目工作的指导和支持力度，提高资金使用效率。严格执行外事出访相关规定，积极开展对外交流。加大老龄工作对外宣传力度，不断提升我国老龄工作的国际地位和影响。

九、大力提高机关自身建设水平

加强学习型、研究型、创新型、服务型和谐机关建设，努力实现观念、作风、职能、工作方式的“四个转变”。以提高干部履职能力为目的，着力提高干部队伍的综合协调能力、学习研究能力和解决问题能力。组织老龄系统干部业务培训。加强老龄科学研究。提升老龄信息化建设水平。加强办属老年社团的管理。

关于对《中国老龄事业发展“十一五”规划》执行情况进行检查评估的通知

全国老龄办发［2010］20号

各省、自治区、直辖市及计划单列市老龄工作委员会办公室，新疆生产建设兵团老龄工作委员会办公室：

温家宝总理在第十一届全国人民代表大会第三次会议的《政府工作报告》中指出：“加强应对人口老龄化战略研究，加快建立健全养老社会服务体系，让老年人安享晚年生活。”最近全国人大又把人大代表关于“重视发展老龄事业的建议”列为加强追踪办理的重点处理建议。为了全面贯彻落实温总理的指示，做好全国人大代表重点处理建议的追踪办理工作，了解《中国老龄事业发展“十一五”规划》（以下简称《规划》）的执行情况，评估“十一五”期间老龄事业的发展成就，分析《规划》执行过程中存在的矛盾和问题，为研究制定《中国老龄事业发展“十二五”规划》奠定基础，全国老龄办邀请全国人大、全国政协和全国老龄工作委员会成员单位及其他相关部门，近期将对部分省市贯彻落实《规划》，推动老龄事业发展情况开展联合检查评估工作。现将有关事宜通知如下：

一、检查内容

1. 检查《规划》目标、任务的总体执行情况。重点检查养老社会保障、老龄事业基础设施建设、养老服务、老龄政策法规建设、老年人权益保障、老龄产业发展等方面内容的落实情况；

2.《规划》执行过程中的基本做法、采取的主要措施、取得的成功经验以及存在的主要问题；

3. 对编制《中国老龄事业发展“十二五”规划》提出意见和建议。

二、检查方式

1. 听取有关省、自治区、直辖市老龄工作委员会和相关部门对《规划》执行情况的汇报及对制定“十二五”规划提出的建议；

2. 组织召开有相关部门和基层单位同志参加的小型座谈会；

3. 在每个省份实地考察1～2个县市区和1～2个基层单位。

三、参加人员

全国人大代表、全国政协委员；全国老龄工作委员会有关成员单位的业务主管部门负责人；其他相关涉老部门的有关人员。拟分成六个检查组分片进行检查（分组情况和检查省份附后）。

四、检查时间

初步拟定在2010年4月下旬—6月中旬进行。

五、具体要求

1. 高度重视，做好部署。开展《中国老龄事业发展“十一五”规划》执行情况的检查评估，是掌握情况、总结经验、推动老龄事业发展，并为制定《十二五规划》奠定基础的一项重要工作，各地要在思想上高度重视，向同级老龄工作委员会主要负责同志汇报，认真做好准备工作。

2. 搞好自查，认真准备。各地要在做好自查的基础上认真总结经验教训，查找存在的问题，形成翔实的汇报材料；各相关涉老部门也要结合本部门的职能对相关老龄事业发展情况和存在问题提出准确数据和简要说明；同时要安排1－2个县市区、选择1－2个基层社区或居家养老服务机构和养老护理机构，做好迎接实地检查评估的准备。

3. 结合实际，提出建议。各地要结合本地特点和老龄事业发展状况，在广泛听取社会各界、特别是老年群体意见的基础上对编制新的五年计划提出切实可行的意见和建议。

二〇一〇年四月十四日

关于办理十一届人大三次会议涉老建议工作方案的报告

全国老龄办发［2010］22号

全国人大常委会办公厅、内司委：

2010年我办共接收到全国人大建议38件，其中，“关于应对人口老龄化，加快建立健全社会养老服务体系建设的议案”被全国人大办公厅列为13项重点处理建议之一，重点督办落实。根据全国人大要求，提出以下工作方案。

一、建议基本情况分析

今年十一届人大三次会议期间，代表共提出涉老建议94件（其中民政部56件，老龄办38件），比去年有较大增长，表明人大代表对老龄问题更加关注。

今年全国人大确定的重点处理建议共有105件、13项内容，涉及代表477人。老龄问题为其中的一个重点，有建议27件，涉及代表139人，其中6450号建议是海南代表团集体提出的。27件重点处理建议，我办承办15件。

我办的15件重点处理建议有四大类：应对人口老龄化、发展养老事业（7件），发展养老服务业（5件），加强农村老龄工作（1件），发展地方养老（服务）事业（2件）。主要涉及内容有：应对人口老龄化研究、养老保障制度建设、养老社会服务体系建设、老龄产业发展、社区老年设施建设、老年护理保险、营造社会尊老敬老氛围、老年教育等多个方面。

2008年十一届全国人大一次会议将重视发展老龄事业列为重点处理建议。今年老龄问题再次被全国人大列为重点处理建议，充分说明了人民群众和全国人大常委会领导对发展老龄事业的关注和重视。这对应对人口老龄化、发展老龄事业、推进老龄工作上新台阶，是难得的机遇。我办将以此为契机，加大工作力度，推动老龄事业更好更快发展。

二、办理建议工作计划

全国老龄办党组对办理人大代表建议十分重视，办领导有明确的指示，要求对代表建议要高度重视，认真办理，全面完成代表建议办理的各项任务。根据全国人大办理建议工作要求，提出如下办理工作计划。

1. 召开办理工作专门会议，分配落实代表建议的办理任务。根据我办各业务部门职责分工，按照代表建议内容，我办将38件代表建议分配各业务部，其中政研部13件，事业部20件，宣传部5件。此工作已于4月20日完成。

2. 提出重点处理建议办理工作方案。根据要求，承办部门对每一件重点处理建议提出具体办理工作方案，综合部综合上报办领导，再上报全国人大常务会办公厅和内司委。此工作4月30日前完成。

3. 调研重点处理建议中的重点问题。根据这次重点处理建议的内容和老龄工作的实际状况，我办计划协调有关部门和邀请相关代表，重点调研养老社会服务体系建设问题和老龄工作体制机制问题。

养老社会服务体系建设是近几年人大代表关注的一个问题，是让老年人安享晚年生活的重要措施，温家宝总理在政府工作报告中明确提出要“加快建立健全养老社会服务体系”。这次重点处理建议中代表对养老服务体系建议的内容主要包括：建立政府（彩票）投入养老服务长效制度，从税收等优惠扶持民办养老机构和居家养老服务，加强养老服务人员的教育培训，将养老服务人员列为公益性岗位等。

老龄工作体制机制问题在 2008 年十一届全国人大一次会议确定的重视发展老龄事业的重点处理建议中就提出过，这次重点处理建议代表又提出来，如 1663 号建议“通过立法明确养老工作责任主体”，4504 号建议“理顺老龄事业工作管理体制”。

上述两个调研题目的内容主要涉及发改委、财政部、民政部、人力资源和社会保障部、教育部、文化部（现老年教育由文化部主管）、税务总局、中央编办、全国老龄办。我办将商请这些部委参与调研，并请全国人大内司委派人参加，同时协调邀请相关人大代表参加。调研分两个组，围绕建立健全养老社会服务体系和老龄工作体制机制建议，分赴全国有代表性的 4 个省市调研，查找问题，探寻对策。此工作在 5 月中旬完成。

4. 代表建议答复。6 月 5 日前完成。特殊建议不能完成的，最晚不能迟于 9 月 5 日。

5. 继续跟踪办理。对一些需要时间长、继续办理的建议，我办将进行跟踪办理。

三、工作采取的主要措施

办理重点处理建议是我办的一项新工作。为了保质量、按时完成代表建议办理任务，主要采取以下措施：

1. 成立办理工作领导小组。全国老龄办党组书记、常务副主任陈传书为组长；党组成员、副主任吴玉韶为副组长，综合部、政策研究部、事业发展部、宣传部各部门主任为成员。

2. 与“十一五”老龄事业发展规划评估检查相结合。将重点处理建议有关需要调查的问题列入今年“十一五”老龄事业发展规划评估检查内容，丰富重点处理建议的调研内容，实现资源共享。

3. 建立办理工作责任制。实行业务分管领导、部门负责人、具体承办人分级责任制，严格办理程序。将办理建议工作列入今年部门和个人年度工作考评。

四、办理工作的具体事宜和预期效果

由于办理工作时间紧，任务重，我办将集中力量开展办理工作。

1.密切与代表沟通联系。办理过程中通过电话、信函、走访、座谈等形式，及时与代表沟通，有针对性地邀请相关代表参与调研。

2.在认真办理的基础上答复代表。代表建议的答复有实际内容，意见明确、有针对性。对能够解决的问题，我办尽快解决并答复；对应该解决但一时难以落实的，先向代表如实说明情况，明确办理时限，在妥善解决后再行答复；对确实不能解决的，将充分说明原因，给予详细答复。

3.重点处理建议由办党组书记、常务副主任陈传书亲自负责研究处理，督促落实。对我办确定的内部重点建议，由办分管主任组织协调，切实加强办理工作。对重点处理建议，答复代表前先征求全国人大内司委和协办单位的意见。

4.做好对办理工作的总结工作，及时将办理总结报告上报全国人大常委会办公厅和内司委。对重点处理建议，办理工作结束后向全国人大常委会办公厅专题报告办理情况。

全国人大要求继续做好 2008 年老龄事业发展这一重点处理建议的追踪办理工作，我办认真落实。总之，要通过这次办理工作，进一步推进老龄事业发展。

专此报告。

二〇一〇年四月三十日

关于召开老年宜居社区和老年友好城市创建工作会议的通知

全国老龄办发［2010］30 号

为了进一步推进老年宜居社区和老年友好城市创建工作的开展，全国老龄办拟召开老年宜居社区和老年友好城市创建工作会议，现将有关事宜通知如下：

一、会议时间和地点

时间：2010 年 6 月 9 日—10 日，会期两天

6 月 8 日全天报到，6 月 11 日闭会返程

地点：江苏省会议中心（江苏省南京市中山东路 307 号，联系电话 025－8481888－8888）

二、会议内容

1. 试点单位介绍、交流创建工作情况；

2. 研究讨论《老年宜居社区行动指南》和《老年友好城市行动指南》；

3. 参观南京市玄武区“老年宜居社区”试点社区和鼓楼区居家养老服务。

三、参会人员

1. 试点省、市老龄办负责人及业务处长各1人；

2. 试点单位负责人及业务人员各1人。

四、会议要求

1. 请各试点单位负责人准备书面发言材料；

2. 请于6月4日前将与会人员姓名、职务、性别、民族、联系电话及抵达航班（或车次）等相关信息报至联系人。

联系人：

全国老龄办事业发展部 丁永利、周宏

电　　话：010-58122030、58122054

传　　真：010-58122054

南京市玄武区老龄办

钱广立　13611513251　　王琴　13951969954

电　话：025-83683163　　传真：025-83683163

二〇一〇年五月二十三日

关于开展“十大老龄新闻”、“十大老龄新闻人物”和“老龄新闻宣传好作品”评选活动的通知

全国老龄办发［2010］38号

各省、自治区、直辖市及计划单列市老龄工作委员会办公室、新闻工作者协会，新疆生产建设兵团老龄工作委员会办公室、新闻工作者协会：

随着我国人口老龄化速度逐步加快，老年人已经成为社会生活中的重要群体，老龄工作已经成为党和政府的重要工作。为进一步加强老龄宣传工作，创新宣传形式，努力营造老龄事业发展的良好社会环境，全国老龄工作委员会办公室、中华全国新闻工作者协会（简称“全国老龄办”、“中国记协”，下同）决定联合开展2010年度“十大老龄新闻”、“十大老龄新闻人物”和“老龄新闻宣传好作品”评选活动。现将有关事项通知如下。

一、指导思想和目的

评选活动以邓小平理论和“三个代表”重要思想为指导，牢固树立和落实科学发展观，坚持正确的政治方向和舆论导向，全面宣传贯彻“党政主导、社会参与、全民关怀”的老龄工作方针，通过重大新闻事件、典型新闻人物的评选，树立典型，表彰先进，提升老龄工作的宣传水平，增强宣传效果，扩大老龄工作的社会影响，促进社会和谐和老龄事业的发展。

二、评选标准

2010年度“十大老龄新闻”评选标准：（1）本年度发生的与老年人、老龄工作和老龄事业有关的引人注目的重要的新闻事件；（2）对推动老龄工作和老龄事业发展有重要的推动作用或开拓意义；（3）在新闻媒体及公众中具有足够的社会关注度。

2010年度“十大老龄新闻人物”评选标准：（1）本年度发生的对促进老年人、老龄工作和老龄事业发展有突出贡献的新闻人物；（2）他（她）的行动和声音具有鲜明的老龄符号，代表着积极向上的力量；（3）在社会群体或老年群体中具有影响力，公众普遍认同。

2010年度“老龄新闻宣传好作品”评选标准：（1）本年度新闻媒体刊登的与老年人、老龄工作和老龄事业有关的新闻作品；（2）作品导向正确、内容深刻、形式新颖，具有较强的教育作用和感召力；（3）为社会公众或老年人所喜爱，读者印象深，读看率高。

三、评选方式

根据评选标准，由全国老龄委各成员单位，各省、自治区、直辖市及计划单列市老龄办，新疆生产建设兵团老龄办，有关社会团体、老年群众组织和新闻媒体组织推荐与老龄工作有关的重大新闻事件、重要新闻人物和好的新闻作品，并通过网络搜索确定30个老龄新闻事件、30个老龄新闻人物，150个老龄新闻作品作为候选新闻事件、新闻人物和新闻作

品。

在候选新闻事件、新闻人物和新闻作品的基础上由评选活动办公室组织有关方面的人员和专家，组成评选委员会评选出“十大老龄新闻”、“十大老龄新闻人物”和50篇“老龄新闻宣传好作品”。评选结果在新闻媒体公布。

四、组织领导

本次评选活动由全国老龄办和中国记协共同主办，中国老年杂志社承办。

1. 评选领导小组负责决定评选活动的重要事项。

组　长：陈传书（全国老龄办常务副主任）
　　　　顾勇华（中国记协书记处书记）

副组长：吴玉韶（全国老龄办副主任）
　　　　王保华（中国记协办公厅主任）

2. 活动办公室负责评选活动的具体工作。

主　任：吴秋风（全国老龄办宣传部主任）

副主任：王平君（中国老年杂志社社长）
　　　　曹碧涛（中国老年杂志社总编辑）

五、具体要求

（1）各地老龄办、记协要把这次评选活动作为创新老龄宣传工作的重要内容和促进老龄事业发展的重要方式，高度重视，精心组织，周密安排，指定专门人员负责此项工作，及时把重大新闻事件、重要新闻人物和的新闻作品推荐上来，确保评选活动的顺利开展。

（2）各地要以此次评选活动为契机，结合自己的实际情况，大力开展有关老龄新闻事件和老龄新闻人物的宣传，扩大社会影响，营造尊老、敬老良好的社会氛围，进一步促进老龄宣传工作的开展。

（3）推荐候选新闻事件、新闻人物和新闻作品的截止时间为2010年12月底，评选结果将于2011年1月公布。

六、联系方式

通讯地址：北京市东城区安定门外大街200号

邮政编码：100011

联系人：逄晓榕、卓成华（中国老年杂志社）

联系电话：010-64250923

电子信箱：zhuochenghua@sina. com

二〇一〇年六月二十四日

全国老龄办关于贯彻落实《全国老龄工作委员会关于开展“敬老月”活动的通知》的通知

全国老龄办发［2010］50号

各省、自治区、直辖市、计划单列市老龄办，新疆生产建设兵团老龄办：

最近，全国老龄委下发了《全国老龄工作委员会关于开展“敬老月”活动的通知》（全国老龄委发〔2010〕2号，以下简称《通知》）。为贯彻落实《通知》精神，现将有关事项通知如下。

一、充分认识开展“敬老月”活动的重要意义

全国老龄委在全国范围内组织开展“敬老月”活动是第一次。活动的开展对于落实“党政主导、社会参与、全民关怀”的老龄工作方针，动员社会各界为老年人做事实、办好事、献爱心，弘扬中华民族传统的敬老文化，营造良好的尊老、敬老、助老社会氛围，推动老龄工作和老龄事业的发展都具有重要意义。

二、尽快制定“敬老月”活动的实施方案

各地老龄办接到《通知》后，要尽快向当地老龄委主要领导汇报，提出贯彻落实意见，要根据全国老龄委的《通知》精神和当地老龄委的指示要求，结合实际情况尽快制定当地“敬老月”活动的实施方案，对全国老龄委“敬老月”活动的内容进行分解细化，明确责任部门，提出明确要求等。9月底之前将实施方案报全国老龄办。

三、积极动员社会各界参与“敬老月”活动

“敬老月”活动是今年全国老龄委的一项主要工作，“敬老月”活动的重点在基层，目的是为老年人办实事、做好事、献爱心，方式是动员社会各方面的力量。各级老龄办是“敬老月”活动的实施单位，要充分发挥老龄委各成员单位的系统优势和职能作用为老年人办实事，要充分动员社会各方面力量为老年人做好事，要大力组织老年社团及社会组织为老年人献爱心，让老年人真真切切地感受到党政府的关怀和全社会的关爱。

四、精心筹划和组织示范性活动项目

全国老龄办9月下旬将在北京举行“敬老月”活动的启动仪式，各地也要根据自己的情况举行相应的启动仪式。在“敬老月”活动期间，全国老龄办将组织开展慰问贫困老年人活动、全国爱老敬老主题教育活动、“第二届中国老年文化艺术节”、“红叶风采”文艺晚会、中央主要新闻媒体敬老爱老专题宣传活动，协调全国老年社团开展“敬老月”系列活动等。各地老龄办要根据自己的实际情况，组织开展一些主题鲜明、社会影响大、老年人得实惠的示范性活动项目，以带动“敬老月”活动的广泛开展。

五、及时掌握“敬老月”活动的进展情况

各地老龄办要及时掌握“敬老月”活动进展情况，对“敬老月”活动中的典型经验和做法要大力宣传，及时上报。各地要在11月底前，将“敬老月”活动总结报送全国老龄办。

联系人：贺常梅、钟长征

联系电话：010-58122043、58122046

电子信箱：zhchzh@cncaprc. gov. cn

附件：“敬老月”活动宣传口号。

二○一○年七月二十三日

附件

“敬老月”活动宣传口号

1. 加强老龄工作，发展老龄事业
2. 努力营造尊老、敬老、助老的良好社会环境
3. 切实保障老年人的合法权益
4. 关心帮助老年人是全社会共同的责任
5. 代际和谐，邻里和睦，老少共融
6. 关爱今天的老人就是关爱明天的自己
7. 敬老从心开始，助老从我做起
8. 对老人尽孝心，给儿女做榜样
9. 家家有老人，人人都会老，人人都敬老，社会更美好
10. 让老人幸福，促社会和谐
11. 敬天下老人，扬中华美德
12. 尊老为德，敬老为善，助老为乐，爱老为美
13. 宽老人心，养老人身，急老人想，报老人恩
14. 像父母爱我们那样爱父母
15. 关爱老人，构建和谐
16. 扎实做好老龄工作，推进和谐社会建设
17. 认真落实科学发展观，全面推进老龄事业发展
18. 努力提高老年人的生活和生命质量
19. 用我们的爱心托起老年人幸福的晚年
20. 建立不分年龄人人共享的社会

全国老龄办关于认真做好2010年中国城乡老年人口状况追踪调查工作的通知

全国老龄办发［2010］54号

各相关省、自治区、直辖市老龄办：

由中国老龄科学研究中心承担的2010年中国城乡老年人状况追踪调查工作，经过设计、论证和反复征求有关专家的意见建议，调查方案和问卷已经准备就绪，现已进入报批程序，拟将2010年12月1日作为本次调查时点，开始实施入户调查。

根据调查抽样设计，本次追踪调查省级样本与2006年追踪调查一致，所涉及的省、自治区、直辖市仍然是：（华北）北京、河北、山西；（东北）辽宁、黑龙江；（华东）上海、江苏、浙江、安徽、福建、山东；（中南）河南、湖北、湖南、广东、广西；（西南）四川、云南；（西北）陕西、新疆；共计20个。

本次追踪调查不仅对摸清近五年来全国老年人基

本状况、需求和老龄工作情况有不可替代的作用，同时，对评估“十一五”规划的实施和贯彻落实“十二五”规划，有针对性地开展老龄工作具有重要意义。

今年是人口普查年，第六次全国人口普查时点定为2010年11月1日，这为我们开展本次老年人口状况追踪调查提供了极好的机遇，通过全国第六次人口普查获得的相关数据对本次追踪调查进行加权处理，可以了解到准确的老年人总体状况。为此，请各地在确保不干扰人口普查工作的前提下，全力支持本次老年人口状况追踪调查工作。

鉴于本次追踪调查的经费比较紧张，由中国老龄科学研究中心自筹并拨付给各省（区、市）老龄办的部分调查经费尚不能满足实际调查工作的需求，请各地老龄办积极向当地财政申请部分配套资金，以确保本次调查工作的顺利进行。

二〇一〇年八月三日

全国老龄办关于召开全国“夕阳幸福工程·法律援助在行动”座谈会的通知

全国老龄办发［2010］57号

各省、自治区、直辖市、计划单列市老龄工作委员会办公室，新疆生产建设兵团老龄工作委员会办公室：

由司法部、全国老龄委办公室主办，中国法律援助基金会、全国老龄办老年人才信息中心承办的“夕阳幸福工程·法律援助在行动”活动，定于2010年9月16日召开全国“夕阳幸福工程·法律援助在行动”座谈会。现将有关事项通知如下。

一、会议主题

回顾今年上半年全国“夕阳幸福工程·法律援助在行动”活动情况，组织老龄部门与司法部门之间进行工作交流和研讨，提出今后关于此项活动的意见、建议，为共同做好下一阶段老年法律援助工作奠定基础。

二、参会人员

各省、自治区、直辖市、计划单列市老龄工作委员会办公室、新疆生产建设兵团老龄工作委员会办公室承担老年人权益保护工作的负责同志1名。

三、会议议程

（一）中国法律援助基金会张秀夫会长讲话

（二）四省（区、市）代表做交流发言

（三）全国老龄办领导讲话

（四）司法部领导讲话

（五）分组座谈

四、会议时间和地点

会议时间：9月15日全天报到，9月16日开会，会期一天。

会议地点：北京市中民大厦（西城区白广路7号）

五、有关事项

（一）参会单位可将上半年活动情况整理成文字材料，提前将电子版发至电子邮箱wup@cncaprc.gov.cn，会务组统一印刷供会议交流。

（二）会议由司法部和全国老龄办共同组织，会务组决定，会议不设接送，超出参会名额人员，自行安排食宿。

（三）请于8月31日15时前将本省、区、市参会人员名单（包括姓名、性别、民族、所在单位、职务、移动电话号码）报会务组。

联系人：全国老龄办老年人才信息中心　吴萍

电话：010-58122111　13439525130

传真：010-58122105

二〇一〇年八月二十日

全国老龄办 全国总工会办公厅 共青团中央办公厅 全国妇联办公厅 关于召开“全国尊老敬老经验交流会”的通知

全国老龄办发［2010］66 号

各省、自治区、直辖市、计划单列市老龄办、工会、团委、妇联，新疆生产建设兵团老龄办、工会、团委、妇联：

为贯彻落实《全国老龄委关于开展“敬老月”活动的通知》精神，总结交流各地尊老敬老典型经验，推广黑龙江省齐齐哈尔市建设“孝亲敬老之城”的经验，增强全社会尊老敬老意识，促进社会主义和谐社会建设，全国老龄办、全国总工会、共青团中央、全国妇联决定在“敬老月”期间、重阳节前夕联合召开“全国尊老敬老经验交流会”。有关事项通知如下：

一、会议时间：10 月 11 日，会期一天，10 月 10 日全天报到。

二、会议地点：黑龙江省齐齐哈尔市（航班可直达齐齐哈尔市、大庆市，或在北京、上海、广州、青岛、哈尔滨等地中转）。

三、会议内容：交流尊老敬老典型经验，研究新形势下尊老敬老社会环境建设问题，现场观摩齐齐哈尔市建设“孝亲敬老之城”的成果。

四、参会人员：各省、自治区、直辖市、计划单列市老龄办、工会、共青团、妇联各派 1 名领导参加。为控制会议规模，请各地、各部门严格按规定名额参会。

五、请各地、各部门于 9 月 30 日前将会议交流材料的电子版交全国老龄办。

六、请各地、各部门于 9 月 26 日前将参会人员姓名、职务、性别、民族、联系电话报全国老龄办，抵达航班（或车次）报齐齐哈尔市老龄办。

全国老龄办联系人：
李伟旭 010-58122143 13426286937
彭 捷 010-58122144 13811968548
010-58122047（传真）
pj@cncaprc.gov.cn（电子邮箱）

齐齐哈尔市老龄办联系人：
赵景祥 0452-2794345 13846241025
柳 莉 0452-2794333 15846282087
QLL2794345@163.com（电子邮箱）

全国老龄办 全国总工会办公厅
共青团中央办公厅 全国妇联办公厅

二〇一〇年九月十日

全国老龄办关于召开全国尊老敬老工作经验交流会的报告

全国老龄办发［2010］68 号

丁学东副秘书长并回良玉副总理：

全国老龄委确定今年 10 月在全国开展“敬老月”活动，各地、各部门对此非常重视。全国老龄办、全国总工会、共青团中央和全国妇联协商，拟联合于 10 月 11 日在齐齐哈尔市召开全国尊老敬老工作经验交流会。全国老龄办和“工、青、妇”负责人出席会议并讲话，各地老龄办和“工、青、妇”负责同志参加会议。四个系统的先进单位将在会上介绍经验，并推广齐齐哈尔市党政主导、社会参与，打造“孝亲敬老之城”，推动老龄事业全面发展的成功经验。

齐齐哈尔市是我国老工业基地，老龄化程度高于全国平均水平。作为全国老龄办确定的“老年友好型城市”试点，为解决日益突出老龄问题，齐齐哈尔市委、市政府发动全市人民倾力打造“孝亲敬老之城”，有力推动了老龄事业全面发展，促进了社会和谐稳定。齐齐哈尔市的突出经验：一是牢固树立打造“孝亲敬老之城”，促进经济社会协调发展的理念，把发展老龄事业作为党政“一把手工程”来抓。市委、市政府主要负责同志亲自主持启动仪式，在城市醒目位置树立“孝亲敬老之城”碑石，把最大的城市中心公园改建成为“敬老主题公园”。有的区县还把孝亲敬老列为干部考核标准。二是充实、加强老龄委及其办事机构，安排市委、人大、政府和政协的领导担任老龄委副主任，加大了协调、推进老龄工作的力度，形成了老龄委有力协调下齐抓共管的“大老龄”工作格局。民政、司法、劳动、卫生、文化、建设、教育、体育等老龄委成员单位积极尽责，养老保障和养老服务体系建设不断取得进步，全市养老机构实现了规范化的“星级管理”。三是社会各界广泛开展尊老、敬老、助老活动。市工会坚持开展“百万职工敬老活动”，各级工会普遍成立了尊老敬老工作小组；团市委深入开展“鸟还巢”志愿服务行动，对全市空巢老人进行登记造册，组织青年志愿者与空巢老年人建立“新家庭”，发“户口本”、照“全家福”；市妇联发挥自身优势，成立社区养老服务站，开通居家养老服务热线，组织家政公司上门服务。教育战线把孝亲敬老纳入学生德育重点内容，新闻媒体开设孝亲敬老专栏等，营造了比较浓厚的孝亲敬老范围。

齐齐哈尔市的经验在社会各界产生了良好反响。中央主流媒体连续进行深入报道。全国人大调研组考察齐齐哈尔老龄工作后给予高度评价，认为他们在“未富先老”形势下，走出了一条具有中国特色的应对人口老龄化的新路子。联合国人口基金会驻华代表和世界卫生组织老年保健司司长也将专程前往观摩本次会议。

我们认为，尊老敬老是一项得民心、顺民意的重要工作，也是应对人口老龄化的重要战略举措，在重阳节之前召开这次会议，对于掀起全国“敬老月”活动高潮，弘扬中华民族传统美德，营造尊老敬老社会氛围，很有意义。

特此报告，恳请回副总理指示。

二〇一〇年九月二十九日

全国老龄办关于召开全国“银龄行动”工作座谈会的通知

全国老龄办发［2010］76号

各省、自治区、直辖市及计划单列市老龄办，新疆生产建设兵团老龄办：

为了总结今年各地“银龄行动”工作开展情况，交流工作经验，研究明年工作，全国老龄办定于12月9日召开全国“银龄行动”工作座谈会。现将有关事项通知如下。

一、会议时间：12月9-10日，8日报到。

二、会议地点：甘肃省兰州市。

三、会议内容：汇报今年“银龄行动”工作情况，交流经验做法，研究明年工作，参观甘肃省“银龄行动”工作成果。

四、参加人员：各省、自治区、直辖市及计划单列市老龄办，新疆生产建设兵团老龄办负责同志1名、工作人员1名。

五、请各地于11月30日前将2010年“银龄行动”工作情况电子版材料报全国老龄办宣传部。

六、请各地于11月30日前将参会人员姓名、性别、民族、单位及职务、联系电话报全国老龄办，抵达航班（或车次）报甘肃省老龄办。

全国老龄办联系人

李伟旭 010-64423865（电话/传真） 13426286937

彭捷 010-64423865 13811968548

pj@cncaprc.gov.cn（电子邮箱）

甘肃省老龄办联系人

李明远　0931-8878008-81704　13519696017　lmy1718@163.com（电子邮箱）
杨　涛　0931-8878008-81702　13609380205
巴　图　0931-8878008-81709　13919838238

二〇一〇年十一月四日

北京市民政局、北京市残疾人联合会、北京市老龄工作委员会办公室关于印发《北京市市民居家养老（助残）券管理使用规定（暂行）》的通知

京民老龄发［2010］188号

区县民政局、残联、老龄办，市社会福利事务管理中心：

《北京市市民居家养老（助残）券管理使用规定（暂行）》已经市民政局、市残联、市老龄办研究通过，现印发给你们，望遵照执行。

二〇一〇年四月二十日

北京市市民居家养老（助残）券管理使用规定（暂行）

根据《北京市人民政府办公厅转发市民政局市残联关于北京市市民居家养老（助残）服务（“九养”）办法的通知》（京政办发〔2009〕104号）精神，为规范北京市市民居家养老（助残）券（以下简称养老（助残）券）的管理使用，制定本规定。

一、印制

养老（助残）券由北京市老龄工作委员会办公室（以下简称老龄办）根据全市居家养老（助残）服务的需求量提出印制方案，由政府公开招标印制，由市老龄办和市残疾人联合会（以下简称残联）监制。

二、样式

养老（助残）券正面分为正券和副券。正券印有“北京市市民居家养老（助残）券”、年月、区县编码（使用区县名称拼音第一个大写字母标注，如东城为：DC）、编号、二维条码、盲文，面值1元的为颐和园佛香阁图案、面值2元的为天安门图案、面值5元的为故宫角楼图案、面值10元的为华表图案、面值20元的为长城图案。正券和副券之间印有“北京市老龄工作会员会办公室”骑缝荧光防伪章。副券印有“副券”、面值、年月、区县编码、编号。

背面印有使用须知和“北京市老龄工作会员会办公室”荧光防伪章。底色分为粉色和蓝色两种，粉色为老年人专用券、蓝色为残疾人专用券。

三、发放

1. 政府每月为16至59周岁无工作重度残疾人、60至79周岁重度残疾人、80周岁及以上老年人发放100元养老（助残）券；符合条件的市民，提前一个月到户籍地或居住地居（村）委会提出申请［人户分离人员，在户籍地申请的80岁以上老年人须提交现居住地出具的居住证明；在居住地申请的须提交未在户籍地申领养老（助残）券的证明。入住福利机构的，该福利机构所在地视为其居住地，由该地居（村）委会办理有关手续］。区县居家养老（助残）服务工作主管部门（以下简称主管部门）应在15个工作日内提出审批意见（特殊情况可顺延10个工作日），并于批准之日起开始发放养老（助残）券。具

体申请、审批程序由区县制定。

2. 主管部门应以季度为单位，在每季度末发放下季度的养老（助残）券。

3. 街道（乡镇、地区办事处）残联负责向本级主管部门提供辖区内符合发放条件的残疾人员名单，并配合主管部门做好养老（助残）券的发放和结算工作。

四、使用

1. 养老（助残）券在全市居家养老（助残）签约服务单位和指定服务单位购买服务，经区县主管部门批准也可支付家庭保姆费用，不得购物或兑换现金。

2. 签约服务单位指与各级主管部门签订服务协议，为老年人（残疾人）提供居家生活服务的单位；指定服务单位包括各级养老机构及其分设机构（如老年公寓、敬老院、福利院、光荣院、民办养老机构等）、老年活动中心、残疾人服务机构等。

3. 养老（助残）券年度有效。特殊情况需跨年度使用的，根据财政年度预算、结算制度的要求，要在下年度 1 月 31 日前使用。

五、结算

1. 签约服务单位和指定服务单位及家庭保姆收取的养老（助残）券，在其所在街道（乡镇、地区办事处）的主管部门结算。

2. 区县主管部门于每季度第一个月的 20 日前，完成辖区内上季度养老（助残）券的结算汇总工作，并报市老龄办、市残联。市老龄办根据区县结算汇总情况核拨福利彩票公益金；市残联根据区县残联核报的结算情况，于每季度第一个月的 30 日前提出残疾人就业保障金平衡方案，资金结算由区县残联具体实施。

3. 区县主管部门每年要对辖区内养老（助残）券的结算情况进行年度决算，并报市老龄办。

六、管理要求

1. 各级主管部门要建立养老（助残）券的管理制度、服务单位管理制度和符合财务管理要求的结算制度。

2. 各级主管部门要指定专人保管养老（助残）券，提供专门存放、保管的场所和设备，确保养老（助残）券的安全。对养老（助残）券的接收、下发要进行登记备案，接收时要有专人签字，发放时要填写《北京市市民居家养老（助残）券发放登记表》，须有领取人签收。

3. 各级主管部门每季度要统计、公布签约服务单位的服务项目和收费标准。区县主管部门每季度要对本地的签约服务单位情况进行汇总（标明服务项目、收费标准和联系方式等），并上报市老龄办。

4. 养老（助残）券回收后（保管一年），区县主管部门报经市老龄办批准后到指定地点统一销毁。

5. 各级主管部门要加强养老（助残）券监管，对流通中的养老（助残）券定期抽查，对回收的养老（助残）券严格辨别真伪，发现伪券立即报主管部门。

6. 各级主管部门要严格查处采取虚报、伪造、倒买倒卖等非法手段骗取或变现养老（助残）服务补贴的行为。服务单位出现上述行为的，不予结算养老（助残）券并取消其养老（助残）签约服务单位资格。情节严重的，依法追究其法律责任。

7. 要加强对从事养老（助残）券审批、发放和结算工作人员的管理。对滥用职权、玩忽职守、徇私舞弊，或者贪污、挪用、扣压、拖欠养老（助残）服务补贴的，视情节给予批评教育或行政处分。构成犯罪的，依法追究刑事责任。

本规定于下发之日起执行，由北京市老龄办、北京市残联负责解释。

北京市民政局、北京市残疾人联合会、北京市老龄工作委员会办公室关于印发《北京市“小帮手”电子服务器配备使用办法（暂行）》的通知

京民老龄发［2010］194 号

各区县民政局、老龄办、残联：

现将《北京市“小帮手”电子服务器配备使用办法（暂行）》印发给你们，请认真贯彻落实。

二〇一〇年四月十九日

北京市“小帮手”电子服务器配备使用办法（暂行）

为贯彻落实《北京市人民政府办公厅转发市民政局市残联关于北京市市民居家养老（助残）服务（“九养”）办法的通知》（京政办发［2009］104号）精神，有计划地做好“小帮手”电子服务器的配备和使用工作，为老年人（残疾人）提供生活服务、紧急救助、信息咨询等电子信息服务，制定本办法。

一、配备工作原则

坚持个人自愿购买与有计划配备使用相结合的原则。根据属地特点和实际需求，在老年人（残疾人）自愿申请购买和确保售后服务质量的前提下有计划地配备使用。

坚持困难群体优先与适度普惠相结合的原则。针对不同困难人群和不同年龄段老年人（残疾人）的实际需求，有计划地配备使用，逐步向65周岁以上老年人和16—64周岁重度残疾人普及推广。

坚持政府补贴与多方出资相结合的原则。采取政府补贴、企业资助、个人出资的方式为符合条件的老年人（残疾人）配备使用。有条件的单位和部门可集中为符合条件的老年人（残疾人）全资购买，优先配备使用。

二、配备工作安排

凡具有本市户籍、有使用需求并具备使用能力的65周岁以上老年人和16－64周岁的重度残疾人均可申请配备使用。其中，符合上述条件的城镇“三无”、农村“五保”、享受城乡最低生活保障待遇、民政部门公布的低收入家庭、享受城市重度残疾人生活困难补助的人群优先申请、审批和配备，并享受优惠价格购买。向其他符合条件的老年人（残疾人）根据实际情况按不同年龄段由高到低配备使用。

三、使用收费标准

“小帮手”电子服务器由政府采购定制，成本价376元，政府采购价260元，企业资助116元。

优先申请、审批和配备人群每台个人缴纳60元，政府补贴200元；其他符合条件的老年人（残疾人）每台个人缴纳130元，政府补贴130元。

有条件的福利机构可出资为符合条件的老年人购买。

有条件的单位和部门集中为符合条件的老年人（残疾人）购买，按政府采购定价每台260元。

“小帮手”电子服务器的通讯费用由使用者承担。通话费0.12元/分钟，短信0.10元/条，网络流量0.01元/KB。次月以后（含次月）使用者需支付每月10元的服务套餐费，可享受免费接听，免费拨打“一键通”（96003）服务热线，50分钟本地主叫通话费，超出部分通话费按0.12元/分钟付费。

四、管理规范要求

（一）部门职责

各级老龄办（残联）是“小帮手”电子服务器配备使用的主管部门，全面负责“小帮手”电子服务器的审批、配备使用及管理等工作，并做好宣传引导。

各级社区服务中心和“小帮手”服务中心具体负责老年人（残疾人）在生活服务、紧急救助、信息咨询等方面的服务工作，确保服务质量。

“小帮手”电子服务器的生产商具体负责“小帮手”电子服务器的售后服务工作。在保证“三包”服务的基础上，在涉及的街道（乡镇、地区办事处）设立售后服务维修点，承担保修服务等工作，特殊情况提供上门服务。

（二）配备程序

老年人（残疾人）持户口簿和身份证（残疾人持二代残疾人证）原件及复印件在户籍所在地社区（村）提出申请，填写《“小帮手”电子服务器申请审批表》，同时与999紧急救援中心、“小帮手”服务中心等部门签订相关服务协议。经社区初审后上报街道（乡镇、地区办事处）审核，审核合格后分别上报区县老龄办和区县残联核准。核准后报市老龄办和市残联审批，由区县老龄办、区县残联具体组织发放。

（三）退出办法

因主客观原因老年人停止使用“小帮手”电子服务器的，经逐级申报后，“小帮手”服务中心停止老年人（残疾人）享受的各项优惠服务，其他功能予以保留，服务费用按照正常用户资费标准收取；短期内暂停使用的，使用者可提前向服务中心提出申请，服务中心将按申请停止服务或恢复服务。

个人因丢失、损坏等原因需再次配备使用的，经区县老龄办（残联）审核批准后交纳成本费到指定地点办理。

北京市老龄工作委员会办公室、北京市民政局、北京市人力资源和社会保障局、北京市财政局、北京市残疾人联合会关于聘用居家服务养老（助残）员的通知

京老办发［2010］1号

各区县老龄办、民政局、人力社保局、财政局、残联：

为贯彻落实《北京市人民政府办公厅转发市民政局市残联关于北京市市民居家养老（助残）服务（“九养”）办法的通知》（京政办发［2009］104号），按照《关于贯彻落实<北京市市民居家养老（助残）服务（“九养”）办法>的意见》（京民老龄发［2009］504号）的要求，各区县要“根据实际需要，在全市各街道（乡镇、地区办事处）聘用5至7名养老（助残）员；每个城乡社区（村）至少聘用1名，高龄独居老年人和重度残疾人较多的城乡社区（村）可按30：1的比例增聘”，现就聘用居家服务养老（助残）员的有关事项通知如下。

一、居家服务养老（助残）员的条件

居家服务养老（助残）员应是本市城镇登记失业人员中符合下列条件的人员：

（一）热爱祖国，热爱人民，热爱养老（助残）事业；

（二）遵守国家法律、法规，责任心强，热心为老年人、残疾人服务，具有一定的沟通协调能力；

（三）具有高中以上文化程度，身体健康；

（四）女40岁及以上、男50岁及以上；女35岁及以上、男40岁及以上且失业一年以上，符合享受本市城镇居民最低生活保障待遇的人员；“零就业家庭”人员。

二、居家服务养老（助残）员工作职责

（一）宣传居家养老（助残）政策和相关规定；

（二）对老年人、残疾人进行巡视探访，了解掌握老年人和残疾人需求信息；

（三）收集、整理、汇总、反馈老年人和残疾人对服务单位、组织和签约服务商的服务质量评价信息；

（四）完成养老（助残）券的发放、回收、结算工作；

（五）完成老年人优待卡、高龄津贴的发放工作；

（六）完成主管部门安排的其他工作。

三、居家服务养老（助残）员聘用原则、程序

（一）聘用原则

聘用居家服务养老（助残）员按照“从实际出发，依托社区，先行试点，逐步推开”的原则，由社区公益性就业组织负责招聘，区（县）老龄办统一调配使用。

（二）聘用程序

1. 街道（乡镇、地区办事处）负责将符合条件的人员推荐给区（县）人力社保部门。

2. 区（县）人力社保部门对推荐对象进行特困就业人员身份认定，并在社区公示。

3. 区（县）老龄办对推荐人员进行选拔，经考试、体检和岗前培训后，择优录用。

4. 区（县）老龄办在确认录用人选后，通知其所在街道（乡、镇）社区公益性就业组织办理聘用手续，签订劳动合同。

四、居家服务养老（助残）员的管理

1. 居家服务养老（助残）员队伍实行双重管理体制。社区公益性就业组织在街道（乡镇、地区办事处）的领导下，负责居家服务养老（助残）员的劳动人事管理、经费保障。区（县）老龄办负责业务指导、培训、考核和日常管理、调度。

2. 加强居家服务养老（助残）员的制度化管理。区（县）老龄办要建立居家服务养老（助残）员工作责任制和工作考核制度，提高工作效率。建立业务培训与考核、人员招聘与淘汰制度和人员管理机制，提

高养老（助残）服务质量。居家服务养老（助残）员要统一标识，持证上岗。

3. 加强居家服务养老（助残）员的业务培训。各级老龄工作部门、残联组织和社区公益性就业组织要结合年度工作任务和工作目标制定培训方案，使用规范性教材对聘用人员进行岗前培训、定期培训。培训内容以相关法律法规、岗位职责任务、岗位纪律、岗位技能、职业道德教育为主。培训成绩作为居家服务养老（助残）员的考核内容，与其待遇和续聘条件挂钩。

4. 居家服务养老（助残）员聘用期为一年。在聘用期内，经考核，能认真履行职责，未出现严重违反管理制度等问题，可以续聘；凡在工作中有严重违反管理制度或考核成绩不合格的，由区（县）老龄办提出意见，交由社区公益性就业组织按照劳动合同和规章制度的相关规定对其解聘。

5. 社区公益性就业组织与居家服务养老（助残）员签订的劳动合同，不适用劳动合同法有关无固定期限劳动合同的规定及支付经济补偿的规定。

五、居家服务养老（助残）员的人员经费和工资待遇

在聘用期内，居家服务养老（助残）员的人员经费和工资待遇按照《北京市就业再就业资金管理办法》（京财社［2009］703号）和《关于印发〈北京市社区公益性就业组织安置就业特困人员专项补贴管理办法〉的通知》（京人社办发［2009］7号）的规定执行。

六、本通知自下发之日起实施

二〇〇九年十二月六日

北京市社会建设工作领导小组办公室关于实施《北京市社区基本公共服务指导目录（试行）》的意见

京社领办发［2010］7号

为深入贯彻落实市委、市政府关于加强社会建设的工作部署，进一步完善社区建设体制机制，大力推进社区公共服务体系建设，让广大居民更多更好地享受社区建设带来的实惠和便利，根据有关法律、法规和政策，市社会建设工作领导小组办公室会同市委、市政府30个部、委、办、局和各区县有关部门，在充分调查研究、多次征求意见的基础上，结合我市实际，研究制定了《北京市社区基本公共服务指导目录（试行）》（以下简称《指导目录》，见附件1），共梳理出10大类60项社区基本公共服务项目。以此为主要依据，在全市大力推进并逐步实现社区基本公共服务的全覆盖。为确保该项工作顺利实施，现提出如下意见。

一、充分认识推进社区基本公共服务工作的重要意义

社区是社会的基本单元，是社会成员获取基本公共服务的重要场所，也是政府行使社会管理职能和组织提供公共服务的基础平台。社区基本公共服务，是指满足社区成员基本需求的政府公共服务，主要包括政府直接提供的或引导社会力量提供的社区服务项目或服务设施。《指导目录》是社区居民群众享受政府基本公共服务的“基本菜单”，是衡量评价社区基本公共服务水平的“重要标杆”，是社区基本公共服务的“准入尺度”，是政府实现社区基本公共服务全覆盖的“行动计划”。通过落实《指导目录》推进社区基本公共服务全覆盖，是满足居民群众服务需求、提高居民生活质量的重要举措，是强化政府公共服务职能、改善社会管理的重要内容，是加快实施“人文北京、科技北京、绿色北京”发展战略、推动世界城市建设的重要基础。各区县、各有关部门要从贯彻落实科学发展观的高度，从首都经济社会发展的新要求和人民群众过上美好生活的新期待的高度，切实增强责任感和紧迫感，把推进社区基本公共服务全覆盖摆在突出位置，切实抓紧抓好，抓出明显成效。

二、进一步明确推进社区基本公共服务工作的指导思想和基本原则

（一）指导思想

坚持以邓小平理论和“三个代表”重要思想为指导，深入贯彻落实科学发展观，按照“保基本、广覆盖、多层次、可持续”的工作要求，以满足社区居民群众的服务需求为导向，创新体制机制，完善配套措施，整合社会资源，加大经费投入，加快建成设施完备、功能完善、服务高效、管理精细的社区服务体系，不断提高居民群众的满意度和幸福感，力争用3到5年的时间，在全市基本实现社区基本公共服务的全覆盖。

（二）基本原则

坚持以人为本、服务至上。在推进社区基本公共服务工作中，市区县政府有关部门要强化服务意识，在改进服务的过程中加强管理，变单纯向社区下派任务、下达指标为注重为社区提供更多支持、提供更好服务，不断满足广大社区居民日益增长的公共服务需求和对幸福生活的新期待。

坚持广泛参与、共建共享。发挥各级党委、政府及相关部门、街道（乡镇）、社区等各个方面的积极性，进一步集成政策、集中资金、集聚资源、集合力量，形成推进社区基本公共服务的整体合力。要不断改进社区公共服务提供方式，制定鼓励政策，创造环境条件，动员社会组织、企业和公众，积极为社区提供多种公共服务，承接政府购买社会公共服务项目，形成全社会动员起来共建美好幸福家园、共享公共服务成果的良好氛围。

坚持统筹规划、分步推进。《指导目录》是对社区基本公共服务类型、服务项目和服务内容的整体规范，落实《指导目录》是社区规范化建设的进一步延伸和深化。要将落实《指导目录》工作纳入社区规范化建设工作统筹安排部署，把首批完成社区规范化建设试点任务的645个社区（名单见附件2）作为今年推进社区基本公共服务的重点，然后根据每年规范化建设试点工作的完成情况有计划、有步骤、分批次地滚动推进，逐步实现社区规范化建设和社区基本公共服务全覆盖。

坚持创新实践、分类指导。要从各区县实际和社区特点出发，因地制宜，分类指导，鼓励探索，倡导创新。在加快推进社区基本公共服务的同时，大力倡导开展以邻里互助、慈善捐赠等为主要内容的自助互助服务，鼓励开展以社会救助、优抚、助残、老年服务、青年服务、就业服务等为重点的志愿服务，积极开发本社区居民急需的“品牌项目”和“特色项目”。

三、切实加强推进社区基本公共服务工作的组织领导

（一）明确职责任务，形成工作合力

各区县、各有关部门要高度重视，把推进社区基本公共服务全覆盖工作列入重要议事日程，切实加强领导，精心组织实施。市、区县社会建设工作领导小组办公室要充分发挥统筹协调作用，搭建工作平台，加强沟通联络和督促检查，协调研究解决推进过程中的困难和问题。市、区县政府主责部门是社区基本公共服务的提供者、规划者和管理者，要根据各自职能，强化在基本公共服务中的主体地位和主导作用，制定推进计划，完善政策措施，保障资金投入，加强行业监管，促进社区服务各项工作的落实。街道办事处作为区县政府的派出机关和整合专业部门力量的重要平台，要加强对社区公共服务的组织协调，牵头组织辖区社区代表、驻区单位代表、市区人大代表和政协委员等对政府部门提供的社区公共服务进行民主监督和评议。社区党组织、社区居委会、社区服务站要发挥了解居民需求、提供便民服务方面的独特优势和重要作用，定期听取和反映居民对社区公共服务的意见，积极配合、协助政府和街道做好工作，共同完成相关任务。

（二）对照目录梳理，突出工作重点

各区县要采取自下而上的方式，指导街道（乡镇）、社区在前一阶段开展社区公共服务体系建设调查统计的基础上，对照《指导目录》，再次逐项进行梳理，进一步掌握各项服务的开展情况，特别是对于已完成社区规范化建设试点任务的社区，要进一步细化并列出尚未达标的服务设施、尚未开展的服务项目清单，为政府部门开展社区基本公共服务提供参考。与此同时，各区县、街道（乡镇）、社区还要广泛听取社区居民的意见建议，全面了解目前尚未纳入《指导目录》、本地区居民最急需建设的服务设施和服务内容，作为本地区特色服务项目列入计划抓好落实。各区县社会建设工作领导小组办公室要对这些情况进行收集整理，并将其作为下一步加强社区公共服务体系建设的重点工作加以推进。对于社区卫生服务中心（站）等那些不以社区为单位配套建设的公共服务设施，可重点考察其服务功能是否已经覆盖到社区。

（三）加强统筹协调，推动全面覆盖

市社会建设工作领导小组办公室将对全市社区基本公共服务的覆盖和需求情况进行汇总分析，详细列出各项服务或设施未覆盖社区的名单，按照“缺什么，补什么”的原则，积极协调相关主责部门，有针对性、有计划地为这些社区配齐服务设施、搭载服务项目、完善功能、细化管理。各项服务的主责部门以及发改、财政、规划等综合部门，应结合实际，对服务项目未覆盖社区给予优先支持、帮扶和指导，做到服务设施优先建设，服务项目优先开展，服务人员优先配备，建设资金和工作经费优先投入，尽早实现社区公共服务的全覆盖。

（四）加强政策指导，改进服务方式

凡依法应由社区协助的事项，政府部门应当为社区提供必要的经费和工作条件；对社区组织能够实施且有优势的公共服务，政府部门应按照“权随责走、费随事转”的原则，委托社区组织承担，并落实相应的工作经费和人员保障。积极探索通过购买服务、补贴奖励、项目管理、资源共享等方式，培育和发展社会组织，调动其参与社区服务的积极性，促进公共服务社会化。对社区组织开展的互助性服务、志愿服务和社会力量兴办的微利性商业服务，各区县和有关部门要给予政策和资金扶持。

（五）广泛宣传发动，引导各方参与

各区县、各有关部门要通过广泛的宣传发动，充分调动社会组织、驻社区单位、志愿者组织、企业及居民个人等各类社会力量的积极性和创造性，组织、引导和支持他们参与到完善社区公共服务体系、共建共享和谐社区的各项活动中来，努力营造全社会关心、支持和参与推进社区基本公共服务工作的浓厚氛围。对于工作中的成功经验和先进典型，要及时总结推广，加大宣传力度；对工作进展快、成效显著的相关部门、单位和社会组织应当予以奖励和表彰。对于推进社区基本公共服务工作进展情况以及出现的新问题，市有关部门、各区县要及时向市社会建设工作领导小组办公室报送、沟通和反馈，并加强调研指导。

各区县、各相关部门要按照本意见精神，结合实际，制订贯彻落实的具体措施，进一步明确阶段性工作目标和推进重点，不断完善服务设施，拓宽服务领域，创新服务方式，健全服务网络，提高社区服务水平。市社会建设工作领导小组办公室将适时对本意见贯彻执行情况进行监督检查和情况通报。

附件1：《北京市社区基本公共服务指导目录》（试行）（略）

中共黑龙江省委　黑龙江省人民政府
关于加快推进老龄事业发展的意见

（2010年4月1日）

为深入贯彻落实科学发展观，全面构建社会主义和谐社会，现就加快推进我省老龄事业发展提出如下意见。

一、增强加快推进老龄事业发展的责任感和紧迫感

（一）全省老龄事业发展面临的形势

截至到2009年底，全省60岁以上老年人口524万，占全省总人口的13.7%，预计到2020年全省60岁以上老年人口将达到891万，约占全省总人口21.58%，老年人口呈现加速增长态势，老年人口的年龄结构渐趋高龄化，老年人家庭空巢化等社会问题日益显现。多年来，省委、省政府高度重视发展老龄事业，采取了一系列重大举措推动老龄事业不断发展，老年人基本生活保障水平逐步提高，老年人合法权益得到有效保护。但是，必须清醒看到，我省老龄事业发展基础还比较薄弱，社会养老保障制度还不完善，社会化养老服务体系尚不健全，老龄产业发展滞后，对老龄事业投入不足，对老年人精神关爱重视不够，老龄工作体制机制尚未理顺。加快推进老龄事业发展已成为全面构建社会主义和谐社会一项重大而紧迫的战略任务。

（二）全省老龄事业发展的基本要求

到“十二五”末期，建立健全适应社会主义市场经济和人口老龄化要求的老龄工作体制；建立较为完善的社会养老保障制度；建立以居家养老为基础、社区服务为依托、机构养老为补充，以老年社会福利、生活照料、医疗保健、体育健康、文化教育和法律服务为主要内容的养老服务体系，老年人都能享有基本生活保障，得到基本公共服务，生活状况得到根本改善，基本实现老有所养、老有所医、老有所教、老有所学、老有所为、老有所乐。

二、提高老年人社会保障水平

（一）加强社会养老保障制度建设

建立以基本养老保险、基本医疗保险、商业保险和社会救济、社会福利、社会互助为主要内容的养老保障体系。不断扩大职工基本养老保险制度覆盖面，完善基本养老保险试点，动员村民参加农村养老保险。鼓励中低龄健康老人发挥个人特长，增强自身养老能力，倡导村民互助。完善农村部分计划生育家庭奖励扶助制度和独生子女死亡伤残家庭扶助制度。健全最低生活保障制度和“三无”、“五保”老人集中供养制度，并根据经济发展情况逐步提高最低生活保障标准及集中供养标准。

（二）加强老年医疗保障制度建设

加快医疗保障和医疗卫生体制改革步伐，健全完善医疗保险制度，将所有老年人纳入城镇职工基本医疗保险、城镇居民基本医疗保险和新型农村合作医疗保险等保障制度，逐步提高医疗费用报销标准，提高老年人的医疗保障水平。逐步将符合重要条件的社区医疗卫生服务机构纳入医疗保险定点范围，促进老年卫生服务的开展。健全和完善医疗救助制度，将有困难和高龄老年人纳入救助范围，逐年增加资金投入，提高救助水平，实现医疗保障体系全覆盖。

（三）提升老年人社会福利水平

认真贯彻落实全国老龄委等21个部门《关于加强老年人优待工作的意见》和我省已有的对老年人优待规定，对老年人在交通、旅游、参观等方面给予优待照顾。要从本地经济社会发展水平出发，不断充实老年人优待办法和内容，保障贫困、高龄、孤寡、病残以及有特殊贡献老年人等特殊群体的需求。建立完善高龄老年人生活补贴制度，有条件的地方可提高对百岁以上老人补贴标准。切实维护老年人在家庭赡养和扶养、社会保障、参与社会发展等方面的合法权益。

三、加快老年社会福利设施建设

（一）做好养老福利设施建设规划工作

各级政府要把老龄事业纳入当地国民经济和社会发展中长期规划和年度计划，将老年福利服务设施建设纳入城市总体规划，统筹兼顾、合理布局。各级规划部门在审批大型住宅小区时，要把社区养老服务用房纳入小区规划，促进发展社区居家养老服务。要加大对社会福利事业的投入，多渠道筹集资金，新建和改建一批以老年人为主要对象的老年活动场所和社会福利设施。“十二五”期间，有条件的大中城市和县（市、区）要新建和改（扩）建1所至2所老年综合活动中心，乡镇（街道）应建立老年活动室，鼓励、帮助村（社区）建立老年活动站。鼓励支持乡镇（街道）多渠道筹措资金，建立代养、寄养老年人的综合服务场所。农村老年人的文化体育活动场所应纳入社会主义新农村建设统筹安排。

（二）加快养老服务机构建设

“十二五”期间，力争实现县（市、区）至少有1所100张床位以上的老年人综合性社会福利服务设施。在中心社区的范围内，根据需求应设立可容纳30名以上老年人的养老院。积极探索公办民营、合作经营、委托管理、服务外包等运行模式，完善管理机制，降低运行成本，提高服务水平。

（三）积极支持社会力量兴办养老服务机构

吸引和鼓励社会资本投资兴办福利性、非营利性的老年公寓、老年康复中心、托老所、老年护理院等养老服务设施。各地可采取土地划拨、税费减免、贷款贴息、床位建设补贴、床位运营补贴、以奖代补、购买服务等方式，鼓励和支持社会力量兴办老年福利服务设施和服务机构。各级政府要加大对民办养老机构的支持力度，统筹安排福彩公益金对民办养老机构给予适当资助。各相关部门要对分管行业落实政策情况进行监督检查，确保养老服务业扶持政策落实到位。

四、积极推进社会化养老服务

（一）加快养老服务体系建设

加快建立以居家养老为基础、社区服务为依托、机构养老为补充，城市一体化、投资多元化、管理规范化、队伍专业化的养老服务体系，逐步形成家政服务、医疗保健、康复护理、紧急救援、心理咨询、文化学习、娱乐休闲等为老综合性服务网络。充分发挥社区在老年福利服务事业中的作用，加快社区老年服务设施和服务网络建设步伐，不断强化为老服务功能，逐步改善服务条件，不断满足老年人的福利服务需求。

（二）大力发展居家养老服务

依托社区，为居家老年人提供家政、康复护理和精神慰藉等服务，让老年人既不脱离家庭，又能获得专业化的社会服务。2012年前，全省城市社区基本建立起多形式、全覆盖的居家养老服务网络，并配备专职公益性岗位工作人员承担具体养老服务工作；农村社区（村）依托敬老院、村级组织活动场所等现有设施资源，建立综合性老年服务中心（站），建成比例要达到30%以上。要制定居家养老服务标准，丰富服务内容，建立和完善财政投入保障机制，保障政府对特殊对象的购买服务资金、困难老人的补贴资金、各级居家养老服务中心（站所）建设的投入和工作经费以及公益岗位、专职人员的工资。各地应发挥福彩公益的作用，对居家养老服务事业给予支持。引导和鼓励社会中介组织、家政服务企业参与居家养老服务。创建老年人宜居社区，为老年人营造良好的生活服务和生态人文环境。

（三）推进养老服务规范化

制定完善种类养老服务机构建设标准，明确服务项目和服务方式，做到服务功能标准化；制定护理、康复、医疗、教育、娱乐、心理关爱等各项具体服务项目的内容和标准，做到服务行为规范化；制定服务人员岗位职责，加强技能培训，实行持证上岗，做到服务队伍专业化；积极搭建为老服务信息平台，充分利用种类声讯、网络资源，为老年人提供及时有效的救助关怀等方面的服务，做到服务载体信息化。制定社会养老服务效果评估办法，全面提高社会养老服务质量和水平。

（四）大力发展老龄服务产业

从实际出发，遵循市场规律，加快体制创新，建立“政府引导、市场推动、社会参与、快速发展”的老龄服务产业发展机制。针对老年人不断增长的服务需求，加快发展老龄服务产业。将老龄服务产业纳入现代服务业统一规划、统一部署，着力培养一批大型老年服务龙头企业，打造一批老龄服务产业知名品牌。将发展养老服务产业与拉动消费、增加就业岗位结合起来，推进全省养老服务业快速发展。

五、发展老年教育文化体育事业

（一）发展老年教育事业

积极开展符合老年人实际的广播、电视、网络和函授教育。加强现有老年大学（学校）建设，规范教学管理，改进教学方法，丰富教学内容，提高教学质量。尚未建立老年大学的市（地）和县（市、区）应积极兴办老年大学。鼓励支持有条件的乡镇（街道）、村（社区）开办老年学校（学堂）。在“十二五”期间，逐步完善市（地）、县（市、区）、乡镇（街道）、村（社区）老年教育网络。加强对老年农民的农业技术培训，把老年教育与老年人脱贫致富、维护权益、破除迷信和移风易俗结合起来，促进社会主义新农村建设。

（二）发展老年文化体育事业

加强对老年文化体育活动的指导，制定方便老年人参加活动的制度、措施，创作、出版适合老年人特点的图书和音像制品。完善老年体育活动场所和设施，大力倡导科学文明健康的生活方式，满足老年人的精神文化需求。加强社区老年人活动场所建设和管理，在乡镇文化站设立老年文体活动室，有计划地组织老年人开展健康有益的文体活动。加强农村老年文化建设，积极组织送文化下乡活动，丰富农村老年人的精神文化生活。

六、进一步加强基层老龄工作

（一）加强基层老龄工作机构建设。建立健全县（市、区）、乡（镇、街道办事处）老龄工作机构，配齐配强工作人员，落实工作设施和经费，保障基层老龄工作健康发展。要把老龄工作纳入社区、村（居）委会建设，建立完善社区、村（居）委会老龄工作协调机制，确保老龄工作落实到基层。

（二）推进基层老龄工作规范化建设。各县（市、区）要把加强社区建设与创建省级老龄工作规范化社区活动有机结合起来，严格标准，固强补弱。要按照建设社会主义新农村的总要求，制定计划，落实责任，加强指导，严格考核，力争到“十二五”期末全省城市社区和80%以上的农村老龄工作达到规范化标准。

（三）加强基层老年群众组织建设。坚持培育发展和监督管理并重的方针，积极为基层老年群众组织的发展创造条件，充分发挥其在管理老年人事务、维护老年人合法权益、活跃老年人精神文化生活、促进基层民主政治建设、促进社会和谐与政治稳定等方面的作用，实现老年人的自我管理和自我服务。基层老年群众组织要加强自身建设，建立议事决策机制和监督制约机制，健全内部规章制度，严格按照章程规范开展活动，不断提高为老年人服务的质量和水平。

七、建立健全老龄事业发展体制机制

（一）加强老龄工作组织领导。各级党委、政府要高度重视老龄工作，将老龄事业摆上重要议事日程，纳入本地区经济社会发展总体规划和年度计划，列入政府为民办实事项目，不断加大推进力度。主要领导要经常听取汇报、亲自过问，协调解决事关老龄事业发展的突出问题，确保各项政策措施落实到位。要进一步完善党委政府主导，老龄委协调有力、成员单位尽职尽责、社会力量积极参与的老龄工作推进机制，确保老龄事业与经济社会协调发展。各级政府要根据经济社会发展水平和老龄工作需要，加大对老龄事业的投入，建立完善稳定的逐年增长机制；要将开展老龄工作所需经费列入年度财政预算；要统筹安排彩票公益金用于支持老龄事业的发展。

（二）加强老龄工作组织建设。要进一步理顺老龄工作关系，完善县（市、区）级老龄工作机构，及时调整充实老龄工作委员会组成人员。乡镇（街道）要成立老龄工作委员会，加强老龄委办事机构建设，确保工作正常开展。加强老龄工作干部队伍的思想建设、组织建设和作风建设。加强老龄工作政策理论研究，密切关注人口老龄化发展趋势，正确把握新形势下老龄工作的特点和规律，积极探索新时期老龄工作的措施和方法，不断完善工作体制和机制建设，努力提高调查研究、管理服务、依法行政和改革创新的能力，当好党委、政府的参谋助手，确保各项工作的落实。

（三）加大老龄工作执法监督力度。各级各部门要关心支持老龄工作和老龄事业的发展认真履行职责，通力合作，落实相关法规和政策，维护和保障老年人的合法权益。省老龄委要牵头组织各有关单位对老龄事业发展规划、老年优待政策、老年福利设施建设和社会保障制度落实情况进行督促检查，并向当地政府提出加强改进工作意见、建议。

（四）加大老龄工作宣传力度。围绕社会主义核心价值体系、思想道德建设，深入开展敬老、爱老、助老活动和老年政策法律法规教育。各级宣传部门要把宣传老龄工作作为一项重要内容提上日程，充分利用广播、电视、报刊、网络等媒体，积极开展多种形式的宣传教育活动，不断提高全社会对老龄工作重要性的认识，进一步营造全社会重视老龄工作、支持关心老龄事业的良好氛围。

吉林省人民政府办公厅关于发放高龄老年人生活津贴的通知

吉政办明电［2010］148号

各市（州）人民政府，长白山管委会，各县（市）人民政府，省政府各厅委办、各直属机构：

为贯彻落实省委、省政府《关于实施富民工程的若干意见》（吉发［2010］21号）精神，加快推进老年人社会保障体系建设，提高高龄老年人的生活质量，体现党和政府对高龄老年人的关怀。经2010年10月27日省政府第12次常务会议讨论决定，在全省建立80周岁以上高龄老年人生活津贴制度。现就有关事项通知如下。

一、发放范围

户籍在本省行政区域内80—89周岁的城乡低保老年人，90周岁以上的老年人。

二、发放标准

80—89周岁的城乡低保老年人，每人每月发放不少于50元的生活津贴；90—99周岁的城乡老年人每人每月发放不少于100元的生活津贴；100周岁以上的老年人每人每月发放不少于300元的生活津贴。

具体发放标准可由市（州）、县（市、区）人民政府根据当地实际情况自行确定。如各地现行高龄老年人生活津贴政策执行范围和发放标准大于和高于本通知确定的范围和标准，可仍按原政策执行。有条件的地方，在此基础上，也可适当扩大发放范围，提高补贴标准。

三、执行时间

从2010年9月1日起执行。

四、资金负担

高龄老年人生活津贴制度实行属地管理，所需资金由当地财政承担。享受低保待遇的高龄老年人生活津贴，可按照分类施保的原则，采取加发低保金的方式，从省补助的低保资金中解决。

五、审批程序

符合条件的老年人享受高龄生活津贴要按照个人申报、居（村）委会调查核实、街道办事处（乡镇）审核公示，报县（市、区）民政部门审批确认的程序进行。审批要做到公开、公正、透明。

六、发放办法

各级老龄工作部门按照《吉林省优待老年人规定》负责百岁以上高龄老年人生活津贴的发放；各级民政部门负责其他年龄段高龄老年人生活津贴的发放。各地应普遍采用银行卡形式按季或按月发放。

七、工作要求

1. 加强领导，精心组织。各地、各有关部门要对发放高龄老年人生活津贴工作给予高度重视，切实加强领导，结合本地实际，及时制定建立高龄老年人生活津贴制度的具体工作方案和实施细则，精心组织，周密部署，认真抓好落实。

2. 明确任务，落实责任。财政部门要确保所需资金足额安排和及时拨付；民政和老龄工作部门要确保高龄老年人生活津贴及时、安全发放到位；监察、审计等部门要定期开展检查和监督，对套取、截留、挤占、挪用和不按规定发放的，要严肃处理。

3. 健全制度，规范管理。各地和各有关部门要不断完善高龄老年人生活津贴制度，对发放对象实施动态管理。要建立健全定期抽查、核查、公示和统计报告制度，切实加强登记造册、统计台账、档案管理等各项基础工作，确保高龄老年人生活津贴发放工作规范有序进行。

4. 广泛宣传，扩大影响。要加大宣传力度，向社会公布高龄老年人生活津贴的发放范围、标准和程序，做到家喻户晓，人人皆知，在全社会形成尊老、爱老、助老的社会氛围。

吉林省人民政府办公厅
2010 年 11 月 23 日

关于印发《吉林省扶持民办养老机构发展试点工作实施方案》的通知

吉老龄办联发［2010］5 号

各市（州）、县（市）老龄办、财政局，长白山开发区工委社会办、财审局：

为贯彻落实省政府办公厅转发《关于加快发展养老服务业若干意见的通知》（吉政办发〔2006〕43 号）和省委九届十次全会通过的《吉林省委、省政府关于实施“富民工程”的若干意见》的精神，推进我省民办养老机构发展，现将《吉林省扶持民办养老机构发展试点工作实施方案》印发给你们，各地可参照方案要求，结合实际，采取配套措施，积极做好试点培育及推动工作。

二〇一〇年十月八日

吉林省扶持民办养老机构发展试点工作实施方案

为推进我省民办养老机构的发展，根据《国务院办公厅转发关于加快发展养老服务业意见的通知》（国办发［2006］6 号）、省政府办公厅转发《关于加快发展养老服务业若干意见的通知》（吉政办发［2006］43 号）文件精神，学习借鉴外省的经验做法，结合我省的实际情况，本着”试点先行、政策连续”的原则，开展扶持民办养老机构发展试点工作，具体方案如下。

一、试点目的

通过开展试点工作，在实践中探索我省扶持民办养老机构发展的有效办法和管理经验，为制定后续相关政策措施提供实践基础。试点工作从 2010 年开始实施，条件成熟时逐步在全省推开，进而推动和促进民办养老机构发展，适应人口老龄化问题带来的对养老服务的迫切需求，同时缓解政府支出压力，创造和谐的社会环境。

二、试点选择

借鉴国内外先进、成熟经验，以”扶优、扶大、扶强”为原则，经过评估选择试点单位，引导并鼓励新建或改扩建民办养老机构，扩大养老规模，完善养老、医疗、康复、临终关怀四位一体的功能。经过推荐、考察、调研和评估，选定先行试点单位，以后年度，按渐进性原则有序、适当地扩大试点范围。

三、扶持条件

试点单位要符合民政部等相关部委制定的《老年人社会福利机构基本规范》和《老年人建筑设计规范》，运营中达到”运作规范、管理完善、服务达标”的总体要求；新建或改扩建的民办养老机构，均要具备养老、医疗、康复、临终关怀四位一体的功能。

（一）新建或改扩建民办养老机构奖励条件

1. 新建或改扩建的养老机构须经当地相关部门批准筹建。

2. 新建或改扩建的养老机构功能齐全，建筑面积 5000 平方米以上，床位 200 张以上，建筑设计符合养老机构建筑规范和设计标准。

3. 新建或改扩建的养老机构每张床位不少于 5000 元的合法资金证明。

4. 新建或改扩建的养老机构经考核评估，达到 90 分以上，并在一年半内投入使用。

（二）已运营的民办养老机构奖励条件

1. 已运营的民办养老机构，须经县以上民政部门批准设立，经营时间一年以上。

2. 已运营的养老机构建筑面积 2500 平方米以

上，床位100张以上。

3. 已运营的养老机构设施、设备完善，管理规范，各种规章制度健全。

4. 已运营的养老机构经考核评估，达到90分以上，入住老年人满意度达到95%以上，没有发生护理事故。

5. 已运营的养老机构按有关规定配备相应的管理人员和护理人员，护理人员持证上岗。

6. 已运营的养老机构入住率应达到80%以上，并安排总床位数的10%用于减免费接纳社会”三无”老人及低保、贫困老人，以体现公益性。

四、扶持办法

（一）省老龄办根据当年资金筹集额度，事先公布扶持民办养老机构的奖励补助名额。

（二）省老龄办在各地评选推荐的基础上，按《吉林省民办养老服务机构试点单位考核评估暂行办法》（详见附件2）组织评估、评选后，确定并公布奖励单位。

（三）经过评估、评选被确定为奖补单位的民办养老机构，实行”以奖代补、跟踪评估、分年发放”的办法给予资助。

五、扶持资金筹集及监管

（一）扶持民办养老机构奖励补助资金，由省级彩票专项公益金等多渠道筹集安排。

（二）奖励补助资金须专项用于民办养老机构改善服务设施，提高服务质量，不得用于养老服务以外开支。

（三）省彩票专项公益金扶持民办养老机构的具体使用和监管办法，由省财政厅会同省老龄办另行制定。

关于印发《省彩票专项公益金扶持民办养老机构暂行办法》的通知

吉财非税［2010］689号

各市（州）财政局、老龄办、长白山开发区财审局、工委社会办，县（市）财政局、老龄办：

为推进我省养老机构发展，根据吉林省委九届十次全会通过的《中共吉林省委、省政府关于实施“富民工程”的若干规定》和省政府办公厅转发《关于加快发展养老服务业若干意见的通知》（吉政办发［2006］43号）有关精神，结合《关于印发〈吉林省扶持养老机构发展试点工作实施方案〉的通知》（吉老龄办联发［2010］5号）要求，作为配套政策，我们研究制定了《省彩票专项公益金扶持养老机构暂行办法》，现予印发。各地可结合实际，采取相应配套办法，配合做好扶持养老机构试点工作。

附件：省彩票专项公益金扶持民办养老机构暂行办法

吉林省财政厅　省老龄办

二〇一〇年十月八日

省彩票专项公益金扶持民办养老机构暂行办法

第一条　为支持我省开展扶持民办养老机构（以下简称养老机构）建设试点工作，省财政将安排一定额度的省彩票专项公益金给予扶持，为规范该项资金使用管理，制定本办法。

第二条　扶持原则。扶持我省养老机构发展，坚持试点先行、政策引导、逐步推广，鼓励并调动民间资本积极参与，通过公开、公平、公正评估、评选确定的原则。

第三条　扶持目的。实行奖励补助，以点带面、示范引导，进而推动社会民间资本积极参与我省养老机构发展，形成优胜劣汰、公平竞争的良性发展机制。

第四条　新建或改扩建养老机构扶持条件：

（一）新建或改扩建养老机构须经当地相关部门批准。

（二）新建或改扩建的养老机构功能齐全，建筑面积5000平方米以上，床位200张以上，建筑设计符合养老机构建筑规范和设计标准。

（三）新建或改扩建的养老机构，每张床位不少于5000元的合法资金证明。

（四）新建或改扩建的养老机构经考核评估，达到90分以上，并在一年半内投入使用。

第五条　已投入使用并运营的养老机构扶持条件：

（一）已投入使用的养老机构，须经县以上民政部门批准设立，经营时间一年以上。

（二）已运营的养老机构建筑面积2500平方米以上，床位1‘00张以上。

（三）已运营的养老机构设施、设备完善，管理规范，各种规章制度健全。

（四）已运营的养老机构经考核评估，达到90分以上，老年人满意度达到95%以上，未发生护理事故。

（五）已运营的养老机构按有关规定配备相应的管理人员和护理人员，护理人员持证上岗。

（六）已运营的养老机构入住率要达到80%以上，并安排床位总数的10%，用于减免费接纳社会“三无”老人及低保、贫困老人，体现公益性。

第六条　奖励补助资金从省彩票专项公益金等多渠道筹集，对经评估、评选后确定的养老机构，实行“以奖代补、跟踪评估、分年发放”的办法给予资助。

第七条　奖励补助资金须专项用于养老机构改善服务设施，提高服务质量，不得用于养老服务以外开支。

第八条　申报审核程序：

（一）试点项目所在地的老龄办根据省老龄办公布的奖励补助名额，会同当地财政部门对本地试点项目进行初审、评选和推荐，向省财政厅、省老龄办上报奖补资金申请。

（二）省老龄办在各地评选推荐的基础上，按《吉林省养老机构试点单位考核评估暂行办法》，组织评估、评选后，确定并公布奖补单位。

（三）省财政厅依据省老龄办评估、评选确定的奖励补助项目，以及奖励补助额度，按现行财政管理体制，下达项目所在地。

当地老龄办与财政部门积极配合，做好具体实施工作。

第九条　资金使用与监管：

（一）项目所在地的老龄办与财政部门要认真履行监督职责，定期对资金的使用情况进行监督检查。如发现违规使用奖励补助资金，可停拨资金，限期纠正，并及时上报省老龄办。必要时，财政部门按原渠道收回已拨资金。

（二）试点单位要以书面形式做出补助资金的使用承诺，签订《吉林省养老机构使用”以奖代补”资金承诺书》，并确保承诺书各项条款落到实处。

（三）试点单位5年内不得转作非养老机构建设或养老服务用途。对转作非养老机构建设或养老服务用途的，要收回补助资金，并按规定严肃查处。

第十条　本办法自印发之日起执行。

第十一条　本办法由省财政厅、省老龄办负责解释。

关于做好全市90周岁以上高龄老年人生活补贴发放工作的通知

大民发［2010］8号

各区市县民政局（处）、财政局：

按照《辽宁省老年人权益保障条例》“县级人民政府对90周岁以上老年人定期给予生活补贴”的规定，经市政府批准，自2010年1月起，为全市90周岁以上老年人发放高龄生活补贴。现将有关事宜通知如下。

一、发放对象和标准

1. 发放对象：具有我市户籍、年满90—99周岁的老年人（百岁老人按原规定执行），新增对象，从符合条件之日下月发放；死亡对象，从死亡之日下月起停发。

2. 发放标准：每人每月100元。

二、审批程序

1. 申请填表。符合享受高龄生活补贴条件的老年人需由本人或直系亲属向户籍所在地村（居）委会提出申请，填写《大连市老年人高龄生活补贴申请审批表》（一式三份），与其身份证复印件、户口簿一并上报乡镇（街道）。

2. 审核录入。对村（居）委会上报的申请材料，由乡镇（街道）老龄办（民政办）进行审核和信息录入，建立乡镇（街道）90 周岁以上老年人信息数据库，乡镇（街道）审核后，将申请审批表与乡镇（街道）90 周岁以上老年人汇总表一并上报区市县老龄办（同时上报电子版）。

3. 审批上报。对各乡镇（街道）上报的 90 周岁以上老年人申请审批表和汇总表，由各区市县老龄办审核确认，并加盖区市县老龄办印章后，上报市老龄办（同时上报电子版）。对不符合发放条件的，将有关资料退回乡镇（街道），由乡镇（街道）、村（居）委会告知本人，并说明原因。

4. 审核抽查。市老龄办对各区市县上报的 90 周岁以上老年人汇总名单，进行抽查审核，并建立全市 90 周岁以上老年人基本数据库。

5. 所需材料。本人身份证、户口簿原件，身份证复印件 3 份；本人近期 2 寸免冠照片 3 张。

三、资金来源和发放

1. 资金来源。90－99 周岁老年人高龄生活补贴资金由市县两级财政按比例承担。其中，普兰店市、瓦房店市、庄河市、长海县市财政承担 70%，区市县财政承担 30%；其他区自行承担。市财政补助资金从福彩公益金中列支。

2. 资金发放。补贴资金由各区市县按季度（每季度的末月 5 日起）发放，尽可能实行社会化发放；资金由区市县财政先期全额垫付，市财政补助资金根据市老龄办提供数据，实行年中预拨，年终清算。

四、监督管理

各区市县要不断完善高龄老年人生活补贴发放的各项制度，规范申报、审核审批程序。发放工作要实行动态管理。建立年审制度，每年 6 月底、11 月底，各区市县要上报注销人员名单。市老龄办、财政局进行不定期抽查，虚报年龄或审核机关人员在审核过程中弄虚作假的，一经查实，立即停发、追回已领补贴，并追究相关人员责任。

五、工作要求

1. 加强领导。为 90 周岁以上老年人发放高龄生活补贴，是贯彻落实科学发展观，关心关注民生，构建和谐大连的一项重要举措，是一项长期工作，各相关部门要高度重视，切实加强领导。市老龄办要加大对发放工作的监督、检查、指导力度，确保各项具体工作的顺利开展和落实。

2. 广泛宣传。要加大对实施高龄老年人生活补贴制度的宣传力度，使之家喻户晓，人人皆知，确保符合条件对象均及时享受优惠政策。同时，要大力宣传中华民族敬老、爱老、助老传统美德，呼吁全社会关心关注老年人和老龄事业，努力营造社会关心关爱老年人的浓厚氛围。

3. 规范手续。各区市县要规范申请、审核、审批各个环节要求，严格把关，既要让符合条件的老年人及时享受优惠政策，又要坚决维护政策实施的严肃性，杜绝弄虚作假、虚报瞒报。对于空巢和行动不便等有实际困难的老年人，可上门办理申请手续，力争符合条件的对象不遗漏。

4. 建库立档。发放高龄老年人生活补贴，是一项长期工作，涉及对象数额庞大、变动较多，各区市县要落实专门人员，加强发放工作相关档案管理，要全面收集发放对象的信息，建立发放数据库，实行动态化管理。每年定期开展申报审核和相应调整工作，确保发放工作落实到位。

特此通知。

大连市民政局　　大连市财政局

二〇一〇年一月八日

中共山东省委　山东省人民政府
关于进一步加快老龄事业发展的意见

（2010 年 12 月 31 日）

为深入贯彻落实党的十七大和十七届三中、四中、五中全会精神，积极应对快速发展的人口老龄化形势，着力保障和改善民生，促进经济社会又好又快发展，现就进一步加快我省老龄事业发展提出如下意见。

一、全省老龄事业发展的现状和基本要求

（一）认清人口老龄化的严峻形势

我省人口老龄化已进入快速发展期。2009年底，全省60岁以上老年人口1381.86万人，占总人口的14.59%。据预测，到2020年，全省老年人口将达到2208万人，占总人口的22.3%，且呈现高龄化、“空巢”化及农村老龄化程度高的趋势。人口老龄化发展是经济社会发展和人民生活水平、健康水平提高的重要标志，既为经济社会发展带来机遇，也对社会保障和就业、产业结构调整、社会养老服务、老龄产业发展、代际关系和社会和谐等带来重大挑战和影响，已经成为我省经济社会发展中迫切需要解决的全局性、战略性问题。

（二）增强加快发展老龄事业的紧迫感

近年来，全省各级认真贯彻落实科学发展观，大力推进老龄事业发展，取得了显著成绩。但应当看到，我省老龄事业发展与人口老龄化趋势、全面建设小康社会的要求以及广大人民群众的期盼还不相适应，存在着对老龄问题的认识和重视程度不够到位，应对人口老龄化的措施不够得力，老龄法规政策体系不够健全，老龄工作体制机制不够完善，社会养老服务体系尚不配套，老龄产业发展滞后等问题。各级党委、政府要高度重视这些问题，切实增强加快发展老龄事业的责任感、紧迫感和使命感。

（三）加快推进老龄事业发展

今后一个时期，我省老龄事业发展的基本要求是：深入贯彻落实科学发展观，坚持党政主导、社会参与、全民关怀的工作方针，坚持老龄事业与经济社会协调发展、城市与农村老龄事业协调发展战略，加快建立健全覆盖城乡老年人的养老保障、医疗保障和养老服务体系，优先发展社会养老服务，培育壮大老龄服务事业和产业，大力实施银龄幸福和谐工程，不断提升“老有所养、老有所医、老有所教、老有所学、老有所为、老有所乐”水平，使老年人物质和精神文化生活明显改善，让老年人共享经济社会发展成果，生活得更加幸福、更有尊严，促进社会更加文明、和谐。

二、加快健全覆盖城乡的社会养老保障体系

（一）提高老年人养老保障水平

加快推进覆盖城乡居民的社会养老保障体系建设，扩大社会养老保障覆盖范围，逐步提高保障标准。完善实施城镇职工和居民养老保险制度；推动事业单位养老保险制度改革；积极推进新型农村社会养老保险制度试点，尽快实现新型农村社会养老保险制度全覆盖。

（二）提高老年人社会福利水平

坚持老年人享受优待的原则，不断完善优待老年人的政策和办法。进一步建立健全高龄津贴制度，逐步扩大发放范围、提高发放标准，有条件的地区可将发放高龄津贴的范围扩大到80岁以上老年人。免除农村老年人“一事一议”筹资义务。逐步建立政府为孤寡、贫困、高龄老年人购买养老服务制度，提高城镇“三无”和农村五保老年人福利水平。完善农村计划生育家庭奖励扶助和特别扶助制度。

（三）提高老年人医疗保健水平

健全覆盖城乡居民的基本医疗保障体系，将所有老年人纳入医疗保障制度覆盖范围，逐步提高保障标准。加强城乡医疗卫生服务体系建设，满足老年人多样化医疗卫生需求。政府兴办的医学高校和综合性医院要加强老年病科研，有条件的大中城市应积极兴办老年病专科医院、老年护理院、临终关怀机构等。鼓励各级综合性医院设立老年门诊或老年护理专科，各市可指定1所二级以上综合医院作为老年病的防治中心。规模较大的养老机构要设门诊部或卫生所，符合医疗保险定点资格条件的，纳入定点范围。各级卫生部门要指导基层医疗卫生机构建立老年人健康档案，每年为65岁及以上老年人进行免费体检。加强老年健康教育及长寿科学研究，提高老年人自我保健能力，促进健康老龄化。

（四）提高困难老年人社会救助水平

把困难老年人作为生活救助、医疗救助、司法救助、法律援助的重点对象，加大救助力度。将所有符合条件的老年人优先纳入城乡低保范围，积极开展分类施保，搞好城乡低保与其他社会保障制度的衔接。将城镇低收入、住房困难的纯老年家庭户优先纳入廉租房保障范围。将农村贫困老年人无房户、危房户纳入农村危房改造工程。

三、加快建立健全社会养老服务体系

（一）大力推进社会养老服务体系建设

将社会养老服务纳入各级经济社会发展规划，坚持社会化、市场化、产业化、专业化的方向和政府引导、政策扶持、社会参与、市场推动的原则，以扩大规模、合理布局、强化管理、提升水平为重点，大力推进养老服务业的发展。到2015年，基本形成布局合理、规模适度、形式多样、功能完善、基本满足老年人需求的社会养老服务体系，形成以居家养老为基础，社区服务为依托，机构养老为支撑、城乡一体化的养老服务网络，形成投资主体多元化、服务对象公众化、服务方式多样化、服务队伍专业化的养老服务发展格局。

（二）大力发展居家养老服务

以社区服务机构、社区卫生机构等公共服务机构为依托，以社会养老服务机构、家政服务机构等相关服务单位为骨干，以志愿者服务为补充，逐步建立健全覆盖城乡的居家养老服务网络。到2015年，各县（市、区）、乡镇（街道）、城市社区和农村中心社区普遍建立居家养老服务设施和网络，实现全省城乡居家养老服务全覆盖。要制定全省统一规范的居家养老服务标准，明确服务内容，开展短期托养、日间照料以及助餐、助洁、助浴、助医、助行、助购等生活服务，并兼顾老年人多样化需求。加强居家养老服务信息化建设，在全省逐步建立为居家老年人提供就近、便捷、全方位服务的信息平台。各级政府要对居家养老服务给予财政支持。

（三）大力发展养老服务机构

将养老服务设施建设纳入城乡建设发展规划。今后5年养老床位数保持年均增长10%以上，到2015年，城乡机构养老床位数占老年人口比例达到3%以上。政府兴办的福利性养老机构，在完成政府供养任务的前提下，面向社会老年人开放，参与社区居家养老服务，弥补社会养老资源的不足。大力支持社会力量兴办养老服务机构，根据国家和我省有关规定，各地可采取土地划拨、收费减免、贷款贴息、以奖代补、开办补助、运营补贴、购买服务等方式，吸引和鼓励社会力量投资兴办各类老年公寓、老年康复中心、托老所、老年护理院等各类养老服务设施。鼓励有条件的村居规划建设老年人集中居住服务区。认真落实养老服务机构税收减免政策。对新建养老服务设施，要优先安排用地，按规定给予减免市政公用设施配套费。对社会力量兴办、达到一定规模的养老服务机构，省采取以奖代补形式给予补助，推动社会化机构养老服务加快发展。

（四）大力开展老年人心理关爱服务

加强老年人心理健康等科普教育，动员社会、家庭开展老年人心理关爱服务。建立老年人心理服务组织，培养心理服务专业人员，设立老年人聊天、心理咨询等服务场所，为老年人提供心理疏导服务。重点做好病残、空巢、高龄、临终等老年人的心理关爱工作。各市要至少确定1—2所、有条件的县（市）要至少建立1所“爱心护理院”，开展长期护理和关爱服务。

（五）大力加强养老服务人才队伍建设

支持创办各类养老服务职业技术院校，鼓励大专院校开设养老服务专业学科，加强养老服务职业培训和职业道德教育，做好养老服务人员执业资格鉴定工作，推行持证上岗，逐步实现养老服务队伍专业化。对养老服务从业人员就业、再就业给予政策扶持，不断提高养老服务从业人员待遇。

四、加快发展老年文体事业

（一）加强老年文化设施建设

将老年文化体育设施建设纳入城乡公共设施建设规划，整合资源，统筹兼顾，保证老年人就近有活动场所。到2015年，省、市都要有综合性老年文化体育场所，县（市、区）城区和30%以上的乡镇（街道）至少有1处示范性老年人活动中心，社区、村（居）全部建立老年活动室（站）。公共文化活动场所要优先向老年人开放。广场、健身路径、居民小区以及乡镇综合文化站、农村文化大院等，要设置适合老年人活动的场地、设施和器材。文化惠民工程要增加面向老年人的项目。加强老年文体设施的管理，提高使用效益。

（二）加强老年文体组织建设

引导和支持老年人建立群众性文化、体育活动组织，支持和加强各级老年文艺协会、老年体育协会等老年文体组织建设。加强老年文体骨干队伍建设，全省重点扶持培养一批在全国有影响的老年文艺、体育团体，市、县（市、区）要有一定数量规范、稳定、水平较高的老年文体活动团队。

（三）加强老年文体活动指导

把老年文化活动列入群众性文化活动的重要内容，组织引导老年人开展有益于身心健康、丰富多彩的文体活动，不断丰富老年人的精神文化生活。要定期举办老年文化艺术节、老年运动会等活动，促进基层老年文体活动广泛开展。

（四）加强老年教育工作

把老年教育纳入终身教育体系，逐步建立覆盖城乡、多层次、多形式的老年教育网络，组织老年人开展多种形式的学习教育活动，积极倡导科学、文明、健康的生活方式。办好各级老年大学、学校，扩大办学规模，改善教学设施，提高教学质量，不断满足老年人需求。到2015年，全省各级各类老年学校在校（注册）学员不低于老年人口的10%，条件好的地区力争达到15%以上。有效利用广播、电视、互联网等现代传媒开展老年教育。鼓励支持社会力量兴办老年教育事业。

五、培育壮大老龄产业

（一）积极推动老龄产业规划布局

各级政府要抓住转方式、调结构的重要机遇，科学规划，统一部署，大力发展“银龄经济”。加大对老龄产业的扶持力度，着力培育一批大型龙头企业和知名品牌，提高其经济和社会效益。充分发挥相关部门和老龄产业协会的作用，加强管理指导，促进行业自律。

（二）积极推动老年产品开发

引导和鼓励企业按照老年人各种需求，开发和生产门类齐全、品种多样、经济适用的老年用品。优先发展养老护理、康复保健、社区服务和老年特殊用品等产业。大力发展老年旅游业。大力发展老年文化产业，积极开发老年文化产品，宣传、文化、广播、电视、出版等部门要多推出适合老年人的优秀作品。积极开发适合老年人特点的金融、理财、保险等产品。

（三）积极推动扩大老年消费

引导老年人更新消费观念。积极培育发展老年消费市场和老年用品销售网点，鼓励商家设立老年用品专柜，举办老年产品展销会。加强对老年消费市场的监管和服务。

六、引导和鼓励老年人积极参与经济社会发展

（一）积极开展多种形式老有所为活动

坚持自愿和量力、社会需求同个人志趣相结合的原则，鼓励老年人开展多种形式的老有所为活动，充分发挥老年人在经济社会发展中的重要作用。组织老年人开展党的路线方针政策、中华民族传统美德等宣传和关心教育下一代工作。鼓励具有专业技能的老年人开展科学研究、技术指导、经营管理、咨询服务、非物质文化遗产传承与保护活动。支持老年人参与基层社会治安、移风易俗、民事调解、养老服务、社区文化、低碳节能、环境保护等社会事务。

（二）推进建立老有所为工作机制

坚持“共建、共享、共融”理念，建立健全老有所为管理服务机制。人力资源市场要把老年人力资源纳入服务范围，搭建老年人才与社会需求对接的服务平台。加强山东银龄爱心志愿团等老年志愿者队伍建设，支持老年人开展各种志愿服务活动。加强各类老年社团组织规范化建设，发挥老年人自我管理、自我教育、自我保护、自我服务和服务社会的作用。省老龄工作委员会依据有关规定定期评选表彰模范老人。

七、切实加强对老龄工作的组织领导

（一）加强组织领导

各级党委、政府要高度重视老龄工作，列入重要议事日程，将老龄事业纳入本地区经济社会发展总体规划和年度计划，列入政府为民办实事项目，纳入党政及各部门绩效考核内容，定期研究部署，抓好工作落实。各级党政领导班子中要有人分管老龄工作，主要领导要经常听取汇报，协调解决事关老龄事业发展的重大问题。要定期对老龄工作进行督查，对老龄事业发展规划执行情况进行检查评估，并作为考核经济社会发展状况和考察使用干部的重要依据。

（二）加强老龄工作推进机制建设

按照老龄工作方针，进一步完善和发挥党委政府加强领导、老龄委组织协调、相关部门协同配合、社会力量广泛参与、人人关心支持的老龄工作推进机制。各级老龄委要充分发挥对老龄工作综合管理、宏观指导、组织协调、督促检查的职能作用。各成员单位要切实履行工作职责，齐抓共管，密切协作，形成合力。进一步加强各级老龄工作队伍建设，配齐配强老龄工作干部，不断提高素质能力，适应工作需要。

（三）加强老年法规政策建设

进一步建立完善老龄法规政策体系，加大老龄工作执法和督查力度，确保老年人各项待遇落实。建立健全老年司法救助、法律援助和法律服务网络，加大对侵犯老年人合法权益行为的惩处力度，切实维护老年人的合法权益。

（四）加大老龄事业投入

各级政府要按照公共财政要求，统筹安排老龄事业发展经费，并根据经济发展水平和老龄事业实际需要，不断加大对老龄事业的投入。各地对直接用于老年福利与服务设施建设以及老年教育、文体活动、人才培训、科学研究等方面的老龄事业支出和基层老龄工作机构的工作经费，要随着经济发展和财力增长逐步增加。各级彩票公益金要加大对老龄事业的投入。建立多元化的投入机制，积极鼓励社会资金、慈善捐赠支持老龄事业发展。充分发挥老龄事业发展基金会筹资助老作用，积极开展老年公益活动。

（五）加强人口老龄化战略研究

加强老龄科研队伍建设，加大对老龄科学研究的投入，不断加强应对人口老龄化的对策研究。充分发挥各部门、各单位、各大专院校及研究机构的作用，对重大老龄研究课题进行集中攻关，不断提高人口老龄化战略研究的质量和水平。

（六）加大老龄宣传教育力度

将尊老敬老道德教育纳入社会主义精神文明建设规划，作为城乡文明创建、公民道德建设、党员干部教育、中小学德育教育和村规民约的重要内容，利用多种形式大力宣传人口老龄化形势、发展老龄事业的重大意义、方针政策和先进典型，不断强化全社会的老龄意识和尊老敬老观念，营造有利于老龄事业发展的社会环境。

安徽省人民代表大会常务委员会关于进一步保障老年人权益发展老龄事业的决议

（2010年10月22日安徽省第十一届人民代表大会常务委员会第二十一次会议通过）

安徽省第十一届人民代表大会常务委员会第二十一次会议听取和审议了省人民政府《关于深入贯彻老年人权益保障法加快我省老龄事业发展情况的报告》。会议认为，在各级政府重视和社会各界支持下，我省老年人权益保障和老龄事业取得了长足进步。但是，我省人口老龄化形势严峻，由此引发的一系列社会问题亟需重视和解决。为了更好地保障老年人的合法权益，发展老龄事业，实现“老有所养、老有所医、老有所教、老有所学、老有所为、老有所乐”，特作如下决议。

一、充分认识人口老龄化形势的严峻性，把发展老龄事业列入重要议事日程

要按照科学发展观的要求，立足经济和社会发展全局，高度重视老龄事业发展。各级政府要从推进基本公共服务均等化和维护社会公平正义出发，切实加强领导，制定完善推进老龄事业发展的政策措施，编制老龄事业发展总体规划及养老服务业发展专项规划，并纳入全省国民经济和社会发展规划。要建立健全考核和激励措施，确保规划目标的实现。

二、切实发挥政府的主导作用，着力解决老年人权益保障中的突出问题

各级政府要高度重视农村老年人、城镇无业老年人的基本养老保障问题，重点解决好农村五保、城镇“无赡养人、无生活来源、无劳动能力”老年人的集中供养服务机构建设，提高供养标准和集中供养率；重视解决特困的空巢、独居、病残、失去生活自理能力等老人的实际困难，逐步建立并完善政府为特殊困难老年群体购买服务的机制；建立并推行普惠型高龄老人津贴制度；增加面向老年人的医疗卫生事业投入，逐步提高老年人医疗待遇水平；加强老年活动场所的规划和建设，就近方便老年人活动，有条件的地方应当建设综合配套的多功能的老年活动中心。

三、探索建立与市场经济相适应的养老模式，加快发展社会化养老服务业

政府及其有关部门应尽快制定推进社会化养老服务业发展的具体措施，完善并落实民间资本进入养老服务业的优惠政策。积极扶持民间养老服务机构建设，并实施有效的监管，确保养老服务质量。鼓励社会力量兴建配套完善、适应不同人群需求的老年公寓等养老服务设施。大力发展现代老年产业，开发老年产品，培育发展老年教育、文化、体育、旅游、养生保健和医疗康复等市场，满足老年人日益增长的物质文化需求。

四、强化老年法律法规的实施，大力营造尊老助老的社会氛围

要加强老年法律法规和政策规定执行情况的监督检查，及时处理侵犯老年人合法权益行为，确保老年人优待及权益保障各项规定的有效落实。根据老年人权益保障和老龄事业面临的新情况、新问题，修订《安徽省实施〈中华人民共和国老年人权益保障法〉办法》。强化老年法律、法规、政策的宣传，弘扬中华民族传统美德，巩固家庭养老基础，大力营造尊老助老的社会氛围。

五、加强老龄工作体制机制建设和经费投入，保障老龄事业健康发展

要进一步理顺和健全老龄工作体制，形成齐抓共管、高效运转的老龄工作格局。加强老龄工作机构建设，充实力量，切实发挥老龄工作机构的综合协调、督促检查、参谋助手作用。强化社区和村（居）委为老服务功能，发挥老年协会的作用，大力发展专业服务和志愿者队伍。加大对老龄事业的资金投入，将老龄事业工作经费纳入同级财政预算，建立老龄事业经费投入和增长机制，同时鼓励社会各方面投入，使老龄事业与经济社会协调发展。

浙江省人民政府关于建立城乡居民社会养老保险制度的实施意见

浙政发［2009］62号

为进一步完善我省社会养老保险体系，根据《国务院关于开展新型农村社会养老保险试点的指导意见》（国发（2009）32号）和省委、省政府关于建立健全覆盖城乡居民养老保障制度的总体安排，现就建立我省城乡居民社会养老保险制度提出如下实施意见。

一、指导思想和总体要求

（一）指导思想

高举中国特色社会主义伟大旗帜，以邓小平理论和“三个代表”重要思想为指导，深入贯彻落实科学发展观，紧紧围绕全面建设惠及全省人民小康社会的总体目标，着眼于建立健全覆盖城乡居民的养老保障体系，按照“保基本、广覆盖、有弹性、可持续”的基本原则，加快建立与我省经济社会发展水平相适应、与相关养老保障制度相衔接的城乡居民社会养老保险制度，确保城乡居民老有所养。

（二）总体要求

建立城乡居民社会养老保险制度，要坚持覆盖城乡、惠及全民，逐步实现人人享有基本养老保障，让全省人民共享改革发展成果；要坚持政府主导和城乡居民自愿参保相结合，社会统筹与个人账户相结合，引导城乡居民普遍参保；要坚持低水平起步、积极稳妥推进，筹资标准和待遇标准要与经济社会发展水平及各方面承受能力相适应；要坚持权利与义务相对应，个人（家庭）、集体、政府合理分担责任，鼓励长缴多得、多缴多得，逐步形成城乡居民社会养老保险与企业职工基本养老保险等保障制度相衔接的制度体系。

二、目标任务

今年，城乡居民社会养老保险工作要全面启动，各市都要确定1个县（市、区）列入国家或省试点；已经先行开展城乡居民社会养老保险工作的市、县（市、区），要根据本实施意见调整和完善相关政策；其他市、县（市、区）要抓紧按照本实施意见制订实施办法，做好组织实施准备。2010年1月1日起，凡符合条件、年满60周岁的本省户籍城乡居民按规定享受政府提供的基础养老金，并加快推进参保缴费工作，扩大覆盖面。2012年，全省实现制度全覆盖。

三、主要政策

（一）参保范围

具有本省户籍，年满16周岁（全日制学校在校学生除外），非国家机关、事业单位、社会团体工作人员，未参加职工基本养老保险的城乡居民，均可在户籍地参加城乡居民社会养老保险。

（二）基金筹集

城乡居民社会养老保险基金主要由个人缴费、集体补助和政府补贴构成。

1. 个人缴费。参加城乡居民社会养老保险的人员应当按规定缴纳养老保险费。缴费标准目前设为每年100元、200元、300元、400元、500元五个档次，各地可按不低于当地上年农村居民人均纯收入或城镇居民人均可支配收入5%的额度，增设和调整若干绝对额缴费档次。参保人自主选择档次缴费，多缴多得。

2. 集体补助。有条件的村集体经济组织应当对参保人缴费给予补助，补助标准由村民委员会召开村民会议民主确定。鼓励其他经济组织、社会公益组织、个人为参保人缴费提供资助。

3. 政府补贴。社会统筹基金由财政提供，主要用于支付基础养老金、参保人个人缴费补贴、缴费年限养老金和丧葬补助费等。省财政按照省里确定的基础养老金最低标准，对两类一至六档地区分别给予80%、72%、64%、48%、20%和10%的补助。对五至六档地区，如纳入国家或省试点，省财政按国家实际补助标准和城乡居民享受基础养老金的人数给予补助。

参保人所在市、县（市、区）财政对参保人缴费给予补贴，补贴标准不低于每人每年30元；对选择较高档次标准缴费的，可给予适当鼓励；对重度残疾人、低保对象等困难群体缴费，按当地最低档次缴费标准给予部分或全部补贴。缴费补贴的具体标准和办法由市、县（市、区）政府制订。

（三）个人账户

国家为每个城乡居民社会养老保险参保人建立终身记录的养老保险个人账户。个人缴费、集体补助及其他经济组织、社会公益组织、个人对参保人缴费的资助，市、县（市、区）政府对参保人的缴费补贴，全部记入个人账户。个人账户储存额目前每年参考中国人民银行公布的金融机构人民币一年期同期存款利率计息。

（四）待遇享受

城乡居民养老金待遇标准、领取条件等按下列规定执行：

1. 养老金待遇标准。城乡居民养老金待遇由基础养老金、个人账户养老金和缴费年限养老金三部分组成，支付终身。

基础养老金标准每人每月不低于 60 元。市、县（市、区）政府可适当提高当地基础养老金标准，城镇居民的基础养老金水平可适当高于农村居民。

个人账户养老金月标准为个人账户全部储存额除以 139（与现行企业职工基本养老保险个人账户养老金计发系数相同）。参保人死亡后，其个人账户中的资金余额，除政府补贴外，可以依法继承。政府补贴余额用于继续支付其他参保人的养老金。

缴费年限养老金月标准根据长缴多得的原则，按缴费年限分段计发。目前暂定为：缴费 5 年（含 5 年）以下的参保人，其月缴费年限养老金按 1 元/年计发；缴费 6 年以上、10 年（含 10 年）以下的参保人，其月缴费年限养老金从第 6 年起按 2 元/年计发；缴费年限 11 年（含 11 年）以上的参保人，其月缴费年限养老金从第 11 年起按 3 元/年计发。

按本实施意见规定已领取养老金待遇的参保人员，死亡时可享受一次性丧葬补助费。一次性丧葬补助费标准为参保人死亡当月享受的基础养老金的 20 个月金额。

对参保的复员退伍军人（含制度实施时 60 周岁以上的人员），军龄视同缴费，并加发优待养老金。具体办法附后。

2. 养老金待遇领取条件。年满 60 周岁、未享受国家机关、事业单位、社会团体离休、退休、退职待遇和职工基本养老金待遇的城乡有户籍的老年人，可以按月领取养老金。

城乡居民社会养老保险制度实施时，已年满 60 周岁、未享受国家机关、事业单位、社会团体离休、退休、退职待遇和职工基本养老金待遇的本省户籍城乡居民，不用缴费，可以按月领取基础养老金，但其符合参保条件的子女应当参保缴费；距领取年龄不足 15 年的，应按年缴费，也允许补缴，年补缴额不得低于当地当年的最低缴费标准，累计缴费年限不超过 15 年；距领取年龄超过 15 年（含 15 年）的，应按年缴费，累计缴费年限不少于 15 年。

要引导中青年城乡居民积极参保、长期缴费，长缴多得。

3. 养老金调整机制。省政府根据国家政策并结合我省实际，适时调整全省基础养老金最低标准和缴费年限养老金标准。各市、县（市、区）政府可结合本地实际，适时调整当地基础养老金标准。

关于调整我省百岁以上老人长寿保健补助标准的通知

浙老工委［2010］4 号

各市、县（市、区）老龄委、民政局、财政局：

为进一步弘扬中华民族敬老爱老的传统美德，体现党和政府对老年人的关怀，改善和提高百岁老人的生活质量，根据《浙江省实施〈中华人民共和国老年人权益保障法〉办法》和省政府《2008—2010 年为老年人办实事意见》的有关规定，经研究，决定调整我省百岁老人长寿保健补助费标准。现就有关事项通知如下。

一、从 2010 年 1 月 1 日起，对户口在本省年满 100 周岁及以上老人的长寿保健补助费由原来的每人每月 200 元调整为每人每月不低于 300 元。长寿保健补助费从老人年满 100 周岁的当月发给，发至老人辞世后的下个月为止。

二、长寿保健补助费仍由百岁老人户口所在地的县（市、区）民政局负责发放，经费由当地财政安排，列“社会福利——老年福利”支出。

二〇一〇年二月三日

关于加快养老服务事业发展的若干意见

赣府发［2010］24号

为进一步完善我省基本养老服务体系，健全社会化养老服务机制，大力发展老年社会福利事业，认真做好基本养老服务国家试点工作，现就加快我省养老服务事业发展提出如下意见。

一、切实增强加快养老服务事业发展的责任感和紧迫感

加快养老服务事业发展，是贯彻落实科学发展观、坚持以人为本的重要体现，是实现党的十七大提出的“老有所养”目标和“加强老龄工作”部署的重要举措，是着力保障和改善民生，让老年人共享改革发展成果，促进社会和谐稳定的必然要求。我省于2005年进入人口老龄化社会，到2009年，60岁以上老年人口约560万人，占全省总人口12.6%。老年人口基数大、高龄老人比例高、空巢老人逐年增多、家庭养老功能弱化等特征日益显现，对经济社会发展带来广泛而深刻的影响，发展养老服务事业十分紧迫。经过多年努力，我省养老服务事业取得了较大进步，但社会化养老程度不高，资金投入不足，政策法规体系不够完善，服务和管理体系尚不健全，难以满足快速增长的社会养老服务需求。各级政府和有关部门要从经济社会发展全局的高度，充分认清我省人口老龄化形势及其带来的深刻影响，进一步增强加快养老服务事业发展的责任感和紧迫感，切实把养老服务事业发展作为改善民生的重要内容，纳入当地经济社会发展总体规划和改善民生的重要内容，认真抓好落实，抓出成效。

二、加快养老服务事业发展的指导思想、总体目标和主要任务

（一）指导思想

坚持以邓小平理论和“三个代表”重要思想为指导，以科学发展观为统领，以维护好、发展好老年人的根本利益为出发点，按照政府主导、政策扶持、社会参与、市场推动的原则，建立健全社会化养老服务机制，加快推进养老服务社会化进程，不断提升全省城乡养老服务水平。

（二）总体目标

按照“投资主体多元化、服务对象公众化、服务方式多样化、服务队伍专业化”的要求，到2020年，基本构建起以居家养老为基础、社区服务为依托、机构养老为支撑的基本养老服务体系，每千名老人拥有养老床位数，高于全国平均水平，逐步实现社会福利服务由“补缺型”向“适度普惠型”转变。积极探索服务质量优良、监督管理到位、可持续发展的养老服务运行机制和管理模式，使基本养老服务水平与我省人口老龄化形势相适应，与经济社会发展水平相协调。

（三）主要任务

1. 加快民办养老服务机构发展。把促进民办养老服务机构发展作为加快养老服务事业发展的重要途径，通过公建民营、民办公助、税费优惠、政府购买服务、规范服务标准、加强行业监管等措施，促进民办养老服务机构快速、健康发展。

2. 提升公办养老机构服务水平。通过新建、改（扩）建，不断完善公办养老机构基础设施。建立农村“五保”老人和城镇“三无”老人供养标准随经济发展和物价变化相适应的调整机制，对社会养老服务发挥示范作用。在承担农村“五保”和城镇“三无”老人养老职责的同时，面向其他老人提供相关服务。

3. 推进居家养老服务工作。坚持把居家养老作为推进社会化养老服务的基础，抓好试点，以点带面。到2020年，居家养老服务模式在全省城市社区普遍推行，农村社区覆盖面达到30%，全省新建示范性居家养老服务中心500个。

4. 加强养老服务队伍建设。通过提高从业人员工资水平、落实社会保障待遇、加强技能培训和职业教育、规范技能资格评价鉴定等手段，鼓励和支持更多的社会就业人员从事养老服务。积极倡导志愿服务，加快建立以专业服务人员为主体、社会工作人才和志愿者积极参与的养老服务队伍，提高专业化服务水平。

5. 壮大养老服务产业。把培育发展养老服务产业作为调整优化经济结构和促进全民创业的途径之一，积极引导和扶持社会资本、民间资本、工商资本、外来资本投资老年生活服务、医疗康复、娱乐教育、老年用品、休闲旅游等养老服务产业，鼓励和支持金融保险为养老机构提供相关服务。

三、加快养老服务事业发展的政策措施

（一）对民办养老服务机构发展给予支持

对按标准建设、取得《社会福利机构设置批准证书》和《民办非企业单位证书》的民办养老机构，各级政府采取“以奖代补”的形式，给予适当补贴。对民办养老机构接收安置农村“五保”老人和城镇“三无”老人的，供养对象的供养标准不足部分由当地政府按自费对象最低收费标准对机构给予差额补贴。公立医疗卫生机构为民办养老机构的“五保”老人和“三无”老人开展巡诊，巡诊的医疗费、劳务费、交通费等费用由政府补贴。民办养老服务机构所办医疗机构已取得执业许可证并符合城镇基本医疗保险定点资格条件的，可按规定纳入城镇基本医疗保险定点范围。

（二）对公办养老服务机构加大投入

各级政府要加大对公办养老机构的投入，列支福利彩票、体育彩票公益金相应配套。在满足公办养老服务对象入住的前提下，鼓励公办养老机构提供社会化养老服务。积极探索公办养老机构服务对象到民办养老机构养老的新途径。完善公办养老服务机构收费制度，面向社会收养自费老人，由价格主管部门根据设施条件和服务项目，通过成本核算确定指导性收费标准。积极探索公办民营的养老服务路子，加强内部管理、单独核算等制度改革，进一步完善养老服务工作运行机制。

（三）对居家养老服务进行扶持

完善现有居家养老服务中心的基础设施，拓展服务功能，提高服务水平。结合城乡社区建设，新建一批具有一定规模，具备配餐送餐、保洁清扫、医疗陪护、日间照料、紧急救助等服务功能的示范性居家养老服务中心。对按规划和标准新建的居家养老服务中心，省级实行“以奖代补”，所在市、县（市、区）相应配套。对“五保”、“三无”老人的家庭保洁、配餐送餐、看病陪护等三项基本服务和居家养老服务中心的管理岗位，实行政府购买。对居家养老服务人员提供免费技能培训。提倡有条件的地方，对低保、重度残疾、高龄特困老人的居家养老服务实行补贴。具体补贴标准和补贴方式由各地自行确定。引导和鼓励社会中介组织、家政服务公司等社会力量积极参与居家养老服务。

（四）对养老服务机构相关税费予以减免

经民政部门审批认定的福利性、非营利性的养老机构和居家养老服务机构，国家规定可以减免的税费要予以减免，省里可以减免的税费由省政府授权有关部门予以减免，不能出台减免税收政策规定的，由受益财政采取“以奖代补”的方式，予以适当补助。暂免征自用房产的房产税，城镇土地使用税，车船使用税。免收市政公用设施配套费、建筑行业上级管理费、白蚁防治费、房屋产权登记费、卫生质量检验费、水土保持设施补偿费、防空地下室易地建设费、建筑施工超标噪音排污费、各类行政性执照费、城市煤气和供水的增容费，残疾人就业保障金、新型墙体专项资金、散装水泥专项资金、地方教育附加、防洪保安资金、价格调节资金等规费。用电、用水、用气按民用价格缴费，减半收取城市生活垃圾费，使用电话等电信业务给予优惠和优先照顾。有线电视初装费减半，收视维护费按居民收费标准收取。对企事业单位、社会团体和个人等社会力量，通过非营利性的社会团体和政府部门向福利性、非营利性的老年服务机构的捐赠，计算企业所得税应纳税所得额时，在年度利润总额12%以内的部分，准予扣除；个人所得税税前准予全额扣除。

（五）保障养老机构建设用地和社区居家养老服务设施用房

养老机构建设用地属社会福利设施建设用地。在节约集约用地的原则下，对非盈利性社会福利设施建设用地，按照有关法律、法规规定优先保障，并可予以行政划拨；以有偿方式取得土地的，当地政府应予以适当补助。规划部门应根据《城市居住区规划设计规范》，将老年人服务设施纳入新城建设和老城改造规划。对纳入建设规划的养老服务设施建设项目，有关部门优先审批。乡（镇）村公益性养老服务机构建设用地经批准可以使用集体土地。经城市规划部门同意，鼓励社会力量将闲置厂房、民用设施改（扩）建成民办养老机构。新建住宅小区要配备养老服务用房。加强公办养老服务机构运营管理，严禁改作宾馆、饭店、写字楼和其他商业用房。对现有养老服务设施，任何单位和个人不得挤占或者改变用途性质，确因国家建设需要拆迁或占用的给予重建。

（六）建设专业化和志愿者相结合的养老服务队伍

把建设养老服务队伍与促进社会就业结合起来，将养老服务技能培训纳入城乡就业培训体系，落实相关优惠政策。逐步提高养老服务人员工资水平，落实社会保障待遇，促进养老服务队伍稳定。鼓励办理了登记失业的就业困难人员到养老服务机构就业，并按规定享受岗位补贴和社保补贴政策。积极倡导、发展志愿者队伍，探索建立义工服务时间储备制等互助服务体制，政府和有关部门要为志愿者、义工参与养老服务提供必要的条件。组织实施国家人力资源和社会保障部《养老护理员国家职业标准（试行）》，逐步推进养老服务职业技能资格鉴定工作，实行持证上岗。扶持有关院校开设涉老服务专业，引导和鼓励相关专业毕业生从事老年服务，不断提高养老服务队伍的专业化水平。

（七）规范养老服务行业管理

县以上民政部门对各类养老机构、居家养老服务组织实行社会福利机构认证制度。省民政厅要会同有关部门制定和完善涉老服务的建筑设施、卫生条件、膳食标准、服务质量、收费标准等行业标准。各地民政部门要会同老龄办、税务、工商、人保、卫生、安监、公安、环保、物价等部门开展服务质量评估和服务行为监督，逐步推进行业监管的规范化、标准化、制度化。组建养老服务行业协会，通过协会加强行业自律和自我管理。依法明确和规范养老服务机构与服务对象的权利与义务，协调商业保险公司开展入住老人意外伤害保险业务，降低养老服务机构运营风险。加强对公办养老机构的财政专项资金的管理使用、入住对象资格审核和对民办养老服务机构的财政补助条件等方面的评估、评审，确保财政资金使用效益。省级民政部门负责组织、指导养老服务机构服务规范、居家养老服务守则等行业管理制度规范和评估、评审实施办法的制定。

（八）推动养老服务信息化建设

逐步建立省、市、县各级机构养老服务信息管理系统，纳入政府职能部门数据库管理，及时向社会提供养老服务需求和资源供应信息。倡导社区建立老年人健康档案、为老服务热线、居家养老呼叫系统等便捷有效的求助和服务信息沟通渠道。

四、加强对养老服务事业发展的组织领导

（一）完善养老服务事业发展的体制机制

各级政府要高度重视老龄工作，把老龄事业发展摆上突出位置，列入重要议事日程，纳入国民经济和社会发展总体规划。进一步建立健全政府领导、老龄工作机构组织协调、涉老部门各司其职、社会广泛参与的老龄工作领导体制和运行机制。各级老龄工作委员会要研究制定养老服务事业发展规划和政策措施，加强督促检查，及时研究解决养老服务事业发展中遇到的重大问题。老龄委各成员单位要按照部门职责，认真制定有关扶持政策的实施细则，并切实抓好落实。各部门要加强沟通，密切协作，努力形成加快养老服务事业发展的整体合力。

（二）建立养老服务事业发展目标管理考评机制

各级政府要根据当地人口老龄化进程和养老服务需求状况，认真制定和组织实施养老服务事业发展规划，对目标完成情况进行严格检查考核。从2011年开始，将加快养老服务事业发展列入各级政府民生工程，由相关部门明确量化具体指标，实行目标管理责任制，确保目标如期实现。

（三）营造加快养老服务事业发展的社会环境

在全社会广泛开展尊老、爱老、助老思想道德教育，转变社会养老观念，倡导新型孝道文化。表彰先进，树立典型，积极推荐符合条件的优秀养老服务工作者当选人大代表、政协委员和先进模范，大力营造关心支持养老服务事业发展的良好氛围，促进社会和谐稳定。

福建省民政厅　福建省财政厅　福建省老龄办关于印发《全省2010年建立500个社区居家养老服务中心（站）实施方案》的通知

闽民福〔2010〕73号

各设区市民政局、财政局、老龄办：

经省政府领导同意，现将《全省2010年建立500个社区居家养老服务中心（站）实施方案》（以下简称《实施方案》）印发你们，请认真组织实施。

各单位要从贯彻落实省委、省政府《关于开展2010年为民办实事工作的通知》（闽委〔2010〕3号）和省政府《关于推进居家养老服务工作的实施意见》（闽政〔2009〕150号）精神，全面推进海峡西岸经济区建设，构建社会主义和谐社会的高度，深刻认识开展居家养老服务工作的重要意义，把“建立500个社区居家养老服务中心（站）”这一省委、省政府为民办实事项目做为今年的重点工作，加强组织领导，明确责任，细化措施，狠抓落实，确保按时完成。

请各设区市民政局、财政局、老龄办按《实施方案》的任务分解要求，于4月20日前将各地确定为今年为民办实事项目的社区名单报省民政厅、省财政厅、省老龄办。

省民政厅　省财政厅　省老龄办

二〇一〇年三月十七日

全省2010年建立500个社区居家养老服务中心（站）实施方案

省民政厅　省财政厅　省老龄办

（二〇一〇年三月）

为贯彻省委、省政府《关于开展2010年为民办实事工作的通知》（闽委〔2010〕3号）和省政府《关于推进居家养老服务工作的实施意见》（闽政文〔2009〕150号）精神，现就落实2010年“建立500个社区居家养老服务中心（站）”项目，制定实施方案如下。

一、指导思想

以邓小平理论和“三个代表”重要思想为指导，深入贯彻落实科学发展观，坚持“党政主导、社会参与、全民关怀”的老龄工作方针，以满足广大老年人的生活照料、家政服务、康复护理、精神慰藉、文化娱乐等需求为目标，以保障老年群体中的高龄老人、“空巢”老人和特殊困难老人为重点，以建立社区居家养老服务中心（站）为抓手，逐步改善服务设施、拓展服务网络、强化服务队伍、培育服务组织和规范服务管理，扎实有序地推进居家养老服务工作，促进养老服务体系的不断完善，为推动和谐社会建设、服务海峡西岸经济建设做出贡献。

二、目标任务

在2009年开展居家养老服务试点工作的基础上，2010年在全省建立500个社区居家养老服务中心（站），根据城市社区分布情况将建设任务指标分解下达各设区市（见附件）。坚持因地制宜、分类指导、典型引路，坚持政府主导、部门协同、社会参与，在社区基本建立以居家养老服务中心（站）为纽带的为老服务体系，整合各种资源，协调各方力量，立足现有条件，为社区老年人提供不少于5项的居家养老服务，初步形成当地政府实行购买服务、专门机构提供优惠服务、志愿者队伍提供无偿志愿服务的工作格局。

三、基本建设标准

建立社区居家养老服务中心（站），应达到以下基本标准。

1. 有规范名称。依托社区老年活动中心（室）、社区服务中心或社区办公场所等服务场所，就近开展为老服务，挂“××街道××社区居家养老服务中心（站）”牌匾。

2. 有服务场所。坚持因地制宜，重在实效，整合现有的社区公共服务设施和为老服务资源，解决居家养老服务场所设施缺乏问题。有条件的社区要尽可能提供专门的服务用房。

3. 有工作制度。制定居家养老服务中心（站）工作制度，规范居家养老服务内容、方式和工作流程等。通过制定服务标准、服务流程和监督评估办法，规范服务行为，做到有章可循，实现依规服务。有关制度及服务内容、工作流程等尽可能上墙或印制成便民手册，方便社区老年人知晓。

4. 有工作队伍。工作队伍包括专兼职管理人员和服务队伍。专兼职管理人员可从社区干部或工作人员中选派，也可面向社会公开招聘。服务队伍包括：①专兼职助老服务队伍，人员可由社区工作人员和助老服务员组成（助老服务员应争取列入政府公益性岗位）；②志愿者服务队伍（包括低龄老年人志愿者服务队伍、青年志愿者服务队伍等）；③专业服务队伍，由社区中具备家政、水电维修、医疗等专业特长的人员组成。

5. 有工作人员职责。制定居家养老服务中心（站）管理人员、专（兼）职助老服务员等工作人员职责。工作职责主要应包括服务理念、职业道德规范、工作内容或服务项目、业务技能标准、相关待遇、监督约束规定和相应的奖惩措施等。通过明确各个岗位的职责定位和责任，实现规范服务，不断提高服务质量。

四、基本服务规范

1. 服务对象。居家养老服务对象为居住在本辖区内60周岁以上老年人。根据老年人的不同情况，分别提供无偿、低偿、有偿服务和志愿服务。无偿、低偿服务对象由政府以发放服务券等形式购买服务，政府购买服务的项目、标准及结算办法由各市、县（区）政府自行确定。

（1）无偿服务对象。主要应包括年满70周岁、生活不能自理且在市区无子女照顾的低保老人、重点优抚对象、“三无”老人、革命“五老人员”以及百岁老人等。有条件的地方可扩大购买服务范围。

（2）低偿服务对象。主要应包括以下老年人：①生活不能自理的“空巢”老人（指子女不在本市、区居住生活的老年人）；②未享受民政各种救助的80周岁以上“空巢”老人；③有一定经济来源但生活仍很困难的老年人。

（3）有偿服务对象。有经济能力，需要日托、送餐或上门照料等服务的老年人，以自费的形式购买服务。

（4）志愿服务对象。社区内所有老年人，重点是“空巢”老人、高龄、病残老人，由志愿者上门开展服务。

2. 服务内容。以老年人的生活需求为重点，提供助餐、助洁、助浴、助医、助行、助急等服务；同时兼顾老年人的多种需求，提供文化娱乐、学习教育、聊天、心理咨询、代购代办等服务。服务内容可先易后难，在条件较好的社区，居家养老服务内容可多一些，在条件较差的社区，可依托现有资源形成服务网络，开展某些方面的服务，再逐步增加服务内容，不断丰富服务的内涵、拓展服务领域。

（1）安全保障服务。主要通过建立相应的联系制度，充分发挥助老服务员、社区工作者和志愿者的作用，通过定期打电话、走访、探视等形式，加强对“空巢”老人等的帮扶联系。同时建立相应的应急救助机制，在老年人遇到意外情况时，能得到及时、快捷、有效的救助和帮助。

（2）生活照料服务。主要包括日间托老、购物、配餐、送餐、陪护等特殊照料的服务和洗衣、打扫卫生、家电维修等一般家政服务。

（3）医疗保健服务。主要为老年人提供疾病防治、康复护理、心理卫生、临终关怀、健康教育、建立健康档案、开设家庭病床等服务。

（4）文化娱乐服务。主要为老年人提供学习和活动场所、体育健身设施和组织健身团队等，组织引导老年人参加学习培训、书法绘画、知识讲座、图书阅览等；积极引导老年人参与各类文体活动。

（5）精神慰藉服务。主要为老年人提供邻里交流、谈心沟通、心理咨询、聊天等服务。

（6）其他方面的服务。主要是根据老年人不同年龄及不同生活状况提供与之相适应的其他各类服务。有条件的地方可设立应急救助服务热线或结合家政服务热线等开展为老服务。

3. 服务方式。各地可结合实际采取不同的服务方式，按照提供居家养老服务主体的不同，居家养老服务方式主要包括：

（1）政府购买服务方式。政府通过向特殊困难老年群体发放助老服务券等形式，持券老年人凭券自主选择由社区助老服务员、家政服务公司等提供的居家养老服务项目。

（2）社会组织服务方式。创造条件，成立居家养老服务的专业性社会组织、团体或机构，同时鼓励有关单位、社会团体、中介组织等社会力量积极参与居家养老服务，积极发挥其为老年人服务的作用。

（3）社区专项服务方式。通过设立“托老所”、“日间照料室”、“老年人爱心餐桌”等品牌项目，依托社区开展形式多样的居家养老服务。

（4）志愿者服务方式。鼓励和支持社区内、外的志愿者队伍为居家老年人提供多种形式的养老服务。倡导低龄健康老年人组成志愿者队伍，为高龄、“空巢”、病残老人提供服务。

（5）邻里互帮互助方式。积极倡导邻里间开展互帮互助、结对子等活动，定期或不定期为居家老年人提供养老服务。

五、实施步骤

1. 制定方案。根据省委、省政府的决策部署和要求，由主办单位牵头研究制定建立500个社区居家养老服务中心（站）的工作方案，并印发各地执行。各级民政、财政和老龄部门要结合实际，认真制定开展工作的推进计划，提出在社区层面可操作的实施细则和其他各项措施要求，为落实为民办实事项目提供保障。（3月初完成）

2. 项目定点。根据全省建立社区居家养老服务中心（站）任务的安排，各设区市将任务分解到县（市、区），由县（市、区）负责上报开展居家养老服

务的社区，经设区市民政局、财政局、老龄办审核汇总后，将社区名单报省民政厅、省财政厅、省老龄办。（4月20日前完成）

3. 组织实施。各市、县（区）根据省委、省政府开展为民办实事的《通知》和省政府《关于推进居家养老服务工作实施意见》精神，按照工作方案和项目实施要求，指导社区，并依托社区，建立居家养老服务中心（站），有效整合社区内现有为老服务资源，拓展为老服务内容，扎实开展居家养老服务工作，确保取得实效。（4月至9月）

4. 检查验收。在项目实施中，各级民政、财政、老龄部门要对社区居家养老服务中心（站）的建设加强指导和帮助，及时掌握项目进展情况，根据要求，加强检查督促和评估工作，并将有关情况逐级汇总上报省民政厅、财政厅、老龄办。5—8月，要求每月上报一次，9—10月每半月上报一次。9—10月，省民政厅、财政厅、老龄办将对各地社区居家养老服务中心（站）建设工作情况进行全面评估和验收。根据项目进度和评估结果下达省级补助资金。（5月至年底）

六、保障措施

1. 加强组织领导。建立社区居家养老服务中心（站）主办单位为省民政厅和各市、县（区）人民政府，协办单位为省财政厅和省老龄委。为确保项目建设的顺利实施、按时完成，各级政府要把开展居家养老服务工作摆上重要议事日程，纳入社区建设的一项重要内容，政府领导要亲自过问，加强统筹协调，及时研究解决问题。各级民政部门主要领导要高度重视，明确责任部门和分管领导，精心谋划，制定方案，组织实施，做到责任到位、措施到位。各级财政部门要为开展居家养老服务提供必要的资金保障。各级老龄办要充分发挥综合协调、参谋助手作用，主动协调有关部门研究解决工作中遇到的实际困难和问题，及时与有关部门沟通交流、共享信息、通报情况，推动居家养老服务工作任务的落实。其他相关部门也要按照《福建省推进居家养老服务工作任务分解方案》（闽政办〔2009〕131号）要求，从自身职能出发，共同做好居家养老服务工作。

2. 落实经费保障。各市、县（区）应通过财政预算、福利彩票公益金、社会捐赠等多渠道筹集资金，主要用于重点服务对象购买服务、社区公益性岗位配置专职助老服务员经费补助、改善居家养老服务中心（站）硬件设施等方面，从而确保社区居家养老服务中心（站）的有效运转。2010年，省级将安排专项经费3000万元，对当年列入居家养老服务中心（站）建设、达到基本建设标准和服务规范、评估合格的社区，按每个社区6万元标准给予一次性开办补助，项目所在地在收到上级补助资金后要及时、足额拨付到社区，确保专款专用。

陕西省人民政府办公厅
转发省民政厅省财政厅关于
建立高龄老人补贴制度意见的通知

陕政办发〔2010〕111号

各市、县、区人民政府，省人民政府各工作部门、各直属机构：

省民政厅、省财政厅《关于建立高龄老人补贴制度的意见》已经省政府同意，现转发给你们，请认真贯彻执行。

老年人是一个需要特殊关怀和照顾的群体，搞好老年人优待服务工作是各级政府义不容辞的责任。我省从2005年开始实施《老年人优待办法》以来，老年人社会保障体系不断健全，全社会敬老、爱老、助老的氛围日益浓厚。为进一步搞好老年人优待服务工作，省政府决定从2010年10月1日起建立高龄老人补贴制度，为全省80周岁以上老人按月发放生活保健补贴。各地各有关部门要充分认识做好这项工作的重要意义，切实增强责任感和使命感，加强组织领导，加大工作力度，落实配套资金，不折不扣地把这项惠民政策落实到位，让广大老年人充分分享受经济社会发展成果。

二〇一〇年十月二十五日

关于建立高龄老人补贴制度的意见

省民政厅　省财政厅

为进一步完善老年人优待政策，推动社会福利事业由补缺型向适度普惠型转变，现就建立全省高龄老人补贴制度提出以下意见：

一、补贴标准

对80—89周岁高龄老人，每人每月发放50元生活保健补贴；90—99周岁高龄老人，每人每月发放100元生活保健补贴；100周岁以上（含100周岁）高龄老人，每人每月发放200元生活保健补贴。各地可结合当地实际，按照不低于上述标准的原则，确定当地具体补贴标准。

二、资金来源

对80—89周岁高龄老人生活保健补贴所需资金，由省财政负担20%，各设区市和县（市、区）财政共同负担80%。各地所需资金可以从本级分成的福利彩票公益金中调剂一部分，也可以从慈善捐款等资金中安排解决。90周岁以上高龄老人生活保健补贴所需资金全部由省财政负担。

三、执行时间

从2010年10月1日起执行。

四、有关要求

1. 各地按照“就高不就低”的原则，继续执行当地已经出台的老年人优待政策。

2. 按照《陕西省老年人优待办法》有关规定，由各地老龄工作部门负责建立高龄老人信息统计和动态管理制度，逐人建立基本信息台账，并负责发放生活保健补贴。各有关部门要各司其职，密切配合，共同做好高龄老人生活保健补贴发放工作，确保不漏一人、不多一人。

3. 各地要加强对高龄老人生活保健补贴资金管理使用的监督检查，组织相关部门定期检查和不定期抽查，杜绝乱发、套取、挪用资金等现象发生，确保资金使用合理规范、专款专用。

甘肃省老龄工作委员会
关于印发《省老龄工作委员会成员单位落实老年人优待服务工作的责任》的通知

甘老龄委发［2010］2号

省老龄委各成员单位：

按照省委、省政府领导的指导精神，经省老龄委成员单位同意，现将《甘肃省老龄工作委员会成员单位落实老年人优待服务工作的责任》印发你们，请认真贯彻落实。

省委、省政府对这一文件的制定和出台高度重视，省委常委、省委组织部部长、省老龄委主任侯长安批示：“分工及责任明确后，省老龄办要注重协调各单位排出具体的阶段性目标任务，督促各成员单位落实省委、省政府的要求，兑现承诺，办好自己分工承担的事情。进展情况随时报送。”请各成员单位认真落实侯部长批示精神，并将贯彻落实情况书面报省老龄委。省老龄委将对各成员单位落实目标责任情况进行督查，并以呈阅件形式报省四大班子领导阅示。

甘肃省老龄工作委员会

二〇一〇年五月五日

甘肃省老龄工作委员会成员单位落实老年人优待服务工作的责任

为了认真贯彻执行党中央、国务院关于加强老龄工作的法律法规和政策；落实省委、省政府《关于加强新时期老年人优待服务工作的意见》精神，现就省老龄委各成员单位和有关服务单位落实老年人优待服务工作责任分解如下。

省委老干局

贯彻执行党中央、国务院有关老干部的方针、政策，督促落实离退休干部的政治待遇和生活待遇；宏观指导全省老干部机构的工作；组织老干部开展关心下一代活动；引导老干部在全面建设小康社会和构建社会主义和谐社会建设中发挥积极作用。

省人力资源和社会保障厅

落实机关企事业单位离休退休政策法规；负责养老保险、医疗保险等社会保障基金的收缴、管理和支付政策的落实，负责离休人员医疗费统筹政策调整并进行监督检查；监督检查机关企事业单位离退休干部职工政策执行情况，积极鼓励和促进离退休人员发挥作用；探索建立养老服务机构服务人员的上岗培训工作，在解决4050人员再就业公益性岗位时，将为老服务列入公益性岗位，并根据社区规模确定公益性岗位人员数量；积极推动新型农村社会养老保险制度试点工作；指导协调省直机关离退休人员的管理工作，处理有关离退休工作方面的来信来访。

省委宣传部

宣传党和政府有关老龄工作的方针、政策；掌握、引导各新闻单位宣传老龄工作舆论导向，协调各新闻媒体开辟老年专题节目或专栏，开展敬老、爱老、助老宣传和“老人节”敬老宣传月活动；加强对老年人的宣传教育工作，宣传老年人和老龄工作的先进典型。

省直机关工委

协调省直各单位贯彻落实好老龄工作政策，认真负责地做好省直机关老龄工作；通过各省直机关党委抓好老龄工作的协调交流工作，抓好老干部党组织建设，加强思想政治工作，组织开展丰富多彩、形式多样的老年人活动。

省军区政治部

贯彻执行党中央、国务院、中央军委关于老干部工作的方针、政策，领导军队老干部工作；拟定驻甘军队离退休干部工作的政策、法规、制度和规划；指导部队落实离退休干部的政治、生活待遇，加强老干部党组织建设和学习教育，做好服务管理工作；负责军队离退休干部移交政府安置工作；指导离退休干部在国家和军队建设中发挥作用，组织宣传军队离退休干部和老干部工作的先进典型。

省发改委

把老龄事业发展计划纳入国民经济和社会发展中长期计划和年度发展规划，做好老龄事业与国民经济和社会发展的衔接平衡并处理其中出现的问题，参与老龄工作宏观政策研究制定工作；重视养老服务设施建设，增加老年福利服务事业发展投入，化解养老供需矛盾。

省教育厅

充分发挥教育系统老教师、老知识分子、老教育行政管理人员比较集中的人才和智力优势，指导所属社团开展教育研讨咨询、文化艺术和健身等活动；组织老教师老知识分子开展教育下乡、教育援农和有助于青少年健康成长的活动；调查研究教育系统老教师和老职工工作、生活情况，对涉及教育系统的老龄工作提出政策建议。

省民委

宣传贯彻党和国家关于老龄工作的方针、政策，做好少数民族老龄工作，保障少数民族老年人的合法权益；调查了解少数民族老年人生活、学习、健康等方面的情况，研究提出有关对策建议；总结推广少数民族地区尊老、爱老、助老的经验和老龄工作的先进典型。

省公安厅

认真执行《老年人权益保障法》及相关的法律、法规，组织实施公安厅、司法厅、老龄办《关于加强维护老年人合法权益工作的意见》紧密结合公安工作的实际和特点，依法保障老年人的合法权益；窗口服务单位要设立老年人“绿色通道”；依法严厉打击诈骗、盗窃、抢夺、伤害老年人的违法犯罪活动；依照《治安管理处罚条例》，及时受理侵害老年人合法权益的报警、控告、检举和求助；制止侵害老年人的“家庭暴力”等不法行为；依法处罚违反《条例》的有关人员，保障老年人人身、财产、生命安全。

省民政厅

建立城乡特困老年人长效救助机制，对因遭受自然灾害和突发事故造成生活困难的老年人给予临时救助；将符合低保条件的城乡老年人全部纳入最低生活保障范围；拟定社会福利事业发展规划，指导社会福利设施建设和管理工作；负责老复员军人等重点老龄优抚对象的优抚政策制定和落实；落实“五保”供养规定；制定敬老院管理办法并组织实施；拟定城乡特困老年人火葬费减免的政策；协助指导社区开展为老服务工作；安排一定的福利彩票公益金用于老年福利设施建设和资助民办养老机构建设，促进老年福利事业的发展；积极推动基本养老服务体系建设规划；根据老龄工作发展的需要和财力的可能，为老龄工作提供必要的财力支持。

省司法厅

做好老年人的法制教育和普法工作，不断提高老年人的法制观念和法律意识；做好老年人的法律服务工作，为老年人提供优先、及时、便利、高效的法律服务，维护老年人的合法权益；做好老年人的法律援助工作，在市州县（市区）设立老年法律援助中心、站、点，对符合法律援助条件的老年人提供免费法律援助；落实好司法部《关于进一步做好司法行政服务老龄工作的通知》的规定。

省财政厅

研究制定有关老龄事业发展的政策、法规；审核拨付全省百岁以上高龄老人生活补贴；督促落实省市县三级财政分别按本级老年人口数人均不低于1元、2元、3元标准列支老龄事业经费；根据全省经济社会发展状况，建立老龄事业发展财政投入保障和增长机制，为老龄工作提供财力保障；加强对老龄工作各项经费使用的监督。

省交通厅

积极参与研究制定有关老龄工作的政策、法规；抓好老龄工作和老年人优待政策、规定在交通运输行业的贯彻落实；维护老年人的合法权益，为老年人提供优先、便捷安全的交通服务；落实老年人持优待证或离休证在车站优先购票、乘车，城市公交车和等级汽车站设立老年人专座；对持优待证或离休证的老年人乘坐市内公交车给予优待优惠。

民航甘肃监管办

落实好老年人持优待证或离休证在机场优先购票、登机的规定，特别对无陪护老年人，机场服务人员要给予全面协助，保证老人安全顺利离开机场；鼓励、支持各航空公司在甘肃售票处出台对老年人凭优待证或离休证购票采取优惠票价的办法。

兰州铁路局

抓好管内各客运车站和列车为老年人提供优先服务，照顾老年人特殊需求的工作。兰州等有条件的车站设立“老、幼、病、残、孕”候车室，其他设立专座。

省住房和城乡建设厅

贯彻实施《老年人建筑设计规范》（JGJ22——1999）；指导、监督在居住小区、市政工程及公共场所建设中，按照有关规定设置方便老年人使用设施的工作；监督检查《城市道路和建筑物无障碍设计规范》、《老年人建筑设计规范》等国家和地方工程建设标准在设计、施工各环节的执行情况，并会同有关部门尽早出台《甘肃省无障碍建设条例》，为老年人居住和生活创造无障碍环境；新建和改造住宅小区要按照《城市居住规划设计规范 GB50180－93（2002年版）》中相关的强制性标准及指导性的技术指标，建设老年人活动场所。

省文化厅

负责指导开展老龄文化事业发展的理论研究工作；协调并抓好带有导向性、示范性的老年文化活动，促进老年文化事业特别是群众文化艺术活动的发展；全面落实文化馆、美术馆、展览馆、纪念馆、图书馆、博物馆等场所对老年人凭优待证免费参观、阅览等规定。

省卫生厅

积极支持和发展老年卫生保健服务，完善老年医疗保健服务网络，落实对老年人持老年优待证或离休证看病实行“三优先一减半”（即优先就诊、取药、住院，专家门诊半价）的规定；做好老年病预防、医疗、保健、康复工作，为老年病人提供优质、经济、方便、综合、连续的卫生保健服务；推动开展“家庭病床”等送医上门的社区医疗和社区卫生服务工作，督促社区医疗机构建立健全65岁以上老年人健康档案；广泛开展适合老年人特点的以自我保健、老年性疾病预防为主的健康教育；加强老年保健科学研究、老年医学机构建设和人才培养，控制老年常见病和慢性病；积极发挥老年医务工作者的作用，定期组织医护人员为本地高龄老人和特困老人开展巡诊义诊、送医送药上门服务和医疗援助活动；组织老专家开展银龄行动，开展为边远山区老年人送医送药下乡活动；将农村老年人全部纳入新型农村合作医疗。

省人口委

将老龄人口问题作为统筹解决人口问题的重要内

容；认真做好人口发展战略研究，为全省老龄事业提供可靠的依据；认真落实好对农村部分计划生育家庭奖励扶助制度等政策，协同有关部门共同推进全省老龄事业的发展。

省国税、地税局

落实有关老龄工作的政策、法规；贯彻落实国家促进老龄事业发展的各项税收政策；特别是落实国家有关非营利性民办养老机构税收优惠政策，大力扶持民办养老机构健康发展。

省广电局

协调指导各级电台、电视台等广播影视单位，通过多种形式宣传老龄工作方针政策；宣传敬老、爱老、助老先进典型和老年人文化体育活动，对侵犯老年人权益的现象和案例进行舆论监督；协调省市县广播电视机构办好老年节目、栏目；做好元旦、春节、老人节等节假日期间对老龄工作的集中宣传活动；落实影剧院周一至周五对老年人持优待证购半票入场的规定，影剧院淡季优惠或免费为老年文艺团体演出和活动提供场地。

省新闻出版局

贯彻落实老龄出版工作方针、政策；研究制定老龄出版工作中长期规划；在报刊、图书、电子、音像、网络等出版工作中，加强老龄出版项目的策划和落实；指导《读者》大字版、《老年博览》出版活动，促进敬老、爱老、助老文化建设；积极推进老龄出版工作发展，适时表彰奖励活动。

省体育局

落实老年人体育的有关政策、法规和发展规划；指导和推动各级老年体协组织开展老年人健身活动；宣传和普及老年人体育健身知识和方法；研究老年人体质测定标准和评价指标体系，开展老年人体质监测工作；落实国有体育馆、游泳池周一至周五对老年人凭优待证购半票入场的规定；加大对老年文体活动场地建设的经费投入，在居民小区增设全民健身器材；配合公安和民政部门依法取缔以健身为名伤害老年人身心健康、诈骗和侵害老年人权益的非法活动。

省统计局

负责组织协调老龄人口统计工作，在人口普查和抽样调查中设置反映人口老龄化状况的相关指标；建立60岁至100岁分年龄段的老龄人口数量、结构和特征的有关统计数据；指导有关部门和机构开展老龄人口统计工作；为研究、制定老龄事业发展战略、发展规划和有关政策提供统计信息；向社会发布老龄人口统计信息；参与老龄问题的科学研究。

省外事办

协助有关部门积极参与老龄事务，了解国外老龄事业发展有益经验和做法，展示社会发展和老龄工作成就，促进老龄事业发展，维护老年人合法权益。

省旅游局

负责全省老年人旅游安全的综合协调和监督管理，指导老年人旅游应急救援；宣传老年旅游知识，维护老年旅游者的合法权益；衔接好旅行社对老年人旅游活动的特殊服务工作；认真做好老年人旅游的人身伤害保险工作，并及时配合老龄办、保险公司做好为受伤害老年人索赔和赔付工作；落实所管风景名胜区和景点对老年人凭优待证免费进入的规定，做好挂牌明示，规范管理，提高服务水平，指导做强做大甘肃老年旅游事业。

省总工会

积极参与有关老龄工作政策的制定；关心离退休职工的生活，积极向有关方面反映离退休职工的意见和要求，切实维护离退休职工的合法权益；指导各级工会组织开展各种形式的活动，努力促进离退休职工“六个老有”的实现；积极协助有关部门推动离退休职工的社区化管理工作。

团省委

协调有关部门，在青少年中广泛开展尊老、爱老、助老教育活动；组织青年志愿者和少先队员开展多种形式的为老服务，促进青少年与老年人增加沟通，相互理解，共同参与社会发展。

省妇联

依法维护老年妇女合法权益，关注关心老年妇女特殊群体，做好对特困老年妇女的法律援助工作；组织全省各级妇联开展以“五好文明家庭”及“平安家庭”创建活动，不断提高老年妇女的精神生活质量；建立健全妇女爱心志愿者队伍，开展各类志愿服务；打造家政服务品牌，为空巢老人、高龄老人等提供服务和帮助。

省老龄办

对我省老龄事业发展的政策、规划和老龄工作中的问题，进行调查研究，提出建议；开展信息交流、咨询服务等社会活动；配合有关部门维护老年人合法权益；督促检查优待服务窗口对老年人各项优待政策的执行情况，协调各成员单位抓好落实工作。

省老龄委成员单位和服务单位，要认真履行各自承担的老龄工作职责，完成所承担的各项工作任务。省老龄委将建立成员单位落实老年人优待服务工作评议制度和联络员联席会议制度，年初进行工作评议，及时掌握和了解工作情况，寻找差距，交流经验；年底，全面督查，进行通报。

省老龄办关于进一步做好《湖北省老年人优待证》办证工作的通知

鄂老办发［2010］86号

各市、州、直管市、神农架林区老龄办：

《湖北省关于老年人享受优待服务的规定》（省政府令第301号）颁布实施以来，各地老龄工作部门为落实老年人享受优待服务的规定，上下协调，积极配合，认真做好老年人优待证办证工作，取得了显著成效。2008年以来，全省累计办发新版老年人优待证120多万张，为老年人享受优待服务提供了良好服务。为进一步做好老年人优待证办证工作，减轻地方办证负担，提高办证效率，更好地为老年人服务，省老龄办研究决定，对办证工作进行适当改进。现将有关事项通知如下。

一、下放部分办证权限

为方便老年人携证外出享受优待，减少重复办证，对年龄超过65周岁享受免费乘坐公交车优待的老年人，凡实行公交IC卡的城市，可将《湖北省老年人优待证》“正面式样”及相关信息印予IC卡正面，做到“两卡合一”，作为享受优待的凭证。办理老年人优待证信息资料，由各市、州老龄办按年度上报湖北省老年科学技术咨询服务中心备案。要求自行办证的市、州，请在做好相关准备工作的基础上，向省老龄办写出专题报告，经审查符合要求后予以批复办理。其他老年人优待证仍由省老龄办统一制发。办证程序由各市、州老龄办统一负责，省里不再对任何县市直接办证。

二、适当调整办证工本费分成比例

为鼓励各地积极做好老年人优待证办证服务工作，从2011年开始，将老年人优待证办证工本费分成比例作如下调整：省级每张优待证收取工本费7元，主要用于制证材料购置、办证人员工资、信息传递、办公等开支；市、州以下留存3元，主要用于市州、县（市、区）两级办证办公、接待、资料收集等开支。市（州）、县（市、区）的分成比例由各地自行确定。对办证数量多、工作质量高的地方，省老龄办按下列比例给予增加返还：以市州为单位平均每个县（市、区）每年办证超过800张的，超出部分每张按4元返还；超过1500张的，超出部分按每张4.5元返还；超过2000张的，超出部分按每张5.5元返还。各地办理老年人优待证按每张7元上缴湖北省老年科学技术咨询服务中心。应增加返还部分，湖北省老年科学技术咨询服务中心每年分两次结算返还：上半年的经费在7月上旬、下半年的经费在另年1月上旬返还到市、州。

三、严格执行办证工本费收费标准

按照省物价局、省财政厅鄂价费〔2008〕123号文件规定，办理《老年人优待证》工本费收费标准为每证10元，任何单位不得提高收费标准，不得以照像、复印资料等任何名目搭车收费。

四、规范收费管理

各市州直接制发《老年人优待证》收取的工本费，统一纳入当地非税收入范围，并出据收费收据凭证。省办办理的《老年人优待证》由各市、州老龄办在办证中收取的费用，按基本标准（每证7元）统一通过银行汇入湖北省老年科学技术咨询服务中心财政专户。省级返还各地的经费也将通过银行汇入相关市（州）老龄办指定账户。各地老龄工作部门要加强对办证所收经费的管理，做到专款专用。

二〇一〇年十二月十七日

印发广东省新型农村社会养老保险三年全覆盖工作方案的通知

粤府办〔2010〕73号

各地级以上市人民政府，各县（市、区）人民政府，省政府各部门，各直属机构：

《广东省新型农村社会养老保险三年全覆盖工作方案》业经省人民政府同意，现印发给你们，请认真贯彻执行。执行中遇到的问题，请径向省人力资源社会保障厅和省财政厅反映。

广东省人民政府办公厅
二〇一〇年十二月三十一日

广东省新型农村社会养老保险三年全覆盖工作方案

为健全城乡居民社会保障体系，加快推进新型农村社会养老保险（以下简称新农保）工作，确保到2012年我省实现新农保制度全覆盖，制定本工作方案。

一、指导思想和基本思路

（一）指导思想

以邓小平理论和“三个代表”重要思想为指导，深入贯彻落实科学发展观，按照健全城乡居民社会保障体系的要求，加快建立与我省农村经济社会发展水平相适应、与其他保障措施相配套的新农保制度，重点做好中老年农民参保和待遇发放工作，逐步实现农村居民人人享有基本养老保障的目标。

（二）基本思路

根据我省地区发展不平衡、农村居民数量多、基层财政负担重的实际，按照“突出重点、分步实施”的原则，采取“三步走”的总体思路推进新农保制度全覆盖：第一步，着力解决60周岁以上农民的养老问题，用三年时间实现60周岁以上农民全覆盖；第二步，着重组织45周岁以上农民参保，三年内覆盖率达到70%以上；第三步，积极引导、鼓励16—44周岁的农民参保。

按照分类指导的原则，积极推动珠江三角洲地区尚未实现新农保制度全覆盖的广州、佛山和江门市加快工作步伐，力争在2011年实现全覆盖目标。加强对粤东西北地区的督导，落实目标责任制，确保2012年实现全覆盖目标。

二、工作目标

2010年到2012年，全面推行新农保制度，60周岁以上农民基本落实社会养老保障，45周岁以上农民的覆盖率达到70%以上，积极引导、鼓励广大中青年农民参保，基本实现农村居民人人享有基本养老保障的目标。具体年度目标是：2010年，全省领取养老保险待遇的60周岁以上农民达到213万人，45周岁以上农民参保人数达到448万人，新农保覆盖率达到30%。2011年，全省领取养老保险待遇的60周岁以上农民达到376万人，45周岁以上农民参保人数达到749万人，新农保覆盖率达到60%。2012年，全省60周岁以上的农民基本落实社会养老保障，45周岁以上农民参保人数达到1149万人，新农保制度基本实现全覆盖。

三、工作措施

（一）抓紧制订工作方案

各地要按照省的统一要求，抓紧研究制订本地区推进新农保三年全覆盖的具体工作方案，明确工作目标要求，有计划有步骤地推进各项工作。各地级以上市工作方案要报省新农保工作领导小组办公室（设在省人力资源社会保障厅）备案。

（二）加强组织领导

各地级以上市要成立由政府分管领导任组长、各有关部门参加的新农保工作领导小组，负责对全市新农保工作进行统筹规划和协调指导，形成政府领导、人力资源社会保障部门主管、各部门密切配合的工作机制。要建立工作目标责任制，完善检查、督导、考评和奖惩制度。要总结试点工作经验，及时研究解决存在的问题，不断完善政策措施，特别是要进一步健全引导农民主动参保的激励机制。

（三）落实财政补助

我省加快推进新农保覆盖进度而增加的省试点县（市、区），属欠发达地区的，其原来应由中央财政承担的基础养老金补助部分由省财政承担；其余试点县（市、区）的财政补助分担办法仍按《广东省新型农村养老保险试点实施办法》（粤府〔2009〕124 号）执行。各级财政要做好新农保各项补贴资金需求的测算，按规定把新农保资金列入年度财政预算，确保财政补贴资金及时足额到位，为新农保扩面工作提供有力保障。

（四）努力拓宽新农保资金筹集渠道

把解决农村贫困老年农民参保作为扶贫开发“规划到户、责任到人”工作的重点内容，统筹、合理使用具有助困、助老用途的各类慈善资金、救助资金，充分利用社会筹集资金资助贫困老年农民参保，优先解决其基本生活保障问题。

（五）加大宣传力度

充分利用政策宣讲、印发宣传单等宣传手段和广播、电视、报纸等媒体，深入宣传新农保政策。组织开展省、市、县、镇联动的新农保政策宣传周活动。通过多种形式的宣传，广泛动员农民积极参保，特别是引导年轻子女为其老年家属缴费，鼓励社会各界资助家乡困难老人参保，形成全社会关心、支持新农保工作的良好氛围。

（六）提高新农保经办服务水平

各地要按照精简效能的原则，整合现有农村社会服务资源，加强新农保经办能力建设。各级人力资源社会保障部门要安排专职人员负责新农保工作。要进一步加强乡（镇）、村基层经办工作，每个乡镇至少安排一名专职人员经办新农保业务，农村可聘用大学生村官为新农保协办员，同时通过政府购买服务的方式，充分发动社会力量参与新农保工作，形成县、乡（镇）、村三级新农保经办服务网络。

（七）加强信息化建设

按照统一、规范、安全、便捷的要求，加快新农保信息系统建设，建立覆盖全省、连接各经办机构以及相关部门的信息管理系统，充分运用信息化手段规范和统一新农保业务。

（八）规范基金收支管理

新农保基金实行财政专户管理，专款专用。各地要建立健全内控和基金稽查制度，对基金筹集、上解、划拨、发放进行实时监控和定期检查，定期公布新农保基金筹集和支付信息。各级财政、审计、人力资源社会保障部门要加强对新农保基金的监督检查，确保基金安全。

云南省人民政府办公厅关于加快推进养老服务事业发展的意见

云政办发［2010］85 号

各州、市、县（市、区）人民政府，省直各委、办、厅、局：

为积极应对人口老龄化问题，加快推进我省养老服务事业发展，根据《中华人民共和国老年人权益保障法》《国务院办公厅转发全国老龄委办公室和发展改革委等部门关于加快发展养老服务业意见的通知》（国办发〔2006〕6 号），经省人民政府同意，提出如下意见。

一、充分认识加快推进养老服务事业发展的重大意义

2009 年末，我省 60 岁以上的老龄人口已达 532.52 万人，占全省总人口的 11.65%。预计到 2015 年，60 岁以上的老龄人口将发展到近 680 万人，约占全省总人口的 14.3%。人口老龄化涉及到老年人的养老、医疗、康复、教育、文体等诸多方面，是关系国计民生的一个重大问题，对我省的政治、经

济、文化和社会生活的各个领域都将产生深刻的影响。目前，我省普遍存在对发展养老服务事业的紧迫性认识不足、重视不够，家庭养老功能弱化、社会养老服务能力薄弱，养老服务事业市场化程度低、养老服务专业人才匮乏等问题。特别是在养老机构建设方面，截至到2009年底，全省有776所养老机构、床位38668张，每千名老年人拥有的床位数仅为7张，不到全国平均水平的一半，而且大多养老机构设施陈旧、功能单一，远远不能满足养老工作的需要。加快发展养老服务事业，是有效应对人口老龄化、健全老年福利制度、完善社会保障体系的必然要求，是改善民生、服务大局、促进和谐的重要举措。各地、各部门要从战略和全局的高度来充分认识加快推进养老服务事业发展的重大意义，真正把它作为民生工程、德政工程，切实抓紧抓好。

二、加快推进养老服务事业发展的基本原则和目标任务

（一）基本原则

坚持以人为本的原则，积极为老服务，让老年人安享晚年。坚持城乡统筹的原则，促进城乡之间相互协调，整体推进养老服务事业发展。坚持分步实施的原则，根据需要与可能，有重点、按计划、分步骤地推进养老服务事业发展。

（二）目标任务

通过政府主导，积极探索公办民营、民办公助、政府购买服务的新路子，建立以居家养老为基础、社区服务为依托、机构养老为补充的覆盖全省的养老服务体系，推进养老服务社会化、服务主体多元化、服务类型多样化和服务队伍专业化。力争到2015年末，全省养老机构数量进一步增加，实现每千名老年人拥有25张床位。

三、加快推进养老服务事业发展的主要内容

（一）积极发展养老机构

养老机构是指为老年人提供住养、生活护理等综合性服务机构。在城市，力争到2015年前，建成1个省级养老服务示范基地，每个州（市）和每个县（市、区）要拥有1所功能齐全、设施完善的国办养老机构，省级视财力情况，对经济欠发达地区或工作推进力度大的地区给予适当补助。通过政策扶持，引导兴办一批民办养老机构。农村敬老院的建设要严格按照《云南省加强农村敬老院建设实施意见》的要求，保质保量完成。

（二）完善社区养老服务设施

社区养老服务设施是指建在社区，为老年人提供日间照料、医疗保健、文化娱乐等服务的设施。整合现有的社区综合服务中心资源，依托社区“星光老年之家”，到2015年末，力争全部城市社区和有条件的农村社区都建成一个社区养老服务中心。各部门、各单位设在乡镇（街道）和社区的各类生活服务、文化体育设施要向老年人开放，同时不断拓展服务项目，完善服务功能，满足老年人需求。充分发挥社区医疗卫生服务机构的作用，为老年人提供便捷、价廉的医疗卫生保健服务。加快社区养老服务信息化建设步伐，逐步建立省、州（市）、县（市、区）三级养老服务信息管理系统。

（三）拓展居家养老服务

居家养老是指在社会保障制度下，老年人仍然生活在自己的家中，由社会力量向老年人家庭提供必要的专业化服务。把孤老、独居老人、高龄老人、失能或半失能老人、经济困难老人作为居家养老服务的重点对象，进一步做好生活照料、家政服务、精神慰藉、医疗保健、应急救助等工作。积极探索政府为特困老人购买服务、服务机构提供服务、老年群众组织或中介组织监督评估的新型服务模式，逐步建立志愿者公益服务、政府购买服务和市场化有偿服务相结合的居家养老服务体系。

（四）开发老年颐养新村

结合老年人特点，充分考虑老年人生活、医疗护理、休闲娱乐的需求，以经济条件和身体状况较好的老年人为主要服务对象，重点选择交通、旅游、文化环境条件较好的地方，引导和支持社会力量投资开发各类老年人颐养新村。

（五）建立高龄津贴制度

各地要对具有我省户籍的80周岁至99周岁、100周岁以上老年人，分别按照人均每月不低于20元、50元的标准发放高龄津贴，省级财政给予适当补助。同时，逐步提高高龄老人的医疗报销比例，降低自费比例。

四、加快推进养老服务事业发展的措施

（一）加大对养老机构的政策支持

采取积极措施，大力支持发展各类养老机构，引导和支持社会力量以独资、合资、合作、联营、参股等形式，新建、扩建或在原有其他设施基础上改建适宜老年人集中居住、生活、护理的养老机构。经民政部门批准和登记管理部门依法登记，符合民政部颁发的《老年人社会福利机构基本规范》的养老机构，享受相应扶持政策。

1. 床位建设和运营补贴。对按标准建设、依规定运营的新建民办养老机构，由各级财政安排专项资金或从本级社会福利彩票公益金中给予适当床位建设和运营补贴。对已开业的国办养老机构、民办养老机构和公建民营养老机构，由各级财政安排专项资金或从本级社会福利彩票公益金中给予适当运营补贴。

2. 就业专项资金补助。养老机构及从业人员可以按《财政部人力资源社会保障部关于就业专项资金使用管理及有关问题的通知》（财社〔2008〕269号）的有关规定，申请就业专项资金补助。

3. 小额担保贷款和贴息支持。兴办养老机构，可按有关规定申请小额担保贷款，并按规定享受财政贴息。

4. 定点医疗管理。由养老机构所办并取得卫生行政部门颁发的医疗机构执业许可证的内设医疗机构，经审核批准后，纳入城镇职工（居民）基本医疗保险或新型农村合作医疗定点范围，其收养的参保老年人在机构内所发生的医疗费用，按照基本医疗保险或新型农村合作医疗的有关规定支付，并对符合条件的贫困老年人实行城乡医疗救助。

5. 税费优惠。经民政部门审批认定的养老机构所涉及的税收，按照国家现行有关税收优惠政策执行。养老机构用电、用水、用气等费用，按居民使用价格标准收取。养老机构建设项目的征地管理费、市政基础设施配套费、散装水泥专项资金、发展应用新型墙体材料专项费用、工程定额测定费、工程质量监督费等一律免收；对涉及的人防工程易地建设费实行减半征收。

（二）鼓励扶持居家养老服务

通过政策引导和资金支持，鼓励社会力量开展老年人日间照料、家政服务、精神慰藉、康复保健等居家养老服务，为居家老年人营造良好的生活环境。

1. 各级人民政府要为特殊困难、需要生活照料的老年人提供购买服务，并随着财力增加，逐步扩大服务对象范围，提高购买服务补贴标准。

2. 政府购买服务的标准，按照轻度、中度和重度照料等级划分。享有政府购买服务的老年人入住养老机构，其享有的政府购买服务可在养老机构使用。

3. 社区养老服务中心设立养老服务公益性岗位，符合我省公益性岗位补贴条件的服务人员，按照《财政部人力资源社会保障部关于就业专项资金使用管理及有关问题的通知》（财社〔2008〕269号）的有关规定，享受公益性岗位补贴。

4. 支持兴办老年病院、老年护理院、临终关怀性质的医疗机构。其开展老年病治疗、护理、临终关怀服务的有关费用，按医疗保险有关政策执行。

（三）支持开发各类经营性老年人颐养新村

建立和完善老年人颐养新村建设管理制度，支持社会力量投资开发各类经营性老年人颐养新村。

1. 对老年人颐养新村采取公开招标或挂牌方式出让土地，出让底价根据市场评估确定。

2. 老年人颐养新村按照“依法自主经营，照章纳税”的原则，运营并实行完全产权，产权归投资者，收费价格实行市场调节价。

3. 老年人颐养新村根据市场需求自主确定服务项目，政府有供养任务时，实行政府购买服务。

4. 老年人颐养新村财务管理参照企业财务管理制度执行。

（四）保障养老服务建设项目用地

政府规划主管部门审批旧城区、城中村改造和住宅小区新建项目的规划方案时，要把养老服务建设项目纳入规划及设计方案一并审批。各级人民政府及其国土资源部门在制定年度土地利用计划和土地供应计划时，要根据当地住房年度建设规划，统筹安排养老服务建设项目用地，用地规模不得低于当地居住用地供应总量的1%。不论是使用原有建设用地还是新增建设用地，都要纳入年度土地供应计划；对现有养老服务项目，不得挤占或者擅自改变使用性质；旧城改造或城中村改造拆迁养老服务项目的，要优先安排同等面积的回迁或异地建设用地。乡镇、村（社区）养老服务建设项目用地，经批准可以依法使用集体所有土地。

（五）培育老年服务组织和队伍

通过降低门槛、简化审批程序等方式，积极支持社会力量投资兴办为老年服务的企业、社会团体、民办非企业单位。通过开展各类为老服务培训，不断提高养老服务人员的综合素质，到2015年末，全省养老机构从业人员持证上岗率要达到50%以上。大力发展养老服务社工人才队伍，开发社工人才岗位，聘用具有专业资格的人员从事养老服务。在我省有条件的高等院校和中等职业学校开设养老服务有关专业和课程，为养老服务事业发展培养专门人才。

（六）加强监督管理

制定和完善养老服务事业的行业规范和质量标准，建立资质评估、认证、管理体系。加强对政府投资兴办的养老服务项目和资金使用情况的跟踪检查，对设计和施工等建设过程实行公开招标，严格工程建设管理，确保工程质量和建设资金安全有效运行，国办养老机构和社区服务中心购置设施设备要按规定纳入政府采购。加强对已建成投入使用的养老机构的管理，促进养老机构健康发展。

（七）加强舆论宣传

加强养老服务事业的宣传报道，采取新闻报道、信息交流、经验介绍等方式，不断推广成功做法和经验，展示养老服务事业发展成果，在全社会形成共同关心支持和广泛参与养老服务事业的良好氛围。

五、保障养老服务事业发展各项工作的落实

（一）加强组织领导

各级人民政府要抓紧组织制定符合实际的养老服务事业发展实施意见和规划，切实把养老服务事业纳入当地经济社会发展规划，摆上重要议事日程，经常听取工作情况汇报，及时研究解决工作中的重要问题，并在人、财、物等方面予以保障，确保养老服务事业健康顺利发展。有关部门要着眼于经济社会发展全局，把养老服务事业纳入本部门工作计划和工作重点，认真履行职责，密切协作配合，增强工作合力，共同推进养老服务事业加快发展。

（二）加大经费投入

各地要按照调整财政支出结构、健全公共财政体制的要求，充分发挥政府投入的主导作用，按照需要与可能，把更多的资金投向养老服务领域，积极建立与经济发展水平同步增长的财政投入机制。要引导民间资金投入养老服务事业，调动社会各界参与养老服务工作，优化外部环境，打牢养老服务事业加快发展的社会基础。

（三）搞好示范带动

各地、各部门要及时总结推广养老服务事业发展中的好经验、好做法，充分发挥先进典型的示范带动作用，以点带面，全面推开，确保养老服务事业整体推进、协调发展。

省民政厅、发展改革委、财政厅要按照本意见的要求，抓紧制定下发我省养老服务事业发展规划（2010—2015年）。

海南省人民政府关于印发《海南省新型农村社会养老保险试点办法》的通知

琼府［2009］81号

各市、县、自治县人民政府，省政府直属各单位：

《海南省新型农村社会养老保险试点办法》已经省政府常务会议审议通过，现印发给你们，请认真贯彻执行。

二〇〇九年十二月二十六日

海南省新型农村社会养老保险试点办法

第一章 总则

第一条 为加快建立覆盖城乡居民的社会保障体系，逐步实现农村居民老有所养，根据《国务院关于开展新型农村社会养老保险试点的指导意见》（国发〔2009〕32号），结合本省实际，制定本办法。

第二条 新型农村社会养老保险（以下简称新农保）试点的基本原则是“保基本、广覆盖、有弹性、可持续”。

（一）从农村实际出发，低水平起步，筹资标准和待遇标准要与经济发展及各方面承受能力相适应；

（二）个人（家庭）、集体、政府合理分担责任，权利与义务相对应；

（三）政府主导和农民自愿相结合，引导农村居民普遍参保。

第三条 各试点市、县、区人民政府对新农保工作要统筹安排，成立新农保工作领导小组，负责本市、县、区试点工作；加强新农保经办机构建设，保障新农保政策的实施；确定村级新农保协管员，协管员由村委会干部兼任，协管员工作经费补贴由市、县财政承担。

各级人力资源和社会保障部门为新农保工作的行政主管部门，负责制定新农保政策、各项业务管理规章制度、内控制度和基金稽核制度，对基金的筹集、上解、划拨、发放进行监控和定期检查，并定期公布新农保基金筹集和支付信息，做到公开透明，接受社会监督；试点市、县农保经办机构负责新农保政策的组织实施，并为参保人员建立参保档案，做好养老保险费的征缴、核算、发放、划转、退还登记以及档案管理等工作；试点工作期间由乡镇劳动保障服务机构负责参保人员基本信息采集及保费征缴工作。村级新农保协管员负责本村新农保工作的宣传发动及本村参保人员、享受政府代缴保费的困难群体的户籍证明、身份证、缴费档次的统计申报和享受养老保险待遇人员的统计申报、参保人员死亡当月报告等项服务工作。

财政部门负责安排和拨付新农保政府补贴资金及拨付中央转移支付的基础养老金，管理和监督新农保基金。

公安部门负责审核参保人员的农业户口和提供农村居民身份基础信息。

民政部门负责农村享受最低生活保障待遇人员、五保户、重点优抚对象的鉴定工作。

残联部门负责农村完全丧失劳动能力的重度残疾人的鉴定工作。

监察、审计部门按各自职责对新农保基金的筹集、管理和运行情况实施监督，严禁挤占挪用，确保新农保基金安全。

第四条　属于农业户口，年满16周岁（不含在校学生）不满60周岁，未参加城镇从业人员基本养老保险的人员，可在户籍所在地按本办法自愿参加新农保，年满60周岁的人员可按本办法的规定享受基础养老金待遇。

第二章　养老保险费的缴纳

第五条　新农保年缴费标准设为100元、200元、300元、400元、500元五个档次，参保人员应按年一次性缴费，并在一个缴费年度内只能选择一个缴费档次缴费。缴费标准随着农村居民人均纯收入的增长等情况适时调整。

有条件的集体组织应当对参加新农保的人员进行补助，补助标准由村民委员会召开村民会议民主确定。鼓励其他经济组织、社会公益组织、个人为参保人员缴费提供资助。补助和资助的最高限额为当年最高缴费标准的3倍。

实行政府补贴与缴费挂钩，多缴多补。对于选择100元缴费档次的，政府给予每人每年30元补贴。所需资金由省财政与当地市、县财政分担。其中，省财政与海口市、三亚市财政按4∶6的比例分担，省财政与文昌市、保亭县财政按6∶4的比例分担。

对于选择200元及以上缴费档次的，政府除按前款规定给予每人每年30元补贴外，按每增加一个缴费档次另给予5至20元的补贴。所需资金由当地市、县财政承担，具体办法由当地市、县人民政府另行制定。

第六条　按照《残疾人实用评定标准（试用）》评残达到1级或者2级伤残的残疾人，由当地市、县政府按每年100元的缴费标准为其代缴养老保险费，所需资金由省财政与当地市、县财政按第五条规定的比例分担。上述人员可以在政府代缴养老保险费的基础上按规定继续缴费。

享受农村低保人员、五保户、重点优抚对象等缴费困难群体可由当地政府为其代缴部分或全部最低标准的养老保险费，具体办法由当地市、县政府自行制定。

第七条　新农保基金实行个人账户和社会统筹账户管理。

个人缴费，集体补助及其他经济组织、社会公益组织、个人对参保人员缴费的资助，以及省人民政府和当地市、县人民政府对参保人员的缴费补贴，全部记入个人账户。

社会统筹账户用于个人账户资金在划转、退还等过程中各级人民政府补贴资金以及承担个人账户支付风险。

个人账户储存额每年参考中国人民银行公布的金融机构人民币1年期存款利率计息。

第八条　新农保缴费程序和财政补贴程序按国家新农保经办规程办理。

试点市、县、区要为参保人员发放全省统一印制的新农保参保缴费登记证书，并做好缴费记录。

第三章　养老保险待遇

第九条　参保人员年满60周岁时符合下列条件之一的，自年满60周岁的次月起，按月享受养老保险待遇：

（一）缴纳养老保险费年限累计15年以上（含15年）的；

（二）本办法施行之日，已年满60周岁的人员，其符合参保条件的子女均参加新农保，同时本人没有领取城镇从业人员基本养老保险待遇的；

（三）本办法施行之日，距60周岁不足15年并按年缴费至60周岁的；本办法施行之日，距60周岁不足15年，分次或一次性补缴养老保险费，累计缴费年限在15年以内的。

第十条 凡补缴应缴未缴期间新农保养老保险费的和本办法施行之日时距60周岁不满15年并按年缴费至60周岁后分次或一次性补缴养老保险费的，省人民政府和当地市、县人民政府不给予补缴金额的补贴。

第十一条 新农保养老金由基础养老金和个人账户养老金两部分组成，支付终身。

基础养老金月领取标准为：每人每月55元。所需资金由中央财政负担。我省基础养老金标准根据国家对新农保基础养老金的调整适时调整。

个人账户养老金月领取标准为：个人账户存储额除以139。

个人账户存储额不足支付个人账户养老金时，由新农保统筹账户支付。统筹账户不足支付时，由当地市、县人民政府给予补贴。

第十二条 参保人员达到60周岁按国家新农保经办规程办理享受养老金手续时，按国家新农保经办规程办理。

农保经办机构要会同村民委员会每年在行政村范围内对村内参保人员缴费和待遇领取情况进行公示，接受群众监督。

养老金的发放应由省政府采取公开招标的方式选择金融机构实行社会化发放。

第十三条 参保人员未按照本办法第五条规定缴纳养老保险费，造成达到60周岁时不符合按月领取养老金条件的，不能享受基础养老金，其个人账户资金本息，除政府补贴外，一次性退还其本人。

海南省人民政府办公厅关于印发海南省城乡医疗救助实施暂行办法的通知

琼府办［2010］7号

各市、县、自治县人民政府，省政府直属各单位：

《海南省城乡医疗救助实施暂行办法》已经省政府同意，现印发给你们，请遵照执行。

二〇一〇年一月十八日

海南省城乡医疗救助实施暂行办法

第一条 为进一步完善城乡医疗救助制度，健全社会救助体系，解决城乡困难群众就医难问题，促进城乡协调发展，根据《中共中央、国务院关于进一步加强农村卫生工作的决定》（中发〔2002〕13号）、《民政部、财政部、卫生部、人力资源和社会保障部关于进一步完善城乡医疗救助制度的意见》（民发〔2009〕81号）等精神，结合实际，制定本办法。

第二条 凡属本省常住户口的城乡低保对象、农村五保对象、在乡重点优抚对象（不含1－6级残疾军人）、丧失劳动能力的重残人员、特困家庭的重病人员及市、县政府确定的特殊困难对象，都可以向当地人民政府申请医疗救助。

第三条 城乡医疗救助工作遵循下列原则。

1. 城乡一体，分类施助。全省医疗救助标准实行城乡一体化，根据对象的困难程度和不同病种治疗费用的高低实行分类救助。

2. 实事求是，因地制宜。医疗救助水平要与当地经济社会发展水平相适应，既要量力而行，又要尽力而为。

3. 救急救难，简便快捷。救困难群众之所急，简便快捷，及时有效。

4. 属地管理，就近救助。救助对象向户口所在地相关部门申请救助。

5. 政府主导，社会参与。城乡医疗救助实行政府主导、民政主管、部门配合、社会参与的工作机制，救助资金以政府投入为主，通过发动社会各界资助、慈善医疗援助、医疗机构自愿减免有关费用等多种形式为补充对救助对象给予医疗救助。

第四条 城乡医疗救助工作实行各级人民政府负责制，各级民政部门为主管部门。各级人民政府要加强对城乡医疗救助工作的领导，落实必要的工作人员和经费。

海南省民政厅负责指导全省城乡医疗救助工作。市、县民政部门负责本行政区域内城乡医疗救助审批等管理工作。

乡镇人民政府（街道办事处）负责辖区内城乡医疗救助具体审核报批等服务工作。

村（居）委会根据市、县民政部门和乡镇人民政府（街道办事处）的委托，承担城乡居民医疗救助有关管理工作。

卫生部门负责做好医疗救助与新型农村合作医疗的衔接工作，确定承担城乡医疗救助工作的医疗机构，监管医疗救助治疗费用的增长情况；人力资源和社会保障部门负责做好医疗救助与城镇职工基本医疗保险、城镇居民基本医疗保险的衔接工作，提供救助对象参加城镇职工基本医疗保险和城镇居民基本医疗保险情况，城镇职工基本医疗保险甲类用药目录、诊疗项目设施目录；财政部门负责预算安排城乡医疗救助资金和工作经费，建立城乡医疗救助基金并制定管理办法；审计部门对医疗救助基金的管理和使用情况进行审计监督，确保资金安全和合理使用。

第五条 市、县政府要按照多渠道筹集资金的原则，建立城乡医疗救助基金。基金来源包括：

1. 财政预算安排的资金；

2. 从福利彩票公益金中安排的资金；

3. 社会捐赠、赞助的资金；

4. 利息收入等。

财政预算安排资金，由各级民政部门按照预算管理的要求提出，经同级财政部门审核，报同级人民政府批准，列入年度财政预算。省财政对财政困难的市县给予适当补助。

第六条 城乡医疗救助基金要纳入社会保障基金财政专户，实行专账核算，专项管理，专款专用，并推行城乡医疗救助资金统一筹集、互相调剂使用机制。各市、县财政部门在社会保障基金财政专户中建立“城市医疗救助基金专账”和“农村医疗救助基金专账”，用于办理资金的汇集、核拨、支付等业务；各市、县民政部门或会计核算部门设立“城市医疗救助支出专账”和“农村医疗救助支出专账”，用于办理资金的核拨、支付等业务，并建立城乡医疗救助的门诊医疗救助、大病医疗救助和临时医疗救助明细台账及救助档案。

第七条 城乡医疗救助基金用于资助救助对象参加当地新型农村合作医疗、城镇居民基本医疗保险的个人缴费。由乡镇人民政府（街道办事处）提供救助名单，报市、县民政部门审批，所需经费经财政部门审核后，从城乡医疗救助基金账户划拨至新型农村合作医疗基金专账、城镇居民基本医疗保险基金专账，由新型农村合作医疗和城镇居民基本医疗保险经办机构办理有关手续。

第八条 由医疗机构、定点药店垫付的医疗救助费用和临时救助的医疗费用，由民政部门按月份或季度提出计划，经财政部门审核后拨付到城乡医疗救助支出账户支付。

第九条 城乡医疗救助采取资助救助对象参加新型农村合作医疗或城镇居民基本医疗保险、门诊医疗救助、大病医疗救助和临时医疗救助四种方式。

1. 资助参加新型农村合作医疗或城镇居民基本医疗保险。资助城乡低保对象、农村五保对象及市、县政府确定的特殊困难对象，参加新型农村合作医疗或城镇居民基本医疗保险。

2. 门诊医疗救助。城乡医疗救助对象中“三无”（无抚养人、无劳动能力、无生活来源）人员、农村五保对象、丧失劳动能力的重残人员、需长期维持院外治疗的重病人员，由市、县民政部门每年核发《医疗救助证（卡）》，用于门诊和购药。

3. 大病医疗救助。大病医疗救助不设起付线，实行住院治疗的医前、医中或医后救助。

救助对象住院的医疗费用，已参加新型农村合作医疗、城镇居民基本医疗保险、城镇职工基本医疗保险的按规定报销后，个人自付部分，可在年救助标准内给予一定比例的救助；未参加新型农村合作医疗、城镇居民基本医疗保险、城镇职工基本医疗保险的，其治疗费用可在规定的年救助标准线内给予适当救助。

4. 临时医疗救助。城乡低保、农村五保、在乡重点优抚对象（不含1—6级残疾军人）以外的其他特困家庭成员，因大病医疗费用过高，造成家庭生活特别困难的，酌情给予临时医疗救助。各市县每年用于临时医疗救助的资金不得超过本地城乡医疗救助基金当年收入总额的20%。

城乡医疗救助标准，由市、县民政部门会同财政、卫生等部门协商后报当地人民政府批准执行，并报省民政部门备案。救助标准应随着社会经济的发展而适时调整。

第十条　门诊医疗救助原则上由社区卫生服务机构、村卫生室和乡镇卫生院承担；大病医疗救助原则上由乡镇卫生院和市、县级医院承担。城乡医疗救助服务机构由各市、县民政和卫生部门选定，并向社会公布。承担医疗救助服务的医疗机构要张贴就医指南，保证服务质量，方便困难群众就诊。救助对象持有效证件到医疗机构就诊时，要落实医疗费用减免政策，控制医疗费用。

第十一条　下列情况不予救助：

1. 吸毒治疗的；

2. 交通事故中肇事者治疗的；

3. 斗殴事件治疗的；

4. 有法定单位或个人从事社会和经济活动中引起的工伤和中毒事件治疗的；

5. 国家规定专项救助政策特定的重大疾病治疗的。

第十二条　大病救助的范围。纳入救助范围的大病包括慢性肾衰竭、恶性肿瘤或再生障碍性贫血、急性脑中风、严重烧伤或重度烧伤、重度精神病。此外，各市县可结合本地实际确定其他大病救助范围，并根据不同病种、不同救助对象，具体划分救助比例。

第十三条　各地医疗救助服务项目，由市、县民政部门会商卫生部门确定。救助药品、诊疗项目、医疗服务设施等医疗服务标准，原则上参照当地城镇职工基本医疗保障甲类用药目录、诊疗项目目录和医疗服务设施目录确定。

第十四条　凡符合本办法第二条规定的救助对象，在指定的医疗机构治疗，经各类医疗保障和保险及社会帮扶后，个人负担仍困难者，可申请城乡医疗救助。

第十五条　医前、医后要求救助的城乡医疗救助对象，向本人户口所在地村（居）委会提出书面申请，交验居民户口簿和城乡低保等有关证件、指定医疗机构诊断书、医疗费收据、有关单位报销医疗费用凭证、社会保障（含城镇居民、职工基本医疗保险和新型农村合作医疗）等相关证明。

村（居）委会验证有关材料后，上报乡镇人民政府（街道办事处）审核。

乡镇人民政府（街道办事处）从受理申请之日起2个工作日内完成审核并报市、县民政部门审批。城乡低保、农村五保、在乡重点优抚对象（不含1－6级残疾军人）凭上述材料原件也可以直接向市、县民政部门提出申请。

市、县民政部门从受理之日起3个工作日内完成审批工作。

大病住院的医疗救助对象也可直接向定点医疗机构提出申请，按民政部门与医疗机构签订的有关协议，在结帐时进行医疗救助，实行“一站式”同步结算服务。

申请、审核、审批各环节发现不符合救助条件或需补充材料的，要书面通知申请人并说明原因。

第十六条　医疗救助资金原则上由市、县民政部门实行社会化发放。特殊情况也可委托乡镇人民政府（街道办事处）现金发放。

第十七条　发现采取虚报、伪造证明材料等不正当手段骗取城乡医疗救助资金的，由市、县民政部门予以批评教育，并追回已领取的医疗救助金；构成犯罪的，依法查处。

第十八条　城乡医疗救助对象的审批、救助资金的使用和管理，接受上级和同级财政、审计、纪检等有关部门的检查监督。

第十九条　从事城乡医疗救助管理、审批的人员和其他国家机关、医疗机构有关人员有下列行为之一的，视情况给予批评教育或行政处分，构成犯罪的，依法查处。

1. 擅自改变救助范围和救助标准的；

2. 贪污、挪用、冻结、扣压、拖欠救助资金的；

3. 玩忽职守、徇私舞弊、故意刁难救助对象，影响救助对象及时得到治疗或治疗后得不到及时救助的。

第二十条　对市、县民政部门作出不批准享受城乡医疗救助的城乡低保对象、五保对象及市、县政府规定的特殊困难对象，或对减助、停助决定不服的，可以依法申请行政复议；对行政复议仍不服的，可依法提起行政诉讼。

第二十一条　市、县政府可根据本办法，结合实际制定本市、县具体实施细则。

第二十二条　本办法由省民政厅负责解释。

第二十三条　本办法自公布之日起施行。

海南省人民政府办公厅关于加快推进养老服务体系建设的意见

琼府办［2010］160号

（2010年11月26日）

各市、县、自治县人民政府，省政府直属各单位：

为进一步完善社会养老服务体系，健全社会化养老服务机制，大力发展我省老年社会福利事业，根据《国务院办公厅转发全国老龄委办公室和发展改革委等部门关于加快发展养老服务业意见的通知》（国办发［2006］6号），现就加快推进我省养老服务体系建设提出如下意见。

一、加快推进养老服务体系建设的重大意义

近几年来，我省人口老龄化快速发展，老龄人在总人口中的比重不断提高。据统计，2009年全省60岁以上的老年人口达到108.12万人，占全省总人口的12.29％，比全国平均水平高0.12个百分点，百岁以上老年人密度居全国第一。为适应我省人口老龄化快速发展的形势，满足广大老年人不断增长的养老服务需求，促进社会和谐，迫切需要在全省建立健全养老服务体系，为老年人提供托管托养、生活照料、文化娱乐、医疗卫生、休闲保健、心理慰藉、信息咨询、家政服务、临终关怀、遗体安葬等服务。为老年人提供养老服务，让他们安享晚年，是党和政府义不容辞的责任，也是我党执政为民的具体体现。推进养老服务体系建设，有利于解决人口老龄化发展趋势加快与养老服务产品供给不足的矛盾；有利于促进家庭、代际和谐，维护社会稳定。推进养老服务体系建设，充分利用海南独特的环境资源优势，发展高水平的养老服务产业，对推动海南国际旅游岛建设，促进我省经济社会又好又快发展具有十分重要的意义。

各级政府和各有关部门要从全面贯彻落实党的十七大精神，深入贯彻落实科学发展观，推进海南国际旅游岛建设，构建和谐社会的高度，深刻认识推进养老服务体系建设的重要意义，采取有力措施，推动我省养老服务事业快速发展。

二、加快推进养老服务体系建设的指导思想、总体目标及基本原则

（一）指导思想

坚持以邓小平理论和“三个代表”重要思想为指导，深入贯彻落实科学发展观，统筹规划，突出重点，因地制宜，分类指导，逐步建立与我省人口老龄化进程相适应、与经济社会发展相协调、与海南国际旅游岛建设相衔接的多元化、多层次的城乡养老服务体系。

（二）总体目标

结合海南国际旅游岛建设的总体部署，建立以居家养老为基础、社区养老服务为依托、机构养老为补充，服务方式多样化、投资主体多元化、服务队伍专业化、城乡覆盖一体化的养老服务体系。到2015年，在全省建立起三个层次的养老服务网络：一是为农村“五保”老人、城市“三无”老人等提供供养服务的公办福利型养老服务机构。二是为本地老年人提供普惠型社区养老服务网络。三是为省外老年人提供休闲度假、保健康复等服务型的养老服务企业。

（三）基本原则

一是居家自养与社会助养相结合的原则。以居家养老为主，根据老年人的不同需求，采取上门服务、社区服务及机构托老服务相结合的方式，向居家老年人提供就近的养老服务。二是政府支持与市场运作相结合的原则。加强对养老服务体系建设的统筹规划，加大公共财政投入，充分发挥政府的主导作用；支持和鼓励社会力量多形式、多渠道兴办各类老年服务实体，积极引导社会各界参与养老服务业。三是公益性服务与经营性服务相结合的原则。采取无偿、低偿、有偿等多种服务形式，既为老年人提供福利性、公益性服务，又根据老年人的个性化需求，提供低偿、有偿的经营性服务。四是专业服务与志愿服务相结合的原则。充分发挥各类专业养老机构和中介组织的专业化服务优势，大力发展志愿者队伍，为老年人特别是生活困难的老年人提供志愿服务。

三、加快推进养老服务体系建设的主要任务

（一）加大公办养老机构建设力度

在现有公办养老机构的基础上，整合资源，加大敬老院、光荣院等养老机构建设和改造的力度，制定公办养老机构管理办法，力争到2015年，使每个乡镇都有设施齐全、管理规范、服务良好的公办养老机构，切实提高农村“五保”老人、城镇“三无”老人、集中供养优抚对象的养老服务水平。各地的公办养老机构可根据本地实际，在确保农村“五保”老人、城镇“三无”老人、优抚对象集中供养的基础上，积极开展居家养老服务，为本地老年人提供有偿养老服务，有偿服务项目和收费标准由物价主管部门会同有关部门确定。

（二）推进居家养老服务网络建设

各市县政府要结合城乡社区建设，进一步加强居家养老服务网点建设，完善养老服务设施，为老年人提供生活照料、医疗护理、文化娱乐、信息咨询、心理慰藉、临终关怀、遗体安葬以及家政等服务。积极鼓励和支持社会力量兴办托老服务机构，为空巢老人、独生子女家庭老人、残疾老人提供托养服务。到2015年，城市要根据养老服务的实际需求，在街道或社区普遍建立起老年人服务中心，为老年人提供居家养老服务；各乡镇可依托乡镇中心敬老院设立养老服务中心，为老年人提供居家养老上门服务。

居家养老服务由政府通过招标的方式，委托有实力的企业或社会组织经营，乡镇、街道对居家养老服务进行监督管理，市县财政对乡镇、街道开展居家养老服务工作给予补贴，补贴标准由市县政府根据实际确定。开展居家养老服务可适当收取费用，服务项目和收费标准由市县物价主管部门会同有关部门确定。各市县政府对80岁以上行动不便的低保对象、优抚对象、重度残疾人、劳动模范等给予居家养老补贴，补贴标准由市县政府根据实际确定，所需资金纳入市县财政预算。政府为居家养老服务中心提供经人力资源社会保障部门核定的公益性管理工作岗位，服务人员由养老服务中心自行招聘，原则上优先聘用经高等院校和中等职业技术学校培训的医药卫生类、公共管理和服务类专业人员。鼓励城乡低保人员、长期失业人员、失地农民中的就业困难人员到养老服务机构就业再就业，人力资源社会保障部门会同民政部门、养老服务中心对从业人员进行免费就业技能培训，持证上岗。

（三）培育和发展养老服务产业

结合国际旅游岛建设，利用海南独特的自然环境优势，培育和发展完全市场化的、与国际接轨的养老服务产业，为国内外老年人提供休闲度假、疗养康复等高品质的养老服务。按照国际旅游岛建设的布局，制定养老产业发展规划和行业准入制度，积极支持有实力的企业兴办养老服务企业，培育多种服务方式的服务行业供给主体，满足境内外、国内外不同层次、不同类型的养老服务需求。积极鼓励养老服务企业开发、生产老年人特殊用品，加大对养老服务企业和老年人用品营销企业的税收扶持力度。养老服务机构所办医疗机构已取得执业许可证并符合定点医疗机构资格条件的，按有关规定和程序纳入城镇基本医疗保险和农村合作医疗定点范围。

四、加快推进养老服务体系建设的措施

各级政府和有关部门要切实加强组织领导，把养老服务体系建设列入重要议事日程，纳入当地经济社会发展规划，列入基本公共服务均等化计划，进一步完善各项养老福利政策，加大政策扶持力度，推进我省养老服务体系建设加快发展。要根据当地老年人口发展趋势和养老服务需求情况，制定养老服务业发展和养老服务机构建设规划，并严格按照规划和建设标准组织实施。要加强部门协作，整合各类资源，鼓励和支持社会力量积极参与养老服务，合力推进养老服务体系建设。

（一）要明确工作职责

各级民政部门是养老服务的行业主管部门。省民政部门负责制定全省养老服务业发展规划，对养老服务企业进行备案登记和监管；组织、指导养老服务机构制定服务规范、居家养老服务准则等行业管理制度和评估、评审实施办法。市县民政部门组织和指导乡镇、街道开展居家养老服务，依法颁发《民办非企业单位》证书，核定和划拨居家养老服务补助资金，配合物价部门制定和调整居家养老服务收费标准。乡镇、街道要积极支持养老服务机构和服务组织开展工作，对养老服务财政专项资金的使用、养老服务机构和服务组织的服务技能和服务质量、入住公办养老机构对象的资格审核以及财政补助对象等进行评估、评审。工商行政管理部门对符合发展规划的养老服务企业进行注册登记；财政部门按照有关规定安排养老服务专项补助资金，监督检查资金管理使用情况；物价主管部门会同有关部门制定居家养老服务项目及收费标准，对居家养老服务和养老服务企业的收费标准进行检查和指导；国土、税务等部门按规定给予养老服务相应的政策优惠。

（二）要加强专业人才队伍建设

省民政厅要会同省人力资源和社会保障厅对养老服务从业人员进行职业资格考试，颁发职业资格证书，逐步建立持证上岗制度。通过定向、委托等方式与高等院校、中等职业技术学校合作，加快培养老年医学、管理学、护理学、营养学以及心理学等方面的专业人才；加大岗位培训力度，努力提高从业人员的职业道德、服务意识和业务技能。

（三）要加大政策的扶持力度

各级政府要通过公建民营、民办公助、税费优惠、政府购买服务等措施，促进本地非营利性养老服务机构的发展。民办养老院、托老院等非营利性养老服务机构，床位数达到50张（含）以上、取得《民办非企业单位》证书并投入使用后，由市县财政按照核定的床位数给予一次性补助，省财政给予适当补助；对租用房且租期5年（含）以上的非营利性民办养老服务机构，床位数达到50张（含）以上，由市县财政按照核定的床位数分5年给予补助，省财政给予适当补助；床位数在50张以内和已建成投入使用的非营利性民办养老服务机构，具体补助办法，由所在市县政府确定。要认真落实全国老龄工作委员会办公室等10部委《关于全面推进居家养老服务工作的意见》（全国老龄办发〔2008〕4号）等文件精神，对社会力量投资兴办的福利性、非营利性的养老服务机构，暂免征收企业所得税以及自用房产、土地的房产税、城镇土地使用税。非营利性老年人社会福利设施用地，符合《划拨用地目录》（国土资源部第9号令）的，可以划拨供地；属于营利性养老服务机构建设用地的，应通过公开方式出让。各市县政府根据老年服务事业发展需要，统筹安排养老服务机构建设用地。

（四）要建立健全投入机制

各级政府要在福利彩票公益金中安排一定比例的经费用于养老服务工作。要吸纳社会资金，采取多渠道筹资的办法加快公办养老机构的改扩建步伐。各级财政、发展改革部门要加大对农村敬老院和社区文体设施建设的投入力度。各级金融机构要进一步合理调配资源，创新模式，增加对养老服务机构的信贷投放，大力支持养老服务体系建设。

（五）要加快信息化建设步伐

建立健全省、市县、乡镇（街道）养老服务信息管理系统，并纳入政府职能部门数据库管理，即时向社会提供养老服务需求和资源供应信息。建立和完善居家养老信息服务网络，依托社区服务信息平台，在社区普遍建立养老服务热线、居家养老呼叫系统等便捷有效的求助和服务信息沟通渠道。

各市县政府要根据本意见的精神，结合实际，制定本地区加快推进养老服务体系建设的具体实施办法并精心组织实施，切实提高老年人的生活质量。

关于印发《宁夏回族自治区老年活动中心管理办法》的通知

宁老龄办发［2010］29号

各市、县（区）老龄办：

现将《宁夏回族自治区老年活动中心管理办法》印发你们，望结合实际，认真贯彻执行。

二〇一〇年七月三十日

附件：

宁夏回族自治区老年活动中心管理办法

第一章　总则

第一条　为了规范全区老年活动中心的管理，充分发挥其在为老服务中的作用，根据《宁夏回族自治区老年人权益保障条例》、《宁夏回族自治区老龄事业发展“十一五”规划》和自治区人民政府办公厅《关于加快发展养老服务业的意见》精神，结合我区实际情况，制定本办法。

第二条　本办法适用于国家、自治区财政资金和福利彩票公益金扶持建设的市、县（区）老年活动中心、星光老年之家等为老年人提供服务的场所。（以下简称“活动中心”）。

第三条　活动中心负责组织和实施本区域内全体老年人开展托老、健身康复、精神慰藉、文化娱乐等有益老年人身心健康的活动，并充分发挥示范作用，指导农村社区开展老年活动。

第四条　活动中心的基本任务。以活动中心阵地为依托，组织开展为老服务工作、居家养老服务活动。通过形式多样的活动，不断丰富老年人的精神文化生活，满足老年人多元化的服务需求，提高老年人的生活水平和质量。

要积极开展以爱国主义、集体主义、社会主义为主要内容的思想品德教育活动；开展以文化体育、游艺娱乐、社会人文和发展个性特长等怡情益智的各种兴趣活动，调动老年人参与活动的积极性，并引导广大老年人养成良好的行为习惯。选择活动内容时，应根据老年人不同的性格特点和文化知识结构有所侧重，充分发挥活动中心在体育健身、教育培训、文化娱乐、居家养老等方面的服务功能，不断提高管理水平和服务质量。

第五条　活动中心要坚持公益性和普及性的原则，全面贯彻国家的老龄事业方针，以为老服务为宗旨，着眼全面发展，始终把社会效益放在首位。

第二章　机构和人员

第六条　活动中心为具有独立法人资格的全额拨款的科级以上事业单位，隶属县和县以上民政部门或老龄办管理。中心工作人员按照同级人民政府所确定的人员编制调整配备。各级民政部门、老龄办要积极配合有关部门做好活动中心人员的选拔工作。

第七条　活动中心设主任一人（可由老龄办主任或专职副主任兼任），副主任1—2名，中心实行主任负责制。要坚持“德才兼备”的原则，选拔任用热爱老龄事业、有相应组织管理能力和实际工作经验，且具有大专以上文化程度的人员担任活动中心副主任。

第八条　加强老年活动中心队伍建设，确保队伍结构的科学合理。要严格审定活动中心内部机构和岗位设置；采取公开招聘专业人才的方式配备专职管理人员和专业骨干教师；中心工作人员实行先培训后上岗制度。活动中心从事教育教学、理疗康复等特殊工作的人员，应优先从热爱老年人事业的离退休老年人中选聘，充分发挥有专长老年人的特长，提供为老服务。

第九条　活动中心专兼职人员应具备以下条件。

1. 热爱老龄事业，热心为老年人服务，有较强的事业心和责任心；具有良好的思想道德素质和健全的心理素质，遵纪守法，履职尽责。

2. 了解现代教育思想、教育理论，具有相应的教育学、心理学知识，基本掌握现代化教育教学手段。

3. 从事教学活动的教师原则上应具有大专以上文化程度，具备教师资格，具有相关的专业知识和教学技能。

4. 管理人员应具备相关的专业知识，具有较强的组织能力和社会活动能力。

第十条　重视专业管理人员培训，不断提高他们的专业水平。要组织中心的专兼职管理工作人员积极参加相应的培训、考察学习、进修等活动，实现活动中心内外管理优势的互补和衔接。

第三章　运行和管理

第十一条　各级政府要把活动中心正常运营、工作经费，日常维护和开展公益性活动的所需经费纳入本级财政预算，切实保障活动中心的正常运营。

第十二条　活动中心全部资产为国家所有，产权所有权属当地民政部门或老龄办，活动中心资金不得挤占或挪作他用。

第十三条　活动中心不得开展以赢利为目的的创收活动。以中心组织的各种公益性活动不得收取费用。对确需集中食宿和使用消耗品的集体活动，以及特（专）长培训项目，只收取成本费用，并对享受城乡低保和高龄老人津贴的老年人实行免费。收费项目和收费标准按自治区财政和物价部门规定执行。

第十四条　地方民政部门、老龄办要加强对活动中心的领导和管理。对活动中心的建设发展、任务目标、工作绩效、安全措施等方面提出具体要求和考核办法，并及时研究解决活动中心工作中的困难和问题。

第十五条　积极促进活动中心与老年社会教育的有机衔接。教育行政部门要根据老年活动中心的条件和老年人需要，结合学校的课程设置和教学计划，统筹安排一些为老服务的教学内容。活动中心要积极探索老年人开展活动行之有效的发展模式，建立学校教育相结合的有效机制，并认真组织落实。对当地老年人全年开放，节假日的开放时间要适当延长，以进一步增强接待能力，提高活动场所的利用率。

第十六条　活动中心要根据自身的工作性质和特点，建立和完善民主、科学的现代化管理机制。

1. 建立内部各部门、各岗位的工作目标责任制，做到任务明确，责任到人，狠抓落实。

2. 严格活动过程管理，做到活动有计划，实施有保证，过程有检查，结果有总结。

3. 完善考评机制，坚持客观、全面、公正、导向性明确的原则，制定具体的考核方案，从职业道德、管理能力、工作绩效等方面对员工进行综合考核。

4. 严格财务制度，加强财务监管。保证收取的各项费用真正用于开展公益性活动和维修、设备更新等用途。

第十七条　活动中心要争取社会力量的支持和参与，鼓励社会各界通过捐助、资助等方式支持活动中心，开展有益于老年人的活动。

第十八条　老龄工作部门和活动中心要确保参加活动者的安全，制定安全管理制度，开展安全教育，落实具体措施和责任。

第四章　监督和奖惩

第十九条　自治区老龄工作委员会办公室负责对活动中心的管理运营进行检查指导。市、县（区）老龄工作委员会要把活动中心开展的为老服务活动纳入督导检查范围，作为考核主管部门为老服务的重要内容，活动中心要主动接受各相关部门的督导检查。

第二十条　各级老龄工作委员会，要建立表彰奖励制度，对各级以各种形式开展老年活动成绩突出的单位和个人给予表彰奖励。

第二十一条　任何单位和个人不得擅自改变活动中心的性质和功能，对侵占活动中心场地、设施或改变其性质的单位或个人，由县级人民政府责令其限期改正，逾期不改的，要依法处理。

第二十二条　活动中心有下列行为之一的，市、县（区）民政局、老龄办责令其限期改正；造成严重后果的，要对有关领导和直接责任人依法严肃处理。

1. 未按照规定时限对老年人开放的；

2. 未在醒目位置标明设施的使用方法和注意事项的；

3. 未建立活动场所安全管理制度的；

4. 开展与活动场所功能、用途不相适应的赢利性服务活动的；

5. 违反本办法挪用、出租、转让活动场所的；

6. 挪用、侵占活动场所资金和财产的；

7. 因管理不善和失职、渎职，造成重大伤害和其他责任事故的；

8. 有其他违反本办法及相关法规行为的。

第五章　附则

第二十三条　自治区各级各类老年活动中心可参照本办法执行。

第二十四条　本办法由自治区老龄工作委员会办公室负责解释。

第二十五条　本办法如与国家、自治区政府相关规定不一致时，以国家、自治区颁布的文件为准。

第二十六条　本办法自颁布之日起实行。

宁夏回族自治区民政厅、老龄办《关于加快推进居家养老服务的意见》

宁民发［2010］66号

各市、县（区）民政局，老龄办：

2009年，我区各地认真贯彻落实国家民政部、全国老龄办等部门《关于全面推进居家养老服务的意见》和自治区人民政府办公厅转发自治区民政厅、老龄办等10部门《关于加快发展养老服务业的意见》精神，在城镇社区开展了居家养老服务工作，取得了明显成效，受到社会各界特别是广大老年人的好评。为加快推进我区居家养老服务，现提出如下意见。

一、充分认识加快推进居家养老服务的重要意义

社区居家养老服务是指政府和社会力量依托社区，以家庭为核心，以社区为依托，以老年人日间照料、生活护理、家政服务和精神慰藉等为主要内容，以上门服务和社区日托为主要形式，并引入养老机构专业化服务方式，为居家的老年人提供生活照料、家政服务、康复护理和精神慰藉等方面服务的一种社会化养老服务模式，是养老服务业的重要组成部分，是构建社会化养老服务体系的重要内容。目前，我区60岁及以上老年人65.05万，占全区总人口的10.31%，其中80岁以上高龄老人4.5万人，城市空巢老年人比例达到40%以上，农村达到21%，城镇

“三无”老人1700余人。由于家庭小型化，家庭养老功能不足，庞大的老年群体对居家养老服务的需求日趋增强。保障城镇“三无”老人、农村五保老人、失能老人、困难老人有尊严、体面地生活，是各级民政、老龄工作部门义不容辞的职责。

大力发展居家养老服务，有利于深入贯彻落实科学发展观，构建和谐社会；有利于充分发挥家庭养老主渠道作用，不断提高养老保障水平；有利于改善老年人的生活和服务条件，提高老年人的生活水平和生活质量；有利于弘扬中华民族尊老敬老的传统美德，传承孝德文化；有利于解除子女后顾之忧，促进家庭和谐、代际和谐和社会和谐；有利于拉动消费，扩大内需，增加就业，合理调整服务业结构，促进我区经济社会发展。因此，各级民政、老龄部门要站在执政为民、改善民生、健全完善社会化养老服务体系、促进社会和谐的高度，充分认识加快推进居家养老服务的重要性和紧迫性，并采取有效措施着力推进。

二、指导思想、工作目标、基本原则

（一）指导思想

以邓小平理论、“三个代表”重要思想和党的十七大精神为指导，深入贯彻落实科学发展观，坚持“党政主导、社会参与、全民关怀”的原则，构建以家庭养老为基础、社区服务为依托、政策保障为支撑、社会化运作为导向的居家养老服务体系，提升老年人的生活水平和生活质量，促进和谐社会建设。

（二）工作目标

通过政策扶持和引导，采取专业化服务与志愿者服务相结合，有偿、低偿、无偿服务与政府补贴服务相结合的方式，在政府、市场、社区和家庭之间搭建起功能互动的养老服务平台，构建完善的居家养老服务体系，逐步使居家老年人获得就近、便捷、周到的服务，实现困有所助、难有所帮，让所有老年人都能安享晚年。2010年，在全区普遍开展居家养老服务工作，其中银川市三区、石嘴山市两区和吴忠市利通区城镇社区实现各具特色的居家养老服务全覆盖。2011年，市辖区和县(市)政府驻地的城镇社区实现全覆盖，并向农村社区延伸。通过点、面结合的方式，加快推进居家养老服务工作，到2012年，全区所有城镇社区、30%的农村社区普遍开展居家养老服务，实现服务人群的全覆盖。

（三）基本原则

1. 坚持以人为本。从老年人最关心的现实问题和最迫切的服务需求出发，为老年人提供生活护理、助餐、助医、助浴、助行、康复辅助、精神慰藉、洗涤保洁等服务，不断提高居家老年人的生活水平和生活质量。

2. 坚持以变求新。改变传统思维模式，以新理念、新举措开展社区居家养老服务。从本地实际出发，选择适合于当地实际的发展模式，不拘一格，突出特色，在发展中求变，在创新中获取活力和动力。

3. 坚持因需所设。深入调查研究，全面分析梳理，根据老年人的实际需求设立助老餐桌、日间照料、文化娱乐、精神慰藉等集中与分散相结合的服务项目，并开展相应的服务，避免千篇一律，样样俱全。

4. 坚持因陋就简。各地要从现有条件和老年人的服务需求出发，充分挖掘社区养老服务资源，通过新建、改建、改造、租赁、借用等方式建立不同类型、富有不同功能的居家养老服务站，在满足老年人居家照料的同时，向社会其他人员提供服务。

三、主要任务

（一）建立管理体制和工作机制

1. 建立居家养老服务工作组织。自治区成立社区居家养老服务工作协调小组，负责全区居家养老服务政策制定，对全区社区居家养老服务工作进行指导检查；各市、县（区）成立社区居家养老服务工作领导小组，负责本区域社区居家养老服务的政策制定、综合协调、经费筹措以及服务机构评估和年审等工作；各街道（镇）、社区（村）成立社区居家养老服务中心或服务站。各级居家养老服务管理机构要充分发挥组织协调、检查指导等作用，着力形成上下贯通、左右联动的工作机制。

2. 整合社区公共服务资源。依托街道（镇）社区服务中心（站）、社区“星光老年之家”（老年活动站)、社区企业退休人员管理站、社区“残疾人康复室”、社区青年之家、职业康复机构、社区医疗卫生站、社区文化站（室）、困难职工帮扶中心、“5189000”社区服务热线等公共服务资源，实现全方位服务；开发利用企事业单位、商业服务网点、各类社团组织等社会资源，不断丰富服务内容，拓展服务领域。同时，拓展县（市、区）综合福利服务中心、老年活动中心、社会福利院、社会办养老机构功能，改善、提升农村敬老院基础设施和服务功能，扩大服务范围，向社会老人提供寄养代养、日间托养、家庭护理、配送餐等服务。

3. 建立社会化、市场化养老服务机制。通过选拔、招标和加盟服务等方式，把服务质量高、信誉好、实力强的企业、社会组织和个体企业通过签约、资金扶持等方式，纳入当地社区居家养老专业化服务队伍，使之成为承担居家养老服务和政府购买服务的定点单位，并享受发展养老服务业的相关优惠政策。

（二）改善服务设施

1. 各级民政、老龄工作部门要争取政府的支持，把社区居家养老服务设施建设纳入当地经济社会发展总体规划，加大用于社区居家养老服务设施与兴建养老服务机构的公共财政投入力度，结合城乡社区建设项目的实施和星级社区的评定，不断完善社区居家养老服务设施。各地在新建居民小区、旧城旧村改造时，要将社区居家养老服务设施的建设，作为政府公共服务配套设施建设的主要内容，做到统一规划、统一功能、统一建设、统一管理。企事业单位、社区居民、社会公益组织利用闲置房屋，建立的以为老年人提供服务为主体的养老服务设施，市、县（区）民政局、老龄办应争取当地政府给予水、电、暖、开办费等方面的扶持，鼓励社会力量为居家养老服务做贡献。

2. 充分利用现有社会服务设施。各地兴办的各类老年服务中心、老年活动中心、老年大学、老年公寓、基层卫生服务机构以及其他相关公共服务设施，应增加养老服务项目，优先为老年人提供服务。社区内教育、科技、文化、体育等公共资源，应优先并免费向老年人开放，满足老年人就地、就近参加各种活动的需求。

3. 加快养老服务基础设施建设。本着因需所设、因陋就简的原则，采取多方筹资、分级负担的办法，建设社区居家养老服务示范站。2010 年全区城镇社区居家养老服务示范站达到 200 个，2011 年达到 300 个。2012 年，全区城镇社区普遍建有各具特色的居家养老服务站，30％的农村社区有居家养老服务站（点）。

4. 建立宁夏智能化居家养老服务信息平台，为居家老年人提供优质、高效、快捷的服务，形成集为老服务热线、紧急救援系统、数字网络系统等多种救助和服务方式为一体的服务网络。2010 年上半年建成宁夏智能化社区居家养老服务信息平台，下半年在银川市兴庆区、金凤区、西夏区运行，并向石嘴山市大武口区、惠农区辐射。2011 年扩展到吴忠市利通区、青铜峡市，2012 年扩展到五市所辖区及县（市）政府驻地的城镇社区，并向有条件的农村社区延伸。

（三）加强服务队伍建设

1. 建立专业化服务队伍。老年人的服务呈现多层次、个性化的需求，需要有具备各种不同技能的专业人员为其提供服务。无论是加盟企业，还是社区从事养老服务的人员，都必须具备相应的技能和高尚的品德素养，这样才能为居家老人提供人性化、专业化、标准化服务。各地要商人事和社会保障部门对居家养老服务从业人员实行全员培训，参加培训人员，符合当地政策规定的给予职业培训补贴，培训后经考试合格的发给职业资格证书。

2. 建立社区助老员队伍。各级民政部门、老龄办要争取当地政府按社区老年人数比例提供相应数量的公益性岗位，专门招收社区助老工作员，并按有关规定与其签订劳动合同，实现居家养老服务与再就业工程相对接。“三星级”以上（含三星级）社区至少配备 1 名助老员，高龄独居老人、空巢老人、重度残疾人较多的社区可适当增加。助老员在社区居委会的领导下开展工作，其职责是巡视探访、了解需求、反馈信息、检查监督服务情况；负责政府、慈善公益组织购买服务的养老服务券的发放、回收、结算，并对低保金、高龄津贴的发放进行监督。各地应组织社区低保家庭中具有劳动能力的人参与居家养老服务工作，并给予适当补助，使低保家庭的权利与义务有机结合。

3. 大力发展志愿者服务队伍。鼓励和支持辖区单位、居民、大中专院校学生以及社会各界人士，组建志愿者服务队伍，为居家老年人提供有计划、多形式、可持续的志愿服务。倡导国家机关工作人员、企事业单位职工为老年人提供义务服务；发挥基层老年人协会的积极作用，组织社区老年人开展互助互帮活动。本着自愿量力的原则，采取时间储蓄的方式，组织低龄健康老人为高龄、病残老人服务，并形成制度。

（四）积极培育服务组织

1. 充分利用社会服务资源，鼓励和支持餐饮、家政、医疗、卫生、教育、文化、体育等部门和机构参与居家养老服务工作。

2. 对新设立的以居家养老服务为主要内容的社会服务机构，简化登记程序，实行备案制度，创造宽松发展环境，提高居家养老服务的社会化程度。

3. 积极引导、培育各类居家养老服务机构健康发展，形成连片辐射、连锁经营、统一管理的服务模式。鼓励慈善公益组织和社会各界人士通过社会捐赠、定向资助等形式向社区居家老人提供服务。

（五）规范服务管理

1. 建立和完善居家养老服务准入制度。根据国家、自治区的有关法规和政策，结合本地实际制定各类养老服务机构及其他相关服务机构开展社区居家养老服务准入制度。

2. 建立居家养老服务管理制度。加强对居家养老服务机构的监督管理，根据当地经济社会发展实际，制定社区居家养老服务标准、服务收费、检查监督等办法，做到公正、公开、公平。通过签订协议、合同等办法，明确管理机构、服务机构和服务对象三者间的权利、义务、责任，确保服务质量和安全。

3. 建立健全社区居家养老服务评估、考核体系。市、县（区）民政、老龄工作部门要会同卫生、残联等部门组成相应的评估小组，制定评估标准，并按照个人申请、社区申报、街道初审、评估小组评定的程序，开展老年人评残工作，通过评估准确界定残疾级别。同时，根据老年人的身体状况、家庭状况、经济负担能力等，为确定申请享受政府、慈善公益组织购买服务补贴的老年人提供依据。政府和慈善公益组织购买服务对象实行动态管理，有进有出。

各级民政、老龄工作部门要把社区居家养老服务工作纳入绩效考核范畴，并结合实际健全完善居家养老服务考核办法。要定期对街道（镇）、社区（村）和各类社区居家养老服务机构进行考核评比，并对业绩突出的集体和个人给予表彰奖励。

四、保障措施

（一）加强领导，形成合力

社区居家养老服务工作是关注民生、改善民生，健全完善养老服务体系、构建社会主义和谐社会的有效举措。各级民政、老龄工作部门要以制定“十二五”规划为契机，争取政府将本地社区居家养老服务发展规划纳入当地经济社会发展和城乡社区建设总体规划，列为政府为民办实事项目。同时，要主动协调发展改革、教育、财政、人保、建设、文化、卫生、人口计生、体育、税务等部门共同推进社区居家养老服务工作。

（二）建立特殊困难老人援助服务制度

社区居家养老服务以有偿、低偿、无偿和优惠服务为主，政府和慈善公益组织购买服务为辅。各地要将推进社区居家养老服务作为执政为民、改善民生、践行科学发展观的具体体现，并本着量力而行、适度普惠的原则，制定政府购买社区居家养老服务政策，将所需资金列入财政预算。民政、人保、老龄、残联等部门要密切协作、相互配合，逐步健全和完善相应的制度。政府和慈善公益组织购买服务的对象主要是城镇散居“三无”老人、低收入空巢老人、与重度残疾子女共同生活的困难老人等。政府和慈善公益组织购买服务的服务券可用于所确定的服务项目，也可用于已确定的为老年人提供餐饮服务的餐厅就餐支出。具体购买服务的项目、标准、数量、方式及结算办法等，由各市、县（区）根据当地经济社会发展实际确定。

（三）建立工作机制，加强统筹协调

街道（镇）居家养老服务管理中心受政府委托负责本辖区内社区居家养老服务工作的实施和管理。其主要职责是：建立老年人信息库，对享受政府补贴的社区居家老年人进行资格审查，全面掌握并及时发布社区居家养老服务需求信息，指导居家养老服务站（点）开展工作。同时，引导养老服务机构和社会组织适时调整服务内容，增加服务项目，提高服务水平，并定期对社区居家养老服务站（点）的工作进行检查考核。社区（村）居家养老服务站对享受政府补贴的老年人和居家养老服务人员进行资格审查，按程序上报享受政府购买服务对象的相关材料。同时，接受服务对象对服务优劣的信息反馈，检查监督服务质量。各级民政、老龄工作部门要会同有关部门对服务机构进行行业管理和监督，定期进行检查督导。对达不到标准和要求的提出整改意见，逾期不改的取消资格并停止享受各种优惠政策。

（四）深入宣传教育，营造舆论氛围

尊老、敬老、爱老、助老是中华民族的优良传统，各地要运用多种形式，广泛宣传开展社区居家养老服务工作的重要意义。通过宣传教育提高全社会对开展社区居家养老服务重要性和紧迫性的认识，转变传统观念，自觉地关心、重视、支持、参与社区居家养老服务。要结合开展全区敬老、爱老、助老主题教育活动和各种形式的宣传教育，营造“全民关怀”的舆论氛围，着力推进社区居家养老服务，促进宁夏经济社会又好又快地发展。

关于印发《广西壮族自治区老年人优待证申办暂行规定》的通知

桂老龄办发［2010］16号

各市、县老龄工作委员会办公室，南宁铁路局老龄工作委员会办公室：

现将《关于印发〈广西壮族自治区老年人优待证申办暂行规定〉的通知》印发给你们，请认真贯彻执行。对执行过程中遇到的问题，请及时向自治区老龄工作委员会办公室反馈。

广西壮族自治区老龄工作委员会办公室

二〇一〇年十一月九日

广西壮族自治区老年人优待证申办暂行规定

为贯彻落实《广西壮族自治区老年人优待规定》（以下简称《广西老年人优待规定》），切实保障老年人的合法权益，特制定本暂行规定。

第一条　户籍在本自治区行政区域内年满60周岁的老年人，凭本人第二代居民身份证到户籍所在县（市、区）老龄工作委员会办公室办理《广西壮族自治区老年人优待证》（以下简称《广西老年人优待证》）。

第二条　户籍不在本自治区行政区域内，但跟随户籍在本自治区行政区域内的配偶或子女生活满一年（以外来人口暂住证为准）且年满60周岁的外地老年人，凭本人第二代居民身份证以及外来人口暂住证，到配偶或子女户籍所在县（市、区）老龄工作委员会办公室办理《广西老年人优待证》。

第三条　老年人亲属或老年人所在单位、社区可凭老年人第二代居民身份证及代办人身份证或代办单位（社区）证明到老年人户籍所在县（市、区）老龄工作委员会办公室代办《广西老年人优待证》。

第四条　持有《广西老年人优待证》绿卡的老年人，年满70周岁时，凭绿卡向户籍所在县（市、区）老龄工作委员会办公室申请换发《广西老年人优待证》红卡。申办人领取红卡时须将绿卡交还发证机构当面销毁。

第五条　《广西老年人优待证》仅限持证人本人使用，遗失可申请补办。

第六条　《广西老年人优待证》申办工作自2010年12月1日起在全区启动，2011年1月1日起正式启用。各申办机构向申办人发放《广西老年人优待证》的同时收回原发放的老年人优待证，尚未申办《广西老年人优待证》的老年人可持各地原发放的老年人优待证在当地继续使用至2011年12月31日止。

关于印发《广西壮族自治区老年人优待证制发和管理暂行办法》的通知

桂老龄办发［2010］17号

各市、县老龄工作委员会办公室，南宁铁路局老龄工作委员会办公室：

现将《广西壮族自治区老年人优待证制发和管理暂行办法》印发给你们，请认真贯彻执行。在执行过程中遇到的问题，请及时向自治区老龄工作委员会办公室反馈。

广西壮族自治区老龄工作委员会办公室

二〇一〇年十一月九日

广西壮族自治区老年人优待证制发和管理暂行办法

为贯彻落实《广西壮族自治区老年人优待规定》精神，加强《广西壮族自治区老年人优待证》（以下简称《广西老年人优待证》）的制发管理工作，特制定本暂行办法。

一、制作办法

（一）统一监制

《广西老年人优待证》由自治区老龄工作委员会办公室统一监制。

（二）统一样式

《广西老年人优待证》式样为单页卡式，采用电脑扫描个性化印刷，分红、绿两种卡，70周岁及以上老年人办理红卡，60—69周岁老年人办理绿卡。红卡和绿卡的区分标志是：卡的正面上方、下方以及背面下方分别印制红、绿两种不同颜色。《广西老年人优待证》正面上方分别用汉字和壮文印制“广西壮族自治区老年人优待证”字样和代表广西特色的标志性建筑中国一东盟博览会永久性会址南宁国际会展中心图案；中间以壮锦为底纹，左侧为老年人本人彩色照片，右侧为老年人姓名、证号、出生年月、发证日期，并印制“广西壮族自治区老龄工作委员会制发”字样及“广西壮族自治区老龄工作委员会证件专用章”；下方印制“限60—69周岁使用”字样（绿卡）或“限70周岁以上使用”字样（红卡）。背面上方左侧印制“持证须知”，右侧印制老年人本人身份证电子扫描件；下方印制“广西壮族自治区老龄工作委员会办公室监制”字样。

（三）统一标准

《广西老年人优待证》采用统一的制作材料、技术标准、加工工艺。证件采用国际通用标准卡，长85.5mm，宽54mm，厚度为1.0±0.2mm。证件卡基、外膜采用制作二代居民身份证同样的材料，卡基为耐高温多层聚酯绿色环保材料，内面镜像彩色打印，高温高压层压而成。

（四）统一编号

《广西老年人优待证》使用全区统一编号，编号共12位。

自治区代码	地级市代码	县（市、区）代码	顺序代码					
45	xx	xx	x	x	x	x	x	x

具体说明如下：

第一、二位：“45”为广西代码；

第三、四位：为14个地级市代码。如南宁市01、柳州市02……，以此类推；

第五、六位：为县（市、区）代码。如南宁市兴宁区02、青秀区03……，以此类推；

第七至十二位：为证件顺序编号代码。

证件编号由制作系统自动生成。申办人申请正常换发证件（即年满70周岁申请由绿卡换发红卡）、申请补发证件（即因遗失等原因申请补办证件），编号不变。

（五）统一制作

根据自治区民政厅、财政厅、公安厅、老龄工作委员会办公室《关于制发广西壮族自治区老年人优待证有关问题的通知》（桂民发［2010］82号）精神，《广西老年人优待证》由自治区公安厅居民身份证制作中心统一制作。

（六）统一系统

自治区公安厅居民身份证制作中心将专门建立广西老年人优待证网络查询系统，以供全区各级老龄工作委员会办公室随时查询统计老年人办证信息。

二、申办办法

《广西老年人优待证》由各县（市、区）老龄工作委员会办公室组织登记、审核、发放和管理。制发步骤如下：

（一）申请登记

1. 户籍在本自治区行政区域内年满60周岁的老年人，凭本人第二代居民身份证到户籍所在县（市、区）老龄工作委员会办公室申请办理《广西老年人优待证》。

2. 户籍不在本自治区行政区域内，但跟随户籍在本自治区行政区域内的配偶或子女生活满1年（以外来人口暂住证为准）且年满60周岁的外地老年人，凭本人第二代居民身份证以及外来人口暂住证，到配偶或子女户籍所在地县（市、区）老龄工作委员会办公室申请办理《广西老年人优待证》。

3. 老年人亲属或老年人所在单位、社区可凭老年人第二代居民身份证及代办人身份证或代办单位（社区）证明到老年人户籍所在县（市、区）老龄工作委员会办公室代办《广西老年人优待证》。

4. 持有《广西老年人优待证》绿卡的老年人，年满70周岁时，可凭绿卡向户籍所在县（市、区）老龄工作委员会办公室申请换发《广西老年人优待证》红卡（简称“换证”）。申办人领取红卡时须将绿卡交还发证机构当面销毁。

5. 申办人申办《广西老年人优待证》，须如实填写《广西老年人优待证申请表》，工作人员认真核对申办人信息无误后，发给申办人《领证凭据》。

（二）汇总上报

1. 各县（市、区）老龄工作委员会办公室根据申请表内容汇总申办信息，填写《广西老年人优待证申办登记汇总表》电子表格。

2. 每月15日和最后一个工作日（节假日顺次延后），各县（市、区）老龄工作委员会办公室将当地《广西老年人优待证申请登记汇总表》电子表格上传自治区公安厅居民身份证制作中心，同时传真当批次的《广西老年人优待证制证数量确认书》，并在每月头10个工作日内（节假日顺次延后），向制证单位支付上月的证件制作经费，同时将转账底单传真给制证单位。

注：为确保采集的办证信息及时、准确送达自治区公安厅居民身份证制作中心，缩短办证时间和保证办证的准确性，各县（市、区）老龄工作委员会办公室须将办证信息通过网络形式传输制证单位。

（三）证件制作

自治区公安厅居民身份证制作中心在接到各县（市、区）老龄工作委员会办公室每月上传的制证信息后，须在20个工作日内（从收到每月最后一批制证信息的日期算起）按设计要求完成证件制作，并在收到制作经费后将证件交付指定的邮递公司邮寄到各县（市、区）老龄工作委员会办公室。证件每月邮寄1次，邮费由各县（市、区）老龄工作委员会办公室支付。

（四）证件领取

申办人在提交申请表后的第60日起，凭《领证凭据》到县（市、区）老龄工作委员会办公室领取《广西老年人优待证》。

三、管理办法

（一）《广西老年人优待证》按照规定式样制作，使用规范汉字和符合国家标准的数字符号填写。

（二）《广西老年人优待证》仅限老年人本人使用，持证人根据《优待规定》享受相应的优惠待遇。

（三）违反本规定，转借、冒用、涂改或者买卖《广西老年人优待证》，情节轻微的，由发证机构进行批评教育；情节严重的，由发证机构收缴《广西老年人优待证》，并取消其享受优惠待遇的资格；情节特别严重构成犯罪的，移交有关部门依法追究刑事责任。

（四）对老年人因换证交回的《广西老年人优待证》，发证机构应进行登记后当面销毁。

厦门市人民政府关于印发厦门市城乡居民养老保险暂行办法的通知

厦府［2010］252号

各区人民政府，市直各委、办、局：

现将《厦门市城乡居民养老保险暂行办法》印发给你们，请认真贯彻实行。

厦门市人民政府

二〇一〇年七月十四日

厦门市城乡居民养老保险暂行办法

第一章 总则

第一条 为保障城乡居民年老后的基本生活，进一步完善社会养老保险体系，促进城乡统筹发展和社会和谐稳定，结合我市实际情况，制定本办法。

第二条 城乡居民养老保险遵循权利与义务对等、保障水平与社会经济发展水平相适应的原则。实行个人缴费和政府补贴相配套、基础养老金和个人账户养老金相结合的制度。

第三条 同时符合下列条件的人员可按本办法参加城乡居民养老保险。

（一）具有我市户籍；

（二）年满16周岁；

（三）非全日制在校学生；

（四）未纳入行政事业单位编制管理；

（五）未参加其他社会养老保险；

（六）未按月享受社会养老待遇。

符合本条（一）至（四）项条件，但已经参加其他社会养老保险的人员，可在停止参加其他社会养老保险后，依本办法相关规定，改为参加城乡居民养老保险。

第四条 劳动保障行政部门主管全市城乡居民养老保险工作，社会保险经办机构负责办理城乡居民养老保险事务；地方税务机关负责城乡居民养老保险费的征收；市财政部门负责管理城乡居民养老保险基金，并按照国家社会保险基金的有关规定保值增值；市审计部门负责审计监督城乡居民养老保险基金收支管理情况。

第五条 城乡居民养老保险基金纳入市财政专户管理，专款专用。

第二章 缴费和待遇

第六条 城乡居民养老保险费由参保人员按年度缴纳，每年按规定缴纳一次。缴费标准分为 13 个档次，依次为 100 元、200 元、300 元、400 元、500 元、700 元、1000 元、1500 元、2000 元、2500 元、3000 元、3500 元和 4000 元。参保人员每年可自主选择任一档次缴费。

残疾人员、最低生活保障对象、农村计生对象中独生子女残疾或死亡、计生手术并发症的人员，政府每年为其缴交最低缴费标准的养老保险费。

第七条 政府对按第六条规定缴费的参保人员予以补贴，补贴标准如下。

选择缴费档次 100 元，每人每年补贴 45 元；

选择缴费档次 200 元，每人每年补贴 50 元；

选择缴费档次 300 元，每人每年补贴 55 元；

选择缴费档次 400 元，每人每年补贴 60 元；

选择缴费档次 500 元至 2000 元，每人每年补贴 65 元；

选择缴费档次 2500 元至 4000 元，每人每年补贴 70 元。

农村 45—59 周岁只生育 2 个女孩或只生育一个子女的夫妻，在上述补贴的基础上，政府再给予每人每年 30 元缴费补贴。

上述缴费补贴不抵扣个人缴费。

第八条 有条件的村（含村改居）集体组织或居民集体组织可以对参保人员缴费给予补助，补助标准由村民委员会或居民委员会民主确定。鼓励其他组织和个人为参保人员缴费提供资助。

第九条 社会保险经办机构为参保人员建立城乡居民养老保险个人账户，个人缴费、政府缴费补贴、集体补助及其他组织、个人对参保人缴费的资助全部计入个人账户，政府缴费补贴部分在个人账户中单独记录。个人账户储存额每年按照中国人民银行公布的金融机构人民币一年期存款利率计息。

第十条 个人账户资金只能用于参保人员养老待遇支付，不得挪作他用。

第十一条 参保人员户籍关系在本市注销或迁出本市的，终止与我市的养老保险关系。其中将城乡居民养老保险关系转出我市的，其个人账户储存额随同转移；不转出的，其个人账户储存额中个人缴纳部分的余额一次性支付给本人。

第十二条 参保人员在缴费期间死亡的，其个人账户储存额中个人缴纳部分一次性支付给其指定受益人或合法继承人；在享受待遇期间死亡的，自次月起停止享受养老保险待遇，其个人账户储存额中个人缴纳部分的余额一次性支付给其指定受益人或合法继承人。无指定受益人或合法继承人的纳入基金管理。

第十三条 城乡居民养老保险待遇由基础养老金、缴费年限养老金和个人账户养老金构成。

基础养老金为每人每月 200 元，缴费年限养老金月标准为每缴费满 1 年按 1 元计发。个人账户养老金月标准为核定待遇时个人账户储存额除以 139。

领取城乡居民养老保险待遇的参保人员具有我市户籍不满 5 年时，月基础养老金按国家规定的 55 元发放，自其具有我市户籍满 5 年的次月起，月基础养老金按前款标准发放。

第十四条 参保人按照下列规定享受相应待遇。

（一）在本办法施行之日距 60 周岁不足 15 年的参保人员，应自参保当年起每年连续缴费，达到 60 周岁并按规定办理手续后，按月享受城乡居民养老保险待遇。未连续缴费的，应按补缴当年的缴费标准，自主选择缴费档次一次性补足中断的年限，补缴并按规定办理手续后，按月享受城乡居民养老保险待遇。

（二）在本办法施行之日距 60 周岁超过 15 年的参保人员，应按年缴费，达到 60 周岁并按规定办理手续后，按月享受城乡居民养老保险待遇。达到 60 周岁时缴费年限不足 15 年的，应按补缴当年的缴费标准，自主选择缴费档次一次性补足 15 年，补缴并按规定办理手续后，按月享受城乡居民养老保险待遇。

（三）在本办法施行之日年满 60 周岁的参保人员，不缴纳保险费，按规定办理手续后，按月享受基础养老金。

参保人员按照前款第（一）项、第（二）项补缴的，应自年满 60 周岁起 1 年内办理，补缴不享受政府缴费补贴。不按上述规定补缴的，终止养老保险关系，其个人账户储存额中个人缴纳部分一次性支付给本人。

第十五条 参保人员按规定办理手续后的次月起按月享受城乡居民养老保险待遇直至死亡，死亡的次月起终止养老保险关系，停止享受城乡居民养老保险待遇。

领取城乡居民养老保险待遇的参保人员每年应进行身份核实，未按规定核实的，暂停发放城乡居民养老保险待遇。

第三章　经办与管理

第十六条　城乡居民养老保险待遇由社会保险经办机构按月实行社会化发放。领取待遇人员待条件成熟时统一纳入我市退休人员社会化管理。市企业离退休人员社会化管理中心负责相关服务、管理工作。

城乡居民养老保险经办所需经费纳入各级财政预算，各级政府应根据经办状况，充分保障所需的工作场所、人员和业务经费。

第十七条　基础养老金、缴费年限养老金由政府支付，个人账户养老金由个人账户支付，个人账户支付完毕时，由政府安排资金按原标准继续发放。

城乡居民养老保险参保缴费中的政府补贴和政府缴交部分、养老保险待遇中政府支付部分的资金，由市、区两级财政承担，具体承担比例另行规定。

第十八条　市政府可根据经济发展状况和城乡居民收入增长情况授权相关部门对缴费标准和基础养老金标准进行适当调整。

第四章　与其他社会养老保险的衔接

第十九条　已参加我市农村社会养老保险、年满60周岁且已领取农村社会养老保险养老金的人员，在继续领取原待遇的同时，可享受城乡居民养老保险基础养老金；已参加我市农村社会养老保险且尚未达到待遇领取条件的人员，应改按本办法参保。其已缴纳的农村养老保险费可合并计入城乡居民养老保险个人账户，缴费年限同时合并。达到本办法规定的待遇领取条件后可按月享受城乡居民养老保险待遇。

第二十条　已按照《厦门市职工基本养老保险条例》第六十条参保的人员，可改按本办法参保。其按照《厦门市职工基本养老保险条例》缴费所形成的基本养老保险个人账户储存额并入城乡居民养老保险个人账户，缴费年限同时合并。达到本办法规定的待遇领取条件后可按月享受城乡居民养老保险待遇。

第二十一条　已按照《厦门市被征地人员基本养老保险办法》参保但实际缴费年限不满15年的人员，可改按本办法参保。其按照《厦门市被征地人员基本养老保险办法》缴费所形成的个人账户储存额可并入城乡居民养老保险个人账户，缴费年限同时合并。达到本办法规定的待遇领取条件后可按月享受城乡居民养老保险待遇。

第二十二条　已按照《厦门市外来员工社会保险暂行办法》参保的我市户籍人员，失业后可改按本办法参保。其按照《厦门市外来员工社会保险暂行办法》缴费所形成的个人账户储存额可并入城乡居民养老保险个人账户，缴费年限同时合并。达到本办法规定的待遇领取条件后可按月享受城乡居民养老保险待遇。

第二十三条　已按照本办法参保后又改按《厦门市职工基本养老保险条例》或《厦门市被征地人员基本养老保险办法》参保的人员，符合《厦门市职工基本养老保险条例》、《厦门市被征地人员基本养老保险办法》及相关计发办法所规定的条件时可办理退休或退养手续。其按本办法缴费形成的个人账户储存额可合并至城镇职工基本养老保险个人账户或被征地人员基本养老保险个人账户，缴费年限不予合并计算。

第五章　附则

第二十四条　本办法授权市劳动和社会保障局解释。市劳动和社会保障局可会同相关部门制定实施细则并组织实施。

第二十五条　本办法自2010年7月1日起施行。

第四部分

全国老龄工作

中央组织部2010年老干部工作主要情况

2010年，中央组织部深入贯彻党的十七大和十七届三中、四中、五中全会精神，以加强离退休干部党支部建设和思想政治建设、落实老干部政治待遇和生活待遇、提高离退休干部服务管理水平为重点，开拓进取，狠抓落实，取得了新的成效。

（一）坚持围绕中心、服务大局，切实加强离退休干部党支部建设和思想政治建设

采取举办形势报告会、集中学习、座谈交流等形式，组织广大离退休干部深入学习党的十七届三中、四中、五中全会和中央经济工作会议等会议精神，引导老同志自觉与党和国家同心同德，支持党和国家事业的发展。会同中央创先争优活动领导小组，印发《关于在离退休干部党组织和党员中深入开展创先争优活动的指导意见》（创先发〔2010〕第19号），紧密结合离退休干部实际，以创建“五好”党支部、争当“四好”党员为目标，在离退休干部党组织和党员中组织开展创先争优活动。围绕纪念抗日战争胜利六十五周年、中国人民志愿军抗美援朝出国作战六十周年和举办上海世博会、广州亚运会等，开展丰富多彩的活动，激发老同志的政治热情。会同解放军总政治部、北京市委，成功举办首都老干部“乐晚年·展风采”健身操表演大会，展示了离退休干部的精神风貌。组织引导广大离退休干部在推动科学发展、促进社会和谐、服务人民群众中发挥积极作用，一大批老同志投身扶贫帮困、关心教育下一代等工作，特别是在抗击玉树地震、舟曲泥石流等重大灾害中踊跃捐款捐物、奉献爱心，发扬了一方有难、八方支援的优良传统。

（二）进一步完善老干部工作政策措施，努力为老同志办实事、做好事、解难事

会同有关部门印发《关于利用社区资源做好离退休干部服务工作的意见》（组通字〔2010〕24号），深化拓展服务管理工作，为老同志就近学习、就近活动、就近得到关心照顾、就近发挥作用提供保障；印发《关于进一步做好跨省（区、市）易地安置离休干部服务管理工作的意见》（组通字〔2010〕53号），从强化责任、落实待遇、搞好服务、加强管理等方面提出明确要求；出台《关于扩大在京中央单位离休干部就诊医院选择范围的意见》（组通字〔2010〕39号），在京中央单位3.7万名离休干部可选择就诊医院由3家扩大到200多家。开展在京老同志集中居住区医疗服务试点工作，为老同志就近就医创造条件。指导各地各部门加大老同志来信来访办理工作力度，积极探索困难离退休干部帮扶机制和办法，通过切实有效措施，帮助老同志解决实际困难和问题。

（三）加强督促检查，切实推进老干部工作重点任务的落实

集中开展贯彻落实《关于进一步加强新形势下离退休干部工作的意见》情况的督促检查，直接检查了12个省区市、新疆生产建设兵团和23个中央单位，并向全国进行了通报，各地各部门都按要求普遍开展了自查和重点检查。着力抓好离休干部生活补贴的落实，会同国务院国资委集中清理解决了部分中央企业离休干部生活补贴的拖欠问题。继续抓好国有企业离休干部医药费保障机制建设，中央财政对困难央企离休干部医药费专项补助机制运转有序，地方财政的支持力度进一步加大。继续做好提高部分离休干部医疗待遇审批工作。

（四）认真开展调查研究，深入研究老干部工作面临的新情况新问题

召开省区市老干部工作部门调研信息宣传工作座谈会，进一步加强宏观指导，以重点课题调研为抓手，积极探索新形势下加强和改进老干部工作的新途径新方法。开展“做好新形势下的老干部工作”主题征文活动，产生了一批既有较高思想理论水平又具有较强实践价值的成果，有力推进了老干部工作理论研究。

公安部 2010 年
老龄工作规划落实情况综述

2010 年，全国公安机关在各级党委、政府的领导下，以深入开展执法规范化建设为抓手，以党的十七大和十七届五中全会精神为指导，认真贯彻执行《中华人民共和国老年人权益保障法》等一系列法律、法规、政策，充分发挥职能作用，认真履行成员单位职责，在维护老年人合法权益方面，做了大量卓有成效的工作，老龄工作取得了新的进展。

（一）采取多种形式加强法制宣传，提高老年人的法律意识、维权意识和安全防范意识

全国各地公安机关充分发挥职能作用，针对老年人的身心理特征，借助电视、广播、报刊、网络等媒体，采取发放宣传品、制作宣传栏、设摊咨询、召开警情通报会、举办社区专题讲座等方式进行防范宣传，努力提高老年人的自我防范意识。北京市公安局在辖区开展了“文明行，暖民心”等主题实践活动，为老年人发放爱民故事手册、交通安全、消防、防盗等各类安全防范宣传材料，在现场为群众答疑解惑。上海市公安局在东方明珠移动电视连续播出系列防范宣传短片；与《上海老年报》合作，开设《护身宝典》专栏，每周一次，以案说防范；民警深入社区街道举办以老年人安全防范为主题的系列社区专题讲座，以安全知识讲解、交流互动等形式向老年人讲授安全防范的常识和技能；“9·9”重阳节期间，上海市公安局还配合市老龄委开展法制宣传和法律咨询活动，向老年人讲解提高安全防范的法律意识以及寻求法律救济的途径和方法。山东省公安机关在老年人群体中大力宣传有关法律知识，教育广大老年人自觉抵制封建迷信、“法轮功”等邪教组织的影响，不断增强老年人的法制观念和守法意识。

（二）强化尊老敬老意识，热情为老年人提供服务

各级公安机关治安管理、户政审批、出入境管理等部门广泛开展尊老敬老活动，积极为老年人的户籍审批、办理身份证、出入境通关提供更优质、高效、便捷的服务。普遍在制证中心、外事窗口设立了老年人绿色通道，优先为老年人服务。各口岸边防检查现场普遍设置了“特别通道”，缩短老年人候检时间。各地公安机关对行动不便的老人办理身份证等事项，还提供了上门服务措施。北京市公安局对所受理的老年人进京投靠子女的户口申报材料，经上级批准，由分局或派出所直接送至老人手中。

（三）立足公安机关职能，开展对老年弱势群体的帮扶解困工作

全国公安机关结合实施社区和农村警务战略，不断改革和加强城乡社区警务工作。广大派出所民警深入辖区，主动上门为老年人提供服务，并不断拓宽服务范围，在生活上关心、帮助老年人；对孤寡老人、“五保户”等生活困难的老人，主动帮助其解决生活困难。对涉及老年人的家庭、邻里纠纷进行调解，帮助老年人建立和谐的家庭、邻里关系，并通过入户调查主动发现包括侵害老年人在内的各种违法犯罪活动的线索，针对不同情况，进行警告震慑直至追究法律责任，取得了很好的效果。如江苏省南通市如东县公安局以全体民警、保安队员为主体，全面实施“关爱老人行动计划”，与全县 698 名农村散居“五保老人”结对帮扶，从自身职能出发，深入开展送安全、送温暖、送亲情以及协调解困等关爱措施，帮助改善农村老年人生活质量，不仅改善了警民关系，树立了公安机关良好形象，同时也通过关爱行动，获取了一批深层次、宽领域的农村治安情报信息，破获了一批积案隐案，农村地区社会治安形势得到有效改观。

（四）不断完善法律规定和程序，依法保障老年人合法权益

2010 年以来，公安机关继续深入开展执法规范化建设，严格按照法律规定的制度和程序开展工作，严格执法，公正办案，切实保障老年人的合法权益。一方面，严格执行《治安管理处罚法》等相关法律规定，严厉打击侵犯老年人人身权益、财产权益的违法犯罪行为。对于侵犯老年人合法权益、涉嫌犯罪的案件，公安机关依法立为刑事案件，将犯罪嫌疑人移送审查起诉。以盗窃行为为例，对于盗窃孤寡老人或者丧失劳动能力人的财物，接近《刑法》规定的“数额较大”起点的，公安机关根据《最高人民法院关于审理盗窃案件具体应用法律若干问题的解释》，可以认定构成犯罪，依法追究其刑事责任。另一方面，对一些

涉嫌违法犯罪的老年人，公安机关严格依照法定程序办理案件，结合老年人的特点，限制采取强制措施或者限制给予行政处罚的力度。如在调查取证的方式上，公安机关依法限制对老年违法犯罪嫌疑人采取限制人身自由措施，保护其身体健康。如继续盘问已满七十周岁以上老年人的，公安机关将根据《公安机关适用继续盘问规定》的规定，在带至公安机关之时起的四小时以内盘问完毕，且不送入候问室。如果是在晚上九点至次日早上七点之间释放的，公安机关将通知其家属或者监护人领回，对身份不明或者没有家属和监护人而无法通知的，公安机关将护送至其住地。在行政处罚的执行上，对于七十周岁以上的违反治安管理行为人，公安机关依法作出行政拘留处罚决定的，根据《治安管理处罚法》和《公安机关办理行政案件程序规定》的有关规定，均不再送拘留所执行行政拘留。在强制性教育措施的适用上，对年满七十周岁又有疾病等丧失劳动能力的，根据《公安机关办理劳动教养案件规定》的规定，劳动教养管理委员会一般不决定劳动教养；确有必要劳动教养的，可以同时决定劳动教养所外执行。

（五）依法打击针对老年人的犯罪活动，全力确保老年人生命财产安全

一是坚持“命案必破”方向不动摇，全力确保老年人生命安全。今年以来，各地公安机关紧密围绕着“两高一低”的奋斗目标，坚持快侦快破原则，侦破命案工作取得了显著成绩。今年 1 月至 10 月，全国公安机关共破获老年人被害命案 1364 起，同比上升 1.2%。二是狠抓打击电信诈骗犯罪工作，切实保护老年人财产安全。为深化打击电信诈骗犯罪活动，6 月 13 日，公安部召开电视电话会议部署开展“2010 严打整治行动”，并在严打整治行动的框架下，于 6 月 18 日部署全国公安机关开展打击电信诈骗犯罪专项行动。专项行动期间，公安机关对电信诈骗案件特别是针对老年人实施的电信诈骗案件，实行专案专办，加大破案攻坚力度，并依托“跨区域办案协作平台”，加强案件核查串并，及时破获了一大批案件。为提高老年人的防范意识，黑龙江、上海、陕西、四川等地公安机关分别与电信公司、银行等部门合作，开展了以防范电信诈骗犯罪为主要内容的形式多样的系列宣传活动。通过防范宣传，人民群众特别是老年人对此类电信诈骗犯罪的知晓度大幅提高，防范意识普遍增强，有效地防范了电信诈骗犯罪的高发态势。同时，各地公安机关结合街面巡控工作，重点打击社会面上专门针对老年人的违法犯罪活动。今年 4 月，北京、天津两地公安机关密切配合，端掉了一个走街串巷以“看病消灾”名义诈骗的犯罪团伙。该团伙在北京、天津、江西等地流窜作案多起，被骗对象绝大部分都是老年人。

教育部 2010 年老龄工作情况

综　　述

2010 年，我部老龄工作在全国老龄委的指导下，在教育部党组的统一领导下，认真贯彻落实全国老龄委第十二次全会和回良玉副总理讲话精神，按照“围绕中心，服务大局”的原则和思路，全面做好部机关离退休干部工作，努力加强教育系统老龄工作，积极配合全国老龄办开展工作，各项涉老工作取得明显进展和良好成效。

一、全面做好部机关离退休干部工作

（一）深入开展创先争优活动，着力加强离退休干部党支部建设和思想政治建设

1. 深入开展创先争优活动。组织部机关离退休干部党员认真学习中组部和中央创先争优活动领导小组联合下发的《关于在离退休干部党组织和党员中深入开展创先争优活动的指导意见》，以及《中共教育部党组关于在教育系统党的基层组织和党员中深入开展创先争优活动的通知》，研究制定了在离退休干部中深入开展创先争优活动工作方案，并召开老同志支部书记、支部委员和在职党员干部动员大会，全面部署创先争优活动各阶段工作，并提出明确要求。6 月 30 日，李卫红副部长专门就如何推进离退休干部创先争优活动进行调研。7 月份，史丽荣局长及老同志代表应邀参加中央组织部召开的“关于如何在老同志中开展好创先争优活动座谈会”。

2. 着力加强离退休干部党支部建设和思想政治建设。坚持每月印发离退休党支部学习提示，协助离退休党支部组织好学习活动。先后组织学习《政府工作报告》，播放国家发改委《加快经济结构战略调整，巩固和发展经济回升向好势头》辅导报告。7 月 6

日，组织20多位离退休老同志听取中央政法委副秘书长王其江同志“关于当前社会稳定面临的形势和任务”的专题报告。9月27日至29日，在国家教育行政学院召开部机关老同志第十二次党建工作会议，李卫红副部长出席会议并讲话，中组部老干部局赵宝江副局长在会上作专题报告。会议就新形势下离退休干部党建工作面临的新情况新问题，以及如何进一步推动离退休干部“两项建设”等问题进行了深入研讨。

（二）认真贯彻落实中组发［2008］10号文件精神，扎实做好为老同志服务的各项工作

1. 进一步做好为老同志服务的各项工作。认真落实老同志政治和生活待遇，恢复开放老同志阅文室，安排专人负责阅文室工作。利用暑期空档，对老部长会议室进行全面装修，尽力为老部长学习活动提供良好的环境。加强各活动站建设，为各活动站配置电脑、电视等。邀请国管局财务司的同志赴方庄活动站考察，研究落实该活动站改造装修事宜。在继续上门为老同志祝贺生日同时，探索组织集体生日新模式。4月15日和10月22日，分两次为上、下半年满70、75、80、85周岁的40多位离退休老同志过集体生日，组织参观中国科技馆和中国航空博物馆，并制作光盘赠送老同志留念。

2. 着力解决老同志普遍关心的重点难点问题。5月份，李卫红副部长率离退休干部局和服务局有关同志赴北京协和医院，就部机关离退休老同志和在职干部职工看病住院的有关困难和问题，与医院领导进行沟通，争取协和医院进一步加大对我部医疗保健工作的支持力度。同时，职能部门还专程赴兄弟单位学习取经，就已售单元楼房加装电梯和老年餐桌等问题进行调研，并写出详实调研报告。

3. 认真做好老同志医疗保健工作。认真传达和落实《中共中央组织部、财政部、人力资源和社会保障部、卫生部印发＜关于扩大在京中央单位离休干部就诊医院选择范围的意见＞的通知》，在努力做好日常服务的基础上，进一步加强宣传教育和预防工作。4月份，邀请阜外医院专家为老同志讲解心脑血管疾病预防与治疗有关知识；5月份，16位老部长、副部单项以上老干部，以及500位离退休老同志分别在协和医院和北京中医药大学附属第三医院进行了体检。体检报告出来后，以多种形式为老同志讲解，并对体检发现的问题及时安排复查诊治，撰写体检总结报告。

（三）充分发挥老同志作用，组织开展丰富多彩的文体活动

1. 充分发挥机关老同志的积极作用。3月5日，老部长支部组织学习活动，对《纲要》内容进行了热烈的讨论；3月17日，召开部分离退休老同志座谈会，听取对《纲要》的意见和建议。李之保等三位老同志还应邀参与《李铁映教育文集》有关编撰工作。

2. 组织开展丰富多彩的文化体育活动。4月份，分两批组织离退休老部长、司局长赴上海观摩世博会试运行并派工作人员全程服务。5月14日，何东昌、朱开轩等8位老部长兴致勃勃地参观考察了北京市交通学校及国家教育行政学院。10月15日举行了部机关离退休干部合唱团成立二十周年汇报演出，充分展示了老同志积极向上的精神面貌和幸福和谐的离退休生活。10月19日、20日，举行了第四届部机关离退休干部趣味运动会，260多名离退休干部兴致勃勃地参加了踩气球、掷飞镖等12个项目的趣味比赛。李卫红副部长出席运动会开幕式并讲话。

（四）认真组织离退休干部大讲堂，深入开展各项主题教育活动

1. 认真组织离退休干部大讲堂。在李卫红同志的大力支持下，离退休干部大讲堂活动蓬勃开展。1月25日、3月16日，袁贵仁部长先后两次向老同志通报《纲要》的研制情况及2010年教育工作思路，传达“两会”精神及中央领导同志在“两会”期间关于教育工作的重要讲话精神。部党组成员、中纪委驻教育部纪检组长王立英同志也于1月25日、5月25日先后两次向老同志通报教育系统党风廉政建设情况，传达直属高校贯彻落实《关于加强高等学校反腐倡廉建设的意见》座谈会精神。李卫红同志亲自主持会议。此外，3月10日，举行国际形势报告会，邀请国防大学乔松楼教授做《我国的周边环境与国家安全》专题报告。9月15日，思想政治工作司杨振斌司长向老同志通报了高校党建和大学生思想政治工作的相关情况。

2. 举行纪念抗战胜利六十五周年和抗美援朝六十周年系列活动。8、9月份，教育部党组领导和离退休干部局集中看望了部机关52位抗战时期参加革命的老同志，并送上部党组的慰问信；会同中国教育电视台采访35位参加抗战的老战士，录制了《战火中的青春——教育部机关抗日老战士访谈录》专题片。9月3日，邀请部分身体状况较好的抗战老战士座谈，李卫红同志出席会议讲话，并向老同志们赠送了专题片光盘。10月28日，邀请参加过抗美援朝的7位老同志座谈。讲述参加抗美援朝的亲身经历，表达对祖国和人民的诚挚感情。

二、努力加强教育系统老龄工作

1. 进一步加强教育系统老龄工作。我部以《教

育部老龄工作简讯》为平台，进一步加强对直属高校、直属单位老龄工作的宏观指导和工作交流，加强对新形势下老龄工作和离退休干部工作的研讨。2010年《教育部老龄工作简讯》共编辑印发5期，及时向各直属高校、直属单位和各省市教育部门转发有关文件，刊登各地经验做法和老龄信息，促进工作交流。我部还及时向教育系统转发回良玉副总理在全国老龄工作委员会第十二次全体会议上的讲话、回良玉副总理在国家应对人口老龄化战略研究部署会议上的讲话；转发中组部、中央创先争优活动领导小组联合下发的《关于在离退休干部党组织和党员中深入开展创先争优活动的指导意见》；转发《中共中央组织部、财政部、人力资源和社会保障部、卫生部印发〈关于扩大在京中央单位离休干部就诊医院选择范围的意见〉的通知》，指导教育系统进一步做好老龄工作和离退休干部工作。

2. 支持和促进高校老龄工作和离退休工作交流研讨。通过参与各大片区高校交流研讨会，总结推广各地好的经验和做法，进一步推动工作创新。7月1日至3日、7月15日至17日、11月9至11日、11月24至26日，西北片、中南片、山东片和西南片高校离退休工作研讨会分别在宁夏大学、华中科技大学、山东大学、重庆大学召开，就高校如何深入贯彻落实中组发［2008］10号文件精神和如何在高校离退休干部中广泛开展创先争优活动等课题进行深入研讨。

3. 组织“教育部第四届老龄工作考察团”。为加强对国际社会老龄化进程中有关问题和应对措施的了解，促进老龄工作研究交流合作，我部在调整和压缩出国团组的情况下，力保老龄工作方面的出国考察访问计划。9月8日至17日，经部领导批准，由史丽荣局长担任团长，中国政法大学、北京交通大学、山东大学、上海外国语大学离退休工作处长参加组成的“教育部第四届老龄工作考察团”，按计划赴芬兰、瑞典进行考察，就人口老龄化发展趋势、应对措施和老专家教授如何进一步发挥作用等问题与两国高校学者、研究机构专家进行深入交流探讨，并实地考察了两国的养老机构，详细了解其组织运行情况和经营管理模式，取得良好成效。

三、积极配合全国老龄办开展工作

1. 认真履行全国老龄委成员单位职责。作为成员单位，我部形成以李卫红副部长为委员、以史丽荣局长为联络员、以陈昆处长为信息员的日常工作体系，配合全国老龄办认真开展各项工作。年初，我部联络员信息员应邀参加全国老龄办召集的国家应对人口老龄化战略研究课题研讨活动。6月份认真研究并及时回复《关于征求开展“敬老月”活动方案意见的函》（全国老龄办函［2010］23号）。4月至12月，我部4次派员参加全国老龄委组织、全国政协委员带队开展的“十一五”期间全国老龄事业发展规划执行情况检查评估和工作调研，先后赴华北、华东、华南、西南等地检查调研，为制定“十二五”规划做准备。

2. 积极参加老龄工作相关活动。6月份，配合全国敬老、爱老、助老主题教育活动组委会在人民大会堂举办首届当代大学生“俺爹俺娘”摄影大赛启动仪式，协助落实北京师范大学大学生代表在启动仪式上发言，审阅并修改发言稿。8月份，组织部机关魏振高等9位离退休老同志在人民大会堂参加由中华慈善总会、中国老龄事业发展基金会等部门联合主办的“盛世中华 脊梁风采”书画赠送暨表彰大会。此前，9位离退休老同志报名参加了“北川新县城大爱屹立的丰碑”书画作品展，并捐出书画作品18幅。

重要会议和活动

【教育部召开纪念抗日战争胜利六十五周年座谈会】9月3日，教育部召开纪念抗日战争胜利六十五周年座谈会。部党组成员、副部长、直属机关党委书记李卫红出席座谈会并作重要讲话。部机关25位抗日老战士代表，有关司局负责同志，离退休干部党支部书记、委员，机关青年干部代表共100多人参加了座谈会。

座谈会上，机关青年干部代表向抗日老战士敬献鲜花，老战士代表深情回顾了抗日战争中的艰苦岁月和新中国成立以来的巨大变化，特别是教育事业取得的可喜成绩。

李卫红代表教育部党组，向部机关、直属单位以及全国教育系统的抗战老战士、老同志致以最崇高的敬意和最诚挚的问候。她指出，参加过抗日战争的老战士、老同志，曾为中国人民的民族解放作出了历史性贡献，我们永远不会忘记这些为国家为民族为人民奉献青春和热血的功臣。新中国成立后，老战士、老同志又积极投身社会主义建设，为我国各项事业的发展倾注汗水和心血，尤其为教育事业的发展作出了突出贡献。现在虽然年事已高，离开了一线岗位，但老同志们仍然心系教育，关心国事，在力所能及的条件下发挥自身专长，在弘扬党的优良传统、关心教育下一代、促进教育改革发展等方面发挥了积极作用。我们要大力弘扬抗日战争中形成的优良传统和作风，继承和发扬老战士、老同志们的革命精神和优秀品质，努力推进教育事业的科学发展。

座谈会召开之前，离退休干部局还精心安排了走访慰问抗战老战士活动，聆听老战士们回顾艰苦卓绝的战争岁月，普遍接受了一次生动的革命传统教育和爱国主义教育；联合教育电视台采访了机关35位抗日战争时期参加革命的老战士并精心制作了纪录片《战火中的青春——教育部机关抗日老战士访谈录》；会同机关党委向机关各司局发出倡议书，建议各司局在职同志为老战士送上祝福的话语，收到很好的宣传教育效果。

【教育部召开机关老同志党建工作会】 9月27日—28日，教育部机关老同志第12次党建工作会议在京举行。会议深入学习和贯彻落实中组部、中央创先争优活动领导小组《关于在离退休干部党组织和党员中深入开展创先争优活动的指导意见》，交流研讨进一步加强离退休干部党支部建设和思想政治建设，扎实推进机关离退休干部党支部和党员创先争优活动。教育部党组成员、副部长李卫红出席会议并讲话。

李卫红指出，学习宣传和贯彻落实全国教育工作会议精神及教育规划纲要，是今后一个时期教育部工作的主要任务，也是贯穿离退休干部工作的一条主线。离退休老同志们要认真学习、深刻领会，将思想和行动统一到中央的要求和教育部党组的部署上来，统一到为实施教育规划纲要、促进教育改革发展的各项工作上来。要充分发挥老同志的政治、经验和知识优势，积极宣传全国教育工作会议精神和教育规划纲要，为教育规划纲要的顺利实施创造良好的社会环境和舆论氛围。

她指出，近年来，在中央有关方针政策的指引下，在部党组的领导和支持下，教育部机关离退休干部工作取得了长足发展和显著成绩，部机关离退休老同志队伍思想稳定、精神状态良好，成为教育系统特别是部机关维护和谐稳定的重要力量。她强调，离退休干部工作不是中心但牵动中心、不是大局但影响大局。部党组将一如既往地重视、关心和支持离退休干部工作，采取有力措施，保障党和国家离退休干部工作的相关政策落实到位。她要求，要积极研究探讨新形势下离退休干部党的建设和思想政治工作，组织开展形式多样、生动活泼的政治理论学习和思想交流活动，帮助老同志释疑解惑；另一方面要努力做好为老同志服务的各项工作，把深入细致的思想政治工作与解决老同志实际困难相结合，与日常服务管理工作相结合，形成积极向上的风气和氛围，使广大老同志真正做到政治坚定、思想常新、理想永存、豪情满怀。

李卫红要求，深入推进离退休干部党组织和党员创先争优活动，首先要准确把握创先争优活动的总体要求。第二要进一步明确离退休干部党支部和党员深入开展创先争优活动的主要内容和具体任务，要把创建“五好”离退休干部党支部、争当四好离退休干部党员作为主要内容和具体任务。第三，要制定并落实离退休干部党支部和党员创先争优活动的具体推进措施。要设计好创先争优的主题和活动载体，让每个离退休干部党支部都有明确的争创目标，确保创先争优活动取得实效；要调动和激发离退休干部党员创先争优的内驱力和自我教育、自我提高的积极性、主动性，鼓励和支持离退休干部党支部创造性地开展活动；要注意及时发现和树立先进典型，总结推广好的做法和经验。她要求，要加强对部机关离退休干部党支部和党员开展创先争优活动的组织领导，做到统筹安排、整体推进、分类指导。

中组部老干部局赵宝江副局长就在离退休干部党组织和党员中深入开展创先争优活动等工作作了专题辅导报告。教育部直属机关党委常务副书记吕玉刚、教育部离退休干部局局长史丽荣、教育部离退休干部局党委委员和教育部机关28个离退休干部党支部书记、支部委员等80多人参加了会议。

民政部2010年老龄工作综述

2010年，民政部加快发展社会福利、社会救助、优抚安置等事业，有力地推动了老龄事业的发展。

一、发展社会福利事业，满足老年人的养老服务需求

（一）推动全国部分省市建立高龄津（补）贴制度

黑龙江省以省政府办公厅名义下发了《关于建立80岁以上高龄老人生活津贴制度的通知》和《津贴发放办法》，从2010年7月1日起实行了全省统一的高龄老人津贴制度，老年生活保障体系进一步健全和完善。目前，北京、天津、黑龙江、上海、云南、宁夏、西藏等省（区、市）已出台了高龄津（补）贴政策，对于建立健全社会养老服务体系，推动社会福利由补缺型向适度普惠型转变，具有十分重要的意义。

（二）明确今后一个时期社会养老服务体系建设的目标

贯彻党的十七届五中全会“优先发展社会养老服务”的要求，召开了全国社会养老服务体系建设推进会，交流了各地社会养老服务体系建设经验，部署了今后一个时期加快社会养老服务体系建设工作，提出当前和今后一个时期，社会养老服务体系建设的发展目标是：立足基本国情，在“十二五”期间，基本建立起以居家养老为基础、社区服务为依托、机构养老为补充，资金保障与服务提供相匹配，无偿、低偿和有偿服务相结合，政府主导、部门协同、社会参与、公众互助，具有中国特色的社会养老服务体系，让老年人安享晚年生活。

（三）建立健全社会养老服务体系

推动各地采取政府购买服务的方式，开展居家养老服务，为居家的高龄、独居、空巢、失能和低收入老人提供生活照料、家政服务、康复护理、医疗保健等服务。加强社区养老服务设施、组织、人才队伍和信息平台建设，使社区的养老服务能力大幅度提升。加强养老机构基础设施建设，实施示范性养老基地、省市社会福利机构、长期护理机构、县区社会福利中心等建设项目，建设了一批种类多样、社会急需的养老机构。目前，我国共有各类养老机构38060个，床位266.2万张，收养各类人员210.9万人；各类社区服务中心17.5万个，城市便民、利民服务网点69.3万个。天津市印发了《天津市资助困难老年人入住养老机构办法（试行）的通知》，建立了根据申请资助对象经济状况和身体状况不同，按照自理、介助和介护的不同等级，给予差别化资助的养老服务机制。

（四）抓试点带全局

会同国家发改委在黑龙江、江苏等12个省份开展基本养老服务体系建设工程试点工作，研究制定养老服务体系建设“十二五”专项规划和《关于进一步促进养老服务业发展的若干意见》。同时，推动各地及时制定和出台推进养老服务体系建设的政策措施。河北省出台《河北省人民政府关于加快推进养老服务体系建设的意见》，明确了未来几年全省养老服务体系建设的目标任务、工作重点和主要举措，为该省养老服务体系建设提供了纲领性文件。

（五）加强养老服务规范化和专业化建设

推动各地从完善制度、强化管理、提高人员素质等环节入手，进一步加强养老机构的安全管理工作。推进养老服务标准化建设，研究制定《社会福利机构安全管理规范》等国家标准，并推动各地广泛开展养老机构落实相关标准专项检查活动。同时，以养老护理员为重点，分批次进行专业培训，进一步提升了养老服务队伍的专业化水平。

二、发展社会救助事业，保障困难老年人的基本生活

（一）将符合条件的贫困老年人纳入城乡居民最低生活保障

截至到2010年10月底，全国共有城市低保对象2303万人，其中，老年人326.9万人，占14.3%；有农村低保对象5106.1万人，其中老年人1778.6万人，占34.8%。

（二）稳步提高低保标准，有效保障贫困老年人基本生活

截至到10月底，全国城市低保月标准240元、月人均补助166元，农村低保年标准1316元、月人均补助62元，均比去年同期有较大幅度增长。

（三）对低保家庭中的老年人开展“分类施保”

考虑到贫困老年人比一般的贫困人群在医疗、保健、照顾等方面存在着特殊需求，民政部门对低保家庭中的老年人采取了“分类施保”政策，对其给予重点照顾，通过增发低保金、提高补助标准等形式，使他们得到更多的救助金。

（四）完善五保供养政策，逐步提高五保老人生活水平

将无生活来源、无劳动能力、无法定赡养人的农村孤寡老人纳入农村五保供养范围，在吃、穿、住、医、葬方面给予他们生活照顾和物质帮助。截至到2010年10月，全国共有农村五保供养对象552.6万人，其中老年人472.7万人，农村五保集中供养年标准2804元、分散供养1990元，均比去年同期有较大幅度增长。

（五）加强供养机构建设，不断提高供养服务水平

积极采取有效措施，加大对农村五保供养服务设施的投入。2010年“霞光计划”民政部本级安排福利彩票公益金1.05亿元支持全国675所五保供养服务设施建设，不断提高对包括老年人在内的五保对象的供养服务水平。截至到2010年10月，全国农村五保供养对象中集中供养174万人，其中老年人154.8万人，集中供养率已达到31%。颁布实施《农村五保供养服务机构管理办法》，进一步规范供养服务工作。

三、做好优抚安置工作，保障优抚对象的各项合法权益

（一）加强制度建设，不断完善军休人员安置管理政策体系

军地5部门下发了《军队无军籍退休退职职工移

交政府安置交接工作办法》，会同武警部队后勤部下发了《关于武警部队无军籍退休退职职工交接安置工作有关问题的通知》，进一步规定了无军籍退休退职职工交接安置范围和对象、基本原则，明确了交接计划形成和实施程序，规范了交接安置文书和式样，以及军地有关部门的职责，使交接安置工作政策界限更加明确，范围界定更加清晰，工作内容更加具体，交接程序更加严密。会同中央编办调研提出军休服务管理机构工作人员编制管理的具体措施。参与了军地有关部门组织的军队无军籍离休人员安置管理政策制度的研究论证工作。

（二）争取经费投入，保证军休人员“两个待遇”得到较好落实

组织召开军休人员接收安置审定活动，审核了2009年接收安置的15659名军休人员的有关情况，主动核减了1815名军休人员的相关经费；审核下拨了10省份12725名军休干部住房货币补差经费13亿多元；规范了离退休干部艰苦边远地区和海岛津补贴制度，调整了军队离休干部服装费、护理费标准。争取军地有关部门累计下拨军休经费214亿多元，其中中央财政安排今年军休安置经费202.99亿元，比2009年增加55.24亿元、增幅达37.55%；预拨明年军休安置经费136.1556亿元，有效地保证了军休人员“两个待遇”的落实。

（三）采取有力措施，推动军休干部特别是伤病残退休军人接收安置工作

今年年初以来，及时协商成立了全国伤病残军人退役安置工作协调小组及办公室，研究制定了贯彻落实全国伤病残会议精神的7项20条措施，办公室共编发了14期《工作简报》，加强政策指导，通报工作动态，推广做法经验，促进工作落实。会同总参、总政将已批准离退休人员全部纳入今年审定范围，将已审定安置去向的提前全部纳入2010年年度安置计划，并明确要求将今年新审定安置去向、具备移交条件的伤病残退休军人递补到今年交接安置，将伤病残交接工作截止时间推迟1个月时间。落实部领导要求，组织召开3次办公室成员会议，定期回顾工作进展，分析存在问题，研制解决措施；与军地有关部门组成联合工作组，先后赴7个战区调研督导，听取了31个省及15个军队大单位情况汇报，督导工作落实。还会同军队有关部门赴北京、兰州、济南战区具体组织了个别重难点伤病残退休干部的现场交接，针对网友反映的问题在民政部网站发布了答复口径。3次组织召开全国性业务会议，部署年度工作，汇总审定情况，有效地推动了军休人员特别是伤病残退休军人交接工作的进展顺利。

（四）强化规范管理，着力提高服务军队服务基层的水平

针对地方民政部门组织军休干部考察学习时发生车祸造成严重伤亡事件，下发了《关于进一步加强安全管理工作的紧急通知》，明确了各级民政部门组织军休人员开展集体考察学习活动的原则。会同军地4部门下发了《关于贯彻落实移交政府安置的军队离退休干部住房货币补差政策若干具体问题的通知》，分门别类地明确了20多万名军休干部货币补差经费来源渠道、落实办法及军地有关部门职责分工。组织全国军休信息管理系统软件升级工作，举办全国新的军休信息管理系统软件操作培训班，为基层加强军休服务管理工作创造更加完备的基础平台。组织伤病残退役军人安置政策培训，并将辅导资料制成光盘下发各省市县民政部门，设立热线电话接受并协助处理交接单位、伤病残退役军人及其家属反映的问题，随时协调解决部队提出的移交过程中遇到的难题。还举办了军地有关部门联合慰问军休干部活动，在《中国老年报》于“敬老月”期间用4个专版宣传了20个先进军队离退休干部、军休工作先进单位和先进个人的事迹。

【全国社会养老服务体系建设推进会】 2010年11月7日至8日，民政部在江苏省无锡市召开了全国社会养老服务体系建设推进会，贯彻党的十七届五中全会“优先发展社会养老服务”的精神，交流了各地社会养老服务体系建设经验，部署了今后一个时期加快社会养老服务体系建设工作。

人力资源和社会保障部2010年度老龄工作情况

2010年，各级人力资源社会保障部门按照深入学习实践科学发展观的要求，认真贯彻党中央、国务院的

各项决策部署，不断完善养老、医疗等各项社会保险制度，稳步提高待遇水平，积极拓宽服务体系，切实维护老年人权益，老龄工作取得了积极进展。

一、城镇职工基本养老保险工作

（一）继续确保企业离退休人员基本养老金按时足额发放

各级人力资源和社会保障部门继续以非公有制企业、个体工商户、灵活就业人员和农民工参保为重点，加强扩面征缴，养老保险覆盖人数不断增加，基金规模不断扩大。同时，各级政府加大财政补助力度，进一步增强了养老保险基金支撑能力。截至2010年底，全国基本养老保险参保人数为25707万人，较2009年增加2157万人，同比增长9.2%，超额完成“十一五”期间参保人数每年递增1000万人的计划；基金总收入13420亿元，比2009年增加1928亿元，增长16.8%；基金总支出10554亿元，比2009年增加1660亿元，增长18.7%；基金历年累计结余15365亿元。自2004年以来已连续7年实现企业离退休人员基本养老金按时足额发放。

（二）继续巩固省级统筹制度成果

为巩固省级统筹成果，进一步推动有关省份尽快落实省级统筹办法，7月份在黑龙江省召开了省级统筹工作座谈会，统一思想认识，交流工作经验。对照省级统筹标准，先后对海南、广西、贵州、河北、山西、安徽、内蒙古等省份及新疆生产建设兵团的省级统筹工作进行了调研评估。截至2010年底，经人社部、财政部两部评估确定实现省级统筹的省份已达到25个。

（三）平稳实施养老保险关系转移接续办法

2009年底国务院办公厅下发《关于转发人力资源社会保障部　财政部城镇企业职工基本养老保险关系转移接续暂行办法的通知》（国办发［2009］66号），明确从2010年1月1日起实施全国统一的养老保险关系转移接续政策。人力资源和社会保障部配套印发了《城镇企业职工基本养老保险关系转移接续若干具体问题的意见》（人社部发［2010］70号），对相关政策进行了补充完善。各级人力资源社会保障部门积极开展大量政策宣传，组织培训，制定具体实施办法，转入转出地协调配合开展工作，总体实现了参保职工养老保险关系的无障碍转移。2010年一年，全国跨省转移基本养老保险关系28.8万人次，转移基金33.3亿元。

（四）研究解决未参保集体企业养老保障遗留问题

按照国务院《政府工作报告》关于“加快解决未参保集体企业退休人员基本养老保障等遗留问题”要求，在总结地方经验的基础上，经国务院同意，会同财政部印发了《关于解决未参保集体企业退休人员基本养老保障等遗留问题的意见》（人社部发［2010］107号），明确争取在2011年底前解决未参保集体企业退休人员基本养老保障问题。

（五）进一步提高企业退休人员基本养老金水平

为使企业退休人员分享经济社会发展成果，决定2010年1月1日起提高企业退休人员基本养老金水平。调整水平按月人均基本养老金的10%左右确定。调整时，对具有高级职称的企业退休科技人员、新中国成立前老工人、1953年底以前参加工作的人员，原工商业者等退休早，基本养老金相对偏低的人员进行适当倾斜。2010年12月，经国务院批准，人力资源社会保障部、财政部下发了《关于2011年调整企业退休人员基本养老金的通知》（人社部发［2010］106号），明确从2011年1月1日起，继续提高企业退休人员基本养老金水平。

二、基本医疗保险工作

（一）进一步扩大基本医疗保险覆盖面

截至2010年底，我国城镇基本医疗保险参保人数4.32亿人（其中，职工基本医疗保险参保人数2.37亿人，城镇居民基本医疗保险参保人数1.94亿人），加上新农合8.35亿人，我国基本医疗保险总参保人数已经超过12.6亿人。其中，参保退休人员5937万人，比上年底增加410万人。为妥善解决关闭破产国有企业退休人员等医疗保障问题，截至2010年底，已下拨433亿元，将596万原来参保的关闭破产国有企业退休人员纳入职工医保，同时统筹解决了200多万其他关闭破产企业退休人员和困难企业职工的医疗保障问题。

（二）大幅提高医疗保险待遇水平

2010年，各级财政对参加城镇居民基本医疗保险和新农合的城乡的补助标准提高到人均120元。在此基础上，政府还对低保、重残、低收入家庭的困难老年居民给予进一步补助，有效地将这些困难人群纳入到医疗保险覆盖范围。各统筹地区职工基本医疗保险政策范围内住院费用支付比例普遍达到或超过75%，城镇居民基本医疗保险政策范围内住院费用支付比例达到60%以上，最高支付限额分别提高到当地职工年平均工资，当地居民可支配收入的6倍以上。城镇居民医保门诊统筹已扩大到80%的统筹地区，逐步将医疗保险支付范围从住院和门诊大病扩展到门诊常见病、多发病，对缓解慢性病发病率较高的老年人的门诊医疗费用负担发挥了重要作用。

（三）大力推进异地就医结算和即时结算

各地认真贯彻实施《关于基本医疗保险异地就医结算服务工作的意见》（人社部发［2009］190号），以异地安置退休人员为重点，不断改进业务流程，积极推行医疗费用即时结算，方便参保老年人就医和报销。截至2010年底，90%的统筹地区实现区域内医疗费即时结算，福建、江苏等8省市已开展省内异地就医即时结算。

三、农村社会保险工作

（一）进一步扩大新型农村社会养老保险试点范围

2010年，新型农村社会养老保险（以下简称新农保）试点扩大到全国24%的地区，27个省、自治区的838个县（市、区、旗）及4个直辖市的大部分区县纳入国家新农保试点，覆盖参保适龄农业人口约1.8亿人。扩大试点重点向西藏自治区及四川、云南、甘肃、青海4省的藏区县，新疆南疆3地州及全疆其他边境县、国家扶贫开发工作重点县倾斜，共177个县7月纳入试点，其中西藏自治区实现了新农保制度全覆盖，新疆自治区覆盖面已达66%。其他地区共341个县10月纳入试点。截至12月31日，全国新农保参保人数共计1.03亿人，其中参保缴费人数7414.25万人，领取待遇人数2862.55万人。

（二）继续推动被征地农民社会保障工作

2010年，全国31个省、自治区、直辖市中，除青海、西藏外，其余29个省（区、市）均出台或转发了关于做好被征地农民社会保障工作的政策文件，被征地农民社会保障覆盖面不断扩大。青海、西藏已经开始研究制定被征地农民社会保障政策文件。指导各地完善实施办法，推动地方建立预存征地补偿款制度，完善被征地农民社会保障工作流程和管理规范、被征地农民社会保障资金管理办法、被征地农民社会保障资金会计制度等政策文件，鼓励地方探索被征地农民参加相应社会保险制度的政策思路。

四、社会化管理服务工作

2010年，按照完善社会保障体系的总体要求，继续推进企业退休人员社会化管理服务工作，大力夯实管理服务基础，规范提高服务质量，创新拓展服务内容。同时，进一步健全、规范、拓展街道（乡镇）、社区社会保险管理服务工作，不断强化社会保险政策咨询和查询服务、领取社会保险待遇资格认证、提供养老保险和医疗保险等相关服务。全国纳入社区管理的企业退休人员共计4344万人，占全部企业退休人员的76.2%，较2009年增加了465万人。2010年，共有669万名企业退休人员参加了免费体检，占纳入社区管理企业退休人员的15.4%。另外，社会保险经办机构直接接收或委托专业档案管理结构接收企业退休人员人事档案1603万份，占纳入社区管理企业退休人员的36.9%。

文化部2010年老年文化工作情况综述

文化部长期以来非常重视老年文化工作，2010年，在全国各级文化行政部门支持和努力下，各类公共文化设施充分发挥为老年人服务的社会功能，积极开展老年人喜闻乐见的文化活动，采取各项措施满足老年人的精神文化需求，促进全国老年文化事业的发展。各级文化部门按照文化部的工作部署，因地制宜地组织开展科学文明、健康有益的老年文化活动，使老年文化活动在全国基层蓬勃开展。老年广场文化、老年社区文化越来越活跃，老年人已经成为基层群众文化活动的一支主力军。

（一）充分发挥公共文化设施的作用，积极为老年人等特殊群体提供优质文化服务

利用现有的公共文化设施为老年人提供优质文化服务是各级文化部门的重要职责之一。近年来，文化部在加大公共文化服务体系建设的同时，通过出台《关于全国博物馆、纪念馆免费开放的通知》、《乡镇综合文化站管理办法》等文件；加快推进《图书馆法》立法进程；修订《文化馆管理办法》；制定文化馆、站和图书馆服务标准等文件；召开全国社区文化建设经验交流会等一系列措施，加强对公共文化服务机构的管理，提高政府为老年人提供公共文化服务的水平。各级文化行政部门积极贯彻落实文化部文件及会议精神，在有条件的图书馆、文化馆开办和增设老年图书室、活动室，文化馆、站经常性地举办面向老年人的知识讲座和展览，开展适合老年人的文化活动。各级公共文化服务机构普遍设立公示制度，将服务的对象、内容、开放时间、监督方式向群众公示，为老年人享受文化服务提供便利，使公共文化设施真

正成为老年人活动的阵地。

（二）组织开展重点老年文化活动，推动老年文化活动的长效机制建设

根据“宏观布局、统筹指导，抓住重点、推出亮点，整体推进、全面提高”的指导思想，我部注重组织开展示范性、导向性及带动性的全国老年文化活动，以影响力强、可持续性的老年文化品牌活动推动老年文化活动的长效机制建设。

群众歌咏活动是深受广大老年人喜爱的文化活动形式，具有广泛的群众基础和经久不衰的艺术魅力。今年9月23日至27日，我部在红色革命圣地浙江省嘉兴市南湖举办了“永远的辉煌”——第十二届中国老年合唱节。来自全国各地的59支合唱团、近3000名老年朋友齐聚嘉兴，唱响红歌，唱出对人民的深情厚爱，唱出对祖国的美好祝愿，用歌声和热情展现老年人老有所为、老有所乐的精神风貌。合唱节期间，组织开展了合唱艺术主题展、合唱讲座、经验交流会、全国老年美术书法摄影邀请展及革命圣地合唱团南湖革命纪念馆赛红歌等系列老年文化活动，为嘉兴市民和各地的观众朋友送上一道丰盛的文化大餐。迄今为止，文化部已经成功举办了12届中国老年合唱节，每届中国老年合唱节都有几千位老同志参加。中国老年合唱节已经成为全国具有广泛影响力的示范性群众文化品牌活动，带动了全国老年合唱活动的开展，是我部开展老年文化活动的重要举措之一。

“群星奖”评奖活动也是我部开展老年文化活动的重要抓手。“群星奖”是文化部社会文化政府最高奖，已经连续举办了十五届，在社会上产生了很大影响。在组织“群星奖”评奖过程中，我部充分发挥政府评奖的导向作用，安排一定比例的老年群众表演的节日参评，鼓励创作和演出老年题材的艺术作品。为使“群星奖”获奖节目更好地参与公共文化服务，起到引领、示范、带动作用，我部在全国举办了“群星奖”优秀节目巡演活动，一些老年群众表演的节目如北京的《好戏没散》、宁夏的《栲栳》等也参与了巡演，受到群众的热烈欢迎和好评。

根据文化部的部署，各省（区、市）文化厅局积极组织开展本地区的老年文化活动。如湖北、甘肃、西藏等省（区）举办的老年文化艺术节，合肥市委宣传部和文化局举办的老年文化周等，每一次活动都有上万群众参与，已经成为当地非常有影响的品牌文化活动。全国老年文化活动的开展，活跃丰富了老年人的精神文化生活，营造了良好的社会氛围。

（三）积极支持与配合老龄委的工作

为了老年文化事业更快、更好地发展，我部与老龄委在工作中密切联络、相互支持。在老龄委的指导和各级文化行政部门的努力下，公益性文化服务机构开办的老年大学目前已达776所，有力地促进了老年文化教育工作的开展。我部积极参与老龄委的各项工作，及时向全国的文化厅局传达、落实老龄委的各项工作任务；每年年末在总结当年老年文化工作经验和问题的基础上，认真研究制定第二年的工作计划。在我部与老龄委积极协调与配合下，我国的老年文化事业有了长足的发展。

卫生部2010年度老龄卫生工作情况综述

2010年，我部结合深化医药卫生体制改革工作，全面贯彻落实全国老龄委第十二次会议精神，进一步加大老龄卫生工作力度，开展了以下工作。

一、加强策略研究，组织制订《中国老年卫生工作行动规划（2011——2015年）》

为切实有效地推进“十二五”期间我国老年卫生工作的开展，我部正在根据老年医疗卫生服务需求和卫生资源的实际情况，组织制订《中国老年卫生工作行动规划（2011—2015年）》。规划将以促进健康老龄化的实现为总体目标，根据老龄人口的卫生需求，结合国情和卫生实际考虑，提出改善老年人健康状况和生活质量策略以及适应人口老龄化进程的对策，深入落实公共卫生均等化服务中关于老年卫生的要求，为老年人提供涉及医疗、预防、保健和康复的综合服务体系，加速老年卫生事业的发展，不断满足老年人对医疗卫生的需求。

二、新型农村合作医疗制度覆盖面进一步扩大

2010年，全国开展新型农村合作医疗（以下简称新农合）的县（市、区）数达到2678个，参合人口8.36亿，参合率达到96%。当年筹资总额为1308.33亿元，实际人均筹资水平达到156.57元。

2010年，我部进一步巩固和完善新农合制度，全面落实各项医改任务，一是在保障住院大病补偿的同时，加快推进门诊统筹试点工作，目前全国已有

60%的地区开展了门诊统筹试点工作，扩大了新农合受益范围，在一定程度上解决了参合老年人常见病、多发病的门诊费用负担问题。二是指导各地科学制订和合理调整新农合统筹补偿方案，将新农合政策性住院费用报销比例提高到60%，统筹基金最高支付限额提高到全国农民人均收入的6倍左右。三是大力推进定点医疗机构即时结报，三分之一以上的地区实现了省市级定点医疗机构即时结报，极大地方便了参合农民结算医药费用。新农合制度的持续健康发展，为广大农村居民特别是农村老年人提供了基本医疗保障，有效地缓解了他们的疾病经济负担。

三、大力发展护理院，满足老年人口健康需求

2010年8月—12月，我部对全国护理院和护理服务机构进行了调研，了解其设置、规模功能、运行现状，以及为老年人提供医疗护理服务等情况，听取对发展老年护理服务的意见和建设。在调研基础上，组织修订1994年发布的《护理院基本标准》。新的《护理院基本标准》拟从功能定位、科室及人员配备、建筑设计等方面更加突出满足老年人等需要长期医疗护理服务的患者需求。

为进一步合理配置医疗资源，促进护理院发展，目前正在组织修订《医疗机构设置规划指导原则(2011版)》，拟增加大力发展护理院、护理站等中间性医疗服务和设施的内容，充分发挥基层医疗机构的作用，满足老年人口的长期医疗护理需求，努力为老年人提供连续、规范和专业的医疗护理服务。

四、组织实施“百万贫困白内障患者复明工程”项目

卫生部和中国残联继续组织实施“百万贫困白内障患者复明工程”项目。截至2010年12月底，全国29个省（区、市）及新疆生产建设兵团（北京、上海未承担任务）提前完成任务，开展复明手术57万余例，其中为60岁以上老年人实施的手术例数占全部手术的74.5%。未接到严重手术并发症或医疗事故的报告，大多数患者手术效果良好，有效解决了老年人因白内障致盲的问题。

中国老年人体协2010年工作综述

2010年是《全民健身计划纲要》颁布实施十五周年，是《全民健身条例》第一个贯彻实施年，是“十一五”规划的收官之年，更是认真谋划“十二五”规划的重要年份。这一年，我们在国家体育总局和全国老龄办的正确领导下，以科学发展观为统领，认真贯彻党的十七大和十七届三中、四中、五中全会精神，以全面贯彻落实《全民健身条例》为重要契机，紧密联系实际，突出健康和谐，圆满完成各项工作任务，取得了可喜成绩。

一、2010年主要工作

（一）召开2010年全国老年人体育工作会议

2010年全国老年人体育工作会议，于5月25日至27日在山东省滕州市滕州宾馆召开。各省、自治区、直辖市、计划单列市、新疆生产建设兵团、行业老年人体协的主席、秘书长，国土资源部、国家林业局、中科院（京区）、社科院离退休干部局、解放军总政治部老干部俱乐部的领导和有关高校教授、课题研究员参加了会议；部分省（区、市）基层老年人体协的负责同志列席了会议，共计300余人。

国家体育总局党组成员、中华全国体育总会副主席吴齐、全国老龄办副主任吴玉韶出席会议开幕式并作重要讲话。中国老年人体协主席张发强做了《乘胜前进，健康和谐》的主题报告，中国老年人体协副主席兼秘书长邹积军做了《关于2009年全国老年体育工作情况和2010年工作安排意见的报告》。会议还进行了大会交流发言、分组讨论、会议小结等议程，于5月27日上午胜利闭幕。

本次会议主题明确。《全民健身计划纲要》，经历了努力奋进的15年，今年到了对照目标、验收成果之年。同时，国家各项事业，包括老年体育事业“十一五”发展规划，经过5年来的工作，到了收尾、总结、检验、评价之年。因此，学习、贯彻《全民健身条例》，交流各地因地制宜、开展富有特色老年体育工作的情况，探讨制定“十二五”老年体育事业发展规划，成为今年全国老年体育工作会议的一个鲜明的主题。

为促进老年人体育工作全面、协调发展，广泛听取意见，中国老年人体协在体育工作会议开幕前还召开了主席会议。

为了开好这次会议，达到沟通情况、交流信息的目的，会前我们组织编印了12个省（区、市）及行业老年人体协代表的典型发言，并收集、整理了14

个省、3个自治区、2个直辖市、2个计划单列市共25个地方老年体育工作法规性文件，编印了《部分省、自治区、直辖市、计划单列市老年体育工作法规性文件汇编》。

（二）举办2010年全国老年人健身活动展示大会及柔力球、健身球操等8项交流活动

2010年全国老年人健身活动展示大会，由国家体育总局、全国老龄工作委员会办公室、中国老年人体育协会主办，国家体育总局社会体育指导中心、山东省老年人体育协会、枣庄市老年人体育协会、滕州市人民政府承办。在为期两天的活动中，共有来自全国各省、自治区、直辖市、计划单列市及行业老年人体协的30支代表队的463名老年朋友参与，无论是代表队数量，还是展示节目的质量，都比往届有了很大的提高。他们秉承首届全国老年人体育健身大会“安全第一，淡化锦标。重在参与、重在健康、重在快乐、重在交流”的宗旨，发扬和谐、友爱的团队精神，取得了交流活动和精神文明的双丰收。

本次健身展示大会，是在2009年首届全国老年人体育健身大会基础上举办的又一次全国性老年人体育交流盛会。经过老年人体育健身大会的宣传和带动，展示项目既有木兰拳剑、柔力球、健身球操、第四套健身秧歌等国家体育总局、中国老年人体育协会和社体中心广泛推广的大众健身项目，又有各单位自主编排的健身手杖操、形体韵律操、健身双节棍、太极藤球功、少数民族健身操舞等富有地方特色和健身效果的新项目。新颖的创意、精彩的编排，让观摩展示的各省（区、市）老年人体协代表赞不绝口，纷纷表示回去之后要广泛宣传、积极推广这些项目。参加展示的老年朋友们也感慨说，这次大会他们能向全国的老年朋友展示自己的特色，同时看到了其他地方老年体育的发展，收获颇多。

本次展示大会与老年体育工作会同时安排在一个时间段，统一组织，交叉进行，是中国老年人体协第一次尝试，丰富、充实的内容，在深入学习贯彻科学发展观、构建和谐社会方面做出了积极贡献，为全国各省、自治区、直辖市、计划单列市、新疆生产建设兵团和行业老年人体协的主席、秘书长提供了一个互相学习、促进发展的平台，达到了真正意义上展示的效果。同时，这样的安排节省了各地出席会议和活动的时间、次数、费用，也节省了主、承办单位办会、办活动需要的财力、物力和人力重复性投入，提高了效率。

今年的8月8日是第二个全国“全民健身日”，上海世博会、亚运会和亚残运会、第四届体育大会也都在今年举办。为鼓励和引导广大老年朋友积极参加体育锻炼，不断提高科学健身意识，养成良好的体育锻炼习惯，我们结合以上重大活动，举办了柔力球、健身球操、气排球、太极拳（剑）、象棋、网球、健身秧歌和门球八项全国性老年体育单项交流活动。各地老年人体协积极响应，老年朋友们热情参加。在奖项设置上既延续了第一届全国老年人体育健身大会的做法，又做了创新：竞技类项目设前八名，表演类项目设一、二、三等奖，力争使全体参与人员都有收获，得到了普遍好评。

（三）举办全国老年人体协秘书长学习班

由中国老年人体协主办、新疆维吾尔自治区老年人体协承办的全国老年人体协秘书长学习班于8月17日至19日在新疆乌鲁木齐市圆满结束。此次学习班共有来自全国43个省、自治区、直辖市、计划单列市、新疆生产建设兵团和各行业老年人体协以及新疆14个地州市、单位老年人体协的秘书长参加，共计120余人。除广东、湖北因故请假，西藏现在还没有老年人体协外，全国省级（含计划单列市）老年人体协秘书长都参加了学习。

中国老年人体协张发强主席做了专题报告《特殊人群组织在全民健身中的特殊作用》，国家体育总局政策法规司法规处卫虹霞处长、全国老龄办宣传部吴秋风主任和华南师范大学体育科学学院卢元镇教授，就贯彻《全民健身条例》、积极老龄化、大力发展老年体育事业做了专题讲座。

新疆老年人体协翟兰朝副主席结合工作实际向各地秘书长介绍了近年来自治区老年人体育工作取得的成绩。

本次学习班是中国老年人体协自成立以来首次举办，教者有备而来，准备充分；学者求知若渴，氛围浓厚。学习班选择在新疆举办，一方面是贯彻中央新疆工作会议精神，响应国家体育总局援疆工作会议的号召，另一方面也是对新疆体育事业、特别是老年体育事业的宣传和推介。

为方便秘书长学习、达到办班目的，我们搜集、整理、编印了《国家体育、老龄政策法规文件选编》，其中全文收录了《体育法》、《全民健身条例》、《关于加快发展体育产业的指导意见》等14个文件，摘选了其他有关老龄、体育工作的文件。

考虑到秘书长们从事老年体育工作多年，具有一定程度、深度老年体育理论学水平和丰富的实践经验，在学习班的日程安排上，我们注意了教和学相结合，有授课有互动。本次学习班既是老年人体协秘书长的学习，又是秘书长经验交流会，还是老年人体协

作为特殊人群组织在全民健身中发挥特殊作用的动员会。各位秘书长结合地区和行业的实际，就认真贯彻落实《全民健身条例》，明确了秘书长的工作职责、工作范围、工作任务、工作内容、工作方法和自身如何努力的途径，非常深刻和及时。

（四）建立“中国老年人体育协会健身活动基地”

乘着各地积极贯彻落实《全民健身条例》的东风，老年体育事业也得到了快速发展，很多省、市都有建立“老年体育活动示范基地”的强烈要求。考虑到安阳老年体育发展在组织、设施、场地等各方面都走在了全国前列，为树立样板、吸引更多的社会力量关注老年体育事业，中国老年人体协经研究，决定授予安阳市老年文体苑“中国老年人体育协会健身活动基地”称号。这是我国第一个国家级老年体育健身活动示范基地，标志着中国老年体育事业的发展进入一个新阶段。

安阳市常务副市长马林青表示将以基地授牌为契机，充分发挥地域和人才优势，建立健全基地领导机构，加强基地建设和管理，落实人员和经费，严格按照中国老年体协有关规定，合理确定工作目标，科学制订活动计划，全力开展老年体育活动，进一步提高老年体育水平和扩大老年体育人口，为开创老年体育事业的新局面再创辉煌。

（五）举办老年体育新项目推广培训班

培训班于2010年6月23日至27日在北戴河举行。来自贵州、云南、宁夏、新疆生产建设兵团等20个老体协派代表参加了培训。通过越野行走和木球两个项目的理论和实践活动，结识了朋友，增进了友谊，交流了工作，提高了认识，愉悦了身心，锻炼了意志。培训班课程安排紧凑，教学与实践有益结合，真正达到“为落实《全民健身条例》，使老年人有更多的健身项目选择，推动老年体育事业可持续发展”的办班宗旨。

（六）评选老年体育摄影优秀作品

2009年底，我们发布了举行全国老年人体育摄影优秀作品评选活动的通知，并通过《中国体育报》向社会公开征集。截止2010年3月1日，共收到各地参赛作品1200余份。经过全面、认真多轮评选，最终评出一、二、三等奖和优秀奖各十名，入围奖60名，并全部颁发了奖金和获奖证书。本次评选活动，吸引了全国各地老年体育摄影爱好者的踊跃参与。他们提交的摄影作品表现了改革开放三十年来，我国老年体育事业取得的可喜成绩，也展现了近年来我国老年人积极参与体育锻炼的热情。

（七）向总局群体司申请500万体彩公益金扶持基层建老年体育场地和设施。

全国总工会2010年老龄工作综述

2010年是国家“十一五”发展规划的最后一年，是和谐社会建设承上启下的重要一年。全国总工会认真贯彻落实科学发展观，紧紧围绕党和国家工作大局以及工会工作全局，按照全总书记处的总体工作部署，认真开展各项涉老工作，取得了较好的成绩。

一、充分重视，积极配合主管部门开展各项老龄工作

全国总工会十分重视老龄工作。2010年，按照全国老龄委的要求，积极配合开展《中国老龄事业发展“十一五”规划》执行情况的检查工作，专门派一名司局级领导参加由各成员单位组成的检查团，赴重庆、四川、西藏、江西、云南等地检查了解情况，分析查找问题，并对全国老龄办《“十一五”期间中国老龄事业发展基本状况（征求意见稿）》提出意见。并在认真研究现行政策及老龄工作现状的基础上，多次对编制《中国老龄事业发展“十二五”规划》提出建议，对《2010年全国老龄工作和2011年工作安排报告（征求意见稿）》提出修改意见。

2010年，根据全国老龄委的要求，全国总工会作为联合主办单位之一，会同全国老龄委等单位在齐齐哈尔市召开“全国尊老敬老经验交流会”。推荐上海市退休职工管理委员会办公室在会上作交流发言，全国总工会保障工作部部长邹震代表全总在会上发言。各地方工会参加了会议。

二、参与《社会保险法》研究制定，源头维护退休人员社会保障权益

2010年是社会保险立法的关键一年。全国总工会在深入调查分析中国社保管理监督情况，广泛研究国际上社会保障制度较成熟国家社保监管体系、机制的基础上，7月和10月两次向全国人大法工委报送有关《社会保险法（草案）》修改意见，针对我国社保管理监督制度不健全现状，提出建立全国社会保险委员会，健全社保监督组织体系和工作机构，明确各成员权利义务的建议；针对社保行政管理中管办不分、自监自管和几个部门分别管理、重复交叉、互相扯皮、成本过高等问题，提出成立全国社会保险经办中心，直接隶属国务院领导，并在全国实行垂直管理的建议；还提出应进一步加大城镇职工基本社会保险制度的强制执行力的建议。上述建议得到了部分部委、专家的支持，并在《社会保险法（草案）》第四次审议中受到关注。

三、参与医药卫生体制改革，协助政府解决退休人员医疗保障问题

一是参与国务院医改领导小组有关重要文件的研究制定。作为医改领导小组成员单位，参与了国务院医改领导小组有关《医药卫生体制五项重点改革2010年度主要工作安排》、《〈医药卫生体制改革近期重点实施方案（2009—2011年）〉核心评估指标体系》、《关于建立健全基层医疗卫生机构补偿机制的意见》、《关于建立和规范政府办基层医疗卫生结构基本药物采购机制的意见（试行）》等重要文件的研究制定，努力从源头上维护广大职工和退休职工的各项医疗保障权益。

二是针对医改进程中存在的涉及退休人员切身利益问题开展跟踪调研提出政策建议。在深入调查研究的基础上，针对目前相当一部分退休职工没有参加医保，仍有部分退休职工大病致贫，一些地方用职工医保基金直接补偿医疗机构等问题，提出了对策建议，形成《关于深化医药卫生体制改革工会工作情况的报告》报国务院医改领导小组。其中，部分建议在医改有关文件中得到体现。

三是指导地方工会推动落实退休职工医疗保障权益。在全国总工会的统一部署下，各地工会均以推动将各类困难企业、关闭破产企业职工及退休人员、大集体企业和部分老“三线”建设退休职工纳入城镇职工医疗保险、提高职工医保待遇水平、医保异地就医结算等方面问题为重点开展了深入调研，提出政策建议。如：上海市总工会在参与整合归并本市医保制度和城镇职工医疗保险基金监督立法工作中，充分反映职工医保权益方面存在的突出问题，在做好本市支援“大三线”退休回沪定居人员医疗互助工作等方面献计献策，同时，针对部分因病致贫退休职工“看病贵”现状，多渠道反映诉求，推动政府出台了一系列医疗费减负政策，提高了医保统筹基金最高支付限额，将心脏支架、人工关节等部分技术成熟、临床普惠性强的自费项目逐步纳入医保报销范围，惠及了一大批医药费负担较重退休人员。

四、加强调研与沟通协调，推动落实退休人员合法权益

1. 开展调查研究推动完善保障政策。主要就完善社会保险及社会保险监督管理制度、加强工会参与社会保险管理监督作用、社会保险关系转移接续政策实施存在的问题和建议等内容的调研并完成报告，形成了工会的基本主张，为工会有效参与社会保险法规政策的制定，推动解决社会保险制度实施中存在的问题，增强政策可操作性，奠定了十分重要的基础。

2. 协助政府解决职工住房问题。积极协助政府棚户区改造工作，协调政府主管部门帮助黄金集团用好国家优惠政策，2010年全部解决了分散在10多个省市偏僻山区的矿山企业棚户区改造难题，使7000多户老国有企业矿区职工特别是退休人员家庭即将搬出几代人居住了90年之久的危旧简易老房。

五、“两节”期间为困难退休人员送温暖

全国各级工会在2010年元旦春节期间开展了以“心系职工情，温暖进万家”为主题的“两节”送温暖活动。活动期间，各级工会普遍开展对包括退休人员在内的困难职工和困难劳模走访慰问，积极协助党委政府落实保障和改善民生的各项政策措施，努力推动和帮助解决困难职工面临的突出困难和问题。全国各级工会组织共筹集送温暖资金33.6亿元，走访了16.9万家困难企业，慰问了690万户各类困难职工家庭，实现了对困难职工家庭走访慰问全覆盖、不遗漏的活动目标，收到了良好的社会效果。

第五部分

地方老龄工作

北京市

综　述

2010年，北京市老龄工作按照市委、市政府的工作要求，在局党委的正确指导下，以科学发展观为统领，牢固树立“大民政”理念，认真贯彻落实全国老龄委第十二次会议的安排部署，坚持“党政主导、社会参与、全民关怀”的方针，积极、主动、科学应对人口老龄化，加强养老保障、养老服务和老龄工作体系建设，重点为加快落实本市“9064”的养老服务工作目标（即到2020年90%的老年人居家养老，6%的老年人依托社区养老，4%的老年人入住养老机构养老），特别是有效解决90%老年人的居家养老问题，全面实施“九养政策”，并针对初期服务支撑体系薄弱的实际问题，加大了工作力度，加快了工作进度，养老（助残）餐桌提前实现了城乡社区的全覆盖，推动了老龄事业的全面发展。

一、落实“九养政策”和老年优待办法，提高老年人生活质量

（一）加快落实“九养政策”

为加快落实本市“9064”的养老服务工作目标，即到2020年90%的老年人居家养老，6%的老年人依托社区养老，4%的老年人入住养老机构养老。特别是有效解决90%老年人的居家养老问题，从年初开始，全面实施“九养政策”，并针对初期服务支撑体系薄弱的实际问题，加大了工作力度，加快了工作进度，提前实现了基本需求的全覆盖。

1. 开展万名“孝星”和千家为老服务先进单位评选活动。评选活动在各级政府和相关部门精心组织下，严格落实评选工作的各项要求。经社区（村）初选、街乡镇初审、区县审核和市级表彰，全市共评出10000名“孝星”和1000家为老服务先进单位。评选活动参与人数多，评选范围大、行业类型广，代表性强。全市各级老龄办发挥各类媒体作用，通过专版、专栏等多种形式向社会进行宣传。市老龄办与央视网银发时尚频道合作开通“孝星”评选官方网站，对活动进行立体式、全方位的宣传报道。

2. 为了推动养老服务业的发展，满足老年人居家养老服务的需求，为33.5万名80岁以上老年人和8.6万名残疾人每人每月发放100元养老（助残）券，累计发放360多万人次，累计发放金额4.3亿余元。坚持养老（助残）券不能用于购物或兑换现金的要求，实现了全市通用、全年通用。落实了百岁老人补助医疗制度，对100周岁及以上老年人，在本市定点医疗机构门诊及住院发生的，且符合本市有关医疗报销规定的医疗费用中的个人负担部分给予补助。共有436位百岁老人领取《北京市百岁老人津贴和医疗补助领取证》，为69名百岁老人报销医疗费352253.37元。

3. 建立4584个城乡社区（村）养老（助残）餐桌，初步形成了与餐饮企业签约开办、依托辖区单位内部食堂开办、非营利性组织开办、街乡镇和各级社区服务中心自建、农家院开办、居民互助等6种养老（助残）餐桌开办形式，努力满足老年人、残疾人的就餐服务需求。

4. 建立5305个城乡社区（村）托老（残）所，托老床位1.8万张，形成了社区服务中心、残疾人温馨家园等公益性服务场所改建，社会力量开办，城乡居民自愿组成家庭互助点，养老机构空闲床位开办等4种托老（残）所发展模式。基本覆盖全市城乡社区。

5. 在“4050”人员、“3540”人员、零就业家庭及社工队伍中招聘了2000名居家服务养老（助残）员，通过巡视探访、了解需求、反馈信息和组织监督社会组织提供养老服务等形式，为老年人和残疾人的居家养老（助残）做好协调、监督服务工作。

6. 为全市所有街乡镇配备了养老（助残）服务车，共计322辆，方便组织老年人和残疾人参加社会活动。

7. 签约成立35家精神关怀定点服务单位，依托96156服务热线，广泛开展多种形式的精神关怀服务，为18万余人次提供了精神慰藉和健康指导服务。

8. 为1.7万户家庭实施无障碍设施改造，为居家生活的老年残疾人提供在洗澡、如厕、做饭、户内活动等方面的便利，实现了80周岁及以上有需求的老年残疾人全覆盖。

9. 有计划地为有需求的老年人（残疾人）配备使用“小帮手”电子服务器，提供生活服务、紧急救助、信息咨询方面等服务。发放“小帮手”电子服务器8万余台。

以老年人为本的各项惠老政策，惠及全市226万老年人，涉及千家万户，促进了社会公平、稳定、和谐，巩固了党的执政基础。中共中央政治局常委、国家副主席习近平同志在2010年8月23日视察北京工作时特别指出，北京市提出的大民政理念，切实保障和改善民生，实施的“九养政策”、福利养老金制度等，解决了一大批基层群众普遍关注的民生问题。

（二）继续落实老年人优待政策

各有关部门积极落实《北京市关于加强老年人优待工作的办法》，为老年人提供日常出行、游览公园、文体娱乐等方面的11项优待措施。目前，已为160万65周岁及以上老年人办理了优待卡，老年人凭卡免费乘坐市域内969条线路的地面公交车，每日约153万人次；免费游览150家公园景区，全年1397万人次，全年共发售老年人优惠公园年票26.12万张，比去年增加2.12万张。市属公园基本实现了入园、游览、如厕、购物全程无障碍。十一家公园在门区配备了148把轮椅、113个小药箱，免费向游客特别是老年人提供服务。300多家市、区（县）级财政支持的博物馆（院）、美术科技和纪念场馆、烈士纪念建筑物、名人故居、公共图书馆等公益性文化设施，以及各级文化馆向老年人免费开放。提倡非财政支持的公益性文化设施或文体设施为老年人提供优惠服务。市、区（县）、街道（乡镇）所属文化中心（站）每月定期为驻区老年人免费放映电影。134家二、三级医院为老年人提供优先挂号、交费等“六优先”服务。社区卫生服务机构为老年人提供就诊、出诊和建立家庭病床“三优先”服务，为815万老年人次免收普通门诊挂号费，优先出诊22.1万人次，优先建立家庭病床1478人次，为符合老年优待政策的老年人免费体检达7万多人。各级社区服务中心、老年活动中心、司法所、法律援助中心等为老年人提供免费或优惠服务。为22560位90至99岁高龄老年人发放高龄津贴2592.63万元，为443位100岁以上老年人发放高龄津贴102.98万元。11项优待措施得到全面落实，受到老年人和社会各界的普遍赞誉。

（三）积极为老年人办实事

年内，向500位高龄特困老人发放了30万元的救助金；指导区县开展重阳节和国庆节期间的慰问活动；为城八区符合条件的“空巢”老年人安装了5002个紧急医疗救援呼叫器（一按灵）。

对符合计划生育政策规定、年满60周岁的农民每年发放1200元的奖励扶助金。2010年新增2625人，退出656人，全市享受奖励扶助总人数增加到14495人，共发放1739.4万元，累计发放达6142.3万元，奖励扶助金已全部及时足额拨付到奖励扶助对象个人帐户。

继续强化社区卫生为老年人服务能力不断提高为老年人服务的水平。开展社区“24小时全天候服务”试点工作方便社区居民，特别是老年人及时解决健康问题。逐步推行家庭医生式服务，加强慢性病、常见病管理。继续开展“携手助老送健康——慈善医疗卡”救助项目。

二、做好“十二五”时期老龄事业发展规划研究，谋划老龄事业的发展蓝图

统筹老龄事业与首都社会经济协调发展，把老年事业发展纳入《北京市国民经济和社会发展第十二个五年规划纲要》；规划“十二五”期间重点规划建设项目，组织编制《北京市社会福利设施专项建设重大项目发展规划（2010—2020）》；积极协调、组织、参与编制《北京市“十二五”时期人口全面发展规划》、《北京市“十二五”老龄事业发展规划》、《北京市“十二五”时期民政事业发展规划》、《北京市“十二五”时期社会建设发展规划》等涉老和为老服务规划。

《北京市“十二五”时期老龄事业发展规划》作为我市一般专项规划，纳入市级规划体系中。为做好规划编制工作，市老龄办组织22个主要涉老部门召开规划编制工作启动会，成立编制工作领导小组，安排部署老龄规划编制工作，明确要以科学发展观为指导，牢固树立大民政理念，立足首都人口老龄化发展新阶段和老龄事业发展新要求，以满足老年人的新期待、新要求为切入点，与国民经济和社会发展总体规划紧密衔接，统筹解决老龄问题，推动老龄事业全面发展。6月底，老龄规划形成初稿。根据“开门编规划”的工作要求，市老龄办发函征求40个委办局的修改意见，结合老龄议案办理工作向市人大内司办和议案领衔代表征求意见，召开座谈会向专家学者和规划涉及的人力社保局、财政局等重点单位征求意见，并向外省市老龄工作部门交换了规划编制设想。根据多方反馈意见，规划框架、目标、任务基本得到各方的认同，市老龄办根据反馈回来的意见，积极研究修改论证，进一步做好与其他规划和总体规划纲要的衔接工作。

三、开展《北京市老年人权益保障条例》修订立项论证工作，促进老龄事业的法制化、规范化进程

修订《北京市老年人权益保障条例》立项论证工作列入市人大的年度工作计划。年初，市老龄办会同市人大内司办、市政府法制办、市民政局召开座谈会，决定成立立项论证工作小组，开展修订《条例》的立法调研和立项论证工作。工作小组制定了具体的立法工作计划，收集了本市有关老年人权益保障的政策法规及国内外老年人立法资料，开展了城乡老年人口状况调查和构建城乡一体化的社会化养老服务体系研究工作，对我市养老框架进行了梳理和研究，为修订条例提供基础数据。经过大量调研、反复推敲和数次研讨，并组织不同学科的专家对修订《条例》的可行性、必要性以及重点难点问题进行专题研讨，形成了修订《条例》的立项论证报告，为下一步启动《条例》修订工作打下了良好的基础。

四、加强老年福利服务设施建设，满足老年人多层次全方位的服务需求

为满足4%老年人机构养老的需求，不断加强养老服务设施布局规划和机构建设。一方面，市政府固定资产投资全额支持市级重大功能性和示范性养老服务机构项目建设。另一方面，大力推进城乡基本养老公共服务加快发展，努力实现原城四区各有一所200张以上床位、14个远近郊区县各有一所400张以上床位的区县级公益性养老服务机构。

编制了《北京市养老设施专项规划（2010—2020)》，将“9064”养老服务格局中需要的土地指标落实到空间布局上，特别是在新城规划中，明确要求整合社区资源，建设更多适合老年人养老的场所。目前，由市政府固定资产全额投资1.46亿元的北京市第一社会福利院改扩建工程即将竣工投入使用，北京市南城养老院建设工程已批复立项，怀柔区、大兴区、门头沟区、延庆县等区县养老服务机构建设工程已批复立项或立项，北京市老年社区二期工程以及丰台、朝阳等区县养老服务机构建设项目正在开展前期工作。这些项目总投资估算约26亿元，申请市政府投资近21亿元，项目建成后将新增床位1万多张。将加快推进1.5万张养老床位建设；完成街道、乡镇敬老院改造工程列入2010年市政府为民办实事项目中，目前已全部完成。大力推进城乡基本养老公共服务均衡化发展。按照街道敬老院每张床位1万元、乡镇敬老院每张床位5000元的一次性建设资助，对困难区县适度给予倾斜。截至到目前，全市新增养老床位8800余张，养老床位总数已有达近65000张。

为鼓励社会力量兴办养老服务机构，在运营和建设环节出台了扶持政策，每收住1名老年人按照每月100元、150元、200元三个标准给予运营补贴，每张床位给予8000元至1.6万元一次性基本建设补助。目前，项目补助工作正在按计划推进。11个初审项目总建筑面积10万平方米，总新增床位3730张。总投资约30亿元。申请市政府补助资金约4000万元。这些措施，极大地调动了社会力量兴办养老服务机构的积极性，有效缓解了养老床位供需矛盾，给众多老年人提供了便利。

五、加大老龄宣传工作，扩大了老龄工作的社会影响

围绕全市出台的各项敬老惠老政策，积极与新闻媒体联系沟通，利用电视台、报纸、广播、杂志、网络等新闻媒体，通过专题、专版、专刊、专栏等多种形式，大力宣传“九养政策”、“孝星”事迹、老年人优待办法、敬老爱老助老主题教育活动、健康老人评选、为百岁老人祝寿等重要事项和活动，全方位、立体式、多角度地宣传老龄工作，共刊发新闻报道1200篇。尤其在我市实施“九养政策”和老年人优待政策后，组织新华社、中央电视台、北京卫视、北京移动电视、《参考消息》、《中国社会报》、《北京日报》、《北京晚报》、《北京青年报》、《北京社区报》、北京交通台和互联网等中央和省级媒体分别以头版头条、专版或专刊的形式进行了广泛报道和解读，在全国各地产生了强烈反响，进一步提高了老年人和社会各界对养老政策的知晓度，在首都各界营造了尊老敬老、关爱老人、共创和谐的良好社会风尚。

六、做好市人大代表议案、建议、市政协委员提案办理工作，认真解决老龄事业发展中的新问题

为做好市十三届人大三次会议提出的关于“推进老龄事业发展，完善养老服务和保障体系”议案，有效解决代表们提出的“加快推进老龄事业发展、完善养老服务和社会保障体系建设，加强农民社会养老保障，解决特殊困难老年人进入福利机构难，推进老年IC卡替代老年优待卡”等方面的问题。市老龄办以高度的政治责任感，在市人大的监督和指导下，牢固树立大民政理念，认真分析研究议案内容，制定议案办理实施方案，统筹协调各协办单位，加强协作和配合，切实研究解决老龄工作面临的重点、难点问题，组织召开由领衔人大代表参加的座谈会，组织召开各议案办理单位协调会推进办理工作，并通过开门办议案、公开办议案等形式，召开各区县、民政、残联、老龄工作部门和部分人大代表、政协委员参加的近千人的通报会，邀请代表针对本市居家养老服务和机构养老服务发展情况进行调研，促进议案办理工作。在此基础上，吸收各协办单位的意见，认真撰写办理工作报告，在9月17日在市十三届人大常委会第二十次会议上获得了常委会的审议通过。

七、认真做好老年维权工作，切实保障老年人权益

认真贯彻《中共中央、国务院关于进一步加强新时期信访工作的意见》、《中华人民共和国老年人权益保障法》及《北京市老年人权益保障条例》，紧紧围绕落实《北京市市民居家养老（助残）服务（“九养”）办法》，妥善处理老年人来信来访，认真做好矛盾排查调解工作。全年共接待来信来电来访1550多人次，内容涉及老年优待、“九养政策”、赡养、房产纠纷、老年人再婚、社会保险、医疗制度改革等。其中，办理“政风行风热线”来信35封，“市长信箱”来信95封，“局长信箱”来信22封，市信访办来信25封，其他渠道来信42封；受理咨询电话1300多个；接待来访31人次。建立健全网上办理工作规则，规范了网上办信程序。按照全国老龄办的统一部署，开展了“夕阳幸福工程、法律援助在行动”活动。联合司法部门成功处理一起发生在顺义区侵犯老年人房屋产权的典型案例。进一步规范接访程序，下发了“关于进一步做好老年信访接待工作的通知”。召开了区县老年维权工作座谈会，就做好新时期老年维权工作进行专题研究。截至到目前，市、区县、街（乡、镇）、居（村委会）四级老年信访工作网络已经建立。与全国老龄办信访接待室、市高法、市司法局、市公安局以及相关法律服务机构，建立定期交流与信息共享机制。编辑《老年维权工作情况简报》3期，编辑出版老年维权读本2万册。

重要会议和活动

【召开养老（助残）餐桌推进工作会】 1月26日，市老龄办召开落实“九养政策”养老（助残）餐桌推进工作会议。市残联副理事长侯淑芬主持会议。市民政局局长、市老龄委常务副主任兼办公室主任吴世民，市老龄协会常务副会长李建国出席会议并讲话。西城区民政局、海淀区养老（助残）餐桌签约企业代表、平谷区金海镇靠山集村进行了典型发言。会议总结了“九养政策”实施情况，要求养老（助残）服务券在全市统一使用且必须用于购买老年人（残疾人）居家生活服务，并在“五一”之前解决好养老（助残）服务券的发放及使用，养老（助残）餐桌、托老（残）所实现全覆盖。各区县民政局、老龄办、残联的负责同志参加了会议。

【阎青春考察宣武区居家养老（助残）服务工作】 3月30日，全国老龄办副主任阎青春考察宣武区广外街道居家养老（助残）托老所建设情况及广内街道槐柏树社区开展的“五分钟服务商圈”服务情况，并参加该区居家养老（助残）服务单位签约授牌仪式。阎青春对北京市的居家养老服务工作给予了高度评价，指出北京的居家养老工作走在了全国前列，希望再接再厉，为全国开展此项工作提供更多宝贵经验。市民政局党委副书记、副局长孟钧，市老龄协会会长李建国，宣武区人大副主任哈金起、副区长范宝陪同。

【举行“小帮手”电子服务器合作协议签字仪式】 4月9日，市老龄办举行“小帮手”电子服务器合作协议签字仪式。市民政局党委副书记、副局长孟钧、市残联副理事长侯淑芬、北京市融商律师事务所、大唐电信（天津）通信终端制造有限公司、北京京福安科技服务有限公司有关负责人出席了签字仪式。市老龄协会会长李建国主持仪式。李建国、侯淑芬分别与大唐电信（天津）通信终端制造有限公司签订政府采购合同，并为“小帮手”服务中心揭牌。市社区服务中心、中国移动北京有限公司、999紧急救援中心等“小帮手”合作单位参加了签字仪式。

【开展“孝星”和为老服务先进单位评选活动】 年初，全市启动万名“孝星”和千家为老服务先进单位评选表彰活动。8月份，市老龄委召开万名“孝星”评选活动新闻发布会，市民政局局长、市老龄委常务副主任兼办公室主任吴世民出席并讲话。10月14日，北京市万名“孝星”暨千家为老服务先进单位表彰大会在北京会议中心召开，市政府秘书长孙康林主持会议。市长郭金龙，民政部副部长窦玉沛，市人大常委会副主任马振川，副市长、市老龄委主任丁向阳，市政协副主席黎晓宏，市民政局局长、市老龄委常务副主任兼办公室主任吴世民出席并为“孝星”和为老服务先进单位代表颁奖。吴世民总结了2010年度评选工作，并宣读表彰决定。窦玉沛、马振川、丁向阳和黎晓宏分别讲话。“孝星”代表和先进单位代表作典型事迹发言。本次活动对万名“孝星”和千家为老服务先进单位进行命名表彰，并向每位“孝星”发放1000元奖金及一台“小帮手”电子服务器。部分市人大代表、政协委员，市老龄委委员以及联络员，各区县主管区县长，各区县民政、老龄、街道（乡镇）主要领导、老龄工作人员，“孝星”代表和为老服务先进单位代表约1600人参加了会议。

【举行北京市养老（助残）精神关怀服务热线揭牌仪式】 5月28日，市民政局、市残联、市老龄办在京民大厦举行北京市养老（助残）精神关怀服务热线揭牌仪式。市老龄协会会长李建国主持仪式，市民政局党委副书记、副局长孟钧、市残联副巡视员欧玲、市心理卫生协会秘书长张淑芬、市社区服务中心主任周吉平出席活动。孟钧和欧玲为“北京市养老（助残）96156精神关怀服务热线”揭牌，并分别讲话。北京市社区服务中心与北京心理卫生协会签订了合作协议。北京社会生活心理卫生咨询服务中心等35家单位被授与“北京市养老（助残）96156精神关怀服务热线定点单位”。各区县民政局、残联、老龄办、社区服务中心负责人及老年人代表、热线服务单位代表、心理咨询服务专家110余人参加了启动仪式。

【开展养老（助残）精神关怀工作】依托96156社区公共服务平台，开通“北京市养老（助残）96156精神关怀服务热线，整合17个市级专业机构资源和16个区县社区服务中心、共35家单位签约成为养老（助残）精神关怀服务定点单位。截至到年底，共接听咨询电话8759个，其中有关心理方面咨询电话2597个，法律咨询电话6162个。各区县已建心理关怀咨询室65个，设立心理咨询热线46条，精神关怀室1049个，心理咨询师380人，社会工作师和助理社会工作师97人，社区精神关怀服务队623个，社区服务人员2000人。编印《北京市老年心理关爱论文文集》，收录论文35篇。重阳节期间，开展了为期一个月的“关爱老人，共建和谐”老年心理健康知识展览暨义务咨询活动。市老龄协会会长李建国主持开幕式，市民政局局长、市老龄委常务副主任兼办公室主任吴世民出席活动并讲话，市慈善协会常务副会长朱蓉先致辞。20位心理、卫生保健和法律专家为老年人提供了义务咨询服务。活动期间，共10万余人次观看了展览，进行了138场大型参观讲解，为865位老年人进行了心理咨询，为千余位老年人进行了心理健康服务需求测查，发放手册5.2万册，直接受益老年人11万人次。

【编制“十二五”时期老龄事业发展规划】年初，《北京市“十二五”时期老龄事业发展规划》作为我市一般专项规划，纳入市级规划体系。6月1日，市老龄办召开“十二五”时期老龄事业发展规划编制工作会议，安排部署规划编制工作。市老龄协会会长李建国主持会议，市民政局党委副书记、副局长孟钧出席会议并讲话。来自科研院校的多位专家和教授介绍了“十二五”时期老龄事业发展规划前期研究课题成果，对我市规划编制工作提出了建议。市发展改革委、市财政局、市人力社保局等15家规划编制主要单位和市民政局10个相关业务处室对规划编制工作方案和具体框架分别发表了意见。市老龄办组成规划起草小组，于6月底形成规划初稿。同时，根据“开门编规划”的工作要求，市老龄办向各方面征求修改意见，抓紧研究论证，规划框架、目标、任务基本得到各方的认同，并积极做好与市级规划和其他规划的衔接工作。

【市老龄委调整成员单位】6月8日，经副市长丁向阳批准，李建国同志任市老龄办常务副主任，刘景林同志任副主任，增补市编办、市社会办、市商委、市地税局、市统计局5家单位为市老龄委成员单位。

【李立国调研北京市养老服务体系建设】6月30日，民政部部长李立国看望了市第一社会福利院的老人，并对我市养老服务体系建设进行调研。座谈会上，李立国观看了专题片《北京市老龄事业在跨越中前行》，听取了关于我市老年福利事业的发展情况、“九养政策”贯彻落实工作和《北京市“十二五”时期老龄事业发展规划》编制进展情况的汇报。李立国对北京市推出的“大民政”理念表示肯定，对北京老龄事业发展成效表示赞赏。副市长、市老龄委主任丁向阳，市政府副秘书长、市老龄委常务副主任侯玉兰，市民政局局长、市老龄委常务副主任兼办公室主任吴世民，市老龄协会会长李建国陪同。

【办理人大议案】积极办理市十三届人大三次会议提出的关于“推进老龄事业发展，完善养老服务和保障体系”议案。市政府将议案办理工作列入市政府常务会议议题，并作为政府专项督查事项，纳入督查考核范围。市政府副秘书长、市老龄委常务副主任侯玉兰主持召开议案办理协调会，部署议案办理工作。积极与市人大协调沟通，参加市人大常委会召开的议案领衔代表座谈会，市民政局局长、市老龄委常务副主任兼办公室主任吴世民向代表汇报了议案办理进展情况。6月28日，市老龄委召开议案办理情况通报会，市政府副秘书长、市老龄委常务副主任侯玉兰主持会议，副市长、市老龄委主任丁向阳出席会议并讲话，市民政局局长、市老龄委常务副主任兼办公室主任吴世民向市人大、市政协的有关领导及100多位市、区县人大代表和政协委员汇报了议案办理进展情况。9月份，经市政府第73次常务会议审议，原则通过《关于“推进老龄事业发展，完善养老服务和保障体系”议案办理情况的报告》。9月17日，市十三届人大常委会第二十次会议审议并通过了议案办理情况报告，对议案办理工作给予充分肯定。

【中共中央政策研究室调研北京市居家养老服务工作】7月7日，中共中央政策研究室副主任方立一行4人来京调研居家养老服务工作，听取了关于养老服务工作的汇报，实地察看了西城区展览路街道百万庄西社区“星光园”托老所。副市长、市老龄委主任丁向阳，市民政局局长、市老龄委常务副主任兼办公室主任吴世民，市民政局党委副书记、副局长孟钧、陈卫东，市老龄协会会长李建国陪同调研。

【中国老龄事业发展“十一五”规划检查评估组到北京市检查指导工作】7月12日，由全国老龄办副主任阎青春带队，国家民政部、发改委、全国老龄办等相关单位组成的中国老龄事业发展“十一五”规划检查评估组一行17人，到我市检查指导工作。检查组实地考察了北京市第一社会福利院、西城区银龄老年公寓，听取了北京市关于老龄事业发展“十一五”规划落实情况的汇报。汇报会由市民政局副巡视员冯昌领主持，市民政局党委副书记、副局长孟钧出席会议，市老龄委部分成员单位和有关单位负责同志参加。

【开办老龄电视专栏】10月16日，由市老龄委和北京市电视台联合推出的《咱爸咱妈的美好时代》栏目在北京电视台生活频道17：40首播，该节目以探讨养老话题为主要内容，由文燕主持。

【举行“小帮手”社区便民服务工程启动仪式】10月22日，由市民政局主办，市民政局社区工作处、市社区服务中心、市老龄办、市残联及小帮手服务中心承办的“小帮手”社区便民服务工程启动仪式在国家会议中心举行。民政部副部长姜力，副市长丁向阳出席启动仪式并讲话。市老龄协会会长李建国介绍了“小帮手”电子服务器项目实施情况。市老龄办、市社区服务中心、“小帮手”服务中心、中国银联股份有限公司北京分公司、中国移动通信集团北京有限公司、万利达集团有限公司，分别签署了战略合作协议。市发展改革委、市经济信息化委、市住房城乡建设委、市市政市容委、市农委、市财政局、市工商局、市社会办、市金融局及各区县民政局、老龄办、社区服务中心的负责人参加了启动仪式。

【开展敬老月系列活动】为贯彻全国老龄委“敬老月”活动的有关要求和进一步落实我市居家养老“九养政策”，弘扬中华民族尊老敬老、爱老助老的优良传统，推进首都老龄事业科学发展和促进文明、和谐社会建设，在重阳节期间开展以“关爱老人、构建和谐”为主题的敬老、爱老、助老系列活动。召开了北京市万名“孝星”和千家为老服务先进单位表彰大会，开展了关爱老年心理健康展览和咨询服务活动，举办了北京市庆重阳敬老慰问演出，与市社区服务中心共同启动了“小帮手”社区便民服务工程，开展了高龄、特困、百岁老人的走访慰问活动，以市政府的名义向百岁老人进行了祝寿，与新闻媒体合作制作了“孝星”事迹专题片，和北京市电视台联合推出以探讨养老话题为主要内容的专题栏目《咱爸咱妈的美好时代》。这些活动的开展，在全社会产生了极大的社会反响，营造了敬老、爱老、助老的良好社会氛围。

【召开市政协重点提案办理座谈会】11月19日，市政协召开“关于推动北京养老服务体系社会化进程”重点提案办理座谈会。市政协社会和法制委员会主任马艾地主持会议。副市长、市老龄委主任丁向阳，市政府副秘书长、市老龄委常务副主任侯玉兰，市政协主席阳安江、副主席黎晓宏出席会议。市民政局局长、市老龄委常务副主任兼办公室主任吴世民通报了提案办理情况。会议认为，市政府高度重视委员提案，在老龄事业发展中取得了突出成就，同时建议加大养老服务产业发展扶持力度和养老服务事业的宣传力度，探索建立城乡一体的社会化养老服务体系，依托社区进一步落实各项惠老政策和措施。

【开展修订《条例》立项论证工作】市人大常委会将修订《北京市老年人权益保障条例》列为今年的立项论证项目。年初，市老龄办与市人大内司办、市人大法制办、市政府法制办、市民政局法制处等部门启动了立项论证工作，成立立项论证工作小组。12月，市十三届人大常委会第七十七次主任会议原则上同意立项，并要求适应上位法修订工作进程，结合北京老龄人口结构和养老水平实际情况，有针对性地着重加强养老服务研究，适时启动本市条例修订起草工作。

【发布老龄事业发展状况报告】10月14日，在首都之窗网站全文发布《2009年北京市老年人口信息和老龄事业发展状况报告》。截至到2009年底，北京市户籍总人口1245.8万人，其中，60岁及以上老年人口226.6万人，占总人口的18.2%；65岁及以上老年人口166.7万人，占总人口的13.4%；80岁及以上老年人口32.6万人，占总人口的2.6%。在60岁及以上老年人口中，男性老年人口108.8万人，占48.0%，女性老年人口117.8万人，占52.0%；性别比为92.3。

【开展北京地区中国城乡老年人口状况追踪调查】根据全国老龄办和中国老龄科研中心的安排部署，市老龄办开展北京地区中国城乡老年人口状况追踪调查，按本市老年人口总数2%的比例扩大抽样样本，同步完成北京市老年人口状况抽样调查。通过调查了解老年人口的经济供养、医疗保障、健康状况、生活照料、社区服务、精神文化生活、心理状况以及“九养政策”的贯彻实施，摸清现阶段本市老年人口的基本状况、基层老龄工作现状以及老龄政策法规的落实情况，为制定“十二五”规划、修订本市老年人权益保障条例以及改进工作、推动老龄事业科学发展提供基础数据。调查在东城、西城、朝阳、海淀、房山、顺义、门头沟和延庆等8个区县进行，历时一个月，12月底完成入户调查工作。

天津市

综　　述

截止 2010 年底，我市户籍总人口为 984.85 万人，其中 60 岁及以上老年人口有 176.40 万人，占总人口比例 17.91％ 。2010 年，全市老龄工作者在市委、市政府的正确领导下，全面贯彻党的十七届四中、五中全会和市委九届八次全会精神，深入落实科学发展观，按照全市老龄工作力争走在全国前列的总要求，坚持“党政主导、社会参与、全民关怀”的方针，继续完善老年社会保障体系，不断提高老年人生活质量，探索老龄工作新机制，进一步提升老龄工作水平，全面完成了我市老龄事业“十一五”发展规划的任务。

一、以迎检为动力，完成十一五规划十二五

2010 年是“十一五”的收官之年，在全市经济迅猛发展的大背景下，全市各级党委、政府和涉老部门充分发挥对老龄工作的主导作用，把落实规划纳入议事日程。根据全国老龄委办公室《关于对＜中国老龄事业发展“十一五”规划＞执行情况进行检查评估的通知》（全国老龄办发【2010】20 号）精神，天津市老龄委认真组织成员单位及各区县对《全国规划》和《市规划》实施情况进行了一次全面检查。先后召开市老龄委成员单位联络员会议和各区县老龄办主任会；各有关重点部门结合各自职能进行了检查评估，并写出专项检查评估报告；市老龄办结合组织参加评选全国老龄工作先进单位，对全市18 个区县“十一五”期间老龄事业完成情况进行了全面的检查。最后，由市老龄办对检查和评估情况进行了汇总和整理。

12 月 3 日至 4 日，由全国政协常委、人口资源环境委员会副主任张黎率领的全国老龄委检查评估组一行莅临天津检查工作。市委副书记、市长黄兴国会见张黎一行，并代表市委书记张高丽和市委、市政府表示欢迎。检查评估组在津期间，深入和平区体育馆街康乐园、开发区泰达国际养老院等单位进行实地考察，对我市落实我国老龄事业发展“十一五”规划情况进行了检查评估。对我市认真落实老龄事业发展“十一五”规划给予了高度评价。

在完成好“十一五”各项目标任务的同时，我们积极做好老龄事业“十二五”规划的制定工作。在充分征求各成员单位和有关部门意见的基础上，反复修改。由市老龄委办公室起草制定了《十二五规划》已经四易其稿。我们积极争取将老龄事业有关内容纳入全市国民经济和社会发展规划，使老龄事业保持与国民经济和社会发展相适应，与老年人口的增长相适应。

二、以提高老年人生活水平为前提，逐步实现城乡一体化

确保老年人基本生活。天津市社会保障制度建设实现突破性进展。启动城乡居民基本养老保障和医疗保险“两项新制度”，在全国率先实现城乡居民社会保险一体化发展。新农合与居民医保并轨，实现全市制度统一、经办统一。目前，本市已经形成了各类从业人员参加五项保险、城乡居民参加两项保险的制度体系，实现从城镇到农村、从职工到居民的全覆盖。《天津市城乡居民基本养老保障规定》正式实施，使全市农村居民、没有就业能力的城镇居民获得基本养老保障，从而实现人人老有所养。对全市有 50 多万超过 60 岁的农村老人和近 20 万城市中没有养老保障的老年人实施城乡老人基本生活费补助办法。根据 60 岁以上、70 岁以上、80 岁以上的不同年龄段，分别给予每人每月 60 元、70 元、80 元的生活费，城乡补助标准一致。每年市财政将安排资金 5.74 亿元。11 月，市人社局下发实施《被征地农民养老保险与城镇企业职工养老保险等制度衔接问题的通知》，失地农民可享受与城镇企业职工同等的养老保险待遇。

社会保障待遇水平逐步提高。全市退休人员统筹项目内养老金连续十年实现了按时足额发放，连续 6 年提高离退休人员养老待遇标准，离退休人员晚年生活进一步得到改善。月人均养老金由 2005 年的 765 元提高到 1520 元，年均增长 14.7％。截至到目前，本市城镇职工养老、医疗保险参保分别达到 418.6 万人和 461.4 万人。居民养老保险参保 85 万人。居民医疗保险参保 486 万人，全市享有基本医疗保险人数达到 947.4 万人，参保率超过 90％。

构建贫困老人救助体系。各级民政部门积极落实城镇居民最低生活保障制度，经市政府批准，2010 年再次提高标准，由每人每月 430 元调整为 450 元；农村居民最低生活保障标准由每人每月 230 元调整为 250 元。城市特困救助范围，由家庭月人均收入 431

元至530元调整为451元至550元，救助标准由每户每月130元调整为135元；农村特困救助范围由家庭月人均收入231元至280元调整为251元至300元，救助标准由每户每月65元调整为75元。今年本市还对农村五保供养标准进行调整，农村五保供养标准由每人每年4000元调整为4600元，集中供养的五保供养对象的供养资金，直接拨付农村五保供养服务机构，分散供养的五保供养对象的供养资金，实行社会化发放。

着力解决老年人看病难。《天津市城乡居民基本医疗保险规定》的出台，使医疗保障制度实现城乡一体化。天津市城乡居民基本医疗保险制度于2010年1月起实施。市政府每年将投入补贴款约7亿元。享受低保待遇人员、城乡特殊困难家庭人员和低收入家庭60周岁以上的老年人，不用自己缴费，即可享受城乡居民基本医疗保险保障。参加新型农村合作医疗制度的农村居民逐步参加城乡居民医疗保险，纳入全市统筹，两者实施全面整合。近年来随着经济社会快速发展，人们生活条件明显改善，医疗保障水平不断提高，卫生服务能力显著增强，使本市居民健康水平得到显著提升。目前，本市人均期望寿命80.65岁，达到世界发达国家平均水平。

三、以双先评比为契机，夯实老龄工作基础

开展“双先”创建评比活动。根据全国老龄工作委员会《关于开展评选表彰全国老龄工作先进单位和先进个人的通知》精神，市老龄委从2009年1月开始，在全市范围内开展了全国及市级老龄工作先进单位和先进个人的创建活动。各区、县高度重视，认真按照要求，结合实际，广泛深入开展了创建活动。按照全市整体的进度安排，各申报单位于2010年4月底前完成了自查、整改和申报工作。市老龄办邀请了市老龄委部分成员单位组成考察评议组，到各申报单位进行实地检查考核。在此基础上召开评议会议，确定报送全国名单最终，和平区老龄委等11个单位和部门获“全国老龄工作先进单位”称号，高世忠等15名同志获“全国老龄工作先进个人”称号。

加强基层老龄机构的建设。各区县在开展创建活动过程中，积极贯彻落实全国老龄委《关于加强基层老龄工作的意见》和市老龄委《关于加强社区（村）老龄工作规范化建设的意见》，进一步加强了基层老年组织建设，完善基础老龄工作体系。市老龄委适时地举办了全市第四届老协会长培训班。指导老年人协会组织发挥自我管理、自我教育、自我服务作用，依据群众社团章程开展好活动，打好老龄工作的基础。来自全市各区县的60名基层骨干、老年协会会长参加培训。

四、以建立日间照料中心为手段，推进居家养老服务

加快居家养老服务设施建设。为加快全市养老服务社会化进程，推进全市老年日间照料服务中心（站）的建设，本市出台《关于建设老年日间照料服务中心（站）的实施意见》。2010年是在全市107个街道和137个乡镇建设老年日间照料服务中心，在社区和自然村建设300个老年日间照料服务站实施的第二年。新建老年日间照料服务中心的规模，建筑面积一般不低于300平方米设有“五室一校”。新建老年日间照料服务站的规模，建筑面积一般不低于150平方米。设有“四室一课”。2010年，全市60%的社区、40%的村建有老年服务社或老年日间照料服务站。北辰、宁河等部分区县努力筹措资金，已经提前一年完成服务中心（站）的任务。各区县还积极探索服务中心（站）的管理机制，争取让服务中心（站）的作用发挥到最大化。年底，市政府专门召开了全市居家养老服务推动会，交流经验，推进居家养老整体工作。

政府主导推进居家养老。政府对老年人实施购买服务的补贴政策，为这些老年人提供便捷、高效、人性化的服务，使老年人不出家门、不出社区便能满足生活上的服务需求。经济困难需要生活照料的老年人，经评估认定，全部由政府出资购买服务。依据补贴对象所需的照料程度，分别给予每人每月100元、150元、200元的补贴。服务内容根据老年人需求提供，形式以上门服务为主。2010年为1.7万老年人提供了政府补贴购买服务。为进一步推进居家养老服务工作，我市正在进行居家养老呼叫服务网络筹备工作。市老龄办组成考察组先后到河北、广东、上海等省市就老年呼叫服务网络系统建立及运行模式、涉老服务资源整合及运营方法、呼叫服务惠老政策等方面参观考察、学习经验，与相关运营商进行可行性的论证。目前，呼叫服务网络已经开始在市内六区和滨海新区进行试点。同时，为推进老年宜居社区的建设发展，创造性地解决老年人养老问题，与相关公司共同开发适应老年宜居社区的软件系统。

提高养老院从业人员的基本素质和养老行业的整体服务水平。市民政局启动了养老护理专业人员职业培训项目，与天津职业大学合作先后举办多期养老护理员职业资格培训、养老机构院长培训班 。这些养老从业人员接受了心理学、护理、职业道德、医学、营养学等专业知识的培训。今后，从事养老行业人员都要先取得执业证书后再上岗，提高职业认同感，全市养老机构院长和护理员持证上岗率要达到100%。此外，天津职业大学还积极发挥资源优势，招收“老年服务与管理”专业大学生。首批招收两个教学班，约80名学生。市民政局将为录取的学生提供50%学费作为资助。

五、以敬老月为载体，开展丰富老年人文化生活

今年，全国老龄工作委员会决定在全国开展“敬老月”活动。为了弘扬中华民族尊老敬老的传统美德，庆祝天津市第22个老年节，我市以“幸福工程，服务老年人”为主题，在全市开展了“敬老月”的各种庆祝活动。我们主要做了四项工作：一是开展“敬老月”的相关宣传。市老龄委向全市转发了全国老龄委《通知》，提出要求。各区县老龄委按照全国和市里的要求都制定了“敬老月”活动的实施方案，并将开展活动的情况及时总结上报。在此期间，我们通过报纸、电台、电视台、网络等新闻媒体重点对我国人口老龄化的严峻形式，党和政府的方针以及我市老龄事业所取得的成就进行了宣传。同时，对“敬老月”中开展的各项活动及时跟踪报道，扩大了活动的影响面。重阳节当天，市老龄委在天津中老年时报上刊登了《致全市老年人的慰问信》，祝全市老年人节日愉快。二是弘扬正气，倡导健康生活方式。和平、河东、塘沽等区开展各种评选表彰，树立了正气，弘扬了优良传统，营造了良好的社会氛围。市社会科学界联合会、市老年学学会等单位联合主办的“大众老年学”系列讲座，分24讲在天津经济广播“枫叶正红”节目开始播出，分别由南开大学、市社会科学院、市老年学学会的专家学者主讲包括老年社会学、老年人口学、老年心理学等理论知识。三是访贫问困，多办实事。各地、各有关部门把关心老年人生活作为重点，帮助他们解决实际问题。“敬老月”期间，市老龄办组成2个组对我市四个区县的部分贫困老人进行了慰问，送去了慰问金和慰问品。市慈善协会和市老年机构协会组织河北梆子剧团到9所养老机构慰问演出。市老年基金会向基层社区捐赠600台电子血压计。市慈善协会、津工超市有限责任公司共同举办向全市万名困难和空巢老年人送温暖活动，向全市万名困难和空巢老人每人发放百元慰问金。河西、河北、津南等区、县老龄办重点对本地的高龄老人、生活有困难的老人进行了走访慰问。四是文体活动，丰富多彩。为欢度节日，全市各单位、部门都分别组织了精彩的文体活动。10月16日，市老龄办在滨湖剧院举办了“敬老月”京剧专场演出。和平区老龄办等单位联合举办第七届老年人健身展示、老年人服饰表演和第五届“银龄杯”中国象棋比赛。河东区老龄办与音乐学院附中联合为老年人献上一台精彩的文艺汇演。红桥区举办了广场舞大赛、老年人书画展等活动。大港举办“庆重阳”健康走起来活动，组织全区200多老年人开展健步走、爬山，提高老年人的体质。丰富多彩的文体活动，烘托了敬老月气氛。

首次的敬老月活动得到各单位高度重视，内容丰富，形式多样，宣传氛围浓厚，为老年人办好事、实事成效显著。进一步强化了全社会的老龄意识，营造了敬老、爱老、助老社会氛围，形成了尊重、关心、帮助老年人的社会风尚，达到了以月促年的效果。

六、以庆祝创建二十五周年为标志，进一步扩大老年教育的影响力

天津老年教育事业的创建，以市老年人大学的成立为标志，25年来有了长足发展。目前，全市老年教育覆盖面约占老年人口总数的40%，初步形成了市、区县、街和乡镇、社区和村的四级老年教育网络。全市有老年大学43所，在校学员51000人；街道、乡镇办的老年学校180所，社区、村委会办的老年学校分校及教育点885个，学员120000多人。总计老年大学和老年学校（包括分校及教育点）为1108个，在校学员为171000人。目前，参加各种有组织的老年教育活动的为614428人，占全市老年人口的近1/3，同2005年初相比，老年教育参与率增加了近2倍。

七、以落实免费乘车为突破口，维护老年人合法权益

认真宣传贯彻《中华人民共和国老年人权益保障法》（以下简称《老年法》）和《天津市实施〈中华人民共和国老年人权益保障法〉办法》（以下简称《实施办法》）。市老龄办以中老年时报作为阵地，开辟专栏，解释法条，宣传维权的好典型、好做法，曝光侵害老年人合法权益的行为，通过具体事例提高老年人维权意识。各部门开展老年维权工作。市司法局在村委会、居委会广泛设立法律援助联系点，并建成20个法律援助便民接待场所，方便困难群众就近申请法律援助，扩大法律援助服务覆盖范围，确保困难群众平等地参加诉讼活动，维护自身合法权益。

加强老年优待政策的落实。2010年，市政府将65岁以上老年人免费乘车作为20项民心工程之一，写进了《政府工作报告》。市长黄兴国指出，实行65岁以上老年人免费乘公交，充分体现了市委、市政府对全市老年人的关爱，直接关系到百姓的切身利益。要求各部门、各区县增强责任感，全力以赴把这项惠民工程办好、办到位。为维护老年人的权益，保障老年人的利益，为市政府做劲，各相关部门按照市人民政府下发的《关于调整我市老年人优待服务政策的意见》，认真履行好自身的职能，通力合作。各级老龄系统加班加点，及时准确地做好老年人优待证发放及其盖章工作，保证老年人在4月1日免费乘车顺利实行。同时，为128万65岁以上老年人免费发放了敬老卡。到年底，全市免费乘车老年人达5000多万人次，公交车成为老年人出行首选交通工具。从某种意义上来讲，免费乘车的政策改变了天津市老年人的生活方式。

【老年维权工作】全年市和区县两级维权服务中心共接待老年人来信来访2382件。做到了件件有回音，事事有结果。10月14日，市老龄办在天津市枫林园老干部活动中心举行了纪念天津市老年人法律维权服务热线开通五周年暨法律维权现场咨询大会。来自天津21个专业律师事务所和市法律援助中心的51名律师和法律工作者参加了咨询活动，共接待老年人500多人。各区、县老龄办也举办了各种形式的法律维权宣传活动。

【为老服务业发展】2010年，我市投入资金8000万元加强市级国办养老院建设，为社会办养老机构投入2054万元用于相关补贴，新增养老机构床位6638张。目前，我市各类养老机构达到306所，床位数26423张，千名老人拥有床位15.43张。较“十五”末的15678张床位数和千名老人12张，有了大幅的提高。今后每年还要增加3000张床位。

【老龄新闻宣传】在天津电台开辟“银色视点”栏目这个老年人法律咨询专题节目，每月播放2期，向老年人说理讲法，答疑解惑，至今已播放50多期。为弘扬中华民族尊老敬老的传统美德，促进代际和谐、家庭和睦和社会的稳定，市老龄办与中老年时报共同开展了“津门十大孝子”评选活动。每期刊登一个候选人的事迹，共50期。老年节期间，通过网络、电话、信件等方式进行投票。全市市民表现出极大的热情，共收到选票数千张，评选出韩桦等10人为首届“津门十大孝子”。大部分区、县老龄办在配合全市评选的同时，也在进行各自区县的评选活动。

【老年文体活动】10月16日，市老龄办在滨湖剧院举办了“敬老月”京剧专场演出。和平区老龄办等单位联合举办第七届老年人健身展示、老年人服饰表演和第五届“银龄杯”中国象棋比赛。河东区老龄办与音乐学院附中联合为老年人献上一台精彩的文艺汇演。红桥区举办了广场舞大赛、老年人书画展等活动。大港举办“庆重阳”健康走起来活动，组织全区200多老年人开展健步走、爬山，提高老年人的体质。丰富多彩的文体活动，烘托了敬老月气氛。

【“银龄行动”】我们借助泰达国际心血管病医院的医学技术和网络医疗服务平台，在市老科协、医大总医院的支持下，跨省（区）搭建远程医疗咨询会诊网络平台，拓展了“银龄行动”的形式。2010年，远程医疗会诊服务平台运作良好，继续为偏远地区服务。截止2010年11月，泰达国际心血管病医院远程医疗会诊服务平台已覆盖全国20个省市，共对10000余名患者提供了远程医疗服务。

市老龄办将2010年“银龄援农行动”的重点放在蓟县。一是与县林业局合作，组织有林果业技术的老同志对罗庄子乡、下营镇、许家台乡、穿芳峪乡等。山区乡镇果农进行林果栽培、果品保鲜和病虫害防治等相关知识的集中培训15次；二是与县农委合作，组织农业方面的老专家和技术人员对平原乡镇经营大棚经济作物的菜农进行种植与日常管理的专业培训和现场指导30次，受益果农、菜农达600余人，重点服务了渔阳镇、上仓镇、东赵各庄乡，出头岭镇、侯家营镇和杨津庄镇等乡镇。三是与县畜牧业发展服务中心和水产业发展中心合作，组织畜牧专业和渔业技术人才对库区的畜牧和渔业养殖专业户进行了育种和疫情防治等方面的专题培训和集中业务指导16次。使库区10余户养殖户受益。四是由市老龄委会同市卫生局，组成老医学专家小分队赴蓟县，培训乡镇卫生院医务人员和提供医疗咨询服务。蓟县26个乡镇的基层卫生机构都留下了老专家小分队的足迹，许多基层医务人员通过老专家的指导，提高了业务水平，为更好地服务基层群众打下了基础。

上海市

综　　述

截至2010年底，上海市60岁及以上户籍老年人口331.02万人，占户籍总人口的23.4%；65岁及以上人口226.49万人，占总人口的16.0%；70岁及以上人口164.33万人，占总人口的11.6%；80岁及以上人口59.83万人，占总人口的4.2%，占60岁及以上人口的18.1%。百岁老人997位。上海市共有“纯老家庭”老年人94.56万人，其中单身独居老人19.32万人。2010年上海市户籍人口预期寿命为82.13岁，其中男性79.82岁，女性84.44岁。

一、养老保障

【调整城镇企事业单位退休人员基本养老金】为切实保障退休（职）人员的基本生活，上海市自2010年1月1日起调整城镇企事业单位退休人员基本养老金。根据上海市人力资源和社会保障局2010年2月1日下发的《关于2010年调整本市城镇企事业单位退休人员基本养老金的通知》，上海市2009年底以前已按城镇养老保险规定办理退休（职）手续，并按照企业、事业单位办法计发基本养老金（生活费）的人员，每人每月按照以下办法增加基本养老金（生活费）。

1. 先每人每月增加90元；再按照本人工作年限，每满1年增加1元/月。上述两项合计每人每月增加基本养老金不足100元的，补足到100元。

2. 2009年12月底前年满70周岁，且按照本通知第一条规定增加基本养老金后月基本养老金（生活费）不到2000元（含按有关文件规定增加的“补充养老金”，下同）的人员，再按下述办法增加基本养老金（生活费）：年满70周岁不满75周岁（1935年1月1日～1939年12月31日期间出生）的人员，每人每月增加40元；年满75周岁不满80周岁（1930年1月1日～1934年12月31日期间出生）的人员，每人每月增加60元；年满80周岁及以上（1929年12月31日及以前出生）的人员，每人每月增加80元。上述人员按照本条规定增加后的月基本养老金最高不超过2000元。

3. 按照本通知第一条、第二条规定增加基本养老金（生活费）后，其中按照企业办法计发并增加基本养老金（生活费）的企业退休人员，每人每月再增加30元基本养老金（生活费）。

【对特殊人群实行养老金倾斜政策】对企业退养人员、精简退职回乡人员的生活费标准，在原基础上分别提高了66元和46元。

【提高小城镇社会保险的养老金水平】为保障小城镇社会保险领取养老金人员的养老待遇水平，根据《上海市小城镇社会保险暂行办法》的有关规定，上海市制定了《关于2010年本市小城镇社会保险领取养老金人员增加养老金的通知》。从2010年1月1日起，对2009年底前已按小城镇社会保险相关规定办理按月领取养老金手续的人员增加养老金，每人每月增加70元。这是上海市连续第7年实施“镇保”养老金增长办法，全市有37.12万“镇保”领取养老金人员的养老待遇水平得到了提高。在此基础上，还落实了元旦、春节期间对“镇保”领取养老金人员发放一次性50元生活补助的办法。

【提高农村社会养老保险的养老金水平】为保障农村老年劳动者基本生活，根据《上海市人民政府办公厅关于完善本市农村社会养老保险制度的通知》的有关规定，上海市制定了《关于2010年本市农村社会养老保险领取养老金人员增加养老金的通知》。自2010年1月1日起，对2009年底前按上海市农村社会养老保险办法办理按月领取养老金手续的人员增加养老金。各区、县农保养老金增长水平，按照人均月养老金增加35元左右安排；每人每月增加养老金的具体标准由各区、县人民政府确定，其中对年龄偏大、月养老金低于309元的人员给予适当倾斜。

【积极稳妥推进延长领取养老金年龄工作】近年来，上海市积极探索柔性延迟申领养老金工作，按照有利于发挥各类人才的作用、有利于保障参保人员利益、有利于社会保障基金可持续发展的原则，研究制定了柔性延长退休年龄的具体方案。2010年9月6日，上海市人力资源和社会保障局印发《关于上海市企业各类人才柔性延迟办理申领基本养老金手续的试行意见》，从10月1日起开始实施。《试行意见》就企业各类人才柔性延迟办理申领基本养老金手续的有关问题，包括实施范围对象、延迟期间的工作关系、延迟期间待遇享受及工作协议终止或解除后办理申领养老金手续等问题明确了意见，为了有利于推进延迟申领养老金工作和保证延迟申领养老金人员基本权益，《试行意见》还制订了相应配套政策。

【加强老年人住房保障工作】在廉租住房申请对象中，将符合廉租条件、年龄在60岁及以上的无子女老年夫妇纳入实物配租范围，和国家劳模、重点优抚对象等特殊对象一样，优先配租实物和房源。在经济适用住房工作中，为确保老年人得到家庭照顾，规定年满70周岁的老人（孤寡老人除外）应当与具有法定赡养、抚养或者扶养关系的家庭成员一同申请。

【完善计划生育利益导向机制建设，加大对计划生育老年家庭的帮助扶助力度，提高老年计划生育家庭保障力度】2010年，农村部分计划生育家庭奖励扶助按照提高后的标准每人每年800元执行，为符合政策的奖励扶助对象8.4万人发放扶助金6333万元。全年共发放年老退休一次性计划生育奖励费6780万元（不含社保途径）。全面推行计划生育家庭特别扶助制度，对独生子女伤残或死亡的父母在年满49岁以后，分别给予每人每月扶助金120元、150元，2010年约有1.8万户独生子女伤残死亡家庭享受到特别扶助，共发放资金近5417万元。持有《独生子女父母光荣证》的上海市户籍公民，在退休时给予一次性计划生育奖励费2300元，未生育子女的给予4600元。

二、医疗保障

【为老服务的社区卫生服务网络不断完善】截至到2010年底，上海市已形成了由240个社区卫生服务中心、44家分中心和738个社区卫生服务站、1476个村卫生室组成的较为完善的社区卫生服务网络。2010年，全年慢性病监测总数达1030.95万人次；各类人群保健总数830.93万人次，其中80岁以上老年人保健185.79万人次。进一步实现了社区卫生服务“进社区、进家庭、惠及百姓”的目标。

【建立老年人健康档案，加强老年人健康教育】2010年，全市建立60岁以上老年人健康档案231.47万份，由全科团队负责动态管理。各区县通过慢性病管理实施平台，在社区内开展老年人以及老年慢性病病人的健康教育宣教活动，通过社区卫生服务点的健康咨询、社区学校的健康教育宣讲、老年大学的健康讲座、发放相应的健康处方和健康宣教资料等形式，深入社区指导老年人用药、康复、营养卫生和适当运动等相关知识。2010年全年发放健康处方984.97万张，宣传版面制作1.81万块，社区学校健康教育培训2.31万次，参加培训128.19万人次，组织重大宣传日健康教育活动6.32万次，其他形式接受健康教育960.49万次。

【发展老年护理机构】2010年，上海市有老年护理机构64家，包括14家独立老年护理院和50家非独立老年护理院，核定床位数为3285张。目前上海市老年护理院相对需要护理的老年患者的需求来说，仍面临着资源匮乏的局面。

【广泛建立家庭病床服务】2010年，全市各级医疗部门共建有家庭病床6.66万张，其中当年新建4.39万张，为老年人提供家庭病床数4.08万张。

【完善市民社区医疗互助帮困计划】为进一步提高退休回沪定居人员的医疗保障待遇，经上海市政府同意，上海市人力资源和社会保障局等五部门联合下发《关于2010年度本市实施市民社区医疗互助帮困计划有关事项的通知》。市民社区医疗互助帮困资金的筹资标准由原每人每年500元提高到每人每年650元，其中参加对象个人缴费由原70元提高到90元，其余560元由市、区（县）两级政府按1：1比例筹集。门诊医疗互助帮困补贴每人每年150元维持不变。门诊医疗互助帮困补贴用完后，门急诊医疗费个人现金自负年累计标准由原800元降低为500元，超过部分由市民社区医疗互助帮困资金支付比例由原60%提高到75%。通过这“一升一降”，有效提高了参保人员的门急诊报销待遇。

【为特殊人群提供就医保健服务】根据2005年《关于落实70岁以上老人就医便利优惠政策的通知》以及2008年《关于对本市优抚对象开展就医优先照顾的通知》，各医疗机构对优抚对象提供优先挂号、优先就诊、优先化验、优先付费、优先取药、优先住院服务。社区卫生服务中心按照上海市卫生局要求，与离休干部结对，2010年为2300多名离休干部配备社区保健医生1109名，每月上门服务1次；开展离休干部门诊“一条龙”或“一门式”服务。部分社区卫生服务中心还为离休干部设置了专治病室，保证离休干部的医疗需求；为80岁以上老年人提供医疗咨询、上门服务，2010年服务近185.79万人次。

根据2009年《关于进一步加强早期归侨社区卫生服务工作的通知》，为早期归侨提供优先入院、优先诊治、优先建立家庭病床的“三优”服务。2010年，上海市社区卫生服务中心与992名早期归侨签订服务协议，提供保健服务，应配率达到90.43%。

【开展特困老人医疗救助工作】1995年，上海市卫生局、上海市红十字会、上海市老年基金会通过口头协议共同发起在全市部分基层医院为特困老人实施医疗救助，为救助对象提供免收挂号费、诊疗费的优惠。在开展特困老人救助的基础上，上海市卫生局2001年下发了《关于开展慈善医疗门诊工作的意见》，对受助人员提供“原则上免收门诊挂号费和诊疗费，选用列入国家基本医疗保险用药目录的药品”的优惠服务。2006年，为更好地统筹利用医疗帮困资源，加大社区医疗帮困力度，依托上海市社区卫生服务中心和医保计算机网络系统，将上海市残联、上海市慈善基金会和上海市民帮困互助基金会的帮困卡统一制发，下发了《关于印发〈社区医疗帮困一卡通计划〉方案（试行）的通知》，文件提出对“一卡通”持卡人“免收诊查费”，并对“就诊的有关服务类收费减免60%”。救助对象由各相关基金会确定。

截至到2010年底，上海市老年基金会、上海市慈善基金会、上海市残联共发放医疗救助卡约4.7万张，这些贫困人群中绝大多数是贫困老人。各医疗定点机构为持卡人提供医疗服务35.4万人次。

【资助百名贫困老人心脏病手术治疗项目启动】2010年2月5日，由上海市老年基金会发起，同济大学附属东方医院具体承办的“2010情暖老人‘心’——资助百名贫困老人心脏病首例手术治疗爱心项目”在东方医院正式启动。中共上海市委常委、浦东区委书记徐麟，上海市人大常委会副主任、上海市老年基金会理事长胡炜，同济大学校长裴钢，上海市民政局长马伊里和上海市卫生局等领导出席。在未来的一年内，该活动将在上海市各区县筛选出近百名生活困难、60至75岁有手术条件的冠心病、瓣膜病、心律失常等心脏病患者，由上海市老年基金会资助其进行心脏病治疗手术。

【新增养老机构纳入医保结算网络】2010年新增18家养老机构的内部医疗机构纳入医保联网结算，目前上海市共有72家养老机构医保联网。

【继续做好退休人员住院补充医疗互助保障计划的参保工作】2010年，上海市退管会办公室会同上海市职工保障互助会召开了退休人员参保工作动员会，明确参保费调整的必要性，引导各级退管会务必继续认真做好今年的参保工作，确保退休人员应保尽保。据上海市职工互助保障会统计，截至到2010年12月，退休职工有效参保人数300余万，给付81万人次，给付金额4.6亿元。据统计，累计给付563.79万人次，累计给付医疗保障金26.66亿元。

【开展老年人社区健康干预】2010年，在总结上海市黄浦区南京东路街道开展社区老年人健康干预的成功经验上，上海市老龄办、上海市老年基金会与上海市科学技术协会合作编印出版了《行为决定健康》一书，该书由上海市老年基金会资助出版。

【落实两年一次为退休和困难妇女进行妇科病、乳腺病筛查的政府实事项目】2010年，全市各级妇联组织配合上海市妇女儿童工作委员会，共组织46.62万名退休和生活困难的妇女进行了妇科病、乳腺病的筛查，其中退休妇女33.80万名。2007年以来，共组织164万退休和困难妇女进行了妇科病、乳腺病的筛查，受到了妇女群众的好评。为了方便郊区退休和困难妇女的检查，从2004年起，上海市妇联相继为金山区、南汇区（原）、青浦区等全市10个郊区配置了14辆“母亲健康爱心车”，在退休和困难妇女的家门口为她们提供筛查服务。

三、养老服务

【养老服务设施建设】2010年全年新增养老床位10843张，完成当年上海市政府实事项目新增养老床位1万张的目标，为计划的108.4%，其中政府办养老机构新增5863张，社会办养老机构新增4980张。截至到2010年底，全市共拥有养老床位97841张，占上海市户籍老年人口的2.96%。全市新建老年人日间照料中心20家，完成当年上海市政府实事项目设立的目标，为计划的100%；新设立社区老年人助餐服务点65个，完成当年上海市政府实事项目新设50个社区老年人助餐服务点的目标，为计划的130%。完成农村地区养老服务设施“上海霞光计划”项目29家，另有5家列入了国家民政部“霞光计划”项目。

全市新增养老床位建设资金总投入127601万元。其中，上海市建设财力和上海市福利彩票公益金资助5000万元，占总投入的4%；区县、街镇投入98834万元，占总投入的77.4%；社会力量投入23767万元，占总投入的18.6%。郊区农村地区养老服务设施“霞光计划”项目，上海市福利彩票公益金资助1194万元。

【进一步提升养老机构管理服务水平】以创建文明行业为抓手，进一步提升养老机构管理服务水平。已发展545家养老机构成为行业协会会员单位。通过对52项重点项目的验收，重点项目达标示范单位359家，达标率为73%，推进行业的规范化、标准化建设。试行对下属会员单位养老服务需求第三方评估，年内共培训评估员240名。对《养老机构服务管理实用手册》进行了再版。

根据民政部工作部署，开展养老机构“两规范一标准”专项检查，提高机构服务管理水平。对全市2009年底已经执业的养老机构，在设施设备和环境、服务、管理、队伍建设等4个方面27类87个项目进行全面检查，检查项目97%达标。

以规范达标为重点，继2009年对连续四年全市新增养老床位计456个实事项目开展自查工作基础上，2010年对照《养老设施建筑设计标准》等有关制度规范，在全市开展实事项目整改工作，集中排查存在的安全隐患，清理未达标的改扩建项目，检查控制补贴资金发放，基本建立了长效监管机制，保障养老服务安全运营。

【继续推行“上海市养老机构意外责任保险”】2010年，继续统一推行“上海市养老机构意外责任保险”，全市共有533家养老机构的52448张养老床位投保综合责任险，养老机构发生意外责任风险的善后处置能力和抗风险能力不断增强。

【社区居家养老服务】截至到2010年底，上海市18个区县共有233家社区助老服务社，3.3万名社区居家养老工作人员，为25.2万名居家老人提供社区居家养老服务，约占上海市户籍老年人口的7.6%，完成当年上海市政府实事项目为25万名老人提供居家养老服务的目标，为计划的100.8%。其中，为23.5万名老人提供上门服务，有13.0万名老人经评估得到服务补贴，补贴人数约占服务总人数的51.6%，服务补贴总金额 3.0 亿元；自费购买服务老人 12.2 万名，约占服务总人数的 48.4%。另有 8000 名老人的养老服务补贴带入养老机构。

截至 2010 年底，全市拥有社区老年人日间照料中心 303 家，为 9000 名老年人提供日间照料服务；拥有社区老年人助餐服务点 404 家，受益老人近 4 万名。

【养老服务的业务培训力度继续加大】依托养老护理职业培训中心，年内举办养老护理人员初、中级等级培训班 7 批，培训学员 297 名。举办养老机构服务人员上岗培训班 56 批，培训学员 2887 名。举办居家养老服务人员上岗培训班 16 批，培训学员 994 名。举办居家养老服务评估员培训班 1 批，培训学员 118 名。举办养老机构管理人员培训班 4 批，培训管理人员 162 名。举办养老机构院长培训班 1 批，培训院长 50 名。通过上岗培训和护理等级培训，提升了养老服务和行业管理队伍的整体素质。此外，还完成了养老护理人员高级技能开发工作，开展养老护理员等级鉴定 23 批，鉴定养老护理人员 1391 名。

【养老服务信息化标准化建设】上海市地方标准《社区居家养老服务规范》自 2010 年 2 月 1 日起正式实施以来，各区县开展贯标培训、梳理制度、规范服务、加强考核，有步骤、分阶段地推进贯标工作。各区县针对资金使用管理、设施管理、规范用工、信息化管理等自身薄弱环节，研究出台区域性管理办法和规范性文件。

继养老服务信息系统——养老服务需求评估子系统、居家养老子系统正式上线运行之后，养老机构设置审批子系统也已全面推开。2010 年在继续完善设置审批子系统并完成上线运行的同时，重点推进机构日常管理服务子系统，对全市养老机构信息设备配置和网络管理人员情况进行调查，分批次对浦东新区、闵行区、长宁区、徐汇区等四个试点区的 222 家养老机构中的院长、网管员计 452 人进行了使用培训。目前机构日常管理服务子系统已在 4 个区县试点推广应用。

【完成新建和改扩建 300 家老年活动室的任务】2010 年，全年实际创建 306 家标准化老年活动室，完成了年初确立的 300 家老年活动室的创建任务。各区县通过加强调研督促，召开创建动员会、项目推进会、现场会等，完善工作例会制度，统筹整合涉老资源，加大了标准化老年活动室创建工作的力度。

四、老年教育

截至到 2010 年底，上海市老年教育机构总计 277 个。其中上海市级老年大学 5 所，高校举办的老年大学 9 所，分校、系统校和区县老年大学 49 所，街镇老年学校 214 所，居村委老年学校办学点 4144 个。已形成保健、外语、电脑、文史、家政、书画、音乐、工艺、舞蹈、戏剧等老年学校教育课程 11 大类近 200 门课程，老年远程教育网络视频课程 105 门。2010 年参加各类老年学校学习的学员人数达到 54.04 万人，其中 60 岁以上学员 39.02 万人；参加老年远程教育收视学员人数达到 27.53 万人，其中 60 岁以上学员 21.76 万人；参加老年社会教育的近 50 万人次。基本实现了“十一五”期间老年教育发展的“一、二、三”目标（即参加老年学校教育、老年远程教育、老年社会教育活动的人数分别约占上海市中低龄老人的 10%、20%、30%），使老年教育参与率、覆盖面进一步拓展。

【稳步推进老年教育工作】2010 年，为推进远程老年教育，不断丰富收视点的管理服务工作，进一步完善“收视点”数据库，加强收视点辅导员队伍建设，评选了 100 名远程老年教育收视点优秀工作者。与此同时，对上海市部分老年大学和学校进行了创建工作评估。评出了 19 所上海市示范性老年大学和学校，进一步规范和提升了老年教育的质量。

【老年教育示范引领工作进一步深化】2010 年继续开展了上海市示范性老年大学（学校）和远程老年大学“示范”、“合格”收视点创建工作。经评审验收，闵行区华漕镇老年学校等 9 所学校被评为“上海市示范性老年学校”，普陀区曹杨新村街道老年学校等 6 所学校被评为上海市特色老年学校，还评出 20 个远程老年教育示范收视点和 387 个合格收视点。

【加强养老机构老年教育工作】2010 年 12 月 9 日，由上海市老年教育协会、上海市地区老年教育专业委员会、杨浦区老年教育工作小组办公室联合举办的“上海市养老机构老年教育现场会”在杨浦区社会福利院召开。杨浦区各街道（镇）老年大学、各养老机构分别选送了精美的手工作品至展示会现场，作品有串珠、彩泥、绢花、书法、绘画、编织、剪纸、麦秆画等，还包括曾在上海市社会福利机构老年艺术作品展中荣获一等奖的手编作品《龙舟》。养老机构老年教育发展立足于住养老人的实际需求，遵循“增长知识、丰富生活、陶冶情操、增进健康、服务社会”的治学理念，为老年人“老有所学”搭建了平台。

【开展信息化培训普及，提高农村中老年居民信息素养】为普遍提高农村居民尤其是中老年居民的信息素养，缩小城乡“数字差距”，上海市经济信息化委、上海市农委、上海市教委、上海市妇联从 2008 年起启动实施了“千村万户”农村信息化培训普及工程。

面向郊区县的农村基层管理者、农业大户等重点人群，开展“两会两能”的信息化应用技能培训，即会打字、会上网，能搜索信息、能收发邮件。面向郊区县的全体农村居民，尤其是中老年居民，开展电脑、手机、互联网等信息化工具应用的知识普及，引导他们认识互联网，感受信息化。

2010年，对6345名50岁以上的农村居民开展了信息化培训，18572名50岁以上的农村居民参与了信息化宣传普及活动。3年内累计对2.4万名50岁以上的农村居民进行了信息化培训，35.8万名50岁以上宣传对象参加了信息化宣传普及活动。

【老年教育教材建设进一步发展】2010年编辑出版了7本教材。其中《老年钢琴实用教程》第二、三、四册共3本，《瓷绘工艺》第三、四册共2本，《老年大学声乐实用教程》1本，《家庭养花与园艺疗法》1本。教材配送到各区县老年大学（学校），供学校教学参考与使用。

【参与“2010年上海教育博览会”终身教育展示】2010年4月，上海市老年教育工作领导小组办公室应邀参加了“2010年上海教育博览会”，组织了反映上海老年学校教育、远程教育、社会教育的多块展示版面，受到了参观者的好评，并获得了组委会颁发的组织贡献奖和展示风采奖。

五、老年优待

【开展百岁老人慰问活动】敬老节前夕，向2010年新增的325位百岁老人赠送了强生乘车卡，向全市1105位百岁老人发放了由上海工商界爱国建设特种基金会捐赠的每人200元节日慰问金，并走访了每一位百岁老人，给百岁老人带去了党和政府以及社会各界的特别关爱。

【推进双月为老服务和尊老社会一条龙服务】2010年，上海市退管会在上海市老年基金会、上海市慈善基金会的支持下，继续做好社区双月为老服务工作，让生活在社区中的退休人员就地、就近得到方便的服务。据统计，区县退管会2010年组织社区双月为老服务活动256场，服务项目64项，参加为老服务的志愿者1.19万人次，受益老人达到33.21万人次。

2010年，全市共有55个行业和单位加入了尊老社会一条龙服务行列。尊老服务实施单位行列新增了上海东方地质科普馆、上海市野生动物园、上海康林仁和家庭护理用品有限公司。本年度共计发放高龄老人优待证6.2万张，为老年人服务114万人次，优惠金额达675万元，累计发放高龄老人优待证289万余张。

【公园对老年人提供优惠服务】截至到2010年底，上海148座城市公园中，127座公园已实行免费开放。收费公园中，上海市绿化和上海市容管理局直属的6座公园对70岁以上老年人已全部实行免费入园；其他收费公园，对70岁以上老年人都实行不同程度的优惠政策。全市公园还推出了“每日免费供应开水、每周一次家庭养花义诊、每月一次健康医疗咨询、每年夏季的免费露天电影进公园”等深受老年人欢迎的便民服务新举措。徐汇区、卢湾区、黄浦区、虹口区等的公园还推出了免费阅览室、便民茶室等特色服务，得到了广大老年游客的充分肯定。

六、敬老宣传

【组织实施庆祝第23个敬老日系列活动】上海市老龄委以“敬老在你身边，共建和谐社会”的主题，组织开展了“2010年上海市敬老日”暨首次“敬老月”活动。活动包括了孝亲敬老、世博参与、老有所为、老有所乐等主题元素，取得了良好的效果。敬老日期间，上海市委、政府、人大和政协的主要领导对各界老人进行了走访慰问。由上海市老龄委、上海市民政局、上海市老年基金会、上海市慈善基金会、上海文化广播影视集团等单位主办的“九九关爱，情牵世博——上海市2010重阳节（敬老日）大型文艺晚会”于10月16日在上海大剧院开演，胡延照副市长代表上海市委、上海市政府、上海市老龄委向全市老年人致节日词，上海市领导还向上海市“孝亲敬老”十大楷模、“敬老模范单位”代表颁奖。开展“九九关爱”上海市2010年重阳节电视大放送活动，内容包括上海早晨、名医大会诊、世博园里的老年风采、真情慰问活动、敬老在身边、老少乐、九九关爱小剧场巡礼、老年法律大援助、精彩老朋友等16档节目，并以“敬老在身边”为主题，反映了当代老年人的生活、世博老年志愿者的风采以及当今社会敬老、爱老、助老的风尚。组织开展上海市大型现场为老法律咨询和服务活动，上海市老龄办、上海市退管会等部门于敬老日当天在静安公园举办“2010年上海市敬老日大型宣传咨询和为老服务活动”，上海市10余位资深律师和法院、公安、司法、公证、法律援助、养老保险、医疗保险、民政、卫生、妇联、心理咨询、老年社工等部门的专家现场接待广大老年人的咨询服务，现场还设置了老年医疗、理发、裁剪、修理小家电、钟表、眼镜、雨伞、电话机等为老服务项目，共为1500余位老年人提供了各类咨询和服务。举办“庆世博千名老人重阳佘山登高”活动，由上海市老龄办、上海市体育局、上海市旅游局和松江区人民政府联合主办的“庆世博千名老人重阳佘山登高”活动于敬老日当天在松江佘山国家旅游度假区举行，来自全市18个区县的1200多名老年人代表参加了本次活动。

【开展“全国老龄工作先进单位和先进个人”评选活动】2010年，上海市老龄办按照全国老龄办发［2009］20号文《关于深入开展全国老龄工作先进单位和先进个人评选表彰活动的补充通知》要求，在评选上海市老龄工作先进单位和先进个人的基础上，开展了评选全国老龄工作先进单位和先进个人活动。向全国老龄委申报了13个全国老龄工作先进候选单位、17名全国老龄工作先进候选个人。2010年11月29日，全国老龄工作委员会授予上海市13家单位为“全国老龄工作先进单位”荣誉称号，17名同志为“全国老龄工作先进个人”荣誉称号。

【开展第四届敬老、爱老、助老主题教育活动】2010年，上海市老龄办根据全国要求，联合上海警备区政治部、上海市民政局、上海市教委、上海市文广局、团市委、上海市妇联、上海市关工委、上海市老年基金会共同发文，在上海市范围内开展第四届敬老、爱老、助老主题教育活动。活动开展以来，得到了各区县老龄办、各委员单位及部队等有关单位的积极响应，最后经评审组评定出10名“上海市孝亲敬老楷模”、10名“上海市孝亲敬老楷模提名奖”、231名“上海市孝亲敬老之星”、132个“上海市孝亲敬老模范单位（集体）”。并向全国上报了中华孝亲敬老楷模候选人6名，全国孝亲敬老之星候选人62名，全国孝亲敬老模范候选集体11个。2010年12月15日，全国敬老、爱老、助老主题教育活动组委会发文表彰获奖单位和个人，其中上海市普陀区陈德骅获“中华孝亲敬老楷模”荣誉称号，松江区洪照生等获“中华孝亲敬老楷模提名奖”荣誉称号，上置集团等单位获“全国敬老模范单位”荣誉称号，另外还有65人获“全国孝亲敬老之星”荣誉称号。

【“九九关爱网”构建老年朋友的网络开心家园】2010年10月25日，在上海大光明电影院举行了由上海市老年基金会、盛大网络发展有限公司、《金色年代》杂志社共同主办的“九九关爱网”（www.99care.cn）一周年庆典活动。“九九关爱网”是一个集资讯、服务、娱乐于一体的老年人的网上家园，于2009年10月25日由上海市老年基金会正式开通。在各方的共同努力下，“九九关爱网”已初具规模，深受老年朋友的喜爱。让老年人能够积极、开心、有意义地过好退休后的生活，是网站成立的宗旨。

【关爱百岁老人】上海市委、上海市政府历来重视关怀百岁老人，自从1997年3月上海市实行百岁长寿政策以来，更促进了政府、社会和家庭对老年人尤其是高龄老人的关心和重视，取得了很好的社会效益。为充分体现党和政府对百岁老人的尊敬和关爱，2010年2月，上海市老龄办等单位发布了《关于做好赠送“百岁寿星生日贺卡”工作的通知》。今后凡上海市老年人100周岁生日的当天，以上海市政府的名义赠送百岁寿星生日贺卡（代替原上海市老龄办赠送的“百岁老人荣誉证书”），以体现上海市委、上海市政府对百岁老人的尊重，表达全社会对百岁老人的敬意。

在各区县老龄办的大力支持和配合下，以上海市长名义为2009年底在世的百岁老人补发了“百岁寿星”贺卡共809份，为2010年新增的百岁老人当月发放“百岁生日”贺卡共574份。为配合做好这项工作，还开展了百岁老人的月统计工作。

【《精彩老朋友》栏目成为老年朋友的好伙伴】全国首档直接为老年人服务的电视综艺栏目《精彩老朋友》于2005年在沪开机，由上海市老年基金会和上海广播电视台联合举办。栏目播出五年多来，精心打造了一档集知识性、娱乐性、参与性和服务性为一体，具有开创性的老年电视节目，为上海老年人的文化生活、精神生活乃至感情生活做出了努力和贡献。此栏目以“60岁的片名、50岁的时尚、40岁的追求、30岁的包装”为特色。栏目中的《精彩老来伴》是为单身中老年朋友搭鹊桥的小板块，主创人员坚持真人、真事、真情，真心实意地为老朋友着想，让他们大喜晚成，幸福终身。至今已有近千名单身老朋友参加节目录制，电话点击高达8万多次，已有近60对嘉宾喜结良缘。栏目还通过制作播出“上海百家社区老年文化生活展示”等活动，呈现出良好的示范效应。

七、老年文娱

【上海老龄艺术团队组织多场演出并获奖】2010年，上海市老龄艺术团先后组织优秀节目进世博、入社区、下乡村演出30多场次。上海市老龄艺术团参加全国老龄办举办的“第二届中国老年文化艺术节”，舞蹈队的《老胳膊老腿舞起来》获舞蹈类特等奖；服饰表演队的《花样年华》获服饰表演类金奖。上海老年舞蹈团的原创舞蹈《留守妈妈》被全国重阳节电视文艺晚会节目组选中，赴京参加由民政部、文化部、国家广电总局、全国妇联、全国老龄委办公室和中央电视台共同主办，由中国老龄事业发展基金会承办的2010年中国老年艺术团重阳节《红叶风采》文艺晚会。

【举办上海市第三届中老年摄影大赛】2010年10月，上海市退管会协同上海市委老干部局、上海市摄影家协会联合发起并组织开展了《“彰显都市文化·见证世博盛会”——上海市第三届中老年摄影大赛》。由于本次活动主题鲜明、时代性强、贴近百姓生活，得到了广大中老年朋友的热烈响应和积极参与。大赛共征集到摄影作品近 5000 幅，经上海市摄影家协会的专家评审，从中遴选出 174 幅作品参展。并评选出金镜头奖 2 名、银镜头奖 5 名、铜镜头奖 10 名。并在上海市老干部活动中心举行了《“彰显都市文化·见证世博盛会”——上海市第三届中老年摄影展》。

【举办“2010 年老年教育艺术节”】“2010 年老年教育艺术节”活动以“老年学员为世博添光彩，老年教育让生活更美好”为主题。参加这次艺术节活动的上海市、区县老年大学、街镇老年学校达 259 所，全市举办文艺汇演 563 场，参与的文艺节目 3100 个，举办了作品展示活动 357 场，参与的书法、摄影、工艺等作品 1.87 万件，参与艺术节活动的老年学员达 50.28 万人次。

【举办“晚霞璀璨——上海老年教育艺术作品展”】作为上海老年教育艺术展示活动服务的专业化场所上海老年艺术展示厅，位于上海市丽园路 235 号，由上海市老年教育工作小组办公室、上海高校浦东继续教育中心联合主办，上海市老年教育协会具体承办。展厅面积为 300 多平方米，第一期《“晚霞璀璨”上海市老年教育艺术作品展》展品由上海老年大学、上海老龄大学、上海老干部大学、上海退休职工大学、东方老年大学、东华大学、上海大学以及徐汇区、闵行区、静安区、嘉定区、宝山区等区级老年大学提供。展出种类包括书画、美术、工艺制作等，共展出 155 件，集中体现了上海老年艺术教育活动的综合水准。

【组织“看世博 爱上海”老年摄影展】2010 年 4 至 9 月，上海远程老年大学“上海老年人学习网”与上海市摄影家协会老年摄影分会开展了“看世博 爱上海”老年摄影作品展示评选活动，活动面向上海远程老年大学学员和上海市各级老年大学（学校）学员。活动期间，网上浏览总数高达 225.9 万人次，参与网上投票数达 177.2 万人次，有 1025 幅作品在“上海老年人学习网”《老年活动》栏目中刊登。经上海市摄影家协会老年分会专家评审，评出一等奖 5 名、二等奖 10 名、三等奖 15 名和入围奖 100 名，优秀组织奖 10 个单位。

【举办全球华人乐龄才艺大赛总决赛】2010 年 1 月 19 日，由上海市老年基金会和上海东方传媒集团有限公司联合主办的“迎世博 唱精彩”——全球华人乐龄才艺大赛总决赛在上海正大综艺录影棚举行。自 2009 年 3 月推出这次乐龄才艺大赛以来，社会反响热烈，经过上海赛区历时十个月的周赛、月赛，以及全国八大省市、自治区共同参与的全国总决赛的激烈争夺，最后来自上海的田芳和新疆的热依汗·阿布力子代表中国参加全球总决赛，与来自美国、法国、澳大利亚、南非、加拿大、马来西亚、日本、新加坡等八个国家的选手同台竞技。中国新疆选手获得金奖，来自南非和澳大利亚的选手分获银奖与铜奖。

八、老年体育

2010 年，上海市老年体育工作以“全民健身与世博同行”为主题，突出宣传贯彻《全民健身条例》，特别是在“全民健身日”、世博倒计时、世博园演示和上海市第十五届全民健身节、“敬老月”等活动中，抓住世博会契机，积极开展形式多样的老年健身活动，为老年人积极搭建平台参与体育锻炼，推动了老年体育的进一步发展。

【老年体育团队与世博同行】在“迎世博”、“庆世博”、“与世博同行”的互动活动中，老年体育团队发挥了重要作用，不仅使老年人看到了自身的价值，也演绎了“城市让生活更美好”的世博主题和“体育让生活更精彩”的健身理念。上海市 10 多个区县、街、镇基层单位的老年体育团队，在世博园表演扁鼓、健身球操、手杖操、海派秧歌、皮影操、时装秀、舞狮舞龙、舞蹈等多项共 26 场文体展示，得到了中外游客的一致好评。闸北区老年骑游队走遍长三角 20 座城市宣传世博会，行程 318 公里，发放 3500 张宣传世博卡片。卢湾区瑞金二路街道自行车队 76 岁老队员骑车到内蒙古宣传世博会，报名参加志愿者成为年龄最大的“蓝精灵”。金山区在接待世博境外参展方人士时通过老年体育团队的地方皮影操与其进行交流，显示了中国民间文化的魅力。

【广泛开展体育赛事，充分展示老年风采】圆满完成近 50 项上海市级以上老年体育竞赛计划，吸引数万老年人参与。活动主要包括：首届上海市老年人健身项目一居（村）一品活动展示大会、第 25 届上海市“长寿杯”上海市老年人象棋比赛、上海市退休职工“清凉杯”扑克牌系列赛、庆世博“和谐杯”老年夫妻门球赛、第三届上海市“卢湾杯”三八女子门球赛、第三届“治拓杯”中老年乒乓球比赛、“东明家具杯”上海市自行车车技总决赛、第五届“懋德杯”沪、港、澳、台中老年网球赛、上海市老年气排球邀请赛、“金桥杯”上海市益寿保健操比赛、第四届上海市浦江彩巾操比赛、“长风杯”上海市手杖操比赛、庆世博重阳节千名老人佘山登高活动、“塘桥杯”上海市老年人扯铃比赛、“五里桥杯”上海市中老年太极拳（剑）比赛、“张江杯”全国老年人健身球操比赛、“体彩杯”上海市老年人羽毛球比赛、“潍坊老年协会杯”上海市老年人踢毽子跳绳比赛、“珍奥核酸杯”5000市民万步行活动、“巨腾杯”上海市第七届中老年足球比赛、上海市第15届“健康杯”老年人钓鱼比赛等，各项比赛和活动均获得了社会各界的支持，展示了老年人健身风采。此外，各区县还组织了小型多样、丰富多彩的各类老年健身活动近千次，吸引近十多万中老年人参与。

【积极组团参与国际国内赛事】2010年，中老年人全国性以上赛事较多，分别由上海市老体协项目委员会组织有关区街镇的老年健身代表团参加，取得较好成绩。在中国台北举办的第14届亚洲华裔“长青杯”足球比赛中，东华元老队获甲组（55岁以上）第三名；在第八届世界中老年足球邀请赛中，上海获中年组第一名、老年组第二名；在第26届全球华人篮球比赛中，上海分获45岁、65岁组冠、亚军；在第七届浙江国际传统武术比赛中，闵行区虹桥镇获10金2银1铜；长风街道参加全国手杖健身操比赛“最佳特色奖”第一名；上海市老体协武术委员会组队参加全国太极拳（剑）比赛获2金3银；上海市老体协军体委员会老教练带教的运动员在第四届全国体育大会上，由获海模7个一等奖、空模4个一等奖、无线电1个二等奖；在第17届全国冬泳比赛中，嘉定老年冬泳队获团体总分第三名；在“张江杯”全国老年人健身球操比赛中，张江镇获1个一等奖，还会同五角场、新泾镇获4个二等奖、1个三等奖；在全国老年人气排球比赛中，上海男子队获金奖；2010年还在全国老年人柔力球、网球、足球、软式排球等比赛中取得了较好的成绩。通过参加各类大赛，丰富了老年人的体育文化生活，提高了老年人的生活质量。

【体育旅游推动老年体育健身活动】2010年上海世博旅游年期间，在各区县老体协、老龄办和各项目委员会的配合支持下，以参与“世博”为主题，在坚持长、中、短线并举的同时，增加了“一日游”新线路。组织“九九重阳”和“敬老月”两次包船长江三峡游，全年“一日游”老年人占旅游总数的80%以上。上海市老体协旅游委全年总计组织1733多个团队，5万人次老年人安全出游，其中境外游27团队，647人次。

【老年人健身环境不断改进】2010年，突出宣传贯彻《全民健身条例》，完善公共体育场地建设。“十一五”期间，已建成社区健身苑点7741处，公共运动场316处764片，新增社区体育设施面积37.8万平方米，遍布上海各个角落，极大地方便了老年人的健身活动。建成农民体育健身工程1033个。建成健身步道575条，累计长度达362公里，便于老年人健身从步行开始。全市建有社区健身俱乐部108个、213个社区体育指导站，社会体育指导员2.3万余人，方便老年人就近参与体育健身，开展对老年人的科学健身指导。上海市绿化管理局于2005年开始启动老公园改造工程，于2006年至2010年累计完成老公园改造53座，完善了功能布局，增加了活动场地，增添了活动设施，完善了无障碍设施，改善了老年人健身娱乐条件。

九、老年维权

2010年，上海市各法律服务援助机构及法院共办理涉老法律援助案件929件，其中涉及赡养权受侵的占31.5%。共减免缓金额147.08万元。全市各法律服务援助机构为老年人提供法律咨询服务1.52万人次。按照上海市司法局和上海市财政局联合下发的《关于规范法律援助经费保障和办案补贴标准的通知》规定，支付律师相关办案补贴约130万余元。

共受理老年人来信、来访、来电总数4.90万人次，其中涉及内容较多的依次为住房权、赡养权、财产权、婚姻权和人身权受侵问题。调解处理4.82万人次。

【积极扩大法律援助受援面，满足困难老人的法律援助需求】2009年，出台了《关于对特殊困难、特殊情况对象提供法律援助的实施办法》。明确对经济收入虽然未达到法律援助经济困难标准，但因病致贫、因灾致贫的对象可以提供法律援助。《办法》中也包括了对正在接受民政部门救助的老年人提供法律援助。

【进一步加强法律援助工作配合机制】2008年9月1日，上海市高级人民法院和上海市司法局联合发布了《关于加强司法救助与法律援助衔接工作的若干意见（试行）》的通知。为进一步落实该《意见》，上海市法律援助机构在各级法院均设立了法律援助联络点，使上海市困难老人能在享受司法救助的同时获得法律援助，实现了法律援助与司法救助的无缝衔接。法律援助机构还与老年维权部门联合成立了老年人法律援助分中心，加强了双方之间的沟通协调，提高了法律援助的社会效益。

【推动建立法律援助“三项标准”动态调整机制】积极协调上海市政府相关部门将上海市法律援助的“三项标准”调整工作提上日程，促使上海市法律援助的“三项标准”能根据经济社会发展水平、困难群众需求状况、法律援助工作发展实际等因素每三年调整一次，确保上海市法律援助事业与经济社会发展相协调，使更多的老年人受惠于法律援助。

【老年人法律援助便民措施不断完善】按照司法部开展法律援助便民服务活动的统一部署，不断健全法律援助服务网络，积极完善法律援助便民服务措施。上海市在全市5105个村、居委全部设立法律援助联络点，并建立了长效工作机制，让法律援助更加贴近困难老人。针对卧病在床、行动不便的老人积极推行上门服务、电话服务等方式，方便老年人申请并获得法律援助。各法律援助机构简化法律援助受理审查程序，为符合条件的老年人发放法律援助证，对持证人免除经济困难审查。提供先行援助，对于诉讼时效即将届满或有特殊、紧急情况的老年人提供先行法律援助，指派律师及时介入，更好地维护老年人合法权益。

【提升法律援助服务水平】延长服务时间。上海市法律援助中心和徐汇区法律援助中心推行世博“5＋1”服务模式，在周六为来访老人提供法律援助服务；卢湾区法律援助中心开通“小毛热线”，24小时为困难老人提供法律咨询；奉贤区法律援助中心组织法律援助“大篷车”，定期到远离城区的农村巡回服务，受到了老年人的好评。加强法律援助内容公示，完善硬件设施。在候谈室配备电视机、饮水机、老花眼镜等人性化设施及物件，设立私密接待室，保护老年人隐私权。闵行区法律援助中心还安装了排队叫号系统和满意度评价器，实行预约叫号和满意度测评制度，受到了来访老人的好评。

【提高老年人安全防范预警意识】2009年以来，上海市公安局从提高老年人防范意识、掌握防范技能着手，运用各种平台，多角度、多方位、多形式地开展系列防范宣传工作。与中国工商银行合作开展“警银合作，治安防范进社区”活动，先后开展主题宣传活动875场次，参与活动的老年人近13万人次，占参与群众的80％以上。与《上海老年报》合作，开设“护身宝典”专栏，以案说防范。在老年人集中的医院、公园、菜市场、社区中心广泛发放和张贴谨防电话欠费诈骗和谨防居家防盗的宣传单片和海报共85万份。公安民警举办了以老年人安全防范为主题的专题讲座30余场。

【上海市老年人法律服务中心开展各项维权服务工作】2010年，上海市老年人法律服务中心全年共接待老年人信访4016次，其中：来访1536人次，来电2415人次，来信65封。涉及人身权的94件、赡养权的149件、房屋权的1299件、财产权的801件、婚姻权的193件、其他的1480件，调处率达到98.0％。全年参加为老法律服务的志愿者670人次。上海市老年人法律服务中心与上海市“云间漫步心理咨询中心”合作开设的心理咨询服务项目进入第二年，全年免费接待咨询79人次，累计免费咨询149人次。

【退管系统做好退休人员信访工作】2010年，上海市退管会根据上海市委、上海市政府和上海市总工会有关维稳工作的会议精神，多次召开有关信访工作会议，了解定点联系单位信访工作情况以及退休人员在信访窗口所反映的问题，对信访接待人员提出“热情接待，耐心倾听，及时回复”工作要求，较好地化解了一些矛盾，使退休人员队伍基本保持稳定。据统计，截至2010年12月，共接待来信来访308人次，20个定点信访窗口接待来信来访1461人次。

【信访及法律援助服务为老年妇女排忧解难】2010年，全市各级妇联组织通过信访窗口处理来信、来访、来电、来邮等信访件1.69万件次，其中60岁以上的老年妇女信访约4000件次；各级妇联法律援助窗口提供法律咨询、代书、非诉调解、诉讼援助等法律服务3628件次，其中为60岁以上老年妇女提供服务约1000人次。来信来访的老年妇女所反映的问题集中体现在财产权益受侵害、赡养无法得到保障以及情感需求被忽视等方面。

【发挥妇联调解委员会作用，解决老年妇女的后顾之忧】为适应新形势下“大调解格局”的要求，在化解矛盾、平息纠纷、维护社会稳定方面发挥妇联组织的调解优势，各级妇联组织成立了妇联调解委员会，调解离婚、抚养、赡养等婚姻家庭纠纷或其他民事纠纷。截至到2010年底，上海市、区（县）、街（镇）妇联已成立妇联人民调解委员会76个，全市妇联系统人民调解委员会共受理调解申请497件，成功调解417件，其中包括涉及老年人赡养，财产权利等方面的纠纷。

十、老龄科研

【启动“上海市老龄事业发展十二五规划”编制工作】2010年，为顺利完成“上海市老龄事业发展十二五规划”的编制工作，开展了前期课题研究，包括上海“十一五”期间老龄事业发展的基本经验与启示、应对人口老龄化挑战的国际国内比较、上海养老福利服务“十二五”规划、健全老龄政策法规体系、上海城乡老年人养老保障一体化、上海老年卫生保健体系及健康干预、老年护理保险、上海老年人社区支持系统、上海老年人需求状况分析、完善老龄工作体制机制及老龄工作平台建设等11个课题。经过近一年的努力，在上海市领导的重视和上海市老龄委各委员单位、各区县以及有关科研机构的配合支持下，规划编制工作进展顺利，至年底已完成征求意见稿的编制工作。

【开展应对人口老龄化战略研究】根据上海市委领导要求，上海市民政局、上海市老龄科研中心组织开展了《上海市应对人口老龄化战略研究（2011—2020）》课题研究。课题对上海未来10年人口老龄化的趋势和所面临的形势做出基本判断，以优势视角、系统应对、聚焦重点、着眼长远的观点，对人口老龄化促进产业结构调整和经济转型，以及养老产业、家庭服务业和老年用品的开发对经济持续增长带来动力和机遇等问题进行分析，提出了上海应对人口老龄化高峰的战略目标。课题获民政部2010年民政政策理论研究二等奖。

【开展养老服务课题调研活动】为确立“十二五”时期上海养老服务事业发展前景，上海市民政局研究制定《养老服务“十二五”规划》、《养老服务和儿童福利设施“十二五”建设规划》，形成《“十二五”养老服务发展政策意见》的初步建议，拟从推进设施建设与运营、拓展养老服务、加强养老服务队伍、促进服务资源整合等方面加大扶持力度。并会同上海市发改委开展上海市机构养老等基础设施“十二五”建设规划的调研，制定下发三大类（针对机构、日托、老年人等）七种表式12000份调查问卷，并对各区县有代表性养老机构进行了实地调研，形成初步调研成果。根据《关于推进本市大型居住社区市政公建配套建设和管理的若干意见》，对上海市5个区县8个重点建设基地养老设施规划情况进行初步摸底，探索配套养老设施落地推进机制、建设方式、投入机制等。

【退管系统加强理论研究力度】2010年，上海市退管会编辑出版了《退管工作优秀论文选集》。为加强对退管工作的理论研究，上海市退管会在退管干部深入调查研究、撰写调查报告和开展理论研讨的基础上，评选出30篇优秀论文汇编成册，以指导退管工作实践。

【老年教育理论研究进一步加强】以上海为主承担的《发展城市社区老年教育与学习型城市建设研究》国家级课题组工作进展顺利，由上海、南京、天津、武汉、长沙等13个城市参加，形成了11个课题子报告，以及附件、案例30余篇，并完成了总报告的初稿。

上海还积极参与了中国老年大学协会学术委员会《中国老年教育学若干问题研究》一书的编撰工作。2010年开展了四年一次的论文评选工作，共收到论文、调研报告、经验总结等140余篇，评出特别奖6篇、一等奖5篇、二等奖10篇、三等奖15篇。在全国老年大学协会论文评选活动中，上海有6篇获奖，其中一等奖3篇、二等奖3篇，同时还获得了《论文征集活动组织奖》。2010年编撰出版了《老年教育的实践与思考》和《上海老年教育文集》、《大力发展上海老年教育》三本文集。

【举办老年学、老年医学青年学者论坛和专题沙龙】上海市老年学学会积极培育青年学者团队，推进“青年学者论坛”平台建设。2010年，举行老年社会保障、老年服务业产学研、老年保健和医疗、老年骨质疏松诊疗等四个青年学者论坛和两次“青年学者观点”专题沙龙，就“对上海应对空巢化举措的对策讨论”和“90%以上80后无法赡养父母的评点”等热点问题展开交流和发表学术观点，部分成果编入《青年学者观点和建言》。

【组织老龄产业专题讨论会】2010年6月，上海市老龄科研中心组织了有关社会组织、老龄产业经营单位和专家学者参与的“上海老龄产业展望座谈会”，对上海市老龄产业的现状、不足和发展前景进行了探讨，对促进老龄产业发展起到了积极作用。

【完成“2010年中国城乡老年人口状况追踪调查”上海地区调查工作】上海市老龄科研中心组织人员开展了“2010年中国城乡老年人口状况追踪调查”的上海地区调查工作。在组织过程中，召开了调查员培训会议，对各调查点开展督导检查，对回收的问卷进行抽查回访，严格确保入户调查质量。该调查由全国老龄办组织，中国老龄科学研究中心负责，调查范围为全国20个省、自治区和直辖市。上海的调查点涉及静安区、长宁区、徐汇区、杨浦区、青浦区、金山区、浦东新区、奉贤区的33个街镇93个居村委，调查老人1000名。

【完成老年人口和老龄事业发展监测统计和信息发布工作】完成老年人口和老龄事业监测统计工作，编印《2009年上海市老年人口和老龄事业监测统计信息》、《2009年上海市老龄事业发展报告书》和《上海市老年人口和老龄事业数据手册（2009）》，及时准确地向社会各界发布了相关信息。

【强化纯老家庭数据库管理】召开“上海市纯老家庭信息管理系统”专业人员、各基层信息员专题座谈会，就完善系统功能，强化数据库更新、维护、管理，征求意见，为2011年进一步推进“上海市纯老家庭信息管理系统”做好了准备。

【做好老龄科研杂志编印和网站运行工作】编辑印刷2010年《上海老龄科学》杂志和《国外老龄信息摘编》各四期，确保“上海老龄”网站和“上海老龄科研中心网站”的正常运行。

十一、老有所为

【开展第八期“银龄行动”】2010年6至7月，上海市老龄办组织开展了第八期沪疆“银龄行动”。6月4日，上海市老龄委举行隆重的欢送仪式，上海市人大副主任胡炜出席仪式并欢送来自医疗领域的21名老年知识分子赴疆。老专家们分别在阿克苏、博尔塔拉蒙古自治州、巴音郭勒蒙古自治州和克拉玛依市的有关单位开展了为期两个月的志愿服务。期间，胡炜专程赴疆慰问“银龄行动”老专家们。在志愿服务期间，21名老年志愿者接诊病人6048人，查房306次，会诊62次，抢救危重病人38人，诊断疑难病例96人，带培助手26人，举办学术讲座108期、培训1204人次，填补地、县科技空白手术项目6个、非手术项目9个。有些专家还积极下乡开展义诊，并向相关科室捐赠了专业书籍。“银龄行动”志愿者在疆期间积极开展“传、帮、带”工作，以高超的技术和良好的道德品质，赢得了新疆当地各族人民的高度赞扬和一致好评。

【健全上海市老年志愿者网络体系】2010年，为进一步倡导“老有所为”，引导广大老年人积极投身社会管理与建设，上海市老龄办以上海世博会为契机，主要依托上海市老年志愿者总队，加强各区县老年志愿者组织建设。全市16个区县成立了区级老年志愿者队，分别由为本地区发展做出过贡献的原区委、政府、人大领导或热衷于志愿服务事业的老同志担任本区县老年志愿者队的队长，共设队委392人，有的区还在街道成立了志愿者服务分队，为志愿工作的深入开展提供了必要的组织保障。全年登记在册的老年志愿者人数为164752人，参与社区平安巡逻、环境保洁、文明劝导、交通值勤、世博知识宣讲、世博接待、语言服务等各项志愿服务活动共计1300余万人次，为上海世博会的成功举办和上海的城市建设管理做出了积极的贡献。

【搭建老年绿化志愿者参与公园管理的平台】截至2010年底，全市有135座公园构建了“公园、社区、志愿者”的三位一体管理模式，占公园总数的91.8%，建有以离退休老年游客为主体的绿化志愿者队伍720支，人数1.6万多人，其中党员志愿者近3000人。由老年游客组成的绿化志愿者队伍一方面发挥各自的专长，每天在公园开展各类健身拳操、歌咏戏曲等富有老年特点的文体活动，另一方面也积极参与公园日常管理，开展“文明游园”宣传，以老年人特有的细心和耐心，维护了公园和谐优美的游园环境。

十二、为老专项活动

【“老年宜居社区”和“老年友好城市”试点】2010年，根据全国老龄办的部署，上海市黄浦区、长宁区、杨浦区和浦东新区开展了国家“老年宜居社区”和“老年友好城市”试点工作。一年来，各试点区加强对创建试点工作的领导，积极落实试点工作各项要求，制定试点指南和标准，建立本地区规划，领导、推进、协调老年宜居社区和老年友好城市创建的工作机制，将老年宜居社区和老年友好城市创建规范与要求，全面纳入老龄事业“十二五”规划，圆满完成了阶段性试点工作任务。

【“银发无忧”工程持续推进】2010年，继续组织实施“银发无忧”工程。按照政府协助、企业让利、市场化运作的原则，上海市老龄办联合新华人寿保险公司进一步加大宣传力度，使更多的老年人加入到保障行列中来，同时加强相关审核工作，确保每位投保人的信息准确，为后续理赔工作奠定扎实基础。据统计，2010年约有70万老年人参保，比2009年增加了4.5%，投保金额约1429万元，比上年增加3.3%。

【组织“申城万名老人游世博”活动】2010年9月7日，由上海市老龄办、上海市老年基金会、上海市退管会联合发起组织了“申城万名老人游世博”活动。该活动旨在让独居困难老人和曾为上海建设做出过突出贡献的老人，以及部分老年志愿者能够走进世博、体验世博，共享上海改革开放发展的成果。上海市人大副主任、上海市老年基金会理事长胡炜，上海市民政局局长、上海市老龄办主任马伊里，上海市民政局副局长、上海市老龄委办公室副主任高菊兰和上海市总工会副主席肖堃涛等领导出席了启动仪式。活动中有13680名老人和志愿者在社会各界的关心下，在各区县老龄办和有关旅行社的组织下，亲身感受世博的精彩和成功。通过完善活动的组织、内容、形式及服务，配备专门的工作人员，在世博园内设立现场指挥部、为出游老人购买意外保险等措施，确保了老年人安全游世博。“申城万名老人游世博”活动是上海“敬老月”活动的组成部分，同时体现出“城市让老人更快乐”的尊老敬老理念。

【“冬季为老助浴”实事项目持续开展】为贯彻“以人为本”的宗旨，体现党和政府对人民群众的关怀，自2003年以来，按照上海市委、上海市政府领导的指示精神，由上海市老龄委牵头，上海市民帮困互助基金会资助，上海市沐浴行业协会负责具体实施，从每年的1月1日至3月31日，对上海市3万名左右经济比较困难、家中不具备沐浴条件的老人，提供沐浴帮助，每人冬季沐浴6次。至2010年的8年间，先后有1000家大众便民浴室为困难老人提供了140多万人次的免费助浴，累计金额超过1000万元。2010年1至3月，通过上海市、区、街道、居委四级服务网络以及沐浴行业协会工作网络，实时联络、动态掌握，搭建了良好的组织保障体系，在活动推进过程中，未发生一起安全事故。全市共有307家浴室参加了助浴活动，为近3万名老人提供了近18万人次的助浴服务。各区县还为享受助浴的老人购买了专项保险。

【组织“上海老人赴黄山短期疗养”活动】2010年4至11月，上海市老龄办组织开展了“上海老人赴黄山短期疗养”活动。在总结历年工作经验的基础上，对活动方案进行了完善，简化了老年人的申报表格，将各区县的活动时间进行预分配，错开报名时段，并制定了黄山疗养院突发事故应急预案，保障了整个活动安全有序地进行。活动历时8个月，共有3195名老人分批赴黄山疗养院进行了短期疗养，每位老人均享受每人300元的政府补贴。活动深受老年人的欢迎，取得了良好的社会反响。

【开展第三届上海市十大寿星评选活动】2010年度，为进一步弘扬中华民族尊老敬老的传统美德，展现上海市长寿水平和百岁寿星的风采，上海市老龄办于2010年7月开展了“上海市十大百岁寿星”评选活动。经各区县老龄办申报，由上海市老年学学会具体承办并组织专家学者对候选人进行筛选、核查和审议，最终评选出“十大最高男寿星”十位，“十大最高女寿星”11位，“百岁寿星十佳风采奖”十位、“百岁夫妻双星奖”一对。除去年“第一寿星”李素清老人以111岁的高龄蝉联寿星榜冠军外，今年还诞生了沪上唯一一对百岁夫妇——浦东新区的张木成（101岁）和徐东英（102岁）夫妇，其婚龄长达80年，为全国仅有的19对百岁夫妇中婚龄最长的一对。

【“科技助老之百万老人刷卡无障碍计划”完成预定目标】上海“科技助老”行动之“百万老人无障碍刷卡三年行动计划”的预定目标是：100万老年人体验使用ATM机，其中30万老年人学会使用ATM机。上海每月在银行领取养老金的老人达280多万人，上海银行承担了全市50%养老金客户的服务。3年来，在每月领取养老金的高峰日，300多名科技助老导银志愿者上岗提供导银服务。据统计，上海银行养老金客户使用ATM机领取养老金的比例由活动前的14.3%提高到36.0%，其中使用上海银行ATM机领取养老金的比例由活动前的9.9%上升至29.0%，累计新增使用ATM机的养老金客户达30.24万人；通过与全市14个区的老年教育团体合作，在近千个居委社区开设以使用ATM机为主、金融基础知识为辅的培训讲座，3年来培训受众达71万人次。

【启动“数字养老院”项目】2010年9月3日，上海市老年基金会理事长胡炜和中国电信上海公司总经理张维华共同宣布2010年“数字养老院”建设工程正式启动。上海市老年基金会和中国电信上海公司将于年内在全市免费建立50家数字化养老院，利用新兴的信息化技术，以一流的设施和服务，丰富养老院老人的日常生活，拓展老人与外界沟通的渠道，满足老年人的精神和生活需求。数字养老院建设项目是为上海50家养老院免费提供IPTV数字电视、宽带上网、全球眼关爱等服务，使老人观看电视不再受养老院作息时间的限制，电脑宽带上网方便老人通过电脑浏览新闻，与家属、朋友进行视频聊天沟通；通过全球眼系统，老人家属可实时观看养老院公共区域的画面，了解老人的生活起居状况。

【开展大型为老服务咨询活动】2010年10月16日，上海市退管会办公室、上海市老龄委办公室、上海市老年基金会、上海市慈善基金会、静安区老龄办、静安区退管会、上海市社区文化服务中心、上海市文化发展基金会等联合在静安公园开展了“庆祝2010年上海市敬老日大型宣传为老服务咨询活动”。活动主要内容有法律咨询、养老政策咨询、医疗保障咨询、心理咨询、婚姻咨询、家电维修、推拿、理发、裁剪、测试血糖等55个服务项目。据统计，当日共有6780人次的老人在现场得到了服务。

【切实做好“冬送温暖夏送清凉”工作】为体现“和谐上海、平安世博”的主题，上海市退管会办公室根据上海市委、上海市政府和上海市总工会关于切实做好帮困送温暖工作的精神和要求，下发了专项通知，要求各级退管会根据本系统、本地区、本单位工作实际和退休人员的基本情况，切实做好“冬送温暖夏送清凉”工作。据统计，在2010年元旦、春节和高温期间，全市各级退管组织慰问退休人员33万人次，慰问总金额约2.1亿元，参加慰问的领导和退管干部达6.8万人次。

【组织“申城万名老人游世博”活动】2010年9月7日，由上海市老龄办、上海市老年基金会、上海市退管会联合发起组织了“申城万名老人游世博”活动。该活动旨在让独居困难老人和曾为上海建设做出过突出贡献的老人，以及部分老年志愿者能够走进世博、体验世博，共享上海改革开放发展的成果。上海市人大副主任、上海市老年基金会理事长胡炜，上海市民政局局长、上海市老龄办主任马伊里，上海市民政局副局长、上海市老龄委办公室副主任高菊兰和上海市总工会副主席肖堃涛等领导出席了启动仪式。活动中有13680名老人和志愿者在社会各界的关心下，在各区县老龄办和有关旅行社的组织下，亲身感受世博的精彩和成功。“申城万名老人游世博”活动是上海

"敬老月"活动的组成部分，同时体现出"城市让老人更快乐"的尊老敬老理念。

【开展"看世博"专项活动】 2010年5月起，上海市退管办与上海交大昂立公司携手，发起了"百岁老人不出家门看世博"活动。向百岁老人赠送了"世博健康大礼包"，把世博与健康带给了百岁老人。使百岁老人在家里通过阅读世博精美画册，就能享受到不出家门看世博的乐趣。

2010年，上海市退管会在上海爱尔眼科医院的支持下，开展了"千人复明看世博"活动，为1000名60岁以上可治疗白内障患者提供治疗费用的减免。据统计，共有1114名患有白内障疾病的老人得到了免费检查，其中有652名通过治疗使眼睛得到了复明，实现了看世博的梦想。

【开展军地共建老龄事业签约活动】 2010年10月9日，上海市民政局和上海警备区政治部关于"军地共建现代老龄服务事业、共助老年人幸福晚年生活"的签约仪式在青松城举行，协议内容涉及部队为地方老年人服务和地方为部队老干部服务。

【上海市老年基金会为"11.15特大火灾"受灾老人捐款】 火灾无情，大爱无限。上海市老年基金会副理事长孙运时、理事陈兆丰代表上海市老年基金会和胡炜理事长通过静安区民政局向受灾老人送去250万元善款，其中上海置业集团捐赠200万元。向每一位受灾老人送去爱心捐款1万元，向每位罹难老人家庭捐款2万元。上海邮政公司也通过上海市老年基金会向受灾老人捐助60万元善款。

十三、合作与交流

【召开第七届世界华人地区长期照护会议】 2010年12月18日，由上海社科院、上海市社会科学联合会、上海市老年学学会主办的"第七届世界华人地区长期照护会议"在上海社科院国际创新基地开幕。300多名来自两岸四地的专家学者和实际工作者在为期三天的会议中，就推进以家庭为中心的社区长期照护服务，促进老人长期照护产业的发展，建立学术交流平台，发展长期照护事业等展开交流与研讨。世界华人地区长期照护会议是由两岸四地涉及老年照护领域的民间组织和社会团体于2002年发起，已先后在香港、台北、上海、澳门、北京等地举行。

【举办"城市让老年人生活更美好"国际论坛】 2010年10月12日，由上海市老龄办、上海市老年基金会与芬兰驻沪总领馆共同主办的"城市让老年人生活更美好"国际论坛在世博园世博中心举行。论坛深入探讨了"政府对老年人的政策支持"、"改善老年人生活的新技术"等课题。各国代表在发言中都特别强调，要努力营造一个与老龄社会相适应的思想舆论环境，促使全社会在关心、重视、支持和参与老龄公益事业的发展上多下功夫。来自驻沪领馆、世博会外国场馆总代表以及境内外的为老服务和社会福利专家、上海市及区县老龄委代表、上海市区老年基金会代表共130人参加了本次论坛。

【举办《美国养老服务和长期照料》讲座】 2010年7月6日，由上海市老年基金会、上海市社会福利行业协会和上海爱玛医疗保健服务有限公司主办，上海市外国人就业中心等部门协办的《美国养老服务和长期照料》讲座，在上海外滩茂悦大酒店举行。上海市老年基金会理事张良仪、李子韦，上海市社会福利行业协会副会长胡丁捷，上海市外国人就业中心主任孙汉德等出席了讲座。讲座特邀美国布朗大学公共卫生、老年医学健康保健研究中心助理教授冯占联博士主讲，主要介绍了美国历史上政府和民间养老服务的情况，以及金融危机下美国老年群体长期照料的现状，旨在为帮助国内相关部门，以及养老、社会福利机构了解美国在老年健康干预方面的特点。

【不断深化与日本社会福利法人旭川庄的合作】 上海与日本社会福利法人旭川庄有着长达26年的友好交流历史。2010年，双方深入开展交流互访活动，丰富交流项目，拓展合作领域。2月，上海市第二社会福利院聘请旭川庄理事长末光茂先生担任名誉院长并举行了聘任仪式。

【积极推动中荷合作项目】 上海市民政局与鹿特丹社会事务和就业局的友好交流和合作始于20世纪90年代末。近年来，围绕养老福利服务、失智老人护理和康复，双方不断推进新的合作项目。2010年8月，荷兰鹿特丹社会事务和就业局副局长塞佩·拉弗斯特先生率领代表团来沪，与上海市民政局就双方下一步合作交流展开深入探讨。双方回顾了近十年来在养老福利领域开展的合作项目，交流了成功经验，并就下一步的合作进行广泛交流，达成共识。

重庆市

综　　述

2010年，重庆市老龄工作紧紧围绕“党政主导、社会参与、全民关怀”的老龄工作方针，深入贯彻落实市委书记薄熙来在市委三届八次全委会上“要实现农村养老保险全覆盖，让500多万城乡老年人老有所养”的指示和市委常委、市政府常务副市长、市老龄委主任马正其“老年事业应高度重视，大力支持”的重要批示，科学谋划，开拓进取，开展老龄难点热点问题基层调研，紧抓民生工程，着力解决老年人关心的生活利益问题。全市老龄事业发展呈现良好态势。

一、社会保障体系不断健全

一是城乡居民社会养老保险稳步推进。2009年7月至今，我市已在30个区县开展城乡居民社会养老保险试点工作，目前参保人数达到811万人，参保率达78%，其中60岁以上老年人277万，参保率达97%，每月养老金水平不低于80元。二是城镇企业职工基本养老保险进入发展快车道。主要体现在参保人数快速上升，2010年末参保人数达到570万人，比“十五”期末（2005年底）增长近1倍。同时，待遇水平也快速提高，通过连续调整，我市企业退休人员基本养老金从“十五”末的553元提高到去年的1418元，五年增长1.6倍，从全国倒数第3位提升到全国平均水平以上。三是城乡居民合作医疗保险发展快速。参保人数达到2624.98万人，其中：城镇居民424.55万人，农村居民2200.43万人，基本实现城乡老人“应保尽保”。全市医疗保险覆盖面已达到92.5%。四是社会化管理服务工作继续开展。2010年底，全市有90万名退休人员移交社区实行社会化管理服务，社区管理率达到75%。五是保障待遇稳步提高。近几年，我市连续较大幅度调整企业退休人员基本养老金水平，除全市月人均基本养老金增加了1.6倍以外，还稳步提高医保待遇，2010年，全市职工医保和居民医保住院实际报销比例分别为69.56%和43.57%，政策范围内报销比例分别达到了76.78%和61.12%。

二、养老服务事业加速推进

一是争取国家基本养老服务体系建设试点资金2000万元，实施了包括区县福利中心、社区托老所等6个项目建设。二是发动社会力量投资兴办养老机构。2009年确定支持建设的10所社会办养老机构，有9所已经建成，同时通过其他投资渠道建设社会办养老机构20余所。三是调动区县积极性，多方面筹集资金大力建设老年社会福利设施。全市有10多个区县已开展社会福利中心建设或筹建工作，有30个区县120多个社区启动了社区托老所及老年人日间照料中心建设。去年新建5个区县社会福利中心、94个乡镇敬老院、100个社区托老所及老年人日间照料中心、20余所社会办养老机构，新增养老床位1.2万张。截止2010年底，全市建成城乡养老机构1837所，床位89354张，另外，全市建成“五保家园”1834个，床位18340张，集中供养率达34%；建成城镇社区星光老年之家584个、社区日间照料中心（托老所）139个。

三、为老服务设施建设取得突破

一是城乡居民就医条件得到改善。启动区县及以下医疗卫生机构建设项目754个，改扩建业务用房面积达163万平方米。截至去年底，已竣工95个，在建335个，前期工作项目324个，累计完成投资17亿元。投入6000万元为600个乡镇卫生院装备救护车，使80%的乡镇卫生院配备了基本转运工具，基层急救能力进一步增强。全市社区卫生服务中心、乡镇卫生院标准化率分别达到41.8%和42.5%。二是老年活动设施建设发展良好。建成老年大学（校）431所，每年有近16万老年人接受老年教育。为适应老年文化体育活动的需要，全市还建成大小规模的老年活动中心（站、室）达7183所。各区县公共图书馆广泛开设老年阅览室和阅览区，659个乡镇、街道、社区配置了群众文化活动设备器材。三是探索建立了多功能社会福利机构。依托重庆医科大学附属第一医院，建立了青杠老年护养中心，开展集颐养天年功能、医疗护理功能、康复训练功能、痴呆老人管理功能、爱心关怀功能于一体的优质护养和康复服务。

四、老龄工作得到广泛关注

市委、市人大、市政府、市政协密切关注人口老龄化发展形势，围绕涉老重点、难点问题，组织开展了专项调研活动，加强了对涉老重点议案、提案的督办工作。重庆各新闻媒体加强了对老龄事业的宣传报道，提升了社会各界对老龄事业和老龄工作的普遍关注。市教委、市妇联、市总工会、市老龄办联合开展了尊老、敬老、爱老主题教育活动。同时，市老龄办组织开展了重阳“敬老月”活动，多家成员单位参加，分别对老年人表示了各种形式的慰问和关爱。市发改委、市交委、等成员单位也根据各自的工作职责，积极关注老年人的生活质量，开展了老年社会优待优惠等工作。

重要会议和活动

【市老龄委第七次全体会议】4月20日上午，重庆市召开了市老龄工作委员会第七次全体会议。大会传达了全国老龄委第十二次全体会议和回良玉副总理讲话精神；市老龄委副主任、市老龄办主任刘涛向大会作了2009年重庆市老龄工作情况和2010年工作安排意见的报告；与会同志认真审议了该报告，肯定了全市老龄工作取得的成绩，并对2010年工作提出了修改意见。市人力资源和社会保障局、市卫生局、市体育局还分别就本单位履行成员单位职责方面的情况做了汇报，市民政局作了书面交流。受市委常委、常务副市长、市老龄委主任马正其的委托，市政府副秘书长、市老龄委副主任丁先军主持会议并作总结讲话。市老龄工作委员会31家成员单位领导出席了会议。

【重阳“敬老月”活动】在重阳前后一个月，组织开展了以“关爱老人，构建和谐”为主题的全市“敬老月”活动。各区县、成员单位以及各老年群众组织高度重视，大力支持，积极响应，结合各自特点，开展了走访慰问送温暖、老年文化体育活动、为老志愿服务以及老年法律法规宣传等内容丰富的一系列敬老活动，切切实实为老年人办实事、做好事、献爱心，营造了帮贫助老，关爱老人、共建和谐的良好社会氛围。据不完全统计，今年我市开展“敬老月”活动，累计参加人数近百万余人；慰问各类老年人群近十万人，送慰问金、大米、食用油、衣被等物资折款近百万余元。

【全市老龄事业“十一五”发展规划评估检查】认真检查了各地执行《重庆老龄事业“十一五”发展规划》的进展情况，7月13日至14日迎接并通过全国政协委员刘玉明为代表的国家老龄事业发展规划评估检查组对我市老龄事业“十一五”规划执行情况的检查评估。

【全市老龄工作干部培训班】7月底至8月底，举办了第九期全市老龄工作干部培训班，全市140名老龄工作干部参加了培训，组织部分从事老龄工作的负责同志及干部赴外省市学习考察取经，找出差距和工作中存在的问题，研究制定老龄部门进一步开拓创新、加快发展的具体办法和政策措施。

【“爱心通”呼叫援助中心试点工作】继续重庆市“爱心通”呼叫援助信息中心的建设，开展了第二批试点任务，为高龄、病残、困难、空巢老人免费安装了“爱心通”呼叫手机2000部，进一步扩大了试点范围。

【农村现代远程教育】继续开展农村老年人远程教育工作，配套10万元资金已下发，目前已推广至4000个村（居），有超过40万农村老年人经常接受网络教育。

各项业务进展

【老年维权工作】2010年底，全市现建成老年法律援助中心519个，老年维权协调组织1942个。全年共有859名老年人获得司法救助，2040人接受法律援助。办理老年人法律援助案件3502件，比上年增长25%。为老年人提供法律咨询5388件次，占法律咨询总数的14%。

【老年优待工作】至2010年底，全市约有150万老年人办理了敬老优待证。落实优惠乘公交车线路373条，落实免费进公园（景点）385个，落实免普通挂号费医疗机构数518个，主城九区70岁以上老年人乘坐公交车和轻轨继续执行免费优待，全年新增办理公交免费IC卡50232张，市财政据实补贴7620万元，对乘坐轻轨包干补贴2000万元。

【老龄社会宣传】加大对人口老龄化严峻形势的宣传力度，呼吁全社会关注老龄问题。结合重庆实际，开展“关注老年民生”系列特别宣传报道以及重阳敬老月活动重点报道工作。通过“敬老助老主题教育活动”，并完成了全国评选“孝星敬老之星”、“敬老模范单位”、“中华孝亲敬老楷模”的评选表彰，宣传尊老敬老的典型人物和感人事迹，弘扬中华民族尊老敬老的传统美德。加强对老年群众组织的联系指导，宣传重庆老年人的良好精神风貌。同时积极组织老年群众艺术团体参加了“第二届中国老年艺术节”的活动，充分展示了重庆老年人积极进取、乐观向上的精神风采。所组织参赛的4个节目共获得金奖2个、银奖1个、铜奖1个，我办还获得了优秀组织奖。

【老年文体教育活动】组织全市老年人开展了丰富多彩的文体教育活动。举办了老年养生文化展示暨红歌演唱会和第二届“激情广场”老年人红歌大赛，开展了“2010泸州老窖紫砂大曲重庆百岁贺老慰问公益活动”共计261名百岁老人获得了人均1000元的慰问金。举办了首届“夕阳红”书画摄影展。全市部分区县文化馆充分利用场地开办老年大学，加强对老年朋友美术、书法、摄影、舞蹈、音乐等培训，愉悦了他们的身心，提高了他们的艺术修养。同时，组织参加了第十二届中国老年合唱节、全市第二届小品大赛、第四届乡村文艺会演、第十四届三峡艺术摄影展等市级品牌文化活动，为老年朋友搭建了艺术交流平台。

【银龄行动】 全年共组织近100名老年科技知识分子分别组成医疗、农技分队到南川区大观镇实施援医、援农活动，树立了老年科技知识分子“老有所为”的良好形象。

河北省

综　　述

2010年，全省各级老龄工作部门和广大老龄工作者，坚持以党的十七大和十七届五中全会精神为指导，认真贯彻落实科学发展观，针对我省人口老龄化形势和老龄工作实际，积极进取，开拓创新，迎难而上，一些重大工作取得了新突破，老龄工作整体水平有了新提高。

一、老龄工作机构建设取得新突破

近年来特别是省老龄委第四次全体会议召开后，各级党委、政府进一步深刻认识人口老龄化发展的严峻形势，切实把加强老龄工作机构建设作为老龄事业的一项基础工作，提高重视程度，摆上议事日程，作出明确部署。各设区市民政局按照省老龄委第四次全体会议要求，把老龄工作机构建设摆上重要位置，作为“一把手”工程来抓。各县（市、区）民政局积极行动，大力争取，90%以上都向县委、县政府以及编制部门打了报告。各级老龄办抢抓机遇，及时向党政领导和有关职能部门介绍人口老龄化形势和老龄工作情况，反映机构建设面临的困难和问题，取得理解和支持。在推进老龄工作机构建设中，各级组织、编制等有关职能部门也给予了大力支持。目前全省172个县（市、区）中，健全老龄工作机构的已达120个，占70%。有3个县（市）老龄办还设立了2—3个股。

二、老龄理论研究取得新突破

一是组织开展应对人口老龄化战略研究。认真研究确定研究课题，制定研究方案，制作调查问卷，编制电脑统计软件，组织开展入户问卷调查和有关数据统计，历时5个月在全省11个市55个县（市、区）进行数据采样，根据收集的53900余份问卷，进行数据汇总、测算、分析，全面掌握我省人口老龄化发展状况，在此基础上撰写专题调研报告，目前正在修改完善。这项工作的完成，必将给省委、省政府决策老龄工作提供难得的科学依据。二是举办首届河北省老龄工作社会责任年会。2010年6月在唐山迁西县举行了启动仪式，省委书记张云川发出贺信，省委常委、组织部长梁滨发表重要讲话。10月22日，年会在石家庄正式召开，会议倡导“敬老从心开始，助老从我做起；敬天下老人，扬中华美德”的孝亲敬老理念。年会共征集到社会各界报送的论文50多篇，分别从不同层面和角度探讨了应对老龄化社会的举措。会后，根据年会和材料反映的问题汇总八点建议，得到了省委、省政府领导的高度重视。张云川书记、陈全国省长都做出了重要批示，宋恩华副省长和尹亚力秘书长召集相关部门召开协调会，研究各项建议的落实措施。这既是对老龄工作社会责任年会的肯定，也充分体现了省委、省政府主要领导对全省老龄工作的高度重视。

三、探索农村养老模式取得新突破

针对农村人口老龄化的严峻形势，我们积极探索农村养老新形式、新方法，探索出了“全家合作投保、老人最先受益”的青县农村合作保险养老模式。特别是总结了邯郸市肥乡县创造的农村互助幸福院养老模式，就是按照“自治、自愿、自保、自助”的原则，实行“村级主办、互助服务、群众参与、政府支持”运作模式，走出了一条具有肥乡特色的农村养老新路子。李立国部长今年2月份在邯郸调研时指出，肥乡的互助幸福院养老模式是一个发展方向，是一个基层创造，在全国具有普遍推广意义，并期望肥乡、邯郸农村社会养老之光尽快亮遍全国。同时，对在全省10个县的10个村开展的“河北省农村空巢老年人帮扶服务试点”工作进行认真汇总分析，总结基本做法和成功经验。还完成了“中国城乡老年人口状况追踪调查”工作，汇总数据已经上报全国老龄科研中心。

四、老龄工作指标体系建设取得新突破

经省老龄委第四次全体会议讨论通过，《河北省老龄工作指标体系》正式下发执行。该指标体系主要围绕对老龄工作的组织领导、老龄政策法规落实、养老保障水平、老年服务设施、老年人精神文化生活、敬老宣传教育6个大项明确了30条具体指标和标准。建立老龄工作指标体系，量化工作标准，是衡量各级党委、政府做好老龄工作的依据，是促进老龄工作发展的有效手段，对于全省老龄工作走向科学化、正规化、制度化必将起到巨大的推进作用。

五、“助老健康御险”活动取得新突破

3月份召开了推进“助老健康御险”活动工作会议。6月份，向省直各大单位和企业发函，介绍“助老健康御险”活动开展情况和内容。7月份召开了全省“助老健康御险”经验交流电视电话会议。一年来全省各级老龄办和人寿保险公司进行广泛宣传和动员发动，着力推动工作进展。截止2010年12月底，全省参保老年人数已经达到90余万，覆盖面接近10%。这项活动的开展，使更多的老年人能够在遇到意外伤害时得到有效保障，为家庭及党和政府分忧解难。许多老年人都称赞这是老龄办为老年人办的一件好事实事。

六、为老服务取得新成效

一是协调督促各成员单位制订2010年为老年人办实事、办好事计划。进一步明确了成员单位的职责和工作任务，省老龄委各成员单位结合各自职能特点，为老年人办了大量好事、实事，受到广大老年人的称赞。二是实施“爱心护理工程”。创建“全国爱心护理工程建设基地”10个。对重点为失能和基本失能老人提供专业护理服务的社会养老机构给予帮助，配发了一批微型面包车和一部分便携式座便器。同时，利用爱心护理工程专项经费和福彩公益金，为民办养老机构配发了一部分护理床和轮椅。三是开展“银龄行动”。通过省老科协、老教授协会等老年社团，先后组织老专家40余人次到石家庄、邯郸等5个市30多个县进行调查研究，开展咨询服务，传授实用技术，推广粮食、蔬菜新品种10多个，数千农民受益。在2010年10月召开的全国“银龄行动”工作座谈会上，我省作了典型发言。

七、老年维权工作取得新成效

一是开展老年人权益保障法律法规执法调研。10月11日至22日，由省人大常委会牵头，组成3个调研小组，对全省8个设区市贯彻落实老年人权益保障法律法规进行执法调研，掌握全省人口老龄化发展状况，了解老年人权益保障法律法规落实情况，听取基层和老年人的呼声。专题调研报告经省人大常委会第二十次会议审议后，转交省政府，提出了针对性的意见和建议。二是抓好老年优待政策的落实。采取多种形式，大力宣传老年法律法规和老年优待政策，提高老年人依法维权和全社会尊老爱老意识。与省财政厅联合下发了《关于印发老年人优待证的通知》，明确老年人优待证的制作与发放原则，全省实现了老年人优待证免费发放。认真做好老年人来信来访工作，全省共接待老年人来信来访2千余件（次），做到热情接待，积极帮助解决问题。三是组织在重阳节期间开展走访慰问贫困、高龄老年人活动。各级党政领导带头深入乡镇、深入到老年人家中，为老年人送去慰问金和慰问品，送上党和政府对老年人的关爱之情。整个重阳节期间，全省各级共投入经费100余万元，走访慰问贫困、高龄老年人2000余人。此项工作群众赞誉高，社会反响大，充分体现了党和政府对老年人的关怀。

八、老年文化宣传工作取得新成效

认真组织开展“敬老月”活动，周密部署，精心组织，在燕赵大地掀起了为老年人送温暖的尊老敬老高潮。省老龄办与省人民广播电台联合开展了“夕阳红燕赵行”大型老龄宣传活动。在“敬老月”前夕，先后派出多个宣传报道组，深入各市、县采访孝亲敬老先进典型事迹，并在“敬老月”期间通过电台连续滚动播出，收到了良好的社会反响。《金色夕阳》栏目共播出52期。《老年日报·河北新闻版》共出版255期，《河北老年》杂志出版42期，《河北老年网》点击量达1.17亿余次。进一步营造了全社会关注老龄工作、关心老年群体的良好氛围。同时，圆满完成了承办第二届中国老年文化艺术节服饰表演、合唱比赛任务。来自全国26个省、市自治区64个参赛团队2200多名老年朋友参加了这次活动。省老龄办高度重视，省老年事业促进会精心组织，确保了演出的圆满成功，赢得了全国老龄办以及全国各地参赛队员们的一致好评。在重阳节期间，全省各地都组织了形式多样的老年文体娱乐活动，极大了丰富了广大老年人的精神文化生活。

九、树立尊老敬老先进典型取得新成效

2010年一年中，我省有1人被评为十大“中华孝亲敬老楷模”，2人获得提名奖，136人被评为全国“孝亲敬老之星”。有19个单位和27名个人被评为全国老龄工作先进单位和先进个人。有16个单位和22名个人被评为全省老龄工作先进单位和先进个人。

十、各级老龄办自身建设取得新成效

举办了全省老龄干部第八期培训班，邀请国内和省内老龄工作专家、学者进行专题讲座，并组织全体参训人员赴外省市考察学习先进经验，使广大老龄工作干部进一步提高了理论政策水平和专业知识水平。沧州市老龄办组织各县（市、区）老龄办及部分社会养老机构负责人参加了养老服务专项业务知识培训班，提高了履行职责能力。各级老龄办积极开展争先创优活动，有力地提高了老龄工作干部做好老龄工作的政治责任感和使命感。

重要会议和活动

【召开省老龄委第四次全体会议】3月18日，组织召开了省老龄委第四次全体会议。会议总结省老龄委第三次全体会议以来我省老龄工作发展情况，分析人口老龄化发展形势，部署今后一个时间全省老龄工作任务。省民政厅厅长、省老龄办主任古怀璞做工作报告，省政府副省长、省老龄委主任宋恩华发表重要讲话。这次会议的召开，对做好今后一个时期的全省老龄工作起到了推动作用。

【召开全省老龄办主任会议】3月19日，全省老龄办主任会议在省会石家庄召开，会议传达了回良玉副总理在全国老龄委第十二次全体会议和陈传书副主任在全国老龄办主任会议上的讲话。省老龄办专职副主任姜文汇总结了2009年工作，部署了2010年全省老龄工作任务；部分市作了典型经验发言，各市老龄办主任、扩权县主管老龄工作的民政局长、老龄办主任等80多人参加会议。

【开展应对人口老龄化战略研究】根据全国老龄委的部署和我省老龄工作情况，3月召开专题会议，研究确定我省战略研究课题，制定战略研究方案，组织开展入户问卷调查和有关数据统计，编制电脑软件程序，印制了6万份调查问卷，历时5个月对全省11个地市55个县市区383个乡镇（街道）1623个行政村（居委会）进行采样调查，根据收集的53900余份问卷，进行数据汇总、测算、分析，全面掌握我省人口老龄化发展状况，在此基础上撰写专题调研报告。这项工作的完成，将给省委、省政府决策老龄工作提供了难得的科学依据。

【继续推进“助老健康御险”活动】3月份召开了推进“助老健康御险”活动工作会议。6月份，向省直各大单位和企业发函，介绍“助老健康御险”活动开展情况和内容。7月份召开了全省“助老健康御险”经验交流电视电话会议。一年来省老龄办和人寿保险公司进行广泛宣传和动员发动，着力推动工作进展。目前投保老年人数已经达到90余万，覆盖面接近10%。这项活动的开展，使更多的老年人能够在遇到意外伤害时得到有效保障，为家庭及党和政府分忧解难。许多老年人都称赞这是省老龄办为老年人办的一件好事实事。

【召开首届河北省老龄工作社会责任年会】由省委组织部、宣传部、老干部局、省民政厅、省老龄办联合主办的首届河北省老龄工作社会责任年会于2010年6月在唐山迁西县举办了启动仪式。明确责任年会的研讨题目，号召全社会关爱老年群众，支持老龄事业。省委书记张云川发出贺信，省委常委、组织部长梁滨发表重要讲话。10月22日，召开首届河北省老龄工作社会责任年会，会议回顾总结“十一五”期间全省老龄事业发展情况，研究“十二五”期间应对人口老龄化的新办法、新举措。省委常委、组织部长梁滨出席会议并发表重要讲话。会议号召全社会高度重视老龄工作，关爱老年群众，倡导“敬老从心开始，助老从我做起；敬天下老人，扬中华美德”的孝亲敬老理念。年会共征集到社会各界报送的论文50多篇，分别从不同层面和深度探讨了应对老龄化社会的举措。会后，根据年会工作和材料反映的问题汇总出八点建议上报给省委、省政府，得到了省委、省政府领导的高度重视。张云川书记批示：应重视此建议，召集研究一次；陈全国省长批示：此建议很好，应认真研究吸收，提出意见研究。11月5日，宋恩华副省长和尹亚力秘书长召集相关部门召开了专题协调会，专门研究各项建议的落实措施。这既是对老龄工作社会责任年会的肯定，也充分体现了省委、省领导对全省老龄工作的高度重视。

【全省老龄工作干部培训班】6月份举办了全省老龄干部第八期培训班，邀请国内和省内老龄工作专家、学者进行专题讲座，并组织全体参训人员赴外省市考察学习先进经验，使广大老龄工作干部进一步提高了理论政策水平和专业知识水平。

【承办第二届中国老年文化艺术节服饰表演、合唱比赛】9月21日至28日，第二届中国老年文化艺术节服饰表演、合唱比赛在河北石家庄举行。来自全国26个省、市自治区64个参赛团队2200多名老年朋友参加了这次活动。省老龄办高度重视，精心组织，从场地布置、住宿安排、接送演员进入比赛场所、接（送）机接（送）站，都精心设计了预案，认真组织实施，确保了演出的圆满成功。特别是高质量地完成了来自全国各地2200余名老年人的吃、住、行、接送等服务保障工作，做到了安全无事故，赢得了全国老龄办以及全国各地参赛队员们的一致好评。

【爱心护理工程】创建“全国爱心护理工程建设基地”10个。对重点为失能和基本失能老人提供专业护理服务的社会养老机构给予帮助，配发了一批微型面包车和一部分便携式座便器。同时，利用爱心护理工程专项经费和福彩公益金，为民办养老机构配发了一部分护理床和轮椅。

【组织开展走访慰问贫困、高龄老年人活动】省老龄办下发了《关于在重阳节期间开展走访慰问贫困、高龄老年人活动的通知》，指导各地积极开展慰问活动。省老龄办专职副主任姜文汇亲自带队到市、县进行走访慰问。各级党政领导带头深入乡镇、深入到老年人家中，为老年人送去慰问金和慰问品，送上党和政府对老年人的关爱之情。整个重阳节期间，全省各级共投入经费100余万元，走访慰问贫困、高龄老年人2000余人。此项工作群众赞誉高，社会反响大，充分体现了党和政府对老年人的关怀。

【开展老年人权益保障法律法规执法调研】10月11日至22日，由省人大常委会牵头，组成3个调研小组，对全省8个设区市贯彻落实老年人权益保障法律法规进行执法调研，掌握全省人口老龄化发展状况，了解老年人权益保障法律法规落实情况，听取基层和老年人的呼声。并向省政府写出了专题调研报告，提出了针对性的意见和建议。

【组织举办“首届中国（河北）民间传统健身大赛”】10月23日举行了开幕式。这次大赛的参赛选手80%以上都是老年人。开展此项活动，不仅能够丰富老年人的精神文化生活，而且能够更好地将民间的传统健身文化进行传承、推广、弘扬，吸引更多的年轻人和老年人参与其中，促进和谐社会建设。

各项业务进展

【养老保障工作】一是开展农村社会养老保险试点。2009年，我省出台了《关于开展新型农村社会养老保险试点工作的实施意见》，确定首批18个县（市）进行试点，2010年又增加了19个县（市）。截止2010年底，有179.46万60岁以上农村老年人参保，参保率达到96.1%，共领取养老金9.66亿元，农村老年人“老有所养”开始有了制度性保障。二是认真做好企业退休人员养老金调整工作。为全省197万企业退休人员调整提高了基本养老金，月人均养老金标准从2005年的585元提高到了2010年的1413元。实现养老保险费省级统筹，2010年全省征收养老保险费近399亿元，为“老有所养”提供了经费保障。三是不断完善城乡低保制度。出台了《关于在全省建立城乡低保标准与全国平均水平同步增长机制的意见》，在全国率先建立了城乡低保标准与全国平均水平同步增长机制，有效地保障了全省273.3万城乡低保对象的基本生活。特别是将低保范围向贫困老年人倾斜，使他们的基本生活得到切实保障。四是认真落实《农村五保供养工作条例》。2010年底全省共有农村五保供养对象25.6万人，集中和分散供养标准分别为2367元/年和1725元/年。五是不断完善离退休干部“三个机制”，确保老干部各项待遇不降低。六是切实抓好独生子女父母退休3000元一次性奖励的落实，落实率达到60%以上。七是积极做好军队离退休干部移交安置工作，较好地落实了政治和生活待遇。八是探索建设高龄老人补贴制度。承德、秦皇岛市以及平山县等部分县（市、区）建立了80或90岁以上高龄老人补贴制度，每人每月发放30～50元不等的高龄津贴。

【医疗保障工作】一是大力推进新型农村合作医疗制度。目前，全省共有4998.09万人参加了新农合，参合率达94.46%，比2009年提高了4个百分点，参合农民共有6568万人次得到合作医疗补偿，补偿总费用近64亿元，其中农村60岁以上老年人成为“新农合”的主要受益者。二是将城乡医疗救助纳入国家基本医疗保障体系，许多患大病、重病的贫困老年人得到救助。三是大力加强基层卫生服务机构体系和内涵建设。2010年，对包括市级重点中医院、县医院、中心乡镇卫生院、社区卫生服务中心在内的1247个医疗卫生机构进行了新建或改扩建。开展基层医疗卫生服务机构标准化建设，推进农村乡镇卫生院、村卫生室和城市社区卫生服务机构建设，提高基层医疗卫生机构服务水平和质量，改善老年人的医疗条件，使农村老年人小病不出乡、大病不出县，城市老年人享有便捷有效的社区卫生服务。

【发展养老服务业】一是加快推进养老服体系建设。去年，省政府出台了《关于加快推进养老服务体系建设的意见》，召开了全省养老服务体系建设工作会议，明确了“十二五”期间发展养老服务事业的任务目标。二是加强老年福利服务设施建设，全省新建县管民政事业服务中心580所，床位达到15.7万张；“三院合一”（敬老院、光荣院、福利院）型民政事业服务中心实现100%覆盖。三是积极推进社会办养老服务机构建设。制定支持社会办养老机构发展的优惠政策，加大扶持力度，引导社会资本进入养老市场，发展老龄产业和养老事业。省政府先后出台了《关于加快发展养老服务业的意见》和《关于加快推进养老服务体系建设的意见》。两个《意见》都明确了养老机构建设的具体优惠政策。目前，全省50张以上床位规模的民办养老机构发展到344家，床位总数达到了3.25万张，比上年增长97%。四是积极推进居家养老服务工作。去年4月8日，召开了全省居家养老呼叫服务网络建设工作会议，制定下发了《河北省居家养老呼叫服务网络建设工作方案》。目前，全省11个设区市和36个市辖区，构建起覆盖市、区、街道、社区四级、以“为老服务热线”和“一键通紧急呼叫”为主要内容的居家养老呼叫服务网络。五是大力推进农村互助幸福院养老模式。邯郸市肥乡县创造的农村互助幸福院养老模式，就是按照“自治、自愿、自保、自助”的原则，实行“村级主办、互助服务、群众参与、政府支持”运作模式，走出了一条具有肥乡特色的农村养老新路子。民政部李立国部长今年2月份在邯郸调研时指出，肥乡的互助幸福院养老模式是一个发展方向，是一个基层创造，在全国具有普遍推广意义，并期望肥乡、邯郸农村社会养老之光尽快亮遍全国。今年2月份，民政厅组织召开了河北省农村社区养老工作座谈会，制定了《关于全面推进农村社会养老“幸福工程”建设的意见》，3月份，在肥乡召开了河北省推进农村社会养老“幸福工程”现场会，在全省全面推广肥乡经验。年内，全省20%的村要建立农村互助幸福院，“十二五”末全省实现基本覆盖。

【老年维权工作】一是认真落实优待政策。《河北省老年人优待证》全部实行免费发放，11个设区市全部落实了70岁以上老年人免费乘坐市内公交车、发放百岁老人长寿补贴等规定。二是加大老年法律法规宣传力度，加强法律援助机构建设。各市、县普遍建立了老年人法律援助中心，开通司法救助“绿色通道”，促进涉老案件快立、快审、快结、快执，拓宽老年人维权渠道。及时发布涉及老年群众安全案件的预警信息，提高广大老年人的防范意识。严厉查处虐待、遗弃、诈骗老年人的不法行为，有效地保障了老年人的基本生活、人身、财产、婚姻等权益。三是推进各项为老服务工作。组织实施“幸福工程——救助贫困母亲行动”，共救助计生贫困母亲3.1万人。积极开展无障碍设施建设，为老年人游览、购物、出行提供方便。积极开展青年志愿者行动，目前全省各类扶老助残志愿者队伍达5000余支，志愿者人数达20余万人，近年来共为10万名老年人、残疾人提供了帮助。四是组织开展走访慰问贫困老年人活动。全省各地在“重阳节”、“春节”等重大节日期间，近4年来省、市、县三级共筹集经费600余万元，走访慰问贫困、高龄老年人上万余人次、百岁老人4000余人次。安排部署在10县（市）的10个行政村开展“农村空巢老年人帮扶服务试点”活动，积极探索农村空巢老年人的有效帮扶服务措施。

【老龄宣传工作】随着人口老龄化程度的不断加剧，加强老龄宣传工作、营造良好的社会舆论环境问题越来越受到党政领导和全社会的关注。一是搭建宣传平台。近年来，省老龄办先后创办了“一栏”：《金色夕阳》，共播出130余期；“一网”：河北老年网，2010年点击率达1.17亿次；“一刊”：《河北老年》杂志，共出版42期；“两报”：《老年日报·河北老龄版》，共出版255期，《河北老龄工作简报》，共编发52期。组织拍摄了《河北长寿老人》、《孝亲敬老在行动》电视专题片。据不完全统计，2010年，《河北日报》、河北电台、河北电视台、《燕赵都市报》和长城网等省直主要媒体共播出、刊登有关老龄方面的新闻报道和专题稿件千余篇。省电视台的“阳光访谈”栏目以及河北日报的“晚晴”专栏等都相继选择老龄问题或养老话题制作了专题节目。各地电视台、广播电台相继开办了老年节目或老年专栏，为老龄宣传工作搭建了广阔和多级平台。二是印制宣传材料。编印了《老年维权手册》、《老龄政策法规资料汇编》、《老龄工作知识问答》等宣传资料数万册。三是大力宣传和表彰孝亲敬老先进典型。在全国老龄委组织开展的“全国助老、爱老、敬老主题教育”活动中，我省先后有常玉珍、林秀贞、张建霞被评为“中华孝亲敬老楷模”。先后表彰了20名“河北省孝亲敬老楷模”和一大批“孝亲敬老之星”，极大地弘扬了中华民族尊老敬老的传统美德，为老龄事业发展提供了舆论力量和精神支柱。

【老龄工作机构建设】近年来，省委、省政府高度重视老龄工作，始终把机构建设、人员配备、经费投入作为工作重点。2006年5月，省老龄办组织对全省老龄工作机构建设情况进行了全面调研，确实摸清底数，掌握整体情况。2007年7月，在全省第一次老龄工作会议上，省领导就老龄工作机构建设提出了明确要求。2008年5月，省委组织部、省编办、省财政厅、省民政厅、省老龄办五部门联合下发了《关于贯彻落实省第一次老龄工作会议精神，加强老龄工作机构建设和老龄事业发展经费投入的通知》，《通知》要求：各市、县要参照省的模式设置老龄工作机构，配备与工作任务相适应的工作人员，保证老龄工作顺利开展。2009年5月，在组织考评全国及全省老龄工作先进单位时，把老龄工作机构是否健全作为硬性指标之一，明确提出：机构不健全、不完善的，一律不得评为先进。2010年3月，在省老龄委第四次全体会议上，副省长宋恩华明确要求，老龄工作机构、人员、经费没有落实的，今年必须落实到位，省老龄委要对各地机构和经费落实情况开展一次集中检查，并在全省进行通报。民政厅主要领导明确提出，老龄工作机构不健全，要在民政系统实行一票否决。目前，全省各地老龄工作机构建设取得明显进展。11个设区市中，已有7个市参照省老龄办的模式，配备了副处级老龄办专职（常务）副主任，其他4个市也正在报批之中。全省172个县（市、区）中，健全老龄工作机构的120个，占70%。特别是魏县、涿州市高度重视老龄工作，县（市）老龄办配备专职副主任，并分别设置了2个股和3个股。4月2日，省政府办公厅下发了《关于全省老龄工作机构建设情况的通报》，对老龄工作机构建设提出了明确要求。目前，机构尚未健全的县（市、区），根据省政府和省领导的要求，正在积极协调解决之中，争取6月底全部落实到位。

【"银龄行动"】通过省老科协、老教授协会等老年社团，先后组织老专家40余人次到石家庄、邯郸等5个市30多个县进行调查研究，开展咨询服务，传授实用技术，推广粮食、蔬菜新品种10多个，数千农民受益。组建科普报告团29个。作科普报告1500多场，听众达19万多人。建立农村科普基地65个，推广先进实用技术30多项。在2010年10月召开的全国"银龄行动"工作座谈会上，我省作了典型发言。

山西省

综　　述

2010年，在省委、省政府的正确领导下，在29个成员单位及社会各界的大力支持下，全省各级老龄组织和广大老龄工作者以邓小平理论和"三个代表"重要思想为指导，深入贯彻落实科学发展观，紧紧围绕转型跨越发展，科学谋划老龄工作，全面实施老龄事业发展"十一五"规划，不断深化基层老龄工作，全力保障老年人合法权益，积极开展老年文化体育活动，充分发挥老年人作用，各项工作都有了新的进步和发展。

一、实施五年发展规划，推进老龄事业发展

2010年是贯彻实施《山西省老龄事业发展"十一五"规划》的收官之年。2010年11月29日至12月2日，由全国政协、国务院办公厅、教育部、商务部、全国老龄办等五部门组成的全国老龄事业发展"十一五"规划联合检查评估组对全省大同、太原、晋城3市进行了检查，听取了全省的情况汇报，对全省老龄事业发展"十一五"规划执行情况给予了充分肯定和比较高的评价。

1. 老年社会保障体系建设不断加强。覆盖城乡的社会保障政策框架体系基本建立。截止2010年底，全省城乡养老保险参保人数达到1080万，全省国家和省级新型农村养老保险试点县达到42个，104万农村老年人每月领取不低于55元的养老金。城镇企业职工基本养老保险实现省级统筹，离退休人员养老金全部按时足额发放，并连续6年养老金水平保持增长。全省基本医疗保险实现城乡全覆盖，参保人数达3100多万。"三无"、"五保"老人全部实现应保尽保、按标施保，有力地保障和改善了"老有所养"。

2. 老龄事业基础设施建设不断发展。各地把老龄事业基础设施建设列入政府为民办实事的民生工程，列入新农村建设的重要内容，不断加大投入，老年福利服务基础设施数量有了大幅增加，条件明显改善。截至到2010年底，全省已建成敬老院、养老院等养老机构1154所，床位45579张，全省爱心护理工程建设基地12家，老年活动中心（站、室）19728个，参加活动的老年人83万多人，老年大学（学校）1269所，在校老年人102578人，各项指标均比上年同期有了一定幅度的提高。

3. 养老补贴金制度范围不断扩大。在关注民生、惠老政策的推动下，全省各地积极建立完善老年人养老补贴金制度，补贴标准不断提高，覆盖范围不断扩大。目前，太原、阳泉、朔州、晋城、长治已实现养老补贴金全覆盖，全省已有80多个县（市、区）建立养老补贴金制度。阳泉、晋城、阳城、沁水、泽州等市县不断提高补助标准，和顺等县降低老年人补贴年龄，补贴政策惠及了更多的老年人。

4. 特困救助制度不断健全。省、太原、晋城、长治、晋中等市及所辖各县区均设立了老年特困救助资金。阳泉市特困救助资金在2009年基础上有所增加，形成了救助贫困老年人的长效机制。同时，省老龄办与中国人寿保险股份有限公司山西分公司联合开展了"关爱银龄·助老御险"活动，提高了老年人抵御风险能力。

二、突出工作重点，深化基层工作

2010年，省老龄办始终不渝地坚持"抓基层、打基础、树品牌、创一流"的指导思想，以老龄工作示范县（市、区）为抓手，扎实推进社区、农村老龄工作规范化建设，使基层老龄工作不断深化。

1. 以示范县（市、区）、乡（镇）、村为抓手，不断加强基层老龄工作规范化建设。省老龄办不断建立健全全省老龄工作示范县（市、区）申报、检查、验收、评选、授牌等制度，对创建工作实行动态、规范、制度化管理。目前，全省老龄工作示范县（市、区）已达到20个。太原、晋城、运城、晋中、大同、忻州、吕梁等市确定了老龄工作示范县（市、区）、示范乡（镇）、示范村，不断完善老龄工作规范化建设标准，建立健全检查验收制度，有力地推动了基层老龄工作的深入开展。2010年6月23日—24日，省老龄办组织召开了全省老龄工作示范县（市、区）建设壶关现场推进会。参观了壶关县常平老年公寓、龙泉镇南关村等示范点，交流了先进工作经验，分析了老龄工作面临的新形势、新情况，研究了老龄工作的新任务、新目标，对推动全省示范县（市、区）老龄工作的深入发展起到了积极的作用。

2. 以居家养老服务为重点，不断推进基层老龄工作。省老龄办把居家养老服务工作作为重点，引导各地积极开展试点。太原市政府出台了《关于推进居家养老社会化服务工作的意见》。长治市成立居家养老服务中心，晋城市在各乡镇建立居家养老服务中心，阳泉市在社区开展志愿者服务和家政服务。运城的盐湖、平陆、芮城等县（区）的一些农村针对大多数年轻人外出务工，留守的空巢、孤寡老人做饭难的问题，村里办起了“老年食堂”，避免了老年人做一顿吃三天，顿顿吃剩饭的窘况，解决了老年人做饭难的问题。2010年12月24日，省老龄办召开了全省居家养老服务太原现场会。全国老龄办常务副主任陈传书，省委常委、常务副省长、省老龄委主任李小鹏出席会议并分别作了重要讲话。通过参观、经验交流，与会代表明确了方向，学到了经验，为推进居家养老服务工作起到了重要作用。

三、落实老年人优待政策，保障老年人合法权益

1. 老年优待政策全面落实。《中华人民共和国老年人权益保障法》、《山西省实施＜老年法＞办法》及《关于切实加强老年人优待工作的实施意见》精神得到了全面的贯彻和落实。老年人凭《老年优待证》可以免费进入公园、纪念馆、乘座市内公共汽车、进入旅游景点，车站、机场、医疗等单位设立了老年人优待服务窗口，明示优待服务内容。全省县级以上老龄组织充分发挥监督、检查职能，2010年一年全省各优待服务组织和单位没有发生一起不良投诉。同时，各地积极为老年人办理《山西省老年优待证》，2010年共办理11.1万本。

2. 老年维权工作进一步加强。各级老龄部门不断加强与司法、公安、法院等部门的协调配合，逐步完善老年维权工作机制，建立健全老年权益维护和法律服务工作体系。省、市及多数县老龄办成立了老年法律援助站，对符合法律援助条件的老年人提供法律咨询、代拟法律文书、进行诉讼调解等。各地法院对老年案件实行优先立案、优先审理、优先执行制度，对家庭侵权案件选择非诉讼方式和回访制度，既动之以情、晓之以理解决问题，又不使彼此反目失去亲情。社区居家养老服务中心把法律服务作为为老服务的重要内容，村老年协会把调解家庭赡养纠纷、婆媳矛盾作为主要任务，走村入户，化解矛盾，把老年维权工作落实在了基层。同时，各地不断建立健全老年人来信来访制度。各级老龄干部以老年人信访无小事的理念，带着感情、带着责任对上访老年人热情接待，对反映问题耐心解答、多方协调、认真解决。

四、整合宣传资源，提高宣传效果

1. 建立和延伸老龄工作宣传阵地。省、市多数县老龄办定期办有老龄工作刊物或简报，及时反映老龄工作的情况和动态。省、太原、晋城、广灵等老龄办建起了“老龄网站”，及时交流老龄工作信息，部分农村老龄协会不定期举办黑板报、墙报等。山西晚报、太原晚报，晋中、晋城、长治等市日报设有老年专版，太原、晋中、晋城、平遥、祁县等市县电视台设有老年专栏，太原、祁县广播电台设有老年之声栏目等，形成了宣传工作网络，扩大了宣传的覆盖面。

2. 开展有影响、有声势的评选活动，增强宣传效果。一是组织参加全国老龄办与全国新闻工作者协会组织的“十大老龄新闻”、“十大老龄新闻人物”、“老龄新闻宣传好作品”评选活动。二是组织参加全国敬老、爱老、助老主题教育活动组委会组织的“中华孝亲敬老楷模”、“孝亲敬老之星”、“敬老模范单位”评选活动。三是省老龄委组织开展了第二届“十大杰出老人”等十个类型的先进单位和个人评选活动。太原、晋城、阳泉、清徐、闻喜、阳城、壶关等市县也开展了各种类型的评选表彰活动，各地把评选的过程变成了宣传的过程，树立了典型，促进了工作。

3. 寓宣传于活动和日常生活用品之中。各地创新宣传方法，寓宣传于各项活动和日常生活用品之中，收到了宣传、推动工作的综合效果。太原电视台举办有影响、有声势、有规模的“魅力老爸老妈”活动。忻州退休干部李录民以老龄化社会为内容写下了26万多字的长篇小说——《香香女的老人国》。孝义退休干部刘荣生五载艰苦笔耕，写下了长篇巨著《孝行天下》。吕梁、小店等市县老龄办制作宣传老龄工作的挂历、老年养生光盘、环保购物袋等，使老龄宣传工作体现在工作的方方面面，渗透到人们的日常生活当中，收到了比较好的宣传效果。

五、结合工作实际，深入开展调研

2010年省老龄办深入实际、深入基层，认真组织开展调查研究，取得了重要调研成果。

1. 人口老龄化战略研究取得阶段性研究成果。2009年8月，省老龄办与省社科院联合启动了《山西省人口老龄化战略研究（2010—2050）》。在深入6个市、18个县（市、区）、48个乡镇（街道）、120个村进行调研和按1‰老年人口抽样调查，完成入户调查问卷4080份。在此基础上，2010年完成了调研资料和问卷数据的整理汇总工作，并制定了研究项目实施方案、课题框架、课题管理办法等。5月26日举行了课题研究启动仪式。省老龄办与省社科院承担课题研究任务的14位研究人员，签订了课题协议书。经过到太原、晋城、长治三市的补充调研，多次课题研讨会，至2010年底13个分课题已经结稿，并取得初步研究成果，力争在2011年下半年完成战略研究总报告，并上报省政府领导和全国老龄委办公室。

2. 完成全国老龄办在山西省的调研任务。按照全国老龄办的安排，省老龄办先后组织开展了失能老年人基本生活状况调查，基层老龄工作机构状况抽样调查和中国城乡老年人口状况追踪调查，并圆满完成了任务。

3. 各地积极开展调查研究，取得了重要调研成果。晋城、长治、泽州、小店、临沂、寿阳、榆社、灵石等市县积极开展调查研究工作，并写出了调研报告。调研课题和内容涉及到农村老年人生活状况、贫困老年人调查、社区为老服务调研、农村老年志愿者"双服"活动站调研、百名村官孝敬父母调研、居家养老服务调研、老年人长期照护现状与对策调研、千人问卷大调查等等，调研内容范围之广，调研市县数量之多，调研报告质量之高同往年相比是丰收的一年。

六、广泛组织发动，"敬老文明号"活动稳步推进

"敬老文明号"活动一经部署，各地、各部门积极响应，认真组织、精心实施，经过一年的努力，已取得了阶段性的成果。太原、晋城、大同、长治、忻州、晋中等市及部分县（市、区）成立了创建活动组委会，制定了创建实施方案，市委、市政府办公厅转发了市老龄委创建实施意见，建立了督查制度，形成了党政部门领导重视，机关部门支持，行业系统参与，老龄组织协调督查的工作机制。省直机关、忻州等市根据不同部门和行业特点分别制定了医疗卫生、公交公司、旅游景点等具体创建标准。各创建部门分别制定具体的创建办法。太原、晋城等地基层公共服务窗口单位对老年人服务项目公开进行承诺，并以一定的方式公示承诺内容，接受群众监督。有的设置服务意见卡，征求社会各界特别是老年人对提供服务的意见，不断改进服务方式，提高服务水平。

各地在"敬老文明号"旗帜下，在突出尊老敬老主题上作文章，在优化为老服务环境上下功夫，在规范行业岗位为老服务管理上花力气，围绕尊老敬老开展了服务性的创先争优活动，营造了浓厚的尊老敬老氛围，提高了人们社会主义核心价值观，促进了社会主义精神文明和和谐社会建设。

七、以"敬老月"活动为载体，努力为老年人办实事做好事

全国老龄委《关于开展"敬老月"活动的通知》下发后，省老龄办积极响应，开展了以"关爱老人，构建和谐"为主题的内容丰富、形式多样的尊老敬老活动，产生了广泛的社会影响。

1. "敬老月"活动放大了"老年节"的效应，为营造尊老敬老的良好社会氛围起到了有力的引擎作用。在"敬老月"活动中，各级老龄委、成员单位、涉老部门协调配合，通力合作，凝聚社会力量努力为老年人办实事、做好事、解难事。据不完全统计，"敬老月"期间，全省各地组织慰问老年人30多万人次，组织各类为老志愿服务行动300多万人次，救助特困老人10万人次，老年优待、法律援助、文化活动和为老服务等惠及290多万老年人。

2. "敬老月"活动强化了宣传效应，为提高全社会尊老敬老的道德意识起到了有力的推动作用。各地加强了对"敬老月"活动的宣传报道，省文明办、民政厅、总工会、团省委、省妇联、省老龄办联合开展了敬老爱老"六个一"志愿服务活动，并组织敬老模范作巡回演讲报告。省老龄办、运城市盐湖区同有关部门联合举办"中国·盐湖舜帝德孝文化节"，灵丘等县在新闻媒体开辟"孝道故事"、"美德在家庭"等固定专栏、专题，县乡文艺团体自编自演《密月风波》等节目，宣传孝文化，宣传老年法、营造了浓厚的宣传氛围，收到了比较好的宣传效果。

3. "敬老月"活动突出了老年文化效应，营造了欢乐祥和、健康文明的社会文化氛围。老年节期间，省老龄办连续第7年举办了山西省"金秋风韵"老年文艺晚会，精选了来自全省各地的15个文体节目，为省城老年人送上了节日文化大餐。全省从城市到农村、从机关到企业、从社区到广场，老年文艺体育健身活动、书画展览等活动此起彼伏、精彩纷呈，丰富了老年人精神文化生活，推动了基层老年文化活动的开展。“敬老月”活动蕴涵的孝亲敬老和谐理念，凝聚的爱心美德在三晋大地传承发扬，广大老年人分享了经济社会发展的成果。

八、积极推进“银龄行动”，充分发挥老年人作用

2010年，各级老龄办和老龄人才协会密切配合，以“银龄行动”为旗帜，不断拓展“银龄行动”工作领域，扩大“银龄行动”工作范围，为保增长、保民生、保稳定，发挥了积极作用。

省老龄办先后两次组织省城老医疗专家赴革命老区偏关、怀仁、娄烦、古交等县（市）开展银龄医疗活动，组织老专家20名，18天义诊2500余人次，诊断疑难杂症30余例，免费发放药品2万余元。忻州市老龄办组织老年艺术团赴保德、偏关、河曲等县进行“银龄文化”下乡巡回演出。太原市老年骑协志愿者组成环保监督团，1000多人分成420个组，3个月发现741处污染源。大同市组织老科技工作者建现代科技示范园区，平均每亩增产109%。晋城市组织果树专家建立6个科技推广服务站，进行老果园树体改造示范园建设，取得了十分可观的经济效益。太原市组建了一支100人的高素质老年理论研究骨干队伍、100人的老年通讯员骨干队伍、100人的老年文体骨干队伍、100人的养生保健宣传骨干队伍、100名老有所为先进典型队伍，为经济发展、社会稳定发挥了作用，作出了贡献。

九、开展“创先争优”活动，提高老龄干部队伍素质

2010年，省老龄办在全省老龄系统积极开展“创先争优”活动，塑造老龄文化，打造老龄精神，不断加强老龄干部队伍建设。

根据省委关于在党的基层组织和党员中深入开展“创先争优”活动的精神和要求，省老龄办及时下发通知，成立领导机构，制定实施方案，在“山西老龄网”和《山西老龄工作》上开设活动专栏。编印《山西省老龄办文明职工简明手册》，以“推动科学发展，促进单位和谐，服务老年群众，加强支部建设”为目标，在全省范围内积极开展创先争优活动。

1. 举办老龄工作干部培训班，学习“右玉精神”，不断提高老龄干部能力水平。2010年5月19日至20日，省老龄办在山阴县举办了全省老龄干部行政执法培训班，省统计局副局长卢建明，山西大学党委宣传部长王世杰，省法制办主任助理马春生分别授课，全省市、县（市、区）130多名老龄干部参加了培训，并组织学员赴右玉参观，学习“右玉精神”，改进工作作风，提高业务能力和政治思想水平。

2. 塑造老龄文化。在创先争优活动中，省老龄办以为老年人服务为宗旨，以转变工作作风为抓手，以提高工作能力和服务水平为着力点，在认真总结经验的基础上，在全省老龄系统努力塑造和大力培育老龄文化，即坚定一个理念：创一流业绩，树一流品牌，树立一种价值观。在为老年人服务中，在开创老龄工作中发挥作用、体现价值。弘扬一种精神：艰苦奋斗，坚韧不拔。树立一种意识：爱岗敬业，开拓创新。培养真抓实干，开拓进取的工作精神，营造创先争优的工作环境。

3. 打造老龄精神。在创先争优活动中，省老龄办认真总结多年来老龄工作先进单位、先进个人的经验，从他们的事迹中提炼出“敬业、奋进、和谐、卓越”的老龄精神，打造能干事、会干事、能干成事的工作队伍，不断开创老龄工作新局面。

重要会议和活动

【省老龄工作委员会全体会议】3月31日下午，省老龄办组织召开了2010年省老龄工作委员会全体会议。会议审议通过了《关于2009年全省老龄工作情况和2010年工作安排意见的报告》，研究讨论了开展创建“敬老文明号”活动事宜，通报了山西省应对人口老龄化战略研究工作进展情况，并对下一阶段工作进行了安排。省委常委、常务副省长、省老龄委主任李小鹏出席会议并作了重要讲话。省老龄委副主任、委员全体参加了会议。

【全省老龄工作会议】3月31日下午，省老龄工作委员会全体会议后，紧接着召开了全省老龄工作会议。会议传达了全国老龄委第十二次全体会议和全国老龄办主任会议精神，全面总结了2009年全省老龄工作，安排部署了2010年全省老龄工作任务，并对全省老龄工作先进单位和先进个人进行了表彰。省委常委、常务副省长、省老龄委主任李小鹏出席会议并作了重要讲话，对2009年全省老龄工作给予了充分肯定，并强调2010年工作要突出三个重点，即加快建立健全城乡养老社会保障体系，加快建立健全养老服务体系，抓紧搞好老龄工作中长期规划研究。省老龄委副主任、委员，各市和省直老龄办负责人，全省老龄工作示范县（市、区）负责人，全省老龄工作先进单位和先进个人代表等150多人参加了会议。

【市级老龄办主任会议】4月1日上午，省老龄办召开了全省市级老龄办主任会议。会议就省老龄委全体会议和全省老龄工作会议精神的贯彻落实和全国老龄办安排的具体工作进行了部署，表彰了全省老年信访工作先进集体和先进工作者。省老龄委专职副主任王进龙作了讲话。各市和省直老龄办负责人，全省老龄工作示范县（市、区）、先进县（市、区）负责人等40多人参加了会议。

【全省老龄干部行政执法培训班】 5月19日至20日，省老龄办在山阴县举办了全省老龄干部行政执法培训班。省统计局副局长卢建明博士、山西大学党委宣传部部长长王世杰教授和省法制办主任助理马春生同志分别就《统计工作概览》、《关于低碳经济发展的思考》、《浅谈新形势下的宣传工作》和《行政执法概述》等专题作了精彩的讲授，来自全省各市、县（市、区）的130多名老龄干部参加了培训。同时，省老龄办还组织参训人员赴右玉县参观学习，使广大老龄干部实地体验到了“执政为民、尊重科学、百折不挠、艰苦奋斗”为核心的“右玉精神”。通过学习培训，使全省各级老龄干部的业务素质得到了很大的提高。

【全省老龄工作示范县（市、区）建设壶关现场推进会】 6月23—24日，省老龄办组织召开了全省老龄工作示范县（市、区）建设壶关现场推进会。各市老龄办主任、全省老龄工作示范县（市、区）老龄办主任及长治市各县区老龄办主任等60余人参加了会议。23日，全体与会代表参观了壶关县常平老年公寓、龙泉镇南关村等示范点，对壶关县老龄工作有了直接、感性的认识和了解。24日上午召开了会议，壶关县、壶关县百尺镇、常平经济开发区、龙泉镇南关村，以及晋城市、晋中市、清徐县等市县作了大会经验发言，太原市杏花岭区、阳城县等15个示范县（市、区）进行了书面经验交流，省老龄委专职副主任王进龙和全国老龄办宣传部副主任刘增瑞分别讲了话。通过这次会议，学习交流了壶关县等示范县（市、区）老龄工作的先进经验，分析研究了示范县（市、区）老龄工作面临的新形势、新情况，安排部署了下一阶段全省示范县（市、区）老龄工作的新任务、新目标，对推动全省示范县（市、区）老龄工作的深入发展起到了积极的作用。

【全省居家养老服务太原现场会】 12月24日，省老龄办召开了全省居家养老服务太原现场会。上午，与会代表参观了太原市万柏林和平社区、杏花岭桃北东社区、晋源区新村、太原市社区管理服务平台和太原市企业养老保险管理服务中心、医疗保险服务中心。下午，召开了会议。太原市政府、万柏林区、杏花岭区、市民政局、市文明办、尖草坪区江阳社区共6个单位作了大会经验发言，小店区、古交市等20个单位进行了书面经验交流。全国老龄办常务副主任陈传书，省委常委、常务副省长、省老龄委主任李小鹏出席会议并分别作了重要讲话。参加会议的有全省各市分管老龄工作的副市长、老龄办主任、综合科长，市辖区分管老龄工作的副区长、老龄办主任及太原市老龄委各成员单位和各县区等负责同志共200多人。

【创建“敬老文明号”活动】 创建“敬老文明号”是2010年省老龄办开展的一项创新性工作。“敬老文明号”是在全省教育、卫生、司法、旅游、人社等涉老部门和单位，车站、机场、医疗机构、旅游景点、公共汽（电）车、公园、博物馆、纪念馆、电影院等公共服务窗口行业和基层为老服务组织所倡导和体现的优惠、优待、优先服务老年人的高度职业文明、创造一流优质服务的敬老文明工程。省老龄办把创建“敬老文明号”活动作为贯彻落实党的“以人为本、关注民生”政策的重要举措，作为弘扬“尊老敬老优良传统、构建和谐社会”的重要抓手，作为创建“老年友好城市”、“老年宜居社区”和“老年温馨家庭”的重要载体，作为落实老年优待政策、提升为老服务水平、深化老龄工作的重要手段。省老龄办制定了山西省“敬老文明号”创建和管理办法，提出了开展创建“敬老文明号”活动的实施意见，成立了以省委常委、常务副省长为主任的敬老文明号活动组委会，建立了机关涉老优待职能部门创建活动联席会议制度。晋城、太原、大同、长治、忻州、晋中等市及部分县（市、区），成立了以市、县分管领导为主任的创建活动组委会，制定了创建“敬老文明号”实施方案。市委、市政府办公厅转发了市老龄委《关于开展创建“敬老文明号”活动的实施意见》，举行了以市政府分管领导和有关部门参加的创建活动启动仪式。“敬老文明号”活动在有关部门的参与支持下，在全社会的关心努力下，取得了阶段性的成果，切实提高了全省各级公共服务窗口行业和基层为老服务组织的为老服务水平，倡导了尊老、敬老、爱老助老的文明新风，形成了优待、优惠、优先老年人的良好社会氛围。

【“关爱银龄、助老御险”活动】 省老龄办与中国人寿保险股份有限公司山西分公司联合开展了“关爱银龄、助老御险”活动。凡年龄在80周岁以下的老年人，每年只需交纳10元保费，便可得到最高5000元的意外伤害身故及残疾保险和最高2000元的意外伤害医疗保险。省老龄办于7月13日举行了“关爱银龄、助老御险”活动启动仪式，并下发了《关于开展“关爱银龄、助老御险”活动的通知》。各市积极响应，大同、晋城、长治、晋中等市也举行了启动仪式，在所辖各县（市、区）组织开展活动。通过组织老年人参加意外伤害综合保险，提高了老年人抵御风险的能力，较好地解决了广大老年人多年来保险难的问题，使老年人在发生意外后能够得到经济补偿，保证了老年人得到及时、良好的治疗，更好地维护了老年人的合法权益。

【“敬老月”系列活动】按照全国老龄委、老龄办的安排部署，在10月份“敬老月”期间组织开展了声势浩大的系列活动。一是开展慰问各界百岁老人和高龄老人活动。省老龄办为2010年进入百岁的老人颁发了省人民政府署名的“寿比南山、福如东海”的长寿匾。9月8日，省老龄办与珍奥集团山西分公司联合举行了向“全省百岁老人赠送保健品活动”启动仪式。“敬老月”期间，对全省344名百岁老人进行了慰问，赠送了总价值51万多元的保健品。太原、长治、晋城、运城、大同、阳泉等市和清徐、寿阳、阳城、广灵、太原市晋源区等县（市、区）也开展了慰问百岁老人和高龄老人活动，为他们送去慰问品、慰问金，带去了党和政府的关怀和温暖。二是开展特困老年人救助活动。省老龄办对全省119个县（市、区）共952名农村特困老年人，每人发放救助金500元。太原、晋城、长治、晋中、阳泉等市及部分县（市、区）也开展了救助特困老年人活动，以不同形式对特困老年人进行了救助。三是开展“孝心工程进社区”活动。2010年，正值“孝心工程进社区”活动开展五周年，省老龄办借“敬老月”活动的东风，在各市、县（市、区）、乡镇（街道）、村（社区）组织开展为老服务活动，为老年人送上更贴心、更周到、更便捷的服务，受到了广大老年人的热烈欢迎。四是开展敬老爱老志愿服务活动。根据中央文明办等六部门《关于在重阳节期间组织开展敬老爱老志愿服务活动的通知》精神，省老龄办与省文明办、省民政厅、省总工会、团省委、省妇联联合开展敬老爱老志愿服务活动。活动内容包括“六个一”志愿服务，即开展一次家政服务、一次节日慰问、一次医疗义诊、一次心理辅导、一次户外健身和一次文娱活动。五是举办“金秋风韵”老年文艺晚会。10月15日，省老龄办隆重举办了2010年“金秋风韵”老年文艺晚会。晚会以“弘扬老年文化，构建和谐社会”为主题，精选来自全省各市的15个大型文体节目，其形式有舞蹈、服饰表演、器乐表演、体育健身项目等。省政协副主席李潭生出席晚会并讲话，原省级老领导、省老龄委成员单位及省城各界老年群众代表共1000多人观看了演出。六是开展第二届全省老龄工作十类先进典型评选活动。“敬老月”期间，省老龄委开展了第二届老龄工作“十大类型”评选活动。“十大类型”先进典型具体包括：“十大杰出老人”、“十大孝亲敬老楷模”、“十大老年维权卫士”、“十大老年温馨家园”、“十大老龄工作品牌传媒”、“十大老龄事业公益典范”、“十大老龄工作先进集体标兵”、“十大老龄工作先进个人标兵”、“十大敬老文明村”和“十大敬老文明社区”。七是举办“中国·盐湖·舜帝德孝文化节”活动。10月16—18日，省老龄办与运城市盐湖区委、区人民政府、中国先秦史学会、中国儒文化研究会、中国孝文化基金会、世界舜帝后裔宗亲联谊会联合主办了“中国·盐湖·舜帝德孝文化节”活动。文化节的主题是：“德政千秋，孝行天下”。旨在弘扬中华民族尊老敬老传统美德，传承爱老助老德孝文化，在全社会倡导并形成关心关爱老年人、重视支持老龄事业的良好氛围。文化节主要内容包括开幕式（千名学生齐诵《弟子规》、《南风歌》乐舞、佛乐团祈福、公祭舜帝大典等）、老年秧歌大赛、专家讲座、医疗义诊、五保老人入住敬老院仪式、“十大孝星”表彰、文艺表演、闭幕式等12项。省、运城市领导、主办单位领导、企业家代表及社会各界人士近万人参加了文化节活动。

各项业务进展

【老年维权工作】省老龄办认真贯彻实施《老年法》和《山西省实施<老年法>办法》，不断健全老年维权工作机制，落实老年优待政策，开展助老活动，全省老年维权优待工作取得了明显成效。一是不断完善老年维权工作机制。全省各级老龄工作机构大都内设了维权部（科），形成了从上至下的维权工作网络。省老龄办、省直机关老龄办、太原、大同、忻州、阳泉、朔州等市都先后成立了老年法律援助工作站，对符合法律援助条件的老年人提供法律咨询，代拟法律文书，进行诉讼调解等。各地法院开辟了老年案件绿色通道，对老年案件实行优先立案、优先审理、优先执行，诉讼费根据老年人不同情况可缓交、减交或免交。二是不断健全老年人来信来访制度。各级老龄组织建立了老年人来信来访首问责任制，完善老年人来信来访接待、登记、受理、反馈等制度，做到来信来访件件有登记、事事有答复。对上访老年人热情接待、耐心解答，对反映的问题多方协调、认真解决，切实维护了老年人合法权益，促进了社会和谐稳定。三是不断推进老年优待政策的落实。全省各旅游景点、医院、车站、图书馆、展览馆、博物馆等服务窗口明示老年人优待优先标志。70岁以上老年人免费乘坐市内公共汽车，免费参观旅游景点，看病免费挂号等优待政策全部得到落实。

【基层老龄工作】2010年，省老龄办坚持“抓基层、打基础、树品牌、创一流”的指导思想，以老龄工作示范县（市、区）、示范乡镇、示范村为抓手，扎实推进社区、农村老龄工作规范化建设，使基层老龄工作不断深化。省老龄办不断建立健全全省老龄工作示范县（市、区）申报、检查、验收、评选、表彰、授牌制度，对创建工作实行动态、规范、制度化管理。至2010年底，全省老龄工作示范县（市、区）已达20个。同时，太原、晋城、运城、阳城、临沂等市、县（市、区）还确定了老龄工作示范乡（镇）、示范村，并不断完善农村老龄工作规范化建设标准，有力地推动了基层老龄工作的深入开展。6月23—24日，省老龄办组织召开了全省老龄工作示范县（市、区）建设壶关现场推进会，学习交流了壶关县等示范县（市、区）老龄工作的先进经验，分析研究了示范县（市、区）老龄工作面临的新形势、新情况，安排部署了下一阶段全省示范县（市、区）老龄工作的新任务、新目标，对推动全省示范县（市、区）老龄工作的深入发展起到了积极的作用。

【居家养老服务工作】2010年，省老龄办将居家养老服务工作作为社区老龄工作的重点，以召开全省居家养老服务太原现场会为契机，引导各地开展试点，积极探索新的服务形式和服务内容，不断加大工作力度，使社区居家养老服务工作取得了初步成果。太原市政府出台《关于推进居家养老社会化服务工作的意见》，全面推进居家养老服务工作。长治市成立居家养老服务中心，为困难老年人提供免费服务、补贴服务和低偿服务。晋城市在各乡镇建立居家养老服务中心，积极开展为老服务工作。阳泉市在社区开展志愿者服务和家政服务两种模式的居家养老服务项目，收到了很好效果。随着各级政府的进一步重视和各级老龄部门的不断努力，全省居家养老服务工作正逐步走向深入。

【“银龄行动”】2010年，省老龄办不断引深“银龄行动”，组织开展了两次大规模的“银龄行动”活动。8月25日至9月4日，省老龄办组织山西医科大学第二附属医院、山西省中医学院针灸研究所等省城各大医院的10多名医疗专家赴革命老区偏关县和怀仁县，开展了为期9天的医疗义诊和为困难老年人免费送药活动。活动期间，共义诊老年人1500多人次，并免费发放价值1万多元的药品。11月17日至11月24日，省老龄办与太原市老龄办联合组织山西省医科大学第二附属医院、太原市中心医院、人民医院、第四人民医院四家单位的内科、外科、骨科、心血管、中医、呼吸、药剂7个科室的10名医疗专家深入全省革命老区娄烦县、古交市开展义诊活动。8天时间共义诊1000余人次，诊断疑难杂症30余例，免费发放药品1万余元，为贫困老年人发放慰问金1万余元，受到了当地政府和老年群众的热烈欢迎和一致好评。各市、县（市、区）也组织开展了各种形式的“银龄行动”。忻州市组织老年艺术团赴各县（市、区）开展文化下乡巡回演出，为基层老年人送去精彩的文艺节目，并深入社区、农村培养和辅导基层老年文艺爱好者，深受老年人的欢迎。太原市小店区开展“银龄行动”体育下乡活动，组织空竹教师为老年人进行免费培训，取得了很好的效果。

【人口老龄化战略研究】2009年8月，省老龄办与省社科院社会学研究所联合启动了《山西省人口老龄化战略研究（2010－2050）》。2010年，省老龄办开展了1‰老年人口抽样调查和老龄工作大调研等前期工作。今年，省老龄办制定了项目实施方案、课题框架、课题管理办法等，并于5月26日举行了课题研究启动仪式。启动仪式上，省老龄办与省社科院承担课题研究任务的14位专家签订了课题协议书。针对分课题研究任务，省老龄办又组织14位专家赴太原、晋城、长治三市进行了专题调研。7月20日，课题组赴太原市万柏林区、晋源区进行了调研。8月12日至20日，课题组赴晋城市老年大学、老年公寓，泽州县、阳城县进行调研，随后，赴长治市的城区、长治县进行了调研。通过召开座谈会、进行入户访谈，取得了分课题研究所需的资料。2010年底，省老龄办已完成了13个分课题的研究工作，计划于2011年下半年完成人口老龄化战略研究工作。

内蒙古自治区

综　　述

2010年，内蒙古老龄工作继续坚持“党政主导、社会参与、全民关怀”的工作方针，按照“老有所养、老有所医、老有所教、老有所学、老有所为、老有所乐”的目标，协力抓好各项工作，同心推进老龄事业发展，取得了阶段性成果。

一、养老保障水平稳步提高

2010年，各项保险覆盖范围稳步扩大。完成年度任务880万人的98.8%，比上年末增加63.77人，增长7.9%，有5个盟市提前完成了全年参保任务。社会保险制度不断完善。进一步完善了企业职工基本养老保险自治区级统筹制度，制定下发了经办业务规程、基金预算管理暂行办法和养老保险关系区内转移接续暂行办法。在解决国有关闭破产企业退休人员参加医疗保险统筹的基础上，积极将集体和其他各类关闭破产企业退休人员纳入职工或居民医保范围。今年年初再次调整了企业退休人员养老金水平，涉及企业退休人员106.9万人，人均月增加169元。新农保试点工作稳步推进。全区12个盟市的42个旗县区开展了新型农村牧区养老保险试点工作，参保人数达到182.43万人，完成年度任务160万人的114%。其中，国家首批10个试点旗县和自治区3个试点旗县参保人数达到110.57万人，参保率为60.5%，领取待遇人数为25.55万人。包头市固阳县"新农保"参保率达到92. 5%。近期，国家又批复我区新增11个试点旗县，上述地区的试点工作已全面启动。

二、老龄服务体系进一步完善

一是养老服务机构建设不断加强。利用中央和自治区补助资金，各地相继建成了具有一定规模和档次的民政福利园区和综合福利中心。2010年，全区200多家国办及民办养老机构为5.5万老年人提供优质服务。二是把符合条件的城乡困难老年人全部纳入低保范围。到2010年，我区纳入城市低保的老年人达14.6万人，月平均补助低保资金242元，纳入农村牧区低保的老年人达到57.5万人，年平均补助低保资金1125元。三是积极开展社区养老服务。积极寸丁造老年服务和照料平台，已有48%的社区办公和活动场所面积达到300平方米以上，各地已建起社区服务中心1046个，社区卫生服务站1072个。同时，在各社区建成"星光老年之家"项目1263个，总建筑面积达22.8万平方米，总投资达. 3.6亿元。

三、老龄优待政策逐步建立

2010年，全区12个盟市均建立并落实了为百岁老人发放长寿补贴制度，有11个盟市在老年人就医、乘车、健身、文化、旅游、娱乐等方面制定出台了20多项优先、优惠或减免费用的优待政策。自治区老龄委从2010年开始每年在全区开展"敬老孝星"评比表彰活动，首批评选的3000名"敬老孝星"受到全社会的普遍认可和尊重，这项活动也获得了良好的社会反响。同时坚持走访慰问"三老"制度，各级党政领导在敬老月期间亲自走访慰问高龄老人，把党和政府的关怀带给了老年群体。

四、老年文化体育活动不断开展

一是大力开展老年教育。在老年大学原有课程基础上，进一步完善了课程体系，增设了养生、保健、舞蹈、歌唱等内容，满足了老年人的多种爱好和多样需求。目前，全区共有老年大学22所，老年学校85所，广播电视专栏29个，各城乡社区也充分利用"星光老年之家"和社区文化站，建立老年学校或举办老年讲座、学习班。二是精心组织文体活动。本着搭建健身娱乐平台、淡化竞赛意识、提倡康乐活动的宗旨，组织了第十二届全区老年人"松鹤杯"书画大赛和2010年全国老年舞蹈大赛，特别是在老年舞蹈大赛上，我区选送的项目夺得了一个特等奖、两个金奖和两个银奖，自治区老龄办获得优秀组织奖和表演奖殊荣。

五、起草了《内蒙古自治区党委政府关于加快老龄事业发展的意见》、《内蒙古自治区关于建立80岁以上老年人高龄津贴的办法》和《内蒙古自治区老龄事业发展"十二五"规划》

为积极应对人口老龄化，使老龄事业的发展和我区经济社会的发展相协调，与构建和谐内蒙古的进程相适应，我们在做好日常工作的同时，积极研究应对人口老龄化加剧的政策和规划。目前，已先后起草了《内蒙古自治区党委政府关于加快我区老龄事业发展的意见》、《内蒙古自治区关于建立80岁以上老年人高龄津贴的办法》和《内蒙古自治区老龄事业发展"十二五"规划》等政策和规划，并在征求相关部门意见的基础上进行了修改，拟在今年内请自治区党委、政府审议通过。

重要会议和活动

【银龄行动自行车旅游活动】2010年6月，由自治区老龄办组织、内蒙古老年自行车协会承办的第十八届全国骑游文化展示大会在呼和浩特举行，来自全国各省市的3000多名老年自行车旅游爱好者参加了活动。

【全区老龄办主任座谈会在兴安盟召开】2010年8月3日，全区老龄办主任座谈会在兴安盟乌兰浩特市召开。自治区民政厅厅长吴金亮、自治区老龄办专职副主任韩奇及各盟市民政局局长、副局长、老龄办主任参加座谈会。

【全区第十二届老年人"松鹤杯"书画赛】2010年8月4日—5日，全区第十二届老年人"松鹤杯"书画赛在兴安盟乌兰浩特市举行。自治区党委常委、组织部部长，自治区老龄委主任李佳为书画赛发来贺信.

自治区党委宣传部部长乌兰、自治区政协主席陈光林为大赛亲笔题词，自治区民政厅厅长吴金亮、副厅长冯呼和、自治区老龄办专职副主任韩奇观摩了比赛。来自全区的十三个团队选送了410幅参赛作品。大赛评出一等奖14名，二等奖46名，三等奖76名，其中80岁以上的参赛老年人均获特殊荣誉奖。

【自治区政府新闻办就老龄工作举行新闻发布会】2010年8月18日，自治区政府新闻办在呼和浩特市举行新闻发布会，就我区老龄事业发展情况及开展“敬老孝星”评选活动向区内外媒体作了通报并答记者问。发布会由自治区党委宣传部新闻处处长尤占永主持，自治区民政厅厅长吴金亮，自治区老龄委办公室专职副主任韩奇及自治区老龄委成员单位有关负责同志出席了发布会。中央驻内蒙古主要新闻单位、自治区及呼和浩特市主要新闻单位参加了会议。

【第二届中国老年文化艺术节活动】2010年9月11日—14日，组织了全国第二届老年人艺术节舞蹈类比赛，来自全国的65个团队，1600多人参加了比赛。我区选送的5个舞蹈类和1个服饰类节目均获得优异成绩，其中鄂尔多斯老年舞蹈队的《木村欢歌》获得特等奖，自治区老干部活动中心弯下艺术团的《蒙古宴》获得金奖，通辽市老年体协老年艺术团的《草原阿妈》和兴安盟红红云中老年艺术团的《天青色的回想》获得银奖；自治区阿拉腾服饰表演队的《珠登塔拉》获得服饰类金奖，并被选送参加全国重阳节“红叶风采”晚会。内蒙古老龄办获优秀组织奖。

【“敬老月”及老人节活动】2010年10月1日到10月31日，在自治区开展了以“让老人幸福，促社会和谐”为主题的“敬老月”活动。各地掀起了老龄宣传、敬老教育、助老服务和为老年人送温暖、献爱心等活动高潮。自治区老龄委在九九重阳节首次进行助老济困送温暖行动，由自治区党委常委、组织部长李佳带队慰问百岁老人。各地各级领导也分别走访慰问困难和高龄老人。

【十一五检查评估汇报会】2010年11月27白到28日，由全国政协常委、人口资源环境委员会副主任，原中国人民解放军副总参谋长张黎上将、全国政协肖燕军委员和全国老龄办副主任闫青春率领的检查组一行9人到我区检查“十一五”规划的落实执行情况。自治区副主席、公安厅厅长赵黎平主持了27日下午的汇报会，自治区政协副主席郑福田，民政厅厅长吴金亮及各有关成员单位的领导参加了汇报会。自治区老龄办专职副主任韩奇在会上就我区“十一五”期间的老年保障、老龄事业发展规划和投人、各项涉老惠老政策的落实及存在的问题和“十二五”规划的基本思路等作了详细的汇报，民政厅厅长吴金亮作了进一步阐述。张黎上将对我区老龄工作在“十一五”期间取得的成绩给予了肯定，闫青春副主任给予了好评。检查组一行考察了我区居家养老、为老服务和社区老年服务体系建设等内容。

【我区百岁老人管氏获“中国十大寿星”之称】2010年，在由中国老年学会发起的第三届“中国十大寿星”排榜活动中，我区包头市东河区的百岁老人管氏以118岁（1892年出生）的高龄荣获。“中国十大寿星”之称。

各项业务进展

【老年保障工作】2010年，我区着力扩大养老保障覆盖范围，逐步将农村牧区人口、事业单位职工和城镇居民纳入保障范围，城镇职工基本养老保险参保人数达到431万人，参加“新农保”试点人数达到217万人。城镇基本医疗保险范围由城镇职工扩大到城镇所有人员，参保人数达到886万。城镇职工和居民医疗保险最高支付限额分别达到当地职工年平均工资和居民年可支配收入的6倍。“新农合”补偿比例和封顶线也均超过当地农牧民人均纯收入的6倍。参加“新农合”人数达到1214万人，参合率达到96.39%。符合条件的老年人已基本参保。社会保险待遇大幅度提高，2010年再一次提高了企业退休人员养老金，月人均达到1405元，高于全国平均水平。各级民政部门继续对低收入老年人等城乡困难居民给予进一步补助，资助他们及时参加城镇医疗保险和“新农合”，并进行第二次困难补助。同时积极推进居民医保门诊统筹工作，将常见病、多发病纳入报销范围，老年人就医负担不断减轻。各地区、各部门结合地区特点和工作职能，相继出台了一系列针对地方老干部、军队退休干部、企事业单位退休人员、城镇三无人员、农村五保对象的优待政策，使各类老年群体的生活得到进一步改善，各方面待遇显著提高。

【发展养老服务业】积极贯彻落国家和自治区关于加快发展养老服务业的政策要求，采取了一系列措施，指导和督促各盟市的养老服务业在数量、规模、条件、服务等方面取得了长足的进步。2010年，我区国办社会福利院已达55所，民办养老机构129家，收养各类老年人2.4万；569所农村牧区敬老院收养在院五保对象2.8万人；16个军队离退休干部休养所、4个军休服务管理中心、5个服务所常年为近3000名军队离退休干部提供优质服务。包头市昆都仑区2008年在自治区率先实行城市老人居家养老试点工作，乌海市在2010年出台《关于开展居家养老服务试点工作的实施方案》，我区的居家养老试点工作进展顺利，已探索建立起了一套全新的服务模式，并为在全区范围内推广积累了宝贵的经验。

【老年优待工作】根据《内蒙古自治区实施（中华人民共和国老年人权益保障法）办法》的要求和国家21部委联合下发的《关于加强老年人优待工作的意见》，各盟市都认真贯彻落实此项工作，其中巴彦淖尔市、乌兰察布市、呼伦贝尔市在2010年制定并下发了具体实施办法。2010年，自治区12个盟市均落实了百岁老人长寿补贴，个别地区补贴高达每人每月800元。各盟市根据经济发展水平的情况，为60岁以上的老年人发放50元～460元不等的补贴，部分经济较发达的地区为老年人每年免费体检，并给予100元交通补贴，个别地区蒙族每人每月给50元补贴。有11个盟市从老年人旅游、就医、乘车、健身、文化、娱乐等方面提出了20多项优先、优惠或减免费用的优待政策。为了广泛落实优待政策，各级老龄办利用广播、电视、报刊等新闻媒体对优待政策作了全面细致地解释、宣传，使优待政策很快成为人们关注的焦点，确保了各项政策的有效落实。

【老年维权工作】各级司法机关对涉老案件实行优先办案、优先审理，优先执行。全区开展了对贫困老年人实施法律援助行动，给予简化程序和优先服务。各法律援助机构为老年人提供减、免费法律咨询和有关服务。2010年，全区老年法律援助中心达到114个，老年法律援助工作站115家，老年人合法权益维护中心18个。积极做好老年人信访工作，全年接待来信来访189次，开设法律知识讲座58课次，接受法律咨询1200余人次。2010年，全区处理涉老案件181件，调解老年人民间纠纷150余件。按照全国老龄办的要求，对《老年法》提出了六条修改意见。

【老龄宣传工作】大力宣传、普及《中华人民共和国老年人权益保障法》和《内蒙古自治区实施〈中华人民共和国老年人权益保障法〉办法》。2010年，我们采取多种形式，开展经常、广泛、深入的宣传教育活动，突出抓了敬养老观念、敬养老意识和敬养老法规三种教育，增强了敬老、爱老、助老、养老社会风尚。协调内蒙古电台开辟了常年性的《常青颂》老年节目，同时与主流新闻媒体加强沟通，经常刊登老龄新闻，编辑发行了《内蒙古老龄工作》、《简报》。会同团委、教育厅在学校和青少年中开展敬老、助老社会主义道德教育活动。自治区老龄委从2010年开始在全区开展“敬老孝星”评比表彰活动，首批评选了3000名“敬老孝星”，并给予1000元奖励。2010年，我区9个基层单位和13名个人被授予“全国老龄工作先进单位”和“先进个人”称号。参加了由中国老年事业发展基金组织的第四届全国敬老、爱老、助老主题教育活动，评出了四个“敬老模范单位”和34名“中华孝亲敬老楷模”、“孝亲敬老之星”。

黑龙江省

综　述

2010年黑龙江省老龄工作有两项工作获得国家级表彰，两方面工作经验获得国家通报介绍，承办了三个国家级会议，成功接受了全国人大、全国政协的执法检查。齐齐哈尔市创办孝亲敬老城的作法得到国际社会的认可，被世界卫生组织授予“国际老年友好型城市”称号，全省老龄事业呈现良好发展态势。

一、老年社会保障体系建设不断完善

“十一五”时期，我省社会保障体系建设取得了突破性进展，为老年人构筑了以基本养老、基本医疗、最低生活保障制度为重点的社会保障体系。一是养老保险制度建设进一步加强。全省城镇职工基本养老保险参保人数达873.4万人，从2010年1月1日起，调整提高了全省312万名企业退休人员基本养老金标准，月人均基本养老金由1006.53元提高到1153.81元。新农保试点覆盖农业总人口562.2万人，覆盖全省农业人口总数的31.58%，其中：60周岁以上人员61.6万元，截至到2010年底第一批试点已领取基础养老金28.5万人。我省城乡老年人初步实现了“老有所养”的目标。二是医疗保险制度建设水平进一步提升。全省包括老年人在内的城镇职工参加基本医疗保险人数达到859万人，参保率达96.95%；全省包括老年人在内的1400.78万农民参加新型农村合作医疗，参合率达98.8%；加上255.68万次城乡医疗救助，我省城乡老年人初步实现了“老有所医”的目标。三是低保救助制度建设进一步推进。城镇老年人有18.1万人纳入低保，占城镇低保总数的11.97%；农村老年人有37.89万人纳入低保范围，占农村低保总数的35.4%。2010年，通过建立城乡低保标准动态调整机制，将城市低保对象财政补助水平由月人均162元提高到182元；将农村低保对象财政补助水平由年人均800元提高到900元，有效实施各项综合救助，并积极应对物价上涨为低收入群体发放了价格临时补贴。低保制度有效保障了城乡老年人的基本生活水平。此外，农村五保供养制度、优抚制度、离退休干部制度、计划生育家庭奖励扶助制度、危房改造及廉租房措施等的有效补充，进一步提高了老年人的养老保障水平。建立了全省统一的高龄老人生活津贴制度，为全省80周岁以上低保（低收入）老人和90周岁以上所有老年人发放了每人每月100元的高龄老人生活津贴，截止2011年1月底我省发放高龄老人生活津贴人数达到15万人，为进一步完善我省老年人社会保障制度奠定了坚实基础。

二、养老服务体系建设格局基本形成

省老龄委各成员单位积极发挥作用，加快发展老龄事业，初步形成了以居家养老为基础、社区养老为依托，机构养老为补充的养老服务体系。省民政厅会同省发改委、省老龄办研究制定《黑龙江省加强社会养老服务体系建设的意见》，会同省财政厅出台了《黑龙江省高龄老人生活津贴制度》。当前，正在制定我省《民办养老服务机构民办公助办法》、《养老服务机构管理办法》和《养老服务机构星级评定标准》。同时，成立社会养老服务建设领导小组，在全省开展了居家养老服务模范县（市、区）创建评选活动，大力推进社会养老服务体系建设。养老床位数达到了老年人总数的1.8%。全省各市（地）都有了1－2所标准化、县（市）至少有1所规范化的公办养老机构，全省开展居家养服务的城乡社区（村委会）达到1539个；我省继续实施了农村“五保”供养设施改造工程，新增床位1万多张，截至到2010年底，全省农村敬老院总床数达到7.03万张，使农村“五保”对象集中供养率达到了50%以上。各成员单位在规划布局、资金支持、政策扶持、法律服务等方面，解难题，办实事。省农垦总局积极筹措资金，重点支持北大荒养老中心，齐齐哈尔管理局等敬老院建设，新增建筑面积约2.9万平方米，新增床位约600张。省卫生厅进一步深化医药卫生体制改革，把老年人保健列为基本公共服务项目，2010年我省65岁以上老年人免费健康检查人数达295.8万人；在全省二级以上医疗机构专门设立老年人专用挂号窗口，实施老年人检查优先窗口服务，每年为65岁以上老年人免费健康体检和健康危险因素调查咨询。省财政厅认真落实各项政策，加大为老服务资金投人，为解决老年群体基本生活提供财力保障。省国税局和省地税局贯彻落实国家和我省促进老龄事业发展的各项税收政策。省委组织部和省委老干部局着力推行离退休干部服务工作，制定下发了《关于利用社区资源做好离退休干部服务工作的实施意见》，推动了全省老干部工作进一步发展。省建设厅将老年人基础设施建设纳入城市总体规划和相关详细规划中，进一步细化老年人基础设施建设标准。省公安厅深入开展执法规范化建设，严厉打击侵犯老年人权益的违法犯罪行为。省司法厅加强老年人法律服务工作，在全省各市地确定重点为老服务律师事务所和律师，为需要法律援助的老年人提供优质的法律服务。省文化厅在公共文化服务体系建设中关注老龄文化需求，将老龄文化服务放在突出位置。省体育局加强老年体育组织建设，建立各级、各类老年体育辅导站和服务中心，构建面向老年人的体育服务体系。省民委研究出台适合少数民族和民族地区的老年人优待办法，积极落实为全省少数民族老年人办实事计划，使少数民族老年人享受到实实在在的社会公共服务。省统计局细化老年人口统计指标，为分析研究人口老龄化问题提供了全面、准确的统计信息服务。省外办积极推动全省老龄事业国际交流与合作，协助有关部门积极参与国际老龄事务。省旅游局针对老年人特点，打造符合老年人特点的旅游品牌和专线。省妇联高度重视老年妇女权益保护，认真处理老年妇女来信、来访，妥善做好涉老案件的答复和处理工作，依法维护老年妇女合法权益。省军区发扬军队敬老爱老的光荣传统，开展助老服务活动。初步形成了以老龄委总体部署为核心，老龄办协调，各部门主动作为的合力推动养老服务体系建设的格局。

三、社会敬老的氛围不断浓厚

省老龄委开展首个“敬老月”活动，在全社会营造了浓厚的敬老氛围。全国尊老敬老经验交流会由我省齐齐哈尔市承办，齐齐哈尔市代表我省在全国会议上进行了经验介绍。省老龄委各成员单位在重阳节期间深入开展爱心助老“1＋1”活动，看望和慰问贫困老年人和养老机构的老年人。“敬老月”期间，省老龄办会同省委宣传部出台了《开展敬老格言征集活动方案》；会同省总工会出台了《孝行龙江职工助老活动方案》；会同团省委、省教育厅出台了《黑龙江省“鸟还巢”青春助老行动方案》；会同省妇联出台了《黑龙江省“百佳孝亲敬老好家庭”评选活动方案》。广泛动员工、青、妇及社会各界参与到“敬老月”活动中来。由省老龄委联合省民政厅、省教育厅、省广电局、团省委、省妇联共同举办了“敬老月”启动仪式暨“让生命充满爱”主题报告会，还举办了《岁月如歌，桑榆唱晚》电视颁奖晚会，表彰了全省“十佳养老机构”。

重要会议和活动

【省领导慰问百岁老人】2月1日，省政府副省长孙永波在哈尔滨市慰问百岁老人韩百灵。省政府副秘书长王大为，省民政厅厅长杨喜军、哈尔滨市副市长王莉、省老龄办专职副主任杨铁生、市民政局局长赵爱俐、市老龄办主任张伟林、副主任陈久民参加慰问。随后，省老龄办专职副主任杨铁生去慰问贫困老人郭善广、凯峰老年公寓老年人，市老龄办主任张伟林、副主任陈久民参加慰问。

【《关于加快推进老龄事业发展的意见》出台】4月1日，中共黑龙江省委、黑龙江省人民政府印发《关于加快推进老龄事业发展的意见》。4月7日，全国老龄工作委员会办公室综合部编辑的《老龄工作通报》今天出版的2010年第7期上专刊全文登出《意见》。4月26日出版的《黑龙江日报》第三版全版专刊“关注民生情系老龄孝行龙江构建和谐”，摘要登出省委、省政府《关于加快推进老龄事业发展的意见》。《意见》共五项二十一条，是指导全省今后一个时期老龄工作的纲领性文件。

【给80周岁老年以上低保（低收入）的老年人发放高龄津贴】4月12日，省老龄办专职副主任杨铁生列席省政府第四十次常务会议，听取省民政厅厅长、省老龄办主任杨喜军向省政府作《关于建议在全省建立高龄老人津贴制度的汇报》。会议决定，从2010年7月1日起，给80周岁老年以上低收入（含低保）的老年人和90周岁以上的所有老年人每月发放100元高龄津贴。

【省老龄委第九次全体会议召开】4月16日上午，省老龄委第九次全体会议在省政府会议室召开，省政府副省长、省老龄委主任孙永波参加会议并最作重要讲话。省老龄委组成人员参加会议，哈尔滨市副市长王莉、牡丹江市副市长谷振峰、绥化市委常委、副市长、市老龄委主任夏永智应邀出席会议，各市地老龄办主任、省老龄办干部列席会议。省政府副秘书长王大为主持会议，省民政厅厅长、省老龄委副主任、省老龄办主任、省民政厅厅长杨喜军传达全国老龄委第十二次全体会议精神，省老龄委秘书长、省老龄办专职副主任杨铁生作工作报告，会议审议并原则通过了《省老龄委成员单位为老服务计划》，省发改委、财政厅、人社厅代表成员单位作典型发言，最后，孙永波作重要讲话。会上，印发了哈尔滨市、齐齐哈尔市、牡丹江市老龄委工作经验。

【全省老龄办主任会议召开】4月16日上午，全省老龄办主任会议在哈省地税局培训中心举行，省老龄办专职副主任杨铁生传达省老龄委第九次全体会议精神并讲话，省老龄办副主任李树梅主持会议并作总结讲话，省老龄办副主任王刚、各市地老龄办主任、部分县（市、区）老龄办主任、省老龄办机关干部参加会议，有五个基层县（市、区）领导介绍老龄工作经验。

【国家《中国老龄事业发展“十一五”规划》检查评估组来我省检查】6月7日，国家《中国老龄事业发展“十一五”规划》检查评估组来我省开展联合检查评估工作。省老龄委秘书长杨铁生汇报我省《老龄事业发展“十一五”规划》实施情况。省人保厅、民政厅、卫生厅、发改委、旅游局、民委、文化厅、体育局、公安厅、司法厅的有关领导出席汇报会。省老龄办副主任王刚、李淑梅，调研处处长高玉萍等参加汇报会。省政府副秘书长、省老龄委副主任王大为出席欢迎晚宴。国家联合检查评估组由全国政协、全国老龄办、中直工委、国家发改委、国家民委、公安部、国家旅游局人员组成。6月8日，国家《中国老龄事业发展“十一五”规划》检查评估组到哈尔滨市老龄办检查工作，召开座谈会，并参观邦尼公司养老服务信息平台、安康社会福利医院、爱心助老家庭、海员医院养老服务机构、香中居家养老服务站。省老龄委秘书长、省老龄办专职副主任杨铁生，省老龄办副主任王刚、李淑梅，调研处处长高玉萍陪同检查。

【第五届中国（哈尔滨）国际老年人用品博览会开幕】6月20日，副省长、省老龄委主任孙永波，省政府副秘书长、省老龄委副主任王大为，省民政厅厅长、省老龄委副主任杨喜军，省老龄委秘书长、省老龄办专职副主任杨铁生出席开幕式并剪彩，杨铁生在开幕式上讲话，开幕式由哈尔滨市老龄办常务副主任张伟林主持。本届“老博会”在内容上更为丰富，表现形式更为新颖。

【召开省老龄委成员单位联络员会议】7月2日，省老龄办召开省老龄委成员单位联络员会议，省老龄委秘书长杨铁生参加会议并讲话，会议由省老龄办副主任李淑梅主持，省老龄委成员单位联络员、省老龄办副处级以上干部参加会议。会议内容为传达全国老龄委第十二次全体会议精神和全省老龄委第八次会议精神，表彰“爱心助老1+1”活动先进单位。会议承办单位为省老龄委成员单位省委宣传部。

【全国人大内司委调研组来我省调研老年人权益保障

法执法情况】7月25日—8月4日，全国人大常委、内司委副主任张学忠，全国人大常委、内司委副主任委员辜胜阻，内司委委员朱曙光（中将），内司委委员赵锡君（中将）率领全国人大内司委调研组来我省调研老年人权益保障法执法情况。全国老龄办副主任吴玉韶，省老龄委秘书长、省老龄办常务副主任杨铁生等陪同调研。省老龄委秘书长、老龄办专职副主任杨铁生代表省政府向调研组汇报了我省贯彻实施《老年法》情况。调研组先后赴哈尔滨市、鸡西市、大庆市、齐齐哈尔市实地调研，先后听取了省政府和四市政府关于老年人权益保障法执行情况的汇报，与老龄、民政、发改委、卫生、人力资源与社会保障等有关部门负责人进行了座谈，深入基层社区服务中心、养老院、爱心护理院、老年法庭等，就老年人权益保障法执行和修改中的有关问题广泛听取社会各界意见和建议。

【全国老龄办常务副主任陈传书检查齐齐哈尔市老龄工作】8月8日，民政部党组成员、全国老龄办常务副主任陈传书检查齐齐哈尔市老龄工作，省民政厅副厅长赵天鹰，省老龄办常务副主任杨铁生，齐齐哈尔市领导王洪生、黄力等陪同检查。陈传书主任深入齐齐哈尔市建华区动市场社区、诚信专业护理托老所、松鹤家园等地，实地检查了齐齐哈尔市老龄工作开展情况。

【全国42城市第22次老龄工作联席会议在齐齐哈尔市召开】8月9—10日，全国42城市第22次老龄工作联席会议在齐齐哈尔市召开。与会代表围绕“解放思想，创新工作，推动老龄事业可持续发展”这个主题，广泛交流经验，共同研讨焦点和对策。民政部党组成员、全国老龄办常务副主任陈传书，省老龄委秘书长、省老龄办常务副主任杨铁生，省老龄办副主任王刚、李淑梅参加会议。会上，省老龄委秘书长杨铁生宣读了省政府给大会发来的贺信，齐齐哈尔市作了题为《打造孝亲敬老之城，开拓发展老龄事业新途径》的主旨演讲，北京、上海、青岛等城市在会上作了经验介绍。大会一致通过了《全国42城市第二次老龄工作联席会议齐齐哈尔宣言》。

【全国老龄办常务副主任陈传书调研哈尔滨市老龄工作】8月11日，民政部党组成员、全国老龄办常务副主任陈传书调研哈尔滨市老龄工作，省民政厅厅长、省老龄办主任杨喜军、省民政厅副厅长赵天鹰，省老龄委秘书长、省老龄办常务副主任杨铁生，省老龄办副主任李淑梅，哈尔滨市市委常委组织部长、市老龄委主任杜松岩，市政府副秘书长宫喜庆。市民政局局长、市老龄办主任赵洪君，哈尔滨市老龄办的领导等陪同调研。

【省老龄委举行“黑龙江省敬老宣传月活动启动仪式”】9月6日，省老龄委在哈尔滨师范大学附属中学举行“黑龙江省敬老宣传月活动启动仪式”，省老龄委副主任、省民政厅厅长杨喜军代表副省长、省老龄委主任孙永波作动员讲话，省人大副主任符凤春出席，省老龄委秘书长、省老龄办专职副主任杨铁生主持启动仪式。省老龄委成员单位领导出席，哈师大附中全体师生和家长出席，部分市地老龄办主任和省老龄办机关干部出席。本次活动由省老龄办、省民政厅、省教育厅、省广电局、团省委、省妇联主办，哈师大附中承办。哈师大附中党委书记刘大伟发言，中国时代之声首席演讲家邹越老师做“让生命充满爱”主题报告。

【首期老龄干部行政执法培训班开班】9月7日，省老龄办举办首期老龄干部行政执法培训班，培训班邀请省政府法制办领导和有关专家授课，各市地老龄办主任、副主任及主管老年维权工作负责人、省老龄办机关干部60余人参加了行政执法培训。培训时间为一周时间。

【省老龄办举行《黑龙江省应对人口老龄化战略课题研究》启动仪式】9月15日，《黑龙江省应对人口老龄化战略课题研究》启动仪式在哈市举行，省老龄办常务副主任杨铁生、副主任王刚、李淑梅，课题专家组、课题撰稿人等二十余人参加仪式，调研处处长高玉萍与会。

【全国尊老敬老经验交流会在齐齐哈尔市召开】10月11日，由全国老龄办、全国总工会、共青团中央、全国妇联联合举办的“全国尊老敬老经验交流会”在齐齐哈尔市召开。省老龄办常务副主任杨铁生，副主任李淑梅参加会议。全国老龄办党组成员、副主任吴玉韶主持会议。全国老龄办党组书记、常务副主任陈传书，团中央书记处书记周长奎、全国妇联书记处书记张静、全国总工会保障工作部部长邹震、联合国人口基金驻华代表博纳德等出席会议。黑龙江省委常委、秘书长刘国中到会宣读了省委、省政府给会议发来的贺电，齐齐哈尔市委书记郝会龙和联合国人口基金会驻华代表博钠德先生分别致辞。齐齐哈尔市、上海市退管会、共青团浙江省团委、新疆维吾尔自治区妇联分别在会上做了典型发言。来自29个省、自治区、直辖市和4个计划单列市的与会代表，现场观摩了齐齐哈尔市建设的“孝亲老敬老之城”成果。

【省老龄委举办颁奖晚会】10月12日，省委副书记杜宇新、省人大副主任陈述涛、省政府副省长孙永波、省政协副主席王涛志参加省老龄委举办的颁奖晚会并为获奖人员颁奖。此次活动是黑龙江省老龄委落实全国老龄委“敬老月”主题活动之一，晚会进行了“孝亲敬老之星”、“银龄行动先进个人”、“老年维权示范岗和老年维权先进个人”、“敬老文明岗”、“老龄工作先进单位和先进个人”、“全省十佳养老机构”八项表彰。

【省老龄办召开省老龄委成员单位联络员座谈会】12月2日，省老龄办召开省老龄委成员单位联络员座谈会，省老龄办常务副主任杨铁生主持会议并讲话，省老龄办副主任王刚、李淑梅参加会议，成员单位联络员参加会议。会上讨论了《省老龄事业发展“十二五”规划》（征求意见稿）、部署了《2011年省老龄委成员单位为老服务行动计划》（讨论稿）、并对今年老龄工作进行了总结。

【全国无障碍建设城市验收小组第六组来我省检查验收】12月13日，全国老龄办巡视员魏强带领全国无障碍建设城市验收小组第六组来我省检查验收，省老龄办调研处副调研员高宏伟陪同到齐齐哈尔、大庆、哈尔滨市检查验收。

【中国城乡老年人口状况追踪调查》督导组来我省督导】12月17日，中国老龄科研中心牟新渝副主任带队一行二人来我省督导《中国城乡老年人口状况追踪调查》工作，省老龄办调研处处长高玉萍陪同，去肇源、双城、哈尔滨实地检查督导。

各项业务进展

【老年维权工作】一是注重借助外力，整体推动维权工作深入开展。省老龄委下发了《关于做好老年维权行政执法工作的通知》，要求各市地老龄委做好本地行政执法主体资格的审批工作，强化办事机构职能建设。截止目前，已有8个市地老龄办经当地政府法制办批准办理了行政执法主体资格。举办了全省老龄干部老龄行政执法培训班。为提高老龄干部的行政执法能力，2010年9月7日至8日，在哈尔滨市举办了由各市、地老龄办主任及主管维权工作负责人参加的全省老龄干部行政执法培训班，并为培训人员办理了行政执法证。通过培训，提高了行政执法意识，增强了依法行政能力，明晰了依法行政工作思路。老龄办被省政府授权具有行政执法行为，给全省老龄工作创造出了机遇性的选择，既从行政性入手推动工作，解决了多年来困扰老龄工作的无行政执法权的问题。二是开展了“老年维权示范岗”和“老年维权工作先进个人”的评选表彰工作。为建立激励机制，拓宽维权渠道，促进维权工作深入有效开展，省老龄办与省法院、省公安厅、省司法厅开展了“全省老年维权示范岗”和“全省老年维权工作先进个人”的评选表彰活动。对99个老年维权示范岗和103个老年维权工作先进个人进行了表彰。通过评选表彰，极大调动了各系统基层工作者的积极性和创造性，为老年维权工作的深入开展奠定了基础。三是以全国性检查为契机，推动维权工作的落实。今年参与接待了两次国家级检查。协助省人大圆满完成全国人大内司委对我省贯彻实施《老年法》情况的检查调研工作。参与接待了全国人大、全国政协、国家老龄办等8个部委对我省实施《中国老龄事业发展“十一五”规划》情况的检查评估工作。两个检查组都对我省落实“一法一例”工作给予了充分肯定。通过检查，得到了各级政府的重视、增强了相关部门的支持力度，提高了工作能力，激发了工作干劲。

【老年优待工作】全省各市地认真贯彻落实敬老优待政策，从2010年7月1日，按照《黑龙江省80周岁以上高龄老人生活津贴发放办法》发放高龄老人生活津贴。我省高龄老人生活津贴发放范围为具有我省户籍且年龄在80至89周岁的低收入（含低保）家庭中的老年人，以及90周岁以上所有老年人。高龄津贴标准为每人每月100元。个别地市对高龄津贴标准有所提高。哈尔滨市从2010年1月起将百岁老人的敬老补贴由每人每月200元提高到300元。大庆市为2000多名90岁以上老年人发放营养补贴。黑河市为6，733名65周岁以上老年人发放了交通补贴共计403，980元，将百岁老人特殊优待补贴每月标准提高至200元。

【养老保障工作】一是养老保险制度建设进一步加强。全省城镇职工基本养老保险参保人数达873.4万人，从2010年1月1日起，调整提高了全省312万名企业退休人员基本养老金标准，月人均基本养老金由1006.53元提高到1153.81元。新农保试点覆盖农业总人口562.2万人，覆盖全省农业人口总数的31.58%，其中：60周岁以上人员61.6万元，截至到2010年底第一批试点已领取基础养老金28.5万人。我省城乡老年人初步实现了“老有所养”的目标。二是医疗保险制度建设水平进一步提升。全省包括老年人在内的城镇职工参加基本医疗保险人数达到859万人，参保率达96.95%；全省包括老年人在内的1400.78万农民参加新型农村合作医疗，参合率达98.8%；加上255.68万次城乡医疗救助，我省城乡老年人初步实现了“老有所医”的目标。三是低保救助制度建设进一步推进。城镇老年人有18.1万人纳入低保，占城镇低保总数的11.97%；农村老年人有37.89万人纳入低保范围，占农村低保总数的

35.4%。2010年，通过建立城乡低保标准动态调整机制，将城市低保对象财政补助水平由月人均162元提高到182元；将农村低保对象财政补助水平由年人均800元提高到900元，有效实施各项综合救助，并积极应对物价上涨为低收入群体发放了价格临时补贴。低保制度有效保障了城乡老年人的基本生活水平。此外，农村五保供养制度、优抚制度、离退休干部制度、计划生育家庭奖励扶助制度、危房改造及廉租房措施等的有效补充，进一步提高了老年人的养老保障水平。建立了全省统一的高龄老人生活津贴制度，为全省80周岁以上低保（低收入）老人和90周岁以上所有老年人发放了每人每月100元的高龄老人生活津贴。

【发展养老服务业】养老服务体系建设格局基本形成。全省涉老单位积极发挥作用，加快发展老龄事业，初步形成了以居家养老为基础、社区养老为依托，机构养老为补充的养老服务体系。省民政厅会同省发改委、省老龄办研究制定《黑龙江省加强社会养老服务体系建设的意见》，会同省财政厅出台了《黑龙江省高龄老人生活津贴制度》。同时，成立社会养老服务建设领导小组，在全省开展了居家养老服务模范县（市、区）创建评选活动，大力推进社会养老服务体系建设。养老床位数达到了老年人总数的1.8%。全省各市（地）都有了1－2所标准化、县（市）至少有1所规范化的公办养老机构，全省开展居家养服务的城乡社区（村委会）达到1539个。全省继续实施了农村“五保”供养设施改造工程，新增床位1万多张，截至2010年底，全省农村敬老院总床数达到7.03万张，使农村“五保”对象集中供养率达到了50%以上。省农垦总局积极筹措资金，重点支持北大荒养老中心，齐齐哈尔管理局等敬老院建设，新增建筑面积约2.9万平方米，新增床位约600张。省卫生厅进一步深化医药卫生体制改革，把老年人保健列为基本公共服务项目，2010年我省65岁以上老年人免费健康检查人数达295.8万人；在全省二级以上医疗机构专门设立老年人专用挂号窗口，实施老年人检查优先窗口服务，每年为65岁以上老年人免费健康体检和健康危险因素调查咨询。省财政厅认真落实各项政策，加大为老服务资金投入，为解决老年群体基本生活提供财力保障。省国税局和省地税局贯彻落实国家和我省促进老龄事业发展的各项税收政策。省委组织部和省委老干部局着力推行离退休干部服务工作，制定下发了《关于利用社区资源做好离退休干部服务工作的实施意见》，推动了全省老干部工作进一步发展。省建设厅将老年人基础设施建设纳入城市总体规划和相关详细规划中，进一步细化老年人基础设施建设标准。省文化厅在公共文化服务体系建设中关注老龄文化需求，将老龄文化服务放在突出位置。省体育局加强老年体育组织建设，建立各级、各类老年体育辅导站和服务中心，构建面向老年人的体育服务体系。

【老龄宣传工作】围绕老龄工作重点，扎实推进老龄宣传工作。深入宣传全国和省老龄委会议精神。省老龄办召开全省老龄办主任会议，传达了全国老龄委12次全体会议和省老龄委九次全体会议精神，并于6月份在齐齐哈尔市召开市地老龄办主任半年工作会议，总结“两会”精神贯彻落实情况，并提出了深入贯彻落实谋发展的措施。同时，省老龄办协调全国老龄办门户网、省内新闻媒体加大了老龄工作宣传力度。在《黑龙江日报》、《中国老年报》、《老年日报》先后开辟四个专版宣传老龄工作，在黑龙江老龄网设置“敬老月”活动专栏，在东北网和中国移动网建立“敬老月”宣传窗口。对省委、省政府出台的《关于加快推进老龄事业发展的意见》进行了重点宣传，全国老龄办编辑的《老龄工作通报》以两个专刊全文刊登省委、省政府《意见》和孙永波副省长在全省老龄委全体（扩大）会议上的讲话，《黑龙江日报》4月26日以整版篇幅宣传省委省政府《意见》和全省老龄工作。

【“银龄行动”】一是年初与省老科协以省“银龄行动”办公室名义联合下发了《2010年银龄行动工作要点》。二是省“银龄援农”工作取得新进展，全省继续加大12处大田作物、果木、蔬菜保护地栽培、畜牧养殖等项目的“银龄援农”示范基地建设，通过科技创新，使农民增产增收。基地挂牌子、送种子、送化肥，调动了基层参与的热情。省老龄办领导带队到双城、海林等省级银龄行动示范基地进行调研，对基地的科学高产田和带动性农业发展所取得的成绩给予了充分肯定。三是树立了一批“银龄行动”先进典型，在2010年老龄工作颁奖晚会中，省老科技工作者有30人获得“银龄行动先进个人”荣誉称号。各地通过加大宣传力度，以典型宣传推动“银龄行动”工作，树立了老科技工作者参与“三农”工作的社会公益形象。四是老科技工作者、老文化志愿者积极参加省委宣传部、省文化厅、省卫生厅、省科技厅、省科协组织的“科普之冬”、“科普大集”、“科技活动周”、“文化大舞台”、“送医下乡”等活动，坚持面向农村、面向青少年、面向社区居民开展科普教育。老专家们采取现场培训班、面对面授课、电话咨询、网络远程指导等方法，解答农民在生产中遇到的难题，提高农民科学技术水平。五是省“银龄行动”办公室利用各种媒体加大“银龄行动”的宣传力度，尤其是利用全国银龄行动经验交流会、老龄网站、银龄行动工作信息等不断总结各地开展“银龄行动”的经验，加强交流，宣传了“银龄行动”的重要意义和先进典型，扩大活动影响。

吉林省

为庆祝“敬老月”，长春市举办以“关爱老人、构建和谐”为主题的老年文化艺术节活动。

2010年11月，省老龄委隆重举行了全省“双十佳”、敬老和谐社区（村）表彰仪式。图片为表彰仪式后的文艺演出。

综述

2010年，在省委、省政府的正确领导下，全省老龄工作以科学发展观为统领，认真贯彻落实全国老龄办工作会议和省老龄委第六次全体会议精神，紧紧围绕省委、省政府中心工作，以保障和改善民生为重点，采取有效措施，加大工作力度，各项工作稳步推进，老龄事业有了较快的发展。

一、加强社会保障体系建设，老年人的基本生活和医疗保障水平进一步提高

一是养老保障制度不断完善。截止2010年底，全省养老保险参保人数达到598.8万人，其中享受养老保险待遇的达到205.9万人，养老金按时足额发放率达100%，社会化管理服务达到95.6%。出台了《吉林省新型农村社会养老保险试点实施意见》，已在19个县（市、区）开展新农保试点，目前全省已有34.7万名60周岁以上符合条件的农村老年人领到养老金1.37亿元。

二是医疗保障水平不断提高。2010年底，全省城镇职工基本医疗保险参保人数达到550万人，城镇居民基本医疗保险参保人数达到783万人，新农合参合农民1251.5万人，占实际在乡农业人口的95.49%。

三是新型社会救助体系不断健全。到2010年底，全省城乡低保对象中共有60岁以上老年人50万人，城市低保补助水平达到月人均198元，农村低保补助水平达到年人均989元。共有农村五保供养对象11.9万人，集中供养人数3.3万人，集中供养率达到27%以上，集中和分散供养标准分别为每年2700元和1700元。

二、加大为老服务设施建设力度，养老服务体系不断完善

到2010年底，全省兴办各类养老服务机构1618所，床位12.9万张，入住老年人67144人，服务人员10691人，与入住老人比例为1∶6.3。其中，农村社会福利服务中心668所，床位数8.4万张，入住老年人38063人，服务人员5176人；民办养老机构950所，床位数4.5万张，入住老年人29018人，服务人员5515人。

全省建有老年病医院192所，老年护理中心342所，开设老年家庭病床6740张。社区中有医疗站点的达1141个，行政村有医疗站点的达6766个，为老年人提供就地就近的医疗服务。

全省建有城镇社区老年活动室1571个，总面积

123434平方米，平均每个活动室面积79平方米。其中，有室内健身器材的老年活动室600个，有室外健身器材的社区1032个，有老年门球场的社区247个，有影视器材的活动室798个，有棋牌、乐器等文娱活动器材的活动室11217个。全省共建有农村老年活动室6125个，总面积301997平方米，平均每个活动室面积49平方米。其中，有室内健身器材的老年活动室784个，有室外健身器材的村1875个，有老年门球场的村1275个，有影视器材的老年活动室2761个，有棋牌、乐器等文娱活动器材的活动室4039个。

全省创办老年大学75所，在校人数14723人，累计毕业人数39263人；创办老年学校870所，在校人数65959人，累计毕业人数75474人。全省建有老年人才中介服务组织106个，发挥作用的老年人才35876人。建有老年婚姻介绍所91个。

三、居家养老服务工作不断深化

在城镇，推进社区居家养老服务工作，有681个社区配备了782个老龄专干；建立社区居家养老服务站606个，配备服务人员1147人；未建立养老服务站但配备养老服务人员的社区有591个，配备了839个养老服务人员；建立社区日间照料室501个，有床位3349张。为了提高老年人特别是空巢、高龄老年人的生活、生命质量，推广援通信息化为老服务，建立居家养老服务信息化平台。已安装600户，其中长春市朝阳区350户，二道区东站十委60户，宽城区70户，德惠市120户。截止年底，接收到红键求救呼叫1675次，绿键求助呼叫592次，均得到有效处理，共为2267人次提供了紧急救援及求助服务。

在农村，探索建立以居家养老服务大院为辐射中心的养老服务体系，在取得典型经验的基础上，2010年，省老龄办、民政厅、财政厅、文化厅、卫生厅、体育局联合下发了《关于开展农村居家养老服务大院建设工作的意见》，部署、指导这项工作在全省的广泛开展。建立居家养老服务大院401个，有床位2840张。结合养老服务大院建设，还开展了农村空巢老人帮扶服务活动。

四、政府加大力度，老年人合法权益得到了进一步保障

一是惠老政策不断完善。今年1月，省政府第2次常务会议通过并下发了《关于加快推进全省老龄事业发展的意见》。省老龄办、省财政厅印发了《吉林省扶持民办养老机构发展试点工作实施方案》，对符合条件的民办养老机构给予资金扶持。这一系列惠及老年人政策法规制度的出台，有力地维护了老年人的合法权益，老龄工作和老龄事业的发展也有了制度性的保证。

一些地方在老年政策法规建设上也取得了新突破。延边州颁布了《老年人权益保障条例》。通化市所辖各县（市、区）都制定出台了老年人优待规定，提高了百岁老人、高龄老人津贴标准。通化县百岁老人津贴每月达800元，为全省最高标准，在全国也名列前茅。

二是老年法律法规贯彻执行力度不断加大。省人大和省政协分别对各地贯彻实施《中华人民共和国老年人权益保障法》和《吉林省实施〈中华人民共和国老年人权益保障法〉若干规定》情况进行了检查和视察，就发现的问题提出了整改意见，有力地推进了老年人权益保障工作。

三是老年维权网络建设不断加强。全省各地不断加大老年人法律援助与司法救助力度，对贫困老年人的诉讼费用实行减、免、缓。建立老年人法律咨询服务站777个，成立维护老年人权益协调组织600个，为老年人依法维权提供帮助。省计生委配合省老龄办在农村有赡养争议的家庭开展签订赡养协议书工作，全省共签订《家庭赡养协议书》37万多份，落实了家庭养老责任。全年接待老年信访2546件，办结达2404件，有效维护了老年人的合法权益。

五、制定和落实惠老政策，让广大老年人得到更多的实惠

10月27日，经省政府第12次常务会议讨论决定，在全省建立高龄老年人生活津贴制度。省政府办公厅下发了《关于发放高龄老年人生活津贴的通知》（以下简称《通知》）。《通知》规定了发放范围是户籍在本省行政区域内80—89周岁的城乡低保老年人，90周岁以上的老年人。发放标准：80—89周岁的城乡低保老年人，每人每月发放不少于50元的生活津贴；90—99周岁的城乡老年人，每人每月发放不少于100元的生活津贴；100周岁以上的城乡老年人每人每月发放不少于300元的生活津贴。还明确提出，如各地现行高龄老年人生活津贴政策执行范围和发放标准大于和高于本《通知》确定的范围和标准，可仍按原政策执行。

省老龄办、省财政厅印发了《吉林省扶持民办养老机构发展试点工作方案》（以下简称《方案》），对符合条件的民办养老机构给予资金扶持。明确了扶持民办养老机构的奖励条件：一是新建或改扩建民办养老机构，须经当地相关部门批准筹建；功能齐全，建筑面积5000平方米以上，床位200张以上，建筑设计符合养老机构建筑规范和设计标准；每张床位不少于5000元的合法资金证明；经考核评估，达到90分以上，并在一年半内投入使用。二是已运营的民办养老机构，须经县以上民政部门批准设立，经营时间一年以上；建筑面积2500平方米以上，床位100张以上；设施、设备完善，管理规范，各种规章制度健全；经考核评估，达到90分以上，入住老年人满意度达到95%以上，没有发生护理事故；按有关规定配备相应的管理人员和护理人员，护理人员持证上岗；老年人入住率应达到80%以上，并安排总床位数的10%用于减免费接纳社会“三无”老人及低保、贫困老人，以体现公益性。

全省各地采取有效措施，积极贯彻落实《吉林省优待老年人规定》。目前全省统一发放的老年优待证达到775338个，其中60—69岁374228个，70岁以上401310个。部分县级以上政府实施高龄老人补贴政策，有29037位高龄老人（不含百岁老人）享受补贴，补贴金2482万元。为老年人办乘车卡173955个，财政年度补贴资金3248万元。医疗机构对老年人实行免挂号费的12612所，半价优待的1046所。全省共有向老年人开放的文化设施233处，对老年人实行减免门票优待的公园园林景点56处。有22处收费体育设施对老年人实行免费，有1处实行半价。2010年享受廉租房的老年户数为3671户。

六、强化宣传工作，老龄工作氛围和敬老风气日渐浓厚

各地、各相关部门采取有效形式，深入宣传老龄工作方针政策、法律法规，大力宣传老龄工作和老龄事业的发展和取得的成绩。省民政厅、省老龄办共同出资与吉林电视台合办了《情系民生》栏目，《吉林日报》、吉林人民广播电台也都办起了老年专栏、专题节目，形成了对老龄事业和老龄工作的立体宣传态势。

七、普遍开展健康向上的老年文体活动，老年人的精神文化生活不断丰富

一是老年文体设施及组织建设发展较快。目前，全省社区（村）共建有各类老年活动中心（站、室）7696个，占社区（村）的70.4%；成立基层老年文艺活动组织5879个，老年体育健身活动组织4643个，经常参加活动的老年人有20多万；建有老年大学75所，在校学员1.5万人；社区（村）建有老年学校870所，经常参与学习的老年人达到6.6万人。

二是老年人精神文化生活丰富多彩。省里每两年举办一次全省老年人趣味运动会，每年9月1日省老人节都举办一次全省性庆祝活动。今年的6月28日上午，由省老龄办、省体育局主办，省体育总会承办的吉林省第三届老年人趣味运动会开幕式在长春市体育馆举行。出席开幕式的领导有：省政府副秘书长、省老龄委常务副主任张大松，原省级老领导张岳琦、谷长春、李德明、刘希林、冯锡铭、任俊杰、刘树林、高文、桑逢文、李玉堂、郑龙喆、杨庆祥、李亚泉，主办单位与承办单位的负责同志。省老龄委副主任、省老龄办常务副主任陈双喜主持了开幕式，张大松宣布大会开幕，省体育局副局长史义辉致开幕词。

来自各市州、省暨长春市五大班子老干部处、中省直大中型企业、事业单位的21支代表队的544位老年人参加了比赛。比赛设颗粒归仓接力、门球射门、飞镖打靶、提篮购物、赶子母猪等17个适合老年人的趣味运动项目。参加比赛的年龄最大的运动员是来自省政府办公厅的93岁高龄的王继川。

本次老年人趣味运动会历时一天半，白城市、白山市、吉林大学代表队分获团体总分一、二、三名，长春市等8个单位获得优秀组织奖，吉林市等13个单位获得体育道德风尚奖。

八、进一步加强老龄机构和老年群众组织建设

全省进一步加强老龄机构建设。省及9个市（州）、长白山管委会的老龄工作机构属民政代管的6个，独立的5个。70个县（市、区）、开发区老龄工作机构属民政内设的18个，属民政代管的29个，独立的19个，其他4个。省级老龄工作机构编制17人；市（州）级老龄工作机构编制65人，其中行政编制19人，事业编制46人。县（市、区）级老龄工作机构编制246人，其中行政编制55人，事业编制191人。现有干部职工321人。

全省街道建老龄工作机构375个，乡镇建老龄工作机构520个。全省建有城镇社区老年人协会1304个，组建了文艺活动组织2338个，体育健身活动组织1132个。全省建有农村老年人协会6870个，建立了3541个老年文艺活动组织，3511个老年体育健身活动组织。

九、充分发挥老年人在社会发展中的重要作用

广大老年人在社区建设、参政议政、治安巡逻、卫生监督、调解邻里纠纷、关心教育下一代、维护合法权益等方面发挥了积极作用，为“三个文明”建设做出新的贡献。在全省范围内广泛开展了“银龄行动”，全省约有3.6万老年人在医疗卫生、科技兴农、青少年教育、人才培训等方面发挥作用。

为推动老龄工作的深入开展，省老龄办与省人社厅联合表彰了全省老龄工作先进单位和先进个人。开展了敬老模范村（社区）创建活动，会同省总工会、省妇联开展了全省“十佳孝亲敬老家庭”评选活动，还开展了全省“十佳健康老人”“十大孝亲敬老楷模”

评选表彰活动。

重要会议和活动

【吉林省老龄工作委员会第六次全体会议召开】4月7日上午，省老龄工作委员会第六次全体会议在省政府会议室隆重召开。会议贯彻落实全国老龄工作委员会第十二次全体会议精神；总结2009年全省老龄工作，研究部署2010年老龄工作任务；部分成员单位交流老龄工作经验；表彰省老龄委先进成员单位。省政府副省长陈晓光出席会议并做重要讲话，会议由省政府副秘书长、省老龄委常务副主任张大松主持，省老龄委副主任、省老龄办常务副主任陈双喜做工作报告。省老龄工作委员会全体成员及联络员参加会议，各市（州）老龄办专职主任列席会议。

张大松同志向与会代表传达全国老龄工作委员会第十二次全体会议精神，重点强调贯彻落实回良玉副总理的重要讲话精神。

陈晓光副省长在讲话中对去年全省各地、各部门的老龄工作给予了充分的肯定，并就当前我省老龄工作面临的新形势和新任务提出了意见和要求。他指出，要深刻认识我省人口老龄化形势的严峻性、老龄问题的特殊性和老龄工作的紧迫性。在“未富先老”的情况下，面对人口老龄化的严峻形势，我们的应对准备还不足，对老龄问题复杂性的认识还不够充分，老龄工作管理体制还不够顺畅，老龄政策法规还不够健全，老龄事业投入机制还不够完善，社会养老服务业的发展还不能满足日益增长的老年群体需求等。

他强调，要以老龄事业长期科学发展为目标，加快推进老龄工作战略研究体系建设，启动吉林省应对人口老龄化战略研究调研，制定好老龄事业“十二五”规划。

他要求，要以保障老年困难群体基本生活为重点，着力构建统筹城乡的养老保障体系；要以满足老年人养老服务需求为动力，促进养老服务体系多层次全方位发展，大力发展居家养老服务，积极推进老龄产业发展，大力加强农村为老服务工作；要以完善老龄工作体制机制为途径，构建老龄事业齐抓共管的工作体系。

【省老龄办召开全省老年人基本状况调查工作会议】为积极应对吉林省日趋严重的人口老龄化问题，加强老年社会保障和服务体系建设，根据省政府要求，由省老龄办、省统计局在全省组织开展老年人基本状况抽样调查，为制定有关政策提供详实的依据。为贯彻落实省政府的要求，做好此项调查工作，省老龄办于5月7日在长春召开全省老年人基本状况调查工作会议，部署具体工作任务，讲解有关业务知识，强调相关注意事项，提出明确目标要求。被省统计局抽样确定为此次调查范围的长春市等7个市（州）、榆树市等21个县（市、区）老龄办负责人和相关人员共计40人参加了会议。

此次调查的目的是全面了解掌握我省老年人在社会养老保障、医疗保障、住房保障、生活服务、文体生活和社会参与现状及服务需求等方面的情况，从应对人口老龄化问题，加快发展老龄事业的高度，为制定全省老年社会保障和服务体系建设三年“推进计划”（2010—2012年）提供有力的依据。

【金振吉副省长新春佳节走访慰问老年人】2月9日下午，省政府副省长、省老龄委主任金振吉在省政府副秘书长、省老龄委常务副主任张大松，省民政厅厅长、省老龄办主任张晶，省老龄委副主任、省老龄办常务副主任陈双喜，长春市副市长隋忠诚等领导同志的陪同下，冒着严寒，走访慰问了长春市部分百岁老人、特困老人和民办养老机构，表达了党和政府对老年人的亲切关怀，同时祝全省年朋友过一个欢乐、祥和、幸福的新春佳节!?

【西班牙马蒂亚集团人员就养老服务业来我省参观考察】5月26、27日，西班牙马蒂亚集团人员一行三人就社会化养老服务机构投资环境和政府规范管理养老服务机构的相关政策等内容来我省进行了考察，省老龄委副主任、省老龄办常务副主任陈双喜陪同参观考察。

考察团一行首先参观了和乐家园、吉林市东浩老年康复护理院两所在我省较具特色的养老机构。其中，和乐家园是由中外双方合资共同兴建的社会福利机构，采取养老助残的“家庭模式”，为孤老残疾人士提供家庭般的护理和照料，同时由外方负责协调国外相关专家来华对护理人员进行培训，目前已收住孤残老人20余人；东浩老年康复护理院是集养老、娱乐、医疗、护理、康复、临终关怀于一体，是我省目前设备完备、管理较规范并具一定规模的老年康复护理机构，现有床位220张，职工76人，其中持证上岗的医护人员就有56人。外国友人绕有兴趣地听取了机构负责人的情况介绍，参观了养老服务设施，对和乐家园这种合资兴建慈善机构的模式十分赞赏，东浩护理院专业的设备和护理以及整洁的环境也给外宾留下了深刻的印象。

随后召开了座谈会，陈双喜副主任向考察团详细介绍了我省老龄工作和推进养老服务业发展的有关情况，双方就家庭小型化、空巢化形势下加强社会养老服务，完善养老机构服务模式，不断创新服务理念等内容进行了交流，会谈在友好热烈的气氛中进行。双方表示愿意进一步加强在老龄领域的交流与合作，相互学习，取长补短。

【吉林省第三届老年人趣味运动会在长春举办】6月28日上午9时，由省老龄办、省体育局联合举办，省体育总会承办的全省第三届老年人趣味运动会在长春体育馆举行了隆重的开幕仪式。开幕式由省老龄委副主任、省老龄办常务副主任陈双喜主持，省体育局副局长史义辉致开幕词，省政府副秘书长、省老龄委常务副主任张大松出席开幕式并宣布运动会开幕。原省级老领导张岳琦、谷长春、李德明、冯锡铭、任俊杰、刘树林、高文、桑逢文、郑龙喆、杨庆祥、李亚泉出席开幕式。来自全省九个市（州）、省委、省人大、省政府、省政协、省纪检委、长春市委、市人大、市政府、市政协、市纪检委、吉化公司、吉林大学代表队的500多名老年运动员集体接受了检阅。本次赛会为期两天，这是全省老年朋友文化生活中的一件大事，是对近年来老年人体育健身成果的大检阅，也是进一步开展老年人文体活动的大动员。全体老年运动员本着“重在参与，旨在健身”的宗旨，以饱满的热情和昂扬向上的精神状态参与到赛事之中，相信此次运动会一定能办成一个团结、友谊、健康、快乐、和谐的盛会，一定能取得比赛和精神文明的双丰收。

【2010中国长春第三届中老年用品博览会隆重开幕】由吉林省老龄工作委员会办公室、长春市老龄工作委员会办公室共同主办，长春海州展览服务有限公司承办，吉林老年报社协办的“2010中国·长春第三届中老年用品及相关产业博览会”（简称“老博会”）于6月5日在长春市南岭体育场滑冰馆隆重开幕。省政府副秘书长、省老龄委常务副主任张大松，省老龄委副主任、省老龄办常务副主任陈双喜，原省级老领导刘希林、冯锡铭、高文、桑逢文、郑龙喆以及长春市相关领导出席了开幕式。开幕式由陈双喜主持，长春市政府副秘书长姜保忠致开幕词，张大松同志宣布老博会开幕，出席开幕式的领导共同为老博会剪彩。

老博会自2008年起已成功举办了两届，本届老博会与前两次相比，产品更具针对性，更加实用且贴近老年人生活，专业水准及科技含量有了突破性的提升。展区面积达一万平方米，吸引了养老机构、健康咨询、名家书法、康复保健器械、中老年日常用品、服装服饰等众多项目参展，参展企业达300余家，展品达上千种。开展首日便迎来3万社会公众观展，银发产业里的消费潜力不容小视。

【吉林省“双十佳”敬老和谐社区（村）表彰仪式在长隆重举行】11月5日下午，吉林省老龄工作委员会在长春隆重举行了全省“双十佳”敬老和谐社区（村）表彰仪式。全国老龄办综合部主任杨东法应邀出席表彰仪式并发表贺词。原省级老领导、省老龄委顾问任俊杰、高文、郑龙喆出席仪式并为获奖单位颁奖。省民政厅厅长、省老龄办主任张晶致词并颁奖。省老龄委副主任、省老龄办常务副主任陈双喜主持表彰仪式开幕式并颁奖。省老龄委部分成员单位代表、各市（州）老龄办主任、有关县（市、区）老龄办主任参加了表彰仪式。

通过自下而上层层评选推荐，最终经省老龄委审核决定，授予长春市朝阳区桂林街道同光路东社区等10个社区、白城市镇赉县嘎什根乡创业村等10个村为吉林省“双十佳”敬老和谐社区（村）荣誉称号，并举行隆重的表彰仪式，以期进一步调动基层和社会各方面积极性，推动基层老龄工作更加扎实有效地开展，为构建和谐吉林做出更大的贡献。

【中法人口老龄化与发展论坛在长春举行】为进一步加强中、法两国人口老龄化问题研究与交流，开拓应对人口老龄化的思路，着眼未来老年人群面临的就业、养老、就医等方面问题，借鉴国际成功经验，制定各项涉老政策，更好地为老年人口提供公共服务，11月4日，由吉林省人力资源和社会保障厅与法国社会福利卫生部养老保险局共同举办的“2010老龄化与发展论坛”在长春隆重开幕。联合国人口基金驻华代表处总代表薄纳德先生、法国驻华使馆社会事务参赞罗妮卡女士、吉林省政府副秘书长、省老龄委常务副主任张大松出席开幕式并分别致辞。国家人社部、发改委、民政部、老龄办有关领导，吉林省直相关部门领导，清华大学、吉林大学、东北师范大学、长春工业大学等老龄问题专家学者以及法国老年人口研究专家共同参加了论坛。吉林省人社厅厅长骆德春主持论坛开幕式。

根据“中法合作老年人口调查”结果显示，我省老年人群中，男性比女性受教育程度高，城市比农村受教育程度高；农村参与劳动人数比例明显高于城市；调查对象中患有慢性病人数所占比例达43.5%，较普遍的疾病有心脏病、高血压、关节炎和糖尿病；城镇和农村在维持体面生活所需的养老金数量集中在500元至2000元；家庭养老是当前主要养老方式，在农村无养老保障人数占相当高比重，造成子女负担过重。调查结果为政府部门应对人口老龄化带来的挑战提供了重要启示，统筹城乡养老保险制度，实现养老保险全覆盖；统筹不同职业的养老金水平，促进协调发展；加强医疗社区医疗服务体系建设，为老年人提供更好服务；加强老年人基础服务设施建设，大力发展社区养老；关心老年人的精神生活，提高生活质量。

辽宁省

综　　述

2010年，全省老龄系统深入贯彻落实科学发展观，认真实施全省老龄事业发展“十一五”规划，狠抓省老年人权益保障条例落实，创新工作、完善机制、强化基层、落实责任，圆满完成了各项任务，全面推动辽宁老龄事业科学发展。

一、老龄工作得到各级党政部门高度重视

一是重新调整省老龄委成员。经省委、省政府、省委组织部同意，重新调整了新的省老龄委组成人员。7位省老领导为省老龄委顾问，省委常委、常务副省长许卫国为省老龄委主任，副省长陈超英为省老龄委副主任。5月份，召开了新一届省老龄委全委会。二是省领导重视老龄工作。省委书记王珉、省长陈政高、组织部部长唐军亲自批示解决老龄工作中重点问题。许卫国、陈超英两位领导对重新调整省老龄委成员组成进行沟通。陈超英副省长曾3次向全国政协、省人大汇报全省老龄工作。省老龄委顾问积极参加省老龄工作会议和活动，走访慰问贫困、百岁和养老院的老年人。三是各市把老龄工作真正摆上议事日程。全省各市都召开了老龄工作会议。7个市党政领导重视老龄工作，对老龄工作作出批示，亲自解决老龄工作中问题，参加各项老年活动。

二、老年保障条例及老龄政策取得丰硕成果

一是《辽宁省老年人权益保障条例》得到贯彻实施。2010年是贯彻《条例》力度最大的一年。7月份，副省长陈超英向省人大主任会议汇报全省贯彻落实《条例》情况。省人大常委会常务副主任闫丰及5位副主任，分赴6个市对贯彻实施“一法一规”情况进行执法检查。省十一届人大常委会第二十次会议审议了“一法一规”执法检查报告，形成辽人办函的审议意见。12月份，省政府下发文件要求全省贯彻落实。各市都相继出台了贯彻实施省《条例》的规定。《条例》规定的18项涉老优待政策得到落实。执法检查推动了全省老龄工作的深入开展。二是老龄事业“十一五”规划基本实现。年初，省老龄委下发文件要求省直涉老部门和各市老龄办结合实际，采取自查互查等多种方式评估“十一五”规划实施情况。6月份，全国老龄事业发展“十一五”规划检查评估组来我省分别听取了陈超英副省长、何庆良副秘书长的工作汇报，到4个市进行了检查，检查组对辽宁的老龄事业发展给予充分肯定和高度评价，认为辽宁省老龄事业“十一五”规划制定的主要预期目标基本实现，对执行情况表示满意。

三、城乡社会养老保障体系初步建立

一是城镇社会养老保障制度逐步完善。城镇职工基本养老保险基本实现全覆盖，标准逐年提高。到2010年底，全省城镇企业职工基本养老保险参保1404.4万人，其中在职职工965.1万人，离退休人员439.3万元，月人均养老金达到1269元，月均增加基本养老金122元。二是农村养老保险制度逐步推进。我省新农保试点地区已达19个县（市、区），参保人数达到202.7万人。其中国家确定的试点地区，有60.2万60周岁以上老年农村居民开始领取养老金。三是城乡社会救助保障体系不断深化。全省14.2万农村“五保”老人，2.7万城镇“三无”老人和45.2万特困老人生活基本得到保障。2010年11月，城市低保月标准提高到310元、农村低保年平均标准达到1918元，分别提高17.2%、27.4%，城乡老年人低保标准在此基础上浮一定比例。五保对象集中供养年平均标准提高到4000元；分散供养年平均标准提高到2400元。

四、养老服务业得到快速发展

一是国办养老服务设施得到改善。省财政筹措资金5390万，新建、改扩建国办社会福利养老机构56家，拉动各级政府投入3.5亿元。全省国办养老机构达到118家，拥有床位2万张。二是扩大了农村敬老院的规模。全省新建民办养老院45个，新增床位0.8万张；新建中心敬老院41所，改造乡镇敬老院60所。目前，全省城乡各类养老机构达到1681家，养老床位总数达到了16万张，每千名老年人拥有养老床位达到了24张。三是全省享受居家养老服务的老年人达到7.5万人。各类社区养老服务组织达到5190个，比去年增长6%。

五、老龄统计、调研工作形成制度

一是完成了全省老年人状况统计工作。举办全省老龄统计工作人员培训班。2009年全省老年人口状况统计结果已印制成册下发。全省老龄事业统计工作基本摸清了老龄人口状况的底数，为政府制定各项老龄政策提供科学依据。二是完成了我省80岁以上老年人高龄补贴情况统计和测算工作。召开了不同经济发展水平的6个市座谈会。全面进行具体测算。我省有80岁以上老年人85.3万，占全省老年人口的12.6%。为实现80岁至89岁老年人高龄补贴做准备。三是完成全国老龄办对我省老年人口状况抽样调查工作。省对8个市、15个县（区）、31个乡镇（街）的1000名老年人口状况进行追踪调查。10月份，对130名调查员进行培训指导。同时，配合国家老龄办调研组实地调研了沈阳、鞍山、营口、朝阳等市民营养老院和中心敬老院养老服务经验。

六、敬老助老活动蓬勃开展

一是开展了全省“敬老月”活动。省办确定10月为全省敬老活动月。各市“敬老月”中组织了多种形式、不同规模的敬老活动。5个市党委、人大、政府、政协领导参加“敬老月”活动启动仪式。全省“敬老月”活动的广泛开展，弘扬了中华民族传统美德，受到全社会的关注和支持。二是走访慰问“三老”活动。此项活动在我省已形成制度，每年春节、重阳节前各级党委、政府开展了层层走访慰问“三老”活动。2010年，省、市、县三级党政领导110人，走访慰问贫困、百岁、养老院老年人达万余名。三是开展了丰富多彩的老年娱乐活动。省老龄办组织老年文化团体参加了“第二届中国老年文化艺术节”活动；在丹东市举办了近百名老年人参加的全省老年羽毛球和柔力球比赛。各市在基层、社区，开展了“快乐夕阳、多彩人生”为主题的系列老年人运动会、书画展、健康知识讲座、大型文艺汇演等活动。四是做好“银龄行动”工作。组织23名专家教授深入县、区，开展医疗咨询、健康饮食教育、健康体检等活动，共为422名老年人诊病体检。五是做好老龄宣传工作。协调《辽宁日报》、辽宁电视台等6家主流媒体，对全省老龄工作情况撰写通稿，及时进行宣传报道。省办在省市新闻媒体上刊发新闻稿件27篇。印发了辽宁老龄工作简报。辽宁老年报社围绕“六个老有”老龄工作目标进行宣传报道。各市加大老龄事业新闻报道力度。省老龄办还开展了“第四届全国敬老主题教育活动”、“长寿健康老人”评选活动。各种敬老助老活动的开展、多种形式的宣传，营造了浓厚的敬老氛围，扩大了老龄工作的社会影响，为老龄事业发展创造了良好的舆论环境。

七、老龄基础工作得到提升

加强工作机构建设。省老龄办为民政厅代管，副厅级建制，内设3个处，列行政编制。2010年，省办主任按正厅级高配，为省老龄委副主任。目前，全省14个市老龄办机构理顺，12个市有内设机构，参照公务员管理。全省100个县区中76个县区有老龄工作机构，人员力量强、经费有保证。71个县区有办公经费，31个县区有独立办公场所。我省老龄工作人员实有392人。有基层老龄委3761个，老龄协会12422个。加强队伍作风建设。省老龄办全体机关干部参加党员干部创先争优、向郭明义同志学习、弘扬延安精神加强作风建设等学习实践活动。年初，全省老龄工作分解成3个方面、95项，落实到12名机关干部。省老龄办克服人员少，任务重的困难，圆满完成了各项重大而有影响的工作。年内，召开了8次大型全省老龄工作会议，举办两次老龄业务专题培训班，有效提升了老龄工作干部业务水平，在全省老龄系统中形成了积极向上、扎实肯干的工作作风。加强基层工作指导。省、市认真落实《老龄工作职责》、《成员单位职责》、《基层老年协会章程》等工作制度，使全省老龄工作逐步规范化、制度化。2010年，经过调研、总结了46个基层工作经验，并召开基层经验交流会进行推广，加大了基层老龄工作的指导力度。2010年，我省9个市老龄办、5个县（区）单位获得“全国老龄工作先进单位”荣誉称号，18名老龄工作干部被授予“全国老龄工作先进个人”荣誉称号。

重要会议和活动

【全省市级老龄办主任年度工作会议】 2月23日，在沈阳市召开了全省老龄办主任年度工作会议。会议认真学习贯彻了全国老龄委第十二次全体会议精神，传达学习了回良玉副总理的重要讲话、李学举部长的工作报告和全国老龄委办公室党组书记、常务副主任陈传书的讲话。省老龄办主任孙艳华作2009年全省老龄工作总结和部署2010年工作。各市老龄办主任交流工作并作工作汇报。14个市老龄办主任，《辽老报》总编、省老龄产业协会会长及省老龄办全体人员参加了会议。

【省老龄委成员单位联络员会议】 2月份，召开了省老龄委24个成员单位联络员会议。会上传达贯彻了全国老龄委第十二次全体会议精神，总结了2009年成员单位的主要工作情况并部署2010年工作任务，认真研讨了辽宁省老龄事业“十一五”规划评估情况及“十二五”规划草案，并对辽宁省进一步建立和完善养老服务模式的意见进行了热烈讨论。

【全省统计工作干部培训班】3月份，在丹东市举办了全省老龄系统统计人员培训班。省统计局的专家应邀进行了专题辅导，对老龄事业统计工作作了详细解读和说明。本溪、阜新2个市做了统计工作经验介绍。会议总结了2009年辽宁省老龄事业信息统计工作并部署2010工作。14个市和100个县（区）主管老龄统计工作的正、副主任及工作人员共160余人参加培训。

【慰问“三老”活动】春节、重阳节前，省老龄办陪同省老龄委顾问、原省人大副主任陈素芝，原省政协副主席李国忠，省老龄委副主任、省政府副秘书长何庆良，省民政厅厅长徐铁南分赴大连、丹东、阜新、铁岭、朝阳、葫芦岛等6个市走访慰问百岁、贫困和养老机构的老年人及省直的老领导。两节前省、市、县（区）党政领导走访慰问“三老”，达万余人次。

【省老龄委第七次全体成员会议】5月份，在沈阳召开了省老龄委第七次全体成员会议。会议传达了全国老龄工作委员会第十二次全体会议精神，总结分析了省老龄委第六次全委会以来的工作，研究部署下步工作任务。副省长、省老龄委副主任陈超英主持会议并作工作报告。省民政厅、省发改委作典型发言，省委老干部局、省人社厅、省建设厅、省卫生厅、省计生委、省体育局等6个成员单位作书面交流。6位省老龄委顾问到会并讲话。许卫国常务副省长作重要讲话。省老龄委副主任、委员参加会议，省老龄办全体人员列席会议。这次会议对两年来全省老龄工作给予了充分肯定，明确了老龄工作今后的发展方向，对推动全省老龄工作全面科学发展起到了重要作用。

【全省基层工作经验交流会议】6月份，在鞍山市召开了全省基层老龄工作经验交流会。总结了市、县（区）、成员单位、街道社区、乡镇村、老年协会和老年大学等6个方面，46个基层工作经验材料。9名基层老龄工作代表发言。14个市老龄办主任、基层工作代表，省老龄办全体工作人员参加会议。此次会议指导、推动了全省基层老龄工作。

【敬老活动】10月份，为全省敬老活动月。各市“敬老月”中组织了多种形式、不同规模的敬老活动。敬老月期间，引导基层社区开展了“快乐夕阳、多彩人生”为主题的大型文艺汇演、老年人系列运动会、书画展、健康知识讲座等活动。5个市党委、人大、政府、政协领导参加“敬老月”活动启动仪式。全省“敬老月”活动的广泛开展，弘扬了中华民族传统美德，受到全社会的关注和支持。

省老龄办组织参加了“第二届中国老年文化艺术节”活动，大连、本溪两市的老年人舞蹈、老年服饰表演等节目获3个金奖。辽宁省老龄办获优秀组织奖。

9月份，在丹东市举办了全省近百名老年人参加的羽毛球和柔力球比赛。

【“老年人口状况追踪调查”市县级督导员基层访问员培训班】为做好辽宁省8个市、15个县（区）、31个乡镇（街）的1000名老年人口状况追踪调查工作，10月份，在沈阳市举办了“2010年中国城乡老年人口状况追踪调查”市县级督导员、基层访问员培训班。本次调查实施负责人、入户调查访问员共130余名参加了培训学习。

【第四届全国敬老主题教育活动】省老龄办下发了《关于开展第四届全国敬老、爱老、助老主题教育活动评选表彰工作的通知》。此次评选活动，受到省内各级涉老部门的重视，经过认真评选上报，辽宁省96名同志被评为全国孝亲敬老之星；沈阳松蒲博爱护养中心院长陈松蒲、阜新市八道壕生活物业管理公司总经理张云霞、盘锦市华山家园老年康乐中心院长孙素华等3名同志获得中华孝亲敬老楷模提名奖；沈阳、大连、鞍山、丹东等市4个所属县区单位获全国敬老模范单位荣誉称号。

【长寿老人评选活动】省老龄办认真组织评选上报，参加“第三届中国十大寿星排行榜”和“中国百岁夫妻双星奖”评选活动。辽宁省5名老年人获积极参与奖，辽宁省老龄办获优秀组织奖。

各项业务进展

【老年维权工作】《辽宁省老年人权益保障条例》于2008年10月1日起正式实施，为确保条例贯彻实施，今年8月至9月份，省人大常委会常务副主任闫丰，副主任王专、李英杰、仲跻权、王琼、朱绍毅各率一组，分别对沈阳、大连、抚顺、锦州、辽阳、铁岭等6个市贯彻实施“一法一规”情况进行执法检查。11月份，省十一届人大常委会第二十次会议审议了省人大常委会执法检查组关于检查“一法一规”的报告，形成辽人办函的审议意见。12月份，省政府下发文件要求全省贯彻落实。此次执法检查加快了老龄工作法制建设步伐，有效维护了老年人权益。

【老年优待工作】省财政共出资434万元，印制330万个老年证、290万个老年优待证已免费发放到老年人手中。涉老优待政策得到落实。各市均向百岁老人发放100元～700元不等的长寿补贴。13个市向90元一99岁老年人发放50元～200元不等的高龄补贴。各市均落实了70岁以上老年人就医免收普通门诊挂号费的规定。12个市对老年人就医发生的床位费、仪器使用费给予优惠。各市实现了70岁以上老年人免费乘车，12个市实现了60岁—69岁老年人半价乘车优待。各市的文化、体育、旅游景点等公共设施、场所，为60岁—69岁老年人提供优惠，70岁以上老年人免费的优待。

【老龄事业规划】年初，省老龄委下发文件要求做好全省老龄事业发展“十一五”规划的总结和“十二五”规划编制。省直涉老部门和各市老龄办结合实际，采取自查互查等多种方式评估检查。全省“十一五”规划制定的主要预期目标得以基本完成。6月份，全国老龄事业发展“十一五”规划检查评估组来辽宁，听取了副省长陈超英、省政府副秘书长何庆良的工作汇报，深入4个市进行检查，检查组对辽宁的老龄事业发展给予充分肯定和高度评价，对我省的执行情况表示满意。目前，经过各成员单位、各市、理论专家组的深入调研、论证，辽宁省老龄事业“十二五”规划草案已经完成。辽宁省把老龄事业纳入了全省经济与社会发展总体规划，实现了与经济社会同步发展。

【养老服务社会化建设】全省居家养老机构4697个，共有68.7万老年人享受到多种形式的居家养老服务。目前，全省城乡各类养老机构达到1681家，养老床位总数达到了16万张，每千名老年人拥有养老床位达到了24张。沈阳、大连、鞍山、抚顺、辽阳等5个市为部分城市居家老人低偿、无偿安装了“一键通”服务系统，提供各类应急服务。

【老龄统计工作】经省统计局批准，建立了辽宁省老龄人口信息统计报表制度。每年，对全省老年人口基本状况进行大规模统计。先后在丹东、朝阳市召开会议总结布署工作。目前，《2009年辽宁省老年人口信息和老龄事业发展状况报告》已印制下发。

【老龄基础工作】省老龄办为民政厅代管，副厅级建制，内设3个处，列行政编制。2010年，省办主任按正厅级高配，为省老龄委副主任。目前，全省14个市老龄办机构理顺，12个市有内设机构，参照公务员管理。全省100个县区中76个县区有老龄工作机构，人员力量强、经费有保证。71个县区有办公经费，31个县区有独立办公场所。我省老龄工作人员实有392人。有基层老龄委3761个，老龄协会12422个。目前，省及14个市的老龄事业经费已得到全面落实，省财政按老年人口人均0.5元；各市按1至2元的标准从福彩基金中提取。

【“银龄行动”】2010年，省老龄办组织中国医科大学一院、盛京医院23名专家教授分别到沈阳法库县、阜新彰武县、盘锦双台子区，开展医疗咨询、健康饮食教育、健康体检等活动，共为422名老年人诊病体检。

山东省

综　　述

2010年，全省各级认真贯彻党的十七大和十七届五中全会精神，深入贯彻落实科学发展观，紧紧围绕省委、省政府工作大局和全国老龄委第十二次全体会议部署要求，以保障和改善老年民生、创新发展老龄事业为主线，以制定省委省政府《关于进一步加快老龄事业发展的意见》和修订《山东省优待老年人规定》为突破，以大力实施“银龄幸福和谐工程”、开展养老服务业促进年活动为重点，采取党委、政府主导和老龄委成员单位合力推动，城市、农村与区域老龄事业统筹推动，老龄工作部门与社团组织、企业及社会各方面联手推动，老龄制度政策体系建设与老龄组织队伍建设并重推动的老龄工作合力推进机制，积极探索，开拓创新，整体推进，狠抓落实，促进全省老龄工作在新的起点上取得了新成效，实现了新发展。

一、党委政府重视支持老龄工作有了新举措

各级党委政府普遍把老年人列入走访慰问计划。2010年元旦、春节期间，省委书记姜异康、省长姜大明等几大班子领导及各市、各县（市、区）主要领导结合走访慰问困难群众走访慰问了老年人。4月8日，省政府常务会议听取了省老龄办关于全国老龄委第十二次会议精神及贯彻建议的专题汇报，对全省老龄工作进行了研究部署。省政府分管领导郭兆信副省长多次听取老龄工作汇报，研究和指导老龄工作开展。省委、省政府《关于进一步加快老龄事业发展的意见》于12月31日制定出台了《关于进一步加快老龄事业发展的意见》；省及各市都召开了老龄工作会议或老龄委全会、老龄办主任会议等，传达贯彻全国

及省有关老龄工作会议精神，部署老龄工作。青岛市明确提出“各级政府的一把手是做好老龄工作的第一责任人”。全省有7个市将老年民生的工作列入民生工程和为民办实事，有9个市的人大、政协对老龄工作进行了审议、检查、视察和调研。许多市、县（市、区）主要领导亲自主持会议研究老龄工作，各地都出台了有关老龄工作的政策文件。各级党政重视老龄工作的新举措，极大带动了全社会参与老龄事业发展的积极性，为老龄工作的开展奠定了良好基础。

二、养老服务业发展有了新推进

省政府印发的《关于加快服务业跨越发展的若干政策》和《关于发展家庭服务业的意见》，都把发展养老服务业放到重要位置，进一步健全完善了政策措施。省老龄委在2009年开展养老服务业推进年活动的基础上，又组织开展了养老服务业促进年活动，继续把发展养老服务业作为重点工作进行推动，并制定了“五促进”的措施。省老龄办加强了对部分市的重点督导，并组织人员到甘肃、青海考察学习发展养老服务业的经验。举办了吸收各市老龄办主任参加、以推动养老服务业跨越发展为主题的省老龄办理论学习中心组读书会，进一步研讨明确了重点发展居家养老服务的思路和措施。省老龄办联合省人力资源社会保障厅下发了《关于开展养老服务业职业培训和鉴定工作的通知》，在全省启动了养老服务职业培训和鉴定工作。省老龄办与高校联合举办了较高层次的全省养老服务机构管理人员培训班，指导支持社会力量成立了山东省第一所养老服务职业培训学校，组织评选表彰了“山东省十佳敬老企业”，推动了养老服务大型项目落地建设。省级财政连续第3年安排600万元资金扶持了30个养老服务机构；实施了扶持居家养老服务的“彩霞工程”，安排专项彩票公益金340万元资助了12个试点项目。有13个市和部分县（市、区）出台政策并奖励扶持了100多个养老机构。民政等有关部门加强了对养老服务业的规划指导，全省17市和73个县（市、区）已建成或在建社会福利中心。不少县（市、区）开展了政府购买养老服务试点。全省养老服务业呈现加速发展好势头。

三、“银龄幸福和谐工程”有了新发展

全省各级以“银龄幸福和谐工程”这一敬老惠老民心品牌工程为载体，积极为老年人办实事、好事，推动各项老龄工作的深入开展。继续实施银龄安康工程，省财政继续安排100万元专项福彩公益金为10万老年人赠送了意外伤害组合保险，引导各级为老年人赠送保险近60万份。在各级政府带动下，2010年度全省有272万老年人在保，承保金额近300多亿元。为解决老年人生活困难，省老龄办连续第6年实施“银龄救助”活动，带动各级和社会救助老年人近万人。为扩大“银龄优惠”，在不断提高百岁老人长寿补贴金的同时，已有5个市和82个县（市、区）出台政策，为其他年龄段的老年人发放不同标准的生活补贴。为推动“银龄之家”建设，省老龄办筹资40万元资助了50个基层老年活动室，济南、青岛、枣庄、泰安等地相继出台资助或奖励老年活动场所建设政策，推动全省新建了一大批老年活动场所。继续实施“银屏惠老”工程，省老龄办利用省级财政专项福彩公益金90万元，采购21寸彩电1727台发放给贫困老年人，受到老年人一致好评。为推动各地建设“长寿之乡”，省老龄办、省发改委等部门新评审命名了乳山市、平邑县两个“山东省长寿之乡”。此外，“银龄保障”、“银龄孝德”、“银龄通信”、“银龄健康”等工程项目，都有了新的内容，使更多老年人得到了实惠。

四、“敬老月”活动有了新内容

根据全国老龄委通知精神，省老龄委下发通知进行了统一部署，省老龄办在理论读书会上做了具体安排，各市、县（市、区）进行了动员部署。省召开了庆祝老人节暨全省模范老人表彰大会，省委常委、省政法委书记柏继民、副省长郭兆信出席会议。会上，成立了“山东省银龄爱心志愿团”，省委领导柏继民亲自向志愿团授旗，17市分别成立了“七彩华龄”、“泉映晚霞”等志愿分团，还同期举办了全省老有所为成就展。老人节期间，郭兆信副省长代表省委、省政府到老年公寓走访慰问了老年人；有10个市的书记、市长通过陪老年人过节、走访慰问、发慰问信、发署名文章、电视广播讲话等形式给老年人祝贺节日；各市、县（市、区）都开展了由几大班子领导参加的走访慰问养老机构和老年人家庭活动，帮助老年人解决了许多实际困难；社会各界积极捐款捐物为老年人献爱心，商业、餐饮、文化、旅游、卫生等行业为老年人提供了多种形式的优先优惠服务。各级积极开展老年维权活动，加大了涉老法律法规、政策的宣传、落实力度。据统计，敬老月期间全省各级各界走访慰问老年人25万余人，赠送慰问品、慰问金近亿元；各级组织老年优待政策执法检查230余次，发放老年法规宣传材料60余万份，为老年人提供法律服务1万余人次；全省有30余万人参与敬老爱老志愿服务活动，惠及200余万老年人。

五、老龄宣传工作有了新加强

全省广泛开展了模范老人评选表彰活动和敬老爱老助老主题教育活动、老龄新闻系列评选活动。省老龄办对各市、各大企业老龄宣传和信息工作进行了考核，表彰了先进单位；组织举办了老龄干部培训班；在协调各主流媒体加大老龄宣传报道的同时，组织《山东老年》、《老年生活报》、《银龄金秋》电视栏目、老龄网站等老龄宣传阵地，紧密配合老龄中心工作，开展了形式多样的宣传。《银龄金秋》电视栏目拍摄并播出了“银龄幸福和谐工程”7集电视系列片、8集老龄工作先进市专题片，开辟了“泉映晚霞”等地方板块，收到了很好的宣传效果。一是各级主流媒体进行集中宣传。省老龄办领导就全省养老服务业发展、银龄幸福和谐工程等情况接受了新华社、《齐鲁晚报》、《老年生活报》、《中国老龄》杂志等媒体的采访，组织省电视台、《大众日报》等媒体进行了联合采访。17市依托老龄电视、广播、报刊栏目集中宣传老龄问题，策划了深度报道，向社会发出敬老倡议，形成了强大的宣传声势。二是多种形式贴近群众进行亲情宣传。各地普遍采取印发宣传单、印刷宣传口号，建设户外老龄宣传物，拍摄老龄公益广告，发送敬老短信等形式，积极营造关爱老人、关心老龄事业的浓厚氛围。省老龄办向全省500多万移动用户发送了老人节敬老公益短信，各市、部分县（市、区）普遍开展了敬老短信送真情活动。各地在电视台、楼宇和公交车电视、电子显示屏滚动播放老龄宣传口号和公益广告，在办公楼前、主要街道普遍悬挂了尊老敬老条幅，粉刷了尊老敬老宣传标语口号。三是主题活动深化宣传。全省举办了“山东省十大感动齐鲁老人”、“山东省模范老人”评选活动，举办了“孝行齐鲁，共建和谐”有奖征文。各市、各大企业普遍开展了尊老敬老、老有所为、健康老人等评选活动。有的地方开展了万名孝星海选、万人敬老宣言、小学生孝经颂读、孝贤文化节、福寿文化节、孝文化论坛等等，营造了浓厚的孝亲敬老氛围。

六、老年文体活动有了新亮点

各级紧紧围绕省委建设文化强省的部署要求，认真筹划和组织实施了一系列老年文体活动。省老龄办等有关部门联合举办了全省老年文艺大赛，1.23万老年人参加比赛，选送的10个节目在“第二届中国老年文化艺术节”上全部获奖。举办了“银龄之春—山东省老年人迎春音乐会”、“首届山东省中老年民族器乐大赛”，成立了山东老年艺术团民族乐团并举行了汇报演出，启动了“银龄之旅—千名老人台湾行”活动，组织开展了中韩老年人文化艺术交流活动。各地普遍采取举办各类老年文化节会的形式，为老年人搭建文化活动大舞台。有3个市举办了老年文化艺术节，8个市举行了大型广场老年文体活动展演和老年文艺演出，10个市举办了老年才艺大赛、老年书画、摄影、老年体育等比赛，部分市还举办了“庆五一、迎世博、送字画下乡活动”、“戏曲敬老”活动、金婚庆典活动等，大大丰富了老年人的精神文化生活。据统计，全省仅县以上组织的老年文体活动就达5000余场次，参加表演等活动的老年人200余万人次。济宁市创作的老年文化作品豫剧《孝贤闵子骞》、电视剧《曾子传》，现代豫剧《媳妇》被评为山东省“五个一”精品工程。

重要会议和活动

【“银龄之春—2010年山东省老年人迎春音乐会”】2月1日下午，由省老龄办主办，山东电视台、山东省老年艺术团、济南市老干部活动中心、济南时报文化传播有限公司承办，银色世纪公司协办的“银龄之春——山东省老年人迎春音乐会”在山东剧院隆重举行。省老领导原省委书记赵志浩，原省人大副主任苗枫林、董凤基、曹学成，省老龄办主任张雪燕、巡视员高慧、副主任刘爱民、陈志军、副巡视员于振业及有关单位领导出席音乐会并与演职人员合影留念。山东省各界老年人近800人观看了音乐会。

【山东省银龄安康工程2009年总结表彰大会】2月4日，山东省银龄安康工程2009年总结表彰会议在济南市召开。会议表彰了2009年度全省银龄安康工程先进单位、先进个人，总结了全省银龄安康工程所取得的成绩，部署了2010年的任务目标。2009年全省投保老年人194.47万（不含青岛市），占老年人总数（不含青岛市）的15.76%。承保金额200多亿，理赔2928例，赔付金额539.79万元。

【“山东省十佳敬老企业”评选活动】3月至12月，由省老龄办、省经信委支持，山东电视台新闻中心和公共频道主办，《银龄金秋》栏目组和济南时报文化传播有限公司承办，在全省开展了“山东省十佳敬老企业”评选活动，评选出“山东省十佳敬老企业”10个。12月13日，在济南举行了“山东省十佳敬老企业”颁奖晚会。

【“山东省长寿之乡”评选活动】4月至9月，省老龄办、省发改委、省统计局按照《山东省长寿之乡评审办法》，先后对乳山市、平邑县进行了“山东省长寿之乡”考察评审，确定两地符合评审条件，并分别于5月、9月予以命名。通过评选活动，进一步推动了当地老龄工作以及经济社会发展。

【表彰2009年度老龄宣传和信息工作先进单位】根据《山东省老龄宣传报道和信息工作考核暂行办法》，省老龄办对2009年度全省老龄宣传报道和信息工作进行了考核。4月7日，省老龄办下发《关于公布全省老龄宣传报道和信息工作考核结果的通报》，确定淄博市老龄办等9个单位为2009年度“全省老龄宣传报道工作先进单位”，菏泽市老龄办等9个单位为2009年度“全省老龄信息工作先进单位”，并按一、二、三等奖，分别给予5000元、3000元、2000元奖励。

【山东省老年艺术团民族乐团成立暨汇报演出】4月28日，山东省老年艺术团民族乐团成立揭牌仪式暨汇报演出在山东歌舞剧院音乐厅隆重举行，省老龄办主任张雪燕出席并讲话，省老龄办巡视员高慧、济南市人大原副主任房立为民族乐团揭牌。山东省老年艺术团民族乐团为现场300多名观众演出了精彩的民族器乐合奏。

【“银龄之旅——千名老年台湾行”活动】5月1日至6月30日，省老龄办联系相关机构组织开展了“银龄之旅一千名老年台湾行”活动，4011名老人先后到台湾观光旅游，实现了广大老年人圆梦宝岛的夙愿，展示了大陆老年人的精神风貌，丰富了广大老年人的精神文化生活，取得了良好的社会效果。

【全省老龄办主任座谈会】5月9日、10日，省老龄办在济南召开全省老龄办主任座谈会，传达全国老龄委第十二次全体会议、省政府第70次常务会议精神，讨论修改“山东省优待老年人规定修改草案”、“关于进一步加快老龄事业发展的意见”，总结部署了工作。省老龄办主任张雪燕出席会议并讲话，省老龄办巡视员高慧，副主任刘爱民、陈志军，副巡视员于振业，机关各处室主要负责人，各市、各大企业老龄办主任及新闻媒体记者约40人参加会议。

【全省老年文艺大赛】6月至8月，省老龄办联合省文化厅、省广电局、省老年大学协会共同举办“全省老年文艺大赛”。大赛面向全省各市、四大企业、省直和济南军区的老年文艺团体，分为声乐、舞蹈、戏曲曲艺、器乐和服饰五个门类，15个市及大企业的12530名老年人参加了初赛、复赛和决赛阶段的比赛，共有936个文艺节目参加决赛，参加比赛的老年人中年龄最大的85岁，平均年龄65岁。通过比赛，丰富和活跃了基层老年文化生活，展现了老年人热爱生活、积极向上的精神风貌，促进了中老年文化活动深入开展。

【全省老龄宣传干部培训班】6月17日、18日，省老龄办在青岛市举办全省老龄宣传干部培训班。省老龄办巡视员高慧作开班动员，全国老龄办副主任吴玉韶作老龄工作形势报告，青岛电台、电视台的有关专家进行新闻摄影、摄像基本技能、新闻采访与写作技能辅导培训，来自全省各地的100多名老龄宣传骨干参加了培训。

【第四届“孝行齐鲁、共建和谐”有奖征文活动】7月至12月，山东省老龄事业发展基金会、《齐鲁晚报》、山东高速集团联合举办第四届“孝行齐鲁，共建和谐”有奖征文活动，共征集稿件1400多篇，评出一等奖2名、二等奖5名、三等奖12名、优秀奖60名。

【山东省模范老人评选表彰活动】8月至10月，为充分调动广大老年人参与经济社会发展、为建设经济文化强省作贡献的积极性、创造性，省老龄委在全省开展了山东省模范老人评选表彰活动，共评选“山东省模范老人”199名，其中10名老人被授予“山东省十大感动齐鲁老人”称号。

【山东省老年学学术研讨会暨老年学学会工作座谈会】8月19日、20日，省老年学学术研讨会暨老年学学会工作座谈会在莱州市召开，原省人大副主任、省老年学学会会长苗枫林出席会议并讲话，省老龄办、省社科联、烟台市及莱州市政府领导到会致词。

【省老龄办理论学习中心组读书会】8月24日至27日，省老龄办2010年党组理论学习中心组读书会在青岛举行，省老龄办班子成员及正处级以上干部，各市老龄办主任参加会议。省老龄办主任张雪燕作了题为《创新思维，奋发有为，促进养老服务业跨越发展》的讲话。会议学习了省委九届十次全会和全省服务业发展工作会议精神，听取了淄博市、潍坊市、济宁市促进养老服务业发展的经验介绍。会议期间，还组织参观考察了青岛市老龄工作，研究探讨了加快发展养老服务业的措施办法。

【山东省庆祝老人节暨全省模范老人表彰大会】10月16日，山东省庆祝老人节暨全省模范老人表彰大会在济南召开，会议表彰了“山东省十大感动齐鲁老人”和“山东省模范老人”，宣布成立了山东省银龄爱心志愿团。省委常委、省政法委书记柏继民，副省长郭兆信，省里的老领导李振、苗枫林、王克玉、曹学成、王裕晏、谢玉堂出席会议。

【“重阳欢歌——山东省庆祝老人节专场文艺演出”】10月16日，省老龄办在济南南郊宾馆俱乐部礼堂举办了“重阳欢歌——山东省庆祝老人节专场文艺演出”。省委常委、省政法委书记柏继民，副省长郭兆信，省里的老同志李振、苗枫林、王克玉、曹学成、王裕晏、谢玉堂，省老龄办、省老龄委成员单位领导、联络员，各市、四大企业老龄办负责人，“山东省模范老人”及部分老年人代表共500多人观看演出。来自济南、青岛、淄博、烟台、油田等5个市、大企业及省直近200名演员参加了演出。

【全省“敬老月”及“老人节”活动】 9月、10月，省老龄委在全省组织开展了“敬老月”活动。期间，全省各级各界走访慰问老年人25万余人，赠送慰问品、慰问金近亿元。各级各部门实施了一系列老年人关爱工程，围绕“六个老有”做了大量实事、好事；社会各界和企业积极捐款捐物为老年人献爱心，商业、餐饮、文化、旅游、卫生等行业为老年人提供了多种形式的优先优惠服务；省6部门联合开展了全省30余万人参与的敬老爱老志愿服务活动，惠及200余万老年人；全省各级组织老年优待政策执法检查230余次，发放老年法规宣传材料60余万份，为老年人提供法律服务1万余人次；全省县以上组织的老年文体活动达5000余次，参加活动的老年人达200余万人。

【2010年山东省老龄工作十件大事评选】 12月，省老龄办在全省老龄系统开展了2010年“山东省老龄工作十件大事”评选活动，评出了2010年“山东省老龄工作十件大事”：省委、省政府出台《关于进一步加快老龄事业发展的意见》，对保障和改善老年民生作出重大战略部署，山东老龄事业发展迎来新的春天；山东省银龄幸福和谐工程深入实施，“银龄扶持”、“银龄安康”、“银屏惠老”、“银龄救助”、“银龄孝德”、“银龄之家”、“银龄健康”、“银龄长寿”、“银龄通信”、“银龄之旅”等惠老项目造福广大老年人；养老服务业促进年活动成效显著，100多个养老服务机构受到政府奖励扶持，一批投资千万元以上的骨干养老服务项目开始建设，老年人专属借记卡“七彩华龄卡”获“中国最佳品牌建设案例”奖；新农保试点进一步扩大，170多万老年人领取养老金，淄博、东营、威海、莱芜4个市率先实现新农保全覆盖；优待老年人工作力度加大，5个市、82个县（市、区）建立为99岁以下老年人发放生活补贴制度，4个市、35个县（市、区）出台减免农村70岁以上老年人参加新农合个人参合费政策，全省分别有177万、186万老年人受益；山东省第二届老年人运动会、全省老年文艺大赛成功举办，投资2亿多元总建筑面积4.1万平方米的山东省老年人活动中心奠基，东营市老年人活动中心建成启用，全省老年文体事业加快发展；养老服务职业培训和鉴定制度建立，首所养老服务职业培训学校在潍坊成立，养老服务职业培训工作掀开新篇章；全省老龄系统创先争优活动蓬勃开展，省老龄办等28个单位和182名个人在全国性评比表彰中获奖，199名模范老人受到省老龄委表彰，省老龄办、济南市老龄办、济宁市老龄办被评为省级文明单位；山东省银龄爱心志愿团成立并在全省17市设立分团，为老年人老有所为搭建广阔平台；敬老月活动广泛深入开展，各级各界向25万老年人赠送慰问金近亿元，淄博市按每年每个老年人10元的标准设立老龄事业发展专项资金，“山东省十佳敬老企业”引领企业敬老受赞誉，全省掀起尊老敬老新高潮。

【省老龄办被评为省级文明单位】 12月27日，山东省精神文明建设委员会下发《关于命名表彰2010年度省级文明单位的决定》，省老龄办被授予“2010年度省级文明单位”称号。

各项业务进展

【养老保障事业】 不断扩大城镇职工养老保险制度覆盖范围。截止2010年底，全省企业养老保险参保人数达到1459.5万人，比上年末净增107.4万人。基本养老金支出495.3亿元，确保了按时足额发放。扎实做好新型农村社会养老保险工作。已有38个县（市、区）纳入国家新农保试点，有13个县（市、区）开展省级试点，全省共有参保人数1266万人，领取养老金人数414万人。深入推进老年人医疗保障体系建设。积极扩大基本医疗保险覆盖范围。全省已全部启动实施了城镇职工基本医疗保险制度、城镇居民基本医疗保险制度和新型农村合作医疗制度。城镇基本医疗保险和新型农村合作医疗参保人数分别达到2791.5万人、6548.73万人，参保率分别达到95%、99.6%，城乡老年人基本纳入了医疗保险覆盖范围。努力提高医疗保险待遇和管理水平。城镇职工基本医疗保险制度、城镇居民基本医疗保险制度和新型农村合作医疗制度住院费用报销比例分别达到75%、55%、60%以上。深入推进老年人低保救助和专项福利制度建设。坚持把城镇“三无”、农村五保和低保家庭中的困难老年人作为社会救助、福利保障的重中之重，不断加大工作力度，确保其基本生活得到保障。城乡低保方面，将符合条件的城乡困难老年人全部纳入保障范围，并建立了低保补助标准自然增长机制，全省低保补助水平不断提高。全省城市低保平均标准已达到每人每月306元，农村低保平均标准达到每人每年1538元。建立健全城乡“三无”老年人集中供养制度，全省集中供养城镇“三无”和农村五保对象共计19万人，集中供养率超过70%。

【老年优待工作】 2010年山东省启动了《优待老年人规定》修订工作，修订草案正在征求相关部门意见。2010年共为全省百岁老人发放省级长寿补贴资金597.47万元。在城乡最低生活保障制度中，17个市普遍采取降低进入低保“门槛”，提高救助标准等措施，对贫困老人给予倾斜。15 个市 133 个县（市、区）建立了为高龄、特困老人发放生活补贴制度，8 个市和 80 多个县（市、区）建立了救助老年人专项资金，全省救助困难老年人达 100 万人次。5 个市统一减免了 70 岁以上老年人“新农合”个人缴纳的费用。各市在为百岁老年人免费体检的基础上，对 60 岁以上老年人体检费给予不同程度的减免，普遍免收普通挂号费。全省为 70 岁以上老年人提供免费乘公交车优惠服务，8 个市为 65 岁以上老年人提供免费优惠（政府补贴公交公司）。17 个市普遍规定国家财政支持的各级各类公益性文化设施及公园、园林、旅游景点对老年人免费或优惠开放。公共体育场馆、设施对 70 岁以上老年人免费、65 至 69 岁老年人半价优惠。影剧院为老年人实行票价优惠或为老年文艺团体优惠提供演出场地。

【银龄幸福和谐工程】全省各级以“银龄幸福和谐工程”这一敬老惠老民心品牌工程为载体，积极为老年人办实事、好事，推动各项老龄工作的深入开展。继续实施银龄安康工程，省财政今年继续安排 100 万元专项福彩公益金为 10 万老年人赠送了意外伤害组合保险，引导各级为老年人赠送保险近 60 万份，全省 272 万老年人投保，承保金额近 300 多亿元。省老龄办连续第 6 年实施“银龄救助”活动，带动各级和社会共救助老年人近万人。为推动“银龄之家”建设，省老龄办筹资 40 万元资助了 50 个基层老年活动室。继续实施“银屏惠老”工程，省老龄办利用省级财政专项福彩公益金 90 万元，采购 21 寸彩电 1727 台发放给贫困老年人，受到老年人一致好评。为推动各地建设“长寿之乡”，省老龄办、省发改委等部门新评审命名了乳山市、平邑县两个“山东省长寿之乡”。此外，“银龄保障”、“银龄孝德”、“银龄通信”、“银龄健康”等工程项目，都有了新的内容，使更多老年人得到了实惠。

【老龄宣传工作】全省广泛开展了模范老人评选表彰和敬老、爱老、助老主题教育、老龄新闻系列评选等活动。省老龄办对各市、各大企业老龄宣传和信息工作进行了考核，表彰了先进单位；举办了老龄干部培训班；在协调各主流媒体加大老龄宣传的同时，组织《山东老年》、《老年生活报》、《银龄金秋》电视栏目、老龄网站等媒体，开展了形式多样的老龄宣传。《银龄金秋》电视栏目拍摄并播出了“银龄幸福和谐工程”7 集电视系列片、8 集老龄工作先进市专题片，开辟了“泉映晚霞”等地方板块，收到了很好的宣传效果。

【老年文体活动】各级紧紧围绕省委建设文化强省的部署要求，认真筹划和组织实施了一系列老年文体活动。省老龄办等有关部门联合举办了全省老年文艺大赛，1.23 万老年人参加比赛，选送的 10 个节目在“第二届中国老年文化艺术节”全部获奖。举办了“银龄之春——山东省老年人迎春音乐会”、“首届山东省中老年民族器乐大赛”，成立了山东老年艺术团民族乐团并举行了汇报演出，启动了“银龄之旅——千名老人台湾行”活动，组织开展了中韩老年人文化艺术交流活动。

【养老服务业】省老龄委在 2009 年开展养老服务业推进年的基础上，2010 年又组织开展了养老服务业促进年活动，继续把发展养老服务业作为重点推动，制定了“五促进”的措施。省老龄办加强了对部分市的重点督导，并组织人员到甘肃、青海考察学习发展养老服务业的经验。举办了吸收各市老龄办主任参加、以推动养老服务业跨越发展为主题的省老龄办理论学习中心组读书会，进一步研讨明确了重点发展居家养老服务的思路和措施。省老龄办联合省人力资源社会保障厅下发了《关于开展养老服务业职业培训和鉴定工作的通知》，在全省启动了养老服务职业培训和鉴定工作。省老龄办与高校联合举办了较高层次的全省养老服务机构管理人员培训班，指导支持社会力量成立了山东省第一所养老服务职业培训学校，组织评选表彰了“山东省十佳敬老企业”，推动了养老服务大型项目落地建设。省级财政连续第 3 年安排 600 万元资金扶持了 30 个城镇养老服务机构；实施了扶持居家养老服务的“彩霞工程”，安排专项彩票公益金 340 万元资助了 12 个试点项目。有 13 个市和部分县（市、区）出台政策并奖励扶持了 100 多个养老机构。民政等有关部门加强了对养老服务业的规划指导，全省 17 市和 73 个县（市、区）已建成或在建社会福利中心。不少县（市、区）开展了政府购买养老服务试点。全省养老服务业呈现加速发展好势头。

【老年维权工作】积极做好修订《山东省老年人权益保障条例》工作，列入了省人大 2010 年立法计划。在维权服务方面，各级司法机关对涉老案件实行优先立案、优先审理、优先执行。对贫困老年人实施法律援助，给予简化程序和优先服务。律师事务所、公证处、基层法律服务所和其他社会法律服务机构为老年人提供减免费法律咨询和有关服务。多数市对 70 岁以上老年人因领取退休金、抚恤金、养老金以及因赡养费、扶养费、医疗费等提起的诉讼案件，免收诉讼费、执行费。积极做好老年人信访工作，省老龄办全年共处理来信 150 人次，来电 200 人次，来访 79 人次，其中群体性上访 2 次，大部分老年人提出的问题得到解决。认真做好办理“两会”议案提案等工作，答复省“两会”议案、建议7份；按照省法制办的要求，进行了政府规章清理工作，并报告了清理情况；为全办有行政执法资格人员换发了行政执法证并组织8名机关人员参加了全省行政执法培训。

安徽省

综　　述

2010年，全省各级老龄部门认真履行职责，按照年初制定的工作任务，以科学发展观和“以人为本、服务老龄”的工作理念为指导，坚持“党政主导，社会参与，全民关怀”的老龄工作方针和“六个老有”老龄工作目标，围绕老龄事业发展“十一五”规划评估和全国首届“敬老月”活动两项工作重点，积极进取，扎实工作，圆满完成了全年工作任务，有力保证了老龄事业的全面可持续发展。

一、开展全省老龄事业发展“十一五”规划执行情况检查评估

当年6月，省老龄办在全国人大代表、政协委员、中直机关联合检查组对我省老龄事业“十一五”执行情况进行检查评估的基础上，与省老龄委各成员单位负责同志组成四个联合检查组，分赴芜湖、宣城、阜阳、亳州、淮南、宿州、滁州、巢湖等8市对《安徽省老龄事业发展“十一五”规划》执行情况进行检查评估，充分肯定了各地老龄事业取得的成绩和进步，对下一步工作开展起到积极的促进作用。

二、配合省人大开展老年人权益保障法执法调研

年初，省十一届人大三次会议将“深入贯彻实施老年人权益保障法，推动我省老年事业发展”定为唯一一件重大事项案，省老龄办积极配合省人大内务司法工作委员会承办具体工作。先后赴辽宁、黑龙江、上海、江苏等地以及全省8个市20多个县区开展调研，形成了我省老龄事业发展的工作目标和思路，代拟了调研报告和人大常委会决议稿。10月22日，省第十一届人民代表大会常务委员会第二十一次会议通过《安徽省人民代表大会常务委员会通过关于进一步保障老年人权益发展老龄事业的决议》，这在我省尚属首次，对我省今后一段时期老龄事业发展具有十分重要的意义。

三、出台政策措施助力老龄事业发展

全省各地根据我省已出台的《关于加快发展养老服务业的通知》、《关于开展居家养老服务工作的意见》和《关于加强老年人优待工作的实施意见》等文件的精神，积极完善政策措施，扎实有效开展工作，在全社会营造了尊老、敬老、爱老助老的良好社会风尚，老龄事业“十一五”收官工作成绩显著，为构建“和谐安徽”作出了更大贡献。

合肥市完成《关于开展居家养老服务工作的实施意见》和《关于加快推进养老服务业发展的实施意见》代拟稿，已上报市政府；《合肥市养老机构布局规划》编制基本完成，现正着手征求各县区政府及相关部门意见，为专家评审会的召开做筹备工作；在2009年《合肥市80岁以上老人高龄津贴发放实施办法》基础上，进一步完善申请、审核、发放程序，修订出台《关于进一步明确合肥市80岁以上老人高龄津贴发放实施办法有关事项的通知》，今年为31868位老人发放高龄津贴637.36万元。淮北市政府出台《关于进一步推进养老事业发展的意见》规定，新建床位超过60张以上的，经市民政部门认定，正常运营一年后，100张以下的，每张床位补贴4000元；超过100张的，每张床位补贴6000元。芜湖市修改了《芜湖市关于加快发展养老服务业的意见》。巢湖市政府出台《关于进一步发展养老服务业的通知》，规定民办养老机构50张以上床位补贴1000元，100张以上床位补贴2000元。马鞍山市将居家养老服务工程被列为2010年市民生工程，市财政安排了191万元居家养老资金；市老龄办已将《马鞍山市居家养老服务工作实施意见》（送审稿）报市政府。滁州市琅琊区政府出台了《居家养老服务工作意见》，市民政局从福彩公益金中拿出100多万元为城市社区居家困难老人开展服务救助。六安市老龄办联合财政局、民政局制定了居家养老政府购买服务工作《实施细则》和《资金管理办法》，目前已在全市8个社区试点政府购买服务。安庆市于7月制定出台了《安庆市居家养老服务试点工作实施方案》，各试点社区均设立了社区居家养老服务站。铜陵市政府常务会议研究通过《城镇居民社会养老保险办法》，从制度层面实现人人享有社会养老保险；印发了《关于加快推进我市养老服务体系建设的意见》，到“十二五”末，全市各类养老服务机构床位总数增加2000张以上，达到每千名老人拥有养老床位40张，力争将全市70%以上敬老院改造成农村养老中心。巢湖市老龄办为市直70名高龄老人每人发放500元高龄补助费。居巢区为全区90周岁以上高龄老人发放长寿保健费，按90岁—99岁老人每人300元，百岁寿星每月200元标准，共为2100多名90岁老人和17名百岁老人发放保健费67万多元。黄山市歙县、屯溪区分别于今年开始将长寿保健费标准提高到每人每月200元。六安市老龄委领导两次赴公交IC卡公司进行调研和督查，实施以奖代补的办法，力争从机制上解决公交助老优待工作中存在的问题。池州市政府对70周岁以上老年人免费乘坐市内公交车专门下发文件，费用由政府给予补助。

四、开展“敬老月”系列庆祝活动

全省紧紧围绕“孝敬长辈、关爱老人”这一主题，开展各项惠老活动。据不完全统计，“敬老月”期间，各地组织慰问高龄、特困、空巢、残疾和特殊贡献老年人达8万人次，组织各类为老志愿服务行动60多万人次，老年优待、法律援助、文化活动和为老服务等惠及全省近百万老年人。各级政府和社会各界筹集发放的慰问金和食品、药品、衣被等各种慰问品价值1000万元之多。

省司法厅组织开展“敬老月・老年人法律服务咨询”活动，现场发放《中华人民共和国老年人权益保障法》、公证指南、法律援助有关知识问答等宣传资料2000多份。皖西学院召开第一届老年人趣味运动会。合肥市共悬挂老龄工作宣传横幅151条，张贴标语2350张，制作板报30块；利用电子大屏幕宣传的有21个单位，宣传内容达70多条；发放《两法》宣传手册2000余册，宣传单17000万余份，挂图书300余份。宿州市老龄办联合市司法局、市红十字会、市中医院等单位，在市科技广场举办咨询服务活动，为广大老年朋友提供相关政策法律咨询和医疗卫生方面的服务；市老龄委与市老年体育协会联合举办重阳节老年健身运动会。芜湖市在赭山举办第21届健康老人游园活动。马鞍山市通过全市370辆公交车上的440台移动电视，每天15轮次播报尊老敬老宣传标语和口号。巢湖市暨居巢区“敬老、爱老、助老、惠老”宣传服务活动在市区5个街道办事处的5个社区开展，市区两级共有20余部门和单位的300余名人员参加，共发放宣传资料5000余份，接受现场咨询500余人次。蚌埠市举办庆祝重阳“敬老月”老年人书画展、为期两个月的“夕阳红”杯老龄有奖征文活动、第二届“财富广场”杯老干部乒乓球比赛。亳州市组织第二届老年文艺汇演活动，并开展老年体育项目展示活动。阜阳市、巢湖市开展“十大寿星”评选活动，马鞍山市开展首届“十大孝星”评选活动，亳州市开展第二届“十大福星”、“十大孝星”评选活动，铜陵市举行首届“铜都十大孝亲敬老之星”表彰会。

五、举办首届中部地区老年产业博览会暨老年产业论坛

由安徽省老龄办发起并主办，决策杂志社、安徽省老龄文化交流中心、安徽省决策支持网络中心、安徽（合肥）国际会展中心联合承办的“首届中部地区老年产业博览会暨老年产业论坛”。省人大常委会副主任朱维芳出席开幕式并宣布开幕。全国老龄办、华东六省暨京津沪渝四市以及中部六省相关部门代表、省直各单位老年朋友代表近2000人参加了会议，我省社会学界、老年学界、人口学界专家学者在论坛会上发表精彩的演讲。老博会吸引了省内外60余家著名企业参展。博览会期间，还举行了隆重的百寿宴会。一百名老年朋友参加集体盛会，共同举杯祝愿重阳节——老年节快乐。

六、扎实推进“银龄行动”

省老龄办会同省老科技工作者协会专门对革命老区霍山县进行对口援助。霍山县老龄办组织老专家、老科技人员采取帮助农民建立科技示范基地，联系专业户等多种形式向青年农民传授和普及农业科技知识，共举办专业技术培训12期，培养联系各类专业户100多户；聘请县内离退休老教师、老技师，为贫困户剩余劳动力开展劳动技能培训，全年举办技能培训班10期，参训400余人；邀请安徽农业大学老专家和老教授开展技术援助和科技咨询服务，共举办科技咨询和报告会10场，参与1000多人次。省老科协组织省立医院、安医附院8位老医疗专家赴利辛县、蒙城县开展送卫生医疗下乡活动，期间共举办医疗讲座8场，发放教材800余份，培训基层卫生、计划生育等专业技术人员1000余人，义诊530余人次，查房会诊患者80余人；与中国农民大学合作，实施“百万农村科技创业人才培训工程”，目前培训注册学员2866人，其中552人到北京农民大学培训基地进行强化培训；省老科协科学报告团积极参与“万名科技专家讲科普”的科学普及活动。巢湖市创办“巢湖老专家咨询门诊中心”，向生活困难的农民家庭发放8000多元药品；巢湖市农业老专家们以无为县优质棉花产业协会为基础，举办棉花优质高产技术讲座26场次，科普图展11场次，参加科技下乡活动的老科技工作者 90 余人次，受众 4000 多人。

七、积极参与全国老龄工作先进评选活动

我省根据全国老龄工作委员会通知要求，严格按照条件，拟定上报表彰的先进单位和先进个人名单，经省老龄网公示后上报全国老龄委。全国老龄委下文授予我省 15 个单位“全国老龄工作先进单位”称号，22 人“全国老龄工作先进个人”称号。按照第四届全国敬老、爱老、助老主题教育评选活动全国组委会文件精神，省老龄办、省民政厅、省教育厅、省广播电影电视局、团省委、省妇女联合会、省关心下一代工作委员会联合成立了评选活动安徽省组委会。12 月 15 日全国组委会下文表彰我省“中华孝亲敬老楷模提名奖”3 位，“全国孝亲敬老之星”101 位，“全国敬老模范单位”4 家。

八、召开华东六省京津沪渝四市老龄工作暨老年学学会第十六次联席会议

10 月 22 日至 24 日，安徽、山东、浙江、江苏、福建、江西六省和上海、天津、重庆三市老龄办和老年学学会负责人参加会议，中部省份老龄办负责人应邀出席。会议以“学习实践科学发展观，面向老龄工作‘十二五’”为主题，强调做好两项工作：一是认真编制好老龄事业发展“十二五”规划，合理确定中长期发展的目标、项目和措施，真正实现制度、机制和养老模式等方面的创新；二是着力解决老龄工作体制机制问题。

九、积极推进基层老龄工作

全省各地按照安徽省《关于加强基层老龄工作的实施意见》（皖老龄〔2006〕3 号）的要求，以“六个老有”为目标，从老年人的根本利益出发，不断满足老年群体物质生活和精神文化生活需求，努力提高老年群体的生命生活质量，力争做到基层工作上水平，老年群体得实惠。一年来，全省各地按照《关于培育老龄工作专项示范点的意见》的要求，因地制宜，积极开展示范工作，在各个层面培养树立了一批老龄工作专项示范点，达到了以点带面、推动老龄工作全方位发展的效果。12 月 2 日六安市霍邱县的省基层老龄工作座谈会总结了成绩，部署了下一步工作。

加强落实老年法律法规和政策规定。宿州市老龄办专门印发了老年权益保障政策、法规宣传手册 1 万份，分发给行人、各街道（社区）居民。蚌埠司法部门开展“江淮普法行”活动。全市共受理法律援助案件 1903 件，发放法律援助连心卡 13 万多张，命名表彰 30 个“民主法治示范村”和 20 个“民主法治示范社区”。六安市全年印发老年法规宣传品 5 万多份，出动宣传车 269 台次，设宣传台 299 张次，组织宣讲老年法规 351 场次；市司法部门提供涉老法律援助 350 件，法院系统受理涉老侵权案件 195 件，办结 193 件；全市各级老龄组织全年接待来信来访 1351 人次，回复 1264 件。芜湖市老龄办、市司法局共同成立了“芜湖市老年人法律援助工作站”，聘请了 2 名法律志愿者为老年人进行法律援助服务。泾县法律援助中心联合县公证处开展了为 70 岁以上老人办理法律援助遗嘱公证便民活动；县公证处还为一名 86 岁高龄的离休干部办理了捐献眼角膜的法律援助捐赠公证。黄山市、区县共受理涉老来信来访近 50 件（次），均做到事事有回音，件件有结果。

十、完成《安徽省老年人口预测及应对人口老龄化发展战略研究》课题报告

根据全国老龄委关于开展应对人口老龄化战略研究的要求，经省委常委、副省长、省老龄委主任赵树丛批准并担任顾问，省老龄办联合省统计局、省人口和计生委、安徽大学人口研究所开展《安徽省人口预测及应对人口老龄化发展战略研究》，形成了十万字的调研报告，10 月通过专家论证，12 月召开新闻媒体通气会，受到了社会各界的一致好评。

十一、进行安徽省城乡老年人口状况追踪调查

安徽是参与全国五年一次的城乡老年人口状况追踪调查工作的省份之一，合肥、阜阳、滁州、六安、巢湖、宣城等 6 个省辖市中的 12 个县（区）为追踪调查地区，共入户调查 1000 位老人。省老龄办于 11 月 18 日—19 日召开追踪调查培训工作会议。调查工作于 12 月 1 日全面启动。目前这项工作已基本完成。

十二、完成《老龄工作培训讲义》编辑工作，举办第二期基层老龄干部业务知识培训班

为提高老龄系统干部职工的理论水平和业务知识水平，全面提升老龄工作的指导能力，省老龄办搜集了大量的资料，整理编辑成可供老龄系统干部职工参阅的《老龄工作培训讲义》，全书共 23 章 100 余节，约 50 万字。以该书为讲义，省老龄办于 11 月 18 日—19 日在亳州市举办第二期基层老龄干部业务知识培训班。

同时，信息、杂志和老龄宣传工作也有所加强；机关的财务、统计、档案工作正常运转。

重要会议和活动

【2010 年全省老龄办主任会议在庐江召开】 4 月 15 日，全省老龄办主任会议在巢湖市庐江县召开。会议传达了全国老龄委第十二次全体会议和全国老龄办主任会议精神，全面总结 2009 年工作，研究部署 2010 年工作。会上铜陵、芜湖、蚌埠、马鞍山四市汇报交

流了开展老龄专项工作经验。省民政厅党组成员、省老龄办专职副主任侯世标同志到会讲话。会议指出，2009年全省老龄工作按照年初制定的工作目标任务，坚持科学的发展观、“以人为本、服务老龄”的工作理念、“党政主导，社会参与，全民关怀”的老龄工作方针，以纪念省老龄委成立二十五周年为契机，以落实“三个文件”、培植专项工作典型、开展“双先”“双星”评选和老龄课题研究为重点，较好完成了全年的工作任务，养老保障水平有了新的提高，为老服务事业有了新的拓展，老龄纪念活动有了新的内涵，老年问题研究有了新的突破，老龄基层工作有了新的进展。会议提出，2010年全省老龄工作的重点是：1. 进行“十一五”老龄事业发展规划执行情况评估，着手“十二五”老龄事业发展规划纲要的调研、起草工作。2. 积极配合省人大内司委开展老年人权益保障法执法调研，重点检查各项老年人优待优惠法律法规政策措施的落实情况。3. 推进专项老龄工作示范典型的总结推广工作，适时开展老年友好城市、老年宜居社区和老年温馨家庭创建活动。4. 充分发挥老年人的积极作用，不断提高老年人文化体育水平，通过强有力的舆论宣传工作，营造尊老敬老良好氛围。5. 努力配合国家老年人口战略研究和老年人生活状况追踪调查，完成《安徽省人口老龄化战略研究》课题任务。6. 切实加强基层老龄工作，鼓励和引导社会力量参与基层老龄事业发展，充分发挥基层老龄组织的积极作用。会议要求全省老龄系统切实认清人口老龄化快速发展的严峻形势，认真把握当地老龄化存在的问题和解决的有效途径，超前谋划、全力配合、深入基层、增强责任，在新的一年里取得更好成绩。与会人员还就老年法执法作为人大重大事项案所要解决的问题以及老年事业发展方面的突出问题举行座谈。

【安徽省老龄事业发展联合检查组分组检查“十一五”规划执行情况】为全面了解“十一五”期间安徽省老龄事业的发展成就，6月21日起，省老龄办与省老龄委各成员单位负责同志组成四个联合检查组，分赴芜湖、宣城、阜阳、亳州、淮南、宿州、滁州、巢湖等8市对《安徽省老龄事业发展“十一五”规划》执行情况进行检查评估。检查期间，检查组认真听取了8市老龄工作委员会关于“十一五”规划执行情况的工作汇报，召开了老龄委成员单位和基层同志参加的小型座谈会，实地检查了各市基层老年单位。检查组充分肯定了各地老龄事业取得的成绩和进步，认为各地在“十一五”期间，养老社会保障体系建设有所加强，老年事业基础设施建设有所改善，医疗保健事业有所发展，老年政策法律法规保障体系逐步完善，老龄产业有了一定发展，基本完成了“十一五”规划提出的目标任务，为推动我省老龄事业全面科学发展做出了贡献。检查组在与各地市、各部门座谈时，对做好下一步工作提出了意见和要求，督促各地积极争取党委政府的重视和支持，力争将老龄事业纳入当地国民经济和社会发展“十二五”规划；着力抓好养老保障体系和为老服务体系建设；切实加强基层老龄工作；老龄委各成员单位充分发挥职能作用，共同完善大老龄工作格局。检查组希望各地正确认识和对待老龄工作目前存在的问题和困难，创新工作思路，改进工作方法，多为老年人做好事、办实事，使老年人共享经济社会发展成果，安享健康幸福晚年。

【安徽省老龄工作委员会召开第四次全体委员会议】7月2日下午，安徽省老龄工作委员会第四次全体委员会议在省政府第一会议室召开，省老龄委主任、副主任、委员出席会议。会议由省委常委、副省长、省老龄委主任赵树丛主持，省老龄办主任、省民政厅厅长刘健报告了近两年工作情况和2010年重点工作安排，人社厅、发改委、财政厅等成员单位重点交流工作情况，赵树丛作总结讲话。赵树丛在讲话中强调，老龄工作是社会管理和公共服务的重要内容，是国民经济和社会发展中不容忽视的全局性、战略性问题。赵树丛充分肯定了近年来我省老龄工作取得的成绩。在各级党委、政府的高度重视下，各级、各有关部门共同努力，我省老龄工作网络初步形成，老年人基本生活保障水平逐步提高，老龄事业基础建设得到加强。但是，我省人口老龄化发展程度严重超前于经济社会发展水平，我们的事业发展与全国相比还比较薄弱。针对我省老龄化进程加快、老龄问题特殊性凸显、老龄工作任务艰巨的严峻形势，赵树丛要求全省上下务必牢牢把握“六个老有”的工作要求，把保障老年人的基本权利作为老龄工作的出发点和落脚点，进一步建立完善养老保障体系和养老服务体系，进一步加强对老龄工作的领导。今年是老龄事业发展“十一五”规划的收官之年，赵树丛强调，应积极配合国家搞好我省应对人口老龄化战略研究，为省委省政府决策提供科学依据；真正把老龄事业发展纳入各级政府国民经济和社会发展总体规划，科学制定老龄事业“十二五”规划和中长期发展目标和任务；充分发挥老龄委成员单位职能作用。

【安徽省老龄委成员单位联络员会议在合肥召开】7月22日下午，安徽省老龄工作委员会成员单位联络员暨省老龄事业发展“十一五”规划检查情况汇报会在合肥召开，省老龄委21个成员单位的联络员以及

“十一五”规划检查组人员出席会议。会议由省民政厅党组成员、省老龄办专职副主任侯世标主持，省老龄办副主任兼综合处处长朱继臣报告近几年老龄工作情况，省老龄办业务处处长张敏通报老年人权益保障法作为省十一届人大三次会议唯一一件重大事项案的办理情况，与会人员就成员单位工作、“十一五”检查情况和“十二五”规划编制展开座谈，侯世标作最后发言。省人社厅社保局局长涂冬平、省发改委社会处副处长魏晓军、省财政厅社保处副处长解亚平、省司法厅离退休处副处长雷音、省民委（宗教局）调研员段绍颂座谈时重点发言。一致认为，“十一五”期间，我省老龄事业得到了各级党委政府的重视，取得了显著成绩；养老保障体系、为老服务体系建设进展顺利，老年人基本生活得到保障；“六个老有”目标全面落实，老龄工作整体向前推进。但是，老龄事业发展也存在着诸多困难和问题。比如老龄工作体系建设滞后，无法满足老龄化快速发展的需要；养老服务设施建设投入不足，政策落实不到位；老年产业刚刚起步，落后于老年群体的实际需求。与会人员还对“十二五”规划的编制工作提出了建设性意见：认真谋划“十二五”规划，力争做到老龄规划与城乡规划相结合、总体规划与老龄委专项规划相结合、规划内容与建设项目相结合、目标任务和政策措施相结合；出台更加灵活可行的政策，进一步引导社会资本参与养老服务体系建设；明确老龄工作硬性指标，并注意加强检查，督促落实。最后，侯世标对做好联络工作提出了三点建议。一要清醒认识我省老龄化的严峻形势，做好呼吁工作；二要认真履行职责，共同努力，完善大老龄工作格局；三要发挥联络作用，做好上下沟通，以便统一认识，统一行动，形成老龄工作合力。

【安徽省老龄办召开全省老龄宣传工作会议】2010年8月26日，安徽省老龄工作委员会办公室在合肥召开全省老龄宣传工作会议，各市及部分县（市、区）老龄办负责人参加会议，省民政厅党组成员、省老龄办专职副主任侯世标主持会议并讲话。会议总结了2009年以来全省的老龄宣传工作。六安市、怀远县、合肥市、居巢区、蚌埠市、凤台县、铜陵县分别作了典型发言，会议认为近一年来，各地认真落实省老龄办《关于加强老龄宣传工作的意见》，不断加大宣传力度，努力扩大宣传效果，涌现出一批先进单位和先进个人。会议对怀远、居巢、凤台、铜陵、舒城、肥西、长丰、霍邱、寿县、霍山等96个单位和101名个人予以通报表彰。会议强调，老龄宣传工作是整个老龄事业、老龄工作的重要方面，各级老龄工作机构和各涉老部门要充分认识宣传工作的重要性，利用各种形式，不断加强对老龄化形势和老龄工作的舆论宣传，唤起社会各界对老龄工作的关注，争取党委政府和社会各界对老龄事业的重视和支持；要整合老龄宣传工作资源，充分利用各类媒体，加大宣传力度，全方位地宣传报道老龄工作的各个方面的新举措、新经验；要多层面地反映老年人积极向上、老有所为的精神风貌和丰富多彩的精神文化生活以及科学、健康、文明的生活方式；特别是要充分利用好《中国老年·下半月》杂志的阵地，进一步扩大发行量，为老年人提供健康有益的精神食粮。

【首届中部地区老年产业博览会暨老年产业论坛在安徽合肥隆重举行】为认真贯彻落实党中央、国务院关于加强老龄工作的一系列指示精神，坚持用科学发展观统领老龄事业和老年产业，进一步打造老年特色产业，满足老年人多层次需求，促进经济社会和谐发展，由安徽省委老龄工作委员会办公室发起并主办，决策杂志社、安徽省老龄文化交流中心、安徽省决策支持网络中心、安徽（合肥）国际会展中心联合承办的“首届中部地区老年产业博览会暨老年产业论坛”于2010年10月22日—23日在安徽（合肥）国际会展中心举办。近千名老人出席了隆重而热烈的开幕式。安徽省老龄工作委员会副主任、省民政厅厅长、省老龄办主任刘健致开幕词；全国老龄办、中部六省代表、参展企业代表等致贺词；安徽省人大常委会副主任朱维芳宣布开幕。省民政厅党组成员、省老龄办专职副主任侯世标主持开幕式。开幕式后，大会以“关注老龄、关爱老年、推动老年产业发展”为主题进行了老年产业论坛。全国老龄工作委员会办公室副主任吴玉韶作主题发言，安徽省政府发展研究中心副主任戴培昆、安徽省政协经济委员会副主任程必定、安徽省经济战略研究会常务理事方克友、安徽省阜阳市威龙农业科技有限责任公司总经理温建燃等发表了演讲。会展邀请国内知名老年问题专家及从事涉老产业的知名企业负责人参会。安徽省及全国老龄办领导、中部地区六省和华东六省及京津沪渝四市老龄系统负责人出席了相关活动。老年产业是21世纪的朝阳产业。老年产业的发展有着旺盛的消费需求和广阔的市场空间。本届老年产业博览会暨老年产业论坛，对于增强社会各届对老年群体的关注，鼓励老年产品和服务的开发和推广，促进老年产业和老龄事业健康快速发展具有重要的积极意义。博览会期间，还举行了隆重的百寿宴会。即一百名老年朋友参加集体盛会，共同举杯祝愿重阳节——老年节快乐。

【华东六省京津沪渝四市老龄工作暨老年学学会联席

会议在安徽召开】华东六省京津沪渝四市老龄工作暨老年学学会第十六次联席会议于10月22日至24日在安徽召开，安徽、山东、浙江、江苏、福建、江西六省和上海、天津、重庆三市老龄办和老年学学会负责人参加会议，中部省份老龄办负责人应邀出席。会议以“学习实践科学发展观，面向老龄工作‘十二五’”为主题，围绕老龄事业发展规划、老年人维权、居家养老服务、老年产业、基层工作、老年学学会建设等问题展开交流研讨。会议强调做好两项工作：一是认真编制好老龄事业发展“十二五”规划，合理确定中长期发展的目标、项目和措施，真正实现制度、机制和养老模式等方面的创新。“十二五”是我国应对人口老龄化的关键准备期，把握机遇十分重要。特别要在“十二五”期间探索老年人长期护理经费筹措保障制度建设，为失能老人、高龄老人和需要护理服务的其他老人提供更好的护理康复保障。积极推进特殊老年人群体的服务补贴及高龄老人生活津贴制度建设，认真解决好农村老年人的生存权和发展权问题。二是着力解决老龄工作体制机制问题。目前，老龄工作体系不完善，运行不顺畅，制约了老龄工作和老龄事业的整体水平。国家乃至全国老龄系统应当为此不懈努力，争取党委和政府的支持，解决体制机制问题，构建大老龄工作格局。

【省老龄办举办第二期基层老龄干部业务知识培训班】为进一步做好新形势下老龄工作，提高基层老龄工作者的理论水平和业务知识水平，省老龄办于11月18日—19日在亳州市举办第二期基层老龄干部业务知识培训班。亳州市政府副市长马露致欢迎辞，省民政厅党组成员、省老龄办专职副主任侯世标出席开班式并讲话，来自黄山、芜湖、铜陵、马鞍山、淮南、安庆、怀远县的乡（镇）、街道老龄工作者共计95人参加了培训。本期培训内容包括人口老龄化现状及发展趋势、社会化养老的内涵与现实方式、基层老龄工作以及老龄统计工作。培训成效显著，广大基层老龄工作者一致认为通过培训学习，增长了见识，开拓了眼界，交流了经验，全面提升了老龄工作的指导能力，坚定了进一步做好老龄工作的使命感和责任感。培训班全体学员还实地考察了亳州市老龄工作和老龄事业，高度评价了亳州市基层老龄工作的开展情况。

【安徽全省基层老龄工作座谈会在霍邱县召开】全省基层老龄工作座谈会于12月2日在六安市霍邱县召开。六安市政府副秘书长黄文应、霍邱县老龄委第一副主任、县政府副县长苏昊到会致辞，省民政厅党组成员、省老龄办专职副主任侯世标出席会议并做总结发言。与会人员就老龄工作专项示范点培育情况、基层老龄工作的做法经验和明年重点工作安排展开讨论。侯主任在总结发言中指出，一年多来，全省各地按照《关于培育老龄工作专项示范点的意见》（皖老龄办〔2009〕15号）的要求，因地制宜，积极开展示范工作，在各个层面培养树立了一批老龄工作专项示范点，达到了以点带面、推动老龄工作全方位发展的效果。为进一步夯实基层老龄工作，应做到以下三点：第一，思想上务必高度重视，带着全心全意为老年人服务的热情开展工作。第二，行动上要深入基层，了解第一手资料，才能真正有的放矢，有效指导基层工作。要把老年协会工作再抓一抓，管一管，发挥老年人自我管理、自我服务、自我教育的优势。第三，大力推进示范点建设，着力培育新的示范点。侯主任强调，明年工作要以“十二五”规划编制和第三届安徽省老年人体育运动会为重点，借力省人大关于进一步保障老年人权益、发展老龄事业的决议的督办，力争全省老龄工作再上新水平。与会人员还观摩了姚李镇老年活动站、宋店乡老龄工作以及蓼都社区居家养老服务，代表们一致认为霍邱县老龄工作得到了县委、政府的高度重视，工作全面扎实，许多方面值得全省各地借鉴学习。

各项业务进展

【老年维权工作方面】安徽省各级老龄办以贯彻落实《老年人权益保障法》和安徽省《实施〈老年人权益保障法〉办法》为出发点，以为老年人办实事、解难事为落脚点，扎实开展老年维权工作。一是加大执法调研和执法检查的力度，落实各项优待老年人的法律法规和政策规定。为更好贯彻“一法一办法”，由省人大内司工委领导牵头，两次对我省合肥、阜阳、六安、安庆、巢湖和淮南市进行执法调研，并形成人大专报和专题调研报告送省委、省人大、省政府主要负责同志。2010年1月，省十一届人大三次会议大会主席团将“关于深入贯彻老年人权益保障法，加快我省老龄事业发展”的议案列入重大事项案，由常委会副主任领衔，内司工委牵头会同省民政厅、省老龄办等单位专题办理。同年10月，省十一届人大常委会第二十一次会议在听取省政府汇报的基础上，通过了《进一步保障老年人权益发展老龄事业的决议》，今年省人大内司工委还将跟踪检查决议落实情况，必将对我省老年人权益保障，老龄事业发展起到极大的推动和促进作用。二是在全省推广签订《家庭赡养协议书》工作，细化家庭和子女赡养老年人的义务和责任。从2005年开始，我省绝大部分县（市、区）农村普遍开展了签订家庭赡养协议书活动，即在村两委或老年协会监督下，由子女和年老的父母签订包括粮、油、物、精神慰藉在内的赡养协议书。目前，全省近半数县（区）已将签订赡养协议书活动作为老龄部门的常规性工作，共签订赡养协议书20.9万份。怀远县和铜陵县赡养协议书签订面达到95%以上，并根据当地经济社会发展情况，统一格式、统一内容、统一标准，抓签订，抓兑现，使老人尤其是农村老年人的被赡养权得到有效保护。三是普遍建立健全法律援助制度，为困难老年人提供法律援助。我省先后将《老年法》、《实施办法》、《民法》、《婚姻法》、《继承法》等与老年人切身利益相关的法律法规纳入普法规划，坚持扩大针对老年人法制宣传的覆盖面，增强其依法办事、依法维权的自觉性。据统计2010年全年共编印、发放各种法制宣传材料、音像制品800多万份，出动宣传车2.6万台次，组织开展送法下乡、法律服务咨询、法制教育展览、法律知识竞赛等活动1万多场次。各级审判机关对涉及赡养老年人的案件优先立案、优先审理、优先执行，有的地方还专门设立了老年法庭；对生活困难老年人维权诉讼交纳费用实行减、免、缓。充分发挥各级法律援助机构的作用，积极主动开展为老年人援助服务，努力做到应援尽援。全省共有法律援助机构126个，2010年以来，共为4150位老年人办理了法律援助；全省869家基层法律服务所，为老年人代理诉讼案件10860件，办理涉老公证18000件；各级人民调解组织共调解涉老纠纷2.72万件，成功率达97%。同时，各级老龄机构均建立健全老年信访接待制度，坚持“牢记宗旨服务老龄”的工作理念，耐心细致地做好来访者的工作，无论是能够解决或暂时无法解决的问题，都能做到件件有着落，事事有回音，基本做到了使老年人满意。

【为老服务业发展方面】安徽省积极探索养老保障和养老服务社会化的路子。一是因地制宜，从政策上保证养老服务可持续发展。合肥市完成《关于开展居家养老服务工作的实施意见》和《关于加快推进养老服务业发展的实施意见》代拟稿，已上报市政府；《合肥市养老机构布局规划》编制基本完成，现正着手征求各县区政府及相关部门意见，为专家评审会的召开做筹备工作。淮北市政府出台《关于进一步推进养老事业发展的意见》规定，新建床位超过60张以上的，经市民政部门认定，正常运营一年后，100张以下的，每张床位补贴4000元；超过100张的，每张床位补贴6000元。芜湖市修改了《芜湖市关于加快发展养老服务业的意见》。巢湖市政府出台《关于进一步发展养老服务业的通知》，规定民办养老机构50张以上床位补贴1000元，100张以上床位补贴2000元。马鞍山市将居家养老服务工程被列为2010年市民生工程，市财政安排了191万元居家养老资金；市老龄办已将《马鞍山市居家养老服务工作实施意见》（送审稿）报市政府。滁州市琅琊区政府出台了《居家养老服务工作意见》，市民政局从福彩公益金中拿出100多万元为城市社区居家困难老人开展服务救助。安庆市于7月制定出台了《安庆市居家养老服务试点工作实施方案》，各试点社区均设立了社区居家养老服务站。铜陵市政府常务会议研究通过《城镇居民社会养老保险办法》，从制度层面实现人人享有社会养老保险；印发了《关于加快推进我市养老服务体系建设的意见》，到“十二五”末，全市各类养老服务机构床位总数增加2000张以上，达到每千名老人拥有养老床位40张，力争将全市70%以上敬老院改造成农村养老中心。二是大力推进养老服务业进程。今年以来，全省各地积极引导社会力量参与养老服务业的发展，推动城乡为老服务资源的整合利用，积极向老年人提供不同层次、不同内容、满足不同需求的服务，提升了基层为老服务质量。截至2010年底，全省城乡老年公寓366所，社区服务设施1030个，农村敬老院1878个，农村五保老人之家971个。三是农村五保对象的生活水平进一步提升。“十一五”期间，全省各级财政共投入农村五保供养经费20.3亿元，五保户的基本生活问题得到初步解决。截止到2010年底，全省农村五保供养对象46.5万人，其中集中供养水平年人均2427元，分散供养水平年人均1634元；2009—2010年，投入农村五保供养服务机构建设经费7.8亿元（其中：省级财政补助3.8亿元），新增五保集中供养床位92500张，五保集中供养率达到35%。我省大力加强农村五保供养服务机构的做法被民政部评为“全国农村五保供养工作创新奖”，我省12个市（县）民政局、17名个人、14个敬老院被评为“全国农村五保供养先进单位”、“先进个人和模范敬老院”。

江苏省

民政部副部长窦玉沛、江苏省民政厅厅长吴洪彪等领导在无锡惠山区五保老人颐养院考察。

江苏省民政厅党组成员、省老龄办主任张建平在“中国江苏”在线访谈直播室。介绍了江苏人口老龄化和养老服务有关情况，并在现场解答网友们提出的问题。

综　　述

2010年，政府各级部门更加关注人口老龄化对社会带来的影响，全省老龄工作以科学发展观为指导，深入贯彻落实省委、省政府《关于加快我省老龄事业发展的意见》（苏发［2009］5号）（以下简称5号文件），各项工作稳步推进，老龄事业呈现出良好发展势头。

一、贯彻5号文件推动为老服务

2010年是“5号文件贯彻落实年”，老龄委成员单位和各市都制定了具体落实措施。省人社厅着重提高老年人社会保障水平，对农村年满60周岁的老年人，按月发放基本养老金；省人口计生委对独生子女家庭奖励扶助标准全面提标；省交通厅加大落实老年人优惠或免费乘车力度；省财政厅加大老龄事业投入，规范老龄资金管理；省发改委争取项目经费1000万，地方配套8061万，投资了6个市、县（市）级养老服务机构新建和改建项目；省公安厅、省高级法院、省妇联联合出台《关于依法处理涉及家庭暴力婚姻家庭案件若干问题的指导意见》，进一步保障家庭暴力受害人，尤其老年人的人身和财产权利；省住房和城乡建设厅会同有关部门继续推动无障碍设施建设工作。省司法厅、省老龄办联合开展“夕阳幸福工程·法律援助在行动”，宣传、推动老年人法律援助和老年人权益保障事业；团省委、省老龄办联合开展“志愿者为老服务金晖活动”；省妇联在全省开展“好婆媳”、“敬老好儿媳”、“幸福家庭”等评选、宣传及家庭尊老承诺、志愿者服务等活动，引导全省广大妇女和家庭要孝敬和尊重老年人。

全省12个省辖市和26个县（市、区）相继出台了贯彻意见，使5号文件中的新型农村养老保险、五保供养标准增长机制、社会化养老服务体系建设、老年人优待服务等各项要求都得到了较好地落实。

二、增强老龄事业发展规划的引领意识

省老龄办会同老龄委成员单位，对《江苏老龄事业发展“十一五”规划》的执行情况进行了认真总结评估，提出了江苏“十二五”社会事业发展中的老龄事业发展建议，编制了《江苏省基本养老服务体系建设“十二五”规划》，下发了《江苏省老龄事业发展“十二五”规划编制意见》。

三、推动地区性老年人合法权益保障立法工作

本省2000年1月实施的《江苏省实施〈中华人民共和国老年人权益保障法〉办法》，已不能适应经济社会发展的需要，省人大常委会、省人民政府将老年权益保障法列入年度修改计划。省老龄办配合省政府法制办和省人大内司委、法工委等单位，开展立法调研，起草和修改了《江苏省老年人权益保障条例》，并通过了省人大常委会一审（2011年3月1日起正式实施）。

四、积极推进居家养老服务中心（站）建设

根据省委省政府三年内省重点扶持新建6000个社区居家养老服务中心（站）的目标要求，2010年推动各地新建了2000个社区居家养老服务中心，其中，创建了77个省级示范性居家养老服务中心。推动各地建设了一批区域性老年信息网络服务平台。积极探索和总结了农村老年人集中居住、“一碗热汤”距离、结对服务、购买邻里服务等多种有效居家养老服务方式。

五、开展老年宜居社区等宣传和试点工作

积极开展“老年友好型城市”、“老年宜居社区”和“老年温馨家庭”建设宣传，各地按照相关标准要求开展工作，提升了老龄工作水平。在全国老龄办的指导下，以南京玄武区为试点，开展老年宜居社区建设，积累了许多经验和做法，得到全国老龄办的肯定，并在全国老年宜居社区会议上交流经验。常熟市被世界卫生组织评为“城市人口老龄化与保障——优秀实践奖城市”（亚太地区只有日本、韩国、中国各一个城市），太仓市被评为“全国长寿之乡”，江阴市被评为“全国老年宜居宜游城市”。

六、提升涉老社团组织的活力

本着“以老为本，为老服务”的理念，省民政厅、省老龄办积极支持涉老社团组织的建设、调研及为老活动，营造全社会敬老、助老的氛围。召开了全省基层老龄协会建设推进会；开展了全省城乡居家养老和百岁老人生活状况调查；敬老月期间，举办了“江苏省首届老年人书画展”活动及大型广场演出和咨询活动；省老年学学会举办了第二届老龄问题研究生论坛，拓展了老龄问题研究；省老年体协组织了全省老年体育节，历时半年多，参加人数达400余万人，掀起了老年人健身热潮。各地涉老组织根据章程，积极开展为老服务、组织助老活动，呈现出了生机勃勃的景象。

七、加强老龄研究

省老龄办对全省居家养老服务的现状、养老模式及百岁老年人的生活状况开展了一系列的调研活动，形成了一批有份量的调研报告。主要有：与部分高校合作完成了省“十二五”规划重大课题研究——《应对人口老龄化社会战略研究》；开展破解农村居家养老的专题调研，并形成调研报告《离家不离村，村中享天伦——关于对赣榆县部分乡镇破解农村社区居家养老难题的调查》；与省政协人口资源环境委员会联合开展了全省百岁老人调研；与省老龄协会共同开展“江苏省居家养老现状分析和对策研究”；与全国农村养老服务课题组开展了农村养老服务调研；组织了全国城乡老年人抽样调查江苏调查工作。

重要会议和活动

【江苏省涉老组织2010年新春联谊会】1月22日，由省老龄办、省老龄协会共同举办的“江苏省涉老组织2010年新春联谊会”在南京饭店举行，该联谊会每年一次。省老领导沈达人、陈焕友、凌启鸿以及涉老组织负责人、新闻记者等出席。参加联谊活动的省涉老组织近30家。省民政厅厅长、省老龄委副主任吴洪彪到会热情洋溢地致词，省老龄办主任张建平主持会议并讲话。会上，省老年文化大学演出了精彩节目。

【十一五“规划执行情况评估】4月27—29日，中国老龄事业发展“十一五”规划执行情况检查组来江苏评估检查。检查组由全国政协和全国老龄委部分成员单位组成。全国政协委员李宏塔、全国老龄办副主任阎青春和检查组其他成员在南京听取了省老龄办主任张建平《关于江苏老龄事业发展“十一五”规划执行情况的汇报》。检查组肯定了我省老龄工作及执行老龄事业发展“十一五”规划取得的成绩，就进一步加快发展老龄事业提出了要求。

【老年宜居社区和老年友好城市创建工作会议】6月9—10日，全国老龄办在南京召开“老年宜居社区和老年友好城市创建工作会议”。来自上海、浙江、山东、黑龙江、辽宁和江苏的6省市老龄工作者50多人参加会议。会议参观了南京市玄武区“老年宜居社区”试点社区和鼓楼区居家养老服务。

【基层老龄协会组织建设推进会】6月12—13日，省民政厅、省老龄办和省老龄协会在常州市召开了全省老龄协会组织建设大会。省和各市民政局、老龄办、部分老龄协会负责人参加了会议。会议认为，老龄协会是老龄工作社会化重要推动者，是做好基层老龄工作的重要抓手，是老年人实现“四个自我”、“六个老有”的重要平台和载体，要充分认识老龄协会在新时期老龄工作中的重要作用，要用战略眼光来谋划推进这项工作。会议要求，力争到2011年底，全省老龄协会五级网络全覆盖。

【全国养老服务体系建设推进会】11月7日，全国社会养老服务体系建设推进会在无锡召开。民政部部长李立国出席会议并讲话。省长罗志军到会致辞。民政部副部长窦玉沛代表民政部作报告。副省长李小敏在会上介绍了江苏加快构建养老服务体系建设、推动老龄事业又好又快发展的经验。全国老龄办常务副主任陈传书主持会议。江苏在推进养老服务体系建设中，注重了四个结合：坚持党政主导和社会参与相结合；完善社会养老服务体系建设机制，坚持居家养老和机构养老相结合；夯实养老服务体系建设基础，坚持硬件建设和软件建设相结合；提升养老服务体系建设水平，坚持物质保障和精神关爱相结合。初步走出了一条顺应民生需求、具有江苏特色的养老服务新路子。李立国认为，江苏老龄工作和养老服务体系建设取得了丰硕成果，走在了全国前列。会议要求各地把养老服务体系建设内容纳入本地“十二五”规划，继续贯彻落实对发展养老服务机构在土地供应、资金投入、税费减免等方面的优惠政策和优待老年人政策，尽快制定政府补贴、购买服务、高龄补助等新政策，并上升为法规和规章，加快养老服务设施建设。

【创先评比活动】根据全国老龄办对老龄工作先进单位和先进个人进行评比的要求，7 月中旬，省老龄办与省老龄委部分成员单位、厅人事处、纪监室成立了四个评估考核组对申报创建全国老龄工作先进单位和先进个人的单位进行评估考核。全省共推选出全国老龄工作先进单位 21 个，先进个人 24 个，上报了全国老龄办。组织开展了第四届全国“敬老、爱老、助老”主题教育评选活动，推选了受国家表彰的敬老模范单位 6 个，中华孝亲敬老楷模 3 个，全国孝亲敬老之星 108 个。

【敬老月活动】为庆祝全国首届“敬老月”和省第 23 个敬老日，10 月 1 日至 10 月 31 日省老龄办组织和举办了第一届江苏省“敬老月”系列活动。活动的主题是“关爱老人、构建和谐”。敬老月期间发布了《江苏省人口信息和老龄事业发展状况报告》。1. 首届江苏老年书画展活动。10 月中旬，由省老龄办主办，省老年书画研究会、江苏广播《美丽夕阳》承办的“江苏省首届江苏老年书画展”在江苏省美术馆开幕。副省长李小敏、老领导顾浩，省政府副秘书长徐国柱、省民政厅厅长吴洪彪，省老龄办主任张建平，省广播电影电视局、省老年书画研究会等领导出席开幕式。展出的 184 幅作品，主要反映老年人“老有所学、老有所乐、老有所为”的精彩生活。为老年人的节日献上了一份厚礼，为社会提供了一场精品盛宴。2. 市民广场助老活动。10 月 19 日上午，由江苏省老龄工作委员会办公室、江苏省老龄协会共同主办的江苏省“敬老月”大型现场助老服务活动在南京市山西路市民广场举行。内容有老年人法律援助和法律咨询服务、疾病义诊和健康咨询服务、有老年人的大型广场文艺演出。3. 老年体育节活动。由省体育局、省老龄委办公室、省发展体育基金会、省老年人体育协会共同主办，以“科学健身，你我同行”为主题的 2010 年江苏省老年人体育节于 10 月 25 日落下帷幕。为期半年的体育节活动，先后举办了竞技柔力球和健身球操骨干培训班，培训老年体育健身辅导员 1100 多人；举办了柔力球、象棋、健身气功、太极拳（剑）、气排球、门球、保龄球、健身球操等项目比赛交流活动。全省参加健身活动的老年人约 400 万人。

【调研活动】1. 赣榆县农村老年人集中居住点的调查。6 月，省老龄办对连云港赣榆县农村建设老年人集中居住点的养老方式进行调研。赣榆县的沿海社区有 20 余处农村老年人集中居住点，每个居住点约 10－120 户。由村里出资统筹规划建设，采取每户一套的形式，产权归集体，免费提供给老年人居住。由低龄老年志愿者管理并提供日常生活照料等服务。这种养老形式，保留了家庭养老的优势，缓解大家庭的代际矛盾，消除老年人的孤独，提升了老年群体的友爱互助，也迎合了老年人“不愿意离开家乡”的养老心理，深受农村老年人的欢迎。在当今农村留守老人、空巢老人、独居老人、高龄老人数量规模急剧扩大的态势下，这一做法可以破解农村养老难题。调研报告《离家不离村，村中享天伦》，得到省长批示及各界的关注。2. “租巢引凤”破解大城市养老难题。受土地资源等制约，特大城市中心城区的服务场所成为制约居家养老服务发展的瓶颈，南京市鼓楼区通过“租巢引凤”的办法，由政府出资租用企事业单位空余场房、办公场所，并按照养老服务要求加以改造后无偿提供给从事居家养老服务的机构使用。变“筑巢引凤”为“租巢引凤”，从 2006 年开始，该区以地方政府名义长期（10～12 年）租赁了 4 处合计 11500 多平方米的房屋，无偿提供民营养老机构使用。这种“租巢引凤”的做法，使该区的养老床位总数从 2003 年的不到 200 张增至 2010 年的 2368 张，全区每千名老年人拥有 25 张养老床位。“租巢引凤”解决城市居家养老难题，也为政府推动居家养老节约了成本。

【省老年社团组织秘书长会议】12 月 20 日，省老龄办组织召开首次“省老年社团组织秘书长会议”。目的是提供一个老年社团的交流平台，并加以引导，充分发挥其在老龄工作社会化方面的推动作用。共有 10 个老年社团组织参会。各自交流 2010 年老龄工作及 2011 年工作设想。省老龄办主任张建平主持会议并讲话，省老龄办副主任王虹森通报了 2010 年我省老龄工作情况。

【省老年公寓建设】2 月 10 日，罗志军省长、李小敏副省长到省老年公寓项目现场实地考察。列入省政府 50 项重点工作和改善民生十件实事的省老年公寓项目，2008年9月正式开工建设，至2010年底，省老年公寓主体工程全面竣工。电梯、给排水、电气、空调系统、消防等安装工程基本结束。园区景观、卫星电视、网络、通讯等系统施工基本完成。并已通过南京市建设质监部门整体验收，质量合格。

各项业务进展

【养老保障】 1. 企业职工养老保险。2010年末，全省企业职工基本养老保险参保人数达到1921.44万人，其中在职职工1503.48万人，离退休人数417.96万人，总参保人数比上年末增加149.69万人，连续六年实现净参保人数超百万。离退休人均月养老金水平达1466元，连续10年保持企业离退休人员养老金按时足额发放，近5年平均年增长率9.16%。江苏企业养老保险工作在全国的领先地位得到进一步巩固。2. 农村社会养老保障。2010年末，全省所有省辖市和90个涉农县（市、区）全部出台了新农保制度，全省新农保参保人数已经达到1514.56万人，参保率达99.42%，享受基础养老金人数746.99万人，符合条件的农村老年居民基础养老金发放率为99.76%，新农保制度是一项特别重大的惠农政策，尤为突出的是60周岁以上的农村老年人能不交一分钱，直接按月领取60元基础养老金。全面提前超额完成省委省政府下达的新农保适龄居民参保和基础养老金发放两个全覆盖目标任务。3. 被征地农民基本生活保障。被征地农民基本生活保障制度基本建立。全省13个省辖市分别制定了被征地农民基本生活保障办法，全部开展了被征地农民基本生活保障工作。各县（市、区）制定出台了一系列实施细则或制度办法。苏南地区被征地农民基本生活保障工作已逐走上了规范化发展的轨道，苏中和苏北部分地区也基本实现了“即征即保”。2010年末，全省实有被征地农民409.67万人，参加被征地农民社会保障共计405.74万人，其中参加基本生活保障204.7万人，参加企业基本养老保险185.35万人，参加农保15.69万人，统计上报的被征地农民社会保障覆盖率达到99.04%。4. 城镇医疗保障。2010年末，全省城镇职工参保人数达1843万人，比上年增加136万人，连续9年实现净增参保人数超百万；城镇居民基本医疗保险参保人数达1300多万人，参保率超过95%。全省城镇职工基本医疗保险政策范围内住院医疗费用统筹基金支付比例达80%以上，城镇居民基本医疗保险政策范围内住院医疗费用基金支付比例达60%以上。服务上开展了以异地就医为服务对象的异地就医医疗费用联网结算，开通了13个省辖市区与省结算平台联网，惠及广大老年人异地就医，切实提高了管理服务水平。5. 农村五保老年人供养。全省符合五保条件的对象全部纳入供养范围，基本实现了动态管理下的应保尽保。五保供养标准增长机制进一步落实。2010年末，全省共有五保供养机构1485所，床位数18.1万张；五保供养对象21.3万人，全省集中供养率达到65%，平均供养标准达到3988元/年，共支出五保供养资金8.5亿元。6. 贫困老年人社会救助。2010年末，全省共保障城市低保对象21万户43万人，其中老年人8.84万人；农村低保对象73万户139万人，其中老年人47.12万人。全省城市低保平均保障标准为每人每月338元，平均补差水平为179.0元/月；全省农村低保平均保障标准为每人每月249元，平均补差水平为113.5元/月。各地坚持分类施保原则，对低保对象中的老年人，保障标准上浮10%～20%。7. 城市“三无”老人享受低保政策保障。2010年末，全省共有城市“三无”老人12114人，其中机构集中供养4071人，散居的8043人。全省将“三无老人”这一特殊群体纳入了当地城市最低生活保障范围，但供养标准较低，保障能力不足。如淮安市，社会散居的城市“三无”老人享受城市低保，供养标准为300元/人/月，对集中供养在市社会福利院的“三无”老人，供养标准为250元/人/月；泰州市社会散居的城市“三无”老人供养标准高于当地城市低保全额的10%～20%，集中供养在市社会福利院的“三无”老人，供养标准为380～400元/人/月。无锡市的集中供养标准为7500元/年，分散供养标准为6500元/年，相对较高。苏州市实行城乡一体化，供养标准均为按低保标准的140%全额享受。8. 惠民医疗服务网络。惠民医疗关注社会弱势群体，特别是孤残老人、五保老人。已基本形成了以城乡基层医疗机构为基础，以惠民医院为中心的全方位多层次、中西医兼有、综合和专科互补、功能齐全、技术过硬的惠民医疗服务网络，为特困老人、农村“五保户”老人就医提供了廉价、便利服务。全省惠民医院发展到180所、惠民医疗站点1076个，惠民门诊1634个；开设惠民床位2.2万张、惠民门诊人次2500万、住院人数62万，惠民减免医疗费用506亿多元人民币。9. 计划生育家庭扶助标准全面提标。提高农村部分计划生育家庭奖励扶助标准。对农村年满60周岁的独生子女父母奖扶金标准从每人每月50元提高到每人每月60元。从2011年起，独生子女死亡家庭扶助标准从每人每月120元提高到150元，独生子女伤残家庭扶助标准从每人每月80元提高到120元。对城镇持《独生子女父母光荣证》退休企业职工给予2400元至3600元的一次性奖励金。全省13市一次性奖励政策全面落实。

【老年人口信息】2010年末，江苏省60周岁以上老年人口1300万人，占全省户籍总人口的17.48%，比2009年上升0.5个百分点，比2009年增长了42.6万人。80岁以上老年人口211万人，占全省户籍老年人口总数的16.2%，比2009年上升1.7个百分点。全省百岁以上老人口5742人。80岁以上老年人口的增长是60岁以上老年人口的3.4倍，高龄老年人口呈现快速增长势头。60周岁以上的老年男性人口为625万人，女性为676万人，男女性别比为100：108。随着年龄的增长，性别比逐渐增长，90周岁以上为100：238。

【老年优待】全省各级政府都已设立"尊老金"，百岁以上老人按每人每月不低于300元标准发放长寿补贴，目前全省各地都根据经济社会发展状况建立了不同标准的长寿补贴。南京市、苏州市、无锡市、镇江市、南通市、淮安市把长寿补贴的年龄标准扩大到80周岁，徐州市、常州市、扬州市、泰州市扩大到90周岁，盐城市、连云港市、宿迁市正在努力扩大年龄范围，所有这些都有力地保障了老年人的生活。全省各地都基本落实了农村部分计划生育家庭奖励扶助和特别扶助制度，落实了企业持独生子女光荣证的职工退休一次性奖励政策，并建立长效发放机制。70岁以上老年人免费进入政府投资主办的旅游景点和公共体育健身场所落实到位，扬州市、南通市、宿迁市等苏中、苏北地区部分旅游景点甚至免费优惠到年满60岁的老年人；60—69岁老年人都可享受半价优惠，苏南许多民营旅游景点也都落实了优惠政策。全省对70岁以上老年人免费乘坐城市公共交通落实到位，南通市、淮安市将免费乘公交年龄扩大到65周岁；60—69岁老年人可享受半价优惠基本落实到位。长途客运、铁路、水路和航空客运为老年人提供优先优待服务都落实到位。

【老年维权】2010年全省律师涉老义务法律咨询12214件，代理民事案件15466件；办理遗嘱公证5625件，遗赠扶养协议公证2123件，赡养协议公证1625件，为70岁以上老年人鉴定服务1121件。对特殊困难老人上门司法鉴定235件。2010年援助老年人8321人次，其中赡养抚养案件4132人次。

【居家养老服务中心建设】2010年，省财政安排4000万专项资金，采取以奖代补的方式，扶持新建2000个社区（村）居家养老服务中心（站），其中创建77个省级示范性居家养老服务中心。9月份省民政厅、省财政厅联合组织4个验收组对全省创建省级示范性居家养老服务中心（站）进行评估验收。对验收达3A级标准的77个中心给予1000万元的奖励补助。补助标准为经济薄弱地区补助15万元/个，其他县（市、区）补助10万元/个。11月对当年新建的社区居家养老服务中心（站）进行评估验收，对验收达A级以上标准的2000个中心给予3000万元的奖励补助。

【老年教育】至2010年底，江苏已建立老年大学121所，其中省直属老年大学2所、省空中老年大学1所，市级老年大学13所，县（市、区）老年大学（老干部大学）105所，乡镇（街道）社区教育（老年教育）中心986所，村（居）民学校约16000所，在校学员53万人，初步形成城乡一体的老年教育网络。

浙江省

综述

2010年是全省老龄事业发展"十一五"规划的收官之年。在省委、省政府的正确领导下，全省各级各有关部门以邓小平理论和"三个代表"重要思想为指导，深入贯彻落实科学发展观，围绕"八八战略"和"创业富民、创新强省"总战略，按照"党政主导、社会参与、全民关怀"的老龄工作方针，全面贯彻落实省老龄委第九次全体会议工作部署，老龄事业发展取得显著成效。

一、加大为老年人办实事力度，进一步提高老年人生活水平

全省各级各有关部门稳步推进企业职工基本养老保险扩面工作，截至到2010年底，全省企业职工基本养老保险参保人数达1606万人，参保人数五年净增703万人，领取养老金人数已达199万人。城乡居民社会养老保险参保率达到85%，参保人数1170万人，其中领取基础养老金人数达578万人。提高城乡最低生活保障水平，至2010年底，全省在册低保对象70万人，其中有23.18万老年人。城乡低保救助

标准同比2005年分别增长69.2%和86.3%。巩固农村五保集中供养长效机制，至2010年底，全省有五保对象4.3万人，集中供养率96.9%，集中供养对象年人均供养资金6870元，占上年度农民人均纯收入的68.7%。进一步完善医疗救助制度，2010年，全省有81个县（市、区）已实现即时救助，共安排医疗救助资金6.03亿元，支出6.15亿元，医疗救助筹资额和支出额分别为2005年的2.1和7.3倍。当年救助困难群众58.97万人次，资助农村五保、低保老人、残疾老人等困难群众参加新农合和城镇居民基本医疗保险105.74万人。并继续安排省级福利彩票公益金开展为困难老人"送光明"活动，资助困难群众白内障患者免费施行复明手术，五年累计有约9000名困难老年人受益；同时配合全国"百万贫困白内障患者复明"工程，2010年全国和省级下拨资金完成手术8689例，其中多数为贫困老年人。

二、加速推进养老服务体系建设，促进养老服务水平大幅提升

2010年全省新建市、县级养老服务指导中心40个、乡镇（街道）服务中心337个。共建成市、县级养老服务指导中心100个、乡镇（街道）服务中心947个。加大养老机构建设和扶持力度，2010年我省被国家发改委、民政部列入基本养老服务体系建设试点省，并争取试点经费2000万元，扶持13个养老服务项目建设；省级财政补助资金1239万元，补助社会办养老机构81个，补助床位8537张。各级投入资金6亿多元，新增养老机构床位1.51万张。现共有各类养老床位数18.9万张，占老年人总数的2.4%，每百名老年人拥有床位数同比2005年增加0.9张。不断夯实居家养老服务工作基础。居家养老服务经费投入加大，2010年，各级共投入居家养老服务站建设经费1.85亿元，居家养老服务政府补贴总额达5319.73万元。省福彩公益金安排5000万元资助城市居家养老服务站和农村"星光老年之家"建设，省财政拨付320.6万元补助138个社区完善老年人生活照料服务网络建设。目前，全省共建有居家养老服务（指导）中心1047个，居家养老服务站4010个，"星光老年之家"13492个；日间照料机构、托老所5157个，日间照料及托老床位9232张，有专职护理人员4120名；老年食堂651个，为20多万名老年人提供配送餐服务；建立居家养老志愿者服务队伍8102支，参与志愿者19.47万人。据统计，由政府补贴享受居家养老服务的老年人达5.58万人，居家养老服务覆盖的老年人数达到169.09万人。

三、稳步推进老年人维权优待工作，切实维护老年人的合法权益

全省积极开展法律为老服务，认真实施全省司法行政工作服务保障民生五年行动计划（2008—2012），并组织、引导律师和基层法律服务工作者开展法律为老服务。三年来，各级公证机构、律师和基层法律服务工作者为老年人上门办证11412件；减免公证收费500余万元；办理遗赠扶养协议公证1421件；赡养协议公证1580件；办理遗嘱公证18579件；办理涉老民商事案件近3000件；为孤寡、残疾和生活困难的老年人提供公证法律援助3663件，提供法律咨询3万多人次。进一步加强老年维权组织和队伍建设，截至到2010年底，全省各级已建老年法律援助中心（站）287个，各类老年维权机构3400个，从事老年人维权工作的专兼职工作人员6629人。各级老龄工作机构和基层老年组织收到涉老群众来信3425件，得到妥善处理的3270件，占总数的95.48%；接待涉老来访26775人次，反映问题得到妥善解决的25807人次，占总数的96.39%。各级人民法院按照涉老案件"三优先"的原则，受理涉老案件1935起，审结1797起，占受理案件的92.87%；执行801起，占审结案件的44.57%。加强《优待办法》执法检查力度，2010年全省各级组织开展老年法律法规执法检查，推动老年优待政策的落实。进一步提高百岁老人长寿保健补助金标准，每人每月补助标准由原来不低于200元提高到不低于300元，全省有1234名百岁老人受益。扩大乘车优待范围和力度，完善风景名胜区、公园对老年人的门票优待措施，并积极推进老年人减免门票同城待遇，鼓励各旅游景区景点对外地老年人实行同等优待。

四、老年教育健康发展，文体活动日趋活跃

省财政继续安排老年活动设施建设补助资金400万元，扶持欠发达地区老年活动中心建设。截至到2010年底，全省共有各类老年活动中心（室）3.45万个，总建筑面积673.07万平方米；有80.11%的县、70.72%的乡镇（街道）和98.81%的村（社区）建立老年活动中心（室）。组织开展省第十届老年文化艺术周活动，依托老年活动中心（室）和公共文化设施，开展经常性老年文化活动。全省现有各类老年文艺团队1.27万个，参加活动的老年人达35.33万人，分别比2005年增加7500支和20余万人。同时扩大老年教育的覆盖面，截至到2010年底，全省建有老年大学144所，老年学校1995所，老年电大分校及教学点9387个（所），在校学员分别达到13.14万、16.12万和76.77万人，在校学员人数分别比2005年增加3.92万、0.49万和51.18万人。进一步开展老年体育活动，2010年，省级投入8000多万元建成了3个省级全民健身中心、7个乡镇（街道）全民健身中心和24个中心村全民健身广场，国家和省级体彩公益金投入30万元在全省建设了15块老年门球场。全省共有老年体协1.68万个，参加人数233.98万人，分别比2005年增加7105个和112.61万人；有老年体育团队2.34万个，参加人数93.92万人，分别比2005年增加1.65万个和56.89万人。2010年，经常参加体育活动的老年人达479.52万人，占老年人总数的60%以上。

重要会议和活动

【老龄事业发展战略研究专题会】1月14日，省老龄办在杭州召开浙江省老龄事业发展战略研究专题会，听取课题组研究计划，讨论子课题研究方向和重点，对老年人生活状况入户调查等事项作出安排。

【全省农村空巢老年人帮扶服务试点工作总结交流会】3月3日，全省农村空巢老年人帮扶服务试点工作总结交流会在临海市召开，列入全国老龄办试点工作的宁波、衢州、台州市及余姚、江山、临海市老龄办负责人、各试点乡镇老龄工作负责人以及试点村负责人共30余人参加了会议。会议交流了前一段试点情况，共商下一步工作。省民政厅副厅长、老龄办主任苏长聪对帮扶试点工作提出三点要求：一是要充分认识做好空巢老年人帮扶服务工作的重要意义，二是要不断探索完善农村空巢老年人帮扶服务的长效机制，三是要以推广农村空巢老年人帮扶服务经验为契机，推动居家养老服务工作向农村延伸。

【浙江省老龄工作委员会第九次会议】3月19日，浙江省老龄工作委员会召开第九次全体会议。副省长、省老龄委主任陈加元主持会议并讲话。省政府副秘书长、省老龄委副主任施利民作关于2009年全省老龄工作情况和2010年工作安排意见的报告，省老龄办主任、省民政厅副厅长苏长聪就《省老龄委2010年工作要点》等三个送审稿作了说明，省发改委等7个部门负责同志分别介绍了本部门、本系统去年工作情况和今年工作打算，各成员单位对工作报告和三个送审稿进行了审议。

【全省老龄办主任会议】4月8日—9日，全省老龄办主任会议在杭州召开，会议传达贯彻省老龄委第九次全体会议精神，对全省老龄工作情况进行交流回顾总结，进一步研究部署2010年的重点工作。省老龄委副主任、省民政厅厅长吴桂英出席会议并讲了话，省老龄办主任、省民政厅副厅长苏长聪作工作报告。

【“送光明行动”】由省老龄委和省老年事业发展基金会发起，以“构建和谐社会、共享人间光明”为主题的2010年“送光明行动”正式启动，副省长、省老龄委主任陈加元，省老年事业发展基金会名誉会长杨彬，省老年事业发展基金会会长张启楣等领导出席启动仪式。2010年，为全省近200名农村困难老人免费实施白内障复明手术。

【全省老龄工作干部培训班】6月7日—11日，全省老龄工作干部培训班在杭州举行。本期培训重点突出新形势下，开展老龄工作的指导思想和基本思路、总体要求和基本方法，加强基层老龄工作和农村老年人协会建设以及社会养老服务体系建设等。浙江大学等有关专家授课。

【老龄事业发展战略研究和“十二五”规划编制专题调研】7月15日，省老龄委副主任、省民政厅厅长吴桂英带领民政、财政、人力社保、老龄等部门负责同志，赴诸暨等地开展老龄事业发展战略和“十二五”规划编制专题调研。调研组实地走访诸暨市居家养老服务中心、欢乐之家老年托养中心、宏阳老年中心和百岁老人康乐院等养老机构。

【省第十届老年文化艺术周开幕式】10月9日，省第十届老年文化艺术周开幕式暨电视文艺演出在浙江电视台举行，副省长、省老龄委主任陈加元出席开幕式并致辞，省政府副秘书长施利民、省民政厅吴桂英厅长、省老龄办主任苏长聪等领导一同出席开幕式。

【全省老龄工作交流会】11月9日—10日，全省老龄工作交流会在湖州德清举行。湖州市作题为《以全国老年友好城市创建为契机，推进湖州老龄事业全面发展》的经验介绍，各地就十二五规划编制、空巢老人帮扶和银龄互助工作开展情况作了交流。

各项业务进展

【养老保障工作】截至到2010年底，全省企业职工基本养老保险参保人数达1606万人，参保人数五年净增703万人，养老金人数已达199万人；率先实施城乡居民社会养老保险制度，步入“全民社保”的新阶段。城乡居民社会养老保险参保率达到85%，参保人数1170万人，其中领取基础养老金人数达578万人。2010年新增被征地农民基本实现“先保后征”。全省累计筹集保障资金586亿元，有422万名被征地农民纳入社会保障，其中349万名参加了基本生活保障，179万名已按月领取基本生活保障金或基本养老金，比2005年分别增加242万人、194万人和111万人；为逐步提高老年人生活待遇标准，2010年按月人均150元标准调整企业退休人员基本养老金，月人均养老金水平达1595元，继续位居全国前列。机关、企事业单位离休人员收入水平做到大体相当，单位精减退职人员、计划外长期临时工、职工供养直系亲属三类人员的生活困难补助标准同步提高。复退军人养老优待制度基本建立，全省约有12.5万名复退军人领取城乡居民养老金，平均水平比基础养老金高出近一倍。机关企事业单位建国前老工人待遇偏低问题已解决到位。农村部分计划生育奖励扶助金1.69亿元，按时足额发放到20.16万老年群众，农村计生家庭优先优惠参加城乡居民社会养老保险制度逐步建立。

【医疗保障工作】截至到2010年底，全省城镇基本医疗保险总参保人数1874万人，参保率92%，"十一五"期间净增702万人；所有统筹地区均建立医疗保险门诊统筹制度，城镇居民基本医保统筹地区住院政策内的报销比例达到60%，所有城镇职工基本医保统筹地区住院政策范围内报销比例超过70%。巩固和完善新型农村合作医疗，新农合覆盖面逐步提高，至2010年底，全省参合人数2969.5万人，参合率达92.3%以上，人均筹资水平达到246.3元，同比2005年增加188.3元，最高支付限额达到全国农民人均纯收入6倍以上。新农合政策范围内住院补偿率达到43.96%，门诊补偿率达23.2%。基本解决关闭破产国有企业退休职工医疗保障问题，全省13.8万相关人员，已有13.7万人参加城镇职工基本医疗保险。

【社会救助工作】至2010年底，全省在册低保对象70万人，其中有23.18万老年人。城乡低保救助标准分别为每人每月376.7元、245.2元，同比2005年分别增长69.2%和86.3%。并不断巩固农村五保集中供养长效机制，至2010年底，全省有五保对象4.3万人，集中供养率96.9%，集中供养对象年人均供养资金6870元，占上年度农民人均纯收入的68.7%；截止2010年底，全省有81个县（市、区）已实现即时救助，共安排医疗救助资金6.03亿元，支出6.15亿元，医疗救助筹资额和支出额分别为2005年的2.1和7.3倍。当年救助困难群众58.97万人次,资助农村五保、低保老人、残疾老人等困难群众参加新农合和城镇居民基本医疗保险105.74万人。

【老年优待工作】2010年全省各级组织推动老年优待政策的落实。进一步提高了百岁老人长寿保健补助金标准，每人每月补助标准由原来不低于200元提高到不低于300元，全省有1234名百岁老人受益。扩大乘车优待范围和力度，完善风景名胜区、公园对老年人的门票优待措施，并积极推进老年人减免门票同城待遇，鼓励各旅游景区景点对外地老年人实行同等优待。继续安排省级福利彩票公益金为困难老人开展"送光明"活动，资助困难群众白内障患者免费施行复明手术，五年累计有约9000名困难老年人受益。同时配合全国"百万贫困白内障患者复明"工程，2010年全国和省级下拨资金完成手术8689例，其中多数为贫困老年人。

【发展养老服务业】2010年，全省新建市、县级养老服务指导中心40个、乡镇（街道）服务中心337个。共建成市、县级养老服务指导中心100个、乡镇（街道）服务中心947个；并加大养老机构建设和扶持力度，2010年我省被国家发改委、民政部列入基本养老服务体系建设试点省，争取试点经费2000万元，扶持13个养老服务项目建设；省级财政补助资金1239万元，补助社会办养老机构81个，补助床位8537张。各级投入资金6亿多元，新增养老机构床位1.51万张。现共有各类养老床位数18.9万张，占老年人总数的2.4%，每百名老年人拥有床位数同比2005年增加0.9张。并加大居家养老服务经费投入，2010年，各级共投入居家养老服务站建设经费1.85亿元，居家养老服务政府补贴总额达5319.73万元。省福彩公益金安排5000万元资助城市居家养老服务站和农村"星光老年之家"建设，省财政拨付320.6万元补助138个社区完善老年人生活照料服务网络建设。目前，全省共建有居家养老服务（指导）中心1047个，居家养老服务站4010个，"星光老年之家"13492个；日间照料机构、托老所5157个，日间照料及托老床位9232张，有专职护理人员4120名；老年食堂651个，为20多万名老年人提供配送餐服务。同时建立居家养老志愿者服务队伍8102支，参与志愿者19.47万人。据统计，由政府补贴享受居家养老服务的老年人达5.58万人，居家养老服务覆盖的老年人数达到169.09万人。

【老年维权工作】全省认真实施司法行政工作服务保障民生五年行动计划（2008—2012），组织、引导律师和基层法律服务工作者开展法律为老服务。三年来，各级公证机构、律师和基层法律服务工作者为老年人上门办证11412件；减免公证收费500余万元；办理遗赠扶养协议公证1421件；赡养协议公证1580件；办理遗嘱公证18579件；办理涉老民商事案件近3000件；为孤寡、残疾和生活困难的老年人提供公证法律援助3663件，提供法律咨询3万多人次。同时适当减收或免收法律服务费用，截至到2010年底，全省各级已建老年法律援助中心（站）287个，各类老年维权机构3400个，从事老年人维权工作的专兼职工作人员6629人。各级老龄工作机构和基层老年组织收到涉老群众来信3425件，得到妥善处理的3270件，占总数的95.48%；接待涉老来访26775人次，反映问题得到妥善解决的25807人次，占总数的96.39%。各级人民法院按照涉老案件“三优先”的原则，受理涉老案件1935起，审结1797起，占受理案件的92.87%；执行801起，占审结案件的44.57%。

【老年文化教育体育工作】省财政安排老年活动设施建设补助资金400万元，扶持欠发达地区老年活动中心建设。截至到2010年底，全省共有各类老年活动中心（室）3.45万个，总建筑面积673.07万平方米；有80.11%的县、70.72%的乡镇（街道）和98.81%的村（社区）建立老年活动中心（室），老年文化活动设施得到较大改善。并持续广泛开展老年文化活动，如开展省第十届老年文化艺术周活动。全省现有各类老年文艺团队1.27万个，参加活动的老年人达35.33万人，分别比2005年增加7500支和20余万人；截至到2010年底，全省建有老年大学144所，老年学校1995所，老年电大分校及教学点9387个（所），在校学员分别达到13.14万、16.12万和76.77万人，在校学员人数分别比2005年增加3.92万、0.49万和51.18万人。同时，老年体育活动也日趋活跃，2010年，省级投入8000多万元建成了3个省级全民健身中心、7个乡镇（街道）全民健身中心和24个中心村全民健身广场，国家和省级体彩公益金投入30万元在全省建设了15块老年门球场，改善了老年人体育健身条件。全省共有老年体协1.68万个，参加人数233.98万人，分别比2005年增加7105个和112.61万人；有老年体育团队2.34万个，参加人数93.92万人，分别比2005年增加1.65万个和56.89万人。2010年，经常参加体育活动的老年人达479.52万人，占老年人总数的60%以上。

江西省

召开江西省老龄委第七次全体会议

召开全省居家养老服务试点工作现场会

综　　述

2010年，是我省经济社会发展取得显著成就的一年，也是老龄工作不断加强的一年。一年来，省老龄委各成员单位和各地老龄委，紧紧围绕省委、省政府的决策部署，认真贯彻省老龄委第七次全体会议精神，在推动社会养老服务，加强农村老龄工作，落实老年优待政策，维护老年人合法权益，营造社会敬老氛围等方面取得了明显成效，为促进我省科学发展、进位赶超、绿色崛起作出了积极贡献。

一、老龄政策法规建设有效推进

各设区市、省老龄委成员单位对本地、本部门执行《江西省老龄事业发展“十一五”规划》的情况进行了检查评估。赣州市、景德镇市联合市人大内司委组织了《老年法》执法调研，市人大常委会专门听取了情况汇报。9月份，全国老龄委检查组来赣检查，对我省“十一五”期间老龄事业发展情况给予了充分肯定。7月20日，省政府下发《关于加快养老事业发展的若干意见》，明确了养老服务事业发展的指导思想、目标任务和政策措施，提出到2020年，全省基本构建起以居家养老为基础、社区服务为依托、机构养老为支撑的基本养老服务体系，每千名老人拥有养老床位数高于全国平均水平，逐步实现社会福利由“补缺型”向“适度普惠型”转变。《意见》决定从2011年起，将加快养老服务事业列入各级政府民生工程，由相关部门明确量化具体指标，实行目标管理责任制。同时对非盈利性养老服务机构发展规定了一系列扶持政策。8月21日，省民政厅、省老龄办联合下发《江西省居家养老服务实施细则》，有效地推进了全省居家养老工作开展。

二、养老服务体系建设步伐加快

在中央和省专项资金支持下，全年新建和改扩建敬老院150多所，使“三院”硬件设施和服务功能不断完善，全省有22所敬老院被民政部评为“模范敬老院”。全省现有民办养老机构129家，拥有床位数1.1万张，为缓解养老服务供求矛盾发挥了积极作用。我省被列入第二批全国社会养老服务体系建设试点省份，投入资金17126万元，启动建设4个养老机构、20个居家养老服务中心（日间照料）项目。省政府《关于加快养老服务事业发展的若干意见》，对公办、民办养老机构和居家养老服务站点建设和运营，制定了一系列财政补贴、税费减免、优先保障用地、水电气费用优惠等扶持政策。吉安市政府、宜春市政府制定了《关于加快发展养老服务事业的实施意见》，进一步细化了扶持政策内容。省民政厅、省老龄办下发的《关于在全省开展居家养老服务试点工作的意见》，全省各级共安排资金近3000万元，启动了148个居家养老服务试点建设，省老龄办重点抓了南昌市东湖、西湖、青云谱3个城区的试点。为解决服务场所不足的问题，各地充分挖掘和整合社会资源。有的将社区旧厂房、校舍等闲置资源改（扩）建成居家养老服务站点，有的采取“调换、租赁、划拨、购买”场所的方式搭建服务平台，开展居家养老服务。为使服务工作做得及时、快捷、高效，有的地方还积极引进科技手段，建立了“一键通”等信息呼叫服务系统。在居家养老服务队伍建设上，各地采取政府购买公益性岗位、选聘“4050”下岗失业人员担任养老护理员、动员社会力量等多种措施，保持社区有一支相对稳定的专业和志愿者相结合的为老服务队伍。为规范服务行为、提高服务质量，各地建立了服务对象评估、质量考核和日常工作管理等一系列规章制度，并把送餐配餐、卫生保洁、看病陪护作为一项基本服务内容。10月份，省政府在南昌市召开了全省居家养老服务试点工作现场会，总结推广了试点经验，熊盛文副省长作了重要讲话，全国老龄办常务副主任陈传书到会指导，对我省居家养老服务试点工作给予了充分肯定。

三、农村老龄工作不断加强

按照五条建设标准，在全省133个农村老年人协会开展了规范化建设试点工作。省老龄办争取省财政资金200万元，为试点协会配送了电视机、DVD、乒乓球桌、书柜、锣鼓、棋牌等活动器材13433件。为保证老年人协会有活动经费来源，新余市探索签订转让协议的形式将集体所有的山林、水面等，无偿转让给老年人协会，由老年人协会进行自主管理、自主经营。乐平市塔瑞村采取“三个一点”（政府投一点，社会集一点，村民出一点）筹资72.5万元，兴建了老年人文化活动中心和教育培训中心，为开展农村老龄服务创造了条件。针对农村有的子女推脱赡养老年人的现象，各地通过农村基层组织或老年人协会，对发生养老纠纷的家庭，依照当地的经济发展水平和村民收入情况，组织开展了《家庭赡养协议书》签订工作，还请县公证处免费公证，使协议具有法律效力，确保了农村老年人“老有所养”。人保、民政、卫生等部门在推进新型农村社会养老保险、农村最低生活保障、新型农村合作医疗等制度建设中，重视对贫困老年人实行政策倾斜和社会救助。财政、卫生、妇联等部门对农村妇女实施“两癌”（乳腺癌、宫颈癌）检查，使许多农村老年贫困妇女从中受益。针对农村失能、留守、空巢老人生活上存在的困难，赣州市章贡区和于都、上犹、宁都等县把居家养老服务工作从城市延伸到农村，充分利用农村老年活动场所等现有资源，开展日托、送餐服务，深受老年人的欢迎。

四、“银龄行动”活动深入开展

各地积极组织专家、学者为鄱阳湖生态经济区建设开展调查研究，建言献策。安福县老科技工作者李宗顺撰写的《贯彻落实科学发展观，确保造林绿化“一大四小”工程建设取得实效》的建议，省委苏荣书记批示：“这是一位非常内行的专家，是一位事业心非常强的林业工作者。‘看法和意见’科学、适用。对其付出的辛勤劳动表示感谢。”据统计，全省各级老科协共创办或参与创办的的农业科技示范基地1092个、农村科技咨询服务部1127个，举办农业实用技术培训1817期。406个农林、工交、科教文卫等实体，实现经营收入 6.5 亿元，为社会提供就业岗位 15264 个，上缴利税 6001.8 万元，成为帮扶农民创业增收的有效载体。全省各地重视发挥老教授、老教师、老教育工作者的知识优势，组织科普讲师团深入到乡（镇）、社区和中小学校开展科普报告会或科普专题讨论等活动，为提高群众科技素质作出了积极贡献。

五、敬老社会氛围日趋浓厚

全省各地和有关部门加大了老龄工作宣传力度，省电视台播发涉老工作新闻 500 余条，省广播电台报道老龄工作信息 100 余条，全省老龄系统在省部级报刊用稿 200 多篇，通过在广播电视开辟专栏、专题、系列报道等多种形式，宣传老龄工作法律法规、方针政策和敬老先进典型，进一步增强了社会公众的老龄意识和敬老意识。文化、体育部门坚持把博物馆、纪念馆、文化馆和基层文化体育等活动场所，免费向老年人开放。全省新建和改扩建 651 个乡镇综合文化站，为满足基层老年人的精神文化需求发挥了重要作用。许多医院、车站为老年人设立了服务窗口，公交车为老年人设立了专座，住房和城乡建设部门加强了无障碍设施的建设和检查，中小学校重视了敬老道德教育，公交车上青少年为老年人让座蔚然成风，共青团组织发动社会青年、在校学生到养老机构为老年人做好事。各地重视抓典型、树典型，用典型推动工作。重阳节期间，省老龄办组织了江西省“十大孝子”和“十大敬老模范”评选活动，通过基层推荐、社会投票、专家评选和省老龄委批准，评选出赣州市教育局局长刘卫东等 10 名同志为江西省“十大孝子”、南昌市青山湖区塘山镇党支部书记胡叔秋等 10 名同志为江西省“十大敬老模范”，省老龄委在南昌市“八一”广场召开了隆重的表彰大会。4 月，省老龄委通报表彰了 40 个全省老龄工作先进单位，60 名全省老龄工作先进个人。其中有 13 个先进单位、18 名先进个人受到全国老龄委的表彰。在全国敬老、爱老、助老组委会开展的评比表彰活动中，我省有 117 名同志被评为“中华孝亲敬老之星”，江西富佳置业有限公司总经理肖祥晋和南昌钮扣厂工人成水英获中华孝亲敬老楷模提名奖。

重要会议和活动

【省老龄委第七次全体会议】3 月 24 日，省老龄委在南昌召开第七次全体会议，省老龄委成员单位联络员和各设区市老龄办负责人列席会议。省民政厅长、省老龄委副主任徐毅同志代表省老龄委作了《关于 2009 年全省老龄工作情况和 2010 年工作安排意见》的报告。省发改委、省人力资源社会保障厅、省财政厅、省体育局的负责同志在会上分别介绍了本部门、本系统开展老龄工作的有关情况。副省长、省老龄委主任熊盛文主持会议并作了重要讲话。

【全省基本养老服务体系建设试点工作电视电话会议】8 月 30 日上午，全省基本养老服务体系建设试点工作电视电话会议在南昌召开。会议的主要任务是，贯彻落实全国基本养老服务体系建设试点工作会议和省政府《关于加快养老事业发展的若干意见》精神，研究部署全省基本养老服务体系建设试点工作。熊盛文副省长出席会议并作了重要讲话。

【全省居家养老服务试点工作现场会】10 月 24 日，省政府在南昌市召开全省居家养老服务试点工作现场会。副省长、省老龄委主任熊盛文，民政部党组成员、全国老龄办常务副主任陈传书出席会议并作重要讲话，省民政厅厅长、省老龄委副主任徐毅做工作报告。与会代表实地参观了南昌市东湖区、西湖区、青云谱区的居家养老服务中心，南昌市东湖区、西湖区、青云谱区、吉安市遂川县、上饶市信州区等县（区）政府和抚州市老龄办等 6 个单位在会上作了经验介绍。

【开展居家养老服务试点工作情况调研】3 月 1 日至 4 日，省老龄办与省政府秘书三处组成调研组，到吉安市吉州区、遂川县，宜春市袁州区、高安市，九江市开发区等地开展了居家养老服务试点工作情况调研。3 月 18 日，副省长、省老龄委主任熊盛文在调研组呈送的《积极应对人口老龄化挑战 加快推进居家养老服务发展》调研报告上做出重要批示：“加快养老体系发展，是应对人口老龄化的重要措施，社区养老服务又是其中重要的内容，要积极筹划，加快推进，争取取得较好的成绩。”调研报告以省政府办公厅《参阅文件》〔2010〕11 号印发全省。

【开展江西省“十大孝子”和“十大敬老模范”评选活动】4 月份，省老龄办按照省老龄委第七次全体会议部署，在全省组织开展了“十大孝子”“十大敬老模范”评选表彰活动。根据评选条件，通过自下而上的申报推荐、社会公开投票、专家学者评选、省老龄委审定等方法步骤，评选出刘卫东、陈军、刘金连、胡五英、陈兰英、陈国富、蒋英勘、张克忠、刘发英、成水英“十大孝子”和胡叔秋、黄花娇、肖祥晋、方联淦、梁国启、陈伟进、饶日荣、林兴英、罗建国、郭荣峰“十大敬老模范”。10 月 16 日，省老龄委在南昌市八一广场隆重召开江西省“十大孝子”和“十大敬老模范”表彰暨“江西老年节”庆祝大会，有关领导向“十大孝子”、“十大敬老模范”颁发荣誉证书和慰问金。副省长、省老龄委主任熊盛文出席大会并讲话。

【全省开展“敬老月”活动】重阳节是《江西省实施<老年人权益保障法>办法》规定的“江西老年节”，各地按照省老龄委《关于组织开展“敬老月”活动的通知》要求，广泛开展了以走访慰问、志愿服务、法律咨询等为主要内容的敬老活动，发动青少年到福利院、敬老院、光荣院、老年公寓和老年人家中，为老年人办实事、做好事、献爱心。宜春市为老年人开展了法律咨询、医疗保健等服务活动；南昌市举办了第二届老年风采展示活动；吉安市组织了农村空巢老人逛新城、看变化活动；抚州市组织万人庆祝重阳节游园活动；景德镇市举办了老年登山、钓鱼比赛活动；九江市举办了第六届老年艺术节；萍乡市举办了“夕阳红”文艺晚会；上饶市组织了离退休老干部文艺汇演；新余市举办了老年书画艺术展和钓鱼比赛活动。通过开展不同形式的敬老活动，丰富了老年人的精神文化生活，使老年人切身感受到党和政府的关怀和温暖。

各项业务进展

【养老保障工作】2010年，全省城镇基本养老保险参保人数609万人，其中离退休人员143.8万人。省财政、人保部门调整了企业退休养老金标准，月人均增加147元，调整后的基本养老金月人均达到1170元。全省新农保第一批11个试点县（区）参保人数229.7万人，参保率达86.02%，其中参保缴费人员183.96万人，收缴养老保险费2.75亿元，有45.74万人领取了养老金，全年发放养老金3.144亿元。民政部门进一步提高了老复员军人的生活补助标准，安排福利彩票公益金7480万元，资助建设社会福利中心3所、“三院”201所、居家养老服务站30个。农村“五保”集中供养率达到81.8%，居全国前列。人口计生部门积极推动计划生育家庭养老支持政策的完善和落实。

【医疗保障工作】2010年，全省城镇职工基本医疗保险参保人数达到531.82万人，其中退休人员166.3万人。城镇居民基本医疗保险参保人数达到772.9万人，其中低收入老年人参保22.6万人。全省各级财政共支出资金17.98亿元，将12514家、169.66万名关闭破产改制和困难农林水、大集体、农垦企事业职工纳入医疗保险补助范围，其中补助退休人员109.15万人。为减轻参保老年人医药费用负担，全省降低了城镇居民基本医疗保险起付标准，城镇职工起付平均降至350元～450元，报销水平平均提高5个百分点，乙类药品报销比例平均提高5个百分点。全省参加新型农村合作医疗的农民2010年增加76万人，共计3144.9万人参保，参合率达96.62%。卫生部门将老年人保健服务纳入了国家基本公共卫生服务项目范围，全省城市社区卫生服务机构共为老年人建立健康档案22.9万份，为52.4万名老年人提供了免费健康体检。

【居家养老服务】省民政厅、省老龄办联合成立了居家养老服务试点工作领导小组，各设区市和县（市、区）也相应成立了由政府分管领导或民政局、老龄办主要领导为组长的居家养老服务试点工作领导小组，并把试点工作列入了年度工作目标管理考评内容，落实了责任。8月21日，省民政厅、省老龄办联合下发《江西省居家养老服务实施细则》，明确开展居家养老服务的原则、服务中心（站）建设基本条件、服务内容和方式以及评估考核等。省老龄办集中力量抓了南昌市东湖、西湖、青云谱三个城区的试点建设，并安排省福利彩票公益金380万元用于对试点单位“以奖代补”。全省共启动了148个不同层次的站点建设，积极开展以配餐送餐、卫生保洁、看病陪护为主要内容的居家养老服务。10月份，省政府召开的全省居家养老服务试点工作现场会，徐毅厅长总结了6条基本经验，熊盛文副省长和全国老龄办常务副主任陈传书同志作了重要讲话，对试点工作给予了充分肯定。南昌市居家养老服务作为全省民政系统唯一的创新奖受到省厅表彰。

【农村老年人协会规范化建设】按照“设施完善、制度健全、班子得力、经费落实、作用明显”五条规范化建设标准，省财政安排扶助资金200万元，省老龄办采取统一采购，统一配送的方式，为全省133个农村老年人协会规范化建设示范点，配送了133台彩电、266台DVD和音响、133台乒乓球桌、2660套腰鼓和133套锣鼓以及办公桌椅、书柜、麻将桌等老年人学习、活动器材。村老年人协会规范化建设试点的硬件设施有了明显改善。

【老年维权工作】全省各地在加强《中华人民共和国老年人权益保障法》、《江西省实施〈中华人民共和国老年人权益保障法〉办法》宣传教育的同时，建立健全了老年法律援助机构。据统计，全省有92%的乡镇（街道）设立了法律援助工作站，86%的村（居）委会设立了法律援助联系点（联络员）。各级法院对“涉老”案件坚持优先立案、优先审理。司法部门对老年人积极提供法律援助。据统计，全省法律援助机构及工作站点共接待老年人来信来访、解答法律咨询27391人次，办理涉老法律援助案件2585件，受援老年人2628人次。妇联组织充分发挥妇女维权合议庭、投诉站、法律援助工作站的作用，全省11个设区市均建立了妇女维权公益服务12338热线，使老年妇女得到有效快捷的服务。工会组织积极拓展帮扶范围,共为老年人提供各种咨询服务14810人次，法律援助300余人，救助困难离退休人员1.1万余人。

【老年人优待工作】全省各地认真落实60周岁以上老年人免费参观各类科技馆、博物馆、纪念馆等公益性文化设施，70周岁以上老年人免费乘坐当地市内公交车等老年优待政策。从重阳节开始，全省提高了百岁老人长寿补贴标准，赣州市、新余市在全省率先建立了高龄津贴制度。新余市区分领取退休工资和没有退休工资两种情况，对年满80周岁以上老年人分类进行高龄津贴。赣州市将高龄老人补贴年龄由85岁降为80周岁。一年来，全省共发放《江西省老年人优待证》15万多本。

【老年教育工作】全省现有老年大学634所，学员总数3.2万多人。教育内容涉及政策法规、书法绘画、音乐摄影、舞蹈健身等方面。在老年教育活动中，各级文化教育部门充分发挥职能作用，定期或不定期地组织专家学者、业务骨干为老年大学学员授课，指导文化艺术创作。

福建省

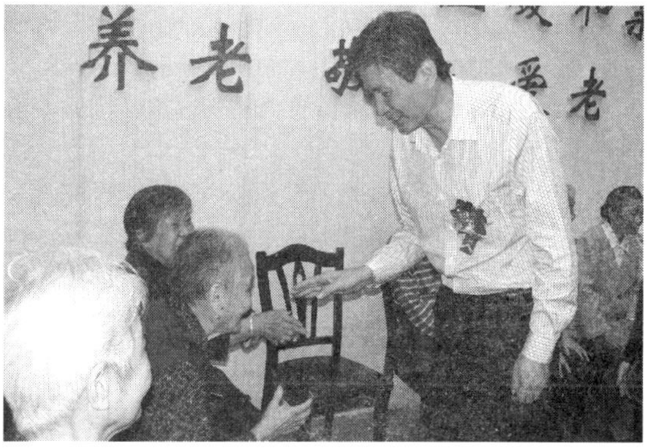

洪捷序副省长（右）在福州河南杨桥新村看望空巢老人

省老龄办常务副主任林守钦（左四）在福州开元社区与居家养老服务站里的老人亲切交谈

综　　述

2010年全省老龄工作在福建省委、省政府的坚强领导和全国老龄办的指导下，深入贯彻落实科学发展观，按照省老龄委第十次全体会议的部署要求，以开展创先争优为动力，进一步拓宽老龄工作思路，以关键问题的突破带动工作的整体推进，各项老龄工作都取得新的进展和明显成效。

一、以推动老龄事业科学发展为主线，全面落实“十一五”规划和组织编制“十二五”规划

全省各级各部门按照科学发展观的要求，立足当前，着眼长远，着力完成老龄事业发展“十一五”目标任务，并在深入调研的基础上，精心谋划“十二五”老龄工作，持续推动老龄事业与海西经济社会协调发展。一是大力推动老龄事业发展“十一五”目标任务的完成。采取措施，组织实施福建省老龄事业发展“十一五”规划，完成“十一五”规划确定的各项任务指标。在2010年省老龄委第十次全体会议和设区市老龄办负责人会议上，对全面完成规划任务进行具体安排，并组织人员深入各地开展调研督导，对“十一五”规划的执行情况进行总结评估。5月下旬，全国政协委员刘玉明、全国老龄办副主任阎青春带领的全国老龄事业发展“十一五”规划检查评估组来福建省进行检查评估，对五年来福建省各项老龄工作给予充分肯定。“十一五”期间，全省各项老龄工作稳步推进，老龄事业取得新发展，较好地完成了“十一五”规划的目标任务。二是组织编制老龄事业发展“十二五”规划。省老龄委高度重视规划的编制工作，省委常委、副省长、省老龄委主任陈桦在省老龄委第十次全体会议上进行了专题动员和部署，并将组织编制《福建省老龄事业发展“十二五”规划》列入老龄工作的一项重要内容。为做好这项工作，成立了规划编制起草小组，由省老龄办牵头负责规划编制的组织、联络和协调，同时印发了《福建省老龄事业发展“十二五”规划编制和调研工作方案》，对编制的总体要求、基本原则、工作程序、规划的内容框架及职责分工、进度安排等做具体而明确的规定。在省直各单位的积极配合下，规划编制的各项工作正按进度有条不紊地进行。7月份召开了部分成员单位联络员会议，认真研究讨论老龄事业发展“十二五”规划的编制工作，进一步明确任务分工和工作要求。《规划》形成征求意见稿后，多次印发各成员单位和各设区市征求意见、收集建议。

二、以完善老年社会保障为内容，全力推进老有所养、老有所医

各地各部门坚持从保障和改善老年民生的高度，持续推动覆盖城乡社会保障体系建设，完善相关制度，努力扩大保障覆盖面，逐步提升老年人社会保障水平。一是基本养老保险制度更趋完善。城镇基本养老保险省级统筹体制进一步巩固，参保人数达635万人。全省93.33万名企业退休人员月人均养老金达1280元。对无力参加基本养老保险的县及以上集体所有制企业退休人员发放老年生活保障金，省级财政根据各地财力情况给予分档补助。厦门市从2010年7月起正式施行《城乡居民养老保险暂行办法》，使基本养老保险制度进一步覆盖到全体城乡居民，成为全省首个实现居民养老保险城乡全覆盖的城市。二是新型农村社会养老保险试点进一步扩大。全省试点县(市、区)达33个，制度覆盖面达到40%。龙岩市和厦门市全面推行新农保，实现全体农民参保全覆盖。三是城镇基本医疗保障制度不断深化。9个设区市全面实施医疗保险市级统筹，全省城镇基本医保参保人数达1226.25万人。通过提高财政补助标准、提高封顶线，降低起付线、降低自负比例等办法，切实提高了基本医疗保障水平。参加医保城镇职工和城镇居民住院统筹基金支付比例分别达到75%和50%，医疗保险最高支付限额分别达到当地在岗职工平均工资、居民人均可支配收入的6倍。积极开展9.19万名企业退休人员参保的省级财政资金补助工作。完成困难国有、城镇集体企业认定，新增参保人数10.26万人。四是新型农村合作医疗制度稳步推进。全省有农业人口的80个县（市、区、管委会）全部建立新农合制度，参合人数达到2404万人，参合率达98.15%，提前一年完成国务院确定的“实现新农合制度全面覆盖”的目标。筹资水平提高到每人每年150元，住院补偿比例乡级达到80%、县级60%、县级以上（含县外）40%。五是基本公共卫生服务水平得到提升。省卫生厅组织开展“社区医生进家庭”和“社区卫生服务机构管理年”活动，推动社区卫生服务规范化。确定老年性白内障等3个病种实行单病种限价，全省共有27家医院作为试点单位。此外，城乡低保等社会救助深入实施，全省享受最低生活保障的老年人达29万人。省民宗厅、人力资源保障厅、财政厅、民政厅、卫生厅出台了《关于贯彻〈关于妥善解决宗教教职人员社会保障问题的意见〉的实施办法》，将宗教教职人员纳入当地社会保障覆盖范围，解决宗教教职人员的低保、五保供养等问题。省人口计生委认真落实农村计划生育家庭奖励扶助，农村独生子女户和二女户家庭的养老问题逐步解决。

三、以推进居家养老服务为基础，加快构建养老服务体系

各地各部门把构建养老服务体系作为积极应对人口老龄化挑战的重要举措，加大力度，加快进度，初步构建以居家养老为基础、社区服务为依托、机构养老为补充的养老服务体系。一是居家养老服务有效推进。全省500个社区居家养老服务中心（站）建设任务提前完成，共整合老年人活动中心（室）744个、老年学校521所、社区卫生服务（中心）站529个、日间照料室402个，建立了专兼职助老服务队伍1025支、9260人，志愿者（义工）队伍1302支、26617人，辖区有近23万老年人享受到居家养老服务。同时，为配合推进居家养老服务，进一步加强为老服务队伍建设，省妇联牵头成立了福建省家政服务行业协会，制定《福建省家政行业公约》、《福建省家政服务标准》，推动全省家政服务行业持续健康发展。省住建厅出台了《关于城市既有住宅增设电梯的指导意见》，省政府机关事务管理局、省财政厅出台《关于省直单位房改房、经济适用住房加装电梯的实施方案》，方便社区老年人居家养老出行活动。二是养老机构建设进展顺利。全省新建百所农村敬老院和开工建设10个县级社会福利中心，省级从福彩公益金中分别安排6000万元、2000万元补助。省民政厅认真落实民办养老机构扶持优惠政策，及时下拨补助资金，对符合条件的民办养老机构给予床位运营补助。

继续推进“爱心护理工程”，省老龄事业发展基金会在龙岩市举行了首期试点单位护理业务培训班，29家试点单位的55位护理业务骨干参加培训。截至到2010年底，全省各类养老服务机构达1138家（其中民办机构148个），床位数达6.3万张，老年人床位拥有率达到14.9‰。

四、以落实老年优待为抓手，继续加强老年维权工作

各地各部门积极主动作为，加强统筹协调，强化落实措施，促进老年维权工作，进一步维护老年人的合法权益。一是老年优待工作取得新进展。积极推动各地探索建立高龄补贴制度。莆田市、厦门市集美区和翔安区、上杭县、泉州市鲤城区先后建立了高龄补贴（津贴）制度，所需经费列入当地财政预算。全省有2553个村（居）开展了老年人固定生活补贴，有45.06万老年人每月得到50元～400元不等的固定生活补贴。老年人凭老年优待证免费乘坐公交车优待得到落实。继去年初全省9个设区市全面落实70周岁以上老年人凭证免费乘坐市区公交车规定后，老年人免费乘车优待继续向县（市）延伸，已有16个县（市）得到落实。老年人的就医就诊优待在各级卫生医疗机构得到了较好落实。二是“夕阳幸福工程，法律援助在行动”主题活动有序开展。按照全国老龄办的部署要求，积极组织开展“夕阳幸福工程，法律援助在行动”活动，密切关注老年人权益保障方面的重点问题，坚决杜绝虐待、遗弃老年人等恶性侵权事件和养老机构的安全事故，确保老年人的合法权益不受侵犯。大力推进老年维权组织建设，建立完善老年维权工作机制，积极支持老年法律援助中心、老年维权服务中心等老年维权服务机构开展工作。三明市各县（市、区）成立了老年法律救助站，为老年人提供法律救助；漳州市老龄办积极配合市法律援助中心、消委会等有关部门开展活动，维护老年人的合法权益。三是老年维权工作继续加强。坚持不懈地宣传贯彻“一法一例”。各级老龄部门组织开展形式多样的法律讲座、知识竞赛，使广大老年人知法、懂法、守法，用法律的武器保护自己的合法权益。莆田市老龄委、市司法局在城区联合举办“老年法律法规宣传咨询活动”，当场为老年人答疑解惑，发放《莆田市农村法律服务工作指南》、《释法案例汇编》等宣传材料1500多份。做好老年人法律援助和法律服务工作，司法部门对涉老案件实行“四优先”，依法落实老年人的各项合法权益，促进了老年人权益保障状况的改善。

五、以开展“敬老月”活动为平台，着力营造浓厚尊老爱老氛围

在“老年节”期间，组织开展以“关爱老人，构建和谐”为主题的首个“敬老月”活动。各地各部门以此为契机，大力推动“敬老月”系列活动的深入开展，营造了浓厚尊老爱老助老社会氛围。一是开展走访慰问活动。省委书记孙春兰，省长黄小晶，省委常委、副省长、省老龄委主任陈桦等省领导高度重视老干部工作和老龄工作，看望慰问老干部、老年人。省政府安排专款，慰问部分基层村（居）老年协会、民办养老机构和困难老人，给全省1180名百岁老人发放每人500元慰问金。省直部门和各地以及社会各界以不同形式开展走访慰问老年人活动。据不完全统计，“敬老月”期间，全省累计走访慰问老年人约53万人次，发放慰问金3000多万元。二是举行庆祝等相关活动。在福州举行福建省“敬老月”活动启动仪式，陈桦副省长、省政协叶家松副主席和省直有关单位领导出席了启动仪式。省直机关工委、省公安厅、卫生厅、文化厅等部门制定“敬老月”活动方案，组织开展系列评选表彰、文艺表演、座谈会、祝寿会等活动，大力弘扬敬老、爱老、助老的传统美德。厦门市委、市政府举行“庆祝第23个老年节暨第五届十佳敬老模范家庭表彰大会”，泉州市举办“关爱老人共建和谐”巡回慰问演出活动等。三是落实各项惠老政策。在“敬老月”期间，各地各部门将贯彻落实老年法律法规和优待政策的情况进行检查，督促协调相关政策的落实。认真组织开展各类为老志愿服务，团省委在全省范围实施“青年志愿者金晖行动”并在“敬老月”启动仪式上向全省青少年发出敬老倡仪。省妇联开展“情暖金秋”巾帼志愿者关爱老人服务活动，全省拥有2611支巾帼志愿者服务队伍参与助老志愿服务。四是营造强劲的舆论声势。充分发挥电视、报纸、广播等新闻媒体的作用，通过开辟专栏、专版、专题节目等形式，倾力组织“敬老月”系列活动宣传报道。《福建日报》在“关注民生 情系老龄”专栏上刊发老龄方面文章8篇，并在老年节当天刊发了省老龄委《致全省老年人的慰问信》。福建电视台公共频道《金秋》栏目开设敬老专题，播出专题节目11期。《福建老年报》设置敬老专版，刊登专版报道5版。同时，各级通过宣传专栏、张贴标语、悬挂横幅、印发宣传材料等形式，营造敬老、爱老、助老的舆论氛围。

六、以开展文体活动为切入点，持续拓展老年社会参与

各部门坚持从老年人乐于参与的老年文体活动入手，采取措施，创造条件，多形式、多渠道引导老年人融入社会，参与社会，实现价值。一是成功举办福建省第八届老年人健身大会。在省体育局、省老体协等积极组织筹备下，省第八届老年人体育健身大会在莆田隆重举行，全省17个代表团及特邀台湾旅台同乡总会代表团共1400多名老年队员，参加11个大项的展示交流活动，进一步推动了全省老年体育广泛深入开展。二是积极参加第二届中国老年文化艺术节活动，推荐参演比赛交流的节目（作品）共获各类奖项15个。三是积极推动闽台老年文化体育等交流。省老体协应台湾省体育会邀请于去年3月份组团赴台参观访问，先后拜访了台湾省、高雄市、台东县、桃园等地的体育会、老人会联合会等，加强了闽台老年文体的交流和互动。省公务员局、省人力资源开发办公室组织老年艺术团于6月赴台参加南阳义学“义学庆十年，感恩满两岸”庆典及文化交流活动，增进了彼此沟通与友谊，还就进一步拓展两岸退休人员交流合作问题达成初步意向。省老龄事业发展基金会组织老龄系统和部分学者于11月份赴台湾参访养老服务机构并与台湾长期照料护理机构等开展研讨交流。四是重视加强老年教育。省委组织部、老干部局、发展改革委、财政厅制定了《关于扶持县级离退休干部活动学习场所建设的方案》，进一步加大对县（市、区）老干部活动中心和老年大学建设扶持力度。县以上老年大学规范化办学深入推进，乡镇（街道）、村（居）老年学校数量和老年人入学率明显提高。全省已办各级各类老年大学（学校）8759所，在校学员62.5万人，约占全省老年人口总数的14.8%。此外，各部门还积极采取措施，努力为老年人参与社会创造条件。省公务员局、省人力资源开发办公室和省老科协联合征集了33个项目参加第八届中国·海峡成果交易会。省老科协组织退休专家赴基层开展科技扶贫、义诊、送医送药和智力帮扶等活动，省文化厅组织老同志赴南安市梅山镇蓉中村开展文化下乡慰问活动。

七、以抓好基础工作为支撑，不断提升老龄工作水平

各地各部门持续夯实工作基础，强化工作保障，提高履职能力，不断提升老龄工作水平，确保老龄工作取得实效。一是加强老龄宣传，成效明显。省老龄办积极主动协调福建日报报业集团，在《福建日报》上开设“关注民生 情系老龄”专栏，定期宣传我省老龄事业发展的重大进展、惠及老年民生的重大举措、老龄工作先进典型等。组织媒体记者对“敬老月”活动和争创全国老龄工作先进单位和先进个人进行系列宣传报道。办好福建电视台公共频道《金秋》栏目，对《福建老年报》版面进行调整，办好《福建老年网》、《福建省老龄网》、《福建老年》内刊，充分发挥涉老媒体的作用。二是深入开展老龄调研。组织开展了全省基层老龄工作调查、2010年中国城乡老年人口状况追踪调查和居家养老服务工作调研等。三是评选表彰先进典型。做好全国“双先”创建和评选推荐工作，省老体协、福建老年大学等13个单位被评为“全国老龄工作先进单位”，黄小蓉等16名同志被评为“全国老龄工作先进个人”。组织参加第四届全国敬老、爱老、助老主题教育活动，林丹同志被授予“中华孝亲敬老楷模”、汤建端等2位同志获得“中华孝亲敬老楷模”提名奖，陈芬等75位同志获得“全国孝亲敬老之星”，鼓楼区老龄办等4个单位获“全国敬老模范单位”。四是不断提高履职能力。做好协调与服务，建立了老龄工作通报制度，由老龄办及时收集和汇总各成员单位工作进展情况，按季度印发老龄工作通报。继续完善成员单位联络员会议制度和激励表彰机制，充分发挥各成员单位的职能作用，不断完善老龄工作大格局。以开展创先争优活动为契机，进一步加强老龄干部队伍的思想、组织、作风和能力建设，努力打造一支政治强、业务精、作风实、效率高、讲奉献的老龄干部队伍。抓好基层老年群众组织建设，发挥其在推动基层老龄工作中的积极作用。

2010年老龄工作取得的新成效，标志着福建省老龄事业发展“十一五”规划目标任务圆满完成，全省老龄事业又迈上一个新台阶。一是老龄工作大格局已经形成。各级党委、政府把老龄工作摆上议事日程，进一步加强对老龄工作的领导，关心广大老年人。省委、省政府对老龄工作高度重视，省领导多次就老龄事业的发展及老龄工作作出批示或出席涉老相关活动，给老龄工作予极大的关心和支持。各成员单位充分发挥职能部门在老龄工作中的作用，扎扎实实做了大量卓有成效的工作。各级老龄办认真履行参谋助手、综合协调、督促检查的职能。社会各界进一步关注老龄问题、支持老龄工作、推动老龄事业，在每年“两会”上，人大代表、政协委员就老龄方面提出多项建议、提案并呈逐年增多趋势。“十一五”期间，共答复省“两会”建议、提案达40多件。社会力量参与老龄事业的积极性进一步增强，发挥了越来越重要的作用。各类新闻媒体加大宣传力度，营造了良好的社会舆论氛围。二是“六个老有”持续改善。老有所养方面，养老保险制度不断完善，养老保险关系实现跨省、跨市转移接续，离退休人员基本养老金按时足额发放并不断提高水平。相关救助逐步健全，标准逐步提高。以居家养老为基础、社区服务为依托、机构养老为补充的养老服务体系建设稳步推进。“十一五”末全省养老服务机构床位数达6.3万张，是“十五”末1.8万张的3.5倍。老有所医方面，基本医疗保障制度覆盖全省居民，公共卫生服务体系加快建立，启动了包括老年人保健在内的9类基本公共卫生服务项目，社区老年卫生工作得到加强。认真落实老年人就医的各项优惠政策。老有所教、老有所学方面，初步形成了省、市、县、乡镇（街道）、村（居）五级老年教育网络，办学水平不断提高。“十一五”末，全省已办各级各类老年大学（学校）8759所，在校学员62.5万人，比“十五”末增加2966所、18万人。老有所为方面，积极鼓励健康老人在自愿量力的前提下，发挥专长，服务社会。认真开展“银龄行动”、办好“福建银色人才信息网”、建立健全老年群众组织，为老有所为搭建平台。“十一五”末，全省共建立各级关心下一代组织2.4万个，参加的老同志约有35万人。老有所乐方面，组织开展了老年人喜闻乐见的文体活动，第七届、第八届全省老年人体育健身大会和老年人书画诗影联展成功举办，广泛开展老年人体育活动，各类老年活动设施建设得到加强，省老年人体育活动中心建成投入使用，至“十一五”末，全省共有老年人活动中心（站、室）17622个，老年文艺团体270个。三是老年人合法权益得到维护。认真宣传贯彻《老年法》、《福建省老年人保护条例》，将其纳入“五五”普法教育，全社会的老龄意识和法制意识进一步增强。做好老年人法律援助和法律服务工作。认真执行优待老年人的政策规定，通过加强协调、加大投入、开展督查、营造氛围等措施，切实加以推动，老年人的养老服务、医疗保健、生活服务、文化体育、维权服务等优待项目有效落实。各级、各部门努力创造条件，继续加大对高龄、病残、空巢、失能等特殊老年群体的救助和帮扶力度。给百岁老人每月发放200元的长寿营养补贴全面实施，部分地方建立了老年人高龄补贴制度，关爱“空巢老人”志愿服务行动有效开展。省老龄办在有关部门支持下，“十一五”期间，共慰问、救助有特殊生活困难老人约2000多名，向基层老年人赠送轮椅670辆。资助部分县（市、区）基层老年活动场所建设，连续五年向部分基层赠送29吋彩电共450台。以老年节、“敬老月”为契机，层层开展送温暖、献爱心等系列敬老活动。四是政策措施不断加强。省政府先后出台了《福建省老龄事业发展“十一五”规划》、《关于加快发展养老服务机构的意见》、《关于进一步做好老年人优待工作的意见》、《关于推进居家养老服务工作的实施意见》及工作任务分解方案等，有力地推动了全省老龄事业的发展。广泛开展评选表彰活动，逐步建立老龄工作激励机制。积极开展创建全国老龄工作“先进单位”和“先进个人”活动，认真评选推荐第三届、第四届“孝亲敬老之星”和“中华孝亲敬老楷模”，与省人事厅联合开展评选表彰全省老龄工作“先进单位”和“先进工作者”。全省各地广泛开展老龄工作创先评优活动，全省涌现出一大批老龄工作先进集体、先进个人，敬老好儿女、好媳妇。加强与各新闻媒体的沟通联系，通过召开老龄宣传工作座谈会、新闻发布会等形式，推动老龄宣传工作的深入开展。

陕西省

综　　述

【以人为本贴近老年人需求，做好为老服务工作】一是积极推进“爱心护理工程”建设。累计向28家爱心护理工程试点单位注入资金450余万元，扶持养老床位4100余张，直接受益老人上万余名。组织完成“全国爱心护理工程建设示范基地”申报工作（西安市未央区老年福利服务中心、渭南市临渭区老年公寓被批准为全国爱心护理工程建设示范基地）。6月份在西安市召开爱心护理工程建设基地现场会，交流经验，褒扬典型，分析问题，解决困难，通过多种方式的引导、帮扶，有力推动我省社会化养老服务业健康快速发展。二是积极开展高龄贫困老人救助工作，协调会同省民政厅、省慈善协会、省老龄事业发展基金会组织发起有关单位、企业、个人筹集资金近200万元开展“向全省两万名贫困老年人送关心联合慈善大行动”。“敬老月”期间筹集资金由省民政厅、省老龄办全体厅级领导带队赴各地市对高龄贫困老人进行走访慰问，听取老年人的呼声，关注老年人的生活，把党和政府的关怀送到老人手中，这些活动意义深远，得到广大老年人的拥护和全社会的广泛赞誉。三是加强农村老年活动室建设发挥基层老年组织作用。在渭南、安康、商洛、咸阳、榆林进行农村老年活动室试点建设活动，筹集资金22万元对44个农村老年人协会作为省级试点老年活动室进行资助，此项活动有力推动了农村老年活动室的建设，加强了农村老龄工作，推动了农村老龄事业的发展。四是开展形式多样的为老活动。与司法厅、汉唐公证处开展了“老年人免费遗嘱公证活动”，为全省200余名年满70岁的老年人办理了免费遗嘱公证，使这些老年人晚年生活的更加坦然幸福，此次活动社会影响广泛，老年人非常满意。组织开展“夕阳幸福工程·法律援助在行动”，依托法律援助中心省老龄办工作部为老年人开展法律服务活动，提供法律咨询，帮助老年人协调解决矛盾纠纷，热情接待老年人来信来访，为老年人提供老年维权法律援助保障。组织开展“百岁老人家庭感恩行孝好儿女”评选表彰活动。进一步规范老年社会组织的管理工作，对老龄办所主管的老年社会组织，采取调研检查、座谈交流等方法，加强老年社会组织的制度建设，对新社会组织进行“小金库”专项治理检查验收，并做好新社会组织争优创先活动，强化指导贴近服务，探索老年社会组织有序发展，规范运作模式，协调社会组织积极参与为老服务。

【以项目带动促进农村老龄事业发展，造福三秦老人】在认真总结第一、二期欧盟助老项目在我省实施经验的基础上，积极做好欧盟第三期助老项目在我省的实施和推广，正在实施的华县、凤翔、泾阳16个村的老年人和老年人协会发展生产项目，在提高农村老年人协会工作能力，改善农村老年人医疗康复方面做了大量的工作，这项工作的实施，带动了农村老龄工作全面进步，在促进乡风和谐文明、社会主义新农村建设中起到了积极作用，欧盟项目工作进展顺利，目前，累计注入资金1000余万元，促进了宝鸡、渭南、咸阳16个村基层老龄工作组织的发展，为千余名农村老年人发展生产、促进健康、改善生活条件带来实惠。

【以做好调查研究为重点，认真贯彻落实《老年法》】组织开展了2010年城乡老年人口状况追踪调查和失能老人生活状况抽样调查工作。在全省开展了老年权益保障工作调研，掌握全省老年维权的基本状况，认真研究老年人权益保障工作中遇到的新情况、新问题，切实维护老年人的合法权益，加强和规范老年人优待工作，扩大和完善了老年人优待范围，为558名百岁老人发放生活保健补贴66.96万元。经过充分论证，推出了保障和改善民生的重要举措，“敬老月”期间以省政府名义转发《关于建立高龄老人补贴制度意见的通知》，规定从2010年10月1日实施向全省高龄老人发放高龄补贴制度，为全省80周岁以上约61万老年人分年龄段分标准开始发放生活保健补贴，这项工作在全国也产生了积极的影响，省委、省政府领导都十分重视。省制证中心全年为老年人制发陕西省敬老优待证27.36万个，为老年人出行享受敬老优待政策提供了方便。2010年9月中旬，全国人大内司委、全国老龄办、司法部、国家税务总局、国家旅游局对我省贯彻《中国老龄事业发展“十一五”规划》考核评估时，听取了老龄委副主任、老龄办主任曹莉莉汇报，并对西安、宝鸡、商洛三个地市进行全面检查，对我省老年维权、老年优待及养老服务业的发展都给予了很高的评价。

【以创建工作为有力抓手，推动基层老龄工作的发展】积极开展老龄工作先进县（区）单位创建活动，省老龄办根据全国老龄委的安排部署，通过逐级申报，检查验收，按照《全省老龄工作先进县区验收标准》，对申报全国老龄工作先进县区（单位）进行了检查验收，对创建县区（单位）评比标准进行量化考核，将老龄工作表现突出的县（区）和单位、个人推向全国进行表彰。在全国老龄委评选表彰全国老龄工作先进单位和先进个人活动的活动中，西安市未央区等12个县（区）和安康市副市长、老龄委主任王安利等17名同志被评为“全国老龄工作先进单位”和“全国老龄工作先进个人”荣誉称号，通过评选活动，为整体推动我省老龄工作起到积极的作用。

【以强化宣传工作为阵地，营造尊老、敬老社会氛围】由省委宣传部、省文明办、省老龄办、省民政厅、省广播电影电视局、共青团陕西省委和省妇联联合主办的第五届“十大孝子”评选活动7月8日新闻发布并正式启动，组织评选出陕西省第五届“十大孝子”。“敬老月”期间组织开展陕西省“十大孝亲敬老楷模”、“百名孝亲敬老之星”、“敬老模范单位”以及在全省爱心护理院中开展了“优秀护理员”等评选和表彰活动，组织开展《孝亲敬老歌》传唱活动，组织公交车“让座爱心卡”活动，在全社会都产生了广泛影响，组织开展“十大老龄新闻”、“十大老龄新闻人物”和“老龄新闻宣传好作品”评选活动，弘扬中华民族尊老爱老的传统美德，营造了尊老、敬老、爱老、养老的良好社会氛围。与中国老龄事业发展基金会联合举办了首届中华孝文化国际论坛，把老龄工作与传承中华文化精髓有机结合起来，发布了西安宣言。组织开展了省、市、县老年艺术团交流联谊活动，丰富了老年文化生活，营造了喜庆和谐的社会环境。

【以加强自身建设为基础，提高为老服务履职能力】 加强老龄工作机构自身建设，增强老龄工作机构履职能力，组织干部进行理论学习，贯彻落实省委“争优创先”活动。为加强全省老龄工作干部的学习交流，建立了各市老龄办主任联席会议制度，分别在安康市召开基层老龄工作现场会，在西安市召开爱心护理工程建设基地现场会，在榆林市召开农村老年人活动室建设现场会，在宝鸡召开高龄老人津贴发放现场会，在学习调研的基础上，通过抓基层，抓典型，在实践中历练干部，拓展了思路，提高了素质，有效地促进了全省老龄工作的均衡发展，为今后的工作开展夯实更为坚实的基础。

甘肃省

综　　述

2010年，全省老龄工作在省委、省政府的正确领导下，以科学发展观为指导，按照“党政主导、社会参与、全民关怀”的工作方针，以完善养老保障制度、加快养老设施建设、发展养老服务、落实老年优待政策、加强基础建设为重点，创新思路，改进方法，加大力度，老龄事业呈现出良好发展势头。

一、完善保障制度，保障老年人基本生活

一是全省各地将符合条件的60岁以上老人全部纳入了低保范围。城市离退休职工的养老金做到了按时足额发放，农村老人参加了新型农村合作医疗。肃南县为60岁以上老年人每月发放150元的养老金。二是城镇“三无”老人和农村“五保”老人供养标准不断提高。金昌市出台了各种为老服务优惠政策，为8类特殊老人按月发放生活补贴，实现了养老保险和医疗保险全覆盖；酒泉、嘉峪关、张掖将城镇“三无”老人和农村“五保”老人供养标准提高到2000～6300元。三是高龄老人的特殊生活补贴按时发放。武威市从2010年起，对百岁及其以上高龄老人在省政府每人每年发放1200元生活补贴的基础上增加补贴500元；肃南县对80岁以上高龄老年人每人每年发放300元特殊生活补贴；庆阳市把高龄老人生活补贴范围扩面到85岁（每人每年240元）。四是开展了特困老人的帮扶救助行动。加强农村养老保障和医疗保障制度建设和机关单位的结对帮扶工作，积极为老年人办好事、办实事。白银市对农村70岁以上4000名残疾老年人每人每月给予25元生活补助。全省有95万老人纳入各类生活保障范围；有15500名90岁以上高龄老人享受高龄生活补贴。

二、突出工作重点，推广试点经验

一是扩大“定人定点定时”探视救助试点范围。在总结七里河区、临夏市、积石山县、永靖县“三定”试点做法后，在14个市州进行全面推广。各地结合实际，对特困老人的生活照料、生活保障、生活需求等方面的问题进行排查摸底，建立详细台账，采取邻里互助、谈心聊天等方式，为老年人提供生活、医疗、维权等方面的救助服务。省民政厅、省老龄办第3年安排福彩公益金和筹集资金共计150万元，对因大病救治困难老人给予“定人定点定时”探视救助。金昌市投入救助资金3万元，招募服务人员120人，成立了“夕阳红”志愿者队伍；白银市白银区桦皮川村积极开展日常巡查、各类文体活动和老年普惠慰问活动，慰问老人达2000多人次；张掖市甘州区东街社区老年日间照料中心和南街西来寺等社区的“爱心空间”服务站，通过结对帮扶、亲情互助形式向社区老年人提供服务；山丹县上寨村采取“一助一”志愿者固定探视制度，每周2～3次到老人家庭提供家政服务。二是推进居家养老服务试点工作。按照目标责任，分阶段、按步骤、因地制宜地开展居家养老服务工作，建立健全居家养老服务运行机制，组建志愿者队伍，建立健全相关表册，为高龄、孤寡、空巢、困难老人开展日间照料、家政服务、送医送药、心理咨询、精神慰藉、临终关怀等各项服务。兰州市城关区、金昌市、嘉峪关市的城市社区全面开展了居家养老服务工作，取得明显社会效益，受到老年人的欢迎和赞誉。兰州市城关区虚拟养老院开展的各种为老服务项目，引起了全国各地的高度关注，国务院参事、全国老龄办、全国老龄科研中心多次派人进行考察和调研；七里河区9个街道开展的“夕阳乐”餐桌，为辖区老年人提供膳食加工、集中用餐、送餐上门以及家政保洁服务；酒泉市肃州区20个城市社区建立孤寡老人救助和监护情况登记表册，制作了规范的孤寡老人救助和监护制度牌匾，对老人进行探视和救助、印制居家养老服务卡和爱心储蓄卡、设立、“社区爱心捐助专柜”，按照“无遗漏、无差错、无盲点”的要求和老年人日常生活自理程度，按标准核拨购买服务费用，开通短信服务热线；庆阳市40个社区开展了以社区帮扶和志愿服务为主要形式的居家养老试点，给每个社区安排经费5000元。三是开展农村空巢老人帮扶试点工作。省政协和省老龄委在兰州、临夏等地开展农村空巢老人生活状况调研。省老龄办下拨资金20万元，在全省选择了14个村开展帮扶试点；试点村通过入户调查、填表问卷、征求意见、建立档案，实行党员干部结对帮扶、志愿者服务，邻里互助等方式对农村空巢老人给予生产和生活的帮助照料；平凉市崆峒区柳湖乡马家庄村为70岁以上的老人每人每年发放360元生活补贴；金川区宁远堡镇中牌村组织动员邻里与空巢老人交朋友，在中小学校开展“尊老爱幼、助人为乐”主题实践活动；甘州区小满镇金城村建立了农村老年人日间照料中心，对空巢老年人家庭开展帮扶服务，受到老年人的好评。四是对困难企业老年人基本生活状况进行了调研。推广了省交通厅、金川公司、兰州石化等单位开展对特困老年人的结对帮扶工作经验。

三、整合社会资源，加快养老设施建设

各级党委、政府的支持，结合当地的旧城改造和小区建设，利用财政支持和当地彩票公益金的扶持，先后建成一批养老服务福利机构，使城乡“三无”、“五保”老人的集中供养规模逐步加大。金昌市修建了占地5000多平米的老年综合性服务大楼；酒泉市肃州区为乡镇敬老院通上了地暖；金塔县建成了五保服务楼；肃南县投资1800万元，建立了住养、餐饮、娱乐、休闲、康复保健和孤残儿童收养等多功能于一体的爱民老年福利服务中心；武威市结合新农村建设和社区文化阵地建设，整合资源、合理规划，加强和改善了老年活动场地建设和活动设施。对城区五大广场（文化、文庙、南城门、火车站、东关花园）和三大绿地（南入市口、市财政局、各广场）进行了改造提升，增设休息椅凳256个，大众体育设施100多件（套）。

四、贯彻老龄法律法规，维护老年人合法权益

一是加大对省委、省政府《关于加强新时期老年人优待服务工作的意见》的贯彻落实力度，根据《意见》和各部门职责，进行了细化分工，明确了具体责任，制定出台了《省老龄委成员单位落实老年人优待服务工作责任》印发各部门抓好贯彻落实。各地全面落实老年人持《优待证》免费使用公厕、就医“一免一半三优先”和乘坐公交车优惠的政策，做到挂牌明示。乡镇（街道）、社区（村）普遍建立老年法律援助（咨询）中心（站、点），为老年人提供法律援助。金昌、嘉峪关、酒泉、张掖、武威等地还出台了进一步对老年人实行优待的规定，拓宽了老年人在就医、交通、参观、免收公益费、法律援助、特困救助、大病救助等方面的优待。二是各级老龄工作机构认真接待老年人来信、来访，回复和督办涉及老年人赡养、住房、养老金发放，离退休待遇、房屋拆迁等来信、来访问题。做到了事事有回音，件件有落实，信访案件办结率达100%。三是着眼优待老年人政策助老，按照省上要求，进一步督促和规范了《甘肃省老年人优待证》，采取户籍属地专人统一收集整理、省老龄办集中办理的办法，方便所有老年人办证，提高了办证效率。四是以审核高龄老人为重点，认真发放了敬老补贴金。省老龄办根据省政府制订的条件和标准，对14个市（州）上报的高龄老人花名册进行了审查和核定，及时发放了高龄老人补贴款，解决了高龄老人的基本生活所需。目前，全省各地全面落实了老年人持《优待证》免费使用公厕、就医“一免一半三优先”和乘坐公交车优惠的政策，并做到了挂牌明示。乡镇（街道）、社区（村）普遍建立了老年法律援助（咨询）中心（站、点），为老年人提供法律援助。金昌、嘉峪关、酒泉、张掖、武威等地还出台了进一步对老年人实行优待的规定，拓宽了老年人在就医、交通、参观、免收公益费、法律援助、特困救助、大病救助等方面的优待。

五、加强舆论宣传，增强老龄意识

一是深入宣传贯彻《老年法》和我省实施办法，充分利用“元旦、春节、老人节”之际，通过召开座谈会、纪念会、庆祝会、制作宣传展板、举办文艺展演、组织知识竞赛、开展有奖征文、为社区配发宣传资料以及举办多种文体活动等形式积极宣讲，大力宣传党和国家的老龄方针政策，使老年法律法规深入群众，家喻户晓。二是充分利用各种宣传工具，广泛开展尊老、敬老、助老的宣传教育活动。各级领导高度重视，老龄工作部门和工作人员精心组织、认真安排、全面发动。2010年老人节期间，省老龄办与省文明办、省民政厅、团省委、省总工会、省妇联联合对“敬老月”活动进行了安排部署；在天水市举行了庆祝老人节暨为90岁以上老人发放敬老徽章仪式，向全省90—99岁高龄老人颁发了省政府制作的“敬老爱老”徽章；与省疾控中心、省电视总台在安宁启动了快乐爸妈进社区活动；与省老科协、老体协、老教协、老年保健协会、老年福利协会等团体发出了向全省开展尊老敬老活动“倡议书”；向全国推荐了120名孝亲敬老之星和2名孝亲敬老楷模。评选出了全省老龄工作先进集体和先进个人，有8个单位和

16名个人受到全国老龄办表彰奖励。酒泉市金塔县开展了“孝亲敬老万家行”和“三个一”（给父母一份信、一个电话、一句问候）敬老助老志愿者服务等活动。三是开展了“送温暖、献爱心”活动。各级领导在多次走访慰问当地高龄、“五保”、孤寡、“三无”、特困、伤残军人的同时，组织志愿者为敬老院、福利院、老年公寓的孤寡、五保、高龄老人打扫卫生、拆洗被褥、交流谈心等，以实际行动向老年人“送温暖、献爱心”，营造了重视老龄事业发展的良好氛围，促进了全社会敬老、助老意识的增强。四是积极引导各类老年团体广泛开展科学、健康、有益的文体活动，并积极参与社会公益性事务。金昌市建立了老年体协、老年音协等群众组织，举办了《第一届老年人体育健身大会》；金川区组织老龄、社区、“孝亲敬老之星”、敬老模范单位、为老服务负责人等100多人参观了宁远堡镇敬老院、金水湖景区、双湾镇陈家沟文昌苑新农村；张掖在电视台举办了“敬老情深”“桑榆晚情”等活动；定西市制作了“敬老月”活动主题片，社会效益很好；天水市老年艺术团自编自演的节目《才女怨》和老年人书画作品参加了“第二届中国老年艺术节”活动，分别获得了金、银、铜奖和优秀奖。目前，我省各类老年团体、协会发展迅速，不断壮大，幅射到乡镇（街道）、村（社区）。各个团体、协会通过组织活动，既为团队成员提供了学习、娱乐的平台，又为社区老人参加户外活动带了好头，促进了城乡老年群体文化环境的改善，丰富了广大老年朋友的精神文化生活。

六、深化银龄行动，促进老有所为

按照“就近、安全、方便、实效”的原则，开展了形式多样的银龄援农，援教，科技下乡，医疗服务工作。与部分省直部门、大专院校，卫生医疗部门建立了银龄行动联席会议制度，确定了援助项目。组织兰州大学10多位老专家和离退休医务工作者，利用周末休息日在城市社区和临洮开展了健康咨询和义诊；组织老科协、老教协75位老专家、老科技工作者在东乡县启动了万亩花椒园项目；组织老教授援助组在金川公司进行了健康讲座；组织离休老干部在城市社区开展了关心教育下一代活动等。2010年12月，全国银龄行动座谈会在我省兰州召开，全国老龄办副主任吴玉韶对我省银龄行动在创新工作机制和提升服务能力方面所取得的成绩给予了高度评价。会议代表还观摩学习了兰州大学、兰州石化公司、兰州市银龄行动工作，并参观了城关区虚拟养老院。

重要会议和活动

【全省老龄办主任会议】2010年3月16日，全省老龄办主任会议在兰州召开，省老龄委副主任、省民政厅副厅长、省老龄办主任沙仲才作重要讲话，省老龄办副主任张忠健作2009年工作报告，部署2010年工作任务。会议传达了全国老龄工作会议精神，表彰了2009年全省老龄工作先进单位。金昌、张掖、定西、天水、甘南5市州。沙仲才主任与市州老龄办签订了2010年目标责任书，讨论了成员单位贯彻落实省委办公厅、省政府办公厅《关于做好新时期老年人优待服务工作的意见》。各市县老龄办主任、省老龄委成员单位联络员，省老龄办全体干部160人参加了会议。

【全省基本养老服务体系建设试点工作会议】2010年4月8日，全省基本养老服务体系建设试点工作会议在兰州召开。省民政厅副厅长、省老龄办主任沙仲才出席会议讲话，省发改委副主任王泉清出席会议，省发改委社会事业发展处宋琦处长作总结讲话，兰州、平凉、金昌、临夏、白银市和省财政厅、民政厅、人社厅、卫生厅、省社科院等单位有关部门领导参加会议，安宁区、金川区、肃州区、平川区、甘州区、秦州区、张家川县及颐瑞康老年公寓的代表向大会汇报了基本养老体系试点建设进展情况。

【全省贯彻执行《老年法》和我省实施办法工作汇报会】2010年6月2日，省人大孙效东副主任安排内司委召开全省贯彻执行《老年法》和我省实施办法工作汇报会。省政府副秘书长、省老龄委副主任唐晓明代表省政府汇报了贯彻执行“一法一办法”情况，省民政厅副巡视员魏向阳代表省民政厅、省老龄办作了补充汇报。省财政厅、人社厅、建设厅、卫生厅也作了补充汇报。内司委副主任姚爱然在汇报结束时讲话中指出，我省老龄工作一是指导思想明确，组织机构健全；二是老龄工作政策健全，并得到较好落实；三是工作基础扎实，重点突出，措施得力；四是有许多经验和成功做法，值得推广。

【“银龄行动”东乡县医疗援助基地挂牌仪式】2010年7月10日，兰州大学省老教授协会医学委员会帮扶东乡医疗卫生事业发展的“银龄行动”东乡县医疗援助基地挂牌仪式在东乡县医院举行。挂牌仪式上，省老龄办调研处处长李明远受省老龄委副主任省民政厅副厅长、省老龄办主任沙仲才委托宣读了书面讲话。兰州大学原校长省老教授协会名誉会长兰州大学老教授协会会长胡之德教授发表讲话。省老教授协会医学委员会银龄行动第五援助专家组雷仁义、陈天铎、高云荷、闵坤山教授出席会议。

【“健康生活—快乐爸妈”活动 启动仪式】2010年9月16日，由甘肃省老龄工作委员会办公室、甘肃省疾病预防中心与甘肃电视台公共频道联合举办的“健康生活—快乐爸妈”活动在安宁区培黎广场举行启动仪式。省老龄办副主任张忠健在启动仪式上致辞。“健康生活—快乐爸妈”活动自2010年7月开始筹备，在兰州部分单位和社区宣传造势、组织单位和社区中老年人文体活动普及基础上，开展专场展示，并跟踪选择采访具有代表性的部分中老人录制专题节目，此活动历时三个月，通过初赛、复赛、决赛三个环节，最终评选出10名健康快乐爸妈，在全社会宣传的同时，重阳节期间公共频道《走进生活·健康第一线》栏目滚动播放。

【庆祝甘肃省老人节暨“敬老爱老”徽章首发仪式大会】2010年9月15日，省政府在天水市举行庆祝甘肃省老人节暨“敬老爱老”徽章首发仪式大会。副省长、省老龄委常务副主任张晓兰讲话并向90岁—99岁老人代表颁发了省政府制作的“敬老爱老”徽章。大会由省政府副秘书长、省老龄委副主任唐晓明主持。省老龄委副主任、省民政厅厅长田宝忠，省老龄办副主任张忠健出席大会。天水市出席大会的领导有：市委副书记、市长李文卿，市委常委、政法委书记韩岱成，市委常委、组织部部长、市老龄委主任杨继军，市委常委、秦州区委书记张明泰，市人大副主任刘超，副市长、市老龄委常务副主任雷鸣，市政协副主席白朝德等。天水市直各部门和老年人代表400多人参加庆祝大会。

【庆祝老人节万名老人登山活动】2010年9月28日，省老龄办、省老年体协、省登山协会、兰州市园林局在五泉山举行老人节登山活动，有10000多名老人参加活动，登山后，在五泉山公园分别举行了老年文艺演出和老年体育健身表演。

【全省农村乡镇老龄工作规范化建设现场经验交流会】11月29日—30日，全省农村乡镇老龄工作规范化建设现场经验交流会在宕昌、岷县两地隆重召开。张主任在会上作了讲话。全省各市州、部分县区及陇南市、定西市各县区老龄办负责人共80余人参加了会议。会上，宕昌县、岷县、镇原县、凉州区、敦煌市五个试点县区作了大会交流，总结推广“定人定时定点探视”居家养老工作经验，并在宕昌、岷县的七个点实地观摩学习了以乡镇老龄工作规范化建设为主题的典型经验。

【全国“银龄行动”工作座谈会】12月9日上午，全国“银龄行动”工作座谈会在兰州召开，全国老龄办党组成员、副主任吴玉韶作了重要讲话，甘肃省老龄委副主任、省民政厅厅长田宝忠致辞。来自全国各省、自治区、直辖市、计划单列市、省会城市和新疆建设兵团老龄办的负责同志以及甘肃省“银龄行动”实施示范单位代表和专家代表共100余人参加会议。会议由全国老龄办宣传处主任吴秋风主持。会上，甘肃省老龄办、兰州大学、天津泰达国际心血管病医院、河北省老科技工作者协会、黑龙江省银龄办、上海市老龄办、湖北省老龄办、四川省乐山市老科技工作者协会、新疆维吾尔自治区乌鲁木齐市老龄办共九个单位做了经验介绍。

各项业务进展

【老年优待服务工作】省老龄委文件下发了《甘肃省老龄工作委员会成员单位落实老年人优待服务工作的责任》。进一步明确了成员单位的义务和责任。及时召开了老龄委成员单位联络员会议，学习贯彻张晓兰副省长对加强老龄工作的批示精神，督查评估成员单位优待服务责任的落实情况。

【养老保障工作】全省各地将符合条件的60岁以上老人全部纳入了低保范围。城市离退休职工的养老金做到了按时足额发放。农村老人参加了新型农村合作医疗。城镇“三无”老人和农村“五保”老人供养标准不断提高。开展了特困老人的帮扶救助行动。积极协调有关部门加强了农村养老保障和医疗保障制度建设和机关单位的结对帮扶工作。全省有95万老人纳入各类生活保障范围；有15500名90岁以上高龄老人享受高龄生活补贴。

【调查研究】在兰州、临夏、白银三市（州）和所辖部分县（区）及乡镇、街道，开展了我省农村空巢老人情况专题调研。确定了农村空巢老人现状，《中华人民共和国老年人权益保障法》和省委、省政府有关老年人政策落实情况，老年人服务工作的形式和方法，老龄工作机构、人员、经费落实情况以及农村空巢老人生活服务上存在的主要问题和对策建议等五个重点。将存在的问题和困难向省政协作了汇报，提出意见和建议。深入白银、兰州、金昌、嘉峪关等市的部分困难企业，详细掌握了困难企业老年人的生活现状。在企业开展对特困老年人的结对帮扶工作，有力地推进了困难企业困难退休职工的养老工作。

【老龄宣传工作】按照省老龄委领导关于加强老龄工作宣传，努力营造尊老敬老社会氛围的要求，省老龄办继续强化老龄工作宣传，与新闻媒体建立合作联络，增加了宣传内容。召开电视、广播、报刊记者座谈会，建立信息联络。充分利用电视、电台、报刊、网站等媒体，策划组织影响大、广覆盖的宣传活动，省老龄办、省疾控中心、省电视总台在安宁启动了快乐爸妈进社区活动。反响很好。省老科协、老体协、老教协、老年保健协会、老年福利协会等团体向全省各涉老团体发出了开展尊老敬老活动的倡议书，使“敬老月”活动因地制宜，突出主题，创新形式，受到了老年人的欢迎。表彰全省敬老、爱老、助老模范单位，大力宣传敬老模范单位典型事迹。各地老龄办通过当地电视、报刊宣传尊老、敬老、助老先进典型，广泛开展老年人文体比赛活动。通过多种形式的宣传，营造尊老敬老的良好社会氛围。

【银龄行动】按照“就近、安全、方便、实效”的原则，开展了形式多样的银龄援农、援教、科技下乡、医疗服务工作。与部分省直部门 、大专院校、卫生医疗部门建立了“银龄行动”联席会议制度，确定援助项目。兰州大学组织10多位老专家利用周末休息日持续在社区开展义诊咨询3个多月，组织部分离退休医务工作者在临洮开展健康咨询。老科协、老教协组织了75位老专家、老科技工作者，在东乡县启动了万亩花椒园项目。省老教授协会组织了兰大原校长胡之德带领的老教授援助组在金川公司讲授健康讲座，老干部工作系统组织离休老干部，在城市社区开展关心教育下一代活动，各地还组织身体健康的老年人参加社区治安，维护交通秩序等工作。

青海省

综　　述

一、2010年全省老龄工作基本情况

2010年，在省委、省政府的正确领导和省老龄工作委员会各成员单位的共同推动下，全省老龄工作紧紧围绕“六个老有”的工作目标，按照“党政主导、社会参与、全民关怀”的工作方针，认真落实社会养老保障政策，不断提高社会养老保障水平，着力推动老龄工作创新发展，各项老龄事业呈现出协调发展、稳步提高、整体推进的良好局面。

（一）养老保险制度全面覆盖，老年人保障水平持续提高

进一步扩大了城镇企业职工社会养老保险覆盖面，强化了养老金发放社会化管理，足额兑现离退休人员基本养老金。认真落实关于调整企业退休人员基本养老金的相关政策，提高了企业退休人员基本养老金，全年为2166名企业退休（职）人员增补发养老金297.7万元，为19.7万名企业离退休人员补发取暖费3940万元。率先解决了养老保险历史遗留问题，初步实现了养老保险异地转移接续，截至到2010年底，城镇职工基本养老金水平达到每人每月1789元，参保人数达到74万人，军队离退休干部和伤残退役人员养老保险政策全面落实，企业离退休人员养老金发放率达到100%，退休人员社会化管理服务和社区管理服务率达到85%。根据省政府《关于开展新型农村牧区社会养老保险试点工作的实施意见》精神，及时对全省新型农村牧区社会养老保险试点工作作出部署，稳步推进新型农牧区社会养老保险工作。截至去年12月份，全省共有40个县（市）纳入新农保试点范围，惠及农村60岁以上老年人32.7万人，全年为9.9万农牧区老年人发放基础养老金共4075.52万元，在全国率先实现了新型农牧区社会养老保险的全覆盖。

（二）医疗保障制度日益完善，老有所医目标基本实现

根据省政府《关于进一步巩固和发展新型农村合作医疗制度的意见》精神，进一步完善了新型农村合作医疗制度，全省参加新型农村合作医疗保险人数达到341万人、参合率达96.3%，有34万人农牧区老年人得到实惠。全年投入资金4亿元，组织实施了农村牧区卫生服务体系建设项目。认真落实城镇职工和居民基本医疗保险政策，在全国率先解决了关闭破产国有企业退休人员参加基本医疗保险工作和“老工伤”问题，实现了城镇居民基本医疗保险制度全覆盖，全省参加城镇职工和居民基本医疗保险的人员达到139.8万人。全面落实城乡困难群众医疗救助政策，不断加大老年群体医疗救助力度，城乡老年人医疗救助率达到100%。大力开展农村老年群体康复活动，组织实施农村老年白内障患者复明手术1804例。积极开展“平安医院”和“医院管理年”活动，对特困老人实行“一免七减”政策，并为老年患者提供人性化的关爱服务，方便了老年人的看病就医，赢得了老年患者的广泛赞誉。

（三）社会救助力度不断加大，老年人的生活明

显改善

按照“城乡一体、标准有别、突出重点、分类施保”的原则，进一步完善和落实了城乡低保救助和农村五保供养制度，着力加大城乡老年困难群体的救助力度。调整提高了城乡最低生活保障标准，城镇低保标准达到每人每月210元、农村低保标准达到每人每月102元，全省受益老年人口达到7.1万人，占城乡低保总人数的12%。认真贯彻《青海省农村五保供养管理办法》，全面落实农村五保供养政策，进一步调整提高了农村五保供养标准，年均供养标准达到2180元，全年发放五保供养资金4800万元，救助农村五保老人1.52万人。同时，认真落实老年群体临时救助和取暖、住房等救助政策，加大对五保户、低保户、老年人、残疾人的危房改造力度，80%的农村危房改造对象为老年家庭。通过落实老年群体相关救助政策，城乡贫困老人的生活水平全面提升，基本生活得到有效保障。

（四）老年福利事业蓬勃发展，养老服务水平不断提升

积极应对人口老龄化挑战，加快发展老年福利事业，全年投入资金7000多万元，组织实施了省级老年福利中心、2所县级福利中心、35所农村敬老院等建设项目，老年福利服务能力明显增强。积极探索和推进社区养老服务，全年筹资2600多万元，在西宁市新建30所社区老年日间照料中心，依托基层社区为老年人提供就近便捷的养老服务，开辟了居家养老、社区服务的新途径，赢得了省委强卫书记的高度评价。制定出台了《民办养老服务机构资助管理办法》，积极扶持社会力量兴办养老服务机构。认真落实老年人各项优待政策，及时建立了高龄补贴制度，各级政府累计安排资金660多万元，为全省近4万名80岁以上老年人落实了高龄补贴，得到了民政部、全国老龄办的充分肯定。

（五）老年文体活动广泛开展，精神文化生活更加充实

各成员单位紧密结合实际，大力发展老年教育事业，目前全省老年学校已发展到12所。省老年大学根据老年人的不同需求，开设了书法、绘画、音乐、舞蹈、健身、工艺美术等10个专业39个班，注册学员1900余名，并编印了大量书法与绘画教材；省老干部大学也开设了7个专业课程，在校学员达1000余人。积极培育和发展老年群众组织，目前全省共有各类老年群众组织3796个，其中：老年协会3680个、其他老年社团组织116个。广泛开展老年文化体育活动，全年组织老年人体育赛事活动34项（次），5万多老年人参加各类比赛，并组团参加了全国老龄办举办的“中国第二届老年文化艺术节”活动，取得了2个“金奖”、3个“银奖”、2个“铜奖”、3个“优秀奖”的好成绩，充分展示了我省老年人的风采。通过发展老年教育事业和群众组织，开展老年文体活动，进一步陶冶了广大老年人的情操，丰富了老年人的精神文化生活，真正体现了老有所教、老有所乐。

（六）老龄创建活动富有成效，老年群体余热充分发挥

根据全国老龄委的部署，组织开展了第二轮创建全国和全省老龄工作先进单位和先进个人的活动。通过开展老龄工作创建和评选活动，进一步增强了做好老龄工作的责任意识，完善了老龄工作机构和老龄队伍建设，加大了老龄工作的投入力度，强化了基层老龄工作，推动了全省老龄事业的创新发展，涌现出一大批老龄工作先进单位和个人。2010年，省民政厅等10个单位和马惠荣等12名个人，被表彰为全国老龄工作先进单位和先进个人，今年省老龄委拟表彰一批老龄工作先进单位和个人。经各地逐级申报，省老龄办实地考核，初步确定省地质调查院等19个单位和刘维功等17名同志为全省老龄工作先进单位和先进个人，建议名单提交本次会议研究审定后，以省老龄委名义进行表彰。同时，广泛开展了第四届全国敬老、爱老、助老主题教育活动和评选工作，我省获得敬老楷模提名奖1名、“孝亲敬老”之星26名、模范单位奖6个。制定出台了《关于进一步加强新形势下离退休干部工作的实施意见》，着力加强离退休干部思想政治建设和基层党组织建设，充分发挥老年人的余热。组织“五老”人员积极开展青少年思想道德教育工作，全年举办各类座谈会、报告会320多场，受教育青少年达15万人次，发动社会各界共募捐助学金、救助金200多万元，救助青少年2万多人次。积极开展“银龄行动”，组织30名老年志愿者深入西宁9个乡镇、16个村开展了志愿服务活动，先后为391户家庭讲授种养殖技术，举办农牧知识讲座31期，受益群众达5000多人次，发放各种宣传资料3.7万多份，得到了基层干部群众的欢迎和好评。

（七）宣传教育活动深入人心，老龄工作氛围日益浓厚

依托省内主流媒体和各类信息平台，广泛开展老龄工作宣传活动。去年以来，重点宣传报道了“爱国歌曲大家唱”、“老年人书法绘画活动”、“重阳节爬山体育活动”。全年各大媒体共采集报道老龄工作稿件300多篇，播发专题节目100多期，在更大范围宣传了老龄工作，全省上下形成了关心老年群体、支持老

龄工作的浓厚氛围和工作局面。特别是在去年我省第一个“敬老月”活动中，及时开展了为老志愿服务活动，组织慰问了海东地区部分高龄老人，隆重举办了“大地情深·夕阳璀灿”老年文艺演出活动，并组织西宁市数万名老年人开展“九九”重阳节登山活动，营造了敬老爱老的良好社会氛围。

（八）老年维权工作扎实有效，老年生活环境不断优化

各地坚持把维护老年弱势群体的合法权益作为一项重要的基础性工作来抓，充分发挥基层法律组织和律师事务所、公证处等机构的职能作用，积极开展老年维权和法律援助活动，千方百计为老年人提供优质服务。及时受理涉及侵害老年人合法权益的申诉、控告和检举，依法处理侵害老年人合法权益的违法犯罪行为，并针对街头抢劫、欺诈老年人犯罪案件突出的实际，重点加强了老年人集中活动场所的服务管理和监控巡逻工作，收到了良好社会效益。2010 年，全省老龄系统共接待老年人来信来访 3500 人（次），西宁、海西、黄南和省老年法律援助站先后为 1280 名老年人提供了法律援助，有效地维护了老年人的合法权益。西宁、海东组织 2900 户老年人家庭签订了《家庭赡养协议书》，进一步明确了家庭赡养的权利和义务，强化了子女养老的责任意识。各成员单位积极做好本系统老龄工作，千方百计为老年人办实事、做好事、解难事，努力为老年人创造健康和谐的生活环境，使老年人生活得更加幸福、更有尊严。

二、2011 年全省老龄工作安排意见

当前，我省人口老龄化面临着严峻挑战。据 2010 年底调查统计，全省 60 岁以上老年人 56.32 万人，占总人口的 10.11%，按照国家统计标准，我省已进入老龄化社会。其中：城镇老年人 22.11 万人，占全省老年人口的 39.26%；70 岁以上老年人 21.73 万人，占老年人口的 38.58%；80 岁以上老年人 3.93 万人，占老年人口的 6.98%。我省老龄化进程呈现出四个显著特点：一是人口老龄化起步晚、进程快。1990 年到 2010 年，老年人口从 23.9 万人增加到了 56.32 万人，老龄人口增加了一倍。二是老龄人口分布不平衡。西宁和海东地区集中分布着 41.08 万老年人，占全省老年人口的 72.94%。尤其是牧区工作人员退休后大部分选择在西宁养老，加速了西宁市人口老龄化的进程。三是老龄人口贫困面大。我省是在社会保障体系建设滞后的条件下进入老龄化社会的，应对人口老龄化的经济实力还比较弱，具有典型的“未富先老”特征。尤其是农牧区青壮年外出打工，老年人成为家庭和留守儿童的守护者和日常家务的承担者，生活负担更加沉重。四是空巢家庭增多。据统计，我省城市空巢家庭已达到 49.7%，失能、半失能老人有 10.6 万人。家庭小型化和空巢化与老龄化相伴而生，老年人在日常生活照料和精神文化生活等方面的问题日趋显现，老龄化问题已成为党和政府高度重视、社会广泛关注的一件大事。

“十二五”时期，是全面建设小康社会的关键时期，也是积极应对人口老龄化的重要机遇期。“十二五”期间全省老龄工作的总体目标是：进一步完善老年政策法规体系，按照全国统一要求，健全和完善适应社会主义市场经济要求的城市老年社会保障体系，建立适应农村实际的社会养老制度，加快建立居家养老和社会养老相结合的养老服务体系。加快方便老年人生活的基础设施建设，努力营造“敬老、爱老、助老”和代际和谐的良好社会氛围，基本实现“老有所养、老有所医、老有所教、老有所学、老有所为、老有所乐”的老龄工作目标。

2011 年全省老龄工作的总体思路是：深入贯彻党的十七届五中全会和省委十一届九次全会精神，以邓小平理论和“三个代表”重要思想为指导，以科学发展观为统领，加快推进养老保障制度建设，优先发展社会养老服务，切实加强基层老龄工作，广泛开展尊老爱老活动，推动全省老龄事业又好又快发展。

（一）健全完善老年人社会保障制度，不断提高老年人生活保障水平

一是继续巩固企业离退休人员养老金按时足额发放的成果，适时做好企业退休人员基本养老金调整工作，跟踪落实好解决城镇职工基本养老保险历史遗留问题的各项政策。积极推进农牧区社会养老保险，完善基本政策，出台配套措施。制定适合我省农民工特点的养老保险实施办法和跨省流动就业的养老保险关系转移办法，切实保障城乡老年人享有养老保险的待遇。二是积极推进医疗卫生体制改革，重点关注老年人就医和保健工作，为全省 80%以上的老年人建立健康档案，城镇职工基本医疗保险覆盖率达到 90%以上，新农合农牧民参合率保持在 96%以上。继续做好非就业老年人参加城镇居民基本医疗保险工作。三是落实农村计划生育家庭奖励扶助政策，扩大享受奖励扶助范围，努力解决计划生育家庭的后顾之忧。四是继续完善最低生活保障、农村五保供养制度，加大对困难群体、特别是老年群体生活救助力度。切实做好高龄津贴的发放工作，落实老年优待的各项制度，使改革发展成果惠及老年群体。

（二）优先发展养老服务，加快基本养老服务体系建设

养老问题关乎千家万户、涉及每一个人，属于最基本的民生问题。民政部门要认真履行职责，搞好统筹规划，加强政策指导，强化监督管理，加快推进社会养老服务体系建设。一是按照就近方便、小型多样、功能配套的要求，今年在西宁市新建34所日间照料中心，为居家老年人提供生活照料、家政服务、康复护理等服务。二是加强养老基础设施建设，新建11所县级社会福利中心、26所农村敬老院，逐步形成省级有老年服务示范单位，市（区）有老年服务中心，街道和社区有老年服务站点的养老服务体系。三是加大对民办养老服务机构的扶持力度，抓紧实落实我省《关于加快发展养老服务业的意见》和《民办养老服务机构资助管理办法》中对民办养老机构在银行信贷、税收减免、建设用地等方面的扶持政策。鼓励社会力量兴办和发展以老年人为主要服务对象的生活照料、家政服务、社区卫生服务、康复护理、心理咨询等服务机构和服务工作，实现养老服务业的健康发展。

（三）加大对老龄事业的投入，推动老龄工作的全面发展

老龄委各成员单位要牢牢抓住我省推进“四个发展”的历史机遇，乘势而上，顺势而为，从履行社会管理和公共服务的职能出发，把我省老龄事业发展，特别是养老服务业的发展纳入扩大内需、促进经济增长的具体措施之中，力争在老龄事业发展资金投入和老龄产业发展上有新的突破。要充分运用好国家深化西部大开发和支持青海等省藏区经济社会发展的政策机遇，争取项目和资金，增加养老保险、医疗保障、老年健康服务、老年教育等方面的投入，搞好基本养老体系建设试点工作。抓好州县老年活动中心和农牧区敬老院设施建设，发展老年社会福利服务。各成员单位应想方设法创造条件，改善老年人活动场所和服务设施，提高服务水平。

（四）加强基层老龄工作，努力在老龄工作机构和队伍建设上有新突破

老龄工作重点在基层，难点也在基层。通过开展“全省老龄工作先进单位和老龄工作先进个人”创建和评选活动，树立典型，推广经验，推动基层老龄工作机构和老年群众组织建设。充分发挥老年协会的桥梁和纽带作用，使其成为凝聚老年人、推动老龄工作的一支重要力量。在城镇，积极开发老年人才资源，深化“银龄行动”，组织老年知识分子和具有专业技能的老年人发挥余热，为经济社会发展贡献力量；在农村牧区，重视和加强对老年协会的工作指导，逐步建立农村老年人活动场所，进一步抓好农村家庭赡养协议书签订工作，落实家庭赡养责任和义务，形成敬老、爱老、助老的社会风尚。健全完善老年法律援助体系，加强老年文化体育工作，努力推动公共文化体育设施向老年群体免费开放，丰富老年人精神文化生活。

（五）加强调查研究，探索我省老龄工作发展的新思路

紧紧抓住全国老龄委做好国家应对人口老龄化战略研究的有利时机，协调相关成员单位深入开展全省老龄工作调研，重点研究我省老年人养老和医疗方面的问题，及时提出政策建议，推动老龄工作科学发展。认真落实《青海省老龄事业“十二五”发展规划》，建立督查、评估和激励机制，加强对《中华人民共和国老年人权益保障法》的监督检查，组织开展对《青海省老年人权益保障条例》的执法检查和调研工作。扎实做好青海省老龄工作“双先”表彰活动和第四届“敬老、爱老、助老”主题教育活动，结合纪念建党九十周年，深入开展第二个全省“敬老月”活动，大力宣传老龄先进典型，营造尊老、爱老、助老的社会氛围。进一步加强老龄部门的自身建设，健全和完善老龄工作运行机制，加强老龄干部队伍的培训，提高干部队伍政治素质和业务能力。努力开创我省老龄工作新局面。

新时期老龄工作，任重道远、责任重大，保障和维护好广大老年人的合法权益，是科学发展、改善民生、促进和谐的重要内容。老龄委各成员单位要强化责任意识，发挥职能作用，创新工作思路，扎实有效地工作，推动我省老龄事业再上新台阶、实现新发展，为和谐社会建设做出更大贡献。

河南省

综　　述

河南省自20世纪80年代初出现了人口年龄老龄化的趋势，到1999年底，60岁以上的老年人口已达977万，占全省总人口的10.40％。按照国际社会的有关标准，河南省人口年龄结构已经进入老龄化阶

段。目前，河南省老龄化形势发展迅速，截至到2007年底，我省60周岁及以上老年人口1202万，占全省总人口的12.87%，65岁及以上的老年人口已达737万人，占全省常住人口的7.57%。据此推算，据预测，到2050年以前，我省老年人口将每年以3.65%的速度递增至4100万人，占常住人口的32.8%，老龄化形势相当严峻。

1984年4月，河南省成立了老龄问题委员会及其办事机构，各省辖市及部分县（市、区）也相继成立了老龄工作机构。各级老龄工作部门在当地党委和政府的领导下，积极宣传老龄化形势，呼吁社会关爱老年人，组织有关部门调查研究老龄问题，颁布了《河南省老年人保护条例》、《关于进一步加强老年优待工作的意见》等一系列文件，客观评估“十一五”全省老龄事业发展规划执行情况，会同各成员单位编制《河南省老龄事业发展“十二五”规划（草案）》。制订了全省社会养老服务体系“十二五”规划。认真谋划，加快建立健全以居家养老为基础、社区服务为依托、机构养老为补充的养老服务体系。在省委、省政府的正确领导下，在各地、各有关部门的共同努力下，我省老龄事业全面、健康发展，取得了显著成绩。

老年人社会保障制度进一步完善。一是覆盖城乡的社会保障体系建设取得新的突破。2010年，我省积极争取国家新农保试点扩面指标，谋求提高农村老年人群收入。我省又新增22个县（市、区）纳入国家试点范围。目前，我省第一、二批共有43个县（市、区）纳入新农保试点，覆盖人口两千多万。新农保的实施，直接提高了农村老年人群的收入，有效减少了因经济问题产生的家庭矛盾，促进了家庭和谐、社会和谐，提高了农村老年人群的幸福指数，带动了社会其他工作的发展。城镇企业职工养老保险有了新的提高。继续上调了企业退休人员基本养老金水平，按实际月人均增加142.5元的标准，将全省企业退休人员基本养老金水平从1135.5元提高到1278元（由全国2009年的第21位上升到第19位）。全省238.6万名企业退休人员的基本养老金按时足额发放。二是城乡低保、农村五保老人供养保障水平得到进一步提升。全省城乡低保人均月补助标准分别由185元和51.52元提高到不低于200元和不低于60元的水平；农村五保供养对象分散供养标准由年人均1704.39元提高到2000元。2010年省民政厅出台了《河南省农村五保供养服务机构建设和管理规范》，城市低保和农村五保供养工作规范化水平有了新的提高，2010年，我省有12个农村五保供养单位及18名个人、21所敬老院受到民政部的表彰。三是有效推进高龄津贴制度，部分市地的高龄老人已按月领取高龄津贴。安阳县委、县政府下发文件，在全省率先为80岁以上高龄老人发放津贴；济源市出台了《关于进一步规范高龄老年人生活补贴金发放工作的通知》，为百岁老人每人每月发放150元、90岁—99岁老人每人每月发放80元、85岁以上的每人每月发放50元；洛阳市将百岁老人补助标准提高到每人每月200元；焦作市的高龄补贴扩大到95岁等等。四是计划生育家庭户的帮扶活动扎实有效。按照国家人口计生委安排，做好60岁以上农村计划生育奖励扶助对象的资格确认工作。全省182个县（市、区），目前确认扶助对象约15万人，按照每人奖励扶助720元的标准，省计生委申请中央财政补助资金约5200多万元，并及时协调财政下拨配套资金，严格执行“四权分离”的扶助金管理发放机制，截止2010年10月底，扶助对象全部拿到扶助金。

老年人医疗保障水平有了新的加强。一是医疗保险工作进展较快。截止2010年12月底，全省城镇医疗保险参保人数为2044万人，已提前完成了全年扩面工作目标任务；医疗保险待遇水平逐步提高。全省有148个统筹地区城镇职工基本医疗保险加大额补充保险的最高支付限额，达到当地在岗职工平均工资6倍以上，占全部154个统筹地区的96.1%；有14个省辖市城镇居民基本医疗保险加大额补充保险的最高支付限额，达到或基本达到当地居民可支配收入6倍。18个省辖市居民医保政策范围内的住院费用报销比例均达到60%以上。二是新农合制度进一步巩固。2010年，全省参合农民达7600多万人，参合率96.5%，比上年度提高2.33个百分点，大病补偿封顶线提高到6万元，60%的县（市、区）开展了门诊统筹试点，保障水平和服务效率明显提高。三是基层医疗卫生服务体系更加完善。2010年全省共实施中央投资项目1271个，总投资40多亿元，新建1万个标准化村卫生室，已全部投入使用。农村老年人看病问题得到很大的改善。

社会化养老服务体系建设成效明显。一是把老年服务设施的建设作为公共服务设施的重要组成部分，纳入《河南省省域城镇体系规划》。特别注意在总体规划中采取增加绿地面积和广场密度等措施，给老年人提供就近活动场所。在旧城改造规划中，坚持把增加绿地活动场所、建设老年活动设施等作为改善旧区环境、完善旧区功能的重要措施。各地在编制、审批和实施完整的居住区、居住小区规划中，都严格按照规范要求，规划、建设了老年活动中心或活动室。郑州市在老城改造规划中，明确提出平均每500米规划一处游园、绿地，以方便市民特别是老年人就近活动。全省所有城市政府投资兴建的公园、绿地等，均对老年人实行免费开放。二是居家养老服务逐步开展。2010年省老龄办联合11个厅（局）出台了《关于全面推进居家养老服务工作的意见》（豫民文〔2010〕224号），郑州、洛阳、安阳、信阳、焦作、新乡等市积极推进，出台了实施方案。省计生委要求每个省辖市确定一个县和一个市区，开展购买居家养老服务优待计生家庭的试点，现已初步确定了34个试点县区。目前全省有日间照料中心、托老站（点）等220所，日均服务老年人3000多人次。为老服务内容和方式不断丰富，在很大程度上满足了老年人多方面的服务需求。三是养老服务机构健康发展。对非公办和公办养老服务机构在服务准入、监督管理、政策扶持等方面一视同仁，采用"以奖代补"、"购买服务"、"政府采购"等方式扶持养老服务机构发展壮大，推动形成了一批设施条件完善、拥有知名品牌、具有较强竞争力的大型养老服务机构。一些养老机构在搞好养老服务的基础上，大胆探索"养医结合"、"机构服务＋老年产品研发生产"的新路子，取得了明显成效。全省现有各类养老服务机构3600多个（含敬老院），养老床位24万张，农村"五保"老人集中供养率达43％。社会办养老服务机构有468个，床位4.6万张，入住老人3.2万人，比2009年增长10.5％，服务水平不断提高，硬件档次有所提升，服务标准逐渐规范。

老年文体基础设施建设有了较快的发展。老年人精神文化生活日益丰富，城乡老年人积极参与文化、教育和体育健身活动，讲究科学、健康向上生活方式的老年人越来越多。据不完全统计，截止2010年底，我省已建成并投入使用的各类老年活动场所中，标准老年门球场2800多个、老年地掷球场160余个、老年排球场56个、各类老年体育设施26000多个，以老年健身为主的文体活动中心（文化大院、文体苑）356个。安阳市还新建了老年体育馆、老年游泳池、老年健身园；三门峡市新建了夕阳红乒乓球馆、老年体育活动馆，洛阳市投资160万元，建设了"洛阳市老年门球活动中心"等。目前我省已建成并投入使用的全民健身工程：国家级老年体育活动中心6处、全民健身路径工程5800多个，农村健身工程17000多个，乡镇健身工程126个，累计投资8个多亿。基础设施的建设和健身工程的投入，有效地促进了我省老年文体活动的开展，为广大老年人提供了良好的健身环境。

广大老年人的合法权益得到较好维护。省司法厅联合省老龄办开展了"夕阳幸福工程·法律援助在行动"活动。完善法律援助资料库资料，对在库人员申请法律援助，免予审查经济条件，直接受理；对老年人的法律援助申请当日审查、当日受理、当日指派，扎实落实申请法律援助"一站式服务"。省妇联为了维护老年妇女的合法权益，各地妇联发挥各级"12338"妇女维权服务热线、妇女维权站和法律援助受理点等维权机构作用，主动配合有关部门，维护老龄人合法权益。各地不断加大《老年法》的宣传和执法检查的力度，通过采取设立维护老年人巡回法庭、老年人维权岗、签订老年人赡养协议等措施，使广大老年人得到了更多的法律援助服务，合法权益得到较好的维护。

老龄宣传工作取得可喜成绩。一是敬老、爱老、助老主题教育成绩显著。2010年省民政厅等8个厅（局、委）联合开展了第三届河南省十大敬老楷模评选活动，全省各地积极响应，认真开展评选工作。按照公开、公平、公正原则，经逐级上报、省组委会评选、媒体公示等环节，最后确定了10名第三届"河南省十大敬老楷模"、144名第三届"河南省敬老之星"和15个单位为第三届"河南省敬老模范单位"。全国敬老、爱老、助老组委会授予我省漯河市农民胡彩丽为"中华孝亲敬老楷模"（全国只有10名）、上蔡县杨集镇敬老院院长戚郎和虞城县贾寨镇敬老院院长孙成乐为"中华孝亲敬老楷模提名奖"（全国共计60名），河南省供销社等5个单位荣获"全国敬老模范单位"荣誉称号，是历届最多的一次。2010年12月26日，全国敬老爱老教育活动组委会在北京隆重召开表彰大会，回良玉副总理出席大会，向受表彰的代表颁奖。2010年12月28日上午副省长、省老龄委主任秦玉海在省政府接见了第四届"全国敬老爱老助老主题教育活动"受表彰个人和单位代表，与代表们合影留念并做了重要讲话。通过我们大力的宣传，社会反响很好，起到了在全社会弘扬中华民族尊老敬老美德、营造敬老爱老社会氛围的效果。二是"敬老月"活动丰富多彩。在"敬老月"期间，全省广泛开展敬老助老活动。第一，全省各级领导、老龄部门组织开展慰问贫困、高龄老人活动。深入老年公寓、敬老院和老年人家庭，对高龄老人、孤寡老人、特别是老党员、老英模进行走访慰问，将党和政府的关怀送到老年人手中。据统计，享受高龄生活补贴老人和慰问对象共计86万多人，慰问老年人资金和物品总计1399万元，其中资金额为589万元。第二，开展志愿者服务活动。各地调动一切力量，开展为老服务活动。漯河市、濮阳市、南阳市、安阳市在公园、社区、广场等场所，组织志愿者为老年人开展义诊、义演、健康咨询、家政服务等活动；新乡市老龄办与市文明办、市红十字会等联合开展了“新乡市关爱空巢老人志愿者服务活动”，三门峡市深入开展“青少年爱老义工活动”，安阳滑县基层老年协会在开展好居家养老和空巢老年人帮扶服务活动的同时，组织党员、团员青年义务助老队，为老年人整修住房、收秋种麦等活动。全省为老服务志愿者有10万多人次。第三，深入开展老龄宣传活动。各地开展了各种类型的老龄宣传活动。漯河市开展了主题为“宣传老年法、让老年人共享发展成果”的活动，通过新闻媒体开辟“孝亲敬老典型事迹展示”、“‘敬老月’系列报道—孝在人间”、“相约九九—金婚老人系列报道”、“健康老人系列报道”等4个专栏，并举办了两场“孝老爱亲先进事迹报告会”；新乡市开展了学先进、树先进表彰活动；濮阳市开展宣传一条街、文化、法律、科技“三下乡”活动等；信阳市组织河南美锐大药房、新闻媒体开展信阳市美锐大药房杯第三届“十佳健康老人”评选活动；安阳滑县组织中小学生开展“唱一支敬老歌，写一篇敬老文章，讲一个敬老故事，做一件敬老好事”活动等等，进一步营造了尊老敬老的社会氛围。三是“2010年重阳节系列公益文化活动”开展的有声有色。省文化厅、民政厅、老龄办在2010年“重阳节”期间，举办了“2010年重阳节系列公益文化活动”，各地积极响应，结合当地的实际开展了老年书画、文体、摄影、健康讲演等丰富多彩的才艺展示活动。新乡市老龄办与市老年文体委联合举办了新乡市第七届老年文艺汇演，46个老年文艺团体75个节目参加演出；南阳市老龄办与市老干局举办了“重阳节金婚老人才艺大赛”；焦作市老龄办会同体育局、老干部局、老体协举办了“第一届焦作市老年人体育健身大会”，近万名老年参加了门球、乒乓球等14项交流展示活动，等等。各地还推荐了不少优秀节目参加了省、全国的比赛。2010年河南省重阳节系列公益文化活动，评选出河南省老年文化工作先进单位22个，河南省老有所为“常青奖”老人33名，河南省优秀老年文艺团队展演获奖节目一等奖10个、二等奖9个、三等奖5个，河南省老年书画精品展获奖作品一等奖14个、二等奖21个、三等奖32个，河南省老年摄影展获奖作品一等奖15个、二等奖25个、三等奖56个。我省推荐“第二届中国老艺节”比赛的项目，舞蹈类获得金奖1名、银奖2名、铜奖1名，服饰表演类荣获银奖2名，合唱类银奖1名，书画展示金奖2名、银奖2名、铜奖2名、优秀奖1名，河南省老龄办被评为优秀组织奖。四是“银龄行动”开展得扎实有效。2010年“银龄行动”围绕河南经济发展，充分发挥老科技工作者、老专家的积极作用，整合资源，突出重点，注重实效，开展了一系列的活动，取得了一定的社会效益。请高级工程师为近百名民用建筑施工人员和农民群众作民用建筑抗震设防知识科普报告，抽调省中医院、省红十字会、省第一人民医院等单位19位经验丰富、技术过硬的老专家、老教授分别赴信阳、周口、卫辉市、新乡县以及新乡市内6个社区和部分养老院，为近1000余名老人开展了“老年病的防治”、“高血压病的防治”等讲座并开展了医疗咨询服务、义务体检等多项惠民服务活动，省老龄办和老科协组织农业专家，前往卫辉市，进行技术和现场指导，请老科技人员赴新乡县开展科普大篷车进校园活动等，为河南的社会经济发展做出了有益贡献，此举收到了广大老年人热烈欢迎。

重要会议

2010年5月26日在郑州召开了省老龄委八次全会和全省老龄工作会议。省老龄委副主任、省老龄委副秘书长詹洪方主持会议，省老龄委副主任、省民政厅杨云厅长作了工作报告，认真回顾总结了我省老龄工作，深入分析了我省人口老龄化形势和老龄工作所面临的新情况新问题，全面安排部署了2010年的老龄工作。省发改委、省人力资源和社会保障厅、省财政厅的负责同志还分别介绍了本部门、本系统老龄工作开展的有关情况，副省长、省老龄委主任秦玉海同志作了重要讲话。

各项业务进展

【广泛深入开展老年文体活动】为丰富老年人精神文化生活，把老年人引导到健康生活方式上来，全省组织开展了形式多样的老年文体活动。省老龄办积极组织全省老年人参加全国老龄办、文化部、广电总局联合组织举办的积极组织参加“中国第二届老年文化艺术节”，获得金奖3项、银奖7项、铜奖3项、优秀奖1项。

【认真组织开展“敬老月”活动】省老龄委下发了《关于在全省组织开展“敬老月”活动的通知》，要求各省辖市老龄办高度重视、精心策划、认真组织、确保“敬老月”活动取得实效。评选了河南省十大敬老楷模。为弘扬尊老敬老优良传统，协调会同省广电局、教育厅、妇联、团省委、老龄办、关心下一代工作委员会、认真组织开展第三届河南省十大敬老楷模评选活动，评选出第三届“河南省十大敬老楷模”、“敬老之星”和敬老模范单位。并向全国敬老爱老教育活动组委会推荐，有一人获“中华孝亲敬老楷模”（全国共10名），二人获“中华孝亲敬老楷模提名奖”，五个单位获“全国敬老模范单位”。会同省文化厅联合举办“2010重阳节系列公益文化活动”。活动内容包括：老年文化活动先进单位评选、老有所为优秀代表评选、老年书画精品展、老年摄影展、重阳登高活动、中原健康大讲堂、优秀老年文艺团队展演等。

【积极开展“银龄行动”下基层活动】在新乡市开展了“银龄行动”下基层活动。组织心脑血管病、老专家、教授，举办了“老年病的防治”、“高血压病的防治”等讲座，并开展了义诊活动。

【积极开展老龄工作先进单位和个人评先创优活动】在全省范围内开展了老龄工作先进单位和先进个人评选活动，积极向全国老龄委推荐，有18个单位被评为全国老龄工作先进单位，27名个人被评为先进个人。对我省敬老月活动中涌现出的30个先进单位和29个先进个人进行了通报表彰。

【深入开展养老服务社会化示范单位创建活动和居家养老服务工作】为促进我省养老服务社会化工作的继续开展，大力推进推进社会化养老服务体系建设，养老服务社会化示范创建活动取得明显成效。根据《河南省民政厅关于深入开展养老服务社会化示范单位创建工作的通知》（豫民文［2010］77号）精神，认真制定创建活动方案，严格考察，全省共确定命名了7个省级养老服务社会化示范区（市）和26个示范单位。郑州市金水区等5个县（市、区）被命名为全国养老服务社会化示范单位。安阳市滑县和新乡市新乡县推行“创新居家养老新模式、探索养老服务新机制”的做法，初步摸索了一些为“三无”老人、“空巢”老人、高龄老人和困难老人提供居家养老服务的工作经验。缓解了养老床位不足和老年人养老服务需求日益高涨的矛盾。省民政厅从彩票公益金中列支部分资金，以奖代补，对示范区（市）和示范单位给予奖励。省民政厅、省老龄办、会同九厅局经过广泛的征求意见，制定出台了《关于全面推进居家养老服务工作意见》，（豫民文［2010］224号）对全省开展居家养老服务的指导方针、工作原则、目标任务、工作措施提出了明确要求。

【组织全省养老护理员培训工作】共组织105名养老护理员参加全国高级养老护理员示范性培训和国家职业资格鉴定，51人通过考试，取得养老护理专业证书。选送4名选手参加全国首届养老护理员职业技能大赛，2人获得三等奖，2人获优秀奖，我厅获优秀组织奖。全省养老服务职业技能培训学筹建工作进展顺利。

【认真完成全国老年人口追踪调查任务和空巢老人帮扶试点工作】为探索农村空巢老年人帮扶服务工作新途径，全国老龄办确定6个试点开展工作，安阳滑县是试点之一。在资金短缺的情况下，省老龄办积极指导滑县的农村空巢老年人帮扶服务试点工作的，积极探索开展农村居家养老工作，已取得初步成效。认真组织老年人口追踪调查。为搞好老年人口追踪调查，老龄处聘请专家对调查人员进行了集中培训，组织人员及时赴有关县区指导，调查任务圆满完成，得到全国老龄办充分肯定。

【总结、评估、制定老龄事业发展规划】客观评估“十一五”全省老龄事业发展规划执行情况，会同各成员单位编制《河南省老龄事业发展“十二五”规划（草案）》。制订了全省社会养老服务体系“十二五”规划。认真谋划，加快建立健全以居家养老为基础、社区服务为依托、机构养老为补充的养老服务体系。

【落实老龄法规政策】在养老服务机构的登记管理方面，要求非营利性养老服务机构依照《民办非企业单位登记管理暂行条例》登记管理；营利性养老服务机构在工商部门登记管理。事业单位登记管理机关和民政、工商部门要认真做好养老服务机构的登记管理工作，提供优质便捷服务。改革和完善养老服务机构收费制度。福利性养老服务机构开展的对外养老服务和非营利性的养老服务机构的收费标准，应报同级价格部门核定，并建立公示制度。营利性养老服务机构的收费标准，根据其设施条件、服务项目和标准，自行确定。社会办养老服务机构接收农村五保人员和城镇“三无”人员，其费用由当地政府通过购买服务的方式解决；对享受低保的老人和其他困难老人入住养老服务机构的，其费用应适当减免，减免部分由当地政府按接收此类对象的实际人数予以补助。加大对养老服务机构的税费政策扶持。落实国家对养老服务机构的税费扶持政策，暂免征收社会福利院、敬老院、光荣院、养老院、老年公寓等福利性或非营利性养老服务机构的企业所得税，服务收入营业税，以及养老服务机构自用房产、土地、车船的房产税、城镇土地使用税和车船使用税；减免其行政事业性收费（国家法律另有规定的除外）；对缴纳水利建设专项资金确有困难的福利性、非营利性养老服务机构，可报经主管部门批准，予以减免照顾。优先安排养老服务机构建设用地。对符合规划要求并具备划拨条件的养老服务机构用地，要优先予以保证；对不具备划拨用地条件的养老服务机构用地，要按照相关规定加快审批，但要加强监督，确保批准用地真正用于养老事业。鼓励企事业单位、个人利用闲置的房屋资产兴办养老服务机构。加大财政对养老服务业的投入。各级政府要将养老服务业纳入当地经济和社会发展规划，统筹安排福利性养老服务设施项目建设，有条件的地方，可按照核定床位数或实际入住老年人数，给予面向老年人服务的福利性养老服务机构和非营利性养老服务机构一次性开办补助。鼓励金融部门充分发挥信贷支持作用。金融机构要支持老年社会福利事业发展，增加对养老服务机构及其建设项目的信贷投入，适当放宽贷款条件，并提供优惠利率。支持养老服务机构开展对外服务。养老服务机构具备对外开展护理、康复及医疗服务条件的，可申请认定医疗服务机构性质，并纳入社区医疗机构管理。经审查合格的，可纳入城镇职工基本医疗保险定点范围。加强养老服务机构的日常管理。养老服务机构要不断提高服务水平，加强对老年人的日常护理和管理，切实防止意外伤亡事故发生。对发生意外事故的，相关部门要积极帮助养老服务机构做好协调工作，保证其日常工作的正常进行。

湖北省

2010年7月29日，省老龄委在省政府三楼八号会议室召开第八次全体会议。省委常委、常务副省长、省老龄委主任李宪生（左五）作重要讲话，副省长、省老龄委常务副主任张岱梨（左六）主持会议。

2010年3月15日至17日，全省老龄办主任会议在十堰市召开。会议传达学习了全国老龄委第十二次全体会议、全国老龄办主任会议精神，总结了2009年工作，研究部署了2010年工作。

综　　述

2010年，全省老龄工作在省委、省政府、省老龄委的正确领导下，在全国老龄办的指导帮助下，在省老龄委各成员单位的大力支持和各地老龄工作部门的共同努力下，坚持"党政主导、社会参与、全民关怀"的工作方针，取得了显著成效。省老龄办被全国老龄委授予"全国老龄工作先进单位"、"全国敬老模范单位"，全省老龄工作又迈上了新的台阶。

一、老龄调研成果丰硕

根据全国老龄委关于加强应对人口老龄化战略研究和省委、省政府的有关要求，省老龄办联合省委政研室对全省老年人活动场所建设和开展活动情况进行了调研；联合武汉大学开展城市居家养老服务及养老服务业课题研究；结合省政协提案办理调研了老龄产业问题；配合全国老龄办完成应对人口老龄化战略研究和千名老年人追踪调查。各地老龄工作部门按照省老龄办统一要求，也开展了大量的调查研究工作，形成调研和理论文章70篇。经评审，评出特等奖2篇、一等奖4篇、二等奖10篇、三等奖15篇、优秀奖39篇，并予以表彰奖励。其中，省老龄办联合省委政研室形成的《湖北老年文化阵地调查报告》引起省委、省政府主要领导的高度关注，原省委书记罗清泉、现任省委书记李鸿忠、省委副书记杨松、常务副省长李宪生、省委常委、副省长张岱梨、省委常委、宣传部长尹汉宁、省人大副主任周坚卫等7名领导分别在报告上做出了重要批示；联合省政协开展的老龄产业问题调研报告，省政协主席宋育和省委常委、副省长张岱梨分别作出重要批示；武汉市老龄办关于城市老年人生活保障问题研究，引起市委、市政府高度重视，市政府决定对2.5万名70岁以上的无养老金、无固定收入老人给予每人每月100元补助，并列入2011年市政府为人民群众办理的十件实事之一。

二、老年优待落实到位

一是进一步抓好省政府第301号令的贯彻落实。省老龄办联合省民政厅、卫生厅、住建厅、交通厅、文化厅、旅游局、民宗委等7部门下发了《关于进一步加强老年优待工作的通知》，就进一步加强老年优待工作提出了具体要求。联合以上8部门对全省10个市州贯彻落实老年优待规定情况进行了全面检查，促进了老年优待政策的进一步落实。

二是进一步做好老年维权工作。省老龄办与省司法厅联合下发通知，就进一步加强老年人法律援助工作提出了要求；在全省县级以上单位普遍建立了老年人维权机构，及时处理，协助解决老年人反映的问题或困难。省老龄办联合省法律援助服务中心在湖北广播电台开设了老年人维权热线，专门解答老年人的法律维权问题。各级司法部门为老年人办理法律援助和咨询服务23200人次。

三是进一步做好老年优待证办证工作。2010年全省共制发《老年优待证》11万个。省政府第301号令颁布实施以来，已累计制发老年人优待证82万个，真正让老年人享受到党和政府关怀与温暖。

三、“双十佳”评选影响深远

为充分展示广大老年人在改革开发和经济社会建设中的风采和社会价值，大力弘扬和传承中华民族尊老敬老、爱老、助老的传统美德，省文明办、省民政厅、省老龄办、省总工会、团省委、省妇联、省广播电视总台，联合开展了感动荆楚首届“十大杰出老人”和第二届“十大孝老爱亲模范”评选表彰活动。活动从2010年4月份安排部署，10月份结束。通过各地、各单位和社会各界广泛推荐，报纸、网络82万余人投票评选和评委会初审、终审、公示，评出了感动荆楚首届“十大杰出老人”和第二届“十大孝老爱亲模范”各10名，提名奖各10名。他们的事迹个个感人，体现了永无止境的人生追求、无私奉献的精神品质、高尚无比的道德风尚，是社会主义核心价值建设的光辉典范。10月10日，在湖北电视台举办了颁奖晚会，省委常委、副省长、省老龄委常务副主任张岱梨、省人大副主任蒋大国，省政协常务副主席李佑才，省军区政委石宝华等领导出席晚会并为获奖者颁奖。

四、“银龄行动”成效显著

一是打造银龄基地，带动农村经济增产增收。突出服务“三农”、银龄援农主题，在20个县（市、区）开展“银龄行动”。重点建设和培育了老河口市万亩花椒基地，秭归县、通城县万亩柑橘基地，鄂州市万亩莲藕基地，宜都市、大悟县万亩茶园基地，浠水县、崇阳县万亩养殖基地，石首市万亩稻棉基地，崇阳县万亩林果基地等十大银龄援农项目，为农民增收达3000余万元。在抓好十大基地的基础上，不断总结推广经验，扩大援农范围，带动全省农村经济增产增收。据不完全统计，参加“银龄行动”老年志愿者36575人，发放各种资料56480册（份），科技培训2365场，培训技术骨干34356人，咨询服务78292人次。

二是科技救灾，为灾区人民出谋献策。2010年我省水灾严重，人民群众蒙受重大经济损失。省老龄办选择灾情最为严重的英山县，联合省老科协、黄冈市老龄办，组织省市两级水稻和病虫害专家及有关人员到4个重灾乡镇、12个村、18个点查看灾情、访问灾民，为灾区人民生产自救、战胜洪涝自然灾害号脉支招，指导灾区补耕抢种、科学救灾，把损失降到最低限度。

三是送医送药，为人民群众办好事实事。省市县将送医送药作为“银龄行动”的主要项目之一，全省各级老龄部门开展送医送药活动196次，诊断医治26000人次，为群众免费体检6500人次，送药80多万元。此外，全省还组织了85场送文艺下乡活动，观众达60000多人次，极大地活跃了农村人民群众的精神文化生活。去年12月上旬在兰州召开的全国“银龄行动”表彰工作会议上，我省做了经验介绍。

五、“敬老月”活动成绩斐然

2010年10月是全国第一个敬老月。根据全国老龄委统一部署，省老龄委于8月26日下发了《关于开展“敬老月”活动的通知》，9月10日省老龄办又召开会议进行专门安排部署。“敬老月”期间，全省各级、各部门广泛发动，注重实效，扎实开展了“五大活动”。

一是评先“大表彰”，树立尊老敬老先进典型。省尊老敬老爱老主题教育活动委员会表彰全省“孝亲敬老之星”186名、“敬老模范单位”192个；省老龄办、省文明办等7部门联合评比表彰了感动荆楚首届“十大杰出老人”和第二届“十大孝老爱亲模范”，全省82万余人参加投票评选，社会反响十分强烈。全省各市、州、县党委、政府、各部门采取不同形式，表彰尊老敬老先进个人近万人，先进单位3千多个。

二是老年才艺“大竞赛”，丰富老年人精神文化生活。省老龄办组织开展了参加第二届全国“老艺节”评比参赛工作。评选并表彰优秀文艺节目42个，优秀书画作品61件。推荐参加全国比赛文艺节目12个，获特等奖2个、金奖1个，银奖3个、铜奖2个；书画作品12件，获铜奖、优秀奖各2个，省老龄办获得优秀组织奖。省老龄办联合省文化厅举办了全省中老年人戏曲比赛活动，省老体协在孝感、黄石市分别举办了全省老年人太极拳剑、健身球操比赛，展示了老年人的精神风貌。

三是慰问“大走访”，积极为老年人办好事实事。据不完全统计，“敬老月”期间，全省各级共走访慰问老年人20余万人，发放慰问金8000多万元，帮助老年人解决困难15000多件次。

四是志愿“大服务”，使老年人得到全社会广泛关爱。省老龄办联合省文明办等6部门下发文件，在全省广泛深入开展了敬老主题实践活动。全省各级、各部门、各单位组织志愿者，以敬老主题实践为内容，为高龄、特困、空巢、失能和半失能老年人提供服务10万余人次。

五是敬老“大宣传”，营造浓厚尊老敬老氛围。省老龄办以“双十佳”评比表彰为载体，联合省电视台从10月5日至16日，在湖北新闻联播栏目连续进行8次尊老敬老先进典型系列报道；联合省政府门户网站——荆楚网开办了敬老专栏；联合《湖北日报》用两个整版宣传杰出老人、敬老模范的先进事迹，重阳节当天又以大版面报道尊老敬老先进典型和各地敬老活动；以省老龄办的名义向全省老年人发了慰问信。各市、州、县充分利用当地新闻媒体，采取刊登领导署名文章、发表电视讲话、开辟敬老专栏等形式，广泛宣传老龄工作，努力营造全社会关心老年人、关注老龄事业的浓厚氛围。

六、为老服务有所突破

为做好为老服务工作，我办在落实“十一五”规划的基础上，进行了积极探索。

一是积极开展农村为老服务试点工作。年初，我办下发文件，要求每个市州老龄办选择1至2个条件较好的村，开展农村为老服务试点工作。全省各市已在40多个村开展试点。荆门市沙洋县高阳镇在15个村建立了村级老年人活动中心和老年协会，开展为老服务，并取得良好效果。省老龄办筹资30万元，支持仙桃市三伏潭镇共建一处为老服务中心。

二是积极创新养老服务理念和形式。荆门市开设了12343服务热线、黄石市利用社区“12345”服务热线开展为老服务，使居家养老服务工作逐步走上社会化的路子。武汉侨亚集团公司与外商合资投入1000万元，创办了“爱爸妈”智能居家养老服务中心，使居家养老服务在智能化、产业化上迈出了可喜的一步。总结推广了武汉市江汉区“晚晴志愿者—爱心银行”活动的经验。宜昌、武汉、黄石、襄樊市积极开展创建全国无障碍城市活动，使城市为老服务功能进一步提升。

三是积极推进高龄老人补贴政策落实。武汉市在提高百岁老人补贴标准的同时，对80岁以上农村老年人全部落实了高龄补助；部分县市已将高龄补贴范围放宽到90岁。

五是积极扩大老年人参与社会活动范围。2010年省老龄办在老年群体中广泛开展“迎世博、迎亚运”志愿服务活动，武汉、宜昌、十堰、襄阳、黄石等地按照要求，积极配合，广泛组织，深入动员老年志愿者参加“两迎”活动，取得了良好成效，产生了良好社会影响。

重要会议和活动

【湖北省老龄委第八次全体会议】7月29日，省老龄委在省政府三楼八号会议室召开第八次全体会议。会议由省委常委、副省长、省老龄委常务副主任张岱梨主持，省委常委、常务副省长、省老龄委主任李宪生出席会议并作重要讲话。会议书面传达了全国老龄委第十二次全体会议和全国老龄办主任会议精神；听取并审议了省老龄委副主任、省民政厅厅长谢松保所作的《关于2009年全省老龄工作情况和2010年工作安排意见的报告》；省人社厅、省发改委、省财政厅、省文化厅等省老龄委成员单位负责同志，就积极发挥部门职能，全力做好老龄工作作了发言。省老龄委副主任、委员，成员单位联络员以及省政府有关部门负责人60多人参加了会议。

【湖北省老龄办主任会议】3月15日至17日，全省老龄办主任会议在十堰市召开，各市、州、直管市、神农架林区老龄办主任以及相关老龄委成员单位联络员共80余人参加了会议。会议传达贯彻了全国老龄委第十二次全体会议、全国老龄办主任会议精神，总结交流了2009年工作，安排部署了2010年工作。

【湖北省老龄委成员单位联络员会议】9月20日至21日，省老龄委成员单位联络员会议在鄂州市梁子湖召开。除因特殊情况未能到会的外，省老龄委23个成员单位的联络员出席了会议。会上，省老龄办通报了年初以来开展老龄工作的主要情况，并督促各成员单位按年初部署抓好工作落实；各成员交流了今年的工作情况，对进一步做好老龄工作提出了建设性意见和建议，对《湖北省老龄事业发展“十二五”规划（初稿）》提出了修改意见。

【湖北省老龄工作座谈会】9月10日全省老龄工作座谈会在武昌召开。各市、州、直管市、神农架林区老龄办主任、民政局分管老龄工作的领导参加了会议。会议传达学习了省老龄委第八次全体会议精神，总结交流了工作情况，分析了老龄工作形势，按照省老龄委第八次全体会议要求，进一步明确了重点工作。办党组书记、主任刘长斗出席会议并讲话。

【重点提案办理】由省老龄办主办的省政协十届三次会议《积极引导老年产业，全面助推老年事业》提案，受到省政协主要领导的高度重视，成为宋育英主席亲自领办的提案。为办理好提案，省老龄办与武汉大学合作，在全省范围内开展养老服务及养老服务产业的调查；配合省政协对武汉、襄阳、咸宁等地的老龄产业问题进行了专项调研。7月1日，宋育英主席亲自到武昌区视察老龄产业问题，我办认真搞好组织保障工作；7月5日，协助省政协提案委员会，组织重点提案现场办理座谈会。会上，刘长斗主任汇报了对《积极引导老年产业，全面助推老年事业》提案的办理情况，省发改委、省民政厅、省财政厅、省人社厅结合各自职能介绍了老龄工作情况，宋育英主席作了重要讲话。

【湖北省“双十佳”评选表彰活动】4月至10月，通过各地、各单位和社会各界广泛推荐，报纸、网络82万余人投票评选和评委会初审、终审、公示，评出了感动荆楚首届“十大杰出老人”和第二届“十大孝老爱亲模范”各10名，提名奖各10名。10月10日，省老龄办联合省文明办、省民政厅、省总工会、团省委、省妇联、省广电总台在湖北电视台800㎡演播厅，举办了感动荆楚首届“十大杰出老人”和第二届“十大孝老爱亲模范”颁奖晚会。省委常委、副省长、省老龄委常务副主任张岱梨、省人大副主任蒋大国，省政协常务副主席李佑才，省军区政委石宝华，省老龄委副主任、省民政厅厅长谢松保等领导莅临晚会并为获奖者颁奖。

【湖北省老龄干部业务培训】10月18日至20日，举办了全省老龄工作干部业务培训班，来自全省各级老龄工作部门的150人参加培训。培训期间，办党组书记、主任刘长斗作动员讲话，武汉大学教授、省委政研室领导进行《全球人口老龄化趋势及应对战略》、《调查研究几点体会》等授课辅导，各地各部门老龄工作者交流了工作经验。培训安排科学、组织严密，达到了预期目的。

【“敬老月”活动】在今年8月湖北省老龄委部署开展“敬老月”活动的基础上，省老龄办联合省文明办、省教育厅、省民政厅、团省委、省妇联在全省深入开展以创先争优“大表彰”，老年活动“大场景”，助老帮老“大走访”，维权督办“大检查”，主题实践“大服务”为主要内容的敬老助老活动，进一步加强了公民社会公德、职业道德、家庭美德和个人品德建设，弘扬中华民族尊老、爱老、敬老优良传统，营造人人敬老、爱老、助老的浓厚社会氛围。

【开展慰问贫困老年人活动】省老龄办从发行“关爱老年人·让夕阳更美好”公益明信片筹措的资金中安排15万元经费，各地按下拨金额1：1的比例进行配套，一并统筹安排，在春节和重阳节期间对全省部分高龄、困难老年人进行慰问、救助。

【老年优待工作大检查】11月8日至17日，省老龄办联合省交通运输厅、省卫生厅、省民宗委、省住建厅、省文化厅、省旅游局，分别由办党组书记、主任刘长斗和党组成员、综合处处长王建楷带队，组成两个检查组，采取听汇报，实地查看和暗访涉老服务窗口等方法，对武汉、宜昌、十堰、襄樊、随州、孝感等地贯彻落实省政府第301号令和《关于进一步做好老年优待工作的通知》情况进行了检查。通过检查，全面掌握各地老年人享受优待服务项目的落实情况，及时发现各地、各部门在老年优待工作中存在的问题和薄弱环节；查处老年优待工作违规、违法行为，进一步增强各地为老服务意识，营造优待老年人的良好社会环境，推动敬老优待工作再上新台阶。

各项业务进展

【老年维权工作】省老龄办与省司法厅联合下发了《关于进一步加强老年人法律援助工作的通知》，与省法律援助服务中心在湖北广播电台开设了老年人维权热线，现场解答老年人提出的问题，宣传老龄政策法规，对重要问题跟踪督办。武汉、十堰、孝感等市人大、政协组织开展了《老年人权益保障法》执法大检查。各地建立了老年人信访接待制度，及时督促、协调有关部门解决老年人的实际问题。据不完全统计，全省各级老龄工作部门全年接待来信来访5000余件（次），涉及老人近万人次。各级司法部门积极参与老年人维权，优先处理涉及赡养矛盾、养老待遇、遗产纠纷等问题，组织开展“人民调解进万家”活动，健全了覆盖城乡的基层法律服务网络。武汉、襄樊、孝感、恩施、神农架林区等地老龄工作部门，采取组织签订《赡养老人协议书》等办法，强化家庭养老法律约束，有效地维护了老年人的合法权益。

【老年优待工作】为进一步抓好省政府第301号令的贯彻落实，省老龄办联合省民政厅、卫生厅、住建厅、交通厅、文化厅、旅游局等部门下发通知，就进一步加强老年优待工作提出具体要求。11月上中旬，又联合以上部门对全省10个市州贯彻落实老年优待规定情况进行全面检查，并向全省通报了检查情况。武汉、孝感、荆州、荆门等市由政府组织或通过人大代表、政协委员视察等办法，对老年优待政策落实情况进行了检查。到2010年底，全省社会公益服务设施共向老年人提供免费优待公交线路451条、公汽8366台，公厕1615所，免收普通门诊挂号费的医院3439所，减免门票的景区景点202个、纪念馆60座、宗教活动场所681个，落实天然气初装费优惠5680户、有线电视初装费优惠15300户。各级财政为老年优待减免补偿经费近亿元。

【养老保障工作】完善了企业职工养老保险制度，建立待遇与缴费挂钩的激励约束机制，开展做实个人账户试点，启动省级统筹，实施预决算管理，落实跨省转移接续办法，探索解决农业“小三场”、监狱系统、辞退民办教师、未参保集体企业退休人员、“家属工”、“五七工”养老保险问题。高起点建立新农保制度，争取26个县（市、区）纳入国家两批试点。2010年，五险参保人数达到4194万人次，比“十五”期末增加2036万人次；第一批新农保试点县（市、区）已参保298万人，参保率达到91%，为符合条件的71.6万农村老年人发放养老金5.84亿元。企业退休人员基本养老金，月人平养老金水平提高到1221元。城镇初步形成了以职工基本医疗保险制度、居民基本医疗保险制度为主体，大病医疗保险、企业补充医疗保险和商业医疗保险为补充的医疗保障体系。医疗保险覆盖率达到95%以上。全面实施了新型农村合作医疗制度。全省参合人数达3833万人，参合率达到97.4%。全省社区卫生服务机构普遍建立了居民健康档案，掌握了社区老年人健康状况，根据老年人不同的卫生保健需求，增设了家庭病床、家庭护理、日间观察等服务，为老年人提供了有效、经济、方便、温馨的卫生服务。全省65岁以上老年人健康档案建档率达66.8%，老年人免费体检率达90.57%。

【养老服务工作】以城乡低保、农村五保供养为基础，以低收入家庭临时救助和社会帮扶为补充，以医疗救助、住房救助等专项救助为重点，以部门优惠政策相配套的社会救助体系构架基本形成。公办城市社会福利机构建设项目今年新开工19个，竣工投入使用达30个，其中新增15个，新增床位2493张、改造351张。积极争取国家项目经费6500万元，地方自筹7400万元，安排27个项目，开展基本养老服务体系建设试点工作，新增、改造养老床位3588张。全省养老机构已达2291家，其中城市养老机构335家，农村养老机构1956家。城市最低生活保障人数140万，补助水平提高到260元。其中老年人占低保人数的15.9%。农村低保保障人数增加到200万人，保障标准由年人均提高到950元。其中老年人占农村低保总人数的20%以上。全省城镇“三无”老人全部纳入低保范围，保障标准为当地低保标准的1.5倍，集中供养人数达到2.3万人，集中供养率达65%。全省农村五保供养标准达到分散供养1300元/年、集中供养1800元/年，集中供养率占“五保”对象总人数的70%以上。对新建城市道路、公共建筑和养老服务机构，严格执行《城市道路和建筑物无障碍设计规范》，无障碍率达到90%以上。

【老龄宣传工作】在省广播电台开设了《老年天地》、《枫林漫步》、《都市晚霞》、《有话好说》等栏目，创办了《老人坊》网站、《湖北老龄》和《老龄工作简报》，及时宣传尊老敬老先进典型，交流老龄工作经验信息。将《老年人权益保障法》纳入普法规划，大力宣传老龄法规、政策。全省各级党委政府和各级老龄工作部门在每年“重阳节”、“国际老人节”期间，都通过党政领导发表广播电视讲话、发慰问信、召开庆祝会、举办大型活动等形式，全面开展尊老敬老宣传教育活动。省老龄办、省文明办等7部门联合开展的感动荆楚“十大杰出老人”、“十大孝老爱亲模范”评比活动，耗资60多万元，湖北电视台、《湖北日报》、荆楚网等主流媒体全面配合，广泛宣传，效果明显。“十大孝老爱亲模范”魏迪仁，获2010年度“当代最感人中华十大慈孝人物”殊荣。

【“银龄行动”】省级财政安排经费50万元，各地配套资金达200万元，在20个县市（区）开展了以送科技、送医送药、送文化下乡为主要内容的“银龄行动”。2010年“银龄行动”项目更具特色，更具针对性，效果也更扎实。培育的襄樊老河口市万亩花椒基地，秭归县、通山县的万亩柑橘基地，鄂州市万亩莲藕基地，宜都市万亩茶园，石首市的万亩棉花基地等十大银龄基地，使受益群众达3万多户，帮助农户增产增收，创造经济效益达6000多万元。省老龄办联合省军休办在宜昌市、红安县等地开展的送医、送药、送文艺下乡活动，联合省老科协到英山县重灾乡镇开展的科技生产自救活动，都产生了广泛的社会反响。

湖南省

综　　述

2010年，全省各级老龄工作部门按照全国老龄委第12次全体会议和全国老龄办主任会议的部署和要求，紧密结合实际，与各相关职能部门密切配合，扎实工作，圆满完成了年初确定的各项目标任务，推动了全省老龄事业的科学发展。

一、城乡养老服务工作取得新成绩

2010年，我们将推进城乡居家养老服务作为工作重点，积极争取党委政府重视支持，加强部门配合协调，进一步健全了养老服务体系。在社区居家养老服务方面，一是继续开展农村老年福利服务中心（站）示范点建设。省办两次下发通知明确示范点建设标准及要求，各地积极开展示范点建设工作。据统计，2010年省级投入250万元福彩公益金并带动市县二级投入2000多万元专项资金开展示范点建设，建成55所省级、179所市州级老年福利服务中心示范点和371个“村老年人文化活动和服务站（点）”，省、市级示范点数量比去年均有大幅增加；湘潭、长沙、永州、常德、张家界等地采取整合资源、出台文件、健全管理制度、召开现场会等形式，加强了示范点的规范化建设。二是继续推动城市社区居家养老服务建设。省办联合省慈善办、福彩中心开展了“福彩爱心助老服务”活动，下拨175万元首批援建34个“福彩爱心助老服务站”；先后推介了中心城区的长沙市和县域城市的祁阳县居家养老服务做法。长沙召开全市居家养老工作推进会，已经实现城区居家养老服务的全覆盖；株洲为生活不能自理的“三无”老人、孤寡老人和无子女残疾老年人，提供每人每月20元的政府购买服务；湘西州分别在龙山县和吉首市召开现场会，推动了全州居家养老服务工作的开展。据统计，2010年全省新建城市社区居家养老服务中心（站）200多个，开展的社区居家养老服务达20多项；各级政府共投入2700多万元为“三无”老人、特困老人和高龄老人等提供了购买服务，同时针对其他不同类型的老年人提供了优惠服务。截止目前，全省已建成490个城市社区居家养老服务中心（站）、1826所乡镇综合性老年福利服务中心、1498所村老年人文化活动和服务站。在养老服务社会化方面，省办积极开展居家养老服务调研，认真做好出台我省加快发展养老服务业意见的相关工作；草拟了《湖南省养老服务条例》，并报送省人大内司委。郴州、常德先后出台发展养老服务业的意见。在机构养老方面，2010年全省农村新建和改扩建186所敬老院，新增集中供养五保老人1万人。据统计，全省有敬老院1921所，床位86557张，五保之家1546所，床位10321张，集中供养五保老人9万多人，全省五保老人集中供养率达到20%。新建和改建综合性福利院10所，新增床位1200多张，为1000多名老人提供了福利服务。目前全省为老年人提供服务的社会福利院有117所，床位17339张，其中收养老年人12532人。同时，继续推动有条件的部分福利机构、敬老院开展社会化养老服务的探索，目前部分农村敬老院正由单一服务模式向综合服务模式转变；部分城市福利机构开始为社会老人提供生活照料、寄托养、医疗康复等多种养老服务。

二、老年社会保障体系建设取得新成效

在养老保障方面，到2010年底，全省城镇在职人员参加基本养老保险约673万人，全年净增参保41万人，参保人员中离退休人员达265万人。全年累计征收基本养老保险费320亿元，比2009年底增加48亿元。全年共支付企业离退休人员基本养老保险金355亿元，比2009年底增加50亿元。进一步完善了基本养老金正常调整机制，企业退休人员基本养老金经过6年连续调整，2010年全省养老金水平月人均达到1150元，确保了企业离退休人员基本养老金按时足额发放。新型农村养老保险试点工作进一步展开，14个市州共选择46个县市区正在进行试点。一些地区在认真贯彻落实国家和省有关养老保险政策的同时，着力充实老年社会保险内容，如为特殊老年人购买特定商业保险等，使保障更全面。家庭成员与老人签定赡养责任书的比例不断提高，据不完全统计，全省60%以上的农村老年人家庭签定了家庭赡养责任书。在医疗保障方面，医疗保险制度的改革实现了城乡所有人群的全覆盖。截至到2010年底，全省城镇职工医疗保险参保人数达到777.39万人，其中参保的退休人员达到236.9万人，全年支付包括老年人在内的城镇职工基本医疗保险金达94亿元。医疗保险待遇较2009年有了较大的提高，包括老年人在内的城镇职工医疗保险参保人员住院、特殊门诊医疗费自付比例分别比2009年下降了1.19和1.66个百分点。全面启动了全省城镇居民基本医疗保险工作，2010年底参保人数达1117.35万人，比2009年底增加31.82万人，全年支付包括老年人在内的城镇居民基本医疗保险金达10亿元。基本解决了关破企业退休退养人员医保问题，将17.7万名中央和中央下放我省政策性关闭破产国有企业退休人员、全省80.1万名地方依法关闭破产的国有和已参加基本养老保险的集体企业退休人员全部纳入属地职工医保。城镇“三无”老人、低保老人享受减免政策。新型农村合作医疗制度试点全面铺开，许多市县的特困老年人和五保户全部被纳入了新型农村合作医疗。制定出台了《湖南省城乡65岁及以上老年人健康体检实施办法》，定期为65岁以上老年人做健康体检并实施规范管理。在老年社会救助和社会福利方面，2010年，全省有农村五保老人约52.18万人，新建和改扩建186所敬老院，新增集中供养对象1万人，集中和分散供养标准分别达到3000元/人·年和1500元/人·年，集中供养率达到20%。城市“三无”老人约4.5万人，生活保障也得到不断改善。全省城乡有114.74万老年人纳入了低保范围，其中城市低保老年人28.96万，农村85.78万。城市人均低保补差月均超过155元，农村为55元，与2009年相比，分别增加了15元和6元，部分低保老人还享受廉租房补助、减免水电、收视费等政策扶持。全省大部分县市区建立起“资助救助、门诊救助、住院救助、临时救助和慈善救助”五位一体的城乡医疗救助模式，城乡低保、农村五保老人全部纳入医疗救助范围。2010年全省城乡实施包括老年人在内的医疗救助达440万人次，发放救助资金6.97亿元，其中救助农村五保对象和低保老人110余万人次，城市低保老人40多万人，还资助了95万城乡困难老人参合参保；全省帮助包括老年受灾倒房户在内重建住房3.5万户，帮助特困老人在内的4.43万户农村特困户进行了危房改造；部分公用事业部门对低保、“三无”和五保等贫困老人实施了专项救助；社会各界也以不同形式开展助老活动，受助老年人年均达200多万人次。

三、老年文化宣传工作取得新进步

2010年，全省老年文化宣传工作以“敬老月”活动为主线，以评先创优活动为重点，积极争取党政领导重视，充分发挥涉老部门作用，鼓励引导社会力量参与，取得新的进步。在丰富老年人精神文化生活方面，省办联合长沙市老龄委、湖南公共频道共同举办了全省首届社区中老年健身节；联合省卫生厅组织开展湖南首届金秋老年健康节；组织老年人参加第二届中国老年文化艺术节，获金奖、银奖各2个、铜奖4个、优秀奖3个。各地也适时举办了各类老年文体活动，特别是“敬老月”活动期间，湘潭、益阳、湘西州等地举办全市老年人书画作品展，常德市石门县举办老龄事业发展论坛，长沙、娄底等地举办老年人运动会，衡阳举办老年人门球赛，湘西州组织老龄委艺术团赴日本、韩国进行老年文化交流，开展老年文化进基层进社区活动，衡阳、湘潭、邵阳、湘西州组织老年人到香港、澳门、上海等地旅游等等。据不完全统计，“敬老月”活动期间，全省投入资金2200多万元，280多万老年人受益。在加强老龄宣传工作方面，省办组织协调省内10多家新闻媒体参与敬老月活动报道，湖南都市频道连续十天播发省里组织走访慰问百岁寿星的新闻。常德市老龄宣传工作每个月突出一个主题；株洲攸县将2010年定为“敬老孝亲宣传年”，全县印发宣传资料13万余份，组织宣讲队伍3000多人，举办报告会110场次；岳阳、邵阳等地在报纸上刊发慰问信，在电视台播放敬老歌曲；衡阳、湘潭、张家界、常德、怀化、娄底等地采取印发宣传资料、办墙报板报等形式宣传人口老龄化形势和老龄工作法规政策。据统计，去年全省共出动宣传车187台次，办老年法宣传墙报5078个，印发宣传资料59600份，发送敬老短信303万条次，广播电视台专题报道敬老活动600多次。在浓厚敬老爱老氛围方面，一是组织开展评先创优工作。据统计，全年全省有17个单位和25名同志分别被评为全国老龄工作先进单位和先进个人，125名同志、4个单位分获中华孝亲敬老楷模提名奖、全国孝亲敬老之星、敬老模范单位荣誉称号。二是积极开展爱心助老活动。省级安排50万元慰问金开展金秋惠老慰问活动；联合省福彩中心等单位举办了首届“湖南孝文化节”，评选表彰了十大孝星；联合省马王堆疗养院开展了“第六届关爱老年人健康周”活动，为老年人减免各种费用170多万元；举办了“百孝登高、慈满天下”百名孝子重阳背父母登岳麓山望远活动。在老人节期间，多数市州县市区主要领导带队走访慰问高龄、贫困老人，岳阳、常德等地企事业单位和社会组织，通过捐款捐物、志愿服务等形式参与敬老助老活动；张家界市开展关爱百岁寿星行动，为全市34位百岁老人统一量身定作唐装、购置鞋袜帽子，送上慰问金和慰问品；长沙、益阳、衡阳、湘西州等地开展为广大老年人免费照像活动，80多万老年人受益。据不完全统计，全省各级共走访慰问高龄、贫困老人2160人，发放慰问资金120万元。

四、老年人优待维权工作获得新发展

在老年优待政策的落实方面，省办及时设计印制新版老年优待证，并于6月1日起启动了新版证的办理，65周岁以上老年人持老年优待证红本可享受免费乘坐城市公交车等多项优待。在高龄老人津贴制度建设方面，全省现共有百岁老人1518人，全年省本级财政安排262万元用于百岁老人长寿补贴。衡阳、永州、株洲、郴州、长沙等地提高了百岁老人长寿补助费，由每人每月200元提高到250～400元。全省有37个县市区对80—99岁高龄老人实行高龄补贴制度，共为3万多名老年人发放高龄补贴，补贴金额达1400多万元。在老年人权益保障方面，开展“夕阳幸福工程·法律援助在行动”活动，制作下发老年法律援助工作手册1000万份。湘西州组织开展了老年法律知识进基层和竞赛等活动，岳阳市开展了“一法一办法”执法检查，永州市制定了《2005—2010年老年维权实施意见》，将老年维权纳入法院系统工作目标考核内容。据统计，全省现共有老年法律援助中心700多个，维权协调组织5700余个，依托老龄委建立了57个老年法律工作援助站；全年办理涉老援助案件2957件，受援老年人数3000多人次。

五、基层基础工作得到新加强

在基层平台建设方面，充分利用各地加强民政基层平台建设的机遇，推动了全省乡镇街道老龄工作机构建设，加强了老年群众组织建设。目前，全省80%的乡镇街道建立了老龄工作机构，60%的村建立了村老年人协会。长沙、怀化、娄底等地的城市社区建立了老年人协会或退休人员协会等老年人自治社会组织；石门、永兴县等地将老龄工作纳入当地政府绩效考核内容，提高了老龄工作的地位。在经费保障机制建设方面，积极推介茶陵、桂阳等县增加工作经费、列入财政预算，为乡镇老龄工作机构和村老年人协会安排专项经费的做法，使全省各级的工作和活动经费有所增加。其中，郴州市已将老年活动经费列入财政预算；株洲攸县，怀化洪江区、鹤城区等地将乡镇老龄工作机构和村老年人协会工作和活动经费列入财政预算。株洲市市县两级按照老年人数每人每年2元、3元的标准逐年筹措老年基金，用于救助特困老年人。

重要会议和活动

【2010年全省老龄办主任会议】3月25日，全省老龄工作会议在长沙召开，省老龄委副主任兼省老龄办主任陈毅华、省老龄委部分成员单位的负责人、14个市（州）分管老龄工作的民政局副局长、老龄办主任等共56人参加了本次会议。会议传达学习了全国老龄工作委员会第12次全体会议和全国老龄办主任会议主要精神，总结回顾了2009年全省老龄工作情况，部署安排了2010年的工作，部分省老龄委成员单位就职责范围内的老龄工作作了发言，各市州就如何加强老龄工作、推进城乡居家养老服务等交换了意见。

【全国“十一五规划”执行情况检查组来湘考察】10月29日至11月2日，以全国人大内司委委员、原二炮副司令员赵锡君为组长，全国老龄办副主任肖才伟为副组长的全国老龄委《中国老龄事业发展“十一五”规划》检查评估组来湘考察。检查评估组听取了我省老龄事业发展“十一五”规划执行情况汇报，在长沙等地进行了实地考察。检查组对湖南省老龄事业发展给予了充分肯定，并对制定“十二五”规划提出了明确要求。汇报会由省政府办公厅副秘书长、省老龄委副主任刘明欣主持，省民政厅厅长、省老龄委常务副主任余长明作工作汇报。省委常委、常务副省长、省老龄委主任于来山及省人大常委会副主任谢勇接见了全国老龄委检查评估组一行并就我省老龄事业发展交换了意见。

【启动“空巢关爱工程”】由共青团湖南省委、湖南省老龄办主办，省青基会孝基金执委会和有关区县民政局、团委、老龄办、湘潭大学校团委联合承办的“空巢关爱工程”活动，旨在“弘扬中华孝道，关爱空巢老人，服务老龄工作，推动文明建设”，建立孝行服务基地，组织孝行志愿者向空巢老年群体提供孝行服务，提升老年群体幸福感，并根据实际需要组织特定青少年开展孝道教育活动。从7月下旬开始，先后在我省湘潭、张家界、岳阳、长沙、永州等地建立了8个孝行服务试点基地，在当地组织孝行志愿者向社会提供孝行服务（生活照料、应急救助、医疗保健、文体健身等）和开展敬老公益活动（孝心调研、孝心保健服务、暖心行动、笑脸计划等），并根据实际需要组织特定青少年开展孝道教育活动。

【参加第四届全国敬老、爱老、助老主题教育评选】由全国老龄办、民政部、教育部、国家广电总局、共青团中央、全国妇联和中国关心下一代工作委员会共同举办的“第四届全国敬老、爱老、助老主题教育活动”，经过组委会评选、并经公示和公众评议，我省有 2 人被授予“中华孝亲敬老楷模提名奖”，4 家单位被授予“全国敬老模范单位”，123 人被授予“全国孝亲敬老之星”荣誉称号。

【参加第二届中国老年文化艺术节】在“第二届中国老年文化艺术节”上，我省永州市老年健身艺术团《跳起来》获舞蹈类节目银奖，通道侗族自治县老年侗族服饰表演队《侗族服饰表演》、株洲市老年大学艺术团《送你一支玫瑰花》分获服饰表演节目类金奖和铜奖，毛笔书法作品获金奖 1 人、银奖 1 人、铜奖和优胜奖分别 2 人，国画作品获铜奖 1 人、优胜奖 1 人。

【拍摄《湖南十大寿星》电视专题片】11 月，由省老龄办、省马王堆疗养院和湖南电视台都市频道联合摄制的《湖南十大寿星》电视专题共 10 集，在湖南电视台都市频道黄金节目《都市一时间》中陆续播出。本片旨在通过百岁寿星的幸福生活反映我省城乡经济发展、社会和谐，体现了党和政府对老龄事业的重视和支持，激发社会各界共同关注老年群体，关心老龄事业，努力发扬中华民族敬老爱老的优良传统。

各项业务进展

【居家养老服务工作】在农村，一方面扩大综合性老年福利服务中心示范点的建设范围，积极协调推动农村居家养老服务。据统计，省市县三级全年共投入 2250 万元专项资金开展农村示范点建设，共建成 55 所省级、179 所市州级老年福利服务中心和 371 个“村老年人文化活动和服务站（点）”。在城市，省本级首批援建 34 个社区居家养老服务站。积极推介长沙市和祁东县居家养老服务的做法，推动城市居家养老服务稳步开展。据统计，全省全年新建城市社区居家养老服务中心（站）200 多个，开展的社区居家养老服务达 20 多项，各级政府共投入 2700 多万元为老年人购买服务，并针对不同类型的老年人提供优惠服务。

【老龄问题调研】一是各地加强了相互之间的交流学习，郴州、怀化、常德、衡阳、张家界、湘西州、湘潭等地组织相关人员到省内外学习了养老服务、机构建设等方面的经验；二是加强了对老龄问题的调查研究。省办组织开展了老龄工作系统首届调查研究报告的评选活动。各地共上报调研报告和论文 42 篇，共评出一等奖 3 篇，二等奖 5 篇，三等奖 9 篇，组织奖 2 个；三是组织开展了特定老年人口追踪调查、基层老龄工作状况调查和养老服务机构及老年补贴情况的调查。

【新版老年优待证启动】全省各级认真落实省委办公厅、省政府办公厅《关于进一步加强老年人优待工作的意见》，自 6 月 1 日起陆续启动了新版老年人优待证红本（65 周岁以上使用）的办理，老年人持红证可享受免费乘坐市内公交车等多项优待。为规范老年人优待证的发放和管理工作，10 月由省本级率先启动老龄工作信息管理系统并在全省推广，优待证的办理、百岁老人的审核等工作与公信网对接，使之更加规范便捷。截止年底，全省共为新增 65 周岁以上老年人发放《老年人优待证》近 60 万本。

【湖南老龄网正式运行】为使全省老龄宣传工作更上新台阶，7 月，湖南省老龄网（hunanllw. mca. gov. cn）正式运行，网站设置了老龄工作动态、法律法规、政策文件、权益保障、老龄研究、为老服务、孝亲敬老等 9 大版块。湖南老龄网的启动运行，使得老龄宣传手段更加先进，老龄信息报道更加丰富准确及时，提升了老龄宣传工作的电子政务水平。

【“中国城乡老年人口生活状况追踪调查”】按照全国老龄委、中国老龄科研中心的统一部署，2010 年底全省开展了《中国城乡老年人口状况追踪调查》工作。按照工作计划，省老龄办于 11 月下旬在长沙举办了各级督导员和入户调查访问员的培训，12 月 31 日前完成所有入户问卷调查工作并上交问卷。12 月下旬，中国老龄科研中心和省老龄办联合对全省部分地区追踪调查情况进行了督察指导。常德市、邵阳县入户调查工作认真仔细到位，并且各级层层核查把关，卷面合格率达到 98%以上。

广东省

综　　述

2010 年是实施“十一五”规划的收官之年，也是我省老龄工作取得显著成绩的一年。在省委、省政府的正确领导下，各级老龄委以邓小平理论和“三个代表”重要思想为指导，全面落实科学发展观，坚持

“党政主导、社会参与、全民关怀”的老龄工作方针，按照全国老龄委第十二次全体会议和省老龄委第十次全体会议的部署，发奋工作，锐意进取，全省老龄事业呈现良好的发展势头。

一、养老保障制度建设力度加大

2010年，全省城镇企业职工养老保险在职参保人数达2615万，比2009年底增加334万人，增幅14.6%。“十一五”期间，连续五年提高企业退休人员养老金水平，2010年月人均达到1577元，比“十五”期末增长86.2%。新型农村社会养老保险试点范围有所扩展，试点县区由2009年底的14个扩展到2010年底的36个，参保人数由试点实施前的239万人增至945万人，增长295%，领取养老金待遇的农民从89万增至181万，增长103%。同时，积极指导珠三角和其他有条件的地区探索建立城乡居民一体化的养老保险体系。目前，佛山、惠州两市的部分县区和连山县已把城镇居民纳入了新农保制度，其中佛山市有16.6万城镇居民参加了新农保，初步建立起了城乡居民一体化的养老保障体系。省政府于2010年底出台了《广东省新农保三年覆盖方案》，决定从2010年—2012年用三年时间在全省普遍建立新农保制度，将大大加快我省新农保制度建设步伐。制订出台了《关于进一步做好我省重点项目被征地农民养老保障工作的通知》，在全国率先提出了单列计提被征地农民社保费的办法，并明确将被征地农民养老保障制度与新农保制度合并。

二、老年人医疗保障水平明显提高

2010年，城镇职工基本医疗保险参保人数达2988万人，其中，离退休人员达311万人，比上年度增加55万人，增幅达21.5%。全省各地加大财政补助力度，提高老年参保群众的医疗待遇水平。各级财政对老年人参加城镇居民基本医疗保险的补助水平由2009年的每人每年90元提高到每人每年120元以上，珠三角地区达到200元以上，并通过财政资助，帮助低保对象及低收入家庭60岁以上的老年人“免费”参保。目前，所有地级以上市均实施了城镇居民基本医疗保险制度、城镇职工基本医疗保险制度和新型农村合作医疗制度，我省覆盖城乡各类人群的医疗保障体系已经形成。进一步提高了基本医疗保障统筹基金支付比例和最高支付限额。针对老年人患长期慢性病、医疗费用负担重的情况，劳动和社会保障部门出台政策，把慢性病、老年病等21种疾病纳入基本医疗保险门诊特定病种管理，将癫痫等5种病症的门诊医疗费用及家庭病床的费用列入统筹基金报销范围。启动了医保异地就医联网结算系统，稳步推进社会保障卡“一卡通”就医工作，大大地方便了老年参保群众看病就医。

三、养老服务体系建设加速推进

至2010年底，全省经民政部门登记在册的各类养老机构共有2562所，床位11.08万张，收养老人7.4万人。其中民办养老机构已达797家，养老床位4.99万张，收养老人3.12万人。居家养老服务机构254家，服务居家老年人292.7万人次。养老机构工作人员共有11773人，其中专业护理人员7743人。以居家养老为基础、社区服务为依托、机构养老为补充的社会养老服务体系建设已形成共识。以保障高龄、独居、空巢、失能和低收入老人为重点，借助专业化养老服务组织，提供生活照料、家政服务、康复护理、医疗保健等服务的居家养老服务模式加速推进。按照政府主导、社会参与、公办民办并举的发展思路，采取公建民营、民办公助、政府购买服务等方式，大力发展机构养老服务。从2010年开始到2012年，省民政厅计划用三年时间，每年从省级福利彩票公益金中安排3000万元，资助各地级以上市在城区建立居家养老服务示范中心。养老服务队伍发展迅速。截至到2010年底，全省已组织养老护理员鉴定2.4万人、家政服务员鉴定2.23万人。通过全国社会工作职业水平考试取得社工师资格的有384人，取得助理社工师资格的有3148人，居家养老专业服务人员匮乏的局面得到了缓解。

四、老年权益保障工作得到加强

省老龄办草拟了《广东省老年人优待办法》，计划2011年以省政府规章印发全省各地贯彻施行。高龄老人补贴制度建设取得成效。目前，我省21个地级以上市都建立了100岁以上高龄老人补贴制度，佛山、江门、惠州等市建立了90岁以上高龄老人补贴制度，广州、深圳、珠海、东莞、中山等市建立了80岁以上高龄老人补贴制度。惠州、佛山还为当地60岁以上生活困难的老人每人每月发放补贴。目前，全省共有80岁以上高龄老人165万，其中已享受高龄补贴的有32万人，各地每年用于发放高龄老人补贴费用达3亿多元。广州、深圳、珠海、汕头、中山、佛山等市积极参与创建全国无障碍城市建设活动，进一步改善了老年人的生活环境。老年维权越来越得到社会的重视。全省各级法律援助部门对老年当事人提供减免费服务，对行动不便的老年人提供上门服务。人民法院对涉老案件实行优先受理、优先审理、优先执行，对较复杂和易反复的案件实行回访制度，对经济有困难的老年人实施司法救助。各级司法行政部门制定实施了律师、公证机构为老年人提供法律援助和法律服务的规定。全省大部分地区成立了老年法律援助中心、老年法律事务所，有的还开设了老年法律服务热线，为老年人的维权活动提供便利。据不完全统计，全省共调解涉老矛盾纠纷案12多万件，调解成功率96.5%。省老龄办坚持每月一次法律咨询日活动，为老年信访群众处理了70多起案件。各地老龄工作部门加强老年人来信来访工作，妥善处理信访案件，及时化解矛盾纠纷，老年人的合法权益得到维护。

五、敬老爱老主题教育活动成效明显

按照第四届全国敬老、爱老、助老主题教育活动组委会的通知（全国组委会〔2010〕1号）和省老龄委第十次全体会议部署，在全省开展了敬老、爱老、助老主题教育活动评选表彰工作暨广东省“第三届十大敬老之星”和广东省“第一届敬老企业之星”评选表彰活动。省老龄办在“重阳节”及第22届“老人节”期间，举行了第四届广东省老年文艺调演颁奖仪式，组织了“福彩杯”省直机关万名老人登白云山活动，举办了广东省首善爱心工程百队门球大赛。省老龄办选送的9个老年文艺节目和21幅书画作品参加全国第二届老年文化艺术节，取得了一个特等奖、四个金奖、五个银奖、两个铜奖和四个优秀奖的优异成绩，省老龄办获得优秀组织奖。各成员单位和涉老社会组织也积极发挥作用，兴办各类老人活动设施和开展老年文体活动。如省文化厅大力推动适合老年人活动的文化广场建设，兴建了一批老龄文化活动中心。省老干部局、省体育局和省老年人体育协会举办了省第七届老年人运动会。在主题教育活动和老人节期间，各地按照全国和省老龄办的通知要求，普遍组织老年人开展了老年文艺汇演、老年文化艺术节、老年人运动会等一系列有益于老年人身心健康的文体活动上万场（次），大大丰富了老年人的精神文化生活。与此同时，全省各地以开展敬老爱老主题教育活动为契机，加强与各新闻媒体的联系，大力宣传敬老企业和敬老之星的事迹，在全社会营造了敬老爱老的良好氛围。

六、老龄工作系统履职能力明显增强

组织开展了2008—2009年度市级老龄工作目标责任考核，摸清了全省老龄工作的基本情况，促进了全省老龄工作的有效开展。我省开展市级老龄工作目标责任考核的做法得到了全国老龄办领导的充分肯定，在2月份召开的全国老龄办主任会议上，省老龄办介绍了经验。配合全国老龄办在茂名和揭阳开展了失能老年人基本状况调查。完成了新一轮中国城乡老年人口状况追踪调查，摸清了1000名老年人社会及家庭生活状况。开展了《中国老龄事业发展“十一五”规划》执行情况检查和全省老龄事业发展“十二五”规划编制工作。组织一百多名老专家、老教授在龙川县开展了第七期“银龄行动”，取得了良好的经济效益和社会效益，受到当地干部群众的欢迎。组织开展了我省应对人口老龄化战略研究，并取得阶段性成果。省老龄委、省委老干局与联合国国际老龄研究所联合举办了第二期“应对人口老龄化战略高级研修班”，组织全省各级老龄、老干系统人员参加了培训，提高了老龄工作干部的业务能力。省老龄办围绕“以民为本、为民解困、为民服务”的主题，开展了纪律教育月、读书交流、创先争优等一系列活动，自身建设得到进一步加强。

重要会议和活动

【召开省老龄委第十次全体会议】2月24日上午，省老龄委第十次全体会议在省政府迎宾厅举行。会议由省老龄委常务副主任、省政府副秘书长颜学亮主持。省老龄委主任、副省长李容根出席了会议并作重要讲话。省老龄委委员及省老龄委成员单位联络员出席了会议。会议传达了全国老龄委第十二次全体会议精神，总结了2009年我省的老龄工作，并对今年的工作落实提出了意见。会议还表彰了2009年度省老龄委先进成员单位和优秀联络员。

【召开全省地级以上市老龄办主任会议】2月24日下午和25日上午，全省老龄工作会议在广东大厦召开。会议传达了全国老龄委第十二次全体会议、全国老龄办主任会议及省老龄委第十次全体会议精神，总结交流了老龄工作经验，部署了今年全省老龄的工作任务。会议由省老龄委委员、省老龄办主任陈瑞峰主持，省老龄委委员、省民政厅党组成员、副巡视员高党生出席会议并讲话。各地级以上市老龄委领导、老龄办负责人以及省老龄办全体人员共60人参加了会议。

【《中国老龄事业发展“十一五”规划》执行情况检查】5月19日至20日，由全国人大常委郑功成和全国政协委员刘玉明、全国老龄办副主任阎青春带领的《中国老龄事业发展“十一五”规划》执行情况检查组一行12人到广东检查老龄事业发展“十一五”规划执行情况。检查组听取了省民政厅厅长、省老龄委副主任刘洪汇报我省老龄事业发展“十一五”规划执行情况，并实地考察了广州、东莞等市。

【开展了2008—2009年度市级老龄工作目标责任考核】7月5日至21日，省老龄委在全省范围内开展了2008—2009年度市级老龄工作目标责任考核。省民政厅党组成员、副巡视员高党生，省老龄办主任陈瑞峰、副主任刘树林分别带领考核组，对珠海、汕头、梅州、汕尾、潮州、揭阳、江门、阳江、湛江、茂名、云浮、广州、韶关、河源、惠州、清远等地进行了实地考核。

【举行了广东省敬老月活动启动仪式暨广东省第四届老年文艺调演颁奖仪式】由省老龄委主办的广东省敬老月活动启动仪式暨广东省第四届老年文艺调演颁奖仪式于9月29日在广州文化公园举行。省老龄委委员、省民政厅党组成员、副巡视员高党生到会致辞。省老龄委委员、联络员及老年演员、观众共600多人参加了启动仪式。

【举行了广东省第三届“十大敬老之星”和第一届“敬老企业之星”评选活动奖仪式】广东省第三届“十大敬老之星”和第一届“敬老企业之星”评选活动奖仪式于10月12日在广州市珠江宾馆会议中心隆重举行。省老龄委委员、省民政厅党组成员、副巡视员高党生讲话。颁奖仪式由省老龄委委员、省老龄办主任陈瑞峰主持。省老龄委委员、省广播电影电视局副局长丘敬平宣读“十大敬老之星”、“敬老企业之星”表彰通报。敬老之星与敬老企业之星代表作了发言。

【组织了省“福彩杯”万名老人登山活动】10月13日上午，由广东省老龄办、省福利彩票发行中心主办，广东省老龄产业协会、广东省直属机关老年人协会承办，广东省老年基金会协办的省“福彩杯”万名老人登山活动在白云山隆重举行，近万名老年人在重阳来临之际畅游共庆。

【举办了“中国城乡老年人口状况追踪调查”培训班】11月23日省老龄办在广州举办“中国城乡老年人口状况追踪调查”培训班。来自广州、佛山、茂名、江门、汕头、清远、潮州、韶关市的督导员以及参加调查的各县（市、区）老龄办督导员共计20余人参加了培训。

【举办了第二期“应对人口老龄化战略高级研修班”】2010年12月8日至14日，由省委老干部局、省老龄工作办公室、联合国国际老龄研究所联合主办的第二期“应对人口老龄化战略高级研修班”在广州从化举办。来自全省部分市县区老龄办、老干部局和省直单位老干部工作部门的负责人及相关人员共计40多人参加培训。省老龄委委员、省民政厅党组成员、副巡视员高党生出席了研修班开闭幕式。

各项业务进展

【老龄政策研究】为了做好起草《广东省老年人优待办法》的前期准备工作，上半年，对广州、中山、珠海、清远、韶关等地老年优待情况进行了专题调研，同时还了解参考各兄弟省市老年人优待方面的经验和做法，拟制了《广东省老年人优待办法》（征求意见稿），共十八条，分别对老年人进入公园景区、乘坐公用交通工具、老年人养老和医疗保障、老年维权、丰富老年人精神文化生活等方面作了明确的规定。6月份，将《优待办法》（征求意见稿）印发省老龄委各成员单位和地级以上市以及社会各界征求意见。根据21个地级以上市、省直相关成员单位的反馈意见和建议，对《优待办法》（征求意见稿）作了进一步修改，形成了《优待办法》（送审稿），争取2010年能够出台实施。

积极牵头组织有关部门和科研单位启动了我省应对人口老龄化的战略研究工作。与社科院专家一起进行研究讨论，明确了战略研究的重点、具体内容和要求，草拟了研究方案。课题分四个阶段进行：一是准备阶段，5月制定了工作方案及写作提纲；二是调研阶段，6月至7月，课题组展开调研，并对资料和数据进行收集分析；三是撰稿阶段，8月至10月，根据前一阶段的调研及预研究情况，课题组开始写作研究报告初稿；四是修改定稿阶段，11月由专家及领导对初稿进行评审，根据修改意见修改定稿。通过这次战略研究工作，准确把握老年人口状况的内在联系、演变规律，为制定我省应对人口老龄化发展战略的重大决策提供科学依据。

【老年维权工作】全省各级法律援助部门对老年当事人提供减免费服务，对行动不便的老年人提供上门服务。人民法院对涉老案件实行优先受理、优先审理、优先执行，对较复杂和易反复的案件实行回访制度，对经济有困难的老年人实施司法救助。各级司法行政部门制定实施了律师、公证机构为老年人提供法律援助和法律服务的规定。全省大部分地区成立了老年法律援助中心、老年法律事务所，有的还开设了老年法律服务热线，为老年人的维权活动提供便利。据不完全统计，全省共调解涉老矛盾纠纷案12多万件，调解成功率96.5%。省老龄办坚持每月一次法律咨询日活动，为老年信访群众处理了70多起案件。各地老龄工作部门加强老年人来信来访工作，妥善处理信访案件，及时化解矛盾纠纷，老年人的合法权益得到维护。

【为老服务业发展】至2010年底，全省经民政部门登记在册的各类养老机构共有2562所，床位11.08万张，收养老人7.4万人。其中民办养老机构已达797家，养老床位4.99万张，收养老人3.12万人。居家养老服务机构254家，服务居家老年人292.7万人次。养老机构工作人员共有11773人，其中专业护理人员7743人。以居家养老为基础、社区服务为依托、机构养老为补充的社会养老服务体系建设已形成共识。以保障高龄、独居、空巢、失能和低收入老人为重点，借助专业化养老服务组织，提供生活照料、家政服务、康复护理、医疗保健等服务的居家养老服务模式加速推进。按照政府主导、社会参与、公办民办并举的发展思路，采取公建民营、民办公助、政府购买服务等方式，大力发展机构养老服务。从2010年开始到2012年，省民政厅计划用三年时间，每年从省级福利彩票公益金中安排3000万元，资助各地级以上市在城区建立居家养老服务示范中心。养老服务队伍发展迅速。截至到2010年底，全省已组织养老护理员鉴定2.4万人、家政服务员鉴定2.23万人。通过全国社会工作职业水平考试取得社工师资格的有384人，取得助理社工师资格的有3148人，居家养老专业服务人员匮乏的局面得到了缓解。

【老龄新闻宣传】省老龄办利用《广东老龄工作简报》及时发布老龄工作信息，配合《秋光》、《老年观察》、《老人报》等报章杂志，做好老龄宣传和新闻专访。省老龄委在全省范围内广泛开展了敬老、爱老、助老主题教育活动评选表彰工作暨广东省"第三届十大敬老之星"和广东省"第一届敬老企业之星"评选表彰活动。全省各地以开展敬老爱老主题教育活动为契机，加强与各新闻媒体的联系，大力宣传"敬老企业"和"敬老之星"的事迹，在全社会营造了敬老爱老的良好氛围。

【老年文体活动】省老龄办在"重阳节"及第22届"老人节"期间，举行了第四届广东省老年文艺调演颁奖仪式，组织了"福彩杯"省直机关万名老人登白云山活动，举办了广东省首善爱心工程百队门球大赛。省老龄办选送的9个老年文艺节目和21幅书画作品参加全国第二届老年文化艺术节，取得了一个特等奖、四个金奖、五个银奖、两个铜奖和四个优秀奖的优异成绩，省老龄办获得优秀组织奖。各成员单位和涉老社会组织也积极发挥作用，兴办各类老人活动设施和开展老年文体活动。如省文化厅大力推动适合老年人活动的文化广场建设，兴建了一批老龄文化活动中心。省老干部局、省体育局和省老年人体育协会举办了省第七届老年人运动会。在主题教育活动和老人节期间，各地按照全国和省老龄办的通知要求，普遍组织老年人开展了老年文艺汇演、老年文化艺术节、老年人运动会等一系列有益于老年人身心健康的文体活动上万场（次），大大丰富了老年人的精神文化生活。

【第七期"银龄行动"】第七期"银龄行动"主要有三个方面的内容：一是开展农业科技下乡活动，由在农业科技上有成就的我省老专家、老教授向农民群众传授大豆、玉米、花生油茶栽培技术与病虫害防治，并向农民赠送试种、试用农资产品和科普丛书。二是开展教育、科普下乡活动，主要是根据新课标教材对龙川县的中小学教师进行辅导，提高教学质量。三是医疗卫生服务活动，组织医疗卫生系统的老专家教授举办专题讲座，到县、镇医疗带诊、义诊。第七期"银龄行动"为当地人民送去了知识，送去了技术，送去了健康，受到了当地人民的热烈欢迎。同时，还鼓励和引导老年知识分子积极参与社会发展，扩大了老龄工作的影响，提升了老龄工作部门的地位。

云南省

综　　述

2010年，我省的老龄工作始终坚持"党政主导、社会参与、全民关怀"的方针，紧紧围绕实现"六个老有"的工作目标，以保障和改善民生为重点，真抓实干，开拓进取，务求实效，各项老龄事业呈现出持续健康发展的良好局面。

一、党政领导高度重视老龄事业发展

面对日益加剧的人口老龄化趋势，省委、省政府高度重视，始终坚持"党政主导、社会参与、全民关怀"的老龄工作方针，切实把老龄工作摆上重要位置，纳入保障和改善民生的重要内容，多次听取老龄工作专题汇报，作出重要批示。省政府将发展养老服务业、发放高龄老年人补贴等工作列入年度20项重点工作进行督促检查，将老龄工作目标管理责任制考核列入省对各州市政府的综合考评项目。全省各级各有关部门，紧紧围绕"六个老有"目标，完善惠老制度措施，整合为老服务资源，创新工作体制机制，积

极为老年人办实事、解难事，全省老龄事业健康快速发展。

二、深入推进社会养老保障体系建设

一是城镇职工养老保险不断扩大覆盖面，提高保障水平，参保人员完成了由国有集体企业为主到覆盖城镇各类所有制企业、自收自支事业单位、个体工商户和灵活就业人员的重大转变。“十一五”末，全省参加企业职工基本养老保险达317.42万人。目前，我省企业退休人员月人均养老保险金1432元，按时足额发放率达100%。在不断完善城镇职工养老保险制度的同时，积极推进企业年金制度建设工作，“十一五”末，全省有183家企业建立企业年金制度，参加人数24万人，为建立多层次的养老保险制度发挥了积极作用。二是新型农村社会养老保险试点范围逐步扩大。截止2010年底，有37个县开展试点，覆盖面达28.7%，参保人数533.37万人，其中参保缴费人数431.25万人，领取不低于年660元养老金的人数为102.21万人。三是切实加强养老保险基金管理。为了保证省级统筹的正常运转，养老保险基金收支省、州市、县三级预算管理，并健全了省对州市、州市对县的两级基金调剂补助机制和“地税部门保征收，财政部门保拨付，人社部门管核定、保发放”的三方工作机制。

三、深入推进老年人医疗保障体系建设

一是采取积极措施扩大基本医疗保险覆盖范围。我省统筹解决了33.2万各类关闭破产企业、国有（集体）困难企业退休人员参加职工医保的问题后，职工医保制度范围内覆盖的老年人群基本实现应保尽保。截止2010年底，全省城镇职工、城镇居民医疗保险参保人数分别为415.6万人和392.3万人，其中退休人员和50岁以上城镇居民217.7万人，占参保人数的26.9%。参加新农合3456万人，参合率达到96%。二是努力提高老年人医疗待遇。明确规定，退休人员本人和单位不再缴纳基本医疗保险费。退休人员医疗保险个人账户划入比例高于在职职工、住院医疗费自付比例低于在职职工，大部分统筹地区还规定70岁以上老年人住院起付线减半。各级医疗机构新农合住院报销比例逐步有所增加，2010年全省政策范围内住院报销比例为60.22%，乡镇卫生院实际补偿比例达到67.44%。同时，对于重病困难的老年人，各地还采取资助参保、医疗救助、临时救助、慈善救助等方式，加大医疗救助力度，确保他们病有所医。三是大力加强老年门诊和医疗卫生服务体系建设。全省有条件的大中型医疗机构和养老服务机构先后开设了老年病专科或门诊，建立老年康复和临终关怀等服务的医疗卫生服务机构。有123个县（市、区）开展了社区卫生服务工作，建有社区卫生机构878个，绝大部分老年人能够就近就便享受到公共卫生和基本医疗服务。

四、深入推进老年人生活救助和专项福利制度建设

坚持把城镇“三无”、农村五保和低保家庭中的困难老年人作为社会救助、福利制度的重中之重，不断加大工作力度，保障其基本生活。在城乡低保方面，将符合条件的城乡困难老年人全部纳入保障范围，并建立了随城乡人民生活水平和物价提高而提高的低保标准自然增长机制，补差水平不断提高。截止2010年底，15.4万城市老年人和114万农村老年人纳入了最低生活保障范围，并按当地分类施保要求适当提高补助标准。逐步健全了城市“三无”、农村五保老人集中供养制度，全省2.8万名农村五保对象在农村敬老院等福利机构免费集中供养，对居家的孤老优抚对象、城乡无自我保障能力老年人群体，采取多种措施，不断提高其分散供养保障水平。

五、惠老优待政策进一步落实

全面建立了高龄老年人津（补）贴制度，截止2010年底，有59.8万名高龄老年人享受了月均25元的80—99周岁保健补助和月均192元的百岁老人长寿补助。绝大多数州市落实了老年人凭有效证（卡）免费乘坐市内公交车、进公园、公厕、文化设施和免交就医普通挂号费、各种服务优先优惠等优待政策。一些州（市）、县（市、区）又在全省优待内容的基础上结合当地情况对老年优待内容进行了不同程度的细化拓展，更加突出老年人的权益保障。积极推广“设施、程序、信息、交流”四个无障碍建设“昆明盘龙经验”，为老年人提供优质高效的法律援助服务，近三年来共为8万多名老年人提供法律援助。

六、养老服务体系建设加快推进

一是大力推进机构养老服务。为发挥养老服务机构在养老服务体系建设中的支撑作用，我省仅近两年就筹资2.06亿元，新建、改扩建了56个老年福利机构，资助和政策扶持了50个民办养老机构，养老床位达到14334张。截止2010年底，仅中央和省两级就投入3.7亿元，资助建设农村敬老院254所，新增床位近2万张，全省五保供养床位达到了3万张。启动了23个省级爱心护理工程建设项目，资助现有养老机构购置医疗康复护理设施设备，为失能、半失能老人提供更高水平的专业化服务。昆明市对全市各地机构养老设施的统一规划布点，大力开展养老服务业招商引资，着力加快养老服务设施建设。二是积极推进居家养老服务。在认真总结前些年在社区开展养老服务“163”计划试点的基础上，省本级福彩公益金投入1400万元资助了28个省级居家养老示范点建设项目，带动各地建设了一批日间照料中心，积极为老年人提供生活照料、康复护理、家政服务、医疗保健和精神慰籍等多方面的服务。三是为老服务设施建设步伐逐步加快。各地积极整合社会资源，进一步加大了为老服务设施建设力度。近年来，省本级福彩公益金投入3185万元，资助建设51个基层老年活动中心。每年还安排200万元资金开展“百村建设”计划，帮助100个基层老年协会改造活动场所，购置活动器材和图书。各级也结合社区建设、新农村建设、敬老先进社区（村）创建活动等，加大投入力度，筹集经费资助了1/3左右的基层老年协会活动场所和服务设施建设。到2010年底，全省共有老年活动中心（站、室）1.1万多个，老干部活动中心203个，各种老年体育设施1.6万多套（件），老年大学148个、老年学校2267个，成立基层老年人协会1.5万多个。

七、老龄宣传工作扎实推进

2010年，各级仍将《老年法》列入普法教育内容，有关部门充分利用各种新闻媒体，广泛宣传《老年法》、《条例》等涉老法规政策，深入开展孝亲敬老主题教育和敬老宣传月活动，积极开展评选表彰“云岭十大孝星”和慰问特困、长寿老人、老年文艺汇演等丰富多彩的活动。在普通高中、中职院校开展“三生教育”的教材《生命、生存、生活》中，专列“孝理、孝能、孝行”和感恩教育内容，不少中小学校坚持上敬老课，定期召开感恩长辈主题班会，组织学生为老年人做好事，着力营造“关爱老人、共建和谐、共享和谐”的社会氛围。各级组织老年文艺团体经常深入基层进行慰问演出，举办老年书画展、健康知识讲座、老年观光旅游、万人游园、评选“敬老好儿女、好媳妇、好家庭”和“送法下乡”、“孝心进社区”、义务助老等活动，积极引导老年人走出家门融入社会，参加有益身心健康的各类活动，极大地丰富了老年人的精神文化生活，全社会的尊老、敬老、助老意识普遍增强。

重要会议和活动

【中国老龄事业发展“十一五”规划检查评估】2010年8月30日至9月5日，由全国政协委员、安徽省政协副主席李宏塔、全国老龄办副主任曹炳良带队，全国老龄办、中直机关工委、商务部、司法部、全国总工会、全国妇联等有关部门负责同志组成的《中国老龄事业发展“十一五”规划》（以下简称《规划》）执行情况联合检查组一行11人，采取召开座谈会、听取汇报、实地检查等方式，对云南省贯彻落实《规划》情况进行了检查考核，同时还实地检查了昆明市、西双版纳州社会福利院建设情况、社区居家养老服务开展情况和基层老年人协会建设情况；9月4日下午，云南省人民政府在昆明组织召开贯彻执行《规划》情况汇报会，云南省副省长、省老龄委主任曹建方、省政府副秘书长蒋兆岗、省民政厅厅长王树芬和省老龄专职副主任王建新等同志出席会议，省老龄委29个成员单位分管领导参加了会议。曹建方副省长主持会议并作重要讲话，省老龄委常务副主任、省民政厅厅长王树芬同志就我省贯彻落实《规划》情况作了专题汇报。

【敬老月系列活动】根据全国老龄办的安排，全省各地认真组织开展了敬老月系列活动，进一步营造孝亲敬老社会氛围。省老龄办联合中国老年报社在昆明举办中华不老城（魅力·云南）中老年时尚风采展演交流活动；积极协调中国老龄事业发展基金会组织开展了“关爱老人·边疆行”系列活动，安排100万元社会捐赠款对我省25个边境县、3个藏区县、2个内地县的“五老”（高龄老人、贫困老人、知名老人、老英雄、老党员）共1200名老年人和20个养老机构进行了走访慰问。省人大常委会副主任江巴吉才、副省长曹建方、省政协副主席陈勋儒等领导分别率慰问组，对部分养老机构和老年人实地进行了走访慰问。协调中国老年艺术团分别在昆明市、曲靖市马龙县敬老院进行了专场慰问演出。敬老月期间，省老龄办联合省老龄事业发展基金会举办了“云南省敬老、爱老、助老摄影大赛”，各地各部门以宣传贯彻“一法一条例”为主线，以“孝心行天下，和谐彩云南”为主题，积极采取与报纸、电台联办专栏、评选表彰、征文评比、举行文艺活动等形式宣传老龄法规政策和敬老先进典型，进一步增强了全社会尊老、敬老、养老、助老意识；积极组织开展形式多样的庆祝敬老节文体活动，大力表彰敬老、爱老、助老的先进典型，走访慰问城乡贫困老人和百岁老人，进一步弘扬中华民族孝亲敬老的传统美德，营造了“关爱老人、共建和谐、共享和谐”的良好社会氛围。

【召开云南省老龄办主任会议】2010年3月19日，云南省老龄工作委员会办公室在文山召开全省老龄办主任会议，省老龄委部分成员单位分管领导和各州（市）老龄办负责人、综合科长以及州（市）政府驻地的县（市、区）老龄办负责人和省老龄办全体人员参加了会议。会议传达学习了全国老龄委第12次全会、全国老龄办主任会议和曹建方副省长在全省民政会议上有关老龄工作的讲话精神；省民政厅党组成员、省老龄委专职副主任王建新作了题为《突出重点狠抓落实 努力推动我省老龄事业再上新台阶》的工作报告，全面总结了2009年全省老龄工作，分析研究了当前我省老龄工作面临的形势，部署安排了今年的工作任务；省民政厅党组成员、驻厅纪检组长周潮明出席会议并就如何加强老龄事业专项资金监督管理，促进老龄事业健康发展作了重要讲话；通报表彰了各州市落实2009年度老龄工作目标管理责任制情况；省老龄办与各州市老龄办分别签订了2010年度目标管理责任书；昆明、曲靖、玉溪、红河、文山5州（市）老龄办分别从落实老龄优待、发展养老服务、加强老龄自身建设等情况进行了交流发言。

【举办云南省养老服务专题研讨会】为切实加强我省养老服务体系建设，进一步提高老龄系统干部队伍的综合业务素质和工作能力，更好地促进我省老龄事业的发展，2010年11月17—19日，省老龄办在昆明举办全省养老服务专题研讨会，通过以会代训的形式，认真学习传达贯彻落实党的十七届五中全会和全国社会养老服务体系建设推进会议和全国尊老敬老经验交流会精神，分析研究我省养老服务工作的现状，安排部署我省加快养老服务工作，讨论《云南老龄事业发展“十二五”规划（征求意见稿）》研究部署推进我省养老服务体系建设，组织培训老年人口状况跟踪调查和养老服务建设项目申报。省民政厅党组成员、省老龄委专职副主任王建新同志出席研讨会并作了重要讲话。省老龄办全体人员、各州、市及州、市政府所在地的县（市、区）老龄办领导、养老服务负责人，承担城乡老年人口状况追踪调查任务的县（市、区）老龄办领导、具体工作人员和今年新批立项的爱心护理项目所在地的县（市、区）老龄办领导、项目负责人共120人参加了会议。

【中国老龄事业发展十二五规划座谈会在昆明召开】2010年8月23日至24日，全国老龄办在昆明组织召开了《中国老龄事业发展十二五规划（讨论稿）》座谈会，四川、重庆、贵州、云南、内蒙古、陕西、黑龙江、江西、甘肃、广西等省（市、自治区）老龄部门领导参加了会议。会上，全国老龄办闫青春副主任就《中国老龄事业发展十二五规划（讨论稿）》的编制背景、基本框架、基本思路等情况作了详细介绍；云南省老龄委专职副主任王建新同志代表云南省老龄委发表了热情洋溢的致辞，就我省落实老龄事业发展十一五规划和编制十二五规划作了简要介绍，并围绕《中国老龄事业发展十二五规划（讨论稿）》提出了意见和建议；其他与会代表结合西部省份经济社会发展情况就如何编制《中国老龄事业发展“十二五”规划》进行了热烈讨论。

【老龄工作目标管理责任制考核】根据省委、省政府的安排，从2010年起，老龄工作年度目标责任制纳入省委、省政府对各州市党委、政府的年度工作目标总体考核范围，由省检查考评工作综合协调领导小组办公室统一组织。为全面了解各地执行2010年度老龄工作目标管理责任制情况，2010年12月19日至25日，省民政厅、省老龄办组成由厅领导带队、相关处室人员参加的6个工作组，对各州市落实老龄工作年度目标管理责任制情况实施了检查考核，客观公正地进行评议，打出了初评分，及时为省考评办实施综合考核评审提供参考依据。

【2010年中国城乡老年人口状况追踪调查】2010年11月中旬，按照《全国老龄办关于做好2010年中国城乡老年人口状况追踪调查工作的通知》的要求我省历时两个多月时间开展了城乡老年人口状况追踪调查工作。为了确保调查工作的顺利进行，省级拨付10万元工作经费，相关州（市）、县（市、区）也安排了17.23万元。在调查过程中，中国老龄科学研究中心进行业务指导，对我省昆明、昭通、楚雄、红河、文山、西双版纳、大理7州（市）、12个县（市、区）、100个村委会的1009名城市和农村60岁以上的老年人进行选调、摸底、入户调查等工作，通过调查了解，掌握了老年人的基本情况，提高了基层老龄工作部门组织实施基层老龄调查工作的能力水平。

【老年摄影大赛】2010年10月12日，由省老龄办、省老龄事业发展基金会联合举了“云南省敬老、爱老、助老摄影大赛”，并在昆明市举行颁奖仪式及获奖作品展示。全省共有738幅作品参赛，99幅作品获奖。

各项业务进展

【修订《云南省老年人优待证办理工作规定》】2010年4月修订了《云南省老年人优待证办理工作规定》，对之前使用的《云南省老年人优待证办理工作暂行规定》进行了完善和补充，明确规定了老年人今后可免费办理优待证，同时，港、澳、台及外国籍老人如符合条件也可申请办理云南省老年人优待证。新《规定》的发布标志着我省建立了统一的老年优待证发放制度，为进一步加强老年人优待证办理工作的规范化管理，维护好老年人的合法权益提供了有力的法律保障。

【编制云南省老龄事业发展“十二五”规划】全省各地积极开展《云南省老龄事业发展“十一五”规划》

终期评估工作，认真评估规划目标任务落实情况和取得的成效，分析存在的问题及原因。省民政厅、省老龄办组织由厅领导带队的六个工作组，结合年度工作目标责任制考核，对各州市贯彻执行“十一五”规划情况进行了检查评估。省老龄办认真分析研究当前我省老龄工作的现状、老龄事业发展形势，对“十二五”规划编制工作进行专题研究部署，成立了由省老龄委专职副主任王建新任组长，省老龄办董代模、卢红军、和向群三位处长为副组长的规划编制工作领导小组，明确了组织领导、工作步骤及有关要求。为促进我省老龄事业科学发展，根据《云南省国民经济和社会发展第十二个五年规划纲要》和全国老龄办《中国老龄事业发展“十二五”规划（草案)》，于2010年6月全面启动了我省老龄事业“十二五”规划的编制工作，2010年10月完成了《云南省老龄事业发展“十二五”规划（草案)》。同是，针对今后五年老龄化形势和经济社会发展，省老龄办组织专门力量，聘请有关专家，利用承担省政府政策研究课题的时机进行问卷调查和实地调研，为《规划》的编制提供科学的依据；编制过程中注重衔接协调，充分利用国家老龄事业发展“十二五”规划在我省召开座谈会的时机，结合省里的“十二五”规划，借鉴省民政厅、省发改委、省人保厅、省体育局等有关部门的十二五涉老规划，对《规划》初稿的体例、结构和内容进行反复修改完善、调整和充实，形成了征求意见稿。经过2010年10月全省老龄干部培训会和2011年4月全省老龄工作会议与各州、市老龄办领导座谈讨论以及书面征求州、市老龄办和省老龄委成员单位意见后，进一步作了较大幅度的修改完善，对一些数据、标准和内容进行了调整、补充和完善，目前已进入规划的论证和专家评审阶段。

【高龄老年人补贴】为认真贯彻落实《云南省老年人权益保障条例》，在2009年全省各地全面落实80周岁以上高龄老人保健补贴和长寿补贴的基础上，省政府要求进一步提高补贴标准，80周岁以上老年人的补贴每月不得低于20元，并将列入省政府2010年度20件实事之一。省老龄办积极加强督促检查，指导各州（市）、县（市、区）老龄部门积极争取党委、政府的支持，认真做好80周岁以上老年人的调查登记、公示审核和补助资金的审批发放工作。截至到2010年底，全省已有55.9万名80周岁以上老年人领取了保健补贴，900多名百岁老人领取了长寿补贴，累计发放高龄补贴达1.5亿元（其中省财政安排300万元，州、县两级财政配套资金1.2亿元）。

【“百村建设”】全省上下积极组织实施“百村建设”计划，省老龄办积极筹集省级福彩公益金200万元、省老龄事业发展基金会安排70万元，帮助170个基层老年协会解决活动设施、器材和图书等，各州（市）、县（市、区）仍按1∶2∶4的比例积极落实配套资金，帮助农村基层老年人协会解决实际困难，充分发挥了老年协会在新农村建设中的积极作用，不断推动了基层老龄工作的全面发展。

【爱心护理工程】全省共安排福彩公益金530万元，按照公办养老服务机构为主，适当兼顾民办养老机构的原则，选择了基础设施较好、管理服务经验丰富、供养老人规模较大、失能半失能老人较集中的8个养老服务机构进行省级“爱心护理工程”项目建设。

【老龄调研工作】认真组织开展老龄事业发展情况统计工作，对全省各地的老年人口数量、老年福利服务设施、经费投入、贫困老年人生活保障和为老服务情况等进行了全面的调查统计，为有针对性地开展老龄工作提供了详实的依据；组织人员在全省范围开展基层老龄工作机构建设专题调研和高龄津贴发放管理情况的专题调研，深入6个州市6县（市、区）开展了老年人养老服务需求状况调查，在昆明市五华区、红河州个旧市组织开展了失能老年人基本状况调查，为下一步加强老龄机构建设、解决失能老人生活困难和发展养老服务业积累了第一手资料。

【基层老龄工作】我省始终坚持把将加强基层老龄工作载体、平台、服务设施和组织建设作为维护边疆民族地区稳定、维护老年人权益、促进社会和谐的重要途径，着力夯实基层基础工作，推动老龄工作各项任务在基层的落实。一是基层老龄工作平台遍布城乡。全省有各类涉老民间组织511个，乡镇老年学校2081所，各级老年人协会1.5万多个，入会老年人近300万人。二是扎实推进创建活动。敬老先进村（社区）等创建活动的深入开展，提高了基层老龄工作的整体水平。三是加强基层老年活动场所建设。各级累计投入1.7亿多元，资助全省近三分之一的基层老年协会进行活动场所建设、购置设施设备。目前，基层老年组织，已经成为老年人参与社会活动的重要平台，成为落实惠政政策措施有力的组织保证，并且在维护城乡稳定、促进基层和谐发展方面发挥了不可替代的独特作用。

【老年维权工作】各级人大、政协适时组织涉老法规政策执法检查、视察，及时发现和纠正老年权益保障方面存在的问题及薄弱环节。司法部门创办老年维权热线和老年法律援助中心，妥善处置涉老纠纷和案件，在实施“三省九县老年人法律援助”项目中，为辖区老年人全部提供法律援助，做到“应援尽援”。

公安机关加大对侵犯老年人合法权益的违法犯罪行为的查处力度；各级人民法院优先审理涉老案件，减免了贫困老年人的诉讼费；新闻媒体加强对老年维权案件的舆论监督；省老龄办还把老年维权工作纳入了老龄工作目标管理责任制考核的重要内容，指导各地老龄部门在农村推行签订《家庭赡养协议书》制度，促进了老年维权工作的落实。“十一五”期间，全省共为老年人办理赡养等法律援助案件8952件，受援老年人达1.14万人，咨询4.72万人次，调解涉及老年人权益的婚姻家庭、赡养、继承等各类社会矛盾和家庭纠纷10.37万件，有效维护了老年人的合法权益，促进了社会和谐稳定。

【贫困老年人救助】省老龄办督促指导省老龄事业发展基金会、敬老爱民促进会积极开展助老活动，筹集资金1213万元，助养助医8500余名老年人，为153名贫困老年人解决了住房难问题。省民政厅从福彩公益金中安排专项资金，资助各地开展居家养老服务、爱心护理工程和老年活动中心及老年协会建设，同时，每年还安排500万元资金用于扶持养老机构开展政府购买服务工作。目前，全省已有10个州（市）、59个县（市、区）成立了老龄事业发展促进会，成为了各级政府开展贫困老年人救助工作的有力补充。

贵州省

综　　述

2010年，贵州省老龄工作紧紧围绕“六个老有”的目标，按照省老龄委第十次全体会议的工作部署，突出重点，狠抓落实，稳步推进，老龄事业蓬勃发展，取得了新的成效。

一、各级党委政府高度重视老龄工作，大老龄工作格局进一步巩固

全省各级党委、政府高度重视老龄工作，积极研究应对人口老龄化的政策措施，为老龄工作顺利开展创造了有利条件。省委副书记、省老龄委主任王富玉和副省长、省老龄委常务副主任辛维光出席省老龄委第十次全体会议并作重要讲话。各地及时召开老龄委全体会议和老龄办主任会议，认真传达贯彻会议精神，为老龄工作顺利开展创造有利条件。毕节地区、铜仁地区、黔东南州、黔南州等分管领导召开专题会议听取老龄工作汇报并提出工作意见和建议。六盘水市钟山区以区委、区政府名义下发《钟山区2010年老龄工作要点》。赫章县政府开展了60岁以上老年人情况统计工作。老龄工作机构和队伍建设得到加强。贵阳市、毕节地区、黔东南州等地老龄办在机构改革中增加了编制、科室和领导职数。各地党委政府积极制定出台老龄工作有关政策。黔南州委下发《关于加强老龄工作的意见》，六盘水市人民政府出台《六盘水市中心城区优待老年人乘坐城市公共汽车实施方案》。各级党委政府和民政部门加大老龄工作经费投入，支持居家养老服务工作顺利开展。仅贵阳市、县（市、区）两级2010年投入居家养老服务工作经费就达330万元。

二、养老保障制度进一步健全完善

全省城镇职工基本养老实现省级统筹，2010年参保人数达250万人，比上年增加14.6万人。建立基本养老金正常调整机制。退休人员月人均基本养老金达到1305元。全省有27个县（市、区）开展新型农村养老保险试点，参保人数达到224万人，50多万农村老年人领到养老金。城镇基本医疗保险制度和新型农村合作医疗制度覆盖面不断提高。农村参加新型合作医疗农民3029万人，比上年增加198万人，参合率达96.28%，比上年提高2.03个百分点，参合农民享有标准由上年100元/人提高到140元/人。计生部门进一步落实农村计划生育家庭奖励扶助制度，2010年将不低于720元的奖励标准实施范围进一步扩大到22个县，共发放奖励扶助资金2140.7万元，补助对象29732人。积极推行农村计划生育“两户”家庭养老保险制度，目前全省已有32个县（市）开展试点，试点范围内实际参保人数占应参保人数14.04%，并已在试点县实现计生家庭养老保险试点工作与新型农村养老保险制度的完全衔接，成为新型农村养老保险工作的有益补充。民政部门不断完善社会救助制度，城乡居民最低生活保障覆盖面不断扩大，救助标准逐年提高。全省城镇低保对象53.85万人，其中老年人7.56万人，年平均保障标准231元，人均补助152.3元；农村低保对象534.7万人，其中老年人165万人，占30.86%，年平均保障标准1186元，年人均补助536元。进一步完善城乡医疗保障制度，认真抓好医保扩面工作。全省城镇职工医疗保险参保 290 万人，其中退休人员 85 万人，城镇居民参保 306 万人，比上年增加 19 万人。各地深入贯彻国务院《农村五保供养条例》，五保户集中供养和分散供养补助标准分别达到 1834 和 1429 元。

三、为老服务工作体系进一步完善

各级老龄委成员单位根据自身工作职责，为广大老年人提供良好的生活环境和服务。省计生委 2010 年开展了《贵州“十二五”人口老龄化趋势预测与养老保障政策研究》课题研究工作，为党委、政府决策提供科学依据。同时，在部分有条件的地区参与投资新建养老机构，对计生“两户”家庭人员实行入住补贴。省委老干部局和省发改委继续抓好扶持 68 个非经济强县老干部活动中心建设工作，下拨 17 个县建设资金 680 万元，截至到 2010 年底，全省 68 个非经济强县老干部活动中心建设项目基本完成，实际投入资金超过 1.2 亿元，切实改善了我省老干部活动条件。省住房和城乡建设厅在县级城市总体规划修改工作中，严格按标准配置老年人服务设施，并督促风景名胜区和城市公园加强无障碍设施建设，有效保障了老年人出行便利。各级妇联建立“流动妇女平安之家”，引导社区流动妇女参与为老服务，在社区营造敬老爱老的和谐氛围。省妇联开展关爱老年母亲送温暖“三个一”活动，对 300 名贫困母亲开展了慰问，慰问金近 40 万元。省委教育工委开展敬老爱老教育活动，并纳入各类评比考核内容，作为中小学教育综合素质评价和招生录取的重要指标。省文明办、省老龄办、团省委、省残联等 11 个部门继续联合开展“和谐贵州三关爱”绿丝带志愿服务行动，为空巢老人、留守儿童、残疾人提供志愿服务，据不完全统计，目前全省各地共招募志愿者 8 万余人，与 562085 名服务对象结成对子，提供服务 10 万余小时。组织部门从党费中划拨 200 万元资金，在春节期间对老干部、老模范和生活困难老党员进行了慰问。省民委在创建民族团结进步示范村工作中，对 6 个示范点的老年活动场地进行重点建设。

四、老年文体活动深入开展，老年人生活丰富多彩

文化部门以各级群众艺术馆（文化馆）为载体，积极鼓励举办舞蹈、美术、音乐、戏曲、摄影、书法等老年艺术培训班，并组织开展了各类展演、赛事等活动。在基层农村进一步加大文化站点建设力度，新建一批“乡镇综合文化站”，改善了基层老年人文化活动环境。省内 2 个老年合唱团参加文化部主办的“永远的辉煌——第十二届中国老年合唱节”展演活动，取得良好成绩。体育部门加大老年体育场地建设力度，投入 260 万元农建工程款和体彩公益金用于全省基层老年体育场地建设。各级老年体育协会积极开展老年体育健身活动，举办了老同志迎春游艺活动、全民健身日健身展示活动、省级老年门球、柔力球、钓鱼、健身球操、竞技麻将、网球等比赛，并派出两支队伍参加了 2010 年全国老年人健身活动展示大会，全年共组织 114 名老年运动员参加了各项目的全国性比赛，取得了优异成绩。宣传、广电、新闻出版等部门加强老龄工作宣传报道，依托广播、电视和报刊等媒体向社会积极宣传老龄政策法规和老龄工作动态，为老年人提供丰富多样的涉老信息和精神产品。贵州人民广播电台开辟 8 档老年专题节目为中老年人提供健康咨询、养生指导等服务。贵州电视台全年播发老龄工作新闻 200 余条、老年电视专题节目 135 期。省新闻出版局加大对老年报刊、书籍、音像制品出版扶持力度，批准了《贵州老年报》扩版增容。在制订年度农家书屋工程建设方案时，明确配备图书目录中包含适合农村老年人的图书，缓解了农村老年人看书难问题。省妇联对全省“十佳敬老爱老好媳妇”进行推广宣传，号召广大妇女学习她们敬老爱老的传统美德。省总工会、省民委、省直机关工委、省委教育工委组织了丰富多彩的老年文化体育活动。省旅游局加强对旅行社的指导，督促旅行社开辟适合老年人的精品旅游路线，并对旅行社服务质量进行严格监管，保证广大老年人享受优质的服务，2010 年全省出省旅游老年人达 4 万余人次。

重要会议和活动

【省老龄委第十次全体会议】2010 年 3 月 19 日，贵州省老龄工作委员会在省委常委会议室召开第十次全体会议，传达贯彻全国老龄工作全国老龄委第十二次全体会议精神和全国老龄办主任会议精神，总结 2009 年全省老龄工作，安排部署 2010 年工作。省委副书记、省老龄委主任王富玉出席会议并作重要讲话，副省长、省老龄委常务副主任辛维光主持会议。会议传达了全国老龄工作全国老龄委第十二次全体会议精神和全国老龄办主任会议精神，审议通过了省老龄委副主任、省民政厅厅长、省老龄办主任丁治学作的《关于 2009 年全省老龄工作和 2010 年工作安排意见的报告》，省发改委、省人力资源和社会保障厅、省财政厅、省卫生厅、团省委 5 个成员单位的负责人作了工作交流发言。辛维光副省长宣读了《贵州省老龄工作委员会成员单位 2009 年老龄工作目标考核情况通报》。省人力资源和社会保障厅党组书记、省老龄委副主任何任叔，省老龄委委员、省老龄办专职副主任唐映祥以及成员单位有关负责人参加会议，省老龄办各处负责人列席了会议。

【2010年全省老龄办主任会议】2010年3月23日，全省老龄办主任会议在贵阳市召开。省民政厅党组书记、厅长、省老龄办主任丁治学，省民政厅党组副书记、副厅长覃祖祥，省民政厅党组成员、省老龄办专职副主任唐映祥出席会议。全省9个市（州、地）和88个县（市、区）老龄办负责人、省老龄委成员单位联络员以及省老龄办全体干部职工共130余人参加了会议。丁治学厅长作《振奋精神 开拓创新 努力做好新时期老龄工作》讲话，总结2009年全省老龄工作，并安排部署2010年工作；省老龄办专职副主任唐映祥传达了全国老龄委第十二次全体会议、全国老龄办主任会议和省老龄委第十次全体会议精神。贵阳市、六盘水市、黔东南州、黔南州等4个市州地老龄办负责人在会上介绍了经验。会议对2009年度市（州、地）老龄办、省老龄委成员单位老龄工作的目标考核获奖单位和省老龄委成员单位优秀联络员进行了表彰。唐映祥副主任作会议总结讲话。

【第二届贵州“福彩杯”老年文化艺术节系列活动】2010年9月20日，第二届贵州“福彩杯”老年文化艺术节书法、绘画、摄影、诗词楹联展开幕式在贵州省博物馆举行，16位在职及退休省领导出席开幕式。省委副书记、省老龄委主任王富玉到场参观展览并现场题词“人老精神好，艺术伴终身”，对艺术展给予高度评价。联展接待省内外参观者5000余人次，取得了良好的社会效益。10月13日，第二届贵州“福彩杯”老年文化艺术节声乐舞蹈大赛在铜仁地区江口县举行，全省9个市（州、地）和省委教育工委、省直机关工委共11支代表队参赛。共有11个舞蹈节目、9个独唱节目、9个重唱节目参加了舞蹈类、声乐独唱类和声乐重唱类比赛，分获金、银、铜奖。

【“敬老月”活动】老年节期间，全省各级老龄办积极组织开展形式多样、丰富多彩的老年文体比赛和敬老助老活动，深入基层开展慰问贫困、高龄、百岁老人和敬老院活动。贵阳市11个县（市、区）全部开展了庆祝老年节座谈会。铜仁地区组织1200余名老年人进行“九九重阳登高活动”，地区老年秧歌舞蹈协会举办了老年节大型文艺表演。安顺市组织举办了安顺市第十届老年人运动会。黔南州开展了“黔南州农村老年文艺展演活动”。毕节地区举办了中秋·老年节“尊老敬老和谐兴盛”诗词楹联创作朗诵会、毕节地区第六届老年人运动会和毕节地区第五届老年书画展。遵义市组织文艺节目进社区为老年人送欢乐。黔西南州与州文明办联合举办“黔西南州首届中老年健康风采大赛”，并举办了“情系百岁老人”摄影展。黔东南州举办首届老年人健康保健知识大讲堂，1000余名老年人参加听讲。

各项业务进展

【居家养老服务工作】2010年省老龄办制定下发《关于在全省全面推进居家养老服务工作的实施方案》、《贵州省农村居家养老服务试点实施方案》，举办居家养老服务工作培训班对90名各级工作骨干进行了培训。下拨450万元居家养老服务工作专项补助经费，重点对各地居家养老服务中心（站）设施建设项目和信息化建设项目进行补助。先后8次组织工作组深入9个市（州、地）督促检查居家养老服务工作，推动居家养老服务工作顺利开展。截至到2010年底，全省88个县（市、区）已有925个城市社区开展居家养老服务工作，占城市社区的57%。89个村开展居家养老服务工作试点。开发居家养老服务公益性岗位1736个，享受居家养老服务的老年人近60万人。2010年10月省居家养老服务信息服务中心成立。

【老年人合法权益保障工作】司法部门全面推进法律援助进乡村、进社区工作，2010年全省各级法律援助工作中心（站）为老年人实施法律援助1662人次，接待老年人法律咨询13479人次，印发老年人法律宣传资料2万余份，调节涉老纠纷1580余件。公安部门开展一系列严厉打击危害老年人生命财产安全、侵犯老年人合法权益等案件的活动。省妇联切实办好“老龄妇女维权工作站”，目前全省9个市（州、地）和88个县（市、区）全部开通了“12338妇女维权热线”，为老年妇女解决养老纠纷等问题提供了便捷的诉求渠道。组织部门切实做好老党员生活补贴发放工作，全省199名建国前入党的农村老党员和未享受离退休待遇的城镇老党员按时足额领到生活补贴。省委老干部局争取到70万元帮困资金，解决离退休干部及遗孀生活困难，按照规定认真做好省企事业单位离休人员比照机关规范后离休人员补贴标准发放生活补贴审批工作，实现了离休人员的统一化管理，维护了企事业单位离休人员的合法权益。2010年7月下旬全国人大内司委对我省落实老年人权益保障法进行调研，对我省“十一五”期间老龄工作和老年人权益保障工作给予充分肯定。

【老年人优待工作】认真贯彻落实各项老年优待政策，切实为老年人做实事、办好事、解难事。对实行政府定价或政府指导价的风景旅游点严格执行60岁—70岁老年人半价购票、70岁以上老年人免费游览的优待政策。认真做好百岁老人生活补贴发放工作，2010

年共下拨 99 万元补助资金用于全省 827 名百岁老人生活补助。毕节地区老龄委第五次全体会议明确各县（市）根据实际制定 90 岁以上高龄老年人生活补贴标准。毕节地区司法局把《老年法》纳入全区普法内容，进一步提高老年人依法维权意识。黔南州、黔东南州配合全国老龄办开展《老年法》执行情况调研。各地进一步加强家庭赡养协议书签订工作，扩大签订范围。贵阳市在实施“老有所养”行动计划中制定并实施《贵阳市为空巢老人服务方案》，组织 3 万余名自愿者深入街道（乡镇）、社区为全市 4.2 万空巢老人提供服务。六盘水市实现免费为老年人办理老年优待证，依托社区开展为老年人代缴电费、电话费、邮政服务等工作，3000 多老年人享受到该项服务。遵义市提高乡镇敬老院建设标准，开展“星级农村敬老院创建活动”，进一步提高“五保”老人生活水平。

【调查研究工作】各级老龄办深入基层，扎实开展调查研究，开展了基层老龄工作情况、农村老年人协会建设情况、农村居家养老服务试点工作情况、农村家庭赡养协议书签订工作情况、全省老龄产业发展情况调查、农村老年人生存状况、全省高龄补贴发放情况、全省城镇社区（居委会）基本情况等调研。全年形成调研报告 13 份，为科学制定工作目标、合理安排工作重点和切实推进各项工作开展打下了坚实基础。贵阳市老龄办紧密结合该市推行的“老有所养行动计划”实施情况，撰写调研报告 10 份。六盘水市开展了基层老年协会活动室设施建设情况、居家养老服务工作情况和“星光老年之家”为老服务情况调研，并分别撰写了调研报告。毕节地区老龄办开展了农村老龄工作情况调研，并撰写了《毕节地区农村老龄问题初探》的调研报告，黔南州老龄办开展了新时期老龄宣传工作调研，撰写了《黔南州老龄宣传工作现状及建议》的调研报告。

【老龄宣传工作】各级老龄办加大老龄工作宣传力度，依托宣传、广电等部门，充分发挥电视、报刊、广播等媒体作用，积极宣传人口老龄化形势、老龄工作方针政策、老龄事业发展成果。省老龄办认真做好第四届全国敬老、爱老、助老主题教育活动孝亲敬老模范推荐工作，向全国老龄办推荐上报“孝亲敬老之星”88 名、敬老模范单位 5 名、“中华孝亲敬老楷模候选人”2 名。认真做好“双先”评比推荐工作，省老龄办向全国老龄办推荐上报 11 个“全国老龄工作先进单位”和 16 个“全国老龄工作先进个人”候选人，均获得全国老龄工作委员会授予的“全国老龄工作先进单位”和“全国老龄工作先进个人”荣誉称号。省老年学会开展贵州长寿之乡评审授牌工作，授予从江、黄平、台江、江口、石阡、玉屏和印江等 7 个县“贵州长寿之乡”称号。

【着力抓好农村老年协会建设】着力推动农村老年活动室设施建设，进一步加强农村老年协会规范化建设。确定全省村级老年协会补助对象 140 个，下拨补助经费 103 万元。各地老龄办积极抓好当地基层老年协会建设工作。黔南州老龄办联合民政、体育部门开展“福利彩票和体育彩票走进农村老年活动室活动”，安排福利彩票公益金和体育彩票公益金 40 万元投入农村老年协会设施建设。六盘水市安排 1 万元资金支助了 1 个基层老年协会，盘县安排 8 万元经费为 8 个农村老年协会完善了硬件设施。遵义市积极推广遵义县南白镇民主村老年协会典型经验，推动全市基层老年协会工作开展。

【“星光老年之家”项目清理整顿工作】省老龄办与省民政厅联合开展“星光计划”项目清理整顿工作，制定了清理整顿工作实施方案，对我省 2001 年—2003 年实施的“星光老年之家”项目使用情况进行一次全面清理，并协调有关部门对挤占挪用“星光老年之家”项目情况进行整顿。通过清理全省 387 个社区“星光老年之家”，基本摸清全省“星光老年之家”管理使用情况和存在问题。

四川省

2010年9月13日，全国人大常委会原副委员长顾秀莲在成都再军爱心护理院，亲切慰问在该院休养的老红军牛季良。

2010年7月15日，《中国老龄事业发展"十一五"规划》联合检查评估组组长、全国政协委员刘玉明(左一)在都江堰市社会综合福利院检查调研。

综　　述

2010年，全省老龄工作在省委、省政府的正确领导下，在全国老龄办的指导下，全面贯彻“党政主导、社会参与、全民关怀”的老龄工作方针，认真贯彻全国老龄委第十二次全体会议的安排部署，进一步推动“六个老有”目标的实现，在促进四川老龄工作加快发展、努力构建老年人共享的和谐社会方面取得了显著成效。

一、深入开展第三轮创建敬老模范县（市、区）工作

根据《四川省人民政府办公厅转发省老龄工作委员会关于第三轮创建敬老模范县（市、区）工作实施意见（2008——2011）的通知》要求，在反复征求各成员单位意见和各市（州）的意见后，6月12日四川省老龄工作委员会印发了《四川省第三轮敬老模范县（市、区）考核验收标准》，要求各地根据标准先行组织自查，并搞好查漏补缺工作。从8月18日起，组织由成员单位和各市（州）老龄办负责同志组成的交叉检查组对全省第三轮创建敬老模范县（市、区）进行了交叉检查。检查组对照考核验收标准通过实地看、现场问、个别访和听汇报等形式，深入县（市、区）进行现场检查指导，并要求各县（市、区）对照验收标准逐项抓好落实，在确保省级敬老模范县（市、区）创建质量的同时，切实让老年人享受到经济社会发展成果。

二、向全国推荐上报老龄工作先进单位和先进个人，完成我省第四届敬老、爱老、助老主题教育活动的评选表彰工作

为配合全国老龄工作先进单位和先进个人的表彰工作，在反复征求省老龄工作委员会各成员单位意见的基础上，经省老龄工作委员会领导批准，于5月底向全国推荐了19个老龄工作先进单位和29名老龄工作先进个人，11月29日，被全国老龄委表彰。省老龄办也被表彰为“全国老龄工作先进单位”。

4月20日，由省老龄办、省民政厅、省教育厅、省广电局、团省委、省妇联、省关心下一代工作委员会组成的四川省第四届敬老、爱老、助老主题教育活动组委会转发了全国组委会《关于开展第四届全国敬老爱老助老活动评选表彰工作的通知》，在全社会以各种形式广泛开展敬老、爱老、助老活动，通过自下而上的推荐，9月8日，四川省第四届敬老、爱老、助老主题教育活动组委会下发了《关于表彰四川省第四届敬老爱老助老主题教育活动“孝亲敬老楷模”、“孝亲敬老楷模提名奖”、“孝亲敬老之星”的通知》，表彰徐仁树等10名“孝亲敬老楷模”、胡永根等11

名“孝亲敬老楷模提名奖”获得者和李忠远等142名“孝亲敬老之星”。并向全国组委会上报了我省的推荐人选。

三、继续指导各地抓好地震灾区老龄服务设施恢复重建工作

全省“5.12”汶川地震极重灾县的老龄服务设施项目（主要是老年活动中心、老年大学或学校）纳入了国家“恢复重建公共服务设施专项规划”的共计613个，在去年全面启动后，省老龄办多次派人到灾区指导检查，要求保质保量完成恢复重建工作。8月4日，由河南省对口援建江油“交钥匙”项目江油市老年大学（老年活动中心）竣工并正式移交使用。该市老年大学的建成，标志着江油市老龄服务设施灾后恢复重建全面完成。三台县的老龄服务设施重建项目全面启动。其他地震灾区县（市、区）的老龄服务设施恢复重建工作正在抓紧建设中。

四、在“敬老月”开展了形式多样内容丰富的活动

今年10月，是我国首个“敬老月”。按照全国老龄委《关于开展“敬老月”活动的通知》要求，开展了我省首个“敬老月”活动。全省各地围绕慰问老年人、老年志愿者服务、老年维权、老年文化体育和宣传活动等方面开展了形式多样内容丰富的活动，在坚持老龄工作方针，积极动员社会力量为老年人做实事、弘扬中华民族的敬老文化以及推动老龄工作和老龄事业的发展进程上取得了可喜的成绩。

9月27日，四川省暨成都市“敬老月”活动启动仪式在成都市人民公园中心广场举行，省政府副秘书长张晋川，成都市人民政府副市长、市老龄委主任谢瑞武及四川省、成都市老龄委成员单位的负责同志出席了启动仪式。

省老龄办于9月上旬将年度预算的20万元重阳节慰问贫困老年人专款下拨到各市（州）老龄办，各市（州）、县（市、区）也安排专项配套慰问经费，广泛地开展贫困老年人的慰问活动。各级领导带头走访慰问老年人家庭，有针对性地帮助特困、高龄、“空巢”、残疾和灾区老年人解决生活困难问题，让他们切身感受到了党和政府的关怀和温暖。据不完全统计，在“敬老月”期间我省各地慰问老年人经费总计逾千万元。

10月12日至15日，四川省2010年“关爱老人，和谐天府”敬老活动周在成都市人民公园举行，共有来自成都、乐山、南充、遂宁、达州、广元、眉山、阿坝等市（州）的60余支代表队、共计2000余人，在4天的时间里展演舞蹈、时装、合唱、独唱等120个文艺节目。

11月12日，副省长、省老龄委第一副主任张作哈对《四川省老花委员会办公室关于2010年四川省“敬老月”活动情况的报告》后批示：“老龄办认真贯彻全国老龄委通知精神，精心组织丰富多彩活动，为老年人办实事，做了大量工作，感谢同志们的辛劳和奉献。”

五、接受《中国老龄事业发展“十一五”规划》执行情况联合检查评估第五组的检查评估

在完成四川省“十一五”老龄事业发展规划情况评估的基础上，7月14日至16日，我省接受了《中国老龄事业发展“十一五”规划》执行情况联合检查评估第五组对我省老龄事业发展“十一五”规划执行情况检查评估。张作哈副省长向检查组汇报了我省贯彻执行《中国老龄事业发展“十一五”规划》的情况，省政协副主席吴正德，省政府副秘书长张晋川，省民政厅厅长、省老龄委副主任黄明全，以及省级和成都市相关单位的领导出席汇报会。检查组根据我省老龄事业规划执行情况和到都江堰市进行的调研，充分肯定了我省“十一五”期间推动老龄事业发展所取得的成绩，认为四川“十一五”期间，以科学发展观为统领，坚持“党政主导、社会参与、全民关怀”的老龄工作方针，积极围绕实现“老有所养、老有所医、老有所教、老有所学、老有所为、老有所乐”的老龄事业发展目标，从全省经济社会发展和人口老龄化实际出发，通过政策、措施促进老年社会福利服务设施建设和建立健全为老社会服务体系；老年人精神文化生活丰富多彩，生活质量有了较大提高；基本完成了“十一五”规划提出的目标任务，为积极应对人口老龄化做出了贡献。

六、组织开展基层老龄工作状况调查工作、失能老年人基本状况调查和“中国城乡老年人口状况追踪调查”

今年5月至7月，根据全国老龄办的安排，组织全省各市（州）和县（市、区）老龄办，开展了基层老龄工作状况的问卷调查，经过认真的归纳汇总后，向全国老龄办报送了《四川省老龄工作情况》的报告。

为了进一步了解和掌握我省城乡失能老年人（失能老年人是指生活起居部分或全部不能自理，需要别人照料护理才能延续生存的老年人）的情况，根据全国老龄办的统一安排部署，我省作为全国9个抽样调查省份之一，从3月22日开始，利用4个月的时间，在德阳市、仪陇县进行了调查，期间对7县（市、区）的7个街道（乡镇）、20个居委会（村委会）和

20个养老机构的100名城乡老年人进行了抽样问卷和走访调查。通过数据录入、统计和资料汇总、实地核调，了解获得了全省失能老年人的一些基本数据，并形成了内容翔实、数据准确的调查报告。

10月20日至22日在成都对我省参加追踪调查的4个市（成都、德阳、遂宁、内江）、4个县（岳池、梓潼、资中、仪陇）共40名调查督导员进行了专题培训，目前8个市、县已完成追踪调查准备工作，12月1日开始进行入户调查。

9月13日至14日，省老龄办还参加协办了由中国老龄事业发展基金会主办的主题为“空巢老人心理关爱”的第三届全国老年心理关爱研讨会，全国人大常委会原副委员长顾秀莲出席会议并讲话。顾秀莲对关爱空巢家庭和提高空巢老人的工作提出了4点要求：第一，要切实增强关爱空巢老人的责任感与使命感；第二，要采取多种方式慰藉空巢老人孤寂的心灵；第三，要全面构建为空巢老人服务的社会支持体系；第四，要用积极心理学帮助老年人打开心灵快乐之门。

七、在苍溪县实施的“老年人参与四川震后重建”项目进展顺利

3月25日，由全国老龄办、国际助老会、省老龄办联合实施的“老年人参与四川震后重建”项目启动仪式在苍溪县举行。全国老龄办国际部主任王珣，国际助老会亚太地区发展中心地区代表爱都阿多、项目经理皮特尔、财务经理俊吉特，省老龄办常务副主任何保全、副主任渠崎等出席启动仪式。国际助老会提供20万美元的项目经费，从今年3月至2011年8月底，在苍溪县陵江镇8个村实施“老年人参与四川震后重建”项目，帮助加强基层老年人组织建设，利用种子基金帮助老年人家庭发展生产，进行老年人震后心理援助、救助贫困老人。种子基金由选定的8个村的老年协会监督管理，为有条件发展种养殖业的老年人家庭提供低息贷款，期限最长一年。期满后还本付息，滚动发展，逐渐扩大规模。从北京、陕西请来的专家对老年人进行心理辅导，并对纳入种子基金范围的8个村的村干部（担任老年协会会长，负责落实种子基金项目）和老年人进行了培训，建立完善了规章制度。8月20日，按照2000元种子基金标准，发放到200名老年人手中，共有1500名老年人和3570名老年人家庭成员受益。此项目将于2011年8月结束。

八、召开三个会议，加强对全省老年学校教育工作的指导

为了进一步推动基层老年学校教育更好更快发展，今年上半年，省老龄办、省老年大学协会连续召开了三个会议，交流基层办学经验。3月下旬，在四川大学老年大学二分校，召开了“四川省高等院校老年教育工作座谈会”，参加会议的有14所高等院校。4月上旬在成都飞机工业公司老年大学召开了“四川省企事业单位老年大学座谈会”，交流了企事业单位老年大学的办学经验。6上旬，在双流县召开了“四川省基层老年教育工作现场会”，推广双流县狠抓基层老年学校教育的经验。

九、继续开展“银龄行动”工作

一是继续实施川浙银龄援助乐山市茶叶发展项目。5月27日至6月12日，在浙江、四川两省老龄办的协调指导下，乐山市老科协、市老龄办、市农业局联合举办了为期17天的第四次茶叶加工技术培训，培训茶叶加工制作的技术骨干87人、老年科技志愿者21人。8月10日至12日，受浙江省、四川省老龄办委托，中国茶科所专家到乐山市调研川浙“银龄行动”项目准备验收情况。11月9日，川浙银龄援助乐山市茶叶发展项目在杭州召开了项目验收会议，专家们一致肯定了四年来取得的成绩，从浙江引进的茶叶品种引种成功。二是组织四川老年大学的银龄助教。

十、认真抓好老龄宣传工作

一年来，我们通过“四川老龄网”、《四川老龄》、《四川老龄工作简报》等形式，反映和宣传本地老龄工作动态、创建敬老模范县工作情况、老龄问题调研及首个全国“敬老月”活动等情况。据统计，截止2010年12月上旬，“四川老龄网”共编发信息3000余条（件），编发《四川老龄》杂志6期，编发《四川老龄工作简报》22期，组织本办工作人员在全国老龄办门户网站、《中国老年报》、《四川日报》、《晚霞报》等省级以上新闻媒体刊发老龄工作新闻稿件300余篇。

各项业务进展

【养老保障】2010年，参加城镇基本养老保险人数达到1301.4万人。为方便群众享受社保服务，养老金已全部实现社会化发放，并进一步规范社区建设标准，提高管理服务水平，企业退休人员社区管理覆盖面达到95.5%。根据国家人力资源和社会保障部、财政部关于增加企业退休人员基本养老金有关文件精神，在省委、省政府的领导下，省人社厅把调整企业退休人员基本养老金待遇作为一项重要工作来抓。按照部署和安排，省人社厅迅速拟制调整养老金方案，在报省政府常务会议批准后，于2010年春节前发放到了企业退休人员手中。据统计，2010年为全省366万企业退休人员增加了基本养老金，月人均增加154元。2010年省人社厅加大推进新农保试点工作力度，在2009年全省21个县（市、区）启动新农保试点的基础上，2010年7月将其余30个藏区县纳入试点范围，12月又新增16个县（市、区）开展试点，全省新农保试点县（市、区）达到67个。共有670万农民参加了新农保，其中缴费人数达到470.3万人，199.7万符合条件的农村老年人领取了基本养老金。省财政厅及时下拨补助资金13.7亿元（其中：中央补助10.03亿元，省补助3.67亿元），确保了试点地区符合条件农村居民基础养老金按时足额发放和参保缴费财政补贴及时到位。

省政府办公厅下发了《关于进一步加强城乡居民最低生活保障工作的通知》，省民政厅、财政厅制定下发了《四川省生活无着人员救助管理工作规范》、《关于进一步健全和完善城乡社会临时生活救助制度的通知》，规范和完善了社会救助内容。全年累计支出城乡低保资金63.97亿元，保障城乡低保对象581.45万人，城市和农村低保累计月人均补助分别达到154元和58元，分别完成“民生工程”目标的110%和105.5%。

2010年，省民政厅加大“五保”供养工作力度，全省51.1万符合条件的“五保”对象全部纳入供养范围，其中集中供养23万多人，集中供养率达到45.1％，较上年提高6.8%，年人均集中供养标准为2812元，比上年提高228元；分散供养标准为1910元，比上年提高26元。全省各级财政每年支出“五保”供养金9.15亿元，其中省级财政转支付7.53亿元，县（市、区）级财政配套1.62亿元。

人口和计划生育部门认真落实计划生育家庭奖励扶助政策，全省有62.8万农村计划生育老人享受了政府每年720元的奖励，发放扶助金约4.52亿多元。全面启动计划生育家庭特别扶助制度，对独生子女死亡和伤残的父母按每人每月100元和80元的标准给予扶助，2010年共扶助4.37万人。

【医疗保障】各级医疗保障工作的开展，为更多的老年人提供了“老有所医”的平台。截止2010年底，全省城镇基本医疗保险人数达到2065.9万人，其中城镇居民医疗保险参保人数达到1013.7万人。城镇职工基本医疗保险统筹基金支付比例达到77%，城镇居民医疗保险住院报销比例达到62%。175个涉农县（市、区）全部实施新农合制度，参合农民6285.09万人，参合率超过95%，全省参合农民人均财政补助实际达到126元，人均筹资水平提高到148.37元，受益面达60%，较2009年提高22个百分点；参合农民住院次均补偿费用达到1014.48元，提高了21.35%。截止2010年底，累计支出城乡医疗救助资金12.43亿元，救助188.3万人次；城市医疗年人均救助水平达202元，农村医疗年人均救助水平达196元，分别完成“民生工程”目标的155.4%、150.8%。2010年，有111个县（市、区）利用新农合信息平台实行了医疗救助“一站式”服务，全省资助参加城镇居民基本医疗保险人数59.58万人，资助参加新型农村合作医疗人数387.84万人。

【老年维权】加大《老年法》宣传力度，积极为老年人提供法律援助，努力营造敬老、爱老的良好社会氛围。省妇联及时调整充实原有的妇女维权机构，主动协调相关部门和社会力量建立完善了家庭纠纷调解中心、妇女维权站、家庭暴力投诉站、妇女儿童维权法庭、巾帼维权岗等各种维权机构，切实维护老年妇女的合法权益。2010年10月，是我国首个“敬老月”。按照全国老龄委《关于开展“敬老月”活动的通知》要求，开展了我省首个“敬老月”活动。全省各级老龄办在“敬老月”，广泛开展贫困老年人的慰问活动。各级领导带头走访慰问老年人家庭，有针对性地帮助特困、高龄、“空巢”、残疾和灾区老年人解决生活困难问题，让他们切身感受到了党和政府的关怀和温暖。据不完全统计，在“敬老月”期间我省各地慰问老年人经费总计逾千万元。为配合全国开展中国城乡老年人口状况追踪调查，省老龄办组织4个市4个县对1000名老年人口状况进行了追踪调查。按照全国老龄办的工作部署，在德阳市、仪陇县完成了城乡失能老年人调查。

【老年优待】全省普遍实行百岁及百岁以上老人每月不低于100元长寿补贴。已有87个县（市、区）提高了百岁以上老人的长寿补贴金，最高的每人每月近500元；还有75个县（市、区）建立了80岁至99岁老年人长寿补贴制度，最高的每人每月达100元。全省享受高龄补贴的老人超过17万人。成都、乐山、泸州、广元、绵阳、攀枝花等市通过财政补贴，让70岁以上老年人免费乘坐公交车。全省旅游景区、博物馆等场所，主动承担起兑现优待责任，树立了敬老助老的良好的风气，受到社会各界特别是老年人的热烈拥护和广泛赞誉。

【发展养老服务业】按照省老龄办、省发改委、省民政厅等10部门下发贯彻执行国家十部委《关于全面推进居家养老服务工作的意见》的要求，各地结合本地特点，积极探索居家养老模式，相继制定出台了加强居家养老服务工作的文件，明确了经费投入机制、部门分工和为老服务队伍建设等保障措施。2010年省民政厅启动实施养老服务社会化示范社区创建工作，在全省14个市、25个社区进行试点，在省本级福彩公益金中列出专项经费作为保障，并将此项工作纳入2011年省委、省政府民生工程。2008年“5·12”地震使我省老龄服务设施损毁严重，经省老龄办、省民政厅和省发改委努力，将613个老龄服务设施、41个社会福利院、475个敬老院、14个光荣院和优抚医院列入灾后重建国家项目之中，相关部门对这些灾后重建项目经常进行指导、督查，截止目前已完成项目的90%，预计今年将全部完成建设任务。从2006年起，省民政厅开始实施“幸福家园”工程，5年来，共投入11亿多元，新建和改扩建176个国办养老服务机构。截至到2010年底，全省国办社会福利院机构数增加到220个，是2000年的4倍，床位数增加到2.1余万张，是2000年的3.5倍。省民政厅加大新改扩建敬老院力度，据不完全统计，截至到去年底，全省新改扩建敬老院152个，新增床位1.13万张，目前全省敬老院已达到3231所，床位数达25.2万张。全省各类养老床位数达29.1万张，每千名老年人拥有养老床位数22张。

【老龄宣传工作】 3月25日，由全国老龄办、国际助老会、省老龄办联合实施的“老年人参与四川震后重建”项目启动仪式在苍溪县举行。全国老龄办国际部主任王珣，国际助老会亚太地区发展中心地区代表爱都阿多、项目经理皮特尔、财务经理俊吉特，省老龄办常务副主任何保全、副主任渠崎等出席启动仪式。国际助老会提供20万美元的项目经费，从今年3月至2011年8月底，在苍溪县陵江镇8个村实施“老年人参与四川震后重建”项目，帮助加强基层老年人组织建设，利用种子基金帮助老年人家庭发展生产，进行老年人震后心理援助、救助贫困老人。种子基金由选定的8个村的老年协会监督管理，为有条件发展种养殖业的老年人家庭提供低息贷款，期限最长一年。期满后还本付息，滚动发展，逐渐扩大规模。从北京、陕西请来的专家对老年人进行心理辅导，并对纳入种子基金范围的8个村的村干部（担任老年协会会长，负责落实种子基金项目）和老年人进行了培训，建立完善了规章制度。8月20日，按照2000元种子基金标准，发放到200名老年人手中，共有1500名老年人和3570名老年人家庭成员受益。此项目将于2011年8月结束。

为了进一步推动基层老年学校教育更好更快发展，今年上半年，省老龄办、省老年大学协会连续召开了三个会议，交流基层办学经验。3月下旬，在四川大学老年大学二分校，召开了“四川省高等院校老年教育工作座谈会”，参加会议的有14所高等院校。4月上旬在成都飞机工业公司老年大学召开了“四川省企事业单位老年大学座谈会”，交流了企事业单位老年大学的办学经验。6上旬，在双流县召开了“四川省基层老年教育工作现场会”，推广双流县狠抓基层老年学校教育的经验。

2010年4月20日，由省老龄办、省民政厅、省教育厅、省广电局、团省委、省妇联、省关心下一代工作委员会组成的四川省第四届敬老、爱老、助老主题教育活动组委会转发了全国组委会《关于开展第四届全国敬老爱老助老活动评选表彰工作的通知》，在全社会以各种形式广泛开展敬老、爱老、助老活动，通过自下而上的推荐，9月8日，四川省第四届敬老、爱老、助老主题教育活动组委会下发了《关于表彰四川省第四届敬老、爱老、助老主题教育活动“孝亲敬老楷模”、“孝亲敬老楷模提名奖”、“孝亲敬老之星”的通知》，表彰徐仁树等10名“孝亲敬老楷模”、胡永根等11名“孝亲敬老楷模提名奖”获得者和李忠远等142名“孝亲敬老之星”。并向全国组委会上报了我省的推荐人选。

2010年9月，积极组织全省老年文艺团队参加全国第二届中国老年文化艺术节活动，舞蹈大赛获得了两金三银；合唱获得两金；10幅书画作品获奖。

【“敬老月”活动】 2010年10月，是我国首个“敬老月”。按照全国老龄委《关于开展“敬老月”活动的通知》要求，开展了我省首个“敬老月”活动。全省各地围绕慰问老年人、老年志愿者服务、老年维权、老年文化体育和宣传活动等方面开展了形式多样内容丰富的活动，在坚持老龄工作方针，积极动员社会力量为老年人做实事、弘扬中华民族的敬老文化以及推动老龄工作和老龄事业的发展进程上取得了可喜的成绩。

9月27日，四川省暨成都市“敬老月”活动启动仪式在成都市人民公园中心广场举行，省政府副秘书长张晋川，成都市人民政府副市长、市老龄委主任谢瑞武及四川省、成都市老龄委成员单位的负责同志出席了启动仪式。

省老龄办于9月上旬将年度预算的20万元重阳节慰问贫困老年人专款下拨到各市（州）老龄办，各市（州）、县（市、区）也安排专项配套慰问经费，广泛地开展贫困老年人的慰问活动。各级领导带头走访慰问老年人家庭，有针对性地帮助特困、高龄、“空巢”、残疾和灾区老年人解决生活困难问题，让他们切身感受到了党和政府的关怀和温暖。据不完全统计，在“敬老月”期间我省各地慰问老年人经费总计逾千万元。

10月12日至15日，四川省2010年“关爱老人，和谐天府”敬老活动周在成都市人民公园举行，共有来自成都、乐山、南充、遂宁、达州、广元、眉山、阿坝等市（州）的60余支代表队、共计2000余人，在4天的时间里展演舞蹈、时装、合唱、独唱等120个文艺节目。

11月12日，副省长、省老龄委第一副主任张作哈对《四川省老花委员会办公室关于2010年四川省“敬老月”活动情况的报告》后批示：“老龄办认真贯彻全国老龄委通知精神，精心组织丰富多彩活动，为老年人办实事，做了大量工作，感谢同志们的辛劳和奉献”。

【“银龄行动”】浙川银龄行动援助乐山茶叶发展项目，在浙川两省各级领导的高度重视和有关部门的积极配合参与下，经过四年的努力，使项目得以顺利实施并达到预期的目标，取得了显著成绩。

该项目承接单位浙江茶文化研究会2010年11月9日邀请专家和浙川两省老龄办的领导，乐山老科协的专家和试种点的负责人，在杭州听取了中茶102、108、302三个品种在乐山栽培四年的情况汇报，专家组对三个品种认真、严谨地进行品评鉴定，一致认为，该项目任务已圆满完成，达到预期目标。

2010年12月，浙江省老龄办和四川省老龄办共同商定拟签订《浙川“银龄行动”援助乐山茶叶发展项目第二阶段工作合作备忘录》（2011—2014年），我们相信，通过浙川两省继续合作开展“银龄行动”援助乐山茶叶发展第二阶段项目，一定能够继续更好地达到品种改良，茶叶增产，经济增效，茶农增收的目的，为乐山市茶产业的发展做出更大的贡献。

2010年继续在四川老年大学开展了“银龄助教”活动，激励银发老人利用自己的丰富的知识和才干为社会做出更大的贡献。

海南省

综　　述

2010年，在海南省委、海南省人民政府和省老龄工作委员会的正确领导下，在各级党政和有关单位的共同努力及社会各界的广泛参与下，海南省老龄工作坚持以保障和改善民生为重点，加强协调配合，扎实工作，开拓进取，全省老龄事业呈健康发展良好势头。

一、社会养老保障制度进一步完善。社会养老保障覆盖率和保障水平显著提高

2010年末，全省参加城镇从业人员基本养老保险180万人，其中离退休参保人员45.39万人，其养老金按时足额发放。全省养老保险实现省级统筹同时。积极探索城镇居民养老保险制度，着力解决我省已达退休年龄、有工作经历且从未享受养老保险待遇的城镇老年居民的养老保险问题。建立基本养老金调整机制，从2006年起连续5年调整企业离退休人员养老保险金。离退休人员社会化管理工作稳步推进。农村老年人社会养老保障取得突破性发展。目前被征地农民参加社会保障人数达21万人。2010年末，新型农村社会养老保险制度实现全省覆盖，全省520多万农民纳入新农保制度，54.63万60周岁以上农民直接受益，比国家规定的时间提前4年率先实现新农保全覆盖。

二、老年人医疗保障水平进一步提高

职工基本医疗保险、城镇居民医疗保险和新型农村合作医疗等医疗保障体系实现了包括老年人在内的全面覆盖。截至到2010年末我省城镇基本医疗保险参保人数322.9万人，有52.91万人老年人享受到了基本医疗保险待遇。比全国提前两年实现城镇居民基本医疗保险全覆盖。2006年实现新型农村合作医疗制度覆盖全省。到2010年末，包括60岁以上老年人在内有474.85万人参加新型农村合作医疗制度，参合率达97.08%。统筹解决关闭、破产国有企业退休人员的医疗保障问题，将未参保的退休人员全部纳入医疗保险范围；2010年末落实了5.6万名省属国有单位职工属地参加基本医疗保险问题，2.6万名国有困难单位退休人员已经全部纳入我省基本医疗保险范围；1.78万名非国有困难单位退休人员及以灵活就业身份参加基本养老保险并办理退休手续的人员全部纳入我省基本医疗保险范围，加强了退休职工的基本医疗保障。完成海南农垦系统人员基本医疗保险移交市县属地管理工作，切实提高农垦系统人员医疗保障水平。

三、老年社会救助力度进一步加大

2010年末，全省共有40.06万人纳入城乡居民最低生活保障制度，其中9.88万老年人纳入城乡居民最低生活保障制度。城乡最低生活保障标准分别为人月均248元和168元，月平均补助水平分别为190元/人和110元/人，保障标准高于全国平均水平。城市“三无”和农村五保老人应保尽保。2010年末全省共有农村五保供养对象3.62万人，集中供养标准和分散供养标准，每人每月分别达到230元和221元，集中供养率4.18%。2010年全省建立城乡群众临时救助制度。在实施临时救助过程中，各地重视把老年人作为重点对象，对遇到突发性较大生活困难的农村五保户、城镇“三无”人员、城乡低保和贫困老年人，及时采取定期定量救助和临时帮扶等方式予以救助。全省城乡普遍建立医疗救助制度。2010年末，全省城乡45.94万人接受医疗救助，资助困难群众参加新型农村合作医疗和城镇居民基本医疗保险近122万人次。每年重阳节（敬老月）和春节期间，各地都组织开展由党政领导带队走访慰问贫困老年人的活动，帮助他们解决实际困难。在老年人住房救助方面，分配保障性住房时，对城镇孤寡老人的住房困难家庭，优先予以分配；结合农村敬老院建设和危房改造工作，重点解决农村五保老人住房困难。在救助农村计划生育家庭困难方面，提高了奖励扶助金标准，农村计划生育家庭享受奖励扶助金的老年人有8407人。老年法律援助也是社会救助工作的一项重要内容，为有效维护老年人合法权益，全省各地在加强《中华人民共和国老年人权益保障法》、《海南省实施＜中华人民共和国老年人权益保障法＞若干规定》宣传教育的同时，建立健全了法律援助机构，形成了市县法律援助机构、乡镇（街道）法律援助工作站、村居（社区）法律援助联络员的三级服务网络。2010年全省法律援助工作以深化“法律援助便民服务”主题活动为载体，以提高法律援助办案量为主要任务，开拓创新，实现了法律援助工作新突破。法律援助覆盖面进一步扩大，便民利民措施扎实有效，经费保障水平大幅提高，法律援助社会影响不断扩大。法律援助职能作用不断增强，2010年“12348”法律咨询共接待包括老年人在内的来电、来访、来信4万多人次，通过12348法律咨询平台，建立舆情分析体系，积极开展法律援助舆情分析工作，为党委、政府和相关部门提供决策参考，有效地维护老年人合法权益。

四、老年人社会福利事业进一步发展

一是加大资金投入。加快老年福利设施建设。我省新建、扩建、改建一批敬老院。加快公立医院试点改革，促进基本公共卫生服务均等化。加强村卫生室网络建设，全省建制村卫生室覆盖率87.1%。到2010年末，全省各类养老服务机构达225所，养老服务床位4637张。二是探索建立长寿补助制度。2006年，《中共海南省委、海南省人民政府关于推进社会主义新农村建设的实施意见》规定“对全省100岁以上老人每年每月给予适当生活补助”。2006年7月起，省政府为百岁老人发放长寿补助金，每人每月补助金标准为150元，2009年，省政府将这一标准提高到200元。2010年末全省共有一百周岁以上老年人1387人领取了长寿补助。有的市县在省级补助标准的基础上，当地政府再给予每人每月补助200～300元，比如琼海市、澄迈县的百岁老人每人每月可领取长寿补助金分别为600元和500元。先后有三亚、东方、文昌、琼海、澄迈、保亭、白沙、陵水、昌江等9个市县政府安排专项资金，分别对80岁以上和90岁以上高龄老人按年龄段分类分档发放长寿补助。2010年各级财政共计拨付1894.04万元，对18406名老年人发放高龄补助。三是落实老年人优待政策。如60周岁以上的老年人凭《海南省老年人优待证》可免费参观各类科技馆、博物馆、纪念馆以及展览馆、公共图书馆、艺术馆、对外开放的文物保护单位的公益性文化场所。60周岁至69周岁的老年人凭《老年人优待证》进入旅游景区景点，门票减半，老年人乘车、乘船、乘机、就医等按不同年龄段享受不同档次的优待服务。4年多来全省发放《海南省老年优待证》共28万张（卡）。

五、社会养老服务进一步推进

海南省老龄办会同省统计局、中国老龄科学研究中心开展城乡老年人生活状况调研，并到浙江、江苏、上海等地学习考察，向省委、省政府报送了《海南省城乡老年人生活现状调查报告》。在此基础上，2010年省政府出台了《关于加快推进养老服务体系建设的意见》，海南省政府又与民政部签订省部合作框架协议，海南被列为全国养老示范基地。为探索养老服务模式，积累经验，海南省先后在海口市4个区的8个街道（镇）所辖的61个社区开展了社区居家养老服务试点工作。一年多来，5家通过公开招聘接受政府委托的社区居家养老服务机构，为试点社区的220多名困难老人，提供无偿上门服务。同时，利用社区养老服务平台，区分不同对象，采取有偿、低偿和上门服务等不同形式，为有经济来源并有居家养老服务需求的72名老人提供日间生活照料等多种有偿服务；利用社区老年公寓，为260名失能或半失能老人提供康复护理、健康保健、精神慰藉、紧急救援和抚养等多种有偿服务。这种全新的养老模式深受老年人欢迎和社区居民好评。在全省社会力量兴办的养老服务机构中，大多数养老服务机构以保障候鸟型、异地度假养老的老年人为主，实行酒店式公寓管理，收费标准为每人每月2000～2500元左右，为异地养老提供服务。

六、老龄基础设施建设进一步规范

各市县政府加大投入力度，建设了一批老年服务设施。海口市利用中央补助资金和市政府筹集资金1600多万元建设社区“老年星光之家”110个，覆盖全市74.8%的社区，同时，投入2000多万元安装了大量适合老年人活动的健身器材和娱乐用具，为社区老年人提供了一大批高质量的文体活动场所。城乡老年活动设施建设逐步完善。海口和三亚市被列入“100个创建全国无障碍建设城市”之列，并根据国家的有关标准体系要求，积极开展无障碍建设城市创建工作，在城市无障碍设施建设和对现有设施进行改造过程中，政府及其有关部门高度重视、密切配合，取得了较大成效，得到了国家有关部门的充分肯定。各市县都建有老年活动中心、文化广场和激情广场，个别部门、单位建有老年活动室（站），室内外健身和活动器材比较齐全。

七、老年人权益维护进一步得到加强

一是加强对老年人的法律援助工作，建立老年人维权法律援助网络。我省明确规定对农村“五保户”、在养老院等社会福利机构中由政府供养的老年人，以及请求人身损害赔偿的老年人，法律援助机构要先行受理，确保老年人能及时获得法律援助。海口市法律援助中心根据老年人群体的特点和需求，设立了老年人维权专岗，优先接待老年人申请法律援助或者来访咨询法律问题。全省先后有23个单位被全国老龄办、公安部、司法部评为“全国老年维权示范岗”。二是各级人民法院对涉老纠纷的案件，坚持按照“优先立案、优先审理、优先执行”的原则办理。在审理涉及老年人民事、行政案件时，在不违反法律政策的前提下，本着适当照顾老年人的原则，尽量维护老年人的合法权益。在审理侵害老年人人身财产权益的刑事案件中，依法严惩侵害老年人权益的犯罪分子，充分发挥司法保障的功能。

八、老年人参与社会发展平台得到进一步拓展

一是组织老年人参与全省经济社会建设。2010年来，省老年协会、老年科协、老年志愿者，关心下一代工委等老年社团组织，积极 组织老教师、老专家、老学者、老干部等参与经济建设、公民道德建设和社区精神文明创建等活动。海口市关工委等6个单位被中央关工委、中央文明办授予“全国关心下一代工作先进集体”，多名老干部被授予“全国关心下一代先进工作者”。二是鼓励老年人参加文明生态村创建活动。积极发挥老年人在文明生态村创建活动中的重要作用，组织健康老年人参加修路、村容村貌整治、民房改造、清理垃圾、绿化美化、社区村（居）委会治安巡逻、交通协管、便民服务等活动，促进了文明生态村创建活动的深入开展。各乡镇的行政村普遍建立了老党员、老村干、老教师的“三老”协会组织，成为村党支部、村委会的参谋助手。三是广泛开展“银龄行动”。组织老专家、科技人员送技术下乡，举办农科技术讲座、技术示范，传授香蕉、果蔬、橡胶、荔枝、龙眼等热带作物种植和管理技术，开展地方常见病医疗义诊、咨询及健康知识科普宣传。组织离退休专业技术人员志愿到海南岛中西部服务。四是组织老年人参加文体教育活动。举行全省老年人运动会，组织全省老年人参加全国性的老年人运动会，并取得一些好成绩。省老年大学开设了书法、国画、音乐、诗词、计算机和英语等11个专业，吸纳了30800名老年人就学。海口、三亚、五指山、昌江、白沙、乐东、万宁、澄迈、儋州，陵水、屯昌等11个市县也相继创办了老年大学，推进老年教育深入发展。文体部门加强健身场所建设和指导。有的市县兴建文化广场、激情广场，并为社区安装健身器材，方便老年人就地、就近开展小型多样的老年文化活动。海口、三亚、琼海、临高、儋州等市县在重阳节前夕，在文化广场、激情广场举办多种形式的老年文艺晚会，“候鸟老人”的到来，充实了当地老人的文化元素，丰富老年人精神文化生活。

九、老龄工作社会宣传进一步营造氛围

一是在宣传方式上。加强与主流新闻媒体的联系，依托主流媒体、互联信息平台开展舆论宣传，加大宣传力度，扩大宣传范围，提升全社会老龄意识；空巢老人、家庭赡养、老年人优待、养老服务、长寿文化以及老龄工作机构建设等老年话题逐步进入社会舆论主流，社会各界对老龄问题和老年人权益保障工作给予高度关注。省老龄办编辑印发《海南老龄工作动态》、《舆情通报》，分别被海南民政厅网站、省政府门户网站、全国老龄办网站、民政部网站及全国老龄办《老龄信息参考》，省民政厅《海南民政信息》等采用。二是在宣传内容上。广泛宣传党和国家的老龄法规政策，主要反映人口老龄化的严峻形势和当前热点难点问题，争取各级党政领导的广泛关注；突出老龄事业发展成就和老年人共享经济社会发展成果的幸福生活；大力弘扬中华民族传统孝道文化，倡导尊老敬老新风尚，吸引社会各界关注老龄、关爱老人。

十、老龄工作机构建设进一步加强

按照全国老龄委的部署，认真组织开展创建活动，推进老龄工作机构建设。2010年，文昌、陵水、保亭市县老龄委和省老龄办、海口市老龄办获得“全国老龄工作先进单位”称号，有7人获得“全国老龄工作先进个人”称号。全省共有老龄工作人员45人，其中专职人员17人，兼职、聘用和借用人员28人，老龄工作人员中专职领导4人；2010年省财政预算安排省老龄办工作经费124.77万元；22个市、县（区）有16个老龄办工作经费列入财政预算，共计143.35万元。包括工作经费、老年人优待证制作经费和高龄补助金，2010年各级财政共计安排老龄经费2210.26万元。

十一、老龄工作调研取得新成果

加强调查研究，联系科研机构和专家学者，深入开展老龄科学研究，2010年形成《海南省城乡老年人生活状况调查报告》、《海南省百岁老人生命质量调查报告》、《海南百岁老人影像志》等一批研究成果，得到社会的高度评价；省老龄办编写的《海南省高龄老年人生活状况调查报告》，获得中国老年学学会“全国老年照护服务高峰论坛”优秀调研论文奖。编制完成了《2009年海南省老龄事业发展统计公报》。

十二、编制完成《海南省老龄事业发展“十二五”规划（审议稿）》

依据国家“十二五”时期经济社会发展规划纲要和《中国老龄事业发展“十二五”规划》及海南省经济社会发展规划，按照党的十七届五中全会要求，为探索我省老龄事业的科学发展之路，填补海南省老龄事业发展没有“十五”和“十一五”规划的空白，省民政厅党组高度重视，组织有关人员到浙江、江苏、上海等地学习考察、调研，并在认真执行全国老龄事业发展“十一五”规划检查评估的基础上，充分采用海南省城乡老人生活状况调研成果，组织编制完成《海南省老龄事业发展“十二五”规划（审议稿）》。规划从指导思想、基本原则、总体目标、主要任务、重点项目和保障措施等对我省五年内应对人口老龄化工作进行战略部署。以优先发展社会养老服务事业为主线，到2015年，逐步构建起以居家养老为基础、社区服务为依托、机构养老为支撑、资金保障和服务提供相匹配、社会参与、全民互动的社会养老服务体系。2011年4月28日，召开海南省老龄工作委员会第四次全体会议审议并原则通过此规划，将于2011年7月份以海南省人民政府名义印发实施。

重要活动和业务进展

【《海南新型农村养老保险试点办法》出台】2009年12月24日，省委副书记、省长罗保铭主持召开五届省政府第44次常务会议，审议通过了《海南省新型农村社会养老保险试点办法》。这是我省进一步改善民生的又一重大举措，对逐步实现城乡基本公共服务均等化、拉动农村消费、改变农村面貌等都具有重要意义。按照国务院日前出台的有关文件，我省海口市美兰区、三亚市、文昌市、保亭黎族苗族自治县列入全国首批新农保试点。新农保试点原则是“保基本、广覆盖、有弹性、可持续”。强调个人（集体）、家庭、政府合理分担责任，政府主导和农民自愿相结合，引导农民自愿参保。参范围为：农业户口，年满16周岁（不含在校学生）不满60周岁，未参加城镇从业人员基本养老保险的人员，可在户籍所在地按《试点办法》自愿参加新农保，年满60周岁的人员可按办法规定享受基础养老金待遇。年缴费标准分为100元、200元、300元、400元、500元五个档次，农民可任选一个缴费档次缴费参保。新农保养老金实行政府补贴与缴费挂钩，多缴多补，支付终身。在试点基础上，2010年第四季度在全省实现全覆盖，加上已经覆盖全省的新农合，我省农民世世代代“老有所养、病有所医”的梦想率先得以实现，比国家规定的时间提前9年率先实现新农保全覆盖。

【《海南省城乡医疗救助实施暂行办法》出台】2010年2月24日，《海南省城乡医疗救助实施暂行办法》出台。凡属海南省常住户口的城乡低保对象、农村五保对象、在乡重点优抚对象、丧失劳动能力的重残人员、特困家庭的重病人员及市、县政府确定的特殊困难对象，都可以向当地人民政府申请医疗救助。《办法》规定，海南各市、县政府要建立城乡医疗救助基金，纳入社会保障基金财政专户，实行专项核算、专项管理、专款专用。要建立健全城乡医疗救助资金统一筹集、互相调剂使用机制。城乡医疗救助对象中无抚养人、无劳动能力、无生活来源的“三无”人员以及农村五保对象、丧失劳动能力的重残人员、需长期维持院外治疗的重病人员，每年由市、县民政部门核发《医疗救助证（卡）》，用于门诊和购药。大病医疗救助不设起付线，实行住院治疗的医前、医中或医后救助。城乡低保、农村五保、在乡重点优抚对象（不含1至6级残疾军人）以外的其他特困家庭成员，因大病医疗费用过高，造成家庭生活特别困难的，酌情给予临时医疗救助。各市、县每年用于临时医疗救助的资金不超过本地城乡医疗救助基金当年收入总额的20%。

【开展评选推荐全国老龄工作先进单位和个人活动】根据全国老龄委《关于评选表彰全国老龄工作先进单

位和先进个人活动的通知》精神，我省圆满完成了推荐评选表彰工作。2010年，文昌、琼海、陵水、保亭等4个市县老龄委和省老龄办、省人力资源社会保障厅、海口市老龄办等3个单位获得“全国老龄工作先进单位”称号，有保亭黎族苗族自治县老龄委办公室主任科员黄少雄、海口市老龄工作委员会办公室主任武金岭、陵水黎族自治县老龄工作委员会办公室副主任、民政局副局长李荣凌、中共海南省委老干部局综合处处长颜香诚、海口市美兰区老龄工作委员会办公室主任曾瑜、海南省人力资源社会保障厅副厅长林存斌、琼海市老龄工作委员会办公室主任、民政局局长张跃美等7人获得“全国老龄工作先进个人”称号。

【开展敬老月活动】10月1日至31日，在全省组织开展“敬老月”活动。活动期间，由于海南遭受百年不遇的两轮特大持续强降雨，全省共有16个市县遭受洪涝灾害，各地“敬老月”原计划举行的许多活动被迫取消或缩小规模或冒雨进行，对我省“敬老月”活动的影响较大。各地在抗洪救灾、开展灾后重建的同时，努力克服各种困难，积极创造条件，因地制宜的组织开展形式多样、丰富多彩的“敬老月”活动。海南省老龄办发布《海南省城乡老年人生活状况调查报告》、《海南省长寿人群生命质量调查报告》和《2009年海南省老龄事业发展统计公报》，发行《海南省百岁老人影像志》。10月13日，举办了“中华诵·2010经典诵读晚会（重阳篇）”晚会以中华经典诗文诵读为主要形式，充分运用诗歌情景剧、歌曲、舞蹈等电视手段，通过对重阳健康养生、自然和谐、孝亲敬老等传统与现代理念的深情诠释，使重阳节的节日内涵得到升华。晚会实况于10月16日重阳节当晚在中国教育电视台一套播出，新浪视频也将同步播出。10月14日，举办了“韵夕阳－2010年海南省中老年广场健身操（舞）大赛”总决赛在省歌舞剧院举行，来自全省18个市县的27支队伍参加了总决赛。10月16日，首届中国海南乐东县尖峰岭重阳节登山比赛在尖峰岭国家森林公园举行，199名来自全国各地的登山爱好者冒着细雨勇攀尖峰岭，他们以此方式来欢庆九九重阳佳节。参赛选手中，年龄最大的70岁，年龄最小的18岁。重阳节当天，省图书馆与省老年书画研究会共同举办重阳节“健康之岛·海南老年书画作品展”；海口市组织老干部在火山口公园登高望远活动，在万绿园公园举行千人太极拳（扇）表演，在人民公园举办老年琼剧戏迷对唱、交谊舞比赛，各地举办老年人趣味运动会等；三亚市举办健康长寿文化周；陵水县举办庆重阳趣味体育比赛；保亭县举办“九九重阳节”七仙岭登山比赛和越野健步走比赛等活动。海南省老龄办组织开展百岁老人生命质量调查，上门入户为全省百岁老人免费体检。在灾区，各级政府对受灾老年人的生活、生产物资给予优先安排，并发动各方力量帮助他们灾后重建；海口市扩大居家养老服务试点，新增27个社区，并首次启动了老人日托服务。重灾区老龄办、民政局积极做好全市孤寡老人的救助和监护工作，指导各区建立辖区内老人的数字信息和资料档案，做好灾区孤寡老人的低保、医疗、社会化服务、定期帮扶等救助工作。各地普遍组织志愿者开展义务门诊、义务维权、义务服务等活动；各大景区在“敬老月”期间降低老年人优待年龄范围，拓展优待领域，扩大优待幅度。

【慰问高龄老人活动】全省各市县克服10月份遭受持续强降雨造成洪涝灾害的种种困难，在坚持按月发放长寿补助金基础上，建立百岁老人的健康档案，组织慰问百岁老人，并帮助困难百岁老人解决住房、生活、照料等实际困难。同时，各级政府和社会各界深入基层社区、农村、敬老院等走访慰问孤寡、贫困、失能老人，得到广大老年人的普遍赞誉。全省有三亚、东方、文昌、澄迈、保亭、白沙、陵水等7个市县政府安排专项资金，对14407名高龄老人实行高龄补助，其中：80至89岁9423人，90至99岁4595人，100岁以上389人。

【百岁长寿补助】2010年全省享受百岁长寿补助金共1387人。其中男性215人，女性1172人；最年长者郭方姬，生于1891年，文昌市人；有15对双百岁夫妻。百岁老人人数占总人口每10万人中有15.48位百岁老人的比值，全省77.78%的市县比值高于国际通行的每10万人中有7位百岁老人的长寿乡标准。省政府将长寿补助金纳入省级财政预算。有的市县在省级补助标准的基础上，当地政府再给予每人每月补助200～300元，比如琼海市、澄迈县的百岁老人每人每月可领取长寿补助金分别为600元和500元。三亚、东方、文昌、琼海、澄迈、保亭、白沙、陵水、昌江等9个市县政府安排专项资金，分别对80岁以上和90岁以上高龄老人按年龄段分类分档发放长寿补助。2010年各级财政共计拨付1894.04万元，对18406名老年人发放高龄补助。

【海南省执行《中国老龄事业发展“十一五”规划》检查评估情况】5月15日至16日，由全国政协委员刘玉明、全国老龄办副主任阎青春带领全国政协、全国老龄办、总政治部、教育部、国土资源部、国家体育总局、全国妇联、团中央等8个部门领导组成的联合检查组到海南检查评估《中国老龄事业发展“十一五”规划》执行情况。通过召开座谈会、听取汇报和建议，并对社区居家养老和农村老年养老设施进行了实地检查和调研。检查组对我省“十一五”期间老龄工作的成绩给予了充分肯定。检查组认为，虽然起步晚，基础薄弱，但海南老龄事业进步明显，“十一五”期间，以建立健全老龄法制建设，贯彻执行老龄法律政策，推进老龄工作全面发展，社会养老保障制度建设取得了突出成效，老年人的基本生活有了明显改善。并对我省执行《中国老龄事业发展“十一五”规划》情况提出了意见和建议：一是海南省在“十五”、“十一五”期间均没有老龄事业的总体规划，这和老龄工作起步晚有关系，要抓紧编制《海南省老龄事业发展“十二五”规划》，把老龄事业发展的总体目标、相应措施列入海南经济社会发展“十二五”规划，做到老龄事业发展有专门规划，有专项资金；二是抓紧社会养老服务机构、设施建设，推进社区居家养老服务，城市市区要做到全覆盖，每个街区有老年活动室、有日托室。农村乡镇要有社会福利中心，做好五保供养服务，并且要大力推进社会化养老服务，使乡镇社会福利中心成为老年人活动中心和农村居家养老服务的指导中心。三是要加强各级老龄办建设，推进老龄工作机构向乡镇、村一级发展延伸，可以考虑发展基层老年人协会，使农村老龄工作和为老服务结合起来；四是建议海南省要改变观念，抓机遇，鼓实劲，出实招，创新工作思路，改进工作方式，加快建立适应人口老龄化的社会养老保障体系，推动建立高龄老人津贴制度和长期护理保险，进一步加大对失能老人、困难老人的关注和补贴力度，加大老龄事业财政投人，大力开发老龄产业作为龙头产业，加强各级老龄工作机构建设，努力推动老龄事业在“十二五”规划期间取得更快发展，推动海南经济社会的发展。

【印发了《海南省城乡老人生活状况调查报告》】经省政府领导批示同意，4月份，以省老龄委名义，向各成员单位和市县老龄委印发了《海南省城乡老年人生活状况调查报告》，要求各地、各部门结合实际工作和职责，应对人口老龄化发展趋势，研究提出老龄事业发展“十二五”时期的工作思路、工作目标、主要举措和重大项目，推动老龄事业发展和经济社会协调发展。

【长寿人群生命质量调查】从2009年4月至2010年10月结束，省老龄办与海南医学院根据我省长寿老人密度高的特点，开展的全省百岁及以上长寿老人生命质量调查，调查方式为面对面询问方式进行问卷调查，并建立健康档案。调查内容主要通过对全省百岁及以上老人的身体健康状况、心理健康状况、生活方式、饮食习惯、生活环境等方面的调查，了解我省长寿老人的健康状态及其相关因素，研究我省生态环境与健康以及社会、心理因素与健康的关系，并建立百岁及以上长寿老人健康档案，以便持续、适时了解百岁及以上长寿老人的身体健康状况，更好地为老年人提供卫生保健服务。截至到2010年末，全省有100岁及以上长寿老人达1387人，占总人口每10万人中有15.48位百岁老人的比值，全省77.78%的市县比值高于国际通行的每10万人中有7位百岁老人的长寿乡标准。超过国际自然医学会每10万人中有7位为百岁老人的“世界长寿乡”的标准，成为全国百岁老人密度最大的省份。此外，90岁以上的老人有1.87万人。这充分说明海南岛是名副其实的“长寿岛”。

【公布《2009年海南省老龄事业发展统计公报》】为了宣传我省老龄工作和老龄事业发展成就，省老龄办根据省民政厅、省人力资源社会保障厅、省卫生厅、省司法厅、省人口计生委等有关成员单位，及各市县老龄委提供的数据，编制完成了并向社会公布《2009年海南省老龄事业发展统计公报》。

【百岁老人影像志】为了系统挖掘、有效整理海南长寿文化资源，记载海南省政府对老年人优待的重大事件，保存长寿文化资源，弘扬中华民族敬老、爱老的传统美德，打造海南长寿文化品牌，更好地丰富和充实地方史志的长寿文化史料内容。5月4日，省老龄办启动《海南省百岁老人影像志——长寿文化》（以下简称“影像志”）编辑工作，委托海南端正行文化传播有限公司，从百岁老人的民族成分、基本资料、密度分布和区域分布、经济社会文明、风物景象、整体特点、精神风貌和生活情景等情况，进行统筹拍摄、采访、撰稿和编辑。通过进村入户采访107位百岁老人，用镜头和笔记记录百年生命历程和沧桑人生故事，引领我们走进了百岁老人的生活环境和精神世界。8月份，该影像志成书发行。影像志揭示了海南长寿密码，对海南生态文明建设、和谐社会建设和长寿文化建设有着重要的意义。该影像志通过百岁老人分布图、海南省百岁老人生命质量调查报告和讲述百岁老人的故事，揭示了海南的绿色生态，独特的自然生态和敬老爱老的和谐社会生态，海南老年人以对生活和生命的睿智，自然、自尊、自在地在“天人合一”的境界颐养天年。该影像志揭示了海南百岁老人劳作不息、守护家庭幸福和坚守理想坚贞不移的精神生活，海南百岁老人有的依然是田间地头的劳作者、家庭事务的主心骨和优秀文化的传承者和传播者。该影像志具有较强的艺术性、观赏性和较高的史料收藏价值，是一本研究海南长寿文化的重要文献资料。

【编制海南省老龄事业发展“十二五”规划（审议稿）】由于海南省老龄工作起步晚，基础薄弱，“十五”、“十一五”期间没编制规划，为了填补海南省老龄事业发展规划的空白，省民政厅党组高度重视，3月，组织省老龄办全体同志到浙江、江苏、上海等地学习考察、调研，并在认真执行全国老龄事业发展“十一五”规划检查评估的基础上，充分采用海南省城乡老人生活状况调研成果，经多次的征求意见和修改，组织编制完成《海南省老龄事业发展“十二五”规划（审议稿）》。规划从指导思想、基本原则、总体目标、主要任务、重点项目和保障措施等对我省五年内应对人口老龄化工作进行战略部署。2011 年 4 月 28 日，召开海南省老龄工作委员会第四次全体会议，审议并原则通过此规划，将于 2011 年 7 月份以海南省人民政府名义印发实施。

宁夏回族自治区

2010 年 9 月 13 日，全国人大常委会原副委员长顾秀莲在成都再军爱心护理院，亲切慰问在该院休养的老红军牛季良。

宁夏高龄老人津贴发放启动仪式隆重举行。

综　　述

一、老年人社会保障制度逐年完善

一是社会基本养老保险制度全面建立。妥善解决企业职工基本养老保险历史遗留问题，登记参保 12.13 万人，将未纳入企业职工基本养老保险的应保未保人员、1995 年以前离岗人员和灵活就业人员，全部纳入养老保险统筹范围，基本实现了城镇养老保险制度全覆盖。加快推进新型农村养老保险试点工作，覆盖全区 22 个县（市、区），比国家规划时间提前 10 年。继续调整企业退休人员基本养老金，全区 19.63 万名企业离退休职工养老金月人均增加 185 元，企业离休人员和退休人员基本养老金人均每月分别达到了 3900 元和 1470 元。全区企业职工基本养老保险参保人数达 103.5 万人，其中参保离退休人员 30.45 万人。

二是困难老人基本生活得到有效保障。完善城乡低保动态调整和物价联动机制，及时将符合条件的城乡老年人全部纳入最低生活保障范围，先后两次调整了补贴标准，并建立临时救助制度，进一步完善了高龄老人津贴制度，3.4 万名城乡老人受益。认真落实《五保供养工作条例》，自治区将全区 1.15 万名农村散居“五保”对象补助标准由月人均 75 元提高到 100 元，农村“五保”对象人均年集中供养标准达到了 3948 元，分散供养对象年标准达到了 2266 元。大力实施农村危窑危房改造和生态移民安置工程，加大保障性住房建设力度，新建廉租房 1.4 万套、经济适用房 1.9 万套、棚户区住房 9170 户，改造危窑危房 3.4 万户，老年人的居住条件也得到明显改善。

三是医疗保险体系建设不断完善。加快推行医疗救助即时结算“一站式”管理服务，方便了老年人就医。采取各级财政筹资的方式，解决了全区 2.4 万名退休人员的医疗保险历史遗留问题。城镇职工、城镇居民和新型农村合作医疗三项基本医疗保险制度已经覆盖全区所有人口，基本实现了“人人享有基本医疗保障”的目标。2010 年底，全区医疗保险参保人数达 540.8 万人，其中退休人员 26.36 万人；老年人参加城镇居民基本医疗保险参保率达到90%以上，新型农村合作医疗参合率达95%以上，老年人健康档案建档率达60%以上。

二、社会养老服务体系建设不断加强

一是养老服务基础设施建设步伐加快。完成了宁夏老年福利服务中心一期项目建设工程、4个县（市、区）综合福利服务中心、3个农村敬老院和2个民办养老机构建设项目，新增养老床位1810张，有效地缓解了老年福利设施供给不足与日益增长的养老需求之间的矛盾。

二是居家养老服务创新发展。按照就近、方便、经济的原则，新建了一批具有日间托管、医疗保健、文化娱乐等功能的社区居家养老服务中心（站），为老年人提供多种形式的服务，建立了宁夏智能化社区居家养老服务信息平台，并联合宁夏慈善总会实施了“扶老助残”慈善项目，为生活困难的3000多名老年人每人每月提供50元的购买服务补助。

三、老年人合法权益得到有效维护

协调区内各级新闻单位，利用广播、电视、报纸、网络等大众传媒，开设法制栏目，大力宣传老年人权益保障法以及相关的法律法规，选播“涉老”案例进行宣传报道，引导老年人增强依法维权、依法办事的意识。2010年，全区法律援助机构共办理涉及老年人权益的法律援助案件4139件，接待老年人法律咨询3077人次，占咨询总量的9.12%；各旅游景点认真落实老年人持《优待证》免费进入旅游景区（点）的规定，切实保障了老年人的合法权益。

四、老年人精神文化生活日趋丰富

一是大力开展为老主题宣教活动。扎实开展“万名道德模范”评选表彰、敬老爱老“六个一”志愿服务活动等。2010年，我区有22人、两个集体分别荣获“孝亲敬老之星”和“敬老模范单位”荣誉称号，银川市爱心老年公寓何宁红荣获“中华孝亲敬老楷模提名奖”。

二是着力搭建为老服务平台。全区共有老年大学25所，在校学员7000余人；自治区文化厅着力实施公共文化服务提升工程和文化基础设施建设工程，争取项目资金1600多万元，为94个乡镇文化站、132个村级示范文化室、100个村级示范文化户、5个社区文化中心、20个社区文化室及94个村级资源共享点，配备了乐器、戏服、书籍、电视、DVD等文化活动器材，搭建了为老服务平台。

重要会议和活动

【第六次老龄委全委会和老龄办主任会议】2010年3月18日，自治区老龄委在银川召开了第六次全委（扩大）会议和全区老龄办主任会议，会议传达贯彻全国老龄工作委员会第十二次全体会议精神。自治区党委常委、政府副主席、老龄委主任刘慧出席会议并做了重要讲话。会议回顾总结了2009年全区老龄工作；分析研究了当前老龄工作面临的新形势，安排部署了2010年和今后一个时期的老龄工作、表彰奖励了2009年度全区老龄工作先进集体和先进个人。自治区发改委等4个部门作了大会交流发言。全委会后举行了全区老龄办主任会议。自治区老龄委副主任、民政厅厅长、老龄办主任马廷礼、老龄办常务副主任李治贵出席会议并讲话。

【丰富老年人的精神文化生活】5月8日，自治区老龄办举行了宁夏第二届“敬老号”和谐夕阳千名老人“游华东、观世博”大型旅游活动启动仪式。这次活动从5月8日开始，到6月4日结束，共发包列15次，4668名老人先后参加了这次活动，老人们开阔了眼界、愉悦了身心，感受了祖国改革开放三十年来的发展成果。同时与自治区财政厅、旅游局联合组织了“千名特困老人家乡游”活动，赢得了良好的社会反响。

【弘扬孝道文化　展现老人风采】6月18日—19日，自治区民政厅、老龄办邀请中国老年艺术团，分别到石嘴山、银川市演出。来宁演出的中国老年艺术团阵容强大，会集了众多著名艺术家和知名演员60多人，他们带来的中华国粹艺术和众多传统曲目深受观众欢迎，产生了极大的轰动效应。

【全区老龄工作年中总结会】2010年7月28—29日，自治区老龄办在石嘴山市召开了全区老龄工作年中总结会。期间现场观摩了石嘴山市三区（县）的老年活动中心、民办养老服务机构、综合福利服务中心、居家养老服务示范站、石嘴山市社会福利院；银川、石嘴山等六个市、县（区）交流了经验；讨论修改《宁夏回族自治区关于加快推进社会化养老服务的意见（征求意见稿）》、《宁夏回族自治区老龄事业发展“十二五”规划（草案）》和《宁夏回族自治区老年活动中心管理办法》，并为荣获居家养老服务示范站和“千名老人观世博游华东”的先进集体和个人颁了奖。

【免费办理老年人优待证】从2010年10月16日起，《宁夏老年人优待证》由自治区老龄办在自治区人民政府政务服务大厅集中办理，改为在全区22个县（市、区）办理，并免收5元工本费。自治区老龄办筹措资金20余万元，为22个县（市、区）免费提供证件，统一制作了钢印、证件专用章，配置了计算机、证件打印机、统一安装了软件程序。这一举措，赢得了社会，特别是老年人的好评。

【敬老月活动】2010年10月1日至10月31日，在全区组织开展“敬老月”活动。全区各市、县（区）及相关部门慰问老党员、老干部、优抚对象、百岁老人、农村“五保”对象、城市“三无”对象5220人，发放慰问金70余万元。

【全国老龄工作先进单位和先进个人荣誉评选活动】2010年，自治区广电总台组织人事处、银川市金凤区、青铜峡市老龄办等8个单位被全国老龄工作委员会授予“全国老龄工作先进单位”荣誉称号。岳秀霞、郭怀际、王雪梅、等10名同志被全国老龄工作委员会授予“全国老龄工作先进个人”称号。

【第四届敬老爱老助老主题教育活动先进单位和个人评选表彰活动】2010年12月26日，我区银川市爱心护理院院长何宁红被授予“中华孝亲敬老楷模提名奖”荣誉称号，银川市兴庆区老龄办、吴忠市利通区胜利镇人民政府被评为“敬老模范单位”，银川市兴庆区社会福利院院长王琰等21人被评为“全国孝亲敬老之星”。

【全区老龄工作先进单位和先进个人评选表彰活动】为了表彰先进，树立典型，经各市评选推荐，自治区老龄工作委员会办公室研究，对银川市老龄办等7个单位、保建新等13名同志予以表彰奖励。全区老龄战线的工作者以他们为榜样，继续深入开展“比、学、赶、帮、超”活动，为扎实推进我区老龄工作和老龄事业发展做出积极贡献。

各项业务进展

【各项涉老制度工作】自治区老龄办在广泛调研的基础上，制定下发了《关于加快推进社区居家养老服务的意见》；为提升社区居家养老服务水平，下发了《关于建立宁夏智能化社区居家养老服务信息平台的通知》，在银川市三区为上千名老人安装了固定型和移动型呼叫器，并与417家服务商签订了服务协议。制定下发了《宁夏回族自治区老年活动中心管理办法》。撰写了《宁夏养老服务体系建设现状与对策》、《进一步完善养老服务体系建设研究》等调研报告，为自治区政府制定相关政策提供了依据。起草了《宁夏回族自治区老龄事业发展“十二五”规划（草案）》、《宁夏回族自治区社会养老服务体系建设规划（草案）》。

【养老服务设施建设工作】2010年，配合自治区民政厅完成了宁夏老年福利服务中心一期项目建设工程，4个县（市、区）综合福利服务中心、3个农村敬老院、2个民办养老服务机构建设项目，新增养老床位1810张，有效地缓解了老年福利设施供给不足与日益增长的养老需求之间的矛盾。并解决了民办养老服务机构的床位补助费和智能化社区居家养老服务信息平台建设所需的300余万元资金。

【居家养老服务工作】自治区人民政府连续两年将居家养老服务纳入为民办30件实事之一，自治区民政厅、老龄办联合下发了《关于加快推进居家养老服务的意见》，为加快推进我区居家养老服务工作提供了政策支撑。各地建立了工作机构，制定了相关政策，加大了财政投入。自治区老龄办采取社会力量投资、市场化运作、政府和慈善公益组织资助并监管的方式，建立了宁夏智能化社区居家养老服务信息平台。目前，全区已建成规范运作、管理有序、服务优良的居家养老服务示范站205个，累计为5000余名困难老年人购买服务，为3万多名老年人提供了多种形式的服务。

【老年维权工作】自治区老龄办与司法厅联合组织实施了“夕阳幸福工程·法律援助在行动”活动，组织基层法律援助工作者、法律援助志愿者走进街道社区、敬老院、光荣院、老年公寓和老年人家庭中积极开展法律援助。通过举办法律知识讲座和法律咨询、开办专题节目、设立咨询服务热线、散发宣传材料、发放惠民法律援助卡等形式，大力宣传依法维护老年人合法权益的相关法律法规和政策，增强了老年人主动维权意识。

【老龄宣传与文体工作】在《宁夏老龄工作》、《宁夏老龄工作信息》积极宣传宁夏老龄各项工作，与宁夏养老事业发展促进会、宁夏老龄产业协会联合兴办了《宁夏老年报》、建立了《宁夏养老网》，丰富了宣传形式，扩大了宣传渠道，实现了老龄宣传工作的多层次、立体化、广覆盖。

新疆维吾尔自治区

2010年9月29日上午，自治区党委肖开提·依明常委（右三）在阿不利孜·阿不都热依木副秘书长（左三）和宋海渭常务副主任（右二）的陪同下，来到新疆老年病医院调研。

2010年5月6日，自治区政协举办了“新疆应对人口老龄化社会，促进老年产业发展”高峰论坛。自治区副主席、老龄委常务副主任贾帕尔·阿比布拉出席论坛并致辞，自治区政协副主席柯丽作了书面讲话。

综　　述

2010年是老龄事业“十一五”规划收官之年，也是老龄工作取得显著成效的一年。2010年底，新疆老年人口达到233.54万，占总人口的10.8%，全面进入人口老龄化社会。在自治区党委、自治区人民政府的正确领导下，各级老龄办坚持以邓小平理论和“三个代表”重要思想为指导，以科学发展观为统领，认真贯彻落实中央新疆工作座谈会和自治区党委七届九次、十次全委（扩大）会议精神，坚持“党政主导、社会参与、全民关怀”的老龄工作方针，紧紧围绕“六个老有”目标，解放思想，凝聚力量，抢抓机遇，扎实工作，努力推进自治区老龄工作发展，取得了可喜的成绩。

一、各级党委、政府高度重视，不断加强老龄工作

各级党委、政府从保民生、求发展的高度，重视和加强老龄工作，切实把老龄工作摆上重要议事日程，纳入经济社会发展总体规划，纳入党政综合目标考核、精神文明建设考核和人大法制监督、政协民主监督管理，积极出台涉老惠民政策措施，重视解决老龄工作机构建设、经费投入、办公条件等方面存在的实际问题。各地在财力困难的情况下，坚持保障老龄工作需要，将老龄事业发展经费纳入财政预算，大部分地、县足额核拨老龄事业发展经费，部分条件较好的地、县还不同程度的提高了老龄事业发展经费标准，昌吉州等在保障老龄事业发展经费的同时，还把老年教育经费、高龄老人补贴等也全部纳入财政预算，加大投入。各级党委、政府的高度重视，为老龄工作的开展奠定了坚实的基础。

二、各级成员单位发挥职能作用，社会各界齐抓共管老龄工作

各级老龄委成员单位充分发挥职能作用，齐抓共管老龄工作成绩突出。财政、发改委积极组织各项涉老规划的实施，不断加大老龄事业投入力度。民政部门提高城乡社会救助和最低生活保障水平，大力推进居家养老服务，强化养老服务体系建设。组织、老干部门完善“三个机制”，认真落实“四老”人员各项待遇。人力资源和社会保障、卫生部门不断加大养老保险、医疗保险扩面力度，人口和计划生育部门认真落实农村计划生育家庭奖励扶助政策，使众多老年人受益。建设、交通部门加大落实老年优待政策督查力度，确保老年人享受优待服务。宣传、广电等部门通过各种宣传手段不断加大老龄宣传力度，营造了敬老养老的良好舆论环境。公安、司法系统加大老年维权工作力度，为老年人提供便捷有效的法律服务，切实维护老年人合法权益。教育、团委、工会、妇联等部门广泛开展敬老主题教育和为老志愿服务活动。文化、体育、旅游等部门积极组织适合老年人特点的文体旅游活动，不断提高老年人生活质量。在各成员单位的带动下，社会各界主动参与老龄工作，一些企业和社会团体也积极融入到发展老龄事业中来，营造了浓厚的社会氛围。

三、落实“十一五”规划，促进老龄事业科学发展

为全面落实老龄事业发展“十一五”规划，我们对部分地、县进行了调研和检查，各地结合实际对规划落实情况进行了自查评估，检查情况一致表明，各级在贯彻落实“十一五”规划中措施得力，成效显著，为实施老龄事业发展“十二五”规划打下了坚实的基础。全国人大、全国老龄办五部门组成的《中国老龄事业发展“十一五”规划》检查评估组，对我区“十一五”时期老龄事业取得的成绩给予了高度评价。各地在科学评估“十一五”规划的基础上，积极开展老龄事业发展“十二五”规划的编制工作，在编制“十二五”规划中，加强了对重点项目的规划，积极争取内地省市对口援建项目，使“十二五”规划提出的各项目标任务与当地经济社会发展水平相适应，增强规划的针对性和可操作性，确保老龄事业与当地经济社会各项事业协调可持续发展。

四、加强为老服务体系建设，提高老年人生活质量

各级各有关部门始终把加快为老服务体系建设作为老龄工作的重点，高度重视居家养老服务工作，关注失能、特困、空巢、低收入老年群体的特殊需求，积极走社会化、产业化的路子，养老服务体系建设步伐加快。克拉玛依市出台全面推进居家养老服务工作的指导意见，加快养老服务设施建设，加大居家养老日托站建设力度，按至少低于市场价20%的标准在全市统一价格。各地把解决农村老年人“老有所养”问题作为老龄工作的重点，借助新农保、新农合和独生子女家庭奖励制度，扎实开展家庭赡养协议签订工作，切实保障农村贫困老年人的基本生活，截止2010年末，全区农村有65.74万老年人签订了协议书，农村养老功能得到巩固。喀什地区将家庭赡养协议签订工作纳入各乡镇党建、经济双目标考核管理，90%以上的老年人签订了家庭赡养协议。部分地区把家庭赡养协议签订工作纳入精神文明考评内容和依法治村规定，规范签约程序和期限，明确子女赡养标准，并定期进行专项检查，切实提高了签约率和履约率。

五、不断加强自身建设，推动基层老龄工作再上新台阶

在各级党委、政府和有关部门的关心支持下，老龄工作体制机制、经费投入、工作条件等方面的突出问题不断得到解决，基层老龄事业取得长足发展。自治区在沙雅县召开了推进基层老龄工作会议，总结推广经验，提出新形势下进一步加强基层老龄工作的新要求。各地加大调研工作力度，深入研究制约老龄事业发展的突出问题，撰写了一批针对性强、具有可操作性的优秀调研报告，为党委、政府加强老龄工作提供了对策建议。我们组织了两批基层老龄工作干部赴内地省区观摩学习，各地也通过集中培训、以会代训等多种方式逐级培训，基层干部整体素质有了明显提高。去年，全区有10个单位和13名个人获全国老龄工作先进单位和先进个人，自治区也表彰了36个先进单位和34名先进个人，提升了基层老龄工作水平。

重要会议和活动

【自治区老龄工作委员会第九次全体会议】2010年3月8日，自治区老龄工作委员会召开了第九次全体会议，自治区老龄委各成员单位领导参加了会议。会议分析研究了我区人口老龄化的形势和任务，安排部署了2010年的老龄工作。会上，自治区老龄委副主任、老龄办常务副主任宋海渭作了《关于2009年自治区老龄工作基本情况和2010年工作安排意见的报告》，自治区发展和改革委员会、财政厅、旅游局、体育局四个成员单位交流发言，自治区副主席、自治区党委政法委副书记、自治区老龄委常务副主任贾帕尔·阿比布拉出席会议并作了重要讲话。会议要求，各级要清醒认识新形势下老龄问题的重大社会影响，从全局和战略的高度出发，进一步增强做好老龄工作的历史责任感和紧迫感，加大养老社会保障力度，加快为老服务基础设施建设，推进社区居家养老服务，发展农村为老服务，完善社会为老服务体系建设，加强老龄工作部门自身建设，发挥成员单位职能作用，坚持宣传教育和维护权益双管齐下，努力营造敬老养老助老的良好社会氛围，构建“大老龄”的工作格局，推进自治区老龄事业全面协调可持续发展。

【自治区老龄办主任会议】2010年3月16日至17日，自治区召开了老龄办主任会议。各地州市老龄办主任（专职副主任），各地州市所在城市老龄办主任（专职副主任），区市部分新闻媒体记者参加了会议。自治区老龄委副主任、老龄办常务副主任宋海渭全面总结了2009年的老龄工作，安排部署了2010年的工作任务。自治区党委常委肖开提·依明、自治区副主席贾帕尔·阿比布拉亲临会议，代表自治区党委、人民政府看望会议代表并分别作了重要讲话。会议要求各级要充分认识人口老龄化发展形势，进一步增强做好老龄工作的责任感和紧迫感，立足服务大局，心系老年群众，认真贯彻老龄工作方针，充分调动社会力量齐抓共管发展老龄事业，进一步提高老年人生命生活质量，扎实推进自治区老龄工作全面发展。

【新疆应对老龄化社会促进老年产业发展高峰论坛】 2010年5月6日，自治区政协成功举办了“新疆应对人口老龄化社会，促进老年产业发展高峰论坛”，为社会各界搭建了讨论问题、建言献策、共谋发展的高端平台。自治区副主席贾帕尔·阿比布拉出席论坛并讲话。自治区相关部门领导、政协委员、各民主党派成员、大专院校和科研院所专家教授学者等150余人参加了论坛。论坛结束后，自治区政协归纳整理出专题报告，呈报自治区党委、人民政府，为制定自治区“十二五”规划提供决策参考。

【自治区推进基层老龄工作会议】 2010年8月24日至25日，自治区推进基层老龄工作会议在阿克苏地区沙雅县召开。全区县级以上老龄办负责人参加了会议，与会代表听取了沙雅县、昌吉市等5个县市和沙雅县4个乡村社区基层单位的经验交流，实地参观了沙雅县6个基层单位的老龄工作。自治区党委副秘书长阿不利孜·阿不都热依木出席会议并宣读了自治区党委常委肖开提·依明的书面讲话。肖开提·依明常委在讲话中指出：扎实做好基层老龄工作是应对人口老龄化的必然要求，是老龄工作保障民生、改善民生的重要内容，也是促进民族团结、维护社会稳定的有效手段，各地要以老龄工作整体规划为指引，促进基层老龄工作科学发展；加强应对人口老龄化措施和养老保障、居家养老长效机制、老龄产业及维护老年人权益的调研；以宣传活动为手段，营造良好的基层老龄工作氛围；加大党政主导力度，确保基层老龄工作有效开展。自治区老龄委副主任、老龄办常务副主任宋海渭在会议结束时强调，要在加强老龄工作领导、形成基层老龄工作合力、改善为老服务设施场所、加大老龄宣传力度、加强自身建设等方面进一步抓好基层老龄工作，夯实老龄工作基础，为实现新疆老龄工作的跨越式发展奠定基础。

【“敬老宣传月”】 2010年9月，全区组织开展以“关爱老人生活，尽我最大职责”为主题的第十二个“自治区敬老宣传月”活动，丰富了老年人的精神文化生活，营造了敬老助老的社会氛围。各地以宣传中央新疆工作座谈会精神，动员社会各界共同努力，推动全区老龄事业不断发展为主线，大力宣传《老年法》、《条例》，倡导科学健康的生活方式，结合实际开展各类活动，营造浓厚的尊老敬老氛围。自治区老龄办在9月15日自治区老人节向全区800多万手机用户发送了敬老公益短信，协调中国电信新疆分公司、新疆天山网和乌鲁木齐晨报等媒体刊登敬老公益广告，组织了“庆祝自治区老人节”文艺演出，产生了广泛的社会影响。各地通过图片展、报告会、座谈会、红歌会、媒体专栏、公益广告、义务咨询、征文等多种形式宣传活动，大力弘扬中华民族敬老传统美德。各级党政主要领导通过广播电视报刊发表讲话，倡导为老年人办好事、办实事。

【“银龄行动”工作座谈会】 2010年11月23日，自治区召开“银龄行动”工作座谈会，就贯彻全国“银龄行动”工作会议精神，沟通信息，总结工作，交流经验，部署和推动下一步工作进行了研究部署。会议表彰了近年来自治区“银龄行动”工作先进单位和先进个人，自治区人民政府副秘书长帕尔哈提·贾拉勒在会上宣读了自治区副主席贾帕尔·阿比布拉的书面讲话，自治区党委组织部副部长赵红军和自治区卫生厅的负责人出席了座谈会，上海市老龄办派代表出席座谈会并商讨了进一步深化疆沪“银龄行动”工作的新思路。自治区各地州市老龄办负责人和开展区域内“银龄行动”工作的受援区县代表、受表彰的自治区“银龄行动”工作先进单位和先进个人代表、老年志愿者代表出席了会议。

【老龄事业“十一五”规划检查评估】 2010年是贯彻落实自治区老龄事业发展“十一五”规划的最后一年，为了摸清各地贯彻“十一五”规划的情况，自治区老龄办下发通知，要求各级对贯彻落实“十一五”规划情况进行评估，并组织工作组对部分地州和县市进行了调研和检查。各地州市根据自治区的统一部署，结合实际对规划落实情况进行了自查，并上报了检查结果。10月20日至23日，由全国人大、老龄办、住房城乡建设部、妇联、总工会组成的国家《中国老龄事业发展“十一五”规划》检查评估组，对我区落实《中国老龄事业发展“十一五”规划》、推动老龄事业发展情况进行联合检查评估，听取了专题汇报，全国检查组对新疆“十一五”期间老龄事业取得的成绩给予了高度评价。

【中国城乡老年人口状况追踪调查】 2010年12月1日，经过前期培训的86名督导员和访问员在乌鲁木齐市、哈密市、阿克苏市、奎屯市、呼图壁县、伊宁县、阿瓦提县、沙湾县的32个乡镇（街道）、100个村（居）委会调查点，启动实施“中国城乡老年人口状况追踪调查”工作，分别对1000名老年人就经济供养、医疗保健、生活照料、社区服务、精神文化生活、参与社会发展等情况进行了追踪问卷调查。

各项业务进展

【老年维权工作】2010年，各地认真贯彻落实老年法律法规，把《老年法》纳入“五五普法”、公民道德建设教育规划和中小学德育教学内容，在全社会开展老年法普法宣传。不断加大老年维权工作力度，依托老年维权工作站点，在全区开展“法律援助在行动夕阳幸福工程”，为老年人排忧解难，切实维护老年人合法权益。乌鲁木齐市老龄办联合市司法局、市人民广播电台，开通维权热线，每周定期播出老年维权节目，答复难点热点问题，进行法律咨询，宣传老年法规政策，深受广大老年人欢迎。石河子市组织了由各涉老单位和老年人代表参加的老年维权座谈会，收集老年人各项建议和意见22条，及时予以答复，同时，组织开展了“中央彩票公益金法律援助专项”活动，将交通事故和医疗事故纳入了老年法律援助范围，拓宽了老年维权领域。各级重视研究解决老年人关心的热点难点问题，积极协调有关部门及时解决老年人来信来访反映的问题。昌吉州部分信访部门成立了老年人投诉中心，专门受理老年人反应的各类信访案件，充分发挥了信访工作在化解涉老纠纷、保障老年人合法权益及维护社会稳定中的重要作用。各级各有关部门认真落实《优待老年人规定》，及时发现和协调解决老年优待工作中出现的新情况、新问题。同时，结合实际不断扩大老年人优待范围，除了乘公交车、入公厕、进公园借阅图书免费以外，部分地方还对老年人实行门诊免交普通挂号费、影剧院免费开放等优待措施。和田地区优先为老年人安排抗震安居房资金和扶贫电视，对“两证”的办理实行实名制和责任追究制，确保了发证工作的规范有序。部分地方结合实际出台了为民办养老机构和公交公司发放营运补贴等优惠政策。大部分地方把高龄老年人补助金和免费体检资金纳入财政预算，为百岁老人每月发放60～450元的高龄生活补贴，部分地、县给80岁、90岁以上老年人每月发放40～200元的高龄生活补贴。

【老龄信息宣传工作】2010年，各级老龄办不断加大宣传工作力度，采取各种措施广泛开展以贴近老年人、贴近老龄工作实际为重点的老龄宣传。重视推进信息工作规范化建设，不断提升信息宣传水平和质量，全年上报各级老龄工作信息1781条，推荐各大媒体刊用468条。组织召开了老龄老干新闻宣传工作会议，总结经验，表彰先进，安排部署了今后一个时期的老龄新闻宣传工作。为了提高基层老龄干部的工作能力和业务水平，自治区老龄办举办了为期一周的老龄宣传信息干部培训班，对58名基层老龄工作干部进行了培训。联合新疆人民广播电台、《新疆日报》、《新疆经济报》、《老年康乐报》开展了“省心之旅杯”老龄新闻奖评选活动。根据全国的安排，自治区老龄办会同自治区教育厅、广电局、团委、妇联联合发出通知，在全区组织开展第四届全国“敬老爱老助老主题教育活动”，通过自下而上层层推荐，经自治区主题教育活动组委会评选，我区向全国推荐了98名“孝亲敬老之星”、2名“中华孝亲敬老楷模”和5个“敬老模范单位”，同时，表彰了18个自治区“敬老模范单位”，在全区形成了争当敬老模范的浓厚氛围。在全区组织开展了第二届中国老年艺术节各项活动，首次在全区评选表彰了中老年优秀节目。参加了“中国十大寿星排行”评选活动，向全国推荐10名候选人，其中5名百岁老人上榜。

【为老服务】2010年，各地高度重视居家养老服务工作，关注失能、特困、留守、空巢、低收入老年群体的特殊需求，坚持政府主导、社会参与，积极走社会化、产业化的路子，养老服务体系不断得到完善。昌吉州党委、政府把开展居家养老服务纳入“关注民生、改善民生，构建和谐昌吉”总体目标，组织了近万名社会各界志愿者为贫困、孤寡、高龄、空巢老年人提供家政服务、生活照料、医疗保健、法律咨询等服务；各县市制定了居家养老工作实施方案，部分街道安装了“一键通”热线。石河子市制订了《政府购买服务实施细则》，举行了政府购买服务启动仪式，专门划拨政府购买服务补助金13.6万元，印制政府购买服务券9万张，支出30万元购置服务设施，在全市32个社区为老年人提供有偿和抵偿服务。巴州召开了居家养老服务工作座谈会，安排部署居家养老服务工作。伊犁州专门下拨资金，启动了社区居家养老服务工作试点。各地把解决农村老年人“老有所养”问题作为农村老龄工作的重点，借助全面实施新型农村合作医疗、独生子女家庭奖励制度和农村最低生活保障制度的东风，采取树立敬老养老先进典型、入户宣讲、召开签订现场会、发放宣传单、张贴宣传标语等多种方式广泛宣传，扎实开展“家庭赡养协议”签订工作，切实解决农村贫困老年人的基本生活和医疗问题。和田地区将“家庭赡养协议”签订工作纳入各乡镇党建、经济双目标考核管理，坚持季度回访制度，对乡村“三室一场”采取资源共享、一室多用等形式，满足老年人文体活动需要。博州等地争取财政支持为农村老年人免费订阅《老年康乐报》。部分地方在农村新型合作医疗工作中，优先将老年人纳入补助对象范围。

【"银龄行动"】 2010年，上海选送了21位老年志愿者在阿克苏地区、博州、巴州和克拉玛依市实施了两个月的沪疆第八期"银龄行动"定点援助工作，取得了良好的经济效益和社会效益，据不完全统计，老年志愿者共接诊病人6048人次，查房306次，组织授课讲座108场次，培训各类技术人员1204人次，填补地县科技空白6项。部分地州市积极推进区域内对口援助实施"银龄行动"工作，乌鲁木齐市第四期区域内对口援助"银龄行动"在实施范围、援助领域等方面均有所扩展，15名老专家开展了援医、援农、援牧工作，受到受援地单位和各族群众一致好评。伊犁州逐步建立老年人才信息库，组织专家实施了"银龄行动"试点工作，对部分老专家进行了奖励。

【老年教育】 2010年，各地贯彻落实自治区人民政府《关于加强老年教育工作的意见》，切实采取措施稳步推进老年大学（学校）规范化建设，使老年大学成为老年人的学习之家、活动之家、有为之家，成为"老有所学"和对老年人进行思想政治教育的重要阵地，在自治区"三个文明"建设中发挥了重要作用。各级老年大学、老年群众团体组织开展老年文化体育活动，举办老年文化艺术节、运动会、书画展、金婚庆典、游园观光等，经常化、制度化、多样化的老年文体活动，丰富了各族老年人的精神文化生活。

广西壮族自治区

2010年11月22日，自治区老龄工作委员会办公室、自治区民政厅在南宁联合举办《广西壮族自治区老年人优待证》启用新闻通报会。会上，自治区民政厅厅长、自治区老龄工作委员会副主任陈利丹向社会各界通报了《广西壮族自治区老年人优待证》制发、启用的有关情况。

2010年11月16日，自治区老龄委办公室在南宁召开贯彻落实《广西壮族自治区老年人优待规定》座谈会。自治区老龄委28个成员单位和相关涉老服务单位参加会议，自治区民政厅副厅长黄瑞平出席会议并讲话。

综　述

2010年，广西各级老龄工作机构深入贯彻党的十七大和十七届四、五中全会以及全国老龄工作委员会第十二次全体会议、全区老龄工作会议精神，围绕中心，突出重点，全面推动《广西壮族自治区老年人优待规定》的贯彻落实，不断深化基层老龄工作，老龄事业呈现出持续健康发展的新局面。

一、认真做好贯彻实施《广西壮族自治区老年人优待规定》的各项工作

为贯彻落实全区老龄工作会议和《广西壮族自治区老年人优待规定》精神，自治区老龄办在有关部门的大力支持和各级老龄办密切配合下，积极做好制发《广西壮族自治区老年人优待证》（以下简称《优待证》）的各项筹备工作。一是研究设计了具有广西特色的《优待证》，并按法定程序完成招标工作，由自治区公安厅居民身份证制作中心统一制作老年人优待证。二是积极协调有关部门，出台相关配套文件。自治区民政厅、财政厅、公安厅和老龄办印发《关于制发广西壮族自治区老年人优待证有关问题的通知》，要求各地、各有关部门和单位要切实加强协调管理，指定专人负责，落实经费保障，配备计算机等办公设施，确保《优待证》制发工作的有效推进。自治区老龄办印发了《广西壮族自治区老年人优待证申办暂行规定》和《广西壮族自治区老年人优待证制发和管理暂行办法》，明确了《优待证》办理的各项程序和要求。三是开展《优待证》制发试点、培训工作。召开全区地级市主任会议、自治区老龄工作委员会成员单位联席会议，举办全区各级老龄办专职干部培训班、举行《优待规定》制发、启用新闻通报会等，为制发、启用《优待证》打下了良好的基础。2010 年 12 月 1 日，在全范围正式启动《优待证》制发工作，2011 年 1 月 1 日正式启用《优待证》。这是广西首次制发全区统一的《优待证》，将惠及全区广大老年人。广西各地采取积极有效措施推动《优待规定》的贯彻落实。柳州率先将老年人免费乘市内公交车年龄限制由 70 岁放宽至 68 岁。河池市按市区内 70 岁以上老年人人均 40 元的标准给予公交公司财政补贴，钦州市城乡无单位的 90 岁以上老年人由县区卫生部门组织免费体检一次。通过各地各部门的共同努力，老年优待政策进一步落实。

二、积极开展老龄工作先进评比表彰活动

为进一步建立和完善老龄工作激励机制，促进老龄工作和老龄事业的健康发展，根据全国老龄委的统一部署，从 2008 年 11 月开始，在全国范围开展老龄工作先进单位和先进个人评选表彰活动。全区各地、各有关单位积极响应，认真组织开展评选申报工作。2010 年 3 月，自治区老龄办印发了检查评比方案，明确了检查评比的原则、范围、方法、要求等，并根据申报对象的不同制定了检查评比标准。5 月，根据检查评比方案，自治区老龄办与各地老龄工作机构组成 5 个联合检查组，深入广西各地各有关单位，通过召开座谈会、查阅资料、实地考察、听取汇报等方式，对申报老龄工作先进单位和个人进行了交叉检查评比和考察推荐。根据评比表彰结果，南宁市西乡塘区等 32 个单位获“广西老龄工作先进单位”荣誉称号，刘宝珍等 53 名同志获“广西老龄工作先进个人”荣誉称号。其中，15 个单位获“全国老龄工作先进单位”荣誉称号，20 名同志获“全国老龄工作先进个人”荣誉称号。通过评先创优，充分发挥典范作用，推动广西老龄工作的开展。

三、认真开展《中国老龄事业发展“十一五”规划》实施情况评估和广西老龄事业发展“十二五”规划调研起草工作

2010 年是贯彻落实“十一五”规划的最后一年，也是关键的一年。为了解掌握《中国老龄事业发展“十一五”规划》执行情况，促进老龄事业各项规划目标的贯彻落实，全国老龄办会同有关成员单位在全国范围内开展了《中国老龄事业发展“十一五”规划》执行情况检查评估。5 月 17 日至 18 日，全国政协委员刘玉明率全国老龄办、国土资源部、总政治部、教育部、国家体育总局、全国妇联、团中央等 8 个部委组成的联合检查组，到广西开展检查评估工作。检查组认真听取了广西执行《中国老龄事业发展“十一五”规划》的情况汇报，充分肯定了广西老龄工作取得的成绩和经验，对存在的问题提出了中肯而富有建设性的建议，并实地考察了广西机构养老和居家养老服务情况。为做好广西老龄事业发展“十二五”规划编制工作，自治区老龄办在认真全面总结“十一五”规划实施情况的基础上，深入开展调查研究，提出了广西老龄事业发展“十二五”规划思路，并下发文件请自治区老龄委成员单位提供编制老龄事业发展规划草案的相关材料，推动编制工作开展。

四、积极开展调查研究工作

为全面了解掌握基层老龄工作状况，研究制定老龄事业发展“十二五”规划和有关政策提供科学依据，根据全国老龄办的统一部署，广西各级老龄工作机构积极开展各项调研活动：一是开展基层老龄工作问卷调查。在南宁、柳州等 8 个城市选取 15 个县（市）和 5 个城区作为样本抽样开展基层老龄工作问卷调查，了解县、乡、村（居）三级老龄机构状况，探索基层老龄工作特点和发展方向；二是开展全区养老服务体系建设情况调查。在全区范围内开展养老社会服务体系建设基本情况摸底式调查，摸清老年服务机构和老年补贴等方面的基本状况，为制定老龄政策提供科学依据。

五、认真组织实施 2010 年“银龄行动”工作

根据全国老龄办关于“银龄行动”要不断向基层深入开展的要求，自治区老龄办在调查研究的基础上，研究制定了《2010 年广西“银龄行动”实施方案》，积极争取各级财政和相关部门资金 164.8 万元，共组织招募老年知识人才志愿者 180 人，深入南宁、柳州、崇左等市开展“银龄行动”。一是开展医疗进社区活动。组织医疗专家进入社区开展义诊、健康咨询等，受众人数达 418 人次；二是开展农业新技术推广活动。组织农业志愿者专家在崇左市开展“推广甘蔗施用生物肥配施有机无机复混肥技术”和“指天椒疫病防治”培训工作，听众人数近 20 万人次，范围覆盖广西13个地级市及48个县（区、市）；三是开展中小学班主任工作技能培训。共培训靖西县、凭祥市和武鸣县中小学班主任1266人。四是完成离退休专业技术人员情况调查。与老科协对5市5县（区）及28个老科协区直分会的412名离退休科技人员进行了状况调查，为今后招募老年专家，开展“银龄行动”工作提供了科学依据和充足准备；五是扶持基层老协会。联合广西老年基金会，积极筹措资金，重点扶持了17个基层老年人协会搭建了一批老有所为服务平台。

六、努力营造尊老、爱老、助老的社会氛围

全区各级老龄办以各种活动为载体，丰富老年人的生活，扩大老龄工作的社会影响，增强全社会对老龄事业的关注和支持。一是开展形式多样的评比表彰活动。根据全国老龄办部署，在全区范围内开展了第四届全国敬老、爱老、助老主题教育评选表彰活动。广西诸葛木保、邓桂芳被授予“中华孝亲敬老楷模提名奖”荣誉称号；梁莲桂等45人被授予“全国孝亲敬老之星”荣誉称号；南宁市妇女联合会等4个单位为被授予“全国敬老模范单位”荣誉称号。二是开展丰富多彩的老年人文体活动。认真做好“第二届中国老年文化艺术节”广西参选节目筛选推荐工作，广西推荐28个节目参加全国现场展演，其中南宁、柳州、百色、宁铁选送的节目取得舞蹈、合唱、服饰表演节目及书画作品3金4银3铜和3个优秀奖的好成绩，充分展示了广西老年人的风采。广西各地开展了丰富多彩的老年文艺汇演、体育比赛和书画展览等大型活动。10月，全国老龄办首次在全国范围内开展“敬老月”活动，结合广西实际，开展了以“人人关爱老人，共建和谐广西”为主题的“敬老月”活动。自治区老龄办联合广西老年基金会深入南宁市部分县区，开展慰问特困老人、老党员和老年协会活动；桂林市各级老龄工作组织及机关、企事业单位及社会组织走访慰问老年人达4万多人，总慰问金超过了300万元；钦州500多个市直单位开展了慰问百个五保村的千名老年人活动，共走访五保村、敬老院600多个，慰问老年人7000多名，发放70多万元慰问品。全区各地都积极开展了敬老慰问等活动。

七、扎实做好“2010年中国城乡老年人状况追踪调查”工作

为正确判断和全面掌握我国人口老龄化发展趋势和特征，给党和政府制定老龄事业发展规划和决策提供科学依据，根据全国老龄办统一部署，配合全国第六次人口普查工作，开展2010年“中国城乡老年人口状况追踪调查”工作。广西是20个抽样省区之一，其中南宁、柳州、桂林、钦州为城市抽样点，荔浦、容县、武宣、南丹为农村抽样点。从7个市、17个县（市、区）、36个乡镇（街道）、100个村（居）委会中抽取1000个老年人作为入户调查对象。为做好此项工作，成立了自治区、市、县（市、区）、乡镇（街道）四级督导组，认真制定了工作方案，积极争取财政资金，并从有关村居选择100名责任心强、工作认真的干部作为入户访问员，举办了广西“中国城乡老年人状况追踪调查”培训班，对170名各级督导员、访问员进行了全面系统的培训，为入户调查工作打下良好的基础。12月1日起，全面启动入户调查工作。有关市、县（区）在人员少、时间紧、任务重的情况下，采取措施克服困难，较好地完成了调查工作。12月底，中国老龄科研中心督导组到广西南宁市、武宣县等6市2县进行实地督查，对调查工作给予了充分的肯定。

重要会议和活动

【《广西壮族自治区老年人优待证》启用新闻通报会】 11月22日，自治区老龄工作委员会办公室、自治区民政厅在首府南宁市联合举办《广西壮族自治区老年人优待证》启用新闻通报会。会上，自治区民政厅厅长、自治区老龄工作委员会副主任陈利丹向社会各界通报了《广西壮族自治区老年人优待证》制发、启用有关情况。并宣布从2010年12月1日起在全区启动《优待证》制发工作，2011年1月1日正式启用《优待证》。

陈利丹厅长强调，《优待证》制发、启用以及老年人优待服务工作政策性强，涉及面广，工作量大，各地、各有关单位要结合本地、本部门实际，认真制定工作方案，出台贯彻实施意见，加强协调配合，加强宣传发动，加强监督检查，确保《优待证》制发各项工作顺利开展，把《优待规定》各项优待服务内容落到实处。

17家中央驻邕及广西新闻媒体单位出席了新闻通报会。

【贯彻落实《广西壮族自治区老年人优待规定》座谈会】 11月16日，自治区老龄委办公室在南宁召开贯彻落实《广西壮族自治区老年人优待规定》座谈会。会议传达了全国老龄工作委员会第十二次全体会议的精神，通报了今年以来广西的老龄工作情况，重点部署了《广西老年人优待证》制发启用工作。自治区老龄委28个成员单位和相关涉老服务单位参加会议，自治区民政厅副厅长黄瑞平出席会议并讲话。

黄瑞平副厅长指出，《广西老年人优待规定》涵盖文化、体育、法律、卫生、交通和其他为老服务等多个方面，涉及司法、财政、建设、交通、水利、林业、文化、卫生、体育等职能部门以及公交、铁路、公园、医院、银行、邮政、电信等服务窗口，涉及面广，社会影响大，各有关单位一定要确实担负起责任，加强协调配合，确保各项优待政策的落实。

【自治区地级市老龄办主任会议】11月8日，广西老龄办主任会议在南宁召开，自治区老龄办主任梁丽玲通报了2010年广西老龄工作进展情况，听取了各地贯彻落实《优待规定》的情况汇报，同时研究部署了《广西老年人优待证》制发启动工作。

梁丽玲主任在会上强调，各市要高度重视，精心组织，周密部署，认真抓好《广西老年人优待证》制发启动工作，同时要采取积极措施，结合实际，尽快出台当地贯彻《优待规定》的实施意见，确保《优待规定》在全区各地的贯彻执行。

【《广西壮族自治区老年人优待规定》培训班】为了更好地贯彻落实《广西壮族自治区老年优待规定》，同时为确保《广西老年人优待证》制发工作的顺利进行，自治区老龄办于11月15日在南宁举办了《广西壮族自治区老年人优待规定》培训班。来自广西14个地级市老龄系统的140名基层工作人员深入学习了《广西壮族自治区老年优待规定》及配套政策解读，并对《广西老年人优待证》的申办程序和要求、广西老年人优待证查询系统进行了详细的了解。

自治区民政厅党组成员、副厅长黄瑞平出席并作开班动员讲话。黄副厅长强调，12月即将全面启动《广西老年人优待证》制发工作，这是关乎全区老年人利益的大事，也是当前广西老龄工作的重点。作为服务在老年基层工作第一线的工作人员，只有认真学习，才能更好地贯彻落实《优待规定》，使《广西老年人优待证》的制发工作能够顺利开展。同时，他还要求基层人员发扬实事求是，积极肯干的工作作风，从而更好地为广大老年人服务。

【广西“2010年中国城乡老年人口状况追踪调查”培训班】11月29日—30日，为确保涉及广西7个市17个县（区）36个乡镇（街道）100个村（居）委会1000名老年人的广西“2010年中国城乡老年人口状况追踪调查”工作顺利开展，自治区老龄办在南宁举办广西“2010年中国城乡老年人口状况追踪调查”培训班。

自治区老龄办主任梁丽玲出席培训班开班典礼并讲话，她要求各地要重视老年人口调查工作，认真落实调查人员和工作经费，高质量完成广西老年人口调查任务。

相关市县参加此次调查工作的督导员和访问员共170多人参加了培训。

【老龄工作先进单位和先进个人评选表彰活动】为进一步建立和完善老龄工作激励机制，促进老龄工作和老龄事业的健康发展，根据全国老龄委的统一部署，广西从2008年11月开始，在全区范围开展老龄工作先进单位和先进个人评选表彰活动。各地、各有关单位积极响应，认真组织开展评选申报工作。2010年3月，自治区老龄办印发了检查评比方案，明确了检查评比的原则、范围、方法、要求等，并根据申报对象的不同制定了检查评比标准。5月，根据检查评比方案，自治区老龄办与各地老龄工作机构组成5个联合检查组，深入广西各地各有关单位，通过召开座谈会、查阅资料、实地考察、听取汇报等方式，对申报老龄工作先进单位和个人进行了交叉检查评比和考察推荐。根据评比表彰结果，南宁市西乡塘区等32个单位获“广西老龄工作先进单位”荣誉称号，刘宝珍等53名同志获“广西老龄工作先进个人”荣誉称号。推荐15个单位获“全国老龄工作先进单位”荣誉称号，20名同志获“全国老龄工作先进个人”荣誉称号。通过评先创优，充分发挥典范作用，推动广西老龄工作的开展。

【敬老爱老助老主题教育评选表彰活动】根据全国老龄办部署，在全区范围内开展了第四届敬老爱老助老主题教育评选表彰活动。经过认真评选并向全国组委会推荐，广西诸葛木保、邓桂芳被授予“中华孝亲敬老楷模提名奖”荣誉称号；梁莲桂等45人被授予“全国孝亲敬老之星”荣誉称号；南宁市妇女联合会等4个单位为被授予“全国敬老模范单位”荣誉称号。

【第二届中国老年文化艺术节展演活动】自治区老龄办认真做好“第二届中国老年文化艺术节”广西参选节目筛选推荐工作，共推荐28个节目参加全国现场展演，其中南宁、柳州、百色、宁铁选送的节目取得舞蹈、合唱、服饰表演节目及书画作品3金4银3铜和3个优秀奖的好成绩，充分展示了广西老年人的风采。

【广西“敬老月”活动】10月，全国老龄办首次在全国范围内开展“敬老月”活动，结合广西实际，自治区开展了以“人人关爱老人，共建和谐广西”为主题的“敬老月”活动。自治区老龄办联合广西老年基金会深入南宁市部分县区，开展慰问特困老人、老党员和老年协会活动；桂林市各级老龄工作组织及机关、企事业单位及社会组织走访慰问老年人达4万多人，总慰问金超过了300万元；钦州500多个市直单位开展了慰问百个五保村的千名老年人活动，共走访五保村、敬老院600多个，慰问老年人7000多名，发放70多万元慰问品。把党的温暖带给基层老年群众。

各项业务进展

【老龄事业发展“十一五”规划执行情况检查评估工作】2010年是贯彻落实老龄事业发展“十一五”规划的最后一年，也是关键的一年。自治区老龄办对“十一五”规划实施情况进行了全面认真的总结。为了解掌握老龄事业发展“十一五”规划执行情况，促进老龄事业各项规划目标的贯彻落实，全国老龄办会同有关成员单位在全国范围内开展了《中国老龄事业发展“十一五”规划》执行情况检查评估。5月17日至18日，全国政协委员刘玉明率全国老龄办、国土资源部、总政治部、教育部、国家体育总局、全国妇联、团中央等8个部委组成的联合检查组，到广西开展检查评估工作。检查组认真听取了广西执行《中国老龄事业发展“十一五”规划》的情况汇报，充分肯定了广西老龄工作取得的成绩和经验，对存在的问题提出了中肯而富有建设性的建议，并实地考察了广西机构养老和居家养老服务情况。为做好广西老龄事业发展“十二五”规划编制工作，自治区老龄办在认真全面总结“十一五”规划实施情况的基础上，深入开展调查研究，提出了广西老龄事业发展“十二五”规划思路，并下发文件请自治区老龄委成员单位提供编制老龄事业发展规划草案的相关材料，推动编制工作开展。

【老年人优待工作】为贯彻落实全区老龄工作会议和《广西壮族自治区老年人优待规定》精神，自治区老龄办在有关部门的大力支持和各级老龄办密切配合下，积极做好制发《广西壮族自治区老年人优待证》的各项筹备工作。一是研究设计了具有广西特色的《优待证》，并按法定程序完成招标工作，由自治区公安厅居民身份证制作中心统一制作老年人优待证。二是积极协调有关部门，出台相关配套文件。自治区民政厅、财政厅、公安厅和老龄办印发《关于制发广西壮族自治区老年人优待证有关问题的通知》，要求各地、各有关部门和单位要切实加强协调管理，指定专人负责，落实经费保障，配备计算机等办公设施，确保《优待证》制发工作的有效推进。自治区老龄办印发了《广西壮族自治区老年人优待证申办暂行规定》和《广西壮族自治区老年人优待证制发和管理暂行办法》，明确了《优待证》办理的各项程序和要求。三是开展《优待证》制发试点、培训工作。召开全区地级市主任会议、自治区老龄工作委员会成员单位联席会议，举办全区各级老龄办专职干部培训班、举行《优待规定》制发、启用新闻通报会等，为制发、启用《优待证》打下了良好的基础。2010年12月1日，在全区范围正式启动《优待证》制发工作，2011年1月1日正式启用《优待证》。这是广西首次制发全区统一的《优待证》。各地采取积极有效措施推动《优待规定》的贯彻落实。柳州率先将老年人免费乘市内公交车年龄限制由70岁放宽至68岁。河池市按市区内70岁以上老年人人均40元的标准给予公交公司财政补贴，钦州市城乡无单位的90岁以上老年人由县区卫生部门组织免费体检一次。通过各地各部门的共同努力，老年优待政策进一步落实。

【广西2010年“中国城乡老年人口状况追踪调查”工作】为正确判断和全面掌握我国人口老龄化发展趋势和特征，给党和政府制定老龄事业发展规划和决策提供科学依据，根据全国老龄办统一部署，配合全国第六次人口普查工作，广西认真开展2010年“中国城乡老年人口状况追踪调查”工作。广西是全国20个抽样省区之一，其中南宁、柳州、桂林、钦州为城市抽样点，荔浦、容县、武宣、南丹为农村抽样点。从7个市、17个县（市、区）、36个乡镇（街道）、100个村（居）委会中抽取1000个老年人作为入户调查对象。为做好此项工作，广西成立了自治区、市、县（市、区）、乡镇（街道）四级督导组，认真制定了工作方案，积极争取财政资金，并从有关村居选择100名责任心强、工作认真的干部作为入户访问员，举办了广西“中国城乡老年人状况追踪调查”培训班，对170名各级督导员、访问员进行了全面系统的培训，为入户调查工作打下良好的基础。12月1日起，全面启动入户调查工作。有关市、县（区）在人员少、时间紧、任务重的情况下，采取措施克服困难，较好地完成了调查工作。12月底，中国老龄科研中心督导组到广西南宁市、武宣县等6市2县进行实地督查，对调查工作给予充分肯定。

【“银龄行动”】根据全国老龄办关于“银龄行动”要不断向基层深入开展的要求，自治区老龄办在调查研究的基础上，研究制定了《2010年广西“银龄行动”实施方案》，积极争取各级财政和相关部门资金164.8万元，共组织招募老年知识人才志愿者180人，深入南宁、柳州、崇左等市开展“银龄行动”。一是开展医疗进社区活动。组织医疗专家进入社区开展义诊、健康咨询等，受众人数达418人次；二是开展农业新技术推广活动。组织农业志愿者专家在崇左市开展“推广甘蔗施用生物肥配施有机无机复混肥技术”和“指天椒疫病防治”培训工作，听众人数近20万人次，范围覆盖广西13个地级市及48个县

（区、市）；三是开展中小学班主任工作技能培训。共培训靖西县、凭祥市和武鸣县中小学班主任 1266 人。四是完成离退休专业技术人员情况调查。与老科协对 5 市 5 县（区）及 28 个老科协区直分会的 412 名离退休科技人员进行了状况调查，为今后招募老年专家，开展“银龄行动”工作提供了科学依据和充足准备；五是扶持基层老协会。联合广西老年基金会，积极筹措资金，重点扶持了 17 个基层老年人协会搭建了一批老有所为服务平台。

【《广西老年人优待证》制发试点工作】为确保广西老年优待证制发工作的顺利开展，探索总结经验和确保制证系统的正常运行，2010 年 11 月 3 日至 8 日，自治区老龄办在南宁市西乡塘区衡阳南社区、瑞士花园社区开展了《广西老年人优待证》制发试点工作，试点社区老年人踊跃参与，成为广西首批持有《广西老年人优待证》的老年人。

【老龄宣传和扶贫慰问工作】为进一步加强老龄工作的宣传，扩大影响，自治区老龄办针对广西老年报社的机构、管理体制、办报质量和发行等问题，召开专门会议，向民政厅党组汇报报社存在的问题。得到民政厅党组的大力支持，每年安排 50 万福利彩票公益金，向全区福利院、敬老院、五保村赠阅《广西老年报》。全区各级老龄办以各种活动为载体，丰富老年人的生活，扩大老龄工作的社会影响，增强全社会对老龄事业的关注和支持。一是开展形式多样的评比表彰活动。根据全国老龄办部署，在全区范围内开展了第四届全国敬老、爱老、助老主题教育评选表彰活动。二是开展丰富多彩的老年人文体活动。认真做好“第二届中国老年文化艺术节”广西参选节目筛选推荐工作，各地还开展了丰富多彩的老年文艺汇演、体育比赛和书画展览等大型活动。10 月，开展了以“人人关爱老人，共建和谐广西”为主题的“敬老月”活动。桂林市各级老龄工作组织及机关、企事业单位及社会组织走访慰问老年人达 4 万多人，总慰问金超过了 300 万元；钦州 500 多个市直单位开展了慰问百个五保村的千名老年人活动，共走访五保村、敬老院 600 多个，慰问老年人 7000 多名，发放 70 多万元慰问品。在慰问中宣传党的老龄工作方针、政策，送去党和政府的关怀。

2010 年 11 月 22 日，自治区老龄工作委员会办公室、自治区民政厅在南宁联合举办《广西壮族自治区老年人优待证》启用新闻通报会。会上，自治区民政厅厅长、自治区老龄工作委员会副主任陈利丹向社会各界通报了《广西壮族自治区老年人优待证》制发、启用有关情况。

2010 年 11 月 16 日，自治区老龄委办公室在南宁召开贯彻落实《广西壮族自治区老年人优待规定》座谈会。自治区老龄委 28 个成员单位和相关涉老服务单位参加会议，自治区民政厅副厅长黄瑞平出席会议并讲话。

西藏自治区

人们放声歌唱：“伟大祖国好，社会主义好，共产党好各族人民大团结好，改革开放好。”

西藏市司法局的同志给老年人讲课《西藏自治区实施〈中华人民共和国老年人权益保障法〉协会》相关知识

综　　述

2010年，在自治区老龄委的正确领导下，在全国老龄办的精心指导下，在自治区各涉老部门的通力协作下，自治区老龄委办公室坚持以邓小平理论和“三个代表”重要思想为指导，全面贯彻落实科学发展观，认真贯彻落实《西藏自治区实施＜中华人民共和国老年人权益保障法＞办法》和第二次全区老龄工作会议精神，坚持“党政主导、社会参与、全民关怀”的老龄工作方针。为构建小康西藏、平安西藏、和谐西藏、生态西藏发挥了积极作用。

一、积极推动养老服务业加快发展

继续推进统筹城乡养老保障制度工作，出台了《西藏自治区五保供养工作条例》，2010年，全区农牧区特困老人供养救助标准提高到每人每年不低于2000元的应保尽保标准。建立健全了社区离退休党支部，活跃了基层文化、体育生活。进一步加强了为老服务的工作力度。全面贯彻落实《西藏自治区实施〈中华人民共和国老年人权益保障法〉办法》，为80周岁以上寿星老人免费办理寿星证书1280多本，兑现健康补贴费1200多万元。为60周岁以上老年人免费办理《老年人优待证》51000多本。拉萨市在全区率先实现60岁以上老年人（包括外地在拉萨生活的所有老年人）凭本人身份证或《老年优待证》免费乘座公交车。从2009年4月1日起，老年人免费乘座公交车使用IC卡。免费乘车费用由拉萨市财政局对市公交总公司进行补贴。拉萨市城区有近8000名60岁以上老年人申办了优惠卡。

二、加快为老服务设施建设力度

截止2010年底，全区共建成各级老年活动中心（站）39个，老年活动中心有效正常运转，为广大老年人健身娱乐，安度晚年生活提供了有利条件。广大老年人积极参与书画、舞蹈、乒乓球、棋牌赛。全区各级老年活动中心（站）的建立和完善，给我区广大老年人提供了愉悦身心的活动场所，为提高老年人的生活和生命质量打下了良好的环境基础，使广大老年人平等共享改革发展取得的伟大成就，收到了良好的社会效益。

三、充分发挥“五老”网吧志愿监督员队伍的作用

充分发挥老同志的政治优势，认真贯彻落实《中共中央办公厅、国务院办公厅关于进一步净化社会文化环境，促进未成年人健康成长的若干意见》，自治区老龄办会同有关部门就如何发挥好“五老”在网吧管理中的监督作用，及时要求全区各地（市）建立网吧志愿者监督员队伍，要求各地（市）一要认识建立网吧志愿监督员队伍的重要意义；二要明确志愿监督员的条件要求；三要制定志愿监督员的主要职责。各地（市）迅速组建了“五老”网吧监督员队伍，达到每个县有义务监督员3—6名。有效地抵制了不良信息的传播，从根本上帮助未成年人健康成长。各县“五老”网吧监督员队伍还组织县中小学生观看大型纪录片《西藏今昔》，给广大青少年讲解西藏在中国共产党的领导下，逐步走向辉煌的革命历程，还举办了新旧西藏对比照片展览。使广大青少年深受教育和进一步激发了他们的爱国热情。从小树立远大的革命理想，立志长大后做一个建设祖国、建设家乡的有用之才。

四、丰富基层老年人的精神文化生活

根据全国老龄办的统一安排部署，自治区老龄委办公室于2010年10月15日在拉萨市曲水县聂当乡德吉村开展了“关爱老人，共建和谐”西藏自治区迎重阳送温暖活动。慰问了曲水县聂当乡敬老院的51名老人，为每位老人发放慰问金300元，向三名寿星老人发放慰问金每人500元。向老人们送去党和政府的关怀和温暖。拉萨市河坝林居委会、八一居委会、统建居委会和扎细居委会四支老年文艺队58名演员表演了文艺，他们带来了最新编排的17个项目。节目包括舞蹈、独唱、表演等。自治区人民医院、自治区藏医院的医务人员为老年人免费开展送医送药义诊活动，为老年朋友送去价值万元的药品。曲水县聂当乡老年文艺队表演了自编文艺节目。重阳节期间，大力弘扬了中华民族敬老、养老、助老的传统美德，营造了关爱老人的良好社会氛围。

五、大力开展走访慰问活动

重阳节期间，我区各级老龄工作部门看望慰问老年人。在2010年重阳节之际，我区各级老龄工作部门带着党和政府对老年人的关爱之情，广泛开展了看望慰问百岁老人、特困老人、敬老院老人活动，向老人们送去节日的祝福及党和政府的关怀。为大力弘扬中华民族敬老、爱老、助老的传统美德，自治区老龄委办公室、拉萨市老龄委办公室联合走访慰问了百岁老人、80岁以上老人、特困老人和自治区“五老”爱国主义报告团成员。

各地区老龄委办公室积极组织动员所属各县纷纷进行慰问百岁老人、特困老人、敬老院老人活动。为他（她）们送去了棉被、慰问金、粮油等物资。为敬老院老人送去了电视机，使老人们感受到了社会主义大家庭的温暖。各县组织中小学生走进孤寡老人家中，帮助打扫卫生，为老人梳头等力所能及的事情。有条件的县还开展了内容丰富、形式多样的“尊老、爱老、助老和谐中国”，宣传、咨询、服务一条街的活动，发放宣传材料，张贴新旧社会对比照片等项活动。培养教育青少年从小树立尊老、爱老、助老的良好习惯，营造了温暖和谐的社会氛围。

六、加大老龄工作的宣传力度

全区各级老龄工作部门，认真贯彻落实《西藏自治区实施〈中华人民共和国老年人权益保障法〉办法》和《中共自治区委员会、西藏自治区人民政府关于加强老龄工作的意见》。利用12月4日法制宣传日，自治区老龄委办公室将《西藏自治区实施〈中华人民共和国老年人权益保障法〉办法》翻译成藏、汉文宣传单。自治区老龄办和志愿者服务队走上街头，悬挂宣传横幅，发放宣传资料，设立咨询点，为过往群众和广大老人朋友提供优质的免费服务。大部分地（市）、县老龄工作部门也因地制宜地积极组织开展尊老、爱老、助老等各项活动，让全社会进一步了掌握老年法实施办法，真正形成了“党政主导、社会参与、全民关怀”的老龄工作新格局。深受老年朋友和社会各界的欢迎。共发放宣传手册61000余份，老年人的合法权益得到有效保障。

七、加强了老龄工作机构自身建设

各级老龄工作委员会办公室是各级政府老龄工作议事协调机构的办事机构，在老龄工作部门从事老龄工作干部的素质如何直接关系到各地老龄工作的质量。因此，各级老龄委办公室工作人员不断加强能力建设，加强规范化管理，坚持高标准、严要求，注重工作质量和工作效率。配齐配强专职干部，提高老龄委办公室干部的整体素质，提升适应新时期老龄工作需要的统筹综合能力，调查研究能力，协调服务能力。做好宣传员和联络员；更好地把有关政策和要求传达到各成员单位，加强了与各成员单位之间的联络。要进一步健全地、县两级老龄委及其办公室的工作机构，确保人员编制到位，工作经费到位。着力改善办公室条件，真正做到有地位、有经费、有作为，更好地发挥老龄委及其办公室应有的作用，更好地履行所承担的各项职能。

大连市

综　　述

截止2010年底，全市户籍人口586.4万人，其中60周岁以上的105.7万人，占人口总数的18.03%；65周岁以上的73.3万人，占人口总数的12.5%；100周岁以上的442人，居全省首位。全市人均期望寿命81.23岁。

2010年，市老龄办紧紧围绕全市和民政工作大局，认真贯彻全国、省老龄工作会议和市老龄委第二次全体会议精神，坚持党政主导、社会参与、全民关怀的老龄工作方针，以“六个老有”为目标，以推动落实《辽宁省老年人权益保障条例》为重点，创新思路、周密部署、狠抓落实，全面完成了包括列入市政府为民办实事的市老年人信息服务项目建设在内的各项工作任务。

一、提高责任意识，增强了履职能力

一年来，认真筹备召开了全市老龄委第二次全体会议、市老龄委成员单位联络员会议和全市老龄办主任会议，分析老龄工作面临的形势，总结部署今后一个时期的各项任务；对全市落实老龄事业发展“十一五”情况进行评估检查；组织了有老龄委各成员单位、各区市县和涉老社会团体参加的老龄事业发展“十二五”规划论证会；积极参与全市养老福利设施建设规划和全国无障碍设施建设先进城市评比验收工作；做好市精神文明办公室、全市人口普查工作领导小组、市统筹解决人口问题领导小组安排的相关工作和局领导参加全市人口和计划生育研讨会的材料准备；指导协调全市开展敬老月活动；做好应对人口老龄化问题的调查研究，与市老年学学会、市慈善总会联合对全域城市化建设给我市养老事业带来的新机遇、新挑战、新问题进行专题调研，完成了全市2010年老年人口信息和老龄事业发展状况的调研报告。以学习老龄工作业务知识，提高老龄干部自身素质为目的，对全市老龄干部进行了培训。

二、进一步推进和完善老龄政策体系建设

按照全国老龄委第十二次会议和全国、省老龄办主任会议提出的继续完善养老保障制度工作部署和市委学习落实科学发展观，关注民生，建立完善社会保障机制的要求，为进一步推进全市老龄政策体系建设，特别是养老保障机制的建设，完成了《大连市关于加快发展养老服务业的意见》、《大连市老年人优待规定》和《大连市老龄事业发展“十二五”规划基本思路》的审议会签，出台了《关于做好90周岁以上高龄老年人生活补贴发放工作的通知》，建立了百岁老人生活补贴标准自然增长机制和高龄老年人生活补贴制度。

三、老年人保障和救助水平进一步提高

截止2010年底，全市基本养老保险参保人数达到164.3万人，67.1万名离退休人员全部按时足额领取了基本养老金。企业退休人员人均养老金达1418元，位居全省第一。出台了《大连市城镇无社会保障老年居民养老保障暂行办法》，将15.3万名无社会养老保障的老年居民全部纳入养老保障范围，实现了城镇养老保障制度的全覆盖，建立了城镇无保障老年居民养老保障待遇标准与城市低保标准联动调整机制，确保老年居民养老保障待遇水平稳步提升。全市医疗保险参保人数413.6万人，城镇老年人全部办理了医疗保险。共有217万农民参加了新型农村合作医疗，参合率达到99%。目前，我市有五保供养对象11896人，其中集中供养4615人，分散供养7291人。从2010年4月1日起，农村五保老人年分散供养标准由2100元和2400元分别提高到2300元和2600元；集中供养标准由4200元和4800元分别提高到5200元和5800元，居全省首位。城镇三无老人年集中供养标准由6500元提高到8500元。农村部分计划生育家庭奖励扶助标准由每人每年600元提高到720元，计划生育伤残家庭特别扶助标准由每人每年960元提高到1200元。

四、养老服务体系建设发展迅速

截至到2010年底，全市有养老福利机构300所。其中，国办18所，集体办110所（含农村养老机构85所，其中61所为农村区域性中心敬老院，床位数1.2万张），民营172所，床位3.1万张，占老年人口总数的3%，达到了全国、全省“十二五”规划末期的水平。启动了《大连市城乡社区养老服务中心建设三年规划》，计划在全市城乡建设255所具有日间托老、家政服务、健身康复、心理慰藉、应急服务等功能的社区养老服务中心，首批的80所已经全部完成；定点食堂、浴池、理发店、医疗服务中心、家政公司等居家养老服务机构达到上千个。为加快推进养老服务体系建设，2010年7月与财政局联合下发了《关于完善我市养老机构和居家养老资金补贴政策的通知》，包括提高新增床位补贴标准、设立日常运营补贴机制、给入住养老机构的困难老年人补助、对高龄、失能的困难老人实施居家养老介护补助等办法，完善了我市养老福利有关扶持政策。按照文件规定，新增床位补贴将由最高每张2000元调整到每张5000元。

五、加强宣传和维护老年人权益保障工作

结合全国、省老龄办关于做好老龄事业发展“十一五”规划的评估检查和编制“十二五”规划的通知要求，抓住省人大对我市贯彻落实“一法一例”执法检查的契机，加大普法宣传和维权工作的力度，先后四次参加由市政府组织的行风热线直播和在线访谈，宣传老龄工作的政策法规，讲解老年人优待政策。同时，还广泛利用新闻媒体、法律咨询服务等形式，开展普法宣传教育，使广大老年人自尊、自强、学法、懂法，依法维护自己的合法权益。为贯彻落实《辽宁省老年人权益保障条例》，加强老年人证件登记管理制度，开展了老年证件年检审验工作，并对年检工作的情况进行跟踪调查，在8个区市随机调查走访了近百名老年人，十余家涉老服务单位，这一措施对规范老年证件合法使用，防止公共财政补贴流失，维护老年人合法权益，起到了积极作用。

六、进一步推进和提升全市敬老助老的社会氛围

为进一步丰富老年人的精神文化生活，增强中外老年人的文化交流，开展了“银龄之旅”老年旅游活动。继续开展关爱老年人健康行动。截止目前共为全市32万名老年人办理了意外伤害保险，占应保老年人总数的31%，共发生理赔3252例。为实现对老龄事业的全民关怀，在持续开展全民性敬老、爱老、助老系例宣传活动的基础上，今年根据全国老龄委的统一部署，积极组织开展了以“关爱老人 构建和谐”为主题的敬老月活动。举办了九九重阳游园大会、重阳节晚会和大连市第四届老年人用品大集。

重要会议和活动

【老龄委第二次全体会议】2010年9月17日上午，大连市老龄工作委员会召开第二次全体会议，市老龄委副主任张家荪主持会议，市政府副秘书长、市老龄委副主任姜丽华传达全国、省老龄委全体会议精神，市民政局局长、市老龄委副主任杨爱民作工作报告，会议通过《全市老龄工作委员会全体会议的报告》、《大连市老年人优待规定》和《关于加快发展养老服务业的意见》。审定老龄工作委员会工作制度和各成员单位职责。市委常委、常务副市长、市老龄委副主任肖盛峰作重要讲话。

【联络员和老龄办主任会议】3月15—16日，市老龄办召开成员单位联络员和老龄办主任会议，市老龄办成员单位联络员和各区市县老龄办主任约70人出席，会议传达了全国老龄委会议和全国、省老龄办主任会议精神。市民政局巡视员董兴华到会讲话。

【银龄之旅系列活动】3 月 31 日市老龄办与中国旅行社、交通国际旅行社在大连港海上客运中心“大仁”号国际游轮泊靠码头场地联合开展“银龄之旅”老年旅游活动启动仪式，各区市县、街道老龄工作负责人，市军队离退休管理中心负责人和老年朋友及新闻媒体近 400 百人到场参加。目前已有 18 批 1000 余人参与了此次系列活动。

【九九重阳游园大会】与市老干部局、市园林管理处等单位在劳动公园主办了为期 3 天的大连 2010 重阳节游园大会，市领导、市老领导及老年朋友千余人参加了大会开幕仪式。开幕式还邀请到了为大连市发展作出杰出贡献的 10 位健康老人并颁发荣誉证书，向市法律援助中心、亿达集团等 11 家单位授予敬老、助老、爱老示范单位奖牌。大会围绕“尊老、敬老、爱老、助老”的主题，开展了 12 大项 50 多种丰富多彩的活动。

【第四届老年人用品大集】10 月 16 至 18 日大连市第四届老年用品大集在劳动公园举办。老年用品、保健品、生活用品、食品等 60 多个商家参与大集，大集设立涉老政策、法律、老年病防治、保健、理疗、慈善义工、老年旅游、老年婚姻、理财、保险、养老等 11 个咨询服务台，并安排了 4 场文艺演出。据统计，3 天时间共吸引了近 5 万人老年人参与。

【2010 年重阳晚会】10 月 9 日，市老龄委、市民政局举办了“金色十月”大连 2010 重阳节晚会，数百位老年朋友欢聚一堂，表演了歌舞、朗诵、曲艺等节目，共同欢度老年人自己的节日。

各项业务进展

【高龄老人生活补贴工作】从 2010 年 4 月 1 日开始，百岁老人生活补贴标准由每人每月 360 元提高到每人每月 380 元，并建立了百岁老人生活补贴标准自然增长机制。今后我市百岁老人生活补贴标准与当地城市居民最低社会保障标准保持一致，实行同步增长。从 2010 年 1 月起，为全市 90 周岁以上老年人发放每人每月 100 元的生活补贴。截止 12 月底，共为近 2 万名符合条件的老年人发放了 1643 万元的生活补贴。

【春节重阳走访慰问活动】春节前夕开展了走访慰问困难百岁老人活动，代表市委市政府为区市县的 14 位老人送去慰问金、米面油和花篮。为全市 442 位百岁老人发放了 17.68 万元临时救济金。重阳节期间，我市四大班子领导、市老龄办分别走访了市内四区困难老人、百岁老人，向他们致以节日的祝福，并为他们送去慰问金 6.7 万元。

【老年维权工作】认真落实各项老年优待政策，规范《老年证》（优待证）的登记管理使用。为提高《老年证》的使用实效，防止公共财政补贴流失，对全市老年人《老年证》（优待证）实施了年检审验工作，完成了对 70 万个证件的年检任务。继续开展关爱老年人健康行动。共为全市 32 万名老年人办理了意外伤害保险，占应保老年人总数的 31%，共发生理赔 3252 例，并对 2010 年在此项工作中，表现突出的中山区桃源街道等 28 个先进单位和韩桂梅等 120 名先进个人给予通报表彰。

【老年调研工作】与市老年学学会、市慈善总会联合对全域城市化建设给我市养老事业带来的新机遇、新挑战、新问题进行专题调研，完成了全市 2010 年老年人口信息和老龄事业发展状况的调研报告。

【编制“十二五”规划】为积极应对人口老龄化发展趋势，进一步加快我市老龄事业发展，根据党的十七大精神和老年法律法规，以及国家、省、市关于加强老龄工作、发展老龄事业的要求，结合我市实际，制定《大连市老龄事业发展“十二五”规划（2011—2015 年）》，并对全市落实老龄事业发展“十一五”情况进行了评估检查。

【老年文体活动】在全国第二届老年文化艺术节上，我市报送的服饰表演和舞蹈共 8 个节目，有 2 个节目获得服饰表演类金奖、1 个节目获得服饰表演类银奖。

青岛市

综　　述

2010 年，在全国老龄办的支持和帮助下，在全市老龄工作者的共同努力下，青岛市坚持贯彻“党政主导，社会参与，全民关怀”的老龄工作方针，不断满足广大老年人日益增长的物质文化生活需求，进一步营造浓厚的敬老社会氛围，推动老龄事业又好又快发展。

一、领导重视，“大老龄”工作格局基本形成

市委、市政府高度重视老龄工作，把老龄工作作为和谐社会建设的重要内容来抓。市委、市政府主要领导在老人节联名向全市老年人发出慰问信。市委副书记、市长夏耕亲自召开了加快老龄事业发展座谈会，明确要求把老龄工作提升为党委政府“一把手”工程；并委托市政府党组成员、咨询于风华率由市政府办公厅、市发改委、市财政局、市政府调研室、市规划局、市民政局、市老龄办等七部门组成的专题调研组，对全市老年活动场所建设和养老机构建设情况进行了全面翔实的调查摸底，并形成了《关于我市老年活动中心和养老机构建设情况的报告》。市委副书记王文华始终关心着老年人的生活，大力支持老龄工作，多次就老龄工作做出重要批示，具体指导工作开展，每年老人节春节都走访慰问老年人代表；市委常委、副市长杨宜新同志分管后多次召集老年活动中心建设座谈会并实地考察；于风华咨询带领区市分管领导到黑龙江省学习考察，就老年友好城市试点和“十二五”规划编制进行交流学习。市政府工作报告首次用了较大篇幅阐述老龄工作，使老龄工作的重要地位得到进一步提升。

市人大加大了对老龄事业的监督力度，市人大常委会把对全市老龄事业的监督列入重要议事日程，市人大常委会主任张若飞同志带领常委会部分组成人员和人大代表专门视察了基层养老机构及活动场所，听取了市政府关于老龄事业发展情况的报告；市人大常委会第十八次全体会议上对老龄事业发展情况进行了专题审议；市人大常委会副主任吴淑玲带队对全市老龄事业发展情况进行专题调研、考察和督办，充分体现了市人大对老龄问题的关注和对老龄工作的支持。

各级党委、政府对老龄工作日益重视，市、各区（市）老龄委成员单位认真履行老龄工作职责，推动大老龄工作格局的进一步形成。特别是在全国首个敬老月期间，各区（市）、各部门积极为全市老年人办实事、办好事，使老年人得到了更多实惠。全市为百岁老人每人每月增发长寿补贴金 100 元，各区市普遍为百岁老人每人每月增发 100 元长寿补贴金，其中黄岛区增发 200 元。黄岛区将享受体检补助老人范围由原来的 80 岁扩大到 70 岁。城阳区向辖区内 85 岁以上的高龄老年人每人每月发放 100 元生活补贴。崂山区为 90 岁以上老年人发放高龄补贴 74.84 万元，还出台了向已故居民发放 1000 元丧葬补贴的惠民政策。崂山区财政拨款 20 万元，用于为基层社区老年人配送场地高尔夫球器材。市北区、四方区建立了按老年人口提取老龄工作经费的长效投入机制，两区财政分别按每个老年人每年 5 元和 3 元的标准提取老龄工作经费，专项用于老年人文体娱乐活动。

二、社会养老保障水平不断提高，覆盖面进一步扩大

建立健全覆盖城乡的社会保障体系，形成了覆盖企事业单位职工、城乡居民的养老保险体系和覆盖城镇职工、城镇居民的基本医疗保险体系；将灵活就业人员和自由职业者纳入企业基本养老保险制度范围；2010 年建立了城乡居民社会养老保险制度，并在市南区、市北区、四方区、李沧区、城阳区、即墨市试点，将城镇无业居民和农村居民纳入城乡居民养老保障范围，六个区市参保人数 83.6 万人，总计收缴保险基金 9.8 亿元，待遇发放人数 27.6 万人，发放养老金 4.7 亿元。社会保险参保人数不断增加，2010 年我市企业社会保险工作围绕“广覆盖、保基本、多层次、可持续”要求，继续大幅扩面、提标，全市参保职工 177.1 万人，全年净增参保缴费职工 17.7 万人；征缴社保基金 153.5 亿元；城乡居民养老保险（含农保）参保人员 167 万人，适龄参保率达到 60%；被征地农民参保率达到 97%。社会保障水平稳步提高，2010 年为 47.8 万名企业离退休人员每月人均加发养老金 175 元，达到人均 1561 元；取暖补贴由 80 元调整为 1100 元。

三、城乡医疗保障体系建设稳步推进

新型农村合作医疗保障水平逐步提高，2010 年 12 月 23 日，市人大表决通过了《青岛市新型农村合作医疗条例》（以下简称《条例》），这是我国第一部关于新农合的地方性法规；截至 2010 年，我市新农合参合率达到 99.90%，基本实现了新农合制度的全覆盖，筹资标准从试点之初的 30 元/人/年提高到最低 150 元/人/年，崂山、黄岛两区筹资标准已经达到了 270 元，并列全省第一；参合农民的补偿水平也在逐年提高，住院补偿率由 2007 年的 32.43%提高到 2010 年 8 月底的 47%，切实减轻了农村居民看病就医负担，老年人受益最大。社区卫生服务网络建设不断加快，重新修订了《青岛市社区卫生服务机构标准化建设标准》，制定了我市社区卫生服务机构设置规划，截至到目前，全市共有社区卫生服务机构 309 个，其中社区卫生服务中心 73 个，社区卫生服务站 236 个，“大病到医院，小病在社区”的目标初步实现；各社区卫生服务机构对老年人进行健康状况调查，为老年人建立了健康档案，建档率达 82%以上；推出了电话预约，上门服务、家庭病床、健康咨询、巡诊及送药等多样化社区卫生服务。医疗保险全民覆盖，医疗保险坚持应保尽保，2010 年已覆盖 322 万职工和居民。累计收缴医保基金 36.1 亿元；参保职工每个医疗年度最高报销额度提高到 35.3 万元，老年居民、重度残疾人、非从业人员等三类人群最高支付限额由原来的 10 万元提高到 12 万元；参保居民的住院平均报销比例达到 60%以上，最高支付限额 12 万元，达到城镇居民可支配收入的 6 倍。

四、社会养老服务体系进一步完善

政策扶持，有序推动养老机构建设。在市政府《关于加快养老服务业发展的意见》的鼓励扶持下，养老机构建设呈现规模化、市场化发展的新特点。2010 年，各区市投资新建、改建老年公寓 26 处，建成床位 4161 张，完成新增 4000 张的目标任务。目前，我市有老年公寓 131 家，养老床位 1.56 万张，平均入住率 71.5%。其中公办老年公寓 23 家，民办老年公寓 108 家。全市城区每千名老人拥有床位 28.2 张（城乡每千名老人拥有床位 19.8 张）。为提高养老机构管理服务的专业化、职业化水平，实施科学管理，完善运行机制，我市引导 14 家养老机构通过了 ISO9001 国际质量体系认证，并于 2010 年启动了对全市养老机构的等级评定工作，对评定等级、标准、程序等进行了科学合理的界定。

加快居家养老服务城乡同步推进步伐。截至到 2010 年，我市由区、市两级财政投入资金 3600 多万元，聘请经过培训的护理员，为 1.2 万名老人提供居家养老服务，其中为 5358 名困难老人无偿提供居家养老服务。全年新增居家养老服务对象 551 人，超额完成全年目标 500 人的任务。1533 名居家养老服务人员在养老领域实现就业。在全市推广城阳区、莱西市农村居家养老试点的成功经验。城阳全区 230 个社区全部成立居家养老服务站，各街道社会事务办成立居家养老服务中心，为全区 410 名 70 岁以上独居困难老年人购买居家养老服务。

增强社区照料功能，健全社会化服务机制。2010 年底，市内四区建有社区日间照料中心和老年人娱乐室 328 个，养老互助点1608 处，分别是 2009 年底的 1.5 倍和 1.8 倍。街道或社区共建有 20 多个助老大食堂或助餐点，为社区困难老人、行动不便老人和其他老人提供免费或低价午餐，2000 多名老人从中受益。

五、继续强化“主动维权”，维护老年人合法权益

继续开展老年维权月活动，组织老年维权大集，举办中老年人相亲联谊会，主动维护老年人合法权益。充分发挥司法救助功能，依法维护老年人权益。2010 年市中级人民法院共受理涉老案件 469 件，审结率达 100%。对涉老案件坚持优先立案、优先审理、优先执行的“三优先”原则。为经济困难的老年当事人开辟绿色通道，提供必要的司法救助。全市获司法救助的老年人 75 人，减免诉讼费 420000 元。获法律援助的老年人 477 人，减免律师费用 28.6 万元。市法律援助中心成立案件质量评议小组，制定了《法律援助案件质量评议标准》，定期评议援助案件质量。全年共为 400 余老年人提供了法律援助服务，免收法律服务费用 10 余万元，成功调解涉老纠纷 140 起，深受老年人的好评。

重要会议和活动

【青岛市召开市老龄委全体（扩大）会议暨全国老年友好城市试点工作动员会】4 月 22 日上午，青岛市老龄委全体（扩大）会议暨全国老年友好城市试点工作动员会在黄海饭店举行。会上，市老龄办主任李雪华作老龄工作报告，总结了 2009 年全市老龄工作，部署了 2010 年的工作任务；市老龄办副主任宋希娟宣读了《青岛市老年友好城市试点工作实施方案》；市发展改革委、市人力资源和社会保障局、市卫生局、市民政局、市财政局等成员单位就 2009 年老龄工作职责履行情况和 2010 年工作打算进行了发言；会上还书面传达了全国老龄委第十二次全体会议、全国老龄办主任会议和山东省老龄委第十九次全体会议精神。最后，市委副书记、市老龄委主任王文华作重要讲话。市政府党组成员、咨询于风华主持会议，并要求各有关单位认真贯彻落实《关于加快老龄事业发展座谈会议纪要》和本次会议精神，积极做好老龄工作和全国老年友好城市试点工作。市老龄委委员，各区、市分管老龄工作的负责同志，全国老年友好城市试点工作其他责任单位的分管领导，各区、市老龄办主任参加了会议。

【全国养老服务人才培养与就业协作研讨会】市老龄办联合中国老龄事业发展基金会于 7 月 23 日—26 日在青岛举办了全国养老服务人才培养与就业协作研讨会。青岛市政府，全国、省、市老龄办，中国、市老龄事业发展基金会，教育部职业教育和成人教育司、民政部社会福利和慈善事业促进司等单位的相关领导及国内外为老服务人才教育、科研、管理的专家、学者近 200 人参加研讨会。研讨会上，青岛市政府党组成员、咨询于风华，全国老龄办副主任阎青春，中国老龄事业发展基金会常务副会长张志鑫、山东省老龄办副主任刘爱民及民政部相关处负责人分别致辞讲话。会议上，建立了华龄养老服务人才培养与就业协作网络，首批 46 家协议成员单位签字入网，第一次建设了养老服务人才需求与职业人才培养双向共赢协作网络，为下一步养老服务人才市场培育和发展奠定了良好的基础。

【老人节活动（全国第一个敬老月活动）】老人节当天，省委常委、市委书记阎启俊、市委副书记、市长夏耕在岛城主要媒体联名刊发贺信，祝贺老年人节日快乐；市委副书记、市老龄委主任王文华发表老人节电视讲话。9月30日，在五四广场举行青岛市“敬老月”启动仪式暨第四届“七彩华龄”文化艺术节开幕式，王文华副书记宣布敬老月启动，市委常委、副市长杨宜新代表市委市政府讲话，随后，举办了第四届“七彩华龄”艺术节优秀节目汇报演出。10月16日，在人民会堂举行了青岛市庆祝2010年老人节暨老龄工作表彰大会，市四大班子相关领导出席了大会，市委副书记、市老龄委主任王文华作重要讲话并为先进典型颁奖，会上首次对以照料失能失智和高龄老人为主要服务对象的护理型民办养老机构进行了“三个十佳”（“十佳护理型养老机构”、“十佳护理型养老机构院长”、“十佳养老护理员”）的表彰；当天中午，青岛市庆祝老人节市级老领导及社会各界老年人代表茶话会在海关总署青岛培训中心举行，市委副书记、市老龄委主任王文华出席并致辞。

【青岛市第四届“老龄宣传好新闻”奖评选活动】联合市委宣传部举办了第四届“老龄宣传好新闻”奖评选活动，经过自下而上层层推荐，共收集到参评新闻作品80余篇。经过评审，青岛电视台《我市召开庆祝老人节大会》等8篇广播电视类新闻、《大众日报》《七彩华龄展现魅力人生》等28篇报刊网络类新闻分别获第四届“老龄宣传好新闻”奖广播电视类、报刊网络类一、二、三等奖。并于2月5日召开表彰大会，市老龄办主任李雪华、副主任孔庆有，市委宣传部宣传处处长姜福荣，市广播电视台纪委书记宋立建，青岛日报报业集团党委委员、副总编姜鸣钧等领导出席大会并颁奖。

各项业务进展

【老年活动中心项目建设】市委市政府高度重视老年活动场所建设，市委副书记、市长夏耕亲自主持召开市老年活动中心项目专题会议，并做出“加快按程序推进”的重要批示。市政府有关领导六次现场踏勘，召开八次协调会议。中心项目经向社会广泛征求意见，确定选址在四方区北岭山南昌路门区，并已完成概念性设计方案，并申请立项，做好尽快开工建设的准备工作。各区（市）老年活动中心建设也加快了步伐，市北区建筑面积18325平方米的区级老年活动中心投入使用，城阳区投资1.7亿元，面积32000平方米的市民乐园已投入试运行，其中老年活动中心面积1.38万平方米；四方区完成了3000平方米的区级老年人活动中心的改建任务，崂山区建筑面积7660平方米的区老年人活动中心正在建设中，黄岛区建筑面积达5000余平方米的区老年人活动中心已批准立项，市南区5000余平方米的区老年人活动中心已批准立项；即墨市新建的10000平方米的市级社区服务中心暨老年活动中心主体工程已全部竣工，平度市改建的3000平方米的市级老年活动中心已经投入使用，莱西市5000平方米的新建老年活动中心也即将开工建设。

【全国老年友好城市试点工作】市政府高度重视老年友好城市试点工作，将此项工作列入了《2010年市政府工作报告》。成立了青岛市全国老年友好城市试点工作小组并建立了联席会议制度，制定并部署了《青岛市全国老年友好城市试点工作实施方案》，配套出台了《青岛市老年友好城市建设性指标体系（试行）》和《青岛市老年友好城市评价性指标体系（试行）》，督促67家责任部门和单位组织实施，推进试点工作各项责任目标的落实。召开了全国老年友好城市试点工作阶段性总结会，汇总全市试点工作进展情况，形成阶段性总结报告。

【老龄宣传工作】市委宣传部和市老龄办联合下发了《青岛市老龄宣传工作要点》，开展了青岛市第四届老龄宣传好新闻（2009）评选表彰活动，并召开了表彰大会。连续第三年联合中国新闻社编发《中国新闻》全国两会特刊“青岛市应对人口老龄化挑战专辑三”，对文化养老理念进行了深入挖掘和阐释。人民网青岛视窗首页开辟了“七彩华龄”专页。移动、联通、原网通三大通讯公司，逢年过节时，向全市600多万手机用户发送敬老信息。编发青岛老龄信息113期。

【老龄事业发展规划】对《青岛市老龄事业发展“十一五”规划》责任目标的落实情况进行了检查和评估，形成了《〈青岛市老龄事业发展“十一五”规划〉执行情况报告》。在深入调查研究的基础上，认真组织了“十二五”规划的编制工作，召开了专家论证会，经多方征求意见和专家反复论证，形成了《青岛市老龄事业发展“十二五”规划》，为我市“十二五”老龄事业发展提供了重要依据。加大考核力度，组织人大代表、政协委员、专家学者及老龄委成员单位组成考评组，对第四周期敬老模范区市争创情况进行认真考评，由过去的考业务部门变为考政府，有力地推动了老龄事业的发展，对荣获第四周期“青岛市敬老模范区（市）”的8个区（市）进行了通报表彰。

【老年维权工作】市老龄办联合市消保委开展了老年人消费维权问卷调查，并将调查结果向社会通报，提醒老年人注意消费陷阱；举办了首期老年维权工作培训班暨老年维权经验交流会，对基层老年维权干部进行培训，提高做好老年维权工作的能力；协调相关律师事务所和《牵挂》栏目开展每周一讲和老年维权知识大讲堂，普及老年法律知识。积极做好老年人信访工作，做到件件有回音，件件有落实。市老年维权中心共办理老年人信访案件 437 件，其中房产问题 127 件，政策问题 112 件，家庭纠纷 198 件；来访人数 250 人次，来电 187 次。

【老龄调研工作】大力开展老龄调研工作，全年开展城乡老年人口需求状况、事业发展、养老机构建设、失能老人状况、老年活动场所、老年消费维权、老年优待乘车等调研项目，形成了调研和考察报告 10 多篇。其中，全市城乡老年人基本需求状况调查是近些年规模最大、范围最广、内容最为全面的一次专项调研，本次调查历时三个多月时间，共入户访问 8000 户老年人家庭，汇总有效问卷 8000 份，形成了 5 万字的调研报告。完成了对 2009 年底和 2010 年初全市户籍人口的测算、统计和发布工作；完成了全国、省 2009 年老龄事业统计年报表的工作，对青岛市老龄事业统计体系进行了完善和修改，完成 2009 年老龄事业统计工作，并形成了 2009 年老年人口信息和老龄事业发展报告。

【老年文体活动】开展了为期四个多月的“七彩华龄卡杯”中老年时尚之星电视大赛，吸引了 1 万多名中老年人参与登台展示；举办了第七届“七彩华龄杯”全国中老年健身交谊舞大赛，各省市近千名中老年人踊跃参加比赛。“七彩华龄”社区大舞台全年完成 100 多场演出，逐渐成为老年文化活动新的品牌。青岛市老年文体活动在全国、全省各项比赛中屡获大奖，彰显了青岛老人的风采和水平。市各专业院团走进养老院、社区、广场演出，为老年人送去欢乐与笑声。“文化大拜年”、“欢乐青岛”广场周周演、“欢乐大家庭”社区文化艺术节、“大地欢歌”农村文化艺术节等活动，组织各类老年文化娱乐活动近千场次，丰富了广大老年人的精神文化生活。目前，青岛市经常参加体育健身的老年人达 67 万余人，占全市老年人总数的 55.8%，全年开展比赛活动 14 项，老年体育健身队伍已经成为我市全民健身运动中的主力军。

【老有所为】市老龄办与市人力资源社会保障局依托市人才交流中心和“七彩华龄”老年人才库举办了第四届老年人才交流洽谈会，1000 多名老年人参与，200 余名老年人与企业达成合作意向。市老龄办与旅游部门联合招募并组建了“七彩华龄”旅游景点讲解员队伍。“七彩华龄”志愿服务团共组织参加大型志愿服务活动 10 余次，参与人数达 2000 人次，服务对象达 2 万人次。全市 10 多个注册老年社团组织日益活跃。积极组织老年人参与和谐社区建设，把社区服务老人与老人服务社区相结合。全市社区中 50%的志愿者、80%的楼组长、40%的两委成员、60%的社区社会组织成员由老年人组成。全市 100 多支“银发城管队”、300 多支“银发社区治安队”为维护社区平安、促进社会文明做出了贡献。

【老龄产业】成立了青岛市老龄产业发展促进会，为老龄产业发展搭建了平台。为助推产业发展，在《七彩华龄》栏目开辟了“聚焦老龄产业”系列访谈节目，节目播出 10 余期，近 30 位领导、专家及企业界代表聚首演播室与老年人共同探讨老龄产业发展大计。为引领老年人新的生活方式，打造金融业为老服务品牌，与中信银行联合创办了国内首家“七彩华龄”理财培训中心，推出了国内首张老年人专属借记卡“七彩华龄卡”，截至到年底发卡 2 万多张，管理资金 20 亿，荣获 2010“中国最佳品牌建设案例”奖十佳，成为金融产品进入老龄产业的成功先例。老年旅游成新热点，“七彩华龄”旅游专列投入运行，结束了 15 年的“夕阳红”历史，实现了“七彩华龄”品牌发展战略的新跨越。城投养老集团“阳光华龄社区”居家养老社会化服务网络平台项目启动，开创了社会化、市场化、规范化养老新模式，社会力量投资老龄产业呈现新局面。中德合作的芭东和园养老项目正式签约；中日合作的长乐颐养中心正式启动，标识着我市高端养老产业开始启步。

宁波市

综　　述

2010 年，宁波市 60 周岁以上户籍老年人口 102.36 万，占户籍总人口的 17.83%，比上年增加 4.67 万，增长 4.78%。其中 80 岁以上高龄老人 14.97 万，占老年人总数 14.62%。全市有百岁老人

162人，比上年增加29人。

一、老年人社会保障水平进一步提高

从1月份起，宁波市正式全面实施城乡居民社会养老保险新制度，向全市近70万名符合条件的城乡居民发放了每月60元至80元不等的基础养老金，在制度层面上实现了“人人享有社会养老保障”的目标；认真做好新老制度并轨转换衔接工作，实现了城镇老年居民养老保障、新型农村养老保险制度与城乡居民社会养老保险制度的并轨，顺利实施被征地人员养老保障与职工低标准养老保险转换衔接工作，为被征地人员进一步提高养老保险待遇提供了转换通道；积极推进基本医疗保险市级统筹，制定出台《宁波市基本医疗保险市级统筹暂行办法》。新型农村合作医疗筹资标准继续提高。全市人均筹资342元（不含体检经费），较上年增加了124元，各级政府补助资金占人均筹资的72.22%，人均筹资额达到上年农民人均纯收入的2.7%，从1月份起调整提高企业退休人员养老金水平，全市企业退休人员人均月养老金水平达1624元/月。同时为其他领取生活费人员及被征地人员、新农保和城镇老年居民养老保障待遇享受人员按不同标准提高了待遇水平，还为企业离休人员提高了津补贴标准，为建国前参加革命工作老工人增加退休待遇。

“五保”、“三无”老人集中供养成果继续巩固，集中供养率分别为97.6%和99.7%；符合低保条件的困难老年人应保尽保，低保老年人基本生活价格补贴及时发放。城镇居民最低生活保障标准继续提高，由月人均400元增加到440元；4738名贫困重度老年残疾人全额享受基本生活保障。1390名生活不能自理的重度老年残疾人得到集中托养、日间照料或居家安养。集中托养费用补助指导线标准从每人每年8000元调整到每人每年9600元；继续实施农村部分计划生育家庭奖励扶助制度，全年发放奖励扶助金6862.25万元。

二、养老福利事业进一步发展

宁波市人民政府出台《关于加快推进养老服务体系建设的意见》。新的政策加大了对民办养老服务机构的扶持力度。对符合条件的非营利性民办养老服务机构，床位补贴由原来的每张2000元提高到1万元；对符合条件的营利性民办养老机构每张床位也给予5000元的补助。

13家养老机构改扩建工程列入市政府实事工程，市财政下拨养老机构建设补助资金和床位补助资金1283万元。民办养老机构建设也取得了成效，宁海县兴华老人乐园和余姚舜辰老年公寓已开工建设。到2010年底，全市养老机构共有床位29100张，比2009年增加1983张。开展养老机构安全检查及清理整顿工作。对全市近200家养老机构的消防安全、房屋安全、食品卫生安全和内部管理等四个方面进行检查，对存在问题的养老服务机构进行整改。按照市政府办公厅《关于做好现有养老服务机构登记管理工作的通知》要求，积极做好养老机构登记工作，较好地解决了养老机构登记难的问题，从根本上解决了养老机构的法人资格。

继续推进城乡居家养老服务一体化。开展城市社区居家养老服务绩效评估工作。委托宁波市远东零点市场调研咨询有限公司历时三个月对市辖六区的社区居家养老服务工作进行群众满意度测评。共抽查75个社区，调查样本1600名，比2009年增加200名，评估结果更客观、合理。根据评估结果，下拨社区居家养老服务专项补助资金402万元，对群众满意度测评比较高的地方在资金上给予适当倾斜。开展居家养老服务机构等级评定试点工作。对照《宁波市地方标准——居家养老服务机构等级评定规范》，对市辖五区（除鄞州区外）申报的居家养老服务中心进行实地评审。大力推进农村居家养老服务工作，全市新增实质性开展居家养老服务行政村322个，超额完成市政府确定的“新增300个行政村实质性开展居家养老服务”的工作目标。

截至到2010年底，全市已有94%的城市社区和30%行政村开展了居家养老服务，239个社区和780个村建立居家养老服务中心（站），共覆盖服务约50万城乡居家老人。6000多名养老服务特别困难的居家老人享受政府或村集体购买或补助的养老服务，2万多名养老服务有一定困难的居家老人享受志愿者长期结对帮扶服务。2010年12月29日，我市的居家养老服务体系被评为“浙江省2010年度十大民生工程”之一。

三、敬老、助老、爱老氛围进一步浓厚

开展以“让老人幸福，促社会和谐”为主题的首届“敬老月”活动。市委宣传部（文明办）、市民政局、市老龄办、市妇联、团市委在全市开展关爱空巢老人志愿服务行动，并先后承办中央文明办中国志愿者协会在江东划船社区举行的“全国关爱空巢老人志愿服务行动”现场活动和在宁波大剧院举行的“慈孝宁波——全国敬老爱老志愿服务活动”启动仪式，在全市上下营造了敬老爱老的浓厚氛围。老人节和春节前后，全市各级领导和基层单位集中慰问高龄老人、困难老人、优抚老人等，广泛开展助老济困送温暖行动。省、市老年福利基金会出资20万元为全市400

名困难老人每人发放500元的慰问金；镇海区给百名困难老人和所有90岁以上老年人以及各老年社团负责人等813人发放慰问金13万元；余姚市给2000多名90周岁以上老年人每人发放200元节日慰问金；各社区（村）走访慰问辖区困难老人，并发放一定数额的慰问金。据统计，全市各级各有关部门在“敬老月”期间走访慰问老年人约18万人次，发放慰问金2800多万元。

四、老龄工作基础进一步夯实

市老龄办举办了全市乡镇（街道）老龄工作交流暨培训会。分两批对全市200多名基层老龄工作干部进行培训。各地普遍建立了乡镇（街道）老龄干部每月或每季度例会制度，采取以会代训的方法，提高乡镇（街道）老龄干部业务水平。继续加强农村老年活动室建设，市财政下拨经济薄弱村老年活动室建设补助资金100万元。鄞州区继续抓好农村“星光老年之家”建设，下拨资金299.7万元，对111个行政村进行补助，帮助各村建立“银龄图书角”，赠送了111套总价值达33.3万元的老龄图书；慈溪市筹资30万元，资助20个村建设老年活动室。在加强硬件设施建设的同时，推进老年活动阵地规范化建设，积极开展星级老年活动中心（室）星级评比活动。积极开展调查研究，起草完成《宁波市老龄事业发展“十二五”规划（草案）》。举办了养老服务研讨会。

五、老年人精神文化生活进一步丰富

依托常青艺术团、晚霞艺术团、退休教师艺术团三个有一定专业水平的老年文艺团体，积极举办各项文艺活动，组织参加社会重大活动和社区文艺演出。举办市老年大学校庆二十五周年专场文艺演出、2010年新春慰问退休干部文艺演出和戏曲专场演出。

体育部门进一步加强基层老年体育工作，积极发挥各级老年体协作用，举办各类老年体育比赛和健身展示活动。市老年体协举办了门球、乒乓球、柔力球、地掷球、老年排球、钓鱼、桥牌等9个项目的比赛交流。承办浙江省老年体育特色项目暨宁波市庆祝省第23个老人节健身展示大会。绍兴、台州、舟山和宁波各地的老年朋友展示了15个体育特色项目，有近5000名观众到场观赏并享受了健身展示活动带来的欢乐。一年来全市共举办乡镇（街道）以上运动会111次，参加3.99万人次；举办各级各类单项比赛活动820次，参加7.04万人次。

老年大学教师队伍的专业水平和教学能力有较大提高，招生规模扩大，班级从2009学年的201个班扩大到211个班，学员数从2009学年的8900增加到9300多名，学科人次从9900增加到近10300人次，创历史之最。各级老龄工作继续加强浙江老年电大教育工作，开展老年电大省、市级示范教学点创建活动，努力扩大招生人数。2010年，全市参加老年电大学习的老年人达到103778人（次）。

重要会议和活动

【企业退休人员养老金再次提高】1月1日起，我市普遍提高企业退休（职）人员基本养老金，并调整提高相关群体的月生活费标准。基本养老金的调整对象为2010年4月30日前按国家、省市规定办理退休（职）手续的人员。调整分两部分，第一部分退休人员和退职人员分别按每人每月69元55元标准增加；第二部分根据本人缴费年限（含视同缴费年限）长短确定月调整标准。标准为：缴费年限每满1年（不满1年的按1年计算）每月增加2.5元。

在此次普遍调整养老金的基础上，对部分人员再适当提高调整额度。一是具有高级专业技术职称和高级技师资格的退休（退职）人员，其中教授级的高级专业技术人员每人每月增发200元；其他高级专业技术人员和高级技师每人每月增发150元。二是1953年12月31日前参加工作的退休（退职）人员，缴费年限满30年及以上的，每人每月增发70元；满20年不满30年的，每人每月增发60元；不满20年的，每人每月增发50元。三是截至到2010年4月30日，退休（退职）人员男年满70周岁、女年满65周岁，每人每月增发20元。

【宁波市社会福利院改扩建动工】2月1日，宁波市社会福利院改扩建工程正式开工。宁波市社会福利院改扩建工程总投资1.8亿元，由光荣院地块和福利院地块两部分组成，建成后床位可达到1600张，将进一步有效缓解宁波市老年人的养老需求。光荣院地块拆除全部原有建筑，新建两幢大楼，建筑面积7050平方米，设置300张床位，投资约3000万元，主要用于智障人员、残障人员和“三无”老人养老。福利院地块拆除部分老建筑物，新建建筑45500平方米，投资约1.5亿元，设置1300张床位，主要用于社会老人养老。整个工程预计四年内全部建成并投用。

【全国政协调研组来甬调研养老服务工作】4月23日至24日，由全国政协常委、人口资源环境委员会主任，国家人口和计划生育委员会原主任张维庆率领的全国政协人口资源环境委员会调研组，在浙江省政协副主席陈艳华等陪同下，围绕“长三角地区养老服务模式及政策研究”来宁波开展专题调研。宁波市政协主席王卓辉、副主席常敏毅和秘书长王必恒等陪同考察或参加相关活动。调研组成员还包括全国政协常委、人口资源环境委员会副主任，中国人民解放军原副总参谋长张黎上将，全国政协常委、人口资源环境委员会委员，新疆军区原司令员邱衍汉中将，全国政协委员、国家林业局原副局长赵学敏等。4月24日上午，调研组听取我市关于养老服务工作情况汇报，实地考察海曙区西门街道居家养老互助中心等。

【举办乡镇（街道）老龄工作交流暨培训会议】 5月17—18日和5月20—21日，宁波市老龄办先后在慈溪市和象山县举办了两期全市乡镇（街道）老龄工作交流暨培训会议，对全市乡镇（街道）老龄工作干部进行了全员集中培训。来自全市11个县（市）区和大榭开发区的老龄办负责同志、146个乡镇（街道）老龄工作负责同志以及杭州湾新区、余姚经济开发区的老龄工作干部共220多人参加会议。交流培训会上，省老龄办副主任钱小平、省老龄科研中心主任王先益进行了培训授课。

【市政府出台《关于加快推进养老服务体系建设的意见》】 9月2日，市人民政府下发了《关于加快推进养老服务体系建设的意见》，提出我市养老服务体系建设的指导思想、总体目标和主要任务。特别是在扶持民办养老服务机构上有很大的突破，重点提出了7项具体扶持政策：一是提高对民办养老服务机构的资金补助。民办养老服务机构按照房屋归属及登记种类不同区分，每张床位给予5000～10000元不等的补助；二是优先安排民办养老服务机构建设用地；三是改革和完善民办养老服务机构收费管理制度；四是减免民办养老服务机构的有关税费；五是优化对民办养老服务机构的金融服务；六是允许非营利性养老服务机构投资者提取合理收益；七是鼓励发展医养结合的养老服务机构。

【开展居家养老服务机构等级评定】 8月6日，市民政局、市质量技术监督局联合发文，决定在海曙、江东、江北、镇海、北仑区开展城市社区居家养老服务机构等级评定试点工作。此次居家养老服务机构等级评定工作由市、区两级民政部门为主，会同质量技术监督部门，并组织部分行业专家，共同组成评定小组，负责具体实施评定工作。11月，评定小组对各区申报的居家养老服务机构进行实地考评，共评出“AAA”级7家、“AA”级10家、“A”级3家。

【举行“关爱空巢老人志愿服务行动”现场活动】 8月28日，由中央文明办、民政部、全国妇联指导，中国志愿服务基金会主办，我市各相关部门承办的“关爱空巢老人志愿服务行动”现场活动在江东区划船社区荷花庄公园隆重举行。市委副书记、市长、市文明委主任毛光烈，中央文明办志愿服务工作组副组长、中国志愿服务基金会副秘书长崔海教，省文明办副主任陈海良，副市长陈炳水及市政府秘书长王仁洲出席活动。市委常委、宣传部部长宋伟主持仪式。此次现场活动是全国“百万空巢老人志愿服务行动”的重要组成部分。现场活动还举行了我市文明单位向中国志愿者服务基金会捐款仪式。

【慈孝宁波—敬老爱老志愿服务活动启动】 10月16日，慈孝宁波——敬老爱老志愿服务活动启动仪式、第二届中华慈孝节开幕式在江北区隆重举行。中央文明办志愿服务工作组组长、中国志愿服务基金会秘书长陈瑞峰讲话并宣布活动启动，市委副书记唐一军致辞。市人大常委会副主任陈旭、市政协副主席傅丹、中国伦理学会名义会长陈瑛、中国民协副主席曹保明等出席启动仪式。副市长成岳冲主持仪式。本次活动是由中央文明办志愿服务工作组、民政部基层政权和社区建设司、全国总工会宣教部、共青团中央青年志愿者工作部、全国妇联宣传部、全国老龄办宣传部共同主办，宁波是全国三个启动仪式现场之一。

【宁波市居家养老服务体系入选“浙江省2010年度十大民生工程”】 12月29日，浙江省2010年度十大民生工程颁奖典礼在浙江电视台演播大厅隆重举行。“浙江省2010年度十大民生工程”入选名单正式公布，“宁波市居家养老服务体系”光荣入选。浙江省委副书记、省长吕祖善出席颁奖典礼。组委会给予我市居家养老服务体系的颁奖辞是：“面对传统家庭养老服务功能日趋弱化、机构养老服务资源整体不足的新形势，宁波市政府通过构建居家养老服务体系，大大缓解居家老人的养老服务供需矛盾，并且使社会力量得到有效整合和培育。构建居家养老服务体系，‘未富先老’的中国难题或可破解。”市政府副市长陈炳水代表宁波市领取了以大禹治水所用“耒锸”为原型特制的荣誉奖杯。

厦门市

综　　述

2010年，厦门市老龄工作在市委、市政府和上级老龄部门的领导支持下，在市老龄委成员单位和各级老龄部门的共同努力及社会各界的积极参与下，紧紧围绕“六个老有”的工作目标，以“先行先试”、“民生优先”为总体要求，以深化为老服务为核心内容，积极融入海峡西岸经济区建设和岛内外一体化发展的进程中，老龄事业服务经济特区科学发展新跨越的良好局面进一步形成。

一、党政关怀，老龄事业得到重视

各级党委政府重视老龄工作，把老龄工作列入议事日程。市委、市政府把居家养老服务工作列入2010年为民办实事的项目，在财政上加大投入力度。春节、老年节，市、区、街（镇）领导都带队慰问老年人。10月15日（老年节的前一天），市委、市政府在厦门人民会堂召开“厦门市庆祝第23个老年节暨第五届十佳敬老模范家庭表彰大会”。市委书记等四套班子领导、市级老领导、市老龄委成员单位和各区分管领导等出席了会议。老年节当日，市委、市政府在《厦门日报》、厦门电视台、厦门广播电台刊播《致全市离退休老同志和老年朋友的慰问信》。市老龄委各成员单位也将老龄工作列入工作计划，按职能积极做好老龄工作。

二、认真落实，十一五规划顺利完成

2010年是落实老龄事业发展“十一五”规划的最后一年。根据全国、省老龄委工作部署和要求，认真开展了“十一五”规划评估和“十二五”规划编制工作。五年来，全市老龄事业健康发展。一系列涉老法规文件和措施陆续出台；养老保障体系进一步建立健全；老年医疗服务网络日趋完善；老年福利服务设施有所发展，社区普遍开展了一定形式的为老服务项目；老年教育、文化、体育事业取得较大发展，老年人精神文化生活日益丰富；老年人权益的保障力度进一步加大，社会尊老、敬老、助老氛围日渐浓厚，老年人参与经济社会建设的积极性逐步提高。5月份，由全国政协、全国老龄办等有关部门组成的检查评估组莅临厦门，检查厦门市“十一五”规划的执行情况。全国政协委员刘玉明、全国老龄办副主任阎青春等一行参观了市老年活动中心和集美区爱欣老年公寓、区老年活动中心、区老年大学等，并听取了全市和集美区关于“十一五”规划执行情况的汇报后，对厦门的老龄工作给予充分肯定，认为“十一五”和“十五”相比，厦门的老龄事业成就巨大，有了长足的进步。特别是厦门对基本养老保险城乡全覆盖做了很多有益的探索，城镇职工养老保障工作到位，养老水平高于全省。目前，十二五规划的起草工作也基本完成。

三、以人为本，努力为老年人办实事

2010年各区、市老龄委各成员单位、社会各界积极为老年人办实事好事。思明区将“开展百岁老人卫生保健和巡诊服务”工作纳入为2010年区委、区政府为民办实事项目。湖里区选定原湖里街道办事处的一栋办公楼，作为区老年活动中心。集美区出台了《高龄老人津贴发放办法》，政府定期给年满80周岁以上的高龄老人发放的生活照料津贴。鳏寡孤独介护老人或住院（含医院、护理院、养老院）期间介护老人，每人每月增发100元。海沧区加大对区老年福利协会的资金投入，并出台了《海沧区老年福利协会救急特困老人暂行办法》。同安区老年节期间发放慰问金80多万元，共慰问了5400多名老年人，是该区历年来慰问力度最大，覆盖面最广的一次。翔安区出台高龄补贴发放工作实施意见，把提高90周岁以上户籍在本辖区的高龄老人的高龄补贴，列入2010年区政府惠民实事项目。市委宣传部积极协调新闻媒体宣传老龄工作。市政府办、市人事局牵头协调解决市供销社、鹭江大厦、侨星公司等单位的退休人员待遇问题。市财政局在资金上为全民养老保险、医疗保险、社会养老、老龄工作等提供保障。市人事局联合市财政局调整了部分机关事业单位退休人员高龄补贴标准；联合市劳动和社会保障局、市财政局、市国资委出台已改制事业单位改制前退休人员事业补差待遇文件。市民政局积极推动居家养老服务中心（站）和养老服务机构建设。市卫生局加强以方便老年人就近就医的老年医疗保健网络和社区医疗体系建设。市建设与管理局出台了《关于促进老旧住宅加装电梯工作的意见》、旧住宅加装电梯办事指南，并制定经济补助的鼓励政策，改善老年人的出行条件。市文化局积极推动文化基础设施建设，举办近70期各类老年艺术培训。市新闻出版局重点结合“农家书屋”、“书香进社区”活动，为老年人送书。市旅游局积极编制针对老年特点的旅游产品，营造老年旅游环境；组织老年人团体参加全市旅游节庆活动。市民族与宗教事务局引导、帮助各民族、宗教团体做好老龄工作，南普陀寺为老年人免费开放。市中级人民法院依法处理和打击侵犯老年人合法权益的犯罪行为。市司法局进一步健全老年法律援助网络，为老年人办理公证提供方便。团市委以志愿服务、青年文明号创建等活动为载体，集中开展为老年人送温暖活动。市妇联深入社区开展“情暖金秋”巾帼志愿者关爱老人志愿服务活动。市老龄办免费为老年人办理《福建省老年人优待证》22，903件，累计办证153，863件。联合有关单位在春节和老年节慰问了因病致贫的部分困难老人，慰问金额达80多万元。春节前夕还到翔安、同安等区开展“四下乡”活动，为老年人和基层老年学校送医、送书、送春联、送慰问金。此外，还为30多所基层老年学校送去价值6万多元的养生保健书籍和教材。市老年活动中心为老同志办理了活动IC卡939张，全年服务到场馆活动的老年人23.28万人次，免费为涉老单位、社团组织提供演出、会议、排练等场地保障达2062场（次）。举办各种培训班20期，免费放映电影53场次。市离退联为退休职工办理公园风景点门票优惠证8000多件，累计办证11.8万多件。市退管中心在春节和老年节组织慰问了特困及重病退休人员、离休干部、5.12干部、企业副厅级退休干部等，共发放慰问金77万元。

四、尊老敬老，老年优待政策进一步落实

高龄补贴制度进一步落实，市财政每月向百岁老人发放200元高龄补贴，每年老年节为九十岁以上的老人发放150元的过节费。各区街（镇）也根据情况向高龄老人发放补贴。集美区新出台政策，对80至89周岁老人，每人每月发放100元；90至99周岁老人，每人每月发放200元；100周岁以上老人，每人每月发放300元。翔安区对90—99周岁老人高龄补贴由原来的每人每月50元提高到每人每月100元；年满100周岁的老人由原来的每人每月100元提高到200元。社会优待进一步加强。全省七十岁以上老年人持证免费乘坐公交的政策得到进一步落实。公园景区对老年人继续实行优惠免费政策。基层医疗服务机构主动承担为老服务的职责，以建立“社区医生进家庭”制度为重点，健全社区老年人健康档案，举办健康讲座，提供上门随访、家庭病床、送医、送药、体检等服务。各类医疗机构为70周岁以上老年人提供看病，挂号、就诊、检查、取药、住院“五优先”等优待服务。老年节期间，社会各界纷纷开展敬老助老活动。厦门市委文明办、市老年基金会、厦门日报社联合开展“重阳敬老，你我同行”慰问困难老人的活动，倡议社会各界积极参与敬老助老活动，募得爱心款100多万元，为困难老人解决实际问题。一些爱心车友还开展了“社区老人鹭岛爱心游”活动，帮助老人游厦门。电信公司和移动公司纷纷推出老人手机，赠送老人。中国电信厦门分公司还赞助了老年节的有关活动。全社会敬老孝老的社会氛围日益浓厚。

重要会议和活动

【市老龄委第九次全体（扩大）会议】3月11日下午，市政府在西楼一楼一号会议室召开市老龄委第九次全体（扩大）会议。会上，市政府副市长、市老龄委主任潘世建作重要讲话，市老龄委副主任于清莉传达全国老龄委会议和老龄办主任会议精神，市老龄委副主任李建福作2009年全市老龄工作总结和2010年工作意见的报告。市老龄委全体成员、市老龄委成员单位联络员、各区政府分管领导和各区老龄办领导参加了会议。

【市庆祝第23个老年节暨第五届十佳敬老模范家庭表彰大会】10月15日下午（老年节的前一天），市委市政府在厦门人民会堂召开“厦门市庆祝第23个老年节暨第五届十佳敬老模范家庭表彰大会”。会议由市委常委邵华主持，副市长叶重耕讲话。会上表彰了“厦门市第五届十佳敬老模范家庭”，市老龄委副主任李建福宣读“十佳”表彰决定，市领导及老领导为“十佳敬老模范家庭”颁奖。曾惠琴代表“十佳敬老模范家庭”在会上作了发言。省委常委、市委书记于伟国，市政协主席陈修茂，市委常委邵华，市人大副主任黄诗福，副市长叶重耕，省、市级老领导朱亚衍、李秀记、张振福、庄亨浩，市老龄委成员单位，各区分管领导，市、区老龄办领导，市区文明办领导及各系统文明办领导，各涉老社团负责人，十佳敬老模范家庭以及社会各界老年人代表近1500人参加了会议。会后，十九个老年文艺团体，近四百名老年演员表演了精彩的文艺演出。

【市银龄行动工作会议】6月13日，市老龄办在集美区老年活动中心召开“厦门市银龄行动工作会议”，总结交流经验，沟通信息，研究部署下一步工作任务。市、区老龄办、市老龄委成员单位、市老年活动中心、市老年志愿者服务队有关人员和老年志愿者代表参加了会议。集美区老龄办、市公安局、温馨夕阳服务热线、市人事局、思明区老龄办等分别介绍了单位和个人的先进事迹。市老龄委副主任、市老龄办常务副主任于清莉到会讲话。

【市老年学学会会员大会】4月15日，市老年学学会在厦门老年大学召开会员大会。市老年学学会常务副会长兼秘书长吕金山在会上做《2009年主要工作及2010年工作要点》报告。会上还表彰了2009年度优秀论文，增补了4位常务理事。

【老年人代表迎新春座谈会】2月5日，市老龄委办召开“2010年老年人代表迎新春座谈会”，省市级老领导代表和各届老年人代表参加了座谈会。市老龄委副主任、市老龄委办常务副主任于清莉向与会人员汇报了2009年我市老龄工作的情况2010年的工作思路，感谢大家对我市老龄工作的关心和支持，并向大家拜早年。会上，大家对我市的老龄工作给予了肯定和称赞。

【老龄干部迎新春联欢会】2月9日，市老龄委办召开“厦门市老龄干部迎新春联欢会”。各区老龄办主任和市老龄系统部分老龄干部职工参加了联欢会。市老龄委副主任、市老龄委办常务副主任于清莉致辞，简要回顾了2009年我市老龄工作取得的成效，感谢大家的辛勤努力，并代表市老龄委、市老龄委办向大家拜早年。联欢会上大家争相献艺，场面热闹，展现出了老龄工作人员朝气蓬勃的精神风貌。此前，于清莉主任还带领市老龄委办各处负责人慰问了市老年活动中心场馆一线员工。

【市老龄办直属涉老团体负责人和老年志愿者代表“庆‘五·一’座谈会”】4月30日，市老龄办召开市老龄办直属涉老团体负责人和老年志愿者代表“庆‘五·一’座谈会”。会上，市老龄委副主任，市老龄办常务副主任于清莉介绍了全国和我市今年的老龄工作重点，肯定了涉老团体和老年志愿者服务队所作的工作，并希望大家继续发挥余热，为我市的四个文明建设多做贡献。与会人员各自汇报了近期本涉老团体、老年志愿者服务队开展工作的情况和遇到的困难，并提出不少合理化的意见和建议。

【市老龄宣传信息工作培训班】5月31日上午，市老龄办在集美区老年活动中心举办厦门市老龄宣传信息工作培训班，来自市老龄委成员单位，市、区老龄办，市老年活动中心，市老年志愿者服务队的老龄宣传信息员近50人参加了培训。培训班特邀请《福建老年报》资深记者蔡清辉讲授《新闻的良知与社会责任——兼谈新闻写作》。

【市老年志愿者培训班】7月6日和11月25日，市老龄办在同安区举办了两期厦门市老年志愿者培训班。市、区老龄办有关人员，市老年志愿者服务队骨干100多人参加了培训，市老龄委副主任、市老龄办常务副主任于清莉到会讲话。厦门大学张友琴教授应邀为学员上了一堂题为《让晚年生活更灿烂——关于老年志愿者的若干问题》的课。

【市老龄工作者培训班】12月14日，市老龄办在集美区举办厦门市老龄工作者培训班。市老龄委副主任、市老龄办常务副主任于清莉到会讲话，市老龄委成员单位联络员和市、区老龄办，市老年活动中心工作人员60多人参加了培训。厦门大学张友琴教授应邀为学员讲授《老龄工作基本知识》。

【春节慰问活动】1月26日，市老龄办到翔安、同安两区送医、送书、送春联、送慰问金，启动了春节“四下乡”慰问老年人和基层老年学校活动。春节期间，市老龄办联合市慈善总会拨出十多万元专款慰问全市30多名患有重病的困难老人，根据不同情况，为每位老人送去1500元至3000元不等的慰问金。市老龄委副主任、市老龄委办常务副主任于清莉还带领市老龄委办各处负责人，登门走访慰问了省市老领导，送去了新春的祝福。

【出版《情系桑榆　绚丽金秋——向新中国成立六十周年献礼》邮画册】市老龄办编辑出版了《情系桑榆　绚丽金秋——向新中国成立六十周年献礼》邮画册。该邮画册，用图片的形式记录了党政领导对老龄工作的重视和对老年人的关心，记录了老年人以书画、摄影、集邮展览、文艺演出等形式庆祝新中国成立六十周年，讴歌伟大祖国的富强、厦门特区的繁荣，以精彩的瞬间，体现了党和政府对老年人的关怀，展示了特区老龄事业的丰硕成果和老年人幸福、乐观、豁达的精神风貌，值得珍藏。

【开展第四届敬老、爱老、助老主题教育活动】根据全国敬老、爱老、助老主题教育活动组委会《关于开展第四届全国敬老、爱老、助老主题教育活动评选表彰工作》的通知和省老龄办的文件精神，市老龄办联合市民政局、市广播电视局、市教育局、团市委、市妇联、市关工委等单位，在我市开展第四届敬老、爱老、助老主题教育活动。

【接受全国“十一五规划”检查评估】5月21—22日，由全国政协、全国老龄办、总政治部老干部局、教育部、国土资源部、全国妇联、团中央等有关部门组成的检查评估组莅临厦门，检查厦门市《十一五规划》的执行情况。全国政协委员刘玉明、全国老龄办副主任阎青春等一行参观了市老年活动中心和集美区爱欣老年公寓、区老年活动中心、区老年大学等，并听取了全市和集美区关于《十一五规划》执行情况的汇报。检查组对我市十五规划落实情况给予高度肯定。

【市老龄“经典诵读”活动】5月31日，市老龄办在集美区老年活动中心举办厦门市老龄“经典诵读”活动。来自全市的老龄宣传干部和老年人代表参加了活动。市老朋友艺术团和老战士合唱团的演员们为大家声情并茂地朗诵了毛泽东诗词《沁园春·雪》等经典诗词。市老龄委副主任、市老龄办常务副主任于清莉还向老同志们赠送了书籍。

【举办“银龄之声”合唱音乐会】6月18日下午，由市老龄委、厦门老年大学主办，市老年活动中心协办的“银龄之声”合唱音乐会在市老年活动中心音乐厅举行。市级老领导庄亨浩、张斌生、陈昆源，市老龄委副主任于清莉，市老年大学副校长黄宗洪出席并与600多名老年朋友们一起观看了表演。厦门老年大学合唱团、厦门歌舞剧院厦门乐团的演员们做了精彩的表演。

【老年节慰问活动】10月13日上午，副市长潘世建一行在市老龄委副主任、市老龄办常务副主任于清莉，思明区副区长潘少銮，区老龄办主任汤淑琴以及街道、社区有关人员的陪同下，来到莲前街道前埔南社区，慰问高龄、病贫的老年人代表，为他们送去慰问金和慰问品。此前，市老龄办已分四组对五个区的高龄、病贫老人代表进行慰问。老年节期间，市老龄办共组织慰问高龄老人和病贫老人3112人，并慰问基层老年协会和老年学校，慰问总额达70多万元。各区、街（镇）、社区也将开展各种慰问活动。市慈善总会也参与了慰问病贫老人的活动。

【“厦门市第五届十佳敬老模范家庭”评选表彰活动】市老龄办、市文明办联合举办“厦门市第五届十佳敬老模范家庭”评选表彰活动。洪秀治、曾惠琴、黄海真、叶彩丽、卢军人、胡德来、杨彩銮、卢苏联、洪德选、苏梅玲被评为“十佳敬老模范家庭”。金小玲、郑美安获得“十佳敬老模范家庭提名”。市文明委和市老龄委联合作出表彰决定，并于老年节当日，在市委市政府召开的“厦门市庆祝第23个老年节暨第五届十佳敬老模范家庭表彰大会”上，对获奖者进行表彰。

【市老年志愿者服务队成立一周年联欢游园活动】12月15日，市老龄办在中山公园北门举办庆祝厦门市老年志愿者服务队成立一周年联欢游园活动。来自全市7支老年志愿者服务队的200多名老年志愿者代表参加了活动。市老龄委副主任、市老龄办常务副主任于清莉出席并讲话。市老年交谊舞协会志愿者服务队承办了此次活动。

【市老龄系统工作人员运动会】12月9—11日，2010年厦门市老龄系统工作人员运动会在湖里区实验中学隆重举行。市老龄委副主任、市老龄办常务副主任于清莉，以及各区分管领导等出席运动会。市老龄办、市老年活动中心以及6个区的老龄部门工作人员组成的8个代表队，100多个运动员参加了比赛。本次运动会设扑克、气排球、乒乓球、定点投篮、羽毛球、跳绳6个项目的比赛。湖里区老龄办代表队勇夺团体总分第一，同安区老龄办代表队和市老年活动中心代表队分获团体总分二、三名。湖里区老龄办承办了本次运动会。

各项业务进展

【养老保障工作】2010年，厦门在全省率先实现城乡一体的全民养老保障和全民医疗保障，缩小城乡差距。出台了《厦门市城乡居民养老保险暂行办法》，无任何养老保障的年满60周岁的城乡老人，无需缴纳任何费用直接领取政府为他们发放的每月200元的基础养老金。对12.5万企业退休人员的基本养老金进行调整，月人均增加180元，达到1814元。机关事业单位退休干部高龄补贴，年满70周岁以上的每人每月由50元调整到100元；年满80周岁以上的每人每月由50元调整为200元，而且范围由原机关事业单位退休干部扩大到机关事业单位所有退休人员（含退职人员）。此外，针对物价上涨状况，及时提高了“五老”人员及其遗孀定期生活补助标准。出台了《关于公立基层医疗卫生机构实施国家基本药物制度的若干意见》规定，从8月1日起，本市参保的城镇职工和城乡居民，在全市38家公立基层医疗卫生机构门诊就医，每人每年可免费使用不超过500元的国家基本药物。规定对于某些慢性病、老年病或者特殊情况，处方用量可适当延长，减轻了老年人的医疗费用负担。此外，还出台了《厦门市医疗救助办法》，明确对农村五保老人、革命“五老”人员、城市三无老人、低收入家庭60周岁以上老年人等困难老年群体给予相应的住院救助、特殊门诊救助、日常救助、二次求助、定额救助等医疗救助，并指出，医疗救助不设起付线，医疗救助对象属于医疗救助范围的个人承担的医疗费用，扣除参保人员自负医疗费困难补助后的部分，救助比例为50%～80%，救助金额不超过2万元。

【养老服务工作】目前，全市已接收9.7万多名退休人员进入社会化管理，社会化管理率为98.8%，社区管理率达到100%，累计接收了9.5万多份退休人员档案。2010年，共新增公办养老服务机构2所；新增公办床位数1528张。截至到目前，全市现有养老服务机构33所、床位5072张。市委、市政府把居家养老工作作为2010年为民办实事项目，全市确立14个省、市级居家养老服务试点社区，70个社区建设居家养老服务中心（站）。制定了《厦门市居家养老服务工作手册参照范本》，印发各区参照执行。市财政拨付资金840万元，在省专项补助的基础上按每个社区（村）6万元的标准下拨一次性补助资金。截止目前，全市社区居家养老服务中心（站）建成63个，专兼职助老服务队129支，志愿者队伍248支，享受政府购买服务的老人759人，享受有偿服务老人1928人，享受志愿服务老人39806人，享受服务对象占辖区老年人的比例86.84%。此外，市老龄办继续开展“情暖空巢”平安灯进社区、平安铃进社区、爱心餐桌进社区等活动。成立了厦门市“温馨夕阳”咨询服务中心。

【老年维权工作】市老龄办一贯重视老年信访工作，及时受理市长专线等转来的信访件，做到件件有落实。同时通过信访受理，及时向有关部门反映老年人的需求，通过争取，外地离休干部可以破例在厦门办理老年人优待证。各级法院在审判中，注意维护老年人的合法权益，对部分老人合法权益受到侵害，提起诉讼交纳诉讼费有困难的，予以缓交或减免。各级法律援助中心一年来，为老年人提供法律咨询353人次，法律援助76件。鹭江公证处在老年节期间开展为65周岁以上老人免费办理遗嘱公证的活动，半个月免费办证115件，上门办证37次，为老人节省了包括公证费、摄像费等在内的各项费用7.5万余元。

【老年志愿服务工作】根据省、市文明委《关于成立福建省志愿服务活动协调小组的通知》和上级老龄办的要求，市老龄办积极组织老年志愿者队伍，目前，全市已成立了7支服务队，队员2000多人。各老年志愿者队伍根据自身特点开展活动。为总结老年志愿者工作，进一步完善老年志愿者组织的运行机制和激励机制，提高老年志愿者的整体素质，市老龄办召开“银龄行动工作会议”，组织先进单位和个人介绍经验；举办两期“老年志愿者培训班”，请厦门大学张友琴教授讲授有关老年志愿者的组织管理和老年志愿者作用发挥的课。

【老龄宣传工作】为更好在全社会倡导尊老敬老文明风尚，全市开展了第四届敬老、爱老、助老主题教育活动和第五届“十佳敬老模范家庭”评选表彰活动，并在“厦门市庆祝第23个老年节暨第五届十佳敬老模范家庭表彰大会”上对“十佳敬老模范家庭”进行表彰，老年节当日，在《厦门晚报》用2个专版，宣传十佳敬老模范家庭事迹。市老龄办还编辑出版了《情系桑榆 绚丽金秋》邮画册，用图片的形式记录了我市党政领导对老龄工作的重视和对老年人的关心，展示了特区老龄事业的丰硕成果和我市老年人幸福、乐观、豁达的精神风貌。此外，市老龄办还举办全市老龄宣传信息工作培训班，开展了老龄“经典诵读”活动。

深圳市

综　　述

2010年，在市委、市政府的领导下，各成员单位、涉老部门、各区和全市老龄工作者以深圳经济特区成立三十周年为契机，认真贯彻“党政主导、社会参与、全民关怀”的老龄工作方针，全面推进我市各项老龄工作的深入发展。市老龄办在全国老龄办、民政部、教育部、广电总局、团中央、全国妇联和中国关心下一代工作委员会共同举办的第四届全国敬老、爱老、助老主题教育活动中，被评为“全国敬老模范单位”。

一、养老保障及老年福利体系进一步完善

近年来，我市不断完善以社会保险、社会救助、社会福利为基础，以基本养老、最低生活保障制度为重点，以慈善事业、商业保险为补充的社会养老保障体系。在全市57个街道632个社区设立了劳动保障服务窗口和指纹验证系统，实现了退休人员不出社区就能享受社保便利服务的目标。社区健康服务网络基本实现全覆盖，社会福利和社会救助制度进一步覆盖老年群体，全市已纳入最低生活保障范围的老年人共231人，全市有百岁老人86人，发放百岁老人营养补贴40多万元。

此外，在市福彩公益金资助下，我市从2010年8月开始实施高龄津贴制度，80周岁以上户籍老人每月可享受200的津贴，100周岁以上户籍老人每月500元（2011年1月开始将改由财政支付，并增加

90—99周岁每月300元的发放标准)。同时,在全国首创高龄老人意外保险项目,为全市80周岁以上享受居家养老服务的老年人购买意外伤害和意外医疗保险。

二、为老服务工作成效显著

一是深圳福彩公益金资助233万成立的公益性服务平台“深圳市老年人紧急呼援服务中心项目”于10月份正式投入使用,该项目在技术层面领先于全国水平。目前已为全市80岁以上符合申请条件的高龄独居老人免费发放了2000台老人专用手机。中心提供紧急救助、走失定位、政策咨询、精神关爱、居家养老、医疗康复、“社工+义工”服务等十大特色为老服务。二是福彩公益金每年资助2300多万开展“老有所乐”、“老有所学”等资助计划。截至到2010年底共资助老有所乐项目1349个,资助老年学校(大学)171所,惠及全市十多万老人,极大地丰富了社区老年人的精神文化生活,提升了老年人生活的幸福感,推动了老年群众组织的蓬勃发展,树立了政府关注民生服务的新形象。三是首次组织开展我市老年服务领域社工培训。通过培训提高了我市老龄服务领域社工的服务水平,推动了本土老年社会工作经验的总结积累,促进了为老服务的专业化和制度化,同时将优秀工作经验和社工实务案例精选汇编,为今后发展提供宝贵经验。四是“星光老年之家”赋予新内涵。今年新建了85间“星光老年之家”,全市已达869间,遍布全市各社区,为老年人提供多层次、多形式的社区生活照料服务。五是“居家养老”计划不断推进。作为广东省首批居家养老社会化示范活动试点城市,我市积极探索创新“居家养老”服务模式,积极培育居家养老服务机构,不断提高服务质量和拓宽服务范围,全市已设居家养老消费券定点服务机构66家,服务已覆盖所有街道,基本形成就近、便捷的居家养老服务网络。六是极探索老人日间照料模式。依据民政部2009年《老年日间照料中心建设标准》,我市着力打造具有深圳特色的老年日间照料中心示范点,由福彩公益金资助300万,积极鼓励社会力量参与,开展了4家老人日间照料中心的试点工作。

三、老年优待和维权工作落到实处

一是莞惠三市率先在老龄工作领域签署了《深圳市东莞市惠州市老年人免费进入公园、风景区、旅游景区(点)、公益性文化场馆协议书》,这是全省的首个市与市之间的老龄事业合作协议。协议落实了“实施老年人优待服务‘一证通’工程”:从2010年4月15日起,三市老年人凭各市制发的老年人优待证,进入三市的65个公园、风景区、旅游景区(点)、公益性文化场馆,一律免收门票。二是极协调做好深莞惠三市养老服务配套政策的对接和异地养老服务,探索建立三市社会福利共享机制,通过盘活三市福利资源,统一发布三市养老服务信息,联合向三市推介养老机构,形成层次不同、内容有别、形式多样的养老公共服务体系。三是 展了老年优待证升级换代的调研工作,形成了项目可行性报告,计划在2011年落实相关措施。年优待工作有序开展,全年共办理敬老优待证43825张。职能部门共同做好老年维权和为老服务工作。市发改委将老龄事业发展计划作为社会事业发展的一部分纳入全市国民经济和社会发展年度计划;市交委协调公交企业在公交车上设置老年人专位,在车站等处张贴敬老宣传画;市卫生和人口计生委在各医疗单位设置“老年人优先”标志,为患有慢性疾病或体弱、行动不便的老人设立家庭病床,制定相应措施,减免了持《深圳市敬老优待证》老年人的挂号费;市法制办将《企业员工社会养老保险条例(修订)》、《医疗保险办法(修订)》列入2010年度全市立法工作计划,并于年内完成;市教育局出台了《深圳市教育局离退休人员服务管理工作安排方案》,进一步做好离退休人员的管理工作;团市委积极开展形式多样的义工服务,建立了老年志愿服务体系,在敬老月期间举办“十全十美敬老月,温暖与感动同行”活动,为100名社区孤寡老人送去爱心被;市市场监督管理局从实体市场、网络市场加强老年人用品的监管,对涉及老年人的产品质量和消费投诉优先受理,实现快速调查处理;五是积极发挥各级老年协会作用。市老年协会联合罗湖老年协会在社区开展九九学堂、深入为老服务、促进和谐社区建设试点工作,突出加强老年保健和老年法律工作以及老年自助活动,并召开了全市试点工作总结会。

四、老龄工作体制机制进一步健全

一是政府重视老年社会组织建设工作。市老年协会从201 0年起,年由市财政安排专项经费50万元,各区老年协会也由各区财政落实了数额不等的专项经费。街道、社区老年协会组织基本建立起来,全市各级各类老年社会组织达978个,全市各级老年协会注册会员超过15万人,协会骨干4000多人,市老年协会会员单位37个。二是立足于市老龄委的议事协调职能,不断完善市老龄委成员单位联络员工作制度,创新工作方式方法,树立为老服务观念,年初召开了全市老龄工作委员会第九次全体(扩大)会议,传达全国老龄委第十二次全会和广东省老龄委第十次全会精神,总结过去一年我市老龄工作情况,研究部署

2010年老龄工作任务。三是深化区级老龄工作目标责任考核。4月下旬，由市老龄办和部分成员单位组成的考核组，对各区2009年度老龄工作目标责任完成情况进行了检查考核。考核组综合评议认为，各区领导对老龄工作高度重视，机制不断加强，目标任务明确，工作经费落实，老龄工作整体水平大幅提高，被检查的七个区均达到考核目标。四是我市老龄工作目标责任考核在全省名列前茅。省老龄委在全省范围内开展的2008－2009年度市级老龄工作目标责任考核中，对我市的老龄工作给予充分肯定和高度评价，基层老龄工作制度化、规范化建设得到完善。五是规范老龄事业发展基金会的管理，拓展老年慈善公益活动，积极筹措资金，全年共接受捐赠（资金及物资）42.55万元，基金会立足于服务大局，认真执行理事会决议，为老年人送温暖、办实事、解难题。

五、老龄调研、宣传工作不断加强

（一）认真组织编制我市老龄事业发展“十二五”规划

2010年是深圳市完成老龄事业发展“十一五”规划的最后一年，在市委、市政府的领导下，我市老龄事业在“十一五”期间积极推进，稳步发展，不断完善。我们根据经济社会发展中长期规划，按计划，有步骤地编制老龄事业发展“十二五”规划。

（二）开展人口老龄化专题调研工作

2009年11月至2010年5月，老龄办联合中山大学人口所、深圳大学管理学院开展了《深圳市人口老龄化发展趋势与统筹对策研究》的课题研究。通过问卷调查、入户访谈，摸清我市的老年人口的基本特征和数据，与涉老部门和基层老龄工作部门座谈，从老年人的需求出发，找准要解决的问题，形成了《深圳市老年需求调查及老年政策评估报告》和《基于深圳市人口龄化发展趋势的老龄工作对策建议》。

（三）加大力度宣传老龄工作

一是充分利用广播、电视、报刊、网站、户外广告等各种宣传媒体和手段，广泛宣传老年法规政策，宣传孝亲敬老典型，营造全社会敬老、爱老、助老的良好氛围。二是在敬老月期间，在市区长途汽车站、火车站、世界之窗旅游点、同乐检查站、华强北商业街等繁华区域、悬挂“关爱老人　构建和谐”的敬老宣传标语。三是《深圳市民周报》开辟专栏，系列报道深圳老龄工作情况，四是电视台《南粤之窗》频道播放了《深圳市完善养老服务体系，提高老年人生活幸福指数》短片。

（四）表彰先进，树立榜样

市老龄办联合市关爱办和市老年协会以庆祝深圳经济特区成立三十年为主题，开展“老有所为”模范长者和“老有所为”特别奉献奖评选表彰。通过此次活动，表彰在构建和谐社会中老有所为、甘于奉献的先进事迹，引导鼓励广大老年人继续发挥余热，为深圳当好科学发展的排头兵作出新的贡献。

六、老年文体活动丰富多彩

1. 市老龄办结合我市近几年实施“老有所乐”计划取得的良好成效，组织全市“老有所乐”优秀老年文艺节目选拔赛，优秀节目推荐参加了省第四届老年文艺调演活动和全国第二届老年文化艺术节。其中，市老干活动中心演出的舞蹈《火红火红的勒杜鹃》、红叶老干部艺术团的舞蹈《扇舞金秋》和龙岗区坂田街道四季花城社区老人合唱《大漠之夜》在敬老月期间举办的全国“第二届老年文化艺术节”比赛中，均获得项目金奖。

2. 在今年敬老月期间，我市结合深圳经济特区成立三十周年庆典，在全市范围内统一部署开展以“关爱老人、构建和谐”为主题的，包括老龄产业联展、首届深港老年创新发明大赛、养老保健进社区、万名老人观鹏城六大新景、军徽映夕阳——老年人走进军营等56项丰富多彩的活动，活动覆盖全市8区42万常住老人，让老年人不出社区也能参与其中，丰富老年人的精神文化生活。据不完全统计，在活动期间发放《老年法》等敬老宣传资料超过67份，慰问特困、百岁和其它老人6902人，开展各种座谈会、健康讲座180场次，各类文艺演出、体育竞赛712场次，发表新闻稿件96篇，发放慰问金慰问品折款352万元，为老服务志愿服务参加人数和惠及老人近四万五千人次。

3. 区、街道和社区组织参加市级活动外，还积极开展多种形式的文体活动以庆祝老人节。福田区全面启动“幸福晚年”计划，各级单位根据工作职能和实际引导促进全社会关心老年人、帮助老年人、维护老年人权益；罗湖区办了“钓鱼比赛”等娱乐活动；南山区织慰问义诊，赠送药品，聘请律师热情为老年人解答法律问题；盐田区办了第九届千人健步走等活动；宝安区老龄办联合区民政、文化、社保、老年协会在老人节前夕举办老年文艺汇演；龙岗区过多种多样的形式广泛宣传《老年法》、《广东省老年人权保障条例》和老年优待政策；光明新区以座谈的形式，促进社区工作人员与老年群体的互动，进一步了解社区老年人的需求；坪山新区深入街道、社区给高龄老人、贫困老人送上节日慰问金，给敬老院送上老人活动经费。

新疆生产建设兵团

综　　述

新疆生产建设兵团实行党政军企合一的领导体制，是执行党中央和国务院赋予的屯垦戍边神圣使命的特殊的政治、经济、军事、社会组织，在国家实行计划单列。新疆生产建设兵团既是生产队、又是工作队和战斗队，是新疆经济建设的重要力量，是安定团结的重要力量，是巩固边防、维护祖国统一的重要力量和民族团结的重要力量。邓小平同志强调指出："新疆生产建设兵团，就是现在的农垦部队，是稳定新疆的核心。"胡锦涛总书记反复强调新疆生产建设兵团在新疆发挥着建设大军、中流砥柱、铜墙铁壁的重大作用。兵团现有13个农业师，1个建工师，有178个农牧团场，540多个工、商、建、交等企业和健全的文化、教育、卫生、医疗、科研、体育、金融、保险、勘测设计等事业单位，这些单位遍及新疆天山南北。现有总人口257.31万人。

兵团党委、兵团历来十分重视老龄工作，5年来，兵团老龄事业不断发展，老龄工作取得了一定的成绩。现将兵团老龄事业发展"十一五"基本情况汇报如下。

一、基本任务完成情况

兵团先于全国和新疆维吾尔自治区进入人口老龄化行列。早在1982年，兵团60岁以上的老年人口达26.52万人，占兵团221万总人口的12%。目前，兵团退离休人员和60岁以上的社会老年人共计617058名，占兵团总人口的23.98%，其中退休职工449946名，离休干部13368名、社会老年人153744名，百岁老人26名。兵团人口老龄化的特点一是未富先老；二是职工队伍老龄化比重大。

在党中央、国务院的正确领导和大力扶持下，兵团党委、兵团以科学发展观为统领，采取有效措施积极应对兵团人口老龄化，特别是职工队伍老龄化的严峻挑战，组织发动兵团广大干部职工同心协力，齐抓共管，较好地完成了兵团老龄事业发展"十一五"规划的目标和任务。

（一）健全社会保障体系，切实较好地解决了兵团老年人"养""医""居"问题

兵团健全了兵、师、团三级养老和医疗社会保障体系，连续五年确保全兵团离退休人员（包括8.7万异地安置的离退休人员）的养老金按时足额发放，5年累计约3百亿元。为近6万名"五·七工"、"家属工"每月发放150元的生活费，2010年又解决了长期未能解决的"老大难''问题即基本养老保障问题，出台了《新疆生产建设兵团关于解决城镇参保集体企业退休人员基本养老保障等遗留问题的试行办法》和实施细则。为5千多名无固定收入的离休干部遗孀上调其生活困难补助费标准并及时发放。将3.2万名经济贫困老人纳入"低保"，并逐年增加低保金。逐年提高"三无"老年人、"五保"老年人的生活水平，使他们无忧无虑地安度晚年。确保离休干部的医药费按规定实报实销，并且增加了医疗周转金。兵、师、团、连四级医疗机构对病、伤、残老年人长期实行优惠、优待或免费，并且加大对贫困老年人的医疗救助力度，将医药救助补助费封顶线提高到1万元，住院救助取消病种限制并且不设起付线。大幅度改善老年人的居住条件，使22万多名老年人乔迁新居或危旧房得到彻底改造。兵、师、团根据实际情况增加了部分离退休人员的冬季取暖费和燃气补助费。部分师、市实行了老年人高龄补贴制度。

（二）养老社会服务机构体系基本建立

目前，兵团基本形成了以居家养老为基础，社区服务为依托，机构养老为补充的养老社会服务机构体系，建立健全了兵、师、团三级养老社会服务机构471所，其中敬（养）老院65所，入住3761人，老年福利院11所，入住356人，老年公寓13所，入住396人，老干部休养所57所，入住近千人，老年星光福利服务之家325所，参加活动达12万多人次。另有民间托老组345个，托管1642名老年人。这些养老机构的工作人员全身心、全天候、全方位、全覆盖为入住入托老年人服务。兵团转发和落实全国老龄办、国家发改委、民政部等10部门联合下发的《关于全面推进居家养老服务工作意见》全国老龄办发［2008］4号文件，分期分批建立了社区居家养老服务站。2009年6月起农八师石河子市全面启动居家养老服务工作，建立政府埋单、社区资源市场化服务和志愿者服务机制，完善社区便民服务、社区保障救助、社区卫生保健、社区文化教育和社区权益维护等

五大为老服务体系。

2010年兵团计划建设8个重点团场养老机构并列入兵团党委为职工群众办的“十件实事”之一，总投资1800万元，建筑面积12000平米左右，设置床位480张，此项工程于今年年底完工。

（三）落实“老有所教”，“老有所学”，“老有所乐”，丰富老年人精神文化生活

兵、师、团共建老年大学（学校）71所，在校老年学员3万多人，各级学校开设了老年保健、太极拳（剑）、舞蹈、音乐、书画等课程，并且组织开展有益于老年人身心健康的文体娱乐健身活动。兵团各级老龄委十分重视和加强非在校老年人的教育和学习，有计划地开展时事政策、养生保健、科技、法律等知识学习和教育，开展老年法规和百科知识竞赛。组织老干部和老职工到疆内外参观旅游，了解祖国改革开放三十多年来的伟大成就和丰硕成果。各师、团积极为老年人办好文化活动中心（室、站）、图书馆（室、站）共计3000多所等；每年为离退休干部和职工订阅各类报刊杂志等五年开支5000多万元；兵、师、团、连、社区层层组织老年人举办运动会、文艺汇演等，形成“天天有活动、月月有比赛、季季有大赛”的制度，为实现健康老龄化取得了显著成绩。老年人积极走出家门参加文化艺术、体育健身活动，参与率达50%以上。兵团先后组队参加了全国老龄办、国家文化部、国家广电总局等举办的“全国老年文艺大赛”；组队参加了首届“全国老年人运动会”和“全国亿万老年人体育运动展示大会”，以及内地和港澳举办的各类文艺大赛，取得了优秀成绩，先后获奖杯，奖牌、奖章50多枚，并多次获得优秀组织奖。

（四）积极有效地维护老年人的合法权益

兵团各级老龄委十分重视老年人维权工作，广泛深入地开展老年法律法规宣传教育，举办全兵团老年法知识竞赛3次，参加人员累计70多万人次，参赛者年龄最大的92岁，最小的7岁。通过竞赛，取得了良好的社会效益，为全兵团形成浓厚的敬老助老优良的社会风尚起到了重要作用。

兵团各级司法部门于2007年1月起开辟了老年人维权法律求助“绿色通道”，免费为贫困老年人提供各种案件的援助，并免费为老年人维权跟踪服务，这项经费已列入兵、师、团财务预算。“十一五”期间，兵团老年人受法律援助救助的案件累计7883件，结案率达90%，免费为贫困老年人进行法律咨询8千多人次。认真接待和处理老年人信访95591次(件)，协调解决效率达85%。

（五）广泛、深入、持久开展孝亲敬老活动，全面落实“老有所尊”成绩显著

“十一五”期间，兵、师、团、连以及其他企事业单位，包括大中小学广泛、深入、持久开展孝亲敬老活动，为老年人特别是为老红军、老八路、老新四军等老干部和孤寡、病、伤、残、贫困、高龄百岁老人献爱心送温暖，五年来累计慰问约30万人次，免费体检20万人次，赠保健资料、图书、画册、杂志20万余册，赠粮、油、奶、衣服、被褥、健身器材、活动用品等价值近千万元。兵团坚持开展全国敬老、爱老、助老主题教育活动，两次评选全国孝亲敬老之星116名，孝亲敬老楷模提名6人，先进集体7个。

农六师一〇二团敬老院院长张新玲20年如一日，精心倾情照顾兵团老军垦，2006年被评为“全国孝亲敬老之星”和感动兵团年度十大人物之一，农六师五家渠市业余豫剧团将她的感人事迹编成豫剧《凤落梧桐》，在全师上演并准备在全兵团演出，受到广大观众热烈欢迎。

（六）大力开展“银龄行动”，落实“老有所为”

兵团各级老龄委充分发挥退离休老同志的政治优势、经验优势、时空优势，大力开展“银龄行动”。

1. 支援各行各业，重点是农牧业生产第一线。每年有近10万名老同志从冬季备耕和春耕一直忙到秋收，帮助农工播种、田管、割麦子、割稻子、摘棉花、放牛、放羊等累计1千万个工作日。

2. 每年有数万多名老同志投入到关心下一代工作中，为青少年学生作优良传统报告，讲革命故事等，累计近万多场次，直接听众达百万人次。组织老干部、老科技人员为青年职工和干部传授科技文化知识、领导方法和艺术等。

3. 积极参与社会文化建设，每年有万余名老同志著书立说、编史写志、编剧本、歌曲等。

4. 积极参加各项社会活动。兵团离退休老同志积极维护新疆民族团结，反对“三股”反动势力，为边疆稳定和繁荣作出了重大贡献。各团场、社区、连队都有“三老”巡逻治安队，维护社会秩序，护家、护院、护库、护店、防火、防盗、防毒、防污染、防诈骗并积极调解民事纠纷；有许多老同志为绿化、亮化、净化、美化环境而辛勤劳动；每次发生大灾害离退休老同志和社会老人都积极慷慨解囊，为灾民难民捐款捐物，为社会、为人民大办好事。农四师六十九团81岁的退休教师屠孝从1954年至2010年底年年为灾区难民捐款，2009年4月14日他将自己和老伴所有的积蓄5万元通过兵团慈善总会捐给青海玉树灾区。建工师66岁退休老人温兴灿退休13年来积极为灾区难民、贫困老年人、困难家庭等捐款累计4.6万

元。

二、落实《规划》的主要措施和经验

兵团各单位都参照“十一五”规划，制定、实施符合本单位的实际情况的老龄事业发展“十一五”规划。

兵、师、团、连加强了老龄工作机构建设和社团的管理，把老龄工作列入党政日常工作议程，建立和完善各级老龄工作委员会及其办事机构，明确任务和职责，确保必要的工作经费和工作条件。加强了老龄工作队伍建设，采取多种形式，对老龄工作干部进行有计划的培训进修，提高了他们的综合素质和业务水平。各级老龄委加强了老年社团的管理，并按照党章规定在老年社团中建立党组织，加强党的领导。规范和指导老年群众组织的建设和活动，充分发挥其在党组织领导下的基层民主自治、社区建设和老龄工作中的作用。

加大了老龄事业经费投入，兵团将老龄事业纳入兵团国民经济和社会发展总体规划，并根据国民经济发展水平和老年人口数量，逐步增加对老龄事业经费的投入，用于老年文化、教育、文体娱乐活动和老年福利服务等，逐步形成制度化的财务投入机制。在国家发行的福利彩票受益中按比例提取经费用于兵团老龄事业发展。

加快体制创新，坚持“党政主导、社会参与、全民关怀”的方针，大力推进兵团老年福利事业社会化、产业化和法制化进程。坚持政府扶持，加大对老年福利事业投入。

加强老龄问题基础理论和应用研究，密切注视人口老龄化发展趋势及其对社会经济的影响，关注老年人口状况。

建立了督查和评估小组。“十一五”规划由兵团老龄工作委员会负责协调督促实施。

第六部分

科研成果和调研报告

关于整合资源、构建社区虚拟养老院服务模式的调研报告

重庆市老龄办社区养老服务问题调研组

为进一步做好重庆居家养老的社会化服务工作，2010年，市老龄办专门组织力量对重庆开展居家养老社会服务工作的问题进行了专题调研，现分述如下。

一、目前重庆的养老问题和需求现状

一是传统家庭养老模式功能弱化，子女养老力不从心。随着社会经济的发展和家庭结构的变化，子女异地工作求学及独生子女的父母进入老年，空巢化现象日趋严峻。早在2004年，我市的空巢老人就已达到181万人，空巢化达43.72%。我市近年来空巢化已达50%以上，部分农村老人空巢化已高达70%～90%。此外，高龄化也快速发展，截止2010年底，我市80周岁及以上高龄老人71.18万人，占总人口的2.17%，占老年人口的13.23%。高龄化、空巢化与老龄化结伴而来，高龄、空巢、失能老人增多，特别是“421”家庭的子女由于生活节奏快及生存压力大等原因，没有足够的时间和精力满足老人的养老需求，使得老人面临孤寂无助的境地，“出门一把锁，进门一盏灯”是许多空巢老人的真实生活写照，新闻也时有关于老人因缺乏子女照料和救助而病死家中无人知的报道。

二是机构养老一床难求。主要是养老床位总量不足。截止2009年底，全市有城乡养老机构1262所，床位68464张，平均每百名老人拥有养老机构床位仅1.35张，只能满足有机构养老服务需求老人的7%。如渝北区桂湖老年公寓只有300张床位，目前已有上千人登记排队。

三是老年人迫切期盼依托社区颐养天年。据市民政局于2009年7月对我市部分区县的调查数据，全市有81.9%的老人愿意选择社区居家养老服务。其原因：第一，老人重视亲情，家庭观念牢固，地缘文化观念浓厚，愿意在熟悉的家居及社区环境接受护理及照顾服务。第二，由于老人的子女一方面受传统孝道文化影响，对机构养老还不能完全接受，另一方面便于探望照顾老人，也愿意老人居家养老。第三，从老人养老服务需求内容和形式来看，大多数老人对生活照料、家政服务、康复护理和精神慰籍等方面居家养老服务的需求日益迫切，需要社区提供方便、快捷、多方位、人性化的服务。

二、目前我市开展社区居家养老社会化服务的基本模式

一是初步建立了“政府主导、社会参与、中介组织运作”的工作机制。如市政府出台了《加强养老社会化服务的工作意见》。渝中区、大渡口区、九龙坡区建立了社区、街道的层级服务管理体系和实体中介服务组织。部分区县加大了资金投入力度，建立社区托老所（2010年全市已规划建100所）和社区养老服务中心以及社区医疗室等，来为老年人开展抚养照料、娱乐就餐、健康档案管理、精神慰藉等服务。

二是采取“走出来，走进去”的办法，提供个性化服务。如沙坪坝区小正街街道、渝中区南纪门响水桥社区老年服务中心采取办法，尽可能动员自理老人走出家门到社区居家养老服务机构，接受亲情化、人性化的服务（如设立聊天室、助餐、社区老人趣味活动等），使之更好地融入社会；“走进去”主要是指定专门养护人员（如九龙坡区谢家湾街道的“黄丝带”服务队，大渡口区新山村街道安装了“平安钟”求助门铃等），为不能自理的老人提供上门“一对一”、“一对几”的定时定点服务，受到老年人普遍欢迎。

三是部分区县建立了区分对象、分类补贴的政府补贴制度。比如南岸区出台政策，对70岁以上分散供养的“三无”老人，按人均100元/月的标准给予服务补贴；70岁以上享受低保、身边无子女照顾的老人，按人均50元/月的标准给予服务补贴。渝中区除为“三无”老人发放困难补贴（60—69岁，每户每月100元，70周岁以上每户每月200元）外，全年还为124位“三无”老人实行居家养老服务，共为全区3854人次老人实行48.55万元的政府“买单”居家养老服务。通过对困难老人实行服务补贴，惠及了老人，收到较好的效果。

四是在加强为老服务队伍建设方面做了一些工作。有的把养老服务与实施下岗再就业工程结合，通

过培训后，上岗服务；有的通过吸纳大学生与青年志愿者队伍开展为老服务；有的通过建立“时间银行”，让年纪小的老年人为高龄老人开展服务。忠县、垫江借用老年协会设立空巢老人帮扶点的办法，委托人员为老人排忧解难，受到市委领导的赞扬肯定，并在全国介绍了经验。

五是运用高科技手段搭建信息化服务平台，构建虚拟养老服务模式。近几年，我市各相关部门在虚拟化养老服务工作方面作了一些初步探索。2009年初，由市老龄办引导搭建平台，建立了一个覆盖全市范围的呼叫援助信息平台——重庆市“爱心通”呼叫援助服务中心，在全国省一级城市中率先开展了虚拟化养老服务试点工作。首批选择了老龄化程度高，空巢老人较多的十个区街道社区的空巢、高龄、特困老人家庭进行试点，至2010年10月，试点区县已达16个，惠及4000名老人；市民政局在2006年就将“96000”数字服务平台建设纳入局民生工程；重庆移动公司针对老人推出了“关爱通”手机；市妇联也在今年为1000空巢老人安装“爱心呼叫器”。从目前情况来看，通过搭建信息化服务平台构建虚拟养老模式越来越受到社会各界的关注并得到共识。

通过几年来的探索和努力，我市社区养老社会化服务工作取得了一些进展，有力缓解了日趋尖锐的为老服务供需矛盾，也为探索“宜居重庆”建设奠定了基础，但从理论层面和实践层面都还存在一些问题。一是政策支持力度不够，政府相应承担公共服务的角色还未能准确到位；二是为老服务中介组织发展滞后，社区为老服务设施设备缺乏；三是老年人消费观念陈旧、儿女的敬老意识淡薄；四是服务管理尚不规范等问题的存在，影响制约了社区养老服务在深度和广度上的发展。

三、构建“重庆社区虚拟养老院”的建议方案

目前，重庆市已有60岁以上的老年人口538万，占总人口的16.41%，老龄化程度列全国第5位，老龄化、高龄化、空巢化特点明显，养老问题日益突出。通过调研，我们认为：居家养老是我国传统的家庭养老方式，满足了老年人在亲情、乡情和家庭氛围等方面的心理需求，受到绝大部分老年人的推崇，仍将是我市主要养老模式，但居家老人对社区养老服务提出了更高要求。因此，建议按照“党政主导，社会参与，市场运作”的指导思想，探索建立“社区虚拟养老院”，为社区老人提供居家养老服务。具体建议方案为：

（一）建立“社区虚拟养老院”的基本思路

黄奇帆市长在市三届人民代表大会第四次会议上讲到“积极应对人口老龄化，培育壮大老龄服务事业和产业”。从我市养老服务的发展趋势来看，整合现有社区养老服务资源，推行市场化运作，充分发挥中介服务组织的管理和服务职能，为居住在家里的老人打造一个“没有围墙的养老院”，是解决“养老难”问题的有效途径。目前，北京市、山东省、甘肃兰州市、山西太原市、浙江宁波市等省市部分地区进行了试点，取得了较好效果。因此，建议依托市商委与市电信局已建立的市家政服务“好帮手”网络中心，整合“爱心通”老人电子保姆和社区为老服务资源，引进市家政服务“好帮手”网络中心的营运商——重庆市易盟集团，建立“社区虚拟养老院”，为社区老人提供居家养老服务。

1. 整合现有电信资源，搭建居家养老信息服务平台。充分利用重庆市家政服务“好帮手”信息网络，通过“爱心通”、家庭电话、网络、数字电视等工具，为居家老人搭建信息化服务平台。2009年年底成立的重庆市家庭服务网络中心是由重庆市政府主导建设的一站式家庭服务平台，由重庆市商业信息中心和重庆市电信局号百公司负责运营，具有完备的软硬件设施。经过一年多的业务运营，平台打造出一支专业、高效的运营团队。目前已建设大型呼叫中心，7×24小时人工值守，可以同时受理60路以上的呼入呼出电话。通过多网融合的技术手段，实现业务的精准化匹配，提升平台服务的效率和服务成功率。可实施从受理申请、对象审批、服务安排、工作评估、监督保障、费用结算等完备的服务流程，实现对老人的衣、食、住、行、交通、就医、社交、购物、电子行等全方位数字化“管家式”电子保姆服务。

2. 鼓励社会参与，健全居家养老服务体系。易盟集团是重庆市家庭网络服务中心的技术和运营支撑单位，对家庭服务的业务运营已经进行4年多，自行研发了完善可扩展的家庭服务平台，在业务运营上积累了丰富的运营经验。目前，该中心在重庆市已经发展加盟企业1407家，可以覆盖重庆市区的服务区域。具有一支30人的医疗专家服务团队，为老年人提供远程医疗及健康咨询服务。重庆52家二级以上公立医院，提供院前急救、院中急诊和院内治疗及急救先行垫付费用的服务支撑。该公司经反复考察，愿作为居家养老的运营商，并提供以下服务。

（1）服务方式：对政府通过购买服务，发放养老服务券的“三无”、低保等困难老人，直接纳入服务范围，按养老服务券的规定，提供养老服务并无偿赠送老人手机；对社会老人采取老人预存话费赠送手机和并提供个性化有偿服务。

（2）服务内容：①生活照料服务：为有服务需求的老年人提供家政服务、订餐送餐、电器维修、代购、托老等日常服务。②医疗康复服务：为老人建立健康档案，提供康复护理、健康检查、陪同看病、健康讲座与咨询、临终关怀等服务。③紧急救助服务：主要是医疗救治服务。④信息关爱服务：提供法律咨询、法律援助、定时提醒、聊天谈心、天气预报、老年活动等服务。

（3）服务形式：定期或不定期上门照料服务：由经过专业培训的服务人员上门为居住在自己家中的失能或半失能老人、长期生病卧床的空巢老人，根据其服务需求提供不定期的照料服务；对有规律的服务需求的老人提供定期上门服务。

3. 政府引导，部门联动，建立指导监管机制。由市民政局牵头成立“构建重庆社区虚拟化养老院推进小组”，市老龄办、商委、电信、卫生、技术监督部门、消协为小组成员单位。采取纵向以市、街道、社区分层三级管理，横向以市民政局牵头组织，市老龄办综合协调，各相关部门协同推进的运作方式进行。具体职责分工如下：市民政局和市老龄办是虚拟养老工作的指导管理机关，负责制定相关规划与方案措施，落实政府购买居家养老服务政策，并将补贴纳入“社区虚拟化养老院”项目。对区县虚拟化养老服务工作进行指导与监督，同时积极协调有关部门，帮助解决各社区在推进虚拟化养老服务过程中遇到的问题。各区县民政局、老龄办是虚拟化养老服务工作的主管单位，负责工作的组织实施，制定实施细则，确定政府购买服务的对象范围和补贴标准。建立信息库，汇总有关数据，并负责对街道办事处、社区、社会服务实体的工作进行检查和考评。

街道办事处设立居家养老服务指导中心开展虚拟化养老服务，对服务对象申请进行审核，对服务对象进行分类，并对社区和社会服务实体机构进行检查与监督，负责居家养老服务从业人员的技能培训。

社区是具体实施部门，要求设立社区居家养老服务工作站，负责中介服务机构与老人之间的沟通衔接。建立老年人信息库，受理服务对象的服务申请，对享受政府购买服务的老年人进行资格评估；全面掌握并及时发布居家养老服务需求信息，引导为老服务机构和组织适时调整服务内容；对居家养老服务人员相关资格进行审查，接受服务对象的服务信息反馈，检查监督服务质量。

市技术监督局负责对服务工作规范化、标准化的监督和管理；市消协负责对服务质量的监督、检查，受理服务对象的投诉，并对投诉事项进行调查。

市商委负责制定全市家政服务网络体系网络建设和“家政服务工程”实施方案，负责“家政服务网络中心”建设和日常管理；市电信负责指导搭建信息化服务平台，提供优惠网络服务；物价局制定相关服务收费标准的优惠政策；市卫生局要督促有关医疗机构和社区卫生服务机构为老年人提供切实可行的医疗卫生保健服务。

4. 依托街道、社区，建立宣传动员机制。街道：一是结合本地实际统一印发虚拟养老的宣传资料，并通过开展文体活动、慰问等多种形式宣传虚拟化养老的积极意义，引导老年人树立健康的养老观念和积极的消费理念；二是宣传有关养老服务的政策，吸引和动员社会各界和个人参与虚拟养老服务事业；三是加强敬老爱老传统美德的宣传，为工作的顺利开展营造良好的社会氛围。社区工作人员入户调查，了解辖区内老年人的基本情况和服务需求，收集老人资料，对不同层次、不同群体、不同需求的老年人加强具体引导，使老人和老人家庭了解此项工作的意义、内容形式、参与方式，积极动员老人加入“社区虚拟养老院”。

（二）实施步骤

按照试点先行，分步实施，稳步推进的思路进行。分三步走：1. 调研准备阶段。一是成立“构建重庆社区虚拟化养老院推进小组”；二是对区县虚拟化养老服务工作进行摸底调研，制定试点工作方案；三是整合已有的信息化服务资源，为已配有“爱心通”手机的老人提供延续性服务，并增加服务内容。2. 试点运行阶段。选择2—3个区县，建立社区虚拟养老院，为老人提供一体化、全方位的各项居家养老服务。3. 总结推广阶段。总结虚拟养老试点工作经验，模式复制，全市推广。

（三）可行性分析

“社区虚拟化养老院”模式是将现代化的通信技术和先进的养老服务理念进行对接，将虚拟化居家养老和规范化的社区服务结合起来，以信息化为支撑，推行市场化运作的一种新型养老模式。其好处是：

1. 缓解了财政压力，有利于可持续发展。一是将已实施为困难老人发放的居家养老服务补贴纳入“城市社区虚拟化养老服务”项目中，财政不再加大资金投入；二是整合现有资源，有效利用社区服务功能、服务网络及已有的信息化服务资源，实现资源共享，避免重复投入及资源浪费。

2. 加强了部门协同，有利于提供机制保障。虚拟化养老服务单靠某个部门孤军奋战难以形成有效的管理体制，方案强调多部门参与，民政、老龄部门发挥主体作用，各相关部门协同推进，全方位、多层次地引导和保障服务工作的顺利开展。

3. 增强了政策扶持，有利于吸引社会力量加入。方案将我市已经出台的一些关于养老服务业发展的优惠政策进一步明确和细化，以规范配套的政策体系吸引更多的服务企业、民营资本、服务人员投入和参与到居家养老服务事业中来，推动养老服务业的发展。

4. 扩大了服务对象，有利于调动老人参与热情。方案提出服务对象不仅是“三无”、低保、空巢等困难老人，而是面向所有有服务需求的社会老人，并针对不同类型的老年人群，提供不同层次的个性化的服务，切实解决受益面窄的问题，由此扩大影响，老人及老人家庭也更易于了解和接受虚拟化居家养老这种模式居家养老服务。

5. 推动了消费，有利于培育壮大老龄服务事业和产业。通过建立专业化服务队伍、广覆盖开展虚拟化养老服务，可有效地推动我市养老服务业的发展，缓解社会就业压力，拉动内需，扩大消费，从而保障社会稳定，促进经济发展和社会进步。

“社区虚拟化养老院”模式的推行，对创新居家养老模式、提升我市居家养老的水平具有积极的意义，因此，需要各级政府和各部门加强引导，积极支持，共同构建重庆市居家养老服务体系，精心打造“信息化无围墙的敬老院”，力争将重庆市社区居家养老服务体系打造成全国的示范基地。

吉林省老年人基本状况调查报告（摘要）

吉林省老龄工作办公室

在我省人口老龄化问题日趋严峻的形势下，为了解掌握老年人基本状况，客观评估老龄事业发展中存在的突出问题，积极应对人口老龄化挑战，科学谋划大力推进老年社会保障和服务体系建设，在省统计局帮助下，我办于2010年5月组织开展了全省老年人基本状况抽样调查。调查采用分层、多阶段、概率比例调查方法，抽取了22个县（市、区）的66个社区、99个村，采取问卷方式，抽样调查了6184名老人和社区居委会、村委会的基本情况。初步结论是老龄事业与经济社会发展还不协调，老年社会保障与服务体系尚不健全和完善，与快速发展的人口老龄化还不相适应。现就老年人的基本状况、亟待解决的突出问题和对策建议报告如下。

一、基本状况

（一）老年人口及家庭状况

1. 人口老龄化现状与发展趋势背景。我省于2003年进入人口老龄化省份，2009年底老年人口为369.77万，占人口总数的13.52%。同期户籍资料显示，农业户籍老年人占老年人总数的52.72%，非农业户籍老年人占47.28%。据预测，未来十年我省老年人口将进入高速增长期，年均增速由前十年的3.78%上升到5%，2020年老年人口将达到593.8万，所占人口比重跃升至21.35%。2035年以后将进入重度老龄化阶段，并将在高位持续运行，届时每3人中就有1位老人。根据我省人口老龄化的发展趋势，仅有二十余年的“人口红利”期，意味着我们应对人口老龄化的战略准备期所剩时间已不多。

2. 老年人口年龄结构。此次抽样调查，60岁至69岁老年人占54.08%，70岁至79岁占34.78%，80岁至89岁占10.38%，90岁至99岁占0.74%，100岁及以上占0.0162%。调查样本年龄结构与2000年第五次人口普查、2005年1%人口抽样调查老年人口年龄结构相接近，但低龄老年人口所占比例出现逐年下降、高龄老年人口所占比例逐年上升的趋势。一方面表明我省老年人口预期寿命在延长，另一方面人口老龄化与老人高龄化在同步发展。

3. 家庭结构。有配偶老年人所占比例为69.24%，丧偶老年人为29.91%。老年人女性丧偶率为40.24%，男性丧偶率为19.48%，女性老年人丧偶率明显高于男性，丧偶给老年人带来严重的心理创伤和生活环境的急剧改变。老年人平均有子女3.43个，无子女老人占1.78%，只有1个子女老人占7.07%，有2～4个子女老人占68.32%，有5个及以上子女老人占22.74%。老年人居家养老占99.56%，入住养老服务机构占0.44%。空巢老人占55.56%，平均年龄68.4岁。空巢老人中的独居老人占14.14%，平均年龄71.33岁。这些情况表明，家庭养老资源急剧萎缩，能够替代家庭养老主体地位的其他养老模式尚未有效形成。特别是独生子女父母已开始进入老年，大量涌现的“四二一”结构家庭，将导致空巢老人数量和所占比重持续上升，养老问题日益突出，对社会养老资源供给构成更大压力。

4. 健康状况。身体健康、日常生活能够自理的老人占86.38%，日常生活半自理和完全不能自理的失能老人占13.62%，失能老人平均年龄73.94岁。失能老人中患有疾病的占63.78%，高龄占28.98%，残疾占7.24%。推算全省失能老人超过50万人，而疾病是导致失能的主要因素，这一庞大特殊老年群体，无论是日常生活照料，还是医疗和护理，家庭成员都长期担负着沉重的压力，也需要大量的社会医疗、护理和服务资源。

5. 受教育程度及宗教信仰。小学及以下和不识字老年人所占比例达到71.29%，初中以上文化程度老年人所占比例仅为28.71%。有宗教信仰的老年人占7.03%，其中小学及以下和不识字的老年人占73.33%。总体看老年人受教育程度不高，而文化程度对老年人生活条件和健康状况影响很大。通常文化程度越高，经济收入和家庭地位与社会地位就越高，其健康状况也就越好；文化程度的高低还直接影响其再就业，或参加社会活动的能力，对老年人的社会交往和精神生活产生重要影响。

6. 住房状况。居住泥草房的非农业户籍老年人占4.07%，农业户籍老年人占21.54%。租借住房的非农业户籍老年人占3.73%，农业户籍老年人占3.04%。居住危房的非农业户籍老年人占2.05%，农业户籍老年人占8.44%。房屋产权属老年人所有的占69.91%。非农业户籍老年人居住廉租房的占0.11%。总体看老年人住房条件较差，农业户籍老年人居住泥草房、危房的比例较高，而老年人依靠自身能力购置或维修翻建能力较弱，住有所居问题不容忽视。

（二）养老保障与服务

1. 养老保障。非农业户籍老年人享有离退休金制度性保障的占71.77%，未纳入社会养老保险保障的占28.23%，80岁及以上老年人中65.14%未纳入社会养老保险保障。未纳入社会养老保险的非农业户籍老年人享受最低生活保障的占31.40%，依靠子女赡养的占52.56%。农业户籍老年人，主要依靠种植养殖收入维持生活的占87.18%，享受最低生活保障的占6.07%，其他占6.75%。新型农村社会养老保险制度尚处试点阶段，覆盖面还比较小，保障水平也有限。村干部养老保险、计划生育独女户夫妇养老保险、计划生育奖励扶助对象涉及群体很小。总体看农村将实现养老保障制度全覆盖，而城镇非农业户籍老年人尚未实现制度性保障全覆盖。

2. 收入与消费支出。非农业户籍老年人，享有离退休养老金的月均收入1371.71元，子女赡养的月均给予555.10元，享受政策保障救助的月均197.88元。农业户籍老年人主要依靠种植养殖年均收入3747.90元，享受政策保障救助的月均129.45元。享有养老金的非农业户籍老年人年均收入达到16460.52元，高于我省城镇居民上一年度人均可支配收入14006.27元17.52%；主要依靠种植养殖业收入的农业户籍老年人年均收入3747.90元，低于我省农村居民上一年度人均纯收入5266元28.83%。非农业户籍老年人年均消费性支出10953.00元，高于我省城镇居民上一年度人均消费性支出10914.44元0.35%；农业户籍老年人年均消费性支出4488.60元，高于我省农村居民上一年度人均生活消费性支出3902.90元15.01%，收支倒挂较为明显。城乡老年人的生活支出水平差距较大，但支出结构大致相同，食品、医疗费、日常生活支出分别占据前三位，其他方面支出所占比例较低。其中：绝大多数非农业户籍老年人在食品方面年均支出占消费性支出的42.80%，医疗费用支出占32.06%，日常生活支出占14.81%；绝大多数农业户籍老年人在食品方面年均支出占消费性支出的39.49%，医疗费用支出占43.52%，日常生活支出占17.20%。

3. 服务设施。城镇社区建有养老服务中心（站）的占22.73%，设立老年人服务热线、呼叫系统的占9.09%，有日间照料室的占12.12%，有活动室的占53.03%，有室外健身场地和器械的占42.42%。农村有社区多功能活动中心的占12.12%，建有居家养老服务大院的占3.03%，有日间照料室的4.04%，有活动室的占16.16%，有农家文化大院的占10.10%，有农家书屋的占57.58%。总体看惠及老年人的公共服务设施总量不足，而农村公共服务资源更是十分匮乏。

4. 服务队伍。配备公益性岗位养老服务人员的社区占46.97%，平均每个社区1.67人。有家政服务机构的社区占26%，有志愿者服务组织的社区占60.61%，有老年人协会的社区占66.67%。农村特殊困难老人多数依靠村级组织、党员干部帮扶，老年人协会也能发挥一定作用。总体看为老服务队伍比较薄弱，农村为老服务没有社会服务组织和专职为老人员。

5. 为老服务。老年人问卷调查，照料护理半自理和完全不能自理的失能老人，依靠配偶的占

38.24%，依靠子女的占55.46%，亲朋邻里帮助照料的占4.51%，社会提供护理服务的仅占1.07%。调查的66个社区，能够提供料理生活服务的社区占23%、帮助购物占21%、陪同就医占8%、上门送医送药占17%，护理服务占17%、陪同洗浴占3%、陪伴聊天占26%。调查的99个村，村卫生所能够提供送医送药上门服务的占19%，其他社会服务基本没有。从调查的情况看，农村为老服务资源十分匮乏，城乡社区能够为老年人提供的服务比较少。

（三）医疗保障与服务

1. 医疗保障。非农业户籍老年人，纳入城镇职工基本医疗保险的占48.29%，参加城镇居民基本医疗保险的占37.82%，参加新型农村合作医疗的占9.74%，享有医疗保障的老年人所占比例超过95%。农业户籍老年人，参加新型农村合作医疗的占93.05%，参加城镇居民基本医疗保险的占3.66%，参加城镇职工基本医疗保险的0.73%，享有医疗保障的老年人所占比例超过97%。总体看绝大多数老年人纳入到了制度性的医疗保障范围，但仍有极少数老年人没有制度性医疗保障。

2. 医疗费用支出。非农业户籍老年人年医疗费用个人支付部分，1000元及以下的占34.43%，1001～3000元的占34.62%，3001元及以上的占30.95%；农业户籍老年人年医疗费用个人支付部分，1000元及以下的占46.95%，1001～3000元的占39.29%，3001元及以上的占13.80%。80岁及以上高龄老年人年医疗费用个人支付部分，1000元及以下的占34.21%，1001～3000元的占41.19%，3001元及以上的占24.60%；中低龄老年人的年医疗费用个人支付部分，1000元及以下的占42.56%，1001—3000元的占36.82%，3001元及以上的占20.62%。对医疗费用的调查表明，在较高数额医疗费用支出上，非农业户籍老人所占比例高于农业户籍老人，高龄老人所占比例高于中低龄老人。

3. 医疗服务与保健。城镇社区建有公办医疗服务中心（站）的占30.30%，农村建有村卫生所的占87.88%。社区公办医疗机构为4.7%的老年人上门设立过家庭病床并提供医疗服务，农村卫生所为6.78%的老年人上门设立过家庭病床并提供医疗服务。近一年在社区公办医疗服务机构接受免费体检的非农业户籍老年人占21.58%，在农村卫生所接受免费体检的农业户籍老年人占11.88%。总体看城镇社区公办基层医疗服务机构还不普遍，而在城乡基层接受免费体检的老年人所占比例还比较低。

（四）老年教育与文体生活

1. 老年教育。社区和村的基本情况调查显示，有老年学校的社区占23%，农村仅有4%的村有老年学校，城乡参加学习活动的老年人仅占1.16%。17.66%的老年人是因为本县（市、区）没有老年大学，42.16%的老年人是因为本社区（村）没有老年学校而没有参加学习活动。总体看，基层老年教育没有开展起来，缺少老年大学、老年学校是导致老年人参与率低的重要原因。

2. 文体活动。参加经常性文体活动的老年人仅占调查老年人总数的6.7%。影响老年人参加文体活动的主要原因依次是，本社区（村）没有活动室占调查老年人的45.39%，活动室简陋缺少文体活动器材占11.51%，社区（村）没有文艺娱乐活动组织占13.44%，没有体育健身活动组织占9.28%。参加文体活动的老年人所占比例较低，设施不足、不完善是主因，也反映了基层老年文体活动组织不健全问题，缺乏有效的引导和组织，这在很大程度上影响着老年人的生活质量。

（五）老年社会参与和权益保障

1. 老年社会参与。老年人参与经济社会活动的占5.30%，绝大多数老年人没有从事经济社会活动，没有这方面愿望的老年人占47.28%，反映社区（村）没有组织这方面活动的老年人占17.33%，反映社会上没有为老年人才提供服务平台的占4.39%。调查显示老年人参与经济社会建设的比例较低。

2、老年权益保障。调查的老年人中，合法权益受到过侵害的占0.5%。排在首位的是赡养问题，其次是住房问题、再婚问题和财产问题。解决赡养问题主要通过家庭内部和亲朋好友调解解决，其次是通过社区（村）调解组织和法律诉讼解决。在维护自身合法权益中，受侵害老年人得到法律援助的占22.58%。侵权事件主要是围绕赡养问题，其他方面侵权多数也都最终导致赡养出现问题。

（六）困难与需求

1. 在老年人存在的主要困难调查中，排在前7位的依次是就医购药占调查老年人的59.87%，料理生活占25.32%，购物占23.01%，洗浴占22.72%，护理占14.36%，理发占12.64%，精神寂寞占9.91%。城乡老年人反映的主要困难顺序有所不同，这与老年人的生活条件、城乡公共服务资源的差别有直接关系，但所反映的主要困难都与老年人的日常生活密切相关，影响到老年人的身体健康和生活质量。

2. 在老年人希望得到的服务项目调查中，排在前7位的依次是陪伴就医占调查老年人的47.56%，帮助购物占26.38%，上门理发占19.65%，料理生活 19.49%，护理服务占 18.78%，日间照料服务占 14.71%，助浴服务占 11.87%。老年人需要的服务与存在的困难基本一致。

3. 养老服务需求。未来有入住养老服务机构意愿的老年人占调查总人数的 15.78%。其中：选择身体健康生活能够自理时入住养老服务机构的老年人占 3.48%，选择生活自理有一定困难情况下入住养老服务机构占 26.74%，选择生活不能自理情况下入住养老服务机构占 45.18%，选择家人照料困难时入住养老服务机构占 17.01%，其他原因占 7.58%。调查显示，有入住养老服务机构意愿的老年人所占比例较高，多数选择失能情况下入住，未来养老服务需求特别是护理服务需求巨大，对社会是否能够提供相应的养老及护理服务将是严峻的考验。

二、主要问题

我省属经济欠发达省份，各级财力还比较弱，城镇化水平还不高，农业人口多于城镇人口，各项社会事业基础薄弱，致使老龄事业发展缓慢，与快速发展的经济社会还不相协调，与发达省份相比有一定差距，与快速发展的人口老龄化还不相适应。

（一）老龄事业滞后于经济社会发展

（二）老年社会保障制度尚不健全和完善

（三）老年社会服务体系尚未有效构建起来

家庭规模的缩小和结构变化使其养老功能不断弱化，导致传统养老模式难以为继，对专业化养老服务机构和社区服务的需求与日俱增，但我省养老服务体系尚未有效构建起来，严重滞后于经济发展水平。

1. 居家养老服务尚未有效开展起来。

2. 养老服务机构床位总量不足、问题突出。

3. 养老服务队伍比较薄弱。

4. 养老服务人员培训、管理体系不健全。

（四）老年医疗保障与服务问题仍然突出

（五）老年教育和文体活动参与率低

1. 老年教育事业发展缓慢，老年教育体系还不健全和完善，老年人参与率低。

2. 老年人参与文体活动的人数所占比例较低，精神文化生活不够丰富。

（六）老年社会参与和老年人权益保障有待加强

1. 老年人中不乏各种人才，也有参与社会公益事业的热情，但在经济社会建设中发挥作用的却很少。主要是社区（村）缺少组织这方面的活动，而社会上没有为老年人才发挥作用提供服务平台也是重要原因，一些社团组织、老年群众组织发挥的作用也有限。

2. 在社会法制不断健全的环境下，围绕养老问题侵害老年人合法权益的事件仍有发生。赡养问题突出与社会养老保障机制不健全、赡养人法律意识淡薄、传统道德观念滑坡、维权网络薄弱等有一定关系，老年人权益保障工作有待进一步加强。

（七）老龄组织和干部队伍比较薄弱

1. 老龄工作体系还不健全和完善。

2. 老龄工作机构设置不适应形势与任务的需要。

3. 老龄工作机构薄弱不利于老龄工作的深入持续开展和老龄事业的长远发展。

三、对策建议

当前，我国正处于经济结构和社会结构重大变革时期，人口老龄化的快速发展与利益格局的深刻调整、思想观念的深刻变化相伴随，老龄工作和老龄事业面临着日益复杂的新形势、新情况、新问题。

（一）提高认识，增强发展老龄事业的使命感和紧迫感

（二）加强领导，构建老龄工作合力推进机制

（三）统筹规划，加快推进老龄事业与经济社会协调发展

（四）健全制度，构建和完善老年社会保障体系

（五）加强老年医疗保障，完善医疗服务体系

（六）采取有效措施，积极推进养老服务体系建设

要按照公共服务均等化要求，加快建立以居家养老为基础、社区服务为依托、机构养老为补充、覆盖城乡的多层次社会化养老服务体系。

1. 发展居家养老服务。

2. 加快发展养老服务业。

3. 加强养老服务队伍建设。

（七）加强基础设施和老年组织建设，推动老年文体活动开展

1. 老年教育是国家终身学习体系的重要组成部分，发展老年教育是建设学习型社会的需要，对增长知识，丰富生活，陶冶情操，促进健康，服务社会具有重要意义。要按照国家《教育规划纲要》要求，加强资金投入，整合社会资源，采取多种办学方式，积极发展老年教育事业。省、市、县三级应建立多种形式的老年大学，乡镇、街道、社区、村应普遍建立老年学校，为老年人提供方便、灵活、个性化的学习条件。

2. 加强老年文体活动设施建设。

3. 加强基层老年文艺活动队伍、体育健身活动组织建设。

（八）保障老年人权益，发挥老年人作用

1. 加强老年法规体系建设。

2. 加强老年人才开发服务工作，建立省、市、县三级老年人才信息库，举办老年人才专场招聘会，搭建老年人才开发服务平台。抓好老年社团组织、群众组织和志愿者队伍建设，为老年人参与经济社会建设提供服务。发挥城乡社区组织作用，组织老年人参与社会建设。

（九）理顺老龄工作机构，健全老龄工作体系

（十）加强老龄问题研究，科学谋划积极应对老龄问题

吉林省老龄工作办公室

二〇一一年五月三十日

浅论养老服务走社会化道路的必要性及对策

辽宁省老龄办 孙艳华 郝明利

改革开放以后，养老的内容与供养水平的变化，养老服务多层次、多类型的需求增大，迫切需要建立一个新型的具有中国特色的社会养老服务体系以适应新形势下社会发展的需要。本文着重阐述了养老服务走社会化的可行性、必要性，并提出相应的对策和措施。

一、养老服务社会化是社会发展的必然要求

（一）从我国人口老龄化现状看，养老服务必须走社会化道路

我国是世界上老年人口最多的国家，当今世界60岁以上的老人，20%在中国。目前我国60岁以上的老年人有1.43亿，80岁以上高老龄的人口就有1500多万人，中国老龄人口所占比例已超过11%，预计2020年将达到2.4亿，我国人的平均预期寿命已经增加到71.4岁。今后一个时期，老龄人口还将以每年3.2%的速度增长。但我国目前还处在社会主义社会的初级阶段，经济基础相对薄弱，生产力水平不很发达，我国是在“未富先老”的情况下进入了老龄社会。就辽宁而言，2010年60岁以上的老年人已达到673万，约占全省总人口的15.6%。老年人口规模大，高龄老年人口逐年增加，老年人养老已成为亟待解决的社会问题。要满足老年人口对养老服务需求，仅靠国家投入兴建养老服务机构是远远不够的，必须走多种形式并存的社会化养老的路子。这是应对人口老龄化、缓解社会养老服务供需矛盾的有效手段，也是加快建立健全社会养老服务体系的迫切需要。

（二）从老年人供养的内容与养老方式看，养老服务必须走社会化道路

老年人供养的内容包括：经济供养；生活照料；精神慰藉三个方面。在人口老龄化以前的社会里，养老的内容是比较单一的，以经济供养为主，老年人的供养主要体现在人道主义方面。如今老年人供养的内容扩大，在经济供养上，老年人的愿望并不是仅仅保证吃饱穿暖等基本生活的需要，而是要保证生活水平不低于退休前或丧失劳动能力前，并共享社会经济发展成果，生活水平逐步提高。许多老年人形成了吃讲营养保健、穿戴讲漂亮时尚等新的消费观念。在生活照料上，由于现代医疗技术的发展使患有慢性非传染性疾病的老年人的长期医疗和长期照顾成为可能。因此，患病或丧失生活自理能力的老年人，不仅需要一般性的日常生活帮助，而且需要含有一定技能并耗费大量精力和时间的不间断的医疗护理。经济供养和生活照料只是老年人供养的最基本内容，当代老年人还要寻求个人发展，追求精神生活的丰富。老年人需要有自己的活动场所，有自己聊天的地方，需要培养和满足自己的爱好，甚至需要继续接受教育。在养老方式上，传统的养儿防老、家庭供养、企业包养等将逐步被以居家养老为基础社区服务为依托、机构养老为补充的新型社会养老保障服务体系所取代。

家庭供养虽然仍然是我国现阶段养老的一种重要形式，但与传统意义上的家庭养老已有本质的不同。首先，城市大多数老年人的经济供养来源，多数有退休金不依靠子女。其次，老年人的家庭户结构已由过去几代同堂的大家庭向小家庭、纯老家庭演变，与子女分开居住的老年人的比例在增大（据1992年联合国人口基金P22项目调查，此类老年人在城乡均占40%以上）。因此，家庭实质上，只是老年人生活的获得照料的主要场所。其传统意义上的家庭经济供养功能大大削弱。家庭养老功能弱化主要原因：一是家庭规模缩小，子女数减少；二是代际居住方式的变化，即从过去的共居转向分居；三是由于子女工作或

学习繁忙，无暇陪伴照顾等。因此，传统的家庭养老、家庭照顾和家庭模式，都在不同程度上发生着深刻的变化。伴随着人们生存竞争的加剧，跨地域职业流动的加速，生活方式的改变，独生子女政策的推行，“421（四个老人，一对夫妇和一个孩子）格局大量涌现，全国有四分之一以上的老年人因子女长大，而静守空巢，农村老人与儿女分居的比例已占45.3%。靠土地、山林、房屋等自食其力养老人数在逐渐增多。另外，当前单身的、不要孩子的夫妇的数量也越来越多，20、30年后，中国大地上，将有一大批丧偶和独身老人进入独居老年人行列，成为特殊的老年人群体，他们既无家庭，更无儿孙辈的照顾，由此而增加了独居老年群体的特殊养老服务。他们日常生活的照料在相当大程度上要依赖于社会。迫切要求发展各项社会养老服务功能，满足他们的需求。为此，大力推进社会养老已是大势所趋、势在必行，只有将社会养老作为家庭养老的有力支撑，才有利于形成代际和谐的家庭和社会关系。

（三）从我省养老服务的现状看，养老服务必须走社会化

就我省养老服务的现状而言，目前，我省城乡各类养老机构达到1681家，养老床位总数16万张。全省各类社区养老服务组织达到5190个，7.5万人老年人享受居家养老服务。目前，国办养老机构仅能满足“三无”、“五保”对象的基本供养。民办养老服务机构普遍存在规模偏小、护理条件差，与国家规定对养老机构的要求和老年人的需求还有差距。

（四）从国办社会养老服务机构改革看，养老服务必须走社会化

国办社会养老服务机构改革主要受以下三个因素影响：一是受“外部社会化”冲击。外部社会化是指福利改革主要发生在公有福利机构之外的社会领域，这集中反映为资金来源、服务设施建设多元化、服务对象公众化、服务队伍专业化，这种改革模式的基本目的是打破国家垄断社会养老服务事业的状况，从多元化角度增加福利事业发展动力和活力，形成社会各界共同兴办社会养老服务事业的局面。二是政治体系改革和政府职能转变，使国家福利模式逐渐转化为“小政府、大社会的模式”。面对人们对社会养老服务需求扩大，政府不再采用由国家包干的方式，而是希望通过“社会养老服务社会化”的方式进行，改变政府既是所有者与投资者，又是管理者与经营者角色。三是政府要确立平等的市场主体地位，实现公平竞争。目前国办福利机构的服务对象已经很大程度上社会化了，但在资金模式上仍然维持原来的国家福利体系，以养老机构为例，国办的养老机构仍然享受政府财政的支持，而社会办的养老机构难以获得政府财力的支持。在市场竞争中双方不是在一个起跑线上，从而制约了民办福利机构的发展。因此，国办社会养老服务机构步入市场是社会发展的必然趋势，也是社会化发展的必然要求，在管理体系和运行机制方式上应逐步实现“公办民营”。

二、养老服务社会化势在必行的依据

（一）有法律法规与政策的保障

1996年出台的《中华人民共和国老年人权益保障法》第三十三条、第三十四条明确提出了：“国家鼓励、扶持社会组织或者个人兴办老年福利院、敬老院、老年公寓、老年医疗康复中心和老年文化体育活动场所等设施”、“地方各级人民政府应当根据当地经济发展水平，逐步增加对老年福利事业的投入，兴办老年福利设施。”

2000年经国务院批准，国务院办公厅转发了民政部等11个部委《关于加快实现社会养老服务社会化的意见》（以下简称“意见”）。这个《意见》以求实创新的精神，提出了推进社会养老服务社会化的指导思想、目标和总体要求，标志着我国社会养老服务事业的发展进入了一个新阶段，《意见》提出了“发展其他多种所有制形式的社会养老服务机构”的目标和构想，制定了社会力量举办社会养老服务机构的优惠政策，如用地、用水用电、医疗保障等。并颁布了《社会养老服务机构管理暂行办法》、《关于开展区域社会养老服务机构设置规划工作的指导意见》，还与建设部联合下发了《老年人建筑设计规范》。同年10月，财政部、国家税务总局也下发了《关于对老年服务机构有关税收政策问题的通知》，规定对企事业单位、社会团体以及个人等社会力量投资兴办的福利性、非营利性的老年服务机构，可以享受免征相关税费。近年来，为了应对人口老龄化的挑战，探索社会养老服务社会化新路子，从社会化养老服务为突破口，民政部于去年下发了《关于开展养老服务社会化示范活动的通知》，在全国确定了46个区（市）、福利机构作为全国首批养老服务社会化示范试点单位。由此来带动整个社会养老服务事业的大发展。近期，民政部又下发了《关于支持社会力量兴办社会养老服务机构的意见》，广泛动员社会力量多渠道、多层次参与福利事业，开展形式多样的系列服务，进一步明确和重申了支持社会力量兴办社会养老服务机构的优惠政策和鼓励措施。可以看出，社会养老服务社会化的工作重点是加快推进老年人社会养老服务事业的发展进程。年初国务院办公厅又转发了全国老龄委办公

室和发展改革委等十部门《关于加快发展养老服务业的意见》，鼓励发展居家养老服务，鼓励社会资本投资兴办以老年人为对象的老年生活照顾、家政服务、心理咨询、康复服务、紧急救援等服务业务，向老年人提供养老服务……这无疑是解决养老问题的一场"及时雨"。这些政策的出台，可以说是推动养老服务社会化的"尚方宝剑"。

（二）有《老龄事业发展"十一五"规划》的保障

按照国务院《关于加强国民经济和社会发展规划编制工作的若干意见》的要求，国家和各省都编制了《老龄事业发展"十一五"规划》，在老年人养老服务上，明确提出了加大政府经费投入力度。为了适应社会日益增长的养老服务需求，在县城和大中城市城区建设一批综合性的社区养老服务中心，乡镇（街道）有一所学习、娱乐、休闲于一体的老年人活动中心。完善"民办公助""公办民营"政策，引导和鼓励社会力量兴办老年公寓、福利院、托老所等养老服务设施，发展家政服务组织，开展多层次、多种类、多方式的居家养老和集中养老服务。"十一五"规划，为今后五年老年福利事业发展奠定了基础。

（三）有养老服务社会化实践的成功经验和做法的示范

我们辽宁省在推进养老事业向养老产业转换的社会化进程中，坚持事业养老和产业养老"两个轮子一起转"实现社会效益和经济效益同步发展。

大连市积极适应形势的发展，改革创新了老年人供养内容与方式。多年来在实施公办民营、民办公助、政府补贴，购买服务的基础上，运用市场机制积极鼓励社会资金以独资、合资、合作、联营、参股等方式兴办养老服务业。在这方面已迈出成功的一步。他们探索出适合中国国情的十种养老模式，为我国老年人养老提供了选择的空间。倍受老年人欢迎，具有较强的示范作用。沈阳市完善养老服务体系、抚顺市养老中介服务、本溪市西湖区居家养老、辽阳文圣区虚拟养老院沈阳市高德集团养老服务中心、丹东市元宝区民办泰福托老院、开原市国办养老院深化改革等一大批不同层面、各个类型的典型经验，为辽宁养老服务社会化探索出了新路。为推行养老服务社会化提供了宝贵的借鉴经验。

三、养老服务社会化发展的设想

（一）认真落实《国务院办公厅转发全国老龄委办公室和发展改革委等部门关于加快发展养老服务也意见的通知》精神，进一步加快国办养老服务机构社会化改革步伐

对国办养老福利机构改革要实现运行机制市场化，也就是要改变计划经济条件下的管理方式和运行机制，实行领导聘任制、行政领导负责制、量化责任指标。在用人、分配方式上引入竞争机制，实行竞争上岗，人员收入与工作业绩挂钩。在服务项目上从单纯生活供养向供养、教育、医疗、康复等服务一体化转变。对部分窗口式的规范福利机构加强指导，充分发挥其在人才和服务设备方面的优势，成为当地社会养老服务服务中心和基地，发挥骨干和示范作用。

（二）鼓励和扶持社会力量参与养老服务事业

鼓励和扶持社会力量兴办养老福利事业，对政府、投资人、广大老年人都有受益，主要体现在：对政府和投资人来说是双赢的局面，一方面减轻政府承办社会养老服务事业的压力，又发展了社会养老服务事业；另一方面可以减轻投资人的负担，抵消养老服务机构部分经营成本之后，养老服务机构可以拿出更多的资金改善养老服务机构环境，提高服务质量，降低收费标准，使公众可以享受低价高质的养老服务，最终受益者是广大老年人。笔者认为，在市场经济条件下，政府要切实转变职能，主要从宏观管理、政策指导、制订政策、区域养老服务机构设置规划、促进交流、典型推广、辅导培训等方面提供服务，而不是具体的公共服务事务，要把政府包办公共服务转到支持和管理社会力量办福利上来。有很多民营企业家愿意办福利事业，政府就要想办法为他们创造条件。目前，国家对养老事业的发展已经出台了一系列优惠政策，主要包括：对养老服务机构的建设用地和房屋建设的有关费用、煤气水电费、电话安装等方面给予优惠；对政府部门、企事业单位、社会团体以及个人等社会力量投资兴办的福利性、非营利性的养老服务机构，及其自用房产、土地 、车船暂免征收企业所得税、房产税、城镇土地使用税、车辆使用税；对企事业单位、社会团体以及个人等社会力量，通过非营利性的社会团体和政府部门向福利性、非营利性的养老服务机构的捐赠，在缴纳企业所得税和个人所得税前准予全额扣除；对老年服务机构收养人员中已参加基本医疗保险的，在取得基本保险定点资格的养老机构就医所发生的医疗费用，可按基本医疗保险的规定结算等等。这些配套政策的出台，可以为养老服务机构节约大量运营成本，调动社会力量参与养老事业的积极性，保证了其基本收益和必要的回报。但这些优惠扶持政策在实施过程中，由于涉及范围广、涉及部门多，制约力弱，加之这些政策比较宏观，出现落实难的现象，投资人得不到真正的实惠，积极性不高。因此，能不能转化为实实在在的物质利益，关键看是否

能落实，各级政府部门将这些优惠扶持政策细化、量化、具体化地进行落实是实行“民办公助”最有效的办法。同时，还应根据当地经济发展情况，研究制定出系统性、操作性更强的养老服务事业配套优惠政策，推动养老服务事业的发展。

（三）依托社区推进社会化养老体系的建立

我国在经历了20余年改革后，社会转型使得社区事业成为最受社会成员欢迎的一项社会事业，经济体系改革引起的社会结构变迁，使得中国的社区服务功能不断放大，体现在“单位功能的外移”、“城市结构的变化”、“生活方式变化”、“民主参与意识的增强”等诸多方面上，这也是社区服务与社区建设发展速度之快的原因所在。对老年人来说，社区是他们晚年生活最主要的也是最理想的活动场所，老年群体对于社区的依赖、亲近和需要日渐增多。据调查数字显示，只有6%的老年人表示在生活不能自理的情况下愿意住进养老机构，绝大多数老年人愿意在家养老和在社区里养老。目前，政府已将社会保障网逐渐向社区延伸，譬如，国家将退休人员社会化服务工作交由街道社会保障事务所承担，包括为退休人员提供退休金发放、医疗费报销、文体活动、困难帮扶、节日慰问等项服务，可让广大老年人在不离开他们长期生活的社区条件下，得到他们所需要的服务，这样既能给老年人生活带来归宿感，也能减轻政府财政负担，而且还可以提供就业岗位。但社区是否具备这样能力，或者说社区应该如何尽快加强能力建设来满足老年群体的需求，笔者认为，根据当前家庭小型化、空巢家庭和独居老人的增加趋势，家庭赡养功能弱化的特点，依托社区，推进社会化养老主要建设三个体系：一是建立政府在依托社区推行养老社会化过程中的主导作用体系。首先，要做好市政规划，在新建居民小区或改造老居民区时要将为老服务设施纳入城市规划；其次，要大力培育中介组织，按照市场化运作方式，建立社区养老服务超市、老年综合服务中心、互动式异地养老服务中心等，为养老市场的发展搭建社会平台；第三，制定优惠政策，鼓励企事业单位、社会组织、个人等社会力量投资养老设施和参与为老报务，保护其产权、服务和劳动成果。二是要大力推广辽阳市首创的建立社区养老服务信息网络体系的经验。区级服务中心开通社区服务智能化信息网络系统，实现区、街、居三级社区服务中心（站）联网，通过与区各相关职能部门联网，实现部门联动为老服务，与公安、消防、急救中心联网，实现老年人家庭的应急处理服务，与社会孤寡老人、高龄老人、特困老人家庭联网，实现老年人“一拨通”紧急呼叫服务。建立社区老年人档案，依靠这些档案，社区服务组织对社区内的服务对象和服务内容能够做到心中有数，把老年社区服务网络建设纳入社区建设中。服务内容主要包括丰富老年人的闲暇生活、日常生活照顾服务等，形成就近、便捷的社区居家养老服务网络。三是建立和完善社区老年人医疗保健服务体系。大力推进城镇医疗保险制度改革，在城镇要扩大医疗保险覆盖面，特别是要扩大退休职工的参保率，方便老年人就医。社区卫生站应纳入城镇职工基本医疗保险定点医疗机构范围。要建立和完善对城乡贫困老人的医疗补助制度，确保困难老人、高龄老人的疾病得到及时治疗。要加强健康教育和预防保健工作，为社区老年人建立健康档案，提供疾病预防、医疗保健、康复护理和心理咨询等服务。

（四）多渠道、多形式筹建资金，支持民办养老服务机构的发展

民办养老服务机构属于非营利的社会公益性组织，其特点是：投入大、收益薄、收效慢，如果单纯按照成本核算，在创办初期基本处于亏损状况。所以，资金是发展老年养老服务事业的物质基础。目前，民办养老服务机构的发展缓慢的原因，除各级政府未将其纳入当地国民经济和社会发展的总体规划外，最主要的是各级政府未能出台扶持民办福利机构的各项优惠政策，特别是没有出台“民办公助”的办法，影响社会力量举办养老服务机构的积极性。因此，政府扶助民办养老机构的发展显得非常重要。北京市民政局资助社会力量兴办社会养老服务机构实施细则（试行）中规定：凡属资助范围内，符合资助条件的，由法人（非政府机构），自然人及其他组织举办的，自收自支、自负盈亏经营的养老服务机构，按入住满一个月的托养人员实际占用床位数，每月每张床位补助100元。这些民办公助的优惠政策出台，给养老服务机构带来了生机和希望，也是扩大老年养老服务资金来源的主要途径。笔者认为，公共财政支持，对养老机构的发展具有重要意义。如有的国家和地区老年社会养老服务开支在政府财政预算中占有一定的比例，日本占国民总支出的10%左右，香港占6%左右，因此，我国养老服务的财力供给应像教育、卫生、体育那样，在中央政府和地方政府的财政预算中形成一定的比例。为此，建议：一是加大各级财政的扶持力度，如对于处在建设阶段的民办养老机构，可以按照规模、投资额等，给予相应的资助；对于正式开业的民办养老机构，可以按床位数和实际收养人数给予一定的运营补贴；二是鼓励和发动社会各界对民办养老福利机构开展捐赠，并对捐赠人予以政策优

惠。对企事业单位、社会团体和个人等社会力量，通过非营利性的社会团体和政府部门向福利性、非营利性的老年服务机构的捐赠，在缴纳企业所得税和个人所得税前准予全额扣除；三是对民办养老机构在创建时，其经费尚有缺口的，国家银行和政策性银行要给予项目贷款或民政部门建立专项基金给予借贷，从资金上帮助他们解决实际问题。

（五）加强养老服务人员培训，实现养老服务队伍的专业化

推行养老服务社会化，提高养老服务质量，最大限度地满足老年人对养老服务的需求，是做好养老工作的出发点。现今的养护对象寻求的已不仅仅是衣食居住等问题，其要求已从寻求生活照顾的低标准迈入了寻求心理支持、追求精神慰藉的高档次，具有需求多元化、多层次的特点。面对这些不同的需求，要求护理人员必须具备高尚的职业道德、宽厚的文化基础知识、过硬的专业技能、良好的心理素质，造就一支职业化、专业化的队伍，是养老服务成败的关键。在推进养老服务社会化进程中，建立健全一个社会化的规范的教育培训体系，是关键的必要条件。一是要有计划的在高等院校和中等职业学校增设养老服务相关专业和课程，把养老服务的教育培训溶合到社会的大教育系统之中。二是要制定社会养老服务服务岗位专业标准，实行职业资格和技术等级管理认可制度。三是开展规范、系统的在职人员专业教育和职业培训，不断提高服务队伍的专业化水平。

（六）完善行业管理体系，健全监督机制

逐步完善养老服务机构的质量管理体系，完善接收入住老人的合同管理，健全行政监督机制，引入管理中介组织，建立养老服务监督检查行政执法队伍，确保养老服务管理质量。相关部门要研究制定包括建筑设施、卫生条件、服务水平、管理水平在内的质量检查标准，建立经营管理人资质评估认证制度，促进养老服务机构健康、有序、规范发展。同时充分发挥老年服务协会等行业协会作用，在服务方面，发挥协会的桥梁、纽带、协调作用；在沟通方面，开展信息交流及对外交流活动，组织学术讲座，提高人员素质和专业水平；在监督方面，参与制定行业标准，并组织实施，开展行业检查及评比活动，进行养老服务机构服务质量监督，完善养老服务社会化体系建设。

山东省农村空巢老人情况调研报告（摘要）

袁文亭　秦廷军　张学强　慕日升

农村空巢老人是指无子女或不与子女共同生活的60岁及以上的农村老年人。在山东省经济社会快速发展新的历史时期，农村空巢老人数量和比例迅速增加引发的各种新情况已是政府和社会必须高度重视的问题。关注民生，做好农村空巢老人的管理服务，是应对人口老龄化、保持社会和谐稳定、促进山东省经济社会持续健康发展的现实要求。

一、山东省农村空巢老人基本情况

（一）人员结构

截至到2008年底，全省农村空巢老人609.22万人，为全省农村老年人的76.72%。从性别看，男、女性比例接近。从年龄构成看，60—69岁为332.09万人，占54.51%；70－79岁为222.43万人，占36.51%；80岁以上为54.71万人，占8.98%。从家庭结构看，独自一人居住的老年人为155.29万人，占总数的25.49%；夫妻两人共同居住的老年人为424.14万人，占总数的69.62%，是空巢老人的主体。从子女情况看，农村空巢老人平均有3.66个子女，以有2－5名子女者居多，占总数的79.27%；无子女的为20.47万人，占农村空巢老人总数的3.36%。

（二）生活保障

全省农村空巢老人收入水平总体较低，主要收入来源为务农所得，其次为子女提供、务工经商收入、工资性收入和政府补贴、救助等。农村空巢老人收入与各地经济发展水平相适应，东部地区收入水平相对较高，大多年人均纯收入在4000元以上，部分高达1万多元；中西部欠发达地区处于较低水平，年人均纯收入多在1000元以下。

（三）健康和医疗

由于生产生活水平不断提高，山东省绝大多数70岁以下的农村老年人仍是家庭生产生活的主要劳动力，79%的农村空巢老年人认为自己仍可为社会作贡献。“完全能够自理”的农村空巢老人占80.6%，

"基本自理，部分活动需要帮助"的占 17.1%，"基本生活需要帮助"和完全不能自理的占 2.3%。患有各类老年病的农村空巢老人占 81%，同时患有两种及以上疾病的农村空巢老人占 43%。农村空巢老人新型农村合作医疗参合率为 95%以上。

（四）主要需求

农村空巢老人所期望的主要服务是经济上帮助、生活上照料、常看望交流。认为居家养老是自己最中意养老方式的农村空巢老人占 89%，认为入住养老机构是最中意养老方式的占 11%。有居家养老服务需求的农村空巢老人占 63.5%，最急需"上门护理，或上门看病"的占 13.8%，最急需"康复治疗"的占 11%，最急需上门做家务的和服务热线的分别占 3%。农村空巢老人表示自己当前生活中遇到困难的占 52.5%。认为"收入低，难以负担医疗费用"是最主要困难的占 37.9%，"身体有病，行动不便"居第二位，占 8.4%。

（五）精神文化生活

经常参与文娱活动的农村空巢老人占 67%，因无活动场所和无人组织不能参加文娱活动的占 8.7%。经常看电视的农村空巢老人占 61%。参加身体锻炼的农村空巢老人占 28%。17%的农村空巢老人有孤独感，12%的农村空巢老人产生孤独感的主要原因是"独居无人做伴"和"无事可做"。饲养宠物以"消除孤独寂寞"的农村空巢老人占 24%。

（六）存在的问题

农村空巢老人生活苦、就医难、居住环境差、精神慰藉缺失。1. 大部分农村空巢老人生活艰苦。农村空巢老人多是家庭中的主要劳动力，承担农业生产和家务活儿、接送照应小孩，自己的生活无人照料，经济收入低，生活质量差。2. 就医难。新农合报销比例不高，看病贵、看病难使一些空巢老人对入院治疗望而却步，常常是小病抗、大病拖。参与访谈的 220 多位老人中绝大多数认为自己难以负担因伤病住院费用。3. 居住环境差，安全隐患突出。由于独居且年迈多病、神志不清、行动不便，有时发生伤、病、意外死亡等而无人知晓的悲剧，安全隐患多。4. 缺乏精神慰藉。子女长期在外打工或工作，每年春节才回乡，与老人缺乏沟通和交流，不少老人在孤独中消磨时光，精神上缺乏慰藉。大部分村由于受经济条件的限制没有建立老年活动室、活动中心，无法为老年人提供文化娱乐场所。

二、农村空巢老人工作中存在的问题、制约因素

（一）农村空巢老人家庭的主要成因

农村空巢老年人现象是经济社会发展的产物，农村空巢老人的迅速增多与人们的思想观念转变、城市化进程加快、人口年龄结构老龄化等息息相关，其主要原因：1. 观念转变促成农村空巢老人增多。由于思想认识、生活习惯、情感交流、经济上的独立自主需求等多方面的原因，现在农村的老年人和年轻人都希望拥有自己独立的生活空间和生活方式。2. 经济社会快速发展加速了农村空巢老年家庭形成。农村年轻人涌向城市打工、经商，造成大量农村空巢老人出现。农村人口寿命大大延长，空巢老年人比例大幅增加。经济快速增长，使农村住房条件大为改善，绝大多数年轻人结婚后选择与父母分家过日子，家庭小型化是农村空巢老人增多的直接原因。

（二）工作中存在的重要问题和制约因素

1. 体制、机制不健全，管理服务不到位。2. 新农保基本制度尚未建立，社会救助水平偏低、覆盖面窄。3. 医疗保障制度不完善。4. 农村养老政策滞后，养老服务体系尚未建立。许多农村空巢老人失去劳动能力和经济来源，却不符合五保供养条件，造成农村困难空巢老人不能应保尽保。5. 关注农村空巢老人的社会氛围尚未形成。

三、对策建议

（一）把老龄工作纳入经济社会发展整体规划

各级党委、政府要认真落实好老年政策法规，将老龄工作纳入本地区经济社会发展总体规划和年度计划，把做好农村空巢老人工作作为促进山东省经济和社会事业持续发展的一项重要任务。加强老龄组织机构建设，逐步加大财政投入力度，建立老龄事业发展专项资金，对农村空巢老人及时实施困难救助。尽快成立"省老龄科研中心"，加强对全省人口老龄化等老龄问题的研究。组织、引导社会各方面的力量帮助、关心、关爱农村空巢老人。

（二）进一步巩固农村家庭养老功能

1. 努力提高农村空巢老人自养能力。根据低龄健康农村空巢老人仍具有较强劳动能力的特点，基层老龄组织应帮助他们解决困难，帮助他们从事力所能及的生产生活劳动。2. 切实维护老年人的合法权益。认真贯彻落实老年法律法规，乡镇政府要督促村居组织采取子女与老人签订家庭赡养协议书，开展敬老承诺等多种形式，促使子女和其他家庭成员履行赡养扶助义务。

（三）着力推进农村养老服务体系建设

1. 发挥乡镇和村居组织帮扶主导作用。基层老年组织要着力做到三个明确：明确生活比较困难的空巢老人为重点帮扶对象。明确村干部、村老年组织成员等作为帮扶人。明确定期入户探访等帮扶措施。2.

强化村居服务功能。建立完善老年人组织机构，每个村居都要加快推进村居老年工作委员会的规范化建设。建立和完善村居居家养老服务网络。结合山东省正在推进的新农村社区建设，要在每个农村社区至少建立1个居家养老服务中心。开展多种形式的敬老助老服务活动。实行养老村居社区化。各地要结合当地经济发展水平和文化传统等实际情况，在村居尽快建立不同模式的老年公寓或养老院，鼓励社会力量兴办托老所、老年公寓，实现农村空巢老人在本村居的社会化养老。3. 搞好老年服务设施和场所建设。加大财政对贫困农村老年活动室建设的扶持力度，实现所有村居都有1所规模适度、功能较完善的老年活动中心。4. 进一步加大对养老服务业的扶持力度。将养老服务业作为促就业、扩内需、保增长的重要措施和新的经济增长点，纳入服务业特别是家庭服务业发展的重点予以扶持。完善更优惠的税费和土地使用政策，大力扶持各种性质的养老组织机构发展。加强养老护理职业教育和养老服务从业人员培训。

（四）健全完善农村空巢老人帮扶机制

1. 尽快推进新型农村养老保险制度。建议我省在试点的基础上，加快推进我省新型农村养老保险，力争早于全国2—3年实现全省新型农村养老保险全覆盖，加大财政对新型农村养老保险的支持力度。2. 建立健全农村空巢老年人困难救助制度。建立无养老保障老年人生活补贴制度，适当提高享受城乡居民最低生活保障制度的老年人的低保金。逐步建立对80岁以上高龄老年人长寿补贴制度，对70岁以上老年人尤其是农村空巢老人分级负责实施优待。通过建立老龄事业专项基金，对长期患病、生活困难，又不符合低保条件的农村空巢老人实施有效救助。3. 在农村实行老年人健康体检制度和完善新型农村合作医疗制度。降低农村老年人新型农村合作医疗中的医疗费报销起付标准，提高报销比例，并减免高龄和贫困老年人的“参合费”，确保农村空巢老人患病时能得到及时医治。4. 实施政府购买居家养老服务。尽快建立政府为贫困老年人购买养老服务的制度，加强城乡居家养老服务网络建设。

（五）认真关注农村空巢老人精神慰藉

村居帮扶人要经常和老人谈心、聊天，尽可能帮助空巢老人和子女取得联系。通过提供活动场所等方式给农村空巢老人提供更多的机会与其他老人结交朋友，加强交流，消除寂寞。引导和鼓励农村空巢老人走出家庭，积极组织开展适合老年人特点和有益于老年人身心健康的文化体育活动。

安徽发布老年人口预测及应对人口老龄化战略研究成果

安徽省老龄办

为了摸清安徽省老年人口及老龄化发展的基本态势，掌握未来四十年安徽省老龄问题的基本省情，加强应对人口老龄化的预测性和前瞻性的思考，由安徽省老龄工作委员会办公室牵头，联合安徽省统计局、安徽省人口和计划生育委员会、安徽大学人口研究所的有关专家学者及工作人员组成课题组，开展关于安徽省老年人口预测及应对人口老龄化发展战略研究。

本项研究的主要宗旨是通过描述未来四十年安徽省人口数量、人口年龄性别结构、老少抚养负担的变化，预测老年人口和老龄化的发展趋势；借鉴老年人口、老龄问题研究的理论与实践成果，分析人口老龄化给经济、社会、家庭及老年人自身带来的重大影响，探讨现阶段老年社会保障、老年社会福利、老年社会救助、老年社会服务、老年精神文化生活以及老年权益维护等方面存在的问题；利用现代数据分析手段和科学研究技术，判断重度老龄化可能带来的重大社会问题和经济影响，采取现状评估和充分假想等办法，提出具有前瞻性的战略构想和针对性的近期行动计划，为编制安徽省老龄事业发展远景规划和制定老龄工作政策文件提供依据。

课题组根据安徽省老年人口现状以及未来发展趋势，作出几点初步的判断：即2032年前后，安徽省的人口红利期将结束，总抚养比将超过50%，经济增长和社会发展都将面临巨大压力；2011年至2020年这10年，老年人口快速增长，无保障老年人、农村老年问题、城镇社会养老需求矛盾将集中暴发或显现；2021年至2040年安徽省老年人口规模庞大，养老、医疗等经济社会压力增加，人口老龄化形势将最为严峻；2044 年前后，安徽省的总人口将达到峰值，老年人口规模将达到历史顶峰，是时将面临总人口与老年人口双重压力；2045 年安徽省进入重度老龄社会以后，老年人口众多，尤其是高龄老人规模增加，总人口出现负增长，经济和社会将面临更大的挑战。因此，制定应对人口老龄化中长期发展规划，采取切实可行的措施，显得十分迫切和重要。

我省的老龄事业发展依然处于比较薄弱的状态，一是现行养老保障体系不适应人口老龄化快速发展的要求。二是现行医疗保障体系不适应老年群体医疗需求猛增的趋势。三是为老服务体系建设滞后不适应老年人日益增长的服务需求。四是现行社会管理体系不适应对日益庞大的老年人群实行社会化管理的要求。五是道德建设和舆论宣传不适应进一步形成敬老、养老、助老良好社会氛围的要求。从目前情况看，我省人口老龄化的形势严峻性、特殊性、紧迫性表现突出，我们的事业发展与全国相比还比较薄弱，应当引起我们的高度重视。

党中央、国务院在《关于加强老龄工作的决定》中，提出了“老有所养、老有所医、老有所教、老有所学、老有所为、老有所乐”的目标。坚持“六个老有”，最大限度地实现好、维护好、发展好广大老年人的根本利益，让老年人共享经济社会发展的成果，这是老龄事业的基本目标，是老龄工作的基本要求。

一是要坚持“党政主导、社会参与、全民关怀”的基本方针，充分发挥各方面的积极性，构建齐抓共管的老龄工作格局。

二是要在全省建立起以居家养老为基础、社区服务为依托、机构养老为补充，布局合理、功能完善、覆盖城乡的养老服务新模式。

三是要落实统筹城乡发展的基本原则，坚持老龄事业均衡发展，更加重视农村老龄工作，促进城乡老龄事业的协调发展。

人口老龄化是一把“双刃剑”，机遇与挑战同在，各级、各部门要在省委、省政府的坚强领导下，振奋精神、抓住机遇、迎接挑战、扎实工作，努力提高老龄工作水平，维护好广大老年人的根本利益，为实现安徽奋力崛起，构建“和谐安徽”作出更大贡献。

（课题组成员：顾问：安徽省委常委、副省长、省老龄委主任赵树丛；课题指导：安徽省民政厅厅长、省老龄办主任刘健、安徽省统计局副局长方志华、安徽省人口和计生委副主任杨武；组长：侯世标；副组长：董恒康、严方才、吴小东；成员：马芒、孙中锋、李方启、何文泉、郭雁、张晖、高艳）

关于对赣榆县部分乡镇破解农村社区居家养老难题的调查

倪　华　吕承军

（2010 年 6 月 7 日）

根据江苏省 2007 年全省人口抽样调查样本数据统计，全省市、镇、农村 60 岁以上老年人所占的比例分别为：28.9%、23.8%、47.3%。如果考虑到城市和城镇中还存在部分农村老年人的实际，我省农村老年人口数量应占全省老年人口总数的 60%以上。随着老龄化程度的加深和社会形态的变迁，农村留守老人、空巢老人、独居老人、高龄老人数量规模不断扩大。在 421 核心家庭养老功能弱化以及传统敬老文化淡化的情况下，妥善解决好农村数量庞大的老年人养老问题，帮助他们度过幸福晚年，不仅是一个紧迫而繁重的任务，而且是一个意义十分重大的任务。

近日，省老龄办在检查连云港市赣榆县的青口镇、海头镇和柘汪镇农村社区养老中心时发现：上述三镇部分社区让老年人入住集中居住点（老年村、老年怡养院等），使老年人“离家不离村，村中享天伦”的做法深受当地欢迎。它不仅有利于老年人晚年幸福，而且有利于社会和谐、有利于巩固党在农村的执政地位。

一、赣榆县农村老年人入住集中居住点养老的基本情况

赣榆县位于江苏省东北端，东临黄海，西接山东临沂，南毗连云港，北连山东青岛，属连云港市管辖。全县18个乡镇，108万人口，有60周岁以上老年人口14.6万（占总人口数的13.2%），80周岁及以上的高龄老人1.6923（占老年人口总数的11.6%）。全县的养老问题主要采取机构养老、居家养老和社区老年集中居住点养老三种模式。机构养老主要指五保老人入住乡镇敬老院以及城乡老年人入住专业养老机构养老；居家养老是指老年人在家中养老，享受社区居家养老服务中心提供的日常生活照料、康复护理、卫生保健、精神慰藉以及家政等项服务；农村社区老年集中居住点养老是指老年人入住本村（社区）的“老年村”“老年怡养院”等老年集中居住点，采取“离家不离村、村中享天伦”的方式安度晚年。

这种模式，相对于农村敬老院来说，它不需离开生息之地，周围老年人也都是过去熟人；相对于各专业养老机构来说，不需要付费。入住老年人既保留传统的家庭生活方式，又享受社会福利待遇，社区不组织统一活动，不干预集中居住区老人的自由活动，他们照样可以与子女朝夕相见，可以为子女帮帮家务、照看孩子，照样可以经营自己的小菜园，老年人比较乐意，儿女们容易接受。目前，全县约有5%的社区建有社区老年集中居住点20余家，规模由10户、20户到120余户不等。

赣榆县农村老年集中居住点的发展大体经历了三个阶段：即破冰试水阶段、孕育发展阶段和社会认可阶段。上世纪90年代，青口镇大盘村由于每户都只有一处宅基地，有的户一个院子里住着三代甚至四代人，婆媳之间、父子之间常因生活琐事闹得不可开交，村党支部为了使这种矛盾得到妥善处置，在召开村民代表大会、党员大会和支委会的基础上决定集体拿出部分闲置土地，采取规定建筑面积、统一设计标准、统一施工建设，建房一半由集体筹资，一半由入住的老年人以管理押金的方式垫付，产权归集体，老年因去逝或不愿意等原因退出住房，则村里及时退还押金的方式，于1996年建了第一个村老年集中居住点，当时有48户老年人入住。之后，社区老年集中居住点这一新生事物在时间荡涤、观念碰撞的过程中不断孕育壮大至今，大盘村已完成了第二期老年集中居住点建设，已有146位老人（90户）入住老年集中居住点，老年人入住率达61.3%。目前，该村为了应对未来老年型社会的到来，正在积极筹划更高标准的老年村建设。

纵观赣榆全县农村社区老年集中居住点建设情况，其做法主要可以归纳出以下几点。

（一）村民自愿、民主决策

老年集中居住点建设的源动力来自于农村村民，来自于满足老年人的愿望，推动村里的科学发展和村级的民主管理。老年集中居住点的建设过程一般都要经过以下几个程序：一是村里老年人向村支部申请；二是当申请的人员达到一定数量时，村支部及时民主决策，即通过召开村民代表大会、村党员大会和村支委会等方式来决定公寓建设的套数、每套的面积、入住的人员以及管理的方式等事项；三是村委会（社区）和入住老年及子女签订入住协议；四是不断完善基础设施，提高服务管理等。

（二）综合筹划、因地制定

每个村在老年集中居住点的建设过程中，因地制宜，紧急围绕满足老年人养老需求和本村的实际情况，进行统筹规划。有的村腾出村办企业、村办小学等闲置场所就便建设，有的将老年养老公寓纳入各种村级规划。汪柘镇西林子村在建设省级康居示范村的过程中，专门规划设计，建成了每户占地120平方米，可容纳120户的老年集中居住点——他们自己称之为“老年新区”，由村统一安装自来水、电、电视、电话等生活设施。

（三）逐步完善、不断提高

老年人入社区老年集中居住点后，各地都采取了逐年加大投入，以提高为老服务水平和服务层次。青口镇狮子口村在落实省委5号文件精神，推进居家养老服务中心建设过程中，将服务中心建在老年集中居住点范围内，并配套了休闲广场、小型超市、娱乐活动中心等，使老年人在公寓中养老的质量水平进一步得到提升。

二、农村老年人入住社区老年集中居住点养老的效益分析

赣榆县农村老年集中居住点之所以受当地老年人热捧，受社会各界的欢迎，主要是因为它找到了解决问题突破口，实现了各方利益的“多赢”。

（一）从老年人群体角度看，它有利老年人的晚年幸福

从文化方面的因素来分析，入住社区老年集中居住点的养老模式与老年人不愿离开自己熟悉的环境、自己热爱的子孙，不愿让子孙背负任何坏名声的心理相吻合。“离家不离村”，老年人既可以含饴弄孙、享受天伦之乐，又重新释放自由，更加有利于晚年幸福。

一是可以消除老年孤独。据一项中国老龄科学研究中心完成的调查表明，我国农村有35.1%的老人经常感到孤独，独居和无配偶老人的孤寂感更强。农村老年人孤独，一方面来自于老年人受居住区域、行

动能力、观念因素等影响，找不到倾诉的对象。另一方面，子女工作忙、工作压力大，没有时间交流，以及代际之间交流障碍等。而老年集中居住点里的老年人由于过去彼此都非常熟悉，可以很方便地串门、聊天，以消除晚年的寂寞。

二是可以实现老年互助。随着老龄化程度的快速发展，老年负担系数将不断增大。据预测：到2015年江苏老年人口将达1496万，老年人口占人口总数的比例为19%以上；到2025年，老年人口将1916万，老年人口比例达25%以上；到2035年，老年人口将达2354万，老年人口比例达33%。届时，养老负担将成为社会重要负担。采取老年人集中入住社区公寓养老，有利于组织老年之间的互助，可以组织公寓中的低龄老人发挥特长，照顾高龄老人，以减少社会的负担。青口镇梁庄社会老年集中居住点中老年人就自发地组织了许多一帮一、二帮一、三帮一等形式互助，老年人在互助中体会到价值、温暖。

三是便于社会为老提供服务。相对于居家养老而言，社会可以更为方便快捷有效地为公寓老年人提供生活照料、家政、康复护理和精神关怀等服务。青口镇梁庄社区卫生服务站能很方便地为老年人每月量一次血压。为了增加老年人收入，在每年的6、7月份蔬菜成熟时候，村里干部都会去联系本县的副食品加工厂，让老年人在自愿的前提下轻松愉快地干点活，赚点钱。老人们聚在一起摘摘菜，比比你干的多还是我干的多，说说笑话，谈谈家常理短，既锻炼了身体，又赚到了钱。

四是有助于发挥老年人的参与热情。许多老年人在享受社会关爱的同时，主动承担起力所能及的工作。比如，有的村的老年人主动要求担任村里的安全巡逻员，二十四小时轮班在村里进行治安巡逻，还有的主动承担起村里公共路面的清扫工作等。

总之，社区公寓式养老，可以使老年人形成自己的社会、群体，并充分发挥其作用，也有利于其实现自身的价值，是我国农村积极应对老龄的可行方式。

（二）从社会建设的角度看，有利于实现社会和谐稳定

当前，伴随着经济结构和社会结构大变革，人口快速老龄化和经济快速转轨、社会加速转型，人们的利益观念、思想观念和行为方式正在发生深刻变化，代际之间的独立性、选择性、差异性、矛盾性日益突出。老年人和年轻人不仅在吃、穿、住、用、行等直观行为方面，而且在为人处世、待人接物等方式方法上存在很大不同，这种不同不仅会给生活在一起的各方带来生活上的不和谐，甚至会酿成社会悲剧的发生。如青口镇梁庄村有一户老少同屋的人家，有一天婆婆和二媳妇吵架，二媳妇一气之下喝了农药，被送去医疗，老婆婆听说二媳妇喝农药送医院了，心想如果二媳妇死了，儿子、媳妇娘家人都不会饶过她，于是也喝了农药，结果二媳妇因送医院及时得救了，而老婆婆却被农药毒死了。像这样由于一些小矛盾、小问题而引发家庭不和谐，亲戚不和谐，甚至群与群之间、村与村之间不和谐的现象在农村并不少见。

而采取“离家不离村”的入住老年集中居住点养老方式，一是可以缓解矛盾。由于老少之间不在同一屋檐下居住、不吃同一锅饭，彼此之间会达到距离产生美的效果。儿女需要长辈帮助就必须请，这反过来又必然会促使他们更加尊重父母的劳动，更加敬孝长辈。二是可以化解矛盾。老年人集中居住在老年集中居住点，无形中将儿女们的孝心进行了集中展示，会促进敬孝之心的大爆发、大比拼。梁庄社区有位陈姓老人，育有3个子女，老人跟儿子、儿媳住在一起。性格和生活习惯彼此之间都不是太了解，时间长了难免有摩擦。一次老人跟儿子、儿媳吵了一架，谁也不让谁。老人觉得在家住只能受气，又看见同村的许多老人住进了老年村，老人就申请入住老年村，村干部根据老人情况，给予老人入住。时间长了，儿子、儿媳看见别人都去老年村看望自己的父母，每次去都高高兴兴的，回来的时候不停地夸奖老人这好、那也好，看得心里痒痒的。他们也提着礼物去看望老人，走到老人的门前，老人看见是自己的儿子、儿媳，连忙让他们进家。中午，一家人坐在餐桌前热热闹闹的吃了一顿午饭。以后你来我往，感情越来越深！婆媳之间的矛盾在无形中化解了。

家庭是社会的细胞，家庭和谐是社会和谐的基础，建设老年集中居住点，是构建和谐社会必然要求和有效途径。

（三）从政权建设方面看，有利于巩固党在农村的执政基础

在调研的过程中，我们发现这样一个有趣的现象，所到之处，村两委在群众之中都有很高的威信，村民们非常支持村党支部，村里的这几届换届选举，都是面换届不换人，有的确实因为年龄、自身原因的问题主动提出不干的村干部，镇里也还要根据实际情况，听取村民的意见后才能让其卸任。

每当谈起农村社区老年集中居住点时，老年人用“党和政府就是好，老年村里能养老，人人心情真舒畅，长寿幸福又安康”以及“感谢党、感谢政府为我们老年人办了一件大好事”等语言来形容。老年人的家属们也都很感激村里，认为村支部是实实在在地为

民解困，使他们能安心外出打工、经商，出海捕鱼……也是实实在在地帮民致富。因而从内心感谢村党支部、感谢党。

三、推行农村社区老年集中居住点建设中政策层面应关注的几个问题

赣榆县农村社区老年集中居住点建设虽然深受群众欢迎，但由于缺乏政策的扶持，其优越性并没有得到充分的体现。为此，政府应从政策层面在下列方面给予支持。

一是应将建设农村社区老年集中居住点建设列入为民办实事的重要内容，在资金、政策方面给予充分的支持。

二是应将建设农村社区老年集中居住点建设列入社会主义新农村建设的重要内容。实现与农村康居工程等创新项目统一规划、统一布局，统一实施。

三是应将农村社区老年集中居住点建设与“星光计划”“居家养老服务中心”建设等综合考虑，以充分发挥各项助老工程的综合效能。

浙江省城乡老年人口生活状况与政策建议

浙江省老龄办课题组

我省从“十一五”开始已进入人口老龄化加速发展期，“十二五”期间全省60岁及以上人口将增加202.2万人，期末增至991.23万人，占户籍总人口的20.45%，“人口红利期”行将结束。人口年龄结构发生重大变化是我省全面实现小康社会进程中面临的一项重要省情。在全面分析全省城乡老年人口生活状况的基础上，科学制定老龄工作政策，统筹发展老龄事业，构建我省应对人口老龄化政策体系日益迫切。

2010年7月，省老龄科学研究中心组织实施了全省分城乡的老年人口生活状况抽样调查。按总体比例等概率抽样（PBS）的方法，抽取了城乡2950位老年人，就老年人基本特征、就业与社会保障、收入与消费、健康与医疗、养老意愿、生活照料、精神慰藉等方面进行了入户问卷调查。全省11个市、24个县（市、区）、93个街道（乡镇）、295个社区居委会（村委会）参与了本次调查。调查发现的主要情况有以下11个方面。

（一）城乡老年人家庭空巢率进一步升高，独居老人增多

本次调查结果显示，城镇老年人家庭空巢率为74.96%，比2006年上升0.97个百分点；农村老年人家庭空巢率为59.56%，比2006年上升4.07个百分点。城镇只有一对老年夫妇的家庭户占51.91%，独居老人户占15.46%；农村只有一对老年夫妇的家庭户占36.63%，独居老人户占19.18%。受丧偶因素的影响，独居老人比例随增龄而提高的趋势明显，在城镇和农村80岁及以上高龄老人中，独居者分别占30.77%和35.61%。另外，城乡还分别有3.85%和2.59%的仅与孙子女同住的隔代家庭户，2代老人同住的也占2%左右。家庭空巢化对老年人经济供养、生活照料和精神慰藉都产生了深刻的影响，传统的家庭赡养功能严重弱化。

（二）独生子女父母开始进入老年，少子老龄化初步呈现

随着第一代独生子女的父母在近几年开始陆续进入老年，城乡特别是在城镇低龄组只有一个子女的老年人比率显著上升。本次调查发现，城乡只有1个子女的老年人分别占12.82%和5.07%。城镇60－69岁只有1个子女的老年人占17.65%，比2006年提高6.42个百分点；农村60—69岁只有1个子女的老年人占5.39%，比2006年提高1.16个百分点。60—65岁年龄组只有一个子女的老年人比例较其他各年龄组老年人显著上升，城镇60－65岁老年人中只有一个子女的已占22.70%，农村为6.49%。少子老龄化将是未来我省人口老龄化的一个主要特征，未来老年人中独生子女和2孩父母所占比例将逐步上升，“4－2－1”家庭将会不断增多，中青年人赡养老人的负担将会加重，必将对我省经济社会发展产生重大影响。

（三）建国后义务教育成效初步显现，老年人文化程度有较大提高，对老年群体社会管理提出新要求

随着解放后接受初中级教育的人口陆续进入老年，城乡老年人文化程度都比2006年有较大提高，尤其是农村老年人的文化程度提高显著。城乡老年人文化程度呈现随增龄下降，城镇高于农村，男性高于

女性的特征。由于60—69岁组低龄老年人文化程度有显著提高，老年人总体文化程度提升较快。农村老年人“初中”及以上文化程度的比例已从2000年的5.02%提高到2010年的11.50%。城镇“中专（高中）及以上”的老年人比例已由2000年的10.48%提高到2010年的24.33%，拥有“大专及以上”文化程度的老年人已占9.94%。随着上世纪70年代以后恢复高考以后受过高等教育的人群逐渐进入老年，老年人文化程度将会不断提高。文化程度较高的老年人拥有较高的专业技能，精神生活上有更高的要求，生活方式也有所不同，社会参与意识增强，对老年人社会管理和社会服务产生新的要求。

（四）城乡养老社会保障覆盖面扩大，社会保障水平捉了高，但城乡保障层次和保障水平差异较大，特殊群体老年人基本养老仍存在困难

自从2010年1月1日实施城乡居民社会养老保险制度以后，浙江省城乡居民社会养老保障实现了全覆盖。在城镇老年人中，享受城镇职工基本养老保险金待遇的占57.70%，享受机关事业单位离退休待遇的占17.98%，享受城乡居民社会养老保险金待遇的占17.91%，享受被征地人员基本生活保障待遇的占5.92%，另有0.49%的老年人享有其他社会养老保障。农村老年人享有的养老社会保障主要是城乡居民养老保险和被征地人员基本生活保障，享有城乡居民社会养老保险待遇的占总数的91.0%（其中9.30%享有被征地人员基本生活保障和最低生活保障叠加待遇）；享有被征地人员基本生活保障的占4.0%，享有城镇职工基本养老保险及其他保障待遇的占5.0%。社会保障收入是城镇老年人的主要收入来源农村老年人的主要收入来源还是依靠个人劳动收入和子女供养。在城镇老年人的收入构成中，社会保障收入占77.31%，金融与租金收入占9.54%，转移性收入占9.07%，其他收入共占4.08%。在农村老年人的收入构成中，社会保障收入只占24.13%，劳动收入占32.04%，转移性收入（主要是子女给钱）占29.28%，金融与租金收入占8.71%，其他收入共占5.84%。

在调查中，各地普遍反映：虽然城乡居民基础养老金已普遍发放，但在农村只能减轻老年人一点经济负担，无法改变部分老年人的贫困现状，老年人还必须通过体力劳动增加经济收入，建议提高贫困地区老年人的基础养老金水平，实施高龄老人生活补贴制度。

（五）城乡老年人收入增加较快，收入来源呈现多样化，但城乡、地区、个体差异较大，经济困难老年人所占比例超过15%

城镇老年人2010年上半年平均收入为13514元，为浙江省2010年城镇居民人均可支配收入27359元的49.40%，按全年计算，2010年城镇老年人全年总收入是2005年的1.76倍。农村老年人2010年上半年平均个人收入为5154元，为浙江省2010年农民人均纯收入11303元的45.60%，按全年计算，2010年农村老年人全年总收入是2005年的2.57倍。

受多种因素的影响，老年人收入水平的地区和个体差异较大。在12个城镇调查点中，最高地区2010年上半年个人总收入平均值达18502元，最低的只有6618元。在12个农村调查点中，最高地区达7398元，最低的只有2312元。从个体差异来看，城镇老年人2010年上半年个人总收入最高达170475元，最低收入只有360元（基础养老金），低于5000元的占18.34%。农村老年人2010年上半年个人总收入最高收入达91360元，最低收入为负值（做生意亏本），低于1000元的占18.97%。与2006年相比，城镇和农村自认为经济困难的老年人占比亦别下降了3.97和9.71个百分点，但仍有半数以上的城乡老年人处在大致够用的水平，认为经济宽裕和比较宽裕分别占26.5%和19.95%，分别有12.48%和20.95%的老年人感到经济有些困难，感到很困难的分别占2.16%和3.74%。

（六）城乡老年人多病种慢性病患病率较高，医药费用支出快速增长

调查发现，城镇老年人慢性病患病率为85.35%，两周患病率为19.31%，农村分别为78.92%、22.60%。大多数老年人身患几种慢性病。城镇患病老年人患3种及以上的占45.48%，农村为35.47%。城镇和农村老年人中2010年上半年到过医院或诊所看病的老年人分别占60.93%和50.23%，平均看病次数分别为7.04次和3.76次，分别有9.60%和6.14%在2010年上半年住过院。城镇有12.54%的老年人曾经在2010年上半年因病卧床，平均卧床35.35天；农村有13.45%的老年人曾经在2010年上半年因病卧床，平均卧床31.37天。

城镇和农村老年人2010年上半年住院和看病平均医药费用花费了6500元和2261元，高于2005年全年医药费（城镇5501元，农村2158元）。少数老年人重大疾病产生了巨额医药费用。城镇有1位脑中风老年人，已卧床90天，上半年医药费高达50万元，另有2位老年人上半年支出医药费20万元。随着老年人口高龄化、医疗保障制度的完善和医疗技术的发展，老年人的医药费用支出将呈现上升趋势。

（七）城镇职工医疗保险、城镇居民医疗保险和新型农村合作医疗制度已基本覆盖老年人，但农村老年人医疗保障水平较低，老年医疗服务有待进一步加强

城镇老年人中94.85%享受各类医疗保险。其中，享受城镇职工基本医疗保险的占70.13%，享受城镇居民基本医疗保险的占15.74%，享受新型农村合作医疗制度（主要是农转居人员）的占7.94%。未享受任何医疗制度保障的有74人，占5.15%。城镇老年人的实际医药费主要由城镇职工基本医疗保险支付，农村老年人看病则主要依靠自己以及子女的支持。城镇老年人支付的医药费中，由职工基本医疗保险支出最多，占57.35%；其次是"自己支付"，占32.55%；再次是"子女或亲属支付"，占6.08%；其他方式支付占4.02%。农村老年人中，享受新型农村合作医疗制度的占88.99%，享受城镇居民基本医疗保险的占2.07%，享受城镇职工基本医疗保险的占2.67%。没有任何保障的有77人，占5.14%。城乡均有少数人享受几种医疗保障。农村老年人支付的医药费中，子女或亲属支付最多，占40.96%；其次是"自己支付"，占37.20%；再次是"新型农村合作医疗"，占15.39%；其他支付占6.45%。

作为慢性病患病率居高位且同时患有多病种疾病的群体，老年人的健康和医疗保障问题日渐突出。老年人医疗费用增长较快，家庭和社会医疗费用负担加重，特别是在农村，不少老年患者是由于经济困难而没有就诊，有的因病致贫。此外，城乡老年人感到看病不方便的城乡老年人分别占10.0%和15.74%。在调查中发现，山区老人看病很不方便，乡镇卫生服务人员年龄偏大，医疗水平不高。

（八）城乡老年人对社区老年服务的需求增长，但社区老年服务覆盖率低，现有服务内容和方式不适应老年人的需要，农村社区老年服务十分匮乏

城镇社区服务项目种类和覆盖率较农村多，但老年人对这些服务项目使用率较低，均低于20%，但需求率大多高于覆盖率，说明一些服务项目和服务方式不适合老年人的需要。农村老年人对社区服务项目覆盖率远低于城镇，但使用率显著高于城镇需求率大大高于当地覆盖率说明农村社区老年服务的供求矛盾十分突出。与2006年比较，城乡老年人对社区老年服务需求率有明显提高，特别是城乡"上门护理"、城镇"陪同看病"和"帮助购物"、农村"上门做家务"需求翻倍增长。此外，城镇老年人对应急服务、上门看病、老年食堂、老年人服务热线，农村老年人对"上门看病"、"应急服务"、"康复治疗"、"聊天解闷"、"老年食堂"的需求都比较高。

近两年来，全省各地城镇积极发展居家养老服务，不少地方建立了县（市、区）、街道（乡镇）、社区（村）三级居家养老服务网络。本次调查询问了城镇老年人对居家养老服务中心（站）的知晓、使用和需求情况．调查显示，城镇老年人家附近有居家养老服务中心（站）的占18.45%，其中11.29%的老年人得到服务，但需求率（20.99%）高于覆盖率，说明该项服务仍然供给不足。

（九）城乡老年人养老意愿发生变化，对储蓄养老的愿望显著增加

城镇老年人对社会养老保险有所担忧，农村老年人对社会养老保险的意愿增强。老年人入住养老机构的意愿有所下降，与子女同住意愿增强。本次调查询问了老年人对社会养老保险、储蓄养老、靠子女养老、购买商业保险4种养老经济保障形式的选择。调查显示，城镇老年人将"参加社会养老保险"作为经济保障方式第一选择的占44.52%，选择"储蓄养老"的占40.56%，选择"靠子女养老"的占14.05%，选择"购买商业保险"的占0.86%。选择社会养老保险的比例分别比2006年下降11.79个百分点，而选择储蓄养老的比例比2006年上升了12.55个百分点，这在一定程度上反映了城镇老年人对现有社会养老保障的担忧。农村老年人对4种经济保障方式的选择顺序是：靠子女养老（48.92%）、自己储蓄养老（27.92%）、参加社会养老保险（21.83%）和购买商业保险（1.33%）。与2006年相比，农村老年人选择"靠子女养老"的比例下降了19.12个百分点，而选择"储蓄养老"和"参加社会养老保险"的比2006年分别增加了12.35和7个百分点。

城镇老年人中表示愿意入住养老机构的占16.0%，比2006年下降2.56个百分点；农村老年人中表示愿意入住养老机构的占8.95%，比2006年下降2.4个百分点。老年人愿意入住的比例与当前养老机构床位数只占我省老年人口数的2%，仍然相差悬殊。在调查中发现一些经济发达乡镇老年人要求创建老年公寓的呼声较高，可以自筹资金，但缺乏用地指标，要求政府为创办属地化养老机构开绿灯。与此同时，城乡老年人与子女同住的意愿增强，期望与实际差距增大。城乡老年人愿意与子女同住的比例均高于实际同住的比例，分别高13.43和21.46个百分点。

（十）伴随着高龄化和家庭小型化，城乡失能老人特别是高龄失能老人的生活照料和护理问题比较突出

日常生活功能包括日常生活基本能力（ADL）和独立生活能力（IADL）。ADL体现的是维持日常生活最基本的功能，IADL是使用日常生活器具和处理日常事务的功能。调查显示城镇和农村部分或完全失去日常生活基本能力功能的分别占城乡老年人总数的8.47%和14.73%。这些老人属于失能和半失能老人，其基本生活不同程度地需要他人照料。此外，城乡分别有14.05%和26.51%的老年人在使用日常生活器具和处理日常事务等方面需要他人帮助。

按被访老人现在主要照料者的构成比例，城镇老年人的主要照料者排序为：配偶→女儿→保姆或钟点工→儿子→儿媳，其比例分别为46.34%、21.14%、18.70%、9.76%、1.63%。其中由保姆或钟点工照料的比例比2006年增长13.01个百分点。农村老年人的主要照料者情况与城镇差异较大，其排序为：配偶→儿子→儿媳→女儿→保姆或钟点工，其比例分别为42.45%、27.34%、11.51%，10.79%、3.60%。在需要照料的城镇和农村老年人中，得到照料的分别占85.91%和78.72%，未得到照料的分别占14.09%和21.28%。在80岁及以上高龄失能老人中，城乡仍分别有8.57%和18.89%未得到照料。

（十一）城乡老年人对生活和社会环境的总体满意度较高，担心较多的是医疗、生活照料、子女就业和子女不孝，有宗教信仰的比例较高

调查结果显示，农村老年人对生活的满意度略高于城镇老年人，女性老年人的生活满意度略低于男性。城镇老年人对生活的满意度比2006年略有下降，而农村老年人的满意度提高。城镇和农村老年人对生活感到满意的分别占60.48%和55.50%，感到不满意的分别占7.36%和12.87%，感到一般的分别占31.46%和31.64%。与2006年相比，城镇老年人的满意度下降5.11个百分点，农村老年人的满意度上升4.96个百分点。

城乡老年人对养老、医疗、生活照料和子女问题表示担心的比例较高，特别是农村老年人对养老问题的担心更多。担心“生病时没有钱治病”的分别占23.1%和40.6%；担心“没有生活费来源”的分别占13.5%和31.4%，有17.5%的城镇老年人担心“养老金不够养老”；担心“需要时没有人照料”的分别占15.9%和28.6%；担心“子女失业”的分别占30.3%和29.8%；担心“子女不孝”的分别占5.6%和14.4%。此外，城乡老年人担心“交通不安全”的分别占33.4%和21.1%，担心“社会不安定”的分别占22.9%和13.6%。

城乡老年人有宗教信仰的比例分别为34.03%和41.53%，比2006年分别下降了10.47和10.84个百分点。农村老年人信仰宗教的比例高于城镇。农村老年人信仰宗教的比例为41.53%，比城镇高出7.50%。女性老年人信仰宗教的比例高于男性。城镇女性老年人中信仰宗教的占49.86%，比男性高出31.87个百分点。农村女性老年人中信仰宗教的比例为54.95%，比男性高出25.70个百分点。在城乡老年宗教信仰者中，信仰佛教的分别占83.16%和84.33%，信仰基督教的分别占13.96%和13.25%。与2006年相比城镇老年人信仰基督教的比例显著上升。

根据调查发现的这些情况，我们提出以下五项政策建议。

建议一：以实现基本养老保障为目标，建立低收入老年人养老津贴制度。当前我省虽然已建立覆盖城乡的城乡居民社会养老保险制度，基础养老金已普遍发放，但是其保障水平尚不足以保障基本养老，部分老年人仍然需要子女供养和自我劳动，老年人因失能、患病、子女丧失供养能力等原因而陷入贫困的情况客观存在，抵御风险的能力较差。鉴于当前普遍发放的基础养老金带有福利津贴性质，尚不能保障基本养老，对于一些富裕老年人来说意义不大，在财力有限和老年人个体差异较大的情况下，我们建议政府养老基金重点用于保障低收入老年人的基本生活，适度控制普发标准，通过动态管理、收入评估等方式建立区别于社会救济的低收入老年人养老津贴制度，保障其基本养老需要。同时，城乡居民养老保险制度要以实现老年人基本养老保障为目标，建立缴费对象养老金增长机制，不断提高待遇水平，各地政府要为无力缴纳养老保险费的对象提供缴费补贴。

建议二：研究出台《关于加强老年卫生工作的意见》，统筹考虑老年病预防、医疗护理和费用保障问题，确保老年人“病有所医”。鉴于老年慢性病高患病率、一人多病、老年医药费用快速增长、部分老年人因病致贫的情况，应高度重视老年卫生工作：一是要树立疾病预防优于治疗的理念，重视对老年人的疾病预防和40岁以上中年人的健康促进工作，实现健康老龄化；二是要加强老年医疗制度保障，特别是要提高新农合对老年人的医疗保障水平；三是要加强老年慢性病疾病预防和老年患者康复护理工作，完善基层社区医疗服务保障老年人“病有所医”。建议省政府出台《关于加强老年卫生工作的意见》，统筹安排老年人健康促进、医疗保障和医疗服务工作。

建议三：研究出台子女赡养、照料老人的鼓励政策，建立公民新型孝道行为规范，完善家庭养老功

能。针对家庭小型化和家庭养老功能弱化的现状，要研究建立子女赡养老人的扶持政策，如对与老年人父母同住的子女在个税、购房税费方面提供优惠或补贴，鼓励子女与老人同住，建立子女照料老人补贴制度等。同时，要加大新型孝道文化的宣传，切实保障子女履行《宪法》所规定的赡养老人的义务，在传统孝道文化的基础上，建立公民新型孝道行为规范，建议研究出台具有约束性、可操作性的《公民新型孝道行为规范》。

建议四：积极研究优化人口年龄结构的生育政策，重视独生子女父母养老问题，建立适应少子老龄化的各项经济社会政策。根据预测，我省“十二五”期末户籍老年人口比例将达到20%，即5个人中就有1位老年人，这必将对劳动力供给、养老保障、养老服务以及经济社会发展各方面产生严重的影响。为此，应考虑优化人口年龄结构，适时微调生育政策、人口迁移政策。关注城乡老年人特殊群体的需要，在制定各项经济社会政策过程中要予以特殊关怀。鉴于第一批独生子女父母已开始进入老年，少子老龄化已初步发展，政府应关心执行国家生育政策的独生子女父母特别是独生子女死亡父母的养老问题，提高计划生育家庭扶助金标准，为他们的老年生活照料提供帮助。建议五：在构建社会养老服务体系中要重视满足失能老人照护服务和老年人精神文化需求建立家庭、社区和社会共同支持的失能老人照护服务制度，发展覆盖城乡的老年人活动设施和服务项目。本次调查发现，老年人的养老服务需求比较突出的是两个方面，一是失能后的日常生活照料和康复护理需求，二是如何安排老年期闲暇生活所带来的精神文化活动需求，而对一般性的家政服务需求并不高。要研究建立与现有医疗保险制度接轨的老年护理保险制度，加快发展康复护理型养老机构积极开展失能老人居家护理工作。针对老年期延长、精神慰藉问题比较突出的情况，建议将老年人活动设施建设纳入城乡建设规划要积极兴建不同层次、覆盖城乡老年人的文化活动设施开展适合老年人需要的活动项目，政府财政要对其日常运营的基本费用提供支持。

江西省基本养老服务体系建设研究（摘要）

江建中　马雪松　张晓霞

江西已经进入老龄化社会，老年人口快速增长，高龄人口和空巢家庭逐年递增，加快的老龄化趋势给江西经济、社会发展带来严峻挑战。为应对老龄化挑战，化解老龄化矛盾，必须加快基本养老服务体系建设。该文分析了江西省养老服务取得的成绩和存在的主要问题和矛盾，在此基础上，从开展评估，明确需求；制定规划，完善服务；政策支撑，措施保障；江西省养老服务事业中长期发展目标和思路等四个方面，提出了基本养老服务体系建设的对策建议。

一、江西省老龄化状况

（一）人口老龄化速度正在逐步加快

2005年全国1%人口抽样调查资料显示，江西人口年龄结构已从成年型晚期人口年龄类型转变为老年型人口年龄类型，比预计的2009年提前4年进入老龄社会。

1. 老年人口增长速度快于总人口增长速度。

2. 老年人口占总人口比例逐年加大。

3. 老龄化速度快于发达国家。

（二）老年人口高龄化、空巢化日趋明显

1. 高龄化趋势明显。全省百岁老人1990年为111人，是1982年（43人）的2.58倍，2000年（218人）比1990增长了96.40%。2. 独居“空巢”的比例增大。独生子女政策带来的家庭结构的变化，以及随着社会转型的加快，人口迁移和流动加速，家庭规模日益小型化、核心化、空巢化。这使得与子女、晚辈共同生活的老年人逐渐分开独居，老年人独自生活的家庭呈现急剧增加之势。

（三）老年人口在城乡分布上存在较大差异

我省农村人口老龄化速度快于城市。2000年第五次人口普查时，江西省农村65岁及以上老年人口占总人口的比重为6.50%，比城镇高0.83个百分点；到2005年1%人口抽样调查时，农村65岁及以上老年人口比重达到7.78%，比城镇高1.16个百分点。随着工业化、城镇化的发展，我省农村老年人口老龄化速度仍将继续加快，老龄化水平城乡倒置的现象在一定时期内将持续加剧。

（四）人口老龄化超前于社会经济发展水平

发达国家和地区人口老龄化一般都出现于社会经济发展较高水平、基本完成现代化的阶段。与发达国家的“未老先富”或“富老同步”相比（进入老龄社会时人均国内生产总值一般都在五千到一万美元）相比，我国进入老龄化社会属于“未富先老”。欠发达的江西，“未富先老”的压力比其他省份尤为明显，我省2005年进入老龄社会时，人均GDP刚刚突破1000美元。

二、基本养老服务体系建设的现状

养老服务体系是由服务主体、服务对象、服务内容、服务方式以及保障措施等多种要素组成的一个系统。养老服务是现代服务事业和老年社会保障的重要组成部分，已成为构建社会主义和谐社会和全面建设小康社会的一个重要民生内容。

养老服务体系应包括五个方面的主要内容：老年生活保障服务、医疗保健服务，生活照料服务、精神生活服务和老年权益维护服务等。养老服务体系的主要模式，按照老年人接受服务的主要场所分成居家养老服务、社区照料服务和机构养老服务三大类，我们要构建以居家养老为基础、社区照料服务为依托、机构养老为补充的具有中国特色的养老服务体系。

（一）主要工作和成绩

近年来，在各级党委政府的重视和全社会共同努力下，我省养老服务事业上了一个台阶，基本养老服务体系初步建立。

1. 初步形成了养老服务的政策框架。

2. 养老保险覆盖面持续扩大，养老待遇进一步提高。

3. 初步形成多种模式并存的机构养老新格局。

（1）公办社会福利机构硬件设施整体水平上了一个新台阶。

（2）民办养老服务机构得到了长足发展。

（3）公办民营养老服务机构发展取得初步成效。

4. 居家养老服务工作取得新进展。

（1）发挥政府主导作用。

（2）开展了政府买单或送时服务。

（3）创新了养老服务方式。

（二）主要矛盾和问题

1. 社会养老保障体系的保障能力面临挑战。

2. 养老机构举办主体单一，规模偏小，养老服务资源不足。

3. 养老机构的服务水平较低、服务价格较高。

4. 社区居家养老起步较晚，需求与供给之间存在差距。

（1）缺乏可持续发展的经费投入。

（2）条块分割，资源分散。

（3）服务供给与需求的差距。

5. 缺乏行之有效的管理监督制度。

三、基本养老服务体系建设的对策建议

养老服务体系建设要以需求为导向，按照政策引导、政府扶持、社会兴办、市场推动的原则，逐步建立和完善以居家养老为基础、社区服务为依托、机构养老为补充、各种养老服务机构协调发展、多种养老方式相互补充的养老服务体系。形成能满足各类老年群体多层次、多样化服务需求的养老服务新格局。

（一）开展评估，明确需求

1. 养老服务需求评估的意义。

2. 养老服务需求指标体系的主要内容。

3. 养老服务需求评估体系的操作运行。

（1）评估方式。

（2）评估程序。

（3）建立数据平台。

4. 需要注意的事项。

（二）制定规划，完善服务

1. 将养老服务体系建设纳入经济社会发展规划。

2. 根据需求，完善服务。

（1）根据不同经济状况提供不同服务。

（2）根据不同年龄提供不同服务。

（3）根据不同身体状况提供不同服务。

（4）根据不同的居住方式和居住条件提供不同服务。

（5）根据不同的精神需求提供不同的服务。

（6）明确居家养老和机构养老的目标人群、服务内容。

（三）政策支撑，措施保障

1. 政府高度重视。

2. 形成稳定的投入机制。

3. 营造敬老氛围。

4. 制定优惠政策，加大扶持力度

（1）保障养老机构建设用地和社区养老服务设施用房。

（2）减免养老服务机构相关税费。

（3）对公办养老服务机构加大财政投入力度。

（4）对民办养老服务机构实行建设和运营补贴。

（5）对居家养老服务网点建设进行扶持。

5. 整合为老服务资源，建设养老工作队伍。

6. 统筹城乡养老服务发展。

7. 加强管理、监督。

（四）江西省养老服务事业中长期发展目标、思

路

“中长期”主要指“十二五”规划期，扩展至2020年。

1. 基本预测。2009年全省60岁及以上老年人口达到569.09万人，占总人口的12.8%，点总人口的1/7.9。据预测，今后我省老年人口将以年均2.13%的速度、60万人的规模递增，2014年老年人口的比例将达总人口的1/6，2048年上升幅度到1/4。

预计2014年江西65岁及以上老年人口将超过400万人，2020年将超过500万人。

未来10年，空巢家庭将成为老人家庭的主要形式。

2. 总体目标。按照政府引导、政策扶持、社会参与、市场推动的原则，加快发展养老服务事业。到2020年，基本构建起以居家养老为基础、社区养老为依托、机构养老为补充、社区服务比较完善的养老服务网络；建立服务方式多样化、服务提供社会化、服务队伍专业化，服务质量优良、监督管理到位、可持续发展的养老服务运行机制和管理模式；基本形成与全省人口老龄化进程相适应、与经济社会发展水平相协调，救助与适度普惠相结合的养老服务体系。全省养老机构总床位数达到37万张，平均每1000名老人50张床位，其中民办养老服务机构床位数占全部床位数的40%，达到14.8万张；设区市要建成1～2所可以提供临终关怀服务的老年康复医院；居家养老服务模式在全省城市社区普遍推行，每个街道要建成1家集托养、日间照料、居家养老服务等多种功能于一体的综合性养老服务中心；居家养老服务网络要覆盖60%农村行政村，全省新建示范性社区老年服务中心500个。

3. 发展思路。（1）提高养老保障水平，构筑城乡养老保障相衔接的框架体系。完善覆盖城乡全体居民多层次、多形式、可逐步提高保障水平、可自由转接的养老保障体系。

①扩大城镇养老保险覆盖面。

②加快提升政府举办的养老福利机构的档次，改善和提高服务质量和服务水平。

③做好城乡养老保险衔接。

（2）提升养老服务水平，完善城乡养老服务体系。

①提升公办养老服务水平。

②加快民办养老服务机构发展。

③重点开发福利型的半护理型和全护理型养老机构。

综合香港、上海和南京的养老服务机构的分类标准，我们建议江西省应结合老年人护理需求和经济承受能力，兼顾本省的经济发展水平，把养老机构划分为一般护理型养老机构、半护理型养老机构和全护理型养老机构，在此基础上细化为市场型养老机构、福利型养老机构、救济型养老机构。

（3）推动社区居家养老发展。

①鼓励家人就近居住。

②给予家庭照料者更多支持。

③不断丰富服务内容。

（4）根据经济发展水平，创新体制机制。①建立养老服务需求评估体系，开展服务需求评估；制定养老机构建设标准和服务规范，依据标准和规范进行评估、考核、奖惩；形成养老服务经费投入机制和随GDP、财政收入同步增长的机制。②实现由救济型、补缺型向适度普惠型转变。

（5）加快养老服务信息化建设。

四、典型案例

（一）萍乡市民办养老机构——政府“搭台”民间“唱戏”

（二）南昌市东湖区社区居家养老

甘肃省政协关于对全省农村空巢老人情况的调研报告

甘肃省老龄办调研处　王　梅

2010年10月

我省是一个农业和农村占较大比例的省份，农业人口接近70%。随着改革开放的不断深化、经济的不断进步，以及城镇化建设的不断发展，越来越多的农村年轻劳动力涌入城市，使得农村老龄化形势异常严峻。由于农村经济社会发展相对滞后，农村老年人在生活供养、医疗保健、日常照料、精神慰藉等方面存在很多问题，尤其是农村空巢化日益严重，对农村的社会稳定、科技推广、集体事务都造成很大影响。对此，省领导非常重视，专门作出批示，要求省政协及相关部门对全省农村空巢老人情况做深入细致的调查研究，找准问题，并提出切实可行的意见建议。

10月18日至27日，省政协组成由党组成员、副主席侯生华任组长，社会和法制委员会主任盛世高，副主任侯建钧、冉生斌、何文元、曹晓琴及省老龄办副主任张忠健任副组长的调研组，对我省农村空巢老人情况进行了专题调研。这次调研确定了农村空巢老人现状，《中华人民共和国老年人权益保障法》和省委、省政府有关老年人政策落实情况，老年人服务工作的形式和方法，老龄工作机构、人员、经费落实情况以及农村空巢老人生活服务上存在的主要问题和对策建议等五个重点，采取听取汇报和实地入户调研的方式进行。调研组在省老龄办工作汇报基础上，分两个小组，赴兰州、临夏、白银三市（州）和所辖部分县（区）及乡镇、街道，听取了市（州）、县（区）人民政府关于农村空巢老人工作的总体情况汇报及民政、老龄等部门的补充汇报，召开了有老年人代表、老龄工作者、乡镇街道和村（居）委会干部参加的座谈会十余场次，实地察看乡镇街道、社区村组的老年活动中心和空巢老人家庭等三十余处。现将调研情况报告如下。

一、工作成效及主要做法

2009年底，全省常住人口2635.46万人，其中60岁以上老人306万人，（城市80万人，农村226万人），占总人口的11.6%。按照60岁以上老年人达到总人口的10%以上就是老龄化社会的国际标准，目前我省已进入人口老龄化快速发展阶段。

近年来，各级党委、政府紧紧围绕保增长、保民生、保稳定的主线，以科学发展观为指导，采取有力措施，不断加大宣传力度，逐步建立健全老年人养老保障、医疗保障、老年维权和为老服务等体系，着力解决老龄事业发展中遇到的各种困难和问题，有效推动了全省老龄事业的发展。

（一）领导重视

一是加强组织领导，健全工作机构。各级党委、政府把解决社会老龄化问题提升到工作的重心之一，切实抓好各项工作任务的落实。目前，全省各市州、县区、乡镇街道均成立了以党委、政府分管领导为主任和副主任、相关涉老部门为成员单位的老龄工作委员会（领导小组），定期听取工作汇报，专题研究老龄工作和老年人生活保障工作中存在的突出问题，协调相关部门落实好国家和省上有关老年人的各项政策。75%以上的村建立了老年人协会，积极开展为老服务各项工作。二是加强制度建设，落实各项政策。省委省政府先后制定了《关于进一步加强老龄工作的意见》《关于全面推进居家养老服务工作的意见》《关于加强新时期老年人优待服务工作的意见》等一系列政策规定，民政、老龄、财政、社保、卫生、建设、交通等相关职能部门，结合各自职责制定了具体规定，涉及老年人养老、医疗、照料、优待等各个方面，为保障老年人基本生活，提高生活质量创造了良好的政策环境。各级财政将老龄事业经费纳入财政预算，省市县三级财政分别按本级老年人口数人均不低于1、2、3元的标准列支老龄事业经费，为老龄工作的开展提供了经费保障。三是加强宣传工作，营造敬老氛围。各地通过以学习促宣传、以活动促宣传、以典型促宣传等方式，广泛开展了敬老、养老、助老宣传教育活动。在全省开展“孝亲敬老之星”“孝敬公婆好儿媳”“敬老好儿女”等评选。将《老年人权益保障法》与普法工作相结合，纳入相关部门目标考核。在中小学中开展敬老爱老进课堂教育活动。每年老人节期间，通过悬挂横幅、张贴标语，板报宣传、法律咨询、广电宣传、举办活动等方式，进行广泛深入的宣传，增强了全社会的老龄意识和敬老助老意识，营造了良好的舆论氛围。

（二）突出重点

围绕农村空巢及困难老年人生活保障问题，各地进一步完善了以土地保障、家庭赡养和社会扶持相结合的养老保障体系，逐步建立健全了以养老保险和基本医疗保险为重点的社会保障制度，为促进老龄事业发展发挥了重要作用。一是不断健全社会养老保险制度，切实保障老年人基本生活。城乡贫困老年人最低生活保障实现了应保尽保，“五保”老人全部纳入财政供养。被征地农民基本纳入养老保险。去年9月，省政府出台的《甘肃省新型农村社会养老保险试点试行办法》于去年底正式启动，我省榆中、武山、会宁等10个县纳入国家第一批新农保试点县，共有136.23万人参加，参保率达到90.6%，中央财政给试点县60周岁以上老年人每人每月发放55元的基础养老金。截止今年5月，已有28.3万人累计领取养老金9339万元。二是加快推进城乡医疗体制改革，全面落实各项救助政策。在农村，“新农合”基本实现了全覆盖。省上出台了《甘肃省城乡居民临时救助试行办法》、《甘肃省城乡居民医疗救助试行办法》等文件，在城乡医疗救助、廉租房救助和救灾救济中，将特困老人列为重点，给予特别照顾。目前，全省城乡享受低保的341.8万人中，老年人达82万，其中部分特困人员享受到全额补助或上浮25%的生活补助。到去年底，农村五保供养人数达到12.3万人，其中集中供养约7000人，供养率为5.7%。五保对象分散和集中供养平均标准分别为1640元和2310元，省级财政补助由2008年年人均600元提高到1000元，部分市州还在此基础上不同程度地提高了供养标准，较好地保证了农村五保对象的基本生活。各地还规定，对农村五保户、特困户等重点优待老人的救助由政府代缴参加“新农合”费用，并对大病救治后特困老人给予临时救助。

（三）措施有力

各级党委政府结合地方经济社会发展的实际和社会老年的各种状况，在积极探索老年人生活保障的管理办法和途径的同时，针对人口老龄化速度加快、空巢老人增多、养老服务需求不断扩大的实际，积极采取措施，加大资金投入，加快为老服务体系建设。依托村委会、居委会等基础群众自治组织，探索开展形式多样的为老服务。根据空巢老人的实际需求，各县乡村对空巢老年人生活照料状况、生活保障方式、经济保障水平、生活需求等状况和空巢老人的家庭结构、居住条件、经济收入、自理能力、服务需求等基本情况进行登记，建立档案。重点对孤老、特困老人和生活有困难的空巢老人进行帮扶。一些村在村党支部和村委会的领导下，以村老年人协会为基础，建立了空巢老年人帮扶服务工作站，确定了包括农田生产、生活照料、医疗保健、维权优待、文化教育、体育健身、志愿服务等照料帮扶服务，通过开展低偿、有偿、无偿等各种类型的服务，满足空巢老人的各种需求。白银区工农路街道火车站社区开展“爱心守望”独居老人活动，社区每个党员承包3～5位孤居老人，照顾他们的生活起居，制作“爱心守望”卡发给老人，便于老人有事时第一时间给社区打电话，及时得到援助。四龙路街道四龙路社区办起了“居家乐”虚拟养老院，服务人员到老人家中提供专业便捷的服务，同时聘请退休医护人员为辖区老人提供心理咨询。在农村，进一步完善了以土地保障、家庭赡养和社会扶持相结合的养老保障体系，同时在部分乡镇村组开展了空巢老人帮扶服务救助试点。白银区水川镇桦皮川村结合新农村建设，积极开展对空巢和特困老人的“定人、定点、定时”探视救助，建立了空巢老人日常巡查制度，实施动态管理，作好记录，随时了解他们的身体、生活状况，为空巢老人服务。靖远县东升乡东兴村作为省上确定的空巢老人帮扶试点村，探索了“一加三加五”的服务模式，即一个协会（老年协会，办公地点设在村委会，制定章程、建立台帐、实行信息化管理）、三支队伍（志愿者帮扶队、专业人员帮扶队、管理人员服务队）、五项服务（生产服务、医疗服务、生活服务、精神慰藉服务、休闲服务）。确定帮扶项目，对空巢老人实行上门服务。帮助26名低龄老人发展枸杞产业，将35名生活困难老人纳入农村低保，给2名90岁以上高龄老人落实了高龄补贴，给2名70岁以上残疾老人落实了生活补助，为70名困难老人给予了临时救助。乌兰镇红嘴村建立老年人服务站，村上投资翻修了老年人活动中心，安装了室内外健身器材，组建了老年人秦腔娱乐班、腰鼓队等队伍，举办丰富多彩的文体活动，使空巢老人都能积极参与，丰富了老年人的精神文化生活。

（四）成效明显

为了积极探索和总结农村空巢老人帮扶服务工作的新经验和新方法，推动建立服务对象全覆盖、服务内容全方位、服务方式多样化、服务队伍专业化的帮扶服务工作机制体制，各地在继续抓好以居家养老为基础、社区服务为依托、机构养老为补充的养老服务体系建设的同时，一是硬件建设不断加强。近年来，省上为44个县市区下拨资金3.7亿元，用于养老机构建设，一批综合性老年活动中心、社会福利服务中心、区域中心敬老院等陆续建成。全省城乡老年公寓、福利院、养老院、老年护理院等养老服务机构发展到67个，床位5966张。同时，积极争取国家基本养老服务体系建设试点资金5000万元，用于18个项目建设。由社会福利彩票资金支持的616个社区老年福利设施“星光老年之家”，为老年人提供了活动场地。二是工作载体不断创新。七里河区夕阳红餐桌具有很强的示范和指导意义，在全国处于前列。兰州市城关区建立的虚拟养老院以高度信息化为特点，采取政府引导、企业加盟、专业人员服务、志愿者服务等方式，根据老年人需求，提供多元化的无偿或低尝服务，覆盖面大，服务老年人多，中央电视台《新闻联播》作了报道，产生了很好的社会影响。三是优待范围不断拓展。2008年，省委省政府下发了《关于加强新时期老年人优待服务工作的意见》，对老年人实行优待服务做出了具体规定，要求民政、财政、文化、旅游、卫生、交通、园林等部门相互配合，各司其职，保证老年人各项优待政策得到落实。今年，省政府提出将高龄老人生活补贴标准分别在原有基础上提高200元。有的市州根据财力状况，扩大高龄补贴范围，提高了补贴标准，一些经济条件较好的村还用集体经济收益为本村的老人发放一定数额的生活补贴。

二、存在的问题及原因

我省的老龄工作和城乡为老服务工作取得了很大成绩，老龄事业得到长足发展，但也存在一些困难和不容忽视的问题，主要有：

（一）宣传教育缺乏力度

一些地方对维护老年人合法权益的政策法规宣传力度和广度不够，使得传统孝道逐渐削弱，养老意识逐渐淡薄、社会尊老氛围逐渐退化、传统美德逐渐淡化。受一些社会不良风气的影响，子女不尽赡养义务、歧视、侮辱、虐待老年人、粗暴干涉老年人婚姻自由、侵害老年人财产权益的现象时有发生。部分干部甚至一些领导干部对人口老龄化形势的严峻性认识不足，重视不够，全社会尊重关爱老年人的良好社会氛围尚未完全形成。

（二）农村社会保障制度建设滞后，严重缺位

现行各项社会保障制度的覆盖面窄，保障水平低。农村“新农保”还处于试点阶段，受惠老年人相对较少；农村老年人医疗保险费用报销比例仍然较低。由于受经济条件的制约和个人能力的限制，大多数农村空巢老人经济收入低，生活质量差，在生活保障、医疗救助、精神慰藉等方面困难较大。一些常年患病的空巢老人医疗费用开销大，生活困难。

（三）为老服务基础设施建设发展缓慢

由于受当地经济条件的限制，一些市县财政困难，投入有限，使农村基础设施落后。文化体育场所的投资规模远远根不上老年人的精神文化生活需求。不少农村缺少或没有文化体育设施，从而导致农村空巢老人文化娱乐生活贫乏，休闲娱乐方式单一，难以参加社会活动。大部分农村没有建立老年活动场所，影响了其精神生活质量的提高。

（四）社会化为老服务工作有待加强

目前，农村有6种类型的空巢老人：一是贫病交加，失去劳动能力的特困老人，需要政府提供各方面的照顾；二是年世已高，身体有病，仍需劳动，照顾子孙的老人，需要提供部分服务；三是身体健康，仍然从事重体力劳动的老人；四是生活相对富裕，精神生活单调，需要提供有偿服务；五是由于突发事件，需要临时救助；六是生活不能自理，需要临终关怀。各地虽然探索了一些农村居家养老服务的路子，但从服务范围、项目、质量等都与老年人的养老需求存在较大差距。由于农村严重缺乏老年服务设施和专业队伍，相当一部分乡村没有开展居家养老服务工作，使农村急需帮助的空巢老人得不到及时有效的帮助。

（五）老龄工作机构和队伍建设有待加强

由于受编制、经费等因素的影响，一些地方老龄工作薄弱。县区一级基本没有交通工具，有的县市区老龄工作人员只有1～2人，绝大部分乡镇没有专职老龄工作人员，经费困难，难以有效组织开展老龄工作。基层老年协会没有工作经费，许多农村老年协会只是一块牌子，很难组织老年人开展活动。

分析原因：一是由于青壮年人口大量流入城镇，使农村老龄化形势更为严峻。担当养老抚幼的重任落在老年人肩上。子女长期外出打工，无暇顾及父母，对父母感情疏远，在孝敬老人上存在心有余而力不足的状况。许多农村青年人文化程度不高，赡养老人的意识不强，造成了解决农村空巢老人问题的难度加大；二是快速发展的人口老龄化形势对传统的家庭养老模式产生巨大的冲击，农村空巢老人的家庭负担过重，对社区居家养老的需求和愿望日益迫切；三是政策缺失和执行过程中的不公正，包括养老、低保、合作医疗制度建设在政策执行中还有很大差距。目前低保差额补贴待遇对低保边缘的困难老人家庭无法享受，政府没有对有特殊需求的救助对象实行倾斜政策，由于一些具体情况造成老人生活困难；四是在农村为老服务设施建设发展缓慢，不能满足农村老年人的服务需求。

三、几点建议

关注老年人生活，提高老年人生命生活质量，是贯彻党的十七大“着力保障和改善民生”精神的重要举措，是推动城乡基本公共服务均等化的重要内容，也是建设社会主义新农村，促进城乡协调发展的必然要求。同时，对于解除中青年人的后顾之忧，减轻家庭养老负担，促进家庭和谐，增进代际和谐，弘扬敬老、养老、助老的传统美德，建设社会主义和谐社会，具有重要意义和积极作用。为进一步贯彻好中央和省上有关保障民生、关注困难群体生活问题的指示精神，全面做好农村老龄工作，提出以下建议。

（一）进一步加大宣传力度，努力形成尊老敬老社会风尚

各级政府要充分认识人口老龄化形势的严峻性与老龄工作的重要性和紧迫性，不断增强责任感和使命感。加强道德宣传教育，继续利用广播、电视、报纸、网络等新闻媒体，大力宣传《老年法》和我省《实施办法》，要把尊敬和关心老年人这一传统美德纳入社会主义核心价值体系教育、公民思想道德教育、普法教育和基础教育体系，纳入中小学思想道德教育

和村规民约中，提高农村子女自觉赡养老人的意识，要利用正反两方面的典型事例开展宣传教育，倡导全社会对空巢老人的各种帮扶。不断推进尊老敬老风尚的形成。各级政府要进一步加强组织领导，健全基础老龄组织，加强对基层老年协会的工作指导，加强各级老龄工作队伍建设，推动老龄工作健康发展。

（二）加快城乡社会救助体系建设，完善基本生活保障制度

一是建立健全老年群体的多层次养老保障体系，尽快落实国家民政部关于对80岁以上老年人发放生活补助的规定。扩大保障和救助覆盖面，进一步完善城乡低保制度，扩大农村低保范围。继续把保障城乡特困老年人基本生活作为工作重点，并在灾害救济、临时救助、医疗救助中对老年人给予特殊照顾。要建立长效救助机制，对空巢、低保、残疾等老人给予定期救助或由政府购买服务，采取无偿或低偿服务。要加大对农村高龄、残疾和无人照顾的困难空巢老人的救助力度，加快合作医疗保障步伐，全面实施大病救助制度，可以通过降低医疗救助门槛，下调重病大病的起付线，增加受助比例和受助金额的办法，着力缓解特困空巢老人的“看病难、看病贵”问题。

（三）创新养老服务机制，完善为老服务体系

一是进一步增加财政投入，建立健全养老设施，加强农村养老院、敬老院建设，让高龄老人、困难空巢老人集中入院养老。二是鼓励社会团体、民办非企业单位、民营企业和国内外人士投资发展老年产业，制定优惠扶持政策，在土地征用和税收方面给予支持和优惠。切实推进民办养老机构的发展。要根据老年人多元化的养老需求，积极培育家政服务、医疗护理、文化娱乐、老年人用品开发等老年服务和消费市场，努力解决空巢老人的养老需求。三是探索实行志愿者公益服务、政府购买服务、市场化有偿服务相结合的服务方式，全方位、多方面为老年人提供服务。加强与空巢老人特别是与单身老人的联系，经常关心和探望老年人。在空巢老人集中地，可以通过送货上门、家庭病床、老年饭桌、上门理发等服务项目，解决空巢老人生活照料和实际困难。对一些社区、村组开展的特困老人“定人、定点、定时”探视、空巢老人帮扶救助等服务项目，要认真总结经验，以点带面，扎实推进。

（四）加强文化体育建设，丰富农村老年人精神文化生活

加大公共文体设施的建设力度，建立必要的老年休闲娱乐场所。以农村社区为基础，成立老年人健身辅导站和老年人活动中心。由老年人自己组织、自己管理，开展各种文体娱乐活动，让空巢老人增加兴趣爱好，走出封闭的生活状态。还可以组织医疗专家、心理专家定期或不定期到社区为老年人进行健康讲座，消除空巢老人独居抑郁障碍。

湖北老年文化阵地建设调查报告（摘要）

湖北省老龄办联合调查组

人口老龄化是我们正在面对的一个极其重大的课题，老龄问题已经并将进一步成为改革发展中不容忽视的全局性、战略性问题，加强老龄工作、发展老龄事业是党中央面向新世纪作出的重大决策。老年文化阵地建设是老龄问题中的重要问题，是党和政府老龄工作的重要内容，是社会主义先进文化的重要组成部分。最近，省委政研室和省老龄办组成联合调查组，专门针对老年文化阵地建设进行了一次较大范围的调研，调查组深入鄂州、黄石、咸宁、十堰、荆门等地的十多个县市区、近百个社区、乡村和企业进行调查，开了十几场座谈会，又在全省范围内进行了统一的书面调查，请高校教授参与研究。调研的结论是：我省老年文化阵地建设处在重要发展阶段，成绩是主要的，问题也不可忽视；发展的亮点很多，未发展的空白地带也不少；地域之间有差别，城乡差别更大；问题十分重要，需要各级领导更加重视。

一、显著成绩

“十一五”期间，我省老龄工作在省委、省政府的高度重视和正确领导下，按照“老有所养、老有所医、老有所学、老有所乐、老有所为、老有所教”的基本要求，坚持“党政主导、社会参与、全民关怀”的基本方针，落实“统筹城乡发展”的基本原则，扎实开展各项工作，老龄事业呈现出良好发展态势。作为老龄事业重要支点的老年文化阵地建设取得了显著

成效。

（一）领导重视，一把手亲自抓“建设”

随着人口老龄化的快速推进，老年文化阵地建设越来越受到各级党委政府的高度重视，党政主要领导亲自拿在手上抓。

一是把老年文化阵地建设摆上党委政府的重要议事日程。

二是把老年文化阵地建设纳入城市建设总体规划之中。

三是把老龄文化阵地建设当成民心工程和德政工程来办。

（二）财政支持，多元投入搞“建设”

老年文化阵地建设是社会公益事业建设，政府应该主持和主导，同时还要广泛争取社会支持，形成“政府为主、多元投入”机制。

一是加大财政支持力度，确保投入的稳定性。

二是充分发掘各种资源，形成投入的多元性。

三是搞好资金整合，坚持投入的集中性。

（三）企业领跑，城市社区重“建设”

老年文化阵地建设，既取决于老年群体的精神文化需求，更取决于地方和部门的经济发展水平。调查发现，大企业做得最好，市一级做得很好，城市社区做得比较好。他们是我省老年文化阵地建设的第一梯队，跑在“前三名”。

一是社区阵地普遍有。

二是市级阵地比较好。

三是企业阵地档次高。

（四）县城带头，部分乡村在“建设”

城乡有差别，农村与城市很多方面尤其是基础设施不能比，文化阵地当然比不上，但干部的认识和态度、工作的能力和水平一点也不差，创造性的发挥可能更多，一些地方发扬艰苦奋斗的精神，“没有条件创造条件也要上”。我们在调查中欣喜地发现，农村老年文化阵地建设“别有一番好景色”。

一是县级有榜样。

二是乡村有亮点。

（四）协会连接，丰富活动用“建设”

阵地、协会、活动是老年文化建设的三大基础元素，“三位一体”，不可分割。文化阵地必须有协会来连接，必须有活动展开，否则阵地建设失去意义或者作用不大。协会和活动必须有阵地作支撑，反过来又推动阵地建设。他们互为补充、互相促进，构成和谐统一体。

一是协会健全活跃。

二是活动丰富多彩。

（五）管理有序，全面创新促“建设”

文化阵地首先是建好，主体是用好，关键是管好。各地抓住管理的关键环节，不断完善和创新工作机制，开创老年活动阵地服务和管理新局面。

一是打造一支高素质的管理队伍。

二是建立一套高效率的管理体制。

三是探索一些灵活多样的活动方式。

二、主要问题

我省老年文化阵地建设总的来说成绩很大，发展较快，但存在的问题也不少。我们在调查中与市县乡村的领导干部和群众多场讨论，认为有“五个不”的主要问题，一是总量不大，二是覆盖不广，三是档次不高，四是投入不足，五是创新不够。这些问题都是发展中的问题，都是可以解决的问题。

最大的问题是老年文化阵地建设滞后。党的十七大报告指出：人民日益增长的物质文化需要同落后的社会生产之间的矛盾这一社会主要矛盾没有变。“大矛盾”在老年文化阵地建设“小点上”表现更为突出。总体来看，我省老年文化阵地建设与老年人的精神文化需求是不相适应的。

一是社会老龄化加速，老年文化阵地建设太慢。

二是有文化活动需求的老年人越来越多，老年文化阵地太少。

三是老年人的精神文化需求越来越高，老年文化阵地建设水准太低。

最突出的问题是综合性老年活动中心不够：市州级多数没有建“中心”。县市区一级绝大多没有建“中心”。

最紧迫的问题是农村老年文化阵地缺乏：乡镇很少有老年人专门活动场地。村级更少看见老年人活动室。

三、基本原因

老年文化阵地建设存在问题的原因很多，我们认为，基本原因是“四个有关”。

一是与经济发展水平有关。

二是与领导认识有关。

三是与政策措施有关。

四是与专班工作有关。

四、几点建议

党的十七大报告强调“加强老龄工作”。胡锦涛总书记要求：“我们要弘扬中华民族尊老敬老的传统美德，大力发展老龄事业，给予老年人更多生活上的帮助和精神上的安慰，让所有老年人都能安享幸福的晚年。”温家宝总理要求：“加强应对人口老龄化战略研究，加快建立健全养老社会服务体系，让老年人安享晚年生活。”回良玉副总理指出，我国人口老龄化的严峻性突出表现在规模、速度和难度三个方面，特殊性突出表现在“未老先富”、区域不平衡和城乡倒置三个方面，紧迫性突出表现在面对人口老龄化的严峻形势，我们的应对准备还不足，工作中还有一些迫切需要加强的环节。认真学习领会中央精神，学习省委、省政府领导关于老龄工作讲话精神，针对我省的实际状况，在与市县乡村干部群众认真讨论的基础上，我们提出全省老年文化阵地建设“三年有明显变化、五年有大变化、十年快速发展”的近中期目标，围绕这个目标实现，提几点建议供参考。

（一）高度重视老年文化阵地建设

思想是行动的先导，是一切工作的总开关，是事业前进的火车头。要想加快推进我省老年文化阵地建设，首先还是要解决各级领导干部的思想认识问题。我们要充分认识老年文化阵地建设在全面建设小康社会、实现中华民族伟大复兴中的重要意义；充分认识老年文化阵地建设在社会主义精神方明建设中的地位和作用；充分认识老年文化阵地建设对于丰富老年人精神文化生活、提高老年人生活质量、实现健康老龄化和积极老龄化战略目标的极端重要性。从政治上看，老年文化阵地建设是实现以人为本、落实科学发展观的必然要求；从经济上看，老年文化阵地建设是公益事业，需要政府财力的大力支持，同时，也是可以作为产业来发展、作为经济的增长点来培育的；从文化上看，老年文化阵地建设是社会主义精神文明的重要组成部分，是有中国特色社会主义文化的重要内容之一；从社会上看，老年文化阵地建设覆盖的人群多，涉及所有家庭，影响社会稳定，事关和谐社会建设；从党建上看，老年人中的一部分，尤其是机关单位的绝大部分是党员和党员干部，是党的财富，是基层党建不可或缺的一角。加快推进老年文化阵地建设，既是推进我省“两圈一带”战略发展的内在要求，也是推进我省新农村建设试验、鄂州城乡一体化试验、山区脱贫奔小康试验和乡村新农村建设试验的重要内容。加快推进老年文化阵地建设，既是政治工程，更是民心工程；既是党的要求，更是群众的呼声；既为领导赞许，更为百姓称道。有位领导干部说得好：这是一件既有益于今天老人、也有益于明天我们，还有益后来子孙的“三益之事情”；这是一桩既承传统美德、又成时代美景、也留后世美名的“三美之建设”。

（二）科学规划“十二五”老年文化阵地建设

制定科学可行的老年文化设施规划，是促进老年文化场所建设的基础。有句话说，不谋全局者不足以谋一域，不谋长远者不足以谋一时。我们要科学规划老年文化阵地建设，必须从大处谋划、从长远考虑，当前要认真调查研究，要把老年文化阵地建设放在全省和各地老龄事业发展“十二五”规划中去谋划，放在各地经济社会“十二五”规划中去谋划，放在各地城市建设总体规划中去谋划，并且务必将其写入这三个重要规划。要特别重视将老年活动中心建设纳入城市公共设施总体规划，尤其要在新区建设、旧城改造中，统一规划和布局老年活动中心建设。根据本地人口增长速度和发展需要，参照建设部关于居住区建设规划设计要求，预留老年活动中心场所用地，加强管理和检查。“十二五”期间，真正实现市级城市及县（市区）建1—2所老年活动中心，乡镇、街道办事处至少有1家老年综合活动场所、社区至少有1家老年活动站（室）。到2015年，建成布局合理、设施完备、就近方便的老年人活动场所。全省要重点建设5个示范市、30个示范县、100个示范乡、100个示范社区、300个示范村的“53113”示范工程。

（三）设立市县区老年活动中心建设专项资金

建设市县区老年活动中心是老年文化阵地建设的主体工程，也是老龄事业的一项重大工程，“十一五”列入规划没能很好地完成，“十二五”一定要继续做下去，要作为重大民生工程列入省政府“十二五”为群众办的实事中去。最有力最有效的措施就是省财政建立市县老年人活动中心建设专项资金。对先行一步带头建设活动中心的县市给予财政补贴，每个县可以100万元为补贴标准，完成全省县市老年人活动中心建设约需1个亿的补贴资金，五年完成，每年需安排资金2000万元，此应作为专项资金逐年纳入到省财政预算中去。如省财政全部安排确有困难，可采取“三个一点”的办法筹集，财政、福利彩票公益金、体育彩票公益金各安排三分之一，整合资金，捆绑使用，统筹安排，最大限度地发挥资金的使用效益。各市县区人民政府也要将建设老年人活动中心列入“十二五”期间为群众办实事中去。上下合力将中央要求的、省里规划的、百姓呼唤的、实际需要的这一老年文化阵地建设中的重点工程建设好、完成好。

（四）开展老年文化阵地建设达标创建活动

老年文化阵地建设要有新发展，必须有重大推进措施，开展老年文化阵地建设达标创建活动，符合我省老年事业发展的实际情况，符合全体老年人的文化需求。一要制定统一标准。统一制定市、县、乡、村、社区、企业、事业单位等老年文化阵地建设达标创建设指导性标准。二要出台优惠政策。各地要认真贯彻省民政厅等部门联合下发的《关于大力推动社会力量兴办福利事业的若干意见》，制定老年文化场所建设具体的优惠政策。在供地、用水、用电、税收、信贷等各个方面给予便利和照顾，鼓励和动员社会力量，兴办老年文化场所。三要狠抓创建活动。要结合城市规划兴建、改造一批阵地；结合实施“全民健身工程”、“星光计划”兴建一批阵地；动员企业和社会积极出资出兴建一批阵地。要把老年文化阵地建设融入到全省正在开展的创先争优活动中去，融入到各级文明单位创建中去，融入到新农村建设中去，融入到加强基层党建活动中去，借力发展、合力推进。四要搞好检查督办。一级带着一级干，一级督促一级干，树立典型、推广经验，通报情况、适时召开现场会。最近可在十堰、丹江口等地召开全省市县级现场会、在荆门市高阳镇官桥村等地召开乡村现场会。五要搞好验收表彰。合格一批、验收一批，不合格的继续创建争取早日达标。要有奖励措施。

（五）加强乡村老年文化阵地建设

农村老年文化阵地建设是最大的空白点，也是最突出的难点，应成为今后工作的主要着力点。“十二五”期间要做到乡乡有老年文化活动场所，大多数村有老年文化活动室。省里应列入新农村建设项目。市县财政应给予适当的补贴。乡镇可以通过招商引资、回归工程、经营招标等多种途径进行建设。村一级老年文化阵地原则上不应强调单独建设，最好与村级综合服务中心包括与党员活动中心、青妇兵活动场地、农家书屋联建共建。山区或者大村，可以自然村湾或小组为单位建设，可以建在中心户家里。“十二五”期间，应通过体彩资助对全省所有村配送一套体育器材。各市县要搞好老年人活动阵地示范乡村建设，每年组织一两次具有地方特色的群众性的文化体育活动。省市新农村建设试点单位要在老年文化阵地建设上有更高要求，省市部门单位、企业单位、驻鄂部队新农村建设对口联系支援要将包括老年人文化活地阵地建设在内的农村老龄事业纳入联系支援内容，进行考核验收。

（六）搞好老年文化阵地建设的服务、管理和监督

老年文化阵地是面向广大老年人的非营利性的公益性的为老服务设施，必须加强服务、管理和监督。要建立老年文化场所目标管理机制。本着“建设同时抓管理，规范管理促建设”的原则，在抓好老年文化场所建设的同时，采取自上而下，分层推进，逐级延伸的办法，在市、县（市区）、乡镇、村（社区）建立老年文化四级网络。建立老年文化场所活动管理机制。根据老年人特点，开展农村文化、社区文化、校园文化和厂区文化活动；组织老年人自编自演、体育比赛、读书比赛和书法展览，推进老年文化持续健康发展。建立老年文化场所监督管理机制。进一步规范老年文化场所服务标准，管理程序。按照《基本规范》标准要求，对现有老年文化场所定期检查考评，不合标准的限期整改。对管理混乱，严重侵害老年人合法权益，违反有关法律规定的，要坚决予以处罚。还要解决统一指导和管理的问题，明确各级老龄办是老年文化场所的统一指导和管理单位，各级老龄办要切实担负起指导、协调、管理的责任。

（七）营造全社会关心、支持、参与老年文化阵地建设的氛围

老龄工作涉及千家万户，老龄事业事关方方面面，全社会都要支持关心。老年文化阵地建设需要各级政府强力主导、社会各界广泛参与。要通过新闻媒体及其他宣传教育形式，宣传中共中央、国务院《关于加强老龄工作的决定》，宣传人口老龄化的严峻形势，宣传中华民族尊老敬老的传统美德，宣传老年人的历史贡献，号召全社会都来关心、支持和参与老年文化场所的建设，鼓励和引导民营企业家、慈善家、海外人士向老年福利事业投资和捐赠，动员组织更多力量加入到老年事业建设中来，共同营造老年人幸福快乐之家。

空巢老人的心理需求与对策

广东省老年基金会　乐婷娜姆　党小平

空巢家庭已成为现代社会值得关注的一种现象，老年人在空巢家庭生活中出现了诸多的现实和心理问题，他们的需要得到全社会的关怀和帮助，本文就此进行了一些探讨和浅析。

一、引言

空巢老人，是指子女离家后，单个或者两个独自

居住的老年人。据全国第五次人口普查资料显示，2000年全国65岁以上老人家庭中有26.5%的属于空巢家庭，十年来，随着社会和生活的变迁，各种因素导致空巢老人家庭极速增加，他们的现状和心理、生活需求，已成为政府和老龄工作部门的重要工作之一，满足老年人的心理需求，发挥政府、社会和老年人自身的力量，才能营造和谐社会，让老年人安度晚年。

二、我国空巢老年人家庭的基本情况

据全国第五次人口普查资料，我国空巢老年人的构成如下。

（一）我国空巢老人的城乡比

农村空巢老年人口远比城市严重。

（二）我国空巢老人的年龄构成

2000年，全国65岁以上老年空巢家庭为1561.6万户、2339.5万人，其中1人单身寡居家庭为783.5万户（人）；80岁以上高龄老年空巢家庭为234.8万户，其中单身寡居家庭为146.4万户；2人户独居老人为44.2万户、88.4万人。

（三）我国空巢老人的地区构成（每百户老年人的空巢比例）

我国各地区经济发展水平不一，城镇化水平不一，老年人口的寡居率、独居率也不同。按照第五次全国人口普查的数据，如果考虑65岁以上人口的家庭空巢率（包括寡居和独居），我国大致可分5类地区。

1. 为空巢率最高的地区：天津、浙江、山东和内蒙2省1市1区，每100户老年人口家庭空巢比例在32%以上；

2. 为空巢率次高的地区：上海、江苏、辽宁、黑龙江、山西和河北5省1市，空巢家庭比例在29%～32%；

3. 为空巢率中等的地区：北京、吉林、湖南和安徽3省1市，空巢家庭比例在25%～29%；

4. 为空巢率偏低的地区：有福建、广东、广西、宁夏、新疆等10省2区，空巢家庭比例在20%～25%之间；

5. 为空巢率最低的地区：西藏、甘肃、云南和青海3省1区，空巢家庭比例在20%以下。

由此可见，老年人口空巢率高的地区大都在我国东部经济发达、生育率低的地区，反之亦然。

尤其值得关注的是：十年来，随着家庭逐步小型化和人口更加频繁的迁徙流动。空巢老人家庭大大增加，所占比例也逐步扩大。以广东省为例，广东省老年公共事务研究中心近期开展的调查显示，目前城镇空巢老人家庭已超过50%。由此可见，第六次人口普查后，我国的空巢老人数将极大增涨。

三、空巢老人存在的心理问题

根据多年的工作实践和调查，我们分析得出，空巢老人的心理状况主要体现在以下五个方面。

（一）孤独感非常严重

调查显示，空巢老人中，80岁以下的低龄老年人偶尔参加活动，这部分人占低龄老人总数的的只有50%以上，近25%的老年人从未参加过社会活动；80岁以上的高龄老年人，已经基本上完全不参加任何社会活动。老年痴呆症患者中，一半以上是独自居住的“空巢”老人。

空巢老年人群中普遍存在排遣不去的孤独感。心情郁闷、沮丧、孤寂，甚至食欲降低，睡眠失调，平时愁容不展，长吁短叹，流泪自责，有时认为自己对不起子女，没有完全尽到做父母的责任，有时又责备子女，觉得子女不孝，让父母独守“空巢”。无论是城镇还是农村，没有子女陪伴在身边的老人，在生活和精神上，都会出现难以弥补的“空缺”感。如果老年人口长期单身生活，生活的目标定位不清，生活意义不明确，很容易造成精神空虚、孤独感，进而发展成轻生现象。这些心理失调症，已经成为这些亲人远离身边的老人生活中挥之不去的阴影，我们将其统称为“空巢综合症”。

（二）渴望得到他人的照料和服务

高比例的“空巢”老人现象急剧加速了传统家庭模式的解体，老年人获得的家庭成员照料机会将会越来越少。老年人尤其希望得到亲友的关怀和照顾，也希望得到友邻的帮助，但是，对陌生人的照顾和帮助，老年人持拒绝的态度。调查显示，超过40%的老年人需要照料或护理，7%的老年人完全不能自理，需要依赖于他人。就是说，近一半老人有生活照料和护理方面的需求。老年人口本身肢体行动不便，如果单身生活，长期生活无人照料，无人过问，本人的医食住行都将产生很多问题。“请保姆或护工困难”、“如遇重病住院，子女要工作没人照顾”等成为许多老人面临的现实问题。在城市老人中的一代户比例较高，老年人口与子女的分居已是十分普遍的现象，而年轻人将有限的时间、精力和财力都向子女倾斜，老年人成为家庭的“负担”。同时，随着年龄的增长，老年人的生理功能逐渐衰退，对他人帮助的依赖性越来越高、脆弱性越来越强。

（三）希望去养老机构养老的老年人逐步增多

独居老年夫妻户的老人生活自理程度差，从事家务时间长，健康状况较差。老人身体好，生活尚能自理；一旦生病，子女不在身边，就会有诸多不便。广州市就曾多次出现老年人独自死在家中，尸体发臭才被邻居发现的情况，在社会上引起了相当大的震动。因此，“需要社会服务”“有人照顾生活”等，已成为众多老人的希望，越来越多的老年人尤其是城镇老人，开始选择到养老机构养老的方式安度晚年。目前，虽然目前只有1%的城镇老人在养老机构中养老，但5%的老人已有去养老机构养老的意愿。

（四）农村空巢老人忧虑大于城市老人

目前我国的空巢老人中有1/4以上是单身老人，有不少是经济困难者。农村老年人更有三重忧虑：一是随着独生子女家庭迅速增长，社会将面临一对夫妇赡养四位老人、抚养两位子女的情况，农村老年人没有固定的养老金，家庭的供养资源正在减少，供养能力下降，传统的家庭养老受到前所未有的挑战，老年人极其顾虑自身加重了子女的赡养负担；二是由于长年劳作，到年老时身体健康状况每况愈下，有近四分之三的老人患有一种以上慢性疾病，老人们处于身体孱弱期和多病期。在农村“三农”问题未解决的形势下，大多数空巢老人医疗无保障，尤其是慢性病患者，更是病贫交加；三是家庭中年轻一代的劳动力往往外出打工，老年人不仅要面临独自在家继续务农的现实，大产部分老年人还担负起了照料孙辈的重任，生活不堪重负。

（五）城市身体健康的空巢老人希望实现自身价值

一方面，高龄空巢老人面临身体状况差、无人照料的问题，另一方面，城市老人多数有退休金，经济赡养问题还不突出。许多低龄空巢老人身体状况良好，他们退休后没有生活负担，但却存在生活单一，没有精神寄托的现象，他们最迫切的愿望是投入到社会活动中，丰富自己的精神文化生活，实现自身价值，成为对社会有用的人。在这方面，他们亟需得到政府和社会的引导和帮助。

四、对策分析

针对以上种种老年人面临的心理和现实问题。我们建议政府、社会、老年人共同努力，从六个方面入手，逐步解除空巢老年人的心理负担，为他们营造良好的生活环境，让老年人的精神、物质生活都实现健康老龄化。

（一）防治“空巢综合症”，促进空巢老人心理健康

随着家庭功能的弱化，子女组织家庭，与老年人分开居住已成为普遍的社会模式。政府和社会应当及时介入，帮助老年人及早防治家庭“空巢”综合症，调整心态，逐步摆脱中国传统文化影响，建立新型的家庭关系，减轻对子女的心理依恋，降低对子女回报父母期望水平。作为子女，也要顾及父母的感受，在离家居住后还要定期探望及照顾父母，尽到子女的责任。空巢老人要及时适应和充实自己的新生活内容，不应感觉到退休在家，子女离开，自己就与社会、与亲情隔离了，而应及时调整好心态，培养兴趣爱好，建立新的人际关系改变生活方式，参与各种社会活动和公益性劳动等。

（二）打造“十分钟”居家养老服务圈，让老年人不离开社会，就能得到有效的服务与关怀

在街道（乡镇）、社区建立完善居家养老服务网络，为居家的老年人提供入托、生活照料、家政服务、康复护理、精神慰藉等服务。建立完善居家养老服务组织。街道（乡镇）以居家养老呼援服务为平台，建立居家养老服务指导中心；社区村（居）居委会或依托基层老年人协会等民间组织建立居家养老服务中心（站）；现有的社会福利中心、福利院、敬老院、老年公寓等养老服务机构要积极开展居家养老服务。如广州市越秀区诗书街将社区卫生服务中心设在越秀区中医南院，在辖区10个社区居委会，建立了10个社区卫生服务点，1个社区残疾人康复中心，为当地居家老人提供了最方便快捷的服务。

积极发展以老年人为需求对象的为老服务项目，比如上门护理，上门看病等居家养老服务，这是发展社会化养老服务的重要措施和有效途径。要通过政策引导，鼓励社会资本投资兴办以老年人为对象的老年生活照顾、家政服务、心理咨询、康复服务、紧急救援等业务，向居住在社区（村镇）家庭的老年人提供居家养老服务，为他们营造良好的生活环境。

（三）完善养老和医疗保障制度，解除空巢老年人尤其是农村老年人的后顾之忧

《广东省政府办公厅关于进一步加强我省农村老龄工作的实施意见》明确，坚持以满足老年人的物质文化生活需求为出发点，维护好老年人的合法权益，重点解决农村老年人的养老、医疗和精神文化生活等问题。要以社会保险、社会救助、社会福利为基础，以基本养老、基本医疗、低保制度为重点，以慈善事业、商业保险为补充，逐步建立健全国家、社会、家庭和个人相结合的养老保障体系。加快探索建立与农村经济社会发展相适应、符合农民要求的多层次、多形式的养老保险制度，扩大农村养老保险覆盖面。积极探索多种形式的农村医疗保障制度，加快农村医疗卫生机构建设，完善农村基层卫生服务网络，切实解决贫困地区老年人缺医少药问题。加大农村老年疾病

防治力度，普及老年医疗卫生保健知识，增强农村老年人防病治病意识，提高保健水平。同时，要继续完善各项社会保障制度，大力推广新型农村合作医疗，提高农村老年人的财政补助标准，扩大报销范围，提高报销比例。开展新型农村合作医疗与城镇居民基本医疗保险相衔接的试点。以上种种措施，为解决老年人尤其是空巢老人养老问题提供了良好的保障

（四）完善机构养老功能，鼓励空巢老人家庭入住福利机构，得到全面照顾

社会化养老是老年人养老的必然趋势，应将社会福利机构的培育纳入老龄事业发展规划，鼓励和支持民间组织、企业和个人采取独资、合资、合作、联营、参股、租赁等多种形式，创办不同标准的敬老、养老设施，增加养老床位。鼓励空巢老年人转变思想，积极进入福利机构养老，为家庭减轻负担，为自己营造安全、周到，服务全面的生活环境。同时，在养老院、老人医护、家庭病床等相关产业和服务方面，落实创业扶持政策，给予适当资金支持。开展以生活完全不能自理和半自理老年人为对象的“爱心护理工程”试点和示范工作，建设一批“爱心护理院”。建立示范性、起指导作用的区福利院。积极推动街道托老中心建设。

（五）完善代际和谐，让空巢老年人感受到政府、社会、家庭的温暖，缓解他们的心理忧虑

发动年轻人建立志愿者和义工服务队伍，开展居家养老服务公益活动。通过探索多种“居家养老，社会扶助”的模式，完善了代际和谐，让空巢老年人感受到政府、社会、家庭的温暖。如：1. 开展“一助一”服务，以结对帮扶的形式开展邻居互助。2. “求助门铃”服务，即在老年人邻居安装鸣叫铃，并与老年人居家的求助按钮相连，一摁按钮铃便响，唤来邻里相助。3. 电子呼叫系统服务。在老年人家庭安装电子呼叫器，一摁按钮便可接通社区服务中心服务台，按需求提供相应服务。

随着居家养老服务项目和内容不断拓展，广州市越秀区制定相应的政策和措施，倡导居家养老和慈善互助相结合，实施社区老年人“三帮一”互助服务，即一个社区党员、一个邻居街坊、一位义工大学生帮助一户独居孤老。鼓励并支持社区居委会组织动员驻社区单位和社区居民开展邻里互助等群众性自我服务活动，为居家的孤老、体弱多病和身边无子女老人提供各种应急服务，为优抚对象、残疾人及特困群体缓解生活困难提供服务；倡导居民群众和驻社区单位开展慈善捐赠、互帮互助，对社区困难群体实行辅助性生活救助。通过“三帮一”互助服务，不仅空巢老年人得到帮助和服务，很多社区社会氛围都有了良好的改善。

（六）丰富空巢老人精神文化生活，实现自身价值

提倡老年人老有所学、老有所乐、老有所为、老有所学。大力发展老年人文化教育体育活动，加大为老服务设施的投入，鼓励和引导老年人参加文体活动、写字、作画、唱歌、跳舞、读书、看报、旅游、参观等，充实生活内容，以健康的身体、良好的心态，积极投入参与社会活动，全方位丰富老年人精神文化生活。

充分发挥农村老年人“老有所为”的作用，普及农村老年人健康、养老、保健等科学文化知识，引导农村老年人崇尚科学、抵制迷信，移风易俗、破除陋习，提倡科学文明的健康生活方式。鼓励老年人从事关心教育下一代、传授科学文化知识、开展咨询服务等活动。充分发挥各级老年人体育协会作用，支持和引导农村老年人参加各种有益身心健康的群众性体育健身活动。

对低龄健康老人，要倡导其本着自愿和量力而行的原则，组织起老年志愿者队伍，为社会服务，为高龄老人及生活不能自理老人服务，促进其实现自身价值。

加快推进云南养老服务体系建设调研报告

云南省老龄工作委员会办公室

我国 2009 年底老龄人口已经突破 1.67 亿人，独生子女家庭累计 1 亿多户，本世纪中叶，60 岁以上人口 3 倍于现在，80 岁以上高龄老人将 5 倍于现在，社会养老服务供需矛盾将长期存在。加快社会养老服务体系建设，改善老年人生活质量，维护反哺式养老的中华传统美德，形成关爱老人的长效社会福利制度

显得十分迫切。为加快推进我省养老服务体系建设，满足日益增长的养老服务需求，根据相关文件要求，按照全国老龄委的统一部署和省委省政府的战略安排，省老龄办承担了省政府政策研究课题，课题组采取实地调研、问卷调查、统计分析、文献研究的方法，对云南省人口老龄化与养老服务问题进行了认真的分析研究，形成如下咨询报告，供决策参考。

一、云南养老服务现状及存在的问题

（一）基本情况

我省自2000年起开始进入人口老龄化社会，截止2010年底，全省60周岁以上老年人达到565.6万，占总人口的12.3%，到“十二五”末老年人口将增至680万，约占人口总数的14.3%，呈现老年人口基数大、农村老年人口多、老年人口贫困面大、高龄和空巢老年人比例高等特点，全省有125万老年人纳入城乡低保，占老年人总数的22.1%，是典型的“未富先老”省份。据省老龄办课题组对6个县（市、区）1200名老年人抽样调查，35.6%的老年人需要照护，空巢老人占抽样调查的50.25%。目前，我省养老服务基础设施建设严重不足，有8个州市无州市级国办养老机构，80个县市区无县级国办养老机构，现有国办养老机构大多数是农村敬老院，全省每千名老年人拥有养老机构床位数仅为7床，不足全国平均床位数的一半；农村五保对象集中供养率仅为10%，与全国超过30%的平均数差距较大；民办养老机构规模小、档次低，社区养老服务还处于起步阶段，涉老民间组织培育、整合力度不足，社会力量参与养老服务积极性不够。近年来，空巢、失能、高龄老年人群体的大幅增加，传统的子女赡养养老模式面临严峻挑战，养老服务需求与供给矛盾更加突出，迫切需要加快养老服务体系建设。

（二）存在的困难和问题

1. 对发展养老服务的认识不足。各级党政对人口老龄化严峻形势以及对社会、经济的影响认识不足，没有从积极应对人口老龄化挑战和构建和谐社会的高度认识加强养老服务体系建设的重要性、紧迫性，利用我省独特的区位、气候、文化、旅游等优势把老龄产业打造成新的经济增长点的战略意识不强；各级老龄委成员单位职能分割、条块管理，难以实现养老服务资源的整合、共享；养老服务业市场化进程缓慢，提供社会化养老服务的机构和组织刚刚起步，难以满足日益增长的老年人多层次、个性化的服务需求；受“养儿防老”等传统观念的影响，老年人自愿购买社会化养老服务的意识不强，与当今社会化、市场化、专业化的养老服务理念差距甚远。

2. 政策法规体系不完善。目前，我省除相继出台《关于加快发展养老服务业实施意见》《关于加快推进养老服务事业发展的意见》外，还未出台系统配套的扶持养老服务发展的规范性文件，政府相关部门对养老机构在市场准入、服务提供、行业引导和监管激励等方面的政策法规和制度建设相对滞后，已有的优惠政策由于省州县三级缺乏必要的经费投入也难以落到实处。养老服务行业自我发展、自我管理能力欠缺，在横向沟通交流和对上反映诉求方面渠道不畅。在统筹养老服务事业发展、涉老资源和涉老社会组织等方面，牵头部门缺乏有效的整合平台和措施。

3. 投入机制和资金来源单一。国家至今没有出台民办养老机构银行信贷等方面的相关扶持政策，我省也没大力推行“公办民营、民办公助、政府购买服务”的运营管理新模式，民办养老机构很难享受到现有的土地、税收、用工、水电等公益性服务的优惠政策。养老服务经费投入机制不健全，发改部门尚未将养老服务体系建设列入专项规划予以大量投入，除省级财政投入敬老院建设资金外，只有少量的福利彩票公益金投入到养老服务体系建设，主渠道投入对社会力量投资养老服务业的引领作用不明显，社会力量参与投资兴办养老服务机构的积极性不高，养老服务投入主体多元化、服务供给多样化的建设格局远未形成。

4. 基础设施不完善。长期以来，我省的养老保障制度一直滞后于社会经济的发展，政府主导的养老机构投入严重不足，现有的国办养老机构普遍存在基础设施简陋、服务功能不完备、服务水平不高等问题，难以起到国办养老服务机构的示范带动作用；绝大多数民办养老机构租地租房经营，主要收养失能失智老人，投入少、规模小、生存困难，缺乏可持续发展能力。城市社区养老服务设施和组织尚处试点阶段，农村养老难题尚未破解，适应不了大多数居家老年人的社会化养老服务需求。

5. 管理不规范，服务水平不高。目前我省大多数养老机构，内部管理制度不够规范，管理人员大多未受过专业培训，部分养老机构连老年人入住养老机构的合同文本都留有争议和隐患；养老服务从业人员大多是边远山区进城务工的农民工和下岗失业的女性“4050”人员，缺乏必要的专业护理知识，劳动强度大、待遇差、社会地位低，队伍极不稳定，养老护理水平不能适应不同收入水平的老年人的多样化需求。

6. 各级老龄工作机构远远不适应人口老龄化的发展要求。各级老龄委是议事协调机构，不是党政职能部门，不能很好地履行组织老龄委成员单位进行决策、联动、投入、督办和激励等工作机制作用，由于部门条块分割，缺乏有效的监管问责制度，导致政府对老龄部门工作职能的定位不准；各级老龄办作为老龄委的办事机构，缺乏刚性的部门职能和行政资源，设在民政部门的各级老龄办很难去综合协调，更难以督办问责老龄委成员单位的涉老工作，本应在养老服务体系建设中发挥主导作用的各级老龄办无法起到协调决策、组织指导、督促落实、整合资源、推进工作的作用；目前我省绝大多数县级老龄办编配人员少，工作经费难以保障，乡镇、村（居）委会几乎没有老龄专干，致使诸多老龄工作任务在基层难以落实到位。

二、进一步加强云南养老服务体系建设的总体构想

（一）基本思路

以科学发展观为指导，以人人享有基本养老服务和城乡均等化为目标，针对我省经济社会发展相对滞后和“未富先老”的实际，通过政府主导，积极探索公建民营、民办公助、政府购买服务的新路子，建立以居家养老为基础、社区服务为依托、机构养老为补充的覆盖城乡的养老服务体系；推进养老服务普及化、服务和投资主体多元化、服务对象公众化、运营机制市场化、服务方式多样化和服务队伍专业化，依托我省得天独厚的生物、气候、旅游等资源优势，创造性地建设生态养老、园林养老、文化养老等特色养老模式，拓展养老服务项目，打造云南独具特色的养老服务品牌，培育发展老龄产业，满足广大老年群体多样化、个性化的服务需求。

（二）基本原则

坚持以人为本、和谐发展原则；坚持突出重点、优先发展原则；坚持与老龄市场需求相适应原则；坚持适度普惠型养老与市场主导的社会化养老相结合原则；坚持品牌带动、规范运作的原则。

（三）发展目标

“十二五”末，全省基本建立起以居家养老、社区照顾、机构供养相结合的，布局合理、规模适度、功能完善、覆盖城乡的新型养老服务体系。初步建构起结构合理、门类齐全、管理规范的老龄产业发展体系；逐步建立起基层组织健全、精神文化生活丰富、社会参与广泛、合法权益有效保障的老年社会管理体系；加强和完善与经济社会和人口老龄化发展要求相适应的、职能明确、协调高效的老龄工作体系。

2011 年至 2013 年，全面启动城镇居家养老服务覆盖工程，三年内覆盖率达 50%以上，使城镇社区老年人在家里就能享受到政府及社会提供的基本服务。启动农村老年服务中心建设工程，实现全省农村 5%的行政村建有包括生活照料、医疗保健、文化娱乐、应急救护等功能的老年服务中心（站、点）。国办养老机构达 100 个以上，床位 2 万张以上。民办养老机构 100 个，床位 2.5 万张。农村敬老院床位数达到 3.5 万张；2014 年至 2015 年，形成政府主导、社会参与的养老服务体系建设工作格局，全面实施城镇居家养老服务全覆盖工程，10%的农村行政村建有健康、娱乐、医护等服务的老年服务中心（站点）；国办养老机构达 130 个以上，床位数 3 万张以上；民办养老机构 150 个以上，床位数 4 万张以上，农村敬老院床位 7 万张以上，构建起较为完善的云南城乡养老服务体系。

三、云南养老服务体系建设内容

（一）老年社会保障体系

不断完善各项社会保障制度，努力提高保障水平，并逐步缩小城乡、区域、群体之间的社会保障待遇差距。继续完善企业职工基本养老保险制度，加快推进“新农保”覆盖步伐。研究建立城镇居民养老保险制度，健全高龄老人津贴制度，引导公民参加个人储蓄性养老保险，扶持老年长期护理保险、老人出行意外伤害保险等商业性老年保险产品开发，鼓励商业保险、商业银行或住房公积金部门建立公益性中介机构，开展“以房养老”（住房反向抵押贷款）、“土地养老”、“信托养老”等新型养老方式试点。完善城乡最低生活保障制度，研究探索支出型贫困的救助办法，制定低收入家庭中生活不能自理的老年人和残疾老年人入住养老机构的补贴政策，研究居家养老的补贴政策和家庭成员照顾年老父母的奖励扶助和救助贫困老年人的制度。完善城乡一体化的医疗救助制度，做好与相关社会保障制度的衔接，充分保障困难老年人的医疗服务。

（二）为老社会服务体系

加快改善养老服务设施条件，积极拓展福利性公共服务、非营利性公益服务、社会性互助服务和商品性市场服务等社会化服务的内容和方式。基本形成多形式、广覆盖的居家养老服务网络，居家养老服务中心（站点）、老年日托站点、助餐网点基本覆盖全省城市街道、社区，10%以上的行政村建立综合为老服务中心（站点），全省 70%以上的街道（乡镇）、全部城市社区和 1/2 的行政村级建立老人活动站点。加快为老社会服务信息系统建设，建立健全省联网的老年人基本状况、求助热线和为老服务的信息系统及老龄事业发展监测数据库、指标体系及决策咨询系统。加快老年人居环境建设，推进城市无障碍化，建成 2

个“老年友好型城市”和10个“老年人宜居社区”。加强为老服务队伍建设，建设一批培养养老护理员专业的院校，积极开展社工人才队伍和为老服务队伍的系统培养和在职培训，建立从业资格认证制度，“十二五”末，专业养老护理服务队伍的培训和持证上岗率达到60%以上。推动建立社会互助和志愿服务制度，培育为老服务组织。发挥政策扶持的引领作用，支持规模发展，鼓励连锁经营，逐步建立标准化、专业化、职业化、集约化的养老服务体系。

（三）老龄产业发展体系

按照“培育壮大老龄产业”的精神，切实将老龄产业发展规划纳入国民经济和社会发展总体规划，培育和规范老年消费市场；围绕云南生物气候、民族多样性等自然人文优势资源，建立省级老龄产业研发基地，带动形成一批供给老年用品和服务的龙头企业，打造知名品牌；完善老龄产业的相关行业标准和服务规范，建立服务质量标准体系，培育行业中介组织，加强行业监管。

（四）老龄精神文化生活服务体系

健全老年继续教育，增加投入，强化老年大学（学校）建设，加快社区老年教育。“十二五”期间建立云南电视台、广播电台老年专题栏目，建设一批省、州（市）、县老年培训学校，每个街道（乡镇）、村（居）委会建有一所老年学校，老年人入学率达到5%，力争10%。健身场所基本覆盖城乡社区。继续组织开展“敬老月”、老年体育健身大会等重点文化体育活动，充分发挥其在推动全省老年文体事业建议方面的导向性、示范性和带动作用。鼓励和支持老年人的社会参与，老年志愿者数量力争达到老年人口的5%。

（五）老龄权益保障体系

健全保障老年人权益的政策法规体系，研究建立老年人的社会保护制度；逐步探索建立失能、失智等丧失自主行为能力的老年人法定监护人制度；继续完善老年人优待制度，制定并推行全省统一的老年优待政策；加强老年人法律援助和司法保护；制定《养老机构管理条例》，加强对养老服务机构的监管，切实维护老年人的合法权益。

（六）老年人社会管理体系

建立健全基层老龄工作机构和工作队伍，城镇街、居和农村乡（镇）、村普遍建立老龄工作机构，配备人员专门负责老龄工作。培育发展各类老年社会组织，基层老年群众组织在村（居）委会达到全覆盖。加强基层老年群众组织的能力建设，增强其组织老年人互助、开展为老社会服务、管理老年人群体的功能和作用。有效整合社会资源，探索老年人社会化管理的新形式。

四、进一步推进养老服务体系建设的对策建议

（一）发挥政府主导作用

各级政府应根据十七届五中全会提出的“积极应对人口老龄化，优先发展社会养老服务，培育壮大老龄服务事业和产业”的有关精神，切实将养老服务体系建设摆上重要议事日程，纳入当地国民经济和社会发展规划。以基本公共服务均等化为出发点和落脚点，把老龄事业作为公共服务的重要领域，充分发挥政策扶持和财政投入的导向作用，建立健全对老年社会福利机构（含农村敬老院）的基础设施建设、正常运转经费保障以及安排公益性岗位、养老护理员职业化培训等长效投入机制。统筹规划，加强部门协作，整合各类社会资源，加大政府投入，鼓励和引导社会力量参与养老服务建设，不断推进养老服务体系建设加快发展。

（二）完善政策法规体系

尽快出台《养老服务业管理办法》等法规文件，加强和规范养老服务企业（机构）的设置、监管、服务和退出机制；加强对社会养老服务机构的监管力度，通过相关行业协会，建立健全社会化养老服务评估、评审制度，对养老服务机构财政专项资金的落实和使用、养老服务机构的服务技能和服务质量、入住公办社会福利（养老）机构对象的资格审核以及政府补助对象等方面开展评估、评审；各级政府要根据当地老年人口发展速度和养老服务需求状况，科学制定养老服务体系建设专项规划，进一步加强规划引导，严格按照规划和建设标准，在落实城镇社区建设规划、新农村建设规划、新建居住区和旧城改造以及商业网点布局时有针对性地配套养老服务基础设施。

（三）落实优惠政策

制定出台对民办养老服务机构和居家养老服务业发展的各项优惠政策，吸引社会力量建设养老设施，建立养老机构，参与养老服务。贯彻落实国家和省关于养老服务机构床位建设补贴和运营补贴、就业补助、信贷支持、定点医疗管理、土地供给、规费减免等一系列优惠政策。同时，应充分考虑县乡两级政府的财力困难，调整财政支出结构，加大省财政对经济薄弱地区的转移支付力度。

（四）健全投入机制

各级政府要按照市场经济规律和老龄事业发展要求，尽快建立健全与经济社会发展相适应的老龄事业投入同步增长机制，加大公共财政投入，增加福彩公益金用于老龄事业的投入比例；尽快制定新建民办养老机构的奖励政策，通过以奖代补的方式引导社会资金投入老龄事业。公共财政资金和彩票公益金要优先支持推行公建民营、民办公助试点的养老机构和政府购买服务、养老补贴，加大普惠型社区居家养老服务的投入比重，逐步建立和完善以公共财政为主导的、多元化的老龄事业投入机制，为老龄事业的持续快速发展提供充分的物质保障。

（五）加强各级老龄工作机构建设

按照老龄工作的目标、任务和特点要求，加强各级老龄部门机构建设，把各级老龄办设置为独立行使行政职能的政府工作部门，配置相应的规格级别、行政编制、工作和事业发展经费，完善老龄工作体制机制，强化管理和服务职能，赋予各级老龄办诸如民办养老机构、社区养老服务机构的行政审批和监管权、统筹养老服务及涉老民间组织行政监管等刚性部门行政职能。实施居家养老服务、高龄津贴制度等项工作后，基层乡镇（街道）日常业务量大增，应在乡镇（街道）增设老龄专干，村（居）委会明确人员从事基层老龄工作。

贵州省老龄事业发展“十一五”规划中期检查评估报告

贵州省老龄委办公室

2009年是贯彻实施贵州省老龄事业发展“十一五”规划的第四年，为全面了解《规划》实施进展情况，按照省老龄委第九次全体会议安排部署，省老龄办于去年4月下发《关于对各市（州、地）贯彻实施老龄事业发展“十一五”规划进行检查评估的通知》。各市（州、地）老龄委高度重视，精心组织，对贯彻实施《规划》情况进行认真自查，按期上报自查报告。省老龄办在各地和省直有关部门自查的基础上，从老龄委各成员单位抽调人员组织三个组，对9个市（州、地）贯彻实施《规划》情况进行检查评估。现将情况报告如下。

一、实施《规划》的总体情况

省人民政府批转的《贵州省老龄事业发展“十一五”规划》明确了“十一五”期间我省老龄事业发展的指导思想、总体目标和基本原则，提出了实施《规划》的保障措施。4年来，我省各级老龄委在省委、省政府和当地党委、政府的领导下，认真贯彻落实“党政主导、社会参与、全民关怀”的老龄工作方针，按照《规划》确定的目标任务，狠抓落实，确保《规划》顺利实施，促进了老龄事业的发展。养老保障制度和医疗保险制度进一步健全完善，保障标准不断提高；养老服务工作稳步推进，服务水平进一步提升；老年法制建设进一步加强，老年人合法权益得到保障；老年教育文体活动广泛开展，老年人精神文化生活丰富多彩；基层老年工作得到加强，全社会敬老爱老的氛围日益浓厚；老龄工作得到社会广泛关注，齐抓共管大老龄格局基本形成。

（一）养老保障方面

建立完善了城镇基本养老保险制度，实现基本养老保险省级统筹。截至到2009年底，全省城镇企业职工基本养老保险参保人数达到235.4万人，比2005年增加51.7万人，比十一五规划数210万人增加25.4万人，其中退休人员58.5万人。全省养老保险基金征缴收入96.64亿元，养老保险待遇支出87.01亿元。建立基本养老金正常调整机制。退休人员月人均基本养老金从2005年600多元增加到2009年的1149元。贵阳市开展了城镇无收入居民养老保障试点工作。按照国务院统一部署，省人民政府下发《关于开展新型农村社会养老保险试点的意见》。2009年全省有11个县（市、区）纳入国务院新型农村社会养老保险试点，符合参保缴费条件16至60岁人口约265万人，领取养老金60岁以上的农民44万人。贵阳市有7个县（市、区）自费开展农村养老保险试点。农村老年人“老有所养”开始有制度性保障。农村计划生育独生子女和二女结扎户家庭养老保险制度试点扩大到32个县（市、区）。建立农村计划生育家庭奖励扶助制度，补助对象2.8万人，年人均补助720元。制定被征地农民养老保障政策。全省已有4个地区统一出台被征地农民社会保障政策，2009年全省审批了130多个征地项目社会保障方案。在农村，逐步完善土地保障、家庭赡养和社会扶助相结合的养老保障体系。为了预防和减少家庭赡养纠纷，各地继续开展了《家庭赡养协议书》的签订工作，明确养老标准和赡养责任，进一步规范家庭养老行为，巩固家庭养老保障功能。

（二）医疗保障方面

进一步完善城乡医疗保障制度。认真抓好医保扩面工作，努力扩大退休人员参保范围。将全省在校大学生纳入城镇居民医保，中央及中央下放地方和依法破产国有企业退休人员参加城镇职工基本医疗保险的问题得到妥善解决。截至到2009年底，全省基本医疗保险参保人数达3479万人，其中城镇职工医疗保险由2005年180万人增加到2009年280万人（退休人员从51万人增加到82万人）。提前一年在全省全面推开城镇居民医疗保险制度，2009年参保居民287万人，比上年增加140万人。新型农村合作医疗参保人数2912万人，参合率达94.3%，参合率高于全国和西部地区平均水平，其中农村低保户和五保户参合率为100%，老年人参合率为95%，参合农民享有标准由上年80元/人提高到100元/人。全省66个县实行新农合门诊统筹，2056万参合农民获门诊补偿，214万人获住院补偿，住院补偿比例达53.09%。投资10.56亿元新建和改扩建36个县级医院、133个中心乡镇卫生院和27个社区卫生服务中心，新建8000所整洁、美观、实用的村卫生室。每万人医院卫生院床位数从2005年的15张增加到2009年的21.53张。

加强社区卫生工作，2009年国家启动了基本公共卫生服务，安排4.5亿元补助资金，免费为城乡居民提供92项基本公共卫生服务。开展社区老年人预防、医疗健康指导服务试点工作，为25万老年人建立健康档案，并每年进行一次体检，选择两所医院开展老年病专科建设项目。开展了“百万贫困白内障患者复明工程”，为10309名白内障患者免费手术复明，其中老年患者80%以上。

建立完善城乡医疗救助制度。从2005年开展城乡医疗救助试点以来，试点范围逐年扩大，现全省88个县（市、区）建立了城乡救助制度。2009年全省有25万城市困难群众和213万农村困难群众得到救助，累计支出救助资金2.1亿元。

（三）社会救助方面

建立健全城乡低保制度，将符合条件的城乡老年人以及特困老人全部纳入低保范围，做到了“应保尽保”。截至到2009年底，全省有城市低保对象55.56万人比2005年增加6.98万人，其中老年人8.33万人，占15%，人月均补助158元，比2005年增加83元。2009年累计支出低保资金9.71亿元，比2005年增加5.36亿元。农村低保对象322万人，比2005年增加315.6万人，其中老年人106.8万人，占33%，年人均补助751元，比2005年增加498元。2009年累计支出低保金24.23亿元，比2005年增加24.05亿元。按照分类施保的原则，对城市的“三无”低保对象和家庭中有70岁以上老年人的特困低保家庭，在其原享受保障金基础上增发10%～30%低保金；对农村特困老年人按其核定的家庭人均补助金额的20%～40%或定额增加发放补助。同时进一步加强了农村“五保”供养工作，各地深入贯彻国务院新的《农村五保供养条例》，着力解决农村“五保”老人的吃饭、穿衣、住房、医疗和丧葬问题。截至到2009年，全省五保供养金支出9784亿元，人均646元，比上年增加75元。各地结合农村危房改造项目集中修建五保户住房，2009年投入五保户危房改造资金1.3亿元。

（四）社会福利和养老服务设施建设方面

加快建立以居家养老为基础、社区服务为依托、机构养老为补充的养老服务体系。从2007年起，在贵阳市云岩区、南明区和小河区开展了居家养老服务试点工作。2009年省人民政府办公厅转发省老龄办等11个部门《关于积极推进居家养老服务工作的意见》，提出到2012年，全省城市社区基本建立起各种形式广泛覆盖的居家养老服务网络。截至到2009年底，全省有67个县（市、区）、389个城市社区、43个村开展了居家养老服务工作，为社区的老年人提供生活照料、家政服务、紧急救助、康复护理和精神慰藉及其他便利老年人无偿、低偿服务项目。享受居家养老服务的老年人近26万人，其中政府购买服务1557人。2006年至2009年国家补助和当地政府匹配共计2393万元建设资金新建城市社区服务中心6个、社区服务站22个、社区信息服务网络1个，加上2001年至2003年民政部门修建的394个城市社区老年福利服务设施“星光计划”项目，城市老年活动场所紧缺问题有所缓解。

十一五期间，各级政府加大投入，建立面向城乡“三无”老人的社会福利院和乡镇敬老院。加强了养老福利机构建设，启动了“社会福利中心计划”和“霞光计划”，多渠道筹集资金，新建和改扩建一大批养老福利机构，2006年至2009年，新建社会福利中心6个，福利院和老年公寓23个；改扩建社会福利院17个；实施敬老院改扩建项目150个。截至到2009年底，全省有国办养老机构和乡镇敬老院等养老服务机构938个，比2005年增加52个，床位24611张，比2005年增加7356张，其中乡镇敬老院

816个，床位15274张，床位比2005年增加4368张。全省城乡每千名老年人拥有床位数由2005年的2.8张提高到2009年的4.5张。为加快养老服务业发展，省政府办公厅下发《关于加快发展养老服务机构的意见》政策文件，鼓励调动社会力量采取民办公助、公建民营、政府补贴购买服务等多种形式，推动养老机构的发展。民办养老机构从无到有，2009年全省民办养老机构48家，床位2300张。

（五）老年人精神文化生活方面

为进一步丰富老年人的精神文化生活，满足不同层次老年人的需求，各地广泛开展了形式多样、内容丰富、健康有益的适合老年人特点的文化体育活动。举办了贵州省第一届老年艺术节、贵州省老年人苗歌侗歌大赛、全省老年书画摄影展和全省老年产业博览会等活动。省体育局、贵阳市政府与国家武术运动管理中心在清镇联合举办2009年国际太极拳交流大会，参加表演的海外运动员12270人。贵州老年体育代表团参加全国首届老年人体育健身大赛，取得金牌11枚、银牌13枚、铜牌25枚的优异成绩。各地按照就地、就近、小型、多样的原则，采取不同的方式，组织广大老年人开展了门球、网球、乒乓球、羽毛球、棋牌、钓鱼、登山、健步走、健身气功等项目的比赛和活动。全省经常参加体育锻炼的老年人达120万人。各级老年体协组织的不断健全完善，推动我省老年体育事业发展。

认真办好老年大学（学校）。2006年至2009年全省新建基层老年学校673所，现全省有各类老年学校1197所，学员11万余人，比2005年增加5.7万人，学员人数占全省老年人口总数的2.1%，提前超额完成我省老年教育“十一五”规划，初步形成了多层次、多形式、多学制、多学科的老年教育体系。从2007年开始，省级安排2720万建设资金，支助68个非经济强县修建老干部活动场所。安排500多万资金修建75块基层老年人健身场地。

省级和地县电视台、广播电台、报刊、杂志开办老年节目和老年栏目，丰富老年人精神文化生活。《晚晴》杂志和《贵州老年报》适应老年人精神文化需求，努力提高报刊质量，发行量和赠阅数量逐步提高。

（六）老年人权益保障方面

各级政府认真贯彻实施《中华人民共和国老年人权益保障法》和《贵州省法律援助条例》，切实维护老年人的合法权益。各级人民法院对涉老案件，做到优先立案、优先审理、优先执行，有的市（州、地）和县（市、区）还建立了老年法庭。各级司法部门建立了法律援助中心或法律援助站，乡镇和社区设立法律服务网点，为老年人就地、就近、及时得到法律服务提供方便。截至到2009年底，全省成立老年法律援助中心（站）1600个，老年维权岗1224个。仅2009年司法部门依托各级法律援助中心（站）为老年人办理各类案件7551件，接待法律咨询6278人次。同时，认真落实老年人的优待政策。各地认真贯彻落实《贵州省优待老年人试行办法》精神，公园、风景名胜区以及公共文化活动场所免费或优惠向持有《老年人优待证》的老年人开放，城市（镇）公交车免费让70周岁以上的老年人乘坐。鼓励各地建立城乡高龄老人津贴制度，从2008年起，省对百岁老人的补助金从每人每年500元增加到每人每年1200元。全省有36个县（市、区）对90—99岁的高龄老人发放生活补贴。贵阳、遵义两市开展创建全国无障碍建设。

（七）老年人社会参与方面

为充分发挥老年人在构建社会主义和谐社会中的优势和特长，鼓励和支持老年人继续参与经济社会建设。各地高度重视关工委的建设，不断壮大老干部、老战士、老专家、老教师、老模范队伍，截至到2009年底，全省已建关工委3238个，参与关工委工作的“五老”人员达15万人。同时，省和8个市（州、地）及部分县（市、区）还建立了人才资源专家数据库。省老年书画研究会、妇女书画协会、老年摄影协会、省诗词楹联协会等老年社团组织老年人开展书画、摄影、诗词进校园、进企业、进社区、进军营等活动，继续为经济社会发展和精神文明建设作贡献。

社会各界和广大人民群众广泛关注老龄事业，支持参与老龄工作；人大代表、政协委员通过建议和提案对老龄工作建言献策，有力地推动了我省老龄事业发展。

二、实施《规划》存在的主要困难和问题

从检查情况看，各地和省直有关部门在贯彻实施《规划》中做了大量的工作。特别是随着经济发展、国家财力的增加，各级财政用于民生建设项目的投入大幅度提高。我省老龄事业“十一五”规划中的养老保障、医疗保障、社会救助、老年教育的目标已提前完成。老年文化体育、老年人权益保障、老年人参与社会等工作取得较大的进展，但与全国平均水平相比差距较大，如经常参加体育活动的老年人以及参加社会活动老年人占老年人的比例远远低于全国平均水平。老年文体活动场所与全国平均水平差距还很大，目前全省还有2个市（地）未建立老年活动中心。

《规划》完成差的主要是养老机构建设。按照“十一五”规划，2010年全省城乡老年人床位数达到3.9万张，其中乡镇敬老院床位数达到3.6万张，每千人拥有床位由2005年的2.8张提高到7.5张。到2009年底，全省养老床位只有22461张，占规划数的56.4%，还差1.74万张。每千名老年人拥有床位数4.8张，远远低于全国17张的水平。究其原因主要是投入不足，仅靠民政部门单打独斗要实现规划目标难度很大。从省外发展养老服务业的经验来看，首先是党委、政府重视，把养老服务建设纳入经济社会发展规划和民生项目，建设资金列入财政预算。二是制定社会养老服务社会化的政策，通过优惠政策扶持民办养老机构发展。青岛市政府对社会力量投资建设养老服务机构，市财政按照以奖代补的方式给予适当补助。其标准是：2010年前、2011年前、2012年前建成并投入使用的，市财政分别按每张床位8000元、6000元、5000元给予一次性补助，其建设用地经依法批准，可采用划拨方式供地。同时对养老服务机构每接受一位老年人，按照每月100元的标准给予运营补助。同属西部省区的西安市对社会力量新建养老机构，城区内每张床位给予一次性补贴3000元、城区外给予一次性补贴2000元；对已营运的民办养老机构，按实际入住人数给予不同等级的营运补贴。《贵州省人民政府关于加快发展养老服务机构的意见》（黔府办发<2008>29号）对新建养老机构在建设用地、床位补贴、水电气费用和税收方面制定优惠政策，但在实施过程中难度很大，特别是建设用地不论非营利性养老机构和营利性养老机构一律挂牌拍卖，使许多看好贵州气候、环境和旅游资源，有意到贵州投资兴建养老服务业的民营企业家望地兴叹，打道回府，谋求政策宽松的省区发展。

此外，随着人口老龄化进程的加快，城市空巢、高龄、失能老年人生活照料困难，农村贫困老人和留守老人养老问题较为突出，全社会尊老、敬老、助老社会氛围有待进一步形成。

三、对贯彻落实《规划》的建议

1. 进一步提高对老龄工作认识。今年是实施老龄事业“十一五”规划的最后一年，各市（州、地）政府、省老龄委各成员单位要结合本地实际和部门工作职责，对照“十一五”规划，认真检查，对目标任务完成困难的要采取切实可行措施，确保规划落实。

2. 完善城乡居民社会保障体系。努力扩大养老保障、医疗保障覆盖面，提高保障标准；扎实推进农村社会养老保障试点，做好各项保障救助政策之间的衔接。

3. 认真落实省人民政府办公厅《关于加快发展养老服务机构的意见》，将养老机构建设纳入社会发展规划，加大政府投入。建议省政府将省民政厅上交省财政的彩票公益金（2008年2600万元，2009年3300万元）返还给民政部门用于扶持各地新建养老服务机构。

4. 加大对老年文化教育基础设施建设投入，整合社区资源，满足老年人文化教育活动需求。

5. 加强基层老龄工作，扎实推进城市社区居家养老服务，积极探索农村留守、高龄、失能和贫困老人生活照料路子。

6. 健全老龄工作体制，加强老龄法规政策建设，加强调查研究，做好制定“十二五”老龄事业发展规划的各项准备工作。

四川省农村老龄化问题调研报告

聂奎　李江

一、四川省农村老龄化基本情况

四川省总人口8815万人，农业人口6700万人，辖21个市（州）、181个县（市、区）。其中，涉农县（市、区）有176个。四川省农村老龄化主要有五个特点：一是绝对数量大。据统计，截止2009年底，全省60岁以上老年人口已达1317万多人，占全省总人口的14.9%，位居全国第三。其中农村60岁以上老年人达920万人，占全省农业人口的13.73%。全省人均寿命超过73岁。二是发展速度快。据统计，四川从1997年跨入人口老龄型省份后，从2000年到2009年底，全省老年人口的平均增长速度为3.77%。2005年到2006年老年人的增速为3.69%，2007年到2008年的增速为4.37%，而2008年到2009年老年人口的增速为6.07%，超过全国3%的平均增长速度，老龄化发展水平超过其他省份，每年约净增42万。由于受两次生育高峰（1950年至1955年，1970年至1975年）的影响，在2025年左右四川老年人口将占总人口的25.79%，每4个人中将有1个老年人。三是高龄化程度加重。全省80岁以上的高龄老年人口达167.3万，占老年人口的12.7%；全省百岁以上的老寿星有4157人，最高寿者达113岁。四是发展不平衡。四川是一个内陆省份，以丘陵、山区为主，经济社会发展和人口密度均不平衡，导致老龄基础服务设施建设不均衡。五是未富先老。四川在1997年就跨入人口老龄型省份，但四川的经济长期处于全国的下游，人均GDP长期排在全国的第23位以后（仅2009年因灾后恢复重建使名次有所靠前）。

二、四川省开展农村老龄工作的情况

四川省老龄工作在省委、省政府的正确领导下，全面贯彻“党政主导、社会参与、全民关怀”的老龄工作方针，进一步推动“六个老有”工作目标的实现，在促进四川老龄工作加快发展、努力构建老年人共享的和谐社会方面取得了显著成效。

（一）建立健全老龄工作机制

按照中央和省委、省政府的要求，全省各市（州）、县（市、区）都成立了老龄工作委员会及办公室、绝大部分乡（镇、街道）也建立了老龄工作委员会及办公室，老龄工作委员会主任分别由市和县、乡（镇、街道）领导担任，配备了专（兼）职工作人员，在村（社区）建立老龄工作领导小组。除甘孜州部分县外，其他各县（市、区）都将老龄工作经费列入财政预算。成都、宜宾、达州、乐山、广安、阿坝等市（州）的部分县（市、区）还建立了老龄工作发展经费投入自然增长机制，有效地保障了老龄事业发展。

（二）努力提高农村养老、医疗保障水平

养老保障。2009年11月，经国务院新农保领导小组批准，四川省有21个试点县（市、区）开展了新型农村社会养老保险试点工作，截至到2010年4月底，我省首批试点的21个县参保人数已达到478.9万人，其中缴费人数达316.2万人，162.7万人开始领取养老金。

新农保。2009年，省政府正式颁布了《四川省农村居民最低生活保障办法》。截止2009年底，全省农村低保对象达397.37万人，其中老年人约99.3万人，累计月人均补助56元。2009年，省政府颁布了《四川省农村五保供养工作条例实施办法》。截至到2009年底，全省共有五保供养对象49.7万人，其中集中供养19万人，集中供养率达到38.3%，集中供养生活标准年人均达到2584元；分散供养生活标准年人均达到1884元。人口和计划生育部门加大奖励扶助措施，全省有51万农村计划生育老人享受了政府每年720元的奖励。全面启动计划生育家庭特别扶助制度，共扶助独生子女死亡和伤残的父母4万多人。

医疗保障。2009年底，175个涉农县（市、区）全部实施新农合制度（因攀枝花市东区农业人口不足1万人，经省政府同意，该区农业人口纳入城镇居民医疗保险范围），覆盖农业人口6608.2万人，参合农民6169万人，参合率达93.4%，筹资水平提高到每人每年100元。2010年筹资标准为140元（其中中央财政补助60元、地方财政补助60元、农民个人缴费20元）。2009年底，农村医疗救助累计支出6.37亿元，救助103.7万人次，资助参合377.56万人，按农村低保五保人数计算年人均医疗救助水平149元。

基层老龄服务设施建设。近年来，省政府启动实施了基层医疗卫生服务体系建设，以县级医院为龙头、乡镇卫生院和村卫生室为基础的农村医疗卫生服务网络进一步健全，建设了3573个农村基层医疗卫生机构；全年共安排建设乡镇综合文化站1777个，总投资4.86亿元。2009年，全省敬老院已达到3079所，床位数20.95多万张。2009年，全省城乡共有老年活动中心（室）21880个，全省老年大学（学校）达到1835所，在校学员达到40万人。

（三）切实保障老年人合法权益

全省各地都把《老年法》列入了“五五”普法内容，以“银龄普法”行动为平台，采取多种形式，大力普及涉老法律法规。省老龄办编印了《老年人权益保护知识读本》1.5万册，在乐山市及成都、达州、资阳的部分县（市、区）组织老年志愿者参加普法宣传，营造敬老、爱老的良好社会氛围，维护老年人的合法权益。各地在涉老案件查处过程中，建立老年人立案“绿色通道”，随审随结，条件允许的一律实行公审，对结案后不兑现的强制执行。各地深入开展签订“家庭赡养协议书”和“家庭敬老保证书”工作。把“双签”工作与贯彻落实《老年法》相结合，使农村老有所养真正落到实处。

各地认真落实《四川省人民政府关于进一步加强老龄工作的意见》，全省普遍落实了百岁以上老人每月不低于100元的长寿补贴金。全省已有76个县（市、区）提高了百岁以上老人的长寿补贴金，最高的每人每月达500元；有75个县（市、区）建立了80岁至99岁老年人长寿补贴金制度，最高的每人每月达100元。全省已有13万高龄老年人享受长寿补贴。

（四）加强基层老年社会组织建设

目前，全省有基层老年人协会2.09万个，会员达395万人。为了全面提高基层老年人协会负责人能力，加强基层老年人协会自我管理、自我服务，省老龄办在全国率先编撰了《基层老年人协会负责人能力培训教材》，并免费下发到全省乡（镇）以上基层老年人协会。同时，省老龄委下发了《关于进一步加强基层老年人协会建设的意见》，要求各地利用《基层老年人协会负责人能力培训教材》做好培训工作，奋力推进基层老年人协会负责人能力建设。全省各市（州）全面启动了该项工作。

三、农村老龄化发展趋势及对农村经济发展的影响

（一）农村老龄化发展趋势

一是农村老龄化速度加快，高龄化程度加重。随着经济社会的快速发展和城市化进程的加快，吸引了更多的农村青壮年劳动力加速向城镇集中，向二、三产业转移，在很大程度上加快了农村人口老龄化的速度。据专家预测，至2020年，全省60岁以上人口数量将达到1910万，占人口总数20.78%；至2030年，全省60岁以上人口数量将达到2812万，占人口总数30.92%。由于生活质量明显改善和医疗保障水平不断提高，人均预期寿命逐年增加，使高龄化程度逐年加重。

二是家庭养老负担加重。由于实行计划生育政策，“四二一”家庭不断增多，很多年轻夫妇将面临赡养双方父母及其祖父母、外祖父母的义务，导致部分年轻人的经济负担过重，精神压力过大。因新农保刚起步，尚在试点阶段，绝大部分农村老年人主要靠自己务农和子女赡养。农村老年人除务农收入外，靠其他渠道增收十分有限。加之农村老年人整体生活条件较差，相当部分老年人年老体弱，生活不能自理，他们的生活依赖性强，许多老年人担心看病付不起医药费。由于农村大量青壮年的外出，致使农村60岁以上老年人不仅要务农、务工，还要担负照顾孙辈的责任，形成特殊的“空巢”老人。

三是农村养老服务设施压力增大。随着农村人口老龄化进程的不断加快，农村老年活动中心、老年福利院、老年健身场馆、村级卫生站等基础设施面临严重短缺，难以满足庞大的农村老龄群体需求。近年来，我省虽然加大了农村养老服务设施建设的投入力度，但农村社会养老机构仍然没有起步，还处于空白阶段。而针对由政府供养的五保对象修建的农村敬老院，2009年底集中供养率仅达到38.3%，压力仍然很大。

（二）对农村经济发展的影响

人口老龄化的严峻形势对我省经济社会发展的影响广泛而深远。人口老龄化使劳动力年龄结构、人口抚养比结构、代际利益关系发生重大变化。人口老龄化将使有限的社会财富向老龄事业聚集，势必减少发展资金的投入，影响并可能减缓经济社会发展步伐。

第一，人口老龄化将给养老保障带来沉重的压力。未富先老”和养老需求猛增的矛盾开始显现，发展的压力与人口老龄化的压力并存，土地保障与家庭养老的困难同在。这些都对我们的社会保障制度带来严峻的挑战。新型农村社会养老保险，随着人口平均预期寿命的延长，领取养老金的年限也相应增加和每月55元的养老金水平偏低存在着调整的压力，促使养老金支付逐年加大。人口老龄化甚至高龄化，不仅影响老人的生理健康，而且影响老人的心理健康。加之农村家庭子女忙于外出务工，“空巢家庭”增多，因此农村老人大多存在苦闷、孤独、抑郁、烦恼、多疑、健忘等现象。老龄人的心理变化和心理障碍，不仅影响着农村家庭关系，而且有可能成为普遍的社会问题。

第二，人口老龄化将给医疗保障体系带来巨大压力。老年人是医疗卫生资源的消费主体，60岁以上老年人的余寿中约有三分之二时间为带病期，老年人慢性病患病率是全部人口患病率的3.2倍，老年人消费的卫生资源是全部人口平均消费卫生资源的1.9倍。老年人总量的迅速增长，对医疗资源的需求和占用越来越大，给我国医疗保障体系带来巨大压力。

第三，老年人要求提供社会照料服务需求的压力日益加大。全省约有200多万老年人需要不同形式的长期护理，而全省各类养老机构的床位总数仅有24.65万张。高龄、病残、空巢老人在生活照料、日常保健和疾病护理等方面的某些特定需求还不能很好地满足。居家养老是绝大多数老人的选择，但社会化为老服务体系的建设严重滞后，特别是社区养老服务机构、老年活动场所等服务设施严重不足，加快建设养老服务体系已刻不容缓。

第四，老龄化的不断加重导致劳动人口老化，降低农业产业的投入。农村人口的老龄化，导致劳动力内部结构人口老龄化，农村劳动力资源逐年减少，劳动力素质降低。随着社会的进步和计划生育工作的推进，农村居民家庭规模普遍缩小，“四二一”家庭增多，家庭养老面临巨大压力，直接影响农民的生产性投资，从而影响农业产业发展的进程。据统计，目前农村大约有75%的土地都是老年人口在耕种，生产技术水平较低，粗放经营现象突出，土地撂荒现象日益严重，客观上阻碍了农业产业发展，减缓了新农村建设步伐。农村老年人口受教育程度比较低，小学及以下文化的占到九成以上，低素质决定了农村老年人口大部分都仅仅是体力劳动者，不能适应现代农业的需要，使他们无法增加农业产业的投入。

四、政策建议

应对人口老龄化应做好四个方的准备工作。

（一）修订和完善法律法规

1996年颁布的《中华人民共和国老年人权益保障法》（以下简称《老年法》），已延用至今。当时，我国还未进入老龄化社会。随着老龄化程度的不断加重，现行的《老年法》已不能适应新形式的需要，不能为老年人提供必要的法律保障，建议尽快修订《老年法》，并将《老年法》纳入国家普法内容。各地要尽快建立和完善促进老年人事业健康发展的制度措施，形成老年人事业健康发展的长效机制。

（二）建立老龄事业投入机制，促进老龄事业发展

老年人事业既是各级党委、政府的事，也是全社会的事；要办好老年人的事，既要各级党委、政府主导，更需要全社会的共同努力。

第一，建立稳定的老年人服务公共财政预算制度。各级财政要调整财政支出结构，在预算体制内增设老年人事业支出科目，以适应老龄社会发展的需要。把老龄事业切实纳入经济和社会发展总体规划和年度计划，推动政府公共财政向基层老龄事业特别是向农村老龄事业的投入，重点解决农村高龄、空巢、留守、失能老人的养老问题。中央财政在老龄事业经费保障上制定应一个基本标准；各级财政按规定预算老龄事业费。中央财政对西部地区应给予补助。确保老龄事业有钱办事。

第二，政府在加大预算投入的同时，改变传统拨款方式，除政府直接办老年事业项目外，要尽可能地采取购买服务、资金补贴等杠杆方式，以引导社会资源向老年事业的投入，争取资金效率的最大化。

第三，同征收“教育费附加”一样开辟征收“老龄事业费附加”，或根据社会发展需要，直接将“教育费附加”变更为“老龄事业费附加”，以增加老龄事业费用收入渠道。

第四，同设置“体育事业彩票”一样设置“老龄事业彩票”，或根据社会发展需要，直接将“体育事业彩票”变更为“老龄事业彩票”，以向全社会募集老龄事业经费。

第五，建立制度措施，广泛吸引民间资本进入老龄事业和老龄产业。2006年，国务院办公厅转发了《全国老龄委办公室等部门关于加快发展养老服务业意见的通知》（国办发〔2006〕6号），但缺乏刚性要求，国家相关部门也没有具体的扶持措施。建议对申请登记从事民营养老机构的企事业单位、社会团体和个人给予大力支持和提供方便，确保社会力量参与养老机构建设的合法性。进一步明确社会化养老机构作为城市基础设施和公益事业的一部分，其建设用地应按《中华人民共和国土地管理法》相关规定，以划拨方式供地，减免土地测量费，免征企业所得税，并在用水、电、气等方面都应落实相应的优惠政策，让投资者放心从事老年人社会公益事业，包括养老服务设施、老年活动场所、老年学校建设及老年病专科医院、爱心护理院建设等。

（三）建议国家缩短新农保的试点期限，尽快全面实行新农保

新农保试点以来，在试点地区和非试点地区引发了不平衡，客观上形成了新的不稳定因素。非试点地区群众称“隔了一座山，待遇差几番”，“政策好是好，就怕等不了”。建议国家缩短新农保的试点期限，尽快全面实行新农保，帮助农村居民解决长远生计，促进农村经济社会的发展和稳定。同时建议中央比照城镇建立最低生活保障制度的做法，提高农村居民最低生活保障标准。

（四）广泛开展宣传和思想教育

要在全社会开展尊老、爱老、敬老的宣传教育，树立尊老、爱老、敬老模范，形成良好的尊老、爱老、敬老的社会氛围。同时要对老年人进行心理疏导和教育，让他们不要心存后顾之忧，鼓励他们放松心情，幸福生活，颐养天年。

宁夏养老服务体系建设现状与对策

李治贵　岳秀霞

为有效应对人口老龄化的严峻形势，健全完善以家庭养老为基础，社区服务为依托，机构养老为补充

的社会养老服务体系，让广大老年人安享晚年生活，调研组采取实地考察、召开座谈会、发放调查问卷等形式，就宁夏养老服务体系建设的现状、存在的主要问题进行了调研分析，并针对存在的问题提出了对策。

一、宁夏养老服务体系建设现状

2009年底，我区60岁以上的老年人口达到65.05万，占总人口的10.31%，其中，80岁以上的高龄老人达到5.31万人，占老年人总数的8.16%，这标志着我区已进入了人口老龄化社会的行列。据预测，到2015年我区60岁以上老年人口将达到83万，占届时总人口的12.48%，其中，80岁以上老年人口将达到7.82万，占老年人总数的9.42%；2020年我区60岁以上老年人口将达到106万，占届时总人口的15.3%，其中，80岁以上老年人口将达到10.24万，占老年人总数的9.66%。分析上述数据可以看出，宁夏进入人口老龄化省区行列虽然比全国晚了10年，但进入老龄化社会后，其进程加快，且高龄化比例增速快。

伴随着经济的发展和人们生活方式的转变，人们的养老方式发生了重大变化，传统的家庭养老模式逐步被社会养老模式所取代。面对养老方式的转变，如何建立"以居家养老为基础、社区服务为依托、机构养老为补充"的养老服务体系，更好地满足老年人的需要，已显得越来越重要。近年来，宁夏始终坚持贯彻落实党和国家有关发展老年社会福利事业的方针政策，在巩固家庭养老基础地位，大力开展居家养老服务的同时，积极争取国家和地方各级财政的投入，鼓励支持社会力量参与养老服务事业，新建和改扩建了一批老年人社会福利服务机构，初步建立了以居家养老为基础、社区服务为依托、国有养老机构为示范、民办养老机构为导向、农村敬老院为延伸的五位一体、城乡统筹的社会养老服务体系。

（一）农村敬老院建设和管理情况

2003年，宁夏在推行费改税的同时，对乡镇行政区划进行了大幅度调整，使全区农村乡镇由原来的303个撤并为192个，精简了40%。自治区民政厅紧紧抓住农村税费改革后五保供养体制发生的新变化，对农村敬老院进行重新规划，充分利用撤乡并镇后的闲置资产，整合资源，科学规划，合理布局，全力组织实施农村敬老院新建和改扩建工程。几年来，累计投资8000余万元，新建和改扩建农村敬老院38所，使农村敬老院由原来的136所整合为现在的76所，床位由原来的2709张增加到5162张，入住人数增加到4228人，入住率达到了81.9%。集中供养标准由原来的年人均1200元提高到现在的3948元，分散供养标准由原来的年人均600元提高到现在的2266元，五保对象集中供养率达37%，供养标准基本达到当地村民平均生活水平。

（二）社会福利机构建设情况

随着经济社会的快速发展，生活节奏的加快，异地工作人员越来越多，年龄较大、行动不便和患病老人的赡养单纯依靠传统的家庭养老模式已难以解决，社会集中养老方式逐渐被人们所接受。为满足社会需要，各级政府加大了对国办老年福利服务机构的兴建和改造力度。截至到2010年底，全区各类养老服务机构92所，拥有床位10096张。其中公办养老机构84所，拥有床位8647张，有效缓解了养老机构少、入住需求量大的矛盾。

（三）民办养老机构发展情况

2006年8月，自治区下发了《关于加快发展养老服务业的意见》，明确提出了鼓励和支持社会力量兴办养老服务机构的相关政策。在各级政府的支持下，宁夏社会力量兴办养老服务机构取得历史性突破。目前，全区8个民办公助养老服务机构，建筑面积4.6万平方米，设置床位1449张，除政府提供土地和优惠政策外，所需上亿元建设资金全部由社会资金和企业家、慈善家筹集，极大地缓解了公办老年福利设施供给不足与日益增长的养老需求之间的矛盾。

（四）居家养老工作开展情况

2010年，自治区民政厅、老龄办在总结银川市、石嘴山市所辖城市五区开展社区居家养老服务试点工作经验的基础上，在全区普遍开展了社区居家养老服务工作，并下发了《关于加快推进社区居家养老服务工作的意见》，进一步明确了开展社区居家养老服务工作的重大意义、具体措施和优惠政策，为居家养老服务工作的全面开展提供了保证。

各地按照自治区的要求，制定了相关政策，加大了财政投入力度。各街道、社区按照就近、方便、经济的原则，充分利用现有的社区医疗服务站、社区便民服务中心、辖区养老机构、老年活动中心（室）等多种资源，新建了一批具有日间托管、医疗保健、文化娱乐等功能的居家养老服务中心（站）。有的社区还因地制宜，因需所设，建立了日间托老所（照料室）、老年餐桌等。有的社区结合实际，通过开通服务热线，推出"邻居守望卡"、"睦邻卡"，成立"老年互助组"，与周边各商业网点达成上门服务协议等方式，为居家老人提供优质且相对价廉的服务；有的社区采取"走进去服务、走出来活动"的方式，为老年人提供多种形式的服务。

银川市市委常委会议专题研究居家养老服务工作，下发了《关于加快推进居家养老服务工作的意见》，安排了专项经费。银川市金凤区为重点服务对象每月提供50元、80元、100元不等的购买服务补贴。宁夏慈善总会启动了“扶老助残”慈善项目，为生活困难的3000名老年人每人每月提供50元的购买服务补助。自治区老龄办采取社会力量投资、市场化运作、政府监管的方式，建立宁夏智能化社区居家养老服务信息平台，为老年人安装“一键式”呼叫器。目前，全区已建成规范运作、管理有序、服务优良的居家养老服务示范站209个，通过政府购买服务和慈善资助等形式，累计为5000余名困难老年人购买服务，受到居家老人和社会的广泛赞誉。

二、存在的问题

（一）养老机构少，不能满足老年人的需求

目前，我区各类养老机构的养老床位数是10096张，每百名老人拥有的床位1.55张，与老年人的实际养老需求还有很大差距。当前最为严重的是，全区没有一所收养失能失智老人的社会福利服务机构，一些失能失智老人只能住在没有专业护理康复技能的老年公寓或福利院。

（二）敬老院投入资金少，医疗服务设施缺乏

敬老院缺乏后续资金投入，绝大多数只能少招服务人员、只收住生活能够自理的老人，生活不能自理的则无法收养；有的福利机构靠有限的床位代养部分社会老人，增加收入，以支付服务人员工资，维持正常运转。从调查的31个敬老院（含老年公寓）来看，仅有1个敬老院配有医务室和全科医生，其他的虽配有简陋的医务室，但没有医生，药品也很少，老人看病很不方便。

（三）服务人员少，服务质量不高

目前，公办的县（市、区）养老福利机构，特别是敬老院普遍没有正式编制和人员。调查的31个养老机构，管理人员和服务人员只有152名，服务人员和老人的比例均在1∶15以上。有的养老机构管理人员由民政局配备，财政拨款发工资，其余都是临时聘用，并由养老机构自己负担工资，服务人员每月工资在400元～800元不等，且没有养老保险、医疗保险等。所有聘用的服务人员几乎都没有经过任何专门的为老服务培训，只能进行日常性的生活照料。调查显示，90%以上的养老机构所聘服务人员与入住老人数，都达不到合理比例，有些敬老院工作人员与入住老人比例高达1∶20以上，难以为老人做好全方位、高质量的服务。

（四）优惠政策落实不到位，影响民办养老机构发展

为促进民办养老机构的发展，2006年自治区人民政府办公厅转发了自治区民政厅、老龄办等10部门《关于加快发展养老服务业的意见》，明确了相关扶持政策，但却存在着落实不到位的问题。突出的表现是水、电、气、暖享受民用价格难以落实；用地优惠政策落实不够，一次性床位补助费每张仅为1500元，造成社会力量兴办养老服务机构的积极性不高。有的民办养老服务机构由于是租赁房屋，在没有政府资助、扶持的情况下，举步维艰，难以为继。

（五）居家养老服务缺乏规范性

其一是对居家养老认识不到位，重视程度不够。居家养老服务是指政府和社会力量依托社区，以家庭为核心，以社区为依托，以有偿、低偿和无偿服务和志愿服务及便民网点为服务资源，以老年人日间照料、生活护理、家政服务和精神慰藉等为主要内容的一种社会化养老服务模式。目前，作为政府层面的领导干部对此认识不足，大部分老年人甚至社区工作人员，也不清楚居家养老的基本概念和涵盖范围，缺乏对居家养老的方式进行创造性探索。同时，由于主客观条件的限制，以社区为平台的居家养老服务存在很多难以解决的问题，如设施和资金保障、队伍建设等。居家养老服务工作，关注的不仅是生活照料，还有精神慰藉、康复护理、文化体育、心理关爱等多项内容。而目前我们的服务领域不宽，服务内容单一，不能满足老人们多层次、个性化的服务需求。

其二是养老力量远远不够。居家养老服务工作开展时间短、经验少，没有专业化服务人员。每个社区工作人员5至7人，承担着十几个行政职能部门的工作任务，无精力做好居家养老服务工作，只能依靠社区党员、志愿者和邻居，义务为孤寡、空巢和高龄老人作一些力所能及的简单的关照性服务，缺乏深层次服务和制度性探索。

其三是资金缺乏，政策支持力度不够。居家养老服务组织体系的运转需要衔接规范，其工作机制是政府主导、部门协同、社会参与、民间组织运作，这样才能形成区、街道、社区三级组织架构，合力推进居家养老服务工作。但目前存在着政府的主导作用发挥不够，部门之间协同不够，社会力量参与的热情和积极性不高等问题，致使居家养老服务工作难以卓有成效地健康发展。

三、几点建议

（一）提高认识，增强紧迫感和责任感

加快发展社会养老服务事业，不断满足老年人日益增长的养老需求，是实现基本公共服务均等化、让

老年人共享改革发展成果、共建和谐社会的重大举措。要结合“十二五”规划的编制，将养老服务体系建设纳入当地国民经济和社会发展总体规划，并从服务设施建设、中介组织培育、服务主体扶持、公共财政保障、服务队伍建设等方面进行总体设计和规划。

（二）加大投入力度，着力促进社会养老服务体系建设

目前，宁夏公办养老福利服务机构已有一定的数量和规模，管理比较规范，在供养优抚对象、“三无”、“五保”老人等方面发挥了积极作用，取得了明显社会效益。但总体上看，宁夏养老机构建设较为缓慢，特别是关爱护理的专业化养老服务机构几乎是空白。目前，全区养老床位拥有率仅为1.55%，低于全国平均水平，不能适应宁夏人口老龄化的趋势和老年人对养老服务的需求。因此，要抓住新一轮西部大开发战略的实施，在加大政府公共财政投入力度的同时，鼓励支持社会力量兴办养老服务机构，为实施“9073”养老服务方略提供保障（90%的老人依靠家庭养老，7%的老人依托社区养老，3%的老人在机构养老）。

1. 积极推动多种形式养老机构的发展，提高养老服务水平。公办社会福利机构要始终履行现有职能，为城乡“三无”、“五保”老人和生活困难的老年人提供无偿和低收费服务，保障他们的基本生活，并可利用空闲床位接受社会老人入住。发挥农村敬老院的辐射作用，扩展服务对象和服务范围，不断提高农村养老的覆盖面和服务水平；加大对民办养老服务机构的扶持力度，民办养老服务机构顺应了人口老龄化的发展趋势，是社会养老事业的重要组成部分。民办养老服务机构的建设、管理和服务，直接关系到我区养老服务事业的发展。鉴于民办养老机构资金紧张、管理服务水平不高等实际，建议自治区政府制定出台相关扶持政策，加大对民办养老机构的资金扶持力度，按照提供的养老床位给予每张床位5000元的一次性补助，同时每年给予每个床位一定的运营补贴，以降低民办养老机构的经营成本，支持民办养老机构健康发展。

2. 落实养老机构的优惠政策，提高机构养老服务水平。优惠政策是养老服务机构发展的动力，规章建设是养老服务机构健康发展的保障。针对我区实际，因此，我们建议：一是抓好民办养老服务机构的床位补贴和4050人员公益岗位的落实工作，切实解决民办养老机构资金不足和招聘护理人员困难的问题。二是对社会福利院、老年公寓、养老院、护理院、托老所、敬老院、老年服务中心、康复中心等进行规范。不论是公办还是民办，都同等享受国家有关优惠政策；对养老机构使用的水、电、暖（燃气）等的价格，应当按居民使用价格标准执行。三是制定社会捐赠使用管理和监督办法，使民办养老机构能够得到社会捐赠的扶持，缓解其资金缺乏的压力。四是各级人民政府应当明确农村敬老院的机构编制和人员配备，将其纳入事业单位进行管理和财务核算。要为农村敬老院提供必要的设备、资金、并配备相应的工作人员。同时扶持农村敬老院开展以改善供养生活条件为目的的农副业生产。

3. 加强领导和监管，促进养老机构健康发展。民政部门要充分发挥职能作用，按照政府宏观管理、有关部门配合、社会力量兴办、养老服务机构自主经营管理体制的要求，依法做好指导、协调、扶持和管理工作，促进养老服务事业的健康发展。要制定相应的管理监督制度，定期对养老服务机构进行建筑设施、卫生条件、服务水平、管理水平等进行检查，促进养老服务机构健康、有序、规范和持续发展。要加强职业道德和护理规范建设，加强教育培训，提高工作人员素质和服务质量，使入住老年人生活舒适、安度晚年。

（三）加大力度，全面推进居家养老服务

目前，我区居家养老服务工作在试点的基础上全面展开。在居家养老服务中，我们要依托社区服务站，在加强相应的设施建设的同时，把养老服务的重点放在老年人最希望、最迫切需要解决的实际问题上。从孤寡、高龄和空巢老年人的入户服务、紧急救援、日间照料、康复护理、精神慰藉等服务项目入手，逐步形成“居家养老、社区服务、社会参与”的养老互动模式。居家养老服务是一项系统的社会工程，需要专业化的服务队伍，特别是康复护理、精神慰藉等都要有专门的人员上门服务，这样才能满足老年人多层次、个性化的服务需求。但目前我们缺乏相应的专业化服务队伍、资金保障体制和行之有效的机制。

1. 整合资源，扩大服务领域。鉴于目前我区社区居家养老服务的现状，一要充分利用现有资源增加服务项目和服务功能，建好管好宁夏智能化社区居家养老服务信息平台，让老人能够在家中享受社区养老服务。二要开发利用社区闲置的设施资源，如因生源不足而关闭的小学、幼儿园、政府行政中心西移后闲置的办公用房等，加以改造建立托老所，以解决社区养老服务场地不足的难题。三要加大资源整合力度，由街道办事处或居委会牵头，利用社区医疗、保健、家庭劳务、保姆等资源构建社区养老服务体系，不断

完善社区养老服务。四要在总结试点经验的基础上，不断拓宽服务领域，增加服务内容。五要引导社会力量广泛参与居家养老服务业，达到服务设施不断增加、服务内容和形式不断丰富、服务队伍不断扩大，组织管理体制和监督机制不断健全和完善的目的。

2. 因地制宜，扩大覆盖面。推进社区居家养老服务工作，符合我区老龄化趋势加剧、机构养老床位少的实际，又是家庭赡养、扶养的有效补充，也是缓解我区养老压力的有效措施，具有服务主体多元化、服务对象公众化、服务方式多样化、服务队伍专业化等特点。实行有偿、无偿、低偿的服务模式，可缓解“未富先老”现实带来的社会、家庭压力，也符合老年人的心理。因此，要按照政府主导、市场运作的方式，在扩大城市社区居家养老服务的同时，统筹城乡发展，向农村社区延伸，让广大城乡老年人同享经济社会发展的成果。

3. 区分对象，建立科学的评估管理体制。借鉴外省和国外的做法，制定养老服务评估体系，对社区需要居家服务的困难老人按照身体状况和自理能力，分为轻度、中度、重度3个照料等级，并根据其经济状况，分别给予每月不同数额的服务补贴。命名挂牌的“居家养老服务站”要规范运作，并以政府购买服务的形式，为老年人提供相应的服务。建立专门的养老服务队伍，对生活在社区需要上门服务的老人，分门别类地定时上门提供生活照料、康复保健、精神慰藉等方面服务，服务费用由政府按评估和确定的标准补贴一部分，服务对象支付一部分的形式解决。

（四）加强行业管理，提高服务水平

行业管理直接影响到养老服务事业发展的整体水平。首先，要加强养老机构自身建设，充实力量，完善制度，规范管理，不断提高管理水平和服务质量。其次，要依托宁夏老年福利服务中心建设全区性的社会化养老服务管理中心，负责对全区各级各类养老服务机构的宏观管理、业务指导、人员培训以及咨询服务等工作。再次，赋予养老管理中心相应的权限，使其能够履行对全区养老机构等级评定、养老机构市场准入和对违规养老机构的查处职能，使养老管理中心充分发挥检查监督作用，力促全区养老服务事业的健康发展。

关于青岛市老年活动中心和养老机构建设情况的调研报告

调研组

2010年1月7日至15日，市政府党组成员、政府咨询于风华带领由市政府办公厅、研究室、发改委、规划、财政、民政、老龄等有关部门组成的调研组，到七区五市对老年活动场所和养老机构基本情况进行了专题调研，通过实地考察、召开座谈会和问卷调查等方式，基本掌握了全市老年活动场所和养老机构建设、管理、运营及服务情况。

一、我市老年人基本情况

进入80年代以来，我市人口老龄化进程不断加快。1987年先于全国12年、山东省7年进入人口老龄化城市行列。2010年初，全市60岁和65岁及以上人口分别为131.8万和93.8万，分别占总人口的17.29%和12.30%。其中，城镇老年人为44.5万人，其中75岁以下老年人31.74万人，占71.3%；农村老年人为87.3万人，占老年人总数的66.2%；80岁及以上高龄人口为23.1万，占全市老年人口总数的17.50%；90岁及以上长寿人口为2.98万，占老年人口总数的2.26%；100岁及以上人口达到859人，超过“中国长寿之乡”十万分之七的标准，是全国人口老龄化发展速度快、程度高，高龄化突出、长寿化显著的少数地区之一。据预测，到2015年和2035年，全市60岁及以上老年人口占全市总人口的比重可分别达到20%和35%以上，2050年前后达到37.45%的高峰，60岁及以上户籍老年人口绝对数约230万人左右。人口老龄化快速发展的严峻形势，对老年活动场所和养老机构建设与发展提出了更高的要求。

二、我市老年活动中心和养老机构现状

近几年，我市的老年活动中心建设呈现出稳步发展的良好势头。截止目前，已建成区（市）级老年活动中心5处，总建筑面积12410平方米。其中市南区一处1200平方米、四方区一处1100平方米、李沧区

2处6110平方米、胶南市一处4000平方米。正在建设的3处，总建筑面积3.79万平方米。其中市北区1.83万平方米、城阳区1.25万平方米都已完成主体封顶，今年将投入使用；崂山区7100平方米的老年活动中心已奠基，预计2010年底以前建成。

养老服务机构建设呈现出以政府、集体和个人多渠道投资的局面，初步形成了高、中、低档相配套、公办与民办相结合和市、区（市）、镇（办）分层次的养老机构服务体系。目前全市有养老机构131家，床位15411张，平均每个养老机构117张床位。其中：公办养老机构17家，床位3601张，分别占机构总数和床位总数的13%和24%；民办养老机构114家，床位11810张（其中资产自有的占民办养老机构的5%；租赁的占民办养老机构的95%），分别占机构总数和床位总数87%和76%，民办养老机构已成为养老服务业发展的主要力量。全市新建、改扩建乡镇中心敬老院129处，床位达到10149张。全市养老机构总入住率约70.3%。参照国际上通用的有入住养老机构需求的老年人占老年人总数的6%计算，到2015年市区需新增床位2万张以上。农村老年人除五保户外，入住养老机构的需求较低。

三、我市老年活动中心和养老机构建设发展的主要特点

近年来，我市各级党委政府重视老年活动中心和养老机构建设，采取多种措施，加大投入，整合资源，调动社会力量广泛参与，老年活动中心和养老机构建设取得长足发展，呈现出以下特点。

（一）政府重视，加大投入，把老年活动中心建设作为政府惠民实事来抓

城阳区2009年把区级老年活动中心建设作为九件惠民实事之一，老年活动中心用地面积20亩，投资6500万元，建筑面积达1.25万平方米。市北区将区老年活动中心建设列入2008年为民办十件实事之一，投资7000余万元，建成建筑面积为1.83万平方米，集活动、娱乐、健身、休闲、教育、医疗、管理、服务等功能于一体的综合性为老服务活动场所。崂山区老年活动中心项目连续两年列入政府为民办实事，在区市民文化活动中心项目中专门设计建设7100平方米区老年活动中心，计划今年年底建成。市南区2009年投入1000余万元，建设街道、社区室内活动场所70余处。其中，1000平方米以上的16处，300平方米以上的56处，占全区街道、社区总数的70%，这在寸土寸金的市南区是难能可贵的。该区今年计划建设一处综合性老年活动中心，年内完成规划选址并开工建设，该项目已列入区政府2010年为民要办的实事。四方区今年投入200万元改建一处建筑面积3500平方米的老年活动中心，计划4月份投入使用。

（二）社会参与，多元投资，鼓励民办养老机构加快发展

近几年，我市社会力量投资养老服务业呈现出良好发展势头。据调查，社会投资者既有境内企业，又有境外企业，而且企业创办的养老机构多数条件较好，无论是建设水平还是配套服务功能都比较高。即墨恒生源集团投资500万元，租赁原海军409医院两栋病房楼6900平方米，改建成拥有床位232张及台球室、棋牌室、阅览室、书画室、舞蹈室、电脑室、健身室、理疗室等设施齐全，集养老、休闲、度假于一体的中高档养老机构。今年，各区市提报建设24处养老机构，总投资约7.82亿元，拟建10600张床位。其中政府投资建设养老机构10处，投资约3.6亿元，拟建床位3300张，分别占41.6%、46%和31.1%；社会力量投资建设养老机构14处，投资约4.22亿元，拟建床位7300张，分别占58.4%、54%和68.9%。社会办养老机构无论投资金额还是建设数量规模，都超过了政府办养老机构，在我市养老市场中占据主导地位。

（三）公办民营，盘活资产，提高社会福利机构经营管理水平

公办民营是政府将现有的公办福利机构，采取租赁或托管的方式，交给社会团体或个人去经营和管理，或者对公办福利机构实行改组改造，委托社团或个人对这些机构进行资产重组，将国有资产盘活。在养老事业日益社会化的今天，公办民营越来越成为挖掘社会资源、调动民间资本融入社会福利事业发展的方便快捷之路。去年，李沧区民政局与阳光老年服务中心主任李春玲签订委托协议，将区属一家老年公寓委托其经营20年，李春玲个人投资220万元。该老年公寓此前属事业单位，因缺乏市场化运营机制，连年亏损，李春玲承包后，在不长时间内即实现扭亏为盈。市南区的3家乐万家养老机构也采取了公办民营的方式，经营状况良好。目前，许多国外福利企业有意来我市寻求合作，参与经营。奥地利福库斯公司等多家境外养老机构已来我市考察，寻找合适的养老机构进行托管经营。

（四）资源整合，优势互补，积极拓展“医养结合”的机构养老

由于失能老人和半失能老人的医疗需求旺盛，缺口较大，目前我市的大部分民办养老机构开始实行“医养结合”的经营模式。市南区颐和老年公寓与青

岛第五人民医院联合，依托三级甲等中西医结合医院，建立了全省首家爱心护理院，为辖区老年人提供24小时医疗服务，探索出一条“医养结合”的机构养老新路。李沧区“医养结合”的养老机构达到9家，新增了永平苑、鑫再康、圣得三家医养结合护理院，床位数达到800张。四方区投入资金260万元建成前哨和广昌两处老年爱心护理院，专收失能老人和半失能老人，开展临终关怀服务，让老年人减少病痛走好最后一程。目前，这种“医养结合”的老年爱心护理院床位供不应求。

（五）成立协会，行业自律，推动养老服务工作自我发展

四方区在全省率先成立了康乐为老服务协会，按照“政府宏观管理、行业协会自律、机构自我发展”的原则，实施行业自我管理、自我服务、自我发展。市南区于2008年成立了养老服务协会，全区养老服务机构和街道办事处都是会员单位，聘请专业律师作为法律顾问，统一制定规范的入住协议，加强了行业监督和行业自律，完善了行业规章。李沧区养老服务协会成立后，制定了协会章程、文明宣言、行规公约，并组织开展了“携手奋进，共创养老文明行业”活动。

（六）因地制宜，创新形式，各种特色居家养老服务不断涌现

四方区在南山社区开展了社区助老大食堂试点工作，投入10多万元，配备炉灶、餐具等餐饮设施，为生活在社区的独居、空巢、困难老人提供就餐、送餐服务。目前，已有50多名老人享受到由政府补贴的成本价格供餐。今年将在社区再设10处助老大食堂。该区还在全市首创“家庭互助养老点”，采取政府补助的办法，配发桌椅、麻将、扑克等娱乐用品，该做法已在全市推广。市北区开通了“助老应急服务和谐通”，为2400多户“三无”（无依靠、无生活来源、无劳动能力）老人、生活困难的70岁以上的独居老人、空巢老人和离退休干部免费安装，提供24小时紧急呼叫服务，受到普遍欢迎。

四、存在主要问题

随着我市人口老龄化趋势的不断加剧，虽然老年活动场所和养老机构发展较快，发展的空间也比较大，但是仍然存在着老年人日益增长的养老需求与养老机构和老年活动场所供给不足、老年人收入较低与机构养老费用较高等矛盾，这些矛盾和问题亟待解决。

（一）老年活动中心建设发展不平衡

随着老年人精神文化需求的不断高涨，参加各种室内活动的老年人数越来越多，据2000年中国老龄科学研究中心城乡老年人状况调查报告显示，经常到老年活动室活动的城市老年人达到20%以上，按此计算，仅市内四区就有6.2万老年人到活动中心活动，而我市现有的市及区市级老年活动中心每天仅能容纳5000多人同时活动。目前，我市老年活动中心建设存在四个主要问题：一是没有市级老年活动中心。目前我市没有专门独立设置市级老年活动中心，仅在民政大厦内设立一处市老年服务中心，且场地狭小，不具备市级老年活动中心功能要求，组织全市性老年活动不得不四处租借场地。如全市老年文艺调演、老年艺术节，仅每次参加全市性比赛和展示的老年人就有五、六千人。市“七彩风”交响乐团、民族乐团和老年人文艺协会等老年群团组织，每年排练和演出达数百场，都是租借场地。依托市老年服务中心设立的老年艺术专修大学，由于教室和设施不足，老年人上学不得不采取错时制，每周每人只能上一节课，他们迫切要求每周能上五节课。二是五市与各区差距大。区级老年活动中心在数量和质量上远远高于五市。五市中仅有胶南市在七彩华龄大学内配套设置老年活动场所，胶州市则采取在老干部活动中心加挂老年活动中心牌子的方式，而其他几个市还没有建成老年人活动中心。三是区域布局不合理。我市市区老年人文体活动需求特别强烈，而活动中心的布局不合理，给老年人文体活动带来很大不便。市南区、李沧区的区级老年活动中心均集中在西部，东部区域尚没有建立；市北区在该区东部新建了老年活动中心，西部老城区还没有建立；四方区只在西南部老城区有一处活动中心，东北部则没有。四是特殊群体与普通群体差距大。我市各级面向老干部群体的老干部活动中心建设档次比较高，规模较大，人财物有保障，但参加活动的离退休老干部人数却越来越少。而面向广大老年人服务的老年活动中心的资金、管理等大多得不到正常保障。市内四区仅有个别区老年活动中心有人员编制和经费。

（二）基层老年活动场所仍然匮缺

目前我市有近三分之一的街道（镇）、社区（村）没有老年活动室，半数以上的老年活动室存在面积小、不够用的问题。据调查，老年活动场所建设存在空白点的原因首先是无钱可建，部分镇、村缺乏稳定的经济收入，很难拿出钱来建设老年活动场所；其次是无地可建，特别是市内四区老年文体活动参与人数越来越多，但室内活动场所缺少，不少老年人不得不在街头巷尾、大桥底下聚堆活动。调查中发现，不少基层老年活动场所设施简陋，满足不了老

年人的需求。街道（镇）级老年活动场所大多数是与文化中心“资源共享”，功能配置少，而且被占用现象比较普遍。24.6%的活动场所是与街道（镇）、居（村）办公场所合用，影响了老年人的活动。在被调查的场所中，专属老年人使用的活动场所仅占29.9%，

（三）公办与民办养老机构不平等竞争依然存在

一是资源分配不平等。公办、民办养老机构都承担着公益性的社会养老服务，其功能并无明显区别，但所享受的资源分配却有着很大差别。公办养老机构的土地由政府划拨，前期建设也主要是由政府投入，运行管理费用多由政府拨付，工作人员的工资也由政府承担或补贴。民办养老机构不但享受不到这些政策，却要承担比公办更多的费用，仅固定资产投资和房租费就占了很大的比重。由于民办养老机构的“先天不足”，只能在微利中甚至是亏损风险中经营，造成与公办养老机构的不平等竞争。民办养老机构发展还面临着贷款、场地等诸多难题的困扰。调查发现，社会力量参与养老服务业遇到的最大障碍是土地问题难以解决。二是政策执行难到位。去年4月，市政府办公厅下发了《关于加快养老服务业发展的意见》（青政办发〔2009〕24号），在鼓励社会力量参与养老服务业发展方面制定了多项优惠措施。在调研中发现，民办养老机构因规模小床位达不到200张，很难享受到床位补贴；涉及民办养老机构在经营过程中产生的水、管道燃气、有线电视安装等收费优惠政策，很多没有落实到位；对从事临终关怀的爱心护理院，缺乏更加优惠的政策扶持。三是经营状况差距大。公办养老机构由于设施齐全、管理规范、服务良好、收费较低等原因，多数是一床难求，效益也比较好；而大部分民办养老机构，由于规模较小，缺乏必要的资金和设施，管理服务不够规范，导致资源的闲置。据调查，目前我市民办养老机构入住率为62.9%，而公办养老机构入住率则高达92.5%。乡镇敬老院的入住率只有70%左右。

（四）养老护理人员供需矛盾十分严重

由于养老护理人员工作强度大，社会待遇低，工资收入低，造成护理人员招工难、流动性快，护理员队伍不稳定。养老机构正普遍面临着护理人员严重短缺的困扰。养老护理人员素质不高，主要是年龄偏大的下岗、失业人员和外来务工人员，女性占绝大多数，而男性少有问津。近70%的护理人员未参加培训，没有上岗证，只是上岗前由管理人员简单地讲解一些基本的护理要领和要求，导致素质参差不齐，服务水平较低，很难满足老年人特别是失能老人对专业化护理照料的要求。

五、对策与建议

（一）把老年活动中心和养老机构的发展作为党委政府关注民生的重要内容给予重视和支持

随着人口老龄化趋势的进一步加快，老年活动中心和养老机构的发展问题显得越来越重要。各级党委政府应高度重视，将老年活动中心和养老机构的发展作为关注老龄群体民生问题的重要内容，纳入议事日程，并把解决有效养老需求纳入各级政府工作目标责任制考核范围。各级党政领导要主动组织开展实地调研和现场办公，深入了解情况，及时发现问题，专门研究解决养老事业发展中遇到的困难和问题，制定相关政策，加大政策扶持和投入力度，积极推动老年活动中心和养老机构的发展。

（二）将老年活动场所和养老机构建设列入城市发展规划

建议将老年活动场所和养老机构建设列入《青岛市国民经济和社会发展第十二个五年计划纲要》、《青岛市老龄事业发展“十二五”规划》，并根据我市老年活动和养老机构的现状及老年人多样化需求，编制专项规划，提出建设远景目标。建议在编制城市公共设施总体规划中将老年活动场所建设纳入其中。按照建设部关于居住区建设规划设计预留老年活动场所建设用地的要求，在新区建设、旧城改造中，统一规划，留出空间，建设老年活动场所；在乡镇驻地和社区中心村改造中，也要按一定比例预留出老年活动场所及配套设施建设用地。按照建设与管理并重的要求，切实加强社区老年活动场所的建设与管理，确保每个区市、街道都有一处具有一定规模、设施较为完善的综合性老年活动场所，每个社区都有一处固定的室内老年活动场所，保证广大老年人就近、就地进行活动娱乐。随着独生子女父母进入老年期，机构养老成为必然趋势，所以要大力发展社会机构养老，并把养老机构建设纳入规划之中。

（三）尽快建设市老年活动中心

目前，我市只建成市老年服务中心（在民政大厦内）1处、区（市）级老年活动中心5处，总建筑面积1.58万平方米，远远不能满足老年人的需求。我市老年服务中心的规模，与厦门、昆明、宁波、哈尔滨、杭州等同类城市的老年活动中心相比差距较大，厦门等几个城市市级老年活动中心建筑面积分别是3万、1.85万、1.87万、0.84万、1.1万平方米，我市老年服务中心仅有3400平方米，明显落后于其他城市。目前很多老年人精神需求得不到满足，他们急切盼望到市老年活动中心学习、娱乐。因此，我市新

建一处市级老年活动中心已成为当务之急。新建市级老年活动中心主要功能为文化娱乐、体育锻炼、对外交流、教育培训、骨干培养、业务指导、咨询服务等。该中心应规划配套建有剧场、多功能厅、展览厅、各类活动室及教室，总建筑面积应在2万平方米左右。在市老年活动中心选址上，要充分考虑全市老年人集中活动的需要，便于开展国际国内交流、比赛，树立沿海开放城市的形象。建议选择市内交通方便，环境良好，便于共享周边公共服务设施的位置。对市老年活动中心的管理运营，应参照市老干部活动中心的标准。

（四）加大财政金融支持力度，推进区市老年活动中心加快建设

满足老年人的精神需求是政府完善社会保障的一项重要内容，应作为民生问题给予财力支持。各级老年活动中心建设和运营经费由各级财政负担。各级财政每年安排适当专项资金，有计划地支持老年活动场所新建、改扩建、添置设备以及保障正常运转。政府采取“以奖代补”的形式，鼓励和推进区、市老年活动中心建设。“以奖代补”的时间、范围为“十一五”和“十二五”期间建成并投入使用的区（市）级老年活动中心。“以奖代补”的对象和标准，经研究提出两个方案供参考。方案一：“以奖代补”的补助对象为七区和五市。补助的标准，七区的区级老年人活动中心，每处建筑面积达到3000平方米的，补助300万元；超出3000平方米，每增加1000平方米，增加奖励补助100万元，最高补助800万元。五市的市级老年人活动中心，每处建筑面积达到3000平方米的，补助200万元；超出3000平方米，每增加1000平方米，增加补助50万元，最高补助500万元。按此方案计算，到2010年底以前，全市实际建成4处老年活动中心，补助总额最高达2200万。方案二：“以奖代补”的补助对象为市内四区和五市、三区（崂山、城阳、黄岛）。补助的标准，市内四区的区级老年人活动中心，每处建筑面积达到3000平方米的，补助300万元；超出3000平方米，每增加1000平方米，增加奖励补助100万元，最高补助800万元。五市、三区的市（区）级老年人活动中心，每处建筑面积达到3000平方米的，补助200万元；超出3000平方米，每增加1000平方米，增加补助50万元，最高补助500万元。按此方案计算，到2010年底以前实际建成4处老年活动中心，补助总额最高达1900万（详见附件二）。具体补助实施，由市老龄办会同有关部门拿出具体方案，按相关程序报批。

“十二五”期间实施“以奖代补”的老年活动中心，补助的基本建筑面积每处由3000平方米提高到5000平方米，补助标准随着财政收入增加作适当调整。对“十二五”期间建成的老年活动中心，并达到规定标准的，原则上每个区、市可“以奖代补”补助一处。同时，研究探讨通过市级投融资平台融资问题。建议：先由华通公司与相关金融机构对接，采取向金融机构统贷统还的办法，解决老年活动中心建设资金问题，提高财政资金使用效益。

（五）进一步完善政策，促进养老服务业健康发展

要抓好市政府《关于加快养老服务业发展的意见》的贯彻落实，加大协调监督力度，使各项优惠政策真正落到实处。要按照“公办民营、民办公助、市场运作”等多元化模式，明确政府责任，发挥政府职能，完善扶持政策，合理构建适合老年人养老需求的服务体系。一是政府主要承担城市“三无”老人、农村“五保”老人、城乡低保老人、特困老人等特殊老年群体的养老服务；对低收入的老人，政府按照规定给予养老补助；对中高收入老人的养老主要通过市场机制来解决。二是成立市级养老服务业协会，建立政府指导、行业管理、社会监督的运行机制，制定行业标准，强化行业自律，促进养老服务业的健康发展。三是探索实行以公办民营、民办公助、政府补贴、购买服务等多种方式发展养老服务业，以满足广大老年人养老服务。四是各区（市）要制定扶持政策，鼓励街道、社区养老服务业发展。五是把为失能老人提供长期照料服务的养老机构发展作为政府扶持重点，在场地建设、设施配备、专业护理员培训等方面给予政府资助。

（六）加强专业培训，提高养老护理人员技能水平

养老护理是新兴工种，老龄、民政、劳动、卫生等部门应发挥各自优势，形成合力，组织对养老护理人员的专业培训。通过采取在专业技术学校设立养老护理专业、社会力量举办专业培训班等多种形式，对养老护理人员实施岗前培训，经考核合格，颁发《养老护理人员职业资格证书》。同时，为稳定养老服务人员队伍，把养老护理人员特别是爱心护理院的护理人员作为社会公益岗位，由政府出资购买服务；对养老护理人员给予职业补贴，提高他们的生活待遇并办理养老保险、医疗保险等，解除养老护理人员的后顾之忧，使其安心养老护理工作，保持养老护理队伍稳定。

拟稿人：青岛市老龄工作委员会办公室　宗成伟

厦门市居家养老需求调查报告（摘要）

课题组

本课题旨在了解老年人对于居家养老的需求，以及社区相关工作人员的政策需求，并在此基础上提出对策与建议。课题在厦门市居家养老首批14个试点社区通过随机抽样的问卷调查法和访谈法完成，共入户访问701位老年人，其中70岁以上老年人占70%，60岁—69岁老年人占30%，男性占46.2%，女性占53.8%。试点社区类型分为：城市社区（含“村改居”社区）、农村社区二种。

一、厦门市老年人的居家养老需求

1. 老年人的生活自理能力及自理意愿较强，在生活照料方面需求最多的是安装维修和家政服务；老人餐桌和配餐送餐的需求也占有相当的比例。

2. 老年人在健康方面的需求主要集中在定期体检、测血压和健康保健指导等项目上。医疗服务、健康咨询和定期家访是最急需的项目。此外，老年人的应急服务也应引起关注。

3. 老年人中有孤独感的比例与老年人的婚姻、年龄、收入有较强相关。老年人参加社区活动的比例也与其年龄、健康、文化程度有相关性。老年人的精神需求集中在希望有人陪自己聊天、希望能结交、相识同龄朋友、希望有人关心自己三大项。

4. 研究发现，老年人的支持网主要还是以家庭支持为主，“与老伴同居”的老年人比其他婚姻类型的老年人的社会支持网络更强。

5. 老年人对自己周边的资源状况的认知不足，对志愿者的需求不高。

6. 老年人对居家养老服务的经济承受力与其收入状况有很强相关性。80%的老年人不愿花钱买服务。对于居家养老服务应该改进的地方，老年人最关注的是“加大金额补贴”和“增设服务项目”。

二、社区的主要困难与问题

1. 急迫需要有从事居家养老服务的专职岗位和专业人才。

2. 对于居家养老工程的认识还需进一步到位。

3. 相关政策及配套尚未健全。

4. 联动网络尚未建立。

三、对策与建议

1. 需要在居家养老的基本理念上统一认识。居家养老工程最实质性的工作应当是以社区为单位，为辖区内的老年人及其家庭编织一张全面、快捷、方便、实惠、高质量、人性化的支持网络，让老年人及其家庭能够自主、有效地利用这一支持网络，增强其自立和选择的能力，从而达到满足基本生活、基本医疗、精神和文化需求，提高生活质量的目的。因此，在开展居家养老服务中，“助人自助”、“增能、参与”、“强化对老年人及其家庭的社会支持”应当是基本的理念。政府和社区的着力点应当放在扫除老年人自主参与社会，获得自助的障碍上。

2. 强化政府在居家养老服务中的主体责任与主导功能，应当将居家养老服务工程纳入“十二五”规划，明确政府在建立均等化公共服务平台的具体任务。政府应强化对居家养老服务的组织、指导、培训、监督；在现阶段，应加大政策供给力度，在经费投入、政策保障、工作场所、培育机构等方面给予大力扶持和倾斜，并有制度性的保障。应大力培育从事社会服务的非营利组织，使其成为居家养老服务的主力军。

3. 迫切需要尽快解决专业人才问题。要加强居家养老管理和服务队伍建设，积极培育和组建成立居家养老服务组织，提高服务质量。具体来说，一是要尽快在社区设立专职岗位，二是要分类开展培训工作。在现阶段，应当积极培训专业骨干，逐渐形成由骨干转督导、由督导带人才，由人才带志愿者的人才链。当前，特别要加强对以下几类人才的培训：老年工作的管理人才、老年社会工作人才、老年护理工作人才、老年家政服务人才等。同时，要充分挖掘现有的专业人才，用好人才。

可以考虑将居家养老与社会工作人才培养、社会组织培育、社会建设等工作整合起来作为民政系统的一盘棋统筹考虑，以居家养老项目带动社工人才培养，促进社会建设。建议以政府购买的方式，与高校社会工作专业或非营利的社会服务组织合作，在试点社区设立居家养老社工服务站或工作站，先行先试。

4. 要因地、按需、分类、全方位地开展居家养老服务工作。要从本社区的实际出发，从容易做的、需求面广的服务项目做起；要考虑当地老年人的实际需求；要根据不同类型老年人的需求分类施助；要在保证居家养老重点对象的基础上，兼顾广大老年人的多样性需求，逐渐将服务面扩大到全体老年人，实现适度普惠的社会福利。

5. 要加大对居家养老服务工作的宣传力度。

课题组负责人：张友琴

课题组成员：孙京江、吕金山、颜智强、洪姗姗、陈兴

执笔：张友琴

第七部分

出访（含港、澳、台）报告

2010 联合世界大会参会报告

吴秋风　唐振兴　孙娟娟

2010 年 6 月 10 日至 14 日，第一届联合世界大会在香港会议展览中心召开。经过民政部的组织安排，我办一行三人赴港参会。与会期间，我们参与各项会议议程，并积极与世界各国的社会工作者沟通交流，受益匪浅。现将有关情况汇报如下。

一、2010 联合世界大会（社会工作与社会发展之愿景与蓝图）基本情况

本次大会是由国际社会工作学院联盟（IASSW）、国际社会福利协会（ICSW）及国际社会工作人员协会（IFSW）三大社工权威机构合办的国际盛会。会议主题是全世界联手，共同绘制社会工作和社会发展之愿景与蓝图。因此，本次会议目的是为未来十年的社会工作及社会发展策划一份行动纲领（Action Agenda）。

开幕式上，联合国主管经济和社会事务的副秘书长沙祖康、香港特区政府政务司司长唐英年、民政部社会工作司司长孙建春发表重要讲话。沙祖康表示各国在消除贫穷、减少饥饿、全球伙伴关系等多方面的目标是相辅相成的，期望参会者把此次会议的精神带回自己的社区，继续为改善人民的生活而努力。唐英年积极呼吁各地政府、商界和社区合作，共同建立充满关爱的社会。孙建春主要介绍了中国社会工作的发展背景、现状以及今后的发展趋势。

大会总共策划了三个主题和二十五个副题，涵盖实务、政策和教育三个领域，包括：生命过程的挑战和实践、平等与社会共融和可持续发展环境。来自 113 个国家及地区的 2800 多名社会工作者热情参与，提交论文摘要 2000 多篇，发表学术演讲数百场。在为期五天的会议期间，与会人员就人口老龄化、贫富差距、应对气候变化和自然灾害等课题及行动纲领制订问题进行了深入的交流和探讨，并参观考察了香港社工服务机构，学习分享了不同领域的社会工作技巧、实践经验及发展策略等。

6 月 14 日会议闭幕，三家国际机构的领导者们再次聚首，轮番发表演讲，总结这次大会的盛况，共同形成未来十年社会工作及社会发展的行动纲领（部分）：（1）强化社会工作及社会发展组织、学术界与实务、政策及教育等三个范畴的合作；（2）动员社会工作及社会发展从业人员积极参与政策倡议工作及社会行动；（3）向社会展示社会工作及社会发展专业的价值观及能力；（4）辨识及清楚阐述种族主义的影响、社会不公义及其他违反人权的议题；（5）强化社会工作及社会发展专业的能力，以影响本地及国际政治环境；（6）确保社会工作及社会发展的各方面表现卓越。

二、香港的社会福利事业

香港的社会福利事业是在实现工业化和现代化的过程中逐步建立起来的，是面向社会的一系列服务的集合。相应的社会福利服务体系逐步建成，主要由社会福利署和各种非营利机构提供服务。香港的社会福利服务体系主要有以下特点：（1）服务体系完善。香港的社会福利服务体系包含了服务政策制订、服务机制运行、服务机构管理、资金筹措和使用、专业队伍培育、服务方式选择、服务设施建设等一系列环节。（2）服务内容丰富。传统的香港社会福利包括社会保障、家庭及儿童护理服务、青少年服务、康复服务、老年服务、社区发展等内容。进入 21 世纪以来，老人照顾、青少年培育、家庭生活教育、对弱能人士的照顾及增权等，成为香港社会福利事业的重点工作。他们一直致力于拓展各类福利服务以满足公众不断转变的需求，工作范畴日趋多元化，所提供的服务由单一的补救性服务发展成为集补救性、预防性、发展性、支援性为一身的服务。（3）政府管理，民间机构运作。香港的社会福利服务体系是在社会福利署、非政府机构、香港社会服务联会及香港公益金等组织的集体推动下快速发展起来的。香港社会福利署是负责策划、统筹和推行各项社会福利服务的政府部门，其前身是香港政府华民政务司署下属的社会局。社会福利署担负着为香港 186 家非政府机构提供财政支援，以及持续监督、评估受资助的非政府机构服务实施情况的重任，以此来确保各非政府机构为香港民众提供优质的福利服务。社会福利署也直接提供社会服务，但更多的服务是由非政府机构来提供的，福利署更多地担当管理和监督的职能。

长者是香港社会福利服务的主要对象之一，因此香港的安老服务业发展繁荣。东华三院属于香港比较大型的社会福利机构，其服务内容覆盖人的一生，从出生到死亡所需要的服务项目几乎都能从中获得，安老服务是其主要服务项目之一。东华三院安老服务的使命是通过各类社区及院舍服务使长者享福、尊严并快乐地生活，为此他们致力于为长者提供以人为本及关怀洋溢的环境，让他们安享晚年，并促进他们自我发展，建立和谐人际关系及积极投入生活。因此，他们全面推行优质管理，融合社工、医护、物理治疗及职业治疗等各专业团队，为长者提供适当的支援服务，令他们可以在社区内颐养天年。令我们印象深刻的是，他们对安老服务工作的尊重和热情，对安老服务人员的社会认同和职业培训制度。香港安老服务人员工作稳定体面，薪酬较高，受到的社会认同度比较高，并且有很多参与培训的机会。在香港，平均每1000人中就有1人是社工，一般初级社工月薪在1.2万元—1.8万元港币，高级社工年薪能达到40万元以上。因此，对于很多安老服务人员而言，安老服务不仅是一个职业，而是一生的事业。

三、中外社会工作模式比较

社会工作的核心内涵是以利他主义为指导，通过专业人员运用科学的方法为特定人群提供帮助服务，化解社会矛盾，使社会达到和谐共荣的状态。社会工作在各国各地区的发展情况参差不齐。

在发达国家和地区，社工体系已经非常完善和专业，社工们是维系社会健康运转的重要力量。他们在预防犯罪特别是预防青少年犯罪、老人陪护等扶持帮助社会弱势群体方面，已经是社会不可缺少的一环。经过逾百年的发展，西方国家社会工作已经形成了比较成熟的模式。目前西方的社会工作模式一般具有以下特点：一是有政府的主导与推动；二是有健全的社会工作职业制度；三是有完善的社会工作专业教育，社会工作发展水平较高的国家和地区，基本上都形成了学士、硕士（以专业硕士为主）、博士三个梯次的人才培养体系，以及针对社会工作者的专业培训及考核机制；四是主要以民间组织为依托；五是具有深厚的文化底蕴，西方社会工作从基督教慈善救助思想逐渐发展出一套以助人自助为核心的价值理念；六是有完整科学的运作程序，从专业关系建立，经过预估、计划、干预与评价等阶段，到关系终结。概而言之，西方社会工作模式具有主体多元、对象明确、机制合理、过程科学、专业性强等特点。

我国传统的社会工作模式是在改革开放以前借鉴苏联模式建立起来的，是与计划经济体制相适应的社会福利制度，而社会工作作为社会福利制度中最具实践性的部分，在当时经济社会生活中也扮演着重要的角色。我国传统的社会工作具有以下特征：（1）政府是社会工作的唯一主体。政府通过公有制企业、民政部门、工青妇老等福利性事业单位和人民团体等部门履行社会服务职责，包揽社会福利和服务的主要方面。（2）社会工作实务具有非专业性的特点。这方面的表现是，实际社会工作人员知识背景的非专业性、社会工作实务方法的非专业性、社会工作实践过程的非专业性和社会工作目标的非专业性。主要服务内容是物质帮扶、精神激励、思想疏导、组织动员和政治宣传等。主要工作方法是先集体、后个人，即首先通过组织和动员，然后对效果不明显的对象施以个别说服与教化。社会工作主要表现为事后救济型，缺少预防性。传统社会工作人员的非专业性决定了难以提供个性化、多样化、系统化的专业服务，服务质量难以得到实质性的提升，无法适应社会变迁的需要。

十一届三中全会之后，我国社会快速转型，对社会工作带来冲击性的影响，主要表现为政府决策和行政能力的弱化和市场经济带来的社会问题增多，社会工作模式的转型势在必行。上世纪80年代，我国开始引入西方的社会工作模式，并在高校大规模发展社会工作专业。时至今日，我国的社会工作发展成为“传统和现代并存”的独特模式，其独特性表现为：（1）“职业的不专业”，由于体制和政策的惯性，传统的非专业的社会工作者依然在政府部门、事业单位发挥作用；（2）“专业的不职业”，新生的社会工作者依靠民间服务组织网络为群众提供服务，但是由于种种原因，人员的流动性很大并且以社会工作为终生事业的人很少。

四、社会工作对养老服务事业发展的几点启示

（一）发展养老服务事业可以借鉴社会工作发展的理念和精神，化“被动的服务”为“主动的服务”

社会工作的核心精神是“利他主义，助人自助”，工作理念是“用生命感动生命，用生命影响生命”。“利他主义”是伦理学的一种学说，指把社会利益放在第一位，为了社会利益而牺牲个人利益的生活态度和行为的原则。19世纪法国哲学家和伦理学家孔德首先把这个概念引进道德理论，他认为，人类既有利己的冲动，又有利他的冲动，所谓道德，就是使前者从属于后者。利他主义的服务理念含有“非义务性、主动性、自愿性”，我们可以借鉴这一理念来发展养老服务事业，积极主动并且心甘情愿地去为老年人服务，将老人的事情看作是自己的事加以对待，以此激发养老服务人员对服务事业的热情和责任感。养老服务是一项琐碎、复杂、艰巨的工程，服务老人不能仅凭一时的新鲜感和激情，也不能完全出于职业的约束被迫为之，如何能长期坚持服务好老年人，必须具有社会工作者的助人精神。

（二）养老服务机构的发展可以从“单线发展”转为“综合发展”，走品牌规模经营路线

香港以及其他社会工作比较发达的国家，他们的养老服务业基本上都不是单线发展的，而是与面向其他群体的服务综合发展的。例如，香港东华三院的使命是“救病拯危、安老复康、兴学育才、扶幼导青”，他们拥有学校、医院、安老院等，其业务几乎涵盖“从摇篮到坟墓”的所有服务类别，你可能需要的服务几乎都可以从中获得。这种综合性的经营路线有助于资源整合、品牌确立、规模经营，并会拉动面向不同群体的服务间的均衡发展。目前，我国大陆的养老服务发展路线还是单线为主，基本上是“老人的归老人，小孩的归小孩”，这种模式极大地分散了社会资源，人为地制造了统筹利用资源的障碍。例如，随着老人的增多和儿童的减少，学校可以改造成托老院，如果他们同属于一个服务机构，改造成本就会比分属两个系统的改造成本低得多。

（三）可以将“政府主导，民间参与”的发展模式逐渐转变为“民间操作，政府管理”的模式，提升养老服务机构发展的自主性

目前，我国社会福利事业还沿袭着计划经济时期的运作模式，养老服务事业的发展也存在这样的问题。虽然在市场经济体制之下，政府不再包揽一切，但是政府主导的思想依然根深蒂固。不可否认，养老服务事业目前还处于发展初期，政府的引导、扶持不可或缺，但对力度把握不准，以致“引导变成主导、扶持变成限制”，养老服务业发展的行政色彩较浓，市场经济规律发挥不明显。大陆发展较好的福利院都是由政府财政资助，这其实是破坏了公平竞争的规则，压制了其他福利机构的发展。应当借鉴香港地区和其他西方国家的做法，放手将养老服务业交给市场，政府退居二线，承担“管理者和监督者”的责任就好。

（四）发展养老服务业需要“社会工作师”“养老护理员”“志愿者”三管齐下，真正做到以老年人为本

我们常常呼吁要加强专业养老护理员队伍的建设，也会考虑发展志愿者队伍，但是却忽视了社会工作师（简称社工）的作用。由于制度、历史、文化等方面的原因，目前社工这一职业还没有为大众所接受，社工往往被误解为志愿者，社会工作也被理解为慈善活动。社会工作的科学性、专业性没有获得普遍的认知，因此，社工被认为是可有可无的职业群体。我们认为，社工在养老服务业的发展中不可或缺。如果说养老护理员是侧重于老年人的生理，那么，社工应当是侧重于老年人的心理和精神，并着重于化解社会矛盾，而志愿者属于补充力量。因此，从事社会工作需要具备心理学、法学、社会学、管理学等多学科的知识，社工的作用是不可替代的。例如，护理型养老机构中的社工可以整合院长、养老护理员、巡诊医生、康复师、保洁员、炊事员、管家员等内部系统资源以及老人原单位、社区等外部系统资源和家属、亲朋、同事等非系统资源，让老人随时都能得到来自系统资源和非系统资源的照护；社工可以了解老人的生理需求和身体变化、饮食需求、生活设施设备的使用保养情况、老人的心理和情绪变化，及时告知养老护理员和巡诊医生、炊事员、管家员、家属等相关人员，以便老人生活更舒心；社工也可以了解院舍各岗位工作人员的思想动态情况，及时与院长沟通，采取必要的支持活动，以保持护理型养老机构中以养老护理团队为主体的员工稳定性，从而保证院舍的服务质量；社工还可以从老人的生活自理情况、身体状况、生活适应、情绪困扰、人际沟通互动、家庭支持等方面，通过社工专业的工作方法和技巧对老人进行阶段评估，做出社工诊断，制定社工目标和服务策略，并确定执行人，来为老年人的院舍生活提供帮助和支持。因此，建议在应对人口老龄化战略、制定老龄事业发展规划、修订《老年法》时充分考虑社工的作用和地位，将这一庞大的队伍吸引到老龄事业中来。

联合国人口基金第六周期援华老龄项目经验交流会总结报告

全国老龄办项目处

为总结和推广联合国人口基金第六周期（2006年—2010年）老龄项目的成功经验，使项目成果更

好地为推动老龄工作和老龄事业发展服务，全国老龄工作委员会办公室于2010年6月29日在上海浦东新区召开了“联合国人口基金第六周期老龄项目经验交流会”。来自联合国人口基金、国际助老会、民政部，国家发改委、中国人民大学、中国老龄科研中心、全国老龄办以及上海、山东、河南、湖南、甘肃、贵州6个项目省和项目县（市、区）有关党政领导和老龄办的代表，新华社和《人民日报》等新闻媒体的记者约50余人出席了会议。会议回顾了五年来老龄项目的开展情况、总结和交流了项目取得的经验成果，讨论了今后的工作方向和重点，并实地参观了浦东新区金杨街道银枫心理咨询室和塘桥社区老年服务中心两个项目点。全国老龄办副主任吴玉韶出席会议并做了总结讲话。现就会议情况总结如下。

国际助老会亚太地区项目经理皮特·莫里森先生（Peter Morrison）首先回顾了第六周期项目实施的基本情况，总结了项目工作5年来的经验和教训。莫里森指出，第六周期项目活动的目标，是提升地方政府在制定和执行老龄问题战略规划和政策方面的能力，包括加强项目县及其社区组织能力，制定和执行促进健康老龄化和积极老龄化的行动计划，提升中央和地方政府对老龄问题的认识等内容。5年来，通过项目活动，六个项目县市基本实现了上述目标，效果明显。同时，也有一些方面需要在今后的工作中进一步引起重视，一是老龄工作需要老龄机构和相关部门的共同协作和努力；二是需要通过更深入的项目工作，在提高能力、整合资源和提升认识等方面取得更大成效；三是计划制定与项目管理工作有待进一步加强。

浦东新区、扶沟县、敦煌市、凯里市、新泰市以及浏阳市等6个项目县（市、区）的代表介绍了项目工作和经验做法。总体上看，6个项目县市普遍以项目活动为契机，把项目活动与老龄工作和老龄事业发展有机结合起来，较好地带动了当地老龄工作的全面开展。通过项目活动，对当地的涉老政府部门和党政领导干部普遍进行了老龄工作培训，提高了老龄意识和对老龄问题重要性、紧迫性的认识；在充分调查研究的基础上，针对本地实际，确定重点领域，制定了当地的老龄行动计划并有序实施；采取多种措施，进一步建立健全了养老保障体系和为老服务体系；组织开展了多样化的基层老年人文体活动，活跃了老年人精神文化生活；开展了老年人协会骨干培训，提高了老年人协会自我组织、自我服务的能力；开展了尊老、敬老、养老的宣传教育，营造了良好的社会环境。

同时，各地积极探索符合本地实际的老龄工作新思路，新举措，在开创项目工作特色上下功夫，创造了新做法，取得了新经验。浦东新区目前60岁以上老年人已占到户籍人口的21.36%，80岁以上的高龄老人占到老年人口的17%，老年人对养老服务的需求日益突出。浦东新区在政府财力、物力和政策的大力支持下，充分调动社会组织参与的积极性，积极借鉴老龄化先行国家养老机构建设的成熟经验，加快推进养老设施建设，提升老龄硬件设施水平，建设了老年中心和特殊老人护理院等养老机构和设施。截止2009年底，全区养老机构床位数达到19269张，占老年人口的3.31%。同时，积极开展居家养老服务，设立区居家养老服务中心，建立社区老年助餐点，安装紧急呼叫援助装置，组建助老协理员队伍，为老年人提供多方面多层次的养老服务。浦东的做法和经验吸引了其他项目县市来浦东考察交流。

河南省扶沟县以加强老龄工作基层组织建设为重点，在各乡镇成立了老龄工作机构，全县411个行政村全部成立了老年人协会，制定了协会章程。在44个重点行政村设立了老龄工作室，制定了各项管理制度，添置了必要的办公设备和文娱器材，配备了老龄专职工作人员，形成了比较健全的县、乡、村三级老龄工作网络。为加强基层老龄工作的检查督促，扶沟县聘请了42名德高望重、经验丰富、群众基础好、热心老龄工作的人大代表、政协委员，担任老龄工作巡视员，协助县老龄委开展对各乡镇、县直单位老龄工作的巡视指导，取得了较好效果。

甘肃省敦煌市针对老年妇女特别是农村老年妇女普遍存在的受教育程度低、生活水平低、慢性病患病率高、缺少亲情关照、自我保健意识差，精神文化生活单调和思想观念相对陈旧等特点，在社区一级开展了减轻老年妇女心理压力干预活动，举办老年妇女心理健康知识讲座，进行心理健康培训。同时，把老年人家庭成员特别是儿媳吸收到活动中来，帮助她们了解老年妇女的心理需求和想法，还通过团市委在广大青少年中开展尊老敬老教育。通过这些活动，消除老年妇女“歧视”，融洽她们的生活环境。敦煌市还组建了以各乡镇的村组干部、妇女干部和德高望重的老年妇女为主的志愿者服务队伍，帮助老年妇女解决问题，组织开展联谊和座谈等活动，引导老年人积极、主动参与社会生活。

山东省新泰市以制定老龄行动计划为抓手，推动形成了党政主导、各部门齐抓共管，推动老龄工作和老龄事业发展的合力。市委、市政府高度重视，成立了由主要领导挂帅的老龄行动领导小组，在市老龄办设立办公室，乡镇、街道设立工作小组，为老龄行动计划的顺利实施提供了组织保证。市政府、老龄办多次召开专题研讨会和工作座谈会，研究确定“老龄行动”计划内容、形式及重点，老龄办广泛协调，争取民政、劳动、卫生、农业、财政等有关部门的支持，探索建立老龄行动计划的长效运行机制。老龄行动计划的工作任务具体量化到各有关部门，明确了工作内容、责任方和协调方以及经费支持和时间安排、测量指标、监测评估等。在实施过程中，新泰市重视采取多种措施，向社会各界广泛宣传老龄行动计划方案，提高了全市上下的老龄意识，形成了发展合力，为老龄项目行动计划的落实创造了良好的社会环境。

湖南省浏阳市积极探索农村社区居家养老服务模式，从2008年开始在7个村进行试点。村居老年协会负责管理，以邻里互助的志愿服务为主要形式，以生活照料、精神慰藉、医疗保健为主要内容，努力探索用最少的钱为更多的老年人服务的养老服务途径。针对基层缺乏老年人活动场所的问题，从2009年起在全市开展了村级老年活动中心星级评比活动。市老龄委制定了“二星级”老年活动中心（室）评比标准。向合格的老年活动中心（室）授牌，给予精神鼓励和物质奖励。场地宽敞、设备齐全、管理规范的活动中心受到了广大老年人的欢迎，老年人把它当成了自己的另一个家。

贵州省凯里市是黔东南苗族侗族自治州州府所在地，少数民族占75.78%。该市根据少数民族老年人多的特点，积极创造条件，引导组织老年人开展科学、文明、健康、有益的文体活动。建立了215个基层老年人体育协会、舞蹈协会、养鸟协会，成立了老年歌舞队、芦笙队、门球队、腰鼓队等41支队伍，组织苗歌侗歌大赛，社区老年舞蹈大赛，活跃了老年人的精神文化生活，也对当地移风易俗、殡葬改革、健康民风发挥了积极作用。

在讨论中，大家对下一步的工作提出了不少建设性的意见。认为，第六期的成功实施证明，调查研究、掌握实情是基础，加强宣传、营造氛围是前提，集中力量、重点推进是保障，找准载体、切合实际是根本，形成合力、共同推进是关键。这些工作经验和工作方法也是今后加强老龄工作的重要借鉴。大家就进一步复制和推广项目经验谈了打算，同时希望项目能有延续性，以使其更好地发挥示范作用。民政部国际司伊佩庄处长对于整个会议和第六周期老龄项目的成绩给予了充分肯定。指出，这样的针对老年人的项目还应该长久的实施下去，在实施范围上还应该持续扩大，对于其中几个有借鉴意义的项目活动，应该在国内甚至国际范围内得到复制和推广。联合国人口基金助理代表高翠灵女士在讲话中指出，在第六周期项目的实施中，各项目县（市、区）给予了高度重视和积极的配合，有效提高了地方各部门、各方面参与老龄工作的积极性。她希望在今后的第七周期项目中，还可以看到同样的参与度和积极性。

最后，全国老龄办副主任吴玉韶做了会议总结。吴主任充分肯定了各地介绍的经验。他表示，项目的选点无论是在经济基础，老龄化现状，地方工作架构上都非常有代表性。各地所举办的项目活动也都具有很高的可复制性，项目开展到现在，基本上达到了预期的目的。吴主任特别强调了第六周期项目在加强基层老年人协会建设上的有力作用和成功经验。他指出，各地以实施项目为契机，狠抓基层老年群众组织建设，通过培训老年协会会长和基层骨干，提升了老年群众组织的能力、实力和活力，在维护社会稳定、发展居家养老服务、活跃老年人精神文化生活以及创建和谐社会等方面发挥了重要作用。吴玉韶指出，我国老龄工作的重点和难点在基层，尤其是在农村。要加强基层老龄工作，就必须抓住基层老年群众组织建设这个“牛鼻子”。吴主任要求，各地要积极推动实现老龄工作在更高层次上的党政主导，统筹推动老龄事业的健康快速发展。要将老龄事业发展纳入地区经济社会发展总体规划，并加快构建包括老年人收入保障、医疗保障、服务保障、精神保障在内的保障体系。要强化全社会的老龄意识，营造敬老、爱老、助老的社会氛围，动员社会力量广泛参与，推动形成全社会共同参与老龄事业发展的机制。

会议得到媒体的广泛关注，人民网、政协新闻网、新华网对会议进行了报道，网易、搜狐、新民网等进行了转载。

项目处
2010年7月9日

关于出席联合国社会发展委员会第48届会议情况的报告

王　珣　王珑璇

2010年2月2日至2月12日，全国老龄办国际部王珣主任和王珑璇参加中国代表团，赴美国纽约联合国总部，出席了联合国社会发展委员会第48届会议。中国代表团由外交部、国家发展改革委员会、共青团中央、中国残疾人联合会、全国老龄办等单位派员组成，中国常驻联合国代表团副代表刘振民大使任代表团团长。

本届会议是社会发展问题世界首脑会议（哥本哈根，1995）和联合国大会第24届特别会议（纪念哥本哈根会议召开五周年，主题为：在全球化世界实现惠及所有人的社会发展。日内瓦，2000）的后继行动。会议的优先主题是社会融合。会议审查了《关于残疾人的世界行动纲领》《世界青年行动纲领》《马德里国际老龄行动计划，2002年》以及包括家庭问题、政策和方案等与社会各群体状况有关的联合国行动计划和行动纲领；讨论了新出现的就业问题及对应政策，以及金融和经济危机的社会后果，包括其性别层面的影响等。会上，中国代表团团长刘振民大使、副代表张丹和王珣分别就“社会融合”、“应对金融和经济危机带来的就业和社会后果，包括其性别层面影响的政策措施”、“审查与社会各群体状况有关的联合国行动计划和行动纲领”等议题做了发言。

本次会议涉及老龄方面的主要议题有：

（一）秘书长的报告

联合国秘书长提交了关于“进一步执行《2002年马德里国际老龄行动计划》的报告”。报告在汇总各成员国执行情况报告的基础上，回顾了第一次审查和评估《行动计划》的过程和结果，肯定了行动计划的执行在加强老年人权利保护中的积极作用，提出了将老年人的权利作为加强《行动计划》执行工作的优先主题是国际社会的共识。报告建议成员国在2012年社会发展委员会第50届会议上进行第二次审查，主题建议为增强老年人的能力，保障和促进老年人的人权。审查方法遵循第一次审查评估的程序，并结合开放式协调方法。

（二）老龄决议草案磋商

联合国老龄决议是与会各国关于特定的老龄问题所达成的共识，对各国开展相关老龄工作具有一定的引导和敦促作用。此次大会有关老龄问题决议的主题是“进一步执行马德里国际老龄行动计划”，我们参与了决议草案的磋商。在全体非正式磋商中，77国集团和欧盟等利益集团在关于第二次审查和评估马德里国际老龄行动计划的主题上有较大的意见分歧。欧盟提出主题应定为“独立并有尊严地变老”，而77国集团坚持定为“老年人各种权利的社会状况、福祉、发展、赋权和实现（social situation，well－being，development，empowerment and the realization of all rights for older persons）”。在经过几轮激烈的磋商之后，综合各方意见，大会赞同将第二次审查和评估的主题定为“全面执行马德里国际老龄行动计划：老年人的社会状况、福利和尊严，以及老年人所有人权的发展和全面实现”，并鼓励成员国针对该主题开展提升意识的相关活动。

（三）非政府组织积极呼吁制定老年人权利公约

会议期间，美国退休者协会、国际助老会、国际老龄联合会、老龄问题全球行动、国际老年学和老年医学学会、国际老年人住房和服务协会以及防止虐待老年人国际网等一些在联合国具有咨商地位的非政府组织，向大会提交了“加强全球老年人的权利”的联合声明，分析了老年人受歧视的现状以及现有保护老年人措施不足的现象，强调了人权、老年人和社会融合的关系，呼吁社会发展委员会建立老年人权益特别报告员制度，制定老年人权利公约，以加强对老年人权利的保护。

吴玉韶副主任出席第六届世界老龄和代际大会

王珑璇

2010年8月25日至28日，第六届世界老龄和代际大会在瑞士圣加伦大学举行。会议由世界人口和老龄论坛举办，来自40个国家的近500名联合国机构代表、政府代表、专家、学者以及非政府组织代表参加了大会。全国老龄办副主任吴玉韶、国际部干部王珑璇应邀出席了大会，吴玉韶在会上作了专题发言。

大会分主旨发言、四次全体会议和三次专题研讨会。四次全体会议的主题分别为：人口学与发展、人口学与地缘政治、人口学与老年痴呆症、如何应对不断增长的老龄人口和日益扩张的老年痴呆症带来的挑战，以及人口学与生活质量、健康。三次专题研讨会分四个主题，分别为：政策与发展、社会与福利、生活与健康，以及市场与工作。在大会进行的同时，会议组织方还举办了名为"为所有人的设计：设计我们的未来"的日用品展览，来访者可以亲身体验50余件展品为老年人日常生活带来的便捷。

会议期间，吴玉韶副主任作了题为《中国积极应对人口老龄化的六项措施》的发言。他介绍了我国人口老龄化的基本情况、未来老龄人口发展的趋势，以及我国人口老龄化的特点；我国应对人口老龄化战略研究、老年人生活和医疗保障制度、养老服务体系、老年人的文化教育活动、老年人的合法权益，以及老年人参与社会发展等六个方面，向与会代表介绍了我国政府积极应对人口老龄化的措施。发言得到了与会代表的一致好评，他们认为中国是世界上最大的老龄人口大国，中国老龄化挑战是独一无二的，中国应对人口老龄化措施是独具有特色的，特别是开展新农保、人口老龄化战略研究、老年文化教育事业、老年友好城市和老年宜居社区建设等适合中国国情、具有创新意义，值得其他国家特别是发展中国家借鉴。

此次大会主席Ilona Kickbusch女士在大会闭幕总结时指出，随着世界人口老龄化程度的不断加深，以及人们对老龄化问题以及人口老龄化对经济和社会带来的各种影响认识的加深，世界老龄和代际关系大会所关注的焦点也会不尽相同。自2005年第一届大会以来至今，大会已经开过了六届，如果说过去五届大会关注的是社会公正问题的话，那今后的大会将更加关注公共卫生、生活质量以及代际关系问题。此外，Ilona Kickbusch女士还代表本次大会，就马德里国际老龄行动计划实施十周年纪念活动的主题等事宜，向与会代表征询了意见。

会议期间，吴玉韶副主任与有关国家和国际组织的代表进行了广泛的接触和交流，就马德里国际老龄行动计划实施十周年纪念活动、老年友好城市和宜居社区建设等进行了深入探讨。

世界卫生组织老龄司司长比尔德
联合国人口基金驻华代表薄纳德
在齐齐哈尔市参加会议并进行考察

魏 强

10月9—11日，世界卫生组织老龄司司长比尔德先生和联合国人口基金驻华代表薄纳德先生应邀出席了由全国老龄办、全国总工会、全国妇联、团中央联合在黑龙江省齐齐哈尔市召开的"全国尊老敬老经验交流会议"，薄纳德先生在开幕式上致辞。他对在第20个国际老年节和中国第一个敬老月期间以及重阳节前夕召开此次会议表示祝贺，阐述了联合国人口基金从人口动态发展角度看待老龄化问题，20多年来，与中国政府一起在人口发展战略框架下倡导积极和健康老龄化。支持人口学术界的能力建设，支持研究、支持对话，倡导和试点项目。表示在目前进行的第六周期国别方案中，与国际助老会和全国老龄办共同推动循证的政策制定和执行。致力于促成机构间谈话和协同工作。并确信通过这次会议，来自不同地方、不同部门的经验和方法能得以充分共享。必将为参会部门更长远的合作奠定一个良好的开端。

齐齐哈尔市副市长兼市老龄委副主任田国梁，在市政府（接待办）仙鹤楼宾馆分别会见了比尔德先生和薄纳德先生。双方在友好的气氛中，就中国人口出生率和老龄问题进行了具有前瞻性的探讨与交流。田副市长首先向两位联合国官员介绍了齐齐哈尔市老龄工作情况及老年友好城市的创建以及打造尊老敬老之城和正在开展的孝亲敬老活动情况。他们对该市老龄工作取得显著成绩和老年友好城市的创建工作给予充分肯定，称赞中国政府及老龄部门重实际，讲实效，有措施，搞调研，抓试点，定《指南》，做了大量有效工作，取得了齐齐哈尔市这样的可喜成绩。表示要重视中国所做出的成就，有机会要向其他国家介绍宣传中国的好经验好做法。会见时，齐齐哈尔市老龄委副主任兼老龄办主任邵洪泽在座。

两位联合国官员在齐期间分别参观了齐齐哈尔市博物馆和松鹤家园养老机构及合意社区居家养老服务。并随同会议代表现场观摩了齐齐哈尔轨道装备公司厂区敬老活动、运建园社区孝亲敬老活动、团市委在锦湖社区广场开展的青春助老“鸟还巢”活动、龙沙公园“孝亲敬老”主题教育活动。

现场观摩的社区和广场，老人们欢声笑语，载歌载舞，夹道欢迎。龙沙公园内外人如海，歌如潮，彩旗飘扬，欢声雷动，老年秧歌队、老年舞蹈队、老年腰鼓队、老年合唱队把公园装扮的五彩缤纷；敬老石碑蔚为壮观，“尊老敬老”大字耀眼夺目，人们在此排队合影留念；敬老歌曲嘹亮动听，唢呐鼓乐喧天，太极雄姿矫健，扇子舞彩云翩跹，大秧歌如龙盘旋……，一幕幕祥和景象，一处处和谐场面，使两位联合国官员真正感受到齐齐哈尔市浓浓的尊老敬老社会氛围，体会到齐齐哈尔市老年人的幸福安康。为此，给出良好评价：齐齐哈尔市城市环境优美，生活自然舒适，适合居住；老年人养老、医疗有保障，邻里友好，社会和谐稳定，生活满意幸福；老龄法规政策完善落实，老龄工作机构健全，综合协调职能作用发挥，符合世界卫生组织提出的老年友好型城市的倡议标准，建议由中国政府或中国老龄部门尽早向世界卫生组织提交申请报告。

在齐期间，薄纳德先生还出席了市委、市政府为会议举行的招待晚宴和专场文艺晚会。

2010年10月15日

关于巴西、阿根廷老龄事业发展状况的考察报告

全国老龄办赴巴西、阿根廷考察团

2010年8月12日

2010年7月31日到8月9日，全国老龄办组成考察团，一行六人在老龄办副主任阎青春的带领下，对巴西、阿根廷两国的老龄事业发展状况进行了认真全面的考察。出访期间，代表团先后与巴西里约热内卢市政府老龄事务局、阿根廷国家社会发展部老龄政策局的相关领导和负责人员进行了有关老年人政策和事务的公务交流与合作会谈，实地参观了巴西圣保罗和谐居所老人院、伊瓜苏拉道丝．威林豪丝老人院、巴西里约热内卢市苔丝．格考维尔丝社区老年健身中心和格巴卡巴那区嘎都毕社区老年活动场所，又在阿根廷实地参观考察了布宜诺斯艾利斯市的圣安娜和圣荷西两所老人院。通过会谈、考察和交流，我们对巴西、阿根廷两个国家的老龄政策和为老服务事务的基本情况有了比较清楚的了解，也从中得到一些有益的收获和启示。

一、巴西、阿根廷两国老龄事业发展的基本情况

巴西是一个联邦共和制的国家，国土面积851.49万平方公里，全国人口18961万，其中60岁

以上的老年人口为 1500 多万人，占总人口的 8%左右，还没有进入国际公认的老龄化社会。但是有些大中城市，则已经进入老龄化社会，并且有的达到了比较严重的程度，如里约热内卢市区有 600 万人口，但其中的老年人已经达到了 90 万人，超过了总人口的 15%；该市的格巴卡巴那区的老年人就有 15 万人，占到了该区总人口的 30%以上，人口老龄化已经达到了非常严重的程度。

阿根廷全国人口增长迅速，1850 年的时候只有 110 万，1900 年 467.3 万，1930 年 1493.6 万，2000 年 3780 万，现在已达到 4000 多万人，其城市人口占五分之四。根据阿根廷社会发展部老龄政策局的官员介绍，十年前他们全国进行人口普查时的结果显示，60 岁以上的老年人口已经达到了 487.1957 万人，占到总人口的 13.4%。现在随着生育率的大为降低（以前平均每个育龄妇女生 6 个孩子，现在则降为 3.9 个）和人口寿命的不断延长，老龄化的进程更是不断加剧。根据测算，阿根廷从 1950 年到 2020 年间，老年人口将翻一番。

由于巴西、阿根廷两国也都面临或即将面临人口老龄化带来的社会问题，因此两国对解决老年人的养老问题还是非常重视的。巴西的联邦政府机构中虽没有设立专门的老龄事务行政部门，但是在老龄人口较多的里约热内卢市和阿拉戈斯州则专门设立了老龄事务局，负责制定老龄政策和实施老龄事业发展的重大项目。据里约热内卢市老龄事务局的副局长里特女士给我们介绍，他们的市老龄事务局设有行政编制 50 人，另外还配备有老龄事业项目执行人员数百人。他们这个老龄事务局，主要管理几个方面的老龄工作事务：一是与联邦政府和州政府合作，进行老龄事务方面的工作试点和发展项目；二是推行健康老龄化，帮助老年人锻炼身体；三是对老年人群进行启智教育和文化宣传。目前在里约热内卢市由老龄事务局直接设立和负责管理的老年活动室就有 6 个，并且计划还要在近期内增设 4 个，每个活动室配备有专职服务人员 5～7 人，活动室的容量从 150 人到 300 人大小规模不一，活动内容也是多种多样的，有文化、娱乐、舞蹈、音乐、棋牌、健身、康复等，老年人在这里参加活动全部是免费的，并且可以自由选择活动内容和活动时段，上下午还有两次茶点加餐。今年到七月份统计，就有 2.6 万多名老年人到他们这些活动室参加各种文化娱乐和健身活动。为例更加普及老年人锻炼和健身，里约热内卢全市还建成了 120 多个健身广场，由老龄事务局负责项目建设和器材配备与维修，同时负责为每个健身广场配备 5 个专职工作人员，加强广场的使用管理和对老年人进行健身辅导，制定出统一的教学大纲，编排好专门课程，每天早晨辅导两节课，这样全市每个月都能接待和辅导 20 多万人次。他们计划在年底前还要再增设 29 个健身广场和健身路径，以进一步扩大对全市老年人的覆盖面。此外，老龄事务局还在全市的 6 个社区医院设立了保健康复室，对一些患病、失能、失智的老年人进行专门的功能康复训练。政府在一些贫困居民区开设了流动医疗车，每个礼拜固定一天为社区老年人诊断治疗老年病、眼病、口腔科疾病等常见多发病症。在我们实地参观的里约热内卢市苔丝·格考维尔丝社区老年健身中心和格巴卡巴那区嘎都毕社区老年活动场所的过程中，看到广大老年人就近就便在家门口的社区健身场所进行锻炼和辅导，也进一步验证了老年社区健身活动开展得广泛性和普遍性。

在会谈中，我们也询问了巴西老年人的养老保障制度建设和养老服务开展情况。老龄事务局的官员们告诉我们，巴西有社会养老保险制度，全巴西的劳动力平均月工资在 700 雷亚尔～1500 雷亚尔（约合 400 美元～900 美元）之间，参加养老保险的劳动者自己要缴纳工资的 8%作为养老金积累，雇佣劳动者的老板要缴纳工资总额的 26%作为职工的养老保险和医疗保险金，此外老板还要缴纳 8%作为职工的失业保险。对那些年满 65 周岁、没有固定工作和固定收入、没有人照顾的老年人，联邦政府规定提供最低数额的基本养老金 510 雷亚尔（约 300 美元），超过 70 岁以上又常年患有疾病的老年人，从 96 年开始每人每月再增加生活困难补助 240 雷亚尔（约 140 美元），但这一做法持续到 2004 年就终止了援助，而改由赡养老年人按照家庭的低保标准计算，每月给每个有老年人的困难家庭补贴 300 雷亚尔（约 175 美元），目前仅有 60 个家庭享受到了这一补助，到今年底计划增加到 100 个家庭。政府对这样家庭的老年人每半年派人访问一次，确保老年人权益的维护，同时也辅导家庭成员学习照顾老年人的知识和技能。在为老年人提供服务方面，巴西政府大力主张老年人尽可能在家养老，并且采取措施尽可能将养老机构小型化、社区化。各级政府设立的养老服务机构，主要是以收养无家可归的流浪老年人、失能失智的困难、低保老年人为服务对象的；对社会力量经办的非营利性的养老服务机构，则采取政府与之签订合约的方式进行补助和规范；对那些营利性的养老服务机构，政府则是加强监管和检查，但经济上不予任何支持和补助。如里约热内卢市政府直接经办的养老院有 6 家，主要收养类似我国的三无对象和失能失智的困难老人，收住费用全部由政府负担。全市有社会力量办的非营利性养老机构20家，政府与之签订合约，对收住生活不能自理的老年人每人每月补贴670雷亚尔（约400美元），对收住生活能够自理的困难老年人每人每月补贴394雷亚尔（约225美元）。对全市127家营利性的养老机构，政府不予补贴，同时卫生部门、社会事务部门和检察院负有指导、监督和检察的职能和责任。我们在巴西圣保罗市考察的和谐居所养老院就是一家最早由教会组织经办后采取股份制方式经营的营利性养老机构。它总投资70多万雷亚尔（40多万美元），分为自理区和护理区两个区，主要面向中产阶级家庭以上收入的老年人，现在它分别收住了10名自理老年人和13名非自理老年人，老年人床位分设单人、双人和三人房间，床位收费也分别为3000、2600和2400雷亚尔不等，但护理和医疗则根据不同护理等级和医疗需求进行大不一样的收费，最低的可能寥寥，最高的则可能达到每月再收7000雷亚尔～8000雷亚尔，应该说费用是十分高昂的，也并非是一般家庭所能承受得了的。对经办这类营利性养老院，政府的卫生、消防、医学、劳工等部门要按照规定进行行政许可的审批和注册，之后就是执业过程中经常性的检查监督和年检认证，经济上则不予资助。据主管这家养老院的院长介绍，他们开办七年多时间，基本上还是能够自负盈亏并有一定的盈余和利润的。

阿根廷针对老龄化程度较高的实际，在政府的社会发展部专门设立了老龄政策局，负责老龄社会政策的研究制订、老年社会参与、居家照料以及反歧视活动等。同时在卫生部、教育部和劳工部等部门也有为老年人服务的行政职能和事务。阿根廷老龄政策局的副局长莫妮卡女士给我们介绍说，阿根廷的社会发展部主要负责居民的基本生活保障（低保）、社会救助项目、家庭事务和服务保障（包括儿童、青少年、老年人、妇女事务等）。卫生部下设的PAMI机构则负责公立医院为退休人员及老龄人口提供免费医疗、健保等社会保障。劳工部设有社保秘书处，负责为退休人员发放退休金和辅助养老金，对没有任何收入保障的老年人，从最近两年开始，政府发给每人每月200美元的最低标准的基本养老金，大约占一般退休人员退休金平均270美元水平的70%左右。教育部也设有专门为老年人服务的项目，主要是老年人大学的开设和课程的安排等。此外，在联邦政府的社会发展部还附设“联邦老龄委员会”这样一个协调议事机构，其组成人员62%是老年人代表，另外则是社会发展、卫生、劳工、教育等部门都有参与。

阿根廷社会发展部下设的老龄政策局主要负责如下事务。

1. 负责的老年社会参与项目。包括：开展义工培训、组织义工服务活动、提供专门辅助金、发动老年人奉献余热关怀教育青少年、组织青少年开展为老年人服务活动等。

2. 负责的居家照顾项目。包括：鼓励老年人在家里居住和养老、组织开展全国性关怀老年人的项目、组织开展养老护理人员的知识技能培训、为结业人员提供奖学金和建立服务系统、与有关大专院校协约开设老年人系科和开设硕士课程、组织老年培训专家开展老年服务的远程教育等。

3. 负责的反歧视活动。包括：开设32小时的专业课程培养专业技术人士服务老年人、开展正式和非正式的老年照料专业和课程、通过公益广告、媒体传播等宣传推广活动加强公民教育，号召全社会善待老人、组织跨专业领域的培育与协作等。

4. 负责养老机构的管理和运营。包括：全国4000多家养老院由联邦政府直接负责管理的只有9家，要为之提供维修、运营等方面的经费、对地方举办和管理的养老院提供指导和帮助。但是联邦政府没有统一制定的管理养老服务机构的法律法规，而是由各地方政府根据当地实际自己制定和管理。根据我们实地参观考察的圣安娜、圣荷西两所由国家直接举办和管理的老人院的情况看，都是以收住没有经济收入来源、生活不能自理的老年人为主要服务对象的。圣安娜老人院现有90张床位，收养了54名经济困难和失能失智的老年人，其中完全不能自理的为16人，雇佣了40名工作人员。这些老年人先是由本人或家庭成员向政府提出申请，经过批准后入住的。政府为他们每人每月支付生活费3400比索（大约为1000美元左右，工作人员的费用也含在其中）。圣荷西养老院现有80张床位，收住了64位老年人，其中30位需要特殊护理和照料，雇佣了56位工作人员。这些入住的老年人也基本上是没有固定收入和养老金的困难老人，其住养老院的费用全部由国家负担，他们个人即使有少量收入也不用缴费，而由自己支配零用。阿根廷老龄政策局负责养老机构管理的约翰先生对我们介绍说，阿根廷中央政府在发展养老服务问题上指导思想是明确的，那就是尽最大可能使老年人回归家庭，既是举办养老机构也要力求机构向小型化方向发展，并尽可能收住那些经济困难且失能失智的老人。应该说，他们这一指导思想与国际社会养老服务发展趋势是完全吻合的。

当然，考查中发现巴西、阿根廷两国在发展老龄事业的过程中也存在一些问题，比如政府发放基本养老金和高龄困难老人的生活补助金制度设计存在明显缺陷，造成社会福利待遇的不公平现象，群众对此也多有意见；政府直接举办养老服务机构存在着资源利用效率低、服务水平没有高、服务人员人浮于事的弊端；政府对市场化经办的营利性养老机构有疏于管理的倾向，导致片面追求利润和效率的现象滋生；社区居家养老服务还不是发展得很完善，社区的养老服务设施除了运动健身的较多一些外，其他多种养老服务需求的服务内容还较为鲜见，特别是上门包护的服务还远远满足不了广大老年人的养老服务需求，等等。

总之，巴西、阿根廷两国根据他们自己的老龄化发展状况和经济社会承受能力，在养老保障制度建设和为老社会服务方面采取了一些政策措施和具体做法，较好地解决了社会养老问题，在某些方面也给我们提供了一些有益的经验和启示。

二、巴西、阿根廷两国养老政策、措施带给我们的启示

1. 政府职能准确定位，建立起了基本的养老收入保障和为老服务网络。巴西、阿根廷两国政府在养老问题上都不是大包大揽，而是根据国情国力，制定和实施基本的养老经济保障制度和服务保障制度。他们在推动建立养老社会保险制度的同时，针对无固定收入保障和没有养老保险金的老年人，制定并实施政府发放基础养老金的政策措施，如巴西为没有任何收入的老年人每月发放最低 510 雷亚尔的基本养老金，阿根廷为没有任何收入的老年人每月发放最低 200 美元的基础养老金，并且他们还为高龄困难老年人增发一定的养老补助金，以此保障和维护了全社会老年人的基本养老权益。在为老服务方面，政府顺应国际社会养老发展的大趋势，首要的是大力提倡和推动家庭养老，不仅在社区建设了大量老年活动设施和场所，而且配备专门人员和经费，组织老年人就近参与各种文化娱乐和健身活动。同时，政府也举办少量的养老机构，主要收养本该由政府负责的无家可归的流浪老年人、生活无着的贫困老年人和失能失智急需长期照料护理的老年人。此外政府也鼓励和支持社会公益组织和社会团体举办非营利性的养老机构，政府视情况对入住的老年人给予部分费用补贴和资助。应该说，政府职能这样定位基本上是准确的，既保证了政府应该保障的困难对象，又避免了社会福利的过度泛化和政府的过度负担。

2. 充分调动社会慈善资源。巴西、阿根廷两国政府在发展为老服务的过程中，注意调动和发挥多种社会力量的作用，充分运用多种社会资源，特别是社会慈善资源，为老年人举办和提供各种服务。如两国许多的养老机构就是利用教会的慈善资源建立和运营的，我们在巴西伊瓜苏是参观的拉道丝·威林豪丝（LAR DOS VELHINHOS）养老院就是由天主教会的一位修女筹资举办并管理运营的，其基本建设费用和老年人入住后的各种生活与服务费用全部来自教徒和社会的慈善捐助，政府只是发挥行政监督管理的作用，基本上没有什么费用资助。在社区为老服务设施和场所的建设上，两国政府也积极鼓励社会力量进入，参与管理和服务，比如巴西里约热内卢市苔丝·格考维尔丝社区老年健身中心使用的房舍就是当地一位著名女影星捐献出来并以她的名字命名的。两国各地由各类教会组织、慈善机构举办的各种非营利性的养老设施和养老院舍比比皆是，这也为我国大力发展第三部门社会组织的力量，发挥他们在养老服务领域的作用提供了可借鉴的经验和启示。

3. 运用市场机制，推动养老服务产业的发展。巴西、阿根廷两国政府在承担相应政府职能的基础上，大力培育和拓展养老服务市场，对那些中等收入以上老年人的养老服务问题，基本交由市场去经办和运营，支持和鼓励社会上的企业、公司把发展养老服务业作为产业去谋划和运作，政府除了行政审批、规范市场和检查监督之外，基本不予资源分配和资金资助，那些营利性的养老服务机构自己通过服务收费就可以实现自我价值补偿、自负盈亏和自我积累与发展。

4. 加强老龄服务队伍专业化建设。巴西、阿根廷两国在养老事业发展过程中，都在服务队伍的专业化建设上狠下功夫，不仅舍得出资源、花力气警醒专业知识和技能的培训，而且对队伍的专业结构和人员配比也有非常严格的规定和要求。如巴西里约热内卢市老龄事务局的弗拉维亚女士告诉我们，他们市每年都要统一组织培训养老服务人员，组织专家进行养老服务知识和技能的讲授，今年就已经连续做了几个月，每月培训 150 人。阿根廷社会发展部的老龄政策局的苏珊娜女士也是专门负责养老服务人员培训的专家，她介绍说，他们不仅与国内的大学签订合约开设老人系和硕士生课程，而且经常举办各种专业服务人士的训练班，每班安排 32 课时的专业课程，同时还举办一些跨专业领域的培训，开展一些正式和非正式的老年照顾课程的讲座。在养老服务机构的人员配置上，两国政府也有严格的标准和要求。如我们参观的巴西里约热内卢市的健身广场，每个广场都配备有 5 个专业人员（1 个管理员、2 个体育健身教练、1 个机械师、1 个维修工），已指导和保障老年人的广场健身活动。阿根廷布宜诺斯艾利斯市的圣荷西养老院，入住64位老年人就配置了56位管理和服务人员，并且按要求配有2位医师、2位心理医生、1位咨询师、3位专业社会工作者、2位健保专家、1位营养师和14位护师。正是加强了服务队伍的专业化建设，才使得老年人的长期照护服务质量有了可靠的保证。

5. 积极践行健康老龄化、积极老龄化的理念。巴西、阿根廷两国政府在发展老龄事业的过程中，更加注重提高老年人自身的健康水平，让老年人更多更长久地保持自理和自立的能力，从而把健康老龄化的理念真正落实到老龄工作中，推动老年人的社会参与和自尊自立。入巴西里约热内卢市老龄事务局最重要的一项工作就是建设社区老年活动室和老年健身广场并组织开展好各种活动，以此来不断提高老年人的健康水平，并推动老年人生命生活质量的改善与提升。这为我们转变单纯为老年人提供帮助照顾的观念提供了很好的启示，我们确实需要改变一味被动为老年人提供服务的作法，也要将积极老龄化、健康老龄化的理念融入到老龄工作中，努力去调动老年人的自身潜能，让他们更加积极乐观地参与社会、参与生活，健康快乐地欢度晚年。

考察组成员：阎青春、王绍忠、尹文辉、
曹碧涛、孙艳华、钱小平

有借鉴意义的新加坡老龄工作

李　伟

7月底8月初，利用参加在新加坡召开的中国—东盟老龄化论坛机会，考察了解了新加坡的老龄工作，参观了两所养老机构，感触较深。新加坡目前人口达到500万，其中60岁以上的老年人占到总人口的20%以上。新加坡将老年人称为“乐龄人士”。怎样才能让老年人成为“乐龄人士”？为此，新加坡政府竭力为老年人办实事，紧紧抓住政策的落实环节，成效显著。其中的一些老龄工作举措，对于完善我国养老保障和服务制度有一定的借鉴意义。

一、建立普惠型老年保障制度

新加坡老年人的养老保障建立在中央公积金制度之上。中央公积金制度是具有新加坡特色的社会保障制度，是新加坡整个社会保障体系的基础。新加坡中央公积金制度是以个人账户为标志，强制性地规定雇主和雇员将收入的一部分上缴给中央公积金局（该局是隶属于劳工部的一个具有独立的、具有半官方性质的公积金制度的管理机构，公积金的具体运营是由新加坡政府投资公司投资运营），通过建立中央公积金来为每一个雇员提供全面的社会福利保障。公积金局每月收缴的公积金经过计算记入每个会员的个人账户中。会员的个人账户分为三个：普通账户，用于购房、投资、教育等；保健账户，用于支付住院医疗费用和重病医疗保险；特别账户，只限于养老和特殊情况下的紧急支付，一般在退休前不能动用。

新加坡中央公积金制度涉及养老的主要内容包括：一是退休计划，其中最主要的部分是公积金最低存款计划，规定会员在55岁领取公积金存款时，必须把一笔钱留在退休户口中，以保障晚年的生活。二是医疗计划，中央公积金计划的积蓄可用于支付中央公积金计划会员及其家属的住院费用和获准的医疗费用支出。三是家庭保障计划，包括公积金提供的两项保险计划，即“家属保障计划”和“家庭保护计划”。前者是一项定期人寿保险，目的是为公积金会员及其家属在会员终身残疾或死亡时提供应急资金；而后者是一种强制性保险，目的是保证会员具备归还建屋局贷款的能力。

新加坡中央公积金制度不仅解决了新加坡的养老难题，而且对新加坡的社会经济稳定发展提供了重要的保证，现在通常被认为是东亚乃至世界范围内养老保险制度成功运行的典范。公积金存款越多，他所享受养老金、医疗保健等福利待遇也越多。

新加坡老年人的生活是全部有保障的，即使一分积蓄都没有，又没有亲人照顾，新加坡政府会通过各种渠道，使老年人的生活得到应有保障。为了全面保障老年人晚年生活，新加坡政府出台了不少明显带倾向性的老年福利政策。如在每年的政府花红分配中，对老年人给予特殊的照顾。如2008年每位超过55岁的老人的额外花红是100新元。钱虽不多，但体现了政府对老年人的尊重和关心。

二、实施社区养老优待服务

新加坡政府在制定养老政策时，为了防止越来越多的老年家庭出现“空巢现象”，政府投资建造组屋时，专门推出满足几代同堂的户型。这种户型和互相连通的两套住宅很相似，既能分开，又可以合起来。不但尊重了老人的生活习惯，满足了年轻人的特别需求，而且可以让长辈和晚辈彼此照应，融洽相处。

政府大力提倡子女尽可能迁居到离父母近一些的地方居住，以便更好地照顾老父老母。凡是想在父母居住的组屋区内购买住房的人，可以优先挑选户型和楼层等，并且在价格上享有一定的优惠。对年轻人愿意和父母亲居住在一起或购买组屋与父母亲居住较近的，经有关部门审核批准后可一次性减少 3 万新元购屋费。新加坡政府还规定，从 2008 年 4 月起，凡年满 35 岁的单身者购买政府组屋，如果是和父母同住，可享受二万新元的公积金房屋津贴，并免除子女探望父母时的部分小区停车费。

对于社区无暇照顾居家的老人和孩子，新加坡成立了相应的机构——“三合一家庭中心”。该照顾中心将托老所和托儿所有机地结合在一起，既照顾了学龄前儿童、小学生，又兼顾到老年人。老少集中管理，既顺应了社会的发展需要、解决年轻人的后顾之忧，又满足了人们的精神需求，增进了人际交往与沟通，防止了“代沟”的出现。

此外，社区志愿者还为老年人提供多种上门照顾服务。

三、支持推动养老机构发展

在新加坡，独居或者只和老伴居住在一起的老人从 1990 年的 10%增加到 1997 的 15%。为此，政府在 1998 年第一次推出老年（乐龄）公寓计划，以便老人们通过多渠道的购房选择，得到更好的照顾，住得舒适惬意。

根据政府规划，老年公寓地点都选在公交便利、设施完善、基础较好的社区内。老年公寓最高为 12 至 14 层，为精装修板式高层，分 35 平方米和 45 平方米两种户式。老年公寓分为高、中、低等不同档次的收费标准，价格 5 万～7 万新加坡元（约合人民币 25 万至 35 万元）不等。

同时，新加坡还鼓励私营资本进入失能养老机构建设，在土地等诸方面都给予优惠优待。

四、大力宣传推广儒家孝道

新加坡是个十分重视孝道的国家，把弘扬孝道作为新加坡的重要国策之一。新加坡 76%的人口是华人。为了对抗西方腐朽生活方式的侵入，新加坡领导大力推行儒家文化，倡导儒家伦理，并努力使儒家思想上升为国家意志。

为了让孝亲敬老思想深入人心，早在 1982 年，在时任总理李光耀的建议下，新加坡在中学三、四年级的道德教育必修科目中增设了儒家伦理课程。通过课堂教育的形式，把忠孝、节义、礼义、廉耻等传统儒家伦理思想灌输给孩子。其中孝的内涵就是“孝敬父母，尊重长辈”。为推动孝道教育，新加坡的中小学每年还开展许多与“孝”有关的活动。如围绕二十四孝的故事，举办全国中小学网上作答比赛、中学生动画制作比赛、中学生短剧比赛、小学生讲故事比赛，等等。

现任新加坡内阁资政李光耀曾说：“如果孝道不受重视，生存体现就会变得薄弱，而文明的生活方式，也会因此变得粗野。”在新加坡，弘扬孝道不仅被作为和谐社会建设的重要内容，同时，国家领导人还把弘孝道作为解决国家人口问题和老龄化问题的重要策略。

在 2008 年新春到来之际，新加坡总理李显龙发表了新春献词。他指出，虽然社会价值观正在转变，但人们还得必须继续推崇孝道，并重视家庭对社会的重要性，把新加坡塑造成一个适宜人们组织家庭及养育子女的好地方。

正是在国家领导人的倡导下，自上个世纪 80 年代以来，新加坡在全国开展了包括孝道内容的影响深远的儒学运动，号召全社会关爱、孝敬老年人。每当农历新年，新加坡都会开展孝亲敬老活动，政府官员和议员都会到社区慰问老年人，以实际行动为社会作出表率。

1995 年，新加坡国会通过《赡养父母法令》，新加坡成为世界上第一个为“赡养父母”立法的国家。在此法令下，被控未遵守《赡养父母法令》的子女，一旦罪名成立，可被罚款一万新元或判处一年有期徒刑。这一法令的实施，对儒家孝道的发扬也起到积极作用。

五、积极开展老年文化教育活动

1978 年，新加坡首创了乐龄俱乐部。从 1996 年起，新加坡开展“乐龄运动”。在每一个社区建立了乐龄俱乐部，老年人可以在俱乐部里享受到内容丰富、形式多样的服务，如健康检查、生日庆祝、旅游观光等。俱乐部还定期举行太极拳、气功、交际舞、书法等文体活动，使老年人的生活丰富多彩。

新加坡爱龄学院创办于 2007 年 9 月，是一所专为 45 岁以上男女提供心灵与形象管理课程的私立学院。该学院得到社会发展、青年与体育部，以及活跃乐龄理事会的认同与支持。老年人学习内容包括文化旅游、心灵财富、形象、模特、生活规划、保健养生、美食情怀、演艺人生和拓展社交等。

六、充分发挥老年人的价值

新加坡政府在1999年把退休年龄从60岁推迟到62岁时，允许雇主在延长雇员工作年限时减薪，但幅度不能超过10%。

新加坡有一个雇用老年人的规定，要求企业对超过62岁的老年人进行再雇用，目前近一半的企业已做到了这一点。新加坡充分尊重和保护老年人的劳动权利，只要身体许可又自己愿意，新加坡的老年人可以一直工作。有的老人60多岁，还在开出租车。在一些学校、公共场所，不少做卫生、打杂的是老年人。因此也可以说，新加坡是发挥老年人价值的一个示范性国家。

赴哥斯达黎加出席国际会议并顺访墨西哥代表团出访报告

曹炳良 袁新立 尹文辉

2010年12月20日

2010年11月10日至19日，全国老龄工作委员会办公室副主任曹炳良应邀率中国老年大学协会常务副会长袁新立，全国老龄办国际部尹文辉一行三人赴哥斯达黎加出席国际第三年龄大学协会第29届大会及理事会，并顺访墨西哥。现将有关具体情况汇报如下。

一、国际第三年龄大学协会大会及理事会的相关情况

此次大会由国际第三年龄大学协会和哥斯达黎加大学共同举办，大会的主题是“老年人的经验和可持续性发展”，旨在讨论如何开发利用老年人的智力资源，为经济和社会的可持续性发展做出贡献。参会者包括国际第三年龄大学协会理事成员，各国老年大学负责人及学员，负责老年人事务的政府官员，国际组织官员，从事老年学研究的学者，为老年人提供服务的社会工作者以及被大会吸引而来的各国老年人约200人，其中外宾（非哥斯达黎加籍与会者）约100人。大会主体部分包括主旨发言和文化交流，会上各国代表分别报告了在老年人教育、开发利用老年人力资源方面的理念、做法和经验，主要包括：

1. 网络运用。来自德国的代表演示了德国如何利用互联网鼓励老年人学习新知识，融入数字化时代，解除孤独感，促进老年人之间的交流，加强老年人的社会纽带。他们的经验显示，学习新事物本身有利于保持老年人的思想活跃，对预防老年痴呆症、抑郁症有很好的辅助作用。另外电脑网络已经成为现代生活的重要组成部分，如果老年人面临“数字隔离”，他们不断失去了一个交流的平台和技能，也严重了影响到老年人参与社会的信心，强化他们“弱势群体”的自我定位，阻碍老年人融入社会。通过培训，使老年人掌握基本的电脑技能，如聊天、交友、组织活动、网购等，不但能为老年人解决实际问题，也能促进老年人之间，老年人与其他社会群体之间（特别是祖孙之间）的交流。同时代表也指出了老年人在学习过程中经常遇到的问题，并交流了他们解决问题的做法与经验（如怎样保持老年人学习兴趣，怎样开发适合老年人使用的电脑产品等）。

2. 文化旅游。斯洛伐克的代表汇报了他们组织老年人跨境旅游，提升老年人的身心健康，促进老年人对不同文化的包容和理解。东欧是一个多民族、多元化文化的地区。该地区过去民族冲突较多，也是目前欧盟东扩的前沿。通过老年人的旅游传播友谊，促进理解和包容，消除误解和歧视，不但能愉悦身心，也有利于地区的和平稳定，促进欧洲一体化进程。其具体做法包括了解各国的历史文化，体验风土人情，欣赏风景艺术，瞻仰并聆听各个国家的英雄人物和事迹等。

3. 塑造老年人积极形象。哥斯达黎加代表指出，现在的许多媒体经常把老年人描绘成为衰老、消极、无能的负面形象，这不但不符合绝大部分老年人的实际情况，也否认了老年人为社会、家庭做出贡献的能力和潜能。要实现积极老龄化，促进老年人参与社会，必须为老年人树立一个积极正面的形象。该代表通过演示以老年人积极形象作为商业广告，并取得成功的视频经验，说明了树立老年人积极形象的可行性和重要性。

4. 发展民间老年人社会团体。来自英国的代表介绍了以共同兴趣爱好或者专长为基础结成的社会团体对老年人生活安排和发挥积极性的重要意义。目前大约有 3%的英国老年人定期参加社会团体活动。英国许多所谓的老年大学并没有固定的学校设施，绝大多数是老年人因志趣相投或者学问相长而结成的社团，组织活动的地点可以是教堂、广场，也可以在某个会员的家里。在拉丁文中，大学的本意并非指校园，而是指“学者的社区”。英国老年大学的这种形式，既降低了成本又体现了“大学”的精神实质。著名的科学家牛顿，许多灵感与发明也源自他在精英社团——“月亮社”期间的社交与切磋。

5. 作为国际第三年龄大学协会理事成员，袁新立副会长也应大会主办方的要求，代表中国在研讨会上做了题为“开发老年人力资源，促进经济、社会发展”的主题演说。他提出，可持续性发展是一个继往开来的连续过程，只有充分吸收前辈们的历史经验教训，才能实现真正的开拓创新。所以，应把老年人看作社会的资源而不是负担，对老年人不仅要予以物质支持，更重要的是承认、尊重并发挥他们的作用和能力，创造积极的社会环境，帮助他们继续为社会做出贡献。他就中国的实践，指出了中国在大力发展老年大学，促进老年教育；建立老年人才库，充分利用老年人知识和技能；发挥媒体作用，创造有利于老年人实现价值的积极社会环境等方面所作的努力和取得的成就。中方的发言受到了与会代表和大会主办方的热烈关注和积极评价。

还有一些专家学者提出了广泛开展老年学研究，鼓励更多的大学开设老年学课程；加强社会工作，为老年人提供个性化服务；积极组织老年人参加群体活动等观点，并交流了他们在具体老龄工作中的做法和经验。

6. 在大会期间的理事会上，进行了新一届国际第三年龄大学协会理事会成员的选举。袁新立副会长以全票通过，成功获得连任。理事会还确定了 2011 年国际老年大学协会大会的主办国——葡萄牙，并就有关具体问题进行了初步协商。

会议期间，我代表团与参回国代表就老龄问题进行了广泛的交流。代表团团长曹炳良还与哥斯达黎加社会保障部、哥斯达黎加大学的有关负责人就养老保障体系建设，为老服务措施等问题进行了交流。

此次大会给我们一些启示：

1. 国外的有些老龄具体工作未必很大，覆盖面未必很广，但是在制定之前都深入到老年群体作了具体而细致的调研，使得工作从开始就具有明确的针对性、目的性和方向性。

2. 西方国家社会工作传统比较好，重视老年人社会组织和非政府组织代表老年人权益诉求，倾听老年人意见等许多方面值得我们参考。一线工作者为老服务方面的意识、态度和专业程度和理论水平比较高，较强的工作能力保障了老年人的尊严，并提供个性化、标准化的服务。

二、墨西哥的老龄工作组织

出席国际第三年龄大学协会外，我代表团也顺访了墨西哥。墨西哥毗邻美国，是第三世界中经济比较发达的国家。墨西哥总人口约为 1.11 亿，60 岁以上约为 990 万，占总人口的 9%。

墨西哥专门负责老年人事物的部门是国家老龄局，此次代表团也对该部门的基本工作情况进行了初步的了解。

（一）国家老龄局的由来

1979 年根据总统命令，墨西哥成立了第一个国家老龄机构——墨西哥老年人协会，致力于保护和关怀老年人。当时的老年人协会主要任务是为老年人提供医疗照料，机构的性质接近于受到政府扶植的社会团体。2002 年，墨西哥总统再次下令对该机构进行了规范，将其更名为老龄局（INAPAM），使之成为墨西哥社会发展部所属的一个部门。2002 年 6 月 25 日，墨西哥出台了《老年人权益保障法》，该法律正式授权国家老龄局管理国家老年人事务，老龄局的中心内容也从医疗照料拓展到支持老年人全面发展的各个领域，具体包括权益保障、医疗照料、法律咨询、生活支持、健康指导、选择就业、调查了解老年人面临的各方面的问题并寻找对策等。至此，一套相对完善的老龄工作机制基本形成。

（二）国家老龄局的机构设置

国家老龄局是一家准政府机构，在继承老年人协会社会性的同时又具有政府的相关工作职能。这一点使其工作具有极大的灵活性。财政上，它既可以接受社会捐助（政府对捐助实行免税政策），又可以享受财政拨款。工作中既可以利用政府平台，又可以借助社会网络。

与中国相似，墨西哥老龄局上层结构也有一个委员会。不太相同的是该委员会除了重要政府官员以外，更多的是社会老年人代表。这样安排是为了确保决策过程中的民主原则。国家老龄局的前身是社会组织，在 20 多年的实践中逐渐培养了良好的服务意识、服务能力和服务网络。老龄局总部行政工作者约有

30多人，其中包括政府官员、社会工作者、议员等。另外，约有1000多名管理和服务人员分布在各个为老服务的第一线，包括医护中心、文化中心、老年人俱乐部、老年人日间照料中心等，这些服务人员和设施构成了国家老龄局强大的服务网络。

（三）基层老年人活动中心

各种老年人活动中心如医护中心、文化中心、老年人俱乐部、老年人日间照料中心等，是墨西哥国家老龄局为老年人提供服务的工作平台。所有的活动中心设施都直接隶属于国家老龄局，并挂有国家老龄局的标识。这些活动中心提供的服务也比较齐全，包括：就业培训、兼职工作、文化活动、社交活动、休闲、旅游、讲故事、交朋友、健康照料、学习新技能、办理老年人优待证等等。这些向全社会开放的老年人活动中心的建立把老龄服务落到了实处，构建了社会组织、政府组织以及老年人良性互动的平台。

（四）墨西哥老龄机构的设置及运行的评述

墨西哥国家老龄局的结构和工作运行机制可以简单图示为：

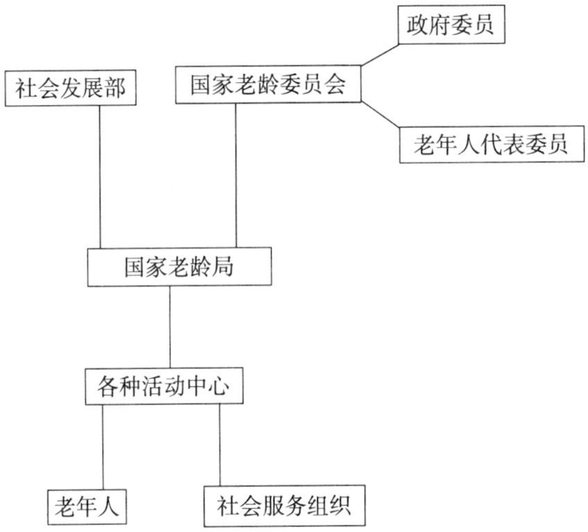

从这个图上可以看出，墨西哥老龄机构设置和老龄工作运行机制具有以下特征。

1. 国家老龄局具有政府机构和社会组织的双重身份，工作方法灵活多样。在需要出台政策性性文件时，它可以充分利用政府资源，借助政府权威，如2002年和2007年两次出台《老年法》。就是这种政府权威性的体现。而在各种项目和日常服务工作中，老龄局则充分体现了非政府组织服务效率高，成本低的一面。

2. 服务平台完善。墨西哥国家老龄局有一个完善的为老服务平台，也就是它的各种活动中心。这些中心对所有的社会老年人开放，其运营由老龄局直接授权或指导。这一平台相当于老龄局的派出机构，为各种社会力量参与为老服务提供了可能性。

3. 墨西哥老龄局夹在社发部、老龄工作委员会和老年人之间，协调起来比较困难，这种运行机制需要良好的社会对话能力，对领导层的素质要求很高。墨西哥历任老龄局的局长都是由总统提名，智囊往往是议会成员，都是具有相当社会活动能力的社会活动家，能较好地沟通政府和社会之间的关系，并深受老年人欢迎，工作开展起来比较顺畅。

赴瑞典、波兰出访报告

张恺悌　曾　琦

受瑞典卫生与社会事务部、欧盟国际事务司副司长Lina Pastorek和波兰老年慢性病和残疾人护理行业国家咨询顾问、老年人长期照料协会“蓝色雨伞”主席 Elzbieta Szwalkiewiez 的邀请，在瑞典爱生雅集团（SCA）的资助下，国务院参事魏津生研究员、中国老龄产业协会副会长兼秘书长曾琦和中国老龄科研中心主任张恺悌研究员在瑞典爱生雅集团（SCA）北亚地区政府与公共事务部总监蒲家彬先生的陪同下，于九月三十日至十月十日赴瑞典和波兰进行专题考察。

我们于当地时间九月三十日晚十一点多到达瑞典，于十月一日我国在欢度国庆的时候，开始了我们此行的第一个会谈。瑞典爱生雅集团（SCA）全球卫生用品业务发展总监噶纳主任首先对我们对来访表示热烈的欢迎。并且简要介绍了该组织的情况。

1. 瑞典爱生雅集团（SCA）提供了老龄护理方面的国际交流平台。瑞典爱生雅集团拥有老龄照护领域中的很多专家并时常举办论坛和学术交流会议，特别是他们组织的全球失禁论坛，汇集了医生、养老机构的专家、经济学家、社会学家及公共政策学者等；自 2006 年起，每两年就目前失禁对生活质量影响及政策的配套提出建言；在全球呼吁各国关注失禁问题对家庭的影响以及对现有解决方案的更新，希望得到各国政府在医疗卫生政策上的重视。

2. 在过去的许多年里，该组织协助欧洲的二十个政府了解并将失禁用品纳入医保给付，减轻了因失禁给许多家庭带来的生活压力，也通过家庭护理或居家护理的方式，给政府与家庭节省了大量老年照护的支出，让社会、家庭、政府达到三赢的效果。

3. 该组织提供养老机构的照护标准和流程。爱生雅集团（SCA）在 23000 家养老机构拥有累计长达 50 年经验。其发展的失禁护理系统已在许多国家中成为失禁护理的标准，如个人化护理计划和管理办法、每日护理工作的执行实践、护理质量的追踪和回顾系统等。

中国老龄产业协会副会长兼秘书长曾琦向瑞典朋友介绍了我国老龄产业协会工作以及老龄产业发展状况与前景。瑞典爱生雅集团（SCA）极为赞赏中国老龄产业协会的工作理念，对于中国老龄产业协会筹办的国际老龄产业博览会、在天津滨海新区建立老龄产业表示出极大兴趣，并且表示要建议该集团北亚地区总部提交可行性报告，为双方今后的实质性合作提供科学的依据。再三表示爱生雅集团愿意对中国老年产业协会和世界老年照护的专家交流提供帮助。同时也希望充分利用双方的资源，来共同推动老年护理事业的发展。

此次考察的主旨是为了学习瑞典与波兰的经验，了解这两个国家养老保障以及老年护理和照料系统的做法。由于在出访前做了较为充分的准备，选择出访地时考虑到代表性和对比性，既有传统高福利国家的瑞典，又有通过政治体制变革由社会主义国家变为“民主主义”国家的波兰。并将所需了解的问题事先与邀请方进行了沟通，故得到邀请方高度重视，他们也给予全力配合，使我们此次高密度、广覆盖的考察工作得以顺利完成。在考察期间，我们先后与两国政府官员、专家学者、基层工作人员进行了八次广泛深入的交谈，在有关方面的陪同下，参观了两国公办和民办的养老机构六家。通过对两国的对比，我们一致认为收获较大、感触颇深，尤其是瑞典提出的“居家养老机构化，机构养老家庭化”，以及在整合社会资源的过程中，为老年人服务由原来的“格式化”服务，向“个性化”服务的发展思路颇有借鉴价值。当然，瑞典政府管理的规范化、制度化和数据化也给我们深刻印象。而波兰由于政治制度的急剧变化，公共服务的组织结构还处于初建过程中，“执政的强势，民生发展的弱势”所带来的效率低下，使我们深感诧异。具体情况如下。

（一）瑞典的基本情况

瑞典地处斯堪的纳维亚半岛东部，是欧洲第四大国，面积 44.99 万平方公里，人口 918 万左右（2008），其中 65 岁以上老年人占总人口的 17.5%，80 岁以上老年人占总人口的 5.3%。预计 2030 年 65 岁以上老年人将占总人口的 22.9%，80 岁以上老年人将占总人口的 7.6%。瑞典是人口老龄化较早的国家之一，也是人口老龄化比较严重的国家之一。下面分别从养老金制度、养老模式、社区养老、护理支出、护理机构经营五个方面介绍瑞典的老年人保障工作。

一、瑞典目前的养老金制度

1999 年，瑞典开始全面实行多支柱养老保险制度。现行养老金制度使政府、企业和个人有了明确的责、权、利的分工，真正使老有所养落到实处。这一模式，主要表现在退休老人的收入来源的构成上。

第一部分是国家养老金，又叫“国民年金”。瑞典政府规定，基本养老金的标准由国家统一制定和调整，对象包括无收入和低收入群体。凡年满 65 周岁在瑞典居住满 40 年的公民每年均可领取 70000 克郎（税前）的养老金，而居住不满 40 年的，按每年 1/40 的比例递减。与改革前所有人都享有同一待遇标准不同，改革后的国民年金与收入关联养老金也是相挂钩的。当收入关联养老金低于 44000 克朗时，国家负责补足到规定的 70000 克郎的标准，当收入关联养老金在44000克朗～105000克朗之间时，按一定比例给予补助。而随着收入增加，国民年金就不断递减，当收入关联养老金超过105000克朗时，则不再享受任何国民年金。

第二部分是收入养老金。收入养老金是一项与个人收入密切关联的养老金制度。在多支柱养老保险制度中，国家为每个在职职工建立两个相互独立的个人账户，一个是由瑞典政府代表个人管理的名义个人账户，另一个是个人账户。新的养老保险制度把税率从原来的19%降低到18.5%，个人和所在企业各承担一半，然后在上述两个账户之间分配。一般来说，一个职工每年在新制度下的养老金按18.5%税率的16%进入政府为每个人建立的名义个人账户，该账户存放的资金由政府代为管理，记录该职工的缴费历史，并最终按照名义账户上的积累及通货膨胀和工资的增长状况，确定和安排该职工的退休年金，一直累积到其退休时为止。实际上，职工的这个账户上是没钱的，因为他们所缴的税款都按现收现付的形式支付给退休人员了，所以才冠以名义个人账户之名。由于按名义个人账户计算工人退休后的受益年金，所以，一个职工在61岁至70岁之间，退休的时间越延后，退休后按月领取的年金将越多。另外，18.5%税率的2.5%进入个人账户，直接存入到职工个人账户作为养老金积累，由个人选择基金公司投资或储蓄，经营后的收益计入个人收入养老金中。由于名义账户制度的资金不能直接用于投资，个人账户的引入就避免了人们对名义账户不能进行投资的不满，能充分调动和发挥个人的积极性，也增强了新的养老金制度在制度上的可行性和吸引力。为此，瑞典政府还专门成立了管理该项基金的机构——养老保险基金管理局，通过制定严格的个人账户管理规则和养老金进入资本市场的途径，使职工可以将个人账户上的资金投资到政府规定的五大类低风险、低回报的基金上。

第三部分是职业养老金，又叫“企业年金”。在瑞典，职业养老金是由企业为职工提供的基本养老金之外的养老金，不需要职工缴纳费用。这笔养老金是根据行业工会与雇主谈判达成的协议，由雇主按雇员工资的一定比例为雇员投养老保险，其费率主要依据各行业及参保人员的年龄来确定，目前平均费率为工资总额的3%～5%。20世纪90年代，即瑞典养老金体制改革之前，数额还很小。发挥的作用也不大。但今天，它发挥的作用已日益增加。据统计，现在瑞典90%以上的雇员都有职业年金。多数情况下，企业职工自21岁开始有自己的企业年金账户，每年雇主会把相当于职工工资3.5%左右的年金存入专门的保险机构。按年累计，退休时通常会达到几十万瑞典克朗，一般占到退休职工实际享受养老金的10%～15%左右。

在上述多支柱养老金构成中，最重要的国家基本养老金部分。奠定了瑞典养老保障制度的基础。瑞典以较高的税收为国家社会福利筹措资金。高度的收入转移、广泛的公共服务主要由基层部门承担。它也是经济调节的一种特殊形式，借助于公共消费实施对经济需求方的调节。在瑞典，一个普通退休公民各种养老金加在一起，相当于其在职时薪金收入的60%～80%。之所以存在这个幅度，是因为一个职工60岁以上就可以要求正常退休，但可以自愿干到67岁(2003年以前是65岁)。但是，正常退休只能得到60%的退休金，多工作7年才能得到80%的退休金。除此之外，一个瑞典老人如果再加上自己平时的积蓄，如购买一些私人养老金，那么，他在退休以后一般都能过上富裕而安定的生活。

（二）养老模式方面

根据瑞典法律，子女和亲属没有赡养和照料老人的义务，赡养和照料老人完全由国家来承担。瑞典目前实行的有三种养老形式，即居家养老、养老院养老和老人公寓养老。据统计数据显示，截至到2009底，斯德哥尔摩市65岁以上的老年人共有11.2万，占全市总人口的14.2%，其中继续居住在自己家里颐养天年的大约为10.27万人；住在疗养院或养老院的有6400人；此外还有2900人居住在随时能得到服务的老人公寓。

在瑞典，在养老院养老的一般是基本上失去生活自理能力的孤寡老人。瑞典养老院条件很不错，现行的老年住宅以单元式为主，通常是六人住一个单元，一人一间房，从吃饭到洗澡都有人照料，闲暇时有集体活动室，环境温馨，人情味较浓。

瑞典政府眼下大力推行的是居家养老的形式，争取让所有的人在退休后尽可能地继续在自己原来的住宅里安度晚年，这主要是因为居家养老比较人性化，也很个性化，而且更能给人以安全感。居家养老的人凡有需要，都可以向当地主管部门提出申请。主管部门要进行实地评估，才会做出同意的决定。

居家养老有完善的服务组织。瑞典目前的居家养老服务组织包括基层保健、卫生中心、专科门诊部，60家提供专科护理和24小时急诊室服务的医院，8家地区医院以及高级专科护理等。在服务成本方面，健康与医疗保健成本，占瑞典国内生产总值（GDP）近9%，由图1可见政府在卫生保健方面的支出比例。2005年，包含药品补助的护理和服务的成本为

1750亿瑞典克朗（合254亿美元）。在服务资金来源方面，71%通过地方税收，州政府提供16%，病人收费3%，私人健康护理供应商提供10%。2002年居住在普通家庭所需要的居家帮助的成本约为每人每年2.5万美元左右，如果居住在养老院，则成本约为6.1万美元左右。有鉴于此，去“机构化”成为养老服务的一个趋势。

（三）社区养老方面

1. 强大的社区养老服务网络。瑞典老年人几乎全部为空巢。瑞典政府养老服务的基本出发点是“最大限度的让老年人住在自己家里养老”，主张开展社区服务、远程服务、定点定期上门等为老服务，切实解决居家老年人的各种生活困难和问题。瑞典政府规定，由市级政府提供社会服务保障，在各市建立政府服务网，服务内容包括入户服务、住房维修、短期照料、日常活动、社区医保等。老年人可以在社区享受到全天候的各种照料服务。

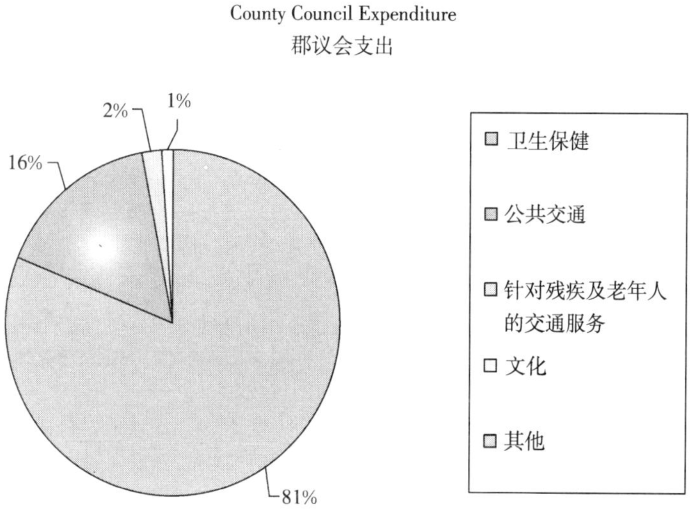

图1　斯德哥尔摩郡议会支出

2. 完善的社区养老服务体系。主要内容包括以下三个方面：（1）老年公寓。退休后的老年人经过个人申请，均可以到老年公寓居住生活。老年公寓设施完备，居住在老年公寓的老人既可以自己烧饭，也可以申请送餐上门。有病的老人，护理人员将按时到公寓为老人服药、打针和理疗，且有详细的治疗方案和治疗记录。公寓的老人有集体活动和个人活动的周到安排，使老年人既有自己独立的活动空间，又使他们普遍不感到孤独。（2）老年护理。老年人只要自己提出申请得到核实批准，就有护理人员到家中进行医疗、家政等项目服务，并且所有的服务都是免费的。据统计，50%～80%的护理时间用于老年人的日常饮食起居，每个月护理每位老人的时间平均在30个小时以上。对有需要的老人配有专门的警报器，监护部门可以全天候监测警报和呼叫。（3）临终关怀。当老人处于病危状态，将启动妥善的临终关怀制度，除了通知有关亲朋临床慰藉告别之外，有专人24小时守护，使老人在弥留之际享受体面和尊严。老人去世将获得良好的安葬。（4）社区医疗保健。在居住相对集中的由5000至50000名居民组成的社区内，设一个医疗保健服务点，几个社区构成一个医疗保健中心。社区的老人若出现病状，可先进入医疗保健服务点，接受初级医疗保健服务；若医疗服务点难以诊治，可由其负责转送至医疗保健中心继续医治。

（四）照护支出情况

政府每年要对老年人照护的需求进行评估。目前65岁以上老年人家务助理15.4万人，占65岁以上老人总数的10%。在特殊住宅中有9.5万人，占65岁以上老人总数的6%。在80岁以上老年人中需要家务助理的有11万人，占老人总数23%，在特殊住宅中有7.6万人，占老人总数16%。

2009年市级老年人照护支出870亿（占GDP的3%），其中地方税收支付80%，国家向市政当局拨款10%～15%，个人付费占4%。养老服务的原则以维护老年人尊严为主要目标，倡导专业为本。

近年来瑞典老年社会融合政策体现了个人自主（家务助理和家庭照护）和经济自主（养老金和工作收入），以保证生存尊严为前提，从而增进生活质量，增加自由选择的权利。其中个人自主指的是每个人都能时间尽可能长地居住在自己的家中，享受到家务助理以及高级家庭健康照护提供的服务。2001年养老金制度改革后，61岁以上老年人灵活退休年龄，退休越晚，养老金越高，最晚到67岁退休。目前养老制度将关注点从机构转向个人需要，强调个人对照护内容有完全选择权。《社会服务法》赋予服务使用者自由选择的权利，以服务使用者为中心，将权力从政客手中转移到公民手中，为公民提供不同服务的承包商，通过承包商之间的竞争提高服务质量和效率，以质量竞争取代价格竞争，开放式比较，全国用户参与调查，法律强制为非正式照护者提供支持。

（五）护理机构经营方面，瑞典政府鼓励老年护理机构商业化经营

1980年底，瑞典雇主联合会向议会提出建议，为有效降低社会保障支出，提高社保服务的效率，应适当引入竞争机制，鼓励老年护理机构实行商业化经营。议会批准了这项建议。到1992年，瑞典建立起大约300个私营老年护理机构，占全国老年护理机构的1/3，71个地方政府和6个省政府与私营老年护理机构签订协议。一些大城市还建立了“城市医疗保健服务有限公司”。私营老年服务机构为老人特别是收入较高的老人提供了更为个性化的服务。这些机构降低服务费用，有效抑制了公共老年服务机构费用支出大幅度增长的势头。另外，瑞典鼓励慈善团体、非营利机构大力兴办公益事业，这些社会团体和机构对瑞典老年社会保障起到了十分重要的作用。

二、波兰的基本情况

波兰位于欧洲中部，北临波罗的海，东、西、南三面分别与俄罗斯、德国、捷克及斯洛伐克等国家相接，面积约31万平方公里，人口3870万左右，首都为华沙。苏东剧变之后，波兰已从社会主义国家转变为一个资本主义国家，十几年来的最大特点是逐步实现由中央管制型经济向市场经济的过渡。可以说，其国际国内政策的制定相当程度上都是围绕着转制这一主题来进行的。随着国民经济的逐渐恢复和发展，波兰人民的物质文化生活水平不断提高，居民的预期寿命也从上世纪90年代初的男67.1岁、女70.2岁增加至现在的男70.5岁、女73.9岁，这就意味着波兰国内老龄化问题的日益严峻和社会赡养率的逐年提高。

下面简单介绍一下波兰养老金的改革情况。

（一）波兰养老金改革的背景

波兰国家保障型的养老保险制度（通称旧制度）涵盖几乎所有劳动者，实行现收现付模式，由企业完全承担缴费，个人不缴费。由于该模式过分强调公平，进入20世纪90年代，养老保险基金收不抵支现象严重。1994年，退休者和残疾人的福利开支，从占GDP的12.6%提高到15.4%。在具有相同人均收入的国家，这一开支不超过GDP的8%。人口预测显示，20年后波兰每年养老金支出约占GDP的14%。从隐性历史债务看，由于养老保险长期实行现收现付制，已经退休的700万人和改革前参加工作的人没有积累，全国养老金的历史欠账为GDP的200%。与此同时，波兰在东欧各国中实行最低退休年龄政策，即男59岁、女55岁，而养老金的替代率却高达70%，为东欧各国之首（比西欧各国基本养老保险金要高20%），从而加重了财政包袱，要求进一步改革养老金的呼声越来越高。

波兰在向市场经济转轨过程中，加快了国有资产私有化进程，政府要求职工养老保险向自我保障转变，开始酝酿将养老保险基金投入资本市场。同时，受智利等国养老保险制度改革的成功经验的影响以及世界银行、国际货币基金组织的大力倡导，波兰实行养老保险新制度，加快养老保险基金迅速走向市场化的进程。

在上述大背景下，自1994年开始，波兰政府考虑要改革旧的养老保险制度，并在几种方案中进行选择。1996年，政府组织有关专家成立养老保险制度改革项目组，设立了一个多元化、由三个支柱构成的养老保险体系。1997年，议会通过了三项与新养老保险制度相关的法律，即使用私有化收入支持《养老保险改革法》、《雇员养老保险法》和《养老基金法》。1998年颁布了《公共养老金法》和《社会保险体系法》。这些为实施新养老保险制度作了机构、组织和立法方面的准备。1999年1月1日，新的养老保险制度正式推行。2000年4月雇员养老金方案的法律修正案通过。

（二）波兰目前养老金制度

波兰目前实行的“三支柱”的养老保险主要包括：

第一支柱是强制性现收现付制。社会保险服务局（ZUS）收取相当于工资12.22%的缴费，雇主和雇员各负担一半，并将缴费记入名义个人账户，用以在退休时根据名义账户中的“积累额”计算养老金给付标准，但总体上按照现收现付制管理缴费资金。

第二支柱是强制性基金积累制。社会保险服务局收取相当于工资7.3%的缴费，雇主和雇员各负担一半。值得关注的是，社会保险服务局并不直接管理个人实账户中的养老基金，而是把账户基金划转到参保

人选择的养老金公司管理运作。参保人可以自由选择养老金公司，并可中途更换，退休后的养老金给付水平根据账户基金实际积累额确定。养老金公司是依法成立的专业化公司，进行市场化营运，相互竞争。养老金公司负责基金投资运作，并必须保证回报率不低于法定标准。同时，向参保人收取一定的初始费用和管理费用，用以弥补营销和管理成本并实现利润。2007 年，波兰市场共有 15 家养老金公司，其中约有一半是由保险公司成立的，其他主要是银行和大企业设立。在市场份额上，保险系养老金公司占据领导地位，仅前 4 家保险系养老金公司就占据整个第二支柱市场超过 60％ 的份额。

第三支柱是自愿性补充养老保险制度，政府不强制雇主和雇员参加，形式很多，包括：雇员参加寿险公司的团体保险；或者雇主可以为雇员设立企业养老金计划，委托养老金公司管理雇员个人账户；或者雇主替雇员向开放式基金投资等等。第三支柱主要提供额外的养老金保障。

政府对养老金体系提供税收优惠支持，对第一、第二、第三支柱都给予缴费免税的优惠，只是在参保人领取养老金时征税。

（三）波兰养老金制度的特点

首先，增加了雇员对自己养老问题的责任感，减轻了企业的负担。从养老金缴费来说，从过去的雇主单方缴费转变成现在的雇主雇员各承担一半，从而使企业的负担减少了，资金增加了，有利于企业的发展和竞争力的提高。另外，雇员已认识到在新体系下替代率可能会降低，据调查有 47％的雇员都希望通过参加企业补充保险计划来对强制性养老保险计划进行补充。但是由于收入的限制，实际参加的人数并不多。

其次，激励了雇员缴费，减少了提前退休。由于在新体系下，养老金给付与雇员一生的缴费总额挂钩，为了今后能拿到更多的养老金，雇员们就不再乐意逃费了，也不会愿意提前退休。另外，由于政府对超过退休年龄还继续工作和缴费的雇员会通过增加养老金给付金额的形式予以奖励，因此实际的平均退休年龄增加了。

第三，改革后的养老保障体系分散了风险。由于新的养老保障体系中名义账户部分以现收现付为基础，积累账户部分以基金积累为基础，因此从过去单一的劳动市场风险分散到劳动市场和资本市场的共同风险。从而，体系的抗风险能力得以增强，体系的稳定性和持续性也相应得以提高。

第四，改革后的养老保障体系更能抵抗政治风险。一方面是因为改革后的体系越来越透明，再分配因素随之减弱；另一方面是因为在新体系下由于待遇水平的升高降低都是在一定的指数挂钩程序下进行的，因此，避免了因待遇水平降低而造成的政治风险。由于任何削减都是因为预期寿命增加、缴费人数减少和经济波动而自动地进行调节，因此不再需要额外的法定程序对其进行修改。

第五，养老保险基金成为国内资本市场的稳定因素。即使资本市场很不景气，养老保险基金的 1/3 都投资于国内证券市场，在很多国外投资者不敢进入的时候，为波兰的证券市场提供了长期性资金，起到了稳定市场的作用。据统计，到 2002 年 11 月底养老保险基金的资产总额占华沙证券交易资本总额的 26.8％。

第六，国民储蓄率提高。提高国民储蓄率（储蓄总额/GDP）是促进经济增长的一个主要手段。波兰养老制度产生的储蓄从 1999 年起就开始提高了，这是由于第一支柱中现收现付部分产生的余额以及第二、第三支柱中养老基金的投资回报共同作用的结果。显示了这两方面因素对增加储蓄率的影响：在开始时第一支柱中的赤字对储蓄率的增加并无贡献，但随着第一支柱中的储备基金投资于资本市场，储蓄的作用越来越强；第二、第三支柱中养老金的投资回报将逐年增加，预计到 2020 年将达到 GDP 的 3％。据有关部门预测，由养老体系产生的储蓄占 GDP 的比例将从 1999 年几乎为零增至 2020 年的 5％。

第七，强制性的第一、第二支柱能够应对未来老龄化问题。尽管现阶段波兰的老龄化压力并不太大，但据预测，在未来 30 年内，60 岁以上女性和 65 岁以上男性的总人数与年龄在 18 到 60（65）岁的人数之比将从 2000 年的 24％增加到 2030 年的 41％。而新的养老保障体系实行的个人账户制将有效地避免过去现收现付制的财政压力，能够有效地应对未来的老龄化问题。

第八，将名义账户制作为最终向积累制改革的一个过渡，减轻了国家的财政负担。实行名义账户制一方面缓解了旧体系的压力，避免了大量转制成本的发生，节省出更多的资金进行经济发展，另一方面，实行名义账户制还为向完全积累制方向发展作了铺垫。由于名义账户制提供了一个不必对其个人账户“做实”的“模拟运行”模式，从长期来看，可以使之成为一个最终向“做实账户”的“半积累制”甚至完全积累制过渡的途径。

三、瑞典和波兰完善养老模式体系的经验及启示

（一）从养老金制度方面来看，多支柱是养老金

的发展方向

多支柱是世界银行大力倡导的“养老保障改革最佳方案”，已经逐渐得到各国政府的肯定，并在多国实践中显示出良好效果。其主要优点包括：一是有效分散风险，比如，第一支柱是现收现付，当年收支在全体参保人之间统筹，受人口比例变化影响较大，但对投资风险不是特别敏感。而第二支柱主要是个人账户、资产积累，受金融风险影响较大，但对人口比例变化不敏感。二是国家、企业、个人共同承担养老责任，可以减轻国家财政负担，有利于扩大覆盖面。三是具有很强的灵活性，有利于满足不同人群的需求。

我国养老保障体系改革确立了“广覆盖，保基本，多层次，可持续”的目标，正逐步由单一依靠政府经办的社会保险向多支柱体系发展。因此，我们认为，不应简单地将养老保障体系分为“社会养老保险”和“补充养老保险”，而应该从多支柱的角度研究问题。比照世界银行的定义，我国城镇职工养老保险体系中的基本养老保险统筹部分相当于“第一支柱”，基本养老保险个人账户部分具有强制性、基金积累制的特点，相当于“第二支柱”，商业保险和企业年金都是自愿性养老保障，属于“第三支柱”。我们不一定照搬世界银行的标准，但是根据各个支柱的特点制定相应的政策，促进多支柱协调发展，应是完善多层次养老保障体系的必然要求。

（二）从养老模式来看，居家养老是当前的国际趋势

起初，瑞典在解决人口老龄化问题特别是老年人的照料问题时，采取对老年人集中供养的方式，即建立敬老院、护理院等。虽然这种方式设施完善、照料周到，但随着人口老龄化不断发展，机构养老不利于老人与亲人等交流，容易造成情感缺失的弊端不断显现。于是，现在开始大力提倡让老人回归家庭的号召。但这种回归家庭的养老方式已不同于传统的家庭养老，而是一种将居家和社会服务相结合的养老方式，即通常所说的居家养老。居家养老不必使老年人脱离原有的居住环境和社会关系，也方便子女在闲暇时照顾老人，老人的情感需求能够得到充分满足。同时，居家养老能够充分整合利用家庭、社区的资源，使养老成本大大降低。居家养老服务机构提供的专业服务也能使老人的生活质量得到较好的保证。我国是一个“未富先老”的国家，发展居家养老的模式更适合我国国情，符合我国文化传统，同时有利于解决养老资源不足的问题。

（三）充分考虑老年人的全方位需求

综合来看，老年人的需求主要包括四个方面：一是经济提供，二是生活照顾，三是医疗护理，四是精神慰藉。瑞典的社会保障制度和医疗体系较健全，经济提供和医疗护理不再是老年人养老的主要问题，而生活照顾和精神慰藉却受到了重点关注，特别是精神慰藉问题越来越引起重视。为了使老年人生活更加充实和情感需求得到满足，瑞典采取了让老年人回归社会的各种措施，比如鼓励老年人重新就业、参加各类社会组织、参与各类公益性活动等，也包括让老年人重新回归家庭。我国的养老服务目前主要集中于老年人生活照顾方面，而在医疗护理和精神慰藉方面比较薄弱，要让老年人安逸、舒服地度过晚年，医疗护理和精神慰藉是必不可少的服务，因此也是我国为老服务完善的方向。

（四）实行养老服务规范化和标准化管理

在入住养老机构之前，瑞典对老年人进行分级。采用的通常是日常生活活动（ADL）指标。该指标包括两部分：一部分是 I-ADL 指标，测量的是维护日常生活环境、独立获取生活必需品的能力，包括购物、乘坐公共交通工具、打扫室内卫生、做饭四个方面；另一部分是 P-ADL 指标，测量的是穿衣、吃饭、洗澡、上厕所等方面的生活自理能力。不同级别的老人提供不同的服务内容，如对不能自理者主要提供康复护理服务，对自理者提供基本日常照料服务等。服务的项目和标准都有明确规定，老人一旦入住即可无所顾虑。同时还对居家日间照料服务出台了标准。养老服务是一项高风险行业，老人很容易出现意外，导致很多投资者或机构因畏惧风险而不敢从事此项服务。通过出台明确的标准，一方面保障了养老服务的质量，另一方面也规避了养老机构和人员的风险，解除了社会力量参与养老服务的后顾之忧。

（五）发挥政府的保障和引导作用

在完善养老模式过程中，政府应发挥两方面的作用：首先是对困难老人的保障作用。对于生活困难的老人，政府应主动承担责任，保障老年人的基本需求。发达国家政府的养老服务最初都是从保障孤寡、残疾老人的养老开始的。经过多年的发展，虽然社会力量在养老服务中已占了主要成分，但是政府对于困难老人的保障功能非但没有削弱，反而得到了加强。其次是对社会养老服务的引导作用。养老本质上是一种社会公共事务，应依靠政府来引导，纳入社会管理和公共事务管理范畴。从瑞典的经验来看，养老的法律和服务标准需要政府制定，服务质量和服务水平需要政府监督，支持政策需要政府出台，全社会敬老爱老的氛围需要政府引导人民来营造，老年人的权益也需要政府保障和维护，特别是养老服务网络，更需要

在政府的引导下建立。

（六）调动家庭和社会力量的积极性

养老是全社会的共同责任，政府、家庭、社会都发挥着重要作用。由于独立意识越来越强和家庭养老观念逐渐淡化，很多老年人不再和子女生活在一起。但是随着人们对老年人情感需求认识的不断深化，家庭的作用在又开始引起重视，如瑞典已在探索给予因照顾老人而不能工作的家庭成员一定的补贴或提供弹性工作机会等。私人部门在西方国家的养老服务中也发挥着非常重要的作用。如瑞典，到 1992 年，大约有 300 个私营老年护理机构，占全国老年护理机构的 1/3。此外，社会上还有大量的志愿者，包括慈善机构和个人。

（七）注重信息化建设

现代信息技术的发展，为加强对老年人的监护和提升养老服务质量带来了希望。如瑞典正在推广的家庭紧急救助系统就是很好的应用。该系统由一个与互联网连接的电脑、电视界面、电话和一系列传感器组成。这些传感器被精心放置在老人活动的关键地点，如浴室、厨房、入口和卧室，用来监视老人家中情况并记录他们的行为。如果家里一段时间没动静或房门传感器在一定时间内一直关闭，系统就会向家人发出警报。通过电视界面，家人可观察老人的情况，并给老人发送信息。依靠这一系统，即使相隔千里，老人也能经常和家人交流。

赴布拉格参加第三届失禁问题全球论坛的汇报

中国老龄科学研究中心 郭 平

全国老龄办国际部并报民政部外事司：

应失禁问题全球论坛组委会的邀请，经全国老龄办国际部同意并报请民政部外事司批准，我代表中国老龄科学研究中心张恺悌主任出席了于 2010 年 4 月 26 日至 28 日在捷克共和国首都布拉格召开的第三届全球失禁问题论坛，做了题为“中国人口老龄化及城乡老年人健康和长期照料状况”的大会发言。

一、论坛背景介绍

失禁问题全球论坛是老龄研究的全球专业论坛之一，其致力于邀请各国相关领域的研究者和政策制定者就老年人口的健康和卫生服务、老年人长期照料护理、特别是老年人群遇到的失禁问题进行专业研讨和交流。该论坛发起于 2005 年，经过一定的筹备工作，第一届论坛于 2006 年首次在英国伦敦召开，主题为“步入老龄社会”，就人口老龄化以及由此产生的社会经济成本，医疗卫生和长期护理等问题进行了探讨，吸引了以欧洲、北美及日本在内的 20 多个国家 300 多人参会，暂定论坛每两年开一次；第二届论坛于 2006 年在法国尼斯召开，进一步就老年人口中多发的失禁问题对老年人生活质量的影响、政策如何保证社会服务和经济成本之间的平衡等作了专题研讨，近 400 人参加了会议；本次（第三届）论坛的主题是“失禁照料——选择正确的方向”，来自欧洲、北美、日本、中国、埃及等 30 多个国家的学者和政策制定者 400 多人参加了会议，会议特别邀请了中国和埃及的学者出席并发言，标志着该领域的研究和交流，代表了越来越广泛的国家和地区，老年人失禁问题受到社会各界越来越多的关注。

二、参会及访问活动

在论坛注册日（4 月 26 日）当天，根据论坛组委会的安排，我与来自意大利、法国、瑞典、芬兰、日本等国家的 19 名参会者访问了位于布拉格市内的 HAJE 老年护理院。该院收住的主要是日常生活需要照料和护理的老年人，尤其以高龄者居多，他们都通过相关标准的评估，符合入院条件，院方按照需求等级，提供规范的护理和照料服务。在参观基础设施和服务工作后，与该院院长进行了座谈，了解到捷克共和国近 10 年来在老年福利方面取得的进展；我特别问了院方关于院内依据的服务标准，回答令我感到有些意外，在 HAJE 已经是依照欧盟制订的相关护理服务标准来规范老年护理院的工作，我当时并没有问是否整个捷克共和国的老年护理院都在采用欧盟标准，但是就该院个案来看，高水平和规范服务已经成为基本的办院准则，欧盟制定的相关标准不一定是欧洲各国实行的最高标准，但却是在兼顾各国社会经济发展水平的基础上制订的，吸收了许多先进的服务理念和技术，操作性较强。

本届论坛于 4 月 27 日上午开幕，400 多人参会，开模式非常简洁，论坛赞助方瑞典 SCA Global Hygiene Category 集团副主席 Mark Scorgie 和捷克共和国卫生部公共卫生服务司司长 Stanislava 女士分别致欢迎词。之后正式进入两天的论坛主旨发言和讨论，论坛安排了 18 位大会发言和 4 个讨论议题。由于论坛参与者多数来自欧洲国家和美国，会议工作语言是英语，并且提供了法语、西班牙语、意大利语、俄语、德语、波兰语和捷克语的同声传译。

我被安排在第二天会议的第一个大会发言，我着重介绍了中国的人口老龄化状况和发展趋势、老年人的健康和长期照料护理需求、以及面临人口老龄化挑战的应对措施、策略和基本养老服务体系的发展思路。由于是本论坛第一次邀请中国学者参加，与会者大多不太了解中国的人口老龄化和老年人状况等情况，我的发言受到很高的关注度，许多与会者提问有关中国的情况，也使我有机会宣传我国在应对人口老龄化和庞大的老年人群体需求时所采取的积极、稳妥、适当的措施，以及在立法、制定政策、开展宣传和活动项目等方面所收到的效果；同时也明确了我们将会面临的巨大挑战。

在会议间隙，我还与来自瑞典、德国、匈牙利、荷兰、意大利、日本、法国、美国和欧盟相关组织机构的学者就人口老龄化、老年人健康状况、老年人日常生活自理能力、长期照料护理、照料者培训和服务资质等话题进行了交流。

三、论坛主要内容和收获

本届论坛围绕“失禁照料——选择正确的方向”这一主题，从老年学、医学、人口学、社会医学、流行病学、社会学、心理学、传播学和社会工作等学科专业和社会、经济、福利、性别差异、年龄因素、环境等视角交流了各自研究的成果。

来自瑞典哥德堡大学的伊恩·梅森教授主持论坛的发言、讨论和评述，他从与老年人失禁群体的生命生活质量紧密相关的预防、经济、照料、交流几个方面，点出本次论坛发言主要涉及的内容主线。

失禁问题在医学领域特别是泌尿科的研究中早已被关注，但是随着各国人口老龄化发展速度的加快和老龄化程度不断加重，老年人群体因疾病或衰老等原因带来的失禁问题越来越困扰老年人的生活，特别是其带来的皮肤感染甚至褥疮等会对老年人的生命和生活质量带来严重威胁，欧洲一些国家开展的相关流行病学调查显示在老年妇女中尿失禁状况的发生率达到 35%～43%的较高水平，严重影响了这些妇女的日常生活、生理和心理健康。由此，欧美国家和日本开展了广泛的科学研究，并且从单一的医学研究逐步发展到多学科的研究和相关政策研究，使得部分欧洲国家将失禁问题纳入社会政策视野，在公共卫生服务和社会福利方面给予特别的关注和支持。由于失禁问题涉及个人隐私，一般不愿向其他人提及，即便在欧洲国家也有不少有失禁问题的中老年妇女不愿透露实际情况，往往不到万不得已时，也不去就医；近年来通过成立国际尿控协会、发起全球失禁宣传周等活动，广泛宣传以引起社会对此的重视。同时，在医学研究和治疗方式的探索方面也不断进步，相关卫生产品的研发和使用培训也得到不断的认可，大大改善了失禁人群的生活质量，也使得其家庭和照料者的压力得到改善。

在大会发言中，不少学者报告了他们从相关医学、社会医学领域研究的结果或进展，讨论妇女由于怀孕生育等因素对膀胱等泌尿系统产生的影响可能是他们年老后出现失禁问题的因素之一；社会学家、经济学家则从相关的社会环境方面探讨对失禁问题的影响和综合解决方案；而由于我国没有任何关于失禁问题的流行病调查、社会调查或医学统计数据，尚无法判断失禁问题在我国老年人群体中的发生率、性别差异或城乡差异等的具体情况；基于这种情况，我也提出对城乡妇女不同的社会参与程度进行对比研究，观察城市妇女在公共场所因公厕厕位限制长时间排队是否会对其产生失禁问题的假设，并准备将失禁情况作为计划于今年 12 月份开展的中国城乡老年人口状况追踪调查的问题设计在问卷中，以图摸清我国老年人口中存在失禁问题的比例和规模，为政府制定相关政策提供科学依据。

目前我国还没有尿控协会这样的相关医学专业组织，也没有开展全国范围的失禁问题宣传活动，对有失禁问题人群规模和比例数据的掌握不足，对其领域的医学研究、治疗技术、调查摸底、干预措施、心理疏导、福利支持和社会政策等方面都有待进一步推动，加强社会各方面对老年人失禁问题的关注，形成对失能、失智、失禁等状况的老年人群体的照料和关怀机制，提高他们的生命生活质量和福祉。

拓展学术交流空间 宣传老龄科研成果

——赴牛津大学参加第三届CPN年度学术研讨会

中国老龄科学研究中心 张恺悌

中国研究生协会（China Postgraduate Network，简称CPN）隶属于英国汉学协会（British Association for Chinese Studies），有来自学术组织、政府机构、企业和媒体的会员200余名，其宗旨是为对中国研究有兴趣的在英年轻学者尤其是在读博士研究生提供学术交流的平台，推动中国问题与汉学研究在英国的发展。CPN于2010年4月8日和9日联同牛津大学社会学系、老年研究中心在牛津大学举办了为期两天的“第三届CPN年度学术研讨会”。应牛津大学老年研究中心的邀请，我陪同国务院参事魏津生教授参加了此次研讨会。

本次研讨会议题为“中国的过去与未来”，内容涵盖中国的政治、经济和社会发展等多个方面，涉及政治学、经济学、社会学、历史学、人类学等多个学科，来自全英各大学和学术组织的学者和在读博士生共计60余人参加了本次会议。举办此次研讨会，目的在于为致力于中国问题研究的学者提供展示研究成果的机会，并促进其在学术方面的交流。英国汉学学会前主席Tim Wright教授、牛津大学John Knight教授以及牛津大学中国学生会主席陈泰昌分别致欢迎词，均表示希望对中国问题研究感兴趣的学者携手努力，加强沟通与合作，为中国问题研究的繁荣发展做出积极的贡献。

研讨会上，国务院参事魏津生教授、我和英国圣安德鲁斯大学Ian Taylor教授依次发表了主题演讲。魏津生教授演讲的题目是“中国基本养老服务的理念、现况和路径”。他首先指出养老服务和养老保险二者共同构成养老社会保障体系，后者为公民的社会养老保障提供经济支撑，而前者则为公民的社会养老保障提供载体和手段。基于需求状况，养老服务应划分出基本养老服务和非基本养老服务，分类提供。在此基础上，他进一步对基本养老服务和非基本养老服务的涵义进行了详细阐述，并指出国家为保障全体老年公民的基本生活所提供的，并为其财力可以持续承担的各项适宜的免费或低费服务作为基本养老服务应是我国养老服务的主体。明晰我国基本养老服务的理念后，他利用我国民政部公开发布的统计数据，翔实准确地描述了我国基本养老服务的现实状况，并总结了当前基本养老服务发展中存在的问题。最后，魏津生教授提出了使我国基本养老服务实现可持续发展的三条途径：第一，充实和完善立法，为基本养老服务提供法律保障；第二，制定和落实政策，为基本养老服务提供组织、资金和人力保障；第三，认真制定规划，切实组织实施，尽快建立符合中国国情的基本养老服务制度和体系。

我在会上围绕“中国老龄化趋势”做了专题演讲，这是利用中国老龄科研中心开展的“2006年中国城乡老年人口状况追踪调查”的调查数据进行的一项研究，内容主要包括我国人口老龄化现状和发展趋势、人口老龄化给我国经济社会发展带来的挑战以及未来老龄科学研究的重点领域这三个方面。首先，我利用丰富的数据和直观的图表为与会者呈现了我国人口老龄化现状、特点和发展趋势，使其对我国人口老龄化状况有了总体性的把握。在此基础上，我深入分析了人口老龄化给我国经济社会发展带来的挑战，具体表现为：第一，我国长期的低生育水平既决定人口老龄化的程度，又“放大”老年人口的问题，随着时间的推移，老龄问题将由“凸显”逐渐发展到“最为突出”，届时人口老龄化将由五大人口问题之一，变为五大问题之首；第二，在经济、社会转型的宏观背景下，人口老龄化、高龄化、空巢化、少子化、边缘化、诉求政治化“六化叠加”，及由此引申出来的一系列问题将对我国经济、政治、文化、社会以及生态文明的发展产生深刻和长远的影响。最后，我指出人口老龄化对经济社会发展带来挑战的同时也给老龄科学研究提出了新的要求，而建立老龄信息实时监测系统、完善社区照料服务体系、加快养老机构建设等都将是未来老龄科学研究的重点课题和领域。

Ian Taylor教授是圣安德鲁斯大学国际关系学院的教授，同时还是南非斯泰伦博斯大学政治学特别教授、浙江师范大学非洲研究所荣誉教授、中国人民大学欧洲研究中心联席教授，在非洲的政治、经济及其国际关系等领域有很多研究成果。Ian Taylor 教授所做主题发言的题目是“解除中非关系的神话：非洲的制造业基地和中国的‘侵略’”。他针对目前学术界盛行的“认为中国在非洲进行投资是对非洲的一种侵略”的观点，深入、客观地对中非关系的实质进行了分析。他认为中国在非洲的投资对中非双方都有益处，不应该把中国的投资视为中国在政治上对非洲另有所图，与西方国家相比，中国在非洲的投资规模要小得多。Ian Taylor 教授进而指出中国对非洲国家投资是国家间正常的商业行为，是中非经济关系的重要内容，对于改善非洲人民生活、促进当地经济发展具有重要意义，因此，“侵略”完全是对中非关系的一种曲解。

主题演讲结束后，我们三位发言者同与会学者进行了互动交流，对他们的提问一一进行了回答。主题演讲持续的时间为半天，其后研讨会以专题学术研讨的方式进行，政治学、人类学、国际关系学、社会学、人口学等众多学科领域的学者在会上分享了自己的研究成果。此次研讨会时间虽短，但议程十分紧凑，内容也非常丰富，是一次中国问题与汉学研究的学术盛宴。在牛津大学这座英语世界中最古老的高等学府，我亲身感受到英国学者们对中国这个崛起中的东方文明古国的浓厚研究兴趣，不仅如此，老龄相关研究也在这次研讨会上得到了充分的讨论，并引起了与会学者的高度关注，这着实让我感到欣喜。作为特邀中方参会专家，魏津生教授和我的出席不仅介绍了我国老龄科研的进展，宣传了我国老龄科研的成果，使得中国问题研究在英国受到更高的重视，还在很大程度上调动了广大在英年轻学者对中国问题研究的积极性，激励其为祖国的强大与繁荣更积极地投身到这项研究工作当中。可以预见，在此次研讨会的推动下，中国研究生协会将成为一个更好的交流平台，而未来英国的中国问题与汉学研究也必将进一步蓬勃发展。

关于赴澳大利亚参加老龄领域国际会议的情况报告

全国老龄办赴澳大利亚代表团

2010 年 5 月 1 日—7 日，国际助老会亚太地区会议、国际老龄联合会第 10 次全球大会和世界卫生组织“老年友好型城市”研讨会在澳大利亚墨尔本市举行。全国老龄办国际部主任王珣、事业部李明镇、国际部项目处肖宏燕一行三人组成代表团参会，并先后在会上作了发言。现就参会有关情况报告如下。

一、国际助老会亚太地区会议

国际助老会亚太地区会议于 5 月 1 日—3 日召开。来自澳大利亚、文莱、柬埔寨、斐济、印度尼西亚、日本、韩国、老挝、马来西亚、马绍尔群岛、瑙鲁、新西兰、菲律宾、新加坡、所罗门群岛、泰国、东帝汶、汤加、越南、中国等 20 多个国家和地区的代表参会。会议主要议程包括：探讨老龄化形势；讨论社会养老金、气候变化与老年人、老年人协会建设问题；讨论老龄化背景下的全球健康护理问题。与会代表分别介绍了本国开展工作的情况，交流了经验做法，就有关共性问题进行了探讨。会议通过了国际助老会亚洲行动计划，并在随后召开的国际老龄联合会第 10 次全球大会上宣布。计划提到今后两年的优先工作领域主要包括：利用国际助老会的网络，与社会保障领域的专家建立联系以寻求技术支持，并通过互联网等多种渠道分享社会保障方面的经验成果；关注气候变化对老年人的影响，并继续在脆弱地区开展老年人项目的试点实践；加强老年人协会的能力建设，并促进更多的地方政府官员和捐助者提高对老年人协会的认识和支持；重点发展老年医学课程，加强政府与正规、非正规卫生保健提供者，包括家庭、老年人协会等的联系。我国与国际助老会联合在陕西开展的老年人协会建设项目引起了与会代表的广泛关注和兴趣，认为中国的经验做法是一个很好的借鉴。会后，我们与国际助老会亚太地区负责人及项目官员就进一步加强项目合作，拓展合作领域交换了意见。

二、国际老龄联合会高官会议

国际老龄联合会于 5 月 3 日举办了为期一天的高官会，30 多个国家的 100 多名代表应邀出席了会议。高官会议的主题是：老龄社会的“社会融合“。国际老龄联合会主席 Irene Hoskins 女士、澳大利亚政府老年部部长 Justine Elliot 致辞。来自澳大利亚卫生与老龄部、美国健康与人口服务部、加拿大国家公共卫生部、新西兰社会发展部以及中国等12个国家和地区主管老龄事务的有关政府部门代表在会上做了发言，介绍了各自国家在应对人口老龄化，促进“社会融合”方面所实施的政策措施，涉及到经济增长、公平的社会政策、提高老年服务质量、促进老年人继续参与社会以及消除老年歧视，增进老年人家庭、社会的联系等多个方面。澳大利亚代表介绍了国家应对未来10年老龄化发展带来的老年服务需求的挑战进行老年照料服务改革的思路，重点是建设满足老年人不同服务需求、各层级服务之间衔接顺畅，利用方便且财政可以承受的照料服务系统。其中提出要在社区层面建立一站式服务，为老年人提供信息咨询和各种服务渠道、为权益受侵害的老年人提供支持，把社区照料与医疗机构的服务有机联系起来，建立综合性老年照料服务系统。瑞典代表的发言则介绍了该国的养老服务开始从以机构为本向以人为本转变，更加尊重个人的自主权，让老年人尽量长地生活在家中，享受入户支持和医疗护理，拥有适合的住房并能获取技术援助等。瑞典还介绍了该国的退休制度改革情况。从2001年起，瑞典实行从61岁开始的灵活退休制度，最晚可到67岁退休，对于晚退休的老年人给予更高金额的退休金以为鼓励，以此缓解人口老龄化和公共开支增长的压力。我方代表团团长王珣做了“保障老年人权益 促进社会融合”的发言，介绍了中国政府重视和保障老年人合法权益，促进老年人共享经济社会发展成果，营造老少共融的社会环境，积极落实联合国关于老龄问题的各项决议方面所做的努力和取得的经验，受到了与会代表的好评。会下，我们与国际老龄联合会主席以及来自澳大利亚、英国、瑞典、日本、越南、新西兰等国政府部门的代表进行了交流。

三、国际老龄联合会第10次全球大会

国际老龄联合会第10次全球大会于5月4日—6日召开，大会的主题是“应对气候变化：老龄化走向未来”，有50多个国家和地区以及国际组织的800多名代表参会。主要议题包括：社会融合、资源变化、心理健康、老年人权利、全球老龄化世界的包容与发展等。有50多个专题分会同时进行。我们主要参加了“气候变化：影响与应对”、“社区老年人协会建设”和“推动制定政策”三个大的专题分会。我代表团王珣在“气候变化：影响与应对”分会上介绍“四川省汶川震后开展老年人心理社会支持项目”的情况。指出，中国是一个自然灾害多发的国家，中国政府历来重视灾害中老年人的特殊困难并给予特别关照。详细介绍了我国在汶川大地震发生后，对老年人进行心理干预的成功做法和经验。陕西省老龄办在老年人协会建设分会上介绍了该省加强老年人协会组织建设，通过小额贷款等形式帮助老年人发展经济，以及开展老年人活动、活跃老年人生活、发挥老年人作用等方面的情况。我方代表肖宏燕在“推动政策制定”分会上做了关于“中国在执行国际老龄行动计划中的实践和创新”的发言。介绍了中国人口老龄化及发展趋势，回顾了国际老龄行动计划与原则，着重介绍了中国政府对人口老龄化的应对措施。与大家分享了在应对老龄化和执行国际老龄行动计划中中国的一些成功实践。如中国的“老年大学”、“银龄行动”以及通过国际合作开展的研究和实证干预活动。介绍了中国政府与联合国人口基金合作开展的六个周期的合作情况和成功经验。与会者对中国的情况非常感兴趣，在会上和会下进行了进一步的沟通和交流。联合国人口基金总部的高级专家表示，从我们的介绍了解到了很多重要的信息和资料，希望进一步加强沟通与交流。

四、世界卫生组织“老年友好型城市”研讨会

国际老龄联合会第10次大会闭幕后，世界卫生组织继之于5月7日召开了为期一天的“老年友好型城市”研讨会。相关国家和地区的组织和专家、代表参会。会议的主要议题有：介绍老年友好型城市开展的背景和指南内容框架；分专题讨论、交流老年友好型城市的做法；达成共识、明确下一步工作。世界卫生组织重申，老年友好型城市项目的开展是基于全球的快速老龄化和城市化现状，旨在改善影响老年人健康和福利的自然、经济和社会因素。2006年，世界卫生组织召集了22个国家共33个城市开展了影响积极、健康老龄化的城市环境的项目，全球老年友好型城市指南是这一项目的成果。并详细介绍了指南所包括的八大方面：室外空间和建筑、交通、住所、社会参与、尊重和社会包容、社区参与和就业、信息交流、社区支持与健康服务。

分专题讨论包括三个专题：支持革新、拓展资源和持续发展。会上，西班牙介绍了该国开展的“旅游友好城市”项目。该国从本国实际出发，在改善旅游环境、整合旅游资源和争取旅游对象方面作了大量工作，为经济发展作出了贡献，因此也被认为是一种对老年友好型城市的创新。俄罗斯介绍了在开展项目中如何充分引导老年人自身参与热情，以及政府加大投入来推进项目的工作。我方代表李明镇在会上介绍了中国开展老年宜居社区和老年友好型城市的工作，除上海已参加了世卫组织的项目外，中国还启动了包括上海在内六个省市的老年宜居社区和老年友好型城市试点工作，各地的一些做法和经验，以及社区和城市互相促进和推动的理念，并提出下一步工作的基本思路。世卫组织官员、与会代表在讨论中对中国的试点工作表示了浓厚的兴趣，并进一步了解了试点城市一些更具体的做法，对中国所做的努力给与了充分肯定，很多代表表示有机会将前往这些试点城市进行实地考察，亲身感受试点成果。讨论中，大家主要涉及到了四个方面：一是各国或地区以及城市政治、经济、社会、传统和习俗存在差异，各地做法也不尽相同，世卫组织需要进一步修改指南；二是应扩大参与城市的范围，使这项工作更有意义和影响；三是资金困难，有的国家是因为联邦政府和州政府在公共财政资金支出中用于该项目方面存在界限所致，有的国家则明确表示缺乏资金；四是应确保老年群众组织或其他非政府组织参与到这一项目中来，对政府责任过多强调的同时不应消弱相关组织的积极性和热情。

在分专题讨论的基础上，世卫组织对自身在该项目中的角色和作用作了说明，主要包括五个方面：项目协调、总结经验、完善指南、技术支持和培训、制定计划。同时，世卫组织还明确了今后参与城市的资格和条件：一是要进行申请，在该组织网站登载完成申请相关事宜；二是向世卫组织提交该城市市长或政府部门的信函，包括对该项目的承诺；三是进行以下四个阶段循环工作：1. 计划（1 年－2 年）。该阶段包括四步：确定老年人参与的工作机制、对城市友好程度现状的基本评价、3 年工作计划、确定项目监管者。2. 实施（3 年－5 年）。城市要向世卫组织提交行动计划，获得为期 3 年的执行的授权。3. 评估（第 5 年底）。城市要向世卫组织提交工作计划完成情况。4. 持续提升。第一阶段完成好的基础上，城市将进入下一个 5 年或更久的持续改善提升阶段，下一个循环也将开始。

世界卫生组织指出，这即是新城市参加的必要条件，也是现有城市继续推进该项目的工作流程。同时还表示，对于区域差异、资金困难等问题将作进一步研究。

会议期间，我方还与世界卫生组织官员、这次会议的召集主持人 John 进行了交流，向其进一步介绍了中国的试点情况，并表示了中国对世卫组织开展这一项目的欢迎和支持，表达了中国有更多城市想加入这一项目作为全球参与城市的愿望。

五、几点思考

短短七天，我们先后参加了国际助老会、国际老龄联合会和世界卫生组织三个国际组织的四个国际会议，及三个专题分会。日程安排非常紧凑，会议内容非常丰富，信息量很大。尽管有些会议因时间冲突无法参加，但仍感到很有收获，也受到一些启发，主要有以下 4 个方面。

1. 重视加强与各国政府、非政府组织以及国际组织在老龄领域的广泛交流与合作。我们发现，人口老龄化及老龄问题已经得到国际社会的广泛关注，不仅是发达国家，也包括发展中国家甚至是像乌干达这样的人口年龄结构还处于年轻型的国家，都采取了相应的政策措施，取得了不同程度的成绩和经验，对我们很有启发，也非常值得借鉴。特别是像世界卫生组织以及国际老龄联合会、国际助老会等一些有影响的国际组织，拥有雄厚的专业优势、先进的工作理念、成熟的研究方法，以及广泛的国家间，政府和非政府组织间的联系资源，我们可以通过会议交流、组织培训或者项目合作等多种方式，从他们那里掌握最新信息，引入最新理念，了解最佳实践。应当充分认识这条“捷径”的重要性并善于加以利用，发挥其在推动我国老龄事业快速、健康发展上的积极作用，同时，利用这些机会广泛宣传我国对老龄工作和老龄事业发展的重视和举措，也有助于加深其他国家对我国情况的了解。

2. 善于把老龄问题与当前经济社会发展中的热点、重点问题结合起来，推动老龄问题的综合解决。这次国际老龄联合会全球大会把主题定为“应对气候变化：老龄化走向未来”，将老龄问题与当前国际社会广泛关注的热点问题和重点领域有机结合起来。一方面使人们开阔了视野，启发了思路，有助于推动老龄工作向更广领域和更深层次发展；另一方面，也使老龄问题与经济社会发展中的热点和重点问题结合得更加紧密，使老龄问题在融入主流的过程中进一步得到人们的重视，促使各国在制定经济社会发展的政策措施中引入老龄化视角。这是推动老龄事业与经济社会协调发展的重要保证。同时，对于我们老龄工作者来说也是一个工作方法上的重要启示。

3. 老年友好型城市建设要重视解决好社会动员和资金保障问题。从参会国家的项目开展情况看，有的属于政府主导型，有的是民众参与型，有的是两种混合型。凡是包括老年人在内的民众参与较多的、热情高的，效果就好。在我国，老年友好型城市试点进行了不到一年时间，从各地工作实际看，都不同程度地调动包括老年人在内的群众组织、社会力量参与，效果也不错。今后，随着试点工作的推进，需要不断加大宣传工作力度，引导更多的社会力量积极参与到这项工作中来，将会有力地推动建设工作。资金是老年友好型城市建设的核心问题。与会代表普通反映了建设工作受资金所困的问题，无论何种国体或政体，还没有形成持续有力的建设资金来源，特别是在正遇上国际金融危机，融资更加困难，建设工作成效大大折扣，硬件设施改善难度大，老年友好程度的提升难以取得实在效果。我国目前也存在此问题，各地试点过程中虽然从当地争取到部分工作经费或零星建设资金，但对于城市整体建设改进来说可谓杯水车薪。当然随着我国城市化的发展，各地对城市的发展规划都会一整套的体系或做法，如何利用好现有规划以及在今后规划中谋得一席之地，把老年友好型城市工作嵌入进去，争取相应建设资金，将是推动老年友好型城市的核心问题。研究解决好这一问题，将为建设工作的可持续发展提供源动力。

4. 积极探索符合中国国情的老年友好型城市发展道路。老年友好型城市建设是一个新生事物，世界卫生组织从提出至今不过3年多的时间，有很多问题需要进一步深入探索，特别是没有成熟的模型和具体操作细则可供参考，理论性强于实践性，原则性强于操作性。并且各国情况千差万别，至少短时间内不能期望世界卫生组织能够提供比前期的《全球老年友好型城市指南》更细化的规范性文件。考虑到我国经济社会发展状况和人口老龄化趋势，在借鉴国际先进经验的基础上，我们应更多立足我国的国情，从实际出发，研究探索与我国经济社会发展相适应、积极应对人口老龄化的老年友好型城市建设的道路。

全国老龄办赴澳大利亚代表团成员：王珣（全国老龄办国际部主任）、李明镇（全国老龄办事业发展部副处长）、肖宏燕（全国老龄办国际部项目处副处长）

关于赴香港参加亚太地区老年友好城市会议的情况报告

阎青春　李明镇　蔡　婕

老年友好城市和老年宜居社区建设是世界卫生组织在全球推广的一项重要活动，也是全国老龄办确定的重点工作。为了做好相关试点工作，与其他国家、地区以及国际组织加强交流合作，应世界卫生组织邀请，2010年11月19日一20日，全国老龄办副主任阎青春带队，事业部李明镇、国际部蔡婕组成的代表团参加了在香港地区举办的亚太老年友好城市区域会议。现就参会有关情况报告如下。

一、会议基本情况

本次会议是世界卫生组织今年5月在澳大利亚召开的全球老年友好城市建设会议之后的一次区域会议，是香港地区为积极参与全球老年友好城市建设工作、推动本地区老龄事业发展努力争取的一次会议。会议由世界卫生组织主办、香港地区社会服务联合会承办，香港大学和上海亲和源集团（国内一家综合性养老服务机构）等机构联合协办，会议主会场设在香港，会后转赴上海参观亲和源集团、上海市浦东的社区。

本次会议的主题是“合作与分享”，全球老年友好城市建设试点的部分试点城市派人参加，作为区域性会议，规模不大，参会人数约100多人，但是会议发言、讨论非常热烈。并且世界卫生组织对本次会议非常重视，老龄事务部主任约翰比尔德亲自出席，充分表明了对亚太地区推进这项工作的认可。

二、会议的主要内容和重点信息

本次会上，世界卫生组织、国际老龄联合会、日本东北大学国际研究所以及我方代表分别发言，介绍有关情况，分享研究成果、先进经验。

（一）世界卫生组织约翰比尔德讲话的主要内容

他们认为多数国家的老年人口在快速增加，努力使老年人保持健康，并作为社区成员积极参与社会将是重要的社会福利。同时，城市化在加快，世界上首次城市人口超过农村人口，这项建设活动也是基于这种背景。同时，讲话简单概括了工作进展，肯定了前期工作成绩，其中多次赞扬中国在这项工作中的努力和成效，反复提到中国齐齐哈尔城市建设，这也引起了与会人员的浓厚兴趣和广泛关注。并且还重申了指南所包括的八大方面：室外空间和建筑、交通、住所、社会参与、尊重和社会包容、社区参与和就业、信息交流、社区支持与健康服务。进一步明确了今后参与老年友好城市建设要遵循的四个阶段：一是研究制定计划，包括四步：确定老年人参与的工作机制、对城市友好程度现状的基本评价、三年工作计划、确定项目监管者。二是组织实施，城市要向世卫组织提交行动计划，获得为期三年的执行的授权。三是进行评估，城市要向世卫组织提交工作计划完成情况。四是持续提升。第一阶段完成好的基础上，城市将进入下一个改善提升阶段，下一个循环也将开始。

（二）国际老龄联合会的观点

国际老龄联合会秘书长简芭拉蒂认为世界各地老龄化程度、速度不同，而有一个较普遍的问题是劳动年龄人口逐步下降，正日益受到关注。随着人口年龄结构的变化，使经济受益的人口红利期行将结束。这种变化给全球的经济发展、社会稳定温室气体排放都将带来深远的影响。现在很多气候模式只考虑到了人口规模、消费和生产方式，对人口结构特别是年龄结构、城乡结构和家庭规模关注较少，而这对于理解未来需求、碳排放和气候变化非常重要。从这个背景现实看，老年友好城市建设有了更深远的意义，国际老年联盟将更加重视人口结构变化，力求保持人口结构未来的稳定。

（三）日本东北大学国际研究所的研究观点

日本东北大学国际研究所 Hiroyyuki Murata 教授介绍了该所对老年友好型城市的研究，但更多的关注层面放在了社区。日本的老年友好社区建设开始于2000年4月，当时日本的长期护理保险制度已经运行良好。但是由于老年友好城市的性质，建设工作也有消极的影响，不利于老年人与其他人群共处，或者说把老年人群与其他群体对立起来，因此他引入了“老龄化友好城市（或社区）”建设的概念，作为一家之言，与现在世界卫生组织的提法不同，没有引起太多的共鸣。

（四）我方代表阎青春副主任的讲话

阎主任介绍了我国人口老龄化快速发展的背景，我国政府高度重视老龄事业和老年友好城市建设，详尽展示了我国老年友好城市建设试点工作取得的成绩、特点和做法，畅谈了今后我们继续推进这项工作的决心和设想。作为这次会议的重要代表，我们的工作介绍引起了与会人员的一致好评，会上提问、会下咨询的极为踊跃，气氛十分热烈，反响良好。

会议期间，我方还与世界卫生组织官员 John 进行深入交流，再次表示了中国对世卫组织开展这一项目的欢迎和支持，表达了中国有更多城市想加入这一项目作为全球参与城市的愿望。John 认为，我们的工作成绩让他很吃惊和感动，表示只要我方推荐的城市皆可作为全球老年友好城市的试点城市。

三、体会和建议

这次会议的时间只有两天，但会议内容非常丰富，我们感到很有收获、启发，主要有以下三个方面。

（一）继续加强与国际社会的交流合作

我们可以通过会议交流、组织培训或者项目合作等多种方式，加强与世界卫生组织、国际老龄联合会等国际组织、以及广泛的国家间、政府和非政府组织间的联系资源，及时掌握最新信息，引入最新理念，了解最佳实践。发挥其在推动我国老龄事业快速、健康发展上的积极作用，同时，广泛宣传我国对老龄工作和老龄事业发展的重视和做法，加深其他国家对我国情况的了解，特别是在面对重大国家事件时，体现我国以人为本、重视老年人的积极姿态和工作实际，增进了解、消除分歧。

（二）加强与香港、澳门地区的沟通交流

这次会议中，除了看到香港地区在老年友好城市的一下做法，更感受到他们对这项工作的热情和主动，特别是想加入到大陆行动计划中来。香港社会服务联会代表表示，想学习大陆的经验做法，尽可能加入到大陆的计划中来，按我们的理念、标准、规范等要求开展这项工作。这也促使我们在考虑全国工作的同时，特别是具有国际行动性质的领域，能否适当考虑到香港、澳门等地区，加强沟通交流，满足他们的愿望，增强工作的一致性。

（三）加强与不同部门的联络协调

从世界开展老年友好城市的实践看，有的属于政府主导型，有的是民众参与型，有的是混合型。无论是那种类型，都需要政府内部相关部门或相关社会团体间合作共同推进，只靠某一方面力量来做几乎没有，事实上那样也难以开展。我国目前基本属于政府主导型，通过政府的制定计划、规划、标准和规范来推动，这些工作涉及很多政府的职能部门，香港地区也有类似的困惑和困难。这不仅仅是体制问题，而是工作性质本身所致，因为工作本身就是一项系统工程。因此，现阶段，作为主要推动这项工作的各级老龄办，应该努力加强与有关部门的联络协调，在稳步推进工作的同时，还要大力宣传，做好公关，倡导理念，是思想深入到政府相关部门、社会的方方面面，化为他们的自觉行动，避免单兵作战孤立无援的困境，为老年友好城市顺利推进创造良好的环境和机制。

澳门长者服务情况和机构简介

李伟旭

澳门的老龄工作的指导方针和内涵大陆几乎一致，澳门主张“原居安老”，这个与大陆的居家养老不谋而合；澳门与大陆的最大区别则在于澳门充分发挥了社会团体和社会工作者的作用，提供了全方位、多层次的社区服务，从社区活动中心，到日间照料中心，到上门为老服务应有尽有，能够真正满足广大老年人全部的需求。养老服务的支出大多数是由政府承担，提供养老服务的社会团体大多数都属于非盈利的慈善性质，同时存在部分以盈利为目的的私人安老院所，供老人选择。

澳门的长者服务是通过政府与民间机构合作，为本地长者、尤其指不能独立生活的长者，透过社区照顾与院舍照顾的方式，发展长者照料服务以协助该等长者及其家庭满足服务需要。政府对民间机构的监管也比较有力，每 3 个月要到机构了解服务提供情况，长者权益是否得到保障。

截至到 2008 年 12 月 31 日，澳门人口总数 54 万 9200 人，其中 65 岁以上长者 39600 人，占人口总数的 7.2%，其中男性为 17600 人，女性为 22000 人。长者服务处具体提供的服务内容有 7 项：1. 辅助及监管受资助的社会服务设施的发展及运作。2. 处理和跟进申请院舍宿位及其他机构服务的个案。3. 统筹及协调本澳家居照顾及支援服务的推行和发展。4. 举办活动和培训。5. 统筹颐老卡计划。6. 参与筹建新的社会服务设施。7. 参与研究有助长者融入社会的措施。

以下按照时间先后顺序介绍下参观的澳门与长者服务相关政府和机构。

青州社会工作中心及家庭辅导办公室

设有心理咨询室，有着很先进的设施，墙上有一面很大的玻璃，看上去就像一面镜子，但来到隔壁才会发现玄机，透过这块玻璃，可以十分清晰地看到心理咨询室的一切情况，工作人员给我们介绍说这是一个很先进的设备，社工和求助者在心理咨询室交谈时，心理医生可以坐在隔壁透过玻璃清楚地观察求助者的一举一动及任何一个表情，求助者则无法看到对面的心理医生，从心理学上使求助者更乐于接受服务。当然每位求助者都会事前被告之有心理医生坐在隔壁，保证所有人的知情权。青州社区还拥有一座大型的救助中心，据介绍在澳门允许存在流浪人员，政府并不进行干预，也不会强迫流浪人员接受政府的安排和援助。一旦有流浪人员前来求助，社区就会免费为流浪人员提供食宿，如果他们想离开，政府不会干涉，来去自由。工作人员介绍说一般都是天气比较冷的时候，前来求助的流浪人员比较多，天气暖和了就自动离开，很少出现住在这里赖着不走的情况。在澳门，睡天桥下面的流浪人员都是自愿的，而不是因为贫穷得不到政府的帮助才出现的。

复康服务综合评估中心

复康服务综合评估中心主要是为残疾人服务的评估机构，设有中心主任、医生、临床心理治疗师、物理治疗师、职业治疗师、语言治疗师等等，其中很多职业都是我第一次听说。中心主任尤迪华接待了我们一行，首先给我们介绍了中心的主要工作，正巧下午工作不是很忙，就将医生和所有的治疗师都聚集在一起，我们共同讨论。复康服务综合评估中心原来没有医生，只是近期才增加了医生的配置，目前全中心也只有一名医生。讨论过后我们参观了整个复康服务综合评估中心，了解了评估的过程，可以说是耳目一新，受益匪浅。

仁伯爵综合医院

仁伯爵综合医院是澳门唯一一家公立医院，因为坐落下一座小山上，所以澳门人习惯称为山顶医院，山顶医院对 65 岁以上的老年人和 12 岁以下的儿童都是免费的，其他年龄段如果经济有困难，可以提出申请减免。不过澳门的公立医院和大陆的医院有一个最大的区别，想直接到山顶医院看病是不可能的，必须先到我们社区卫生中心，如果社区卫生中心认为有必要到大医院接受治疗，就会把患者转介到山顶医院。令我最震惊的是山顶医院楼顶居然有直升机的停机坪，不过据介绍由于最近山顶医院周边的楼越来越高，停机坪已经很久没有使用过了，再者由于路面交通的发展，澳门本岛和氹仔岛、路环岛已经有跨海大桥相连，直升机已经被边缘化了。

我们来山顶医院，重点是拜会山顶医院的社会工作部，对于大陆来说，医院设立社会工作部绝对是十分新鲜的事情。山顶医院的社会工作部隶属于澳门特别行政区政府卫生局，工作人员全部是社工，属于卫生局公务员编制，值得一提的是澳门卫生局就设在山顶医院。在澳门，只有公立医院才配备社工，协助医生、护士处理日常性工作，为患者提供全方位的服务，减轻了医生、护士的工作压力，同时帮助患者就相关问题与医院进行沟通，成为医患间沟通的桥梁和纽带，化解各类矛盾，必要时可以为患者提供心理咨询等相关服务。

黑沙环卫生中心

澳门的公立医疗机构是由山顶医院和卫生中心组成，澳门一共有4个卫生中心，分布在澳门不同的地方，卫生中心类似于社区医院；澳门的私立医院则由一个比较大型的医院镜湖医院和很多私人诊所构成。澳门的居民如果想享受公立的医疗就必须首先到卫生中心，如果卫生中心认为这里无法满足患者的需求，才会转介到山顶医院继续治疗；如果想选择私人医院，那么选择面就非常广，澳门最好的私立医院是镜湖医院，此外还有大小不一的其他医院和私人诊所，价格都要比公立医院高很多。但私立医院还是十分有市场的，只有澳门居民才能享受公立医院提供的服务，对于外来人口和游客，一般情况下公立医院不愿提供服务，如果坚持需要，那么就要加收200%的诊费。黑沙环卫生中心一共3层楼，内部十分现代化，除了医院必备的门诊功能外，还拥有多功能会议室、活动室等等，除了没有设立住院处，我个人感觉门诊水平相当于大陆的二级甲等医院门诊水平。很多大陆的卫生机构都派人来这里参观学习。后来社工局的朋友给我们介绍说，黑沙环卫生中心是最近选择新址重建的，在所有卫生中心里是最新的，其他卫生中心尚无法达到这种的水平。

社会保障基金

澳门社会保障基金是最近才成立的，现在澳门也越来越重视保障金的积累，以前则都是政府来承担，但越来越发觉压力巨大。目前澳门的社会保障基金没有做到全覆盖，而且一部分老年人依旧游离在社会保障基金之外，政府也在积极的采取措施，目标是尽快使更多的人享受社会保障基金带来的实惠。

工会联合会康复中心

工会联合会康复中心成立于2006年4月，目前有3位医生6位护士14个护理员，拥有病床23张，计划再增加9张，远期将与卫生局合作在路环岛修建更大规模的康复中心，拥有更多数量的病床。康复中心服务对象是高血压、糖尿病、中风后遗症等需要进行康复的患者，绝大部分都不能自理，有老年也有年轻人，对年龄没有要求，全部患者都是由山顶医院转介而来，目前需求量巨大，床位数经常无法满足需求，我们参观的时候23张病床只有2张空床，属于相对人少的时候。康复中心同时还承担社区服务的职能，2009年一年服务人次2600多宗，家访300人，主要进行护理、打针和透视等服务。

澳门理工大学长者书院

澳门理工学院的长者书院类似于我们大陆的老年大学，但特殊的是澳门的长者书院是由高校主办的，而且属于高校的一部分。澳门理工学院有六个学校（类似我们大学里的学院，或者学院中的系），长者书院就是其中之一，是澳门第一所高等教育机构专为长者开设的教学单位。第一次招生就有270多位长者报名，第二期的反响也很好，之后每次报名都有长者前来排队，最初没有名额限制，来多少收多少。因此澳门立法会也提出意见，认为纳税人交税是需要培养本科、专科的年轻人，而不是无限度地发展老年教育。所以从2003—2004学年开始，学校规定长者书院的学生只能念4年，允许中途休学1年，最长时限为5年。如果离校后还想继续读，则规定仍可以参加和新同学一起抽签，但不允许选择已读专业，也鼓励长者去其他学校继续学习。从2003—2004学年开始增设网上教学，可以通过网络上课不必来校，以考虑长者的身体健康情况。

澳门理工学院社会工作系

澳门只有理工学院设立社会工作专业，为3+1模式，即3年专科毕业，工作1年后，再修1年本科课程，本科教学贴近实践。社会工作的毕业生有六、七成在本地从事社工工作，毕业生已经超过700人，其中社会工作局很多同事都是澳门理工学院毕业的。社会工作主要分五类，包括社区发展、老人方面、青少年、复康和社会保障。从事社会工作的毕业生中，有6成从事青年工作，如高校或学校辅导员，其他则从事于老人、复康和社区的相关社会工作。在校教育出了课程，还会安排较长时间的实习。

房屋局

澳门的社会房屋和经济房屋十分类似大陆的廉租房和经济适用房，就是说社会房屋是澳门居民低价租用政府的房屋，经济房屋是澳门居民可以低价从政府手中购买的房屋。下面一组数据十分能说明情况：截至到2010年1月12日，正在轮候社会房屋的有5722户，其中65岁以上老人1479户，占25%（其中长者960户约占16%，独居长者519户约占9%）；正轮候经济房屋的有 12347 户，其中 65 岁以上老年人 1535 户，占 16%。从政策上讲，澳门房屋局鼓励年轻人和长者住在一起，申请时有长者同住的，会有相应的加分。随着经济的发展，澳门的房价上涨也十分严重，老百姓买不起房子的问题也普遍存在，澳门政府的解决办法实质和大陆一样，即采取政府提供社会住房和经济住房的方式，满足民众住房需求。

康宁中心

康宁中心在镜湖医院的后院，设有 30 张床位，同样只是服务于澳门永久居民，所有患者均为经山顶医院治疗后转介过来的癌症患者，说白了康宁中心收治的就是经过治疗后无望康复的癌症患者，所以从一开始康宁中心就被打上了临终关怀医院的烙印。我们一进入康宁中心，看到走廊两侧的病房，就有一种莫名的压抑感。虽然康宁中心对患者的年龄没有要求，但老年人还是占了绝大多数。康宁中心配备 1 名护士长，9 名护士，6 名助理员，同样拥有 2 位社工，1 位专门负责心理咨询，在康宁中心，不仅患者和患者家属对心理咨询有需求，护士和护工同样对心理咨询有着严重的依赖。为我们介绍具体情况的是康宁中心的护士长，医护人员承受的心理压力是非常大的，仅 2009 年一年就有 200 多人次在康宁中心辞世。在康宁中心，护士都是自愿来这里工作的，如果无法承受这种心理压力，可以随时提出申请调离，都会得到批准。在康宁中心成立的这几 8 年来，最初的护士目前只剩下 1 人还依旧在康宁中心工作，就是现在的护士长。交流过程中她始终保持着微笑，可以说她是真正地热爱这份事业，感谢她为此所付出的一切。正因为社会上有愿意为临终关怀事业服务的医护人员和服务人员，才使得我们更多的人能够享受到临终关怀和善终服务。在离开康宁中心时，我们到病房看了看，这里的患者都清楚他们将面临怎样的结局，能够从这里健康走出去的比如实在是少之又少，但他们每个人所表现出的乐观、平静是我们所宽慰的，可以说他们即将面临死亡，而面对死亡他们是如此的坦然和淡定，如果的豁达和开朗，与他们对社会和对临终关怀服务的满意度、医护人员和社会工作者的努力是不无关系的。

康晖长者日间护理中心

康晖长者日间护理中心成立于 1998 年 11 月 18 日，目前共可为 26 位老人提供服务，拥有工作人员 30 人，包括护士、物理治疗师、职业治疗师、护理员、司机、厨师等，并有镜湖医院和澳门理工学院的护理专业有合作关系，为护士提供实习，使她们对护理工作有直观的认识，同时护士可以开展保健讲座，为中心提供意见。开始我以为这里只是提供老年人的日间照料，但通过交流后发现这里其实提供四项服务——日间护理服务、家居照顾及支援服务、乐龄社区服务和护老者支援服务。

日间护理服务即白天接老年人来到护理中心晚上再送回去，目前澳门提供该项服务的机构有三家，康晖属于其中之一，另外两家属于另一个著名社团街坊总会，座位于澳门本岛。护理中心为老年人提供一日三餐甚至下午茶，每餐价格都很便宜；如果家属有要求可以为老人洗澡和洗衣，社区的护士会为老人检测血压和血糖，测量体温及体重；在护理中心还会组织很多老年人活动，最大限度丰富老年人的精神生活。假期会有青年义工来中心提供义务服务，同时中心鼓励社体健康的老年人关心体弱的老年人，这都是康晖日间护理中心的亮点。

平安通应急呼叫中心

上海和澳门的平安通服务都采用的香港技术，设备都十分类似甚至可以说一模一样，在筹备建国六十周年成就展的时候，上海就为我们提供了“平安通应急呼叫”的参展实物，在长者服务处的 PPT 里我就看到了澳门平安通相关的图片，当时就提出这个和上海的十分类似。但能实地参观一下呼叫中心是如何工作对我来说还是很好奇的，毕竟之前只是见过设备，没有实际操作过。平安通呼援中心为老年人提供 24 小时的紧急支援服务：包括呼叫救护车、致电警方、通知紧急联络人，传真资料给医院等等，同时还包括长者热线、定时问安、情绪支援等等。只需在家里安装平安通设备，就能享受到服务。我们在会议室现场演示了一下，距离设备 10 米以外，中心都能听到我们的声音，设备反应非常灵敏，出现紧急情况时，只要按动设备上的求助按键或者遥控器，就能有效保证老年人第一时间得到救助。截止 2010 年 1 月 26 日，登记使用人数为 926 人，服务使用人数为 781 人（其中女 589 人，男 192 人），其中 75 岁以上老年人有 367 人，独居老年人为 504 人。总计按求助钟次数 13265 次，其中不适求助总次数为 182 次。

健颐中心和嘉翠丽中心

嘉翠丽中心 B 座和 C 座是有房屋局兴建、社工局提供资金资助的大厦，服务的是嘉翠丽中心 B 座和 C 座的独居长者，其中 C 座居住的都是有精神病史残疾、智障的长者。健颐中心就设在嘉翠丽中心 B 座，服务特点也类似于上门照料和应急处理。和大陆的老年公寓类似，不过嘉翠丽中心更有家的感觉，每位长者能够拥有属于自己的 40 平米左右独立居住的空间，有厨房有卫生间，能更好、更舒适地生活。室内都设有平安钟，最大限度保证长者安全。

仁慈堂安老院、母亲会护理安老院和黑沙环明晖护养院

澳门的长者院舍分为三类，按照料的程度分别为安老院、护理安老院和护养院。安老院只提供住所，仅有少量的护工；护理安老院的级别要高一个层次，设有护士、护理员等；护养院是级别最高的，设有医生、护士、护理员、卫生服务员、社工等等，服务对象也是失能、半失能的长者。目前澳门政府共承办9家安老院，2家护理安老院，1家护养院，此外还有11所私立安老院，根据需要，澳门政府预计未来还要兴建2家护养院，以满足长者的需求。这里重点介绍黑沙环明晖护养院。

黑沙环明晖护养院就坐落在黑沙环卫生中心的上面，1—3楼是卫生中心，4—7楼是黑沙环明晖护养院，澳门寸土寸金，所以空间都需要合理有效的利用。4楼是办公区域和物理治疗室，5楼是身体相对虚弱的老年人，几乎都为失能、半失能的老年人，6楼居住的是相对状况较好的老年人，7楼为行政部、护理部、厨房、专业支援部、行政辅助部等等。以前的日记中也介绍过安老院、护理安老院和护养院的区别，这里明晖是目前澳门唯一一家护养院，收治的主要都是失能、半失能的老年人，全部由山顶医院转介，提供24小时照料服务，每天三顿正餐三顿茶点，并提供治疗、康复、社交以及文康体活动和其他如心理咨询、与家属沟通等服务。护养院设医生1位，护士11位，卫生服务员15位（全部为大陆护士），个人护理员40位，社工2位，治疗师3位，并配备文员和司机。明晖的最大特点是管理者善于发现问题，提出相应的解决办法，为了给长者一种亲切感，5楼的过道都用澳门当地很具历史气息的街道命名，比如“十月初五街”、“营地街”、“福隆大街”，每个房间则是冠名所在大街的门牌，即十月初五街1号、十月初五街2号等等；6楼每个房间则用花的名字命名，为方便智障长者，特意在他们的房间门口贴上他们自己的名字，不识字的就贴上自己的照片，方便长者能够更快、更准地找到房间。伙食同样是明晖十分在意的，针对长者不能的情况，分很多重类型，比如“肾病餐”、“糖尿餐”等等。目前明晖遇到的最大问题是明晖的医生不具有出具死亡证明的权利，由于明晖所服务的都是由山顶医院转介过来的失能、半失能长者，均有过世的可能，如果说在明晖过世，根据法律必须经过司法验尸程序，这是家属所无法接受的，因此很多长者在临终前都要被转介回山顶医院，给长者的身心都带来极大的伤害。最令人无法接受的情况是同一位长者临终前可能要经过若干次明晖转介到山顶医院，山顶医院再转介回明晖的过程，所以能否提供善终服务一直是明晖的一个未解难题。

赴澳交流的两个星期，日程安排的特别紧张，参观了很多地方，学习了许多澳门长者服务的先进经验，受益匪浅。

关于赴澳参加“第二十五届敬老爱老同乐日园游会”活动情况报告

蔡　婕

应澳门社会工作局的邀请，全国老龄办港澳台事务办公室蔡婕带领国家工商总局九名离退休老同志，参加了今年10月8日至12日在澳门举办的庆祝联合国“国际长者节”活动暨“第二十五届敬老爱老同乐日园游会”。参观交流期间，澳门社会工作局社会互助厅长者服务处负责参观交流的具体协调工作，给予了极大的支持。这次参观交流活动内容安排得非常充实，我们不仅与澳门特区政府的涉老部门进行了座谈，还现场参与了老年人的活动，与当地老年人进行了很好的互动，期间，共参观了4所养老中心、一所平安通中心（关怀网络），与澳门归侨总会的长者进行了互动（歌舞联谊活动）。总之，在我们对澳门的涉老服务体系有了总体把握的同时，对具体的为老服务也有了感性的认识，收获很大。现将有关活动情况汇报如下。

一、澳门为老服务的保障制度和服务内容

根据澳门统计暨普查局2009年12月31日澳门居住人口统计，全澳人口共542200人，其中65岁及以上的人口约有41700人，占总人口数的7.7%。

澳门长者服务组织大致经历了三个阶段：1982

年以前，自由发展阶段；1983年—1999年，各种长者服务社团快速发展时期；1999年以后，对长者服务社团调整规划时期。回归后，特区政府高度重视为老服务工作，经过近年来的发展，逐步形成了一个涵盖社会保障、社会福利、医疗服务和公共房屋等服务范畴的安老政策及服务架构。其主要内容包括：

（一）社会养老保障制度

包括由社会保障基金负责支付的养老金，以及由社会工作局执行的各项援助金。澳门的养老保障制度主要由三部分组成：第一，养老金。社会保障基金在1990年正式起动，它是澳门的第一层社会保障制度。社保基金采用月供款方式。在2006年雇员每月供款为15澳元，雇主为30澳元。社保基金的养老金专门用于养老保障，其领取资格包括：年满65岁、已作最少60个月供款、最少居澳满7年。第二，社会救济金。社会救济金是社保基金的一种援助金，其对象是没有资格领取养老金的贫困老人。符合领取资格的老人，必须是不从事任何有报酬活动的人员，而且必须通过社工局的经济能力审查。第三，敬老金。从2005年8月开始推行，由社工局负责发放，对象是所有满65岁的澳门永久性居民，在2009年，敬老金是每年5000澳元。

（二）社会福利

包括社会个案工作服务、耆康中心、老人日间中心、长者日间护理中心、社区饭堂、长者关怀服务网络、颐老咭与社区教育活动等家居支持、日间照顾和社区照顾及支持服务，以及安老院舍、护理安老院舍和老年末期病人特别护理等院舍照顾服务。

（三）医疗服务

包括预防保健、一般护理和专门护理的免费门诊及住院服务。此外，倘有需要，也会为老年病人提供家居医疗及护理服务。2000年，社工局与卫生局及镜湖医院合作开设了住院式的善终服务。现在65岁以上的澳门居民看病免费。

（四）公共住房

包括以优惠价格出售的经济房屋，以及租金便宜的社会房屋，两者均供包括符合资格的老人及其家庭在内的市民购置或租赁。此外，还专门为独居长者或老年夫妇提供的长者大厦。

（五）其他服务

在教育及交通范畴，除由各安老机构提供的短期文化及兴趣课程外，澳门理工学院的长者书院及一间民办的日间中心也设有专供年长居民进修的各项课程。

二、澳门为老服务的主要特色

通过参观交流，我们感到澳门的为老服务工作有以下几个特色。

一是中西福利观念交融。澳门开埠四百多年来，中西文化交融共存。各种社会福利观念长期共存。华人社会传统的福利观念是围绕家庭和宗族关系建立起来，所谓“老吾老以及人之老，幼吾幼以及人之幼”的传统观念和追求大同的社会愿望。佛教组织宣扬“普渡众生”的布施精神。天主教和基督教则宣扬耶稣“爱人如己”的博爱主义。它们共同地推动澳门社会救助和慈善福利事业的发展，并逐步形成一个由不同类别的服务模式交织、互补而成，形成了较为稳健的社区支持网络，至今仍发挥着积极的影响和作用。这是澳门在为老服务组织模式上的特色。

由于澳门受“老吾老以及人之老，幼吾幼以及人之幼”的传统观念和追求大同的社会愿望的影响较深，在养老模式上他们提倡“家居养老，多代共融”。根据最新公布的《澳门特区长者长期照顾需求评估》报告显示，在受访的2039位长者中，有84.5%的长者患有一种或多种疾病，有七成半长者认为就诊时所遇到的困难是等候时间过长、经济困难和交通不便等为主。调查还显示，各类型长者表示最需要的帮助是经济援助、社会房屋、家居清洁服务、及时免费医疗服务和上门护理等。澳门的服务机构以及老年人大都认同居家养老，因此，除了及时向长者提供经济援助外，澳门还在探索医院服务、机构养老及家居养老相结合的服务模式。

二是发展速度快。回归前，澳门为老服务发展相对缓慢。中国澳门和葡萄牙政府沿用殖民地政策进行管理，使得澳门经济无法快速发展，居民生活水平较低，贫困家庭较多。1974年葡国发生民主革命，中国澳门和葡萄牙政府因此宣布放弃殖民地化政策。更因澳门回归日期的临近，中国澳门和葡萄牙政府于1979年将慈善救济委员会改组成社会救济处，1986年重组为社会工作司，回归后改称为社会工作局。从那时起，政府才开始逐渐承担起主要的社会救助责任，并依法为贫困家庭和不幸者提供各种公共援助，也开始加强对民间社团开展社会服务的资助和管理。20世纪90年代后，政府开始建立社区免费医疗网络；制订了失业救济金制度；设立由政府、雇主、雇员三方供款的社会保障基金，雇员只须每月上缴15元的社保基金，到年满65岁后，每月便可领取一定数额的养老金，为晚年生活提供一定的保障。

回归后，澳门社会经济快速发展，尤其是2003年博彩业开放以来，经济取得了前所未有的发展，特区政府更加重视社会保障工作，不断健全和完善社会保障制度。例如在社会保障基金方面，除在扩大社会保障范围外，还上调了养老金的数额。年届65岁或以上的长者有资格申请敬老金。这些举措和政策的实施令澳门的社会救助机制在短短的30年间日趋完善，并发展成较规范化的社会保障制度。现在澳门65岁及以上的老人看病全是免费，凡符合条件的老人每月可领取1450澳元的养老金。

三是社团组织活跃。在澳门，一些为老服务机构由政府建设，建成后交由民间社团管理。政府除按月拨付资金来维持机构的运作外，只负责社团服务的督察工作。这是澳门比较有特色的地方，当地称之为“官民协作”。这样，在澳门整个为老服务体系中，民间社团承担着具体的服务工作，是为老服务的主要力量之一。民间社团的服务资质也在很大程度上影响着澳门总体的为老服务质量。

澳门民间社会服务团体是经合法注册登记的民间非牟利社团（获政府认可为公益法人）。它们大都有相对集中的服务对象，其行政、财政和服务方式都是完全独立，其服务对象范围十分广泛，包括：长者、青少年、幼儿、妇女、残疾人士、工人等；服务内容也十分丰富，覆盖社会各个领域，包括开展社区、大厦、家庭、文化教育、卫生、社会治安和环保等各方面的服务工作。这些团体有的已有百年的历史。如同善堂、镜湖医院慈善会、仁慈堂等在一百多年前就已开展各类社会慈善活动。而澳门工会联合总会、澳门街坊总会、澳门妇联总会、澳门天主教明爱中心、澳门归侨总会等团体在社区一线，担负具体的工作。现在澳门有各种社团3000多个，涉老社团组织有30多个。澳门老年人大都有从事社会活动，服务社会的意愿，一般老人都参加3个以上社团组织，接受他们的服务。

四是社区服务工作实。现澳门有安老院共20家，护理院1家，独居长者服务中心5家，服务内容和内地大致相同。由于安老院和护理院提供的床位极其有限，满足不了绝大大多数老人的需求，因此，澳门政府开始大力发展社区支持服务。经过近年来的实践，澳门逐步形成了自身的社区服务特色，社工局以“积极参与、跃动耆年；家庭照顾、原居安老”为指导思想服务长者，其主要内容有以下几项。

1. 个案服务。社会工作局辖下的五个社会工作中心为包括长者在内的本澳市民提供个别接待服务，协助有关个人或家庭处理生活的问题。有需要的老年人或其家属，可直接与所属区域的中心联络。

2. 耆康中心。为老年人提供社交、康乐、教育活动和其他社会服务，以丰富长者的日常生活，满足社交、娱乐、学习及其它发展需要。目前，本地区受社会工作局资助、由非政府机构设立的耆康中心共有二十三个，由社会工作局直接开办的有一个。

3. 老人日间中心。主要是提供多元化及综合性服务的老人服务中心。除包括上述耆康中心的所有活动外，尚会为长者提供膳食、洗衣、淋浴、理发，以至家务助理等社区支持服务，使有需要的长者能有条件留在熟悉的社区生活，保持与家庭及社区的联系。2003年初，社工局在部分日间中心增设独居长者社区支持服务，进一步强化独居长者的支持网络。

4. 长者日间护理中心。1998年开设，主要是为健康欠佳或身体机能受损，以致在日常起居生活上需要别人照顾的长者提供个人照顾、一般护理、康复服务和社交活动等服务，用以满足他们日常的生活需要，并分担家庭护老者的照顾压力。

5. 饭堂服务。现在社工局在澳门设有一间饭堂，有需要的长者可申请在有关饭堂内享用廉价以至免费的膳食服务。

6. 家居照顾及支持服务。为增强对自理能力或健康欠佳，而又缺乏亲友提供照顾及支持，以致在生活起居方面需要他人协助的人士或独居长者、年老夫妇的照顾和支援。社工局于2005年将独居长者社区支持服务及家务助理队合并成为一支跨专业团队的家居照顾及支持服务社区照护队伍。服务包括：送膳、个人照顾、家居清洁、洗澡、护送或陪诊、洗衣、购物、个人辅导、电话慰问、互助网络、社区活动、探访、护理或复康等服务。

7. 长者关怀服务网络。此项工作始于1994年，由澳门街坊联合总会开办，并得到社工局提供的财政资助。该网络的主要目的在为独居长者提供个别化的关怀协助，以及接触社会的活动机会。服务内容除了由义工及职员提供定期的家居探访和按需要进行不定期生活协助外，也包括为服务对象而设的活动，如旅游、参观、联欢及讲座等。此外，家居照顾及支持服务的服务对象和工作范畴，也包括独居长者或年老夫妇的支持。他们主动寻找在社区居住的独居长者或年老夫妇，评估其需要，除运用中心或社区资源为他们提供不同的服务外，也透过互助小组、义工探访等活动和联系，扩展及增强独居长者们在社区、邻居、个人层面等的支持网络，与长者关怀服务网络形成互补的功能，进一步巩固长者在社区的支援。

三、澳门为老服务工作的不足

第一，长远规划不够。一是对为老服务人才的培养没有规划。澳门的长者服务研究工作起步比较晚，现在高等院校开设涉老课程的仅有澳门理工学院，在开设的三门课程中有一门是必修课，其余两门都是选修课，而且只能授大学专科学位。澳门没有专门的涉老研究机构培养涉老研究高端人才，现有的研究人员都是从香港聘请的。二是没有制定长效长者福利的机制。目前澳门的涉老服务主要依靠特区政府。近几年，澳门经济快速发展，特区政府把民生提高到很重要的位置，使得老年人的福利不断提升，内容越来越多，质量越来越好。福利是要有经济支撑的。目前，澳门的经济支柱是博彩业，政府的税收也主要来自博彩业，2006 年这项税收就占到政府总收入的七层以上，政府在博彩业征得的高额税收维持着现在的高福利待遇。但是，这种收入的来源是不稳定的。正如现在很多澳门政府和市民担心的一样，一旦博彩业出现不稳定，现有的高福利将不保，而作为没有任何其他经济来源的老年群体，长效长者福利的机制的缺失，使得他们的福利更是无法保障。

第二，专业技术有待提高。现在澳门从事涉老服务的高素质专业人员不足，服务人员流失严重。2003 年以后，澳门赌权开放，按法律规定，在赌场工作的人员必须保证 99%是澳门本地人，由于赌场需求工作人员量很大，造成人员紧张，各赌场纷纷出高价聘用工作人员。一般高中毕业后进赌场第一年月薪能拿到 1 万 3 千多澳元，第二年能拿到 1 万 5 千多澳元，以后会更多，而政府一般的公务员也拿不到这样的薪水，具体从事长者服务工作的职工薪水更低。在这种现实的生活压力面前，大部分从事涉老服务的人员都无法安心。据了解，各个长者服务中心有经验的服务人员工作人员每年都要流失很多，相应的缺口又没有专业人才填补，使得澳门涉老服务的专业技术提高受到限制。

第三，社团服务监管体系有待完善。澳门社会服务工作的一个特点就是“官民协办”，政府出资，社团操作。澳门的社团大部分是在 1983 年—1999 年这个时期发展起来的，涉老社团有 30 多家。这些社团都是合法注册的，都可以向政府要钱、要物。正是存在利益问题，社团之间难免存在竞争，你做，我也做，你要钱，我也要钱，导致服务内容有重叠，更有甚者有些政府资源都不能真正用到老年人服务上。这就需要作为管理机关的政府部门加强监管体系建设，保证为老服务有效性。

四、澳门为老服务正在努力的方向

参观交流中，我们了解到，现在澳门为老服务正在努力的方向主要有以下几项：一是建立社团评估体系，对社团的工作进行评估，重新分配政府资源，好的社团就多分配，办的不好就少分配，甚至淘汰掉，以促进社团的工作。目前，该体系已初步建立，现在试点阶段。二是广泛开展地区和国际交流合作。虽然澳门涉老工作起步比较晚，但是近年来，他们积极与内地、香港以及与国际上多个组织开展交流，将澳门作为长者服务的一个典型模式，这必将大大促进澳门涉老服务的发展。三是成立长者事务工作委员会。现在澳门涉老政府部门有房屋局、卫生局、社会工作局、社会保障基金等，由于分属不同的司管辖，一些为老服务政策的出台需要多个审批环节，大大影响了政策出台的时效性。所以，澳门特区政府成立了长者事务工作委员会，作为一个统一的涉老工作协调机构，以此提高行政管理的效率。

五、可借鉴的经验

通过参观交流，结合内地的实际情况，我们认为澳门为老服务工作有一些好的做法可供借鉴。

第一，加大涉老社会宣传力度。老龄工作涉及到社会方方面面，需要全社会的关注。由于澳门有众多社团的推动，所以涉老工作宣传非常深入，基本上是全民参与。每年十月的一个星期天是敬老日，各社团动员每个老年人都参加，现在学校和社区的志愿者也参与到敬老日中来，进行筹款。近年来，澳门社会工作局与本地区非政府机构积极合作，在年中举办多项大型的社区活动以弘扬敬老精神，推广老人福利及鼓励长者发挥自己的潜能。例如在每年十月举行的国际长者节系列庆祝活动，均有为数众多的政府和非政府安老服务机构、老年人及市民大众参与其中。除了每年举行大型宣传外，他们主动对社区的每个老人做细致的调查，对他们的服务需求进行全面了解。通过办实事宣传老龄工作。总的感到，澳门的涉老宣传做的很具体，几乎做到了全民参与。我们做涉老宣传，既应有造势，还需要做实事，通过具体工作为老年人谋福利，让广大群众更深刻地认识老龄工作。

第二，增强社区为老服务功能。养老问题的解决不能过分依赖养老机构，工作重点应放在增强政府社会保障力度，提高老年人自身经济供养能力，发展社区服务，完善家庭养老功能上。现在澳门有安老院 20 所，有 1 所护理院，独居长者服务中心 5 家，提供的床位数量很少，绝大部分老人还是通过社区服务来完成的。前面已经介绍过了，澳门的社区服务功能是很全面细致的，在很大程度上满足了老人的服务需求。从内地养老设施建设来看：一方面，我们必须要建设各种层次的养老院、护理院、老年公寓等设施以满足一部分老年人的需要；另一方面必须认识到，养老设施所能容纳的老年人毕竟是少数，更积极的养老准备应向社区倾斜，向老年人家庭倾斜，增强社区服务功能，提高家庭养老能力，尽可能长时间地让老年人生活在自己熟悉的环境里。

第三，从细节入手做实为老服务工作。澳门为老服务工作注重从细节入手，处处体现以人为本的理念，满足老年人的需要。无论走到哪个养老机构都感到很温馨，到处都可见到人性化服务。如卫生中心家访。现在澳门共有8所卫生中心，中心除了为本澳居民（包括长者）提供初级保健外，有需要时还会上门为病人进行家访诊病及护理的服务。在一处颐骏养老中心，我们发现一对老年夫妇不识字，服务人员就在已分好药的药盒上贴上标签，分别用太阳、月亮等代表早、中、晚，帮助老人区分在各时间段要吃的药。在安老院和护理院里，一些高级护理设施应用到老年护理上，可以代替护理人员的工作。

以上，联系实际，我们的为老服务工作也应更人性化一些，多做一些务实的事情，真正做到让老年人老有所养、住有所居、病有所医，安享晚年、颐养天年。

两岸携手话老龄　共谋事业新发展

刘　芳　李静芳　叶晓恬　罗晓晖

海峡两岸均面临着日益严重的人口老龄化，如何破解人口老龄化难题、增进老年人福祉成为两岸学者共同关心的议题。2007年—2009年的三年间，两岸老龄福祉研讨会已成功举办了三届，今年，第四届两岸老龄福祉研讨会定于7月13日在台湾南开科技大学召开。应南开科技大学的邀请，中国老龄科研中心委派由中心副主任刘芳、综合处处长李静芳、研究实习员叶晓恬和罗晓晖四人组成的代表团，于2010年7月12日至17日赴台湾参加会议研讨和机构考察工作。北京大学老年学研究所常务副所长陈功教授等一行三人组成的代表团受邀也参加了此次出访活动。

一、出访活动内容

（一）参加第四届两岸老龄福祉研讨会

此次研讨会由南开科技大学福祉科技与服务管理研究所主办，会议的目的与前三届研讨会一脉相承，旨在推动两岸在老龄科学研究方面的交流和合作，使双方能够互相学习和借鉴在应对人口老龄化挑战方面的成功经验，更好地增进两岸老年人福祉。来自南开科技大学、北京大学、中国老龄科研中心、台湾元智大学、“署立”台中医院及台湾地区其他高等院校和老年服务机构的师生、学者、研究人员、医生和实务工作者共计100余人参加了此次会议，有10名参会者作了大会发言。

老龄产业是本次会议的热点问题，刘芳副主任首先介绍了大陆地区老龄产业发展的机遇与挑战，使台湾学者对大陆老龄产业方面的最新进展有了较全面的了解。南开科技大学福祉所所长段伴虬教授介绍了台湾地区老龄福祉产业发展的创新思维，其创新之处是在服务科学的理论基础上，提出了可供老龄产业界参考的“适老化照顾服务系统”（Elderly-Oriented Care Service System，EOCSS）理念。元智大学陈燕祯教授对两岸老人服务的内涵与产业政策发展进行了阐述，为老龄产业描绘了一幅美好的发展前景。老龄福祉科技成果的市场化是老龄产业的重要组成部分，在家庭照料资源不足的背景下，将科技运用到老年服务当中对两岸来说都是今后要努力的方向。叶晓恬对大陆老龄福祉科技的发展现状、影响因素及预期的发展思路进行了介绍，加深了与会者对大陆老龄福祉科技在政策、规划层面的认识。大陆的老龄福祉科技发展目前还处于起步阶段，相比之下，台湾地区的发展步伐就快了很多，一些研究成果已经成功地运用到了为老服务中。元智大学的徐业良教授介绍了其团队研发的非察觉式感测床垫，该床垫已成功运用于台湾地区一些养护机构对老年人的照护管理。南开科技大学黄启瑞教授在会上分享了其团队研发的远距照护系统的成果，该系统可提供社区健康照护和居家安全照护两项服务，目前在南投县竹山镇社寮里紫南宫地区运行良好，会后我们也到该处及为系统提供后台支持的竹山秀传医院远距照护回应中心进行了参观和考察。本届研讨会内容非常丰富，发言主题围绕老龄福祉这个中心的同时呈现出多元化的特点。北京大学陈功教授论述了残疾与人口老龄化的关系，并从促进社会和谐的视角提出了降低残疾风险，保障残疾人权益的政策建议。南开科技大学副校长谢建全结合本校创办乐龄学习的实例介绍了台湾地区高龄教育的发展状况。罗晓晖介绍了大陆社会工作发展近况，存在的问题及未来的发展方向，并重点介绍了老年社会工作实务开展的情况。“署立”台中医院老年医学科廖妙淯医师介绍了该院建构老人社区失智照护模式的经验，其研究发现在失智早期及早发现、及早预防可以有效减少中重度失智的发生。发言结束后，发言者还与到会听众进行了互动，对听众的提问一一详细解答，会议在这种良好的沟通气氛中落下帷幕。

（二）机构考察

1. 访问南投竹山镇社寮里银发族远距照护系统紫南宫据点。南开科技大学黄启瑞教授在研讨会上介绍的远距照护系统，在南投县竹山镇社寮里紫南宫已经得到了使用，会议结束后，我们来到这里参观。在台湾，由于医疗资源非常丰富，个人需要支付的医疗费用又很低，因此民众大多不愿付费使用远距照护系统，很多远距照护系统的推广困难重重，但这个问题在紫南宫得到了很好的解决。紫南宫是社区宗教信仰中心，为具有福利性质的人民团体，他们愿意出资来照顾他们的信徒，附带提升公益形象，因此，紫南宫管理委员会引入了远距照护系统，并负责经费支付和照护资源的分配，使老年人在社区或是在家中就能得到照护，形成了一种 Business to Business to Consumer（B2B2C）的运营服务模式。在社区，老年人可以进行心肺、血压、血糖、心跳等生理指标的监测，生理量测设备通过电脑及量测程序形成一组多功能生理参数量测站，量测完毕后，信息经过加密被传送至竹山秀传医院的远距照护中心。我们去参观时，正好有一位老人在做生理指标的监测，整个过程老年人在电脑上就可完成，非常方便快捷。一些身体较弱、不方便到社区进行生理指标监测的老人还可以使用远距照护系统的居家安全照护设备，该设备由一个紧急求援通报器和一部可视电话组成，当老年人在家中发生紧急情况时，只要按下随身求救器两侧的红色按钮，紧急求援通报器便会通过电话线自动拨通预设的照护中心的电话号码，这时照护中心的安全监控屏幕会显示出求救者的基本资料，健康管理师可以通过照护中心的主机与求救者通话，了解情况。需要时还可以启动可视电话，对老年人的情况进行观察。对于独居或是白天独自在家的老人来说，该系统无疑能够有效降低他们的安全风险，也解除了老人家属的后顾之忧。

2. 访问竹山秀传医院远距照护回应中心。紫南宫的远距照护运营服务模式为 B2B2C，第一个 B 所指代的服务提供者即为竹山秀传医院。在人口老龄化的时代背景下，秀传医院适时而动，2008 年向经济部申请创新科技应用与服务计划前期规划案，与社寮里紫南宫合作推动“远距照护服务”。2009 年秀传医院继续向经济部申请创新科技应用与服务计划建置案，扩大远距照护服务的覆盖范围，又设了 10 个据点。在这些服务覆盖地区，秀传医院为老年人提供健康与安全两项远距照护服务，而这两项服务则是由秀传医院远距照护回应中心具体提供的。我们进入该中心感受了一番，这里面积不大，整齐地摆放着一些电脑，健康管理师正在认真查看从社区据点传输过来的老年人的生理参数的信息，发现异常时，健康管理师就会和老年人或其家人取得联系，建议其到医院就医或是给予其一些健康指导。当然，如果是收到居家老人的紧急求救讯号，健康管理师就会马上采取行动进行营救。据统计，从 2009 年 10 月至 2010 年 4 月，共有 1572 位老年人使用了社区的生理指标监测服务，其中测得的生理异常值约占总测量人数的 65%。截至到 2010 年 4 月，居家紧急求救照护设备共安装了 385 台，截至到 2010 年 5 月共有 19 次老年人紧急求救。远距照护回应中心可以说是远距照护系统正常运转的重要保证，它将“预防重于治疗”的理念变为现实，使老年人可以健康、快乐地“在地老化”。但秀传医院院长也表示目前该院提供的远距照护服务仍面临着经费不足、利用率偏低的问题，如果未来能将此项服务纳入长期照料保险，这种情况才可能有比较大的改观。

3. 访问财团法人台北市兆如老人安养护中心。台北市兆如老人安养护中心于 1999 年 4 月由台北市政府筹建，由于机构用地由徐李兆如女士捐赠，故以“兆如”命名。2001 年 10 月该机构以公建民营模式委托“财团法人恒安老人养护中心”经营管理。我们与“恒安”集团的董事长进行了座谈，详细了解了“恒安”构建的多层级老年人照顾服务体系。除了兆如老人安养护中心外，“恒安”还经营着台北市阳明老人公寓等四家老年机构，另外，“恒安”还开办了兆如日间照护中心和居家服务部，服务内容涵盖老人安养、老人公寓、长期照顾、社区照顾、居家服务和日间照顾。兆如是集团下规模最大的机构，床位达到 453 张，因为这里既提供对生活自理老人的安养服务，又提供对经评估为中度以上失能或失智的老人的养护服务，所以取名为安养护中心。兆如环境优美，室外绿树环绕，很适合老年人居住和生活。我们在参观中还发现这里的设施非常完善，不仅有茶艺馆、图书馆、文艺馆、卡拉 OK 厅、康复中心，还有美容院、理发厅、长青学苑等。为了丰富老年人的生活，兆如每天都会为老年人安排特别的活动，考虑到这里居住着一些有宗教信仰的老人，他们还特意为这些老人安排了宗教活动时间。作为一家被台湾地区“内政部”和台北市政府评定为优等的机构，专业化的服务自然是不可或缺的。兆如拥有护理师、社工员、康复师、营养师及照顾服务员等组成的专业服务队伍，确保了老年人在机构中能获得专业化、高质量的服务。我们本以为这家环境、设施、服务俱佳的机构主要服务对象为高收入老年人，后来才了解到这里的收费并不高，中等收入的老年人就可以支付得起。兆如已经走过快9年的历程，在经过早期的亏损后现已成功实现盈利，大陆的很多民营养老机构生存境况堪忧，但兆如的事例说明民营养老机构只要善于经营，也可以走得更远，发展得更好。

二、出访活动的主要体会

（一）台湾地区在老年福祉的研究方面有超前的意识、积极的行动

1. 老年福祉科技领域的超前意识。此次研讨会的主题为老年福祉科技，侧重探讨科技在老龄化社会及为老服务中的积极意义及具体作用，同时也涉及到了老年产业的发展问题，二者密切相关，科技的推广运用需要产业化的推动。通过与会专家的发言和参观考察，我们发现，台湾地区在推动老年福祉科技及老年产业发展方面有着比较超前的意识。无论是大学这样的研究机构还是提供照护服务的医院这样的实践机构，都充分地认识到了科技在为老服务中的重要作用、取得了一些基本的共识，因此能够积极地参与老年福祉科技的研发与应用。并且值得注意的是，这种超前的意识并不是来自于政府的推动，而是来自于研究机构及学者本身长远的国际化战略眼光，来自于服务提供单位迫切的照护需求，二者的结合使得一些具有超前意识的理念得以提出，一些研究项目得以开展并试点推广。

2. 积极投入老年福祉（科技）的研究并形成合作的模式。在有了超前的意识和明确的发展方向之后，研究机构能够积极地投入其中，尽全力实现自己的目标，从而推动了老年福祉及福祉科技的发展。对于大学这样的研究机构来说，他们常常是首先自己投入极大的人力、物力和财力，在做出一定成绩之后才有可能申请到政府或社会的资助。但是仍然有诸多研究机构看准了老年福祉（科技）及老年产业在未来的广阔发展前景，纷纷开展这方面的研究。

而这些研究并不是脱离于实际的，虽然部分研究成果可能在未来十年、二十年才能推广运用，但是研究机构通过与实践单位的合作，在项目成果的试点和推广方面也有着相当的成绩。例如远距照护系统的运用，就是大学研究机构、医院照护部门与社区合作的成果，目前已经有超过两千位老人受惠于该科技成果，而系统本身也得以不断发展完善。在这种推广应用过程中所形成的研究机构与应用机构之间的合作模式也是值得我们借鉴的，二者的良性互动才能够共同为老年福祉科技和为老服务事业的发展提供动力。

（二）台湾在老年福祉的实践方面有完善的法律、成熟的经验

1. 用法律规范老年福祉事业的发展。台湾地区进入老龄化社会的时间并不长（1993年），但老龄化的速度非常快。在严峻形势的逼迫下，台湾地区的老年福祉事业发展很快，包括养老保险、长期照顾、机构及居家养老以及服务人员的储备等方面都有了长足的发展。在老年福祉事业发展壮大的同时，政府积极地通过法律的手段来规范和保障老年福祉事业的发展，例如制定出台了《老人福利法》及其施行细则、《老年福利机构设立标准》以及《老年福利机构评鉴及奖励办法》，对私立机构也有专门的法规《私立老人福利机构设立许可及管理办法》，居家服务方面有《居家服务提供单位营运管理规范》，人员聘用方面有《老人服务专业人员资格及训练办法》。总之，其法律及政策体系相当完备，规范并服务于老年福祉事业的各个方面，并且在访谈中我们也得知这些法律通常都能够及时予以修订以跟上形势的发展——在修订的过程中，具体的服务提供机构有权提交修订意见。

2. 老年福祉的发展有着比较成熟的经验。经过长期的发展，台湾地区在老年福祉领域已经建立了一些成功的模式、积累了一些比较成熟的经验。这些模式和经验既来自于台湾地区本土社会的特点，也来自于他们积极借鉴和吸收国外先进经验。例如在机构发展方面，台湾地区已经建立起了机构的设立、管理及评价标准，入住老人的评估办法等。在兆如老人安养护中心，呈现出来的是管理规范、运作有序、干净整洁的机构面貌；在远距照护系统紫南宫社区，我们看到的是社区老人的积极参与和先进的管理系统。而这些成绩的取得，离不开政府的监管、社会的参与、研究机构的合作以及实践机构的投入，当然最重要的是他们之间在以老人福祉为本基础上的合作与互动，这种互动模式本身也是一个相当成功的经验。

3. 社会各界积极参与为老服务。通过参与研讨会及参观访问，我们发现，虽然在台湾地区并没有比较明确的“社会福利社会化”的提法或倡议，但是社会各界仍然非常积极地投入到养老事业中去，并且他们是从大处着眼、小处着手，既有战略发展眼光，也有丰富的实践经验。对于部分参与者来说，虽然他们并不纯粹是为了公益服务而参与为老服务，但是在实践中，正是通过其对服务质量和品质的不懈追求以及

机构生存的压力等，使得其更好地服务了广大老年人群。这说明，在推进服务社会化及产业化的过程中，经济效益与社会效益、公益目标并非不可兼容，而是可以相互促进的。同时，社区的重要性也不容忽视，无论是居家养老还是社区照顾抑或远距照护，都需要通过社区组织开展，良好的社区文化及组织系统是保障各项照护服务顺利推行的关键。

4. 社会工作者在为老服务中发挥重要作用。在台湾地区，社会工作已实现了较高程度的专业化，老年社会工作是社会工作者的一个重要工作领域。这一方面是因为社会工作作为一种职业有法律和制度的保障，1997 年，台湾地区通过《社会工作师法》，这标志着社会工作者持证上岗制度的正式建立，1998 年，又颁布了《社会工作伦理原则》，进一步提升了社会工作的专业地位；另一方面是因为社会工作是一种助人的专业，在人口老龄化日益严重的背景下，养老服务成为各项服务需求中增长最快的一项，对社会工作产生了越来越多的需求。我们在台北市兆如老人安养护中心参观时就了解到，台湾地区的老年福利机构中都有社会工作者的岗位设置，他们一般称之为社工员，而社工员的工作内容则非常广泛，从老年人入住机构到离开机构，几乎每个过程或是环节都是需要社工员帮助的。无论是机构管理者还是入住机构的老年人，都认为社工员是机构中不可或缺的一部分。

（三）几点建议

1. 搞好两岸老年福祉研讨会，搭建各界合作平台。通过参加此次研讨会，得以接触到两岸各个领域的专家及业界代表，同时也学习到诸多先进的理念和实践的经验，这些对于将来推动老年福祉研究和发展都大有裨益。因此与会的两岸专家、学者及各界代表均希望两岸老年福祉研讨会能够继续举办，为两岸老年福祉方面的合作搭建一个有效的平台，推动产、学、研等各界之间的合作。通过聆听专家发言和参观访问，我们感到，由于文化等方面的相似，台湾地区在老年福祉领域内的诸多成功经验可以为大陆直接采用，其先进的理念也可以启发我们找到发展的方向，因此有必要通过这种渠道进一步密切双方的合作。同时，不仅有研究机构（如本中心、大学）参加研讨会，也有实践部门（如医院照护部门）参加，还有业界的代表参加，这种多元化的组成有助于相互启发、促进合作。不过在今后的研讨会中，也可以邀请老年人代表参加，直接倾听他们的意见。

2. 建立促进老年福祉科技发展的新模式。通过与会专家的发言和参观访问，我们发现，老年福祉科技的发展首先必须建立在老年人的需求之上、以老年人及其家庭的需求为本，即科技的发展必须为人服务、以人为本，只有这样才能有效把握到科技发展的方向和考虑到科技研发的细节问题。其次，老年福祉科技的发展离不开高水平研究机构（包括企业研究机构）的参与，无论是非察觉式感测床垫还是远距照护系统都首先由研究机构开发，然后再逐步试点推广。再次，在研究的基础上，实践实务部门的需求与合作是推动科技进一步发展动力，正是实务部门在照护老年人中产生的实际需求，才使得这些科技产品得以运用并推动其进一步改进、发展。因此，在推动大陆地区老年福祉科技发展的时候，除了要充分重视政府的扶持作用，也需要调动研究机构、实务部门及产业界的积极性，各界相互合作才能促进老年福祉科技的发展。

3. 尽快完善法律法规及政策体系，规范养老事业发展。台湾地区进入老龄化社会的时间并不长、养老事业发展的时间也较短，只是近几年有了比较大的发展，但是从一开始台湾地区就重视对养老事业的规范管理，制定了相关的法律，并出台了一系列法律实施细则和政策文件，涉及到养老事业发展的方方面面。法律条文及政策文件规定也非常详尽，具有很强的操作性，便于遵守、执行。目前大陆地区的养老事业正蓬勃发展，在发展的同时也出现了诸多问题或者发展的瓶颈，迫切需要法律的规范和政策的扶持。目前有一种观念认为在发展阶段就对其进行监管不利于成长，但台湾地区的经验告诉我们，事实恰恰相反，相关的法律和规定并没有束缚住养老事业的发展，反而是极大地促进了其规范的发展，使其一开始就走上了正规道路。

4. 吸纳社会力量，推动多方合作，促进养老事业发展。促进养老事业的发展，不能仅仅依靠政府推动，这一点我们已经认识到并早就提出了社会福利社会化的口号，但是发展至今社会化仍然面临诸多瓶颈性问题。在台湾地区我们看到了这方面比较成功的例子，如私立大学研究机构与私立医院合作开发远距照护系统，这都是他们主动开展的项目，最开始的时候并没有政府的推动，完全是以老人需求为导向的自主投入。同时，在社区服务的推广中，表面上看社区并没有相应的资金、硬件等条件，但是社区良好的人际脉络和组织是推广产品和服务应用的关键，任何产品和服务想要进入社区都需要借助其组织系统和人际脉络，这正是其优势所在。这说明，只要有合适的机制，各方社会力量均可以参与到养老事业中来，发挥其独特作用。

5. 推动社会工作在为老服务中发挥积极作用。

尽管大陆在2001年就做出了老年福利机构中应配备社会工作人员的规定，但总的来说这项规定执行得并不好。尽管社会工作职业制度建立后，这种情况有所好转，一些老年福利机构开始引入专业社会工作人员，少数机构中工作还开展得卓有成效，但同台湾地区已进入社会工作在老年服务中固定化地发挥作用的成熟阶段相比，我们的工作还处于起步阶段。我们应借鉴台湾地区的经验，尽快完善社会工作相关的法律法规和制度，为社会工作的发展提供制度保障，使社会工作的专业地位牢固树立。为了适应社会对老年社会工作者的需求，应鼓励高校多培养老年社会工作方向的专业人才，同时也应加大对社会工作的宣传，呼吁老年服务机构使用社会工作者，提升机构的服务品质，实现人才培养和使用的良性循环。

2010年7月27日

中国老龄科研中心代表团赴台湾地区出访报告

郭　平　翟德华　李晥

随着海峡两岸老龄化的加剧，为满足老年人的特殊消费需求而为他们提供产品和服务的产业，即老年产业日渐兴起，围绕着老龄产业的研究和探索也在不断发展。应南开科技大学的邀请，中国老龄科研中心委派由中心副主任郭平、综合处李晥、助理研究员翟德华三人组成的代表团，于2010年11月22日至27日赴台湾参加“2010年两岸老龄产业发展研讨会”和机构考察工作。同时，作为中国老龄科学研究中心研究基地领导的安徽省六安市老龄办主任宋飞、黑龙江省鸡西市老龄办主任孙国栋等也同时受邀参加了研讨会和参访。

一、2010两岸老龄产业发展研讨会主要情况

（一）台湾地区老龄产业发展的现况与未来趋势

2010年台湾地区65周岁及以上老年人口已达总人口的10.6%，即有243.8万人老年人口。人口老龄化对企业而言，意味着一个巨大、亟待开发的大市场。这个市场被称之“银发市场”。在发达国家和地区，围绕老年人消费市场应运而生的企业眼下已经初步形成了一个现代商品和服务的产业延伸链。这个集群产业即为老龄产业。台湾企业界在关注和开拓银发市场，推进老龄产业发展的路径上起步较早，目前已经形成一定的产业体系和规模效益。在台湾地区，老龄产业市场涉及行业广泛，从辅助科技产品，到老年人群保养品、营养品、食品饮料及电子产品业等几乎所有涉及老年人需求的产品和服务。

台湾金属中心区域研发服务处刘伟中副处长在专

题报告“台湾辅具产业发展的新契机”中认为：台湾未来20年间，高龄老人增加最多，估计64%需要辅具；就总资产或储蓄率指标看，现在的50岁以上人口比上一代有钱，对辅具相关产品和服务需求殷切；目前台湾辅具市场发展面临的瓶颈是：在需求端，辅具平均使用时间仅为14.3个月，购置后弃用率超过50%，高功能辅具价格昂贵，大多数需求者无法购买，购买后后续保养成本高，衍生多元化辅具取得模式（如租赁）需求。在供应端，营运模式以器材贩售为主，产品价格竞争激烈；医疗用品通路（销售渠道）无法提供照顾福祉器材后续维修服务；通路业者必须先积累多年的器材与照护经验，市场拓展不易；在制造端，台湾地区本地生产功能辅具产品具有国际竞争力，但以外销为主；因缺少研发、设计人才，无法针对台湾消费者需求及时开发新产品或改进产品。面对现况，刘伟中建议：产业发展机会在于提供租赁服务，以租赁服务引领辅具市场的开发。并以台湾富康公司营运实践为例，剖析辅具租赁服务营运、市场经营、服务流程及发展方式。提出辅具租赁服务产业联盟、系统商业推动、租赁新创服务产业价值网络等构想。关于台湾辅具产业未来的发展，刘伟中希望与大陆重要人士探讨租赁服务事宜，建议大陆举办国际福祉博览会积极邀约联盟厂商共同参与，致力于服务系统的扩散。

台湾乐龄生活事业股份有限公司乐龄网总经理张庆光在专题报告“台湾银发族用品市场现况与挑战”中认为：随着年龄的增长，处于不同时期的年龄组银发族需求不同。一般而言，在准备退休期50—59岁组，主要需求是理财、运动保健和第二兴趣，市场供给主要的是健康食品；在退休前期60—69岁组，主要需求是休闲旅游、体验学习和运动保健，市场主要供给的是药品；在退休后期70—79岁组，主要需求是休闲旅游、医疗照护和银发用品，市场主要供给的是医疗器材；在高龄期80岁及以上组，主要需求是陪伴互动、医疗照护和银发用品。目前台湾市场上，银发族生活用品为大家所忽略，同时存在非法的或地下的假保健品、营养品以银发族为对象的营运现象。张庆光以乐龄网经营现况为例，介绍了乐龄网的目标市场定位、产品种类与研发，以及经营理念（使命）。关于台湾银发产品未来趋势，张庆光认为应当基于以下六方面原则：一是符合“通用设计”原则；二是产品功能单一，简单化；三是从“用”的价值，到“美”的外观；四是从人性出发，加入贴心、尊重元素；五是预防/保健的考量；六是怀旧/复古风再起。但是，目前台湾银发产业也面临着挑战：在需求方面，老人家心理的抗拒（爱面子），市场仍然待教育及推广；在供给方面，低价仿冒商品的出现、厂商短视近利，不求服务品质；缺少厂商投入研发，只能进口高价商品；在政府方面，出台的法律法规“管君子不管小人”（规范合法商人，打击不合法商人不积极）；政府投入的资源不足或不均；太强调“高龄化社会”问题。

来自台湾慈林庭园护理之家主任刘幸容在专题报告“台湾长照机构经营瓶颈”中，介绍了护理机构面临的困境和护理工作人员的现况。刘幸容认为，台湾护理之家面临的困境有：主管部门僵硬制式化规定，比如无障碍空间设施设备标准不断更新、导致经营成本提高，评监与督考有不合理之处，机构消极对付；同行削价竞争；机构人事支出费用高；法规规定随时改；家属访询机构时的利基点。护理工作人员的现况是：专业人员流动率高（机构成为培训中心）；员工要求福利到位；员工的教育训练缺乏；基层照服人员素质低（台籍的怕苦会离职、外籍的投机会逃跑）。最后，她希望主管单位、个案、家属、工作人员、机构五赢，并盼望台湾地区“长期护理保险”加快实施，将有助于护理之家的发展。

台湾师范大学社会教育研究所博士詹秀员在专题报告“高龄社区关怀照顾据点现况与未来发展策略”中认为：综观高龄人口结构形成的概况与发展趋势，将出现三大特色的相关问题需求：一是高龄人口越来越多，高龄福利服务与福祉产业需求扩大；二是高龄人口寿命越来越长，高龄经济、医疗与安养照护保障需求增高；三是高高龄长者越来越多，家庭、社区与机构养老照护与依赖需求提升。未来台湾地区高龄社会将面临与高龄族群有关的五个方面问题：一是收入锐减下的高龄者经济安全保障问题；二是身体日渐退化下的医疗保健与行动问题；三是家庭结构型态与功能变迁下的家庭照顾问题；四是社区互动日渐疏离下的邻里互助问题；五是迈向活跃老化的社会参与与高龄学习问题。詹秀员介绍了台湾地区有关当局在应对高龄社会问题的政策回应和行动方案。在高龄者安养概况与问题方面，詹秀员认为：台湾机构式安养模式尚未成为当前高龄者最佳的选择，有超过98%、总数约243.3万的高龄者选择在家安养；台湾家庭式安养是高龄者最期待的选择，然而随着社会、职业及家庭结构的变迁，家庭的照顾功能逐渐弱化、崩溃，使得多数高龄者过着所谓“独居”的生活，缺少家人及社会互动的生活模式，长期下来将严重影响高龄者的身心健康、加速老化，同时于遭遇危险或紧急事件时，面临求救无门的窘境；台湾社区安养模式于

2005年正式实施。尽管取得了令人激赏的绩效，但是仍然存在包括专业人员普遍不足、志工来源与服务知能技术不足、政策及相关经费缺乏延续性、居民认知与支持参与不足、过度依赖政府及外来资源、相关专业之间缺乏联系与合作等诸多有待克服的问题。在检讨当局回应当前高龄安养护服务与福祉问题需求的对策分析时，詹秀员认为其中以“社区为基础”（community－based）的“社区照顾”（community care）模式，更应当成为当前各项照顾服务输送与福祉产业发展的重要思考核心。她建议，如何整合各部会相关政策与资源，促成跨专业、跨组织专业技术、经验与服务资源的协力团队，是当前各级政府、民间组织、教育及福祉产业部门共同关注与协力突破困境的重要议题。最后，詹秀员结合台湾地区高龄人口及安养福祉模式发展趋势对高等教育办学理念与课程规划提出了改进的建议，她认为南开科技大学福祉科技与服务管理系所应为当前及未来高龄服务产业发展培养适应性人才。

（二）大陆地区老龄产业发展的现况与发展前景

来自大陆地区的中国老龄科学研究中心副主任郭平在专题报告“大陆地区人口老龄化的影响与挑战——养老服务与老龄产业需求分析”中介绍了大陆地区人口老龄化发展的现况与趋势，并结合中国老龄科学研究中心2000年和2006年城乡老年人口状况调查数据说明了大陆地区面临的老年人健康和长期照料需求问题，最后探讨了人口老龄化面临的挑战和应对人口老龄化的路径选择以及政府扮演的主要角色。

郭平认为应对人口老龄化的挑战时，政府扮演的主要角色应当是：发挥主导作用，加大财政资金投入；加强老龄工作机构和老年群众组织（发挥NGO作用）；加强和完善相应的老年人法律体系；发展志愿者队伍，建立社会工作者制度；规范为老服务和照料者队伍；建立老年友好型城市和宜居社区。目前大陆地区，在政府层面已经采取的行动包括：《老年人权益保护法》修订；相关社会政策制订；完善社会保障制度，建立农民养老保障制度；制订相关设施、服务、评估标准；推进城乡基本公共服务均等化；建立基本养老服务和长期照料体系；引进发展老年福祉科技，提高养老的科技含量；推动老龄产业发展等。

来自安徽省六安市老龄工作委员会办公室主任、民政局副局长宋飞在专题报告“高龄化社会与养老产业”中，介绍了安徽省六安市的人口老龄化现况和趋势，分析了六安市养老产业的发展现况和存在的问题。最后，他认为高龄化社会时期发展好养老产业需要解决好六个方面的问题：一要大力发展社会养老机构，加大激励机制，制定更为优惠的扶持政策，鼓励民营资本兴办各类养老服务机构。应当制定与养老设施建设相关的强制性标准和指导性技术指标，在城乡规划和旧城改造中，将养老机构的分布和用地，以及小区养老服务机构纳入整体规划；二要兴建老年小区。设立老人日间护理中心，为体弱而在日间缺乏家人照料的老人提供有限度护理服务及社交活动等；三要积极开发老年产品。目前中国老年人用品市场的需求量为4000亿元，而现阶段为老年人提供的产品不足10%。据统计，我国城市老年人在保健品消费、外出旅游的支出已占到总消费支出的40%以上。在一些经济发达地区，“夕阳红”产业已有了明显分类：如老年日用品市场、老年服务市场、老年文娱市场等。当前，应在政策层面对老年产品和老年服务市场进行规范和引导，尽快出台服务标准和相关配套政策法规，以引导老年产业健康快速的发展；四要加强培训工作力度，建设专业养老服务队伍，为社会创造更多的就业岗位；五要利用当前的人口红利期发展经济，积累财富；六要鼓励低龄老人参与社会事务和照顾高龄老人，进行养老照料储蓄。

中国老龄科学研究中心助理研究员翟德华在专题报告“政府在发展老龄产业中角色定位”中，指出大陆地区学者在老龄产业概念界定上的缺陷，解释了目前大陆地区各级政府出台的扶持发展老龄产业政策失效的现实问题，并探讨老龄产业如何获得政府的扶持。他认为：老龄产业不是一个传统意义上的“产业”，它既不属于主导产业、先导产业、瓶颈产业，也不属于幼稚产业、支柱产业、战略产业，它只是一个在人口老龄化背景下，为老年人提供产品和服务的新兴市场，由一系列产业构成产业群。因此，不能要求政府笼统地扶持老龄产业。应当对老龄产业的具体形态进行分类，选择部分老龄产业领域进入国家产业扶持目录。他认为当下必须重新界定老龄产业的概念，明晰老龄产业具体形态，选择优先扶持的老龄产业领域；必须区分老龄产业和老龄事业，把老龄产业属性确定为市场性为适宜；要加强有关老龄产业理论和实证研究；应当尽早制订老龄产业发展规划。

中国老龄科学研究中心实习研究员李晥在专题报告“中国老龄事业的组织机构概况”中，首先对大陆地区应对老龄化问题的工作机构构成和职责进行了简要地介绍。其次，对中国老龄科学研究中心的机构性质、主要研究方向和任务、主要服务与合作领域、发展目标以及科研基地等情况重点地进行介绍。对2010年新成立的中国老龄产业协会进行了详细地介绍，李晥认为，大陆地区老龄事业的组织机构在组织架构上是完备的，大陆地区政府在推进老龄产业发展方面做了很多积极的尝试，中国老龄产业协会的成立标志大陆地区老龄产业发展即将进入规范有序的发展阶段。

二、本次研讨会活动的主要体会

2010年两岸老龄产业发展研讨会是海峡两岸首次合作举办的老龄产业专题研讨会。本次研讨会，两岸学者、专家以及企业家对老龄产业在台湾地区和大陆地区的发展现况和发展趋势有了进一步的了解，对于两岸老龄产业发展中存在的共性问题和特殊性问题有了进一步的认知。对于两岸老龄产业的发展面临的共同机遇与挑战有了比较清醒的共识。在为期一天的研讨会里，很难就两岸老龄产业的现况和未来趋势进行详细深入的研讨，这是遗憾之处。

会议期间，参会人员与专题报告演讲者就有关问题进行了小组讨论和现场答疑互动。我们注意到，在有关老龄产业的概念、分类和涵盖的行业领域，以及政府、民间组织、企业参与状况等方面，两岸学者、专家以及企业家存在诸多不同的观点。这说明，两岸在如何发展老龄产业的理论和实践方面，将有更广阔的研讨空间。关于两岸老龄产业发展状况的研讨，本次研讨会仅仅是个开端，我们期待更多的机会进行交流和合作。

2010年12月17日

中国老年大学协会代表团赴台访问交流情况的报告

中国老年大学协会代表团

2010年7月5日

受台湾宜兰县南阳义学推广协会的邀请，经国台办2010年6月12日批准，中国老年大学协会代表团于2010年6月19日到台湾参加南阳义学建校十周年暨“义学迎十年，感恩满两岸”两岸老年教育交流活动，于6月26日结束全部活动返回大陆。现将访问交流活动情况汇报如下。

一、代表团基本情况

本次出访交流活动由中国老年大学协会组织。代表团由中国老年大学协会顾问、黑龙江省老干部老年大学协会会长、黑龙江省老年大学校长周同战为团长，重庆老年大学协会会长、重庆老年大学名誉校长罗淑芳、广东省老干部大学校长游宁丰、中国老年大学协会常务副会长袁新立为副团长，总团下设中直，黑龙江、重庆、浙江，福建，广东5个分团，共计99人，由老年教育工作者和福建老年大学师生艺术团组成。赴台前，中国老年大学协会做了大量的组织筹备工作。就行程安排、注意事项及准备的节目、礼品等事项多次与邀请方及各位正副团长、分团长反复联系沟通。各分团也都对团员做了相关的纪律教育和有关问题的具体要求，全体团员对于本次出访交流活动的任务意义和具体要求明确，各项准备工作比较充分。各地台办和出入境管理等有关部门对我们的行程也都给予了大力的支持和帮助。

二、赴台访问交流任务完成情况

我团此次赴台的主要任务是参加南阳义学“义学迎十年，感恩满两岸”两岸老年教育交流活动。同时，通过交流活动增进两岸老年人和老年教育工作者的彼此了解，加深两岸同胞感情，推动两岸老年教育事业的发展、促进两岸和平繁荣。在台期间，我团与台湾老龄工作者、教育界、文化界、政界、企业界人士进行了广泛的接触。

在庆祝南阳义学建校十周年的系列活动中，我团共出席了4场联谊交流活动。包括：6月20日上午在宜兰县罗东镇农会举办的“义学庆十年，感恩满两岸”校庆活动、20日晚在宜兰县运动公园举办的“义学庆十年，感恩满两岸”联谊活动、22日晚在汐止市社后体育馆举办的“两岸乐龄联欢暨文化交流晚会”以及24日晚在台中市中兴大学由南阳义学与台湾中华关怀家庭扶助协会共同举办的“南阳义学十年庆”联欢晚会。代表团团长周同战、副团长罗淑芳、副团长游宁丰、副团长袁新立分别在以上四场大型活动中代表我团致辞，表达了大陆老年教育工作者和老年学员对南阳义学十年校庆的祝贺以及对台湾地区老年教育事业、老年学员、老年朋友的良好祝愿。代表团在每次会议、每场演出之前都向主办方赠送我们在国内精心准备的礼品。这些礼品包括：各老年大学的书法、绘画作品，妈祖像、邮票、治疗老年病的特效中成药“东方神油”及各种工艺品、丝绸、刺绣品等表示庆祝并纪念。中国老年大学协会和黑龙江省老干部老年大学协会联合赠送的大幅书法楹联作品“义学迎十年，感恩满两岸；老教泽万众，联谊书新篇”、象征两岸和平友好的核桃花瓶、中国老年大学协会和重庆老年大学联合赠送的国画“春色满校园”以及福建莆田老年大学赠送的鎏金妈祖塑像，引起了舞台上下热烈的掌声。

为加强大陆与台湾地区老年教育机构的沟通合作，我们代表团中的各老年大学都与与南阳义学建立了姊妹友好学校关系，为今后的友好往来交流打下了基础。

福建省人才交流协会老年艺术团及厦门、莆田、泉州、漳州四所老年大学师生共有4场50多个精彩的文艺节目与南阳义学等台湾地区各地老年大学师生同台演出。特别是荣获联合国“世界非物质文化遗产”的泉州老年大学林文荣老师的表演的提线木偶和漳州老年大学郑秀琴老师表演的芗剧与台湾第一名旦廖琼枝老师表演的歌仔戏引起了场内的轰动和阵阵掌声。

我团参观了台中市议会大厅，听取了台中市议员王正德和中华关怀家庭扶助协会负责人徐志浩等人介绍政府和民间组织如何对老年人生活关怀照顾的情况，并相互赠送了礼品。还参观了台中市“老五老南投埔里中心”，听取了该中心协助老年人养老机构运作情况的介绍。

代表团副团长、广东省老年大学校长游宁丰还通过其在台湾地区的亲属与台湾福昌集团联系，受到董事长杨正宏的盛情款待，代表团全体成员与部分企业界人士共进晚餐，相互致辞，赠送礼品。

在与台湾地区各界人士的接触中，我们通过代表致辞、赠送礼品、演出文艺节目及个别交谈等多种方式，交流政府与民间组织在老年教育、养老助老等方面的工作经验和信息，表达我们对台湾同胞的骨肉亲情和对老年教育事业的共同理想与追求。由于我们代表团行前做了比较充分的准备，这次赴台的人数较多，带着浓厚的亲情、友谊和意义深重的节目和礼品而来，参加活动的各方面都表现得从容得体，获得了台湾人士的好感。特别是在宜兰、台中等地老年民间组织和老年群体中产生了较大的影响，加强了两岸的友好合作交流，加深了两岸老年人之间的情谊，邀请方及每次活动的承办方都是感到满意的。

三、几点感想与启示

1. 代表团此次台湾之行得到国台办及各省市台办以及有关部门的高度重视和大力支持是我们出访成功的重要保证。

2. 进一步体会到党和政府对台方针的高瞻远瞩和统战、务实政策的正确性。南阳义学是在台湾地区有着重大影响的老年教育机构，其分校遍布岛内。我们通过与南阳义学的联系与交流，加强了与台湾同胞的联系。随着这种交流的不断延续，势必影响到两岸关系的长远发展，对两岸和平繁荣和最终统一起到促进作用。

3. 扩大与台湾地区老年教育界的接触交流加深相互之间的了解，是增进两岸同胞友谊的重要方式。我们此次台湾之行受到邀请方和当地民间组织团体的友好盛情接待，感受到了广大台湾地区老年群体对同胞的真挚感情、海峡两岸浓浓的骨肉亲情。南阳义学校长林献忠、中华关怀家庭扶助协会创办人徐志浩在每次庆典和联谊活动致辞都对代表团表示欢迎和感谢，都谈到讲台湾与大陆的骨肉亲情。台中市议员王德正与我们交流时也谈到台湾与大陆血浓于水的血脉关系。汐止市乐令学习资源中心的黄钰桦校长还亲自编导了“两岸一家亲”的舞蹈节目在晚会上演出表达与大陆的亲情。每位出访团员都感到台湾与大陆同根同种，血脉相连，台独分裂不得人心。

4. 在出访前的充分准备和出访中的及时沟通是出访成功的重要保证。我们代表团是初次出访台湾，对台湾地区方面对活动日程安排的随意性了解不够。南阳义学是民间组织，许多事情不按程序走，往往使我们措手不及。由于我们及时与对方沟通调整才使交流活动得以顺利进行。

第八部分

大事记

2010年全国老龄办机关工作大事记

一月

▲1月4日，全国老龄办印发《全国老龄工作委员会办公室二〇一〇年工作要点》。

▲1月6日，副主任阎青春赴广东省中山市出席中国老年学学会第二届四次会议并讲话。

▲1月6日至8日，常务副主任陈传书、副主任曹炳良出席全国民政工作会议暨全国民政法制工作会议。

▲1月7日，副主任阎青春赴广东省佛山市考察三水区的为老服务工作。

同日，副主任阎青春赴广东省广州市出席广州市民政系统居家养老服务讲座并授课。

▲1月13日，副主任曹炳良主持召开国家应对人口老龄化战略研究课题联络员会议。

▲1月15日，副主任阎青春与中国老龄事业发展基金会研究尊老敬老主题教育的工作安排事宜。

同日，副主任阎青春参加中国老年学学会常务理事会议，审议2009年工作总结和2010年工作要点，研究换届选举工作事宜。

▲1月19日，全国老龄办印发《关于表彰2009年“尊老助老、和谐中国”新闻联合报道活动获奖单位和个人的决定》。

同日，副主任阎青春参加民政部研究基本养老服务体系“十二五”规划会议。

▲1月20日，副主任阎青春参加国家发改委社会发展司和民政部规划财务司召开的会议，研究进一步促进养老服务业发展的若干意见。

▲1月21日，全国老龄办印发《关于报送＜中国老龄工作年鉴（2010）＞稿件的通知》。

▲1月26日，副主任阎青春参加全国政协举办的全国已故著名人士夫人迎春茶话会。

同日，副主任阎青春出席解放军总参谋部军训和兵种部老干部工作会议，并作人口老龄化及其挑战的专题报告。

▲1月28日，全国老龄工作委员会第十二次全体会议在北京召开，中共中央政治局委员、国务院副总理、全国老龄工作委员会主任回良玉出席会议并讲话。民政部部长、全国老龄办主任李学举在会上作了工作报告。全国老龄办常务副主任陈传书，副主任曹炳良、阎青春、吴玉韶，巡视员袁新立参加了会议。

同日，副主任阎青春出席在中国老年杂志社举办的迎新春座谈会，并作关爱空巢老人的专题发言。

▲1月29日，全国老龄工作委员会办公室主任会议在北京召开。会议传达了国务院副总理、全国老龄工作委员会主任回良玉在第十二次全体会议上的重要讲话和民政部部长、全国老龄办主任李学举的工作报告。全国老龄办常务副主任陈传书就2009年的工作进行了全面的回顾总结，部署安排了2010年的工作。副主任曹炳良作了总结讲话。副主任阎青春、吴玉韶和巡视员袁新立出席了会议。

▲1月30日，常务副主任陈传书出席中国老龄产业协会第一届全国会员代表大会暨成立大会并讲话。副主任曹炳良、阎青春、吴玉韶，巡视员袁新立出席了中国老龄产业协会成立大会。

同日，副主任阎青春出席中国残联残疾人康复协会迎新春座谈会。

二月

▲2月3日，副主任阎青春听取河北省围场县老龄办工作汇报。

▲2月3日至5日，常务副主任陈传书，副主任曹炳良、阎青春、吴玉韶分别带队走访慰问了全国老龄办17名离退休老领导及老领导遗孀。

▲2月5日，常务副主任陈传书参加民政部春节团拜会。

同日，常务副主任陈传书，副主任曹炳良、阎青春、吴玉韶出席全国老龄办春节团拜会。

▲2月9日，常务副主任陈传书走访中国老年体育协会、中国老年保健协会。

▲2月10日，常务副主任陈传书、副主任吴玉韶出席北京民政局“民政之春”文艺演出晚会。

同日，副主任阎青春同国资委机关党委书记曾坚商谈有关老龄工作发展事宜。

▲2月20日，全国老龄委印发《关于印发回良玉副总理在全国老龄工作委员会第十二次全体会议上的讲话和李学举同志工作报告的通知》。

▲2月20日，全国老龄办印发《关于印发陈传书同志在2010年全国老龄办主任会议上的讲话的通知》。

▲2月25日，常务副主任陈传书参加民政部2009年年度考核和廉政建设检查总结表彰暨学习型机关主题教育周动员大会。

三月

▲3月1日，副主任曹炳良赴中国社会科学院哲学研究所参加“人口老龄化与文化发展研究”课题开题论证会。

▲3月3日，常务副主任陈传书、副主任吴玉韶出席2010年全国性老年社团座谈会并讲话。

▲3月4日，常务副主任陈传书、副主任曹炳良参加国家应对人口老龄化战略课题负责人第一次全体会议并讲话。

▲3月5日，全国老龄办组织召开“全国老龄办2009年度考核和廉政建设检查总结表彰暨主题教育周动员大会”。会议由副主任曹炳良主持；副主任吴玉韶宣读了表彰决定；常务副主任陈传书作了总结讲话。

▲3月9日，副主任阎青春听取山东省泰安市养老情况的汇报。

▲3月10日，副主任曹炳良赴中编办研究会参加“老龄工作体系研究”课题开题论证会。

同日，副主任曹炳良赴人力资源和社会保障部老龄科研所参加“养老保险制度改革与发展研究”课题开题论证会。

同日，副主任阎青春接受晚霞网关于应对人口老龄化挑战的采访。

同日，副主任吴玉韶出席全国老龄办工、青、妇工作会议并讲话。

▲3月16日，常务副主任陈传书参加国务院新型农村社会养老保险试点工作领导小组第三次会议。

▲3月16日至17日，副主任阎青春副黑龙江省齐齐哈尔市参加老年人失能状况专题调研座谈会。

▲3月18日，副主任曹炳良主持召开华龄国际培训交流中心第二次理事会。

▲3月18日至19日，副主任阎青春赴浙江省杭州市参加养老院长研讨会并讲话。

▲3月23日，常务副主任陈传书会见世界银行北京代表处社会保障专家一行。

▲3月25日，常务副主任陈传书、副主任曹炳良出席民政系统党风廉政建设电视电话会议。

▲3月25日，常务副主任陈传书接见宁夏老龄办一行。

▲3月27日，常务副主任陈传书参加了以“共建绿色家园”为主题的共和国部长义务植树活动。

▲3月28日，常务副主任陈传书参加“老年健康保障座谈会”。

▲3月30日，副主任阎青春赴北京市宣武区参加居家养老工作座谈会，并参观考察了广安门外、广安门内街道居家养老情况。

▲3月30日至4月2日，副主任曹炳良赴江苏省参加“农村老龄问题研究”课题开题论证会，会后考察了南京、南通等地老龄工作。

四月

▲4月1日至3日，副主任阎青春赴海南省出席全国老年保健产业高峰论坛并作主题发言，期间考察海口市保亭县养老事业发展情况。

▲4月2日，常务副主任陈传书、副主任曹炳良参加国家应对人口老龄化战略研究课题研究会。

▲4月6日至7日，副主任阎青春赴云南省昆明市出席民政部和云南省政府举办的养老养生高层论坛并作专题发言。

▲4月8日，副主任曹炳良主持召开中国老龄协会党委扩大会议，研究全国老龄办直属机关党委第一次代表大会筹备工作情况。

▲4月9日，常务副主任陈传书参加中华慈善总会举办的中华慈善奖颁奖仪式。

▲4月10日，副主任阎青春听取云南省昆明市关于养老护理机构建设情况的汇报。

▲4月15日，副主任吴玉韶赴江西省井冈山市出席全国部分省市基层老龄工作座谈会并讲话。

▲4月15日至16日，副主任阎青春赴天津市参加养老院长培训班并授课。

▲4月17日，副主任阎青春赴广东省珠海市考察潮州商会养老护理基地建设情况。

▲4月18日，副主任曹炳良出席中国健康促进会举办的“全国抗衰老健康教育进社区大讲堂暨总结大会”。

▲4月19日，副主任阎青春会见人民大学人口学院姚远院长，协商养老机构等级划分和评定标准的制定工作。

同日，副主任阎青春召开主流新闻媒体通气会，通报检查评估“十一五”规划执行情况。

▲4月20日至30日，副主任阎青春带队赴河北、山东、安徽、江苏等地检查评估老龄事业“十一五”规划执行情况。

▲4月22日，副主任曹炳良出席中国老龄科学研究中心举办的“2010年中国城乡老年人生活状况追踪调查问卷研讨会”。

▲4月26日至28日，副主任阎青春参加全国政协人口环境资源委员会组织的对长三角地区养老模式和养老政策的专题调研。

▲4月27日，常务副主任陈传书参加民政部国家基本养老服务体系建设部长协调会。

同日，常务副主任陈传书会见了新加坡总理公署政务部长王志豪先生一行。陈主任向代表团介绍了我国老龄工作机构情况，老龄工作取得的成就和面临的挑战以及当前老龄工作的重点。双方就老年人家庭小型化、空巢化形势下加强社会养老服务，增强家庭养老功能，促进代际关系和谐，营造尊老敬老社会环境等内容交换了意见。

五月

▲5月5日，常务副主任陈传书、副主任曹炳良出席全国老龄办直属机关第一次党代会筹备工作会议。

▲5月6日，中共全国老龄办直属机关第一次代表大会胜利召开。全国老龄办党组成员、副主任曹炳良同志作中共全国老龄办直属机关第一次代表大会报告；大会选举产生了中共全国老龄办直属机关第一届委员会和纪律检查委员会，研究提出了今后一个时期全国老龄办直属机关党建工作的主要任务。全国老龄办党组书记、常务副主任陈传书同志出席大会并作重要讲话。副主任阎青春、吴玉韶出席大会。

同日，副主任阎青春听取沈阳市老龄办关于举办老年用品博览会事宜汇报。

▲5月7日，副主任阎青春主持召开教育部、文化部、民政部、国家体委等有关部委人员座谈会，听取中国老龄事业发展“十一五”规划执行情况汇报和“十二五”规划的建议。

▲5月8日，副主任阎青春赴陕西省西安市参加“长安常乐老年公寓”落成典礼，并考察西安市居家养老服务工作。

▲5月10日，常务副主任陈传书、副主任吴玉韶会见了世界银行人类发展部主任于小庆等一行五人。陈传书主任向世行代表介绍了中国的老龄工作体制，当前及今后一段时期老龄工作的重点领域和发展思路。重点介绍了正在进行的国家应对人口老龄化战略研究的情况，并希望世界银行提供国际经验和指导意见。于小庆等介绍了世界银行在老龄领域开展的有关研究，针对我办目前进行的战略研究提出了可能合作的领域和课题。双方表示，今后在分享研究成果、开展共同研究、进行试点工作等方面加强交流与合作。

同日，副主任阎青春与中国珍贝集团商谈开发老龄产业事宜。

▲5月11日，常务副主任陈传书接见江苏省江阴市老龄办一行。

同日，副主任阎青春与辽宁省《老同志之友》杂志社商谈老龄宣传事宜。

▲5月12日至14日，副主任阎青春赴人力资源和社会保障部培训中心研究起草中国老龄事业发展“十二五”规划。

▲5月15日，常务副主任陈传书赴河北省廊坊市参加第五届世界养生大会开幕式。

▲5月15日至22日，副主任阎青春率团赴海南、广西、广东、福建四地检查中国老龄事业发展“十一五”规划执行情况。

▲5月18日，副主任曹炳良主持召开机关党支部书记会议，讨论直属机关党委2010年工作要点。

▲5月19日，副主任曹炳良参加民政部直属机关深入开展创先争优活动动员大会。

▲5月23日至28日，副主任阎青春参加国防大学国防研究系举办的国家战略研究班培训。

▲5月25日，副主任曹炳良出席“人口老龄化态势和发展战略研究”课题专家评审会议。

▲5月25日至28日，副主任吴玉韶赴山东省滕州市出席全国老年人健身活动展示大会及健身秧歌交流活动开幕式和2010年全国老年人体育工作会议并致辞。会后，在山东省枣庄市、泰安市等地就加强基层老龄建设进行专题调研。

▲5月31日，副主任吴玉韶接见了美国南加州大学社会工作系师生代表团一行，向外宾介绍了我办的重点工作。中国老龄科研中心副主任郭平就老年人健康和长期照料研究课题作了报告。南加州大学教授韦加？比尔介绍了美国医疗保障体制改革的相关情况。

六月

▲6月4日，副主任曹炳良主持召开直属单位支部书记会议，部署直属机关争先创优工作。

▲6月5日，副主任阎青春赴河北省保定市出席爱心助老协会成立大会。

▲6月8日至11日，副主任阎青春赴江苏省南京市出席老年宜居社区和老年友好城市试点工作会议并讲话，会后考察了苏州、南通、江阴等地老龄工作。

▲6月11日，副主任吴玉韶会见了美国国务院人口、难民和移民事务局人口事务特别顾问玛格丽特

(MargaretPollack) 女士一行，并向外方介绍了中国人口老龄化现状以及主要措施，回顾了与人口基金在老龄领域开展的四个周期的合作情况和所取得收获，简要介绍了新周期的设想。外方对中国与联合国人口基金多年来在老龄领域所开展的卓有成效的合作感到很高兴，并就关心的问题进行了提问，提问中尤其关注老年人口的增加给中国经济社会带来怎样的机会，老龄化进程中男女群体的差异，以及中国对外主要开展哪些合作交流等问题。

▲6月12日至13日，常务副主任陈传书、副主任曹炳良参加《国家应对人口老龄化战略研究》中期检查会议。

▲6月16日至19日，副主任吴玉韶赴山东省青岛市出席山东省老龄宣传工作干部培训班并授课，会后考察了青岛市互助养老服务工作。

▲6月17日至19日，常务副主任陈传书赴辽宁省调研社会保障工作。

▲6月17日，副主任阎青春赴天津市出席天津市养老院长第二期培训班并授课。

▲6月18日，副主任曹炳良参加直属机关工青妇代表座谈会。

▲6月21日，副主任曹炳良参加全国人大内司委关于老年法执行情况和《老年法》修订工作情况汇报会。

▲6月22日，全国老龄办印发《关于开展“十大老龄新闻”、“十大老龄新闻人物”和老龄新闻宣传好作品评选活动的通知》。

同日，副主任阎青春出席中国老年保健协会成立十五周年庆祝大会。

▲6月23日至24日，副主任阎青春赴人力资源和社会保障部培训中心研究老年宜居社区和老年友好城市两个指南。

▲6月25日，副主任曹炳良赴人力资源和社会保障部参加养老保障制度可持续发展研究专家座谈会。

副主任阎青春赴河北省石家庄市出席河北省养老服务体系建设大会。

▲6月29日，副主任阎青春赴河北省怀来县参观董存瑞故居和历史博物馆。

同日，副主任吴玉韶赴上海市出席联合国人口基金第六周期老龄项目经验交流会并讲话。

▲6月30日，副主任曹炳良赴民建中央参加关于“完善社会保障制度，应对社会老龄化形势”座谈会。

七月

▲7月1日，副主任曹炳良、阎青春出席直属机关党员大会，曹炳良以《做一名合格的机关干部》为题作了重点发言。

▲7月4日至6日，常务副主任陈传书、副主任阎青春赴上海市出席民政部年中分析会。

▲7月6日，副主任曹炳良出席中国联合国协会人口理事会第四届二次会议。

▲7月8日，副主任曹炳良赴浙江省参加老龄事业指标体系研究课题论证会。

同日，副主任阎青春赴中组部干部教育局协商汇报共同举办省部级老龄干部培训班事宜。

▲7月9日，副主任阎青春赴中国社科院社会学所参加中欧养老论坛。

▲7月10日，副主任曹炳良赴广东省广州市参加老年法建设研究课题中期检查论证会。

▲7月12日至16日，副主任曹炳良参加国家行政学院司局级干部学习研讨班。

▲7月12日，副主任阎青春带领检查组检查评估北京市老龄事业发展“十一五”规划执行情况。

同日，副主任吴玉韶出席敬老志愿者培训班开幕式并讲话。

▲7月13日至18日，副主任阎青春带领检查组赴重庆市、四川省、西藏自治区检查评估老龄事业发展“十一五”规划执行情况。

▲7月13日，副主任吴玉韶出席全国老龄工作委员会办公室新闻发布会，向新闻媒体通报全国老龄工作委员会和全国老龄工作委员会办公室近期开展工作情况。

▲7月19日至21日，全国老龄干部培训班在北京举办，全国老龄委办公室和直属事业单位以及来自北京、天津、上海、重庆和23个省会城市、新疆生产建设兵团、3个计划单列市的共80余名老龄干部参加培训。常务副主任陈传书出席开班仪式并讲话，副主任曹炳良、阎青春、吴玉韶分别主讲《国家应对人口老龄化战略研究情况》、《全国老龄事业发展“十一五”执行情况和研究制定“十二五”规划的基本思路》、《老龄工作的机遇与挑战》等内容。培训班还邀请了北京大学从事老龄研究的专家学者，围绕人口老龄化背景下老龄产业发展、养老助老服务体系等方面进行授课。

▲7月20日至28日，副主任曹炳良赴贵州省参加全国人大内司委组织的老年法执法情况调研。

▲7月21日，常务副主任陈传书出席全国党史

工作会议。

▲7月22日，副主任吴玉韶出席全国性老年社团工作通报会并讲话。

▲7月23日，全国老龄办印发《关于贯彻落实＜全国老龄工作委员会关于开展“敬老月”活动的通知＞的通知》。

同日，副主任阎青春赴青岛市参加全国养老服务人才培养和就业协作研讨会。

▲7月25日，常务副主任陈传书出席全国“爱心护理工程”第五次工作会议暨老年基金会工作座谈会。

▲7月25日至8月4日，副主任吴玉韶全国人大内司委调研组赴黑龙江省调研《老年人权益保障法》立法情况。

▲7月26日至27日，常务副主任陈传书、副主任阎青春参加民政部党组中心组扩大会议。

▲7月29日，副主任阎青春就中国当前养老服务体系发展情况，以及“十二五”期间，中国老龄事业发展以及养老服务体系建设的设想等问题接受财新传媒《新世纪》周刊记者采访。

▲7月30日，副主任阎青春参加大型养老社区开发建设培训班。

八月

▲8月1日至9日，副主任阎青春率团对巴西、阿根廷两国的老龄事业发展状况进行考察。出访期间，代表团先后与巴西里约热内卢市政府老龄事务局、阿根廷国家社会发展部老龄政策局的相关领导和负责人员进行了有关老年人政策和事务的公务交流与合作会谈，实地参观了巴西圣保罗和谐居所老人院、伊瓜苏拉道丝·威林豪丝老人院、巴西里约热内卢市苔丝·格考维尔丝社区老年健身中心和格巴卡巴那区嘎都毕社区老年活动场所，在阿根廷实地参观考察了布宜诺斯艾利斯市的圣安娜和圣荷西两所老人院。

▲8月2日，常务副主任陈传书参加国家防总、国家减灾委联席会议。

▲8月8日至11日，常务副主任陈传书赴黑龙江省齐齐哈尔市出席全国42城市老龄工作第22次联席会议并讲话，会后考察了齐齐哈尔、大庆、哈尔滨等地老龄工作情况。

▲8月11日，副主任阎青春赴华龄出版社了解改制工作进展情况。

▲8月12日，副主任曹炳良参加“国际社会应对人口老龄化战略综合研究”课题中期检查论证会。

▲8月17日，副主任阎青春赴上海市参加中国老龄科学研究中心和瑞典国家世博馆共同举办的养老问题研讨会，并作大会发言。

▲8月19日至20日，副主任阎青春赴上海市参加《中国老龄事业发展“十二五”规划》（草案）征求意见座谈会，会后考察上海市虬桥区和嘉定区养老院。

▲8月21日至22日，副主任阎青春赴云南省昆明市参加《中国老龄事业发展“十二五”规划》（草案）征求意见座谈会。

▲8月23日，常务副主任陈传书、副主任曹炳良参加第四届中国社会保障论坛。

同日，全国老龄办印发《关于贯彻落实＜全国老龄工作委员会关于开展“敬老月”活动的通知＞的通知》。

▲8月25日至28日，副主任吴玉韶赴瑞士圣加伦大学出席第六届世界老龄和代际大会，并作了题为《中国积极应对人口老龄化的六项措施》的发言。会议期间，吴玉韶副主任与有关国家和国际组织的代表进行了广泛的接触和交流，就马德里国际老龄行动计划实施十周年纪念活动、老年友好城市和宜居社区建设等进行了深入探讨。

▲8月27日至9月5日，副主任曹炳良赴云南省检查评估老龄事业发展“十一五”规划执行情况。

▲8月30日，常务副主任陈传书参加国家基本养老服务体系建设工作会议。

九月

▲9月1日，副主任阎青春接受新华社财经频道《财经周刊》记者的专访。

▲9月2日，副主任阎青春带队走访国家发改委，同社会发展司负责人进行了座谈。

▲9月2日，副主任阎青春带队走访人力资源和社会保障部，同养老保险司、农村社会保险司、医疗保险司和社保中心相关负责人举行了座谈。

▲9月12日，副主任吴玉韶赴内蒙古呼和浩特市出席第二届中国老年文化艺术节舞蹈现场交流比赛开幕式并讲话。

▲9月13日至19日，副主任吴玉韶率全国老龄委检查评估组，检查了青海和陕西两省贯彻执行《中国老龄事业发展“十一五”规划》的情况。

▲9月16日，常务副主任陈传书出席“夕阳幸福工程？法律援助在行动”座谈会并讲话。

同日，副主任曹炳良赴山东省青岛市出席“中国养老服务体系建设研讨会”并讲话。

▲9月17日，副主任曹炳良赴山东省济南市出

席“济南市老龄委五年主题系列活动研讨会”并讲话。

▲9月19日，副主任阎青春带队走访国家发改委，就《中国老龄事业发展“十二五”规划》相关事宜进行了座谈。

▲9月20日，常务副主任陈传书、副主任吴玉韶赴河北石家庄参加全国第二届老年艺术节开幕式。

同日，副主任阎青春带队走访卫生部，同疾病控制局相关负责人就《中国老龄事业发展“十二五”规划》相关事宜进行了座谈。

▲9月21日，副主任吴玉韶就应对“人口老龄化”挑战接受人民网记者访谈。

▲9月25日，副主任吴玉韶就全国“敬老月”活动接受新华社记者专访。

▲9月28日，副主任吴玉韶赴陕西省西安市出席第二届中国老年文化艺术节书画赛颁奖仪式暨优秀作品展并讲话。

十月

▲10月8日，副主任阎青春会见世界卫生组织老年人司司长比尔德，双方就创建老年宜居城市、宜居社区事宜进行了会谈。

▲10月11日，由全国老龄办、全国总工会、共青团中央、全国妇联联合举办的“全国尊老敬老经验交流会”在齐齐哈尔市召开。会议研究尊老敬老的传统优秀文化在“两个文明”建设中的重要作用，总结齐齐哈尔市等地开展尊老敬老工作的先进经验，进一步推动全国“敬老月”活动深入开展。常务副主任陈传书出席会议并讲话，副主任吴玉韶主持会议。

▲10月12日，印发《全国老龄办关于第三届中国老年文化艺术节获奖情况的通知》。

同日，常务副主任陈传书，副主任曹炳良、阎青春观看2010年中国老年艺术团“红叶风采”文艺演出。

同日，副主任阎青春同中华慈善总会协商举办第六届养老院长论坛事宜。

同日，副主任吴玉韶赴黑龙江省参加“岁月如歌·桑榆唱晚”老龄工作颁奖晚会。

▲10月13日，常务副主任陈传书参加北京市朝阳区重阳节孝亲敬老主题活动。

▲10月14日，副主任阎青春赴云南省昆明市出席“社区为老服务信息化建设会议暨助老边疆行活动启动仪式”，会后考察了昆明市书林敬老院。

▲10月15日至17日，副主任曹炳良赴广西省东兴市出席“第三届中国十大寿星”、“首届中国十大百岁夫妻”排行榜揭榜暨中国·东兴“中国长寿之乡”盛典，并考察了东兴市老龄工作。

▲10月16日，副主任阎青春参加中国老年大学协会举办的“关爱老人，走进影院”活动启动仪式。

同日，副主任阎青春出席中国老龄事业发展基金会举办的“重阳国际老年人联欢节”活动。

▲10月20日，副主任曹炳良参加全国人大内司委办公室召开的关于2011年全国人大常委会《老年法》执法检查工作座谈会。

▲10月20日至11月2日，副主任肖才伟带队赴新疆、宁夏、湖北、湖南检查评估老龄事业发展“十一五”规划执行情况。

▲10月21日，全国老龄委副主任、全国老龄办主任、民政部部长李立国到全国老龄办视察工作，常务副主任陈传书，副主任曹炳良、阎青春、吴玉韶参加汇报。

▲10月22日，副主任曹炳良赴河北省出席河北省首届老龄工作社会责任年会并讲话。

同日，副主任阎青春参加中国老龄科学研究中心举办的中国城乡老年人生活状况追踪调查项目验收会。

▲10月23日，副主任吴玉韶赴安徽省合肥市出席“首届中部地区老年产业博览会暨老年产业论坛”开幕式。

▲10月24日，常务副主任陈传书参加江西省居家养老服务试点工作现场交流会并讲话。

▲10月25日，副主任阎青春赴浙江省长兴市出席中国老年学学会第五届会员代表大会，会后考察了长兴市老龄工作。

▲10月25日至28日，副主任吴玉韶赴江苏省苏州、无锡参加第四届全国养老机构发展战略论坛，并在苏州市调研老龄工作情况。

▲10月27日，副主任阎青春赴江苏省如皋市参加长寿文化论坛，并接受中央电视专题采访。

▲10月28日，常务副主任陈传书出席中国老年保健协会“关爱老年健康主题活动”。

▲10月29日，常务副主任陈传书、副主任曹炳良参加《国家应对人口老龄化战略研究》子课题（社会保障组）论证会。

同日，副主任曹炳良出席“与爱同行”首届老年春节联欢晚会新闻发布会暨启动仪式。

同日，副主任阎青春赴青岛市参加青岛市老龄事业发展“十二五”规划编制论证会，会后考察城阳区老龄工作。

十一月

▲11 月 1 日，常务副主任陈传书在民政部会见了意大利伦巴第大区主席福尔米科尼一行。

▲11 月 2 日，常务副主任陈传书出席北京市委老干部局长培训班并授课。

同日，副主任阎青春听取保定市老龄办、老年人协会工作汇报。

▲11 月 7 日至 8 日，常务副主任陈传书参加全国社会养老服务体系建设推进会。

▲11 月 8 日至 18 日，副主任曹炳良率团赴哥斯达黎加参加国际第三年龄大学协会第 29 届大会及理事会，并访问考察了墨西哥老龄事业发展情况。

▲11 月 10 日，副主任吴玉韶、肖才伟会见了联合国人口基金第六周期老龄项目国际评估专家 Ghazy 先生，双方就老龄国际合作项目工作进行了商谈。

▲11 月 11 日，副主任阎青春参加中国老龄产业协会举办的《全国民办养老机构和涉老服务组织自律公约（征求意见稿）》论证会。

▲11 月 12 日，常务副主任陈传书、副主任曹炳良、阎青春、吴玉韶、肖才伟参加全国老龄办学习贯彻十七届五中全会精神座谈会。

▲11 月 14 日，副主任阎青春出席中国老年大学协会举办的“乐龄春晚”新闻发布会。

▲11 月 15 日，副主任吴玉韶在京考察公益组织“众益华龄”。

▲11 月 16 日，副主任吴玉韶会见了到访的越南老龄委代表团一行，向代表团介绍了中国的人口老龄化状况、老龄机构设置及老龄工作情况，越方也就相关问题做了介绍。之后，双方就共同感兴趣的话题交换了意见。

▲11 月 18 日，常务副主任陈传书接见重庆市老龄办一行，并听取工作汇报。

同日，副主任阎青春出席中国老龄事业发展基金会举办的“重阳国际老年人联欢节”活动。

▲11 月 18 日至 21 日，副主任阎青春赴香港地区参加秀葡老年中心举办的创建老年友好型城市国际研讨会，并作专题发言。

▲11 月 20 日，副主任吴玉韶出席“世界华人孝文化国际研讨会”并讲话。

▲11 月 22 日，印发《全国老龄办关于做好 2010 年中国城乡老年人口状况追踪调查现场访问工作的通知》。

▲11 月 22 日至 23 日，副主任阎青春赴上海市参加养老产业发展高峰论坛。

▲11 月 27 日至 30 日，副主任阎青春赴内蒙古、山西检查评估老龄事业发展“十一五”规划执行情况。

十二月

▲12 月 1 日至 4 日，副主任阎青春赴山西、安徽检查评估老龄事业发展“十一五”规划执行情况。

▲12 月 4 日，常务副主任陈传书陪同李克强副总理参观第四届中国国际福祉用品博览会。

▲12 月 4 日至 9 日，副主任肖才伟赴陕西、甘肃检查验收“创建全国无障碍建设城市”。

▲12 月 5 日，副主任阎青春赴江苏省南京市参加养老产业发展高峰论坛。

▲12 月 6 日，常务副主任陈传书听取黑龙江省齐齐哈尔市老龄办工作汇报。

同日，副主任阎青春同哈尔滨工业大学相关负责人商谈养老机构设计规范制定事宜。

▲12 月 7 日，常务副主任陈传书听取中国老龄事业发展基金会有关工作汇报。

同日，副主任阎青春为交通部老干部培训班授课。

▲12 月 8 日至 10 日，副主任吴玉韶赴甘肃省兰州市出席全国“银龄行动”工作座谈会并讲话。

▲12 月 9 日，副主任阎青春赴上海市崇明县参加“长寿之乡”揭牌仪式暨新闻发布会。

▲12 月 10 日，常务副主任陈传书听取山西省老龄办工作汇报。

▲12 月 10 日至 13 日，副主任肖才伟参加“中越人民大联欢”代表团访问越南，并出席“中越社会政策研讨会”。

▲12 月 13 日，副主任阎青春听取河南省漯河市老龄工作汇报。

▲12 月 14 日，副主任曹炳良参加《老年法》（送审稿）修订讨论会。

▲12 月 15 日，副主任阎青春参加养老产业高峰论坛并做主题发言。

▲12 月 16 日，常务副主任陈传书出席联合国人口基金第六周期援华老龄项目总结暨成果汇报会并讲话，副主任吴玉韶主持会议并做题为《应对人口老龄化过程中政府的策略和行动》的联合国人口基金第六周期援华老龄项目总结报告。会后，陈传书会见了国际助老会亚太中心项目总监魏苏姆博士，双方就未来合作方向和重点等进行了沟通。

同日，副主任阎青春出席北京市丰台区养老院长培训班并授课。

▲12月17日，常务副主任主持全国老龄办领导班子副职年度考核述职大会，副主任曹炳良、阎青春、吴玉韶、肖才伟参加大会并述职。

同日，副主任阎青春参加养老产业投融资峰会并作总结。

▲12月18日，副主任阎青春出席中国社工协会社会养老专业委员会换届会议，参加养老服务体系建设论坛并发言。

▲12月18日至19日，副主任吴玉韶赴青岛市就探索开展老年人金融服务情况进行调研。

▲12月19日，常务副主任赴广东省出席广东省老龄工作座谈会并讲话。

同日，常务副主任陈传书参加首届亚残运会闭幕式。

同日，副主任阎青春参加中国计划生育协会常务理事会和第七届全国代表大会。

▲12月20日，副主任阎青春听取甘肃省泓瑞养老院汇报工作。

▲12月21日，副主任曹炳良主持召开《国家应对人口老龄化战略研究》子课题“国家老龄事业发展中长期规划纲要”论证会。

▲12月23日，副主任阎青春参加养老院长论坛并作专题发言。

▲12月24日，常务副主任陈传书赴山西省参加山西省居家养老服务太原现场会并讲话。

同日，副主任阎青春听取长沙市民政局汇报养老工作。

▲12月26日，常务副主任陈传书、副主任曹炳良参加第四届全国敬老、爱老、助老主题教育活动表彰大会。

▲12月27日，常务副主任陈传书参加2011全国民政工作电视电话会议。

同日，副主任阎青春参加北京市丰台怡海老年大学十周年庆典并讲话。

▲12月29日，副主任吴玉韶出席老龄新闻宣传座谈会并讲话。

華齡出版社

华龄出版社简介

华龄出版社是中国老龄协会直属的、全国惟一一家以老年人和老龄工作者为主要读者群的综合性专业出版社。自1989年成立以来，华龄出版社本着推动中国老龄文化建设事业发展的办社宗旨，出版了大批与老龄事业及老年生活有关的图书，深受广大老年读者和老龄工作者的喜爱和赞扬。

地址：北京西城区鼓楼西大街41号

邮编：100009　　电话：010-84044445

中国寿星基金

简介
BRIEF INTRODUCTION

中国老年学学会副会长
中国寿星基金主任 周海宣

中国老年学学会寿星基金管理委员会（简称：中国寿星基金China Centenarian Fund）于2010年12月呈报全国老龄委工作委员会办公室批准后，经中华人民共和国民政部2011年5月27日“民社登（2011）第6088号”批准成立，机构登记证书为“社证字第4638--22号”。

中国寿星基金秉承全心全意为老年人谋福祉，致力于发展老龄产业、服务老龄事业的宗旨，根据国家相关部门核准的《管理办法》，按照合法、安全、有效的原则，运用项目制方式管好用好基金，提高资金使用效益，实现基金保值增值，为促进老年人的幸福健康长寿事业提供资金支持。

中国寿星基金主要的业务范围是组织对全国寿星的社会调研与长寿论坛，营造中国寿星优质品牌；弘扬寿星纪念文化，构筑福寿文化交流平台；开展养老和养生科学的宣传、培训与推广；实施与关爱寿星相关的志愿公益服务项目和业务发展项目；接受和完成中央政府及全国老龄委系统交付的任务；编辑出版基金会刊、画册、书籍，建立《中国寿星基金网站》。

中国寿星基金理事会的第一个五年发展规划主要是：举办“中国首届敬老养老助老社会责任高峰论坛”，弘扬中华民族的优秀传统，促进社会和谐发展；开设“福星会馆”，创办首家健康会员俱乐部，竭诚为福星会员提供健康绿色服务通道；投资兴办与着力发展“中国寿星幸福庄园养老旅游（基地）连锁网络项目”，组织开发《中国养老管理与服务系统规范标准模块》，努力为老龄群体提高生活质量与幸福指数服务、服务、再服务！

中国寿星基金第一届管委会主任由中国老年学学会副会长周海宣兼任，并由7~25名委员组成管委会。

微笑

微笑是无形的春风，能拂去人们的忧伤；微笑是有形的丝雨，能滋润自己和他人的心灵；微笑是艺术的音符，能演奏出健康美妙的乐章。微笑，不但富有感染力因而产生辐射与蔓延，还能使自己保持一种清丽自信的心境。幸福的诠释是微笑，快乐的意义是微笑，温暖的真谛是微笑，挫折的鼓励是微笑。微笑是永不凋谢的花朵，微笑是永不言败的天骄；微笑不分四季、不分南北、不分阶层，只要有人群的地方就会绽放；微笑给人们以美感，给自我以轻松，给社会以和谐；你能在微笑中给人们送去温馨的问候，你还能在微笑中播下友谊的种籽。中国寿星基金举办《中国首届敬老养老助老社会责任高峰论坛》，倡导人人“展示微笑从我做起”用微笑让我们的心里永远充满阳光，用微笑关爱生育养育教育我们成人的长辈寿星，用微笑共创新中国新一轮的和谐新世纪！用你和我的微笑唤起人世间更多更好更美的快乐、幸福与欢笑！首届中国敬老养老助老社会责任高峰论坛组委会关爱寿星服务工作者周海宣与你一起微笑……

地址：北京市西城区车公庄大街21号院2号楼

网站：http://www.sxjjzg.com　**邮编：**100044　E-mail：sxjjzg@163.com

中国寿星健康养老（清远）示范基地

老年幸福庄园

为积极响应国家“十二五”规划关于鼓励社会力量兴办社会福利事业的倡导，遵照胡锦涛主席关于“切实应对人口老龄化，制定实施对人口老龄化战略和政策体系，培育壮大老龄化事业和产业，加强公益性养老服务设施建设，发扬敬老、

老年幸福庄园居住区

养老、助老的良好社会风尚”的号召，为解决社会日益加剧的老龄化问题，适应老龄化事业发展所提出的新的需要，促进社会福利机构社会经营化的进一步的实施，通过市场调研及现场考察，在主管单位国家民政部和全国老龄工作委员会办公室的支持与指导下，中国老年学学会、中国老年学学会寿星基金管理委员会拟在符合我们规划选点条件的地方投资建设一个高等级的中国寿星健康养老示范基地—老年幸福庄园（简称“庄园”），并通过养老庄园的建设弘扬我国的传统孝道文化，为建设和谐社会和提升老年人的生活质量与幸福指数，做出积极贡献。

“庄园”将建设为具有颐养、老年大学教育、医疗康复、百货超市、休闲娱乐、林农种植等功能。整个项目在建筑功能设计上主要分为七个区域：幸福居住区、健康休闲区、创意创作区、养生文化区、退休产业区、临终关怀区、后勤服务区。主要对象为国内各省市和港澳台及珠三角地区的中老年人。根据老年人的特点和不同的需要，设单人房、双人房及四人房，参照相关规定及配置，经济实惠，让老人们享受“庄园”提供的专业养老服务。

“庄园”将针对老年人特有的生活方式和行动特点，对居住空间和居住环境提出了特殊的要求。因此，“庄园”对于养老住宅的设计，一方面是要对适合特定养老模式的住宅体系设计提出要求，同时还要根据

老年幸福庄园国际两岸老年大学规划效果图。

老年人的特殊需求，提出不同于一般项目的设计要点，让老人们对“庄园”有很强烈的归属感。

“庄园”设立医疗急救中心、理疗康复中心、护理中心、营养膳食中心及综合服务中心等，配备门诊专家、理疗专家、护理专家、国家营养师等高素质的专业人员，配置高科技医疗器械。将引进国内最具权威的医疗机构入驻，探索一条养老院医疗服务与现行医保制度衔接的道路，满足养老院医疗服务需求。

“庄园”的管理在研究港澳和海外养老的成功经验，并积极加强与国内外及港、澳、台等国际医疗养老机构合作、与沟通的基础上，形成了自己高效的管理模式。同时积极开展养老业务的交流，做到资源共享，制定计划去推进这项工作的发展，开展老年学的研究与实践，探索和建设具有中国特色的养老事业示范基地。

中国寿星健康养老（清远）基地规划效果图

福星（北京）健康会馆

现代人被紧张繁忙的工作和生活节律所困扰，身心疲惫，亚健康降临。极需一个休闲放松的好地方去调节受压的心灵，使自己能得以健康长寿。

我们漫步**福星健康会馆**，听鸟语蝉鸣的大自然声响，看异国水疗的浪漫风情，品香中至宝，温馨飘逸，享千年茶艺，古朴芳香。触轻柔呵护，身心舒畅，感心灵空间，静谧清凉。

这儿，福与寿正向你招唤。站在天圆地方五行八卦上，欣赏墙上镶嵌精致的古内经图，你会顿感中国文化的博大精深，感慨我们祖先的智慧多么的令人惊叹！艺术长廊的精美摆设，伴随着金、木、水、火、土五行的配搭，满室的**典雅、温馨、舒适**，夹带着浓郁的文化气息，仿佛使人置身于梦幻的世界中。

茶，从古至今都是人们生活的热爱与追求，先贤们几千年创造的养生文化，我们又能知多少？这里可以为你打造一个良好茶文化交流的平台！

香，是古代达官贵人享用的奢侈品，是寺庙修道每天必备圣物。沉香，乃香之极品。今天人们用于驱邪治病，延年益寿！看缕缕青烟，千姿百态，似梦幻，似彩霞，轻轻飘动，使你如在仙境，感到远离尘嚣，享乐无穷！

通过茶、香、艺、养、听、看、触、感、科技保健，使身、心、灵完全放松，从而达到真正的健康长寿！

请给自己一点时间，请留一点私人的空间吧！关爱健康，美丽人生。从此，从心灵深处感到压力，慢慢地趋于融化…啊！原来生活，在福星健康文化会馆，是如此休闲自得哦！

生命健康的保护神—α-亚麻酸

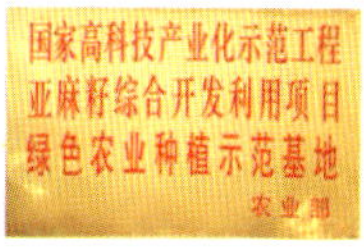

公司产品获得全世界通行的国环有机认证、全国质量诚信5A级认证、非转基因认证等最权威认证，是农业部立项的亚麻籽综合开发利用项目、绿色农业示范基地建设单位、国家高科技产业化示范工程产品。

内蒙古金泽龙食品有限公司隶属于内蒙古金龙品生物科技有限公司，是全国老龄工作委员会、中国老年学学会、中国老年学学会寿星基金管理委员会，规划实施的中国寿星健康产业基地，是健康和医用营养食品及生物场导理疗用品定点生产企业。

上世纪中叶，以美国科学家阿尔特米斯·西蒙普勒斯博士为代表的一批世界顶尖级生命科学家研究发现，58种现代文明疾病爆发与人类普遍缺乏α-亚麻酸直接相关，这种物质是构成人体细胞膜和生物酶的基础，也是人类进化的最核心物质，人类既不能人工合成，人体也不能自行生成。α-亚麻酸摄入量多少，不仅直接影响人类健康状况和寿命长短，而且对人类智力水平起着决定作用。

1999年，世界卫生组织（WHO）和联合国粮农组织（FAO）联合向会员国发文《关于推广日粮中专项补充α-亚麻酸的建议》。为响应号召，1999年9月27日，国家计委批准确立《亚麻籽综合开发利用项目》（计高计[1999]1429号）为国家高科技产业化示范工程项目，并投资2.2亿元人民币交予内蒙古金宇集团公司实施推广，2006年转由所属内蒙古金龙品生物科技有限公司民营化承接实施。2009年由内蒙古自治区发改委立项备案在建的"60万亩绿色有机油用亚麻种植基地建设项目（内发改农字[2009]922号）"，被农业部绿色食品发展中心、中国绿色食品协会、中国农科院农业项目办公室、农业部农业机械化技术开发推广总站联合授予"国家绿色农业示范基地"。

多年来，公司取得了十多项自主知识产权的国家发明专利和科研成果。并运用自主生物工程技术和世界一流的生物场导技术，先后研产出α-亚麻酸系列产品，这些产品具有α-亚麻酸含量高、生物活性强、加注生物信息、富含木酚素和天然生育酚、功效显著、性价比高的特点，突显"让科技回归自然，用自然拯救生命"的健康理念。

中国老年学学会寿星基金管理委员会
"首届中国敬老养老助老社会责任高峰论坛"指定健康产品

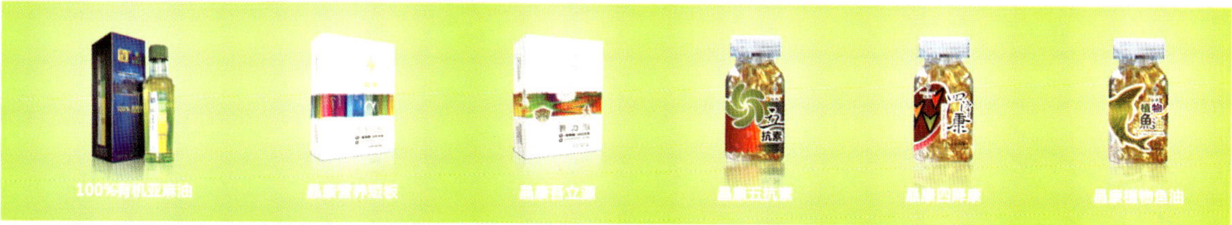

网址：www.linsd.com　电话：0471-4190601　4190602
手机：158 4711 4128　186 8604 6589
地址：内蒙古呼和浩特市鸿盛工业园区

北京市老龄工作

民政部部长李立国到北京市第一社会福利院，亲切看望在院生活老人。

北京市委副书记、市长郭金龙，民政部副部长窦玉沛等领导为北京市万名“孝星”代表颁发证书。

10月12日，北京市老龄委常务副主任、市民政局局长吴世民为老年心理健康知识展览活动剪彩。

北京市民政局党委副书记、副局长孟钧为东城区府学社区养老服务中心揭牌

6月28日，北京市老龄委召开市十三届人大三次会议老龄议案办理情况通报会。

北京市老龄办以创先争优为契机，召开专题会研究全市养老工作。

北京市老龄政策体系及其保障措施框架图

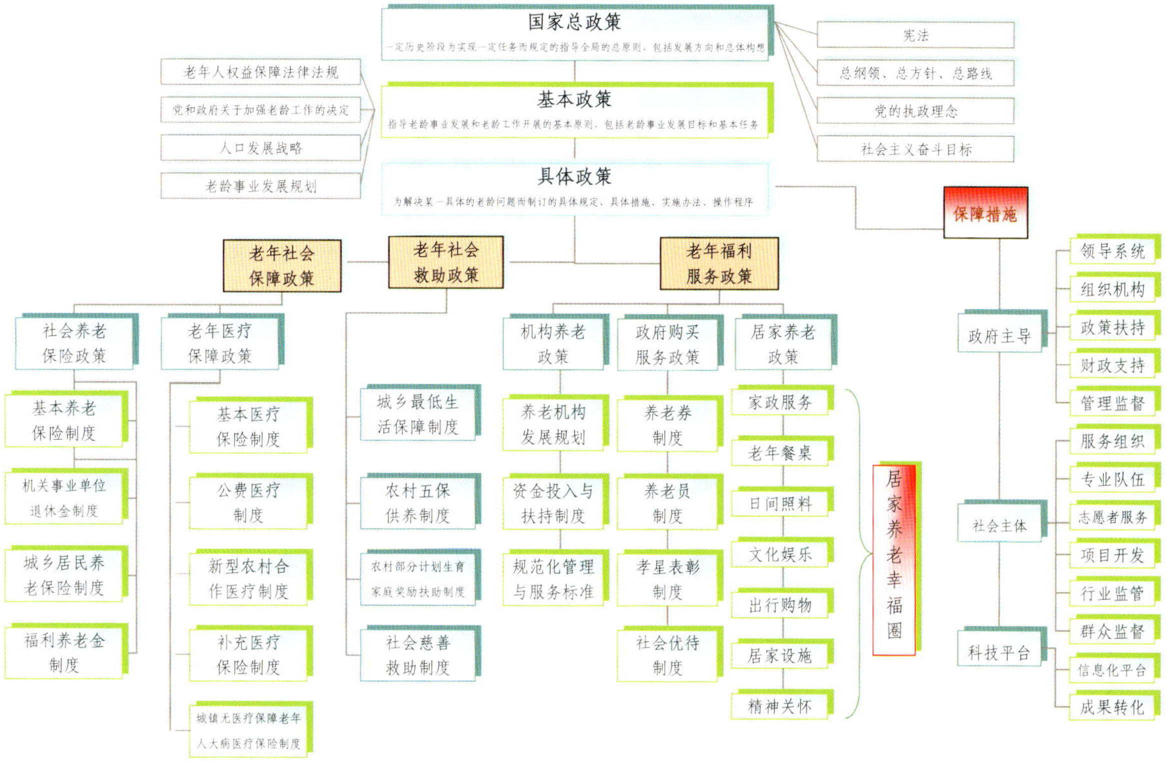

北京市老龄工作在市委、市政府的坚强领导下，在民政部、全国老龄办的精心指导下，围绕“六个老有”工作目标，坚持“党政主导，社会参与，全民关怀”的工作方针，牢固树立大民政理念，全力推进“9064”养老模式，着力保障和改善民生，制定实施了一系列为老惠民政策，促进了老年人共享经济社会发展成果，具有首都特色的养老体系基本框架已经形成，老龄事业实现跨越式发展。

“十二五”时期，北京市老龄事业将不断加强社会管理创新，围绕实现“六个老有”工作目标，努力构建养老保障城乡一体化发展格局，养老服务多层次、多样化发展格局，老龄工作政府主导、社会参与发展格局，建设老龄事业六大支撑体系，即养老理论体系、养老保障体系、养老服务体系、养老工作体系、养老科技体系、养老文化体系，不断推动老龄事业科学发展，为建设“人文北京、科技北京、绿色北京”和中国特色世界城市做出新的更大贡献！

“九养政策”的实施，使老年人居家生活更便利、更幸福。

社区老人在托老所图书阅览室读报

2010年山东省老龄事业发展综述

郭兆信副省长到济南富翔老年公寓看望老年人

山东省庆祝老人节专场文艺演出

党委政府重视支持老龄工作有了新举措。2010 年元旦、春节期间，省委书记姜异康、省长姜大明等几大班子领导及各市、各县（市、区）主要领导结合走访慰问困难群众走访慰问了老年人。省政府分管领导郭兆信副省长多次听取老龄工作汇报，研究和指导老龄工作。4 月 8 日，省政府常务会议听取了省老龄办专题汇报，对全省老龄工作进行了研究部署。省委、省政府于 12 月 31 日出台了《关于进一步加快老龄事业发展的意见》。

养老服务业发展有了新推进。省老龄办组织开展了养老服务业促进年活动并制定了“五促进”的措施。省级财政连续第 3 年安排 600 万元资金扶持了 30 个养老服务机构；实施了扶持居家养老服务的“彩霞工程”，安排专项彩票公益金 340 万元资助了 12 个试点项目。省老龄办联合省人力资源社会保障厅下发了《关于开展养老服务业职业培训和鉴定工作的通知》，与高校联合举办了全省养老服务机构管理人员培训班，指导支持社会力量成立了山东省第一所养老服务职业培训学校，推动了养老服务职业培训和鉴定工作。

“银龄幸福和谐工程”有了新发展。全省各级以“银龄幸福和谐工程”这一敬老惠老民

省老龄办组织的中韩老年人手拉手文化交流活动在济南举行

山东省银屏惠老工程第二期项目向聊城市没有电视机的农村老年人赠送了120台彩电

心品牌工程为载体，积极为老年人办实事、好事。继续实施银龄安康工程，2010年度全省有272万老年人在保，承保金额近300多亿元。连续第6年实施“银龄救助”活动，带动各级和社会救助老年人近万人。全省已有5个市和82个县（市、区）出台政策，为60-99岁不同年龄段的老年人发放不同标准的生活补贴。省老龄办筹资40万元资助了50个基层老年活动室。

省委常委、省政法委书记柏继民，副省长郭兆信等领导为山东省模范老人颁奖

老龄宣传工作有了新加强。在协调各主流媒体加大老龄宣传报道的同时，组织《山东老年》、《老年生活报》、《银龄金秋》电视栏目、老龄网站等老龄宣传媒体，紧密配合老龄中心工作，开展了形式多样的宣传。全省开展了模范老人评选表彰和敬老、爱老、助老主题教育、老龄新闻评选等活动。省老龄办对各市、各大企业老龄宣传和信息工作进行了考核，表彰了先进单位；举办了全省老龄宣传干部培训班。

老年文体活动有了新亮点。省老龄办等有关部门联合举办了全省老年文艺大赛，1.23万老年人参加比赛。举办了“银龄之春—山东省老年人迎春音乐会”、“首届山东省中老年民族器乐大赛”，成立了山东老年艺术团民族乐团并举行了汇报演出，启动了“银龄之旅—千名老人台湾行”活动，组织开展了中韩老年人文化艺术交流活动。据统计，全省仅县以上组织的老年文体活动就达5000余场次，参加表演等活动的老年人200余万人次。

“山东省十佳敬老企业”颁奖晚会

山东省老年文艺大赛胜利油田赛区比赛现场

天津市老龄工作

市老龄办主任、民政局副局长程怀金慰问贫困老年人

老年人法律咨询服务大会现场

2010年，天津市老龄工作委员会办公室在市委、市政府的正确领导下，全面贯彻党的十七届四中、五中全会和市委九届八次全会精神，深入落实科学发展观，按照全市老龄工作力争走在全国前列的总要求，坚持“党政主导、社会参与、全民关怀”的方针，全面完成了我市老龄事业“十一五”发展规划制定的各项任务。

我市基本形成了“广覆盖、保基本、多层次、可持续”的全民社会保障制度，启动实施城乡居民基本养老和医疗保险制度，在全国率先实现城乡居民社会保险一体化。全市50多万农村老年人和近20万没有养老保障的城市老年人按照年龄每人每月领取60元、70元、80元的生活补助费，市财政每年安排资金5.74亿元。积极推进居家养老服务，2010年，全市60%的社区、40%的村建有老年服务中心或老年日间照料服务站。对经济困难需要生活照料的老年人，由政府出资购买服务，2010年市、区两级财政共投入资金2500万元为17000名老年人购买了居家养老服务。以庆祝天津市老年人大学创建二十五周年为契机，进一步扩大老年教育的影响力。全市老年大学和老年学校（包括分校及教育点）1108个，在校学员为17万多人；参加各种有组织的老年教育活动的为60余万人，占全市老年人口的近三分之一。以“幸福工程，服务老年人”为主题，在全市开展了“敬老月”系列活动，市和各区县、各有关部门开展为困难、高龄、空巢老年人送温暖活动，同时开展了丰富多彩文化、体育、娱乐活动。自2010年4月1日，我市开始实行65岁以上老年人免费乘坐公共汽车政策，我们为128万65岁以上老年人免费发放了敬老乘车卡。到年底，约有5000万人次老年人免费乘坐公交车，公交车成为老年人出行首选交通工具。创新开展“银龄行动”，搭建信息化服务平台，以电话、网络等方式，为内蒙古、新疆、甘肃等地区提供远程医疗咨询、远程会诊，被全国老龄办称为“银龄行动”的一个创举。

市老龄办举办的“敬老月”京剧专场演出

天津市老年教育创建二十五周年表彰先进大会

老年人持敬老卡乘坐公交车

上海市老龄工作概况

俞正声书记和老人在一起

韩正市长看望百岁寿星

上海是我国第一个人口老龄化的城市，截至到2010年底，上海市60岁及以上户籍老年人口331.02万人，占户籍总人口的23.4%；65岁及以上人口226.49万人，占总人口的16.0%；80岁及以上人口59.83万人，占总人口的4.2%，占60岁及以上人口的18.1%。百岁老人997位。“纯老家庭”老年人94.56万人，其中单身独居老人19.32万人。2010年上海市户籍人口预期寿命为82.13岁，其中男性79.82岁，女性84.44岁。

2010年，上海老龄工作在市委、市政府的领导下，在市、区县各老龄办以及市老龄委各成员单位的共同努力下，以邓小平理论、“三个代表”重要思想和科学发展观为指导，认真贯彻党的十七大、十七届四中全会精神，紧紧围绕老龄事业与国民经济和社会发展相协调这一主要原则，以提高老年人生活质量为工作重点，以与老年人经济和精神生活关系最直接最密切的问题为工作抓手。在逐步完善养老保障体系的同时，使养老保障覆盖面和保障水平持续提高；稳步推进养老服务事业发展，提高了养老服务质量和服务水平；加强社区服务和管理，切实满足了老年人的需求；强化老年人权益保障，有力维护了老年人合法权益；推动老年人参与社会发展，进一步实现了老有所为。

上海将紧紧抓住“十二五”起步年和世博后续效应释放的历史机遇，继续完善老年社会保障体系，大力加强老年医疗保健体系建设，不断深化养老服务事业，进一步发展老年人社区服务，努力营造代际和睦、人人共享、和谐发展的老年宜居社会环境，在积极应对人口老龄化加速发展的严峻挑战的同时，努力实现老龄事业的良性循环发展，使老龄工作更好地服务于社会的和谐稳定。

赴疆“银龄行动”志愿者凯旋

万名老人看世博

辽宁省老龄工作

2010年9月辽宁省首届老龄工作者羽毛球赛在丹东举行

2010年底，省老龄委顾问、原省人大副主任陈素芝慰问阜新市光荣院中的老人，省老龄办主任孙艳华陪同。

2010年，全省老龄系统以邓小平理论和“三个代表”重要思想为指导，以科学发展观为统领，以六个“老有”为目标，创新工作机制，完善政策法规，拓展优待领域、发展养老服务，夯实基础、奋发有为，使全省老龄工作迈上了稳步健康快速发展的轨道。主要标志有：一是全省老龄工作基础建设得到加强，取得了实质性突破。机构基本理顺，人员得到充实，经费得以保障，基层老年群众组织发展迅速。二是以《辽宁省老年人权益保障条例》颁布实施为标志的法制建设步伐加快。老龄工作政策法规得到进一步落实，老年人权益得到有效维护。三是城乡养老保障体系逐步建立，养老保险和医疗保险覆盖面进一步扩大。四是为老服务体系建设进一步加强，初步建立了以居家养老为基础、社区服务为依托、机构养老为补充的“六位一体、城乡统筹”具有辽宁特色的养老服务社会化体系。五是老年人精神文化生活日益丰富，全社会敬老、爱老、助老的氛围日益浓厚。

2010年重阳节前，省老龄委顾问、原省政协副主席李国忠慰问丹东市百岁老人洪丕珍，省老龄办主任孙艳华陪同。

2010年8月，省人大常委会对贯彻落实《中华人民共和国权益保障法》和《辽宁省老年人权益保障条例》情况进行执法检查，在锦州市召开执法检查汇报会。

甘肃省老龄工作

省委常委、省委组织部部长、省老龄委主任侯长安重阳慰问时谈老年公寓发展

副省长张晓兰慰问老人

全国“银龄行动”工作座谈会在兰州召开

全省老龄办主任会议在西北宾馆召开，省老龄委副主任、省民政厅副厅长、省老龄办主任沙仲才作重要讲话。

兰州地区在五泉山举行第26届老年人登山体育表演活动

省政府在天水市举行庆祝甘肃省老人节暨“敬老爱老”徽章首发仪式大会，副省长、省老龄委常务副主任张晓兰讲话。

安徽省老龄工作

安徽省贯彻执行《中国老龄事业发展"十一五"规划》情报汇报会

省委常委、副省长、省老龄委主任赵树丛作总结讲话

安徽省老龄工作委员会第四次全体委员会议现场

首届中部地区老年产业博览会暨老年产业论坛

4月25日至27日，全国政协委员、省政协副主席李宏塔率领国家民政部、教育部、文化部、老龄办等一行7人组成的中国老龄事业发展"十一五"规划检查评估组来到安徽省检查指导工作。27日上午，安徽省贯彻执行《中国老龄事业发展"十一五"规划》情报汇报会在合肥市稻香楼举行。省长助理邵国荷、省政府副秘书长程中才、省民政厅厅长刘健、省老龄办专职副主任侯世标以及省发改委、财政厅、人社厅、教育厅、文化厅负责同志、合肥市有关领导参加了汇报会。

7月2日下午，安徽省老龄工作委员会第四次全体委员会议在省政府第一会议室召开，省老龄委主任、副主任、委员出席会议。会议由省委常委、副省长、省老龄委主任赵树丛主持，省老龄办主任、省民政厅厅长刘健报告了近两年工作情况和2010年重点工作安排，人社厅、发改委、财政厅等成员单位重点交流工作情况，赵树丛作总结讲话。

安徽省委老龄工作委员会办公室发起并主办，决策杂志社、安徽省老龄文化交流中心、安徽省决策支持网络中心、安徽（合肥）国际会展中心联合承办的"首届中部地区老年产业博览会暨老年产业论坛"于2010年10月22-23日在安徽（合肥）国际会展中心举办。安徽省老龄工作委员会副主任、省民政厅厅长、省老龄办主任刘健致开幕词，全国老龄办、中部六省代表、参展企业代表等致贺词，安徽省人大常委会副主任朱维芳宣布开幕。

2010年河南省老龄工作

秦玉海副省长接见“中华孝亲敬老楷模”

杨云厅长接见“中华孝亲敬老楷模”

1. 召开省老龄委八次全会和全省老龄工作会议

2010 年 5 月 26 日在郑州召开了省老龄委八次全会和全省老龄工作会议。省老龄委副主任、省老龄委副秘书长詹洪方主持会议，省老龄委副主任、省民政厅杨云厅长作了工作报告，认真回顾总结了我省老龄工作，深入分析了我省人口老龄化形势和老龄工作所面临的新情况新问题，全面安排部署了 2010 年的老龄工作。省发改委、省人力资源和社会保障厅、省财政厅的负责同志还分别介绍了本部门、本系统老龄工作开展的有关情况，副省长、省老龄委主任秦玉海同志作了重要讲话。

2. 认真组织开展“敬老月”活动

省老龄委下发了《关于在全省组织开展“敬老月”活动的通知》，要求各省辖市老龄办高度重视、精心策划、认真组织、确保“敬老月”活动取得实效。评选了河南省十大敬老楷模。

3. 积极开展“银龄行动”下基层活动

在新乡市开展了“银龄行动”下基层活动。组织心脑血管病、老专家、教授，举办了“老年病的防治”、“高血压病的防治”等讲座，并开展了义诊活动。

4. 积极开展老龄工作先进单位和个人评先创优活动

在全省范围内开展了老龄工作先进单位和先进个人评选活动，有 18 个单位被评为“全国老龄工作先进单位”，27 名个人被评为先进个人。对我省敬老月活动中涌现出的 30 个先进单位和 29 个先进个人进行了通报表彰。

5. 深入开展养老服务社会化示范单位创建活动和居家养老服务工作

为促进我省养老服务社会化工作的继续开展，大力推进推进社会化养老服务体系建设，养老服务社会化示范创建活动取得明显成效。根据《河南省民政厅关于深入开展养老服务社会化示范单位创建工作的通知》（豫民文【2010】77 号）精神，认真制定创建活动方案，全省共确定命名了 7 个省级养老服务社会化示范区（市）和 26 个示范单位。郑州市金水区等 5 个县（市、区）被命名为“全国养老服务社会化示范单位”。

6. 组织全省养老护理员培训工作

共组织 105 名养老护理员参加全国高级养老护理员示范性培训和国家职业资格鉴定，51 人通过考试，取得养老护理专业证书。选送 4 名选手参加全国首届养老护理员职业技能大赛，2 人获得三等奖，2 人获优秀奖，我厅获优秀组织奖。全省养老服务职业技能培训学校筹建工作进展顺利。

常东河副厅长接见“全国敬老模范单位”代表

广东省老龄工作委员会

省老龄委主任、省政府副省长刘昆部署老龄工作任务

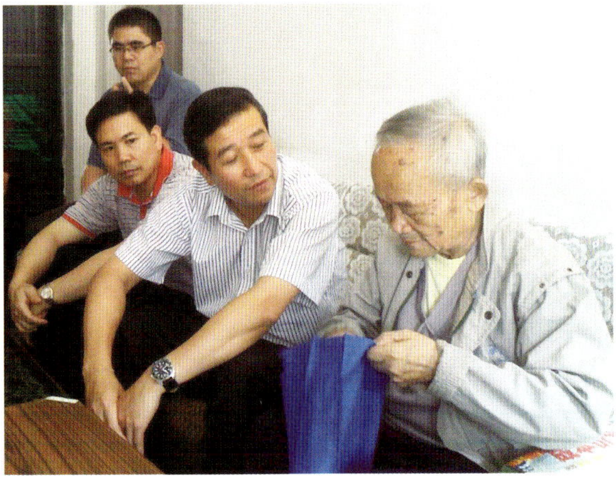

省老龄委副主任、省民政厅厅长刘洪慰问清远市贫困老人

2010年是“十一五”规划的收官之年。一年来，广东省老龄委各成员单位和各级老龄委在省委、省政府的领导下，紧紧围绕党委、政府的中心工作，结合全省实际，做了大量富有成效的工作，推动全省老龄事业呈现出良好态势，为“十二五”时期全省老龄事业加快发展奠定了坚实的基础。突出表现在以下几个方面。

一是社会养老保障体系日益健全。养老保险覆盖面不断扩大，城镇企业职工养老保险参保人数同比增长14.6%。待遇水平不断提高，企业退休人员养老金水平比“十五”期末增长86.2%。农村养老保险政策的创制工作取得较大突破，新型农村养老保险参保人数同比增长295%，领取养老金待遇的农民同比增长103%。

二是社会养老服务体系建设步伐加快。以居家养老为基础、社区养老为依托、机构养老为补充的社会养老服务体系加速规划建设。全省养老服务机构和居家养老服务机构达2562所和254家，收养老人7.4万人、服务老人292.7万人次，“星光老年之家”5700多个。

三是普惠性社会福利制度建设取得新进展。21个地级以上市都已出台老年人优待政策。各地用于高龄老人补贴费用达3亿多元，全省30多万高龄老人直接受惠。

四是老年人权益得到较好保障。老年人精神文化生活更加丰富多彩。敬老爱老的社会氛围更加浓厚，老年人参与社会发展的成效明显提高。全省共调解社老矛盾纠纷案12万余件。

省老龄委委员、省民政厅副巡视员高党生到肇庆市开展2008-2009年度市级老龄工作目标责任考核工作

广州市对70岁以上老人发放长寿金

省老龄办主任陈瑞峰考察深圳市居家养老服务机构

2010年贵州省老龄工作

省委副书记、省老龄委主任王富玉在省政协原副主席王思明，省民政厅厅长、省老龄办主任丁治学的陪同下，参观老年文化艺术节书画摄影诗词楹联展。

省政府副省长、省老龄委常务副主任辛维光深入农村慰问贫困老人

2010年，我省养老保障制度进一步健全完善，全省城镇职工基本养老参保人数达250万人。建立基本养老金正常调整机制，退休人员月人均基本养老金达到1305元。全省27个县(市、区)开展新型农村养老保险试点，参保人数达到224万人。城镇基本医疗保险制度和新型农村合作医疗制度覆盖面不断提高。农村参加新型合作医疗农民3029万人，参合率达96.28%。全省城镇职工医疗保险参保290万人，城镇居民参保306万人。居家养老服务工作全面推进，截至2010年底，全省925个城市社区开展居家养老服务工作，占城市社区57%，89个村开展居家养老服务工作试点，开发居家养老服务公益性岗位1736个，近60万老年人享受居家养老服务。农村老年协会建设得到加强，省老龄办下拨经费对140个村级老年协会进行了补助。老年人精神文化生活丰富多彩。2010年省老龄办联合多部门举办了第二届贵州“福彩杯”老年文化艺术节，在贵阳市举办书法、绘画、摄影、诗词楹联展，在铜仁地区举办老年声乐舞蹈大赛，充分展示了我省老年人的精神风貌。老年节期间各地积极开展老年文体比赛和敬老助老慰问活动，在全社会营造了敬老、爱老、助老的和谐氛围。各地充分发挥媒体作用，积极宣传人口老龄化形势、老龄工作方针政策、老龄事业发展成果，认真做好第四届全国敬老、爱老、助老主题教育活动孝亲敬老模范推荐工作和全国“双先”评比推荐工作，省老年学会开展贵州长寿之乡评审授牌工作，授予从江、黄平、台江、江口、石阡、玉屏和印江等7个县“贵州长寿之乡”称号。

省民政厅丁治学厅长到铜仁地区石阡县、铜仁市、松桃苗族自治县走访慰问困难群众

第二届“福彩杯”老年艺术节老年歌舞大赛现场

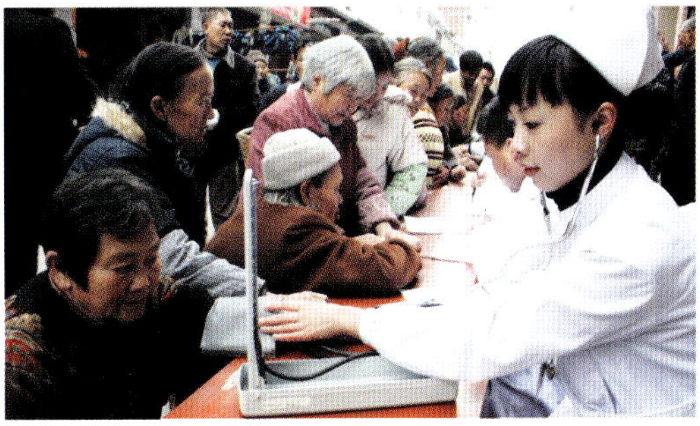

卫生部门组织医务工作者为农村老年人义诊

云南省老龄工作

云南省副省长、省老龄委主任曹建方，省委常委、昆明市委书记仇和，省人大副主任晏友琼到昆明市社会福利院看望慰问老年人。

云南省民政厅王树芬厅长到嵩明县中心敬老院调研并看望慰问老人

“十一五”期间，我省的老龄工作始终坚持“党政主导、社会参与、全民关怀”的方针，紧紧围绕实现“六个老有”的工作目标，以保障和改善民生为重点，真抓实干，开拓进取，务求实效，各项老龄事业呈现出持续健康发展的良好局面。

社会养老保障体系建设深入推进。城镇职工养老保险不断扩大覆盖面，“十一五”末，全省参加企业职工基本养老保险达317.42万人。目前，全省有183家企业建立企业年金制度，参加人数24万人，企业退休人员月人均养老保险金1432元，按时足额发放率达100%；新型农村社会养老保险试点范围逐步扩大，截止2010年底，有37个县开展试点，覆盖面达28.7%，参保人数533.37万人，其中参保缴费人数431.25万人，领取不低于年660元养老金的人数为102.21万人。

老年人医疗保障体系建设不断加强。“十一五”期间，我省统筹解决了33.2万各类关闭破产企业、国有（集体）困难企业退休人员参加职工医保的问题。全省有123个县（市、区）开展了社区卫生服务工作，建有社区卫生机构878个，绝大部分老年人能够就近就便享受到公共卫生和基本医疗服务。

惠老优待政策进一步落实。全面建立了高龄老年人津（补）贴制度，截止2010年底，有59.8万名高龄老年人享受了月均25元的80—99周岁保健补助和月均192元的百岁老人长寿补助。文化设施和免交就医普通挂号费、各种服务优先优惠等优待政策。

养老服务体系建设加快发展。为发挥养老服务机构在养老服务体系建设中的支撑作用，我省仅近两年就筹资2.06亿元，新建、改扩建了56个老年福利机构，资助和政策扶持了50个民办养老机构，养老床位达到14334张。截止2010年底，仅中央和省两级就投入3.7亿元，资助建设农村敬老院254所，新增床位近2万张，全省五保供养床位达到了3万张。启动了23个省级爱心护理工程建设项目；在认真总结“163”计划试点的基础上，省本级福彩公益金累计投入1400万元资助了28个省级居家养老示范点建设项目；省本级福彩公益金投入3185万元，资助建设了51个基层老年活动中心，每年还安排200万元资金开展“百村建设”计划，帮助100个基层老年协会改造活动场所，购置活动器材和图书。

省老龄委专职副主任王建新与各州市签订《老龄目标管理责任书》

品牌引领　强化关爱　和谐构建

青岛市委副书记、市老龄委主任王文华，市委常委、副市长杨宜新在市老龄办主任李雪华的陪同下在敬老月启动仪式现场视察。

山东省老龄办主任张雪燕、青岛市人大副主任吴淑玲、市政府咨询于风华和市老龄办主任李雪华为“七彩华龄”旅游专列揭牌

青岛市政府咨询于风华、市老龄办主任李雪华与中信银行青岛分行行长吴小平为“七彩华龄”理财培训中心揭牌

1. 2010年10月全国第一个“敬老月”，青岛市开展以“关爱老年群体，共建和谐家园”为主题的敬老月活动，在主流媒体发布了百项敬老活动，打出了“敬老从心开始，助老从我做起”的口号，引导全社会积极参与敬老月活动，引起了强烈反响。

2. 8月25日，青岛市老龄办与青岛铁路国际旅行社在青岛火车站南广场举行了“七彩华龄”旅游专列首发仪式，随后“七彩华龄”专列首发，已运行15年的“夕阳红”旅游专列正式更名为“七彩华龄”旅游专列，实现了“七彩华龄”品牌发展的新跨越。

3. 为引领老年人新的生活方式，打造金融业为老服务品牌，青岛市老龄办与中信银行青岛分行联合创办了国内首家“七彩华龄”理财培训中心，推出了国内首张老年人专属借记卡“七彩华龄卡”。“七彩华龄卡”自3月份发卡至年底共发卡2万多张，荣获2010“中国最佳品牌建设案例”奖，成为金融产品进入老龄产业的成功先例。

4. 2011年1月18日，青岛市社会各界新春惠老联合行动隆重启动，活动以“新春敬老献真情，爱心孝心惠爹娘”为主题，吸引中信银行青岛分行、即墨妙府老酒等20多家企业踊跃参与，为老年人提供涉及衣、食、住、行及养老服务、精神关爱等各领域的惠老项目20多项，让老年人体会到政府及社会各界的关爱。体现了岛城企业社会责任意识的提高。

5. 2010年3月20日，青岛芭东集团和德国青年、社会及教育工作国际联盟（简称德国IB）在即墨温泉镇签约合作开发养生、养老、度假项目，此次合作是青岛市社会力量与国外组织参与老龄产业的一个新的案例，是青岛市养老服务业发展的又一新的见证。2011年4月17日，芭东和园国际连锁养生社区正式奠基，年底前封顶，预计2012年6月交付使用，合作项目走出了坚实一步。

6. 2010年10月9日，青岛阳光华龄社区暨居家养老社会化服务网络平台启动仪式在奥帆中心旗阵广场隆重举行，阳光华龄社区是由市老龄办牵头，青岛城投集团联合中国移动青岛公司、青岛银行等单位为老年人打造的首个公益性虚拟养老服务社区，通过老年人手中的一部移动电话将整个社区老人联系起来，共享一个集精神照料、家政服务等于一体的时尚养老生活乐园。

青岛市社会各界新春惠老联合行动启动仪式，市老龄办主任李雪华讲话。

青岛市委常委、统战部部长臧爱民，市老龄办主任李雪华和德国IB、芭东集团负责人在签字仪式上合影。

青岛市老领导胡廷森、市老龄办主任李雪华及市志愿者协会、城投集团、中国移动青岛公司等单位领导出席启动仪式

大连市老龄工作

大连市老龄工作委员会第二次全体会议

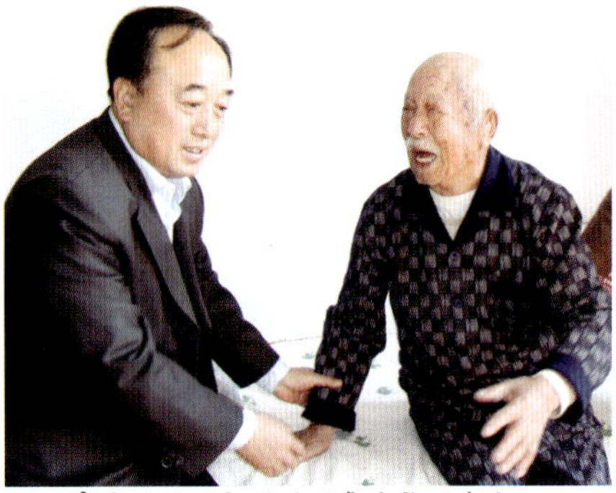

市民政局巡视员董兴华走访百岁老人

银龄之旅 大连老年特色旅游启动仪式

敬老月开展老年文体活动

市委常委、常务副市长、市老龄委主任肖盛峰走访福利院老人

市老龄办主任、市民政局局长杨爱民走访慰问光荣院老人

市老龄办专职副主任孟军走访困难老人

让老人幸福　促社会和谐

12 月 29 日，宁波市居家养老服务体系被评为“浙江省 2010 年十大民生工程”之一。浙江省委副书记、省长吕祖善出席颁奖典礼。

2010 年，宁波市老龄工作在市委、市政府的正确领导下，紧紧围绕“六个老有”的目标，开拓创新，扎实工作，在三个方面有了新的突破。

（一）养老服务机构建设有新突破。市政府将 13 家养老机构改扩建工程列入为民办实事工程，下拨养老机构建设补助资金和床位补助资金 1283 万元。宁海县兴华老人乐园和余姚舜辰老年公寓开工建设。到 2010 年底，全市养老机构共有床位 29100 张，比 2009 年增加 1983 张。

（二）居家养老服务工作有新突破。“新增 300 个行政村实质性开展居家养老服务”列入市政府为民办实事项目。市财政下拨居家养老服务服务补助资金 1053 万元。全市 94% 的城市社区和 30% 行政村开展居家养老服务，239 个社区和 780 个村建立居家养老服务中心（站），覆盖服务约 50 万居家老人。12 月 29 日，宁波市居家养老服务体系入选“浙江省2010年度十大民生工程”。

（三）老龄宣传工作有新突破。开展以“让老人幸福，促社会和谐”为主题的首届“敬老月”活动和关爱空巢老人志愿服务行动。先后承办中央文明办中国志愿者协会举行的“全国关爱空巢老人志愿服务行动”现场活动和“慈孝宁波—全国敬老、爱老、志愿服务活动”启动仪式。广泛评选表彰宣传敬老、爱老、助老先进典型。通过以上活动的开展，全市敬老氛围进一步浓厚。

市委副书记、市长毛光烈等领导出席“关爱空巢老人志愿服务行动”现场活动

市老龄委副主任左建一出席全市城乡居家养老服务推进会暨老龄工作年中分析会

宁波市社会福利院改扩建工程正式开工

厦门市老龄工作

省委常委、市委书记于伟国等市领导向“十佳敬老模范家庭”颁奖

副市长、市老龄委主任潘世建看望慰问老年人

市政府召开市老龄委第九次全体（扩大）会议

市老龄办召开“银龄行动”工作会议

市老龄办举办全市老龄工作者培训班

市老龄办举办两期老年志愿者培训班

市老龄办组织老书法家到农村为老年人送春联

老年文艺演出

深圳市老龄工作委员会

深圳市、东莞市、惠州市老年服务“一证通”合作联席会议于4月1日上午在惠州召开

2010年10月28日“深圳市老人呼援服务中心”正式启用

2010老人节庆祝大会在市会展中心隆重举行

7月12日，“老有所乐”优秀文艺节目选拔在市群艺馆举行。

2010年，深圳市老龄工作委员会办公室在市委、市政府的正确领导下，认真贯彻“党政主导、社会参与、全民关怀”的老龄工作方针，全面推进全市各项老龄工作的深入发展。并在第四届全国敬老、爱老、助老主题教育活动中，被评为“全国敬老模范单位”。

一、养老保障及老年福利体系进一步完善，逐步形成以社会保险、社会救助、社会福利为基础，以基本养老、最低生活保障制度为重点，以慈善事业、商业保险为补充的社会养老保障体系。

二、为老服务工作成效显著。一是由深圳福彩公益金资助233万成立的公益性服务平台“深圳市老年人紧急呼援服务中心项目”于10月份正式投入使用；二是由福彩公益金每年资助2300多万开展“老有所乐”、“老有所学”等资助计划；三是首次组织开展我市老年服务领域社工培训；四是“星光老年之家”赋予新内涵；五是“居家养老”计划不断推进；六是积极探索老人日间照料模式。

三、老年优待和维权工作落到实处。一是深莞惠三市率先落实了“实施老年人优待服务‘一证通’工程”，同时积极协调深莞惠三市养老服务配套政策的对接和异地养老服务，探索建立三市社会福利共享机制；二是开展老年优待证升级换代的调研，计划在2011年落实相关工作；三是各职能部门共同做好老年维权和为老服务工作，并充分发挥老年协会的作用。

四、老龄工作体制机制进一步健全。一是在政府的高度重视下，立足于市老龄委的议事协调职能，不断完善市老龄委成员单位联络员工作制度，深化区级老龄工作目标责任考核，对各区2009年度老龄工作目标责任完成情况进行了检查考核。并且，2008—2009年度市老龄工作目标责任考核在全省名列前茅。二是市老年社会组织蓬勃发展，老龄事业发展基金会规范管理，不断拓展老年慈善公益活动，为老年人送温暖、办实事、解难题。

五、老龄调研、宣传工作不断加强。一是认真组织编制我市老龄事业发展“十二五”规划；二是开展人口老龄化专题调研工作；三是通过多种途径大力宣传老龄工作；四是评选“模范长者”，表彰先进，树立榜样。

六、老年文体活动丰富多彩，各级、各单位举办多种老年文艺活动，并在敬老月期间开展了老龄产业联展、首届深港老年创新发明大赛、养老保健进社区、万名老人观鹏城六大新景等活动，丰富老年人的精神文化生活。

山东省烟台市老龄工作

市委张江汀书记走访慰问老年人

市委副书记郝德军到老龄办视察工作

近年来，山东省烟台市老龄办按照上级老龄工作整体部署，大力实施“银龄幸福和谐工程”，围绕市委市政府的中心工作，发扬“团结、拼搏、创新、争优”的精神，积极转变老龄事业发展方式，精心调整老龄事业发展结构，在破解老龄工作和老龄事业面临的许多难题上做了积极地探索，老龄工作机构由被动的“议事协调型”向主动的“实体服务型”转变，应对人口老龄化形势由“被动应付”向“积极应对”转变。

创新工作思路，对老年人实行“分类管理和服务”，对“六个老有”的推进结构进行调整，重点在实现老有所养、老有所乐、老有所为目标上下功夫；以为老服务为中心，突出为老年人办实事、办好事、解难事，在推进养老服务业发展、孝亲敬老活动、老年文化活动、老龄宣传工作、银龄安康工作、老年人才开发等方面实现了历史性跨越：高龄老人财政养老补贴制度实现了全覆盖，实施“银龄安康工程”连续两年被山东省老龄办评为先进单位，老龄信息和新闻宣传报道工作双双跃居全省第一，连续两年举办全市老年文化艺术节并在全国全省老年艺术节上获奖，养老职业技能培训工作已步入多门类、专业化、规范化、经常化培训轨道。烟台市老年艺术团、烟台市乐八仙爱心志愿团、烟台市养老服务职业培训学校相继成立，推动了全市老龄事业在发展布局、发展方式和发展层次上实现新的突破。2011 年，烟台市老龄办还首次被烟台市委市政府授予“烟台市文明单位”、“市直机关先进基层党组织”等荣誉称号。

市政府王良市长视察老年福利服务中心

省老龄办主任张雪燕和市老龄办主任巴信崇为老年艺术团揭牌

市政府副市长王国群与省老龄办副主任钟永诚为烟台市养老服务职业技能培训学校揭牌

世纪爱心国际投资集团有限公司

世纪爱心集团董事长周超龙

全国老龄工作委员会办公室副主任、中国老龄协会副会长阎青春到世纪爱心集团视察工作，听取了世纪爱心集团董事长周超龙的工作汇报

世纪爱心国际投资集团有限公司（简称：世纪爱心集团）是由有关部门、机构和富有爱心的领导、企业家、专业人士倡导发起之下于2010年8月而成立，总部设在北京。

世纪爱心集团秉承“慈善产业化、产业慈善化和均衡分配”的宗旨，实行战略资源优化配置，建立专业投资管理平台，为社会的慈善事业和提高员工的福利创造条件。世纪爱心集团目前拥有控股企业16家，投资范围涵盖军安产业、老龄产业、健康产业、影视文化产业、教育培训产业、金融证券投资及资产管理等领域。

集团以支持养老产业发展和西部欠发达地区教育事业为主，集团创建了武汉商贸职业学院的教育平台，主要为西部的失学学生提供教育机会，并力争培养出大批优秀的养老职业人才。未来集团员工构成中西部人才占70%。集团为了实现“慈善产业化、产业慈善化和均衡分配”的宗旨，将把盈利中的30%用于慈善事业、30%用于员工福利、30%用于科技创新、10%作为企业风险保障。

世纪爱心集团将以一流的团队、一流的服务，深耕细作于规划、建设及后续运营，全力打造中国高品质、全功能的教育、养老、健康、旅游、金融等综合体，成为健康休闲生活的全方位供应商，为中国的人文环境建设和经济发展做出贡献。

集团业务主要分为：

1. 军安产业：爱心军安置业有限公司是世纪爱心集团所属的全资子公司。公司主营业务是为部队现役军人及转业退伍军人建设经济适用住房并协助部队进行干休所改造及闲置土地开发。公司与中国房地产开发集团公司军队人员住房建设开发部签订战略合作协议，共同推进军安工程建设。

目前，爱心军安置业有限公司与中国房地产开发集团公司合作，在北京市昌平区为总部机关建设50万平方米的安居房，已进入了准备开工阶段。公司还将在上海、江苏、山东、河北等地自主开发及合作投资建设军安工程，积极落实国家关于住房改革政策，有力支持军队后勤保障社会化，解决军队现役军人住房困难问题，减轻军队和地方政府的负担，为推动国民经济持续发展做贡献。

2. 老龄产业：世纪爱心集团所辖企业—中国老龄事业发展投资集团有限公司。公司秉承“大爱无疆、孝行天下”的理念，响应国务院常务会议通过的《中国老龄事业发展“十二五”规划》的号召，为促进中国老龄事业的发展，积极探索有中国特色的新型养老模式。

目前，集团与上海、江苏等地的房地产开发企业密切合作，在上海、江苏等地筹建“海峡两岸老年服务

周超龙董事长和华龄出版社常振国社长与93岁的李奶奶亲切交谈

老龄委领导到集团视察

世纪爱心集团所辖企业国民安康（北京）医药科技有限公司第一款辣木产品——“安康辣木养生茶”面世

合作交流示范社区”。并确定了打造“中国养老产业人才教育培训第一品牌”的战略目标，以武汉商贸职业学院作为养老专业人才培训基地，并与美国斯坦福大学合作，培养养老产业高端专业管理人才，以满足国家在“十二五”期间大力发展养老产业对人才的井喷式需求，建立养老人才学历教育、养老服务专业资质培训、养老专业服务人才派遣、养老公寓运营管理等一系列的养老产业运营体系。

3. 健康产业：世纪爱心集团公司高度重视健康事业，成立国民安康（北京）医药科技有限公司和民族安康（北京）中医医学研究院。民族安康（北京）中医医学研究院集中了一大批优秀的著名西医专家、中医专家及中西医结合专家，其中多人曾是老一辈党和国家领导人多年的保健医。研究院积极研究创立健康科学，贯彻医治未病、预防为主的思想；抵抗衰老、消除亚健康；防治“三高”等现代“文明病”及各种老年病。

国民安康（北京）医药科技有限公司以开发、种植和深加工辣木为主。辣木树号称“世界三宝”之一（世界三宝为：中国灵芝、美国花旗参、印度辣木）。据专家认定，该物种药用价值很高。国家已把该物种列为“十二五”规划重点扶持种植的物种之一。目前，集团拥有辣木种植基地20万亩，科技研发及加工区占地2000亩。公司生产的“安康辣木养生茶”一经面市就广受欢迎。公司还开发医疗器械、医药产品，以利用科技、人材和地域自身优势，努力在国人健康方面做出贡献。

4. 影视文化产业：世纪爱心集团所辖企业——世纪爱心（北京）影视文化传媒有限公司、世纪爱心（北京）广告有限公司，拥有广泛的社会资源和良好的经营业绩。目前，与全国百家地方电视台建立了良好的合作关系，拥有从编剧、导演、制作到市场推广完整的运作体系，同时，公司也涉足平面媒体，参与发行《中华魂》杂志，致力于打造中华传统文化，弘扬延安精神，凝聚民族精神财富。

《中华魂》是由中央党校主管、中国延安精神研究会主办的期刊，是中国期刊协会选定的“全国百家期刊阅览室”刊物之一，在党内外干部群众中拥有较大的影

世纪爱心集团下属单位武汉商贸职业学院——未来培养养老事业专门人才的摇篮。

中国老龄科学研究中心

全国老龄工作委员会办公室常务副主任陈传书视察中心

澳大利亚科学院院士、新南威尔士大学社会政策研究中心Peter Saunders教授等与中心交流

中国老龄科学研究中心是1989年3月经中央编委、人事部批准成立的国家级多学科老龄问题综合研究机构，属社会科学老龄领域全额拨款的公益类老龄科研事业单位，是中国老年人口、老龄化状况及有关老龄问题的研究、信息收集和传播机构。隶属民政部、全国老龄工作委员会办公室。

1996年经国家编委批准核定编制35人。目前中心有研究员、副研究员11名，助理研究员11名，初级技术职称3名，行政管理8名。其中有博士7名（在读2名），硕士11名，本科11名。中心内设老龄统计调查研究室、老龄社会保障与产业研究室、老龄公共政策研究室、老龄信息技术研究所、《老龄问题研究》编辑部、综合处等6个部门。张恺悌研究员为现任中心主任、法人。

2000年获得由国家统计局颁发的甲级“涉外调查许可证”，具有开展全国范围内涉外社会调查及市场调查的资质。

根据对我中心在国内老龄科学研究领域所处地位和承担责任、义务的分析判断，在承担全国老龄办和政府有关部门交办的科研和工作任务的过程中，加强老龄基础科学研究，逐步探索并形成了核心研究体系和公共服务品牌。

一是依托民政部和全国老龄工作委员会办公室的各级工作网络，2000年起开展每五年一次的中国城乡老年人口状况追踪调查，已进行3次调查，获得了大量翔实的老年人状况和需求基础数据，这些数据具有科学性、可靠性和唯一性，为我国进入人口老龄化立下了划时代的全景照，为各级政府部门、科研机构、院校、社会团体、企业、个人提供分类分级数据服务，发挥了重要的作用。

二是老龄科学研究基础数据库系统及信息共享服务平台，对整合老龄研究基础数据并提供共享服务，起到了重要的保证和推动作用。

三是完成民政部和全国老龄办交办的6项相关国家标准编制。

近年来加强了政策和实证研究，先后完成了老年残疾人状况研究、农村空巢家庭老年人状况、失能老年人状况调查研究、老龄产业发展研究等；拥有成熟的基层科研工作网络，建立了7个老龄科学研究基地和1个老年人宜居建设示范基地。

近几年共编写出版了《中国人口老龄化与老年人状况蓝皮书》等35本老龄科研丛书系列专著。

中心有扎实的研究基础条件和数据积累；具备政策研究和分析技术的较强科研能力；有良好的科研管理协调能力；有较多国内国际合作与交流资源。

中心部分员工赴井冈山参加“红色之旅”主题活动

响力和众多的读者。杂志以中层以上的党员干部与热爱文史知识的普通读者为主要对象，同时兼顾了具有较深阅历的地方与军队离退休干部的阅读兴趣。杂志在今年下半年改版，分为上半月和下半月刊，更加兼顾了不同层次和兴趣的读者，是一份集政策性、学术性、知识性和趣味性于一体的综合性刊物。

为庆祝建党九十周年，集团投资并组织拍摄百集电视纪录片《忠诚》;并参与赞助《战地黄花今朝分外香·革命纪念地新貌大型专题摄影展》，集团参与组织的一系列继承和发扬革命传统教育活动，收到了良好的社会效益，受到了各界好评。

5. 教育培训：世纪爱心集团下属单位——武汉商贸职业学院是经湖北省人民政府批准，教育部备案的全日制普通高等学校。

学校位于“武汉—中国光谷”腹地，是一所融历史、人文、生态于一体，与国际教育接轨、文化气息浓郁的现代大学。学校设有14个学院，开设了40多个专业及专业方向，现有在校生13000余人。学校拥有一支经验丰富、文化底蕴厚实、专业理论水平高的师资队伍，现有专职教师800余名，其中正、副教授100多人，汇聚了众多的博导、社会名流和享誉国内外的专家学者。

面对我国今后严峻的养老形势，在全国老龄委、中国延安精神研究会、中国老龄事业发展基金会、湖北省委、省政府、武汉市委、市政府的支持下，集团加快扩

周超龙董事长接受85岁汪老赠予世纪爱心集团的字画

建旗下的武汉商贸职业学院，并与美国斯坦福大学合作。已规划在武汉东湖边上建一所占地7200亩的新校区。学校将为养老事业培训专业人才，提供了优质的教育服务。建成后的新校区，将有70%的学生就读养老职业的专业。将从道德伦理、孝道文化和技能的培训，让这些学生毕业后将成为养老职业服务的生力军，并形成就学、就业“一条龙”的服务。

6. 金融证券投资及资产管理：集团主要是与上市公司进行投资、融资合作，包括金融投资、股权投资、农业林业投资、旅游产业、资产管理等领域，实现资本运作最大化收益，为实现慈善产业化和慈善爱心事业奠定基础。

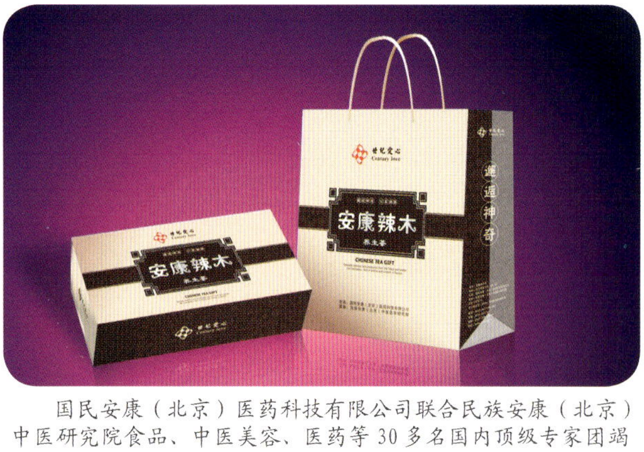

国民安康（北京）医药科技有限公司联合民族安康（北京）中医研究院食品、中医美容、医药等30多名国内顶级专家团竭力合作，历经数年科技攻关，现已陆续研制出辣木相关系列产品。

辣木源自古老而又神秘的天竺之国印度，是一种高营养、多功效的神奇植物。美国Discovery频道在“另类医学指南”系列报中揭开了辣木的神秘面纱，傅格利博士惊叹地说：“辣木可说是一种相当完美的植物，恐怕也很难找到比辣木更棒的植物了”。世界著名的植物研究专家莫妮克玛库博士说，辣木是世界上最富有营养的植物。它富含人体所需的30多种营养物质，是人类最古老的药用、食用植物。印度辣木被誉为与“美国的西洋参”和“中国的灵芝”合称为“世界三宝”。

安康辣木养生茶以精选辣木枝、叶、籽为原材料，经功能学实验证实，它有助于均衡补充营养，具有解酒、调“三高”（高血脂、高血糖、高血压）、提高免疫力、排毒、通肠利便、消除口臭等神奇功效，所以被誉为最神奇的保健养生茶。

江苏省福利彩票发行中心

省福彩中心主任李进（左）将100万元的公益金转交给盱眙

江苏省福利彩票自1987年发行以来，已走过了二十余载的风雨历程。24年来，江苏福彩秉承以“扶老、助残、救孤、济困、赈灾”为发行宗旨的理念，坚持以“安全运行、健康发展”为指导方针的安全理念和以“公开、公平、公正”为诚信的理念，始终以坚持社会责任为优先原则，倡导“寓募于乐、多人少买、量力而行、理性投注”的责任理念，谱写了从无到有，从弱到强的壮丽篇章。

江苏福彩坚持以市场销售为中心，一手抓发展，一手抓管理，福彩品牌美誉度进一步提高，发展基础更加牢固，服务管理更加规范，自身建设显著加强，创新发展能力不断提高，销售规模不断扩大，在全国的地位快速提升。目前，江苏福彩建立了省、市、县三级彩票发行机构，构建了电脑彩票、网点即开票（“刮刮乐”）等技术先进、接轨国际的视频彩票，形成了遍布全省城乡1万多个福彩电脑票销售站点、290个网点即开票中心站的销售规模。全国联销品牌电脑票玩法“双色球”、“3D”、“七乐彩”以及华东六省市联销“15选5”、“东方6＋1”深受彩民欢迎。截至到2011年3月，全省累计销售福利彩票307.02亿元，筹集社会公益金97.85亿元，资助各类社会福利及公益事业项目1万多个，常年打造爱心助学“11511工程”、助困“爱心献万家”、助残“福康行”、扶老“爱心敬老”等公益活动，为完善社会保障体系、扶助社会弱势群体、构建和谐社会作出了巨大贡献！

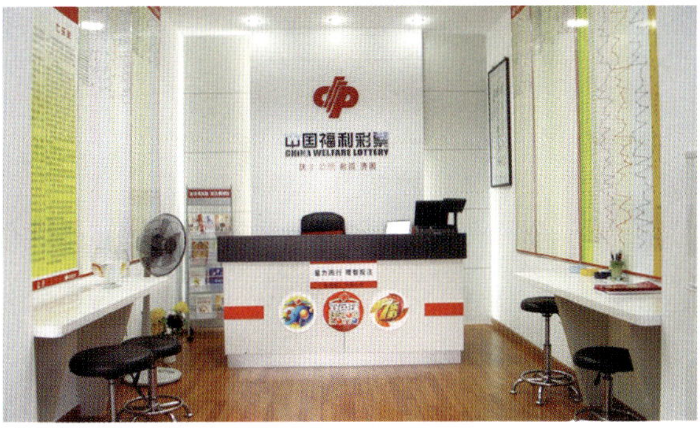

江苏福彩专营店

江苏福彩资助的福利院

深化终端管理　强化基础建设

—努力提升辽宁福彩核心竞争力

2010年全省福利彩票销售继续保持平稳健康的发展势头，各票种协调发展，销售总量创历史新高。全省共销售福利彩票54.37亿元，同比增长14.63%。其中，电脑票39.34亿元，与上年持平并略有增长；网点即开票6.9亿元，同比增长32.4%；中福在线彩票7.26亿元，同比增长229.55%。开乐彩0.87亿元，同比增长25.21%。

辽宁福彩业务技能大赛

2010年“福彩助学子　大学圆梦行动”助学金颁发仪式

辽宁福彩走访慰问贫困学生

福彩大篷车公益演出

1．统筹规划，实现各票种协调发展。不断创新“双色球亿元大派奖”活动的形式和内容，挖掘双色球、3D等游戏的趣味性和品牌价值，增强了市场优势；从完善形象建设、健全业务培训、建立管理考评指标体系、制定发展规划四个方面入手，保障中福在线科学发展；利用现代科技手段满足更多彩民的购彩需求。

2．加大力度，增强营销宣传实效。针对社会大众，拍摄了高品质的公益宣传广告；继续冠名省纠风办、民心网组织的“辽宁省十大感动民心事迹人物评选”活动；继续开展了“福彩助学子　大学圆梦行动”，全省福彩机构共出资877.2万元，资助了3696名当年考取大学的城市低保和农村特困户家庭的子女喜圆大学梦；在全省开展了包括100场“爱在福彩”送电影进社区和21场大篷车巡回义演两项内容的系列公益活动；举办了辽宁福彩优秀人物事迹评选活动，发挥典型引路的作用。

3．转变方式，扩大教育培训成果。进一步对全省福利彩票销售人员资格认证及培训考试工作做了完善，开发完成了《辽宁省福利彩票各职类人员自动化考试系统》，实现了人机对话，试题随机形成、自动评判成绩打印成绩单，提高了培训工作的质量和效果；与东北大学联合举办了为期一年的福彩高、中层领导人员营销管理培训班；成功举办了辽宁省第二届福利彩票业务技能大赛，达到了以赛促训的目的。

4．狠抓落实，提高行风建设水平。在全省福彩机构及投注站点开展了“文明服务窗口”创建活动；重新修订了《辽宁省电脑福利彩票投注站管理办法》、编制了《投注站运营管理手册》，利用信息咨询管理系统、车辆监控系统、市场管理员手持终端管理系统，提升对投注站点的管理服务水平；开展了读书活动，组织干部职工赴朝阳贫困县长在营子乡对口帮扶贫困学子等公益活动。

海南省福利彩票发行中心

福利彩票公益项目——琼海中原镇社会福利中心

海南省福利彩票发行中心隶属海南省民政厅，是一个自筹经费的正处级事业单位，内设机构5个：即办公室、市场科、技术科、宣传科、财务科，现有人员24人。海南省福利彩票发行中心主要负责本行政区域福利彩票销售，筹集公益金，为社会提供就业机会，为福利事业和社会保障事业做出一定的贡献。

“十一五”期间，海南省福利彩票发行中心在省民政厅的正确领导下，在中国福利彩票发行管理中心的大力支持下，坚持“安全运行，健康发展”的工作方针，规范市场管理，完善管理制度，创新游戏，开发彩民，以崭新的面貌和雄健的姿态，跻身于福彩市场，经过不懈的探索实践，海南福彩开拓了广阔的服务市场，效果良好。“十一五”期间，海南福彩累计发行20.79亿元，筹集公益金5亿多元，年平均增长率为40.3%，位列全国第一。

2011年是“十二五”规划开局之年，海南省福利彩票发行中心要总结经验，分析形势，抓住机遇，工作创新，认真谋策，推动海南福利彩票事业持续健康发展。

福利彩票公益项目—海口市秀英区东山镇敬老院

省福彩中心肖家兴主任在赈灾晚会上讲话

三亚中双色球852万元大奖投注站

公益福彩　情满陇原

1987年，经党中央、国务院批准在全国发行福利彩票。甘肃省福利彩票发行中心的前身为甘肃省社会福利有奖募捐委员会办公室，成立于1987年12月28日。1995年11月9日经省政府正式批准，更名为“甘肃省福利彩票发行管理中心”。

甘肃的福利彩票工作从1988年开始，在省委、省政府的正确领导下，在社会各界的大力支持和广泛参与下，通过全省民政系统的共同努力，福利彩票事业在20多年里从无到有，从小到大，从街头摆摊设点到大规模组织销售，销售额从1988年的646万元增加到2001年的2.3亿元、2006年的6.7亿元。到2007年底，销售额突破10亿元大关，达到10.74亿元，销售额比1988年增长了166倍，2009年全省福利彩票销售12.7亿元，2010年全省福利彩票销量高达14.78亿元，创造了甘肃发行福利彩票20多年来的最高记录。截止2010年12月31日，全省累计销售福利彩票76.14亿元，筹集福利彩票公益金25.34亿元，其中上缴中央财政12.29亿元，省、市、县三级筹集福利彩票公益金13.05亿元，为全省地税增加个人偶然所得税1.8亿多元。资助扶持福利项目2141个（次），同时创造了4000多个就业岗位。

福利彩票筹集的公益金，为我省社会福利、社会救助、社会公益事业的发展提供了有力的资金保障。“十五”期间，民政部和省上共投入福彩公益金达1.2亿元，安排“星光计划”项目700余个。全省74个县（市、区），大中城市73%的街道有了老年福利服务中心，46.5%的社区有老年福利服务站（点）。从2004年开始至今，我省已为2500多名孤残、病儿童实施了医疗手术，投入福彩公益金500多万元。同时投入福利彩票公益金改善了全省现有60多个福利院、儿童院、精神病院、荣军院、100多个敬老院的基础设施和生活条件；2001年至今，投入福利彩票公益金4600多万元，主要用于解决受灾群众的生活困难。省民政厅还从省本级留成的彩票公益金中拿出1400多万元，先后资助城市三无老人、孤儿、特困残疾人、特困复退军人、特困劳动模范，甘肃籍特困大学生、城市下岗职工特困户、农村特困户、部分地区的失学儿童等数千名。福利彩票已成为社会福利、社会救助和社会公益事业发展的重要经济支柱，弥补了各级政府财力的不足，为推动经济和社会的全面发展注入了活力，为构建和谐社会做出了积极贡献。

在《黄河风采》爱心献功臣活动中的老复员军人

福利彩票公益金资助建设的老年公寓的老人们在晨练

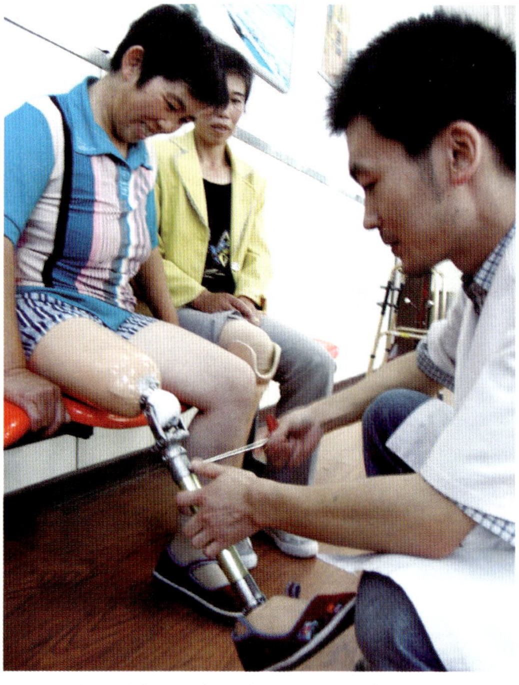
福彩公益金资助我省特困残疾人免费安装假肢

上海市老年基金会

2010 年 10 月，市老年基金会理事长胡炜在“城市让老人生活更美好”国际论坛上作了“发挥非政府组织作用，开展服务老年公益事业”的主讲发言。

2011 年 9 月，玉佛禅寺向上海市老年基金会捐款人民币 100 万元，设立“玉佛禅寺觉群老年基金”，专项用于上海的助老帮困公益慈善事业。

上海市老年基金会是经上海市委批准成立的公募基金会。成立于 1984 年 12 月，原始基金数额 3000 万元。现有净资产 3.03 亿元。

服务宗旨 向社会各界募集资金，资助老龄事业，帮助困难老人。

业务范围 开展尊老敬老的宣传教育，动员各界关心和爱护老年人，维护老年人的合法权益；资助、举办老年福利事业和其他帮困助老事业；募集、管理和使用资金；开展与海外侨胞、港澳同胞、国际友好团体和友好人士的友好往来。

规范化建设 是上海市级社会组织规范化建设达标工作试点单位之一，2008 年获首届上海慈善大会“慈善组织奖”。“九九关爱小剧场”项目获“慈善项目奖”。获 2009 年上海市“老龄工作先进单位奖”。2010 年荣获“全国先进组织奖”、“全国敬老先进单位”。2011 年荣获国家人事部和老龄委评选的“全国先进集体”。

主要助老项目 帮困项目主要有：为全市老人助餐点发放电动助餐车和助餐补助款；为患白内障免费做复明手术；对贫困老人进行急难帮困资助；为贫困老人办理助医卡；为行动不便的老人赠送轮椅；实物资助全市民营养老机构；举办民营养老机构人员培训；举行社区双月为老服务活动；和上海市人大常委会共同为援助都江堰市综合社会福利院等。

资助老年文化事业主要项目有：开展“九九关爱小剧场”下社区为老人演出活动（该项目荣获“上海市首届慈善奖”）；建立“金色广场”项目，为社区老年文体团队赠送音响设备；组织“九九关爱”志愿者服务队；设立“九九关爱”老人网站；与“精彩老朋友”电视节目合作，开展系列助老文化服务，如社区老人电视节目大赛、全球华人乐龄才艺电视大奖赛、百家社区老人文化展示；为社区老人赠送报刊杂志；举办或资助相关机构开展的适合老人特点和受到老人欢迎的文化体育活动等。

2011 年重阳节，上海市老年基金会主办阳光益拍活动，陈逸鸣等著名画家慷慨捐赠自己的作品进行慈善义拍，所得全部捐赠给上海市老年基金会。

在上海市老年基金会与《精彩老朋友》栏目合作举办的“快乐人永远是年轻”社区老年电视大赛中，著名艺术家秦怡、曹鹏和严顺开和老年朋友们亲切交流。

2010年，上海市老年基金会和市民政局共同主办“申城万名老年人游世博”活动。

2010 年，上海市老年基金会与《金色年代》杂志社和上海退管会共同主办“九九关爱”重阳歌会。

2011 年 8 月，上海汽车工业（集团）总公司向上海市老年基金会捐赠价值 500 万元的面包车。

新疆维吾尔自治区福利彩票发行中心

新疆维吾尔自治区福利彩票发行中心成立于1991年2月，隶属于自治区民政厅，同时，受中国福利彩票发行管理中心的业务领导，是全疆福利彩票销售业务的主办机构。工作职责是：在全疆发行和销售福利彩票，为国家筹集公益资金，促进社会福利事业发展。目前，中心下设办公室、市场部、运行技术部、维护技术部、宣传部、财务部、内审部、网点即开型彩票部、培训督察部、信息保卫部、在线销售部十一个部室。

在各级党委、政府的大力支持和各级民政部门的正确领导下，新疆福利彩票发行中心协同各地（州、市）福利彩票发行机构解放思想，以创新为先导，与时俱进，奋力拼搏，推动全疆福利彩票销售工作持续、健康、稳步发展。近二十年来，已累计销售福利彩票116.62亿元，为国家筹集公益金38.13亿元，代扣代缴中奖所得税2.71亿元，合计创造价值40.84亿元。由于福利彩票公益金的大量投入，全疆民政福利对象的生活、医疗、康复条件不断改善，新疆社会福利、社会救助和社会公益事业取得了长足发展。

新疆维吾尔自治区党委常委肖开提·依明、自治区副主席贾帕尔·阿比布拉、民政厅党组书记莫涓莅临全疆福利彩票工作会议

特困大学生福彩助学“爱心关注资金”发放仪式

新疆福利彩票心系百姓 特困职工慰问活动

新疆福利彩票情暖边城，送温暖、献爱心活动

新疆福利彩票送温暖、献爱心慰问活动仪式

厦门市老年基金会

图为林源(右2)与潘世建副市长(右3)在厦门爱心护理院工地现场

厦门市老年基金会成立于1992年8月，是福建省第一家注册登记，为老年人服务的公募基金会。创会会长是厦门市政协原主席林源。

基金会的宗旨是，弘扬中华民族敬老、爱老、助老的传统美德，动员社会各界和海内外人士募集资金，资助兴办老年福利事业。协助政府促进老龄事业的发展。

基金会自成立以来，在福建省民政厅和主管部门省老龄办的指导下，在一批老领导老同志的关怀和社会各界的大力支持下，在历届理事会的领导下，遵循基金会的宗旨，通过政府财政资助，社会各界捐赠、基金增值等方式，筹集了一定数量的资金，并利用筹集的资金为老年人办实事、办好事。2006年荣获“八闽慈善奖”；2009年荣获福建省第一批“5A基金会”称号。

林源经常深入偏远农村，走村入户看望贫困老人。

创立“助老工程”品牌。从启动至2010年底，共助养特困老人3733人次；帮助患白内障的664位特困老人恢复光明；对145位身患重病、因病致困、急需救助的老年人及时开展救助。每年春节老年节组织送温暖活动，慰问困难老人和高龄老人达12000多人次。该活动自开展以来累计支出资金900多万元。“助老工程”项目被群众誉名为“银色希望工程”。开设“温馨夕阳老人谈心热线”和咨询中心，招募老医学专家、律师志愿者，为老年人提供法律、医疗、精神和生活等方面的服务。

资助老年文化体育活动。为满足和丰富老年人的精神文化生活，提高老年人生活幸福指数，基金会在省、市老龄办的指导下，积极参与和资助涉老组织开展各项文化、体育活动。基金会成立以来，共拨出407.09万元资助市老年体育协会、市老年学学会、市老年大学、市老朋友艺术团、市老年艺术协会、市老年交谊舞协会、市老年战士合唱团、市老干部集邮协会、市老年书画研究会等老年组织开展丰富多彩的文化、体育、作品展示、“健康大讲堂”和学术研讨等活动。与此同时，拨出226.22万元资助基层老年活动场所的建设，为部分有困难的基层老年活动场所配置文体活动器材，改善活动条件。

创建厦门市爱心护理院。由厦门市老年基金会筹资兴办的厦门市爱心护理院占地面积3400平方米，建筑面积1.18万平方米，总投资3800多万元，设计300张床位，具备医疗护理、生活照料、康复保健、心理护理、休闲娱乐、膳食服务和临终关怀等功能。为推动我市老年护理事业的发展做出了贡献。

面对老龄化社会，基金会将在厦门市委、市政府和主管部门的领导下，坚持基金会的宗旨，进一步解放思想，转变观念，创新工作方法，不断提高管理和服务水平，为老龄事业发展做出更大的贡献。基金会向多年来热心赞助和关心我市老年福利事业的单位和个人致以崇高敬意和表示衷心感谢！

华英援助基金管理委员会

华英援助基金管理委员会 是由全国关心国防建设、情系军旅、热心公益事业的各界人士与中国老龄事业发展基金会发起，并经国务院民政部批准于 2010 年 3 月 4 日成立的，隶属于中国老龄事业发展基金会（http://www.lbcy.org.cn）。由民政部原副部长李宝库同志担任华英援助基金管理委员会的主任，兰州军区原副政委（中将）陶方桂同志担任华英援助基金管理委员会的常务副主任，空军司令部原军职研究员傅双喜同志担任华英援助基金管理委员会的副主任，由蔡善才同志担任华英援助基金管理委员会的秘书长。

华英援助基金管理委员会的宗旨是："爱华重德、尊老敬贤、传承文明"。她承载着党和国家领导人的关心和厚爱；凝结着老首长老前辈们为国防建设的关注和厚望；肩负着为协助解决老战士、老英模和老党员及烈、军属和复员、转业、退伍军人群体在生活和创业过程中遇到的资金、信息、技术等方面困难的历史使命；它汇聚了社会各界人士对为民族解放运动和国防建设做出过重大贡献的英模群体的尊重与关爱，更是老战士们保持军人本色，帮扶他人，援助战友自主创业，为国家经济建设再立新功的一个平台；它是为支援国家建设和发展社会公益事业的非营利性社会公益基金。

华英援助基金管理委员会工作的总体要求是：华英援助基金管理委员会，以弘扬中华民族尊老敬贤的传统道德风尚，关爱党和人民事业的功臣。勤政、务实、优质、高效地给予那些曾经为社会做出过重大贡献的老战士、老英模、老党员和转业退伍军人中立志投身国家经济建设的创业者服务；为对社会做出重大贡献的老战士等特殊群体提供养老和生活援助。并为广大转业退伍军人的创业、就业、择业提供信息、技术及资金支持，开展技术培训和就业指导，建立创业示范基地，减轻复转军人安置就业压力，打造自主创业平台。

业务范围

一、组织开展各种形式的募捐活动，接受海内外法人、自然人及其他组织的捐赠，尽其所能把专项基金做强做大。

二、根据社会发展和"三老"（即老战士、老党员、老英模）群体的需求，推进爱心护理工程，创办养老休闲的示范基地，丰富他们的物质文化生活，提高他们的生活品质。

三、针对"三老"群体的特点，广泛开展激发他们"第二春"的能量活动，如组织书画展览、歌咏比赛、为青少年讲革命传统故事、旅游度假、养生休闲等，既为社会贡献了余热，净化了社会风气，又有益于他们的身心健康，减轻了社会养老负担。

四、组织开展爱心护理员的业务培训，建立高素质的护理员管理队伍。

五、发挥以老带新的"兵心"情节，协助政府做好复员、转业、退伍军人的培训就业工作，整合资源，架构各种创业和就业平台，减轻政府安置复退军人的压力，利用各种媒体，宣传退伍不褪色、转岗不转志的复退军人中的先进典型，让他们成为一支建设祖国的生力军。

六、奖励为"三老"事业做出杰出贡献的团体和个人，以及"三老"中杰出人物和优秀人才。推动尊老敬贤的良好风尚形成。

七、开展与港澳台同胞、海外侨胞、友好团体和人士及相关国际组织的合作与交流活动，不断提升服务"三老"的水准和能力。

沈阳市养老院（沈阳市养老服务中心）

沈阳市养老服务中心会馆

沈阳市养老院是一处与市光荣院、市养老服务中心、东陵老年病定点医疗康复医院“四位一体”，市民政局直属的市级养老单位。她坐落在风景秀丽的沈阳棋盘山国际风景旅游开发区，东临棋盘山风景区，南望世博园，西傍东陵，北依怪坡。中心内依山傍水，绿荫环抱，花草簇拥，一幢幢白色与橘红色相间的建筑群格外醒目，是镶嵌在沈阳棋盘山国际风景区一颗璀璨的明珠。

2009年3月，沈阳市委、市政府为了积极有效地应对人口老龄化，解决我市养老床位缺口，满足老人机构养老的服务需求，决定对沈阳市养老院进行改扩建，兴建沈阳市养老服务中心，并被列为“爱晚工程”和市政府“十大民生工程”之一。市养老服务中心规划设计整体构思和各个细节，都彰显了“以人为本”的理念。中心布局合理，服务一流，设施完备，景观优雅，交通便捷，安全防范措施到位，便于老年人的生活和出行。

居住楼

沈阳市养老服务中心的建设将分期进行，由公寓式、宾馆式住宅楼和田园风光式联体别墅构成。整体工程竣工后，总建筑面积26.9万平方米，总用地面积23万平方米，床位数5,813张，绿化率在71%。

图书室

养老服务中心一期工程已竣工，建筑面积6.3万平方米，床位数1146张，由4栋9层住宅楼和一栋4层会馆组成，现已投入使用。中心内设有老年大学、多功能活动厅、老人用品超市、游泳馆、健身室、音乐室、电脑室、图书室等，同时，还设有邮政、储蓄、医疗、通讯等服务场所，体现了现代人生活的丰富元素，是一座集养老、康复、休闲、娱乐、学习为一体的现代养老城。

手工制作室

台球室

山东烟台招远市金都老年福利中心

老年福利中心外景

招远市金都老年福利中心成立于2005年2月份，占地2.5万平方米、建筑面积7000多平方米，拥有250张床位，是一处环境优美、设施完备，集学习、生活、娱乐、医疗保健和游览休闲于一体的老人乐园。

中心自建立以来，全体服务人员以诚信挚爱为本，在实际工作中积极开展“巾帼建功”活动，认真做好本职工作，以美好的心灵，谱写爱的颂歌，使入住老人幸福平安地享受晚年快乐，也使老年公寓取得了较好的成绩。2005年被省民政厅列为“开展养老服务社会化示范活动”的试点单位，2006年被评为烟台市“先进民办非企业单位”，2007年获得烟台“万宝杯”太极拳比赛第三名的好成绩，2009年荣获百行百业社会信誉“百姓口碑最佳荣誉单位”。在政府的扶持和各级领导的关心下，我们已顺利地度过了六个年头。六年来我们规范的服务、严格的管理、真诚地关怀、幽雅的环境赢得了社会的信赖，使中心成为我们招远市乃至周边地区的一道亮丽的风景线。

老年公寓进行楼内无障碍建设，并投资200多万元完善老年公寓的内部设施，除日常必备用品外，每个房间都安装了电话和紧急呼叫器，为老人提供生活方便和特殊情况下能够第一时间找到工作人员。设立了健身房、娱乐室、阅览室、医务室、台球室、放影室等，为入住老人提供老有所乐的活动场所。中心主任曹学军携全体员工真诚欢迎各位老年朋友入住。

福利中心健身房

福利中心为老人检查身体

杭州市三墩老人公寓

三墩老人公寓 院长　吴连根

副省长张启楣到三墩老人公寓视察工作

市委副书记王金才到三墩老人公寓慰问、指导工作

杭州市三墩老人公寓创建于2005年8月，是一所以集中供养与自费寄养相结合的镇政府主办为民办实事工程之一的老人公寓。公寓集生活护理、医疗康复、文体娱乐等多种功能为一体的新型老年护理中心。

公寓占地面积12780平方米，建筑面积5228平方米，拥有单人房、双人房，可安置老人200余位，现入住老人150位。

建院以来，在省、市、区、镇四级政府和社会各界的关怀和支持下，在吴连根院长的领导下，经全体员工的共同努力，公寓先后被评为“浙江省先进敬老院”、“浙江省先进养老机构”、“杭州市优秀敬老院”、“市十佳服务单位”、“西湖区模范敬老院”、“先进老人公寓一等奖”、“文明单位”、“卫生先进单位”、“全国养老服务放心机构十佳单位”、“全国养老放心机构十佳标杆示范单位“和“全国爱心护理工程建设基地”，2010年，吴院长被评为“全国养老服务机构十大杰出人物”。

公寓本着“以人为本，为老人造福，让夕阳更红“的办院宗旨，贯彻执行现代化的思想管理、组织管理、制度管理、方法管理的管理模式，营造一所为党和政府分忧、为民解困、为家属子女尽孝的和谐温馨老人乐园。

公寓实行院长责任制，不断创新护理模式和完善各项规章制度，把老人当作自己的亲人。我们真诚地希望和各界同仁携手共进、互相交流、互帮互学，做到让老人称心、家属安心、子女放心，把公寓办成“花园式的公寓、宾馆式的管理、医院式的护理、家庭式的温馨”的老年人乐园。

电话：0571—88962118

手机：13355783808

三墩老人公寓全景

浙江省瑞安市康馨养老院

浙江省瑞安市康馨养老院系我市规模较大的一所社会养老机构，创建于2000年3月28日，建筑面积5368平方米，绿化占54%，共设床位数百张，实行全天候护理服务工作。

院内环境清洁幽静，绿树成荫，花草清香，居住条件和硬件设施较为齐全，设有视听室、活动室、阅览室、健身室、医务室、餐厅等等。房间内硬件齐全，是老有所养、老有所托、老有所乐的健康温馨乐园。

由于上级领导的支持与关心，我院多次得到上级部门的表彰，全院职工的辛勤工作，康馨成为瑞安市福利事业的良好窗口，受到了广大群众的认可，于2005年被评为“温州市先进民间组织”。在社会上产生了良好的口碑，对于取得的成绩给予了较高的评价。今年十一月份，本院根据上级“二规范”“一标准”的要求，进行了重新全面装修和整改，康馨的品牌得到了提升，床位达到286张。今后我院全体职工决心竭诚为社会养老服务事业提供优质文明服务，为社会主义精神文明建设、为养老社会化、构建和谐社会、为全市的老年服务事业作出新贡献而努力！

地址：浙江省瑞安市下沙塘瑞祥山庄内

电话：0577-65819960　邮编：325200

亲乐园公寓

由东阳市委书记张仲灿等陪同浙江省副省长陈加元一行视察亲乐园公寓

亲乐园公寓获“养老服务放心机构十佳单位”称号

公寓老人春游

亲乐园公寓位于东阳市南市街道南峰山麓，距市区约2.5公里，座落于1200亩自然山林中，依山傍水，环境幽雅，阳光充足，是理想的休养生息之所。项目规划用地240亩，总设计建筑面积21万平方米，规划床位4000余张，总投资7亿多人民币，计划分三期完成开发。建成后，将是目前我市乃至全省最大规模的生态养老中心。

首期工程约6万平方米，投资额超过2亿人民币。包括单间公寓、标间公寓、套间公寓，可接纳老人1500人，于2009年11月交付使用。截止目前，已入住老人230余人。

亲乐园公寓是经民政部门登记审批的非营利性的民办社会福利养老机构，其运营模式完全由民间资本独立投资，投资人为东阳金球贸易有限公司董事长厉红。中心按“政府指导、产业化发展；社会参与、市场化经营”的原则开展养老服务，依托优美的自然环境，运用全新的规划设计理念与创新手法，以人为本，按现代养老的国际标准建设配套设施，融居住、休养、护理、医疗、家政、教育、娱乐、健身于一体，所有公寓按服务型养老公寓之标准进行了人性化无障碍建造，集床位型机构养老、公寓式居家养老、度假疗养、托老护理等于一体。达到了“老有所养、老有所医、老有所为、老有所学、老有所乐、老有所依”的时代水准。

完善的制度和措施，使养老中心工作由管理对象向服务对象实现转变，服务内容涵盖老人生活的各方面。使养老中心逐渐成为老人们颐养天年的乐园。2009年5月成为浙江省首批中国养老产业联盟单位会员、中国老龄产业协会单位会员，并被授予“养老服务放心机构十佳单位”称号。

颐养专线: +86-579-86299555　86299558

地　　址: 浙江省东阳市南市街道南峰

亲乐园实景图

温欣源托老服务中心

温欣源托老服务中心是市政府批准兴建的我省唯一一所有温泉资源的特色托老服务机构。

服务中心位于河北省怀来县桑园镇境内，拥有得天独厚的温泉水资源，远离闹市区，无噪音及空气污染，依山傍水，环境优雅，空气清新，居住舒适。紧邻丰沙铁路及沙东公路，离京张高速也只有十多公里路程，交通十分便利。

服务中心内一切设施均体现了敬老爱老的服务宗旨，有适合老人的天然温泉暖炕，也有高、中、低档单、双人及多人住房间，配备了卫生洁具，可随意沐浴温泉，高档房间配备了电视、沙发等。有附合卫生标准的餐厅，可为老人单另做可口的饭菜；中心服务人员经过培训，为老人提供周到、细致、耐心的亲情服务，给老人以家的温暖。

温泉热炕

服务中心下设六个分院，各院有其独具特色的面向老人的服务项目，使老人在这里即可以休养身心，安度晚年，还能与大自然亲密接触，游山玩水。中心内有湖泊可以垂钓，有葡萄园、苹果园可以采摘，有山、有水、有田，有游泳池、狩猎场，有台球室、棋、牌室及多功能厅等。可满足老人们的一切爱好及需求，使老人在这里生活的自在、快乐、幸福。

服务中心注重服务质量，服务项目价格合理。可满足不同消费阶层。

西安金秋爱心乐园

原陕西省省委书记现任全国人大副委员长兼秘书长李建国来我园视察

民政部副部长杨衍银视察我园

西安金秋爱心乐园老年公寓始建于 1999 年 10 月，位于古都西安的名胜景区骊山脚下，华清池畔，东距世界八大奇迹秦兵马俑博物馆 1000 米，西临世界遗产国家级秦陵博物院仅 200 米，独特的地理位置和天然氧吧的周边自然环境，无疑是向世人展示中国老年人生活风貌的窗口，更是西安旅游风景区中一个亮丽的人文景观。

西安金秋爱心乐园经过十年风雨拼搏，取得了社会的赞誉，被授予“全国爱心护理工程示范基地”、“全国百家杰出养老服务机构”、“国际养生休闲单位”等多项国家级荣誉，被多次评为“陕西省示范养老基地”、“优秀社会福利机构”。

西安金秋爱心乐园庞大的规模，轰动的政绩，引起了国内外国家级领导人乃至外国元首的格外关注，全国人大常委会副委员长彭佩云、原全国妇联主席顾秀莲、民政部副部长窦玉沛、杨衍银也曾莅临我园视察指导，美国总统克林顿及其夫人希拉里亲自和姚丽华园长就中国的老龄事业发展前景进行了诚挚友好的探讨。

实行科学管理，力求一流服务。西安金秋爱心乐园打破传统老年公寓中老年人被动接受供养的局面，以启发引导老人积极参与集体生活为主线，以康复、娱乐为主体，全面优质服务于老人，采取长期居住与短期居住及异地互动旅游养老相结合，来去自由的灵活方式，实现真正的老有所养、老有所医、老有所乐、老有所为，成为现代化理念的超前养老中心。

民政部副部长窦玉沛来我园视察

全国妇联副主席华福周来园视察

孟加拉国粮食部长兼联合国外长访问我园

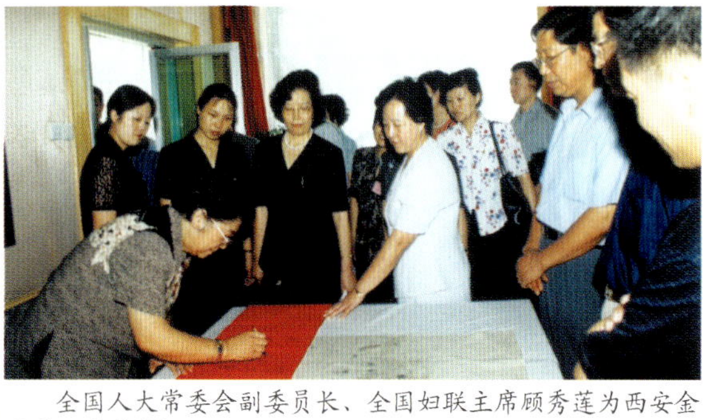

全国人大常委会副委员长、全国妇联主席顾秀莲为西安金秋爱心乐园题词

美国总统克林顿和夫人希拉里来西安参观访问，与敬老院院长姚丽华探讨中国老人事业的发展。

诸暨市居家养老服务中心

原民政部副部长、现中国家庭服务协会会长张文范与公司董事长袁珏亲切合影

浙江副省长陈加元调研指导诸暨市居家养老服务中心服务工作

浙江省民政厅厅长吴桂英调研指导诸暨市居家养老服务中心服务工作

绍兴市、诸暨市有关领导为老年用品服务中心开业剪彩

绍兴市、诸暨市民政局领导、公司董事长看望服务对象

诸暨市居家养老服务中心重阳节大型庆祝活动

诸暨市是浙江省较早进入人口老龄化社会的县市之一，2009 年底，全市 60 周岁以上老年人 182457 人，占总人口的 17.10%；预计到 2015 年，全市 60 岁以上老年人口将达 28.9 万人，占总人口的 22.8%。随着经济社会的发展、生活水平的提高和生活方式的转变，老年人对生活照料、康复、护理等方面的需求日益增长。

2009 年 12 月通过绍兴市民政局、诸暨市民政局授牌，依托诸暨市康吉服务有限公司成立诸暨市居家养老服务中心。中心成立以来，坚持以科学发展观为指导，以“关爱老人、服务老人”为宗旨，树立“上为政府分忧、下为群众解难”的理念和“社会效益先于经济效益”的价值观、事业观，扎扎实实创新开展了居家养老服务工作，受到了社会各界的高度好评。

在上级领导的重视和关心下，诸暨市居家养老服务中心自 2010 年 2 月在暨阳街道率先推出居家养老服务以来，相继成立了 89008800 家庭网络平台、社区居家养老服务站、老年用品服务中心等服务机构，以无偿和低偿公益性相结合的方式为全市 18 万老年朋友提供生活照料、康复护理、精神慰藉等各项服务。其中 89008800 家政网络服务平台为社区孤寡老人、90 周岁以上老年人、其他有需要老人安装“一键通”1136 台，老年用品服务中心的开办更为全市老年朋友健康、积极消费，规避购物上当受骗风险构建了一个购物平台。

在服务上，我们注重实效，为此诸暨市居家养老服务中心推出了“有偿服务与无偿服务相结合”服务模式，对于生活不能自理的社会孤老；享受最低生活保障的困难老人和 90 周岁以上老人经有关部门审批后实行无偿服务。对于社区其他 60 岁以上独居老人按照不同的需求提供不同的服务。并以科学服务的知识和技能维护老年人的基本权益，帮助老年人适应社会，促进老年人自身的发展，为建设和谐诸暨作贡献。

中心地址：浙江省诸暨市暨阳街道福门社区下坊门新村1幢

联系电话：0575—89008800　89008810

电子邮箱：yjkangji@163.com

昆明知青老年公寓

市区领导到公寓参观指导

市区领导亲切关怀老人

云南省昆明风光秀丽、四季如春，是老年人安度晚年的好地方。昆明知青老年公寓与大观公园一墙之隔、交通便利、设施齐备，有1000个床位，是云南最大的民营养老机构。公寓可为不同年龄段的老人提供如下服务：一日四餐、洗衣被、打扫卫生的生活服务；测体温、血压、血糖，听心脏、打针输液，代发药品等健康监护服务；为失能老人喂饭、洗澡、解便、翻身等特殊服务；临终关怀服务。公寓内设昆明老年大学办学点，教授声乐、健身，太极、电脑等课程；公寓还经常组织开展各项文体活动和外出参观，使入住老人的生活丰富多彩。公寓以老人舒心、家人放心为服务宗旨，公寓家园化、服务亲情化、管理规范化；员工持证上岗，关爱老人、尊重老人、全心全意地服务老人。公寓设有单人间、两人间、三人间房间，根据房间和设施的不同，分档收费；特别是中低收入的老人，可以在这里享受到惠而不费的优质服务。我们的努力，得到了社会各界的承认，于2010年7月被评选为“第五届昆明好人”，于2010年12月评为“全国百家杰出养老服务机构”。而且经常得到媒体、报刊的好评，昆明知青老年公寓欢迎全国各地的老年朋友入住。

老年公寓阅览室

老年公寓部分外景

电　　话：8259566　8259561
传　　真：8259561
网　　址：www.kmingy.cn
法人代表：段玲英

公寓老人在晨练

宜宾市夕阳红老年公寓

沟通问候暖心

老人风采

敬老助老大孝文化歌咏比赛现场

宜宾市夕阳红老年公寓于1996年开始筹措，成立于2000年8月，系民营非盈利性社会福利机构，在各级党政和市民政局、老龄办、老年协会的领导和关怀下，坚持执行党和国家的方针政策，不断探索进取，全心全意为老人服务。现有318个床位，房间使用率98%。2010年入住老人241个，累计入住1232人次，员工82人，创造了一个美丽和谐的老年公寓，受到全国表彰。经主管部门上报，网上公示，专家组评审先后被评为“全国养老服务放心机构十佳单位”、“2010年全国社区养老服务先进集体”、“2010年全国养老服务机构十大服务标杆”、“全国养老服务机构‘五心服务’品牌示范基地”。董事长(法人代表)罗世林曾评为“四川省孝亲敬老楷模”、“全国孝亲敬老之星”、“全国养老服务机构十大创新人物”。

今后，将继续努力巩固发展社会养老福利事业，坚持做好“老人入住舒心、子女委托放心、照顾护理细心、沟通问候暖心、膳食安排精心”的“五心”品牌服务，为开拓“养、医、学、乐、为、教”老年产业做贡献。

联系电话 ：0831—3563138 3561316

庆祝党的生日

膳食安排精心

敬老助老大孝文化歌舞比赛现场

老人入住舒心

北京芝兰德艺术设计中心

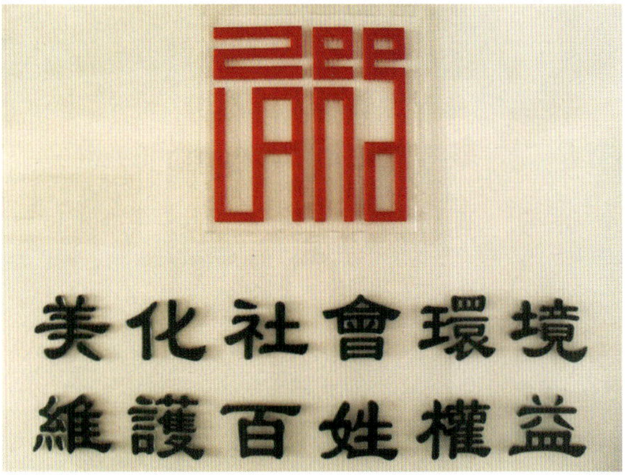

北京芝兰德艺术设计中心企业宣言

快乐老年合唱团部分成员（左三位）、毛泽东扮演者特型演员张天火先生（右三）、玉观音慈善基金执行主任姜晋松先生（右二）与三赢郑先生（右一）在公益活动中

"凝聚旭日光芒，融通夕阳财富"，是北京芝兰德艺术设计中心自2011年初投身中国社会福利基金会玉观音慈善基金社会公益事业的行动指针和口号。

北京芝兰德艺术设计中心（简称芝兰德）总设计师三赢郑先生将动员社会力量、尤其是整合关心下一代的"五老"资源致力于"关爱儿童生命安全"、"注重儿童人格培养"和"支助老龄群体的社会福利事业"作为芝兰德社会工作的方向与重点。

一年来芝兰德积极发挥自身在工商界拥有良好信誉的优势，多方整合优质资源、共同承担社会责任。与国内外妇女儿童社团组织、老年团体、行业协会和新闻媒体共议合作。面对亿万家庭和全国中小学校、幼儿园，陆续策划和推出保护儿童生命权益、促进儿童健康成长的"阳光花季—绿色生活"、"凝聚力工程"、"校园足球—文明观众"、"农民工子女家庭教育五个一"等系列社会公益活动，用与时俱进的主题和寓教于乐的方式开展安全教育、环境教育、文明教育，推动大众公民意识成长和企业社会责任的培养提升，组织开展社会公益活动。2011年陆续开展的社会公益活动如：世界自闭症日期间组织企业家和文化名人参与助残行动；与行业协会联合在国际博览会中举办"让污染与伤害远离我们的孩子"主题论坛和百城万校儿童画海报联展；启动"关心社会文明，更要关爱孩子"的绿色维权行动；推动媒体对儿童安全热点问题的社会调查；推动企业自律与环保公示；整合资源支助快乐老年文化体育活动，与中国生命关怀协会联合开展社区养老护理培训和老年心理干预项目；组织召开辛亥革命、抗日战争和建立新中国的革命英雄后代缅怀前辈、继往开来书画展和座谈会等，都是芝兰德秉承"延伸福利中国，体现慈善产业"理念，竭诚开展社会服务实践的扎实足迹。

位于北京东城区金宝街的北京芝兰德艺术设计中心自创建以来精心搭建专业性企业效益设计与实施平台，衔接国家企业项目，导入资本融通机制，拥有众多企业形象和企业效益设计成功案例的经营实力，形成与此相关的国际财团和资深经济事务机构背景。中心的核心业务团队是由中国、美国、新加坡等地的高级理念设计师、企业行为与效益设计师、资本经营与识别设计师所组成的一支国际化的和谐艺术设计团队。中心多年来以勤业至精的理念与作风铸造芝兰德的企业精神，以优质高效的经营业绩和良好的社会信誉赢得了包括企业客户在内的社会公众的信任与赞誉。2001年以来多次获得国家级奖项。

毛泽东扮演者特型演员张天火先生（左）与三赢郑先生（右）在公益活动中合影